2020

浙江财政年鉴

Finance Yearbook of Zhejiang

(总第20卷)

浙 江 省 财 政 厅 主 办

《浙江财政年鉴》编辑委员会编

中華書局

图书在版编目(CIP)数据

浙江财政年鉴. 2020/《浙江财政年鉴》编辑委员会编.
—北京:中华书局 2020.4
ISBN 978-7-101-14475-8

I.浙 … II.浙 … III.地方财政—浙江省—2020—年鉴
IV.F812.755-54

中国版本图书馆CIP数据核字(2020)第050474号

责任编辑:朱 慧
严 琦

浙江财政年鉴2020

《浙江财政年鉴》编辑委员会编

*

中 华 书 局 出 版
(北京市丰台区太平桥西里38号 100073)
http://www.zhbc.com.cn
E-mail:zhbc@zhbc.com.cn
浙江新华数码印务有限公司印刷

889×1194 1/16 24.375印张 104插页 920千字
2020年11月第1版 2020年11月第1次印刷
印数:1-1000册 定价:260.00元

ISBN 978-7-101-14475-8

编辑说明

《浙江财政年鉴》是浙江省财政厅主办的省级财政专业年鉴，以文为主，辅以图表，图文并茂，全面系统真实反映浙江省财政工作各方面的基本情况，是资料性与史实性相结合的工具书，为财政工作者及专家、学者提供可靠信息资料。

《浙江财政年鉴》每年出版一卷，2020卷（总第20卷）以详实的资料和图表，记载了2019年浙江省财政改革与发展情况，综合反映全省各级财政部门在省委、省政府的领导下，以习近平新时代中国特色社会主义思想为指导，扎实推进财政改革发展的生动实践。一年来，全省财政工作围绕"'八八战略'再深化，改革开放再出发"工作主线，牢固树立"财为政服务"理念，聚焦高质量发展、竞争力提升、现代化建设，优化制度供给，强化政策保障，落实积极财政政策，全面实施集中财力办大事财政政策体系，扎实推进稳企业增动能保平安等各项工作，服务全省经济社会发展大局。

本卷年鉴主体结构继续保持以往年鉴整体架构的稳定性和内容的连续性，全卷分八篇和附录共九部分，约计100万字，依次为：财经文献、全省财政工作、市县（市、区）财政工作、财政统计资料、财政法规选编、财政文选、财政工作大事记、财政机构人员以及附录。本卷年鉴的有关编辑情况作如下说明：

一、本卷财政统计资料中涉及全省财政收支的增长率均为同口径增长率。

二、全卷中涉及国民经济和社会发展统计数据内容均摘自各地统计公报，数据解释权归统计部门所有。

三、"全省财政工作"篇，根据省财政厅职能配置和内设机构调整，本卷中涉及以下调整：在"财政分项工作"下，增加"地方政府债务管理"相关内容，原"人事·党建"内容分设为"人事工作"和"党建工作"两部分，原"财政纪检监察"相关内容不再单独体现；在"直属单位概况"下，原"农业综合开发项目审核"相关内容不再单独体现。

四、"财政统计资料"篇，根据2019年政府收支科目调整，一般公共预算支出科目中，原"文化体育与传媒支出"科目名称修改为"文化旅游体育与传媒支出"；原"医疗卫生与计划生育支出"科目名称修改为"卫生健康支出"；原"国土海洋气象等支出"科目名称修改为"自然资源海洋气象等支出"；新增"灾害防治及应急管理支出"科目及"2019年浙江省灾害防治及应急管理支出"表。科目口径的具体调整请查阅《2019年政府收支分类科目》。

五、本卷年鉴将继续采用手机客户端阅读方式实现线上公开阅读，读者可通过扫描书后二维码检索全文数据库及相关资料。

本卷年鉴在年鉴编辑委员会的领导下，由浙江省财政厅各处室、单位和十一市及其所辖县（市、区）财政局提供文稿、图片及数据资料，经编审修改补充后成书。期间得到国家税务总局浙江省税务局的大力支持。在此谨向给予《浙江财政年鉴》编纂工作关心、支持和帮助的各级财税部门及所有单位和相关人员表示感谢。为进一步提高《浙江财政年鉴》的编纂水平，欢迎读者对本卷年鉴的不足之处给予批评指正。

《浙江财政年鉴》编委会

2020年11月

浙江省财政收支规模

单位：亿元

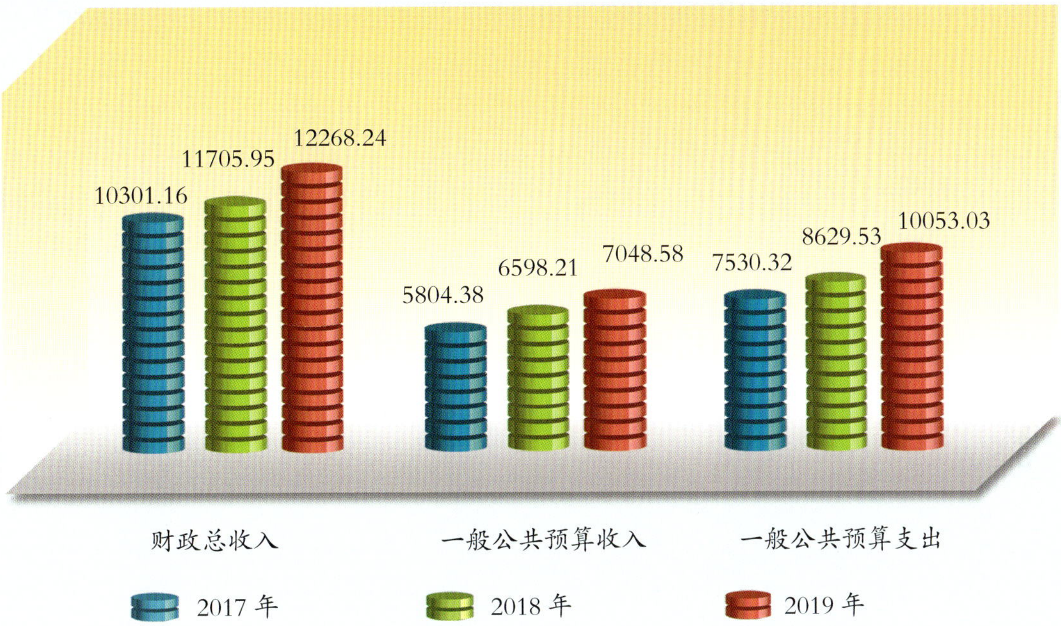

浙江省财政收支增长速度

单位：%

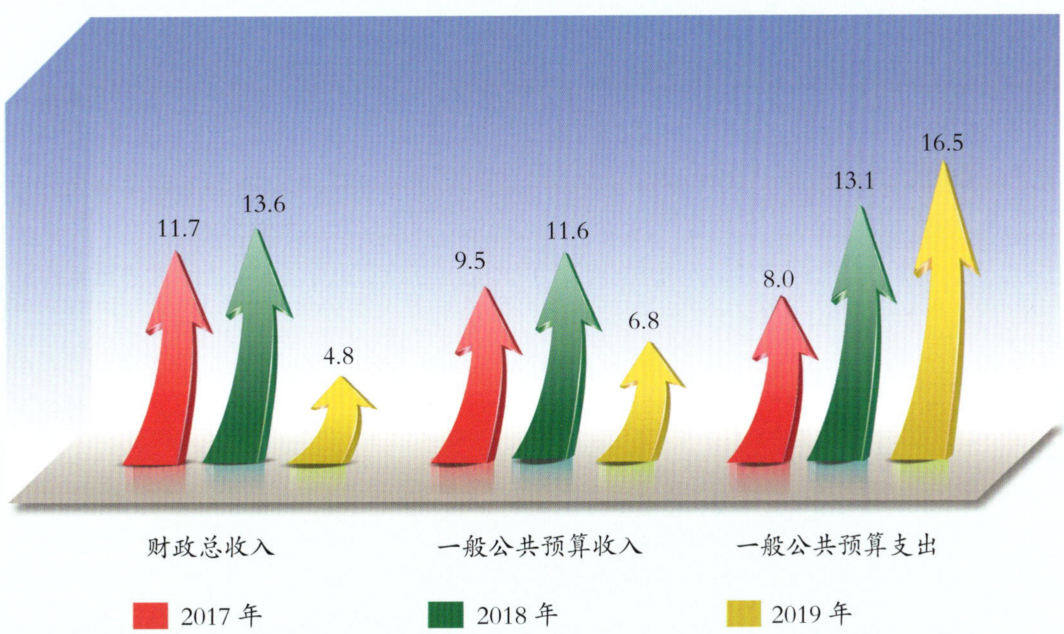

2019 年浙江省一般公共预算收入组成

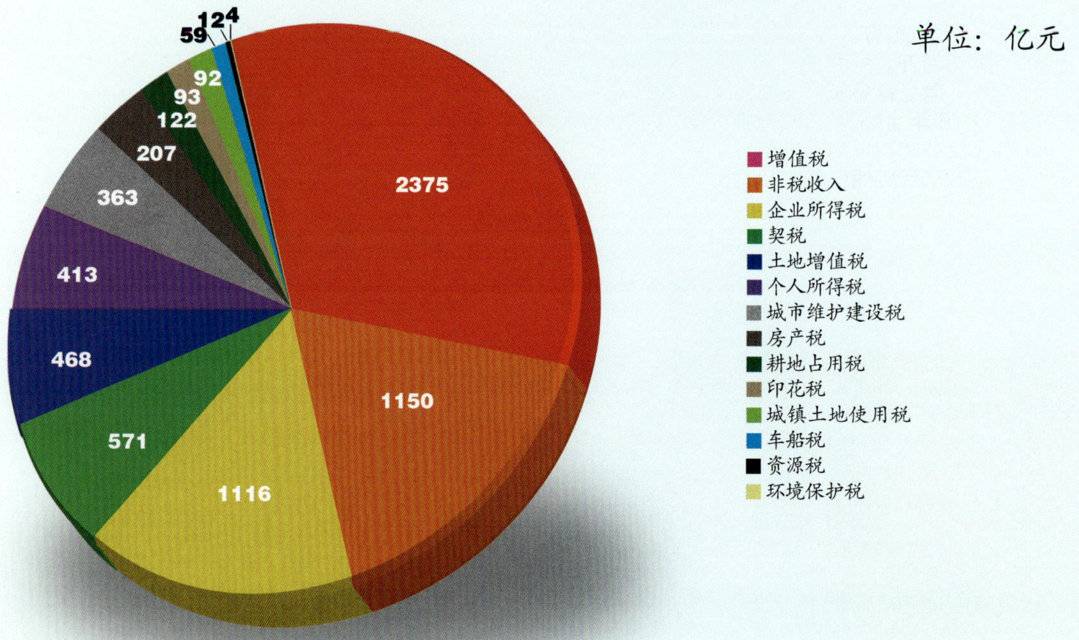

2019 年浙江省一般公共预算支出组成

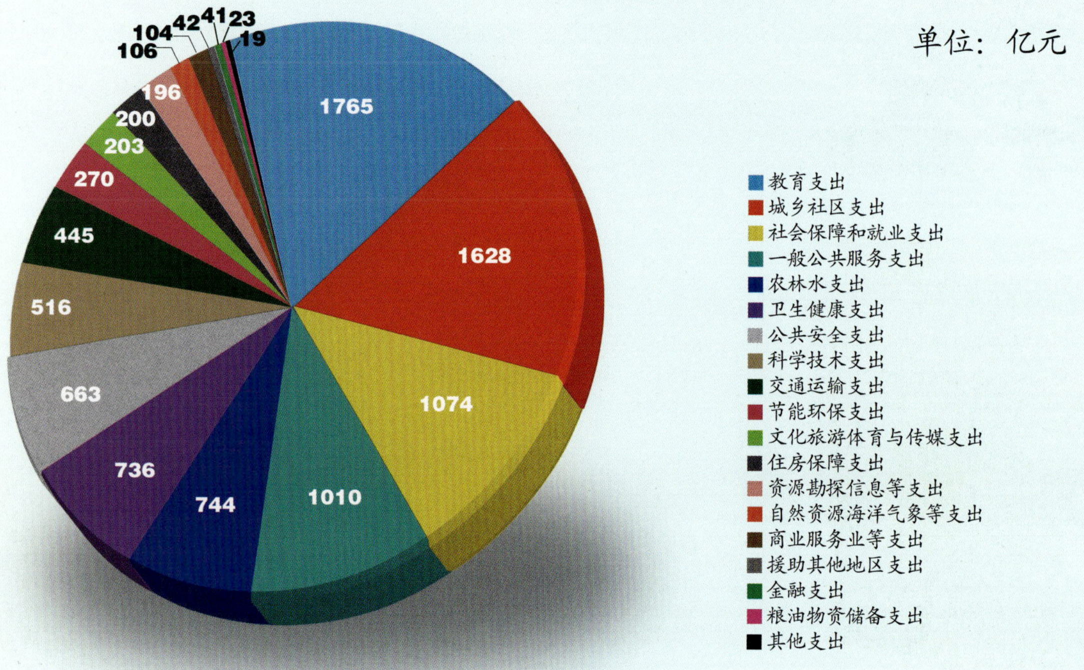

2020年1月9日，全省财政工作会议在杭州召开。中共浙江省委书记车俊、省长袁家军、常务副省长冯飞作出重要批示，充分肯定2019年全省财政工作，并就做好2020年财政工作提出明确要求。省财政厅党组书记朱忠明代表厅党组作工作报告。

国际机构、省、部领导关心浙江财政

2019年7月31日，浙江省副省长彭佳学，金砖国家新开发银行副行长兼首席运营官祝宪在嵊州签约浙江省首个金砖国家新开发银行贷款项目。

2019年8月21日，浙江省人大常委会党组书记、副主任梁黎明到省财政厅走访调研。

2019 年 5 月 28—30 日，财政部党组成员、副部长邹加怡带队赴浙江开展减税降费政策实施效果专题调研，并实地走访吉利控股集团、阿里巴巴集团以及之江实验室。

2019年10—11月，省财政厅组织由厅领导带队的10个调研组，分赴全省有关市、县（市、区）开展财政工作思路调研。各调研组通过走访企业、农村、社区，调研重点项目，走访人大代表、政协委员等多种方式，广泛听取意见，深入了解基层情况和需求，为制定财税政策、推进财政工作、完善财政体制机制积累第一手资料。

党组书记、厅长徐宇宁赴杭州调研

党组书记、厅长徐宇宁赴建德调研

党组成员、副厅长沈磊赴丽水调研

党组成员、驻厅纪检监察组组长徐首红赴温州调研

党组成员、副厅长邢自霞赴嘉兴调研

党组成员、副厅长林仁方赴台州调研

党组成员，省金控公司党委书记、董事长章启诚赴衢州调研

党组成员、副厅长章忠良赴绍兴调研

2019年6月10日—9月17日，浙江省财政厅集中组织开展“不忘初心、牢记使命”主题教育。按照“规定动作做到位、自选动作有财味”的要求，落实好学习教育、调查研究、检视问题、整改落实，检视出问题122个，形成专题民主生活会、专题研学、用好正反面典型开展教育等特色做法，实现“理论学习有收获、思想政治受洗礼、干事创业敢担当、为民服务解难题、清正廉洁作表率”的目标，受到中央指导组和省委巡回指导组的充分肯定。

6月10日，省财政厅召开“不忘初心、牢记使命”主题教育动员部署会

6月13日，省财政厅厅党组理论学习中心组参观抗日战争胜利浙江受降纪念馆，重温入党誓词

6月18日，省财政厅厅党组理论学习中心组召开“不忘初心、牢记使命”主题教育专题（扩大）会，邀请老厅长讲述老一代财政人如何践行共产党人的初心和使命

7月15日，省财政厅组织全厅处级干部主题教育应知应会知识考试

7月25日，省财政厅召开征求部分省直单位财务部门负责人意见座谈会

2019年，浙江省财政投入奖补资金29.92亿元，撬动村集体及其他社会资金17.87亿元，实施一事一议财政补助项目3655个。选择30个县开展一事一议财政奖补助推美丽乡村建设试点，重点支持连线成片创建美丽乡村示范村，推动升级版美丽乡村建设。

嘉善县北鹤村日出湖景

常山县徐村村沿溪滨水长廊

提升改造后的普陀环岛公路

云雾中的新昌县下岩贝村

“最美网红回迁村”—富阳场口东梓关村

2019 年，浙江省财政统筹安排 7.24 亿元，支持应对复杂外贸环境变化，加大对国际性展会、出口信用保险、贸易摩擦诉讼补助力度，引导跨境电子商务、外贸综合服务企业等外贸新业态发展。

中国（杭州）跨境电子商务综合试验区 · 空港园区

浙江跨境电子商务综合试验区

中国国际进口博览会

第 25 届中国义乌国际小商品博览会

首趟由英国驶往中国的中欧班列（伦敦 – 义乌）

2019 年，浙江省财政安排省扶持体育发展专项资金 4.64 亿元，支持市县承办省级群众性赛事活动、开展各类全民健身活动，促进老年体育、幼儿体育等各项群众体育发展。

海洋运动会洞窟气排球颁奖仪式

浙江省社会足球系列活动启动仪式暨五人制足球冠军联赛（台州赛区）比赛现场

太极拳公开赛（浙江站）暨“东港杯”第五届太极拳公开赛

2019 年中国气排球公开赛（青年组）在温岭市举行

第四届全国智力运动会在浙江衢州举办

浙江省第十二届幼儿体育大会开幕式暨第十一届“碧桂园”杯幼儿特色体育表演大赛在台州市椒江区体育馆举行

第三届中国·浙江体育舞蹈国际公开赛（浙江省体育舞蹈锦标赛）暨第七届台州体育舞蹈国际邀请赛于台州市路桥区文体中心拉开帷幕

2019 年，浙江省级福彩公益金投入 4 亿元，重点支持养老机构、乡镇（街道）居家养老服务中心、社区居家养老服务照料中心等建设与运营，截至 2019 年年底，全省共建社区居家养老服务照料中心 2.3 万个，实现城乡社区全覆盖。

金华市磐安县尚湖镇居家养老中心食堂

金华市金东区傅村镇居家养老中心健身房

2019 年，浙江省财政厅组织省会计领军人才“三服务”团队赴浦江县为 243 家规上民营企业开展 IPO 业务培训，并以浙江省会计学会名义与浦江县金融办签订合作协议，为浦江县企业提供 3 年免费、精准的专家服务。

省会计领军人才“三服务”专家团队服务参观浦江中宝机械有限公司

省会计领军人才专家团队浦江“三服务”专题培训大会

省会计领军人才“三服务”专家为浦江县重点企业举办税务服务讲座

省会计学会（会计领军人才委员会）与浦江县金融办举行“提振县域实体经济活力、精准服务重点民营企业”合作签约仪式

开展会计专业技术资格考试巡考

会计专业技术资格考试监控现场

2019 年，浙江省会计人员服务中心围绕财政中心工作，组织实施全省会计专业技术资格考试，为全省经济建设提供智力支持和人才保障。

开展会计专业技术资格考试考前培训

组织专家开展会计专业技术资格考试评阅卷

注册会计师、资产评估行业红色引擎网络学院启动仪式

省注协到企业送服务

2019 年，浙江省财政厅贯彻落实省委、省政府“三服务”活动精神，坚持以服务为中心，开展“三服务”“最多跑一次”“上门服务至少一次”等活动，推进注册会计师、资产评估行业党建和各项事业健康发展。

集中开展诚信专题教育

注册会计师专业阶段考试现场巡视

省注协赴山区、海岛，上门送年检

支持开展专场校院招聘会

目　录

财经文献

●省十三届人大三次会议重要文件

●省委省政府重要财经文件

●全省财政工作会议重要文件

全省财政工作

●全省财税工作

●财政分项工作

●温州市财政工作

●嘉兴市财政工作

●湖州市财政工作

● 绍兴市财政工作

● 金华市财政工作

●舟山市财政工作

●丽水市财政工作

财政统计资料

财政法规选编

财政文选

●省领导论财政

●厅领导谈财政

● 市县领导议财政

财政工作大事记

财政机构人员

附 录

● 专题经验介绍

● 调研报告精选

TABLE OF CONTENTS

财经文献

Zhejiang caizheng nianjian

省十三届人大三次会议重要文件

浙江省政府工作报告(摘要)

——2020年1月12日在浙江省第十三届人民代表大会第三次会议上

浙江省人民政府省长　袁家军

一、2019年主要工作回顾

2019年是新中国成立70周年。一年来,面对国内外风险挑战明显上升的复杂局面,在党中央、国务院和中共浙江省委的坚强领导下,省政府坚持以习近平新时代中国特色社会主义思想为指导,全面贯彻党的十九大和十九届二中、三中、四中全会精神,坚决落实习近平总书记对浙江工作的重要指示,坚持稳中求进工作总基调,坚持以供给侧结构性改革为主线,坚持"八八战略"再深化、改革开放再出发,认真执行省委各项决策部署和省十三届人大二次会议决议,深入实施富民强省十大行动计划,突出稳企业、增动能、保平安,聚焦聚力高质量发展、竞争力提升、现代化建设,以"三服务"的非常之功全力做好"六稳"工作,圆满完成了年初确定的各项目标任务。预计全省生产总值突破6万亿元、增长6.8%,一般公共预算收入增长6.8%,城乡居民收入分别增长8.3%、9.4%。良渚遗址申遗成功,进一步增添了浙江大地的厚重感和知名度。

(一)着力稳企业稳增长

实施促进民营企业高质量发展31条,民营经济增加值增长9%、出口增长10%。新一轮减税降费成效显著。全年为企业减负2280亿元。基本完成清欠工作,清欠率全国第一。深入实施投资新政,固定资产投资增长10.1%。预计进出口总额突破3万亿元大关,其中出口增长8.5%。实际利用外资134亿美元、增长7%。社会消费品零售总额增长8.6%,网络零售增长18.1%,跨境零售增长35.3%。

(二)着力打好三大攻坚战

重大风险有效防控。不良率降至0.91%。精准脱贫有力有效。低收入农户收入增长13%;低保标准实现城乡同标,最低生活保障标准达到每人每年7980元。污染治理成效明显。首个通过国家生态省建设试点验收。设区市PM2.5平均浓度为每立方米31微克,达到国家二级标准。省控断面Ⅰ—Ⅲ类水质占比91%,县级以上集中式饮用水水源地水质达标率96.7%。全面推进"垃圾革命"。

(三)着力强创新增动能

科技新政人才新政扎实推进。研发投入增长14%,新增高新技术企业4700家、科技型中小微企业11000家。新增发明专利3.4万件。新增两院院士7名。11个设区市全部实现人才净流入。新增"浙江制造"标准565个、"品字标"企业345家、上云企业6万家,在役工业机器人达到8.9万台。数字经济核心产业增加值增长15%,占地区生产总值比重10%。率先开展5G商用。首个国家新型互联网交换中心试点落户浙江,获批国家数字经济创新发展试验区。新增境内外上市公司47家、隐形冠军及单打冠军企业82家,"雄鹰行动"新培育企业68家。

(四)着力深化改革开放

"最多跑一次"改革纵深推进。全面实施"10+N"优化营商环境便利化行动。41件个人和企业全生命周期事项实现"一件事"全流程办理。政务服务事项掌上可办比例达80.5%,跑零次可办比例达97.4%,"一证通办"民生事项比例达91.4%。"亩均论英雄"改革持续深化,规上工业亩均税收30.5万元、增长8.9%,亩均增加值122万元、增长16.5%。对外开放进一步扩大,对"一带一路"沿线国家出口预计增长11%。

(五)着力落实国家战略举措

率先编制实施推进长三角区域一体化发展行动方案,启动长三角生态绿色一体化发展示范区建设。浙石化一期项目建成投产。油气储备能力达到3100万方,保税燃料油供应突破400万吨。宁波舟山港货物吞吐量连续11年蝉联世界第一。海洋经济增加值增长10%。

(六)着力推进"四大"建设

打造杭州钱塘新区、宁波前湾新区、绍兴滨海新区、湖州南太湖新区等高能级平台,首批7个"万亩千亿"新产业平台建设全面启动。制定实施诗路文化带发展规划,谋划建设十大名山公园和十大海岛公园。建成铁路杭州南站,杭州湾大桥北接线二期、甬台温沿海高速公路复线如期通车。全面取消高速公路省界收费站。萧山机场客流量突破4000万人次。加快建设杭绍甬一体化示范区,推动甬舟、嘉湖一体化发展。

(七)着力实施乡村振兴战略

农村改革全面深化。深化"三权到人(户)、权跟人(户)走"改革。新时代美丽乡村全面创建。新增A级以上景区村庄3018个。实施乡村全域土地综合整治与生态修复1140万亩。生活垃圾分类处理建制村覆盖率76%。新增522万农村人口喝上了达标饮用水。

(八)着力推进文化浙江建设

8名代表入选"最美奋斗者"。完成107个重点乡镇、1228个薄弱村公共文化服务标准化均等化建设任务。新建农村文化礼堂3282个。送戏下乡2.5万场,送书下乡345万册。文化产业增加值4600亿元、增长10%。

(九)着力保障和改善民生

依法规范民办学校办学行为。全面实行小学放学后校内托管,普惠性幼儿园覆盖率达到90%。建成县域医共体161家。

在全国残运会上取得金牌数、总奖牌数“双第一”。城镇新增就业125.7万人,城镇失业人员再就业45.4万人,城镇调查失业率4.3%。基本医疗保险参保人数达到5461万人,基本养老保险参保人数达到4230万人。棚户区改造新开工22.2万套、建成11.95万套,提前完成国家棚改新三年攻坚任务。纵深推进扫黑除恶专项斗争,打掉黑恶团伙1040个。全力以赴防御超强台风“利奇马”。生产安全事故起数下降35.7%、死亡人数下降34.2%。

(十)着力提高政府履职能力

增强“四个意识”、坚定“四个自信”、做到“两个维护”,高标准开展“不忘初心、牢记使命”主题教育。全面实施政府“两强三提高”行动计划。政府数字化转型取得突破性进展,浙里办用户超过3000万,浙政钉用户数达到123万。狠抓“基层减负年”各项任务落实,大力整治“文山会海”,压减会议41.8%、文件35.6%。

二、2020年目标任务和重点工作

2020年是高水平全面建成小康社会和“十三五”规划的收官之年。总体要求是:高举习近平新时代中国特色社会主义思想伟大旗帜,全面贯彻党的十九大和十九届二中、三中、四中全会和中央经济工作会议精神,增强“四个意识”,坚定“四个自信”,做到“两个维护”,时刻牢记和践行习近平总书记赋予浙江的“干在实处永无止境,走在前列要谋新篇,勇立潮头方显担当”新期望,紧扣高水平全面建成小康社会目标任务,坚持稳中求进工作总基调,坚持新发展理念,坚持以供给侧结构性改革为主线,坚持“八八战略”再深化、改革开放再出发,全面落实长三角一体化发展等国家战略,持续稳企业、增动能、补短板、保平安,推动经济社会平稳发展,确保高水平全面建成小康社会和“十三五”规划圆满收官,得到人民认可、经得起历史检验。

建议2020年全省经济社会发展主要预期目标为:生产总值增长6%—6.5%,在高质量基础上能快则快;研发投入强度达到2.8%;城镇调查失业率控制在5%左右;有效投资、一般公共预算收入、城乡居民收入增长与经济增长基本同步,全员劳动生产率稳步提高,能源和环境指标完成国家下达的计划目标。

具体工作中,要以“八八战略”为总纲,坚持“稳”字当头、“进”字为重、“好”字为本、“俭”字为要,深入开展“三服务”活动,全面推进富民强省十大行动计划,谋划实施一批牵一发而动全身的重大改革、重大项目、重大平台、重大政策,着力推动高质量发展、竞争力提升、现代化建设,为全国发展大局作出更大贡献。一要为发展聚力。大力发展数字经济,创新机制扩大内需。抢抓新一轮区域协调发展的重大历史性机遇,全面落实“巩固、增强、提升、畅通”八字方针,扎实做好“六稳”工作,打好高质量发展组合拳。健全逆周期调节机制,着力抓项目、扩投资、拓市场、促消费,着力推动资源要素向优势领域集中,着力建设现代化经济体系,确保经济发展稳中有进、持续向好。二要为企业赋能。以“绣花功夫”精准服务企业,突出信心赋能、创新赋能、金融赋能,创新政策供给和制度供给,提升企业创新能力与核心竞争力。大力弘扬新时代浙商精神,对民营企业真重视真关心真支持,打造市场化法治化国际化营商环境。三要为小康增色。坚决打赢精准脱贫、污染防治、金融风险防控三大攻坚战。用心办好百姓关心的“关键小事”,全力补齐短板,扎实创建新时代美丽乡村,确保高水平全面建成小康社会。四要为治理提效。以数字化转型为引领,用好省域治理现代化十招,发挥制度优势,提高治理能力。把“最多跑一次”改革蕴含的理念方法作风运用到各方面各环节,以政府有为促进市场有效、企业有利、社会有序、百姓受益。

围绕以上要求,着力抓好九个方面重点工作:

(一)全力稳企业稳增长

制定实施一批新的降本减负措施,全年为企业减负2700亿元。实施民营企业发展促进条例,保护民营企业和企业家合法财产。深入实施融资畅通工程,更好缓解民营企业和中小微企业融资难融资贵融资慢问题。加大金融风险防控化解力度,加大政策性纾困力度。深入实施省市县长项目工程,大力推动浙商回归。大力实施“六个千亿”产业投资工程。全力稳外贸稳外资。全面实施稳外贸政策,做实“订单+清单”监测预警系统,拓展多元市场,培育外贸新增长点。开拓“一带一路”新兴市场。大力发展服务贸易。着力扩大消费需求。制定实施数字生活新服务行动,推进生活性服务业数字化、传统零售企业数字化、夜间经济数字化。深入实施放心消费行动。

(二)联动推进创新强省和制造业高质量发展

实施产业链协同创新工程。培育发展数字安防、汽车及零部件、绿色石化、现代纺织等一批具有国际竞争力的先进制造业集群。推进县域特色经济“双千亿”工程和块状特色经济提升行动。深入实施数字经济五年倍增计划,大力建设国家数字经济创新发展试验区。加快培育数字产业集群。加快推进“1+N”工业互联网平台体系建设。基本建成创新型省份。加快建设“互联网+”、生命健康科技创新高地,谋划建设新材料科技创新高地。着力推动杭州城西科创大走廊平台、人才、政策、要素集聚和体制机制创新,打造面向世界、引领未来、辐射全省的创新策源地。实施科技创新尖峰、尖兵、领雁、领航四大计划。深入实施“双倍增”计划。

(三)以“四大”建设为载体推动长三角一体化发展

合力推进长三角生态绿色一体化发展示范区建设,纵深推进小洋山全域一体化开发,推进长三角联合创新基地等一批重大标志性工程,协同推进长三角港口一体化发展。加快推进“三廊四新区”建设,推动环杭州湾城市群加快发展,扎实推进大湾区标志性工程建设,加快建设“万亩千亿”新产业平台。推动衢州、丽水大花园核心区建设,串珠成链推进“四条诗路”千万级核心景区建设,有序推动景区门票降价。聚焦“三个1小时”交通圈目标,高水平建设交通强省。推进基础设施补短板项目。实现“县县通高速”。探索建立公共资源配置与常住人口规模挂钩机制,切实提升大都市区能级。推进特色小镇和未来社区建设。

(四)坚定不移深化改革、扩大开放

擦亮“最多跑一次”改革金名片。深入推进“放管服”改革,持续推进个人和企业全生命周期"一件事"全流程最多跑一次。深化亩均论英雄改革,引导资源要素向优势区域、优势产业、优势企业集中。深化标准地制度改革。全面实施公共信用工程。深入实施国有企业改革"1+6"行动。全面推进"多规合一"改革。实施竞争性的差别化政策供给,全面整合各类开发区(园区)和产业集聚区。深入推进中国(浙江)自由贸易试验区创新发展。高质量完成三年改革试点任务。着力打造大宗商品跨境贸易人民币国际化示范区。加快建设油气全产业链。积极推进自贸区扩权扩区改革。打造"一带一路"枢纽。大力推进义甬舟开放大通道建设,深化"四港"联动。

(五)加快推动生态文明示范创建

深入推进蓝天、碧水、净土、清废行动。高质量参与长江经济带建设。实施 PM2.5 和臭氧浓度"双控双减",确保全省 PM2.5 平均浓度稳定达标。深入推进"五水共治",确保Ⅲ类及以上水质断面比例达 88%,彻底消除劣Ⅴ类水质断面,确保近岸海域水质、入海河流(溪闸)断面水质达到国家考核要求。加强土壤污染防治,确保受污染耕地安全利用率达到 91%,污染地块安全利用率达到 90%以上。全面推进治废工作,开展全域"无废城市"创建。支持金华开展垃圾革命试点。全面推进生活垃圾分类系统建设,力争生活垃圾总量零增长和零填埋。全面打响工业垃圾歼灭战。

(六)加快提升文化软实力和文化产业竞争力

深入实施公民道德建设工程,深化群众性精神文明创建,力争全国文明城市设区市全覆盖。做好良渚遗址保护利用。加强文物保护和非遗传承。实施文化基因解码工程。实施"千年古城"复兴计划。全面实现基本公共文化服务标准化,完善"浙江智慧文化云"。加快推进之江文化产业带建设。建设文旅深度融合先行区。实施一批诗路文化标志性项目,推进 100 个重大文化产业项目。

(七)高标准实施乡村振兴战略

健全城乡融合发展体制机制,积极创建国家城乡融合发展试验区。发挥市场化机制,更好推动"两进两回"。建设一批省级现代农业园区、省级特色农业强镇、省级特色农产品优势区。实施地理标志农产品保护工程。压实"米袋子""菜篮子"负责制。深入实施"千万工程",培育美丽乡村示范县 10 个,建设新时代美丽乡村 5000 个。推进"百镇样板、千镇美丽"工程。实施乡村全域土地综合整治工程 500 个。建立健全自治、法治、德治、智治融合的乡村治理体系,建成善治示范村 2000 个。加快建设数字乡村。

(八)加强民生保障和社会治理

重点做好高校毕业生、退役军人、城镇就业困难人员等群体就业工作,抓好零就业家庭动态清零。深入实施低收入农户高水平全面小康计划,确保低收入农户收入增长 10%以上,低收入农户最低收入水平达到年人均 8000 元以上。启动第四轮学前教育三年行动计划,实现乡镇公办中心园全覆盖。推动城乡孩子同教育同培养。积极稳妥深化完善高考综合改革。全面推进养老、失业、工伤保险省级统筹,加强设区市基本医保制度统一和大病保险统筹。推动养老服务事业和产业全面协调发展。促进房地产市场平稳健康发展,加强房地产市场调控,发展住房租赁业,完善住房保障体系。高水平建设平安浙江。加强安全生产,切实提升本质安全水平,严防重特大事故发生。大力提升自然灾害防治能力,实施自然灾害防治重点工程,加强重点领域风险防控,加快防台防洪排涝等水利工程建设,实施海塘安澜千亿工程。创新社会治理,坚持发展新时代枫桥经验,加快推进社会治理社会化、法治化、智能化、专业化,共建"矛盾不上交、平安不出事、服务不缺位"的社会治理共同体。

(九)全面提升政府治理效能

全面加强政治建设,学懂弄通做实习近平新时代中国特色社会主义思想,把不忘初心、牢记使命作为永恒课题、终身课题,增强"四个意识"、坚定"四个自信"、做到"两个维护",坚决贯彻党中央、国务院和省委决策部署,始终做到初心如磐、使命在肩。完善行政权力运行监督机制,依法接受人大监督,自觉接受政协民主监督,加强审计监督、司法监督、群众监督、舆论监督。以百姓之心为心,推进"三服务"制度化长效化,以看得见的变化回应群众期盼。坚持政府过紧日子,严格控制和压减一般性支出,非刚性、非重点项目支出压减不低于 10%,日常公用经费支出压减不低于 5%,三公经费压减不低于 5%。深入推进政府数字化转型,大力推进浙里办、浙政钉功能集成优化,打造高效协同的整体政府。基本建成法治政府。加强廉洁政府建设,营造风清气正、干事创业、担当作为的政治生态。科学编制"十四五"规划。

关于 2019 年全省和省级预算执行情况及 2020 年全省和省级预算草案的报告

——2020 年 1 月 12 日在浙江省第十三届人民代表大会第三次会议上

浙江省财政厅

一、2019 年预算执行情况

2019 年,全省各地各部门以习近平新时代中国特色社会主义思想为指导,全面贯彻党的十九大和十九届二中、三中、四中全会精神,坚持稳中求进工作总基调,认真执行省委、省政府重大决策部署和省十三届人大二次会议决议,严格落实预算法和浙江省预算审查监督条例,聚焦高质量发展、竞争力提升、现代化建设,优化制度供给,强化政策保障,扎实推进稳企业增动能保平安等各项工作。全省和省级财政预算执行情况良好,促进了全省经济社会持续健康发展。

(一)2019 年重点财政收支政策执行情况

1. 聚焦稳企业稳增长,促进经济平稳健康运行

一是积极落实新一轮减税降费政策。第一时间按照"顶格

优惠+叠加享受”的原则,落实好小微企业普惠性减税、增值税大规模减税、个人所得税改革、社保费减负等各项减税降费政策,用足用好增值税留抵退税政策,全省累计新增减税降费2000亿元以上。按50%幅度顶格减征文化事业建设费,为企业新增减负6.60亿元;停征小型水库移民扶助基金,连同国家重大水利工程建设基金降标政策,累计可减负16.70亿元;取消政府采购投标保证金、鼓励减免履约保证金和推行保函替代现金,为供应商减少资金占用80亿元以上,有效提振市场主体信心。

二是助力民营经济健康发展。全力保障民营经济高质量发展31条政策举措落地实施,优化民营经济发展环境。积极发挥融资担保作用,制定担保风险补偿办法,2019年省担保集团累计担保额达225亿元。出台促进企业融资财政激励办法,鼓励金融机构加大对中小微企业的融资力度,缓解企业融资难融资贵问题。组建首期规模100亿元的省上市公司稳健发展支持基金,纾解我省上市公司股权质押风险,已落地两单纾困项目。整合设立5亿元的省中小企业发展专项资金,重点支持20个县(市、区)首批小微企业园建设提升以及中小企业公共服务体系、中小企业投融资服务体系建设。实施中小微企业政府采购优惠政策,中小微企业合同金额占比超过80%。

三是精准撬动社会有效投资。加快政府产业基金2.0版运作,安排政府产业基金增资20亿元,整合设立总规模251亿元的省转型升级产业基金,推进组建数字经济等7支主题基金,引导社会资本加大对省市县长工程等重大产业项目及创业创新领域的投资。目前,省级政府产业基金已储备项目38个,计划投资95亿元,预计撬动社会资本450亿元以上。支持省金控公司与中国联合实业公司共同组建100亿元的未来社区建设投资基金,参与组建国家集成电路基金(二期)、国家制造业转型升级基金、国企改革“双百行动”发展基金。全年发行新增地方政府债券1538亿元,提前两个月完成债券发行任务,带动有效投资,切实发挥了支持稳投资、扩内需、补短板等工作。

四是支持外贸、外资和消费稳定发展。安排7.24亿元支持外经贸发展,重点促进境外外经贸服务体建设、电子商务创新发展等,引导跨境电子商务、外贸综合服务企业等外贸新业态发展。加大对国际性展会、出口信用保险补助、贸易摩擦诉讼支持力度,推动外贸平稳增长。保障稳定外贸发展20条新政实施,支持做好预警系统建设,加强外贸预警监测能力。支持传统批发零售业改造提升。

2. 聚焦防风险促发展,支持打好三大攻坚战

一是切实防范化解地方政府债务风险。严格按照融资平台公司转型“四条标准”,推进481家融资平台公司完成实体化市场化转型。建立全口径债务动态监测机制,对全省各级地方政府及其部门、融资平台公司、国有企业的全口径债务进行全面动态监控。扩大土地储备出让预算管理制度改革试点范围,实现土地储备出让“全生命周期管理、全过程动态平衡、全方位风险管控”。

二是积极保障打好精准脱贫攻坚战。全省筹措资金61.01亿元支持东西部扶贫协作和对口支援。安排消除集体经济薄弱村及财政专项扶贫资金10.18亿元,促进加快发展地区农民收入增长、民生水平提升和内生功能增强,全面消除集体经济年收入不足10万元的薄弱村。做好扶贫资金动态监控工作,提升扶贫资金预算绩效。安排3.85亿元重点支持9个省级山海协作产业园提升工程和16个山海协作生态旅游文化产业园建设。

三是积极保障打好污染防治攻坚战。大力支持实施生态文明新政,安排绿色发展财政奖补资金122亿元,助力高质量建设美丽浙江。其中,安排18亿元支持实施“两山(二类)”建设财政专项激励政策,支持18个县(市、区)推进区域经济社会的协调发展和生态环境的协同保护。安排5亿元支持新能源汽车推广应用、充电基础设施建设以及重大项目实施。安排环境保护专项资金13.12亿元,支持污染治理和生态环境保护。争取中央资金10亿元支持钱塘江源头区域山水林田湖草生态保护修复工程国家级试点工作。实施涵盖全省八大水系干流的省内流域上下游横向生态补偿机制。安排9.72亿元支持城镇污水垃圾处理基础设施建设。安排2.70亿元和地方政府债券3.28亿元支持小城镇环境综合整治,提前完成全省1191个小城镇环境综合整治任务。

3. 聚焦强创新增动能,助力制造业高质量发展

一是支持科技新政和人才新政。按照全面实施“一强三高十联动”科技新政的要求,安排11亿元支持之江实验室重大基础研究项目实施、大科学装置建设、高层次人才团队引进、基础设施建设等。安排4.50亿元支持杭州城西科创大走廊建设。安排7.95亿元支持两批25个市县创建省级产业创新服务综合体。落实重点人才项目资金保障,支持“千人计划”“万人计划”“绩励计划”。安排1亿元支持企业领军型创新创业团队。安排自然科学基金2.25亿元,支持青年科研人员开展基础研究和应用基础研究。

二是助推制造业转型升级。安排18亿元实施振兴实体经济(传统产业改造)财政专项激励政策,支持18个县(市)推进传统制造业数字化改造和新兴产业发展。安排工业与信息化发展财政专项资金2.20亿元,支持低效企业改造提升、重点产业培育发展、国家新型工业化示范基地等重点领域开展试点示范。安排2.35亿元支持实施“品字标”品牌建设、标准化战略、知识产权管理等专项政策。加大政府采购对创新产品支持力度,在政采云平台上线制造(精品)馆,鼓励优先采购创新产品。

三是支持数字经济发展。助力获批国家数字经济创新发展试验区,筹措数字经济财政专项激励资金10亿元,大力推进数字经济核心产业、制造业数字化改造,以及制造业创新中心、工业互联网平台开发应用等。安排9.51亿元重大科技专项经费,聚焦事关全省产业发展重大项目,着力解决制约全省新兴产业发展和公共领域的重大关键核心技术与应用示范问题。省转型升级产业基金出资30亿元组建数字经济产业投资基金,支持集成电路、5G、大数据、物联网、人工智能等重大产业项目建设。

4. 聚焦强统筹促发展,保障国家战略举措和“四大”建设

一是助力长三角一体化发展战略实施。建立长三角一体化发展激励政策,引导市县高质量推动长三角一体化发展。积极

推动政采云平台在长三角地区的运用，由省金控公司联合蚂蚁金服设立浙江金蚂股权投资管理有限公司，孵化培育一批具有核心竞争力的数字经济、数字金融领域优秀企业，培育繁荣数字创业新生态。浙皖两省分别安排2亿元，开展第三轮新安江流域上下游生态补偿。深化海洋经济示范区建设，支持中国（浙江）自由贸易试验区绿色石化产业发展。加大绿色保险保费补贴力度，推动湖州、衢州绿色金融改革创新试验区建设。

二是支持“四大”建设。安排省海洋（湾区）经济发展专项资金20亿元，深入推进海洋经济发展示范区建设。争取蓝色海湾整治行动项目中央补助资金5.26亿元，改善海洋环境质量。安排诗画浙江建设资金5亿元支持诗路文化带建设。争取中央补助129.88亿元，省级安排96.94亿元，支持公路、水运、民航等交通基础设施建设和养护，构建省域、市域、城区“1小时”交通圈。增加省交通集团资本金30亿元，支持大通道建设。安排8亿元支持设区市区域统筹协调发展和基本公共服务均等化，推进大都市区建设。争取中央基建投资71.54亿元，省级安排55.51亿元，支持政府投资基础设施建设。安排46.97亿元支持城镇保障性安居工程建设，促进城市、乡村、园区有机更新。

5. 聚焦强产业优环境，助力乡村振兴战略实施

一是支持深化农村改革。按进度落实省乡村振兴投资基金财政出资7.52亿元，引导社会资本投入乡村振兴。建立健全乡村振兴绩效提升奖补机制，安排8亿元支持20个县开展省级乡村振兴产业发展示范建设。安排3.53亿元落实生猪产业等畜牧业转型升级和防疫体系建设。增加省农业融资担保有限公司资本金2亿元，创新“浙里担”模式，为超1.5万户农业主体提供近40亿元的融资担保服务，支持省级政策性农信担保机构做大做强。落实村干部报酬正常增长机制，安排村主职干部基本报酬补助12.97亿元。安排1.49亿元支持各地开展村级组织活动场所（党群服务中心）建设提升行动。安排3亿元支持新建农村文化礼堂3000个。安排一事一议财政奖补政策资金10.13亿元，支持农村综合改革和“三治融合”的乡村治理体系建设。支持推进资金进乡村、科技进乡村、青年回农村、乡贤回农村。

二是保障新时代美丽乡村创建。安排11.12亿元支持深化“千村示范、万村整治”工程，推进村庄环境整治、省级休闲乡村和农旅一体化平台建设。安排2.21亿元支持全省136个村启动实施美丽宜居示范村试点。安排5.46亿元支持田园综合体建设。安排“百项千亿防洪排涝工程”省级补助资金37.53亿元，实施项目66个，支持防洪排涝能力提升。安排9.92亿元支持各地按时完成全年新增410万农村居民饮用水达标提标任务。安排“四好农村路”建设奖补资金6亿元和农村公路小修保养资金2亿元，支持农村交通基础设施建设。安排省级造地改田资金38.21亿元用于土地整治、基本农田保护、垦造耕地等。

6. 聚焦补短板增成色，保障文化浙江建设和民生事业发展

一是支持文化浙江建设。安排3.47亿元支持省自然博物院安吉馆区、小百花艺术中心顺利开馆运行，推进之江文化中心等重大文化体育设施建设。安排文化产业发展专项资金2亿元，支持文化产业繁荣发展。安排省文化产业投资集团资本金6.10亿元，构建文化产业发展投融资平台。组建规模20亿元的省文化产业投资基金，引导社会资本投资文化产业、参与文化企业创新发展。支持实施世界级文化遗产培育申报，助力良渚古城遗址申遗成功。安排基本公共文化服务专项资金6.77亿元，推进基本公共文化服务标准化均等化。

二是支持教育事业发展。安排30.86亿元支持省重点高校建设、省一流学科建设、省重点暨优质高职院校建设，提高省属高校生均拨款定额标准至11500元/学生。安排3.22亿元支持西湖大学建设。安排民办教育发展资金3.41亿元，支持各级各类民办学校发展。落实义务教育教师基本工资保障政策，统筹安排义务教育经费保障机制补助35亿元，学生资助资金6亿元，兑现省对市县学前生均经费奖补资金0.30亿元。安排7.60亿元支持各地改善基础教育办学条件，提升基础教育发展水平，其中安排1亿元支持“智慧教育”模式试点。

三是支持卫生健康事业发展。安排城市优质医疗资源下沉奖补资金2.47亿元，新增安排医共体建设奖补资金2.02亿元，支持全省70个县（市、区）组建161家县域医共体。安排农村巡回医疗车补助资金0.60亿元，促进村级卫生服务全覆盖。安排基本公共卫生服务补助资金15.69亿元，提高财政补助标准至年人均69元。安排0.74亿元支持基层医疗卫生机构补偿机制改革。统筹安排公立医院综合改革奖补资金3.45亿元。安排现代养老服务体系建设补助资金8.25亿元，支持提升社会养老服务能力和水平。

四是支持社会保障事业发展。安排10.49亿元支持就业创业促进工作。全省从失业保险基金结余中统筹安排86.90亿元，支持实施职业技能提升行动计划（2019-2021年）。安排1亿元高技能人才专项资金，支持打造“浙江工匠”。安排城乡居民基本养老保险补助资金51.94亿元，出台城乡居民基本养老保险待遇确定和基础养老金正常调整机制。安排基本养老保险激励奖补资金2.50亿元，强化养老保险工作目标责任考核。安排城乡居民基本医疗保险补助资金52.89亿元，提高财政补助标准至年人均540元，提高城乡居民大病保险筹资标准至人均55元。安排医疗救助补助资金4.76亿元。安排困难群众生活救助资金25.11亿元，全省城乡居民人均低保标准达到814元/月，位列全国前列。6次启动困难群众基本生活价格补贴机制，确保困难群众生活水平不因物价上涨而降低。安排困难残疾人生活补贴和重度残疾人护理补贴资金9.90亿元，新增安排1.65亿元支持残疾人事业发展和残疾人服务能力提升。加强退役军人服务保障体系建设，提高部分优抚对象等人员抚恤和生活补助标准。争取中央资金并筹集省级救灾资金25.01亿元支持“利奇马”等重大自然灾害灾后重建。

7. 聚焦可持续优绩效，加快建立现代财政制度

一是加强财政收支管理，实现财政运行高质量。强化收支形势分析研判，确保财政收支在合理区间平稳健康运行。加强市县财政收支运行监测和分析，及时发现并解决苗头性倾向性

问题。建立县级“三保”预算编制事前审核机制，从源头防范财政运行风险。加强市县财政困难程度和财政保障能力综合评价，有针对性地加大转移支付力度，确保不发生“三保”支出风险。积极保障民生事业发展，全省财政支出增量的三分之二以上用于民生。坚持政府带头过“紧日子”，大力压减一般性支出，2019年全省压减非刚性、非重点项目支出6.9%。

二是坚持“全省一盘棋”，促进预算管理高绩效。构建全省集中财力办大事财政政策体系，出台相关指导意见，组织开展“政策宣讲辅导月”活动，全省各市县均已构建本地区集中财力办大事财政政策体系，形成政策合力、资金合力和工作合力。制定浙江省全面落实预算绩效管理三年行动计划(2019－2021年)，推进“全方位、全过程、全覆盖”的预算绩效管理体系建设。建立事前绩效评估机制，实现绩效管理关口前移。强化绩效目标管理，建立覆盖114个部门的12260条绩效指标库，扩大绩效评价范围。深化部门整体绩效预算改革，积极探索建立政府预算绩效管理体系。

三是推进财政数字化转型，助力治理能力高水平。按照创建“掌上办事之省”和“掌上办公之省”的要求，做好“8+13”政府数字化转型重大项目和创新项目落地。加强国库集中支付动态监控，防范和控制支付风险。政采云平台推广到九省三市496个市县区，交易规模达5143.89亿元。统一公共支付平台累计接入收入项目200余项，通过平台办理教育收费、城乡居民社保缴费及交通违法缴款等业务1.71亿笔，资金超过6157亿元，90%以上的缴款业务在网上“零见面”办理。推出全国首个区块链电子票据平台，全省共507家公立医疗机构实行医疗电子票据改革，累计开票1.5亿张、565亿元。开发地方政府性债务风险预警与处置系统，对全省7000多家国有独资或控股企业融资情况进行监控，充分发挥“鹰眼护航”的作用。

与此同时，认真办理人大代表建议。在省十三届人大二次会议上，人大代表共提出与财政相关的建议221件(其中主办11件)，根据会议决议精神，省财政厅严格落实办理责任，认真开展调查研究，主动、及时与代表沟通，按时办理完毕，满意率达100%。主办件中，所提问题及建议已经解决或列入计划逐步解决的占90.9%。如根据金50号提出的推进和监督上下游生态补偿机制落实的建议，积极研究，多措并举，推动省内流域横向生态补偿机制尽快落地生根，对率先建立横向生态补偿机制的上下游地区进行奖补，鼓励更多市县尽早开展流域上下游横向生态补偿工作。截至年底，全省共有38对43个县(市、区)成功签订跨流域横向生态补偿协议。

(二)2019年预算收支执行情况

1. 一般公共预算执行情况

(1)全省

2019年全省一般公共预算收入7048.00亿元，增长6.8%；全省税收收入5898.17亿元，增长5.6%，占一般公共预算收入的83.7%，收入质量位居全国前列。加上转移性收入4463.89亿元，收入合计11511.89亿元。全省一般公共预算支出10052.99亿元，完成调整后预算的112.9%，剔除新增地方政府一般债务安排的支出等因素，增长7.6%；加上转移性支出1458.90亿元，支出合计11511.89亿元。收支相抵，全省一般公共预算收支平衡。

(2)省级

2019年省级一般公共预算收入342.92亿元，增长5.1%；加上转移性收入3612.35亿元，收入合计3955.27亿元。省级一般公共预算支出639.84亿元，剔除预备费安排用于“利奇马”台风转移支付救灾等因素，完成调整后预算的100.0%，剔除2019年提前下达新增地方政府一般债务安排的支出等因素，增长5.0%；加上转移性支出3315.43亿元，支出合计3955.27亿元。收支相抵，省级一般公共预算收支平衡。

2. 政府性基金预算执行情况

(1)全省

2019年全省政府性基金预算收入10607.82亿元，增长21.4%，增长较快，主要是国有土地使用权出让收入和其他政府性基金收入增加较多；加上转移性收入1621.17亿元，收入合计12228.99亿元。全省政府性基金预算支出10388.89亿元，完成调整后预算的133.0%，增长15.2%；加上转移性支出1840.10亿元，支出合计12228.99亿元。收支相抵，全省政府性基金预算收支平衡。

(2)省级

2019年省级政府性基金预算收入34.47亿元，下降58.0%，收入下降，主要是按规定将部分政府性基金收入转列一般公共预算；加上转移性收入1406.19亿元，收入合计1440.66亿元。省级政府性基金预算支出196.35亿元，完成调整后预算的103.8%，增长106.6%；加上转移性支出1244.31亿元，支出合计1440.66亿元。收支相抵，省级政府性基金预算收支平衡。

3. 国有资本经营预算执行情况

(1)全省

2019年全省国有资本经营预算收入92.19亿元，增长13.4%；加上转移性收入13.59亿元，收入合计105.78亿元。全省国有资本经营预算支出58.43亿元，完成预算的89.6%，增长16.7%；加上转移性支出47.35亿元，支出合计105.78亿元。收支相抵，全省国有资本经营预算收支平衡。

(2)省级

2019年省级国有资本经营预算收入44.96亿元，增长23.2%；加上转移性收入6.62亿元，收入合计51.58亿元。省级国有资本经营预算支出31.63亿元，完成预算的88.2%，增长39.2%；加上转移性支出19.95亿元，支出合计51.58亿元。收支相抵，省级国有资本经营预算收支平衡。

4. 社会保险基金预算执行情况

(1)全省

2019年全省社会保险基金预算收入4878.21亿元，增长1.4%；加上转移性收入384.00亿元，收入合计5262.21亿元。全省社会保险基金预算支出4933.84亿元，完成预算的101.7%，增长12.4%；加上转移性支出497.00亿元，支出合计5430.84亿元。

收支相抵,全省社会保险基金预算本年收支赤字 168.63 亿元。

(2)省级

2019 年省级社会保险基金预算收入 198.73 亿元,下降 5.7%;加上转移性收入 476.05 亿元,收入合计 674.78 亿元。省级社会保险基金预算支出 166.88 亿元,完成预算的 97.3%,下降 2.8%;加上转移性支出 567.62 亿元,支出合计 734.50 亿元。收支相抵,省级社会保险基金预算本年收支赤字 59.72 亿元。

5. 经批准举借债务的规模、结构、使用、偿还情况

(1)举借规模

①全省

2019 年,全省地方政府债务限额 13168.00 亿元,比上年多争取新增地方政府债务限额 1538.00 亿元。在批准的限额内,发行地方政府债券 2243.87 亿元,其中:新增债券 1538.00 亿元,再融资债券 705.87 亿元。

②省级

省级债务限额为 574.73 亿元,当年新增限额 204.50 亿元。

(2)结构

①全省

截至 2019 年末,全省地方政府债务余额为 12309.82 亿元,其中:一般债务 6200.88 亿元,占 50.4%;专项债务 6108.94 亿元,占 49.6%。

②省级

省级债务余额为 574.73 亿元,其中:一般债务 241.83 亿元,占 42.1%;专项债务 332.90 亿元,占 57.9%。

(3)使用

①全省

2019 年,全省新增地方政府债券 1538.00 亿元,其中:用于交通运输 306.81 亿元(其中:政府收费公路 176.00 亿元),占 19.9%;市政建设 99.53 亿元,占 6.5%;土地储备 395.00 亿元,占 25.7%;棚户区改造等保障性住房建设 538.00 亿元,占 35.0%;生态建设和环境保护 36.72 亿元,占 2.4%;农林水利建设 40.70 亿元,占 2.6%;教育、科学、医疗等社会事业 121.24 亿元,占 7.9%。

②省级

省级新增债券 204.50 亿元,其中:用于交通运输 199.00 亿元,教育 4.50 亿元,医疗卫生等社会事业 1.00 亿元。

(4)偿还

①全省

2019 年,全省财政共安排还本支出 725.02 亿元,其中,一般债务还本支出 361.89 亿元,专项债务还本支出 363.13 亿元,均用于偿还存量政府债务。

②省级省级无到期债务,因此,无还本支出。

这一年来取得的成绩,是习近平新时代中国特色社会主义思想指引的结果,是党中央、国务院和省委、省政府坚强领导的结果,是省人大、省政协及代表委员们监督指导的结果,是全省人民共同努力的结果。同时,也要清醒地看到,在财政管理过程中还面临一些困难和挑战,如集中财力办大事政策个别项目执行率较低、专项转移支付资金部分绩效目标编制不规范、政府购买服务预算管理有待加强等。对此,财政部门认真研究,积极采取有力措施切实加以解决。

二、2020 年预算草案

(一)2020 年财政经济形势

当前,浙江省经济运行保持总体平稳、稳中有进的发展态势。但预计 2020 年发展环境比 2019 年更为复杂严峻,受经济下行压力持续增大等因素影响,财政收入增长动力减弱,大规模减税降费政策带来的减收效应持续释放,预计 2020 年财政收入增长将继续放缓。同时,统筹推进稳增长、促改革、调结构、惠民生、防风险、保稳定工作,做好"六稳"工作,以及打赢三大攻坚战、实施富民强省十大行动计划,对财政支出提出更高要求,实现财政收支平衡的压力进一步加大。各地各部门要进一步强化政府带头过"紧日子"的思想,勤俭办事,厉行节约,压减一般性支出,切实将财政资金用到保障经济社会发展的重大改革、重大项目、重大平台、重大政策上,集中财力办大事。

(二)2020 年财政预算编制的指导思想

2020 年是高水平全面建成小康社会和"十三五"规划的收官之年,既是决胜年,又是攻坚年。按照中央和省委对经济工作的总体部署以及财政改革总体要求,根据 2020 年度全省经济社会发展目标、国家宏观调控总体要求和跨年度预算平衡的需要,结合对 2020 年财政经济形势的分析和预测,并参考上年度执行情况,全省 2020 年财政预算编制的指导思想是:深入贯彻习近平新时代中国特色社会主义思想和党的十九大及十九届二中、三中、四中全会精神,紧扣高水平全面建成小康社会目标任务,提高政治站位,强化政治担当,坚持稳中求进工作总基调,坚持新发展理念,坚持以供给侧结构性改革为主线,坚持"八八战略"再深化、改革开放再出发,围绕稳企业、增动能、补短板、保平安,推动积极财政政策提质增效,落实政府过"紧日子"要求,坚持"以收定支"原则,厉行节约,反对浪费,调整优化支出结构,加快构建具有浙江特色的现代财政制度体系,将"财为政服务"落实到财政工作全过程,当好助推省域治理现代化的排头兵。

(三)2020 年重点财政收支政策

1. 支持稳企业稳增长

一是精准施策稳企业。强化财税政策的逆周期调节,继续推动减税降费政策落地见效。用足用好增值税留抵退税政策,做到应退尽退,切实缓解企业资金压力。探索开展财政支持民营和小微企业金融服务综合改革试点,引导金融机构"支小助微"。安排 4.40 亿元参与组建之江新实业公司,助力产业转型发展。安排 5 亿元支持中小企业发展,提升竞争力。落实好融资担保风险补偿政策,增加省担保集团资本金 10 亿元,增强融资担保行业稳健发展及"分险增信"作用。加快凤凰行动投资基金、金融稳定投资基金项目落地。深化"政采贷"*、履约保函等金融服务,建立政府采购预付款制度,降低供应商融资门槛和成本。

二是支持扩大有效投资。加快推进政府产业基金 2.0 版项目落地,安排政府产业基金增资 30 亿元,比上年增加 10 亿元,加

快各主题基金实质性运作,引导社会资本加大对重大产业项目及创业创新领域的投资。规范 PPP 模式应用和管理,加强项目监管和政策解读。积极争取中央新增地方政府债务限额,加快债券发行使用进度。按照全国人大常委会有关决定,提前下达 2020 年新增地方政府债务限额 876 亿元,支持重大战略实施和重点项目建设。

三是支持稳外贸、稳外资、扩消费和打造“一带一路”枢纽。贯彻落实新一轮稳外贸 20 条政策举措。安排国际性展会补助资金,大力开拓“一带一路”沿线等新兴市场。支持实施产业集群跨境电商发展试点专项激励。支持企业参与出口信用保险,降低企业出口收汇风险。进一步加大对贸易摩擦应诉的支持力度。新增安排进口贴息资金,大力促进关键技术和重要产品进口。支持发展零售新业态、新模式,推动传统零售企业数字化转型。

2. 支持创新强省和制造业高质量发展

一是支持提升制造业竞争力。2020—2022 年,省财政每年安排 18 亿元实施制造业高质量发展示范县(市、区)创建财政专项激励政策,支持打造一批制造业高质量发展示范样板。支持实施产业链协同创新项目计划。支持产业创新服务综合体建设。支持技术创新引领、创新基地和人才建设。支持首台套产品奖励及保险补偿和首批次新材料保险补偿。

二是支持全力推进数字经济“一号工程”。继续安排 10 亿元实施数字经济财政专项激励,重点支持数字经济核心产业、传统制造业数字化改造提升,以及工业互联网平台开发应用等,并加大对智能化技术改造支持力度,全力推动数字产业化、产业数字化,以数字经济为主线,引领实体经济向更高形态演进。

三是支持创新型省份建设。支持之江实验室和浙江省实验室建设,打造“互联网+”全球产业科技创新高地。加大对产业关键核心技术攻关的支持力度。继续支持杭州城西科创大走廊建设。支持“千人计划”“万人计划”“绩励计划”,支持顶尖人才“鲲鹏行动”计划。新增安排 2.65 亿元支持中国科学院肿瘤与基础医学研究所建设。落实引进国内外著名高校合作办学省级引导专项资金政策,支持中法航空大学建设。

3. 支持以“四大”建设为载体推动长三角一体化发展

一是支持长三角一体化发展。与上海市、江苏省、安徽省共同推动组建规模 300 亿元的长三角一体化发展投资基金并运作实施。安排长三角一体化奖补资金 1.80 亿元,比上年增加 0.80 亿元,加大对长三角一体化的支持力度。落实新安江流域横向生态补偿第三轮试点,继续安排 2 亿元支持新安江流域上下游生态补偿,探索与江苏省开展太湖上下游横向生态补偿试点。安排首期出资 2.40 亿元,参与组建国家绿色发展基金。推进长三角地区政府采购“区域一张网”战略合作。积极推广应用政采云平台,以医疗电子票据跨省报销试点为突破口,推动建立长三角财政电子票据信息共享与运用机制。

二是支持“四大”建设提速提质。推进“三廊四新区”建设,支持大湾区标志性工程和钱塘江金融港湾建设。继续安排 20 亿元支持海洋(湾区)经济发展。支持加快打造十大海岛公园。建立淳安特别生态功能区和丽水生态产品价值实现机制试点的支持政策,试行湿地生态补偿机制。筹集省级资金 82.53 亿元,支持公路、水运、民航等交通基础设施建设。继续增加省交通投资集团资本金 20 亿元支持大通道建设。安排 8 亿元落实设区市区域统筹发展财政专项激励政策,引导设区市加大对所辖县(市)基本公共服务均等化的支持力度。新增安排 2 亿元加快推进城镇老旧小区改造。发挥未来社区建设投资基金放大效应,推动未来社区增点扩面。

4. 支持打赢三大攻坚战

一是支持打赢精准脱贫攻坚战。全省筹措资金 63.33 亿元,比上年增加 2.32 亿元,继续支持东西部扶贫协作和对口支援,督促指导帮扶地区规范资金使用,提高资金绩效。支持高质量打赢脱贫攻坚战,深化全省“消薄”攻坚提升行动,安排 10.19 亿元扶持壮大村集体经济发展和低收入农户增收。继续安排 3.85 亿元支持省级山海协作产业园提升工程和山海协作生态旅游文化产业园建设。规范提升扶贫异地搬迁补助政策,重点向低收入农户倾斜。深入推进财政扶贫资金动态监控,提升扶贫资金使用绩效。

二是积极防控地方政府债务风险。妥善处理好促发展和防风险的关系,充分发挥地方政府债券带动有效投资支持补短板扩内需的积极作用。深入实施防范化解地方政府性债务风险专项行动,督促各地按照既定计划稳妥有序化解存量隐性债务,使风险等级保持在合理区间。加强债务风险源头管控,开展政府投资项目立项前财政承受能力和债务风险评估。推进地方政府性债务风险“鹰眼护航”预警与处置系统优化升级,健全全口径债务监测系统管理制度。按照融资平台公司实体化市场化转型实施意见规定的时间节点和目标任务,加快推进融资平台公司转型。

三是支持打赢污染防治攻坚战。推进生态文明示范创建,安排 136.55 亿元,比上年增加 14.55 亿元,实施新一轮绿色发展财政奖补机制,完善财政保障政策。其中,安排 19 亿元,比上年增加 1 亿元,实施新一轮“两山(二类)”建设财政专项激励政策。争取中央资金 10 亿元,继续开展山水林田湖草生态保护修复工程试点。安排 8.72 亿元支持城镇生活垃圾处理设施和污水基础设施建设,支持美丽城镇建设。安排环境保护专项资金 11.88 亿元,支持高标准打好治水治气治土治废硬仗和蓝天、碧水、净土、清废“四大行动”。

5. 支持高标准实施乡村振兴战略

一是支持加快乡村产业振兴。安排乡村振兴绩效提升奖补资金 16.07 亿元,支持示范建设县推进乡村智慧化发展、农业绿色发展和城乡融合发展。安排 17.52 亿元继续出资省乡村振兴基金,加快推进有效运作,鼓励引导社会资本投入乡村振兴领域。安排 1 亿元支持省级现代农业园区创建。安排农村高质量发展资金 28.82 亿元,比上年增加 4.20 亿元,落实提升农民素质工程、粮食生产扶持、生猪产业高质量发展扶持、乡村产业融合绿色发展等政策。

二是支持创建新时代美丽乡村。安排水利建设与发展资金 82.42 亿元,大力支持防台防洪排涝等水利工程、海塘安澜千亿工程建设等，加快推进农村居民饮用水达标提标行动，支持中央水系连通及农村水系综合整治试点工作。安排8亿元继续支持“四好农村路”建设和农村公路小修保养。安排3.75亿元，比上年增加1.54亿元，支持农村困难家庭危房改造和示范村建设。

三是支持创新乡村治理。安排基层组织建设资金19.61亿元，做好村干部基本报酬、村级组织运转、社区工作、村级组织活动场所（党群服务中心）建设等经费保障。安排3亿元继续支持农村文化礼堂建设。安排1.96亿元继续扶持壮大村级集体经济。安排一事一议财政奖补政策资金7.76亿元，支持村级公益事业建设项目。安排6.45亿元支持农村综合改革集成示范建设等试点项目，推进乡村治理体系和治理能力现代化。

6. 支持补齐民生短板

一是支持提升文化软实力和文化产业竞争力。安排浙江艺术发展基金1亿元，支持实施文艺精品战略。安排文化产业专项资金2亿元，引导各类社会资本进入文化产业领域，切实增强文化软实力和文化产业竞争力。安排3.40亿元支持历史文化村落保护。安排7.10亿元，比上年增加4.85亿元，支持之江文化中心建设。安排0.70亿元，推进“海上丝绸之路”申遗与活化、良渚遗址等世界级文化遗产培育保护工作。安排14.73亿元支持传承发展传统文化和基本公共文化服务均等化。安排省扶持体育发展专项资金4.95亿元，支持全省体育事业和体育产业发展。

二是支持稳就业和社会保障事业发展。安排4.31亿元支持落实社保补贴、岗位补贴、公益性岗位安置等高质量就业政策。安排城乡基本养老保险补助58.31亿元，开展基本养老保险基金委托投资运营，落实企业职工基本养老保险基金中央调剂制度，制定企业职工基本养老保险基金省级统筹方案和责任分担机制，全面推进划转部分国有资本充实社会保险基金。提高企业和机关事业单位退休人员基本养老金标准。安排困难群众生活补助15.87亿元，稳步提高最低生活保障标准。安排10.54亿元，落实困难残疾人生活补贴和重度残疾人护理补贴制度。做好企业军转干部生活补助标准和部分优抚对象抚恤和生活补助标准调整工作。支持社会治理和平安浙江建设。

三是支持全面实施教育现代化战略。安排29.51亿元，推进“双一流”高校建设，支持高校资源共建共享。支持加大省优势特色学科培育力度，推动省属高校提升发展。安排2.63亿元支持西湖大学建设。安排0.60亿元支持第四轮学前教育三年行动计划。统筹安排36亿元支持义务教育。安排6.50亿元支持中小学扶困助学。安排5亿元支持改善基础教育办学条件。安排4.30亿元支持市县民办教育发展。推动落实义务教育教师平均工资不低于当地公务员平均工资实现全省达标。

四是支持深入实施健康浙江行动。安排城乡居民基本医疗保险补助68.68亿元。安排4.62亿元支持城市优质医疗资源下沉和县域医共体建设。新增安排9亿元支持委省共建国家区域医疗中心建设。适当提高城乡居民基本医疗保险财政补助和个人缴费标准，健全政府与个人责任共担的保险机制。继续提高基本公共卫生服务经费财政补助标准。安排8.25亿元支持现代养老服务体系建设。

（四）2020年一般公共预算草案

1. 全省

（1）收入预算

2020年全省一般公共预算收入预期7430.00亿元，比上年调整后执行数（调整减税降费政策翘尾等因素）增长6.5%。主要科目收入情况：

2020年全省一般公共预算主要科目收入情况（单位：亿元）

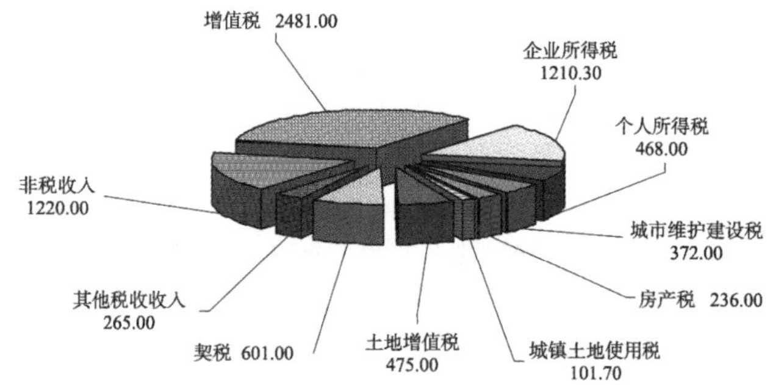

全省一般公共预算收入预期7430.00亿元，加上转移性收入3396.71亿元，收入合计10826.71亿元。

（2）支出预算

拟安排2020年全省一般公共预算支出9738.00亿元，剔除新增地方政府一般债务安排的支出等因素，比上年调整后执行数增长6.0%。重点支出情况：

2020年全省一般公共预算重点支出情况（单位：亿元）

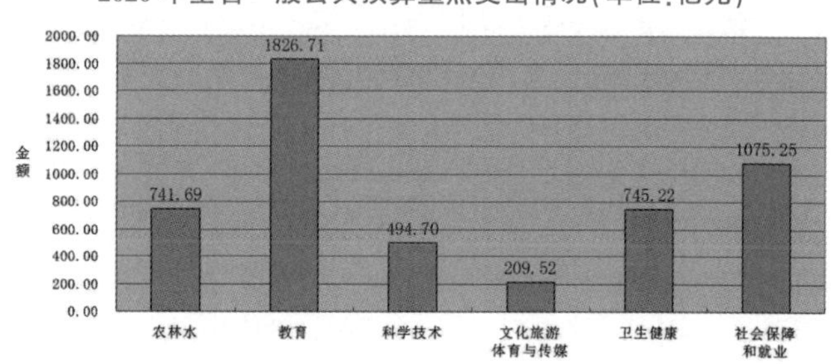

全省一般公共预算支出9738.00亿元，加上转移性支出1088.71亿元，支出合计10826.71亿元。收支相抵，全省一般公共预算收支平衡。

2. 省级

（1）收入预算

2020年省级一般公共预算收入预期336.30亿元，比上年调整后执行数（调整减税降费政策翘尾等因素）增长5.0%。主要科目收入情况：

2020年省级一般公共预算主要科目收入情况（单位：亿元）

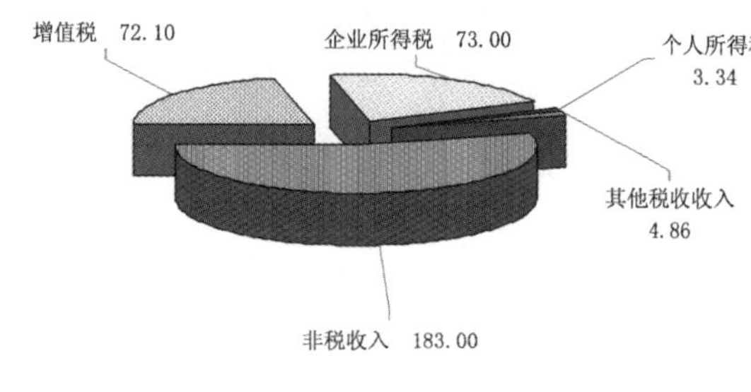

省级一般公共预算收入预期 336.30 亿元,加上转移性收入 3708.03 亿元,收入合计 4044.33 亿元。

(2)支出预算

拟安排 2020 年省级一般公共预算支出 730.53 亿元,剔除委省共建国家区域医疗中心等重大政策因素,增长 5.6%。重点支出情况:

2020 年省级一般公共预算重点支出情况(单位:亿元)

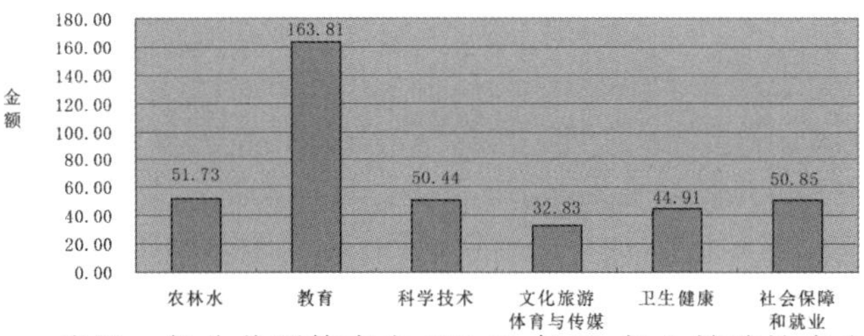

省级一般公共预算支出 730.53 亿元,加上转移性支出 3313.80 亿元,支出合计 4044.33 亿元。省对市县转移支付中:一般性转移支付 1429.23 亿元,专项转移支付 504.41 亿元,一般性转移支付比重达到 73.9%。

收支相抵,省级一般公共预算收支平衡。

(五)2020 年政府性基金预算草案

1. 全省

2020 年全省政府性基金预算收入预期 8042.00 亿元,比上年执行数下降 24.2%;加上转移性收入 1048.90 亿元,收入合计 9090.90 亿元。全省政府性基金预算支出 8166.32 亿元,剔除新增地方政府专项债务安排的支出因素,可比下降 18.2%。加上转移性支出 924.58 亿元,支出合计 9090.90 亿元。收支相抵,全省政府性基金预算收支平衡。

2. 省级

2020 年省级政府性基金预算收入预期 30.24 亿元,比上年执行数下降 12.3%;加上转移性收入 769.16 亿元,收入合计 799.40 亿元。省级政府性基金预算支出 165.97 亿元,剔除新增地方政府专项债务安排的支出因素,可比增长 28.9%;加上转移性支出 633.43 亿元,支出合计 799.40 亿元。收支相抵,省级政府性基金预算收支平衡。

(六)2020 年国有资本经营预算草案

1. 全省

2020 年全省国有资本经营预算收入预期 100.91 亿元,增长 9.4%;加上转移性收入 7.43 亿元,收入合计 108.34 亿元。全省国有资本经营预算支出 69.73 亿元,增长 19.4%;加上转移性支出 38.61 亿元,支出合计 108.34 亿元。收支相抵,全省国有资本经营预算收支平衡。

2. 省级

2020 年省级国有资本经营预算收入预期 50.23 亿元,增长 11.7%,增长较快,主要是国有独资企业的收益收缴比例统一提高到 30.0%和省交通投资集团有限公司等预计收入增加;加上转移性收入 1.07 亿元,收入合计 51.30 亿元。省级国有资本经营预算支出 35.95 亿元,增长 13.7%,增加较多,主要是根据省委、省政府关于推进大交通建设的决策部署,加大对铁路等基础设施建设投入;加上转移性支出 15.35 亿元,支出合计 51.30 亿元。收支相抵,省级国有资本经营预算收支平衡。

(七)2020 年社会保险基金预算草案

1. 全省

2020 年全省社会保险基金预算收入预期 5244.78 亿元,增长 7.5%;加上转移性收入 438.90 亿元,收入合计 5683.68 亿元。全省社会保险基金预算支出 5276.77 亿元,增长 7.0%;加上转移性支出 568.00 亿元,支出合计 5844.77 亿元。全省社会保险基金本年预期赤字 161.09 亿元,赤字主要是企业职工基本养老保险基金待遇享受人数增加较多,增速高于在职缴费人数增速。

2. 省级

2020 年省级社会保险基金预算收入预期 234.07 亿元,增长 17.8%;加上转移性收入 536.30 亿元,收入合计 770.37 亿元。省级社会保险基金预算支出 181.23 亿元,增长 8.6%;加上转移性支出 703.98 亿元,支出合计 885.21 亿元。省级社会保险基金本年预期赤字 114.84 亿元,赤字主要是企业职工基本养老保险基金赤字,按照我省办法上解中央调剂金由省本级承担。

(八)2020 年地方政府债务

2020 年新增地方政府债务限额待全国人代会通过并经国务院批准下达后,依法编制调整预算(草案)并提交省人大常委会审议批准。目前,中央已提前下达我省 2020 年新增地方政府债务限额 876.00 亿元,2020 年地方政府债务限额暂按 2019 年债务限额 13168.00 亿元加上提前下达的 2020 年新增地方政府债务限额 876.00 亿元,即 14044.00 亿元控制。根据地方政府债券到期情况,在一般公共预算支出中安排一般债务还本支出 697.85 亿元,在政府性基金预算支出中安排专项债务还本支出 336.39 亿元。

三、认真抓好 2020 年财政预算执行和管理改革工作

(一)坚持稳中求进,确保财政收支平稳运行

密切关注宏观形势变化对财政政策和财政收支的影响,不断健全工作机制,加强精准分析研判。坚持收入组织工作全省一盘棋,加强监测和分析,确保财政收入平稳可持续增长。加强基层“三保”监控管理,完善实时监控、月报分析和重点预警机制,健全市县财政困难程度评价指标体系,综合分析、动态评价市县财政困难程度和财政保障能力;提前介入市县预算编制工作,建立县级“三保”预算编制事前审核机制,选取 30%的县纳入 2020 年度预算编制审核范围,牢牢守住县级“三保”底线。完善多渠道筹措机制,确保社会保险基金安全可持续运行。

(二)坚持集中财力办大事,提高财政资金使用绩效

坚持政府带头过“紧日子”和“集中财力办大事”的原则,2020 年全省非刚性、非重点项目支出压减幅度不低于 10%,日常公用经费支出压减幅度不低于 5%,三公经费压减不低于 5%,大幅压减办展办会经费支出,严格把关公共工程建设,优先保障集中财力办大事财政政策体系和民生项目实施,继续坚持把全省财政支出增量的三分之二以上用于民生。深入实施全省预算绩效管理三年行动计划,加快推进预算与绩效管理一体化建设,夯

实预算标准体系建设基础，确保集中财力办大事财政政策体系落地实施，继续扩大部门整体绩效预算改革试点范围，加快构建具有浙江特色的全方位、全过程、全覆盖预算绩效管理体系。

（三）坚持深化改革，提升财政治理能力

深化部门预算管理改革，完善支出标准体系，规范政府购买服务预算管理。建立预算执行进度分类管理机制，加快预算执行进度。进一步加强公款竞争性存放管理，推进总会计制度、国库集中支付和权责发生制政府综合财务报告改革，确保财政资金安全规范。围绕省委、省政府重大决策部署，编制全省财政"十四五"规划。关注中央重大税制改革，提前谋划并做好政策储备。深化"互联网+"工作机制，将公款招标平台网上招投标推广至所有省级单位，继续做好政采云平台推广工作，扩大纳入统一公共支付平台的非税收入项目数量，加速推进非税电子票据改革试点，扩大财务核算云服务平台试点范围。实施财政业务一体化系统升级改造，启动"预算云"开发和应用试点扩面工作。深化机关内部"最多跑一次"改革，优化业务流程，加强数据共享，确保"网办率""即办率""零跑率"等核心指标走在全国前列。

注：

＊"政采贷"：即政府采购信用融资，指银行业金融机构以政府采购诚信考核和信用审查为基础，凭借政府采购合同，按优于一般中小企业的贷款利率直接向申请贷款的供应商发放贷款的一种融资方式。

浙江省第十三届人民代表大会财政经济委员会关于2019年全省和省级预算执行情况及2020年全省和省级预算草案的审查结果报告

（2020年1月15日浙江省第十三届人民代表大会第三次会议主席团第四次会议通过）

浙江省第十三届人民代表大会第三次会议审查了省人民政府提出的《关于2019年全省和省级预算执行情况及2020年全省和省级预算草案的报告》、2020年全省和省级预算草案。财政经济委员会在会前初步审查的基础上，根据代表们的审议意见，对预算报告和预算草案作了进一步审查。现将审查结果报告如下：

一、2019年，面对国内外风险挑战明显上升的复杂局面，全省各级政府及其财政部门坚持以习近平新时代中国特色社会主义思想为指导，全面贯彻党中央、国务院和省委决策部署，认真落实省十三届人大二次会议决议，严格执行预算法等法律法规，坚持稳中求进工作总基调，聚焦高质量发展、竞争力提升、现代化建设，实施积极财政政策，推动减税降费政策落地见效，全面实施集中财力办大事财政政策体系，扎实推进稳企业、增动能、保平安等各项工作，全省和省级预算执行情况良好，有力促进了全省经济社会持续健康发展。同时，在预算执行和财政运行管理中还存在一些问题：财政支出绩效有待进一步提高，一些项目预算执行率较低，部分市县财政收支平衡压力加大，防范化解财政领域风险的任务仍然较重等。对此，必须高度重视，采取切实有效措施加以解决。

二、财政经济委员会认为，省人民政府提出的预算报告和预算草案，全面贯彻中央和省委经济工作会议精神，符合我省经济社会发展实际，体现了高质量发展走在前列导向，统筹兼顾、突出重点、厉行节约、注重绩效，预算草案总体可行。财政经济委员会建议，省十三届人大三次会议同意《关于2019年全省和省级预算执行情况及2020年全省和省级预算草案的报告》，批准2020年省级预算草案。

三、2020年是高水平全面建成小康社会和"十三五"规划的收官之年，做好今年的财政预算工作意义重大。财政经济委员会建议：

（一）紧扣中心服务大局，充分发挥财政职能作用。坚持"财为政服务"的理念，围绕稳企业、增动能、补短板、保平安，巩固和拓展减税降费成效，推动积极财政政策提质增效，切实保障中央和省委重大决策部署的贯彻落实。进一步推进集中财力办大事财政政策体系落地实施，聚焦制约我省高水平全面建成小康社会十大领域36项短板，加大财政支持保障力度，更好地发挥政府产业基金的导向作用，推动经济社会持续平稳健康运行和高质量发展，促进全省"两个高水平"建设。

（二）坚持稳中求进，确保财政收支平稳运行。密切关注宏观形势变化对财政收支的影响，加强监测分析，及时采取有效应对举措。着力优化支出结构，保障重点支出，推进各项民生实事项目实施。坚持政府过"紧日子"，落实"以收定支"原则，严格控制和压减一般性支出，大幅压减办展办会，严格控制公共工程建设。加强对财政困难市县保障能力的监测和工作指导。

（三）不断深化改革，提升财政预算管理水平。深化预算管理制度改革，加快建立全面规范透明、标准科学、约束有力的预算制度。深化部门预算改革，完善支出标准体系，规范政府购买服务预算管理。推进省以下财政事权和支出责任划分改革。深入实施预算绩效管理三年行动计划，加快推进预算与绩效管理一体化建设，继续扩大部门整体绩效预算改革试点，加快构建具有浙江特色的全方位、全过程、全覆盖预算绩效管理体系。

（四）加强风险防控，确保财政安全可持续。深入实施防范化解地方政府性债务风险专项行动，加强全口径债务监测管理，做好政府投资项目立项前财政承受能力和债务风险评估，继续推进融资平台实体化、市场化转型，有效防范和化解政府性债务风险。严格地方政府债务限额管理，充分发挥地方政府债券支持补短板扩内需的积极作用。加强社会保险基金监督管理，完善多渠道筹措机制，确保社会保险基金安全可持续运行。

省委省政府重要财经文件

关于建立健全涉农资金统筹整合长效机制的实施意见

（浙政发〔2019〕7号）
浙江省人民政府
于2019年2月28日印发

一、总体要求

以习近平新时代中国特色社会主义思想为指导，以“八八战略”为总纲，围绕乡村振兴战略实施，将涉农资金统筹整合作为深化财税体制改革和政府投资体制改革的重要内容，进一步优化财政支农投入供给，加强财政支农政策顶层设计，对行业内涉农资金在预算编制环节进行源头整合、行业间涉农资金主要在预算执行环节进行统筹，理顺涉农资金管理体系，厘清涉农领域财政事权和支出责任，创新涉农资金使用管理机制，改革和完善农村投融资体制，不断提升财政支农政策效果和支农资金使用效益，为推动农业农村现代化建设提供有力支撑和保障。到2020年，构建起权责匹配、相互协调、上下联动、步调一致的涉农资金统筹整合长效机制，并根据涉农领域省与市县财政事权和支出责任划分改革以及转移支付制度改革，适时进行调整完善。

二、推进行业内涉农资金整合

（一）完善集中财力办大事的政策体系。省级纳入清单管理的涉农专项转移支付资金，根据《中华人民共和国预算法》等相关法律规定并按程序设立，聚焦聚力省委、省政府重大决策部署，对交叉重复的政策内容予以清理整合。继续深化财政支农体制机制改革，进一步明确涉农资金政策目标、扶持对象、补助标准、实施期限、绩效管理等内容，集中财力支持迫切需要解决的薄弱和关键环节。（省财政厅、省发展改革委、省自然资源厅、省水利厅、省农业农村厅、省林业局等负责，2019年基本完成并逐步完善）

（二）合理设定省级任务清单。对省级涉农专项转移支付资金，原则上应推行“大专项+任务清单”的管理模式。省级任务清单根据实施乡村振兴战略重点任务和各项涉农资金重点保障的政策内容进行设定，并与年度预算相衔接。省级任务清单区分约束性任务和指导性任务，其中：约束性任务主要包括党中央、国务院和省委、省政府明确要求的涉及国计民生的事项、重大规划任务、新设试点任务，以及涉农政策性直接补贴等；其他任务为指导性任务。省级任务清单对应的涉农政策到期后自动取消，经评估确需保留或调整的，按规定程序报批，最多可延长2年，逐步建立调整优化和退出机制。（省财政厅、省发展改革委、省自然资源厅、省水利厅、省农业农村厅、省林业局等负责，2020年基本完成并逐步完善）

（三）同步下达资金与任务清单。统筹考虑省级任务清单中各项任务的性质，不断完善涉农资金分配指标体系。加强资金分配与任务清单的衔接匹配，确保资金投入与任务相统一。逐步实现涉农资金大专项和任务清单、绩效目标集中同步下达。各地要及时完成约束性任务，统筹安排指导性任务，明确绩效目标，制定资金使用方案和任务完成计划，报送省级主管部门和省财政厅备案。（省财政厅、省发展改革委、省自然资源厅、省水利厅、省农业农村厅、省林业局等和各市、县〔市、区〕政府负责，2019年基本完成并逐步完善）

（四）全面实施财政涉农资金绩效管理。省级有关部门要及时开展归口管理涉农资金的绩效评价，加强结果运用，逐步建立以绩效为导向的涉农资金大专项和任务清单设置机制及资金分配机制。省财政厅要指导推动建立全过程绩效管理机制，推进绩效管理与预算编制、执行、监督有机结合。完善绩效评价指标体系，逐步由单项政策（任务）绩效评价向行业综合绩效评价转变。实施乡村振兴绩效提升财政奖补政策，探索建立以乡村振兴工作实效为导向的省对市县有效激励约束机制。（省财政厅、省发展改革委、省自然资源厅、省水利厅、省农业农村厅、省林业局等负责，2019年起持续推进）

三、推进行业间涉农资金统筹

（一）发挥规划的引领作用。市、县（市、区）政府要摸清涉农资金底数，结合财政收支形势，编制本地区三年滚动财政规划和政府投资规划，并与国民经济和社会发展五年规划及相关涉农专项规划衔接。因地制宜搭建涉农资金统筹整合平台，科学编制有关专项规划、区域规划，以规划引领涉农资金统筹使用和集中投入。（各市、县〔市、区〕政府负责，2019年起持续推进）

（二）加强性质相同、用途相近的涉农资金统筹使用。深入推进相关涉农资金源头整合，进一步理顺资金项目管理职责，加快推进农业综合开发、农田整治、农田水利建设等项目资金统筹使用，逐步实现同一任务事项按照部门职责分工由一个行业主管部门统筹负责。各地可在确保完成目标任务的前提下，将各级财政安排的性质相同、用途相近的涉农资金纳入同一资金池，统一设计方案、统一资金拨付、统一组织实施、统一评估验收，形成政策合力。同时，把握好涉农资金统筹整合边界，避免重复投入和重复补助。（省财政厅、省发展改革委、省自然资源厅、省水利厅、省农业农村厅、省林业局等和各市、县〔市、区〕政府负责，2019年起持续推进）

（三）促进功能互补、用途衔接的涉农资金集中投入。支持各地围绕改革任务、优势区域、重点项目等，按照渠道不乱、用途不变、集中投入、各负其责、各记其功、形成合力的原则,统筹安排各类功能互补、用途衔接的涉农资金。巩固完善县级涉农资金统筹整合模式,建立健全跨部门的项目资金安排会商机制,加快推进预算执行环节的统筹整合。(省财政厅、省发展改革委、省自然资源厅、省水利厅、省农业农村厅、省林业局等和各市、县〔市、区〕政府负责,2019 年起持续推进)

(四)完善财政金融协同支农机制。创新乡村振兴财政与金融合作机制,在健全风险阻断机制前提下,充分发挥财政资金的引导和撬动作用,进一步激发金融机构服务乡村振兴的内生动力,推进普惠金融、绿色金融等政策举措落地,促进更多的金融资源投向农业农村。(省财政厅、省发展改革委、省自然资源厅、省水利厅、省农业农村厅、省地方金融监管局、省林业局等负责,2019 年起持续推进)

四、改革完善涉农资金管理体制机制

(一)加强管理制度体系建设。继续对省级涉农资金管理制度进行清理、修订和完善,及时制定与中央涉农资金相对应的管理细则,加强现行各项管理制度的衔接。各地在出台或修订相关管理制度时,要充分考虑中央和省关于涉农资金统筹整合的要求,确保涉农资金统筹整合取得实效。(省财政厅、省发展改革委、省自然资源厅、省水利厅、省农业农村厅、省林业局等和各市、县〔市、区〕政府负责,2019 年基本完成并逐步完善)

(二)全面落实涉农领域"两个一般不"改革。创新完善省以下涉农资金管理体制,明确涉农领域省与市县的职责分工和管理权限,充分赋予市县自主权,允许市县在完成约束性任务的前提下,根据当地实际,在同一大专项内自主立项和分配使用涉农资金。强化市县政府统筹使用涉农资金的责任,不断提高项目决策的自主性和灵活度。(省财政厅、省发展改革委、省自然资源厅、省水利厅、省农业农村厅、省林业局等和各市、县〔市、区〕政府负责,2019 年起持续推进)

(三)强化涉农资金项目库建设。各地要加强各类涉农项目储备,完善项目论证、评审等工作流程,实施项目库动态管理。加强财政、发展改革部门和其他行业主管部门之间,省和市县之间,项目库年度之间的衔接,归并重复设置的涉农项目。针对不同类型的支农事项和项目性质,分别采取财政补助、贷款贴息、以奖代补、先建后补等支持方式,不断提升涉农项目的公众参与度。(省财政厅、省发展改革委、省自然资源厅、省水利厅、省农业农村厅、省林业局等和各市、县〔市、区〕政府负责,2019 年起持续推进)

(四)加强涉农资金监管。各地、各有关部门要加强涉农资金监管,防止借统筹整合名义挪用涉农资金。探索建立第三方评估体系,完善决策程序,健全决策责任追究制度。对违反涉农资金统筹整合相关制度规定、造成涉农资金重大损失的,要对相关责任人予以问责。严肃查处各类违纪违法违规行为,及时追回被骗取、冒领、挤占、截留、挪用的涉农资金,依纪依法追究相关单位和责任人的责任。加强信用监管,对严重失信主体建立联合惩戒机制。(省财政厅、省发展改革委、省自然资源厅、省水利厅、省农业农村厅、省林业局等和各市、县〔市、区〕政府负责,2019 年起持续推进)

(五)加大信息公开公示力度。各地在涉农资金统筹整合方案决策前要听取各方意见,将涉农资金政策制度、分配结果等相关信息公开,健全公布公示制度,逐步实现涉农资金全过程管理信息公开。利用互联网、大数据等信息化手段,探索实行"互联网+监管"新模式。建立健全村务监督机制,完善行政村公布公示制度。(省财政厅、省发展改革委、省自然资源厅、省水利厅、省农业农村厅、省林业局等和各市、县〔市、区〕政府负责,2019 年起持续推进)

五、切实加强组织领导

各市、县(市、区)政府要把涉农资金统筹整合工作摆在突出位置,切实承担主体责任,加强对涉农资金统筹整合工作的组织领导和政策体系设计,建立健全工作机制,协调解决工作推进中遇到的问题。各级财政、发展改革部门要以资金、规划和任务清单管理为抓手,指导和支持涉农资金统筹整合;其他行业主管部门要科学设置、细化分解任务清单,做好任务落实和评价等工作。各地要因地制宜开展涉农资金统筹整合,涉及财政专项扶贫资金时,遵循精准使用原则,不得用于非建档立卡低收入农户和非扶贫领域。加强涉农资金统筹整合中的好经验、好做法的宣传推广,努力营造全社会关心、支持涉农资金统筹整合的良好局面。(各市、县〔市、区〕政府和省财政厅、省发展改革委、省自然资源厅、省水利厅、省农业农村厅、省林业局等负责,2019 年起持续推进)

浙江省医疗卫生领域财政事权和支出责任划分改革实施方案

(浙政办发〔2019〕66 号)
浙江省人民政府办公厅
于 2019 年 12 月 31 日印发

为推进我省医疗卫生领域财政事权和支出责任划分改革,根据《国务院办公厅关于印发医疗卫生领域中央与地方财政事权和支出责任划分改革方案的通知》(国办发〔2018〕67 号)和《浙江省人民政府关于推进省以下财政事权和支出责任划分改革的实施意见》(浙政发〔2018〕3 号)要求,制定本实施方案。

一、总体要求

(一)目标任务。以习近平新时代中国特色社会主义思想为指导，坚持把人民健康放在优先发展的战略地位，按照高水平建设具有浙江特色的现代财政制度要求，在中央与地方医疗卫生领域财政事权和支出责任划分的总体框架下，科学划分省与市县在医疗卫生领域的财政事权和支出责任，逐步建立依法规范、权责匹配、运转高效的医疗卫生领域财政事权和支出责任划分模式。建立完善医疗卫生领域可持续的投入保障长效机制，大力支持实施健康浙江战略，推动深化医药卫生体制改革，促进医药卫生政策与经济社会发展配套衔接，提高基本医疗卫生服务的供给能力和水平，促进我省医疗卫生事业高质量发展。

（二）基本原则。坚持政府主导，促进全民均等共享。强化政府在提供基本医疗卫生服务中的主导地位，明确财政事权清单范围和内容，加强投入保障，支持建立覆盖全省的基本医疗卫生制度，推动实现人人享有基本医疗卫生服务。

坚持遵循规律，科学划分财政事权。在中央授予权限内，遵循财政事权划分的一般规律，根据各项基本医疗卫生服务的性质和特点，综合考虑受益范围、成本、效率等因素，科学划分省和市县政府承担的财政事权，适度加强省对全省性或跨区域公共卫生服务的财政事权责任。

坚持权责匹配，建立责任分担机制。按照谁的财政事权、谁承担支出责任的原则，合理确定各级政府支出责任。以优化完善省与市县共同财政事权分担方式为重点，建立规范、合理、透明、高效的分担机制，适度强化省级支出责任，充分调动市县政府积极性，推动市县政府落实基本医疗卫生服务供给责任。

坚持积极稳妥，分类施策有序推进。在保持我省现有财政事权和支出责任框架总体稳定的基础上，兼顾当前和长远，区分类别、精准施策，确保改革平稳过渡和顺利推进。建立财政事权和支出责任划分动态调整机制。

二、主要内容

我省医疗卫生领域财政事权和支出责任，分别划分为公共卫生、医疗保障、计划生育、能力建设等四个方面。

（一）公共卫生方面。主要包括基本公共卫生服务、重大公共卫生服务、地方公共卫生服务和突发公共卫生事件处置。

1. 基本公共卫生服务。主要包括原基本公共卫生服务和其他基本公共卫生服务。原基本公共卫生服务主要包括健康教育、预防接种、重点人群健康管理等事项。其他基本公共卫生服务主要包括出生缺陷预防、城乡妇女"两癌"检查、窝沟封闭、地方病防治、职业病防治、重大疾病及健康危害因素监测，以及除上述项目之外的妇幼健康服务、老年健康与医养结合服务、食品安全保障、卫生应急、人口监测与计划生育服务、健康素养促进、爱国卫生和其他疾病预防控制等事项。其中原基本公共卫生服务的内容、资金、使用主体等保持相对独立和稳定，按照相应的服务规范实施；其他基本公共卫生服务资金不限于基层医疗卫生机构使用。

基本公共卫生服务为中央、省、市县共同财政事权，由中央、省、市县财政共同承担支出责任，中央财政按照国家基础标准分担30%，省在国家基础标准上制定省级标准，省级财政统筹中央财政补助资金，根据省级标准按最高补助80%和转移支付系数分担。

2. 重大公共卫生服务。全国性或跨省域的重大传染病、重大慢性病防控等作为重大公共卫生服务管理，主要包括纳入国家免疫规划的常规免疫及国家确定的群体性预防接种和重点人群应急接种所需疫苗和注射器购置，艾滋病、结核病、血吸虫病、包虫病防控，精神心理疾病综合管理，重大慢性病防控管理模式和适宜技术探索等内容。重大公共卫生服务为中央财政事权，由中央下达工作任务，由中央财政承担支出责任。

3. 地方公共卫生服务。主要包括企业退休人员健康体检补助、地方免疫规划、免疫规划疫苗预防接种异常反应补偿，以及在国家统一实施的重大公共卫生服务基础上，根据省内防控工作需要开展的艾滋病等重大传染病防控、精神心理疾病和重大慢性病防控等地方公共卫生服务内容。

参加职工基本医疗保险企业退休人员健康体检补助，按照人员隶属关系分别确定为省级财政事权或市县财政事权，相应由省级财政或市县财政承担支出责任。地方免疫规划按规划实施主体确定财政事权，由省级统一规划实施的，为省级财政事权，由省级财政承担支出责任；由市县规划实施的，为市县财政事权，由市县财政承担支出责任。免疫规划疫苗预防接种异常反应补偿为省级财政事权，由省级财政承担支出责任。其他地方公共卫生服务为省与市县共同财政事权，由省与市县财政共同承担支出责任，省级财政根据服务成本、工作任务量等因素按70%比例分担。

4. 突发公共卫生事件处置。对突发公共卫生事件的应急救治和疫情处置等，根据应急响应等级确定财政事权。应急响应等级为Ⅰ级、Ⅱ级的，为省与市县共同财政事权，由省与市县财政共同承担支出责任，省级财政根据危及人群范围、疫情受害程度等因素给予市县补助。应急响应等级为Ⅲ级、Ⅳ级的，为市县财政事权，由市县财政承担支出责任。

（二）医疗保障方面。主要包括城乡居民基本医疗保险补助和医疗救助。

1. 城乡居民基本医疗保险补助。各级财政对城乡居民基本医疗保险（含大病保险）的缴费补助为中央、省、市县共同财政事权，由中央、省、市县财政共同承担支出责任。具体分担方式为：中央财政按国家基础标准分担30%，省在国家基础标准上制定省级标准，省级财政统筹中央财政补助资金，根据省级标准按最高补助80%和转移支付系数分担。

2. 医疗救助。主要包括城乡医疗救助和疾病应急救助。城乡医疗救助和疾病应急救助为中央、省、市县共同财政事权，由中央、省、市县财政共同承担支出责任。具体分担方式为：中央财政根据救助需求、工作开展情况、地方财力状况等因素分配对地方转移支付资金，省级财政统筹中央财政转移支付资金,根据市县救助需求、绩效情况和转移支付系数等因素给予补助。

(三)计划生育方面。主要包括农村部分计划生育家庭奖励扶助、计划生育家庭特别扶助、生育关怀和家庭健康促进等计划生育扶助保障项目。

1. 农村部分计划生育家庭奖励扶助。各级财政对符合条件的农村计划生育家庭的奖励扶助为中央、省、市县共同财政事权,由中央、省、市县财政共同承担支出责任。具体分担方式为:中央财政按国家基础标准分担30%,我省在国家基础标准上制定省级标准,省级财政统筹中央财政补助资金,根据省级标准按最高补助80%和转移支付系数分担。

2. 计划生育家庭特别扶助。各级财政对符合条件的计划生育家庭的特别扶助为中央、省、市县共同财政事权,由中央、省、市县财政共同承担支出责任,分担方式参照农村部分计划生育家庭奖励扶助。

3. 生育关怀和家庭健康促进。生育关怀和家庭健康促进事项为省与市县共同财政事权,由省与市县财政共同承担支出责任,省级财政根据省下达的工作任务量等因素给予市县补助。

(四)能力建设方面。主要包括医疗卫生服务体系发展建设、卫生健康能力提升、卫生健康管理事务和医疗保障能力建设。

1. 医疗卫生服务体系发展建设。主要包括医疗卫生机构发展建设与改革、区域医疗卫生机构建设、免疫规划建设等事项。其中医疗卫生机构发展建设与改革,按照机构隶属关系分别确定为省级财政事权或市县财政事权,相应由省级财政或市县财政承担支出责任,医疗卫生机构承担非其所属政府委托的公共卫生、紧急救治等任务的,由委托方给予合理补助。区域医疗卫生机构建设按规划实施主体确定财政事权,由国家统一规划实施的,为中央、省、市县共同财政事权,由中央、省、市县财政共同承担支出责任,省级财政统筹中央财政补助资金,根据建设要求、工作任务和绩效情况等因素给予市县补助;由省级统一规划实施的,为省与市县共同财政事权,由省级财政与市县财政共同承担支出责任,省级财政根据建设要求、工作任务和绩效情况等因素给予市县补助。免疫规划建设为省级财政事权,由省级财政承担支出责任。

2. 卫生健康能力提升。主要包括高层次卫生健康人才培养、其他卫生健康人才培养培训、重点学科建设、中医药事业传承与发展等事项。高层次卫生健康人才培养按规划实施主体确定财政事权,由国家统一规划实施的,为中央与省共同财政事权,由中央财政和省级财政共同承担支出责任;由省级统一规划实施的,为省级财政事权,由省级财政承担支出责任。其他卫生健康人才培养培训、重点学科建设、中医药事业传承与发展等事项按规划实施主体确定财政事权,由国家统一规划实施的,为中央、省、市县共同财政事权,省级财政统筹中央财政补助资金,根据工作任务量、省级标准、绩效情况和转移支付系数等因素给予市县补助;由省级统一规划实施的,为省与市县共同财政事权,省级财政参照前述办法给予市县补助;由市县规划实施的,为市县财政事权,由市县财政承担支出责任。

3. 卫生健康管理事务。卫生健康行政部门及其所属机构承担的战略规划、综合监管、宣传引导、基本药物和短缺药品监测、妇幼卫生监测等卫生健康管理事务,按机构隶属关系分别确定为省级财政或市县财政事权,相应由省级财政或市县财政承担支出责任。

4. 医疗保障能力建设。医疗保障职能部门承担的战略规划、综合监管、宣传引导等医疗保障管理事务,以及其所属机构提升经办服务能力、开展信息化建设和人才队伍建设等事项,按机构隶属关系分别确定为省级财政或市县财政事权,相应由省级财政或市县财政承担支出责任。

在深化医药卫生体制改革期间,中央、省级财政对市县推进医疗卫生机构发展建设与改革、医疗保障能力建设等按规定给予补助。

三、其他事项

(一)本方案未列的医疗卫生领域其他事项,根据中央改革部署及财政事权划分情况,结合省委、省政府重点工作要求和事项特点确定财政事权和支出责任,并适时动态调整。军队、国有和集体企事业单位等举办的医疗卫生机构按照现行体制和相关领域改革要求落实经费保障责任。

(二)明确为中央或省级财政事权且确需委托市县政府落实的事项,通过省级转移支付安排相应经费,由受委托地方在委托范围内以委托单位名义行使职权,承担相应的法律责任,并接受委托单位监督。

(三)明确为上级政府与市县政府共同财政事权的事项,市县在确保省级标准全部落实到位的前提下,按规定程序报省级主管部门和省财政厅备案后可合理调整保障内容或提高保障标准,增支部分由市县财政承担,其中属于设区市要求所辖县(市)执行的,设区市应对县(市)增支部分承担相应的支出责任。

(四)按照保持现行财力格局总体稳定的原则,在医疗卫生领域财政事权和支出责任划分改革前,各级财政医疗卫生支出负担维持不变,由此涉及的各级财政支出基数划转事宜,按预算管理有关规定办理。

(五)省财政厅会同省级有关部门根据本实施方案规定,另行制定医疗卫生领域省级转移支付资金管理办法。

四、实施时间

本方案自2020年1月1日起实施,此前我省有关规定与本实施方案不一致的,按照本方案执行。

附件:浙江省医疗卫生领域财政事权事项和支出责任划分清单

附表

浙江省医疗卫生领域财政事权事项和支出责任划分清单

<table>
<tr><th colspan="3">财政事权事项</th><th rowspan="2">主要内容</th><th rowspan="2">财政事权划分类别</th><th rowspan="2">支出责任及分担方式</th></tr>
<tr><th>一级财政事权事项</th><th>二级财政事权事项</th><th>三级财政事权事项</th></tr>
<tr><td rowspan="10">公共卫生</td><td rowspan="2">基本公共卫生服务</td><td>原基本公共卫生服务</td><td>包括建立居民健康档案管理、健康教育、预防接种、0—6岁儿童健康管理、孕产妇健康管理、老年人健康管理、高血压和糖尿病等慢性病患者健康管理、严重精神障碍患者管理、肺结核患者健康管理、中医药健康管理、传染病及突发性公共卫生事件报告和处理、卫生计生监督协管等项目。</td><td>中央、省、市县共同财政事权</td><td>中央财政按国家基础标准分担30%。省在国家基础标准上制定省级标准,省级财政统筹中央财政补助资金,根据省级标准按最高补助80%和转移支付系数分担。</td></tr>
<tr><td>其他基本公共卫生服务</td><td>包括出生缺陷预防(含婚前医学检查和孕前优生健康检查、农村妇女增补叶酸、产前筛查和诊断、新生儿疾病筛查等)、城乡妇女“两癌”检查、窝沟封闭、地方病防治、职业病防治、重大疾病及健康危害因素监测,以及除上述项目之外的妇幼健康服务、老年健康与医养结合服务、食品安全保障、卫生应急、人口监测与计划生育服务、健康素养促进、爱国卫生和其他疾病预防控制等其他基本公共卫生服务。</td><td>中央、省、市县共同财政事权</td><td>中央财政按国家基础标准分担30%。省在国家基础标准上制定省级标准,省级财政统筹中央财政补助资金,根据省级标准按最高补助80%和转移支付系数分担。</td></tr>
<tr><td rowspan="6">重大公共卫生服务</td><td>国家免疫规划</td><td>包括纳入国家免疫规划的常规免疫及国家确定的群体性预防接种和重点人群应急接种所需疫苗和注射器购置等。</td><td>中央财政事权</td><td>中央财政承担支出责任。</td></tr>
<tr><td>艾滋病防控</td><td>开展艾滋病监测、检测、干预和对艾滋病患者进行治疗等。</td><td>中央财政事权</td><td>中央财政承担支出责任。</td></tr>
<tr><td>结核病防控</td><td>包括结核病监测和干预、患者治疗及随访管理、创建结核病防治综合服务模式等。</td><td>中央财政事权</td><td>中央财政承担支出责任。</td></tr>
<tr><td>血吸虫病防控</td><td>开展血吸虫病监测和对晚期血吸虫病患者进行治疗等。</td><td>中央财政事权</td><td>中央财政承担支出责任。</td></tr>
<tr><td>包虫病防控</td><td>开展包虫病监测、检测、干预和对包虫病患者进行治疗等。</td><td>中央财政事权</td><td>中央财政承担支出责任。</td></tr>
<tr><td>精神疾病和重大慢性病防控</td><td>包括癌症早诊早治、脑卒中高危人群筛查和干预、心血管病高危人群早期筛查和干预、儿童口腔疾病综合干预、国家级慢性病综合防控示范区建设、重大慢性病及健康危害因素监测评估和干预、精神障碍管理治疗等。</td><td>中央财政事权</td><td>中央财政承担支出责任。</td></tr>
<tr><td rowspan="2">地方公共卫生服务</td><td rowspan="2">企业退休人员健康体检补助</td><td rowspan="2">各级财政对参加职工基本医疗保险的企业退休人员体检经费给予补助。</td><td>人员隶属省级的,为省级财政事权</td><td>省级财政承担支出责任。</td></tr>
<tr><td>人员隶属市县的,为市县财政事权</td><td>市县财政承担支出责任。</td></tr>
</table>

（续表一）

<table>
<tr><th colspan="3">财政事权事项</th><th rowspan="2">主要内容</th><th rowspan="2">财政事权划分类别</th><th rowspan="2">支出责任及分担方式</th></tr>
<tr><th>一级财政事权事项</th><th>二级财政事权事项</th><th>三级财政事权事项</th></tr>
<tr><td rowspan="6">公共卫生</td><td rowspan="4">地方公共卫生服务</td><td rowspan="2">地方免疫规划</td><td rowspan="2">在国家和省免疫规划基础上增加的预防接种(含查漏补种)所需疫苗和注射器购置。</td><td>省级统一规划实施的，为省级财政事权</td><td>省级财政承担支出责任。</td></tr>
<tr><td>市县规划实施的，为市县财政事权</td><td>市县财政承担支出责任。</td></tr>
<tr><td>免疫规划疫苗预防接种异常反应补偿</td><td>对因接种国家和地方免疫规划疫苗引起预防接种异常反应受种者的经济补偿。</td><td>省级财政事权</td><td>省级财政承担支出责任。</td></tr>
<tr><td>其他地方公共卫生服务</td><td>包括在国家下达的任务之外，根据本省防控需要开展的艾滋病、结核病、血吸虫病、包虫病、精神疾病和重大慢性病防控工作等。</td><td>省与市县共同财政事权</td><td>省级财政根据服务成本、工作任务量等因素按70%比例分担。</td></tr>
<tr><td rowspan="2">突发公共卫生事件处置</td><td rowspan="2"></td><td>应急响应Ⅰ级、Ⅱ级突发公共卫生事件应急救治和疫情处置等。</td><td>应急响应Ⅰ级、Ⅱ级的，为省与市县共同财政事权</td><td>省级财政根据危及人群范围、疫情受害程度等因素给予市县补助。</td></tr>
<tr><td>应急响应Ⅲ级、Ⅳ级突发公共卫生事件应急救治和疫情处置等。</td><td>应急响应Ⅲ级、Ⅳ级的，为市县财政事权</td><td>市县财政承担支出责任。</td></tr>
<tr><td rowspan="3">医疗保障</td><td>城乡居民基本医疗保险补助</td><td></td><td>各级财政对城乡居民基本医疗保险(含大病保险)的缴费补助。</td><td>中央、省、市县共同财政事权</td><td>中央财政按国家基础标准分担30%。省在国家基础标准上制定省级标准，省级财政统筹中央财政补助资金，根据省级标准按最高补助80%和转移支付系数分担。</td></tr>
<tr><td>医疗救助</td><td>城乡医疗救助</td><td>各级财政对医疗救助基金的补助。</td><td>中央、省、市县共同财政事权</td><td>中央财政根据救助需求、地方财力和绩效情况等因素给予我省补助。省级财政统筹中央财政补助资金，根据市县救助需求、绩效情况和转移支付系数等因素给予市县补助。</td></tr>
<tr><td>医疗救助</td><td>疾病应急救助</td><td>各级财政对疾病应急救助基金的补助。</td><td>中央、省、市县共同财政事权</td><td>中央财政根据救助需求、地方财力和绩效情况等因素给予我省补助。省级财政统筹中央财政补助资金，根据市县救助需求、绩效情况和转移支付系数等因素给予市县补助。</td></tr>
<tr><td rowspan="2">计划生育</td><td>农村部分计划生育家庭奖励扶助</td><td></td><td>各级财政对符合条件的农村计划生育家庭的奖励扶助。</td><td>中央、省、市县共同财政事权</td><td>中央财政按国家基础标准分担30%。省在国家基础标准上制定省级标准，省级财政统筹中央财政补助资金，根据省级标准按最高补助80%和转移支付系数分担。</td></tr>
<tr><td>计划生育家庭特别扶助</td><td></td><td>各级财政对符合条件的计划生育家庭的特别扶助。</td><td>中央、省、市县共同财政事权</td><td>中央财政按国家基础标准分担30%。省在国家基础标准上制定省级标准，省级财政统筹中央财政补助资金，根据省级标准按最高补助80%和转移支付系数分担。</td></tr>
</table>

（续表二）

财政事权事项			主要内容	财政事权划分类别	支出责任及分担方式
一级财政事权事项	二级财政事权事项	三级财政事权事项			
计划生育	生育关怀和家庭健康促进		包括计划生育特殊家庭帮扶、青春健康教育等方面补助。	省与市县共同财政事权	省级财政根据省下达的工作任务量等因素给予市县补助。
能力建设	医疗卫生服务体系发展建设	医疗卫生机构发展建设与改革	落实国家和省规定的对公立医院、基层医疗卫生机构、村卫生室、专业公共卫生机构等符合规划的基本建设、设备购置和信息化等发展建设投入政策，以及对“双下沉、两提升”、县域医共体建设等优化医疗卫生资源配置改革、公立医院综合改革、基层医疗卫生机构综合改革等改革的补助。	机构隶属省级的，为省级财政事权	省级财政承担支出责任。
				机构隶属市县的，为市县财政事权	市县财政承担支出责任。在深化医药卫生体制改革期间，中央、省级财政对市县按规定给予补助。
		区域医疗卫生机构建设	对国家或省确定的承担跨区域医疗服务、卫生应急保障等任务的机构的补助。	国家统一规划实施的，为中央、省、市县共同财政事权	省级财政统筹中央财政补助资金，根据建设要求、工作任务和绩效情况等因素给予市县补助。
				省级统一规划实施的，为省与市县共同财政事权	省级财政根据建设要求、工作任务和绩效情况等因素给予市县补助。
		免疫规划建设	免疫规划冷链设备和免疫规划相关信息化管理软件配置和更新。	省级财政事权	省级财政承担支出责任。
	卫生健康能力提升	高层次卫生健康人才培养	对国家和省级统一规划实施的医疗卫生高层次人才培养的补助。	国家统一规划实施的，为中央与省共同财政事权	中央财政与省级财政共同承担支出责任。
				省级统一规划实施的，为省级财政事权	省级财政承担支出责任。
		其他卫生健康人才培养培训	包括对毕业后医学教育、基层卫生人才培养和培训等的补助。	国家统一规划实施的，为中央、省、市县共同财政事权	省级财政统筹中央财政补助资金，根据工作任务量、省级标准、绩效情况和转移支付系数等因素给予市县补助。
				省级规划实施的，为省与市县共同财政事权	省级财政根据工作任务量、省级标准、绩效情况和转移支付系数等因素给予市县补助。
				市县规划实施的，为市县财政事权	市县财政承担支出责任。

（续表三）

财政事权事项			主要内容	财政事权划分类别	支出责任及分担方式
一级财政事权事项	二级财政事权事项	三级财政事权事项			
能力建设	卫生健康能力提升	重点学科建设	包括对临床重点专科、学科建设和卫生健康科技研发与转化平台建设等的补助。	国家统一规划实施的，为中央、省、市县共同财政事权	省级财政统筹中央财政补助资金按工作任务量、省级标准、绩效情况等因素给予市县补助。
				省级规划实施的，为省与市县共同财政事权	省级财政根据工作任务量、省级标准、绩效情况等因素给予市县补助。
				市县规划实施的，为市县财政事权	市县财政承担支出责任。
		中医药事业传承与发展	包括开展中医药临床优势培育、中医药传承与创新、中医药传统知识保护与挖掘、中医药治未病技术规范与推广、中医药国际合作交流等工作。	国家统一规划实施的，为中央、省、市县共同财政事权	省级财政统筹中央财政补助资金，根据工作任务量、省级标准、绩效情况等因素给予市县补助。
				省级规划实施的，为省与市县共同财政事权	省级财政根据工作任务量、省级标准、绩效情况等因素给予市县补助。
				市县规划实施的，为市县财政事权	市县财政承担支出责任。
	卫生健康管理事务		包括卫生健康职能部门及其所属机构承担的战略规划、综合监管、宣传引导、基本药物和短缺药品监测、妇幼卫生监测等卫生健康管理事务。	部门或机构隶属省级的，为省级财政事权	省级财政承担支出责任。
				部门或机构隶属市县的，为市县财政事权	市县财政承担支出责任。
	医疗保障能力建设		包括医疗保障职能部门承担的战略规划、综合监管、宣传引导等医疗保障管理事务，以及其所属机构提升经办服务能力、开展信息化建设和人才队伍建设等。	部门或机构隶属省级的，为省级财政事权	省级财政承担支出责任。
				部门或机构隶属市县的，为市县财政事权	市县财政承担支出责任。在深化医药卫生体制改革期间，中央、省级财政对市县按规定给予补助。

全省财政工作会议重要文件

在全省财政工作会议上的讲话（摘要）

浙江省财政厅党组书记　朱忠明

一、2019年全省财政工作稳中有进、成效明显

2019年，全省各级财政部门认真贯彻习近平新时代中国特色社会主义思想，坚持稳中求进工作总基调，牢固树立“财为政服务”理念，聚焦“高质量发展、竞争力提升、现代化建设”，加力提效实施积极的财政政策，扎实推进稳企业增动能保平安各项工作，服务全省经济社会发展大局。全省一般公共预算收入7048.00亿元，增长6.8%，其中税收收入5898.17亿元，增长5.6%，占一般公共预算收入比重为83.7%，继续保持较好水平。全省一般公共预算支出10052.99亿元，可比增长7.6%。各方面工作齐头并进，取得良好成效，特别是以下几项工作做得比较扎实：

1. 高质量落实大规模减税降费政策。充分认识中央大规模减税降费政策的重要意义，将其作为财政部门的头等大事，按照“第一时间+顶格优惠+叠加享受”的原则，制定浙江版实施方案，通过召开媒体见面会宣传解读政策、成立督查组赴各地督导检查等方式，认真落实小微企业普惠性减税、增值税大规模减税、个人所得税改革、社保费减负等各项减税降费政策，用足用好增值税留抵退税政策，得到省委、省政府和财政部充分肯定。1—11月，全省累计新增减税降费1913.75亿元，其中新增减税1482.35亿元，社保降费307.7亿元，返还困难企业社保费123.7亿元（全年预计新增减税降费2000亿元以上）。同时，结合浙江省实际积极挖潜，实施好三项“减负新政”：一是按50%的幅度顶格减征文化事业建设费，每年为企业新增减负6.6亿元。二是停征小型水库移民扶助基金，连同国家重大水利工程建设基金降标政策，累计减负16.7亿元，助力实现“一般工商业平均电价再降10%”的目标。三是取消政府采购投标保证金、鼓励减免履约保证金、推行保函替代现金，每年为政府采购供应商减少资金占用80亿元以上。

2. 深入推进集中财力办大事。组织服务团队赴各地宣讲辅导，全省各市县均已建成集中财力办大事财政政策体系，实现省市县三级全覆盖、大事要事全覆盖、本届政府施政周期全覆盖。2019年省级预算中用于集中财力办大事的预算资金为964.42亿元，占省本级可用财力的比重达60.7%。围绕精准脱贫攻坚战，安排省以上财政专项扶贫资金12.16亿元，统筹安排“两山”（一类）建设激励资金18亿元，下达困难群众省级各类补助资金30.93亿元，筹措对口支援和东西部扶贫协作资金61.01亿元。围绕长三角一体化发展，出台长三角一体化发展激励政策，省财政安排1亿元重点支持推动长三角一体化发展的重点区域和具有一体化标志性意义的跨省产业合作园区建设。参与研究设立长三角一体化发展投资基金。围绕数字经济“一号工程”，筹措数字经济财政专项激励资金10亿元，大力推进数字产业化。统筹安排18亿元实施振兴实体经济（传统产业改造）财政专项激励，支持18个市县推进传统制造业数字化改造。继续支持之江实验室、西湖大学、杭州城西科创大走廊建设。围绕“四大”建设，安排省海洋（湾区）经济发展专项资金20亿元，支持实施海洋强省国际强港战略。全面实施绿色发展财政奖补机制，安排生态环保资金245.33亿元，支持大花园建设。筹措省级交通补助资金96.94亿元，争取中央补助资金129.88亿元，增加省交通集团资本金30亿元，支持大通道建设。筹措省级财政资金55.51亿元，争取中央基建投资资金71.54亿元，支持政府投资基础设施建设。围绕乡村振兴战略，整合设立100亿元的省乡村振兴投资基金，出台乡村振兴绩效提升奖补政策，五年安排100亿元，对起示范引领作用或绩效提升明显的市县进行奖补。安排水利建设与发展专项资金74.6亿元，支持百项千亿防洪排涝工程等项目建设。支持推进田园综合体建设。完善财政金融协同支农投入机制，增加省农担公司资本金2亿元，为全省15000多户农业经营主体提供贷款担保近40亿元。围绕应对中美经贸摩擦，推动出台稳定外贸发展的20条措施，统筹安排商务促进专项资金，加大对“订单+清单”预警系统建设、国际性展会、出口信用保险补助、贸易摩擦诉讼等的支持力度。围绕融资畅通工程，出台促进企业融资财政激励办法，完善国库现金管理指标体系，鼓励金融机构加大对中小微企业的融资力度。制定担保风险补偿办法，鼓励融资性担保机构为企业提供融资担保服务。

3. 全力保障和改善民生。针对“利奇马”“米娜”等台风对浙江省造成的损失，第一时间赴财政部争取中央资金并筹集省级救灾资金，2019年累计下达救灾资金25.01亿元。会同相关部门及时出台支持生猪稳产保供的一揽子政策。推进农村饮用水达标提标工程，安排9.92亿元支持全省新增410万农村居民饮用水达标提标。坚持教育优先发展，落实义务教育教师基本工资增资政策，加大对普通高中的经费投入，普通高中生均公用经费投入位居全国前列。筹措中央和省级就业补助资金10.49亿元，支持促进就业创业，从失业保险基金结余中安排资金支持实施职业技能提升行动计划。稳步提高养老金、医保、卫生等基本民生待遇水平，支持城市优质医疗资源下沉和县域医共体建设。支持构建现代公共文化服务体系，安排3亿元支持新建农村文化礼堂，安排6.77亿元支持创建国家级公共文化服务体系示范区。争取中央财政城镇保障性安居工程建设资金28.71亿元，安排省级住房与城市建设资金3.5亿元，支持城市棚户区改造和公租房保障。争取中央财政资金6.76亿元支持城镇老旧小区改造。安排农业转移人口市民化奖励资金13.08亿元，促进基

本公共服务均等化。

4. 积极推进政府数字化转型。按照创建"掌上办事之省"和"掌上办公之省"的要求,推动政府数字化转型重大项目和创新项目建设。政采云平台方面,深入开展"互联网+政府采购"行动,上线农业(扶贫)馆、制造(精品)馆和警用装备馆。政采云平台已推广到9省3市496个市县区,交易规模达5143.89亿元。统一公共支付平台方面,已累计接入收入项目200余项,通过平台办理教育收费、城乡居民社保缴费及交通违法缴款等业务1.71亿笔,资金达6157亿元,90%以上的缴款业务在网上"零见面"办理,平台移动端已成为"浙里办"的核心应用。电子票据改革方面,推出全国首个区块链电子票据平台,完成医保零星报销和异地报销应用试点工作,实现全省医疗收费电子票据归集、在线真伪查验和跨部门、跨地区信息共享。全省507家医疗机构实施了医疗电子票据改革,累计开票1.5亿张,金额达565亿元。债务监管方面,开发地方政府性债务风险预警与处置系统,对全省7000多家国有独资或控股企业融资情况进行监控,对超越财政承受能力举债的市县进行预警,并主动对接国家"互联网+监管"平台,充分发挥系统"鹰眼护航"的作用。各地在政府数字化转型方面积极探索,涌现了很多好的做法。杭州市财政数字化转型工作得到省委书记车俊、省长袁家军和常务副省长冯飞批示肯定。

5. 加快政府产业基金2.0版运作。会同省级有关部门和市县政府组建数字经济、创新引领、"凤凰行动"、文化产业、军民融合、特色小镇、金融稳定等主题基金,完善管理办法和运作机制,加强项目搜寻和对接,切实加快项目落地。组建首期规模为100—150亿元的省数字经济产业投资基金,目前已出资组建敏华未来汽车智慧产业园项目定向基金,直接投资绍兴长电项目,5G产业非定向基金已经立项,并主动对接中电海康、滨江矽力杰、零跑汽车等重大产业项目。组建首期规模100亿元的省上市公司稳健发展支持基金,纾解上市公司股权质押风险,两单纾困项目已落地。与中国联合实业公司共同组建100亿元的未来社区建设投资基金,支持未来社区建设。设立创新引领基金,对天堂硅谷资产管理公司等20家企业进行立项,中控太阳能、联川生物、赛思电子、达新半导体等4个项目已落地。设立规模为10亿元的省畜牧业高质量发展主题基金,支持大型现代化养殖场建设和生猪全产业链发展。

国家级产业园—浙江(杭州)人力资源产业园

6. 全面加强财政收支管理。成立财政收支运行保障应急领导小组,建立财政收支分析专项联络员制度和月报制度,加强对财政收支运行情况的监测、研判,及时发现并解决苗头性倾向性问题。将税收负增长市县分别纳入高度关注、重点关注、一般关注"三张清单",实行动态管理,分类指导、分类施策。建立县级"三保"预算编制事前审核机制,从源头防范化解财政运行风险。加强市县财政困难程度和财政保障能力综合评价,对个别财政收支平衡压力大、挖掘自身潜力后仍有困难的地区,有针对性地加大转移支付力度,确保不发生"三保"支出风险。坚持政府过紧日子,优化支出结构,按照不低于5%的幅度压减非刚性、非重点项目支出。

7. 改革完善财政管理体制机制。调整完善项目支出标准,构建了49类166项明细开支范围标准框架,支出标准体系建设走在全国前列。简化优化预算编审流程,将"二上二下"调整为"一上一下",提高预算编报和审核效率。改进预算执行进度考核办法,建立重点类别项目分类管理机制。实施预算绩效管理三年行动计划,9个设区市、63个县(市、区)党委、政府出台了全面落实预算绩效管理实施意见。健全全过程预算绩效管理机制并应用于2020年预算编制。全面推进部门整体绩效预算改革试点。深入推进预决算公开,全省政府预算、部门预算均实现法定时间内100%公开。谋划实施新一轮绿色发展财政奖补机制,加强淳安特别生态功能区财政体制政策研究,做好龙港撤镇设市收支基数核定和财政体制政策研究工作。完善省属国有金融资本管理制度,优化省属金融企业经营业绩考核,规范省属国有独(全)资金融企业董(监)事会运行,改革省属金融企业工资决定机制。扎实做好国有资产报告工作,进一步完善国有资产报告体例和结构,全省90个县(市、区)建立国有资产报告制度。推进行政事业单位内部控制建设,完善省级单位内部控制建设评价指标体系,督促各地加强内部控制监督评价。推进财政资金竞争性存放,省级财政资金竞争性存放规模达2083.84亿元。

8. 切实防范化解地方政府债务风险。深入实施防范化解地方政府隐性债务风险专项行动,通过安排财政资金偿还、盘活存量资产资源资金化解、项目经营收益偿还等措施,有序化解存量隐性债务。强化项目源头管控,实行"三个不得立项",遏制隐性债务增量,全省债务率比2018年降低了21个百分点,债务风险等级由橙色降低为黄色。各地严格按照"四条标准",推进融资平台公司实体化市场化转型,共完成转型481家。加快地方政府债券发行和使用进度,全年发行新增地方政府债券1538亿元,提前两个月完成发行任务,有力地支持了稳投资扩内需补短板等各项工作。

9. 积极稳妥做好机构改革相关工作。顺利完成财政地税人员编制划分工作，积极向省委编办争取2243名原地税所专项编制留各市县财政部门使用，同时省委编办统筹解决事业编制核减数100名。梳理优化机构职能，对职责交叉事项，按照“一类事项原则上由一个部门统筹、一件事情原则上由一个部门负责”进行调整。稳妥有序推进事业单位改革，编制“三定”规定草案，明确相关机构、职责、人员等事项，确保干部队伍与工作“双稳定”。稳妥推进省财务开发公司转企改制，新财务开发公司筹建方案已获省政府同意。

10. 纵深推进全面从严治党。以高标准抓好巡视整改和高质量开展“不忘初心、牢记使命”主题教育为抓手，切实履行全面从严治党主体责任。巡视整改方面，按照“真改快改改到位”的要求，第一时间建立整改清单，对巡视反馈的7个方面32个问题，提出151条整改措施，31个问题已完成整改，新出台或修订完善制度43项。组织开展以“十个一”为主要内容的警示教育月活动，深入剖析身边案例，查找“9+2”风险点，教育引导干部职工细算“三笔账”、慎守“九道线”。全省联动推进清廉财政建设，开展“一把手”共话清廉财政活动，提升清廉文化传播力和影响力。“不忘初心、牢记使命”主题教育方面，高质量抓好学习教育，结合减税降费、脱贫攻坚、应对中美经贸摩擦等重点工作，成立“8+3”11个专题研学小组开展集中研讨学习，得到中央指导组的充分肯定并要求上报经验材料；高质量抓好检视问题，严肃认真地开展专题民主生活会，批评与自我批评有辣味，得到省委组织部、省委主题教育领导小组办公室和省委巡回指导组的肯定；高质量抓好整改落实，建立整改清单，检视出的122个问题已完成整改121个。将“三服务”活动贯穿主题教育始终，共开展“三服务”活动130次，现场解决困难和问题102个，带回研究解决问题21个。特别是组织专家赴浦江县为243家规上民营企业开展IPO业务培训，被评为全省“三服务”活动月度十个好典型，得到袁省长批示肯定；组织开展四期省级行政事业单位财务负责人能力提升培训班；省注协发挥行业优势开展“三服务”专题活动，被评为“2019年浙江省服务小微企业优秀机构”。认真贯彻中央和省委为基层减负的文件精神，出台“财政减负10条”，着力破解“文件多、会议多、报表多”等问题，“三类文件”比上年减少49件，压减34.8%，会议比上年减少61个，压减67.0%。全省财政干部队伍建设呈现新气象，取得了新业绩，杭州市江干区财政局、龙泉市财政局荣获“全国财政系统先进集体”，绍兴市财政局局长吕丙、临海市财政局局长胡寿坚荣获“全国财政系统先进工作者”。

这些成绩的取得，离不开省委、省政府的科学决策和坚强领导，离不开省人大财经委、省政协经济委的关心和指导，离不开中央驻浙单位和省级各部门的理解和支持，凝聚着全省财政干部与财务工作者的努力和付出。

在肯定成绩的同时，也要清醒地看到，财政运行还存在一些突出矛盾，财政工作还存在不少问题和短板，主要表现在以下几个方面：一是财政收支平衡压力进一步加大。从收入端看，财政经济形势复杂严峻，复杂外贸环境、房地产市场具有较大不确定性，大规模减税降费带来的减收效应持续释放，价格对财政收入的拉动作用减弱，收入增速将进一步放缓；从支出端看，一方面要保工资、保运转、保基本民生，一方面要保障长三角一体化发展、三大攻坚战、富民强省十大行动计划等省委、省政府重大决策部署，支出需求很大，紧平衡的特征更加明显。二是资金使用绩效有待提升。2018年以来，浙江省大力推进集中财力办大事财政政策体系建设，政策、资金的统筹整合力度加大，绩效明显提升。但有的部门和地方仍有“重分配轻管理”“重资金轻绩效”的惯性思维，“花钱必问效、无效必问责”的机制尚未完全建立，与全面实施预算绩效管理的要求还有差距。三是党风廉政和干部队伍建设任重道远。聚焦廉政风险的内控制度体系还不够健全，系统内违纪违法案件时有发生；财政干部存在问题意识不够强、主动谋划协同作战能力不足等情况。这些问题迫切需要我们对标“两强三提高”，深入调研，系统研究，采取切实有效措施逐项予以破解。

二、在高水平推进省域治理现代化的大局中谋划推动财政工作

2019年中央经济工作会议强调，要科学稳健把握宏观政策逆周期调节力度，积极的财政政策要大力提质增效，更加注重结构调整，坚决压缩一般性支出，做好重点领域保障，支持基层保工资、保运转、保基本民生。全国财政工作会议提出，在当前财政收支平衡压力持续增大、加力空间有限的前提下，兼顾强化逆周期调节和财政收支平衡的要求，在保持财政政策取向不变、力度积极的同时，强调政策的“提质”要求和“增效”导向，从“质”和“量”两方面发力，切实提高财政资源配置效率和使用效益，确保经济实现量的合理增长和质的稳步提升，并提出“艰苦奋斗、勤俭节约，以收定支、量力而行，加强管理、严肃纪律，上下联动、齐心协力”的工作原则。省委十四届六次全会认真贯彻党的十九届四中全会精神，对标国家治理的新要求、顺应时代变革的新趋势、回应全省人民的新期盼，对高水平推进省域治理现代化作出全面部署，提出健全党的领导制度体系、现代法治体系、高质量发展制度体系、社会治理体系、基层治理体系和治理能力保障体系等六大体系，争当省域治理现代化的排头兵，成为展示社会主义制度优越性的重要窗口。省委经济工作会议强调，要紧紧扭住新发展理念推动高质量发展，坚持争取率先发展与为全国多作贡献相统一，坚持集中精力办好自己的事情，坚持担当作为抓落实“稳”字当头、“进”字为重、“好”字为本、“俭”字为要，持续稳企业、增动能、补短板、保平安。

这些重要会议为做好当前和今后一个时期财政工作指明了方向、提供了遵循。全省各级财政部门要认真学习贯彻会议精神，站在浙江“三个地”的政治高度、立足高水平推进省域治理现代化的工作大局，不断优化制度供给、强化政策保障，对标对表抓好落实，切实将财政制度优势转化为省域治理效能。结合浙江省财政工作实际，要着力健全五大体系：

1. 健全集中财力办大事财政政策体系。经过两年的大力推

进,全省集中财力办大事财政政策体系框架已基本搭建,并开始实质性运行,取得初步成效。下一步要不断巩固深化,关键要做好"四个衔接":一是与财政"十四五"规划相衔接。紧扣省委、省政府重大决策部署特别是重大改革、重大项目、重大平台、重大政策,研究编制财政"十四五"规划,同步完善集中财力办大事财政政策体系,使资金流与决策流、业务流、信息流更好融合。二是与部门专项规划相衔接。强化部门协同、政策协同,提前介入、参与其他部门的专项规划,处理好部门规划与集中财力办大事财政政策体系之间的关系,从财力可持续、收支可平衡、风险可控制的角度提出专业意见,避免业务与资金"两张皮",提高部门专项规划的可行性、操作性。三是与市县政策体系相衔接。坚持全省一盘棋,推动市县集中财力办大事财政政策体系落地见效,形成纵贯全省的政策合力、资金合力和工作合力,为高水平推进省域治理现代化提供坚实的财力保障。四是与年度预算相衔接。根据集中财力办大事财政政策体系编制年度预算,通过预算的硬约束增强集中财力办大事财政政策体系的刚性,真正将政策转化为资金、项目。

2. 健全逆周期调节财税政策体系。财税政策是经济运行的稳压器,也是地方党委、政府可以掌控的最直接、最有效、最迅速的调控工具。2019年面对复杂严峻的财税经济形势,综合运用财税政策工具,出台实施了一揽子财税组合拳,为稳企业增动能保平安发挥了积极作用。2020年经济下行压力依然很大,要进一步健全逆周期调节财税政策体系,强化财税政策与金融政策、产业政策、投资政策、区域政策等的协同,优化减税降费、财政专项资金、政府产业基金、政府专项债券、预算稳定调节基金、政策性担保、政府采购、PPP、国有资本经营收益等政策工具的组合搭配,从收入端和支出端同时发力,推动积极财政政策提质增效,对冲经济下行压力,熨平经济周期波动,服务"六稳"工作大局。

3. 健全全面预算绩效管理体系。绩效是预算的生命线,也是提升财政服务保障能力的重要抓手。要按照全面实施绩效管理的要求,深入实施我省预算绩效管理三年行动计划,加快构建具有浙江特色的全方位、全过程、全覆盖预算绩效管理体系,形成"预算编制有目标、预算执行有监控、预算完成有评价、评价结果有应用、结果应用有问责"的闭环管理。在推进路径上,要把握"一个基础、两个着力点"。"一个基础",即预算标准和绩效指标体系建设,这是绩效管理的基础性工程,也是预算支出标准化、规范化、透明化的前提;"两个着力点",即从政策绩效层面构建集中财力办大事财政政策体系,从部门绩效层面推进部门整体绩效预算改革。

4. 健全民生保障制度体系。保障改善民生是公共财政的重要职责和应有之义。要在加大民生投入的同时,健全长效化、常态化的制度体系,从"花钱买稳定"向"花钱买机制"转变,确保全省财政支出增量的三分之二以上用于民生,不断提高公共服务质量和水平。关键要把握好"两个原则":一是公共性原则。厘清公共财政运行边界,看看哪些是需要政府做的,哪些是需要市场、社会解决的,哪些是需要个人努力的,按照公共性层次进行排序,分清轻重缓急,明确支出责任,避免越位和缺位。二是可持续原则。要尽力而为,更要量力而行,充分考虑经济和财政的承受能力,不仅当前可承受,长远也要能承受;不仅要测算直接支出,还要评估间接支出和隐性支出。要突出"保基本、守底线",多雪中送炭,少锦上添花,推动树立各方面合理承担责任的科学的民生理念。

5. 健全财政风险防控体系。制度的优势在于稳健性和可持续性,这其中财政的稳健和可持续至关重要。当前要重点关注债务风险和社保基金风险。债务风险方面,要继续坚持"防风险与促发展并举、开前门与堵后门并重"的原则,本着对党、对人民、对历史负责的态度,持续深入开展专项行动,将"三个不得立项""六必问责"等刚性要求落实到位,不得搞虚假化债、搞数字游戏、将责任"甩锅"。同时,积极争取并用足用好政府专项债券,满足地方建设、发展的资金需求。社保基金风险方面,近年来,浙江省社保基金支付能力逐年下降,企业职工基本养老保险当期收支赤字增多,基金平衡压力越来越大。要密切关注基金收支运行情况,加强苗头性倾向性问题研究,为党委、政府出好主意、当好参谋,当前要扎实做好划转部分国有资本充实社保基金、健全社保风险准备金制度等工作。

三、全力以赴做好2020年财政工作

2020年是高水平全面建成小康社会和"十三五"规划收官之年,既是决胜年,又是攻坚年,做好财政工作意义重大。全省财政工作的总体要求是:深入贯彻习近平新时代中国特色社会主义思想和党的十九大及十九届二中、三中、四中全会精神,紧扣高水平全面建成小康社会目标任务,提高政治站位,强化政治担当,坚持稳中求进工作总基调,坚持新发展理念,坚持以供给侧结构性改革为主线,坚持"八八战略"再深化、改革开放再出发,围绕稳企业、增动能、补短板、保平安,推动积极财政政策提质增效,落实政府过紧日子要求,坚持"以收定支"原则,厉行节约,反对浪费,调整优化支出结构,加快构建具有浙江特色的现代财政制度体系,将"财为政服务"落实到财政工作全过程,当好助推省域治理现代化的排头兵。按照上述目标和要求,要重点抓好以下几项工作:

1. 持续支持稳企业稳增长。继续将稳企业作为重中之重,强化财税的逆周期调节和精准施策,着力提升企业发展活力。一是针对企业负担重的问题,继续推动减税降费政策落地见效。通过靠前服务上门服务精准服务,加强政策辅导、跟踪评估和督查督导,确保应减尽减、力争多减。特别要认真贯彻实施更大规模减税降费后调整中央与地方收入划分改革推进方案,继续用好增值税留抵退税政策,做到应退尽退,切实缓解企业资金压力。二是针对企业融资难融资贵的问题,大力支持实施融资畅通工程。探索开展财政支持民营和小微企业金融服务综合改革试点,引导金融机构"支小助微"。深化"政采贷"、履约保函等金融服务,建立健全政府采购预付款制度,降低供应商融资门槛和成本。支持打造覆盖全省的区域供应链金融科技平台。三是针对复杂外贸环境压力,落实好稳外贸20条新政。进一步加大对企业出口信用保险、应对经贸摩擦诉讼和开拓国际市场的支持力度,对市县纳入省级重点展会目录的展会给予资金补助,助力浙江省企业开拓"一带一路"沿线新兴市场。四是针对传统产业改造提升问题,积极推进制造业高质量发展。围绕数字经济、生命健康、出口企业"卡脖子"技术攻关等重点领域,会同有关部门落实制造业高质量发展一揽子政策,2020—2022 年省财政每年安排 18 亿元开展制造业高质量发展财政专项激励。深化政府采购政策功能,落实首台(套)、首批次产品和制造精品首购制度,鼓励企业加大研发投入。

2. 深入实施长三角一体化发展战略。对标对表《长江三角洲区域一体化发展规划纲要》明确的目标任务,精准发力,全面抓好贯彻落实。一是推动设立长三角一体化发展投资基金并运作实施,重点投向跨区域重大基础设施互联互通、生态环境联防共治、创新体系共建、公共服务和信息系统共享、园区合作、科技创新等领域。二是用好长三角一体化发展激励政策,在 2019 年安排长三角一体化发展奖补资金 1 亿元基础上,进一步加大资金支持力度。三是深化长三角跨区域生态治理。落实新安江流域横向生态补偿第三轮试点方案,浙江、安徽两省继续各出资 2 亿元,根据交接断面水质监测指标确定考核结果并进行补偿。四是共建多层次产业创新合作平台。支持与长三角地区高水平研究机构合作建设制造业创新中心,对列入省级制造业创新中心创建单位的,省财政给予 1000 万元的补助,升级为国家级再给予最高 3000 万元的补助。五是深化政府数字化转型项目合作。积极推广应用政采云平台,构建政府采购"区域一张网"。以医疗电子票据跨省报销试点为突破口,推动建立长三角财政电子票据信息共享与运用机制,逐步实现三省一市跨地区费用网上报销审核。

3. 助力打赢精准脱贫攻坚战。2020 年是脱贫攻坚全面收官之年,要继续深入贯彻党中央、国务院和省委、省政府关于脱贫攻坚的决策部署,切实加强财政资金保障,支持打赢精准脱贫攻坚战。一是健全扶贫投入保障机制。优先保障扶贫资金投入,加大对 26 县的转移支付力度,推动公共财政不断向加快发展地区倾斜。规范提升扶贫异地搬迁补助政策,重点向低收入农户倾斜。进一步调整优化财政扶贫政策,研究实施新一轮"两山(一类)"财政激励奖补政策,完善奖补政策措施。二是加强扶贫资金监管。深入推进财政扶贫资金动态监控和管理信息公开,开展绩效评价,督促指导有关部门和市县切实加强管理,提升扶贫资金使用绩效。三是加强东西部扶贫协作和对口支援。继续加大帮扶力度,及时筹措拨付财政资金,进一步加强对接和交流,督促指导被帮扶地区规范资金使用,将资金用到刀刃上。

4. 大力支持"四大"建设。大湾区建设方面,积极支持钱塘江金融港湾建设,对经认定的核心区和金融特色小镇规划空间范围内符合规定条件的新投资企业,缴纳税收形成的地方财政收入当年增收上交省部分,前 3 年全额返还、后 2 年返还 50%给当地财政。继续支持环杭州湾经济区建设、甬台温临港产业带发展和义甬舟开放大通道建设。大花园建设方面,实施新一轮绿色发展财政奖补机制,完善"两山(二类)"建设财政专项激励竞争性分配办法。建立淳安特别生态功能区财政体制政策。安排资金支持美丽城镇建设,加快形成城乡融合、全域美丽新格局。支持推进四条诗路、十大海岛公园建设。继续开展山水林田湖草生态保护修复工程试点。大通道建设方面,筹集省级资金并争取中央资金 200 亿元左右,支持公路、水运、民航等交通基础设施建设。增加省交通投资集团资本金 20 亿元,给予资本金和流动性支持。大都市区建设方面,落实设区市区域统筹发展财政专项激励政策,安排激励资金引导设区市加大对所辖县(市)基本公共服务均等化的支持力度。落实龙港撤镇设市后的财政支持政策,促进新型城镇化建设发展。根据未来社区建设投资基金运作情况,继续加大财政投入,精准有效支持未来社区建设。

5. 持续支持乡村振兴战略。实施乡村振兴战略是决胜全面建成小康社会的重大历史任务,是新时代"三农"工作总抓手。要进一步支持实施乡村振兴战略,助推农业农村高质量发展。一是支持乡村产业数字化转型,着力推动乡村智慧化发展、农业绿色发展、城乡融合发展,探索建立数字田园建设机制、质量兴农长效机制和产业富民发展机制。二是加快推进省乡村振兴投资基金有效运作,引导社会资本加大对乡村振兴重点领域、重点项目的投资力度。三是加快补齐水利基础设施短板,大力支持千里海塘大提升、百项千亿防洪排涝等工程建设,进一步提高流域洪水调控、水资源供给和防台御潮能力。四是健全完善财金合作协同支农机制,增加省农担公司资本金 1 亿元,支持开展省市县联动、政银担合作创新试点。五是支持打造升级版美丽乡村,把美丽乡村建设与发展美丽经济结合起来,重点培育农业新业态,推动一二三产业融合发展。六是深入推进农村综合改革,总结国家级田园综合体和农村综合性改革试点经验,加快成果推广复制,建设一批省级田园综合体和农村综合改革集成示范项目。

6. 强化财政与金融政策的协同。推动构建财政金融协同联动机制,支持金融产业做大做强,更好地服务地方经济社会发展。一是落实财政金融各项扶持政策。用好金融业发展专项资金,激励地方开展金融创新,增强地方金融实力。研究落实省担保集团资本金补充和费用补贴政策,推动全省政策性融资担保体系建设。二是加快政府产业基金 2.0 版项目落地。完善工作会商机制和免责尽职机制,加快各主题基金实质性运作。推动"凤凰行动"投资基金、上市公司稳健发展基金、金融稳定投资基金项目落地,支持企业重组上市,纾解上市公司股权质押和企业流动性风险。构建信息化管理平台,建设政府产业基金绩效评价系统和投资管理服务网络,打造全流程的线上投资管理系统,全面提升政府产业基金运作管理水平。三是促进全省金控公司工作协同。发挥浙江省金控企业联合会作用,进一步引导全省各级金控公司及参控股企业同向发力,推动金融要素与金控企业横向协同,为实体经济高质量发展提供综合金融服务。

7. 持续保障和改善民生。统筹安排资金支持政府十方面民生实事实施和各项民生事业发展,使经济发展与民生改善互促互进。一是推动制定学前教育相关标准,做好教育信息化中期督查,促进教师良性流动,完善学生资助政策。继续推进高校资源共建共享,完善省属高校财政保障制度,推进高校成本核算试点。二是继续支持就业创业,安排4.31亿元支持落实社保补贴、岗位补贴、公益性岗位安置等高质量就业政策。三是落实中央调剂办法和省级调剂制度,研究制定企业职工基本养老保险基金省级统筹方案,明确养老保险基金政府间责任分担机制,积极稳妥推进基本养老保险基金和机关事业单位职业年金委托投资运营工作。四是支持实施健康浙江战略,全面落实省医疗卫生领域财政事权和支出责任划分改革实施方案,完善医疗卫生领域省级转移支付资金管理办法,制定县域医共体评价指标体系,建立评价结果与省财政补助资金挂钩机制,推进县域医共体改革。五是支持现代公共文化服务体系建设,推进之江文化中心、新时代文化艺术创研基地和全民健身中心建设,推进"海上丝绸之路"申遗与活化等世界级文化遗产项目培育,继续支持农村文化礼堂建设。六是支持城镇保障性安居工程建设,推进棚户区改造和公租房保障,支持城镇老旧小区改造。

8. *确保财政收支平稳运行*。面对复杂严峻的财税经济形势,各级财政部门既要坚定信心,又要保持头脑清醒,进一步增强紧迫感和责任感,确保收支平稳健康运行。一是加强收入监测。按照"匹配性、均衡性、可持续性"的要求,坚持全省一盘棋,合理把握组织收入的力度和节奏,确保良好开局、运行平稳,既体现减税降费政策成效,又发挥对全国大局的支撑贡献作用。二是坚持政府过紧日子。坚决落实过紧日子要求,开源节流、增收节支、精打细算、执守俭朴、力戒浮华,厉行节约办一切事业。严格控制和压减一般性支出,非刚性、非重点项目支出压减幅度不低于10%,日常公用经费支出压减幅度不低于5%。省级财政在加大一般性转移支付力度的同时,从紧安排专项转移支付。实施办展办会专项清理行动,大幅压减办展办会经费支出,坚决刹住展会过多过滥的风气。严禁使用财政性资金举办年会、庆典。举办会议、节庆、论坛、展会等活动,必须严格审批程序,列入年度计划和预算,严格执行国家和浙江省规定的经费开支标准。承接国际性会议和全国性会议,严格按照省委有关文件规定执行。严格把关公共工程建设,区分轻重缓急、科学有序推进。严禁建设"形象工程""政绩工程""面子工程"和违背发展规律、超出资源环境承载力、脱离本地区财力可能、背离人民群众意愿的公共工程项目,全面排查整改"景观亮化工程"过度化等问题。严格政府投资项目条件审核,未经财政部门评估债务风险的,总投资无法落实或资金来源不明确、未编制资金(融资)平衡方案的,所在市、县(市、区)隐性债务风险年度化解计划未完成的,一律不得立项。巩固和强化"三公"经费管理,加强支出必要性、合理性审核,在行政开支上当好"铁公鸡"。严禁公款吃喝,严禁违规用公款购买、赠送、发放礼品礼金,严禁超标准公务接待。严格执行国家规定的经费开支标准,超范围、超标准以及与公务活动无关的费用,一律不得列支。三是严控"三保"支出风险。坚持"三保"支出在财政支出中的优先顺序,在预算安排和库款拨付等方面优先保障"三保"支出。健全市县财政困难程度评价指标体系,建立县级"三保"预算编制的事前审核机制,30%的县2020年度预算纳入联审范围。各地、各部门在制定基本公共服务保障标准时,要统筹考虑国家政策、区域平衡、地方财政承受能力和相关民生政策事前论证评估情况等因素,确保标准合理适度、民生政策可持续,建立基本公共服务保障地区标准报省级备案制度。四是密切关注重大改革。深入分析实施大规模减税降费后调整中央与地方收入划分政策对全省财力的影响,建立省以下留抵退税分担机制。特别要关注消费税改革动态,摸清消费税税源税基底数,提前谋划,做好政策储备,力争在利益调整中赢得主动。

9. *切实防控地方政府债务风险*。妥善处理好防风险和促发展的关系。一方面,要开好前门。全国财政工作会议提出,2020年将继续大幅增加地方政府专项债券规模。要加强与财政部的沟通对接,将政策研究透,争取更多的专项债券额度,并完善滚动的项目储备库制度,建立专项债券项目全生命周期管理体系,指导各地做好发债前各项准备工作,确保2020年专项债券额度一下达,立即启动发债程序,支持项目开工建设,尽快形成实物工作量。另一方面,要堵住后门。深入实施防范化解地方政府性债务风险专项行动,督促各地按照既定计划稳妥有序化解存量隐性债务,并不断巩固化债成果,确保风险等级保持在合理区间。加强债务风险源头管控,开展政府投资立项前财政承受能力和债务风险评估。推进地方政府性债务风险"鹰眼护航"预警与处置系统优化升级,健全全口径债务监测系统管理制度,实现债务"信息集成化、政策模型化、风险可视化、管理系统化"。按照融资平台公司实体化市场化转型实施意见,加快推进融资平台公司转型。

10. *落实落细全面从严治党主体责任*。坚定不移落实全面从严治党各项要求,深入推进党风廉政建设和反腐败斗争,推动全面从严治党向纵深发展。一是巩固深化巡视整改和主题教育成果。开展巡视整改和主题教育"回头看",查漏补缺、不断提升。将巡视整改和主题教育过程中形成的行之有效的办法、举措,以制度的形式固化下来,加快建立有效管用的长效机制,长期坚持、不断深化。二是深入推进清廉财政建设。强化管党治党两个责任,严格落实主体责任报告、廉政谈话、签字背书等制度。坚持标本兼治,大力推进财政源头治腐各项改革,积极发挥财政部门的监管作用。聚焦"9+2"风险点,强化对权力的制约和监督,推动健全利益回避和防止利益冲突的制度,确保干部干成事不出事。持续深入落实中央八项规定及其实施细则精神,完善相关制度,纠治"四风"不止步。三是全面加强干部管理。坚持严管就是厚爱,落实容错免责、能上能下、正向激励等干部管理制度,深入开展"三服务""上门服务至少一次"活动,学习宣传全国财政系统先进集体、先进工作者事迹,大力弘扬"实、稳、优"财政核心价值理念和"严谨、坚守、创新、奉献"的财政职业精神,打造一支高素质专业化的财政干部队伍。

(2020年1月9日)

全省财政工作

zhejiang caizheng nianjian

全省财税工作

全省财政

【概况】 2019年,浙江省实现生产总值62352亿元,比上年增长6.8%。第一产业增加值2097亿元,第二产业增加值26567亿元,第三产业增加值33688亿元,分别增长2.0%、5.9%和7.8%,其中第三产业对GDP增长的贡献率为58.9%。全省人均生产总值107624元,增长5.0%。三次产业结构比为3.4∶42.6∶54.0。全年固定资产投资增长10.1%;社会消费品零售总额27176亿元,增长8.7%。货物进出口总额30832亿元,增长8.1%。其中,出口23070亿元,增长9.0%,出口占全国的13.4%,份额比上年提高0.5个百分点;进口7762亿元,增长5.8%。商品零售价格指数为102.5,居民消费价格指数为102.9。全省居民人均可支配收入49899元,增长8.9%,其中城镇常住居民和农村常住居民人均可支配收入分别为60182和29876元,分别增长8.3%和9.4%;城乡居民收入差距为2.01∶1。

2019年,浙江省实现财政总收入12268.24亿元,增长4.8%;一般公共预算收入7048.58亿元,增长6.8%,其中税收收入5898.75亿元,增长5.6%。全省一般公共预算支出10053.03亿元,增长7.6%。省级一般公共预算收入343.38亿元,增长5.2%;省级一般公共预算支出639.87亿元,增长5.0%。全省及省级一般公共预算收支平衡。省级财政安排的转移支付1929.03亿元,其中:一般性转移支付1278.72亿元,专项转移支付650.31亿元。

全省政府性基金预算收入10607.82亿元,增长21.4%;支出10384.69亿元,增长15.1%;省级政府性基金预算收入34.47亿元,下降58.0%;支出196.35亿元,增长106.6%。全省和省级政府性基金预算收支平衡。

全省国有资本经营预算收入92.19亿元,增长13.4%;支出58.43亿元,增长16.7%;省级国有资本经营预算收入44.96亿元,增长23.2%;支出31.63亿元,增长39.2%。全省和省级国有资本经营预算收支平衡。

全省社会保险基金预算收入(含中央调剂金)5390.91亿元,增长8.9%;支出(含中央调剂金)5419.76亿元,增长18.4%;省级社会保险基金预算收入(含调剂金)684.15亿元,增长65.4%;支出(含调剂金)722.61亿元,增长87.5%。收支相抵,全省和省级社会保险基金收支分别赤字28.85亿元和38.46亿元。

【收支管理谋均衡】 提高财政收支运行质量。成立财政收支运行保障应急领导小组,建立财政收支分析专项联络员制度和月报制度,确保财政收支在合理区间平稳健康运行。关注宏观经济形势,加强收入分析,应对大规模减税降费政策带来的减收效应。聚焦稳企业稳增长,推动创业创新,助力制造业高质量发展,激发财政可持续收入动力。2019年全省税收收入占一般公共预算收入的比重为83.7%,收入质量较好。实现全省财政收入稳步增长的同时,争取中央财政政策和资金支持,扩大政府可用财力。全省和省级财政预算执行情况良好,保障全省经济社会持续健康发展。

加强市县财政收支运行监测和分析。及时发现并解决苗头性倾向性问题,将税收负增长市县分别纳入高度关注、重点关注、一般关注"三张清单",实行动态管理,分类指导、分类施策。建立县级"三保"预算编制事前审核机制,从源头防范财政运行风险。加强市县财政困难程度和财政保障能力综合评价,有针对性地加大转移支付力度,确保不发生"三保"支出风险。

加强政府非税收入征管。对各地各部门深化统一公共支付平台应用作出部署,全省96%以上的政府非税收入项目接入统一公共支付平台。加快资金结算清算力度,完善代收机构、代收渠道支撑体系。加快推广统一公共支付平台缴款业务自助取票,实现全省通打通取。开展非税票据电子化改革及试点工作。加强执收单位退付资金管理,推进资金退付申请网上办理,实现单位财务人员办理资金结算"一次也不用跑"。加强收入统计预测分析,依法依规组织非税收入,实现收入均衡入库。当年全省收缴政府非税收入12020.47亿元,其中纳入一般公共预算管理的非税收入1149.83亿元。

优化财政支出结构。统筹推进稳增长、促改革、调结构、惠民生、防风险、保稳定工作,围绕"六稳"工作、三大攻坚战、富民强省十大行动计划,实施积极的财政政策,服务全省经济社会发展大局。强化政府带头过紧日子的思想,勤俭办事,厉行节约,压减一般性支出,切实将财政资金用到保障经济社会发展的重大改革、重大项目、重大平台、重大政策上,集中财力办大事。2019年全省压减非刚性、非重点项目支出6.9%;省级一般公共预算安排的"三公"经费支出下降0.6%。

【精准施策稳经济】 落实新一轮减税降费政策。第一时间按照"顶格优惠+叠加享受"的原则,落实小微企业普惠性减税、增值税大规模减税、个人所得税改革、社保费减负等政策,用足用好增值税留抵退税政策,全省累计新增减税降费2076亿元。取消政府采购投标保证金、鼓励减免履约保证金和推行保函替代现金,为供应商减少资金占用80亿元以上。

助力民营经济健康发展。保障民营经济高质量发展31条政策举措实施,优化民营经济发展环境。围绕融资畅通工程,出台促进企业融资财政激励办法,完善国库现金管理指标体系,缓解企业融资难融资贵问题。发挥融资担保作用,制定担保风险补偿办法,2019年省担保集团累计担保额达225亿元。组建首期规模100亿元的省上市公司稳健发展支持基金,纾解浙江省上市公司股权质押风险,落地纾困项目2单。整合设立省中小企业发展专项资金5亿元,重点支持20个县(市、区)首批小微企业园建设提升以及中小企业公共服务体系、中小企业投融资服务体系建设。实施中小微企业政府采购优惠政策，中小微企业合同金额占比超过80%。

撬动社会有效投资。加快政府产业基金2.0版运作，整合设立省转型升级产业基金251亿元，推进组建数字经济等主题基金7支，引导社会资本加大对省市县长工程等重大产业项目及创业创新领域的投资。支持省金控公司与中国联合实业公司共同组建未来社区建设投资基金100亿元，参与组建国家集成电路基金（二期）、国家制造业转型升级基金、国企改革"双百行动"发展基金。加快地方政府债券发行和使用进度，全年发行新增地方政府债券1538亿元，债券资金全部拨付至项目，带动有效投资，支持稳投资、扩内需、补短板等工作。

支持外贸、外资和消费稳定发展。安排7.24亿元支持外经贸发展，重点支持境外外经贸服务体建设、电子商务创新发展等，引导跨境电子商务、外贸综合服务企业等外贸新业态发展。加大对国际性展会、出口信用保险补助、对外贸易诉讼支持力度，推动外贸平稳增长。保障稳定外贸发展20条新政实施，支持预警系统建设，加强外贸预警监测能力。支持传统批发零售业改造提升。

助推制造业转型升级。安排18亿元实施振兴实体经济（传统产业改造）财政专项激励政策，支持18个县（市）推进传统制造业数字化改造和新兴产业发展。安排2.35亿元支持实施"品字标"品牌建设、标准化战略、知识产权管理等专项政策。保障重点人才项目资金，支持实施"千人计划""万人计划""绩励计划"。加大政府采购对创新产品支持力度，在政采云平台上线制造（精品）馆，鼓励优先采购创新产品。

支持数字经济发展。助力获批国家数字经济创新发展试验区，筹措数字经济财政专项激励资金10亿元，推进数字经济核心产业、制造业数字化改造，以及制造业创新中心、工业互联网平台开发应用等。按照"一强三高十联动"科技新政的要求，安排11亿元支持之江实验室重大基础研究项目实施、大科学装置建设、高层次人才团队引进、基础设施建设等。安排7.95亿元支持两批25个市县创建省级产业创新服务综合体，省市县联动助推块状经济和现代产业集群高质量发展。安排9.51亿元重大科技专项经费，聚焦事关全省产业发展重大项目，着力解决制约全省新兴产业发展和公共领域的重大关键核心技术与应用示范问题。省转型升级产业基金出资30亿元组建数字经济产业投资基金，支持集成电路、5G、大数据、物联网、人工智能等重大产业项目建设。

中国·兰溪光膜小镇特色产业园

【集中财力办大事】 助力长三角一体化发展战略实施。建立长三角一体化发展激励政策，引导市县高质量推动长三角一体化发展。参与研究设立长三角一体化发展投资基金。推动政采云平台在长三角地区的运用。由省金控公司联合蚂蚁金服设立浙江金蚂股权投资管理有限公司，孵化培育一批具有核心竞争力的数字经济、数字金融领域优秀企业，培育数字创业新生态。浙皖两省分别安排2亿元，开展第三轮新安江流域上下游生态补偿。深化海洋经济示范区建设。支持中国（浙江）自由贸易试验区绿色石化产业发展。加大绿色保险保费补贴力度，推动湖州、衢州绿色金融改革创新试验区建设。

支持"四大"建设。争取蓝色海湾整治行动项目中央补助资金5.26亿元，改善海洋环境质量。安排诗路文化带建设资金5亿元，支持浙东唐诗之路、大运河诗路、钱塘江诗路和瓯江山水诗路"四条诗路"。争取中央补助154.29亿元，省级安排96.95亿元，支持公路、水运、民航等交通基础设施建设和养护，构建省域、市域、城区"1小时"交通圈。增加省交通集团资本金30亿元，支持大通道建设。安排8亿元支持设区市区域统筹协调发展和基本公共服务均等化，推进大都市区建设。争取中央基建投资71.54亿元，省级安排55.51亿元，支持政府投资基础设施建设。安排46.97亿元支持城镇保障性安居工程建设，促进城市、乡村、园区有机更新。

【"三大攻坚"强保障】 防范化解地方政府性债务风险。实施防范化解地方政府隐性债务风险专项行动，通过安排财政资金、盘活存量资产资源等举措，稳妥有序化解隐性债务风险。按照融资平台公司转型"四条标准"，推进融资平台公司实体化、市场化转型。建立全口径债务动态监测机制，对全省各级地方政府及其部门、融资平台公司、国有企业的全口径债务进行全面动态监控。

助力打好精准脱贫攻坚战。全省筹措资金61.01亿元支持东西部扶贫协作和对口支援。安排消除集体经济薄弱村及财政专项扶贫资金10.18亿元，促进加快发展地区农民收入增长、民生水平提升和内生功能增强，全面消除集体经济年收入不足10万元的薄弱村。做好扶贫资金动态监控工作，提升扶贫资金预算绩效。安排资金3.85亿元，重点支持省级山海协作产业园提升工程9个、山海协作生态旅游文化产业园建设16个。

助力打好污染防治攻坚战。支持实施生态文明新政，兑现绿色发展财政奖补资金116.43亿元，助力高质量建设美丽浙江。争取中央资金10亿元支持钱塘江源头区域山水林田湖草生态保护修复工程国家级试点工作。实施涵盖全省八大水系干流的省内流域上下游横向生态补偿机制。

【补足短板保民生】 支持教育事业发展。全省安排教育支出1764.69亿元，增长12.2%。安排30.86亿元支持省重点高校建设、省一流学科建设、省重点暨优质高职院校建设，提高省属高校生均拨款定额标准至11500元/生·年。安排民办教育发展资金3.41亿元。支持各级各类民办学校发展。落实义务教育教师基本工资保障政策，统筹安排义务教育经费保障机制补助34.86亿元。落实学生资助经费5.72亿元。安排7.52亿元支持各地改善基础教育办学条件，提升基础教育发展水平。

支持卫生健康事业发展。全省安排卫生健康支出735.61亿元，增长20.6%。安排城市优质医疗资源下沉奖补资金2.47亿元，新增安排医共体建设奖补资金2.02亿元，支持全省70个县(市、区)组建161家县域医共体。安排农村巡回医疗车补助资金0.60亿元，促进村级卫生服务全覆盖。安排基本公共卫生服务补助资金15.69亿元，提高财政补助标准至年人均69元。统筹安排公立医院综合改革奖补资金3.45亿元。安排现代养老服务体系建设补助资金8.25亿元，支持提升社会养老服务能力和水平。

支持社会保障事业发展。全省安排社会保障和就业支出1073.94亿元，增长17.3%。安排10.49亿元支持就业创业促进工作。全省从失业保险基金结余中统筹安排86.90亿元，支持实施职业技能提升行动计划(2019—2021年)。安排城乡居民基本养老保险补助资金51.94亿元，出台城乡居民基本养老保险待遇确定和基础养老金正常调整机制。安排城乡居民基本医疗保险补助资金52.89亿元，提高财政补助标准至年人均540元，提高城乡居民大病保险筹资标准至年人均55元。安排城乡医疗救助补助资金5.81亿元，保障困难群众基本医疗待遇。启动困难群众基本生活价格补贴机制8次，确保困难群众生活水平不因物价上涨而降低。安排困难残疾人生活补贴和重度残疾人护理补贴资金9.89亿元，新增1.65亿元支持残疾人事业发展和残疾人服务能力提升。加强退役军人服务保障体系建设，提高部分优抚对象等人员抚恤和生活补助标准。争取中央资金并筹集省级救灾资金25.01亿元支持“利奇马”等重大自然灾害灾后重建。

支持文化浙江建设。全省安排文化旅游体育与传媒支出203.26亿元，增长7.6%。安排3.47亿元支持重大文化体育设施建设。安排文化产业发展专项资金2亿元，推动“十三五”期间将文化产业培育成万亿级产业目标要求的实现。安排省文化产业投资集团资本金6.10亿元，构建文化产业发展投融资平台。组建规模20亿元的省文化产业投资基金，引导社会资本投资文化产业、参与文化企业创新发展。支持实施世界级文化遗产培育申报，助力良渚古城遗址申遗成功。安排基本公共文化服务专项资金6.77亿元，推进基本公共文化服务标准化均等化。

助力乡村振兴战略实施。落实省财政出资7.52亿元，推动省乡村振兴投资基金有效运作，引导社会资本投入乡村振兴；安排8亿元支持20个县开展省级乡村振兴产业发展示范建设，建立健全乡村振兴绩效提升奖补机制。安排3.53亿元落实生猪产业等畜牧业转型升级和防疫体系建设。增加省农业融资担保有限公司资本金2亿元，创新“浙里担”模式，为超1.5万户农业主体提供近40亿元的融资担保服务，支持省级政策性农信担保机构做大做强。安排一事一议财政奖补政策资金10.13亿元，支持农村综合改革和“三治融合”的乡村治理体系建设。落实村干部报酬正常增长机制，安排村主职干部基本报酬补助12.97亿元。安排村级运转经费补助2.60亿元，安排社区工作经费1.38亿元，安排1.49亿元支持各地开展村级组织活动场所(党群服务中心)建设提升行动。安排11.12亿元支持深化“千村示范、万村整治”工程，推进美丽乡村建设。安排2.21亿元支持全省136个村启动实施美丽宜居示范村试点。安排“百项千亿防洪排涝工程”省级补助资金37.53亿元，实施项目66个。安排9.92亿元支持各地按时完成全年新增410万农村居民饮用水达标提标任务。安排省级造地改田资金38.21亿元用于土地整治、基本农田保护、垦造耕地等。

【财政改革提绩效】 推进财政数字化转型。按照创建“掌上办事之省”和“掌上办公之省”的要求，做好“8+13”政府数字化转型重大项目和创新项目落地。政采云平台推广到九省三市496个市县区，交易规模5143.89亿元。统一公共支付平台累计接入收入项目200余项，通过平台办理教育收费、城乡居民社保缴费及交通违法缴款等业务1.71亿笔，资金超过6157亿元，90%以上的缴款业务在网上“零见面”办理。推出全国首个区块链电子票据平台，全省507家公立医疗机构实行医疗电子票据改革，累计开票1.5亿张、565亿元。研发地方政府性债务风险预警与处置系统，对全省7000多家国有独资或控股企业融资情况进行监控，严控新增隐性债务。

完善财政管理体制机制。优化预算编审流程，将“二上二下”调整为“一上一下”，提高预算编报和审核效率。完善预算执行进度考核办法，建立重点类别项目分类管理机制。调整完善项目支出标准，构建49类166项明细开支范围标准框架。深入推进预决算公开，全省政府预算、部门预算均实现法定时间内100%公开。谋划实施新一轮绿色发展财政奖补机制，加强淳安特别生态功能区财政体制政策研究，做好龙港撤镇设市收支基数核定和财政体制政策研究工作。完善省属国有金融资本管理制度，优化省属金融企业经营业绩考核，规范省属国有独(全)资金融企业董(监)事会运行，改革省属金融企业工资决定机制。

扎实做好国有资产报告工作，完善国有资产报告体例和结构，全省90个县（市、区）建立国有资产报告制度。

提高预算管理绩效。坚持“全省一盘棋”，构建全省集中财力办大事财政政策体系，出台相关指导意见，组织开展“政策宣讲辅导月”活动，全省各市县均已构建本地区集中财力办大事财政政策体系。制定浙江省全面落实预算绩效管理三年行动计划（2019—2021年），9个设区市、63个县（市、区）党委、政府出台全面落实预算绩效管理实施意见。推进“全方位、全过程、全覆盖”的预算绩效管理体系建设，出台《浙江省事前绩效评估暂行办法》《浙江省财政厅预算绩效管理工作规程》《省级预算绩效指标库管理办法》等制度办法。建立事前绩效评估机制，实现绩效管理关口前移，2019年，共对17项新出台的重大政策和项目开展了事前绩效评估。强化绩效目标管理，建立覆盖114个部门的12260条绩效指标库，并应用于2020年预算编制。扩大绩效评价范围，开展彩票公益金和业务费重点绩效评价，将评价范围拓展至政府性基金领域。深化部门整体绩效预算改革，探索建立政府预算绩效管理体系。作为全国政府购买服务第三方绩效评价工作试点省份，印发《浙江省深化政府购买服务第三方绩效评价工作试点实施方案》，深化政府购买服务第三方绩效评价工作，全面实施政府购买服务绩效管理，提升财政资金使用效益。

提高财政监管水平。加强国库集中支付动态监控，防范和控制支付风险。推进行政事业单位内部控制建设，完善省级单位内部控制建设评价指标体系，督促各地加强内部控制监督评价。推进财政资金竞争性存放，其中省级财政资金累计操作规模2083.84亿元。

【从严管理强队伍】 开展“不忘初心、牢记使命”主题教育。高质量开展“不忘初心、牢记使命”主题教育，组织处级干部主题教育应知应会知识测试；围绕中央规定的八方面专题，厅党组集中学习研讨11次共6天；结合减税降费、脱贫攻坚、应对复杂国际贸易环境等重点工作，成立11个专题研学小组开展集中研讨学习，得到中央指导组肯定并要求上报经验材料；通过开展“五查五看”、对照党章党规找差距、重点领域廉政风险排查、座谈会等渠道，对标对表省领导提出的要求，找准问题；建立整改清单，检视问题122个，完成整改121个。

推进全面从严治党。高标准落实巡视整改，履行全面从严治党主体责任。第一时间建立整改清单，对巡视反馈的7个方面32个问题，提出151条整改措施，完成整改31个问题，新出台或修订制度43项。组织开展以“十个一”为主要内容的警示教育月活动，查找“9+2”* 风险点，教育引导干部职工细算“三笔账”、慎守“九道线”。全省联动推进清廉财政建设，开展“一把手”共话清廉财政活动，提升清廉文化传播力和影响力。

深入开展“三服务”。将“三服务”活动贯穿主题教育始终，开展“三服务”活动130次，现场解决困难和问题102个，带回研究解决问题21个，跨部门研究解决问题7个。组织专家赴浦江县为243家规上民营企业开展IPO业务培训，被评为全省“三服务”活动月度十个好典型，得到省主要领导批示肯定。组织开展省级行政事业单位财务负责人能力提升培训班4期。深化“上门服务至少一次”活动，2019年全省累计服务部门26318次、企业15188次、市县753次，涉及22万人次，特别是专门组织服务团队赴各地宣讲，指导、推动全省各市县建立集中财力办大事财政政策体系。

强化干部素质提升。紧扣财政改革和业务，开展各类培训，提升财政干部素质，全年举办培训班39个共45期，培训8743人次。加强系统专业人才库建设，动态调整补充预算编制等人才库3个。通过集中研讨、专题培训、联合攻关等形式，发挥人才库培养业务骨干、打造职业权威、推进财政改革的作用，为全国财政系统人才队伍建设提供“浙江经验”。

（省财政厅供稿　严　琦执笔）

注：

* **“8+13”政府数字化转型重大项目**：即8个标志性项目（如“浙政钉”掌上办公平台、“浙里办”一体化在线政务服务平台等）与13个重大项目（如政府采购云、统一公共支付平台等）。

* **“9+2”**：“9”是指公款存放领域存在的廉政风险、财政专项资金分配使用环节的廉政风险、扶贫专项资金监管不力带来的问责风险、对单位财务管理监管不力带来的履职风险、行政事业单位国有资产管理不严带来的风险、执行中央八项规定及实施细则精神不严带来的风险、领导干部个人事项不如实报告的风险、干部不担当不作为带来的问责风险、财政信息网络安全带来的风险；“2”是指地方政府隐性债务风险、社保基金运行风险。

全省税务

【概况】 2019年，国家税务总局浙江省税务局以实施“六大工程”* 推进税收现代化建设，以推进“三个年”* 建设巩固改革成果，完成各项税收工作，纳税人满意度连续第5年获全国税务系统第一名，绩效管理连续2年位列全国第一名。全省（不含宁波，下同）各级税务部门组织税费收入12604.9亿元，增长4.6%，其中：税收收入8807.0亿元，增长4.6%，增幅高于全国平均水平；社保费收入3256.6亿元，增长6.6%；非税收入387.5亿元，下降1.1%。

【服务市场主体发展】 减税降费落实落细。推进政策落实，完成追溯退税工作，形成浙江经验，并在全国税务系统推广；优化征管信息系统，实现“三个无需”*“三个自动”*，确保小微企业普惠性政策应享尽享。深化增值税改革，保障“开好票”“报好税”“算好账”关键环节，加强“一对一”精准辅导，确保留抵退税落实到位。分两步推进个人所得税改革，承担汇算模拟责任，为全国个税汇算清缴提供浙江经验。推进社保费减负工作。推进监督检查，创新推出“税务+纪委”协作机制，并在全国推广，与地方纪委监委联合监督215次。省税务局与省纪委联合对嘉兴市、台州市减税降费工作开展督导检查。建立健全"1+4+3"督察督办工作机制,保障减税降费政策落实。在减税降费纳税人满意度调查中,浙江省位列全国第3名。

服务经济高质量发展。承办第一届"一带一路"税收征管合作论坛。服务重点出口企业,加快出口退税进度,一、二类出口企业正常办理退税平均时间缩短至5个工作日以内。全省办理出口退(免)税1655.3亿元。与省工商联签订服务民营经济高质量发展合作框架协议,探索建立长三角一体化税收合作机制。支持中国(浙江)自由贸易试验区建设,助力市场采购贸易方式试点,推进跨境电商综试区出口货物免税管理,"单一窗口"出口退税功能上线。创新出台支持破产便利化行动6项措施。参与"亩均论英雄"改革和"标准地"制度实施。构建八大类114项税收经济分析指标体系,围绕中心工作推出一批税收分析精品。

【优化营商环境】 深化"最多跑一次"改革。梳理整合税务事项,优化电子税务局"网上办"功能,拓展移动端"掌上办"渠道,实现税务事项清单"最多跑一次"、网上办、掌上办三项100%全覆盖。推动"最多跑一次"理念向后台支撑、办税制度延伸拓展,建设"浙江税务大数据仓",压缩优化办税流程,统一简并申报次数,推动跨部门跨层级协同,实现纳税"一件事"措施到位,全部税务领域民生事项"一证通办"。深化商事制度改革,推广应用"智能一网通"办税功能,实现企业登记注销事项一窗受理、智能办理,企业开办涉税事项半小时办结。

发挥服务品牌示范效应。开展优化营商环境"10+N"行动,出台纳税便利化行动方案,落实优化营商环境三年实施方案45条办税便利化举措。推进"万名党员进万企 领导干部下基层"活动,连续第6年开展"便民办税春风行动",搭建"三服务"活动载体。优化纳税服务综合管理系统,应用12366纳税服务热线在线智能咨询系统,上线浙江税务征纳沟通平台,开发应用大企业税收服务和管理信息平台,推进网络纳税人学堂建设。

深化纳税信用社会化应用。创新增设个体工商户和其他类型纳税人M级信用级别,在全国率先实现纳税信用对市场主体全覆盖。打造线上"银税互动"新平台,推出"产品超市",2019年为27.7万户次小微企业提供信用贷款598.1亿元。

【依法治税】 优化税务执法方式。推进行政执法"三项制度",建立"双随机、一公开"新型监管模式。开展取消证明事项的税收规范性文件清理,推行证明事项告知承诺制试点。建立健全税务与司法良性互动机制,探索在税务系统运用"枫桥经验",加强税务行政调解,预防和化解涉税行政争议。

打击涉税违法行为。加强税收风险防控,建立行业风险指标模型,完善增值税发票风险快速反应机制,开展千户集团企业风险分析。开展打击虚开骗税违法犯罪专项行动,2019年,打击虚开补税23.79亿元,打击出口骗税查补总额2.89亿元。随机抽查重点税源企业,规范重点行业税收秩序,保障扫黑除恶攻坚年行动。2019年,全省稽查部门累计查补收入68.51亿元。

【税费征管】 加强税费征收管理。深化税源专业化管理,出台《税收业务操作指引》,提升税收业务标准化水平。推行增值税发票管理系统2.0版,上线增值税电子发票公共服务平台,推广增值税电子普通发票,试点推行通用机打电子发票。统一规范企业所得税后续审核和核定征收管理,强化反避税和非居民税收管理服务。开展个人所得税专项扣除信息事后风险核查比对试点,做好综合所得汇算准备。启用全省集中版城乡居民两费征缴新系统,推进"现金改卡"。实施非税收入缴费便利化改革,浙江省16项非税收入由税务部门平稳征收。强化土地增值税清算审核。推进房土两税简并征期、合并申报表。开展环境保护税税源清查,推进《耕地占用税法》落地。

推进数字管税。规范电子税务局建设,全面实现涉税资料电子化,推进大数据平台建设,实现核心征管系统涉税数据"上云"。深化数据共享,优化税务工商登记数据共享交换系统,完善共享信息一站式查询平台。构建征期信息系统大运维工作机制,加强网络安全管理。

【全面从严治党】 开展"不忘初心、牢记使命"主题教育。2019年,全省税务系统104个单位分两批开展"不忘初心、牢记使命"主题教育,结合浙江实际和税务特色,把握四项重点措施,开展"六项行动"。落实"三地三走"深化学习教育、坚持"三问三解"开展调查研究、建立三批问题清单强化问题检视、通过省市县税务机关三级联动推进整改落实,实现规定动作做到位、自选动作有创新。全省税务系统形成调研报告830篇,提出整改措施5283条,为干部群众办实事好事16214件,形成制度性成果43项,得到中央第11巡回督导组和税务总局第5巡回指导组肯定,获得税务总局及地方党政领导批示26次,多次被主流媒体报道以及税务总局和省委主题教育简报刊发推介。

落实新纵合横通强党建机制体系。制定"两个责任"实施办法和全面从严治党工作要点,明晰各责任主体职责。发挥"条主责、块双重,纵合力、横联通,齐心抓、党建兴"的新纵合横通强党建机制体系,发挥条块协同优势,自觉接受地方党委领导。加强基层党组织建设,推动完成各级机关党委、机关纪委选举,实现基层党组织书记轮训全覆盖。推进党支部标准化规范化建设,强化基层党组织。

深化督察巡察。上线推广内控管理辅助平台,构建三级防控体系,强化重点领域风险防控,推进层级督审四年"全覆盖"。深化政治巡察,实行"提级巡察",落实巡察整改。十九大以来,分三轮对4个市局党委、32个县(市、区)局党委开展巡察。

加强作风建设。落实"基层减负年"要求,建机制、定措施、明责任、立台账,集中整治形式主义、官僚主义突出问题。2019年,省税务局制发文件和召开各类会议分别减少43.7%和

38.7%，督查精简整合为1项，推进机关内部“最多跑一次”改革，减轻基层总体负担。整治群众身边的腐败问题和不正之风，查处违反中央八项规定精神相关问题。推进“不敢腐、不能腐、不想腐”长效机制建设，实施重要节点廉政教育提醒，召开省市县三级警示大会，坚持以案促改。完善亲清税企关系制度，深化税务人员行为负面清单管理。

【队伍建设】 优化税务组织体系。推进机构改革后续配套措施，明确部门职能和岗位职责，理顺跨区域稽查机构运行机制，完成省市两级行政编制核定。落实职务与职级并行要求，开展职级套转和临退人员晋升工作，完成省市县三级实施方案，做好各项施行准备工作。

提升干部队伍素质。编制《税费政策业务手册》；落实“115”素质提升工程，第六批全国税务领军人才入选人数位列全国第二；参加全国“岗位大练兵、业务大比武”，获团体总成绩全国第4名、个人所得税专业岗位团体第1名。

弘扬新税务文化。评选表彰“十佳”基层党组织、党支部书记和共产党员，开展税务文化“一局一品”建设。深化文明创建活动，2019年新增全国五一劳动奖状等国家级荣誉20项。

（省税务局供稿　黄通运执笔）

注：

*“六大工程”：即党建引领工程、文化兴税工程、创新驱动工程、法治税务工程、办税提效工程、数字管税工程。

*“三个年”建设：即“基础年 规范年 融合年”建设。

*“三个无需”：即无需审批流程、无需核查手续、无需证明材料，只要如实填写纳税申报表就可以享受减免税费。

*“三个自动”：只要纳税人项目填写完整，系统就会自动识别纳税人是否可以享受小微企业普惠性减税政策、自动计算纳税人的可减免税金额、自动生成纳税申报。

*“六项行动”：即党建引领夯基础行动、服务大局促发展行动、为民服务解难题行动、干事创业勇担当行动、深化“四合”激活力行动、成果转化谋思路行动。

*“三地三走”：发挥浙江“三个地”优势，推动学习贯彻习近平新时代中国特色社会主义思想往深里走、往心里走、往实里走。

*“三问三解”：即问需、问计、问效，解企业之困、解群众之急、解基层之难。

附表：2019年浙江省（不含宁波）税费收入情况统计

附表

2019年浙江省（不含宁波）税费收入情况统计

单位：万元

项目	累计入库	上年同期	同比增长%
一、税务部门组织的税费合计	126049249	119303390	5.7
（一）税务部门组织税收收入	88069859	84185977	4.6
1. 国内增值税	36733279	37777302	-2.8
其中：直接收入	33353279	34121302	-2.3
免抵调库	3380000	3656000	-7.5
其中：营改增	15356191	15269485	0.6
2. 国内消费税	2942479	3102633	-5.2
3. 企业所得税	21520801	18476883	16.5
4. 个人所得税	8173268	8931010	-8.5
5. 资源税	109560	119445	-8.3
6. 城镇土地使用税	789532	1006862	-21.6
7. 城市维护建设税	2691993	2762341	-2.5
8. 印花税	748371	708894	5.6
9. 土地增值税	4006506	2803880	42.9

（续表一） 单位：万元

项目	累计入库	上年同期	同比增长%
10. 房产税	1795273	1873265	-4.2
11. 车船税	486136	463910	4.8
12. 车辆购置税	2281064	1781080	28.1
13. 烟叶税	103	155	-33.5
14. 耕地占用税	1020163	398600	155.9
15. 契税	4696368	3866811	21.5
16. 环境保护税	29167	22244	31.1
17. 其他税收	45796	90662	-49.5
（二）社会保险费收入	32565605	29373992	10.9
（三）非税收入合计	3874952	3917682	-1.1
1. 教育费附加收入	1293928	1312910	-1.4
2. 地方教育附加	862915	875189	-1.4
3. 残疾人就业保障金收入	522297	469773	11.2
4. 文化事业建设费收入	85328	111722	-23.6
5. 废弃电器电子产品处理基金	3746	4551	-17.7
6. 大中型水库移民后期扶持基金	217548	192021	13.3
7. 可再生能源发展基金	577373	536022	7.7
8. 国家重大水利工程建设基金	238701	336453	-29.1
9. 核电站乏燃料处理处置基金	54847	58429	-6.1
10. 核事故应急准备专项收入	489	459	6.5
11. 跨省际大中型水库库区基金	1925	1032	86.5
12. 油价调控风险准备金	0	0	
13. 免税商品特许经营费	17	14	21.4
14. 公共户外广告资源有偿使用收入	1136	1603	-29.1
15. 停车泊位经营权转让收入	1598	1469	8.8
（四）其他收入合计	1538833	1825739	-15.7
二、海关代征进口税收	4375650	4781266	-8.5
三、出口退税	-16553000	-16706000	-0.9
其中：直接退税	-13173000	-13050000	0.9

注：1. 2019 年起，社会保险费收入、非税收入中部分项目划转税务部门征收，2019 年社保费、非税收入增幅为调整后的同口径增幅。
2. 2019 年起，工会经费（预算内）、职业年金收入项目划分为其他收入大项。

财政分项工作

财政预算管理

【概况】 2019年,浙江省财政预算工作深化财政预算管理改革,坚持政府过"紧日子",推动集中财力办大事财政政策体系落地实施,为浙江省"两个高水平"建设提供坚强的财力保障。2019年5月,国务院办公厅发文表扬激励重大政策真抓实干成效明显地方,浙江省财政管理工作连续第三年获得表彰和奖励。2019年,全省一般公共预算收入7048.58亿元,增长6.8%,其中,省级一般公共预算收入343.38亿元,增长5.2%;一般公共预算支出10053.03亿元,完成预算的112.9%,增长7.6%,其中,省级一般公共预算支出639.87亿元,完成调整后预算100.0%,增长5.0%。

【构建全省"一盘棋"集中财力办大事财政政策体系】 印发《浙江省财政厅关于全面构建集中财力办大事财政政策体系的指导意见》,部署全省"一盘棋"构建集中财力办大事财政政策体系。开展"政策宣讲辅导月"活动,组织服务团队赴各地宣讲辅导,实施改革进展月报制度。全省各市县均已建成集中财力办大事财政政策体系,实现省市县三级全覆盖、大事要事全覆盖、本届政府施政周期全覆盖。

【强化预算收支管理】 *加强财政预算统筹。*清理盘活财政存量资金,及时收回结余资金和连续两年未用完的结转资金。做好重大自然灾害救助工作,向省人大常委会报告《2019年重大自然灾害调入预算稳定调节基金省级预算调整方案》并获审议通过。保障民生事业发展,全省财政支出增量的三分之二以上用于民生。*坚持政府过"紧日子"。*出台《浙江省财政厅关于贯彻落实过"紧日子"要求进一步加强和规范省级部门预算管理的通知》,从严从紧编制部门预算,压减一般性支出,强化"三公"经费和会议费管理。硬化预算约束,除另有规定外,执行中一律不再追加部门预算。全省压减非刚性、非重点项目支出6.9%。*建立健全支出标准体系。*完善项目支出标准,构建49类166项明细开支范围标准框架。完善物业管理费标准;严格基本支出和项目支出边界;实现项目类别"打捆"编制,解决预算编制项目割裂问题。*完善课题经费管理办法。*明确课题经费开支边界,一般课题研究经费不得在项目中列支。细化重大课题研究经费项目支出预算编制要求,增加立项依据、支出标准、绩效目标等方面要求。规范课题研究项目经费中列支经济科目。限制课题研究项目对外委托行为,强化课题结果应用。*优化预算编制执行流程。*简化预算编审流程,将"二上二下"调整为"一上一下",优化时间分配,突出编审重点,提高预算编报和审核效率。改进预算执行进度考核办法,建立重点类别项目分类管理机制。

【推进部门整体绩效预算改革】 加大省级试点扩面力度,制定实施工作方案。按照"试点先行""成熟一个发展一个"的原则,在2019年6个省级部门(单位)试点基础上,从省政府部门绩效考评对象A类部门中选取省科技厅、省经信厅、省地方金融监督管理局、省林业局、省药品监督管理局及省水利厅6个一级预算单位为2020年省级部门整体绩效预算改革试点,并按照"一个部门一个方案"的原则制定方案。

【推进预算公开】 依法依规做好政府预算公开,细化公开内容,在部门预算公开中增加重点项目绩效目标。除涉密信息和部门外,省级96个部门(单位)按照规定时间、使用统一格式、在统一平台公开部门预算和"三公"经费预算。指导市县做好预算公开工作,全省(不含宁波)政府预算、部门预算实现法定时间内100%公开。

【深化财政体制政策改革】 完善新一轮绿色发展财政奖补机制,开展淳安特别生态功能区财政体制政策研究,做好龙港撤镇设市收支基数核定和财政体制政策研究,探索生态产品价值与财政转移支付相挂钩的体制机制。做好政策研究储备,分析设区市财政运行和在杭金融企业管理体制改革实施情况,研究长三角一体化财政体制政策。

【守住基层"三保"底线】 加强市县财政收支运行监测和分析,及时发现并解决苗头性倾向性问题。建立县级"三保"预算编制事前审核机制,从源头防范化解财政运行风险。加强市县财政困难程度和财政保障能力综合评价,对个别财政收支平衡压力大、挖掘自身潜力后仍有困难的地区,有针对性地加大转移支付力度,杜绝"三保"支出风险。

【推进预算数字化转型】 推进财政核心业务一体化系统建设,运用信息化手段全面深化预算制度改革,在3个市、县(市、区)开展预算编制云试点。提出财政决策支持系统建设规划,开展决策支持系统试点。在杭州试点"数字经济运行态势感知子系统",在温州试点"小微企业扶持政策仿真子系统",开展地方政府性债务风险预警与处置系统、农业经营主体信用评价主体库的研发。

(省财政厅总预算局供稿　金　珂执笔)

地方政府债务管理

【概况】 2019年,地方政府债务管理工作严控隐性债务增量,有序化解存量，打好防范化解地方政府隐性债务风险攻坚战；向财政部争取新增地方政府债券，加快发行和使用，带动有效投资，支持稳增长、扩内需、补短板。

【争取新增地方政府债券】 2019年向财政部争取新增地方政府债务限额1538.00亿元，比上年同期增长40%。新增地方政府债务用于支持全省交通基础设施、市政建设、农林水利、生态环保、教育文化、医疗卫生等民生事业发展，以及棚户区改造、土地储备、政府收费公路、生态环保等公益性项目建设。涉及项目1070个，其中：一般债券402亿元，用于支持无收益的公益性项目698个；专项债券1136亿元，用于支持有一定收益的公益性项目372个。

【开展防范化解地方政府性债务风险专项督导】 省委、省政府成立11个督导组，开展专项督导，由省财政厅牵头组织对全省11个市及12个县(市)2018年度债务化解任务完成情况以及新增债务合法合规性进行督导。

【推进债务风险防控数字化转型】 依托大数据、信息化，开发全国首家地方政府性债务风险预警与处置系统。通过与人民银行杭州中心支行、浙江银保监局、浙江证监局、省发展改革委、省自然资源厅、省市场监管局等多部门业务协同、数据共享和联合监测，实现债务信息集成化、政策模型化、风险可视化、管理系统化。从3个层级制定36条预警规则，对全省7400余家国有独资或控股企业融资行为实施日常监控，筛查疑似风险，提出处置方案，防范新增隐性债务风险。

【扩大土地储备出让预算管理制度改革试点】 指导绍兴市开展土地储备出让预算管理制度改革试点，实现土地收储、土地出让、收储资金筹措、出让收益取得的“全生命周期管理、全过程动态平衡、全方位风险管控”。截至2019年年底，试点范围扩大至杭州、湖州、台州、衢州4个市以及桐庐、淳安、临海、江山4个县(市)。

【推进政府债务信息公开】 印发《浙江省财政厅关于印发地方政府债务信息公开表样的通知》，依法依规做好省级地方政府债务信息公开工作，指导省级相关部门和各地财政部门按照规定主动及时公开地方政府债务相关信息，提高全省地方政府债务信息公开质量。

(省财政厅地方政府债务管理办公室供稿　邵　亮执笔)

财政税政

【推动各项减税政策落实】 做好政策承接落地。会同省税务局提出方案建议，经省委、省政府批准，出台一批“浙江版”减税政策，包括小微企业普惠性优惠政策、重点群体和退役士兵创业创新税收优惠政策等。加大支持力度，采取“顶格优惠+叠加享受”，发挥稳定市场预期作用，体现政策出台快、措施针对性强、优惠力度大的特色，获财政部领导肯定。

做好政策宣传解读。按照省委“三服务”活动要求，利用广播、报纸、电视、网络等渠道，开展减税降费政策宣传。第一时间发布重大政策解读，召开减税政策媒体见面会，保障政策执行。实地走访企业送政策，开展培训和研学活动，提高政策知晓度，营造政策实施的良好舆论环境，确保纳税人享受政策红利。

督导政策落实。会同驻省财政厅纪检监察组、省财政厅总预算局、监督局、综合处、社保处等有关处室组成督查组3个，由相关领导带队，分赴市县开展实地督查调研，指导督促地方财政部门落实减税降费政策，2019年全年减税1732.50亿元。

【完善税收政策管理】 做好耕地占用税适用税额制订工作。成立工作专班，会同省税务局、省自然资源厅制订工作计划。深入各地调研，起草《浙江省耕地占用税适用税额方案(草案)》。经省政府常务会议通过、报省人大常务委员会审议后，由省人大发布《浙江省人民代表大会常务委员会关于耕地占用税适用税额的决定》，明确浙江省耕地占用税适用税额标准。

更新农产品核定扣除范围。简化农产品收购加工企业进项税额扣除办法，促进农产品流通销售。将毛条和毛笔纳入农产品增值税进项税额核定扣除试点范围。

明确享受相关税收优惠政策的储备商品企业及其直属库名单。对接受县级以上政府有关部门委托，承担粮(含大豆)、食用油、棉、糖、肉5种商品储备任务，取得财政储备经费或者补贴的商品储备企业，可享受资金账簿免征印花税，承担商品储备业务的房产、土地，免征房产税、城镇土地使用税。名单经省政府批准，确定可享受优惠政策的企业及其直属库222户，其中：粮油储备商品企业及其直属库178户，棉、糖、肉储备商品企业16户，宁波市商品储备管理企业及其直属库28户。

明确公益性捐赠税前扣除名单。会同省税务局，对省民政厅按照各社会团体、基金会等单位年检情况确定的名单进行核实，于2019年4月1日发布《关于2019年度公益性捐赠税前扣除资格名单的公告》，明确全省684家社团组织、基金会等获得2019年度公益性捐赠税前扣除资格，做到“一年早知道”，助推浙江省慈善公益捐款事业的发展。

做好全省高新技术企业认定工作。按照国家《高新技术企业认定管理办法》，会同省科技厅、省税务局做好2019年全省高新技术企业审核认定工作。2019年，通过专家评审认定高新技术企业7068家。落实研发费用税前加计扣除、高新技术企业所得税优惠等税收优惠政策，结合减税降费工作，加大政策宣传和解读，确保企业“应享尽享”。

做好综合保税区增值税一般纳税人试点工作。根据《财政部　国家税务总局　海关总署关于在综合保税区推广增值税一般纳税人资格试点的公告》，对符合条件的综合保税区开展一般纳税人资格试点。会同省税务局、杭州海关等部门深入金义综合保税区、嘉兴综合保税区开展调研，拟定具体方案报三个部局备案后实施。杭州综合保税区、舟山港综合保税区、金义综合保税区、嘉兴综合保税区先后纳入试点范围。

【做好税政统计调研工作】 做好税式支出统计工作。2018年度，浙江省（不含宁波）实施的免税、减税、即征即退、先征后返、优惠税率、加计扣除、投资抵扣、投资抵免、加速折旧、延期纳税、再投资退税等税式支出统计项目共275项，因实施税收优惠而放弃的税收收入共计1596.94亿元，占当年税收收入的14.6%。做好重点企业税源调查工作。根据财政部确定的调查范围和抽样原则，按产业类型、资产规模、地区分布等条件，筛选确定全省样本企业400余家。指导、督促做好数据报送，为财政部制定税收政策提供基础依据。做好重点产品国际竞争力调查。2019年，全省开展珍珠产品国际竞争力调查，涉及珍珠产品出口企业18家，其中诸暨17家，杭州1家。做好增值税改革跟踪评估工作。按照财政部要求，按月上报增值税改革评估报告，为增值税下一步改革做好政策储备。开展税收立法调研专项工作。会同省税务局，结合浙江省实际，就资源税、土地增值税、印花税等税收立法向财政部提出意见建议。联合省税务局、省水利厅开展浙江省水资源费改税调研，了解全省水资源基本情况、水资源开发利用情况、取水许可审批发证情况及水资源费征收总体情况等，为推进水资源费改税做好准备。

【争取税收优惠政策】 协同浙江自贸区管委会和舟山市财政局，向财政部报送《关于要求给予低硫燃料油等出口退税政策的请示》，建议将低硫燃料油列入出口退税范围，对在浙江自贸区内国际航行船舶加注的低硫燃料油和浙江自贸区内企业出口的低硫燃料油予以出口退税。财政部已出台相关政策，对国际航行船舶在中国沿海港口加注的燃料油，实行出口退（免）税政策，增值税出口退税率为13%。向财政部报送要求完善启运港退税政策，增加宁波舟山港为适用启运港退税政策的离境港；向财政部报送《关于浙江省高端人才个人所得税政策有关问题的请示》，建议给予浙江省高端人才个人所得税优惠政策；向财政部报送《关于浙江省公益捐赠税前扣除政策有关问题的请示》，建议对于企业和个人向西湖大学、之江实验室和杭州亚运会亚残会的捐赠，允许在缴纳所得税前全额扣除；向财政部报送《关于完善研发费用加计扣除政策的建议》，建议财政部进一步提高加计扣除的比例，完善加计扣除的税收征管制度。

【保障综合保税区建设】 审核浙江省大湾区、浙江自贸试验区、宁波出口加工区、绍兴综合保税区、杭州空港综合保税区、金义保税区、义乌国际贸易综合改革试验区的设立、整合、优化请示报告，提出合理化建议。完成杭州综合保税区、宁波梅山保税港区封关验收工作。

（省财政厅税政处供稿　张丽萍执笔）

国库管理

【强化收支运行监测、研判】 牵头成立财政收支运行保障应急领导小组，建立与税务部门的常态化沟通协调机制，健全收支月报制度，加强对财政收支运行情况的监测、研判。建立财政收支分析专项联络员制度，通过高度关注、重点关注、一般关注“三张清单”，按月分析财政收支运行及变动的深层次原因，对重点行业、重点企业实行动态管理，分类指导、分类施策，发挥为省委、省政府决策参考作用，确保财政收入平稳可持续。密切关注各地财力保障情况特别是“三保”支出情况，科学调度资金，2019年安排省对市县日常资金调度27次，共计962.00亿元，其中对受台风“利奇马”影响较大的地区安排专项调度2.00亿元。就财政运行情况和减税降费影响等进行专题调研，撰写多篇调研报告供领导决策参考。

【推进“最多跑一次”改革】 梳理机关内部办事事项6项，明确办事指南和流程图，提升办事效率。开展“上门服务至少一次”和“三服务”活动，2019年累计服务部门（单位）207次，服务市县46次，服务企业13次，牵头集中培训26次，服务人次4661人次。落实基层减负年要求，2019年精简对市县发文16个，减少29.1%；精简会议3个，减少33.3%。推进数字化转型。建立预算执行分析系统共享模式，完善系统功能，加快项目优化，完成10个设区市的系统安装、测试和相关培训工作。推进全省行政事业单位财务核算云服务平台建设，梳理业务规范、建立保障机制、优化功能设置、组织培训讲解，推进财政业务系统与报表系统的互联互通及数据分析利用，截至2019年年底，省本级及18个市县4000余家单位已开展试点。完善预算单位银行账户管理系统。实施从申请、审批、备案到年检全过程电子化管理，实现“数据多跑路，部门少跑腿”。开展省级账户年检，660家单位上报2741个银行账户，上传各类电子文档5700余份，撤销并完成系统撤户备案账户188个。

【发行兑付地方政府债券】 加快债券发行进度。2019年全省（不含宁波）发行浙江省政府债券6次19期，发行总量2018.25亿元，其中一般债券675.90亿元，专项债券1342.35亿元，提前完成全年新增债券发行任务。实现首批全国试点柜台发行、首月启动发行（2019年1月）、首次通过深交所发行、首次发行超长期债券。发行20年新增一般债券158.00亿元和30年再融资一般债券144.40亿元，平滑存续期偿债压力。加强债券发行管理。调整2019年度承销团，择优增补一般成员5家；优化发行技术参数，增加单一标位投标量上限要求，调高一般成员最低投标额比例；重新制定《浙江省政府债券公开发行承销团组建及管理办法》；拓展政府收费公路等专项债券收益和融资平衡方案的信息披露内容至项目全周期，完成2019年全国首份地方债跟踪评级报告。做好债券本息兑付。足额拨付 2019 年还本付息资金 934.23 亿元。

【创新公款竞争性存放管理机制】 建立健全公款存放管理协调机制,制定《浙江省规范公款存放管理领导小组议事规则》。推进公款竞争性存放电子化,通过"公款竞争性存放网上招标平台"进行电子招标,实现全流程"无纸化""零跑路"。在指标体系中增加服务民营企业和小微企业的相关指标及分值权重,定向激励银行业金融机构加大对民营企业和小微企业的融资力度。实行评审专家库动态管理,调整省级财政资金和省级单位公款竞争性存放两个专家库,防范利益冲突和利益输送。组成联合检查组完成对 26 个市县的重点抽查和 25 家省级行政事业单位的专项检查。做好财政资金保值增值管理,提高财政资金收益。2019 年,全省财政资金竞争性存放累计操作金额 5773.91 亿元,其中:国库现金管理累计操作 2630.00 亿元,财政专户资金定期存款竞争性存放累计操作 3143.91 亿元。省级财政资金竞争性存放累计操作 2083.84 亿元,到期可实现利息收益 31.50 亿元,其中:国库现金管理操作 9 期,累计规模 1850.00 亿元;省级财政专户资金定期存款竞争性存放操作 5 期,累计规模 233.84 亿元。

【深化国库集中支付和公务卡改革】 开展全省国库集中支付审核模式和支付方式调查,督促全省各级财政部门强化预算单位主体责任,做好风险防范,保障财政资金安全。推进国库集中支付电子化改革,实现全省地区覆盖率 90%以上。完善系统、加固硬件运行环境,扩展业务种类。省本级上线专户清算、国库预算收入退库业务电子化,第三批 26 个试点地区上线直拨业务,其中 20 个地区上线用款计划业务,19 个地区上线预算单位支付业务。督促全省 16 家代理银行完成支付电子化改造,各网银系统增加授权支付当年退库(更正)功能,减少预算单位跑代理银行次数。配合行政事业单位改革需要,加强与代理银行的沟通协调,实现个人公务卡跨行还款功能,支持个人公务卡信息批量更改,减少涉改单位财务人员工作量。加强对代理银行的业务监督,做好代理银行考核工作。2019 年,全省财政累计支出(一般公共预算、政府性基金预算、国有资本经营预算)17008.48 亿元,其中:当年累计改革资金量 10645.63 亿元,改革资金占财政支出的 62.6%。全省公务卡累计办卡 91.70 万张,刷卡支出 23.98 亿元。

【加强动态监控管理】 出台省本级财政扶贫资金动态监控工作规程,开展相关业务培训,更新"财政扶贫资金动态监控平台"操作手册,编写"监控平台操作常见错误汇总"专辑,制作专项操作指导视频。健全国库集中支付动态监控机制,省本级实现"国库动态监控系统"与"厅内部控制管理系统"对接,形成监管闭环。调整国库集中支付监控时点,兼顾效率和安全,减少资金支付审批非必要环节,监控重心由支付前向支付后转移。拓展全省国库集中支付动态监控覆盖面,2019 年,全省三级财政均已实施国库集中支付动态监控工作,969 个乡镇(街道)完成动态监控机制建设,占比 80.5%。全省累计监控资金量 9263.61 亿元,违规 72.83 亿元,违规率 0.8%,纠正 72.68 亿元,纠正率 99.8%。

【推进政府财务报告试点和财政决算管理】 推进全省地区合并试点各项工作,试点编制全省合并政府综合财务报告。组织培训,部署财报编报系统,加强研究,建立健全政府财务报告分析应用体系。2019 年,全省 8986 个部门完成 2018 年度部门财务报告编制,645 个财政部门完成 2018 年度本级政府综合财务报告编制。在此基础上,省财政厅首次完成全省合并政府综合财务报告的编制。加强财政总决算管理,推动落实预算法等财政改革新要求,促进预算规范管理。加强部门决算管理,适应机构改革需求,设置具有浙江特色的审核参数,提高编审质量;加快部门决算公开进度,公开率 100%。加强财政决算数据分析利用,编印《2018 年度财政统计资料》《部门决算资料汇编》,为领导决策提供数据支持。浙江省 2018 年度财政总决算、部门决算均获财政部通报表扬。

省级单位公款竞争性存放网上招标首试成功

【夯实总预算会计管理基础】 规范省本级财政实拨资金管理,明确审核标准、审核要素、拨付流程、职责分工。建立库款运行监测指标体系并将其纳入全省财政绩效考核指标体系,加强对市县库款情况日常监测,建立县级"保工资"监测运行机制,浙江省库款管理工作连续3年在国务院落实重大政策真抓实干督查激励中受到表扬。加强财政定期存单和暂付性款项管理,保障财政资金安全。

(省财政厅预算执行局供稿 赵春霞执笔)

财政综合

【概况】 2019年,浙江省财政综合工作以政府非税收入管理为主线,开展各项改革工作,加强对市县财政综合工作的指导,提升全省财政综合工作质量和水平。全年全省收缴政府非税收入12020.47亿元。

【推进统一公共支付平台应用】 印发《浙江省财政厅关于深化统一公共支付平台应用的通知》,对各地各部门深化统一公共支付平台应用作出部署。梳理项目清单,加强培训部署,全省96%以上的政府非税收入项目在规定时间节点内接入统一公共支付平台,2019年,平台办理缴款业务7024万笔、增长20.2%,金额4389.03亿元、增长176.7%。加快资金结算清算力度,完善代收机构、代收渠道支撑体系,接入代收机构增加至32家。加快推广统一公共支付平台缴款业务自助取票,实现全省通打通取。开展非税票据电子化改革及试点工作。

【强化非税收入资金收缴及预测分析】 做好非税收入组织工作,严格执收各项降费政策措施,按项目、标准、范围确保应收尽收、应缴尽缴。做好与中央、市县分成收入的结算清算,加强省与地方公安罚没收入收缴清算结算,及时上缴中央级非税收入、下划应返市县非税收入。按规定、程序、科目缴库或划转教育收入以及各类代收资金,确保5个工作日内分收入类、款、项、科目缴入国库,划转教育收费,清算至代收单位。规范省级非税收入银行账户管理,撤消、合并省级非税收入结算户,做好非税收入账户管理。加强执收单位退付资金管理,推进资金退付申请网上办理,实现单位财务人员办理资金结算"一次也不用跑"。加强收入统计预测分析,依法依规组织非税收入,实现收入均衡入库。

【推进清费减负工作】 停征浙江省小型水库移民扶助基金,落实国家重大水利工程建设基金征收标准再降低50%政策,助力实现"一般工商业平均电价再降10%"的目标,减轻工商企业用能成本,深化供给侧结构性改革和电力体制改革。对增值税小规模纳税人,按照"顶格优惠"和"叠加享受"原则,出台按照50%幅度减征教育费附加、地方教育附加的政策,优化全省营商环境。出台按50%幅度减征地方文化事业建设费的配套措施。降低无线电频率占用费和出入境证照类收费标准,扩大不动产登记费免征范围,落实"易地扶贫搬迁"项目免征城市基础设施配套费、不动产登记费、人防易地建设费等政府性收费政策。

【发挥政府非税收入调控规范作用】 完善收费清单制度,实行收费和基金目录清单常态化公开。严格"一张网"+投诉处理机制,加强监督检查。开展省级政府部门清理拖欠民营企业中小企业账款工作,2019年年底实现有效清偿率100%。重新明确成人高校和研究生招生考试费分成比例,调整高级会计专业技术资格考试费分成比例,除上缴中央考务费外,考试费全部留设区市级。加强政策执行情况跟踪,及时发现并纾解政策落实过程中的堵点、难点、痛点,推动中央和省委、省政府各项降费减负政策落实。

【推进政府购买服务改革落实】 贯彻落实全省事业单位分类参与政府购买服务改革工作。推动部分公益一类事业单位主动申请转为公益二类事业单位,优化服务质量,提升竞争能力,减轻财政负担。配合省审计厅做好政府购买服务审计工作。推进省本级政府购买服务信息统计、事业单位参与政府购买服务改革等工作。强化政府购买服务预算管理。完善政府购买服务信息统计报送机制,会同有关处室局强化预算编审,规范预算执行,完善数据统计。2019年,全省(不含宁波)政府购买服务项目预算金额219.58亿元。强化政府购买服务绩效管理制度建设。出台《浙江省深化政府购买服务第三方绩效评价工作试点实施方案》,明确在2县、3市、4个省级部门先行试点,推进第三方绩效评价工作。做好政府购买服务改革工作全国联系点工作。配合财政部做好建德市、平湖市2个全国联系点的政府购买服务改革推进工作,督促联系点梳理情况、总结经验、查漏补缺,树立改革典型。

【加强住房、土地、海域和彩票等资金监管】 加强国有土地出让收支管理。落实各项专项资金计提政策,防范化解地方隐性债务风险。加强对住房公积金的监管。会同省住建厅开展2019年度全省住房公积金行政专项监督检查工作。会同有关部门出台《关于做好省直单位之间经济适用住房项目财务结算和资金清算的通知》,加强省直专用房项目建设财务、资金管理。加强海域使用金和无居民海岛使用金的征收管理。会同省自然资源厅印发《关于调整海域无居民海岛使用金征收标准的通知》,修订《浙江省海域使用金征收管理办法》《浙江省无居民海岛使用金征收管理办法》。贯彻落实国家海洋督察围填海专项督查意见,配合相关部门做好督查问题的整改。2019年,全省征收海域使用金7.84亿元。会同有关部门制定《浙江省矿山地质环境治理恢复与土地复垦基金管理办法(试行)》,建立矿山地质环境治理恢复与土地复垦长效机制。强化彩票监管。开展对擅自利用互联网销售彩票问题整改督查工作，做好彩票资金征缴、清算和彩票公益金公告等工作。全省共销售彩票310.03亿元，筹集彩票公益金86.65亿元。

【推进财政电子票据改革】 制定医疗收费电子票据数据规范、格式规范和单位端标准，明确基本业务规则、数据标准、数据共享流程、入账报销机制等事项。实现全省医疗收费电子票据归集、在线真伪查验和跨部门、跨地区信息共享，群众可通过"浙里办"App中"我的票据"功能查询电子票据。联合省大数据局建立全国首个区块链财政电子票据平台，开展电子票据流转报销试点。通过区块链电子票据平台，实现医保零星费用报销网(掌)上报，方便群众异地就医零星报销"一次都不用跑"。开展非税收入电子票据改革试点工作，通过整合电子票据平台和统一公共支付平台业务功能，扩大电子票据开票范围。升级财政票据管理信息系统，建立全省财政电子票据管理平台、全省财政电子票据真伪验证平台和省本级财政电子票据运行平台，实现票据领购证和票据印制网上申请审批功能，提升用票单位满意度。

（省财政厅综合处供稿　周卫平执笔）

会计管理

【推进会计审批事项"最多跑一次"改革】 精简会计审批事项。出台《浙江省财政厅关于再次精减会计师事务所(分所)执业许可审批申请材料压缩审批时限的通知》和《浙江省财政厅关于再次精减代理记账机构执业许可审批申请材料压缩审批时限的通知》，将会计师事务所审批材料由9项精减至3项，审批时限由30个工作日压缩至10个工作日；代理记账机构审批材料由3项精减至2项，审批时限由10个工作日压缩至4个工作日。会计师事务所变更备案、年度报备实现"单点登录"，提高办事效率。推进自贸区会计审批改革。自2019年12月1日起，凡申请在浙江自由贸易试验区(舟山市)设立会计师事务所分所、中介机构从事代理记账业务审批，由审批改为告知承诺改革，会计师事务所分所审批由省财政厅下放至舟山市财政局。推进会计管理电子化改革。结合各地服务需求，升级代理记账管理系统，在全国率先实现会计师事务所(分所)、代理记账机构电子证照。完成"浙江会计之家"大平台建设，实现所有会计审批与服务事项的全程网络化办理，实现"一网通办"和"零上门"，所有办事和服务事项实现"掌上办"。

【开展会计"三服务"活动】 印发《关于深入开展会计"三服务"活动的通知》，联合相关单位在全省开展"三服务"活动，实现省市县三级财政部门联动。以问题为导向，采用集中座谈、书面或实地调研、现场服务相结合的方式开展"上门服务至少一次"活动，深入省级单位及市县财政局开展调研和现场服务，全年累计服务3315人次。

2019年2月，组织省会计领军人才"三服务"团队赴浦江县为243家规上民营企业开展IPO业务培训，并对7家浦江县政府重点帮扶且有上市潜力或意向的企业把脉问诊，分别出具7份服务报告。撰写《民营企业上市亟需解决"五大财会问题"》专报，得到省领导批示肯定，入选省委办公厅《全省"三服务"活动十大典型案例(之四)》。7月底，再次赴浦江县开展"三服务"活动，以浙江省会计学会名义与浦江县金融办签订合作协议，为浦江县企业提供三年免费、精准的专家服务。10月，深入桐乡市了解互联网企业会计专业服务需求，为下一步开展会计服务新业态经济企业打好基础。

【贯彻政府会计准则制度】 组织专家编写并发放政府会计准则制度系列问答4期，协同省会计服务中心开展省级行政事业单位财务处(科)长培训4期，通过多种形式解答问题，帮助单位做好新旧政府会计准则制度衔接。开展政府会计准则制度应用调研，向财政部反馈政府会计准则制度中存在的问题。

浙江省国际化高端会计人才(民营企业类)培训项目开班仪式

【推进行政事业单位内部控制建设】 组织2018年度全省(不含宁波)行政事业单位内部控制报告编报工作。全省实际填报单位20800家,增长28.2%,上报率95.04%。完善省级单位内部控制评价指标体系。对省级所有一级预算单位开展内部控制线上评价工作,并组织专家对省人力社保厅等9家单位进行现场评价和服务指导。深入了解省级单位内控建设现状,反馈各单位内部控制建设相关问题及完善建议,提高省级单位内控建设水平。将推进市县行政事业单位内部控制工作纳入财政管理绩效考评内容。通过培训指导各级财政部门开展内控评价工作,提升全省内控建设水平。

【推进管理会计应用】 编审管理会计优秀案例。组织专家对各设区市上报的48个管理会计案例开展2次评审,对每个案例单位提出改进意见和建议,帮助案例单位完善管理,优秀案例通过《浙江财税与会计》杂志宣传,给其他单位提供应用实践参考。促进会计人才交流。联合北京国家会计学院举办"2019年中国管理会计高峰论坛——管理会计中国行·浙江站"论坛公益活动,论坛现场规模达1200人,线上直播覆盖2万余人。委托省总会计师协会举办管理会计专题高级研修班,全省90余位企业财务人员参与培训。加强咨询委员会管理,发挥专家智库作用。印发《浙江省管理会计专家咨询委员会工作规程》,规范管理会计专家咨询委员会工作,明确专家权利义务,并公开专家咨询委员会分组联系方式,搭好企业与专家对接平台,开展管理会计宣讲及咨询服务。

【开展高级会计专业技术职务任职资格评审改革】 做好2019年度高级会计专业技术资格的申报、评审工作。会同省人力社保厅修订高级和正高级两个会计专业技术资格评价条件与量化评价标准,建立定性与定量评价相结合的新评价体系。对申报评审系统进行升级改造。2019年度全省高级会计师参加评审1189人,通过评审890人,通过率74.9%;正高级会计师参加评审53人,通过评审28人,通过率52.8%。明确外省调入高级会计专业技术人员职务任职资格确认条件及程序。2019年起,实现外省调入高级会计专业技术资格人员确认工作的规范化。经专家评审确认,2019年外省调入高级会计专业技术人员确认职务任职资格4人。

【加强会计人才队伍建设】 开展先进会计工作者评选。通过宣传发动、各地推荐、严格评审和公示确认,评选"浙江省先进会计工作者"76名,向财政部推荐全国先进会计工作者4名,全部入选。通过《浙江财税与会计》对10名先进会计工作者的先进事迹宣传报道。组织会计人才培训。完成为期3年的第5期会计领军人才(行政事业类)培养工作,共毕业50人,评选出优秀学员15名。联合省委人才办等5部门开展浙江省国际化高端会计人才(民营企业类)培养工作,共录取65人,开展集中培训2次。完成总会计师素质提升工程培训8期,共培训会计人员779人。构建省会计领军(高端)人才服务平台。在省会计学会下设立省会计领军人才委员会,制定委员会工作规程,发挥高端会计人才作用。对全省行政事业单位的会计机构设置情况、会计人员综合素质进行调查统计,提出加强行政事业单位会计人员队伍建设的措施和建议。浙江省会计人员管理改革与发展做法在全国会计管理工作会议上作经验介绍。

(省财政厅会计处供稿　卢琛雯执笔)

行政政法财政财务管理

【控制行政成本】 落实政府过"紧日子"要求,保重点、压一般,严格控制和压减行政政法单位一般性支出,除刚性和重点支出外,一律压减不低于5%。从严控制"三公"经费、会议费、培训费预算安排,规范报销管理,强化部门主体责任。做好庆祝中华人民共和国成立70周年等重大活动相关事项经费保障。完善差旅费管理制度,调整公共交通意外险参保相关政策。代拟《浙江省党政机关承接国际会议和全国性会议管理办法》,加强全省会议承接管理。组织省级培训费管理规定执行情况调研,加强培训费管理。

【支持"平安浙江"建设】 落实经费保障主体责任,筹措资金支持"平安浙江"建设。2019年,全省(不含宁波)安排"平安浙江"建设经费57.19亿元,增长18.9%。拨付政法奖励性资金21.97亿元,支持全省政法部门办案业务开展和装备建设;印发《浙江省财政厅关于进一步做好扫黑除恶专项斗争工作的通知》,发挥财政职能作用,做好扫黑除恶经费保障工作,将各职能部门开展扫黑除恶专项斗争经费纳入部门预算管理。落实中央禁毒专项经费,支持全省禁毒2019年"两打两控"专项行动工作开展;筹措资金支持国家毒品实验室浙江分中心、余杭强制隔离戒毒所建设。保障反恐怖工作经费,将反恐怖工作必需经费纳入各级财政部门预算,确保全省反恐工作正常开展。保障世界浙商大会、世界互联网大会、第二次进口博览会等重大活动安保经费;推动"政采云"警用装备馆上线,开启警用装备领域"互联网+政府采购"发展新模式。

【支持推进机构改革】 做好党政机关机构改革相关工作。做好税务部门经费基数划转分解。根据《财政部关于核定税务部门经费划转基数的通知》以及《税务部门经费保障实施办法》,拟定税务部门经费基数上划分解方案,拟定原国税部门在职人员规范津贴、补贴所对应的养老保险缴费基数和离退休人员经费基数等下划方案。推进省纪委监委派驻机构改革。联合省纪委、省委组织部、省人社厅出台《关于省纪委省监委机关对派驻(出)机构工作人员工资及退休等事项实行统一保障的通知》,明确省纪委监委派驻机构人员及公用经费保障政策,统筹推进省纪委省监委机关和派驻(出)机构一体化管理。

【保障市场监管行业发展】 对标高质量发展要求,加强产品质量、食品药品等安全监管经费保障。配合省市场监管局修订《浙江省人民政府质量奖管理办法》,增加获奖企业数量,提升奖励额度。支持“品字标”品牌培育,深化国家标准化综合改革试点工作,打造“浙江制造”标准。推动中国(浙江)知识产权保护中心建设,完善知识产权保护和管理。推进市场监管体制改革创新,创新监管方式,促进浙江网络经济持续快速健康发展,构建大市场监管格局。参与全省食品安全考核、农村假冒伪劣专项整治检查、农村放心家宴建设、送药上山进岛等为民办实事工程。

【支持“人才强省”建设】 落实重点人才项目资金保障,安排“千人计划”“万人计划”经费3.93亿元;联合省委组织部等出台“绩励计划”,面向在职“两院”院士、省特级专家等高层次人才,建立以绩效为导向、与人才产出和贡献相挂钩的激励机制,安排奖励经费1.00亿元。规范浙江省援派干部人才相关待遇。支持“双一流”高校择优选调应届毕业生工作、新疆专招毕业生工作开展,推进大学生“村官”及“三支一扶”* 计划,鼓励大学生扎根基层创新创业。

【支持统战群团工作】 落实民主党派省委会、省工商联经费保障,支持省社会主义学院启动仓前校区改扩建项目、余杭塘路校区维修改造工程;支持省委组织部组建浙江红船干部学院,保障红船干部学院日常运转。保障第五届世界浙商大会、省海联会、省光彩事业促进会及省新生代企业家联谊会换届等活动经费;支持统战组织建设,增设省欧美同学会、省中华职业教育社为省委统战部二级预算单位。支持宗教院校及宗教团体建设。根据群团改革要求,增加浙江省青少年发展、浙江省妇女儿童发展专项资金;配合团省委制定《浙江省中长期青年发展规划(2017—2025)》《浙江省家庭教育促进条例》。

【做好监狱戒毒保障和管理】 调整监狱戒毒“分级负担”政策,根据目前经济社会发展形势及法治环境,对戒毒分担政策开展机制再造。规范省属监狱系统土地整治项目管理,扼制监狱企业自有资金投资行为,联合省司法厅印发《关于完善省属监狱系统土地整治资金管理的通知》,明确管理职责。

(省财政厅行政政法处供稿　何小康执笔)

注:

*“三支一扶”:即支教、支农、支医和扶贫。

科教财政财务管理

【概况】 2019年,浙江省科教财政财务管理工作支持科教事业改革发展,全年完成省级教育支出160.82亿元,增长20.6%;科学技术支出33.67亿元,增长18.2%。

【支持教育事业发展】 实施高等教育强省战略。提高省属高校基本支出生均拨款定额标准至11500元/生·年。加大省属高校“双一流”建设投入,安排30.86亿元支持省重点高校、省一流学科、省重点暨优质高职院校建设等。明确西湖大学财政支持政策及社会捐赠财政配比方案。修订《省属高校捐赠收入财政配比资金管理办法》,拓宽高等学校筹资渠道,制定《浙江省省属高校、科研院所基本科研业务费管理办法》,强化对省属高校科研院所自主开展科学研究的稳定支持。推动城乡结对,深化智慧教育发展。推进“互联网+义务教育”城乡学校结对帮扶,建立以县域内为主,市域内跨县、省域内跨市3种城乡学校结对形式,全省结对学校1472所。联合教育部门通过竞争性方式,每年集中解决10个地区在教育信息化方面中较为突出问题,弥补教育信息化发展中的“短板”。在“互联网+”环境下,推进精准教学、同步课堂等“智慧教育”模式在教与学等诸方面的应用,2019年度省财政安排1.00亿元。保障义务教育教师待遇。出台《浙江省财政厅关于做好义务教育教师工资保障工作的通知》,要求各级财政部门对照全省财政工作会议具体部署,调度资金,确保义务教育教师基本工资增资政策兑现到位,同时要求奖励和补贴做到与公务员“同时间、同幅度”发放。与省人力社保厅、省教育厅对义务教育教师工资待遇开展专题调研2轮,依据国务院办公厅《关于进一步保障义务教育教师工资待遇的通知》和省委《关于全面深化新时代教师队伍建设改革的实施意见》有关要求共同拟定浙江省对比口径。完善学前教育发展导向。坚持“公民办双轮驱动,高质量普及”,通过调查研究、情况专报等方式,对浙江省小区配套幼儿园工作指导意见和省委、省政府学前教育实施意见提出意见建议,被采纳写入正式印发文件。统筹整合资金,落实生均经费制定,兑现对市县奖补3000万元,并对省政府发展学前教育绩效显著地区落实相关奖励,推动全省各地学前教育经费制度建设。推进职业教育发展。推动全省各地以“专业”为核心支持职业教育发展。支持实施名校、名师、名专业职业教育“三名”工程建设,2019年5月,浙江省入选首批6个职业教育改革成效明显省份,获国务院通报奖励。浙江15所高职院入选国家“双高计划”,其中排名前10的2所、前30的5所、前50的6所。

【支持科技创新能力提升】 支持打造重大科创平台。支持之江实验室建设(含购建大科学装置),包括重大基础研究项目实施、大科学装置建设、高层次人才团队引进、基础设施建设及日常运行等。支持杭州城西科创大走廊建设,打造创业创新生态体系,推动紫金港科技城、未来科技城和青山湖科技城联动发展。聚焦重大科技研发和基础研究。支持数字经济、生命健康、人工智能等领域关键核心技术攻关和科技成果转化应用,支持实施“卡脖子”技术攻关项目。支持基础研究和应用基础研究,加入国家自然科学基金委区域创新发展联合基金,提升全省原始创新能力。推进创新服务综合体建设。省市县联动支持省级产业创新服务综合体建设,通过政府引导、市场主导、企业主体、高校院所及专业机构共同参与，聚集技术研发、成果转化、创业孵化等创新要素，为块状经济和现代产业集群高质量发展提供全链条服务。

【支持高层次人才团队引进】 支持符合引进培育全省产业发展导向的领军型创新创业团队，支持科技创业领军人才开展自主创业。制订《浙江省科技发展专项资金管理办法》《浙江省哲学社会科学专项资金管理办法》，将适合高校院所自主管理的财物权限“应放尽放”。

【加快产业基金实质性运作】 制订创新引领基金投资流程规范，明确职责分工和流程管控，推进省创新引领基金实质性运作，引导社会资本共同培育数字经济、生命健康、人工智能等领域企业。2019年，批复同意创新引领基金出资5.70亿元投资子基金项目9个。

【推进事业单位改革】 参与推进事业单位改革相关政策，牵头研究公益事业单位财政保障政策，做好新设立事业单位财政财务管理工作。配合省委机构编制委员会办公室开展省级事业单位清理规范和整合工作，梳理、汇总省属事业单位576家，牵头提出相关完善意见。落实科研院所机构改革精神，厘清科研院所财务隶属关系，将原业务主管与财务主管归口分离的省林科院等14家省属公益类科研院所相关预算、财务等事项，移交至省自然资源厅等10个厅局。

（省财政厅科教处供稿　徐佳梦执笔）

文化财政财务管理

【概况】 2019年，浙江省文化财政财务工作贯彻中央和省委、省政府的部署，落实“文化浙江”建设各项要求，以促进基本公共文化服务均等化为工作主线，加大投入力度，完善投入机制，突出投入重点，创新投入方式，满足人民群众基本文化需求等方面的保障职能，促进基本公共文化服务均等化，推动全省文化事业和文化产业发展。2019年，省级预算安排文化旅游体育与传媒支出25.68亿元，增长28.2%。

【探索财政文化管理机制改革创新】 按照全面实施预算绩效管理的要求，总结省文化馆部门整体绩效预算编制改革、浙江体育职业技术学院预算定额和绩效挂钩机制试点经验，推进部门整体绩效预算改革。研究省属文艺院团绩效挂钩补助方案，增强相关单位事业发展动力。整合省委宣传部等部门资金，增加省级财政投入，设立浙江文化艺术发展基金，鼓励创作艺术精品、展现浙江特色。会同省文化和旅游厅修订《浙江美术馆藏品征集管理办法》《浙江省文化和旅游专项资金管理办法》等办法。会同省体育局修订《浙江省体育运动员教练员年度比赛成绩奖励实施办法》，提高运动员、教练员年度比赛成绩奖金标准。配合省人力和社保厅调整运动员体育津贴标准，提高运动员保障水平。实施2015—2017年度浙江省旅游发展资金政策实施情况绩效评价，完成中央旅游发展基金补助地方项目资金绩效评价工作。

【保障思想宣传工作经费需求】 保障宣传贯彻习近平新时代中国特色社会主义思想，弘扬红船精神、浙江精神，培育和践行社会主义核心价值观，实施公民道德建设工程。落实庆祝新中国成立70周年各项活动经费。支持加强互联网内容建设和网络安全工作，建立网络综合治理体系，加大对网络安全保障能力和网信人才队伍建设等支持力度。支持对外文化交流，宣传浙江故事。支持县级融媒体中心建设，鼓励市县探索媒体整合、深度融合发展，安排专项资金2.00亿元，通过“以奖代补”，对完成融媒体中心建设任务并经验收合格的市县给予一次性奖励。

【支持中华优秀文化传承】 围绕省委、省政府“富民强省十大行动计划”，保障“传承发展浙江优秀传统文化行动计划”，支持实施世界级文化遗产培育申报、非物质文化遗产展示体验、优秀传统文化研究阐释、优秀传统文化精品创作服务、特色传统文化重点提升等工程，加大古籍保护力度，坚守文物安全底线，增强非物质文化遗产活力，推动传统工艺振兴，推进全省优秀

海峡两岸太极拳交流

传统文化保护事业高质量发展。落实集中财力办大事要求，保障浙江省考古与文物保护基地建设，助力良渚古城遗址申遗成功。按照“诗画浙江”建设规划部署，安排旅游发展专项资金1.99亿元，推动文旅融合，传播优秀中华文化。支持传统文化创新性转化，鼓励有条件的省级博物馆参与文化文物文创产品开发。

【支持构建现代公共文化服务体系】 安排专项资金3.00亿元，全省新建农村文化礼堂3000个。开展农村文化礼堂长效机制考核，完善农村文化礼堂财政运行保障机制。实施基本公共文化服务绩效考核，征集市县探索公共文化服务领域管理体制机制改革创新典型经验，促进全省基本公共文化服务水平提升。拨付中央和省级基本公共文化服务专项资金6.77亿元，支持国家级公共文化服务体系示范区创建，引导市县完善公共文化服务体系，落实第二轮9个公共文化服务县建设补助资金4500万元，促进重点县补齐公共文化区域短板，丰富公共文化服务内容。推进公共文化服务标准化建设，配合省文化和旅游厅实施第二轮公共服务重点县及薄弱乡村建设验收考核。强化基层公共文化服务人才队伍培养机制，支持乡镇文化员定向培养，提升乡镇公共文化管理水平。拨付中央补助资金1.31亿元，落实博物馆纪念馆免费开放、中央公共体育场馆免费低收费开放补助政策。

【推进重大文化体育设施建设】 推进之江文化中心、省全民健身中心建设工程、新时代文化艺术创研基地等重大文化体育设施建设，落实中国(浙江)国家游泳队泳池配建经费，提升省级文体设施质量。支持杭州亚运会筹办，制订亚运会省属场馆建设资金分担政策，加快省级亚运场馆建设进程。

【促进文化产业提质增效】 加快文化产业投资，组建规模20亿元的省文化产业投资基金，构建浙江省文化产业发展投融资平台，引导社会资本投资文化产业、参与文化企业创新发展。加强财政扶持资金全过程绩效管理，梳理2018年度中央文化产业发展专项资金绩效目标自评情况，跟踪2019年度文化产业发展专项资金使用情况，审核专项资金支持的县(市、区)2019年度专项资金分配方案，实施事中绩效监控。

【支持国有文化企业加强管理】 支持组建省文化产业投资集团，履行出资人职责，落实省财政投入，做好公司章程、东海电影集团增资等相关事项审批工作，指导完善公司法人治理结构和内部管理制度。联合省委宣传部印发《浙江省文化产业投资集团绩效考核方案》，明确省文投集团负责人薪酬考核核定方式、薪酬结构及考核指标。优化省属文化企业国资监管事项审批服务，简化服务流程，提高服务效率。核定省属文化企业2018年国有资本经营收益。调研省属文化企业发展状况，完成2018年浙江省省属国有文化企业改革发展报告。做好省属文化企业风险排查工作，加强省属文化企业风险管理。做好2018年度省属国有文化企业国有资产产权检查登记。完成2020年度国有资本经营预算编制工作。

（省财政厅文化处供稿　李慧辉执笔）

行政事业性资产管理

【开展国有资产报告工作】 开展2018年度国有资产报告工作。建立健全工作机制，加强省直相关部门间横向协同、各级政府间纵向联动；开展业务培训与辅导，对省级行政事业单位和市县财政部门共1400人次进行培训、政策解读和业务辅导；夯实报告工作基础，从2019年1月起，编报行政事业单位国有资产月报，规范报告基本内容，完善报告体例和指标体系，将在建工程、公共基础设施纳入2018年度报告，形成2018年度国有资产综合报告和行政事业性国有资产报告模板。报送浙江省2018年度行政事业单位国有资产报告、公共基础设施等行政事业性国有资产报告、国有资产综合报告。11月27日，省十三届人大常委会第十五次会议审议通过省财政厅负责人受省政府委托作的《关于2018年度全省行政事业性国有资产管理情况的专项报告》，审议通过省政府《关于2018年度国有资产管理情况的综合报告》。截至2019年年底，11个设区市、90个县(市、区)已全面建立国有资产报告制度，比全国人大要求提前1年。

【同步推进各项改革中的国有资产管理】 加强生产经营类事业单位改革中的国有资产管理。配合浙江省事业单位改革领导小组办公室，制定省属生产经营类事业单位改革改制相关政策，参与各单位改革方案论证，配合做好改革中相关政策的宣传、解读和指导，破解改革中遇到的新情况新问题。按照职责分工，做好省属生产经营类事业单位转企改制过程中的资产清查、资产处置、国有股权设置等审核审批工作，确保国有资产安全。

推进经营性国有资产集中统一监管。贯彻落实省委、省政府《关于印发〈浙江省全面深化国有企业改革行动方案〉的通知》(即“1+6”攻坚行动方案)精神，根据集中统一监管工作的部署，以2018年12月31日为基准日，组织开展省级党政机关事业单位所属企业清产核资工作。纳入清查范围的省级主管部门93家，应报、实报90家，已上报的省级主管部门中，零报告的(下属无投资设立企业)45家，有下属企业的45家。上报的各级企业共527家，其中一级企业(由主管部门或事业单位直接出资)300家，二级企业200家，三级企业27家。经清查，截至2018年12月31日，各级企业资产总额1360.89亿元；负债总额922.52亿元；净资产总额438.37亿元。

推进浙江省高校校办企业体制改革。会同省教育厅制定《浙江省高等学校所属企业体制改革工作方案》，启动全省高校所属企业体制改革工作。组织省级高校业务培训，指导高校所属企业开展清产核资，做好改革前期各项准备工作。推进改革实施，突出产学研结合和科技成果转化，实现高校资产经营公司对所属资产统一监管。

【加强行政事业单位国有资产日常监管】 贯彻落实财政部《关于进一步加强和改进行政事业单位国有资产管理工作的通知》，要求各市县（市、区）和省级各单位把资产管理放在与资金管理同等重要的位置。落实国务院“放管服”和浙江省“最多跑一次”改革精神，梳理、优化资产管理事项，按照国有资产“谁使用谁负责”的监管原则，落实部门单位对占有使用资产的管理主体责任。针对审计、巡视中发现的单位公有住房管理问题，协同省机关事务局开展省级机关单位自管住房调查，提出规范住房管理的具体措施。

【推广应用“资产云”】 全省25000余家单位全部完成上云，完成全省行政事业单位国有资产管理大数据平台搭建，完善“资产云”系统。利用资产大数据为管理提供基础支撑和决策辅助，促进数字化和监管业务融合，推动国有资产管理方式数字化转型。协同省市场监管局及物品编码中心，成立资产编码管理工作专班，立项省地方标准《资产分类与编码规范》。搭建资产编码云服务平台，利用全球通用的GS1编码作为资产唯一码，建立资产“数字身份证”。开发“资产云助手”移动应用，实现资产标准编码贯穿资产申领、接收、移交、盘点等各环节和全员管理模式。推动“资产云”与省科技厅“科技大脑”协同共建共享，推动国有资产向全社会开放共享服务。协同中国美术学院开展政务应用用户体验设计规范研究，提高“资产云”和“资产云”协同中心视觉艺术设计水平，提升用户体验。

绍兴市上虞区高标准农田改造

【开展“上门服务至少一次”活动】 开展上门现场服务、集中培训辅导、实时上线服务等活动，加大资产管理政策宣传力度，提高政策制度知晓率，推动相关制度执行。2019年，累计上门服务省级部门35次，集中辅导培训近2500人次。

（省财政厅行政事业资产管理处供稿　饶亚君执笔）

农业财政财务管理

【完善财政支农政策体系】 深化涉农资金统筹整合。提请省政府印发《关于建立健全涉农资金统筹整合长效机制的实施意见》，明确涉农资金统筹整合工作重点和目标任务，优化财政支农投入供给。印发《关于建立涉农资金统筹整合长效机制建设进展定期报告制度的通知》，将工作推进情况纳入乡村振兴绩效提升奖补资金分配因素，对19个市县安排考评奖补资金1.85亿元，引导各地落实涉农资金统筹整合工作。清理归并到期、扶持方向类似的政策措施，推动省级涉农专项资金整合。

建立乡村振兴绩效提升奖补机制。出台《乡村振兴绩效提升奖补资金管理办法（试行）》，明确资金支持重点、分配因素、扶持方式等。安排省级奖补资金12.66亿元，其中8亿元采取竞争立项方式，支持20个县开展省级乡村振兴产业发展示范建设。

组建省乡村振兴投资基金。制定《乡村振兴投资基金管理办法》，规范基金管理，推动基金有效运作。印发《乡村振兴投资基金投资推荐指南（2019年）》，部署基金项目征集，全省共申报项目51个，同意立项17个。

【支持粮食生产稳定发展】 安排省级粮食生产扶持资金8.87亿元，争取中央资金15.20亿元，实施粮食种植大户直接补贴、耕地地力保护、农机购置补贴、订单良种奖励、粮食生产贷款贴息等政策。调整现行粮食生产扶持政策措施，提高政策指向性，降低政策执行成本。

【加大农业基础设施投入】 支持增强农业综合生产能力。安排资金3.42亿元，支持深化“31066”行动计划、“3030新农人”行动计划和田园综合体建设项目试点。研究高标准农田建设扶持政策措施，拨付中央资金11.38亿元，加大相关资金统筹力度。支持深化“千村示范、万村整治”工程。安排省级相关专项资金11.12亿元，推动各地以生活垃圾分类和资源化利用、生活污水治理、历史文化村落保护、省级休闲乡村和农旅一体化平台建设等为重点，推进美丽乡村建设。争取中央财政农村“厕所革命”奖补资金，支持农村粪污收储、运输、资源化利用及后期管护能力建设。

【助力生猪产业发展】 落实生猪产业高质量发展财政支持保障政策，通过综合奖励、引种补贴、贷款贴息、疫病防控等一揽子政策措施，引导地方和养殖场扩大生猪养殖规模。实施重大动物疫病强制免疫“先打后补”政策，发挥财政补贴政策对动物防疫工作的促进作用。

【支持水利事业发展】 安排百项千亿防洪排涝工程补助资金37.53亿元，支持大型水利工程建设，促进农业灌溉和水源保护，确保用水和汛期安全。支持农村饮用水达标提标行动，对“26+3”县及海岛地区采取“建设期定额补助+以奖代补”，对其他县采取以奖代补的方式进行补助。安排补助资金9.92亿元，推动各地完成全年新增410万农村居民饮用水达标提标任务。出台农村饮用水达标提标行动以奖代补政策，对提前完成三年行动计划任务的县，分档实施以奖代补。安排水利资金18.73亿元，争取中央资金7.97亿元，支持各地开展面上水利项目建设。争取中央救灾资金2.66亿元，支持“利奇马”等台风受灾地区灾后恢复重建。

【促进绿色生态农业发展】 安排省级现代农业发展专项资金4.09亿元，争取中央资金5.47亿元，支持国家和省级现代农业园区建设、新型农业经营主体培育、农业绿色发展示范和精品绿色农产品基地创建，加快高效生态循环农业发展。加大农产品质量安全监管力度，完善农产品质量安全可追溯体系。安排省级财政资金1.97亿元，争取中央资金15.76亿元，支持开展渔场修复振兴暨“一打三整治”专项行动，加快水产养殖绿色发展和渔业可持续发展。

【支持打赢精准脱贫攻坚战】 加大财政扶贫投入，安排省以上财政专项扶贫资金12.16亿元，支持实施低收入农户高水平全面小康计划，全面推进精准扶贫，促进加快发展地区农民收入增长、民生水平提升和内生功能增强。安排“两山(一类)”建设财政专项激励奖补政策资金18.00亿元，支持相关地区培育农业农村发展新动能，加快补齐发展“短板”。履行省财政厅扶贫工作领导小组办公室职责，牵头落实脱贫攻坚专项巡视整改，组织开展全省财政系统脱贫攻坚排查梳理“回头看”，抓好工作落实，巩固脱贫攻坚成果。

【加强财政支农资金管理】 强化强农惠农补贴资金发放监管。梳理全省财政惠农补贴“一卡通”管理有关情况，结合审计发现的问题，督促有关市县落实整改。加强强农惠农补贴发放管理，指导市县落实有关管理要求和工作部署。

加强农业担保资金管理。履行省农业融资担保公司出资人日常管理职责。完善省农业融资担保公司工资总额管理办法，组织开展年度运行绩效考核，安排奖补资金支持公司聚焦服务农业适度规模经营主体，做强担保业务规模。结合“利奇马”台风抗灾救灾和生猪产业发展，制定特殊担保产品免担保费政策，支持特定农业主体开展生产经营。

（省财政厅农业处供稿　傅小普执笔）

基层财政管理

【概况】 2019年，浙江省基层财政管理工作贯彻实施乡村振兴战略，围绕集中财力办大事的理财思路，加强乡镇财政机构队伍和公共财政服务平台建设，发挥乡镇财政职能作用；推进各项农村综合改革工作，探索机制体制创新。

【发挥乡镇财政职能作用】 提升乡镇财政管理能力。督促各市县落实《浙江省财政厅关于进一步加强乡镇财政管理工作的意见》等文件要求，夯实公共财政管理基础。通过实地督导等多种方式推动各地加强乡镇财政机构队伍建设。加大基层财政干部业务培训力度，提升干部财政财务管理工作能力，完成全省乡镇财政处(科)长、财政所长业务培训3期。开展乡镇财政规范化建设。经过考评，全省新增规范化乡镇财政所315家。截至2019年年底，全省乡镇财政机构省级规范化财政所建设标准达标率99.7%。采取“市县自行普查、省级重点抽查”方式，开展全省乡镇财政资金监管工作专项核查工作。重点抽查30个县46个乡镇的资金监管、一事一议奖补和村干部报酬专项资金落实情况，并在全省范围通报核查结果，督促各市县立整立改。督促各市县创新监管方式，优化监管流程，细化监管要求，推动资金监管工作制度化、常态化，确保资金安全。

【推进乡镇公共财政服务平台建设】 完善乡镇公共财政服务平台功能。实施平台与国库集中支付系统一体化运行，实现与省政府大数据管理局人口信息比对，提高平台运行效率。截至2019年年底，全省纳入乡镇财政管理的74个县(市、区)及所辖乡镇实现乡镇公共财政服务平台建设全覆盖。全部平台实现与浙江政务服务网和“浙里办”App对接，用户可直接在浙江政务服务网和“浙里办”App对相关涉农和民生财政性补助资金进行查询。2019年，全省乡镇公共财政服务平台涉及受益对象703万人，涉及资金161.56亿元，纳入管理的项目3496个，平均每县(市、区)项目47个。推动涉农和民生补贴资金“一卡通”发放。督促各市县规范涉农和民生财政补助资金发放管理，整顿“一项资金、一个部门、一家银行、一张卡”的多头发卡现象，整合归并各类财政补助性资金银行卡，提高资金发放效率，落实惠民政策，确保资金支付安全。将平台管理涉农和民生财政补助资金通过“一卡通”发放情况纳入省对市县财政管理绩效考评，推动全省“一卡通”建设。2019年年底，全省纳入平台的涉农和民生补贴资金实现“一卡通”发放。

【做好财政支持村级组织建设工作】 落实村干部报酬正常增长机制,做好村级组织运转补助、社区工作经费等财政资金保障,助力全省推进基层组织建设工作;根据省委、省政府要求,落实村级组织活动场所(党群服务中心)建设补助政策;根据中央扶持壮大村级集体经济有关精神,落实资金补助政策,指导“26+3”加快发展县(市、区)扶持集体经济薄弱村转化,助推全省扶持壮大村级集体经济,消除集体经济薄弱村。2019 年,安排中央及省级财政各类涉村补助资金 20.41 亿元。

【完善一事一议财政奖补政策】 开展全省一事一议财政奖补政策运行情况问卷调查,赴 12 个县(市、区)实地调研,完善一事一议财政奖补政策,出台《浙江省村级公益事业建设一事一议财政奖补资金管理办法》。拓展资金支持范围,赋予地方更大灵活性,激发政策活力,提升资金使用效益。通过因素法分配 2019 年度一事一议财政奖补资金 3 批,合计 10.13 亿元。

【促进美丽乡村建设提档升级】 通过竞争性评审,选出 2 批共 30 个县(市、区),打造美丽宜居乡村的浙江样板。开展 2016—2017 年度一事一议财政奖补助推美丽乡村建设试点补助资金绩效评价,通过了解项目实施情况和补助资金绩效目标实现情况,发现问题,完善支持政策。2019 年,安排一事一议助推美丽乡村建设资金 5.92 亿元。

【推进田园综合体增点扩面】 完成安吉“田园鲁家”、柯桥“花香漓渚”2 个国家级田园综合体试点单位考核自评,推进永嘉、龙泉、龙游、普陀 4 个省级田园综合体建设。推动省级田园综合体扩面,采取竞争性立项方式选择 10 个在建项目提升至省级田园综合体建设范围,推广试点经验,探索田园综合体建设的新模式。2019 年,安排田园综合体项目资金 3.71 亿元。

【做好村级集体经济试点工作】 做好试点县的指导和督查工作,总结试点工作经验,推广扶持村级集体经济发展“十大模式”,完成《扶持村级集体经济发展优秀案例选编》。2019 年,安排扶持村级集体经济试点补助资金 2.83 亿元。

【做好农村综合改革工作】 加强农村综合改革项目和资金管理。督查指导农村综合改革工作,结合“三服务”活动,服务部门和基层,赴安吉、东阳、临安等试点地区,对当地试点工作中的问题困难给予帮助指导。加强农村综合改革工作管理信息系统应用,督促各项目单位同步录入项目资金管理信息,实现项目建设和资金管理全过程监控。完善和落实农村综合改革管理制度。优化项目立项程序,制定《农村综合改革竞争类项目立项办法》。推进全过程绩效管理,依据《财政部关于印发〈农村综合改革转移支付绩效管理办法〉的通知》,结合浙江省农村综改工作实际,制定《浙江省农村综合改革补助资金绩效管理实施细则》。落实农村综合改革试点工作定期报告制度,动态掌握综改项目建设进度、资金拨付进度和经验成果。完成 2 个农村综合性改革试点试验单位考核自评,形成省级自评报告上报财政部。

(省财政厅基层财政处供稿 戴逢辉执笔)

企业财政财务管理

【概况】 2019 年,浙江省企业财政财务管理工作围绕数字经济、制造业高质量发展、促进外贸稳定发展、政府产业基金等工作,落实省工业与信息化、商务促进等专项资金 58.25 亿元,争取中央财政资金 46.77 亿元,支持全省实体经济高质量发展。

【推动实体经济高质量发展】 梳理支持民营经济发展财政政策体系,配合省发展改革委制定民营经济高质量发展 31 条新政和民营企业发展促进条例,落实民营经济高质量发展财政支持政策。筹措专项资金 10.00 亿元,实施数字经济领域分区域(行业)财政专项激励,推动数字产业化、产业数字化。安排资金 18.00 亿元,实施振兴实体经济(传统产业改造)财政专项激励,支持 18 个县市推进传统制造业数字化改造和新兴产业发展。安排 5.00 亿元新能源汽车奖补资金,重点支持新能源汽车推广应用、充电基础设施建设和重点产业项目实施。会同省经信厅聚焦工业领域“卡脖子”应用,制定《2020 年浙江省制造业高质量发展产业链协同创新项目计划目录》,遴选产业链创新项目 63 个,给予支持。会同省经信厅开展 2020—2022 年制造业高质量发展示范县(市、区)创建财政专项激励工作,通过竞争性分配等程序,择优确定 18 个县市。落实首台套产品奖励与保险补偿 0.70 亿元,启动新材料首批次应用保险补偿机制试点。

【完善中小企业创新服务体系】 安排省中小企业发展(竞争力提升工程)专项资金 5.00 亿元,重点支持 20 个县(市、区)开展首批小微企业园建设提升工作、中小企业公共服务体系与融资服务体系建设,以及中小微企业高质量发展培育等,并会同省经信厅开展第二批小微企业园建设提升财政专项激励竞争性遴选。配合省发展改革委开展特色小镇创建考评工作,兑现 2017 年度特色小镇财政政策奖励资金 0.81 亿元。会同省经信厅、省科技厅争取国家中小企业发展专项资金 2.13 亿元,推动温州国家高新技术产业开发区等 3 个开发区入围国家第二批“双创”升级特色载体创建单位。

【加快政府产业基金 2.0 版运作】 开展省产业基金存量清理整合,收回区域基金中省产业基金未出资部分 28.60 亿元,整合设立总规模 251.00 亿元的省转型升级产业基金。修订《浙江省转型升级产业基金管理办法》等制度,出台《省转型升级产业基金投资决策会议操作规则》。会同省经信厅等部门组建数字经济、创新引领、凤凰行动、文化产业、军民融合、特色小镇、金融稳定等7支主题基金。出资20.00亿元，会同之江新实业组建首期规模100.00亿元的省上市公司稳健发展支持基金，纾解上市公司股权质押风险。截至2019年年底，稳健发展基金已出资3.80亿元，撬动社会资金10.90亿元。会同省经信厅、省商务厅等开展政府产业基金2.0版政策解读和培训宣传，搜寻投资项目。出资4.00亿元组建定向基金，对嘉兴敏实项目给予支持；出资8.00亿元投资长电科技（绍兴）先进封测项目。

【支持外贸稳定发展】 安排商务促进专项资金7.24亿元，加大对国际性展会、出口信用保险补助、国际贸易诉讼等支持力度，引导跨境电子商务、外贸综合服务企业等外贸新业态发展。会同省商务厅出台稳定外贸发展二十条措施，保障"订单+清单"预警监测系统建设。开展省级公共海外仓第四批评定工作，支持省级公共海外仓建设主体11个。会同省商务厅落实"义新欧"班列常态化运行考核，安排1.50亿元支持包括"义新欧"班列在内的义乌国际贸易综合改革。配合省商务厅制定浙江省鼓励进口目录，对进口目录内产品和技术进口给予贴息支持，鼓励符合浙江省需求的高端装备和技术进口。会同省商务厅开展境外外经贸综合服务体试点、电子商务创新发展试点综合评价，推动捷克站和捷克小镇建设。

【落实粮食物资安全保障】 根据国家2018年度粮食安全省长责任制考核要求，做好自查自评工作，并赴嘉兴市和湖州市开展2018年度粮食安全市长责任制现场考核。会同省粮食物资局实施"优质粮食工程"建设，支持"放心粮油示范县"建设。落实"五优联动"优质晚稻订单1万吨，支持开展"五优联动"试点。会同省粮食物资局开展市县粮食仓储设施改造建设实施方案竞争性评审，确定补助方案，鼓励市县统筹推进当地粮食仓储设施优化布局和建设改造；推进省属舟山粮库建设。会同省粮食物资局制定《省级救灾物资储备管理办法》，做好应急救灾物资保障工作。紧急安排0.30亿元用于救灾物资采购及灾后补库，及时下达各类重要商品储备资金。

【推进国有资本划转社保基金工作】 规范划转国有股权承接主体股权分红程序，首批完成划转企业40家，划转国有资本58.28亿元，国有资本及权益总额157.66亿元，完成工商变更登记企业37家。向财政部汇报试点工作中的困难和问题，提出意见建议，为财政部等五部委出台《关于全面推开划转部分国有资本充实社保基金工作的通知》提供实操依据。总结划转国有股权试点工作，为全国划转国有资本充实社保基金提供"浙江做法"，并在全国划转部分国有资本充实社保基金工作任务部署会议上作经验交流。起草《浙江省关于全面推开划转部分国有资本充实社保基金工作的通知》，并报省政府审定。

【践行"三服务"活动】 围绕落实减税降费、支持民营经济发展、应对中美经贸摩擦等政策，深入宁波、建德、萧山等地，对企业单位开展调研与"三服务"活动，帮助企业解决实际困难。按照惠企政策"五个一"要求，牵头会同省经信厅赴温州市专题调研惠企政策"直通车"，推动温州市创建新时代"两个健康"改革事项在全省复制推广。

（省财政厅企业处供稿　周晓斌执笔）

金融财政财务管理

【深化国有金融资本管理】 代拟并提请省委、省政府印发《中共浙江省委　浙江省人民政府关于完善国有金融资本管理的实施意见》，理顺全省国有金融资本管理体制，落实国有金融资本管理制度，促进国有金融企业健康经营。印发《浙江省财政厅关于贯彻落实〈中共浙江省委　浙江省人民政府关于完善国有金融资本管理的实施意见〉的通知》，细化目标任务，督促并指导市县财政部门加强国有金融资本管理。印发《浙江省财政厅关于加强省属金融企业国有资本管理工作的通知》，梳理财政部门管理职责，形成管理清单，规范省属金融企业管理。印发《浙江省财政厅关于进一步优化省属金融企业经营业绩考核的通知》《浙江省省属国有独（全）资金融企业董（监）事会工作指引》，健全激励与约束机制，强化正向激励，规范省属国有独（全）资金融企业董事会、监事会运行，健全法人治理结构。

【推动金融产业发展】 增强省属金融企业实力。贯彻"凤凰行动"*计划，助推浙商银行A股IPO发行。2019年11月，浙商银行在上海证券交易所上市，募集资金125.97亿元，完成"A+H"股双资本平台构建。推动永安期货借力资本市场加快发展。助推多层次资本市场建设。落实财政奖补政策，2019年，省财政安排资金819万元，采用差异化补贴方式，鼓励省股权交易中心为挂牌企业提供优质服务，发挥区域性股权交易市场对实体经济的支撑和保障作用。截至2019年年末，省股权交易中心挂牌企业达8055家，累计融资226.33亿元。创新金融政策工具运用。制定《浙江省促进企业融资奖励办法》，实施促进企业融资奖励政策。2019年，省财政安排奖励资金1.16亿元，引导金融机构支持民营企业直接融资，鼓励金融机构利用央行支小再贷款政策支持小微企业民营企业融资，防范化解企业债务风险，助推全省经济高质量发展。对标集中财力办大事财政政策体系，加快上市公司稳健发展基金、金融稳定投资基金和"凤凰行动"投资基金等主题基金项目储备和落地。安排金融业发展专项资金3500万元，优化分配方式，通过竞争性分配，引导地方防控化解金融风险，增加普惠金融基础设施，提高财政资金使用绩效，扶持全省金融产业发展。

【支持融资畅通工程】 制定《浙江省担保集团有限公司担保风

险补偿办法》,向省担保集团提供符合条件的担保业务,根据其放大倍数、代偿情况实施分段阶梯式风险补偿,促进其发挥政策导向作用,缓解小微企业和"三农"领域融资难融资贵问题。支持省担保集团与国家融资担保基金合作,分散全省担保业务风险,提升全省融资担保行业抗风险能力。截至2019年年底,省担保集团担保业务余额252.36亿元,在保户数4.16万户。

【加强农业保险保障】 推进政策性农业保险工作和农村住房保险工作。2019年,省财政安排资金2.29亿元,争取中央资金2.55亿元,补贴全省政策性农业保险,为100.36万户次农户提供380.00亿元的风险保障。针对非洲猪瘟的影响,调高生猪、能繁母猪的政策性保险保额,加大支持力度,降低养殖风险,稳定全省生猪生产供应量。2019年,增设杂交水稻制种保险,增强全省杂交水稻制种业风险防范能力,稳定全省杂交水稻制种供给。开展农村住房保险工作,2019年,省财政安排农村住房保险保费资金3900万元,惠及农户1000万户。鼓励省级特色农业保险创新扩面。2019年,省财政安排资金1560万元,对全省22个特色农业保险品种给予保费补贴。通过以奖代补形式,鼓励地方创新开展地方特色农业保险试点品种,引导农民参加特色农业保险,促进金融资源向农业农村倾斜。支持绿色金融改革发展。推进绿色金融改革试验区建设,省财政承担衢州、湖州两地林业保险保费补贴与无害化处理联动的生猪保险保费补贴的50%。

【做好政府外债项目管理工作】 做好政府外债项目申报。融入"长三角区域一体化发展"国家战略,组织开展新开发银行贷款沪嘉城际铁路项目(浙江段)申报工作,申请利用新开发银行贷款58.48亿元,助力嘉兴对接上海都市圈,加快区域协同发展。助推浙江省乡村振兴战略,组织开展浙江开化钱江源头保护与美丽城镇互促发展示范项目申报工作,申请利用法国开发署贷款6500万欧元,助推开化钱江源头保护,支持开化县实现绿色崛起。完成全省首个新开发银行贷款项目落地。浙江绿色城镇发展项目——嵊州市城乡供排水一体化二期工程项目作为全省首个新开发银行贷款项目,利用新开发银行贷款8.25亿元人民币,助推嵊州市城乡供水一体化建设,提升当地的水环境,促进当地绿色可持续发展。截至2019年年底,项目已完成谈判、签约、生效、账户开设、首次提款等工作。积极推动政府外债在建项目实施。做好世界银行贷款浙江农村生活污水处理及饮用水工程建设项目、浙江千岛湖及新安江上游流域水资源与生态环境保护工程项目的年度检查工作,指导督促项目实施。截至2019年12月底,浙江农村生活污水处理及饮用水工程建设项目累计向世界银行提款1.45亿美元,占贷款总额的72.5%;千岛湖新安江上游流域水资源与生态环境保护工程项目累计向世界银行提款1540万美元,占贷款总额的10.3%。做好法国开发署贷款仙居县域生物多样性保护和发展利用示范工程项目中期评估工作,协助项目单位解决执行困难。截至2019年12月底,该项目共提款报账1068万欧元,占贷款总额的14.2%。做好全球环境基金赠款浙江绿色物流平台协作示范项目提款报账工作,截至2019年12月底,该项目累计提款230万美元,占赠款总额的79.1%。

【探索绿色创新投资业务】 探索中国清洁发展机制基金绿色创新投资业务在浙江省的实践,推动全省经济发展向绿色低碳转变。与浙商银行、兴业银行杭州分行合作开展市场化担保,签署三方合作协议,做好该项业务开展准备工作。

【加强非贸易非经营性用汇管理工作】 委托中介机构对省级预算内单位非贸易非经营性用汇管理程序简化后的用汇情况开展财政专项检查,通过检查发现问题、总结经验。结合"上门服务至少一次"工作,主动服务用汇单位,为用汇单位答疑解惑,为优化工作程序夯实基础。

【规范PPP模式】 把好PPP项目入库审核关,定期组织专家集中评审PPP项目入库申请,按财政部要求梳理已入库项目,防控地方政府隐性债务风险。落实PPP项目财政支出责任台账制度,加强PPP财政承受能力监测预警。发挥PPP模式优势,加强对市县指导,吸引优质社会资本支持公共服务和基础设施建设。2019年,全省(不含宁波)纳入财政部PPP综合信息平台管理库项目463个,总投资8738.91亿元。

【做好穆迪公司政府主权债务评级】 2019年5月,穆迪公司对中国主权信用评级进行年度复评,期间对浙江省展开调研。省财政厅根据省委、省政府工作部署,加强与相关部门合作,促进穆迪公司对中国主权信用水平作出客观评价。

(省财政厅金融处供稿 陈燕燕执笔)

注:

*"凤凰行动":根据《浙江省推进企业上市和并购重组"凤凰行动"计划的通知》精神,发挥资本市场在促进全省经济转型升级方面的重要作用,实施以企业上市和并购重组为核心的"凤凰行动"。主要目标为经过4年(2017—2020年)努力,巩固提升浙江省在资本市场上的全国领先地位,建设金融强省,促进经济转型升级成效显著。

社会保障财政财务管理

【概况】 2019年,浙江省社会保障财政财务管理工作以保障和改善民生为目标,聚焦省委、省政府重要工作任务,补齐社会保障财政政策短板,防范社会保障领域风险,稳定民生政策。全年全省社会保障和就业支出、卫生健康支出分别为1073.94亿元和735.61亿元,两项支出共占财政支出的18.0%。社会保险基金总收入5390.91亿元,总支出5419.76亿元,滚存结余

6157.81 亿元。

【促进就业创业,减轻企业负担】 稳定和促进就业。安排省级就业补助资金 2.83 亿元,争取中央就业专项补助 7.66 亿元,促进创业、带动就业。修订省就业补助资金管理办法,取消资金专户管理,明确支出范围、补贴标准和监管流程。从全省失业保险基金结余中筹集 86.90 亿元,实施《浙江省职业技能提升行动实施方案(2019—2021 年)》。建立受复杂外贸环境影响企业目录清单,加大企业职工培训力度,提高培训补贴标准。安排高技能人才专项资金 1.00 亿元。

落实社保费减负政策。会同有关厅局出台《关于阶段性降低社会保险缴费有关问题的通知》,对制造业、交通运输业、建筑业等行业的企业社会保险单位缴费实行集中减征 2 个月,共减征 139.36 亿元。对面临暂时性生产经营困难且恢复有望、坚持不裁员或少裁员的参保企业,按 2018 年度企业及其职工 6 个月社会保险费的 50%返还补贴,惠及企业 20.9 万家,共计返还社保费 123.67 亿元。阶段性降低职工基本医疗保险费、工伤保险费和失业保险费,为企业减负 126.99 亿元。

【强化制度建设,防范基金运行风险】 推进养老保险省级统筹。印发《关于实施新一轮企业职工基本养老保险省级调剂补助的通知》,建立基于中央养老保险调剂制度的省内过渡性调剂办法。争取职工养老保险中央调剂金返还 28.00 亿元,核减比例 19.8%。开展企业职工基本养老保险基金政府间责任分担机制研究,谋划企业职工基本养老保险省级统筹方案。

完善社会保险制度。建立城乡居民基本养老保险待遇确定和基础养老金正常调整机制,明确个人账户记账利率,调整个人缴费档次。出台生育保险和职工基本医疗保险合并实施方案。开展城乡居民基本养老保险基金委托投资,与全国社保基金理事会签订 100.00 亿元的委托投资协议,实现基金保值增值。

强化社会保险监管机制。会同有关部门制定《关于对部分市县实施企业职工基本养老保险基金风险预警的通知》,对基金支付能力在 9 个月以下的市县实施企业职工基本养老保险基金风险预警,要求地方对未来 5 年内的基金收支趋势进行预测分析,制定应急处置预案和 5 年筹资计划。落实职工基本养老保险工作奖补资金 2.50 亿元,强化养老保险工作目标责任完成情况与省级调剂金挂钩机制。制定《浙江省欺诈骗取医疗保障资金行为举报奖励实施办法》,要求各级财政安排举报奖励资金,对经认定查实的举报案件给予不超过 10 万元奖励,鼓励社会各界举报欺诈骗取医保资金行为。

【完善补助政策,提高民生待遇】 落实保障性扶贫政策。会同有关部门制定《浙江省社会救助家庭经济状况认定办法》,统一规范医疗救助政策,推动全省社会救助信息平台建设,强化各类社会救助信息互通共享。落实困难群众救助补助资金 24.69 亿元。根据居民消费价格变动情况,启动困难群众基本生活价格补贴机制 8 次。做好扶贫资金动态监控工作,开展临时救助资金专项检查。加强对扶贫资金结转结余的清理。

提高基本民生待遇。提高养老保险待遇水平,退休人员养老金月人均增加 151 元。提高城乡居民基本医疗保险财政补助标准至年人均 540 元,同步提高城乡居民大病保险筹资标准至年人均 55 元,降低大病保险起付线,建立对贫困人群的大病保险倾斜政策。提高基本公共卫生服务经费年人均补助标准至 69 元(含从原重大公共卫生服务、计划生育等项目中新划入内容折算人均 9 元),新增 5 元资金全部用于村和社区。将高血压、糖尿病等 12 种常见慢性病纳入门诊保障范畴,减轻患者门诊用药负担。

强化特殊人群待遇保障。完善重度残疾人护理补贴制度,提高由机构托养照料的生活完全不能自理的残疾人补贴标准,将部分听力、言语残疾人纳入补贴发放范围。落实困难残疾人生活补贴和重度残疾人护理补贴省级补助 9.89 亿元。提高部分优抚对象等人员抚恤和生活补助标准,启动部分退役士兵社保接续工作,提供退役士兵基本养老和医疗政策依据,保障退役军人利益。

【支持社会服务体系建设】 推动养老服务体系建设。省财政统筹一般公共预算和福利彩票公益金设立支持发展养老服务专项资金 8.25 亿元,重点支持社区和居家养老照料中心运营、乡镇区域性养老服务照料中心、困难群众基本养老服务及养老服务机构建设,提升社会养老服务能力。完善特困人员供养服务设施(敬老院)改造提升工程实施方案,优化县域机构布局,提高供养服务设施照护能力。省财政安排资金 4000 万元,支持 20 个基层医疗卫生机构开展与居家养老模式相适应的养医融合试点。

加快残疾人事业发展。安排加快发展县残疾人事业发展和残疾人服务能力提升省级补助资金 1.65 亿元,促进残疾人事业均衡发展。调整残疾人保障专项资金支持方向,加大对“残疾人之家”建设、残疾人辅助器具配置、残疾儿童康复的补助。安排专项资金支持承办全国第六届残疾人技能大赛暨第三届全国残疾人展能节,支持省残疾人体育代表团参加全国第十届残疾人体育运动会。

支持退役军人服务体系建设。会同有关部门出台《关于进一步加强全省退役军人服务保障体系建设的通知》,配合做好全省退役军人服务体系建设,明确机构、人员编制、建设标准,落实经费保障,加强退役军人服务保障体系建设。

【加强医疗卫生保障体系建设】 开展医疗卫生领域财政事权和支出责任划分改革。根据中央改革的总体框架要求,组织政策调研论证,梳理医疗卫生领域财政事权清单,划分省与市县财政事权和支出责任,完善省与市县共同财政事权分担机制,建立医疗卫生领域可持续投入保障长效机制。代拟浙江省医疗卫生领域财政事权和支出责任划分改革实施方案,由省政府印发后自2020年起实施。

推动县域医共体建设。安排城市优质医疗资源下沉奖补资金2.47亿元,新增安排县域医共体建设奖补资金2.02亿元,支持全省70个县(市、区)组建161家县域医共体。印发《关于加强县域医共体财务管理工作的意见》,指导各地建立县域医共体财务管理新体制,促进县域医共体内实现"一本账、一盘棋、一家人"。会同有关部门制定《关于推进全省县域医共体基本医疗保险支付方式改革的意见》和《浙江省基本医疗保险住院费用DRGs点数付费暂行办法》,改革支付方式,激发公立医院改变运行和服务模式,促进医院走向集约化管理。

支持提升尖端医疗技术水平。配合有关部门向国家争取区域医疗中心共建任务,制定省财政专项资金安排方案,做好1个国家传染病医学中心、1个综合类国家区域医疗中心和6个专业类国家区域医疗中心的建设方案制定工作。落实省政府与中科院开展医学合作协议要求,提出中国科学院肿瘤与基础医学研究所、附属肿瘤医院、临床医学院运行和建设经费安排方案。完成8个重大疾病诊治技术研究中心的竞争性评选工作,累计将15个优势学科纳入建设范围,安排资金7500万元。会同有关部门制定"551"高层次卫生人才培养实施方案,计划"十四五"期间培养卫生领军人才50名、创新人才500名、医坛新秀1000名。

推进医药卫生领域改革。贯彻省委深化改革组工作要求,加强对市县基层医疗卫生机构补偿机制改革进度的督促指导,安排7416万元支持各地配套信息化建设,全省89个改革县(市、区)全部出台政策文件,完成基层医疗卫生机构补偿新机制改革任务。会同有关部门制定《浙江省省级公立医院医疗服务价格改革方案》和《浙江省省级公立医院医疗服务价格改革考核暂行办法》,压缩不必要的药品耗材使用量、控制不必要的检查检验,提高医疗服务价格,改善医疗收入结构,体现医务人员劳务价值。根据全省公立医院综合改革目标完成考核情况,统筹安排中央和省财政公立医院综合改革奖补资金3.45亿元,加大财政补助与各地改革成效挂钩力度,发挥财政资金导向作用。

(省财政厅社会保障处供稿　全龙江执笔)

经济建设财政财务管理

【落实长三角一体化发展国家战略】 参与制定长三角一体化基金方案,推动长三角一体化发展投资基金组建。制定长三角一体化发展激励政策,2019年安排长三角一体化发展奖补资金1.00亿元。向国务院政策研究中心、财政部等部门提出需国家层面协调、支持的事项,为浙江省争取政策支持。赴长三角一体化示范区、宁波杭州湾产业集聚区和嘉兴市开展调研,对接部门和地方政策需求,研究长三角一体化财政支持政策,参与研究长三角一体化示范区政策。

【支持打好精准脱贫攻坚战】 加强习近平总书记关于扶贫工作重要论述和党中央脱贫攻坚政策学习,落实中央和省委、省政府工作要求,提出2019年东西部扶贫协作资金方案。2019年,全省筹措东西部扶贫协作和对口支援资金56.47亿元,增长8.14%。加强对接交流,赴四川、新疆等受援地区开展调研,规范资金使用管理。建立东西部扶贫协作和对口支援财政投入统计制度,健全与脱贫攻坚任务相适应的投入保障机制,督促市县上缴帮扶资金。完善浙江省对口支援西藏那曲市、青海海西州援助资金管理。

【保障"四大"建设】 安排省海洋(湾区)经济发展专项资金20.00亿元,推进海洋强省国际强港战略,落实扶持集装箱多式联运发展政策。争取蓝色海湾整治行动项目中央补助资金5.26亿元,推进全省海洋综合整治。安排各类生态环保类资金245.33亿元,推进污染减排工作,促进生态环保和经济社会协调发展。安排诗路文化带建设资金5.00亿元,研究资金分配方案,支持诗路文化带建设。按照浙江省"万亿综合交通建设"和"交通强省"总体部署,安排省级交通补助资金97.00亿元,争取中央补助130.58亿元,发行一般债券30.00亿元、专项债券169.00亿元,用于公路、水运、民航等交通基础设施建设和养护。增加省交通集团资本金30.00亿元,探索铁路建设出资机制和铁路投融资体制创新,推进杭绍台铁路、杭温铁路、杭衢铁路、甬舟铁路项目建设。筹措省级财政资金55.51亿元,争取中央基建投资资金71.48亿元,支持政府投资基础设施建设项目。支持省金融控股有限公司与中国联合实业公司共同组建未来社区建设投资基金100.00亿元,通过市场化运作,撬动社会资本参与和支持未来社区建设。

【开展各类生态环保试点示范】 推进中央山水林田湖草生态保护修复试点并开展省级试点。会同自然资源、生态环境等部门出台《浙江省钱塘江源头区域山水林田湖草生态保护修复资金管理办法》,指导、督促4县市做好钱塘江源头区域山水林田湖草生态保护修复国家试点建设;开展省级山水林田湖草试点,2019—2022年每年安排2.00亿元,通过竞争性分配,择优选择10个试点县开展山水林田湖草生态保护修复省级试点。实施跨省和省内流域横向生态补偿。开展第三轮新安江流域上下游生态补偿。会同省级相关部门对浙江省和江苏省相邻地区交接断面的水流流向、水量大小、水质状况进行摸底排查,探索开展太湖流域跨省生态补偿试点。2019年,安排4500万元,推动全省八大水系干流横向生态补偿。截至2019年年底,全省42对50个县(市、区)签订跨流域横向生态补偿协议。推进国家公园试点。省财政设立钱江源国家公园试点专项资金,2018—2022年每年安排1.10亿元支持国家公园体制试点建设。2019年,资金主要支持实施《钱江源国家公园三年行动计划》,推进体制攻坚、生态创优、科研争先、社区共建、环境教育五大行动,通过体制试点中期验收。

【支持城镇住房租赁及保障性安居工程建设】 获得中央住房租赁试点。贯彻落实党中央、国务院"关于加快建立多主体供给、多渠道保障、租购并举的住房制度"的决策部署,指导、推荐杭州市参加中央财政支持住房租赁发展试点竞争性评审并入围,3年将争取中央财政资金24.00亿元。支持全省城镇保障性安居工程建设。争取中央保障性安居工程建设专项资金28.71亿元,安排省级住房与城市建设专项资金3.50亿元。截至2019年年底,全省新开工棚改安置住房22.1万套,基本建成11.9万套,发放城镇住房保障家庭租赁补贴6.9万户,提前并超额完成年度任务计划。

【推进城镇老旧小区改造试点】 2019年,浙江省被列入全国两个城镇老旧小区改造试点省份之一,并争取到中央财政资金6.76亿元用于全省城镇老旧小区改造。会同省建设厅、省发展改革委组织上报省级老旧小区改造实施方案、编制2020—2022年城镇老旧小区改造实施计划,拟定并下发加快推进全省城镇老旧小区改造工作的指导意见和试点工作方案,研究省级老旧小区财政支持政策。

【做好应急救灾工作】 制定《省财政厅自然灾害应急响应和灾后重建工作机制》,厘清厅内处室职责,规范应急响应和灾后重建资金分配程序。第一时间筹集并拨付救灾资金25.01亿元,用于"利奇马""米娜"等台风受灾地区居民临时性生活困难、抚慰因灾遇难人员家属、道路应急抢通和恢复重建倒损房屋等支出。

【做好生态公益林生态效益补偿和造地改田】 拨付森林生态效益补偿资金13.67亿元,支持全省公益林保护和管理。安排造地改田专项资金38.00亿元,支持全省垦造耕地、农村土地综合整治,落实耕地保护补偿机制。

(省财政厅经济建设处供稿　杨　博执笔)

财政监督

【概况】 2019年,浙江省财政监督工作以全面实施绩效管理、严肃财经纪律、强化会计评估行业监管、深化财政内控建设、加强项目审核等为重点,发挥财政监督威慑作用。

【全面实施预算绩效管理】 制定《浙江省全面落实预算绩效管理三年行动计划(2019—2021年)》《浙江省事前绩效评估管理暂行办法》和厅内预算绩效管理工作规程。强化绩效目标管理。建立健全省级部门预算绩效指标库,涵盖114个部门12260条绩效指标;印发《省级预算绩效指标库管理办法》,实行动态更新维护;健全专项转移支付资金绩效目标管理机制,完善预算编制环节绩效管理功能。组织开展各项绩效评价。建立省级项目支出绩效自评全覆盖常态机制,组织所有省级部门对4149个省级项目(涉密项目除外)开展绩效自评,分类随机选取450个项目(实际形成评价结果的项目407个)开展省级绩效抽评;组织省级有关部门开展61个中央对地方专项转移支付资金的绩效目标自评;组织开展2016—2018年美丽乡村建设专项等7个政策和项目的重点绩效评价,涉及资金477.99亿元;开展政府性基金专项绩效评价和下级政府财政运行综合绩效评价。推进绩效信息公开。指导相关部门在其门户网站公开环境保护等4个财政专项资金的绩效评价结果,并要求部门公开本部门开展的重点绩效评价报告。

【提升监督检查工作实效】 组织全省(不含宁波)县级以上财政部门对19171户行政事业单位和企业等开展监督检查,对3329户问题单位进行整改处理,下达行政处罚决定154份、行政处理决定等1155份,追缴收回(扣拨)财政资金34.08亿元,查补财政收入1187万元、罚没款328万元。联合财政部浙江监管局对省本级和8个市县开展减税降费政策实施效果监督检查,配合财政部对4个设区市、3个县(市、区)、37家部门、108家企业进行减税降费政策实施效果调研。通过市县自查和省级抽查对2017—2018年度各类惠民惠农财政补贴资金(不含社会保险和教育类)"一卡通"管理情况和资金管理使用情况进行专项治理,发现违规资金2318万元,处理违法违规人员8人,通报曝光24人,确保惠民惠农政策落实。围绕"两不愁三保障"*,聚焦低收入农户增收等4方面问题,组织市县开展2019年度脱贫攻坚政策落实情况监督检查,结合巡视整改做好2018年扶贫专项检查整改落实,通报专项检查情况,向29个被检查县(市、区)下达整改意见函。推进全省预决算公开工作,组织开展2018年度全省预决算公开情况专项检查,涉及全省各级政府预算单位和政府决算单位各93户、部门预算公开单位6493户、部门决算公开单位6518户;向市县党委、政府通报全省预决算公开情况,发布省、市、县三级预决算公开度排行榜。随机抽取省内2家医药机构实施会计信息质量检查,助力综合治理药价虚高、解决人民群众"看病难"问题。强化会计监督和会计师事务所行政监督检查,联合省注协选取82家会计师事务所组织实施年度执业质量检查,对6家会计师事务所及16名注册会计师依法实施行政处罚,首次采取撤销会计师事务所及吊销注册会计师执业证书的顶格处罚,处罚结果在浙江政务服务网、省财政厅门户网站及财政部会计管理网公开。开展2018年度省级"小金库"专项检查整改情况"回头看",对未整改单位落实后续处理,追回违规资金22万元,通过省财政厅门户网站向社会公众发布"小金库"常态化治理公告,畅通举报渠道,接受群众举报线索。

【推进财政内部控制建设】 加强内控制度建设，提升财政内控工作成效。完善省财政厅内各处室局内控制度办法，制订绩效管理全流程内控操作规程。加强厅内控监控平台建设，完善已纳入监控平台的公文处理系统和国库动态监控系统；将内部控制流程、风险防控措施等嵌入"资产云"信息系统。印发《关于深入推进全省财政系统内部控制建设的意见》，指导市县财政部门完善内控制度。完善内审与内控联动机制，按照《厅内部审计试行办法》要求，对厅属7家单位负责人实施经济责任审计。

【规范综合审计联络服务】 印发《厅综合性审计联络工作规程》，规范审计公文分办，2019年分办各类"财监审"文件35个。做好综合审计联络服务，牵头完成审计署上海办、省审计厅综合审计项目的联络、服务、分办、协调、反馈、报送等工作，配合相关业务处室完成专项审计（调查）9个。牵头制作《审计问题整改进度清单》，建立审计问题整改进度月报制度。

【加强财政项目资金审核】 做好省级部门项目支出预算审核工作，完成项目审核任务613个，审核金额113.57亿元，净核减资金12.13亿元，平均核减率9.65%。做好省级政府投资项目竣工财务决算审核工作，审核竣工财务决算项目5个，涉及资金8.81亿元。修订《第三方机构评审业务考核办法》，规范项目审核行为。推动项目支出标准建设，参与财政部评审中心组织的项目支出标准建设课题调研，牵头制订《垃圾焚烧发电补贴费用标准》，参与编制《浙江省工程建设其他费用定额（2018版）》，配合制订信息网络购建类及信息化运行维护类支出标准，为全国同类项目和业务决策提供参考和支持，为预算编制提供依据。探索重大政府投资项目预算审核与监督检查、绩效评价工作融合试点，对27个省级重大政府投资项目实施绩效目标监审。建立省级部门预算项目设备价格库、医疗康复类设备价格库和网络信息化项目审核库，提高项目审核工作效能。

【加强财政监督服务】 开展"三服务"和"上门服务至少一次"活动。2019年，开展各类上门服务活动104次，服务3707人次。组织完成2018年度全省财政监督工作相关考核工作，指导市县做好2019年度财政监督各项工作。组织完成2020—2022年16家财政监督中介机构、20家绩效管理第三方机构以及15家项目审核机构的招投标工作。

（省财政厅财政监督局供稿　柳　颖执笔）

注：

*"两不愁三保障"：指国家在异地扶贫搬迁中提出的主要目标，"两不愁"即不愁吃、不愁穿，"三保障"即义务教育有保障、基本医疗有保障、住房安全有保障。

政府采购监督管理

【概况】 2019年，浙江省全面深化政府采购制度改革，加快实施"互联网+政府采购"行动，优化营商环境，落实政府采购政策功能。全年全省政府采购金额1539.49亿元，资金节约率9.3%。采购规模分别占全省一般公共预算支出和GDP的15.3%和2.6%。

【推进数字化转型】 推进"政采云"平台功能优化升级，完成省政府数字化转型"8+13"示范项目任务，实现电子卖场和项目采购两大模块全覆盖，完成专家注册、公车审批、供应商注册等功能在"浙里办""浙政钉"App上线，初步实现政府采购全流程电子化及掌上办事、掌上办公的目标。贯通网上超市"全省一张网"，打破各区划之间壁垒。制造（精品）馆、农业（扶贫）馆、行业馆上线运行，为实施绿色优先、创新优先、国产优先采购政策提供技术支撑。网上服务市场上线，会议培训服务采购实现全省一体化。项目采购电子交易系统全省贯通，实现法定采购方式全流程电子化。完成"企业购"功能研发。加大"政采云"省外推广力度，新增上海、吉林、湖南、内蒙古乌海、河北雄安新区等地区。2019年，"政采云"平台省内交易金额2101.95亿元，其中：棚户区改造及PPP项目交易金额766.11亿元。浙江财政实施数字化转型、建设"政采云"平台的管理经验被国务院办公厅专报信息采用。

政采云"两馆"上线发布会现场

【完善制度建设】 制订《政采云网上超市“全省一张网”实施方案》《浙江省政府采购项目电子交易管理暂行办法》，简化采购程序，降低准入门槛，减轻市场主体负担，全年节约交易成本约10亿元。印发《浙江省财政厅关于明确政府采购保证金管理工作的通知》，从6月1日起在全省范围内统一取消政府采购保证金（不含履约保证金）、鼓励免收减收履约保证金、鼓励保函方式提交履约保证金，减少占用供应商资金超80亿元。印发《浙江省财政厅关于加快实施“互联网+政府采购” 进一步贯彻落实政府采购政策的通知》，实施分类管理的采购政策，推进采购政策体系化。

【促进政策功能多样化】 推进“互联网+政府采购+创新”行动。依托“政采云”平台制造（精品）馆展示、销售首台套产品、“制造精品”等创新产品，落实创新产品政府首购制度；推进“互联网+政府采购+扶贫”行动，依托“政采云”平台农业（扶贫）馆，展示、销售来自浙江省加快发展地区、对口支援省份和东西部扶贫协作地区的优质农副产品，鼓励全省行政事业单位、国有企业、地方金融机构的食堂（餐厅）和工会优先购买，落实精准扶贫。依托医疗馆等行业馆展示、销售各个行业的专业设备和物资，促进相关产业发展。7月24日举办浙江省“互联网+政府采购”创新促进大会暨“政采云”农业（扶贫）馆、制造（精品）馆上线发布会，浙江省人民政府领导出席大会并发表动员讲话。2019年，实现制造（精品）馆交易额5760万元，农业（扶贫）馆交易额8775万元。

【健全监督检查机制】 完善采购代理机构“双随机、一公开”监督检查机制，明确政府采购处罚裁量基准，加大违法违规行为处理处罚力度。加强质疑处理指导，提前化解采购争议，投诉受理和处理案件保持较低数量。统一投诉处理文本，规范投诉处理程序。推行采购评审专家考核系统，强化专家考核结果分析和应用。提升政府采购信息公开标准化、规范化水平。推进政府采购信用信息全省共享，推动“政采云”平台与“信用中国”“信用浙江”数据共享。健全价格监控体系，完善电子卖场纠纷处理机制。

【加强公车管理】 按照《浙江省党政机关公务用车管理实施办法》，协同省机关事务管理局完成公务用车管理体制调整、系统对接以及后续审批程序调整，将各级车辆审批权下放至市县财政部门，开展相应培训工作。结合机构改革实际，调整落实新组建部门执法用车、特种用车编制、实有数量。

【做好联合会工作】 发挥政府采购联合会优势，制订行业标准、行业自律规范，促进采购纠纷调解。组织各类采购业务培训，累计参训人数5000余人次，提升行业自律能力。完成政府采购绩效评价体系建设调研报告，为制定政策提供参考。

（省财政厅政府采购监管处供稿 冯 华执笔）

财政政策法规

【强化依法行政能力建设】 制定《关于实施依法行政责任清单制度的通知》，内容涵盖法治建设第一责任人职责、法治能力建设、规范性文件管理等，明确依法行政工作中厅领导、业务处、法制审核部门的工作职责、流程、相关要求等，提高省财政厅依法行政工作的可操作性。

【管理行政规范性文件】 结合财政工作实际修订《浙江省财政厅行政规范性文件管理办法》，细化工作职责、流程、集体审议、清理等。践行涉企行政规范性文件企业参与制度。组织相关专家和律师对涉企行政规范性文件开展论证。针对省财政厅43件行政规范性文件组织公开征求意见、合法性审查，并按规定报省司法厅统一登记、备案。按两年一次清理要求，对现行行政规范性文件进行全面清理，并公布清理结果。

【规范财政重大行政决策】 制定并公布重大行政决策目录、开展重大行政决策合法性审查、建立健全重大行政决策集体讨论情况记录和归档机制。指导全省各级财政部门开展重大行政决策工作，督促全省财政系统开展重大行政决策目录化管理和合法性审核工作，推进财政重大行政决策科学化、民主化、法制化。

【规范合同审查工作】 完善合同合法性审查工作机制，依法履行合同合法性审查职责，2019年审查合同81件、提出合法性审查意见170条。

【推进“互联网+监管”工作】 开展“互联网+监管”系统的省市县三级监管事项目录清单认领和清单编制录入工作，制定专项检查表，在全省财政系统推广“浙江省行政执法监管平台”。落实“双随机、一公开”工作，推动“掌上执法”“互联网+监管”平台运用，营造公开透明、严格规范、公正公平的法治环境。

【加强行政执法监督】 2019年，出具法律咨询建议意见345件次。依法办理行政复议应诉案件27件，复议案件获复议机关支持，诉讼案件100%胜诉。制定《浙江省财政厅全面推行行政执法公示制度执法全过程记录制度重大执法决定法制审核制度实施办法》《浙江省财政厅重大行政执法决定法制审核办法（试行）》等制度，全面贯彻落实“三项制度”。开展2019年度行政执法案卷评查工作和采购专项行政执法监督，提高办案质量。

【组织法制教育培训】 组织干部参加网络学院法律知识学习和2019年度公务员年度法律知识学习考试，考试参加率100%，考试合格率100%。举办“全省财政系统行政执法人员培训班”2

期，提升财政行政执法人员法制素养和依法行政水平。全年编发《浙江省财政厅学法手册》4期计12000册。

【开展财政法制宣传】 落实普法责任制，推动财政大普法格局进程。按照"谁主管谁负责""谁执法谁普法"要求制定学习清单。制定《加强法治财政建设，提升法治能力水平—学习清单》，供全省财政法规干部参考学习。制定《宪法》学习方案，把学习宣传宪法纳入"七五"普法重要内容。建立并落实"以案释法"工作机制，发挥典型案例在依法行政、依法理财以及财政复议应诉工作中的示范和借鉴作用。组织20位新任副处长以上领导干部宪法宣誓仪式，教育厅机关工作人员忠于宪法、遵守宪法、依法履职尽责，推进法治财政建设。在全省财政系统内组织开展2019年"我与宪法"优秀微视频作品征集展播和第十六届全国法治动漫微电影征集活动，制作《弘扬宪法精神　建设法治财政》动漫微视频参赛并获奖。

（省财政厅法规处供稿　毛明辉执笔）

党建工作

【组织开展"不忘初心、牢记使命"主题教育】 制定主题教育实施方案，召开动员部署会。开展省财政厅党组书记、党组成员、直属机关党委书记、党支部书记讲专题党课、老干部讲述老一代财政人如何践行共产党人的初心和使命等学习交流活动。组织处级干部主题教育应知应会知识测试。围绕中央规定的八方面专题，厅党组集中学习研讨11次共6天。创新丰富学习教育载体，成立专题研学小组11个，覆盖所有党支部，组织270人次参加研学活动。用好正反面典型，深入剖析身边的腐败案件，引导党员干部细算"三笔账"、慎守"九道线"；组织召开"两优一先"表彰大会，引导党员干部争做担当有为的模范。通过开展"五查五看"、对照党章党规找差距、重点领域廉政风险排查、座谈会等渠道，对标对表省领导提出的要求，找准问题。截至2019年年底，先后推动整改5轮，组织监督检查5次，检视问题122个，完成整改121个。

【做好省委巡视反馈意见的整改落实】 针对省委第九巡视组反馈的巡视意见，做好整改工作。成立巡视整改工作领导小组，建立"一级抓一级、层层抓落实"的责任体系。将巡视整改反馈意见细化为32个具体问题，提出151条整改措施，明确责任，建立整改任务清单，确保各项整改工作落实到位。对普遍性问题，举一反三，开展自查自纠；对突出问题及苗头性、倾向性问题，查漏补缺，完善规章制度，形成长效机制。巡视整改期间，召开厅党组会议、专题民主生活会、中心组学习会等会议11次。建立巡视整改跟踪督查机制，成立巡视整改跟踪督查小组，对进展缓慢的，督促整改限期落实，确保在规定时限内完成整改，按时报送整改落实情况报告。

【做好思想政治工作】 2019年，组织厅党组中心组集体学习12次，聚焦脱贫攻坚、减税降费、党的政治建设、年度和巡视专题民主生活会、警示教育月等主题，深入学习领会习近平新时代中国特色社会主义思想，党的十九大、十九届四中全会和省委十四届六次全会精神。深化"新时代大学习·跟着总书记读好书"活动，推进党员干部用好"学习强国""浙江领导干部网络学院省直机关分院"等学习平台，营造"百名处长话改革、千名支书上党课、万名党员谈体会"的学习氛围。做好日常思想工作，按要求向省委报告厅党组2018年意识形态工作责任制落实情况。根据巡视组的建议，修订全面从严治党主体责任责任书，将意识形态工作责任列入厅机关绩效管理考评。专题研究意识形态工作，制定年度意识形态工作思路和要点。常态化开展党员干部谈心谈话和信教情况排查，严格执行"厅直属机关党委每半年1次、党支部每季1次的党员干部思想状况分析研判"制度。选派网评员骨干参加省直机关网络文化传播培训。

【加强党支部建设】 贯彻落实《党支部工作条例》《党员教育管理工作条例》，树立"一切工作到支部"导向，实施支部建设提升工程。在2019年财政系统机关党建工作交流会议上，省财政厅就加强党支部标准化规范化建设的经验做法作大会发言。组织党支部按期换届。增强党支部政治功能，严格执行"三会一课"、主题党日、组织生活会、民主评议党员、党员政治生日等制度。实行党支部星级管理，评选表彰2018年度五星级党支部5个、优秀共产党员39名、优秀党务工作者5名；对后进党支部提出整顿转化、星级提升工作要求，指定党委委员挂点联系帮扶，听取整转情况专题汇报。做好党员发展全程动态管理和材料归档工作。严格执行党费收缴管理使用有关制度规定。

【持之以恒纠"四风"】 贯彻落实中央八项规定及其实施细则精神，聚焦"文山会海"等突出问题，落实"财政减负10条"，推动实现"基层减负年"目标。开展"大学习大调研大抓落实""三服务""上门服务至少一次"活动和助推"最多跑一次"改革强服务强效能作风建设专项行动。落实省直机关作风建设民主评议反馈的12条意见建议的整改，整改落实情况通过厅门户网站向社会公示并报送工委。关注元旦春节、国庆中秋等重要节点，发挥直属机关纪委委员和支部纪检委员就近就地监督优势，开展节前明查暗访和廉政提醒。创建"最佳制度供给、最佳服务项目、最佳组织举措"，选送案例2个，分别被省直机关工委评为"十佳"和"优秀"。

【推进清廉财政建设】 围绕构建清廉财政"五大体系"目标，实施"建设清廉机关、创建模范机关"十大行动。与市县财政部门共同制定《全省清廉财政建设2019年度重点任务清单》，涉及财政专项资金管理、内控机制建设、预算绩效管理、干部作风建设等重点工作21项。落实厅党组的"9+2"风险防控要求，梳理同题、举措、责任“三张清单”,提出具体防控对策48项,做好跟踪落实。落实主体责任,制定《厅党组履行党风廉政建设责任清单》制度,逐级签订落实全面从严治党主体责任责任书。聚焦政治生态研判与整改,开展量化评估,每季度、每半年形成政治生态评估报告。开展警示教育月活动,编印《典型案例警示录》,制作干部廉洁自律十项禁止性规定卡片,召开案例分析会。对巡视、内部监督、信访举报等发现的苗头性倾向性问题,做好核查,化解问题。

(省财政厅直属机关党委供稿　朱知攀执笔)

人事工作

【概况】 2019年,浙江省财政厅人事处全面梳理内设机构职责,推进厅属事业单位改革,做好省委巡视和选人用人专项检查问题整改,开展干部职务提任和职级晋升,落实从严管理干部各项规定,为推进财政改革发展提供组织保障和人力支撑。

【落实巡视整改】 承担巡视整改牵头部门职责,拟定整改落实方案,落实涉及干部人事方面问题整改措施。定期反馈、督查、评估巡视整改情况,加强基础性长效性机制建设。牵头起草巡视整改落实情况报告,落实选人用人专项检查整改,及时向省委巡视组、巡视办和省委组织部汇报沟通,按时报送整改落实相关材料。

【推进机构改革】 完善内设机构。组织各处室局细化内设机构职责,对处室局之间存在职责交叉的事项,按照“一类事项由一个部门统筹、一件事情由一个部门负责”的原则,提出整合、归并、优化意见,印发《省财政厅内设机构职责》。经厅党组会议审定,直属机关党委、地方政府债务管理办公室单设,直属机关纪委设置在直属机关党委。推进事业单位改革。根据全省事业单位改革部署,提出调整厅属事业单位设置及人员编制建议。按照《省财政厅下属事业单位机构编制框架》,牵头完成厅属事业单位“三定”规定草案编制。推进省财务开发公司转企改制工作,转企改制方案获批,《新财务开发公司筹建方案》报经省政府同意。完成财政地税人员编制划分。通过争取获中共浙江省委机构编制委员会办公室同意,保留各市县财政部门原地税所专项编制省自定部分2243名;各市县财政部门事业编制核减数由527名调整至427名。按照“使所属各县(市、区)财政局的超编数尽可能最小化”原则,根据所属县(市、区)的财政收支规模、现有人员配备情况、人员转隶情况等,组织各市财政局分解落实编制核减数及留用的原地税所专项编制。2019年3月,完成全省财政地税人员转隶和编制划转工作,实现全省财政税务干部队伍及业务工作“双稳定”。

【强化干部队伍建设】 做好干部选拔任用。把党管干部原则贯穿于选人用人工作的各环节、全过程,落实新时期好干部标准,严格把好资格关、程序关、监督关,突出政治素质考察。经过定向选拔和竞争性选拔,选拔正处级领导8人、副处级领导12人。落实党中央和省委大力发现培养选拔优秀年轻干部的意见,选拔45岁以下正处级领导4名、40岁以下副处级领导7名,优化处级干部队伍结构,加强干部队伍梯队建设。推进公务员职级晋升。制订公务员职务与职级并行制度的实施方案和《省财政厅职级晋升操作办法》,坚持工作导向和业绩导向,推进职级套转和晋升工作。完成职级晋升2次,晋升职级221人次,其中晋升到四级调研员及以上的115人次,主任科员层面的106人次。加强干部岗位交流。执行《岗位利益冲突风险内部控制办法》,开展关键岗位和高风险岗位认定。根据新“三定”规定、干部选拔、巡视整改、岗位利益冲突风险防控、工作需要及《干部岗位交流工作办法》的规定,对13名正处长、6名副处长、1名副调研员和5名主任科员开展岗位交流。加强干部培养锻炼。按层次和岗位细分培训对象,举办各类培训班39个共45期,培训学员8743人次,提升财政干部的综合素质和专业能力。加强系统专业人才库建设,动态调整补充预算编制等人才库3个,其中退出68人,新增108人;举办各类人才库研讨班,发挥人才库培养业务权威、推进财政改革的作用,其中通过人才库建设培养财经专家人才的做法获财政部肯定。加大挂职培养力度,按照省委组织部援派工作精神,选派援藏、援青、援疆干部各1名,分期分批安排到基层(企事业单位)挂职锻炼干部4名。

【从严管理干部】 严格执行“两项法规”*,对个人有关事项填报开展专题辅导培训,列明易漏易错的七大类33种情形,指导干部如实报告。对领导干部个人事项填报中发现的苗头性倾向性问题,进行函询核实和认定处理,防止问题升级。加强日常兼职审批管理,新增的在外兼职审批提交厅党组会议集体研究决定。规范厅工作人员外出评审(授课)管理,明确报批程序,强调未经批准一律不得参加各类外出评审和授课。实施干部人事档案“数字化”和专项整治工作,开展干部人事档案专项审核“回头看”,完成第一阶段厅机关和厅属参公单位人员共279卷干部档案数字化及集中移交工作。做好国家工作人员登记备案数据库集中清理和干部因私出国(境)违规问题专项整治工作,以案示警重申因私出国(境)管理规定和纪律要求。

【财政文化建设】 举办全省财政系统庆祝新中国成立70周年书画摄影作品展,开展全国财政系统先进集体和先进工作者评选推荐活动,推动系统财政文化建设,弘扬“实、稳、优”财政核心价值理念和“严谨、坚守、创新、奉献”的财政职业精神。

【优化离退休干部服务】 加强离退休党支部和离退休干部活动室“两个阵地”建设,发挥党支部的红色引擎作用。通过支部学习日、老干部集中日、走访慰问等,落实老干部的政治待遇和生活待遇。完善老干部困难帮扶制度,针对身患重病、高龄、失能、独居、空巢、家庭负担重等有特殊困难的老干部，通过节前、病中走访慰问等方式，上门为离退休干部服务，让老干部办事“一次都不用跑”。

（省财政厅人事处供稿　高晓丽执笔）

注：

“两项法规”：中共中央办公厅、国务院办公厅印发的《领导干部报告个人有关事项规定》和《领导干部个人有关事项报告查核结果处理办法》。

办公室工作

【提升办文办会质效】　加强公文管理，全年登记收文5235件，发文2104件，办理交办件1362件；主送省委办公厅和省政府办公厅的公文21件，保持“零退文”。完成重要会议、汇报、巡视整改等综合性材料的起草工作。充实综合写作人才库，完善写作、调研、共享和学习机制，提升全机关公文写作水平。制定会议文件压减计划，统筹压缩会议文件数量，其中全机关“三类文件”和会议分别压减34.8%、67.0%。

【完善督查考评体系】　全年办理政务督查31件并提出措施322项，办理省领导批示932件。推进“补短板”工作，明确8项任务36项措施，按季度进行督查督办。全年承办建议提案221件，全部按期办结，做到沟通率、按期办结率、满意率均100%。开展财政绩效管理考评，牵头做好省政府对财政厅机关绩效考评各项工作，完成年终目标绩效自评和部门重点工作自评；开展厅机关和厅属单位绩效管理考评，评出优秀处室、单位并发文通报；开展全省财政管理绩效考评，根据重点指标变化情况修订《浙江省财政管理绩效考核办法》，对全省各市县财政部门（不含宁波）开展考评。

【深化“最多跑一次”改革】　制定《省财政厅机关内部“最多跑一次”改革工作实施方案》，明确职责分工和实施步骤。全面梳理部门间办事事项，编制办事指南和办事流程图，方便部门单位办理财政业务。推进“互联网+政务服务”改革，各项核心指标领跑全国，所有事项在“浙里办”App线上可办。加强电子政务建设，推进财政数字化转型，实施“财政综合办公平台（FOA）功能升级”“绩效管理考评数字化”“浙政钉掌上财政综合办公平台”“厅内、外网改版升级”等项目，强化厅内业务协同，提升机关工作效能。

【深化政务公开工作】　出台《浙江省财政厅政府信息公开实施办法》，优化工作流程，压实主体责任。做好主动公开，在浙江政务服务网和厅门户网站及时公开全省及省级财政预决算报告、财政扶贫资金等重点事项。有效回应依申请公开，全年受理申请74件，全部按时办结，答复率100%。应对因信息公开引发的行政诉讼，2019年出庭应诉1次，并获胜诉。

【加强财政宣传调研】　出台《浙江省财政系统网评员队伍建设管理办法》《浙江省财政厅网络舆情工作管理办法》，强化财政宣传制度建设。编发《浙江财政信息》《浙江财政专报》等各类信息554期，向省委、省政府和财政部报送信息768篇，被国务院、省委、省政府和财政部录用224篇，其中获国务院领导批示1篇，省领导批示34篇。推进新媒体与传统媒体融合发展，围绕减税降费、集中财力办大事等财政重点工作，在中央及省级媒体刊发各类新闻稿件80余篇，编辑推送微信256期。组织召开“浙江省借力区块链技术推进医疗电子票据改革成效”等新闻发布会、媒体见面会6场，会同浙江经视录制《有请发言人》节目，第一时间宣传解读财政政策。组织开展年度工作思路调研和系统调研课题评审，推进调研成果转化运用，2019年全省财政系统共完成调研课题87篇，评出优秀课题43篇。

【做好保密、档案与信访工作】　开展保密全面和专项自查自评，检查及梳理总结2018年定密事项。加强档案管理，做好机构改革后省农业综合开发办公室的档案归档工作。全年归档各类档案367卷15009件，同步完成数字档案室电子归档工作。制定《浙江省财政厅机关文件材料归档范围和保管期限表》，完成“最多跑一次”改革成果展览素材收集工作。完善信访处理流程，提高信访分办和回复效率，全年共处理各类信访件113件。

【加强财务资产管理】　制定《浙江省财政厅机关资产管理办法》《浙江省财政厅“一卡通”管理办法》《浙江省财政厅车辆停放管理办法》《浙江财政后勤服务中心财务管理办法》《浙江财政后勤服务中心固定资产管理办法》等制度，规范审批流程，确保制度管事、责任到人，提高管理效率。完成厅机关内控操作规程初步建设、新旧财务核算制度衔接、厅公款竞争性存放续存、厅部分涉改事业单位财务合并等工作任务；配合完成各级各类审计工作。

【提升服务保障能力】　牵头做好厅“三服务”平台联络工作，建立联络员制度，统计全厅“三服务”事项。开展“上门服务至少一次”活动，根据需求有针对性地提供上门业务辅导，全年服务市县、单位5次共计180余人。推进厅内部“零次跑”服务，开发机关人员入职离职账户管理系统，实现处室线上一次申请，OA账户、一卡通、停车证等一次办结；开发智慧后勤管理与服务平台，开启“网超一体”项目，引入“窝里快购”网上超市及线下实体；启用智慧食堂节假日预订餐功能，打造数字后勤服务模式。开展各项工会活动，牵头组织庆祝新中国成立70周年系列活动，组队参加省直机关合唱比赛，获第一名。召开厅机关工会第十一届会员代表大会，完成工会换届选举。举办厅第七届趣味运动会。组织“健康从心开始”健康知识讲座、口腔义诊等活动，关爱干部职工身心健康。

（省财政厅办公室供稿　盛滢婷执笔）

直属单位概况

浙江省财务开发公司

【概况】 2019年，浙江省财务开发公司实施“大对标、大协同、大提升”三大工程，推进政府基金运作与管理、综合金融服务模式创新、社保基金划转承接和事业单位转企改制。全年实现净利润30.43亿元。

【政府基金运作与管理】 设立工作专班，推进政府产业基金2.0版落地，出台数字经济、凤凰行动、创新引领等7支主题基金和省乡村振兴投资基金运作方案。推进“三服务”活动，推动项目储备和落地，截至2019年年底，政府产业基金投资项目19个，规模209.46亿元；储备重大投资项目78个，投资规模1699.76亿元。出资25.00亿元参与组建国家制造业转型升级基金，出资15.00亿元参与组建的国企改革“双百行动”发展基金落地浙江，出资20.00亿元参与国家集成电路基金(二期)组建，推进浙江省数字经济及先进制造业和国资国企改革发展。

【综合金融服务模式创新】 在第三届钱塘江论坛上发布“1+3”综合金融服务创新模式。“1”即浙江省金控企业联合会，纵向协同全省50家金控类公司，横向协同22家参控股单位，打造一个总资产23471.42亿元、净资产4034.15亿元的投融资服务综合体。“3”即打造“3”个纽带。以资本为纽带，以省级政府产业基金2.0版为牵引，加强省市县政府产业基金合作，引入国家先进制造业基金20.00亿元，共同组建规模为50.00亿元的金联基金；以数据为纽带，对标融资畅通工程，打造覆盖全省的天道区域供应链金融科技平台；以服务为纽带，与浙江股交集团共同组建浙江金联产融服务公司，服务省金控企业联合会成员单位，推动产业资本、金融资本有机融合，为中小微企业提供全生命周期的金融综合服务。

【“政采云”平台扩面增量】 按照“省内扩交易、省外拓区域”的思路，推进“政采云”扩面增量，重点推动长三角区域政府采购“一张网”。截至2019年年底，已在浙江、上海等“九省三市”585个县区，以及全国税务系统等中央单位推广使用，平台累计交易规模为5143.89亿元。

【履行社保划转承接主体职责】 推进首批划转企业承接工作，首批划转企业44家(其中4家暂缓)，涉及国有资本591.31亿元，国有资本及权益总额1641.20亿元(其中省财务开发公司享有权益158.20亿元)。截至2019年年底，已完成工商变更登记企业33家，涉及国有资本178.84亿元，国有资本及权益总额1135.62亿元(其中省财务开发公司享有权益81.63亿元)，收到划转企业2018年度分红6604万元。

【财务公司转企改制】 调整转制专班成员，召开员工座谈会征求意见、宣讲政策，配合省财政厅起草转制方案，推进资产清查、清产核资、审计评估等工作。4月29日，转制方案通过转制人员大会审议，10月14日，获省事业单位改革领导小组批准；8月23日，根据财务开发公司改制后运作模式专题会议精神，研究新财务开发公司筹建方案，11月25日，方案获省政府同意。

(省财务开发公司供稿　金孔月执笔)

财税政策研究

【做好财政科研工作】 高质量完成政策研究。围绕热点难点和厅领导关注点，完成《关于我省制造业税收情况的分析和建议》《浙江省涉企财政扶持政策的调研》《土地增值税立法对我省的影响及建议》《江浙两省财政收入对比分析》《浙江省数字经济核心产业税收分析》等研究报告，部分成果通过《财政专报》送省领

浙江省创新引领基金启动仪式暨浙江基金创新峰会在杭州举行

导决策参考，获省领导批示肯定。

协同开展前瞻性研究。配合厅社保处完成《构建政府间责任分担机制 防范养老保险基金风险》，为省与市县之间养老保险基金缺口责任分担提供理论基础；配合厅监督局完成《构建高质量发展预算绩效评价激励体系 全面推进"三全"预算绩效管理》，推动全面预算绩效管理在浙江落地；配合厅政法处完成《省级机关培训费管理调查研究》，优化省级机关培训费管理；配合厅基层财政处完成《完善基层治理财政保障体系 加强财政收入薄弱乡镇财力建设的成效、问题和政策建议》；配合厅总预算局完成《在杭金融企业管理体制改革成效分析及建议》；配合厅科教处完成《加大研发创新投入 推进我省高质量发展》等课题；配合厅会计处完成《加强浙江省行政事业单位会计队伍建设的研究》，做好政策储备。

做好科研成果转化。办好《浙江财税参阅》，围绕省财政厅党组中心工作，细分"研究报告""现象解读""青年论坛""深度观察"等专栏，解读财税热点、交流学习思想、启发干部思考、推进科研成果转化。全年刊发各类参阅45期，获厅级以上领导批示25次。

加强政研人才队伍建设。建立政研联络员机制，对口联系业务处室，提升政策研究深度；建立常态化学习机制，邀请业务处室处长或业务骨干讲授业务知识，提高干部专业能力；和办公室组成联合写作小组，建立联合写作机制，提升干部公文写作能力。举办全省财税政研人才库培训班，开展工作交流和研究成果分享。

【举办财经发展论坛】 6月22日，联合中国公共财政研究院在杭州举办第六届财经发展论坛。论坛的主题为"促进经济高质量发展的财税政策"，并设立"振兴实体经济的财税政策""创新驱动发展的财税政策""长三角一体化的财税政策"三个分主题。来自全国高校、科研院所、人大和政府部门的近200位专家学者参加论坛，为财税助力经济高质量发展献计献策。

【做好财政宣传工作】 办好《浙江财税与会计》。全年完成12期杂志的编审出版工作。聚焦党中央、国务院和省委、省政府重大决策部署，围绕财政中心工作，加强正面宣传，推动厅党组工作理念及重要会议精神在全省财政系统深入贯彻落实。围绕减税降费、支持实体经济发展、高质量发展、清廉财政建设等热点，开展主题宣传，推动重点工作有序开展。做优做精"代表委员谈财政"栏目，就民生、改革等问题采访人大代表、政协委员，为财政改革营造良好舆论环境。通过"政策释疑""工作研究""案例分析""业务广场""考场辅导"等栏目，为读者提供学习、交流平台。结合"不忘初心、牢记使命"主题教育、庆祝新中国成立70周年等活动，开设"不忘初心、牢记使命""财政职业精神""见证70年""党员先锋"等栏目，弘扬主旋律，提振精气神。

办好"浙财政研资讯"微信公众号。及时发布政策研究成果、科研活动资讯，加强新媒体互动能力，扩大宣传覆盖面，改进版面呈现，提升信息分享的实效性和影响力。全年累计编发微信141期，点击量超过2.6万人次。

【做好历史传承工作】 完成年鉴编纂工作。《浙江财政年鉴(2019卷)》(总第19卷)分8篇和附录共9部分，全卷约100万字，印刷1000册，向全省财政系统、乡镇财政机构、省内外高校图书馆、省人大、省政协及部分省市财政部门赠阅(交换)。首次实现手机端阅读，在"浙江财政""浙财政研资讯"微信公众号设置"财政年鉴"栏目，实现在线查阅。《浙江财政年鉴》在中国出版协会年鉴工作委员会第六届年鉴编纂出版质量评比中被评为地方专业年鉴类综合评比三等奖，是唯一获奖的地方财政类年鉴。做好向《中国财政年鉴》和《浙江年鉴》的供稿工作，其中《中国财政年鉴》2018卷的"浙江财政"供稿获全国一等奖。

组织浙江财政70年主题展。会同人事处、办公室举办浙江财政70年成就展，庆祝新中国成立70周年。通过照片、数据、图表等翔实史料信息，反映浙江财政70年的改革发展成就，获厅领导和干部职工一致好评。

做好陈列室管护工作。及时更新陈列室有关全省财政数据等资料，记录财政历史，传承财政文化。

(省财税政策研究室供稿 颜伟杰执笔)

第六届财经发展论坛在杭州举行

财政信息化建设

【概况】 2019年，浙江省财政信息化工作深化“最多跑一次”改革，推进政府数字化转型，围绕“财为政服务”和业务协同、数据共享要求，开展重点项目建设。推进财政数字化转型工作，通过信息系统支撑各项财政业务开展，构建“准金融”标准的财政网络信息安全体系。

【服务“最多跑一次”改革】 升级改善多类会计管理平台。升级改造会计人员管理系统、会计代理记账机构管理系统、会计人员继续教育管理系统和高级会计专业技术资格申报评审管理系统。整合会计管理外网平台，建设“浙江会计之家”平台，实现同政务服务网统一身份认证。开发会计人员统一办事门户，实现会计业务“零见面”办理。按照“互联网+监管”建设要求，开展会计代理记账机构管理系统与省行政执法监管平台的对接工作，实现代理记账机构行政执法检查的“掌上执法”。2019年累计完成会计专业技术资格考试报名29.2万人次，会计人员继续教育报名36.6万人次，“会计之家”信息登记和变更25.26万人次。参与“互联网+政务服务”考核集中攻关，梳理依申请事项和公共服务事项，提高网上办事、掌上办事、即刻办事效率，提升财政部门网上政务服务能力。网上办理事项总数从25个增加至40个，材料电子化率95.7%。

做好数据编目和归集共享工作，为全省“最多跑一次”改革重点事项和政府数字化转型项目提供财政数据资源。完成872个信息资源编目和101个信息目录项的数据归集，形成电子证照4本，归集后的数据被其他部门调用378.74万次。

【完善政府数字化转型工作】 完善政府采购云平台，实现平台功能全上线、市县全贯通。推进浙江制造(精品)馆和农业(扶贫)馆建设，对接“浙政钉”和“浙里办”App，在“浙政钉”App上线采购计划、车辆控购、供应商注册审核功能模块，在“浙里办”App上线专家注册功能模块，完成电子招投标系统的开发和应用。截至12月月底，平台已推广至9省3市共585个市县区，累计交易292万笔，金额5143.89亿元；本年度浙江省交易额2101.95亿元，平均每个工作日在8.41亿元以上。

升级统一公共支付平台，提升资金结报和资金清算功能，强化资金动态监管。完成公共支付自助机全省推广任务，实现平台功能全上线、市县全贯通，完成政府数字化转型年度工作目标。截至12月月底，累计接入收入项目96项，代收项目135项，代收机构32家，执收单位1.45万家。本年度累计受理业务7024万笔，收缴资金4388.99亿元，单日办理业务峰值超过50万笔。

推进财政电子票据改革。上线运行全省电子票据管理平台和电子票据查验平台，完成全省医疗收费电子票据管理改革任务。6月初上线全国首个区块链电子票据平台，开展社会化应用探索，会同省医保中心完成医保零星报销和异地报销应用试点工作。12月底，全省568家医疗机构的电子票据归集至省平台，累计归集医疗收费电子票据1.18亿份，累计金额395.43亿元。

完成地方政府性债务风险预警与处置系统开发。建立36条预警规则和模型，实现针对全省7000多家国有独资或控股企业贷款、信托、企业债、公司债的监控。结合财力和负债等指标，对超越财政承受能力举债风险的市县进行预警分析。

【推进数字财政平台建设】 完善和推广财政综合办公平台，完成31个市县财政局新版综合办公平台的实施。在全省推广应用数字财政运维平台，提高运维效率。加强乡镇公共财政服务平台与省政府、省公安厅和省民政厅相关系统的业务协同与数据共享，截至12月底，全省所有县(市、区)实现身份信息与死亡信息的比对校验，确保财政补助资金发放安全。在“浙里办”App上线涉农和民生财政性补助资金查询功能，公众可通过手机查询补助情况。推进浙江财税大数据平台建设。整合数据大屏、数据目录、数据集成、数据开发、数据安全等功能模块，汇聚98.9亿条数据1303张表，数据存储容量达7.15TB。推进财政决策支持系统建设，杭州数字经济运行态势感知子系统和温州小微企业扶持政策仿真子系统的应用取得突破。建立多维数据模型，对杭州数字经济的产业、行业、税收、就业进行态势分析，对温州小微企业的行业、税收、用电量、扶持政策等进行仿真，为财政部门决策提供支持。

【升级完善和应用一体化软件】 做好预算编制、指标管理、用款计划、支付管理、资金申拨、采购(内网)管理等一体化软件的升级改造。根据财政部一体化建设要求，完成全省基础数据规范和数据互联互通等工作。启动预算编制云的开发和应用试点工作。开发预算单位银行账户管理信息系统，完成17个市县财政局的试点任务。上线运行财政内部控制管理信息系统，将省级滞办公文和违规支付信息纳入内控管理。升级改造扶贫资金动态监控平台，实现与预算指标系统的对接，纳入平台的资金分配进度98.2%，全国排名第五，资金执行进度84.1%，排名全国第八。在全省推广一体化软件的应用，整合乡镇国库集中支付系统。推进支付电子化改革，截至12月底，第三批26个试点地区上线直拨业务，其中20个地区上线用款计划业务，19个地区上线预算单位支付业务，集中支付电子化全省地区覆盖率90%以上。做好财务核算云平台、统一报表系统等的推广应用和技术保障工作。推进财政部社保信息管理系统建设，完成丽水、湖州、舟山和桐庐等4个市县财政局试点和8家银行对接。

【加强信息安全和运行维护】 完善制度规范，加固网络安全设施，构建“准金融”标准的财政网络信息安全体系。完成省委网信办和财政部部署的网络安全检查。开展信息安全等级保护测评及风险评估，实施财政信息系统安全模拟实战攻防演练并制定应急预案。按照省委网信办和财政部要求，构建全省财政系统网络信息安全通报平台，完成“两会”和新中国成立70周年期间的网络信息安全保障工作，确保重要信息系统和门户网站的安全稳定运行。

（省数字财政管理中心供稿　王洪俊执笔）

会计人员服务工作

【概况】　2019年，省会计人员服务中心围绕财政中心工作，组织实施全省会计专业技术资格考试、落实会计人员继续教育工作、开展企业和省级行政事业单位服务工作，为全省经济建设提供智力支持和人才保障。

【组织会计专业技术资格考试】　组织浙江省会计专业技术初级、中级、高级资格考试考务工作，其中：2019年会计初级报名人数189020人，增加7451人，实考人数122379人，实考率64.7%，合格率27.1%；会计中级报名人数89070人，增加12544人，实考人数47028人，实考率52.8%，合格率28.7%；会计高级报名人数3541人，增加416人，实考人数2112人，实考率59.6%，合格率69.1%。通过政府采购方式，委托深圳市海云天科技股份有限公司、全美在线（北京）教育科技股份有限公司、杭州沃迩夫科技有限公司、浙江天顿信息科技有限公司为浙江会计职称考试考务服务供应商；开发考试服务管理系统和考试防作弊软件；遴选6位专家教授承担全国会计专业技术初级、中级资格考试试题开发；采用购买服务形式，委托山东财经大学代阅评全省会计专业技术高级资格考试试卷；选定和组织96名专家和老师阅评全省会计专业技术中级资格考试试卷。

【开展会计继续教育】　公开采购线上网络继续教育课件供应商，由原来3家增加至6家，扩大学习课件量；改造一般会计人员网络继续教育学习管理平台；组织专家对北京东奥时代教育科技有限公司、北京东大正保科技公司、北京国家会计学院、东北财经大学、上海国家会计学院、上海高顿教育培训有限公司6家课件供应商进行绩效评价考核。截至2019年12月31日，一般会计人员网络继续教育报名421417人，其中：已缴费409579人次，完成学习295544人次。制定《浙江省高级会计人员继续教育面授培训班学员管理规定》《浙江省会计人员服务中心培训班跟班制度》。与北京、上海、厦门国家会计学院、中财国培教育科技有限公司合作面授办班20期，培训高级会计人员4492人。

【服务企业和省级行政事业单位】　开展面对企业和省级行政事业单位“上门服务至少一次”活动。协同上海、厦门国家会计学院为浙江企业定制“浙江省企业上市及并购重组”“地方政府债务问题与融资平台转型”等专题班，组织学习110人。11月，在杭州举办省级行政事业单位财务处（科）长能力提升培训班4期，参与单位549家，培训财务处（科）长以及部分财务会计893人。

（省会计人员服务中心供稿　童联新执笔）

财政干部教育

【概况】　2019年，省财政干部教育中心、省中华会计函授学校围绕财政中心工作，深化培训服务，细化培训管理，开展全省财政系统干部教育培训和财政支农政策培训工作，为全省财政改革和发展提供智力支持和人才保障。

【实施财政干部培训】　落实《浙江省财政厅2019年干部教育培训计划》，紧扣财政改革和业务，开展各类培训，提升财政干部素质，全年举办培训班39个共45期，培训8743人次，其中：厅机关培训班31个共35期，培训7836人次；事业单位培训班8个共10期，培训907人次。完善和细化“5+4”培训办班流程，做好全过程培训服务工作；推进数字化转型，“财政干部培训管理系统”投入运行，实现培训报名、证书管理和培训档案功能上线；利用培训学员资源，搭建“通过培训班向基层征集意见建议的二维码问卷平台”，平台覆盖培训班16个，涉及工作问题31个，参与学员521位，征集意见357条、问题520个。创新培训模式，采用辩论式、现场问答式、体验式、联合培训等方式，提高培训实效。

【开展财政支农政策培训】　全省财政支农政策培训工作依托“一本教材、一份手册、一张光盘、一支队伍”的“四个一”培训体系，按需开展培训，全年全省财政支农政策培训20157人次。通过“一上一下”方式确定全省财政支农政策培训计划，做到全省各县市区全覆盖。培训重点包括精准脱贫、两区奖励、农业补贴、美丽乡村建设、数字乡村扶持、乡村旅游休闲、农村环境整治、村级集体经济、农村电子商务等。向全省各级财政部门免费发放《浙江省财政支农与惠农政策》32800册；制发全省财政支农政策培训优秀课件光盘，实现优质资源共享。调整全省财政支农政策培训师资库并举办师资培训班等。组织人员开展调研，以面对面的形式进行现场问卷调查，了解各地财政支农政策培训工作经验和问题。

（省财政干部教育中心供稿　潘敏华执笔）

省财政干部教育中心举办全省财政支农政策培训师资培训班

道路交通事故社会救助基金管理

【概况】 2019年,浙江省道路交通事故社会救助基金管理中心(下称“省中心”)秉承“财为政服务”理念,负责道路交通事故社会救助基金(下称“救助基金”)筹集、拨付、特设专户管理,指导各市、县(市、区)开展垫付、审核、追偿、核销等工作,推进救助基金管理工作有序开展。

【推进业务开展】 2019年,省中心共筹集救助基金1.26亿元,其中:按交强险固定比例提取的资金1.14亿元;拨付至各符合条件市、县(市、区)合计1.07亿元。全省救助基金垫付、其他支出合计8339万元,增长31.7%,其中垫付费用7835万元,增长37.0%(抢救费用7820万元,丧葬费用15万元),其他支出(困难救助)504万元,下降24.9%。追偿金额3606万元,增长85.5%,已追偿金额占当年垫付金额的46.0%。

【加强制度建设和宣传】 组织专题研讨,整理省级相关部门及各地反馈意见建议,启动《浙江省道路交通事故社会救助基金操作规程》修订工作,解决实际问题。通过政府网站、微信公众号等媒介对外宣传救助基金管理机构、政策制度,发放救助基金政策宣传易拉宝、海报,提升政策知晓度。

【落实“最多跑一次”改革】 加强日常指导,督促各地按要求登录浙江省道路交通事故社会救助基金管理系统(下称“管理系统”)进行操作,提高资料提交、文书流转、业务审批的工作效率。2019年,全省通过管理系统报送季报市县65个,通过管理系统开展业务市县49个,其中通过管理系统完成垫付业务市县47个,实现业务全流程管理。落实“上门服务至少一次”,上门走访浙江银保监局、省卫生健康委、省民政厅、省法院、省公安厅交管局、省高速交警总队等单位及部分省级医院。健全与相关部门沟通协调机制,协同推进救助基金工作开展,共同督促、指导各地业务开展。

【开展业务培训】 组织开展救助基金政策专题研究和学习,对《浙江省道路交通事故社会救助基金管理办法》和专户财务管理进行政策解读和理论培训,分别在绍兴市柯桥区、义乌市举办培训班2期,合计培训125人次。

【加强财务管理】 通过公开招投标对省中心救助基金特设专户的闲置资金进行竞争性存放,确定中标银行2家,合计存放1年期定期存款4.18亿元,实现资金保值增值,降低廉政风险。

【加快机制创新】 鼓励市、县(市、区)通过政府购买服务,委托第三方专业机构开展救助基金日常管理工作,全年完成购买服务市县8个,合计垫付救助基金1961万元,占全省垫付金额的25.0%;江山市提出抢救费用“备用金”制度,调动医院工作积极性,为全省救助基金业务开展提供发展思路。

(省道路交通事故社会救助基金中心供稿 陆昉宇执笔)

农业融资担保工作

【概况】 2019年,浙江省农业融资担保工作围绕支持乡村振兴和融资畅通工程,服务新型农业经营主体1.57万户,在保余额39.80亿元,增长175.8%;注册资本金放大3.62倍,位列全国农业担保体系第二。

【为农服务】 2019年,农业信贷担保“双控”(控范围、控额度)政策内的在保业务额39.63亿元,占在保余额的99.6%,高出国家规定比例29.6%。支持全省重要特色农产品种植、畜牧水产养殖及与农业生产直接相关的一二三产业融合发展项目36.31亿元,占在保余额的91.2%。公司担保项目综合融资成本年6.6%,平均担保费率0.77%,低于担保市场2%—3%的平均费率水平。应对“利奇马”超强台风、非洲猪瘟疫情带来的突发困难与挑战,开发“救灾贷”“生猪贷”产品,截至2019年年底,为42户受灾农业主体提供免费担保1375万元,为286家养殖场户提供担保服务1.00亿元。

【推进数字化转型】 对接省大数据局、省财政厅、省农业农村厅等单位系统,采集农业主体数据、构建农业主体数据库,建立农户小额贷款、农家乐贷款担保业务模型及反欺诈模型、风险预警模型,调用各类政务数据92万次,实现农业经营主体的大数据信用评价和风险预警。

【提升风险防范】 2019年,累计解保金额9.58亿元、解保项目2712个,累计代偿金额569万元、代偿项目30个,代偿率0.6%。累计追回代偿款项53万元,累计代偿回收率8.3%。累计提取各项风险准备金1.09亿元,年末拨备覆盖率1706.5%。接入人民银行征信系统,实现征信信息在线查询。

【探索模式创新】 把握大数据发展趋势和浙江省农民合作经济组织联合会“三位一体”改革方向,针对浙江省农村金融痛点问题,找准农业担保定位,探索以数字担保为核心,政策协同、抱团合作、相互赋能的“浙里担”模式。

【完善体系建设】 围绕省委、省政府深化“三位一体”改革,联合各市、县(区)农民合作经济组织联合会共建基层农担服务体系,截至2019年年底,全省(宁波除外)建成办事处4个、代办点72个,覆盖全部重点农业县(市、区)。联合体系内基层机构,围绕当地主导产业发展开展业务,截至2019年年底,为3128个农民合作经济组织联合会会员提供担保贷款7.65亿元。

(浙江省农业融资担保有限公司供稿 周 衍执笔)

学会协会活动

浙江省财政学会

【概况】 2019年，浙江省财政学会发挥“围绕中心、服务大局”的职能作用，开展政策研究，组织学术活动，推动科研成果转化，加强学会自身建设，获“2019年度全国社科联先进社会组织”称号。

【开展热点问题研究】 针对热点经济问题，梳理数字经济、新技术、新业态等热点名词解释。分析浙江省经济与财政运行状态，完成《浙江省2018年经济发展和财政运行情况》。结合减税降费热点，完成《浅析浙江省宏观税负》。聚焦薄弱乡镇的财力建设问题，完成《基层治理现代化背景下的基层财政困境和应对思考》。承担中国财政学会组织的全国协作课题，完成《提高省属科研院所创新创业活力的政策研究》《浙江省政府预算报告制度的实践与思考》等多篇报告。完成省科技厅软科学研究计划项目“浙江省高校院所科技成果转化的无形资产管理政策优化研究”，为完善浙江省高校院所科技成果转化制度提供政策建议。浙江省财政学会预算与会计研究分会完成《地区间支出成本差异研究——基于浙江省的分析》，获全国预算与会计研究会课题评审一等奖。

【组织开展协同研究】 组织市县围绕“构建生态功能区可持续发展的体制机制研究”开展上下协作，完成课题8篇。组织市县开展课题研究，完成课题90篇，评出一等奖4篇，二等奖16篇，三等奖23篇。委托上海财经大学就“基本民生支出标准化”开展研究。委托杭州电子科技大学开展的课题“浙江省扶持企业发展的财政政策研究”结题验收。

【推进科研成果转化】 将优秀课题汇编成册，公开出版发行《财政改革热点问题探索——2018年浙江省财政课题研究成果汇编》和《涉企财政扶持政策研究》。办好省财政学会会刊《浙江财政研究》，全年出刊6期，推进科研成果运用。

【加强学会自身建设】 学会换届。召开第八次会员代表大会，选举产生新一届学会领导机构，选举产生理事94人，常务理事22人。人员培训。举办全省财政科研工作会议和科研骨干培训班，培训150余人次，提升科研骨干专业素养和科研水平。

（浙江省财政学会供稿 陈炎飞执笔）

浙江省会计学会

【组织财会热点问题研究】 组织市县会计学会、财经院校、会计师事务所等单位开展财会改革和发展热点问题研究，完成课题成果18项。组织专家对2018年完成的课题报告和征集文章进行评审，评出一等奖4篇、二等奖10篇、三等奖25篇，并将研究成果分别汇编成《会计实践与探索——浙江省会计科研课题成果》和《会计实践与探索——浙江省优秀会计论文集》，分别出版发行。

【开展“三服务”活动】 组织省会计领军人才“三服务”走进浦江系列活动，服务内容包括IPO相关知识讲解、涉税知识集中培训、上门座谈服务等，共计培训座谈人数358人次；上门服务企业7家，提供专业服务报告，并向浦江县政府金融办提供该县民营企业总体财务管理建议。

【打造“领军浙说”学术交流品牌】 推进“领军浙说”学术交流品牌建设，围绕经济社会热点、难点，举办“新形势下融资策略选择研讨会”“公司战略与投融资学术交流会”和“政府会计与行政事业单位内部控制学术交流会”3个学术交流会，为全省各级各类会计领军人才和其他社会业界人士提供相互学习相互交流的平台。

【举办领军人才后续教育培训班】 举办“省及以上会计领军人才后续教育培训班”，邀请来自政府部门、高校、企业的6位专家围绕A股IPO发展历程和未来展望、管理咨询项目、收入准则变化及运用、海外债发行、国有资本运营与国企改革问题、企业内

浙江国际珠心算大奖赛杭州赛区现场

部控制的价值等主题开展分享交流。组织实地调研桐乡市优秀企业，学习先进管理经验，并就如何对海外子公司进行财务共享及财务转型等问题进行交流。

【举办各类珠心算赛事】 举办浙江国际珠心算大奖赛。大赛分设杭州、温州(乐清)、湖州、衢州、舟山、慈溪、义乌、诸暨、龙港9个赛区举行，省内外共176支参赛队伍，4457名幼儿园大、中班的小选手参加比赛。举办浙江省"心算王"大奖赛总决赛。于5月开始在全省9个赛区进行预赛，8月18日在杭州举行总决赛，来自全省的7支学前组代表队和9支小学组代表队共48名选手参加比赛。举办浙江省珠算技术比赛。11月17日，7所大、中专院校参加比赛，其中大学组5支队伍、中学组8支队伍，共计13个队39名参赛选手。

(浙江省会计学会供稿　余丽生执笔)

注册会计师、资产评估行业管理

【概况】 2019年，浙江省注册会计师行业协会、浙江省资产评估协会开展"三服务""最多跑一次""上门服务至少一次"等活动，推进行业党建和各项事业发展。截至2019年12月，全省注册会计师6738名，资产评估师2101名，全行业业务收入66.08亿元。

【引导行业助力地方经济发展】 印发《关于进一步发挥行业专业优势积极支持服务民营企业发展的通知》，服务浙江省"凤凰行动"计划、科技型中小企业"双倍增"计划；组织开展"三服务暨无微不至"专题活动，成立"减税降费政策宣讲团"，配合各市安排师资、组织培训及相关专业咨询服务，通过集中培训、专家宣讲，进园区、走企业上门辅导等形式，为企业开展各类专题服务活动；对符合条件的64家执业机构和5个市注册会计师协会发放服务小微企业奖励基金312万元；省注册会计师协会被浙江省"小微企业三年成长计划"工作领导小组评为"2019年浙江省服务小微企业优秀机构"。

【加大监管与支撑力度】 加强机构规模小、质控体系弱、执业质量不高的执业机构监管。2019年对84家会计师事务所、33家资产评估机构进行年度执业质量检查，约谈19家存在执业质量问题的事务所，对近年来检查发现执业质量存在问题的11家事务所进行整改巡回检查和上门技术帮扶，指出问题分析原因，提供模板予以指导。发布《商誉减值测试相关问题的关注》《高新技术企业认定专项审计工作底稿》《财产状况报告编制指引(适用于非金融企业破产重整)》《财务尽职调查编制指引》，为行业开展相关业务提供专业指导。组织行业高新技术企业认定专项审计专家团队开展技术指导及服务，通过实地专题辅导、公开专家邮箱、电话、微信群等方式，进行专家实时指导，为96家会计师事务所及企业解答问题100余个。

【加大行业治理水平和帮扶力度】 出台《会计师事务所建立健全合伙人(股东)晋升退出机制指导意见(试行)》，深入会计师事务所开展"内部治理指导及服务发展"主题调研活动，开展"一对一"上门调研指导，共同研究探讨最佳解决方案。推行"上门年检+"新模式，每个地区至少上门服务执业机构3家。2019年，通过年检的注册会计师6117名、资产评估师1813名。对全省执业机构减免缴纳会费，免收省本级单位会员会费。根据行业反映实际情况，及时向省财政厅反映购买注册会计师服务付费标准偏低等困难诉求，提升行业承接各类政府购买服务项目的积极性，为行业做好政府购买服务工作打好基础。

【加大行业人才培养】 组织注册会计师、资产评估师考试。2019年，全省注册会计师考试报考专业阶段考试90970人、249586科次，分别增长21.0%和22.0%；报考综合阶段考试2811人，增长44.5%。全省资产评估师考试报名人数3606人，报考科次9301科次，分别增长39.1%和29.3%。创新培训模式，实施分层、分类、分模式培养。在全省每个设区市开设不少于1期的面授培训班。全年组织参加中注协、中评协远程培训班4期，省注(评)协举办面授培训班27期，委托上海、厦门国家会计学院培养项目8期。2019年启动行业国际业务人才专项培养计划，对首批26名和第二批32名人才库的人员开展培训。组织新注册会计师诚信宣誓活动暨专题教育培训活动2期，600余名新注册人员参加。2019年发放行业人才基金172万元。

【化解行业内外矛盾】 2019年共受理投诉举报案件11起，协助财政监督局处理投诉举报案件3起。依法依规处理行业内纠纷，组成专项检查组，采用有关机构负责人及签字注册会计师当面问询解释等方法，确保案件及时妥善处理，防范矛盾激化。

【推进多元化增值服务】 2019年与政采云有限公司签订战略合作协议，推出行业采购平台，为行业会员单独开设专区，降低执业机构办公耗材采购成本；推出档案托管寄存团购服务；举办浙江省注册会计师、资产评估行业2019年专场校园招聘会；为行业从业人员发放关爱基金4例，解决行业会员实际困难。

【加大行业宣传力度】 根据《浙江省年度业务收入前50家会计师事务所信息发布办法》和《浙江省资产评估机构年度业务收入信息发布办法》，及时公布2018年度业务收入前50家会计师事务所信息、年度业务收入前30家资产评估专业类别机构、业务收入前10家其他评估专业类别机构的信息，提升全省会计师事务所和资产评估机构影响力。举办行业脱钩改制20周年纪念系列活动，组织开展"五四"快闪、文艺汇演、刊发特刊、专题采风、颁发纪念证书等"五个一"纪念专题活动，展示浙江省注册会计师、资产评估行业脱钩改制20周年取得的成就。

(浙江省注册会计师协会供稿　蓝红伟执笔)

市县（市、区）财政工作

zhejiang caizheng nianjian

杭州市财政工作

杭州市

【概况】 2019年,杭州市实现地区生产总值15373.05亿元,按可比价计算,增长6.8%。其中:第一产业增加值325.70亿元,增长1.9%;第二产业增加值4875.07亿元,增长5.0%;第三产业增加值10172.28亿元,增长8.0%。三次产业结构比为2.1∶31.7∶66.2。按常住人口计算,全市人均GDP为152465元。实现货物进出口5596.81亿元,增长6.7%,其中出口3612.66亿元,增长5.7%,"一带一路"市场占出口份额的32.6%。数字经济核心产业增加值3795.00亿元,增长15.1%。全市居民人均可支配收入59261元,增长9.0%,其中:城镇常住居民人均可支配收入66068元,增长8.0%;农村常住居民人均可支配收入36255元,增长9.2%。全市财政总收入3650.04亿元,增长5.6%;其中一般公共预算收入1965.97亿元,增长7.7%。全市一般公共预算支出1952.85亿元,增长13.7%。市区一般公共预算收入1880.02亿元,增长7.6%;其中市本级一般公共预算收入262.76亿元。市区一般公共预算支出1779.64亿元,增长14.3%;其中市本级一般公共预算支出385.36亿元。全市各级财政收支平衡。

【组织财政收入】 巩固收入质量。全市一般公共预算收入占地区生产总值的12.8%,占财政总收入的53.9%;税收收入占一般公共预算收入的91.1%,居全国副省级城市首位。加强收入组织。分析测算全市全年收入目标控制数,分解目标至各区、县(市);建立健全收支月报制度,与税务部门建立常态化沟通协调机制,加强收入监控和分析研判。创新非税征管服务。推进公共支付平台与多种支付方式对接,完善公共支付渠道供给,实现全市各级行政服务中心、缴款集中点公共自助机覆盖率100%,全市公共支付、电子票据跨部门、跨层级、跨地域一站式24小时服务。2019年全市公共支付平台缴款1676万笔,金额472.71亿元。全年实现非税收入2982.17亿元,下降8.6%,其中纳入一般公共预算管理的非税收入174.80亿元,增长0.5%。

【深化财政改革】 财政管理工作受到国务院和省政府表彰,财政透明度连续第3年在全国地级及以上市政府中排名前三。完善财政体制机制。推动财政事权和支出责任划分改革,明确各级财政保障责任,推进城乡基本公共服务均等化。完善富阳区新一轮财政体制,建立统一的市对钱塘新区财政体制,探索淳安县特别生态功能区省、市、县三级共同投入机制。聚焦重大决策部署。按照"盘活存量、优用增量、鼓励流量、提高质量"原则,构建以绩效为核心的集中财力办大事财政政策体系。深化专项资金改革,整合或取消无政策期限、执行到期、小而散、绩效不明显的政策。建立沉淀资金清理盘活长效机制,清理存量资金28.60亿元,推进集中财力保障市委、市政府重大决策部署。提升办事服务效能。打造"一门受理、一人跟办、一网通办、一次办成"的"四个一"工作模式,在首批公布的41项办事事项中,取消5项,整合归并3项,精简材料45%以上,压缩办理时限68%,所有事项实现"最多跑一次","跑零次"事项占比61.0%。

【加快财政数字化转型】 建设"杭州财政办事e平台"。整合预算、执行、资产处置等7个业务领域,推出"杭州财政办事e平台",实现"一站登录、一网办理、一次办成",加强数据联通、业务协同和流程优化,助推部门、层级间"最多跑一次"改革。开发"移动办公平台"。率先在全省财政和全市部门推出基于"浙政钉"的移动办公应用,推进办事提效、办文提速、办会提质和管理革新。构建财政管理"驾驶舱"。对接杭州城市大脑,启动财政管理"驾驶舱"建设,服务市委、市政府决策、预算单位、人大监督和全市财政工作。已在杭州城市大脑部署财政系统PC端和移动端"双应用",并启动土地出让金和电子票据应用场景建设。深化资金支付电子化改革,加快公共支付平台电子票据改革,推进政府采购"数字见证"管理。

【支持经济发展】 落实减税降费政策。推动降低社保费率等政策落地,全市落实减税降费544.90亿元。加大困难企业社保费返还和稳岗补贴力度。落实城市基础设施配套费等行政事业性收费减免政策。完善产业政策体系。统筹财政资金近50.00亿元,保障"新制造业计划"政策实施,打造数字经济与制造业"双引擎"。加强政策整合、资金统筹,助推科技创新和技术改造。设立专项资金5.00亿元,加大对数字经济投入力度,推进数字产业化、产业数字化融合发展。完善5G产业等相关领域支持政策。建设"创新活力之城"。投入37.40亿元,加大工业科技、现代服务业、商务发展等产业扶持力度。支持重大科技创新,实施"凤凰行动",助力"国高企"倍增计划。杭州市"小微企业双创示范"绩效评价居全国第一。支持外贸企业转型升级,稳外贸防风险。支持新零售、文旅消费等,稳消费促消费。加快推动城西科创大走廊平台建设。助力提升营商环境。投入9.58亿元,建设人才生态最优城市。投入10.00亿元,扩大创业投资引导基金、天使投资引导基金和担保基金规模。开展政策性融资担保,缓解企业融资难、融资贵。推进政府采购信用融资数字化转型,实施中小微企业政府采购优惠政策。

【提升人居环境】 加快重大基础设施建设。投入126.35亿元,加快绕城高速留下互通、沪杭甬高速彭埠互通等改建,推进秋石快速三期等城市快速路网,以及地铁、运河二通道等重大项目建设。完成第二批国家管廊试点项目,推动33.47公里地下综合管廊投入运行。支持八堡排涝、沿江绿道、美丽乡村精品村、“四好农村路”等建设,提升钱塘江流域生态环境。支持打赢污染防治攻坚战。投入26.30亿元支持治水、治气、治废。保障燃煤锅炉清洁化改造、老旧柴油车淘汰等项目,打好“蓝天保卫战”。推进生活垃圾分类处理,提升垃圾减量化、资源化、无害化水平。实施乡村振兴战略。投入10.00亿元,创新“大专项+任务清单”管理,增强区县市统筹能力,支持农业产业重点项目发展和国家级现代农业园区创建。投入10.60亿元,推进农村人居环境综合整治,保障美丽乡村建设、饮水达标提标等重点任务。提升城市管理水平。投入27.54亿元,推进智慧城市建设,拓展“城市大脑”应用领域;加强城市河道、路灯及高层住宅二次供水设施改造,提升城市绿化水平;保障政府购买公交服务,推进市区公交一体化。投入33.47亿元,推进国家安全发展示范城市建设。完善住房保障体系建设。投入5.80亿元,加快公租房(廉租房)建设,落实货币补贴政策,扶持住房租赁行业,引导、培育和规范住房租赁市场健康发展。入选国家住房租赁市场发展试点示范城市,获中央财政3年共计24.00亿元资金支持。

【增进民生福祉】 全市民生支出1535.32亿元,增长15.3%,占一般公共预算支出的78.6%。保障民生实事。全市安排民生实事资金81.78亿元,确保既有住宅电梯加装、“迎亚运·全民健身”设施建设等民生实事取得成效。推进教育优质均衡发展。投入58.29亿元,推进学前教育、普通教育、民办教育、职业教育、高等教育、特殊教育优质均衡发展。保障中策职校康桥校区和杭二中钱江学校建设资金。推进西湖大学、国科大杭州高等研究院、中法航空大学等“三名工程”建设。支持公共文化体育事业。投入16.57亿元,支持历史文化名城建设,完善公共文化体育服务体系。支持西湖、运河、钱塘江等综合保护,支持文化惠民工程,提升全民体育设施建设,推进公共文化服务标准化、均等化。保障亚洲美食节、西博会、动漫节、云栖大会等活动举办。完善社保和就业体系。投入79.07亿元,完善全方位、多层次社保体系。落实新一轮就业创业政策,推动大学生创业三年行动计划,促进高校毕业生等重点群体就业。加快第一福利院、老年活动中心等建设,推动社保资源均衡布局。推进萧山、余杭、富阳社保一体化,推进临安与主城区社保待遇接轨。推进卫生健康事业。投入24.49亿元,优化医疗资源布局,推进医联体建设,推动智慧医疗升级。缩小城乡居民医保筹资和待遇差距,推进城乡居民医保市级统筹。支持新医院建设,保障院前急救体系、红十字人道救助、重大疫情防控、妇幼保健、计划生育等工作。加大对口帮扶力度。全市投入17.04亿元,支持黔东南、恩施东西部扶贫协作,开展援疆、援藏对口支援,通过山海协作扶持省内欠发达地区,助力精准脱贫攻坚战。

【强化财政监管】 防范化解债务风险。强化全口径债务监测,开展防范化解隐性债务风险专项行动,建立化债通报制度。加大政府债务限额、余额、使用安排、还本付息等信息公开力度。推进融资平台市场化转型。加强绩效管理。构建全方位、全过程、全覆盖预算绩效管理体系。开展专项资金清理和沉淀资金盘活专项行动,探索专项资金全生命周期管理。严控一般性支出。从严从紧编制部门预算,全市一般性支出压减5.7%,“三公”经费压减5.4%。完善预算管理标准体系和项目库建设,细化预算编制,强化预算刚性,加快执行进度,坚决守住“三保”底线。服务人大监督。深化人大预算联网监督平台数据实时共享机制,试行部门预算草案“三审”制,服务人大审查监督重点向支出预算和政策拓展。承办人大代表建议61件、政协委员提案54件,全部按时办理完毕,办结率、见面率、满意率100%。

【加强队伍建设】 推进基层党建。开展“不忘初心、牢记使命”主题教育,将学习教育、调查研究、检视问题、整改落实贯穿始终。“党建双强双优”工程获第二届全国党建创新成果展示交流活动银奖。提升干部素质。以“传帮带”为核心,优化年轻干部培养。以财税学校为阵地,创新项目化培训机制。通过“职级晋升一批、重用提拔一批、轮岗交流一批”,盘活干部资源,完成中层干部新老交替。开展岗位练兵比武,提升干部能力素质。完成机构改革。增设运行分析处、政府投资处、债务管理办公室,加强综合处(国有土地财务监管处)、企业处(金融处)职能。开展党风廉政建设。做好市委巡查组巡查意见整改落实工作。开展“知敬畏、明目标、守初心”党风廉政专题教育活动和“九个一”警示教育月活动。采取集中辅导、参观见学、讨论剖析等形式开展廉政建设。

(杭州市财政局供稿　刘　淮执笔)

上城区

【概况】 2019年,杭州市上城区实现地区生产总值1171.41亿元,按可比价计算,增长6.1%。其中:第二产业增加值400.00亿元,增长2.8%;第三产业增加值771.41亿元,增长8.2%。一、二、三产业结构比为0∶34.1∶65.9。全区实现财政总收入165.93亿元,增长3.6%。全区一般公共预算收入85.13亿元,增长5.6%,占财政总收入的51.3%,占地区生产总值的7.2%;税收收入81.48亿元,占一般公共预算收入的95.7%。全区一般公共预算支出52.55亿元,增长29.5%,其中区本级一般公共预算支出41.68亿元,增长12.7%。全年财政收支平衡。

【组织财政收入】 加强组织收入。应对大规模减税降费政策实施、房地产市场调控等影响,做好财政收入形势分析研判,建立经济运行分析联席会议机制,加强各部门、街道协作,完成人代会调整后的增长目标。加强财源建设。深化重点财源企业常态化走访机制,推出项目申报“一企一辅”创新服务机制,搭建重点财源企业高级财务人员培训班等政企交流平台,释放减税降费政策红利，落实小微企业普惠性减税、增值税税率调整、个人所得税专项附加扣除、清理规范行政事业性收费等降成本政策，全年减税降费20.00亿元。强化非税征管。坚持依法征管和应收尽收，全年完成非税收入50.68亿元，增长751.2%；其中纳入一般公共预算管理的非税收入3.65亿元，下降4.81%，占一般公共预算收入的4.3%。

【支持经济发展】 做大做强优势产业。配合区政府制定《上城区关于贯彻落实稳企业稳增长促进实体经济发展政策举措的通知》，设立区技术改造专项资金，支持企业技术改造，最高资助500万元。助力金融服务业、文化创意业、信息技术业、商贸旅游业、健康服务业等区五大主导产业稳步发展，支持引进符合区五大主导产业方向的产业链引擎性项目及重点高新技术企业，推进"凤凰行动"计划、玉皇山南基金小镇等扶持政策，全年五大主导产业实现一般公共预算收入49.18亿元，占全区产业一般公共预算收入的60.4%。支持金融服务、现代商贸、信息技术、数字经济、文化创意产业等重点领域发展，全年兑付各类财政资助项目123个，惠及企业930户次，资助金额9.45亿元。加大扶持力度。落实全区经济工作会议精神，推选2018年度经济发展突出贡献企业59家，落实奖励资金1410万元。确定区重点企业161家，鼓励企业发挥带头作用。强化人才引进。落实区"1211"引才计划*、教育人才专项经费、杰出创业人才培育扶持、来杭工作本科及以上学历应届毕业生一次性生活补贴等人才经费9147万元，打造更优营商环境。

【支持民生改善】 坚持新增财力的三分之二以上投入民生保障领域，全年区本级民生支出32.06亿元，增长12.2%，占一般公共预算支出的76.9%。促进教育事业优质均衡发展。全年区本级教育支出9.98亿元，重点支持校舍建设与提升改造，提高教师工资待遇，落实教育经费生均保障制度。支持文化体育事业发展。全年区本级文化体育与传媒支出0.58亿元，重点支持公共文化设施建设，新增社区文化家园11处，实施文化惠民工程，支持举办杭州少儿迷你马拉松、大宋108国际越野赛、体育产业论坛等活动。促进医疗卫生质量提升。全年区本级医疗卫生支出1.95亿元，重点支持就医环境提升改善，支持"舒心就医最多付一次服务"电子化改革，优化医疗卫生服务。加快社会保障体系建设。全年区本级社会保障和就业支出8.50亿元，重点支持参保激励扩面，加大就业支持力度，推进康养服务体系建设。支持提升改善区域环境。区本级投入6.90亿元，完成垃圾分类、公厕提升改造、雨污分流、截污纳管、二次供水改造、既有住宅加装电梯、老旧小区"微更新"等民生实事。提升区域基础设施与综合配套建设，保障杭州湖滨步行街区提升改造、地铁建设、"两街两高架"沿线景观亮灯提升、道路整治、河道清淤、杭州市钱学森九年一贯制学校建设等项目。助力脱贫攻坚。深化与贵州雷山、湖北鹤峰的东西部扶贫协作，深化援藏援疆工作，推进城乡区域统筹，推进区县山海协作、联络结对、双百村结对帮扶等工作，落实政府帮扶资金1.52亿元。深入开展消费扶贫，政府采购云平台上线农业（扶贫）馆，展示和销售扶持地区农特产品品牌5个、农产品种类20余种。

【推进财政改革】 推进区街财政体制改革。完善以"划分收支范围，核定基数，超收留成、短收赔补"为核心的区街财政新体制，优化区与街道财权分配关系，提升街道体制改革后事权与财力匹配度，凝聚区街两级发展合力，推动区域均衡协调发展。全面实施预算绩效管理。推动预算绩效管理制度落地，明确区级层面全面预算绩效管理实施的时间表、路线图。引入"财政主导、专家评审、部门答辩、人大监督"的预算绩效事前评估机制，建立绩效目标实现情况与预算支出执行进度"双监控"模式，选取垃圾分类、两项补贴等7个项目和2018年人力社保局部门整体支出开展重点绩效评价，涉及预算资金2.05亿元；选取最低生活保障、基本公共文化项目等6个项目开展事前绩效评审，涉及预算资金1.29亿元。加快专项资金清理周期，全年收回存量资金2.83亿元。强化预算刚性约束，全年"三公"经费压缩3.1%，一般性支出压缩5.9%。构建集中财力办大事政策体系，实现专项资金标签化管理。修订区级行政事业单位公款竞争性存放管理办法，开展全区公款存放账户核减清理，全区6个街道及下属事业核算管理的银行账户减少38.4%。推进数字财政管理。上线行政事业单位"资产云"平台，实现行政事业单位资产全生命周期网上管理。推动医疗收费票据电子化改革，实现全区7家医疗机构、38个站点、63个收费窗口电子化票据全覆盖。

【强化财政监管】 加大信息公开力度。加大网上公开力度，提升财政透明度，在全省预决算公开专项检查中，政府预算、政府决算、部门预算公开度均为全省县（市、区）第一，部门决算公开度居全省县（市、区）第三。全面防范政府债务风险。全年完成计划化债额的154.9%，累计化债率42.5%。堵住债务风险源头，摸清全区建设项目底数，履行预算控制价监管职责，累计审核政府投资项目控制价19项，送审金额4.99亿元，审定金额4.74亿元，净核减率5.0%。

【提升队伍素质】 开展"不忘初心、牢记使命"主题教育。利用党委理论学习中心组专题学、党员干部午学制度集中学、解放思想大讨论深入学、红色寻访忆初心实地学、破难攻坚结合学等形式，提升主题教育实效。局第一、第二支部入选上城区"最强党支部"成长营，一支部被评为上城区先进基层党组织。强化财政法治建设。推进法治建设"第一责任人"职责，开展全面预算绩效管理普法特色项目，强化释法说理，提高财政执法质量，推进基层财政治理法治化。提高财政系统干部政治、法律和业务素质，执法证持有率100%，未发生行政复议、行政诉讼案件。

（杭州市上城区财政局供稿　黄怡雯执笔）

注：

*"1211"引才计划：根据《关于新一轮引进海内外高层次创

业创新人才“1211”计划的实施意见》，目标到2022年，引进和扶持带项目、带技术的海内外高层次创业创新团队10个；引进和培养海内外领导型人才20名，其中入选国家“千人计划”、浙江省“千人计划”及杭州市“521”计划的10名左右；引进海内外高层次人才创业企业100家，高端海外留学人才100名。

下城区

【概况】 2019年，杭州市下城区实现地区生产总值1049.60亿元，按可比价计算，增长6.8%。其中：第二产业增加值42.08亿元，增长2.2%；第三产业增加值1007.52亿元，增长7.0%。三次产业结构比为0：4.0：96.0。全年实现财政总收入175.12亿元，增长6.7%。全区一般公共预算收入96.59亿元，增长8.0%，占财政总收入的55.2%，占地区生产总值的9.2%；其中税收收入86.98亿元，占一般公共预算收入的90.1%。全区一般公共预算支出44.45亿元，增长15.3%。当年财政收支平衡。

【组织财政收入】 加强组织收入。应对大规模减税降费政策实施及税收征管体制调整等影响，做好财政收入形势研判、结构分析、规模预测及任务分解，完成年初人代会确定的增长目标。优化税源结构。全年转入企业1390家，实现近3年来首次企业迁移税收净流入。加大企业股权转让、资产重组、股息分红等税源信息挖掘力度，全年完成一次性收入15.95亿元。深化与大企业大集团战略合作，推动香港嘉里数创港、省金控总部、省担保、杭银理财、金蚂投资等29个亿元以上项目落地，总注册资金218.00亿元。创新中国产业园和人力资源服务产业园税收收入分别实现2.43亿元和2.51亿元。强化非税收入征管。坚持依法征管和应收尽收，全年征收非税收入10.71亿元，增长77.7%，其中纳入一般公共预算管理的非税收入9.60亿元。

【推动经济发展】 实施积极财政政策。深化数字经济“一号工程”，出台扶持数字经济产业政策。完善“1+7”*政策体系，强化企业上市和人才扶持专项政策。出台促进经合社产业发展和规范管理政策，扶持壮大集体经济。会同区委人才办出台人才生态“黄金30条”，加大人才扶持力度。提高各类园区、小镇、平台政策扶持力度，累计兑现“1+7”经济扶持政策、“一企一策”等资金3.14亿元。优化区域营商环境。落实减税降费降本政策，全年为企业减负49.59亿元。依托上市企业服务平台和企业服务信息化平台，解决企业需求和问题320余个。开展财政政策送上门活动，合计服务企业108家；组织重点税源企业财务总监研修班，惠及企业220家。助力重点产业发展。加快传统产业与数字经济深度融合，推动转型升级。助力新制造业计划实施，参与制定创新型产业用地政策实施细则。新增上云企业1265家。投入资金375万元，在全市率先启用城市大脑区县平台，并完成区、街两级数字驾驶舱建设。推进城市管理智慧化，投入资金590万元，建成“云上城管”二期，开通停车“先离场后缴费”模式。

【改善民生福祉】 2019年全区民生事业投入36.25亿元，增长17.5%，占一般公共预算支出的81.6%；区本级民生事业投入32.98亿元，增长10.9%，占区本级一般公共预算支出的80.7%。统筹安排民生实事专项资金4.62亿元，保障10件民生实事完成。优化城区环境建设。安排城建综合管理支出6.18亿元，推进城中村(棚户区)综合改造，做好机场轨道快线等地铁沿线征迁；加大旧住宅区改造力度，启动武林路国际街区建设；推进“美化家园”工程；新增10个社区“小区管家”服务。强化社会保障作用。安排社会保障和就业支出7.96亿元，实施“春风常驻”帮扶政策，加大困难群体生活帮扶和重点人群就业扶持力度；推进社区硬件设施建设和社区治理服务创新，新建(提升)养老服务综合中心和老年食堂(助餐点)各5家。推进公共安全治理。安排公共安全支出4.74亿元，加大政法系统业务办案和执法装备经费保障，发挥基层治理体系“四个平台”作用；实现住宅电梯安全责任保险全覆盖；改造20个社区微型消防站，支持智慧用电安全隐患监管服务系统建设。支持教育事业发展。安排教育发展支出8.13亿元，启动6所校园建设开工计划，推动5所校园完工启用，提高教师待遇和学生生均公用经费标准。保障卫生健康事业。安排卫生健康发展支出1.40亿元，完善基层卫生服务网络，推进医养护一体化签约服务和分级诊疗；开展3岁以下婴幼儿照护服务试点；建立餐饮安全监管平台，加大食品药品监管力度。推进公共文化事业。安排公共文化支出0.80亿元，推动武林美术馆开工建设，完善“城市书屋”配置；加大非物质文化遗产

杭州市下城区创新中国产业园

保护；实施16个社区文化家园建设，举办“武林系列”品牌活动。

【深化财政改革】 强化预算统筹力度。推进“四本预算”的统筹协调，构建“部门预算、政府投资、土地出让”三个平台统筹调配格局。全年完成土地出让（含已挂牌）19宗696亩，土地出让金逾200.00亿元。坚持集中财力办大事，收回执行进度偏低或年度预算未完成项目资金2.11亿元，统筹用于经济社会发展急需支持领域。完善预算管理机制。出台预备费管理办法，修订行政事业单位通用办公设备家具配置标准和福利费新规。成立下城区规范公款存放管理领导小组，实行银行账户和公款竞争性存放信息化管理。完成预算单位政府会计制度改革，提升部门预决算的全面性、规范性和透明度。推进数字财政建设。建立上级补助资金线上审批平台，实现部门预算调整“零次跑”。推动非税管理数字化转型，在区行政服务中心和区公安分局出入境办事大厅配备公共支付平台自助系统。完成电子医疗票据管理改革试点任务，推进患者就医结算“零次跑”。上线国库电子化实拨业务系统，推进国库集中支付无纸化。深化财政“最多跑一次”改革。会计代理记账执业资格审批和年度备案等事项完成从承诺件到即办件转变。完成预算执行“最多跑一次”改革扩面，涉改单位上门次数下降90%以上。对24项部门、街道和区管国有企业办理事项实现线上办理，深化部门间“最多跑一次”改革。提高财政办事效率，预算单位银行开户审批由原先的3—5个工作日缩短为即办；财政扶持资金项目拨付办理从18个工作日缩减至10个工作日，提速44.0%；取消公开招标方式及公开招标限额（200万元）以下采购计划（建议书）审批事项，政府采购审批事项减少95%以上。

【强化财政监管】 加强财政监督检查。对6家预算单位开展财政资金使用情况专项检查。对10家预算单位开展财政票据“双随机”检查。完成全区预算单位公款竞争性存放管理检查，并督促整改。完成107家区属单位（涉及2231人）2018年度津补贴、奖金、福利等发放情况抽（自）查。开展预算绩效评价。完成2019年度“智慧城管信息化建设经费”等7个预算项目绩效目标申报审核，核减金额28.0%。对“社会组织发展专项资金”等5个项目开展绩效评价，涉及预算资金3613万元。完成2018年度全区招商引资工作绩效评价报告并提交区人大审议。防控地方政府债务风险。设立地方政府债务管理办公室，政府债务全部纳入预算管理。推进地方政府全口径债务检测系统常态化风险管控计划，实现全区近300家行政事业单位、国有企业及下属单位管控全覆盖。完成全年隐性债务化解任务，全区地方政府债务严格控制在区人大常委会审议批准的政府债务限额以内。提升政府采购管理质效。清理政府采购领域妨碍公平竞争的规定和做法，营造良好采购环境。推进政府采购项目全流程电子化交易，降低企业负担和政府采购成本。开展“政采贷”业务试点，为中小企业开展政府采购项下融资业务提供便利。落实政府采购政策支持脱贫攻坚工作，开设线上农业（扶贫）馆。规范政府投资建设项目审价管理。完善审价管理制度，规范项目运作流程。全年开展各类审价项目139个、送审金额77.62亿元，其中办结114个，核减金额1.69亿元。

【加强队伍建设】 强化党建责任意识。规范政治生活，深化“三会一课”，深入学习习近平新时代中国特色社会主义思想。开展主题教育活动。围绕8个专题开展“不忘初心、牢记使命”专题研讨7次，读书班4次，面向基层理论宣讲5次，班子检视问题10个，班子成员检视问题38个，相互批评建议40条次，落实整改措施30条，完善党组议事、财务管理等制度建设。加强党员服务基层力度。加大基层调研及服务力度，组织民情恳谈会3场，走访基层单位58个、结对社区2个、企业210家，累计破解难题6项，办结“三服务”问题246个。开展文明城市复评迎检、停车劝导、垃圾分类宣传等志愿服务。筹集党员爱心款4500元用于微心愿、微公益服务，全年为群众办好事、化解民生实事22件，党员志愿者为民服务220人次以上。

（杭州市下城区财政局供稿 裘文彬执笔）

注：

＊“1+7”：“1”即总纲性政策文件《下城区关于加快推进全域中央商务区建设的若干意见》；“7”即围绕五大产业和高端中介服务业、科技创新创业、“513武林英才”、企业上市、跨贸小镇、电竞数娱小镇、村级股份经济合作社等7个方面制定的针对性政策。

江干区

【概况】 2019年，杭州市江干区实现地区生产总值949.37亿元，按可比价格计算，增长5.1%。其中：第二产业增加值134.14亿元，增长0.1%；第三产业增加值815.23亿元，增长6.0%。三次产业结构比为0∶14.1∶85.9。按常住人口计算，人均地区生产总值120098元，按可比价计算，增长3.1%。全年财政总收入190.97亿元，增长9.8%；其中一般公共预算收入103.68亿元，增长9.0%。全区一般公共预算支出66.49亿元，增长6.6%。全年预算执行情况良好，财政收支平衡。

【组织财政收入】 一般公共预算收入占地区生产总值的10.9%，较上年下降3.2%；一般公共预算收入占财政总收入的54.3%，较上年下降0.4%。税收收入101.10亿元，增长9.5%，占一般公共预算收入的97.5%，较上年提高0.4%。培植楼宇税源。梳理楼宇（平台）信息，对全区122幢楼宇和34家重点平台进行动态管理，及时掌握平台及企业经营需求。主导建立以楼宇资源去化率、企业属地率等监测指标为主的考核体系，提升楼宇亩均产税能力，全年打造税收5000万元以上楼宇41幢，税收1.00亿元以上楼宇21幢，新增税源入库税收12.58亿元，增长20.0%。加强非税征管。根据省、市相关文件降低“出入境签注费”和“出入境证件费”，公开2019年江干区行政事业收费目录清单，开展财政票据“双随机”抽查，强化非税收入监督管理，全年征收非税收入6.80亿元，其中纳入一般公共预算管理的非税收入5.73亿元。

【支持经济发展】 扶持产业发展。全年兑现产业扶持资金5.10亿元，增长10.9%，惠及企业1219家次。出台扶持数字经济发展三年行动计划，优化人才扶持新政，支持“两会一赛一行”*等重大人才招引活动，推进先进制造业、科技金融、军民融合等特色产业发展，助推经济转型升级。落实减税降费政策。落实“稳企业稳增长促进实体经济发展”等系列减税降费政策，举办“减税降费”等政策宣讲8场、参训500余人次，全年累计减税降费31.11亿元；完善企业融资担保纾困机制，帮助企业获得解困资金1.82亿元；开通政府采购信用融资渠道，缓解小微企业融资难题。优化营商环境。开展“走亲连心三服务”等活动，全年累计上门服务企业256家，解决问题72个，办结率100%。支持全国世界银行全球数字金融中心、大普信用等产业链关键环节落地江干区，支持全国“双创周”活动及APEC工商咨询理事会等重大会议活动。

【支持城市建设】 有效利用政府债券。获批地方政府债券21.50亿元，其中一般债券1.50亿元、土储专项债券16.00亿元、棚改专项债券4.00亿元，保障棚户区改造等政府投资建设项目推进。提升城区环境品质。安排6.41亿元用于垃圾治理攻坚战、“污水零直排区”建设、“美丽河道”创建等项目。拓宽融资渠道。推动江干区城市建设综合开发有限公司市场化转型，获得“投资级(BBB-)”国际信用评级，提升融资能力。开展笕桥体育馆PPP项目“两评一方案”工作，争取政策支持，推进项目入库。

【保障民生事业】 全区民生支出56.06亿元，增长11.3%，占一般公共预算支出的84.3%。保障各项民生支出。全年安排5.75亿元用于养老服务、就业帮扶、残疾人救助等民生底线工作。改善社会事业。教育支出13.07亿元，全年开办新学校10所，其中开工6所，保障全区6300余名教师工资福利和78所中小学、幼儿园的运营维护；医疗卫生与计划生育支出3.08亿元，支持社区卫生服务“四化”建设，形成十五分钟健康圈；支持平安创建，安排6.08亿元支持打赢平安护航“八大战役”、争取省平安区创建“十五连冠”等工作。办好民生实事。安排市、区两级为民办实事项目资金9.43亿元，保障食品安全惠民工程、既有多层住宅加装电梯、垃圾分类、社区居家养老服务提升等项目。支持脱贫攻坚。全年支出1.96亿元用于援藏援疆和支持贵州省三穗县、湖北省恩施州、浙江省建德市等地区统筹发展，施行就业扶贫，开展对口扶贫地区劳务协作。

【深化财政改革】 推进全方位、全过程、全覆盖的预算绩效管理体系建设，获“2018年度全省财政管理绩效考评”县(市、区)财政局优秀单位。强化预算绩效考核。优化预算绩效考核体系，推进预算绩效管理考核由部门延伸到街道，增强预算刚性约束。加强财政监督检查。完善以绩效自评为主、财政部门重点绩效评价为辅，第三方机构、专家参与的绩效评价体系，形成反馈、整改、提升的良性循环，全年纳入重点项目绩效目标库项目552个，涉及资金26.35亿元；街道、部门绩效自评项目实现全覆盖，完成人大指定监督项目2个、重点绩效评价项目1个，实施上年绩效评价“回头看”项目12个。主动接受社会监督，落实预决算公开制度，在2018年度全省预决算公开度中，居全省79个县(市、区)第1名。深化国库集中支付改革。启用新政府会计制度，提升政府财务管理水平；落实预算执行进度考核办法，加快预算支出执行进度；启动国库集中支付电子化改革，实现国库网上支出；完善部门和街道机构改革涉及单位的国库集中支付管理，推进经费自理事业单位集中支付改革。推进政府采购改革。落实网上超市“全省一张网”，上线政府采购项目电子交易系统，实现全程线上操作，缩短采购时间；设立“政采云”江干区农业(扶贫)馆，上线恩施和三穗对口帮扶地区企业2家、农产品80余件，消费扶贫70.01万元；配合省财政厅做好“政采云”制造精品馆开馆，助力浙江制造业发展。开展“开源节流增绩效”专项行动。构建并完善集中财力办大事政策体系，多渠道、多层面争取政策支持，争取到市属做地主体开发项目土地出让金计提教育资金返还政策，用足税收补贴政策，做大财力蛋糕。优化财政支出结构，全年一般性支出压减7.1%，“三公”经费下降3.0%；强化预算单位存量资金统筹管理，收缴结余结转资金4611万元，收回建设单位垫付资金9110万元，统筹用于民生和城建项目。推进部门间“最多跑一次”改革。梳理第一批部门间办理事项主项17项、子项11项，完善办事指南、流程图，做好试运行工作。

【强化风险防控】 加强制度保障。出台《江干区关于进一步加强地方政府性债务风险管控的实施意见》，建立健全政府债务全程防控、监督审查、考核问责等长效管理机制，明确政府债务管控责任。开展财政承受能力风险评估。规范组织政府投资项目资金来源落实和风险评估，结合区级财政承受能力，严禁资金来源未落实的项目开工建设，审慎新增建设项目，严禁新增隐性债务，确保财政平稳运行。有序完成化债任务。按照化债计划，督促各建设主体序时化解隐性债务，完成全年目标的106.0%。

【建强干部队伍】 坚持党建统领，提升财政干部财为政服务能力，获评“全国财政系统先进集体”。夯实党建基础。健全党建工作机制，融合部门、街道和同心圆单位力量，开展走访企业、政策宣讲、财税沙龙、志愿服务等活动。分解党建工作，制定中心组学习、党风廉政建设等计划任务5类、86项。建立培养选拔优秀年轻干部的常态化机制，全年提拔科级干部2名，交流挂职科级干部2名，录用“双一流”人才1名。推进主题教育。推进“不忘初心、牢记使命”主题教育，举办专题读书会、“初心”征文比赛、“十个如何”思想大讨论等交流活动，组织开展浙江省法纪教育基地现场教学等活动。强化党风廉政建设。坚持以“365”闭环机制*为重点,落实主要领导“五不直接分管”“三重一大”事项决策程序等制度,实现中层干部廉政报告全覆盖,压实“一岗双责”责任。召开江干区财政局信息系统服务商廉政座谈会,9家信息系统服务商负责人参会,签订《廉洁合作承诺书》。

(杭州市江干区财政局供稿　鲍健宇执笔)

注:

*“两会一赛一行”:即钱塘智谷人才峰会、浙江人力资源博览会、创客天下·杭州市海外高层次人才创业创新大赛、海外学子江干行。

*“365”闭环机制:即通过构建3张清单、6项制度、5项措施,推动落实党风廉政建设常态化和制度化。

拱墅区

【概况】 2019年,杭州市拱墅区实现地区生产总值662.16亿元,按可比价格计算,增长8.3%。其中,第二产业增加值139.56亿元,增长11.0%;第三产业增加值522.60亿元,增长7.5%。三次产业结构比为0∶21.1∶78.9。按常住人口计算,人均生产总值为114859元,增长6.7%。全区财政总收入162.00亿元,增长3.2%,其中一般公共预算收入91.19亿元,增长8.1%。一般公共预算支出42.07亿元,增长12.0%。全年财政收支平衡。

【组织财政收入】 强化收入预测分析。根据经济形势和地方实际,确定全年收入预期增长目标,开展月度分析和重点税源企业调研,确保收入平稳增长。优化收入结构。一般公共预算收入占地区生产总值的13.8%,占财政总收入的56.3%。税收收入85.94亿元,增长8.8%,占一般公共预算收入的94.2%。规范非税征收管理。开展非税收入征收测算,加强非税收入目录清单管理。全年实现政府非税收入6.80亿元,其中纳入一般公共预算管理的非税收入5.25亿元。

【优化营商环境】 落实各项减税降费政策。编印《减税降费政策汇编》,对拱墅区200余户重点企业开展专题辅导,2019年累计减税降费30.75亿元。加强财政扶持。实施促进实体经济更好更快发展政策举措,全年累计落实各项企业扶持政策资金5.25亿元。建立数字经济重点企业培育库,支持培育区内125家数字经济重点企业。优化融资服务。区政策性担保公司注册资本增至1.00亿,合作银行拓展至6家,单户担保额提高至1000万元,担保费率下降20%。推出政府采购信用融资,累计签订合同20个,融资额度2752万元。

【保障民生事业】 全区民生支出35.28亿元,增长11.3%,占一般公共预算支出的83.9%。除一般公共预算安排外,筹集资金6.58亿元,用于危旧房改造、污水零直排等重点民生工程。支持教育事业发展。全年教育支出12.93亿元,保障名校引领、名校培育和特色品牌创建,支持实施“校校有特级”工程,建设具有拱墅特色的学科专项课程资源。完善社会保障体系。全年社会保障和就业支出4.99亿元,支持“互联网+养老”服务改革,落实城乡居民最低生活保障、城乡居民临时救助、困难残疾人生活补贴等民生兜底政策,保障肢残人综合服务中心建设,推动“拱墅就业360工程”实施。提升公共卫生服务能力。全年卫生健康支出2.39亿元,支持打造“基层中医药”品牌,推进医养护签约服务,强化“老龄妇幼”保障水平,落实城乡居民基本医疗保险政府补助。推动生态保护和智慧城市管理。全年城乡社区支出4.96亿元,保障垃圾分类、道路保洁、公厕管理、健身廊道、“美丽河道”建设等工作,改善老旧小区居住环境,支持“城市眼云共治”平台建设、危旧房屋动态检测、停车场“先离场后付费”等城市管理创新举措。推进公共文化服务建设。全年文化旅游体育与传媒支出4278万元,支持运河文化品牌建设,新开放民俗博物馆、文化规划馆等公共文化场馆,加大非遗项目补助,推动传统工艺工作站建设运作。

【深化财政改革】 完善全口径预算管理,深化预算支出标准体系建设。实施中期财政规划管理,完成全区55家部门预算单位2019—2021年三年支出规划编制。出台拱墅区关于全面落实预算绩效管理的实施意见,制订三年行动计划,建立预算绩效管理信息平台。推进预算单位和预算项目绩效目标管理全覆盖,涉及项目2182个、财政资金43.39亿元。优化科技工业功能区财政管理体制,实施智慧网谷数字经济小镇财政管理体制,明确杭州国际人才创业创新园拱墅园区经费承担方案。

【深化“最多跑一次”改革】 推进财政医疗收费票据电子化。实施财政电子票据改革试点,实现医疗收费票据电子化率100%。推进政府采购“一网通办”。开展政府采购项目电子交易管理试点,政府采购全流程实现线上办理。推进政府采购项目“政采云”平台全覆盖。

【加强财政监管】 规范公款存放管理。开展行政事业单位银行账户清理,甄别清理银行账户938个。健全公款存放管理制度体系,出台《拱墅区公款竞争性存放实施细则》。开展财政监督检查。依托“互联网+监管”平台,对会计信息质量、政府采购、公款存放、财政票据、行政事业单位内控管理等开展监督检查。强化债务监督管控。加大隐性债务化解力度,规范发行政府债券,通过省政府代为发行政府债券23.60亿元,其中:再融资债券7.60亿元、土地储备专项债券14.00亿元、棚改专项债券2.00亿元,年节约融资成本约6300万元。加强政府投资项目管理。推进政府投资项目计划、立项、预算等衔接,强化政府投资项目资金安排与计划调整、新项目立项等的一致性,加强政府投资项目资金监管,深化项目竣工财务决算管理。深化国有资产监管。加强资产管理信息化建设,推进“资产云”系统全面应用。建立资产报废处置定点回收机制,实现行政事业单位国有资产处置"零跑腿"。

【加强队伍建设】 开展"不忘初心、牢记使命"主题教育,举办财政大讲堂、"党建+业务"双比武、课题征文、廉政读书沙龙等活动,开展"先进科室流动红旗""月度之星"等评优评先,提升干部队伍素质。开展廉政风险排查防控,制定局本级、内设机构、下属单位廉政风险防控清单,修订财政内部控制基本制度和8个专项管理办法,完善内部控制操作规程。

(杭州市拱墅区财政局供稿 龙扬洋执笔)

西湖区

【概况】 2019年,杭州市西湖区实现地区生产总值1415.83亿元,增长8.0%。其中:第一产业增加值2.59亿元,下降20.1%;第二产业增加值124.06亿元,增长8.2%;第三产业增加值1289.18亿元,增长8.0%。三次产业结构比为0.18∶8.76∶91.06。按户籍人口计算,人均生产总值189029元。全区完成财政总收入294.41亿元,增长9.0%,占地区生产总值的20.8%;一般公共预算收入150.64亿元,增长8.1%,占财政总收入的51.2%,占地区生产总值的10.6%。税收收入141.57亿元,增长8.0%,占一般公共预算收入的94.0%,高于全市平均2.9个百分点。全区一般公共预算支出93.01亿元,增长17.4%。全区财政收支平衡,预算执行情况良好。

【组织财政收入】 启动财税联动工作机制,定期开展收入分析。明确镇街属地责任、强化协税护税考核机制,督促镇街平台与重点企业沟通服务。围绕楼宇经济、数字经济、新制造业、文创产业等区重点产业修订新一轮产业扶持政策。开展"走亲连心三服务"活动,强化主动进楼宇、"信息多跑路、企业少跑腿"的"店小二"服务理念,落实重点企业靶向服务。全年第三产业完成一般公共预算收入132.70亿元,增长6.0%,对全区收入的贡献率为88.1%,其中阿里系税收累计入库37.22亿元,增幅超28.3%。全年实现政府非税收入10.44亿元,增长1.0%;其中纳入一般公共预算管理的非税收入9.06亿元,增长9.2%。

【支持经济发展】 落实减税降费政策。全年累计减免税费50.75亿元,其中个人所得税专项附加扣除和提高起征点减税21.63亿元,分别惠及17.16万人和61.01万人;深化增值税改革减税,共计减税13.99亿元,惠及一般纳税人2.36万户;小微企业普惠性政策共计减免税费4.1亿元,惠及7.13户次(人次)。全区社会保险费减征8.78亿元。提升为企服务成效。全年兑现各类企业扶持资金12.18亿元,为企服务8247家次,走楼访企9920家次,收集企业意见建议1925件,转入异地纳税企业1234家,新增税源入库税收15.32亿元,增长19.4%。实施创新驱动战略。重点打造数字经济、文化创意、金融科技和生物科技等产业链。对企业研发投入、新认定高新技术企业予以补助奖励,奖励资金3.03亿元。投入0.84亿元建立科技金融"风险池",为21家小微企业提供融资担保等服务,助力新增上市公司2家,全区累计拥有上市企业22家。实施招才引智战略。创建杭州市首批人才生态示范区。投入4.00亿元支持西湖大学"基于冷冻电镜技术结构生物学创新中心平台建设"等人才项目,并完成验收。建成企业博士后工作站14家,其中国家级博士后工作站6家,省级博士后工作站8家。引进高层次人才4780人,其中国家级领军人才58人。投入1.70亿元发放本科以上高学历人才生活补贴12000余名。

【保障民生事业】 投入民生资金74.88亿元,占一般公共预算支出的80.5%。加大教育投入。全年教育支出16.24亿元,增长15.5%。统筹资金用于新建、续建、改扩建学校31所,提高在职教师和编外各类人员待遇保障水平,设立教育人才奖励和民办教育专项资金,投入课后托管专项资金近1000万元。保障医疗卫生事业。全年支出医疗卫生资金7.34亿元。其中统筹经费2.18亿元保障区医疗战略合作体系建设,保障浙大一院之江院区、杭州市妇产科医院城西院区运行。投入2500万元保障各社区卫生服务中心建设,落实医养护一体化全科医生签约服务资金2250万元。落实100万元补助农村地区医疗服务24小时夜门诊。做实文化建设。全年文化支出1.17亿元。形成层级式公共文化设施格局,推进"送戏下乡"和"文化走亲"工程。在全省率先实现建制村文化礼堂全覆盖。支持举办中阿广电合作论坛、之江国际青年艺术周等活动,加快之江文化产业带建设。推进民生托底。全年社会保障和就业支出10.70亿元,落实就业再就业专项资金,落实城乡低保、优抚对象、特困人员供养、残疾人等各群体生活保障补助政策。推进养老服务业综合改革,建立精准养老服务补贴体系。加快"美丽西湖"建设。投入资金4.50亿元,保障村庄整治和美丽家园各项目建设。投入1.70亿元,推进垃圾分类工作。投入500万元,落实农村污水处理相关建设。助力精准扶贫。筹措资金2.05亿元,增长20.6%。结合产业扶贫、电商扶贫、消费扶贫等形式,全年助力援疆援藏,对口帮扶贵州黔东南州和湖北恩施州脱贫攻坚,深入推进与淳安的区县协作和山海协作工程。推进城乡基础设施一体化建设。对沿江9个村开展美丽乡村建设,实施土地全域整治,推进水田垦造和基本农田耕地保护工作。制定对双浦、三墩北地区的城乡一体化长效管理转移支付办法。

【深化财政改革】 推进"最多跑一次"改革。实施网上会计审批事项改革,"跑零次"实现率、即办事项实现率、承诺压缩比、网上办实现率、掌上办实现率、办事材料电子化比例等各项指标均为100%。推进预算绩效管理改革。制定全区预算绩效管理实施意见。实施预算项目绩效事前评审答辩会制度,对全区7个民生实事项目开展预算绩效事前评审,形成全流程绩效跟踪体系。

实现部门和项目支出绩效目标填报全覆盖，涉及单位 65 家、项目 327 个，资金 25.83 亿元。推进国有资产管理改革。完成在建工程转增固定资产项目 29 个，涉及资金 7.70 亿元。完成全区行政事业单位国有资产大数据管理平台“资产云”搭建。实施国有企业全面预算编制工作，推动区属国企车改，取消车辆 23 辆，节支率 39.4%。推进国库集中支付改革。做到“1 个口子受理、1 张表格申请、1 个工作日办结”。做好机构改革相关预算资金调整划转工作，涉及金额 1.08 亿元。推进电子票据改革，取消纸质票据 54 万份。加强政府投资项目监管。通过政府投资项目财政预算审核在线监督管理平台，实现所有审核资料的网络报送，全年审核各类估、预、结算和合同 667 件，送审金额 180.55 亿元，核减资金 16.74 亿元。完成政府投资项目竣工财务决算批复项目 58 个，批复总额 19.44 亿元。

【聚焦风险化解】 推进政府债务管理。支持 4 家区属国有企业集团完成 2A 及以上信用评级工作。完成当年化债任务，隐性债务总化解率 33.4%。支持网贷平台风险处置工作。安排专项资金 670 万元，支持平台风险处置专班建设运转。化解上市公司股权质押风险。完成上市公司稳健发展基金纾困计划 2 单，为上市公司大股东解决股权质押风险，其中迪安计划为浙江省内首单政府出资上市公司的纾困计划。加强债务风险源头管控。开展政府投资项目资金来源审查评估，统筹制订年度政府投资预算计划。探索建立偿债周转基金。分析全区债务规模和偿债能力，建立防范化解隐性债务风险统筹机制，形成资金统筹、调度统一的系统防范风险体系。

【加强队伍建设】 每月组织党委理论中心组学习活动，全局干部学习培训活动覆盖全年，培育“财+红”彩虹文化党建特色品牌。开展“不忘初心、牢记使命”第二批主题教育活动，共召开专题读书会 3 次，组织集中研讨交流 11 次，走访调研 200 余人次，检视问题 68 个，完成调研课题 6 个。开展“走亲连心三服务”，推进走访企业、社区居民常态化。组织参与垃圾分类进社区，道路文明劝导等志愿者活动，落实蓬架桥港河道单位责任，助力“五水共治”。

（杭州市西湖区财政局供稿　胡春玲执笔）

高新技术产业开发区(滨江)

【概况】 2019 年，杭州高新技术产业开发区（滨江）实现生产总值 1592.21 亿元，按可比价计算，增长 8.2%。其中：第一产业增加值 0.72 亿元，下降 8.9%；第二产业增加值 743.60 亿元，增长 9.4%；第三产业增加值 847.89 亿元，增长 7.2%。三次产业结构比为 0.05 ∶ 46.70 ∶ 53.25。按常住人口计算，人均生产总值 375962 元。全区财政总收入 341.94 亿元，增长 5.9%，其中一般公共预算收入 175.59 亿元，增长 6.5%。一般公共预算支出 123.69 亿元，增长 15.9%。全区预算执行情况良好，财政收支平衡。

【组织财政收入】 巩固收入结构。全年一般公共预算收入占财政总收入的 51.4%，占生产总值的 11.0%，一般公共预算收入中税收收入 166.24 亿元，占一般公共预算收入的 94.7%。加强收入调控。强化部门协作配合，跟踪分析各项减税降费政策实施对全区收入的影响，预判收入走势，调整收入目标，统筹调控收入，确保财政收入持续平稳增长。加强非税征管。依法组织实施非税收入征管工作，全年征收非税收入 67.69 亿元，其中纳入一般公共预算管理的非税收入 9.35 亿元，土地出让金收入 52.61 亿元。

【支持经济发展】 加大产业扶持力度。落实“1+X”产业政策，全年投入产业扶持资金 37.52 亿元，其中区本级 27.36 亿元，增长 11.1%，用于支持人才引进投入、企业创新创业、数字经济发展等。优化对企服务。贯彻落实减税降费政策，实现应减尽减、应降尽降，全年减税降费 61.86 亿元，总量居全省各县市区第二。开展“走亲连心三服务”“上门服务至少一次”等活动，深化为企服务，帮助解惑纾困。发挥基金引导作用。发挥财政资金杠杆作用，引导社会资本加大投入，培育科技型小微企业。全区产业基金总规模 31.37 亿元，重点支持高新产业、高端技术、高端人才和重大产业项目。累计设立引导基金 24 支，完成投资 222 笔，投资金额 17.96 亿元，撬动社会资本 34.24 亿元。

第二届滨江国际人才节现场

【保障民生事业】 加大民生投入。全年民生支出100.04亿元，增长19.3%，占一般公共预算支出的88.2%。其中：全年教育支出21.63亿元，主要用于新建浦乐单元等中小学及幼儿园，续建奥体、江南单元等中小学及幼儿园，支持优秀教师培育等，推进教育最强区建设；全年卫生健康支出3.42亿元，主要用于保障公共卫生服务中心建设及运行，支持"健康滨江"建设；全年社会保障和就业支出14.11亿元，主要用于保障性住房项目建设，促进就业和社会保障事业发展；投入资金6.60亿元保障城市综合治理、小城镇环境综合整治、社区建设、加装电梯、垃圾分类等民生事业项目；落实东西部扶贫、区县协作等帮扶资金2.16亿元，搭建"政采云"平台"扶贫产品馆"，助力打好脱贫攻坚战。推进城市建设。投入资金32.80亿元保障安居工程建设；投入资金28.07亿元推进浦沿街道整街拆迁和西兴、长河街道的拆迁清零工作；投入资金35.22亿元保障望江隧道建成通车，推进地铁5、6、7号线滨江段建设，实施江南大道快速路、时代大道、冠山路等40条道路建设(改造)；投入资金4.59亿元保障奥体主体育场、体育馆项目工程扫尾工作；投入资金6.01亿元深入推进"五水共治""五气共治""五废共治"等工作，支持打好蓝天、碧水、净土、清废保卫战，改善区域环境质量。

【深化财政改革】 推进财政体制改革。聚焦区委重大决策部署，构建集中财力办大事财政政策体系。制定街道财政体制改革推进工作方案，启动新一轮街道财政体制改革。完成社区卫生服务中心管理体制调整和社区卫生服务中心财政补偿机制改革。实施财政电子化改革。推进国库集中支付电子化改革，在全市同批次试点区县中率先完成授权、直接支付清算业务全面上线以及预算单位支付业务试点上线，完成3个街道授权支付改革。完成全区3个街道卫生服务中心医疗收费电子票据改革任务，实现区属公办医疗机构收费电子票据全覆盖。深化"最多跑一次"改革。加快政府数字化转型，优化流程，压缩时间，实现"最多跑一次"事项再提速，财政所属事项"跑零次"实现率、即办率、承诺期限压缩比等6项指标均为100%。推进部门间"最多跑一次"改革，梳理事项27项，其中已实现"零跑"5项，实现"最多跑一次"22项。

【加强财政监管】 强化政府债务管理。按照化解地方政府隐性债务5年计划，提升国有企业融资能力，遏制新增隐性债务，合理控制政府债务规模。规范资金存放管理。抽取12家预算单位开展资金存放管理监督检查工作，规范财政资金存放行为，防范资金存放风险。开展2019年度延后支付资金竞争性存放项目招标工作，竞争性存放资金50.00亿元。制定《杭州市滨江区区级行政事业单位公款竞争性存放实施细则》，完善激励在杭银行机构支持全区经济社会发展评价机制。实施预算绩效管理。出台《杭州高新区(滨江)全面落实预算绩效管理三年行动计划(2019—2021年)》，制定实施意见，开展重点单位(街道)绩效评价试点，实现部门和项目支出绩效目标监控全覆盖。加强政府采购管理。优化政府采购营商环境，在全区随机抽取30家单位开展区级政府采购保证金清退检查工作。规范政府购买服务工作，修订《关于政府向社会力量购买服务的实施意见》。严控一般性支出。厉行节约，坚持政府过"紧日子"，全年一般性支出压减5%。严控"三公"经费，全区全年"三公"经费支出1035万元，下降7.8%。

【提升队伍素质】 开展"不忘初心、牢记使命"主题教育和"五讲五有"*大讨论活动。强化党建引领，坚持机关党建和国企党建协同并进。实施"强基固本行动"，推进"两学一做""每周一学"制度化常态化。落实党委会会前学法制度，树立"财为政服务、法为财保障"理念，推进现代法治财政体系建设。按要求向区人大进行述法，被评为满意单位。落实全面从严治党的主体责任，执行中央"八项规定"精神和实施细则，出台因私出国(境)管理、干部职工报告个人有关事项全覆盖等制度。推选区管副职领导干部1名，提拔正科级干部2名、副科级干部3名，晋升干部职级7名，选派"90后"年轻干部分别到团市委、基层社区挂职锻炼2名。开展廉政风险排查工作，深化财政源头防腐治腐。

(杭州市高新技术产业开发区〔滨江〕财政局供稿　周贵勇执笔)

注：

*"五讲五有"：即讲政治有情怀、讲担当有作为、讲学习有能力、讲团结有魅力、讲廉洁有底线。

萧山区

【概况】 2019年，杭州市萧山区实现地区生产总值1847.66亿元，按可比价格计算，增长6.4%。其中：第一产业增加值58.29亿元，第二产业增加值766.67亿元，第三产业增加值1022.70亿元，分别增长1.4%、5.7%和7.3%。三次产业结构比为3.2：41.5：55.3。按户籍人口计算，人均地区生产总值157016元。全区财政总收入430.44亿元，增长9.3%，其中一般公共预算收入267.66亿元，增长16.4%，占财政总收入的62.2%，占地区生产总值的14.5%。一般公共预算收入中税收收入244.30亿元，占比91.3%。一般公共预算支出275.43亿元，增长19.1%。全年财政收支平衡。

【组织财政收入】 加强收入研判。加强对减税降费政策的分析测算，按月做好收入预测，关注重点企业、重点行业，跟踪分析重点税源，增强组织收入的预见性和收入把控的主动性。组织非税收入。全年累计征收非税收入580.53亿元，下降24.7%，其中纳入一般公共预算管理的非税收入23.36亿元。

【支持经济发展】 落实减税降费。落实个人所得税、小微企业普惠性税收减免、深化增值税改革等国家各项减税降费政策，全年减税降费65.54亿元。加大产业扶持。优化产业扶持政策兑现流程，加快扶持资金兑现频次，全年兑现各项扶持资金30.44亿元，其中兑现工业和科技专项资金13.23亿元，总部经济政策资金3.52亿元。发挥产业基金作用。形成“1+X”的制度体系，推进政府产业实质化运作。2019年，基金规模扩大到60.00亿元，出资8000万元参与直投项目2个，新组建容亿5G产业基金项目，并参股设立子基金8个。截至2019年年底，子基金总规模354.28亿元。缓解企业融资难题。累计使用政府应急周转资金58.96亿元，为32家企业19家银行完成转贷144笔。出资8.00亿元参股省纾困基金，并促成其落户钱江世纪城，牵头出台《政府采购支持中小企业信用融资暂行办法》。

【保障重点支出】 加大民生支出。全年民生支出216.35亿元，增长14.4%，占一般公共预算支出的78.5%。其中：教育支出51.91亿元，完善义务教育经费保障机制；卫生健康支出22.36亿元，加快推进县域医共体建设；民政类、社保类、助残扶残类专项支出34.75亿元，做好萧山区与杭州主城区社保基金一体化管理。强化重点保障。区本级安排基本建设支出108.86亿元、棚改购买服务支出20.00亿元，向上争取新增债券35.00亿元，再融资债券15.70亿元，集中财力保障亚运场馆及基础配套设施、地铁、“22688”*、棚户区改造等重大项目建设。助力“美丽萧山”建设。全年农林水事务支出23.94亿元，环保支出6.57亿元，保障美丽乡村、美丽公路、小城镇环境综合整治等重点工作推进。提升城市软实力。全年人才支出3.70亿元，增长83.1%，重点支持浙大创新研究院、北大信息技术高等研究院发挥人才载体作用；信息化项目支出1.70亿元，增长140%，用于智慧城市建设。

【深化财政改革】 强化绩效管理。出台萧山区全面落实预算绩效管理实施意见，实施集中财力办大事财政政策体系，推动部门预算与绩效目标设置同步编制，试行预算“三审”制，推进以绩效为核心的预算管理机制。深化国企和事业单位改革。推进国有企业整合重组，完成城区建设有限公司、地铁建设有限公司并入交通投资集团有限公司，建立区政府向区人大常委会报告国有资产管理情况制度。启动清廉国企建设，开展国有企业员工工资决定机制改革，完成16家单位全民所有制企业公司制改制和11家经营性事业单位改革。推进数字财政建设。推广“政采云”系统应用，完成“政采云”交易订单12323笔，合计采购金额23.30亿元。实施医疗票据电子化改革，实现城区5家公立医院全覆盖，开具票据166万份。推进财政网上直接支付，支付时间缩短至即时支付。推进乡镇公共财政服务平台建设，低保等20个民生补助项目纳入区级部门直接发放。推进“预算云”预算编制系统、“政采云”农业（扶贫）馆建设等数字化工作，推动大数据赋能财政管理和服务。深化财政服务。推进部门间“最多跑一次”改革，深化“上门服务至少一次”活动，开展精准服务走访活动，做好机构改革单位涉财事项服务和保障工作，开展政府会计制度、镇街财政财务、财政支农政策等专题培训活动。

【强化风险防控】 化解债务风险。开展全口径债务监测，依法依规做好债务展期和置换，完成全年隐性债务化解任务，防范违约风险。严防流动性风险。加强镇街平台和国有企业运营风险管控，制定融资平台公司市场化转型方案，辅导城区公司和地铁公司做好转型准备，调度财政资金，帮助国有公司盘活现金流量，确保现金流供给。严控支出廉政风险。推进区级单位公款支出预警机制，启动公款支出预警机制向镇街平台延伸，全年预警监控确认违规793笔，纠正资金1733万元。健全公款竞争性存放机制建设，全年财政资金竞争性存放197.00亿元，累计增加收益1.16亿元。

【加强财政监管】 严控一般性支出。规范经费开支各项标准，压减一般性支出5126万元，强化预算刚性执行，严控部门专项一般性项目追加，实施预算执行进度通报制度。加强财政监督检查。开展惠民惠农财政补贴资金“一卡通”专项治理、在职人员学历教育补助专项治理、区管企业业务接待费专项检查等工作，全年专项检查区级单位和区管企业109家。加强政府投资项目管理。实施政府投资项目竣工财务决算集中清理，完成项目123个，收回结余指标5.57亿元。

【加强队伍建设】 开展“不忘初心、牢记使命”主题教育，完善局党委工作规则、重大事项请示报告制度、落实基层党建工作责任制实施细则等一系列制度，开展党委理论学习中心组学习研讨，全年组织学习17次，专题研讨4次。落实党风廉政建设责任制，全年局党委组织召开党风廉政相关会议13次。开展全员廉政谈心谈话，加强干部重大事项管理，支持派驻机构履行监督责任。实施局内绩效考核制度，优化财政业务办理规程。年终区委综合考评中，局班子被评为“萧山区担当作为好班子”，2名干部被评为全区“担当作为好干部”。

（杭州市萧山区财政局供稿　徐丹萍执笔）

注：

*“22688”：“12588”升级版，即2个交通枢纽（机场航空枢纽——杭州萧山国际机场三期扩建工程、高铁枢纽——杭州南站枢纽），2条城市环线（杭州都市经济圈高速公路环线、杭州城市组团环线），6条轨道线路（地铁5号线一期工程、地铁6号线一期工程、地铁7号线、地铁1号线三期、杭绍城际轨道工程、机场轨道快线），8条城市快速路（时代大道改建工程、风情大道—临浦快速路、通城大道、03省道东复线改建工程、红十五线改建工程、萧山机场东路、彩虹快速路、杭甬高速抬升工程）和8条框架性主干路（博奥路、新城路、新街大道、滨江一路、滨江二路、南三路、03省道改扩建工程、义大路东伸）。

余杭区

【概况】 2019年,杭州市余杭区实现生产总值(GDP)2824.02亿元,按可比价计算,增长8.6%。其中:第一产业增加值53.31亿元,增长2.6%;第二产业增加值652.25亿元,增长5.0%;第三产业增加值2118.46亿元,增长10.0%。三次产业结构比为1.9∶23.1∶75.0。按户籍人口计算,人均生产总值249869元,增长15.6%。2019年财政总收入726.47亿元,增长16.5%;一般公共预算收入391.45亿元,增长16.4%。2019年一般公共预算支出376.73亿元,增长10.0%。其中区本级财政支出336.25亿元,增长10.6%。全年财政收支平衡。

【组织财政收入】 加强组织收入。完善培育新税源经济政策,统筹政府性基金管理,把握土地出让节奏,确保财政收入与余杭经济发展相适应。调控收入结构。2019年一般公共预算收入占GDP的13.9%,占财政总收入的53.9%;一般公共预算收入中税收收入373.76亿元,增长19.0%,占比95.5%。2019年完成非税收入409.64亿元,下降22.9%,其中一般公共预算中非税收入17.69亿元,下降20.4%。

【支持经济发展】 完善政策体系。会同相关主管部门制定"全域创新66条"*及配套18个细则和4个指导意见、"新制造业计划"政策,形成产业政策体系。2019年度累计兑现政策资金97.88亿元,增长25.0%。加快产业基金投资运作。根据产业类别特点和差异性,以"子基金"、直投基金、区域基金等方式开展运作;同时实行"投贷联动",引导银行及其他金融机构加大对产业项目的资金投放力度。2019年,余杭区政府产业基金总规模93.50亿元,出资已到位46.50亿元。加强政策性转贷基金运作。新增资金2.00亿元,设立政策性转贷基金,引入商业银行为转贷资金运作方。2019年为2167家中小微企业(中小微企业1688户,个体经营者479户)办理转贷业务2192笔,转贷金额118.71亿元。落实降费政策。2019年受理符合杭州市产业结构调整方向或受复杂外贸环境影响出现暂时性生产经营困难的工业、商贸企业5403家,返退企业社保费5.70亿元。

【保障民生重点】 2019年民生支出293.68亿元,增长17.0%,占一般公共预算支出的78.0%。其中:卫生健康支出22.84亿元,推进区域医共体建设,新改扩建社区卫生服务站32家;教育支出69.64亿元,完成公办小学、幼儿园空调和新风系统加装;社会保障支出31.33亿元,加大困难家庭兜底保障力度,10.4%的老年人享受政府购买居家养老服务。推进重点项目建设。统筹调配资金,优先保障政府投资重点项目的资金需求。其中:良渚遗址保护和申遗工作投入资金19.38亿元,"三路一环"等快速路网建设投入资金14.90亿元,养老服务投入资金0.99亿元,乡村振兴投入资金14.74亿元。服务"三个全域"建设。2019年投入资金352.92亿元。其中:"全域创新"建设投入资金103.12亿元,"全域美丽"建设投入资金129.64亿元,"全域治理"建设投入资金120.16亿元。

【深化财政改革】 打造"公共资产处置余杭模式"。推动政府供给侧改革创新,与阿里巴巴集团签约,建成全国首个地方政府主导的"互联网产权交易中心"。2019年余杭区互联网产权交易中心共上拍标的242件,成交218件,总成交额6186万元,平均溢价率61.9%,单品最高溢价率917.8%。推进部门间"最多跑一次"改革。梳理财政内部事项25个大项、38个子项,推进线上办理,实现15个财政办事子项申请、受理、审核、批复等流程网上可办。优化政府采购模式。实施"互联网+政府采购",实施分类管理政府采购政策,2019年政府采购通过"政采云"平台交易额25.96亿元,增长26.4%。

【强化财政监管】 实施预算绩效管理。推动区委、区政府出台《关于全面落实预算绩效管理的实施意见》、出台《杭州市余杭区全面落实预算绩效管理三年行动计划(2019—2021年)》,优化预算绩效管理,明确13大项、43细项工作任务的责任主体和完成时间。推进预算绩效评价工作。组织重点项目绩效评价5个,涉及财政资金6.37亿元。组织2019年度预算调整项目绩效目标评审会和2020年度预算项目绩效目标评审会,分别评审项目4个和6个。2019年预算调整项目核减率45.3%,核减金额1732万元;2020年预算项目核减率30.6%,核减金额3657万元。防范化解债务风险。严格按照省财政厅制订的五年政府隐性债务化解计划,逐步化解政府隐性债务。2019年完成年度隐性债务化解计划的112.3%。规范资金存放管理。建立财政专户资金存放机制,防范资金存放安全风险和廉政风险。2019年完成财政专户资金竞争性存放104.00亿元。

【加强队伍建设】 开展"不忘初心、牢记使命"主题教育。依托主题党日、学习强国等载体,通过集中研讨学、现场体验学、"每日一题"学、退休干部送学等方式强化学习,提高财政干部政治站位。开展"三服务"活动。建立亲清走访、民情走访、部门走访、镇街走访、项目推进、清产核资等6类党员专业化服务队,党委班子领衔各服务队奔赴经济园区、基层企业传递最新的财政政策,深入镇街平台推动项目工作进展,前往困难家庭帮助解决难题。并将财政专业化服务成果纳入内部绩效考核。加强党风廉政建设。把党风廉政建设目标任务融入分管业务工作中,落实"一岗双责"。利用党委理论中心组学习和周三夜学等载体,学习党风廉政建设的相关决策部署、会议精神。

(杭州市余杭区财政局供稿　章立洲执笔)

注:

*"全域创新66条":余杭区政府发布《关于加快全域创新策源地建设　推动经济高质量可持续快发展的若干政策意见》,围绕加快全域创新策源地建设,推动经济高质量、可持续、快发展,提出66条政策意见。

*“三个全域”建设:即全面推进全域创新策源地、全域美丽大花园、全域治理现代化。

富阳区

【概况】 2019年,杭州市富阳区实现地区生产总值820.47亿元,增长6.0%。其中:第一产业增加值49.31亿元,增长2.6%;第二产业增加值373.92亿元,增长3.9%;第三产业增加值397.24亿元,增长9.1%。三次产业结构比为6.0∶45.6∶48.4。按户籍人口计算,人均生产总值119643元。全区实现财政总收入131.26亿元,增长6.6%;一般公共预算收入80.00亿元,增长10.0%。一般公共预算支出105.50亿元,增长44.5%。全年财政收支平衡。

【组织财政收入】 强化收入分析。与税务部门建立工作互动机制,制定组织收入预案,实施动态调整,把握组织收入主动权。研究经济走势、征管体制改革对财政收入的影响,提升收入分析质量。巩固收入结构。全年一般公共预算收入占财政总收入的60.9%,占地区生产总值的9.8%。其中税收收入72.10亿元,占一般公共预算收入的90.1%。加强非税征管。盘活土地资源,加大土地出让和处置力度。全年征收非税收入300.77亿元,增长55.3%,其中,土地出让收入287.52亿元,增长60.2%;纳入一般公共预算管理的非税收入7.90亿元,增长18.1%。

【支持经济发展】 优化营商环境。落实减税降费政策,全区全年减税降费26.23亿元,其中减税21.24亿元、减征社保费4.99亿元。组建服务企业调研小组,为企业设立服务专员,走访企业215家。实施精准产业扶持。出台高新产业强区、数字经济、机器换人等产业政策,投入财政资金16.60亿元。推进政府产业引导基金运作,设立总规模2.00亿元的科技投资引导基金,推动2个子基金项目落地富阳。建立预兑现财政奖补机制,对符合条件的企业,简化流程,及时兑现,全年预兑现产业扶持资金1.76亿元。助推乡村振兴。以消除薄弱村为重点,实施农村综合改革项目81个,奖补资金6987万元,增加村集体经济收入,全区288个村(社)集体经济年收入达50万元以上。安排资金1.18亿元用于村企合作项目和金融转贷专款,撬动商业银行为经营收入10万元以下的经济薄弱村办理免息转贷5.93亿元。

【保障民生支出】 全年民生支出85.26亿元,占一般公共预算支出的80.8%。保障各项民生工程和十件民生实事等支出。支持教育事业发展。全年教育支出21.88亿元,增长9.2%。建成中小学、幼儿园10所;加大护校安园经费投入,实现中小学、幼儿园全覆盖。设立“新劳动教育”实践专项资金300万元,支持中小学生实践体验活动。支持卫生健康事业发展。全年卫生健康支出5.70亿元。深化“健康富阳”建设,推进3家区级医院与省市级医院合作成立医共体,重点人群家庭医生签约率达85.0%,为全区20余万人提供免费健康体检。支持社会保障事业发展。全年社会保障和就业支出3.68亿元,增长2.1%。城乡居民养老、医保综合参保率分别达98.0%、99.0%以上,帮助4827名城镇失业人员实现再就业。支持交通运输建设。全年交通运输支出20.19亿元,增长11.3%。投入资金18.00亿元用于杭州绕城西复线建设。优化城乡公交服务,新增和更新新能源公交车100辆;新增公交线路4条,优化4条;提升公交途中站配套设施100处。

【深化财政改革】 实施全面预算绩效改革。建立集中财力办大事政策体系,统筹“四本预算”资金,提高财政资金使用绩效。部门整体绩效预算改革列入杭州市改革攻坚项目,修订区级部门(单位)财政管理绩效考核办法,完善考核指标,对部门预算管理涉及的基础工作、预算管理、预算执行、财政监督和创新创优五大方面19项工作进行考核,将考核结果与部门预算安排及考核奖励挂钩。建立部门预算草案“三审”制*,加强预算审查、监督。推进“最多跑一次”改革。“政采云”平台上线农业(扶贫)馆,交易规模383万元。上线政府采购电子化交易系统,交易金额85万元。深化统一公共支付平台建设,非税执收项目全部接入平台,办理电子缴款91.15万笔、金额157.73亿元,公共支付网上缴款率95.0%、移动支付率92.6%。推进医疗电子票据改革,全区6家公立医院完成改革,累计开票32万张,金额2.36亿元。开展“走亲连心三服务”*和“上门服务至少一次”活动,组建服务队伍5支,走访预算单位294家,到预算部门驻点办公23次,开展集中培训37次,发放政策汇编资料1200余册。落实机构改革。完成财政地税人员编制划分工作,保留原地税编制干部68名。编制“三定”方案,明确机构设置、职责、人员等事项。

【强化财政监管】 强化财政监督检查。专项检查22个水库移民专项资金扶持项目、6家代理记账机构、16家单位公款竞争性存放情况,发现问题23个,全部督促整改到位。深化“巡察监督与财政监督联动”(简称“巡财联动”)机制,通过“巡财联动”完成24家单位财务检查工作。防范化解债务风险。成立地方政府性债务管理领导小组,出台《地方政府性债务风险应急处置预案》《加强地方政府性债务风险管控的实施意见》,明确债务风险管控要求。深化“一化责任、二消债务”*的化债举措,全年隐性债务累计化解率46.3%。加强政府采购监管。完善政府采购评审专家、代理机构评价考核办法,建立供应商诚信体系和失信惩戒制度,实行代理机构末位淘汰制,强化违法违规案件查处,全年清退不合格评审专家29人,行政处罚供应商6家、代理机构5家,网上超市清退供应商2家、责令整改27家。加强支出监管力度。从严从紧编制部门预算,全区一般性支出压减5.3%,“三公”经费压减6.3%。完善公款存放管理,出台《进一步规范区级行政事业单位公款竞争性存放管理的通知》,开展社保资金竞争性存放3期,涉及资金30.00亿元。

【加强队伍建设】 全面从严治党。开展"不忘初心、牢记使命"主题教育,以班子成员带头学、支部之间竞赛学、党员干部主动学、退休干部上门辅导学为依托,落实主题教育工作。落实巡察整改,建立"问题清单""任务清单""责任清单"等三张清单,对巡察反馈的6个方面38个问题,提出整改措施167条,全部完成整改,新出台或修订完善制度36项。开展财政夜学和岗位练兵比武活动,提升干部能力素质。发挥先锋模范作用。开展社区文明共建、交通文明劝导、巾帼文明岗建设,参与平安建设等活动。加强作风效能建设。对劳动纪律、行为规范、服务态度、作风行风和"庸、懒、散、奢"等方面开展各类督查23次,发布《作风建设工作专报》4篇,重点针对"四风"等问题进行提醒约谈,开展领导干部违规情况自查、公职人员廉政档案填报等。强化干部重大事项报告制度,对干部动态廉政情况实施有效监督。

(杭州市富阳区财政局供稿　郁婉燕执笔)

注:

*"三审"制:在原有"财经委员会初审和人民代表大会审查"基础上,引入人大代表有序参与预算监督、提前介入预算编制,即在人大预算审查工作中采取人大代表预审、财经委员会初审、人民代表大会审查的工作制度。

*"走亲连心三服务":通过开展服务企业、服务群众、服务基层活动,解决企业、群众、基层反映的困难和问题,提升企业、群众、基层的获得感。

*"一化责任、二消债务":"一化责任",即通过国企改革和财政扶持政策,实现政府平台性质和职能的转变,通过把一定数额的资金、资产、资源注入到国有企业,实现政府隐性债务向企业经营性债务的转化;"二消债务",即以强化国企市场化运营为主要内容,逐年消化企业经营性债务,降低资产负债率。

临安区

【概况】 2019年,杭州市临安区实现地区生产总值572.94亿元,按可比价格计算,增长8.0%。其中:第一产业增加值45.86亿元,第二产业增加值257.28亿元,第三产业增加值269.81亿元,分别增长2.8%、7.8%和9.5%。三次产业结构比为8.0∶44.9∶47.1。按户籍人口计算,全区人均GDP为106389元,按可比价计算,增长7.6%。全年财政总收入101.93亿元,增长15.2%,其中一般公共预算收入61.16亿元,增长15.0%。一般公共预算支出85.62亿元,增长15.4%。全年财政收支平衡。

【组织财政收入】 加强财税联动。与税务部门开展多方位合作,走访服务企业,集中开展重点行业、重点项目、重点企业的税源调查1316次。建立财税按月沟通协调机制,联合开展全区产业结构数据分析,完善税收预测分析,确保各项收入应收尽收,保持可持续增长。巩固收入结构。一般公共预算收入占财政总收入的60.0%,占地区生产总值的10.7%。税收收入54.16亿元,占一般公共预算收入的88.6%。组织非税收入。推广非税收入电子缴款,扩大应用范围,全年办理电子缴款88万笔,金额15.07亿元。开展非税收入征收工作,全年征收非税收入147.99亿元,其中纳入一般公共预算管理的非税收入7.00亿元。

【服务经济发展】 落实减税降费政策,减轻企业负担,发展税源经济。全年新增减免税费15.31亿元。在"1+3"产业政策框架体系*基础上,围绕出口稳增长、信息化重点领域提升、电线电缆行业改造提升等方面,出台各类配套政策5个,完善政策保障体系。发挥政府产业基金对产业发展的引导作用,完成6个产业项目的投资审核,投资规模9000万元。落实企业财政应急周转金工作机制,为企业办理应急周转金1.57亿元。提升为企服务水平。落实"新制造业计划",针对集成电路、高端装备、生物医药等6个行业,开展入企政策调研5300余户次,收集、办结相关问题205个,实现办结率、满意率两个100%。支持科技事业发展,全年科学技术支出5.06亿元,增长14.9%。培育和引进国家级科技孵化器2家,市级1家,就地转化科研成果20项,新增国家高新技术企业86家。深化"走亲连心三服务"活动,累计走访服务对象222家。围绕微纳智造小镇开展产业链招商,走访企业并上门招商30余次,发挥基金招商效能。

【推进融杭发展】 助力民生融杭。2019年度城乡居民医疗保险补贴、困难医疗救助、"五保"供养等16项民生政策已融杭"同城同待遇",累计到位27项。助推农村综合改革集成示范区试点"龙门秘境"项目,落实一事一议财政奖补资金政策,助力村级公益事业发展。助力交通融杭。加大财政保障力度,杭徽高速杭州西至临安段通过政府购买服务,实行免费通行,公交服务实现与主城区票价机制和优惠政策"双统一"。助力城市建设融杭。通过统筹项目资金、盘活存量资金、争取债券资金、经营性项目贷款、PPP模式推广等方式,保障双溪口水库、老旧小区改造、八线六景等区重大项目建设。投入保障项目资金6.77亿元,保障"利奇马"灾后重建项目实施。

【保障民生支出】 全年民生保障支出68.16亿元,增长13.0%,占一般公共预算支出的79.6%。支持教育事业发展。全年教育支出16.87亿元,增长10.8%,开展於潜一小、西林小学等学校建设项目13个,出台"四个一千万"*教育人才政策,加强优秀教育人才引进。支持文化事业发展。全年文化体育与传媒支出1.20亿元,增长6.2%。全区建成文化礼堂255家,行政村覆盖率94.5%。推进杭州2022年亚运会跆拳道和摔跤项目场馆建设,动工建设吴越国王陵考古遗址公园,举办浙江省首届水上攀石大赛等重大赛事。支持社会保障事业发展。全年社会保障和就业支出13.5亿元,增长80.2%。新增城镇就业9185人,实现失业人员再就业4239人,累计入驻大学生创业园区企业300余家,直接带动大学生就业1200余人。完成"人地对应"专项工作,参加被征地保障717人,转职工养老保险11398人。支持卫生健康事业发展。全年卫生健康支出7.0亿元,增长14.6%。完成於潜人民医院、区中医院等项目建设。实施基层基础人才提升、名医名科培育和招才引智三大工程,落实专项资金“3个1000万”。加强院前医疗急救体系一体化管理,遴选符合条件的定点零售药店10家,开通16种慢性病相关药品刷卡结算服务。

【深化财政改革】 推进部门间“最多跑一次”改革。梳理部门、镇街“最多跑一次”事项并制定办事指南、流程图,部门间23项事务办理实现“最多跑一次”。深化预算管理改革。编制财政中期规划,合理安排财政收支,确保跨年度预算平衡。推进“上门服务至少一次”,指导业务部门围绕“规范透明、标准科学、约束有力、全面绩效”改革目标,按照“一上一下”要求科学编制2020年预算。建立健全预算安排与绩效目标、资金使用效果挂钩的奖励和约束机制。强化政府债务管理。争取新增债券16.00亿元,用于锦江区块和双林区块的土地收储项目及横潭区块的城中村改造项目。建立健全债券管理制度体系,出台政府性债务风险应急处置预案,严格实施五年化债计划,完成2019年度化债任务的115.3%,累计完成五年化债总任务的39.6%。截至2019年年底,全区政府债务余额在省级确定的风险控制范围内。

【加强财政监管】 强化预算监督管理。推进“财政大督查”,全年检查项目32个,发现问题34个,涉及资金1800万元。推进预算绩效管理体系,评审部门预算项目绩效20个,核减资金1.56亿元,核减率32.3%。加强沉淀资金清理。强化预算执行进度监督管理,开展沉淀、低效资金专项清理,全年盘活部门沉淀资金6.03亿元,收回统筹使用,提升财政资金使用效益。规范政府投资项目管理。推行政府投资项目绩效评价,推广实施项目竣工财务决算管理,清理未作竣工财务决算的项目48个。推行项目概预算审核,加快审核速度,强化中介机构考核管理,全年累计审核项目363个,核减金额10.14亿元,核减率5.2%。加强政府采购管理。加入“政采云”平台“全省一张网”,推广项目电子评标,简化业务流程,降低供应商投入成本,提升采购效率。推广“政采贷”,为急需资金的中小供应商提供金融服务。全年完成预算采购6.21亿元,节约率13.6%。加强支出监管力度。贯彻落实过“紧日子”要求,规范区级部门预算管理,从严控制行政经费和一般性支出。全年“三公”经费支出4375万元,减少2.1%。加强财政库款管理,规范公款竞争性存放。实施国库集中支付动态监控,阻止不合理支出436笔,涉及金额620万元。

【加强队伍建设】 完成机构改革,开展中层干部选拔、一般干部岗位双向选择和公务员职级晋升,完成党工青妇群团换届。开展“不忘初心、牢记使命”主题教育,深化“先锋电台”党建特色品牌效应,组织党员干部参与“城市党建日”“助力老旧小区改造”等志愿服务,组建“财政先锋队”参与“利奇马”灾后重建。组织党员干部开展实地警示教育,党委书记上廉政党课,开展科室岗位风险点排查;配合临安区委巡察组对局党委的巡察回访,围绕“全面从严治党”“廉洁自律”主题开展大讨论。分期组织开展全员轮训;实行干部多岗位“上挂下派”锻炼。

(杭州市临安区财政局供稿 朱乐意执笔)

注:

*“1+3”产业政策体系:“1”指政府引导产业发展基金管理办法,“3”指推进工信经济加快转型升级、乡村振兴发展扶持、强化创新驱动推进现代服务业发展三个政策文件。

*“四个一千万”:即对优秀教育人才引进、教育质量提升、名师名班主任名校长工程、中小学校班主任工作专项奖励等四个人才政策各安排1千万资金。

建德市

【概况】 2019年,建德市实现地区生产总值383.24亿元,按可比价格计算,增长7.0%。其中:第一产业增加值35.54亿元,增长2.5%;第二产业增加值184.52亿元,增长9.0%;第三产业增加值163.18亿元,增长5.2%。三次产业结构比为9.3∶48.1∶42.6。按常住人口计算,人均生产总值85833元。全市财政总收入54.12亿元,增长7.3%,其中一般公共预算收入31.10亿元,增长10.0%。一般公共预算支出54.15亿元,增长13.5%。全年财政收支平衡。

【组织财政收入】 强化预测分析。研判经济走势、税制改革、政策调整等因素对收入的影响,加强对重点税源企业关联交易、重点工程、建筑业的税收管理。加强协调联动。深化财政与税务、规划和自然资源局三部门合作,完善联席会议机制,掌握组织收入工作进度,预测财政收入走势,确保收入均衡入库。优化收入结构。全市一般公共预算收入占地区生产总值的8.1%,占财政总收入的57.5%,其中税收收入28.28亿元,占一般公共预算收入的90.9%。加强非税征管。加大政府非税收入征管力度,重点加强土地出让收入征管,实行涉企公安交警证照费和不动产登记费“零收费”。全年征收非税收入36.75亿元,其中纳入一般公共预算管理的非税收入2.82亿元。

【支持经济发展】 助力企业发展。落实减税降费政策,实现新增减税降费9.58亿元。加大财政扶持力度,采用“3+X”模式,整合三大产业政策,提升扶持政策的绩效和精准度,全年兑现产业扶持资金3.63亿元。产业发展引导基金直接投资企业4家,投资总额4300万元。助力“融资畅通工程”。建立“政采贷”制度,落实政府采购支持中小企业政策。发挥财政应急调头专项资金作用,采用差别化方式收取资金使用费,为民营企业提供跨行转贷支持,全年为88家企业办理转贷119笔,转贷金额6.46亿元。培育实体经济。推进数字经济“一号工程”实施,完善创新创业服务体系建设,新增杭州市级以上高新技术研发中心7家、省级新产品试制计划101项、省科技型中小企业73家。实施“凤凰行动”,支持企业上规上市,其中新化化工实现 A 股上市,建业化工通过 IPO 审核。

【保障民生改善】 全市民生支出 41.43 亿元,增长 11.6%,占一般公共预算支出的 76.5%。加强十大民生实事财政资金保障,全年安排十件民生实事财政资金 1.98 亿元。支持教育事业发展。全年教育支出 9.63 亿元,加大学前教育投入,推进义务教育均衡发展,推进素质教育,保障农村骨干教师培养工程建设,建成名师工作室 20 个。支持社会保障事业发展。全年社会保障和就业支出 6.24 亿元,提高城乡低保标准和城镇、农村特困人员基本生活标准,保障全市 2.3 万“三留守”人员,推进市残疾人托养中心和 16 家“残疾人之家”建设。支持医疗卫生事业发展。全年卫生健康支出 4.34 亿元,加大困难群众医疗救助财政保障力度,扩大救助政策享受人群范围,提高医疗救助标准,优化城乡居民老年人及未成年人体检政策,推进医共体建设。支持文化体育事业发展。全年文化旅游体育与传媒支出 1.06 亿元。建设农村文化礼堂 55 家,实现农村文化礼堂行政村全覆盖,保障“夏日冬泳”、新安江国际半程马拉松等特色体育赛事活动开展。支持环境提升和城市管理。投入城乡社区事务支出 4.83 亿元,支持城市基础设施建设,完成老旧住宅区改造 12.8 万平方米,主城区慢行系统城西段全线贯通,全市绿道新建 72.3 公里、改造 13.8 公里。助推乡村振兴。推进部省共建乡村振兴示范区建设,推进一事一议财政奖补助推美丽乡村建设,入围 2020 年一事一议财政奖补助推美丽乡村建设试点。助力精准扶贫。做好对口支援、对口合作和东西部扶贫协作工作,落实帮扶资金 6868 万元,搭建“政采云”建德农业(扶贫)馆。

【深化财政改革】 提升财政管理水平。构建以绩效为核心的集中财力办大事财政政策体系和资金管理机制,推进财政资金统筹使用。建立健全公款存放机制,加快预算支出执行进度,完善预算执行动态监控机制,推进支付中心规范化建设。加强乡镇财政管理。健全乡镇财政工作机制,对乡镇财政管理采取差异化考评方式。推进“一卡通”及乡镇公共财政服务平台建设,全年纳入平台发放的项目 23 个,累计发放资金 3.78 亿元,涉及补助人员 49.7 万人次。深化“最多跑一次”改革。推进部门间“最多跑一次”改革,实现材料精简 58%、办理时限压缩 70%。完善统一公共支付平台建设,推进医疗收费电子票据改革。按照“一名结算支付中心联络员+一名归口科室联络员+对口服务单位”的“1+1+X”服务模式开展“上门服务至少一次”活动。

【加强财政监管】 防范化解风险。加强社保基金运行动态监控,多渠道筹措社保基金,防范化解社保基金支付风险。建立政府债务风险应急处置机制,严格执行债务限额管理、预算管理、风险预警管理和债务公开等相关债务管理制度。开展财政监督专项检查。落实市委巡察、财政监督、审计联动长效机制。加强行政事业单位内控建设,出台行政事业单位财务内控分级评定管理办法。加强国有资产管理。开展第三次国有资产深度清查,摸清存量公房、无形资产等重点资产现状,掌握国有公房出租情况。推进国有单位未登记资产权证办理,打通国有资产权证办理绿色通道,截至 2019 年年底,累计完成 1075 处国有资产权证补办。提升绩效管理。全面实施预算绩效管理,提高财政资金使用绩效。以绩效目标管理为导向,开展多层次绩效评价,加大对重大政策、重点项目(工程)、政府购买服务、部门整体预算的绩效评价力度,全年共安排绩效评价和预算绩效目标跟踪项目 70 余个。加强政府投资项目监管。印发《关于加强建德市国有资金投资项目 EPC 工作的通知》,规范国有资金投资项目 EPC 管理。加强政府投资项目的源头管控,制定政府投资项目预算管理办法、政府投资项目及国有企业投资项目资金来源审查工作规程。建立健全政府投资项目预算、结算、决算审核工作机制,精简项目审核流程,提高审核质量,加快审核时效,平均审核时间缩短至 32 天。

【加强队伍建设】 开展“不忘初心、牢记使命”主题教育。开展九大专项整治行动,设立初心讲堂,开设每日专栏,打造财政文化展厅,联合机关党建国资片组和党建互联共建单位举办庆祝中华人民共和国成立 70 周年晚会。开展“三服务”活动,创建“三强四化、模范机关”单位。加强党风廉政建设。开展廉政风险点排查,梳理廉政风险点 48 条,制定防控举措 52 条。开展作风效能明查暗访 10 次、政务督查 4 次,整改问题 32 个。加强警示教育,查找履职风险点及管理短板。推进机构改革。完成相关机构管理职责划转、财政职能配置、内设机构和人员编制调整。提升干部能力素质。建立“师带徒”机制,打造“月夜学、季比武、年论坛”干部素质提升工程,开展夜学 12 次,技能比武 4 次,专题研讨 2 次。

(建德市财政局供稿 李 蕾执笔)

桐庐县

【概况】 2019 年,桐庐县实现生产总值 386.39 亿元,按可比价格计算,增长 6.8%。其中:第一产业增加值 25.03 亿元,增长 2.5%;第二产业增加值 177.60 亿元,增长 8.6%;第三产业增加值 183.76 亿元,增长 5.1%。三次产业结构比为 6.5 : 46.0 : 47.5。按户籍人口计算,人均生产总值 92439 元,增长 6.3%。全县财政总收入 58.09 亿元,增长 10.1%。其中一般公共预算收入 33.77 亿元,增长 10.1%。一般公共预算支出 50.20 亿元,增长 11.9%。全年财政收支平衡。

【组织财政收入】 强化财政收入分析。落实财政税务部门联席会议制度,关注经济形势变化,加强收入分析研判,确保收入平稳增长。优化收入结构。全县一般公共预算收入占生产总值的 8.7%,占财政总收入的 58.1%。税收收入 30.48 亿元,占一般公共预算收入的90.3%。完善非税收入征管。深化统一公共支付平台应用,实现非税收入项目接入率100%,县城公共支付自助机全覆盖。全年组织非税收入22.65亿元,其中纳入一般公共预算管理的非税收入3.28亿元,土地出让收入18.01亿元。

【支持经济发展】 落实减税降费政策。减轻企业各类税费负担14.76亿元,增长64.8%。暂缓征收城市市政基础设施配套费2457万元。优化县域营商环境。加大产业政策支持力度,兑现财政奖励资金3.44亿元,增长34.4%。取消政府采购投标保证金,鼓励供应商通过保函形式提交履约保证金,减少占用供应商资金4000万元。降低企业融资成本。落实"春风12条"*,扩大中小企业转贷基金规模至1.00亿元,办理企业转贷业务753笔,转贷规模23.42亿元。推出线上政府采购供应商信用贷款,发放"政采贷"信用贷款7笔,贷款额度832万元。支持科学技术发展。安排科学技术支出2.67亿元,推动全国首个县级知识产权保护中心投入运营,支持举办第三届创新创业发展大会等活动。

【保障民生事业】 全年民生保障和社会事业支出41.18亿元,增长13.0%,占一般公共预算支出的82.0%。支持教育事业发展。安排教育支出13.04亿元,保障加快教育高质量发展系列政策实施,加大名优教师引进力度。支持卫生事业发展。安排卫生健康支出7.68亿元,推进医共体建设和县第一人民医院、县妇幼保健院迁建工程。支持社会保障事业发展。安排社会保障和就业支出4.85亿元,加强重点群体就业扶持,最低生活保障标准提高至833元/人·月。支持文化文明提升。安排文化旅游体育与传媒支出1.44亿元,巩固全国文明城市创建成果,推进新时代文明实践中心*试点建设,支持举办第三届全民运动节、第二届桐庐国际半程马拉松等赛事活动。助推"乡村振兴"。安排农林水支出4.49亿元,保障美丽乡村建设和乡村产业发展,支持桐庐县获得"中国蜜蜂小镇"称号、入选首批省级乡村振兴产业发展示范建设县。助力精准扶贫。全年筹措对口帮扶资金4750万元支持榕江县协作共建,落实结对帮扶资金1598万元支持消费扶贫。上线"政采云"平台桐庐(扶贫)馆,助力精准扶贫。

【推进财政改革】 实施全面预算绩效改革。整合现有财政政策和资金,构建集中财力办大事财政政策体系。出台《关于全面落实预算绩效管理的实施意见》,制订三年行动计划,构建全方位、全过程、全覆盖的预算绩效管理体系。制定《桐庐县部门(单位)财政管理绩效考核办法》,将部门预算绩效管理纳入政府考核。推进部门间"最多跑一次"改革。制定《桐庐县财政审核审批会议制度》,规范简化预算调整流程,实现"网上申报、在线审核、分级审批"。梳理各类财政办事事项,公布部门间"最多跑一次"办事清单,实现90%以上财政办事事项"最多跑一次"。创新政府采购管理。上线政府采购电子交易系统,实现政府采购电子化全覆盖、财政监管实时化,每年节约供应商交易成本500万元。制定《政府采购负面清单》,促进政府采购公平公正、规范透明,政府采购有效投诉率下降50%。落实国有资产管理情况报告制度。采取综合报告和专项报告相结合的方式,首次向县人大常委会报告全县国有资产管理情况和全县行政事业性国有资产管理情况。

【强化财政管理】 加强支出监管力度。从严从紧编制部门预算,严格控制行政经费和一般性支出。出台文件规范机关事业单位会议费培训费新标准、重申国内公务接待和差旅费管理等,明确差旅费、培训费、夜餐费补助标准。全年一般性支出压减6.3%,"三公"经费下降12.7%。提高资金使用效益。清理结余结转资金1.20亿元,盘活统筹使用。建立涉农资金统筹整合长效机制,按季召开领导小组联席会议,强化项目和资金监管。推进"大专项+任务清单"资金管理模式,按需统筹分配资金。强化重点绩效评价。建立绩效运行监控长效机制,全年对工信经济、科技人才等四项产业政策及12个重点项目进行绩效评价,涉及金额2.79亿元,评价结果向政府及社会公开。防范化解债务风险。厘清政府隐性债务和企业经营性债务边界。加强项目源头管控,规范融资举债行为。全年争取地方政府债券20.90亿元,其中申请新增债券8.00亿元,用于保障重点项目建设;再融资债券12.90亿元,用于置换2019年到期债券。降低隐性债务风险等级,政府债务率处于绿色安全区域。

【加强队伍建设】 开展"不忘初心、牢记使命"主题教育活动,组织党委理论中心组学习18次、专题读书会3次、专题党课16次。落实"三会一课"、谈心谈话、民主评议和固定主题党日等常态化制度。结合"走亲连心三服务""双报到、双服务"等载体,集中走访25次,组团帮扶15人,完成调研课题和破难问题26个。建立领导基层走访机制等财政精准服务机制,收集基层意见建议21条,解决问题15个。开展警示教育月活动,落实"纪委来监督"等制度,梳理单位本级廉政风险15个,内设机构(下属单位)廉政风险59个。出台《桐庐县财政局职能配置、内设机构和人员编制规定》,完成内设机构和人员调整。

(桐庐县财政局供稿　王　琪执笔)

注:

*"春风12条":桐庐县为推动实施"产业强县"战略,优化县域营商环境,促进民营经济高质量发展,推出的12条政策。主要包括开通企业服务热线、实行重点项目全程代办制等,方便企业办事;降低失业保险费单位费率、暂缓征收城市市政基础设施配套费等,减轻企业负担;扩大县中小企业转贷基金规模、推广农商银行企业转贷"T+0"模式等,帮助企业融资;加大对企业家人身权和财产权保护力度、开展政务失信行为专项清理行动等;开通"杰出桐商"医疗服务"绿色通道"、设立企业家体育健身专项资金;每年举行"企业家日"系列活动、制定高层次人才子女入(转)学办法等。

*新时代文明实践中心:中央全面深化改革委员会于2019年7月6日审议通过的《关于建设新时代文明实践中心试点工作的指导意见》中,首次提出在全国县一级建设新时代文明实践

中心,打造深入宣传习近平新时代中国特色社会主义思想的重要载体,打通宣传群众、教育群众、关心群众、服务群众的"最后一公里"。桐庐为全国首批试点县之一。

淳安县

【概况】 2019年,淳安县实现地区生产总值254.50亿元,按可比价格计算,增长4.6%。其中:第一产业增加值38.14亿元,增长3.8%;第二产业增加值77.96亿元,增长2.6%;第三产业增加值138.40亿元,增长3.9%。三次产业结构比为15.0∶30.6∶54.4。按常住人口计算,全县人均生产总值71088元,增长3.9%。全县财政总收入37.22亿元,增长8.3%。一般公共预算收入21.09亿元,增长8.2%,占GDP的8.3%,占财政总收入的56.7%;其中税收收入19.49亿元,占一般公共预算收入的92.4%。全县一般公共预算支出68.87亿元,增长2.5%。全年财政收支平衡。

【组织财政收入】 优化协作强化管理。利用信息化征管技术,加强税源监管,做到应收尽收;利用信息共享机制,打通部门间涉税信息障碍,提升收入征管质量。优化环境培育财源。通过靠前服务、上门服务、精准服务,加强政策辅导,引导企业充分享受减税降费政策红利,增强扩大投资资金,推进修正健康产业园、永通迁扩建等生态类制造业项目。规范非税收入监管。全年完成非税收入15.86亿元,其中纳入一般公共预算管理的非税收入1.60亿元。

【服务经济发展】 扶持企业发展。审核新一轮产业扶持政策补助资金,全年兑现补助资金1.99亿元,支持企业转型升级。服务中小企业融资,全年办理中小企业转贷资金60笔、金额3.61亿元,缓解中小企业融资难题。释放政策红利。落实增值税改革、个人所得税改革、小微企业普惠性税收减免和降低社会保险费率等政策,全年减税降费5.39亿元。推动乡村振兴。推进下姜村及周边地区平台共建、资源共享、产业共兴、品牌共塑,打造"千岛湖·大下姜"乡村振兴联合体,实现"大下姜"区域联动发展,统筹8600余万元用于村集体消薄增收,拨付到村项目资金4.6亿元。

【保障民生支出】 全年民生支出45.07亿元,占一般公共预算支出的65.4%。保障重点支出。统筹安排资金10.4亿元,推进枫常线、千黄高速、小城镇环境整治、老旧小区提升改造等重点项目建设。开展环境治理。统筹资金15.59亿元,建立"全领域、全过程、全地域"保护体系,实施国家"山水林田湖草"生态保护修复工程,构建康美人居环境。支持教育事业发展。落实教育支出8.12亿元,完善教学基础设施,加强学后托管服务,实现"护校安园"工程县内小学全覆盖。促进医疗卫生事业发展。安排医疗卫生支出6.13亿元,主要用于城乡居民医疗保险补助、医疗救助和县级医疗机构人员和床位运行补助。实施新一轮基本医疗保障办法,提高基层门诊报销比例,加大困难人群医疗救助力度,全年补助城乡医保基金3.16亿元。加快社会保障体系建设。全年社会保障和就业支出7.78亿元,健全社会福利体系,保障残疾人事业发展,最低生活保障标准提高至833元/人·月,特困人员生活补助标准提高至1085元/人·月。

【推进财政改革】 助力"最多跑一次"改革。实现所有行政事业性收费项目纳入统一公共支付平台。2019年通过统一公共支付平台完成交易28.84万笔,金额2.37亿元,其中移动支付占比93.7%。推进部门整体绩效预算。落实市委改革项目,探索预算编制新方式,推进部门整体绩效预算编制,2020年部门整体绩效预算编制扩面至20家。构建集中财力办大事政策体系。梳理涉及中央三大攻坚战和淳安县高水平保护生态、高标准绿色发展、高品质城乡建设和高标准民生保障等7方面23类支出政策,建立2019—2022年本地区财政资金支持党委政府重点工作的支出政策体系。

【强化财政监管】 防范债务风险。完善政府债务管理制度,出台淳安县地方政府性债务风险应急处置预案,依托全口径债务监管平台做好数据统计分析监测,落实乡镇平台隐性债务风险点防控巡查机制,政府债务规模控制在规定限额内。开展监督检查。推进惠民惠农财政补贴资金"一卡通"、二级单位财务管理不规范等问题专项整治,开展减税降费、支持脱贫攻坚等政策落实情况督查,全年监督检查发现问题29个,提出整改建议25条。加强政府投资项目监管。统一制定水利、国土、交通、电力、弱电等五类投资项目31个小项内容的支出参考标准,解决9大类200余小类材料价格不统一问题。全年完成预算审核项目607个,送审金额20.89亿元,净核减7296万元,审核调整率6.2%,净核减率3.5%。开展资金绩效评价。实现年初预算项目绩效评价和部门整体支出绩效评价全覆盖,涉及资金19.99亿元;突出重点项目绩效评价,选取城市运维、智慧监管等25个重点项目实施绩效评价,涉及资金4.73亿元,其中动态视频智慧监管平台通过评价整改,设备租赁费标准平均降幅超过40%,每年可节约财政资金800余万元。加强政府采购监管。首次对政府购买服务项目采购预算合理性进行重点审核。对全县132家预算单位的7万笔支付业务进行审核,涉及金额99.53亿元,累计纠正或退回不符合规定支出2152万元。

【加强队伍建设】 开展"不忘初心、牢记使命"主题教育。聚焦乡村振兴,专题部署"三服务"调研和"消薄增收"行动,实现结对农户全覆盖,无缝隙走访312户,收集意见建议45条,推动村集体经济壮大发展。融合财政国资队伍,完成机构改革。完善《中层干部管理办法》和《干部评优考核办法》,开展中层干部竞聘上岗,中层干部平均年龄年轻5岁,全日制本科以上学历的人员比例从37.9%提高到55.2%。

(淳安县财政局供稿　江　欢执笔)

宁波市财政工作

宁波市

【概况】 2019年,宁波市实现地区生产总值11985.1亿元,按可比价格计算,增长6.8%。其中:第一产业增加值322.3亿元,增长2.3%;第二产业增加值5782.9亿元,增长6.2%;第三产业增加值5879.9亿元,增长7.6%。三次产业结构比为2.7∶48.2∶49.1。按常住人口计算,全市人均地区生产总值为143157元(按年平均汇率折合为20752美元)。全社会固定资产投资5610.39亿元,增长8.1%。口岸进出口总额17086.40亿元,增长6.7%。外贸自营进出口总额9170.3亿元,增长6.9%,其中出口5969.6亿元,增长7.6%;进口3200.6亿元,增长5.8%。外贸出口占全国总量的3.46%,比上年提高0.08个百分点。宁波舟山港货物吞吐量11.20亿吨,增长3.3%,成为目前全球唯一年货物吞吐量超11亿吨的港口,连续11年居世界第一。其中,宁波港域完成吞吐量5.84亿吨,增长1.3%。宁波舟山港集装箱吞吐量2753万标箱,增长4.5%,保持全球前三,其中宁波港域完成集装箱吞吐量2617万标箱,增长4.3%。全市居民人均可支配收入56982元,增长8.7%。其中,城镇居民人均可支配收入64886元,增长7.9%,扣除价格因素影响,实际增长4.8%;农村居民人均可支配收入36632元,增长8.9%,实际增长5.7%。城乡居民人均收入倍差为1.77。全市实现财政总收入2784.95亿元,增长4.9%;一般公共预算收入1468.39亿元,增长6.4%;税收收入1217.46亿元,增长3.3%。一般公共预算支出1767.89亿元,增长10.9%。全市一般公共预算保持平衡。全年征收非税收入2237.99亿元,增长81.7%,其中纳入一般公共预算管理的非税收入250.93亿元,增长24.8%。

【强化收支管理】 加强财政收入分析研判,把握收入力度和节奏,注重收入结构。一般公共预算收入占地区生产总值的12.3%,占财政总收入的52.7%;税收收入占一般公共预算收入的82.9%。建立支出预测分析机制,加强预算执行数据共享,加快预算支出进度,2019年全市八项支出*增长19.5%。压减一般性支出,坚持"先有预算后有支出"原则,落实"预算+执行"双控管理,从严从紧编制"三公"经费预算,全年全市"三公"经费支出下降12.2%。

【服务发展大局】 *落实减税降费政策*。建立健全落实减税降费工作机制,按照"第一时间+顶格优惠+叠加享受"原则,联合税务部门出台宁波市贯彻实施政策,加强宣传辅导,强化督查督导,促进企业第一时间享受政策红利。全年减税降费375亿元以上;返还各类社会保险费13.45亿元,惠及企业4.07万家,减轻企业负担。*助力项目建设*。做好轨道交通第三轮规划、国际会议中心、栎社机场四期等项目建设的前期谋划和方案论证,助力重大项目开工建设。推进杭甬复线二期西段工程、六横大桥宁波段项目、甬舟铁路和沪嘉甬铁路项目等全市交通重点项目建设,做好资金保障。*支持产业提升*。助力先进制造业发展,市财政支出24.6亿元支持"中国制造2025"专项行动,助推工业和信息化产业转型升级,助力"246"现代产业集群建设。成立规模50.00亿元的融资担保公司,首期到位资金14.7亿元,为中小微企业融资提供担保、增信服务,缓解中小微企业融资难融资贵问题。制定稳定外贸发展财政扶持政策,安排扶持资金3.8亿元,应对复杂外贸环境影响,助力"225"外贸双万亿计划*。优化产业布局,支持建立招商引资项目落地共建共享机制,制定招商引资项目奖励资金实施办法。*推进科技创新*。建设国家自主创新示范区,提升科技创新水平,全市科技支出124.16亿元,增长58.6%。市财政支出15亿元支持实施"科技创新栽树工程",推进大院大所项目落地。支持已引进落地项目发展,安排企业研发后补助1.8亿元,引导社会资本投入创新。安排市人才发展专项资金5.6亿元,助力打造"蔚蓝智谷",建设人才高地。*统筹城乡建设*。推进老旧小区改造全国试点城市创建,做好城中村改造、未来社区试点工作,推进中心城区有机更新。落实乡村振兴战略,加强农业农村基础设施建设,市财政安排22.6亿元用于水利重点工程建设,安排2.7亿元用于美丽乡村创建、美丽乡村综合体建设。

【聚焦改革创新】 *构建集中财力办大事财政政策体系*。按照"稳收入、增统筹、理事权、保重点、促均衡"总体思路,调整宁波市财政体制和土地管理体制,取消特殊区块的体制优惠政策,研究制定构建集中财力办大事财政政策体系,理顺市与区县(市)财政分配关系,打造适合宁波市实际的现代财政制度。推进市与区县(市)财政事权和支出责任划分改革,出台实施意见,推进部分重点领域的财政事权和支出责任划分。*加大政府资产资源盘活力度*。开展行政事业单位资产清查,优化资产资源配置,完成资产全面摸底,完善权证管理,开展统筹调配和处置盘活,健全资产管理制度体系。全年累计处置房产面积4189平方米,实现处置收益8240万元。完善国有资产管理情况报告制度,实现区县(市)层面全覆盖。*推进数字化转型*。构建非税收入监管新模式,推进浙江政务网统一公共支付平台应用。在市级医疗领域推广财政电子票据管理改革,成为全国首批符合财政部财政电子票据规范标准、规模上线的试点地区之一,实现从"群众跑腿"到互联网"数据跑腿"的服务管理新模式。发挥政府采购政策功能,利用"政采云"平台,实施"互联网+政府采购"行动,建立宁波制造精品馆,优化全市营商环境。

【打好三大攻坚战】 打好防范风险攻坚战。实行政府债务限额管理,争取新增政府债务限额,2019年新增政府债务限额增加33亿元,增长36.7%。落实政府性债务管控主体责任,制定防范化解地方政府隐性债务风险实施意见、严控乡镇债务指导意见、防范化解融资平台公司地方政府隐性债务风险实施意见等制度文件,健全债务风险防控制度体系。创新政府债券发行方式,成为全国实施地方债柜台发行试点地区。加强隐性债务统计监测,健全隐性债务常态化监测机制,利用全口径债务监测平台,统一口径、统一监管,实现对所有隐性债务全覆盖。严格执行化债方案,化解存量隐性债务。支持打好脱贫扶贫攻坚战。加大扶贫支持力度,全年安排东西部扶贫协作资金、援藏援疆及省内各类扶贫资金共计16.3亿元。加强东西部扶贫协作资金监管,修订扶贫协作援助资金管理办法。助力污染防治攻坚战。全市节能环保支出46.86亿元,增长57.4%,支持推进蓝天保卫、治水提升、治土攻坚专项行动。推进生态保护与修复,市财政支出2.70亿元支持生态公益林建设和四明山生态修复。制订宁波市生态环境损害赔偿资金管理办法,开展生态补偿制度改革试点,探索建立市场化、多元化生态补偿机制。

【改进民生福祉】 支持教育事业发展。全市教育支出251.45亿元,增长12.5%。构建城乡一体的义务教育优质均衡发展机制,促进普通高中特色多样化发展,支持实施职业教育服务产业发展计划。大力发展高等教育,市财政支出14.2亿元支持浙大宁波"五位一体"校区、宁波大学"双一流"高校等建设。筹措资金1.00亿元,补齐学前教育短板,加快优质教育资源布局。保障社保、医疗事业。全市医疗卫生支出114.27亿元,增长20.2%。提升医疗服务与保障能力,加强基本公共卫生服务和重大传染疾病防控,城乡居民医疗保险人均财政补助标准提高30元。支持县域医共体改革,助力卫生人才队伍建设,推进基层医疗机构补偿机制调整。全市社会保障与就业支出180.11亿元,增长12.6%。推进养老保险制度改革,落实社保基金调剂制度,深化基本医保制度改革。筹集救灾补助资金2.00亿元、争取中央救灾资金1.60亿元,保障"利奇马"台风受灾地区灾后重建。推进就业创业。优化就业创业政策,围绕高校毕业生、就业困难人员、零就业家庭成员等重点人群实行精准帮扶,提高资金使用效益,全市投入促进就业支出12.7亿元。完善灵活就业社保补贴,加大失业保险援企稳岗力度。实施职业技能提升行动,开展各类职业技能培训,加强技能人才队伍建设,累计参培19万人次。发放培训补贴4410余万元,惠及3.94万人。支持文化体育事业。统筹安排资金0.50亿元,支持公共文化服务体系建设,支持文化宁波"2020"计划建设。开展全民健身运动,支持举办亚洲举重锦标赛等重大赛事,推进体育强市建设。

【增强财政监管】 全面落实预算绩效管理。完善全过程预算绩效管理工作,将预算绩效管理覆盖到"四本预算"。研究推进部门整体支出绩效管理,赋予部门更多的预算管理自主权,实现赋权和担责对应匹配,确保部门承担起绩效管理主体责任。制定全面落实预算绩效管理的实施意见和事前绩效评估管理办法、绩效专家库管理办法等制度,建立全覆盖、全方位、全过程的预算绩效管理体系。试行事前绩效评估,对新增45个市级项目组织开展绩效评审,项目核减率91.0%。启动市级绩效指标体系建设,强化绩效目标审核,实施重点项目绩效运行与预算执行"双监控",推动绩效评价工作提质扩面。补充完善绩效指标库,提高绩效评价工作质量,加强结果应用,建立绩效奖惩考核机制。强化监督检查。加强预算监督检查,做好预决算公开、热点重点领域专项资金检查。落实"双随机、一公开"抽查机制,强化会计行业监督,提高会计信息质量和中介机构执业质量。规范内控内审机制,完善内控制度,将内审结果与干部管理考评相结合,增强内控内审结果运用。提高财政资金效益。加大各类财政资金盘活力度,2019年市级盘活、收回资金42亿元。加强国库现金管理,规范财政资金存放秩序,制定市级财政专户资金定期存款管理办法,强化资金竞争性存放管理,增强资金运作透明度。全年累计竞争性存放资金规模780亿元,招标利率为基准利率上浮40%,实现财政资金运作增值提效。加强信息公开力度,实现财政专项资金全过程管理信息统一公开,提升预决算信息公开的科学化、规范化水平。

【加强队伍建设】 开展"不忘初心、牢记使命"主题教育活动。组织集中学习16场次。开展党章党规党纪书面测试。开设内网主题教育专栏,局领导班子分专题开展集中研讨10次,全局22个支部开展党课活动28次,组织集中研讨290余次,征集体会文章86篇。推进机构改革和职能优化调整。下属两家原参公事业单位(国库收付中心、票据监管中心)机构类别调整为公益一类,行政职能划转至相关机关处室。完成局机关及下属参公单位165名公务员的职级套转工作,实现公务员职级管理平稳过渡。

(宁波市财政局供稿 贺 蕾执笔)

注:

*八项支出:即一般公共服务支出、公共安全支出、教育支出、科学技术支出、社会保障和就业支出、医疗卫生与计划生育支出、节能环保支出、城乡社区支出。

*"225"外贸双万亿计划:即宁波市计划到2025年实现2个总量目标(出口1万亿元、进口1万亿元)、2个结构性目标(机电及高新技术产品出口5000亿元、能源及大宗商品进口5000亿元)、5个结构性目标(跨境电商、数字贸易、服务贸易、优质商品进口、转口贸易分别达到2000亿元)。

海曙区

【概况】 2019年,宁波市海曙区实现地区生产总值(GDP)1170.11亿元,按可比价计算,增长6.1%。其中:第一产业增加值15.40亿元,增长2.0%;第二产业增加值374.19亿元,增长

6.0%;第三产业增加值780.52亿元,增长6.2%。三次产业结构比为1.3∶32.0∶66.7。GDP地均集约度为1.96亿元/平方公里,按常住人口计算,人均GDP为123000元(按年平均汇率折算为17826美元),增长2.4%。全年财政总收入184.35亿元,增长4.8%,其中一般公共预算收入112.48亿元,增长7.5%,占GDP的9.6%,占全区财政总收入的61.0%;税收收入93.80亿元,增长4.6%,占一般公共预算收入的83.4%。一般公共预算支出94.66亿元,增长11.1%。

【组织财政收入】 适应国地税征管体制改革后组织收入形势变化,强化收入联动与分析机制。协同税务部门,挖掘可用财力,科学测算收入规模;多渠道盘活各类资金和资产,推进区划调整存量资金划转事宜。预判减税降费规模和影响,防范因收入波动带来的财政运行风险。加强非税收入管理,加强土地出让收入征管,提高收入质量。全年完成非税收入105.71亿元,(较上年非税收入112.36亿元)下降5.9%,其中纳入一般公共预算管理的非税收入18.68亿元,增长25.2%。

【支持经济发展】 加大政策支撑力度,配合海曙区委、区政府修订《关于加快以数字经济为引领促进产业转型升级高质量发展的若干意见》,确立数字经济为主的产业体系,全年安排产业资金4.78亿元。保障重点项目投入,筹措2.61亿元用于支持智能制造技术研究院、工业互联网研究院、智能技术"两院一园"、上海交大人工智能研究院等项目落地建设。承接国家级临空经济示范区、栎社机场四期建设等重大项目。破解土地要素制约,为满足发展需要,2019年投入2.68亿元购买耕地占补平衡指标,用于弥补海曙区耕地占补平衡指标无历史积累问题。

【保障民生支出】 全年全区民生发展类支出66.94亿元,增长5.1%,占一般公共预算支出的70.7%。*支持教育事业发展*。全区教育支出19.12亿元,提升教育均衡化水平。保障7所校(园)建成投用,实现文明校园全覆盖。*支持公共文体事业发展*。全区文化旅游体育与传媒支出1.49亿元,实施文化惠民"百川工程"。天一阁·月湖获评省文旅融合示范景区,"四提升四覆盖"全民健身工程完成验收。*支持医疗卫生事业发展*。全区卫生健康支出8.27亿元,加快"健康海曙"建设。组建紧密型医联体2个,推进区中医院迁扩建项目,推动集士港镇、龙观乡创建国家级卫生镇乡。

【深化财政管理改革】 压缩一般性支出,对"三公"经费实施"预算+执行"双控管理。强化预算刚性,严控预算追加和调剂事项。做好一般公共预算中以收定支事项、政府性基金预算项目统筹使用相关工作,优化财政资源配置。加强政府投资项目资金预算计划管理,加大对重点项目和关键环节的保障力度。出台深化财政预算管理的指导意见,强化预算单位主体责任。全面实施绩效管理,实现部门预算单位专项资金绩效管理全覆盖。推进"最多跑一次"统一公共支付平台建设,实现国库支付电子化试运行,规范单位银行账户和公款竞争性存放管理。依据市对区集中财力办大事财政政策体制调整,调整区镇乡(街道)体制。深化国资国企市场化、实体化转型改革,推进宁波市海曙开发建设投资集团有限公司、宁波市海曙国有资本投资经营集团有限公司2个集团公司组建,发挥集团公司促进区域基础设施建设及产业转型升级中的主体作用。开展区属国有资本混合所有制改革试点,区开投集团获评2A+信用等级。出台加强国有企业监督相关制度文件12项,完善"1+X"国资监管制度,在对外投资、重大事项报告等方面规范国有资本运作制度体系,形成立体监督体系。

【加强政府债务管理】 强化政府债务管理,把控区域综合债务率,利用限额空间,争取新增政府债券额度,统筹用于在建和新开工公益性项目建设。发行自平衡专项债券,支持重大项目建设,遏制隐性债务增长。开展隐性债务化解工作,围绕既定化债目标,保证现有债务规模可控性和可持续性。加强隐性债务监测,利用信息化手段逐月分析地方债务及风险状况,守住风险底线。立足全区实际,实施五年化债计划,通过国企集团化改革,明晰政府债务和企业债务边界,实现隐性债务消化。

(宁波市海曙区财政局供稿　高　瑜执笔)

江北区

【概况】 2019年,宁波市江北区实现地区生产总值639.63亿元,按可比价计算,增长7.9%。其中:第一产业增加值7.69亿元,增长0.7%;第二产业增加值198.11亿元,增长5.0%;第三产业增加值433.83亿元,增长9.5%。三次产业结构比为1.2∶31.0∶67.8。全区财政总收入134.00亿元,增长5.8%。全区一般公共预算收入78.17亿元,增长7.2%,占财政总收入的58.3%,占地区生产总值的12.2%;其中税收收入70.20亿元,占一般公共预算收入的89.8%。全区一般公共预算支出74.37亿元,增长5.6%。全年财政收支平衡。

【组织财政收入】 适应经济新常态,重视组织收入工作,培植财源、涵养税源,促进收入增长与经济社会发展水平相适应,实现财政收入高质量发展。强化分析研判,完善财税沟通工作机制,加强与区内相关部门协作,分解落实责任,关注经济发展走势与税制改革形势,分析降税减费政策对组织收入的影响,采取应对措施,掌握组织收入主动权,提高收入监测准确性。突出财源管理,培育增量财源,落实招商引资"一把手"工程,促进招商工作市场化机制,注重主导产业、人气集聚和生态圈打造,加大以商引商、驻地招商和产业链聚商支持力度。巩固重点财源,梳理梯队培育情况,提高企业帮扶实效。注重国际化合作,加大开放力度,发挥各类平台政策开放优势,对接宁波"一带一路"综合试验区建设,支持深化“三港”(宁波音乐港、外滩时尚港、宁波文创港)建设。加强非税收入征管,全年非税收入80.88亿元。其中,纳入一般公共预算管理的非税收入7.97亿元,增长11.3%。

【促进产业转型增效】 落实国家“减税降费”和各项财政扶持政策,全年新增减税降费23.34亿元。实施融资畅通工程,创新“税银通”“初创贷”等形式,支持小微企业融资13.60亿元。支持产业数字化集聚变革,实施积极财政政策,推动数字化创新,推进数字经济“一号工程”建设,服务实体经济发展。推动传统制造业数字化改造,落实“三去一降一补”政策,支持称重传感、智能水表、智能电表等智能物联网技术产业发展,实施新一轮战略性新兴产业支持政策,培育以“一网一膜”(工业物联网产业、指膜材料产业)为核心的新兴产业群和以汽车零部件、高端装备为重点的智造产业群。全年兑现服务业百强、新办服务业、建筑业、工业三十强、“小巨人”等政策资金2.70亿元,惠及企业156家。增强制造业技术创新能力,加大对中小企业创新支持力度,统筹前洋经济开发区、宁波电商经济创新园区和江北投资创业中心等平台,支持打造生产、生活、生态的融合数字经济创新中心。支持“北岸智谷”品牌建设,实施数字经济人才专项引育行动,新增各类人才1.71万人,引进顶尖人才9人、特优人才22人,院士工作站总数达到7家。支持电商创新经济发展,参照宁波电商城相关财政政策体制,对宁波电商经济创新园区实行增量分成办法,土地出让金净收益市、区两级管理收缴部分,全额用于园区开发建设。通过市电子商务产业发展专项基金、宁波电商城专项发展资金加大财政支持力度,全年限额以上贸易企业商品销售额突破900亿元。

【增进民生福祉】 全年民生支出56.27亿元,增长10.0%,占一般公共预算支出的75.7%。加大对教育、医疗卫生、社会保障、农村环境整治、生态环保、城乡社会管理等社会民生事业的财政投入。优先教育事业发展。全年教育支出10.00亿元,增长14.2%,加快宁波大学附属学校二期、宁镇路学校、福山正达等教育硬件建设和投用,加大学前教育公益普惠投入力度,加快高素质教师队伍建设。促进“健康江北”建设。全年卫生健康支出4.33亿元,构建高质量区域医共体,加快区中医院挂牌投用。支持社会保障事业。全年社会保障和就业支出4.11亿元,推进大学生驿站和创业工坊建设,保障困难群体就业。完善养老护理体系,推进残疾人康复工程。实施文化惠民工程。安排文体支出1.23亿元,保障江北全媒体中心建设,支持开展中华慈孝节、中国合唱节、海丝音乐节等文化活动。支持打造体育精品赛事,推广“体育+”产业融合模式。支持社会治理共治共享和品质社区建设。支持实施乡村振兴战略。全年农林水支出6.21亿元,增长0.4%。支持农旅融合、文旅融合,打造“近山、近水、近郊”3条都市休闲旅游精品线,促进省级全域旅游示范区创建。推进现代农业发展,支持创建全国农村产业融合发展试点示范区。打好污染防治攻坚战,强化生态建设和环境保护,支持创建全国生态示范区和省级“污水零直排区”,巩固“五水共治”成果,保障“美丽河湖”和“蓝天净土”工程。改善农村人居环境,支持垃圾污水处理、厕所革命、村容村貌提升。支持对口支援和山海协作工作,全年安排东西部扶贫资金3350万元、山海协作资金340万元。

【深化财政改革】 完善预算工作机制。细化预算编制,强化预算约束刚性及法律效力,提高预算执行率,落实预算支出执行责任制度,突出执行效果与预算安排相结合,减少资金沉淀,提高预算执行质量。强化财政监管力度。深化国有重大资产监管体系,优化资源配置,发挥信息化管理作用。深化公款竞争性存放工作,优化评分机制,开展账户清理。健全财政财务内部控制制度,强化监督检查,并协同人大、政协等监督力量,提升财政资金管理使用的法治化水平。推进预决算信息公开,提升预决算信息公开透明度。加大培训力度,提升各级财务人员履职水平。树立过“紧日子”思想,强化“三公”等经费全口径管理,加强一般性支出预算管控,严控预算追加。健全政府债务管理长效机制。打好防范化解重大风险攻坚战,规范政府举债融资机制,盘活存量资产。全年盘活国有企业资产102处,盘活面积6.67万平方米。做好分步分类分级化解工作,落实化债五年计划,强化政府债务动态监督和考核,发挥规范举债对经济社会发展的支持作用,严控债务风险。深化国有企业市场化转型改革,健全现代企业治理机制,支持国有企业参与运营基建物业、农旅文旅等建设开发,拓展创新经济投资等领域。

【提升队伍建设】 开展“不忘初心、牢记使命”主题教育活动。组织“初心献国旗　传递爱国情”国旗传递仪式、“四步走寻初心”主题教育活动、赴市档案馆参观“不忘初心、牢记使命”主题教育档案文献展、集中观看爱国电影等活动,巩固、拓展主题教育成果。加强党风廉政建设,通过局长讲党课、观看江北区“北岸榜样”主题报告会党员干部感人事迹,落实“清廉江北”建设。开展“三服务”活动,与盐仓社区、半浦村、双顶山村党组织结对共建,深化基层党组织“进民户、访民情、解民忧”专项行动。

(宁波市江北区财政局供稿　黄　锋执笔)

镇海区

【概况】 2019年,宁波市镇海区实现地区生产总值1021.67亿元,按可比价格计算,增长7.1%。人均生产总值235815元。其中:第一产业增加值6.32亿元,第二产业增加值725.31亿元,第三产业增加值290亿元,分别增长2.2%、7.0%和7.6%。三次产业结构比为0.6∶71.0∶28.4。城镇居民人均可支配收入、农村居民人均纯收入分别为67351元和37767元,分别增长8.6%和9.6%。全社会固定资产投资235.90亿元,增长21.2%。全年全区财政总收入130.84亿元,增长3.6%。一般公共预算收入

84.23亿元,增长7.2%,占财政总收入的64.4%,占生产总值(GDP)的8.2%。税收收入61.48亿元,下降6.5%,占一般公共预算收入的73.0%。全年非税收入148.98亿元,其中纳入一般公共预算管理的非税收入22.80亿元,增长77.5%。全年一般公共预算支出97.29亿元,增长20.4%。全年财政收支平衡。

【强化收支管理】 强化收入管理。围绕市委、市政府的"双底线"考核目标要求,挖掘增收潜力,提高组织收入的主动性。召开全区财政收支预算管理工作会议,落实组织收入主体责任,以"扫楼""扫地"形式开展税源调查,完善各镇(街道)、园区的"网格化"财源管理服务体系;加快区块开发建设,确保税收应收尽收。优化支出结构,树立过"紧日子"思想。从严从紧编制预算,在上年度预算执行数基础上至少压减10%一般性支出,强化"三公"经费管理;加强预算执行刚性,年度执行中,原则上不制定新的增加财政支出的政策或措施,预算执行率较低的单位,核减其2020年度项目支出预算;加大资金统筹力度,将所有政府性收入纳入预算编报范围,加快各部门结转结余指标、资金的清理收回和统筹使用。

【扶持实体经济】 落实政策会商机制。配合经信局、商务局、金融办等部门做好区委32号文件和优化营商环境政策的分解落实,建立企业家参与财政扶持政策制订机制,财政扶持政策制订前充分听取企业家意见。出台优化营商环境政策意见9款18条,优化涉企政策一站式网上发布平台,全市首创政策资金预拨机制,全年平均缩短3个月以上。建立政策资金预拨机制。完善《镇海区财政支持经济发展专项资金申报资格限制管理规定》,放宽企业获得财政扶持资金的条件,严格审核程序,减少自由裁量权。全年完成申报审核项目414个,兑现扶持资金7.84亿元,惠及企业(个人)7096家(次)。

【保障民生支出】 全年民生支出79.42亿元,增长20.4%,占一般公共预算支出的81.6%。完善社会保障体系。全年社会保障支出8.65亿元,下降8.6%。做好各类城乡困难补助、医疗救助资金的资金保障,全年安排城乡医疗救助450万元、农村"五保"特困供养193万元、高龄津贴1350万元。推进医疗卫生事业发展。全年医疗卫生支出3.32亿元。拨付综合性医院的直接补贴1.58亿元,其中安排专项资金2200万元用于医疗设备购置等,保障公立医院和基层卫生院运行;修订《镇海区基层医疗卫生机构补偿机制改革实施办法》。助力教育强区建设。全年教育支出12.45亿元,增长10.1%。做好教育系统生均公用经费标准、民办学校补助政策、教师绩效激励等相关保障工作;会同教育部门做好学前教育绩效考核工作,并根据考核结果下拨学前教育专项资金,全年安排学前教育专项经费4300万元。提升公共文化服务水平。全年公共文化支出1.97亿元,增长19.1%。保障"雄镇大舞台""公益文化免费培训、免费开放""天天演"文化惠民工程、流动图书馆、文化大礼堂等文化项目,安排公共文化服务体系建设资金542万元,文艺精品创作项目化管理和政府文化成就奖经费200万元。做好一事一议和美丽乡村工作。结合"三服务"专题活动,开展农村走访调研,安排2019年一事一议项目,选择农民群众最急需、有引导和示范作用、投资规模适中的村公益事业项目造福村民。2019年确定项目11个,工程预算1491万元,安排拟补助资金900万元。制订《镇海区村级公益事业建设一事一议财政奖补资金管理办法》,统一项目资金补助标准和拨付流程。

【推进财政管理改革】 推进预算管理改革。强化全口径政府预算管理,统筹各预算间衔接,年初将12亿元政府性基金结余调入一般公共预算;优化基础信息库,完善基本支出标准化管理、支出经济分类预算管理;完成九龙湖旅游管委会、物流枢纽港和大学科技园区与属地镇(街道)的财政管理体制合并事宜,完善镇(街道)、园区财政管理体制,提升镇(街道)、园区"保基本、保运转、保民生"水平。推进国库管理制度改革。在区本级推行国库集中支付电子化管理,提高财政资金运行效率和安全;出台国库授权支付动态监控管理办法,加大对授权支付方式的动态监控力度,落实单位主体责任;加大存量资金清理,年初收回结余指标3.01亿元,结余资金0.69亿元,统筹用于民生、教育、医疗等领域;推进非税收入电子化收缴,规范单位用票行为,强化以票管收,提高非税收入监管水平。推进政府采购改革。做好"政采云"平台运行工作,实现"政采云"在区本级各单位全覆盖,确保政府采购电子交易系统全贯通,实现政府采购流程电子化,推动政府采购数字化转型。2019年完成采购项目1048个,涉及政府采购预算4.16亿元,实际成交金额3.69亿元,节约资金4675万元,资金节约率11.2%。试行绩效预算管理。以扶贫资金为切入点,试行绩效预算管理模式,借助扶贫资金动态监控平台,在预算指标分配、执行和项目资金绩效目标编报审核、绩效目标跟踪等各个环节实施监控,并对政策落实情况进行监督。

【守牢债务风险底线】 化解融资中已授信而未提款形成的隐性债务,甄别棚改项目,对于已由专项债券覆盖投资、后续不需向金融机构融资的项目,其未提款部分形成的隐性债务,以"转化为企业经营性债务"等方式予以化解。建立隐性债务转化联席会议制度,结合国资国企改革和融资平台转型,通过分析会商,按照"经营性资产覆盖本金、收益覆盖利息"原则,认定相关企业中具备条件的债务为企业经营性债务,实现化解。推进宁波绿色石化片区产城融合生态综合开发项目建设,2019年发行专项债券2批,涉及资金47亿元,降低政府融资成本,缓解支出压力,保障全区重大项目推进。

【强化队伍建设】 开展"不忘初心、牢记使命"主题教育活动,组织局各支部累计学习160次,开展调研30余次,解决问题23个,各支部和党员共查找梳理问题298条,整改完成255条,全局完成并向省、市级报送调研文章5篇。全年组织全体党员开展志愿服务296人次。

（宁波市镇海区财政局供稿　徐幼蕾执笔）

北仑区

【概况】　2019年宁波市北仑区（包括宁波保税区和大榭开发区，下同）实现地区生产总值（GDP）1961.45亿元，按可比价计算，增长6.6%。其中：第一产业增加值8.26亿元，增长1.7%；第二产业增加值1023.20亿元，增长6.0%，其中工业增加值962.00亿元，增长6.5%；第三产业增加值929.99亿元，增长7.3%。三次产业结构比为0.4∶52.2∶47.4。按户籍人口计算，2019年北仑区人均地区生产总值459690元（按年平均汇率折算为66636美元）。全年财政总收入621.81亿元，增长7.8%，一般公共预算收入315.70亿元，增长8.2%。全区一般公共预算收入占财政总收入的50.8%，占GDP的16.1%，一般公共预算收入中税收收入284.27亿元，占比90.0%。区本级和开发区财政总收入374.75亿元，增长7.1%；保税区财政总收入68.24亿元，增长12.7%；大榭开发区财政总收入178.81亿元，增长7.7%。区本级和开发区一般公共预算收入195.64亿元，增长7.2%；保税区一般公共预算收入33.19亿元，增长11.1%；大榭开发区一般公共预算收入86.87亿元，增长9.4%。全年一般公共预算支出305.92亿元，增长13.9%。全年财政收支平衡。（以下数据仅指北仑区本级和开发区）

【组织财政收入】　出台《各街道企业税源管理考核细则》和《招商部门企业税源管理考核细则》，优化考核方案，调整考核办法。升级税源管理系统，构建大数据交换平台。开展企业税源调查，畅通税源数据沟通渠道，做好支柱企业税收预测和统计分析工作，剖析企业的经营情况及税收走势。2019年，全区各招商部门及街道新增企业11940家，其中三产企业3430家，新增三产税收3.33亿元。推广非税收入管理软件，提升非税收入监管水平，区本级和开发区全年完成非税收入160.29亿元，增长43.6%，其中纳入一般公共预算管理的非税收入20.08亿元，增长17.2%。

【支持经济发展】　贯彻落实中央、省市减税降费政策，配套出台区级政策落实工作方案，推动减税降费政策落地，全年减税降费36.55亿元，其中税收减免29.14亿元，社保费减免7.34亿元，降费69万元。多渠道拓展市场化创新融资，新增各类公益性融资139.80亿元，其中新增棚户区改造专项债券6.00亿元；完成北仑区河海建设投资有限公司和宁波滨江新城开发投资有限公司主体评级AA+工作，全区AA+主体评级公司达到4家，位列全市各县市区之首。坚持资金引导和精准施策，加大稳增长调结构投入力度，重点支持“246”产业培育工程和千百十亿级企业培育工程，投入2.97亿元促进工业企业转型升级，支持产业技术进步和结构调整，推动重大科技成果转化应用；落实3.67亿元促进产业结构调整升级，扩大高新产业竞争能力。深化“三服务”活动，推动企业联系常态化。对接甬江科创大走廊，打造“一路一湾一岸”人才科创走廊，加快“两院一园”北仑区域合作中心建设。加大人才引进扶持力度，投入人才基金2.00亿元，引进急需紧缺高层次顶尖人才。

【保障民生支出】　全年民生支出166.97亿元，增长34.3%，占一般公共预算支出的80.0%，提高基本公共服务均等化水平。全年教育支出21.41亿元，增长20.9%，其中：投入3.08亿元加强教育基础设施建设，保障学校维修改造和校舍建设；投入5.11亿元提高生均公用经费标准和教师工资待遇，加强基层教育人才队伍建设，完善困难学生资助政策体系，促进城乡教育资源均衡配置。全年社会保障和就业支出12.35亿元，提高退休职工和被征地人员养老保险待遇，推进居家养老服务工作，落实社保精准扶贫，保障高龄老人、优抚群体和退役军人权益，完善社会养老服务体系。全年卫生健康支出8.96亿元，增长11.7%，完善城乡居民医保制度，强化疾病应急等医疗救助，深化医疗保险制度改革，完善大病保险等各项政策，健全基本服务和重大公共卫生服务经费财政保障机制，做好疾病防控、卫生监督、妇幼保健工作保障。全年城乡社区支出75.26亿元，增长38.6%，完善生活垃圾分类、投放、运输、处理体系，推动城乡生活垃圾分类全覆盖，加大节能减排补助，推进循环经济发展，支持轨道交通、生态环境等基础设施建设。全年文化体育与传媒支出2.36亿元，实施文化惠民工程，推动群众文化活动开展，推进农村文化礼堂和公共文化服务体系建设，保障港口文化节和青年音乐节、女排联赛等文体活动开展，保障图书馆、文化馆免费开放。

【创新财政管理】　推进财政系统“最多跑一次”改革，取消行政处罚事项2个。建立办事群众回访机制，对所有行政审批事项实行100%回访。落实机关内部“最多跑一次”改革，实现“最多跑一次”事项25项，覆盖率100%，其中即时办理事项9项，网上办理事项9项。梳理所有事项办事流程，形成包含办事材料、办理时间、办事地点、联系方式等详细内容的办事指南，均在浙政钉政务服务网上对外公示，并及时更新、完善。推进地方政府债务置换，探索长远的资金保障机制和运作模式。强化政府性债务管理，整合全区国有资源，完善融资平台，创新投融资体制。深化预算执行动态监控管理，加快财政支出执行进度。建立健全结余结转资金定期清理机制，盘活财政存量资金统筹用于民生项目和重点领域，全年利用存量资金安排项目1.95亿元。深化部门预算改革，做实基本信息库，完善滚动项目库，推进中期规划管理。开展人大对部门预算绩效参与式管理，将11家区级部门、2家街道纳入人大监督。主动公开政府预决算，区级70家单位均完成部门预算和“三公”经费预算公开。推进政府会计制度改革，组织相关培训，推进各单位实现新旧会计制度对接。推广“政采云”平台，实现政府采购阳光化，全年在“政采云”平台发起交易85516万元。强化监督体系，实施会计监督、预决算公开、公款竞争性存放、财政票据、政府采购代理机构等各项执法监督检查，推动法治政府建设。

【加强队伍建设】 开展第二批“不忘初心、牢记使命”主题教育，全年组织中心组理论学习40余次。开展知行学堂集中学习22次，分散学习16次。推进党建工作常态化制度化。结合财政特点，开展“清洁家园”、结对帮扶、爱心传递等志愿服务活动。组织参观全市违纪违法典型案例专题巡展、长山清风馆、北仑开发开放展览馆，组织观看全国财政党风廉政建设视频会议，加强党风廉政建设。制定《2019年党风廉政建设工作要点》《2019年党风廉政建设组织领导与责任分工》《2019年党风廉政建设责任范围和对象一览表》，落实“一岗双责”。履行法治建设工作职责，落实“谁执法谁普法、谁服务谁普法”普法责任制，建立行政执法人员培训制度。

（宁波市北仑区财政局〔宁波经济技术开发区财政局〕供稿 田苗苗执笔）

鄞州区

【概况】 2019年，宁波市鄞州区全区（含高新区、东钱湖，下同）实现地区生产总值2211.02亿元，增长7.0%。其中：第一产业增加值26.54亿元，增长1.7%；第二产业增加值630.06亿元，增长6.0%；第三产业增加值1554.42亿元，增长7.5%。三次产业结构比为1.2∶28.5∶70.3。按常住人口计算，人均生产总值156502元（按年平均汇率折算为22686美元）。全区完成财政总收入453.38亿元，增长4.0%。其中一般公共预算收入269.33亿元，增长6.5%，占财政总收入的59.4%，占地区生产总值的12.2%；上缴中央财政收入184.05亿元，增长0.6%。全区税收收入230.45亿元，增长4.0%，占一般公共预算收入的85.6%。全区一般公共预算支出233.53亿元，增长9.9%。鄞州区（不含高新区、东钱湖，下同）完成财政总收入363.06亿元，增长5.3%。其中一般公共预算收入212.40亿元，增长7.0%，占财政总收入的58.5%，比宁波市平均高5.8个百分点；上缴中央财政收入150.66亿元，增长3.0%。鄞州区税收收入188.85亿元，占一般公共预算收入的88.9%，比宁波市平均高6个百分点。鄞州区一般公共预算支出174.72亿元，增长11.9%。全年全区及鄞州区财政收支平衡。

【组织财政收入】 关注经济形势及宏观政策变化对财政收入的影响，研究财政运行新情况新问题，监控重点区域、重点行业和重点企业收入运行动态，保障全区一般公共预算收入、财政总收入指标稳健增长。加强非税收入征管，鄞州区全年征收非税收入187.32亿元，其中纳入一般公共预算管理的非税收入23.55亿元，占一般公共预算收入的11.1%。

【支持经济发展】 落实减税降费政策，加强财政收支统筹平衡，全年鄞州区减免企业税收43.22亿元，减免非税收入477万元。实施积极的财政政策，围绕数字经济、平台经济、总部经济、美丽经济、鄞州人经济等“五大经济”，加大产业扶持力度。加快产业政策兑现速度，全年兑现鄞州区本级财政资金14.20亿元，惠及企业5118户次，助力企业转型升级。

【保障民生支出】 全年鄞州区民生支出138.50亿元，占一般公共预算支出的79.3%。（下文数据均为鄞州区口径，即不包含高新区、东钱湖）加大财政资金统筹力度，保障美丽宜居村建设、“断头路”打通、农村生活污水处理、医养融合健康服务e站建设、公厕建设改造等重点工程项目。其中：教育支出28.73亿元，主要用于教师增资、校舍基建工程、设备维修更新、学前教育发展等；社会保障与就业支出29.45亿元，主要用于城乡居民养老保险、退休人员临时补贴、被征地农民养老保险等；卫生健康支出14.20亿元，主要用于公立医院补助、城乡居民基本医疗保险缴费补贴、基层卫生院建设等。加大财政资金统筹力度，保障区委、区政府重点工程项目，其中雁湖路改建工程3亿元，“三居”专项行动1.51亿元，农村生活污水治理1.37亿元，明州大道工程1.25亿元，农村河道整治和水环境建设1.14亿元，小城镇环境综合整治0.9亿元。

【深化财政改革】 构建集中财力办大事财政政策体系。制定事权清单、大事清单、专项资金清单，明确财权与事权划分，明确财政资金重点保障方向，建立健全专项资金设立、预算安排、绩效评价和退出的动态管理机制。加强政府投资项目全过程管理，实行立项前多部门联动审核，对资金尚未到位项目开展模拟审批。深化预算改革。按照《预算审查监督办法》等要求，规范预算编制与调整程序。完善基本支出标准体系、共性项目支出标准体系，在宁波市率先完成部门个性项目支出标准体系建设。盘活财政存量资金，2019年，收回部门存量资金4.20亿元。做好与海曙区存量资金结算和债务划转工作，做好涉及机构改革部门的经费保障和结余资金划分，加强涉改部门财务辅导。深化涉农资金整合。搭建美丽乡村建设和农业产业发展2个涉农资金项目整合平台，根据项目性质用途和部门职能，将原有56个项目整合为25个项目，实现财政资金从分散使用向集中投放转变。2019年，鄞州区共计整合涉农资金8.25亿元。深化国企改革、国资整合。形成宁波市鄞城集团有限公司、宁波市鄞通集团有限公司、宁波市鄞工集团有限公司、宁波市鄞开集团有限公司4个集团主导的国企发展新格局，实现国有企业市场化转型，提升融资能力。盘活存量国有资产，通过盘点、核资、清算、转让等方式，将国有资产注入国有集团，提高资产配置效率。设立鄞州区国有资产发展服务中心，完善企业分类监管、“三定”方案、人员分流、薪酬考核、业绩考核、重大事项报告等国资监管制度体系。优化镇街财政管理。合理划分收支范围，提升镇、街道积极性，促进镇街政权建设和经济社会发展。调整中河、钟公庙、福明3个街道财政管理体制,由部门预算财政体制改为一级财政管理体制,明确财权与事权的划分。

【加强财政监管】 强化预算绩效管理。扩大预算绩效管理范围,要求有补助性项目支出的部门,至少选择1个项目进行预算绩效目标管理,全年纳入预算绩效管理的项目98个,涉及资金27.77亿元。探索部门整体预算绩效管理试点,建立符合鄞州实际的指标评价标准,加强事前评估、事中监督、事后评价,建立全方位、全过程、全覆盖的预算绩效管理体系。严控债务管理。深化投融资改革,完善产业基金、政府和社会资本合作等体系,拓宽市场化融资渠道,争取棚改债券8.00亿元、再融资债券11.02亿元和2020年新增专项债券6.50亿元。探索隐性债务重组,推进隐性债务化解工作,完成全年隐性债务化解任务的134.0%。坚持厉行节约。出台培训费、差旅费、干部教育培训经费开支等管理规定,鄞州区全年"三公"经费下降14.3%。强化政府采购管理。构建结果导向的政府采购制度体系,提升政府采购透明度,全年完成采购5.97亿元,节约资金4400万元,资金节约率7.4%。

【加强队伍建设】 深化党风廉政建设,明确主体责任,落实"一岗双责"。开展"不忘初心、牢记使命"主题教育活动,全年召开中心组专题学习研讨会5次、专题党课6次。通过党支部集中学习、专家授课、内网专栏等形式,开展理论学习21场次、党员学习心得交流会4次、廉政警示教育5次。局领导带头走访区级部门、街道30余家开展预算编制情况调研,赴企业、农村、社区开展专题调研15次,形成调研报告7篇。

(宁波市鄞州区财政局供稿 王邵逸执笔)

奉化区

【概况】 2019年,宁波市奉化区实现地区生产总值645.25亿元,按可比价格计算,增长5.4%,其中区属地区生产总值增长6.5%。第一产业增加值31.11亿元,增长2.1%;第二产业增加值392.27亿元,增长5.0%;第三产业增加值221.87亿元,增长6.7%。三次产业结构比为4.8∶60.8∶34.4。按常住人口计算,人均地区生产总值126520元,增长4.9%,按年平均汇率折算为18145美元。全区城镇居民人均可支配收入56551元,同比增长7.1%;农村居民人均可支配收入33185元,增长8.5%。实现社会消费品零售总额190.10亿元,增长8.1%。全年固定资产投资额266.02亿元,增长18.8%。全区财政总收入90.14亿元,增长14.7%。其中:一般公共预算收入60.00亿元,增长21.3%,占财政总收入的66.6%,占GDP的9.3%。税收收入48.96亿元,增长18.1%,占一般公共预算收入的81.6%。一般公共预算支出82.27亿元,增长14.5%,其中八项支出63.33亿元,增长18.0%。

【组织财政收入】 加强预算收入监测与分析。联合税务、人社等部门落实国家减税降费政策,防止应纳税费流失,做到应减尽减,应收尽收。建立收入增长管控机制,把握全年收支力度和节奏,确保各项收入平稳有序增长。化"零"为"整"盘活财政资金。对各单位历年结存资金、上级拨付资金、暂存等其他资金情况开展自查,推动预算单位账户闲置资金盘查,全年盘活财政资金约3000万元。加强非税收入管理。推进统一公共支付平台建设,在区行政服务中心增设自助缴费与自助取票一体机,新接入丰收互联、建设银行手机银行等缴费渠道,全年通过平台累计缴费130578笔,合计金额1.76亿元。全年非税收入11.12亿元,增长34.2%,其中纳入一般公共预算管理的非税收入11.04亿元,增长37.7%。

【服务经济社会发展】 支持实体经济转型发展,做好"强龙工程"、冷链供应链、"中国制造2025"等涉企政策项目审核和资金兑付工作,全年兑付企业扶持资金2.99亿元,惠及企业1455户。结合"四联四跑"*工作要求,落实"一企派一员,一员联多企",帮助企业解决难题,提升财政工作服务质量。推进建立政府产业发展基金尽职容错机制,修订产业基金管理制度,拟定政府产业基金尽职免责实施办法,完善产业基金投资决策程序,发挥产业基金撬动作用。

【保障民生支出】 全年民生支出62.02亿元,增长12.1%,占一般公共预算支出的75.4%。健全以政府投入为主、多渠道筹集教育经费的体制机制,增加财政投入规模,全年教育支出14.09亿元,增长8.2%。主要用于保障教师队伍建设、推进薄弱学校改造提升,帮困助学、保障义务教育等,推进教育综合改革,获评省学习型城区。全年社会保障和就业支出11.92亿元,增长5.2%。保障企业退休人员、城乡居民、被征地人员等各类群体养老待遇,区本级财政增加资金1516万元用于提高城乡居民基本养老保障和被征地养老保障待遇水平;保障低收入人群、困难残疾人生活补贴和重度残疾人护理补贴,最低生活保障标准提高至799元/人·年。全年卫生健康支出6.86亿元,增长10.3%。主要用于保障基本药物补助,推进公共卫生服务均等化,支持公立医院改革,提高人员补贴标准,完善医疗保险制度等。建立与医共体发展相适应的财政投入保障机制,促进医疗卫生资源高效利用,推动医疗卫生事业高质量发展。支持乡村振兴,安排专项资金1.00亿元,重点用于农村农房改造以及村庄环境整治等。做好涉农资金整合工作,通过整合部门大专项,调整涉农专项投向方式,全年投入整合靶向村庄及区乡村振兴重点项目资金6.5亿元,实际整合4.84亿元。

【推进财政改革】 推进"两库"*建设,依托宁波财政信息系统,完善基本支出预算定额定标适用范围,明晰项目库管理,实现项目管理的规范性、完整性和滚动性;统一部门预算编制政策、审核流程等,规范预算编制审核。推动全面预算绩效管理改革,试点开展事前评审、事中绩效跟踪,加强事后绩效监督,坚持预算和绩效同步抓、制度和监管双融合,建立财政专项资金绩效管理闭环。

【加强政府性债务管理】 争取新增债券和债券置换额度。争取宁波新增专项债券3.00亿元;全额置换区到期政府债券7.03亿元,其中:一般债券2.88亿元、专项债券4.15亿元。做好政府债务限额管理。全年政府债务余额108.15亿元,其中:一般债务60.64亿元、专项债务47.51亿元,均控制在限额内。做好现金流断裂风险防控。提高债务日常监测广度、深度和精度,全过程、全方位优化债务监测预警,形成"年初下达任务、每月统计预警、年末考核通报"的债务监测督导机制。完成化债目标任务。全年完成隐性债务化解计划的198.7%。

【强化财政监督】 开展财政监督检查。通过会计监督、专项检查、日常检查、配合纪委巡查等手段,全年开展财政检查项目11个,收回财政资金2030万元,核减预算81万元,冻结预算26万元,办理大案要案1件,中层免职2人,向纪委移送线索8条,涉及人员4人,调整政策2条。针对扶贫领域和保障民生领域开展专项检查。开展精减退职、遗属人员财政补助政策专项检查,发现不符补助条件人员96名,采取追缴多发补助、停发不符规定人员补助、优化管理等措施。开展全区五保供养政策执行情况专项检查,要求政策执行不到位的单位完善五保供养制度,规范资金管理,加强五保人员审查、外包程序、考核力度,保障五保户权益等。推进绩效管理。2019年完成事前重点绩效目标编制31个、事前评审项目5个、事中绩效跟踪13个、事后绩效评价8个,发布绩效评价报告8份,提出各类意见建议31条,涉及相关政策调整6条,调减2019年预算3077万元,核减率31.9%,核减2020年度预算1.62亿元,核减率44.3%,收回财政资金70万元。

【加强队伍建设】 开展"不忘初心、牢记使命"主题教育活动。局党委班子开展专题研讨交流4次,赴基层调研12次,形成调研报告6篇;全局开展集中夜学9次,各支部集中学习18次,征集体会文章49篇,查摆问题10个。开展"初心之旅"革命传统教育、"初心力量——我身边的优秀财政人"评选等活动。开展"五对标五自查"检视剖析,组织召开自我检视问题分析会,对照"18个是否"逐项查找问题。组织召开民主生活会。针对调查研究和检视剖析发现的问题,列出清单,归纳分类,逐条研究,制定具体的整改措施和计划。落实干部重要事项报告制度。推进清廉财政建设。出台《宁波市奉化区财政局关于大力推进清廉财政建设的实施意见》,做好责任分解和贯彻落实工作。开展廉政警示教育月活动,组织警示教育参观等,深化以案为鉴。全年开展党委中心组理论学习14次,党委书记专题党课2期,党委班子专题党课6期。强化党建带动群建。成立党群一体化工作小组,把从严治党的要求贯穿于主题党日活动、团委活动、工会活动等,形成党群共建的强大合力。

(宁波市奉化区财政局供稿 周露璐执笔)

注:

*"四联四跑":即领导联企业、联村社、联项目、联乡镇,党员干部跑企业、跑村社、跑工程、跑街巷。

*"两库":即预算单位"基本信息库"和"项目库"。

余姚市

【概况】 2019年,余姚市实现地区生产总值1166.26亿元,按可比价格计算,增长7.9%。其中:第一产业增加值47.74亿元,增长2.5%;第二产业增加值664.08亿元,增长9.2%;第三产业增加值454.44亿元,增长6.6%。三次产业结构比为4.1∶56.9∶39.0。按户籍人口计算,人均生产总值139485元。全市财政总收入178.13亿元,增长5.2%,其中一般公共预算收入107.23亿元,增长6.6%。全市一般公共预算支出122.59亿元,增长6.3%。全市财政收支平衡。

【组织财政收入】 加强收入分析预测,围绕收入预算目标,分解落实任务。坚持依法征收,加强财源建设,做好与税务等征收部门的沟通协调,实现财政收入平稳增长。受减税降费等影响,2019年财政总收入、一般公共预算收入增幅分别低于上年5.9和4.4个百分点。优化收入结构,全市一般公共预算收入占地区生产总值的9.2%,占财政总收入的60.2%;税收收入91.90亿元,占一般公共预算收入的85.7%。加强非税收入管理,2019年全市非税收入完成265.45亿元,其中纳入一般公共预算管理的非税收入15.33亿元,增长17.2%。

【支持经济发展】 按照突出重点、扶大扶强和便于操作的原则,完善扶持企业政策,2019年拨付各级财政扶持企业政策资金7.50亿元。贯彻落实各项减税降费政策,开展减税降费政策措施实施效果自查自纠,全年减免各项税费31.37亿元。开展"服务企业、服务群众、服务基层"活动,全年走访企业45家,解决问题52个。

【加大财政支农力度】 全市农林水支出12.99亿元,增长0.1%。支持新农村建设,安排资金2940万元用于村级公益事业建设、幸福美丽乡村建设和村庄整体整治提升工程。支持生态文明建设,安排资金7362万元用于生态公益林建设、森林城镇及村庄建设、"一村万树"示范村建设和四明山区域生态发展。安排资金2500万元扶持现代农业项目,主要用于农业科技创新平台建设、设施智慧农业(林业)补助、农业资源循环利用奖励、品质(品牌)农业建设补助、农业标准化建设等。安排资金2365万元用于水环境整治、小流域治理、小型农田水利项目等,安排资金774万元用于农村生活垃圾分类和农药废弃包装物回收和集中处置工作。

【支持社会事业发展】 全年民生支出96.57亿元,增长8.8%,占一般公共预算支出的78.8%。教育支出23.84亿元,增长4.7%,主要用于教师绩效工资、生均公用经费、校舍新建改造、课本费减免、职高和义务段学校学费减免、幼儿基础教育、困难学生助学金、爱心营养餐等。社会保障和就业支出23.28亿元,增长8.6%,主要用于城乡老年居民生活补贴、高龄老人补贴、精简退职人员生活困难补助、城乡医疗救助、城乡低保对象等困难群体基本生活保障、残疾人共享小康工程、困难残疾人生活补贴和重度残疾人护理补贴、城乡职工就业等。全市卫生健康支出13.32亿元,增长38.4%,主要用于城乡基本药物制度、市级公立医院改革、城乡居民基本医疗保险补助、妇女健康工程、计划生育奖励、基本公共卫生等。

【推进财政改革】 深化"最多跑一次"改革,推进统一公共支付平台建设,做好电子票据管理改革试点推广工作,完成全市市级预算单位国库支付电子化改革。推进预算信息公开,及时公布财政预决算信息。做好全市机构改革经费保障工作。编制2019年全市和本级预算,"四本预算"经余姚市人大会议审议通过。做好项目资金的清理结转。推进平台公司市场化转型工作,探索平台公司市场化转型后承接公益性项目的体制和机制。

【强化财政监管】 落实上级关于厉行节约各项规定,压缩一般性支出,"三公"经费逐年下降。加强财政监督,开展严肃财经纪律专项检查、会计监督和资产评估机构检查、全市预算单位银行账户清理和公款存放检查。强化预算绩效管理,对13个重点评价项目开展绩效评价。推进内控机制建设,编报2018年度行政事业单位内部控制报告。加强会计管理,完成第二期会计领军(后备)人才培训。实行政府债务限额管理,实施控债化险专项行动,完成年度化债任务。建立控债化险工作月报和监督制度。

【加强队伍建设】 开展"不忘初心、牢记使命"主题教育。落实党建亮显工程,在党员活动室悬挂党旗,亮出入党誓词、党员权利义务、三会一课、组织设置等基本内容,在局内网开辟"党建园地"和"初心讲堂"专栏。落实主题党日活动和组织生活会等制度。以专家授课、现场教育、电影党课的形式,举办党性教育培训班2期。落实意识形态工作责任制,做好意识形态整改"回头看"工作。加强警示教育,组织参观清廉教育基地、收看警示专题片、学习宁波市廉政教育读本等活动。加强作风建设,开展作风效能监督检查,做好日常廉政和重要节日效能提醒。加强财政文化建设,开展征文、廉政专题讲座、书画摄影展、垃圾分类知识学习、剪纸等活动。

(余姚市财政局供稿　陈立军执笔)

慈溪市

【概况】 2019年,慈溪全市实现地区生产总值1898.64亿元,按可比价计算,增长6.2%。其中:第一、二、三产业增加值分别为55.72亿元、1146.40亿元、696.52亿元,分别增长1.6%、5.0%、8.8%。三次产业结构比为2.9∶60.4∶36.7。按常住人口计算,全市人均地区生产总值122730元。全市固定资产投资增长11.4%。社会消费品零售总额669.64亿元,增长7.0%。外贸自营进出口总额885.11亿元,增长3.9%。全市居民人均可支配收入56653元,增长8.7%;其中城镇常住居民人均可支配收入63964元,增长7.9%;农村常住居民人均可支配收入38081元,增长9.0%。全市财政总收入352.53亿元,增长6.3%,其中一般公共预算收入201.69亿元,增长12.0%,占地区生产总值的10.6%,占财政总收入的57.2%;市级财政总收入182.48亿元,增长6.8%,其中一般公共预算收入112.93亿元,增长8.0%。全市税收收入169.00亿元,增长8.7%,占一般公共预算收入的83.8%;市级税收收入92.50亿元,增长6.2%。全市一般公共预算支出216.57亿元,增长14.9%;市级一般公共预算支出137.10亿元,增长18.8%。全市及市级财政收支紧平衡。(全文中财政统计数据口径中的全市指慈溪市,包括杭州湾新区及庵东镇;市级指慈溪本级,不包括杭州湾新区及庵东镇;下文支出数据均不包括杭州湾新区及庵东镇。)

【组织财政收入】 *把控收入"盘子"。*深化经济运行"双底线"监测,健全收支动态监测预警,跟踪减税降费的实施效果及减收影响,把握组织收入的力度、进度和节奏,提高收入质量。*加强非税收入管理。*完善非税收入征收考核奖励办法,提升执收单位非税征缴的规范性和积极性。*加强重点执收项目土地出让金的监管。*推进医疗领域电子票据改革,拓展财政电子票据使用范围,将电子票据应用到浙江政务服务网统一公共支付平台收费项目。全年全市组织非税收入594.28亿元,增长170.4%,其中纳入一般公共预算管理的非税收入32.69亿元,增长33.0%;市级组织非税收入131.56亿元,增长34.5%,其中纳入一般公共预算管理的非税收入20.44亿元,增长17.1%。

【助推经济高质量发展】 *落实大规模减税降费政策。*全年减免各类税费26.70亿元,落实涉企收费基金目录清单制度,在实现省级以下政策"零收费"基础上,额外停征1项、减免2项行政事业性收费,优化营商环境。*优化财政扶持方式。*调整产业政策结构,统筹产业扶持资金"盘子",推动市政府出台产业高质量发展"40条"、金融支持实体经济"10条"、现代农业高质量发展等系列产业扶持政策和配套细则。全年市级兑现产业扶持资金3.66亿元,释放积极财政政策红利,提升财政资金支持产业发展的精准度和有效性。*发挥产业基金放大效应。*按照"政府引导、市场运作”原则，完善工信基金政策体系和管理架构，完成工信基金子基金华慈瑞德先进制造投资合伙企业最终组建方案，推进基金实质性运作，加大政府产业基金对实体经济的支持作用。

【支持打好三大攻坚战】 化解政府债务风险。落实防范化解隐性债务专项行动，按计划化解隐性债务存量，政府隐性债务风险下降一个等级，加强存量债务资金链风险防范，实行常态化监控、定期研判，落实问责机制，争取并发行新增专项债务2亿元，推进三个融资平台公司完成市场化转型。支持精准脱贫。全年投入4440余万元推进财政专项扶贫、对口支援和东西部扶贫协作工作，贵州省兴仁市、安龙县两地均已“脱贫摘帽”，山海协作项目常山万洋众创城开工建设，“消薄飞地”和“科创飞地”在慈溪市落地开工。全年“三农”支出86.13亿元，增长23.3%，支持乡村振兴战略实施。助推污染防治。保障污染防治攻坚战，市级节能环保支出1.38亿元，增长32.7%，支持蓝天、碧水、净土、清废四大行动，改善生态环境质量。

【增进民生福祉】 全年市级一般公共预算用于民生方面支出110.86亿元，增长21.4%，占比80.9%。全年市级社会保障支出18.79亿元，增长79.8%。户籍人口养老、医疗保险参保率分别达到99.6%、99.8%，最低生活保障标准提高至846元/人·月。促进稳定和扩大就业，落实创业者社保补贴、创业带动就业岗位补贴等创业扶持政策，加大失业保险援企稳岗力度，落实失业保险援企返还补贴1.42亿元，助力慈溪市创成省“无欠薪”县（市、区）。全年市级教育支出31.99亿元，增长6.0%。支持发展公平而有质量的教育，推动学前教育优质普惠、义务教育公平均衡、职业教育品牌建设，支持小学放学后托管服务，获批设立慈溪技师学院，支持宁波大学科技学院办学。全年市级卫生健康支出16.42亿元，增长33.1%，提升医疗服务与社会保障能力，助力医共体建设，组建四大医疗健康集团。

【深化财政体制改革】 构建集中财力办大事财政政策体系。压减一般性支出，落实政府过“紧日子”要求，严控“三公两费”，市级“三公”经费下降15%。全面开展市级部门政策性预算支出清理工作，取消到期政策、整合相似政策、调整过高标准，将有限的财力用到“大事”上，发挥财政资金最大效益。涉及政策250项、部门32个，资金48.21亿元，通过清理，压减资金逾2.00亿元。推进全面实施预算绩效管理进程。将预算绩效目标嵌入部门预算编报流程，建立规范的预算绩效目标申报管理制度及操作规程。盘活资金资产。加大盘活财政存量资金管理工作力度，严控新增财政存量资金，加强部门结转结余资金管理，市级累计盘活存量资金逾15.00亿元。加强行政事业单位资产监管。开展政府资产特定问题调查整改工作，在摸清政府“家底”的基础上，围绕制度和问题两个清单，推进市级行政事业单位各项问题整改落实工作，推进资产分类盘活，累计处置闲置低效资产60余处，处置金额累计逾6600万元。加大政府信息公开力度。全年处理依申请公开5件、信访14件。完善与人大、政协沟通对接机制，办理人大建议64件、政协提案62件。

【打造财政铁军】 开展“不忘初心、牢记使命”主题教育。举办市管干部思学践悟专题读书会2期、局党委中心组专题理论学习3次、党支部集中学习84次、专题党课18节，走访企业30余家，解决需求和困难问题13件次。落实从严治党，加强机关党的建设。推进“学习强国”“三会一课”常态化，做好党员积分工作，完善机关党委各级党组织设置，强化党员教育管理。加强“四风”整治。开展干部不担当不作为问题、选人用人和干部因私出国（境）违规违纪问题等专项整治，开展党员领导干部违规领取、侵占村级分红和违规占用农村集体土地建房等集中整治。加强干部实践历练培养。启动机构改革后公务员转任、中层选拔任用及轮岗工作，全年转任干部2名，选拔任用中层正职4名，中层副职9名。

（慈溪市财政局供稿　徐维杰执笔）

宁海县

【概况】 2019年，宁海县实现地区生产总值701.08亿元，按可比价格计算，增长6.1%。其中：第一产业增加值46.27亿元，增长2.6%；第二产业增加值363.61亿元，增长6.2%；第三产业增加值291.20亿元，增长6.5%。三次产业结构比为6.6∶51.9∶41.5。按户籍人口计算，人均生产总值110652元。固定资产投资增长4.2%。社会消费品零售总额251.16亿元，增长10.0%。城镇居民人均可支配收入61016元，增长8.6%；农村居民人均可支配收入33864元，增长9.0%，城乡居民收入比为1.80∶1。全县财政总收入104.70亿元，增长4.6%，其中一般公共预算收入66.02亿元，增长7.1%，占财政总收入的63.1%，占地区生产总值的9.4%。一般公共预算收入中税收收入48.30亿元，占比73.0%。一般公共预算支出90.80亿元，增长8.8%。非税收入63.29亿元，其中纳入一般公共预算管理的非税收入17.70亿元，增长13.5%。全年财政收支平衡。

【支持实体经济】 贯彻落实减税降费政策，新政策出台后新增减税降费13.95亿元。加大企业扶持资金投入力度，共兑现二、三产业扶持资金5.28亿元，新增“中国制造2025”三等奖市级资金3000万元，入选全市首个深化民营和小微企业金融服务综合改革试点区。会同行业主管部门制订和完善制造业领军企业培育、小微企业财产保险、“三凤”金融等专项资金管理办法，确保资金使用安全有效。做好服务企业工作，通过“五问五帮”“三服务”、外出考察学习等方式，实地调研多家民营企业发展状况和需求，分析扶持政策的短板，学习先进地区经验，为完善产业政策提供决策依据。

【保障改善民生】 全年民生支出67.30亿元，占一般公共预算支出的74.2%。安排资金1.70亿元用于支持美丽乡村、全域旅游、文化礼堂、垃圾分类等人大票决十大民生实事工程。教育支出17.03亿元，推进各类教育协调发展，安排学生帮困助学补助资金6500万元，智慧校园项目2040万元。卫生健康支出8.64亿元，其中医保基金补助支出4.29亿元，公共卫生支出8729万元，安排“双下沉、两提升”、公立医院改革及名医工程、医共体建设资金1600万元。全年社会保障支出18.56亿元，其中养老补助资金7.24亿元，构建多元化养老服务体系。

【推进财政改革】 强化预算刚性约束，对于突发及重大事项，由县政府常务会议审定安排预算。创建信息化项目管理“5+X”模式，配合县大数据中心、发改局、经信局、审计局等部门，与建设单位组建信息化项目联审小组，提升全县信息化项目预算管理水平。试点国库集中支付电子化系统，确保资金安全、高效运行。推行2018年度政府综合财务报告试编工作，首次将18个镇、乡、街道纳入权责发生制综合财务报告试编范围。深化国有资产摸底清查，编制《2018年度宁海县行政事业性国有资产管理情况的专项报告》和《2018年度宁海县国有资产管理情况的综合报告》。打造“阳光采购”，成为全市首个政府采购项目电子化交易全流程贯通区域，全年节约采购资金6575万元，节约率9.4%。

【强化资金监管】 扩大预算绩效评价覆盖面，对重点项目开展全面绩效评价，完成2018年度8个重点项目绩效评价工作及3个自评项目的复评工作，开展2019年度9个重点关注项目中期绩效跟踪。完成2018年度专项资金绩效自评工作28个，完成2018年度新农村建设类项目中的村级集体经济发展项目绩效评价1个。建立完整的县级项目库，推进绩效评价结果与项目库有机更新相结合，保留有绩效的项目，清退无绩效的项目。启动部门专项资金整合清理工作，建立项目退出机制，清理、取消各类到期或绩效不高的专项资金31项，合计金额4326万元，督促完善资金管理办法项目13个，合计金额3229万元。加大对存量资金的清收与盘活力度，实施结转结余资金和存量资金正常回收机制。整合县级财政涉农资金7.80亿元，提升财政支农效益。完成政府投资项目工程结算审核370个，核减金额2.91亿元，平均核减率7.4%。执行过“紧日子”的要求，压减一般性支出与“三公”经费。一般性支出4.59亿元，“三公”经费5130万元，均比上年压减10.0%。

【防范化解风险】 遏制隐性债务增量，清查乡镇政府及其融资平台的现有债务情况、借款类型、乡镇政府收支状况，组织单位开展债务自查工作，全面排查新增隐性债务情况、存量隐性债务化解情况。落实五年化债计划，督促各单位筹措资金按期化债，累计完成全年化债计划的104.0%。配合县棚户区改造工作领导小组办公室和县土地储备中心做好再融资债券和新增债券发行工作，发行再融资债券1.88亿元，新增棚户区改造专项债券6.00亿元。做好年度PPP项目财政支出责任统计监测工作，以2018年一般公共预算支出数为基数，调整已入库PPP项目全生命周期内的财政支出责任，保障已有5个PPP项目运行实施。

【加强队伍建设】 开展“不忘初心、牢记使命”主题教育，加强党的建设。成立巡察整改领导小组，制定整改工作方案，分解责任到专人，整改问题74个，建立健全各项规章制度14项。组织“寒窗计划”助学活动，发动全体党员干部为宁海中学5名贫困学子捐赠助学金8000元。组织开展“情系晴隆、课桌圆梦”结对扶贫行动。获宁海县2019年“礼赞新中国、奋斗新时代”微型党课授课比赛二等奖、“我最喜爱的习总书记的一句话”主题宣讲比赛二等奖，获评宁海县2018年度满意机关和首批宁海县文明机关。

（宁海县财政局供稿　李朝露执笔）

象山县

【概况】 2019年，象山县实现地区生产总值548.59亿元，按可比价格计算，增长5.5%。其中：第一产业增加值77.22亿元，增长3.3%；第二产业增加值237.43亿元，增长4.7%；第三产业增加值233.94亿元，增长6.9%。三次产业结构比为14.1：43.3：42.6。按户籍人口计算，人均生产总值103507元，增长5.0%。全县完成固定资产投资220.17亿元，增长16%；社会消费品零售总额232.47亿元，增长9.7%；完成货物进出口总额201.9亿元，增长5.5%。全县居民人均可支配收入49386元，增长8.2%。全县财政总收入76.88亿元，增长7.8%，其中一般公共预算收入46.26亿元，增长12.8%，占财政总收入的60.2%，占地区生产总值的8.4%。税收收入36.66亿元，占一般公共预算收入的79.2%。全县一般公

宁海县桥头胡街道双林村新貌

共预算支出 77.46 亿元，增长 12.8%。全县财政收支平衡。

【加强收支平衡】 组织各项收入。落实“增收节支推进年”各项工作，强化与税务部门协作，做好测算调度，确保税收收入持续增长。2019 年入库税收 67.27 亿元，增长 1.5%。加强与法院、公安等重点非税收入执收单位的对接，加大执收力度，2019 年全县收缴各项政府非税收入 59.77 亿元，增长 49.5%，其中纳入一般公共预算管理的非税收入 9.60 亿元，增长 94.2%。压缩行政性支出。强化外出学习考察、外出培训审批管控，注重节水、节电，降低人均能耗，严控一般性支出，全县“三公”经费下降 5.6%。严格执行县党政机关公共机构节支活动方案。推动办公用房规范化使用，不得列支违反规定装修改造费用，办公经费节支工作列入部门年度目标考核。

【推动县域经济发展】 落实减税降费政策。做好跨部门协调、政策影响分析、政策宣传辅导、财政支出压减、政策落实监督等工作，确保政策措施执行到位。2019 年，通过减少灵活就业缴费基数、停征职工医保基金及对部分行业社保费执行 2 个月阶段性降费等，减免各项缴费 2.41 亿元。加大产业扶持力度。围绕“双突破双驱动”战略，发挥政策和资金双重引导作用，重点支持企业培育、先进装备改造、科技创新和人才引培。截至 2019 年末，已引进机械研究院南方中心、电科院创新中心、浙大理工针织研究院、工程学院象山研究院等科研机构。2019 年兑现扶持资金 3.32 亿元，惠及企业 2516 户次。

【推进社会事业发展】 全县民生支出 58.75 亿元，增长 20.6%，占一般公共预算支出的 75.8%。完善社会保障体系。社会保障和就业支出 9.24 亿元，落实低保政策，保障城乡居民享受养老和医疗保险政策。深化卫生体制改革。医疗卫生支出 4.31 亿元，推进“健康象山”建设，提升公共卫生服务和基层卫生保障水平。安排医共体专项补助资金 800 万元，推进临检、病理、心电、影像远程会诊等资源共享中心建设，打造急危重症区域协同救治平台。促进教育、文化发展。教育发展投入 13.01 亿元，支持乡村小学全科教师定向培养，推动实验小学实行集体化办学，推动丹城六小建成投用，保障塔山中学动工建设。深化文化强县建设，文化支出 1.36 亿元，获评国家级海洋渔文化生态保护区，支持中国农民丰收节系列活动暨第二十三届中国开渔节举办。支持乡村振兴战略实施。涉农支出 11.91 亿元，深化美丽乡村“千万工程”，入选部省共建乡村振兴示范省先行创建单位。争取 2019 年度农村综合改革项目资金 4250 万元，增长 57%，惠及全县行政村 48 个。保障重点工作开展。保障乡村治理全国现场会、109 项目、渔业安全整治、危险化学品使用单位及小企业加工作坊安全生产和消防安全“百日大会战”、扫黑除恶等专项行动的资金需求，支持相关工作推进。

【推进财政改革】 实施国库集中支付改革。2019 年 7 家试点预算单位实施国库集中支付电子化操作，推进“差旅之家”APP 建设，提升财政国库信息化管理水平。开展产业政策绩效评价。梳理现行工业经济、外贸出口、旅游等产业扶持政策，对企业梯队培育、科技金融、航运等 28 项产业补助政策开展绩效评估。通过自评和委托第三方对 6 个重点项目再评价的方式，形成产业扶持资金绩效评价专题报告。深化“最多跑一次”改革。推进财政系统内部“最多跑一次”改革，实现“最多跑一次”事项 19 个，办结时间压缩 60%。结合“四必访”“三服务”和“上门服务至少一次”活动，全年走访企业 475 户次，解决问题 80 余个；走访预算单位 69 户次，集中开展培训 28 次，服务人次 3598 人。调整乡镇财政体制。实行定额包干制度，并根据各乡镇规模、所承担的社会事务情况，实行分类管理，2019 年县级财政安排乡镇政府正常运转经费 2.00 亿元。

【加强财政监管】 强化预算绩效管理。全面实施预算绩效管理，健全预算绩效管理体制机制，出台《象山县关于全面落实预算绩效管理的实施意见》，提高资金使用绩效。严把基建资金拨付关。加强基建财务管理，完成工程结算审查 163 个，核减投资 1.45 亿元，核减率 9.5%。开展财务检查。发挥委派会计(财务总监)作用，加大项目资金监管，全年纠正阻止违规违纪资金 1.64 亿元。规范政府采购行为。完善政府采购监管，推广“政采云”应用，规范广告服务采购行为，实行公务用车维修定点采购，节约财政资金 1.82 亿元，节约率 13.2%。

【强化债务管控】 推进投融资体制改革。组织开展全县资产资源调查和行政事业单位房地产调查，制定《盘活利用资产资源工作方案》，全年盘活利用资产资源 19.46 亿元。推进县融资平台公司实体化、市场化转型，推动平台公司提升信用等级、扩大资产规模、增强发展竞争力。落实债务化解措施。通过加强融资平台建设、严控政府项目增量、力争新增债券资金和实施乡镇财政管理改革等举措，防范和化解地方政府性债务风险，全年化解隐性债务 84.11 亿元，完成年初计划任务的 111.3%。

【提升队伍素质】 开展“不忘初心、牢记使命”主题教育。全局开展各类学习研讨 72 次，班子成员带头上党课 5 次，交流心得体会 12 次，形成调查报告 4 篇。通过奏响“红色旋律”三部曲、举行“财政人讲财政故事”访谈等方式，提升主题教育实效。加强作风建设。围绕“作风建设深化年”活动要求，执行廉情预警机制，强化日常监督检查，开展各类明察暗访 13 次，批评教育 27 人次，谈话提醒 4 人次。落实廉政谈话制度，开展各类廉政谈话 137 人次。强化队伍建设。开展年轻干部“师徒携手共跨越”结对活动，鼓励报考专业技术职称和参与各类业务竞赛，提升年轻干部业务能力。执行中层及一般干部“双排”(年度考核得分排位、领导综合评价排位)考核办法、“双对”(“岗位对责、绩效对账”)考核办法和《财政科室考核细则》。

(象山县财政局供稿　刘丹丹执笔)

温州市财政工作

温州市

【概况】 2019年，温州市实现生产总值6606.11亿元，增长8.2%。其中：第一产业增加值151.72亿元，增长2.1%；第二产业增加值2811.93亿元，增长6.1%；第三产业增加值3642.46亿元，增长10.1%。按常住人口计算，人均地区生产总值71225元，增长7.7%，按年平均汇率折算，达10325美元。三次产业结构比为2.3∶43.7∶54.0。城镇居民人均可支配收入60957元，农村居民人均纯收入30211元，分别增长8.7%和9.9%。全年社会固定资产投资增长10.3%。社会消费品零售总额3655.87亿元，增长9.6%。全年货物进出口总额1902.23亿元，增长26.3%，其中：进口总额216.89亿元，增长6.0%；出口总额1685.35亿元，增长29.4%。全市财政总收入935.33亿元，增长4.5%，其中一般公共预算收入578.97亿元，增长5.7%，占GDP的8.8%，占财政总收入的61.9%。市本级财政总收入192.26亿元，增长3.8%，其中一般公共预算收入118.03亿元，增长8.0%。全市一般公共预算支出1084.12亿元，增长24.0%。市本级一般公共预算支出124.10亿元，增长14.9%。全市及市本级财政收支平衡。

【组织财政收入】 建立财税收入协调机制。出台对市税务部门、各县(市、区、功能区)政府的收入考核办法。加强财税收入分析。设立财税运行分析处，定期分析地方财税收入运行情况，协调、督促各县(市、区)政府和税务部门做大税收收入。全市一般公共预算收入中税收收入474.60亿元，增长8.3%，占一般公共预算收入的82.0%。争取政府债券收入。对接上级部门，了解全省债券分配情况，获批地方政府债券319.20亿元。争取转移支付资金收入。全市向上争取各类转移支付资金219.00亿元，其中，争取“利奇马”台风救灾资金6.35亿元。加强非税收入征管。全市非税收入1714.35亿元，增长85.5%，其中纳入一般公共预算收入管理的非税收入104.38亿元，下降4.6%。

【支持经济发展】 兑现惠企政策。出台《温州市区产业政策奖补资金兑现管理办法》《惠企政策“直通车”资金保障工作方案》，全市财政部门刚性兑现资金38.70亿元，惠及企业3.6万户次。落实减税降费政策。落实小微企业普惠性减税、增值税大规模减税、个人所得税改革、社保费减负等各项政策，全年减免税费192.98亿元。加强金融帮扶。建立政策性融资担保公司，首期到位注册资本金19.00亿元，为民营龙头骨干、小微企业提供政策性担保20.25亿元。设立总规模3.20亿元小微企业信用保证基金，累计为5112户企业承保99.60亿元。向市农信担保公司增资1000万元，支持做大农民合作基金规模，缓解农业企业融资难问题。推进基金发展。设立8.00亿元的转型升级产业基金、10.00亿元的上市公司稳健发展基金、2.00亿元的企业应急转贷资金，形成财政金融“组合拳”帮扶企业发展。促成交运公用集团两单绿色项目获国家清洁基金低息贷款1.30亿元。

【保障民生支出】 全市民生支出861.10亿元，增长28.4%，占一般公共预算支出的79.4%。助推教育发展。全市教育支出206.71亿元，增长9.4%。推动市区教育管理体制改革，确保市区义务教育和高中教育高质量均衡发展，依法保障教师待遇，在全省率先建立高校激励性政策。推进社会保障。全年社会保障支出113.46亿元，增长12.9%。争取上级保障性安居工程专项资金15.66亿元，市级投入住房租赁补贴5131万元，缓解中低收入困难群众住房压力。市级投入资金7887万元，开展长期护理保险试点建设。市级投入资金1104万元，新建乡镇(街道)级居家养老中心47家。推动乡村振兴。设立市级乡村振兴大专项资金4.30亿元，重点扶持乡村振兴跨区域精品带2条和市级田园综合体4个。投入扶贫专项资金3600万元，重点保障低收入农户异地搬迁差异化补助、医疗再保险和财政资金折股量化帮扶。支持文化事业发展。全市文化支出18.19亿元，增长29.5%。市级设立资金3639万元，支持文化礼堂建设。市级投入资金1200万元，举办国际时尚文化产业博览会。

【助推区域中心基础设施建设】 谋划近千亿元投融资方案，支持城市快速路网建设、环保基础设施完善等重大项目，累计入库PPP项目80个，总投资额1127.58亿元。累计投入资金3.70亿元，建设“两线三片”*重点区块。累计投入资金31.50亿元，实现甬台温高速复线温州灵昆至苍南段、绕城高速北段二期、市域铁路S1线、4条BRT线路通车。5年(2019—2023年)安排资金5749万元，保障上海嘉定科创园建设，搭建产业协作平台，承接上海产业转移、资源外溢，助推温州企业破解科技创新瓶颈。

【深化财政改革】 完善预算管理体制。提出洞头区新专项补助政策方案，确保体制平稳过渡。指导完成苍南龙港财权事权划分方案。获批金融服务综合改革试点。牵头各部门推进财政支持民营和小微企业金融服务综合改革试点申报，出台试点改革配套政策，统筹财政存款和财政资金，推动金融综合改革。经国务院同意、财政部等五部委批准，温州市正式获批财政支持深化民营和小微企业金融服务综合改革首批国家级试点。建立预算绩效管理机制。出台《温州市全面贯彻落实预算绩效管理实施意见》，制订3年(2019—2021年)行动计划，将预算绩效管理纳入对市直部门、县(市、区)政府的考核，获《中国财经报》专题报道。构建“集中财力办大事”政策体系。梳理专项资金、政府投资项目、产业基金、PPP 等方面事项，确定大事清单 9 大类 48 项。创新建立土地收储专项基金。首创“循环筹集、统筹调控”的土地收储基金运作新模式，确保土地和房地产市场健康稳定发展。

【强化财政监管】 加强监督检查。开展扶贫专项资金检查，对瓯海区、泰顺县开展重点督查，召开专题整改落实布置会，落实整改责任，全年整改问题项目 17 个，涉及资金 2532 万元。运用大数据手段，联合市审计局，对市级 22 家部门单位 2018 年度有关福利费等支出情况开展检查。加强采购监管。开展招投标领域专项治理，全年共查处招投标违法案件 4 起，向公安部门移交案件 1 起，查处供应商多次提供虚假材料谋取中标案 1 起，涉案金额 1200 万元。开展网上超市商品价格专项整治，下架“三无”产品 300 件，警告供应商 79 家。完善内控机制。推进行政事业单位“三位一体”内部控制建设。创新实施方法，出台业务标准、评价指标和操作指南内控指引，上下联动，推进内控建设。出台《财政专项资金管理风险内部控制办法》，构筑资金管理廉政风险“防火墙”。加强执法规范化建设。制定财政“三项制度”实施办法及配套清单目录、流程图，梳理财政执法常用文书范本 52 份，配齐执法音像记录仪、更新证据保存系统；加强执法证件管理，全局持证率 97.0%；推进“互联网+监管”，一线执法人员开通掌上执法账号，实施掌上执法 304 次。

【加强队伍建设】 开展“不忘初心、牢记使命”主题教育。抓好学习教育，组织红色教育专题读书班、建立“周一夜学”制度、举办诵读音乐会、开展课题调研活动等。做好问题检视，建立整改落实清单，检视问题 68 个，完成整改 66 个，长期坚持整改项目 2 个。开展“五好”服务。开展清单式问题跟踪管理，全年累计开展“五好”服务 1372 次，解决问题 3120 个。完成机构改革。向上级争取人员专项编制 96 名，对人、财、物进行有序划转。推进文化建设。争创“省级文明单位”，举办机关文化节系列活动，组建“财税大院节节高”学习联盟，打造处长课堂、业务沙龙、道德讲堂等文化平台。加强廉政建设。出台“清廉财政”建设实施方案，把廉政建设各项要求融入财政业务全流程，开展廉政风险专项治理和正风肃纪专项检查，对“三公”经费、“三礼”问题、办公用房、作风效能等进行专项检查整改。

（温州市财政局供稿　李　侠执笔）

注：

*“两线三片”：即瓯江两岸沿线、塘河西岸沿线、三垟湿地、中央绿轴、历史文化街区。

鹿城区

【概况】 2019 年，温州市鹿城区实现生产总值 1137.13 亿元，按可比价计算，增长 8.6%。其中：第一产业增加值 1.93 亿元，第二产业增加值 285.41 亿元，第三产业增加值 849.79 亿元，分别增长 2.7%、5.5%、9.8%，其中第三产业对 GDP 增长贡献率 82.0%。三次产业结构比为 0.2∶25.1∶74.7。按常住人口计算，全区人均生产总值 90536 元，增长 7.4%。城镇常住居民人均可支配收入 68113 元，增长 9.0%；农村常住居民人均可支配收入 36255 元，增长 10.0%。全年固定资产投资增长 10.0%。外贸进出口总额 468.45 亿元，增长 92.0%，其中：出口总额 452.91 亿元，增长 96.1%；进口总额 15.54 亿元，增长 18.7%。全年财政总收入 55.28 亿元，增长 8.2%，其中一般公共预算收入 34.39 亿元，增长 13.5%，占财政总收入的 62.2%，占 GDP 的 3.0%。全区一般公共预算支出 68.19 亿元，增长 32.7%。全年财政收支平衡。

【组织财政收入】 强化财税协调机制。建立健全全区财税运行研判协调工作例会制度，对接收入目标任务，掌握收入动态，全年完成税收收入 27.00 亿元，增长 8.9%，占一般公共预算收入的 78.5%。强化非税收入征管。严格执行非税收入管理制度，加强统一公共支付平台推广应用，全年非税收入完成 192.73 亿元，增长 72.7%，其中纳入一般公共预算收入管理的非税收入 7.39 亿元，增长 34.7%。

【支持经济发展】 打造惠企政策“直通车”。配合区大数据管理中心做好温州市产业政策奖励兑现系统上线工作，优化兑付流程，压缩兑付时限，整合全区产业政策，形成“5+X”* 政策体系。培育经济新动能。全年拨付企业扶持专项资金 3.58 亿元（其中区级资金 1.98 亿元），用于促进企业技术创新和改造提升、支持轻工产品交易中心试点、鼓励优质企业股份制改造等，促进城市经济培育。实施人才强区战略。全年投入各类人才工作资金 4708 万元，保障全区人才引进、培养、激励等资金需要，加快人才资源向人才资本转化。

【保障民生支出】 加强基本民生支出保障。强化“保工资、保运转、保基本民生”责任，规范“三保”支出预算编制，从源头防范财政运行风险。全年民生支出 53.57 亿元，增长 30.5%，占一般公共预算支出的 74.6%。其中教育支出 12.90 亿元，增长 21.7%，主要用于教育基础设施建设和设备购置、学前教育提质增效等；社会保障和就业支出 4.31 亿元，增长 9.9%，主要用于落实各类困难群众救助补助、残疾人生活和福利补贴、各类优抚对象生活补助和抚恤金以及保障退伍军人、伤残军人等优抚安置工作；卫生健康支出 5.26 亿元，增长 13.0%，主要用于医院和社区卫生服务中心基础设施建设、城乡居民医疗救助补助、登革热防治等。加强民生工程建设保障。全年安排各街镇拆改项目资金 47.79 亿元，安排工业厂房和旧市场、五马历史文化商圈、江心屿改造、藤桥新建社区等重点民生工程项目资金 42.44 亿元。安排资金 565 万元，推进农村饮用水安全工程建设，受益人口 4.81 万人。

【推进财政改革】 深化“放管服”改革。实现国库集中支付电子化改革全覆盖,推进医疗电子票据改革。强化非税收入电子缴款,全年通过统一公共支付平台缴款42.7万笔,金额7.75亿元。推进机关内部“最多跑一次”改革。对照省市级梳理的本系统部门间办事事项目录,按照区层级权限和实际,梳理编制办事指南、办事流程图,按照“能优尽优”原则,减少办事材料、压缩办理时限、优化办理流程,推进省市级改革目录落地实施。

【加强财政监管】 全面实施预算绩效管理。制订《鹿城区落实全面实施预算绩效管理三年行动计划》,建设全方位、全过程、全覆盖的预算绩效管理体系,建立绩效跟踪监控机制,实现绩效和预算管理的有机结合。强化财政资金监管。出台《鹿城区区级预算单位银行账户管理暂行办法》《鹿城区级行政事业单位公款竞争性存放管理办法》等,提高资金效益,全年开展公款竞争性存放招投标2次,累计资金13.57亿元。

【加强队伍建设】 开展机构改革各项工作,优化部门职能配置,强化内部职责和业务融合,调整内设机构设置、确定人员编制。开展警示教育月、“不忘初心、牢记使命”主题教育,通过领导干部专题读书会、党支部学习会和科室午学、夜学等形式,落实必读书目学习和党纪党规常态化教育要求。出台《鹿城区财政局局规》,采用记分方式对全体干部的制度遵守执行和工作效能情况开展量化评价,作为年终评优的参考依据。完善局纪检联络员制度,每个科室确定1名纪检监察联络员,整合作风效能检查力量,强化对工作纪律和效能的监督检查。2019年鹿城区财政局被评为全区全面从严治党责任落实优秀单位。

(温州市鹿城区财政局供稿 张周静执笔)

注:

*“5+X”:“5”即工业、服务业、农业、开放型经济、人才5个方面政策,政策涉及具体奖补项目、奖补额度等各有侧重,确保全市上下产业政策体系保持相对统一;“X”即在5个方面政策基础上,因地制宜制定或保留确有必要的若干其他政策,总数不超过5个。

瓯海区

【概况】 2019年,温州市瓯海区实现生产总值661.12亿元,增长8.6%。其中:第一产业增加值6.62亿元,增长1.5%;第二产业增加值278.06亿元,增长7.1%;第三产业增加值376.44亿元,增长10.4%。三次产业结构比为1.0∶42.1∶56.9。按户籍人口计算,人均生产总值143929元。城镇居民人均可支配收入63022元,农村居民人均可支配收入36619元,分别增长8.8%、9.5%。全区完成社会消费品零售总额337.19亿元,增长9.2%。全年实现外贸进出口总额182.99亿元,其中进口总额9.59亿元,出口总额173.40亿元。全年实现财政总收入71.60亿元,增长10.4%,其中一般公共预算收入42.01亿元,增长14.0%,占财政总收入的58.7%,占GDP的6.4%。税收收入34.78亿元,占一般公共预算收入的82.8%。一般公共预算支出70.14亿元,增长37.1%。全区财政收支平衡。

【组织财政收入】 加强部门协作。协同税务局做好收入征收工作,加强收入定期通报、动态预测、专题分析,把握组织收入节奏、力度。强化税源培育。强化镇街税源培育主体责任,出台税源培育考核办法,提升税源培育考核权重,激发税收增长潜力。支持税收含金量高的实体经济发展,实现全区百强企业税收收入44.47亿元,增长13.1%。完善非税收入管理。强化统一公共支付平台建设,覆盖14家非税收入代理银行全部业务网点,实现7种缴款方式,保证缴款人在各代理银行所有营业网点均可办理非税缴款业务。推广自助取票机应用,加强票据“双随机”和年检工作,提高非税收入征管水平。全年完成非税收入8.48亿元,增长59.7%,其中一般公共预算中非税收入7.61亿元,增长107.4%。

【支持经济发展】 落实减税降费政策及多项惠企奖励。梳理市区两级涉企补助政策,升级“1+5+16”产业政策体系*,全年兑现产业政策资金4.12亿元,惠及企业2830户次。支持科技创新。落实浙江理工大学瓯海研究院年度工作经费500万元、浙江大学温州研究院建设和运行资金1200万元,加强产学研合作。拨付科技经费1.29亿元,包括科技型中小企业扶持和科技发展专项资金、贷款贴息补助。筹措建设资金。支持环境综合整治、综合交通、美丽乡村及保障性安居工程等建设,全年安排政府投资建设项目资金38.17亿元。落实城中村改造资金66.25亿元,其中权益回购资金40.71亿元,发放过渡费7.26亿元,征迁等其他费用18.28亿元。拓展融资渠道。发行低利率经投公司企业债券2支共30.00亿元,保障重大项目建设的资金需求。

【保障民生支出】 全年民生支出53.92亿元,增长38.6%,占一般公共预算支出的76.9%。支持教育事业发展。全年教育支出12.58亿元,增长17.2%。安排义务教育学生公用经费5297万元,小学、初中生均公用经费标准提升至750元/生·年、1200元/生·年。提升教学质量,教育质量奖额度提升至2000万元,其中义务教育质量奖提升至1040万元。加强社会保障支出。全年社会保障和就业支出3.62亿元,下降10.3%,落实残疾人两项补贴经费1397万元,安排农村独生子女家庭养老保险经费5116万元,落实养老服务体系建设经费1306万元。强化医疗保障支出。全年卫生健康支出5.99亿元,增长14.7%。落实城乡居民医疗保险经费2.20亿元;安排城乡基本公共卫生服务专项资金4173万元,人均标准提高至每年60元;安排医疗救助经费1190万元。加大支农投入。落实各项惠农富农强农政策,整合财政资金4.15亿元用于乡村振兴战略,垫付5个街道11个村二、三产返回安置用地土地出让金2.55亿元,结算返还4个街道7个村级三产留地指标出让收益9.73亿元。全年争取省市乡村振兴绩效提升奖补、农村综合改革补助4277万元,用于改善农村出行道路、饮水设施、活动场所等基础设施。加强污染防治。实施生态文明示范创建行动计划,全年投入4.74亿元,落实"河(湖)长制"、开展"污水零直排区"建设、推进"五水共治"九大专项行动,完成各项治水工作。

【深化财政改革】 盘活财政存量资金。实行财政资金竞争性存放2.20亿元,优化招标评分指标体系,组织公款存放管理大检查2期,完善公款竞争性存放。加大结余资金清理力度,收回结余资金4575万元。优化部门办事。通过流程再造和时限压缩,推进部门间办事"最多跑一次"服务,梳理全局办事事项32件,精减办事材料41.1%,压缩办事时间50.8%,高频事项"最多跑一次"实现率100%。加强预算管理。构建区级集中财力办大事财政政策体系,引导金融资本和社会资本投入,4年(2019—2022年)可用于集中财力办大事资金576.63亿元。加大政策整合力度、资金统筹安排能力,压缩一般性公共支出10.0%以上。提高财政资金使用效益,清理往来款20.18亿元。深化预算公开。公开全区所有区级部门、13个镇街、开发区预算信息和"三公"经费情况,推进区街预算和"三公"经费信息公开全覆盖。

【强化财政监管】 化解债务风险。通过归集项目自身收益、盘活存量资产、安排政府性基金预算、争取地方政府债券、提高土地储备出让收入及国有企业实体化转型等措施,逐步消化债务,超额完成年度化债任务。强化日常监管。开展地方预决算公开情况及国有企业、事业单位会计信息质量抽查。对减税降费政策措施实施效果、脱贫攻坚政策落实、票据"双随机、一公开"、往来款清理、公款竞争性存放、"八项规定"精神有关政策落实情况和经费支出等开展专项监督检查。推进绩效管理。出台瓯海区落实全面实施预算绩效管理三年行动计划,强化评价结果应用力度,改变评价资金时限,将跨年考核变为当年考核应用。实现项目与单位自评全覆盖,开展45个项目复评、8个重点绩效评价及整体评价工作。加强结算评审。全年审核工程结算项目234个,送审造价2.05亿元,审定造价1.88亿元,净核减金额1608万元,净核减率7.9%。完善政府采购。全年政府采购预算11.50亿元,实际采购额10.06亿元,节约资金1.44亿元。完成"政采云"平台浙江省内"一张网"建设,简化业务流程,提升采购效率。

【提升队伍素质】 组织全体干部参与"不忘初心、牢记使命"主题教育,开展专题读书会、党日活动集中学等。创办局主题教育文化墙,开设局网"不忘初心"专栏,加强日常学习。结合"三服务"行动,开展"我为镇街办实事""我为企业办实事",全年累计上报实事案例62件。加强党风廉政建设,全局范围内开展机关作风效能自查自纠,开展形式主义、官僚主义4个方面12类问题自查自纠"回头看"。推广"学习强国"平台应用,开展局内挑战答题竞赛。建成2019年市级"墨香单位"。开展全区财务技能提升培训、金融业务培训、国有企业转型升级培训,培训人员300余人次。

(温州市瓯海区财政局供稿　张文惠执笔)

注:

*"1+5+16"产业政策体系:一个总纲为指导,支持五大类别产业加快发展,由十六个重点产业扶持办法构成的产业政策体系。

龙湾区

【概况】 2019年,温州市龙湾区(不含温州市经济技术开发区)实现地区生产总值455.62亿元,增长8.2%。其中:第一产业增加值2.46亿元,增长0.8%;第二产业增加值213.05亿元,增长7.1%;第三产业增加值240.11亿元,增长9.7%。三次产业结构比为0.5∶46.8∶52.7。按户籍人口计算,人均生产总值193226元,增长7.4%。城镇常住居民人均可支配收入61248元,增长8.7%;农村常住居民人均可支配收入37642元,增长9.8%。全年财政总收入54.02亿元,增长13.3%。一般公共预算32.16亿元,增长13.7%。一般公共预算支出40.00亿元,增长23.9%。全年财政收支平衡。

【组织财政收入】 全年一般公共预算收入,占地区生产总值的7.1%,占财政总收入的59.5%,其中税收收入27.06亿元,增长9.1%,占一般公共预算收入的84.1%。政府性基金收入54.24亿元,增长35.2%。建立街道协税护税机制。建立税收网格化管理和服务工作考核奖惩激励机制,提高税收属地化率,防止税源非正常流失。全年网格化操作系统内新增、补充完善企业税源信息4711条,税收管辖权调整至龙湾的企业319户。做好非税收入征管。全年完成非税收入59.34亿元,增长36.1%;其中纳入一般公共预算管理的非税收入5.10亿元,增长46.1%,与市财政结算区级土地出让金分成收入44.02亿元,增长16.5%。

【支持经济发展】 扶持实体经济。落实扶持企业政策,推进惠企政策"直通车",整合"5+X"产业政策,优化产业政策兑现流程,推行产业政策兑现"掌上办"。全年兑现财政补助资金4.39亿元,惠及中小企业1800余家。支持平台高水平建设。落实专项资金3629万元,支持温州激光与光电创新综合体、中国眼谷、北大—温州激光与光电子联合研究中心、北航研究院等运营平台建设。帮促企业融资。增强融资担保能力,缓解企业融资难担保难问题,全年为中小企业解决应急转贷资金53笔,累计转贷金额3.32亿元。

【保障民生支出】 全年全区民生支出30.58亿元,增长19.8%,占一般公共预算支出的76.5%。加大教育保障力度。投入教育资金9.00亿元,增长26.7%。强化教育资源共享,提升教育办学水平。提升医疗卫生服务能力。全年卫生健康支出3.93亿元,增长28.0%。完善城乡大病医疗救助体系,投入城乡医疗保障配套经费9229万元,推进基本公共卫生服务均等化,提升惠民基础医疗服务质量。完善社会保障体系。全年社会保障就业支出2.66亿元,增长19.0%。支持全民参保计划实施,加大基本养老保险精准扩面力度。支持乡村振兴发展。推进基础设施建设,保障乡村振兴战略实施,筹集涉农资金7122万元,支持开展粮食功能区提标改造、河道清淤疏浚等项目。保障重点项目建设。全年投入34.56亿元,保障基本建设项目319个,投入城中村改造资金15.32亿元,涉及4个区块(村)728户,投入工业企业收储资金22.81亿元,涉及66家企业380亩。

【推进财政改革】 加强预算绩效管理。出台区级全面实施预算绩效管理三年行动计划,建立全过程预算绩效管理运行机制,全年开展绩效评价80个,评价金额2.43亿元。构建集中财力办大事财政政策体系。分析测算4年期间(2019—2022年)的可用财力和支出,整合现有政策,出台集中财力办大事财政政策体系方案。推进国有企业改革。探索温州高新技术产业开发区国有控股集团有限公司组织架构,获评国企AA+级等级。盘活财政存量资金。建立"收、调、减、补"工作机制,盘活全区闲置及沉淀资金6.14亿元,用于稳增长、调结构、惠民生等重点领域和关键环节。加强公款竞争性存放管理。建立规范公款存放管理领导小组,明确议事规则,组织3.00亿元区级财政资金竞争性存放招投标工作。

【强化财政监管】 深化政府采购监管。落实全省统一的"互联网+政府采购"体系,建设网上超市全省"一张网",全年政府采购预算金额3.93亿元,实际采购支出3.63亿元,节约资金3060万元。强化政府投资项目管理。完善龙湾区财政项目评审信息管理系统,提升评审水平及工作效率,全年审结政府性投资项目632个,送审金额18.01亿元,审定金额16.93亿元,核减金额1.08亿元,核减率6.0%。应用行政执法监管平台。依托"互联网+监管"平台对全区政府采购、票据检查等开展"双随机、一公开"执法监管工作。强化国有资产监管。加强全区资产处置管理,开展国企违规发放津补贴专项整治,并向区人大常委会报告全区国有资产管理情况。

【加强队伍建设】 细化主题教育活动。检视查摆问题,并逐项整改,解决问题17个,推进整改6个。强化管理机制建设。制定2019年局机关全员绩效考核办法。深化党风廉政建设。强化领导班子"一岗双责"履职,健全正风肃纪常态化机制,推进财政系统内审内控。开展干部职工谈心提醒66人,完成廉政谈心提醒80余人次。2019年先后获得政府财务报告和预算执行分析省级双优秀、全省财政管理绩效考评优秀、全市"大建大美"工作突出贡献奖、区平安建设突出贡献奖等。

(温州市龙湾区财政局供稿　项丽丽执笔)

洞头区

【概况】 2019年,温州市洞头区实现国内生产总值89.42亿元,增长9.0%。其中:第一产业增加值5.07亿元,增长2.1%;第二产业增加值35.91亿元,增长10.7%;第三产业增加值48.44亿元,增长8.7%。三次产业结构比为5.7∶40.2∶54.1。按户籍人口计算,人均生产总值67946元,增长8.9%。社会消费品零售总额39.49亿元,增长9.0%。城镇居民人均可支配收入49567元,增长9.2%;农村居民人均可支配收入29962元,增长10.4%。全区财政总收入15.09亿元,增长20.7%。一般公共预算收入9.70亿元,增长18.7%,占GDP的10.8%,占财政总收入的64.3%。其中税收收入5.35亿元,下降13.3%,占一般公共预算收入的55.1%。一般公共预算支出32.74亿元,增长18.5%。全年财政收支平衡。

【组织财政收入】 完善收入分析机制。启动财政保障建设专项行动,联动税务部门分析研判财政税收经济运行态势,加强财源税源调查分析。紧盯重点税源企业50家,培育税源经济。加强耕地占用税、资源税、房产税、土地使用税等小税种清理征管力度,全年新增补缴入库耕地占用税、资源税等收入5754万元。完善乡镇财政管理体制。制定《洞头区乡镇街道财政体制管理办

洞头区环岛自行车赛现场

法》,实现乡镇街道税收收入 1.94 亿元,完成年度任务的 210.8%。向上争取资金。全年获中央、省、市各类资金 14.38 亿元,增长 20.9%;新增政府性债券 6.00 亿元。强化非税收入征管。做好矿业权出让金缴库、历史遗留围填海罚没款等征收调控工作,完成历年沉淀非税收入清理。全年组织非税收入 11.58 亿元,增长 158.2%,其中纳入一般公共预算收入管理的非税收入 4.36 亿元。

【支持经济发展】 助推产业转型升级。启动惠企政策"直通车",做好优惠政策宣传推广,全年兑现涉企优惠政策资金 1.58 亿元(不含油补),增长 60.2%。落实小微企业普惠性减税、增值税大规模减税等减税降费政策,全年减税降费 2.71 亿元。落实新一轮产业扶持政策,清理现行行政规范性文件,全年落实招商项目"一企一策"奖励资金 5200 万元。加强企业金融帮扶。通过"税易贷""税银贷"等方式为企业授信 4499 万元,办理"创业担保贷"1666 万元,缓解中小企业融资难问题。

【保障重点支出】 全年民生支出 26.14 亿元,增长 26.6%,占一般公共预算支出的 79.8%。坚持"保工资、保运转、保基本民生"原则,压减项目资金 1.98 亿元。支持教育事业发展。全年教育支出 3.96 亿元,增长 2.0%。发展优质均衡教育,推动洞头乐成寄宿中学投入使用,启动元觉义校校网调整建设,落实学前教育公办园、青少年"明眸皓齿"工程、小学生公益托管等工作。完善社保医疗体系建设。全年社会保障和就业支出 3.16 亿元,增长 19.7%;卫生健康支出 3.15 亿元,增长 20.5%。推进县域医共体建设,实现城乡医疗一体化资源共享,全区基层就诊率增长 5.0%,获批医共体模式下全省高血压、糖尿病"两慢病"基层首诊改革试点区和国家慢性病患者全程健康管理试点。推进社保扩面工作,基本养老保险、医疗保险参保率分别达 98.1%和 99.5%,在全省率先实现残疾人社会保险补贴全覆盖。新建示范型居家养老服务中心 5 家,实现街道(乡镇)全覆盖。助力乡村振兴。统筹资金 2.10 亿元保障十大花园工程、一事一议村级公益项目、现代农业发展等建设。新增"花园村庄"工程 22 个,花园村庄覆盖率 80.0%,建成乡村振兴示范带 4 条、创成省新时代美丽乡村达标村 17 个。深化"两山"实践,成为全国再次入选蓝色海湾整治项目的区(县),再获中央补助 2.26 亿元,推动蓝湾指数国家行业标准立项,整治成果亮相新中国成立 70 周年成就展,成为全国生态修复样板。

【深化财政改革】 推进预算管理改革。推进预决算公开,在政务网上集中公开 61 个部门年度预算。健全公款竞争性存放机制,探索区域外银行融资贷款与公款存放挂钩机制,全年公款竞争性存放 7.30 亿元。加大历年结余资金统筹力度,收回区本级 2018 年结转结余资金 6854 万元。启动国库集中支付电子化改革工作,健全预算执行动态监控体系,累计纠正违规资金 186 笔、金额 537 万元,纠正率 100%。创新投融资体制。全年完成筹融资 31.34 亿元,政府投资项目支出 29.86 亿元。做好政府投资项目资金来源分析,规范项目资金支出,加大国有企业平台转型,推行经营性项目市场化融资。深化"最多跑一次"改革。开展"上门服务至少一次"活动,累计开展预算编制、部门决算工作等专题培训 10 次,服务 1116 人次;服务部门 157 次、二级单位 298 次、企业 60 次,服务 945 人次。政务网 10 个事项实现网办率和材料电子化 100.0%,20 项部门间办事事项实现"最多跑一次"。

【强化财政监管】 防范化解地方债务风险。实施防范化解地方政府性债务风险专项行动,建立债务管理动态监测平台,实行债务数据月报制度,推进债务规范化管理。完成债务率下降目标,探索国有行政闲置资产、提取政府基金等化债方式,全年完成年度隐性债务化解任务的 119.0%。强化绩效管理。制定《洞头区落实全面实施预算绩效管理三年行动计划(2019—2021 年)》《区级预算单位预算绩效管理工作考核办法》《预算绩效评价共性指标体系》,报送绩效目标 882 个,涉及财政资金 2.61 亿元。完成绩效评价第三方中介入库工作,抽评复评项目 102 个,涉及资金 5321 万元。强化政府采购监管。全年采购预算 1.60 亿元,实际采购金额 1.47 亿元,节约资金 1338 万元,资金节约率 8.4%。受理政府采购投诉、举报案件 3 起。完善财政建设项目审价机制。完成"三算"(预算、结算、决算)审核项目 532 个,审定金额 18.48 亿元,节约资金 8042 万元,净核减率 4.2%。强化财政监督职能。开展违规发放津补贴专项整治行动,抽查核实 7 家行政单位及其 46 家相关下属事业单位,发现问题单位 3 家,并督促整改落实。启动"一卡通"专项治理工作,梳理 2017—2018 年惠民惠农财政补贴资金项目 37 类,排摸"一卡通"总量 30166 张,摸底调查村居 22 个,走访户数 132 户。

【加强队伍建设】 推进"不忘初心、牢记使命"主题教育,打造红色党建园地、"一楼一主题"廊道文化和"互联网+"党建学习主阵地。组织开展党组理论中心组学习、重走洞头解放之路、红色教育专题读书班等学习教育活动,推出微信线上学、测试巩固学、监督自查学等学习载体。开展班子成员"一岗双责"落实情况督查 4 次,正风肃纪督查及重点任务落实情况督查 15 次。落实监督执纪"第一种形态"要求,加大节假日、八小时外监管,开展谈心谈话 185 人次。开展全员竞聘工作,提任中层干部 17 名,轮岗交流 46 人,优化中层干部梯队和人员年龄结构。

(温州市洞头区财政局供稿　陈倩倩执笔)

瑞安市

【概况】 2019 年,瑞安市实现地区生产总值 1003.96 亿元,增长 7.6%,其中,第一、二、三产业增加值分别为 25.10 亿元、460.11 亿元、518.75 亿元,分别增长 2.5%、5.9%、9.2%。三次产业结构比为2.5∶45.8∶51.7。按常住人口计算,人均生产总值69985元,增长7.2%。社会消费品零售总额525.37亿元,增长11.1%。外贸进出口总额309.01亿元,增长11.9%。城镇常住居民人均可支配收入64721元,农村常住居民人均可支配收入33497元,分别增长8.8%和10.0%。全市财政总收入125.20亿元,增长6.3%,其中一般公共预算收入79.64亿元,增长12.0%。全市一般公共预算支出139.92亿元,增长28.2%。全年财政收支平衡。

【组织财政收入】 健全机制稳收入。应对减税降费、汽摩配行业低迷等因素带来的减收压力,通过完善组织收入分析、预测和协调机制,实现一般公共预算中税收收入69.09亿元,增长7.2%。拓展财力渠道。坚持"储备做地、公私合作、适度举债、向上争取、国资盘活、国企融资"多渠道增收,政府综合财力保障能力达300亿元。全年新增PPP项目4个,吸引社会资本19.77亿元;争取地方政府债券25.00亿元,获省财政厅预下达2020年新增政府专项债券38.40亿元;建立部门单位向上争取资金的定期通报制度,取得各类上级转移支付资金22.56亿元;推动国企通过盘活存量资产、发行企业债券、直接融资等方式,筹措资金56.98亿元。抓质量优结构。税收收入占一般公共预算收入的86.8%,高于全省3.1个百分点;一般公共预算收入占财政总收入的63.6%,比上年提高3.2个百分点,占GDP的7.9%。强征缴促非税。完善非税收入考评办法,组织政府非税收入227.92亿元,其中政府性基金收入217.11亿元,增长40.3%(其中土地出让金收入168.45亿元,增长26.1%)。纳入一般公共预算管理的非税收入10.55亿元,增长58.2%。

【支持实体经济】 落实财税产业扶持政策。落实小微企业普惠性税收减免、增值税改革、社保费减征等系列减税降费政策,为企业减负43.28亿元。开展产业政策清理整合,形成"1+9"产业政策体系*,出台智能制造试点、外贸出口、大学生"新政十条"等奖补政策,共兑现产业扶持资金8.00亿元。实施新一轮乡镇(街道)财政体制,鼓励乡镇(街道)引进总部经济、促进企业上规、推动企业上市,全年兑现奖励资金1.20亿元。推出"快速兑现"机制。实行涉企财政奖补资金"预拨付",使兑现时间缩短6个月以上,快速兑现资金2.73亿元。推行专项资金竞争性存放。以财政专户资金竞争性存放的形式,引导银行贷款投向企业技术改造、科研、拟上市等领域,帮助企业获优惠条件贷款1.63亿元。推进政府产业基金2.0版运作。参股上海长三角产业升级股权投资基金和国家制造业转型升级二期基金,争取更多上级资源;加入省金控企业联合会,加强省市县联动投资。

【保障民生支出】 全年民生支出118.54亿元,增长33.4%,占一般公共预算支出的84.7%。支持教育事业发展。全年教育支出26.82亿元,推进"明眸皓齿"工程,完成教室灯光改造1591个,新配置可升降课桌椅2.1万套,惠及学生15.8万名;兑现市长教育教学质量奖7000万元;完善学前教育公共服务体系,普惠性幼儿园覆盖面达85%,支持创成省基本实现教育现代化市。支持医疗卫生事业发展。全年卫生健康支出10.11亿元,补助城乡居民基本医疗保险基金5.24亿元,提高城乡居民基本医疗保险财政补助标准至760元/人·年;落实医共体建设经费2000万元,构建"基层首诊、分级诊疗、双向转诊"的医疗服务新模式,支持深化医疗改革,促进医疗卫生服务均衡化。支持社会保障事业发展。全年社会保障和就业支出21.26亿元。补助社会保险风险准备金和城乡养老保险基金11.89亿元,落实城乡居民最低生活保障资金7231万元,提高特困人员供养补助水平至1411元/人·月;落实城乡养老服务体系建设和残疾人补助资金8574万元,支持建成镇街养老服务中心10家。支持文化体育事业发展。全年文化旅游体育与传媒支出1.55亿元,落实文体活动及宣传、文化遗产保护、融媒体平台建设以及博物馆、图书馆和文化馆运行等经费4442万元,支持新建省级体育小康村提升工程16个,支持举办省第十四届戏剧节、省首届民俗体育精英赛等文体活动,支持建成市融媒体中心。

【深化财政改革】 构建集中财力办大事财政政策体系。排摸资金、资产、资源,梳理大事、项目、政策,形成2020—2022年政策体系方案。推进预算绩效管理改革。出台实施意见及三年行动计划,试行政策绩效"三必评"*,强化"花钱必问效"理念。深化"最多跑一次"改革。推动机关内部28个财政工作事项全部实现"最多跑一次",其中6个工作事项实现"零次跑";打造项目资金管理"一网通"平台,实现9个高频事项"零跑一网办"。推进数字财政一体化建设。部署预算编制系统、预算指标调整系统、核算云等系统7个,打通数据链4条,实现信息系统上线运行。试行电子票据改革。实现市级医院电子票据全覆盖。推进政府采购监管改革。建立全省"一张网"网上超市,导入采购预算44.78亿元,实际采购节约率7.8%。创新道路救助基金运行方式。推出道路救助基金垫付款委托医疗机构追偿模式,全年垫付交通事故抢救费用40笔共计212万元。

【强化风险管控】 加强政府债务风险管控。多渠道消化隐性债务存量,2018、2019两年累计完成化债计划的163.0%,其中2019年完成化债计划的187.5%。推进国有融资平台公司实体化市场化转型,15家融资平台公司中有6家按标准转型到位,其余9家完成公开声明。加强社保基金运行风险防控。建立社保基金收支运行情况和五险基金可支付能力定期分析机制,按时足额补充社保风险准备金,计提社会保障风险准备金和补助城乡养老保险基金11.89亿元。加强专项资金运行风险防控。建立扶贫资金全过程动态监管机制,制定配套措施5项,将所有明确用于扶贫的各级各类资金实行全面管理、动态监控。

【加强队伍建设】 开展"不忘初心、牢记使命"主题教育。理论中心组召开“每周集中读书会”10次，各党支部举办“每周学习交流会”11期，班子成员和支部书记上专题党课14次；广泛征集意见建设37条，开展问题检视活动3轮；实施专项检查6次，廉政谈话473人次。加强机关党建。强化基层组织建设，开展支部主题党日活动80次，打造基层党建文化阵地；组建党员志愿服务队6支，开展包村结对、入村扶贫、项目现场“上门送服务”等活动。提升干部素质。成立财政讲师团，举办“初心学堂”课程12期，累计参训人员逾850人次。财政管理工作获省政府督查激励，并获评全省财政绩效管理优秀单位。

（瑞安市财政局供稿　黄其庆执笔）

注：

＊“1+9”产业政策体系：“1”是指产业扶持政策财政奖补资金兑现管理办法，“9”是指工业、服务业、农业、开放型经济、人才、招商与总部、金融上市、科技创新、质量强市建设等九个领域的政策。

＊“三必评”：新政策实施一年后必评、政策到期后必评、三年内必评。

乐清市

【概况】　2019年，乐清市实现地区生产总值1209.93亿元，按可比价计算，增长8.7%。其中：第一产业增加值20.36亿元，增长0.2%；第二产业增加值557.41亿元，增长7.6%；第三产业增加值632.16亿元，增长10.1%。三次产业结构比为1.7∶46.1∶52.2。社会消费品零售总额535.41亿元，增长9.0%。实现货物进出口总额185.66亿元，增长15.7%，其中：出口总额180.50亿元，增长16.4%。全市人均可支配收入54775元，增长10.1%，其中：城镇常住居民人均可支配收入64442元，增长9.1%，农村居民人均可支配收入35478元，增长10.3%。全市实现财政总收入167.02亿元，增长4.2%，剔除上年海洋罚没收入6.30亿元等一次性因素后，可比增长8.5%（下称“可比增长”）。一般公共预算收入99.69亿元，增长5.7%，可比增长13.3%。一般公共预算支出155.39亿元，增长34.0%。全年财政收支平衡。

【组织财政收入】　建立收入协调机制。根据国税地税征管体制改革后组织收入工作的新变化，加强与税务、自然资源规划等部门联系协调，加强收入动态分析，把握收入节奏和力度。优化收入结构。一般公共预算收入占财政总收入的59.7%，比上年提高0.9个百分点。一般公共预算中税收收入81.65亿元，增长4.1%，占一般公共预算收入的81.9%。非税收入89.20亿元，下降11.0%，其中纳入一般公共预算管理的非税收入18.04亿元，增长13.9%。强化资金要素保障。通过化解债务，盘活资产，实施应收款项、土地出让、新增融资等措施统筹资金，保障市委市政府重点项目建设。向上争取补助资金。将部门单位向省级财政争取转移支付资金列入考核，全市争取上级补助资金21.54亿元，增长25.1%。

【支持实体经济】　减轻企业负担。贯彻落实小微企业普惠性减税、增值税大规模减税、社保费减负等各项减税降费政策，全年累计新增税收减免21.85亿元、社保费减免11.51亿元、政府性基金和行政事业性收费等项目减免1.00亿元。支持战略新兴产业培育。获批产业创新服务综合体并获得省财政专项激励资金2000万元，落实自创区“一区五园”高能级创新平台建设资金900万元，浙大—乐清智能电气研究基地等科创平台建设资金5200万元，高新技术企业研发后补助资金4623万元。支持传统产业改造提升。落实财政激励政策，振兴实体经济（传统产业改造）财政激励考核居全省第一，并入围2020—2022年省制造业高质量发展试点县（市区），将获3年省级财政资金支持。兑现技术改造资金1.53亿元，企业上市专项奖励7545万元。解决企业融资难题。实施财政性存款措施，地方财政存款奖励6.14亿元，撬动各银行对153个技术改造项目放贷33.26亿元。政策性融资担保平台累计办理担保业务657笔（其中小微企业98笔），担保金额4.01亿元（其中小微企业2.07亿元）；“人才科技贷”授信企业177户，发放贷款4.86亿元。参与国家制造业转型升级基金、长三角股权发展基金，分别到位资金2000万元、5000万元。落实温州浙民投乐泰物联网产业基金二期资本金9000万元，并推荐优质企业56家。

【推进城乡一体化建设】　完善基础设施。通过争取上级补助、新增政府债券、项目融资、PPP等渠道筹集建设资金，投入温州市域铁路S2线等4个项目资本金9.54亿元。投入交通、市政、水利等153个市本级重点项目建设资金22.11亿元。支持拆整建美。新增发放贷款36.45亿元，支持南岸区块征迁和安置房建设。预算安排中央绿轴等公园道路绿化资金2.00亿元，城市精细化八大行动资金1.12亿元，核拨全国文明城市、国家园林城市等联创经费4282万元。累计融资3.80亿元推进城乡公交一体化改革。加快环境整治。安排污水处理设施建设资金3.50亿元，飞灰填埋场等环卫基础设施建设资金8000余万元，小城镇环境综合整治资金1.98亿元，农村公厕改造提升资金5515万元。拨付河道保洁、清淤处置资金2060万元。促进乡村振兴。累计拨付乡村振兴示范带建设资金1.31亿元，美丽乡村建设项目经费1947万元。推进大荆石斛田园综合体升级为省级田园综合体，获批省级一事一议助推美丽乡村建设试点。财政全额出资9427万元支持村级供水管网改造项目，推进农村饮用水达标提标工程。

【保障民生支出】　全市民生支出124.75亿元，增长36.4%，占一般公共预算支出的80.3%。促进教育事业发展。全年教育支出28.48亿元，增长6.2%。拨付教育基建经费5.00亿元，建成城东二中滨海校区等建设项目5个，推进柳市职业技术学校等校舍建设31个,推进公办幼儿园建设34个。落实义务教育教师基本工资增资政策。安排6500万元合并设立教育教学质量考核奖。促进“健康乐清”建设。全年医卫健康支出13.09亿元,增长13.9%。安排1358万元支持大荆等卫生院改扩建工程6个。基本公共卫生服务人均标准提高至每年60元,落实基本公共卫生服务和重大公共卫生补助资金9306万元。拨付公立医院综合改革专项资金2300万元。促进社会保障事业发展。全年社会保障支出13.26亿元,增长41.1%。财政补助各类社保基金12.74亿元,城乡居民基本医疗保险人均财政补助每年610元以上,城乡居民基础养老保险待遇提高至205元/人·月。支持脱贫攻坚,加大产业扶贫、巩固“消薄”成果和特困群众救助,安排9983万元资金解决低保户、特困户、残疾人等弱势群体生活困难问题。统筹安排促进就业专项资金3515万元。促进文化体育旅游事业发展。获得3年3000万元的省文化产业发展专项资金财政补助。拨付1722万元支持全市文化礼堂全覆盖建设和正常运维。安排体育经费1560万元,旅游经费2516万元。支持抗灾救灾。针对“利奇马”台风造成的严重损失,争取上级财政资金并筹集本级救灾资金,全年累计拨付各类救灾资金1.70亿元。

【深化财政改革】 推进数字财政建设。加强“政采云”平台的推广运用,全年平台交易额6.60亿元。正式上线“资产云”管理平台,实现全市所有行政事业单位资产业务在线办理。通过统一公共支付平台办理业务118万笔,累计金额17.02亿元。推行医疗电子票据改革,实施新政府会计制度,推进内控制度建设。完善国资管理机制。落实政府向市人大常委会报告国有资产管理情况制度,专项报告关于市属国有企业资产相关情况。做好国有企业工资总额预算管理工作。优化办事服务。开展“三服务”活动,落实乐清“千名干部进千企”行动,建立局领导及业务骨干分包企业帮扶制度,定期走访企业,共走访部门、基层单位115次,企业207户次。

【强化财政监管】 强化资金绩效管理。推进11个重点项目绩效评价、130个部门绩效抽评及所有部门绩效自评。开展减税降费、脱贫攻坚、公款存放等情况的监督检查。核减政府投资项目结算资金9500万元,制定学校建设项目投资造价最高限额。提高财政资金使用效益。全年盘活财政存量资金21.46亿元,压减全市一般性项目支出1.01亿元,“三公”经费下降10.7%。全年通过公开招标完成竞争性存放财政资金22.98亿元。严格执行国库集中收付制度,通过国库集中支付资金78.13亿元。防范债务风险。开展防范化解地方政府性债务风险专项行动,实际化解债务54.81亿元,完成年度计划化债任务的192.5%。

【加强队伍建设】 深化从严治党。开展主题教育活动,局领导带队深入乡镇、部门、村社区调查,为乐清经济出谋划策。组织党员走访红色革命教育基地,坚定党员理想信念。签订党风廉政建设责任书,加大廉政风险提醒。修订《乐清市财政局财务管理办法》规范财务开支行为。打造“清风雅韵,廉脉相承”廉政文化走廊。提升队伍素质。完成机构改革任务,完成财政职能配置、内设机构和人员编制规定。组织干部赴武汉大学等高校培训,学习财经知识。坚持学习与实践相结合,调研课题《财政预算偏离研究》获省财政学会二等奖、《乐清市财政支出与经济发展关系的思考》获乐清市党政系统调研课题一等奖。

(乐清市财政局供稿　王子平执笔)

永嘉县

【概况】 2019年,永嘉县实现国内生产总值444.52亿元,按可比价格计算,增长8.5%。其中:第一产业增加值16.07亿元,增长2.4%;第二产业增加值191.73亿元,增长7.4%;第三产业增加值236.72亿元,增长10.0%。三次产业结构比为3.6∶43.1∶53.3。按户籍人口计算,全县人均生产总值45092元,增长6.7%。城镇居民人均可支配收入49489元,增长9.3%;农村居民人均纯收入24550元,增长10.6%。社会消费品零售总额216.69亿元,增长13.4%。外贸出口总额59.53亿元,增长12.2%。全县财政总收入62.20亿元,增长10.5%,其中一般公共预算收入39.53亿元,增长12.7%。政府性基金收入60.47亿元。全县一般公共预算支出109.23亿元,增长34.0%。全县财政收支平衡。

【组织财政收入】 完成收入任务。完成税收收入30.66亿元,增长8.7%,占一般公共预算收入的77.6%。全年非税收入69.47亿元,(较上年45.50亿元)增长52.7%,其中一般公共预算收入中非税收入8.87亿元,增长28.9%。一般公共预算收入占GDP的8.9%、占财政总收入的63.6%。盘活国有资产。清查国有不动产2196宗,推进确权登记和盘活处置工作,新办结国有不动产登记393宗,盘活88宗,其中拍卖成交71宗,总成交金额4100万元。争取上级资金。全年争取上级各类补助34.97亿元(其中省级补助33.18亿元、市级补助1.79亿元),新增债券14.00亿元(其中一般债券7.50亿元、再融资债券2.00亿元、土储债券1.00亿元、棚改债券3.50亿元)。统筹沉淀资金。摸底全县各部门预算资金使用情况,清理盘活资金1687万元。

【支持转型升级】 推进减税降费。落实各项减税降费政策,全年减税5.81亿元,减免社会保险费2.39亿元。助力工贸企业。办理应急转贷资金11笔,累计转贷金额1.43亿元。推进工贸业转型升级、创新发展,兑现各类企业奖补1.60亿元。发展绿色经济。在“两山”经济改革试点的基础上,入围省级田园综合体创建试点、农村综合改革扶持村级集体经济试点、一事一议财政奖补助推美丽乡村建设省级试点，2019年获得奖励资金合计1.60亿元。

【保障重点支出】 全年民生支出88.97亿元，增长35.9%，占一般公共预算支出的81.5%，财政八项支出*87.83亿元，增长35.0%。落实教育优先发展政策。教育支出23.23亿元，增长15.0%，推进全县教育现代化建设进程。加大社保资金投入。全年社会保障支出13.37亿元，增长51.8%。投入4286万元，全县城乡居民基本养老保险基础养老金标准提高至每人每年2220元；低保标准增长21.0%至每人每年9648元。推进城乡建设。城乡社区事务支出20.14亿元，增长60.9%，推进村(社)规模优化工作。落实一事一议财政奖补农村小型公益事业建设项目45个，惠及行政村45个，安排省补资金1900万元，县本级配套资金1573万元，带动社会资本投入2012万元。加大卫生健康投入。全年卫生健康支出12.71亿元，增长42.1%，推进"健康永嘉"建设。保障抢险救灾工作。筹措救灾资金4.51亿元，其中中央救助资金7300万元、省级救助资金2.31亿元、市级救助资金2500万元、县本级救助资金1900万元、爱心善款1.03亿元，用于开展交通及水利等基础设施修复、倒房重建、恢复农业生产、进行受灾地区居民生活救助等。

【深化财政改革】 开展乡镇国库集中支付试点。成为全省乡镇国库集中支付试点县，实现县级国库集中支付系统与乡镇级国库集中支付系统、财政部扶贫资金动态监控系统、省动态监控系统、省财政厅大平台数据库系统、省电子凭证库、省及县综合可用财力对账系统互通。推进工资管理电子化改革。完成工资管理系统区域性试点工作，并向全县推开，实现数据实时监控，保障数据安全、提高工作效率。推进非税收入电子化改革。建成政务网统一公共支付平台。实现57项政府非税收入执收项目电子化缴款全覆盖，所有执收单位接入支付平台，实现非税收入缴款"一次都不用跑"。推进项目造价监管改革。完成项目造价从事前审核到事后监管的转变。扩大造价审核中介库数量至43家，将直接办理工程项目预、结算转型为事后监督抽查。推进政府采购工作。通过"政采云"平台实现采购"一次都不用跑"，2019年网上超市采购金额8170万元。

【加强财政监管】 强化债务风险防控。完善《防范化解地方政府性债务风险专项行动实施方案》，制订5年化债计划，细化化债具体措施，提前完成化债计划。强化项目审核。审查工程进度拨款1415件，送审拨款金额21.46亿元，审定拨款金额19.40亿元，核减2.06亿元，核减率9.6%。强化绩效管理。开展预算单位绩效自评，按10%比例实施抽查；对县十大民生实事项目实施重点绩效评价，开展乡镇(街道)财政运行情况综合绩效评价试点工作。强化PPP项目监管。对全县13个PPP项目实施监管全覆盖，搭建项目管理库，实现PPP动态管理，涉及工程总投资180.00亿元。强化内控管理。完成全县317家行政事业单位内部控制报告编制。改革资金存放管理。实现县级财政资金竞争性存放70.00亿元，存款利率较基准利率平均上浮39.7%，利息收入1.47亿元，较基准利率增收4171万元。强化行政事业单位资产管理。推进行政事业单位资产编报工作；运行"资产云"系统，动态监管全县317家行政事业单位资产情况，实现全覆盖。强化单位财务管理。做好"清廉永嘉，平安财政"专项检查，累计向54个单位反馈问题200余个，落实整改金额2722万元。

【加强队伍建设】 开展"不忘初心、牢记使命"主题教育，集中夜学8次，党委理论中心组学习12次，开展全局主题教育专题党课及主题党日活动各3次，集中参观"红色记忆"展览等红色教育基地。开展财政"五服务"活动。累计走访企业、群众、预算单位500余次，拨付各类企业奖补资金1.60亿元，协调解决各类问题152个，对点帮扶困难群众8人。强化作风建设。全年局党委教育提醒谈话121人次，落实整改措施15条38项。累计运用诫勉谈话2人次、提醒谈话1人次，机关纪委与违反单位制度的人员及其科室负责人提醒谈话12人次。举办"打擂台、拼项目、比实绩"主题实践活动，开展"三清单一承诺"行动，签订《反对"掣篮子"承诺书》。

(永嘉县财政局供稿　葛明阳执笔)

注：

*八项支出：即一般公共服务、公共安全、教育、科学技术、社会保障和就业、卫生健康、节能环保、城乡社区事务共8项与GDP相关的支出。

平阳县

【概况】 2019年，平阳县实现生产总值510.29亿元，按可比价计算，增长8.9%。其中：第一产业增加值18.61亿元，增长3.4%；第二产业增加值228.84亿元，增长7.5%；第三产业增加值262.84亿元，增长10.3%。三次产业结构比为3.6：44.8：51.5。按常住人口计算，人均生产总值为63528元，增长7.8%。固定资产投资增长10.1%。社会消费品零售总额239.01亿元，增长10.2%。外贸进出口总额79.35亿元，增长18.4%。城镇常住居民人均可支配收入50767元，农村常住居民人均可支配收入24957元，分别增长8.0%和9.8%。全年全县财政总收入57.48亿元，同口径增长10.3%，其中一般公共预算收入38.03亿元，增长16.0%；一般公共预算支出90.88亿元，增长27.0%。全年财政收支平衡。

【组织财政收入】 优化收入结构。全县一般公共预算收入占财政总收入的66.1%，占GDP的7.5%，其中税收收入30.52亿元，增长10.3%，占一般公共预算收入的80.2%。落实分析研判机制。完善收入督导机制，执行地方财税收入协调领导小组工作机制,定期召开联合预测分析会议,做好预测分析与收入预案。强化考核激励机制。调整乡镇财政体制,健全基层协税护税机制,乡镇支出与辖区内税收收入挂钩。强化非税收入征管。修订《平阳县财政票据管理暂行办法》《平阳县非税收入管理暂行办法》等规范性文件,明确财政部门和执收单位、代收机构管理责权。升级非税收入征收管理系统,上线代收资金动态监管功能。全年实现政府非税收入 44.77 亿元,下降 26.6%,其中纳入一般公共预算收入管理的非税收入 7.50 亿元,增长 43.8%。

【支持经济转型升级】 整合产业政策。参与制定《平阳县全面实施惠企政策"直通车"工作方案》,形成工业、服务业、农业、开放型经济、人才五个方面政策为主,科技、招商、上市等其他方面的"5+3"产业政策体系。强化政策兑现管理。起草《平阳县产业政策奖补资金兑现管理办法》,加强产业政策的统筹管理和统一执行,提高财政奖补资金兑现效率,全年兑现政策奖补 2.88 亿元。落实各项惠企政策。返还困难企业社保费 1.04 亿元,惠及企业 1960 家。取消工业项目履约保证金,退还 3558 万元。取消矿山治理备用金,退还 7143 万元。

【保障重点支出】 全年民生支出 71.40 亿元,增长 30.2%,占一般公共预算支出的 78.6%。落实教育优先发展战略。教育支出 16.08 亿元,改造薄弱学校 34 所,开工建设公办幼儿园 10 所,实现乡镇公办幼儿园全覆盖。通过省教育基本现代化县预评估,完成省基础教育重点县摘帽。完善社会保障体系。卫生健康支出 7.95 亿元,加快平阳县第二人民医院和平阳县中医院新院区建设,实现省级卫生乡镇全覆盖。组建县域医疗服务共同体 3 个,提升县域就诊率和基层就诊率。社会保障与就业支出 12.68 亿元,增长 61.1%,最低生活保障标准提高 21.1%,城乡基本医疗保险财政补助增加 13.5%,推进基层医疗机构补偿机制改革。支持城乡统筹发展。加大涉农资金整合,提高涉农专项预算执行率。投入扶贫专项资金 4827 万元,推进生猪养殖折股量化等产业扶贫项目,30.0%收益用于村集体,70.0%用于低收入农户增收。全年拨付村级公益事业建设一事一议奖补资金 3600 万元,落实项目 61 个,拨付奖补资金 1635 万元,落实村集体经济发展项目 25 个。入选省财政厅省级乡村振兴产业发展示范建设县和一事一议助推美丽乡村省级试点,分别获省级奖补资金 4000 万元和 2000 万元。保障重点项目建设。统筹县级财力 9.53 亿元,新增政府债券 12.90 亿元,支持南连高速、南湖分洪工程以及平阳动车站改造等项目。

【深化财政改革】 构建集中财力办大事政策体系。编制实施大事清单、财力清单、政策清单,2019—2022 年全县集中财力办大事资金 229.00 亿元。推进部门间"最多跑一次"改革。梳理办事事项 51 项,编制办理流程图和办事指南,实现县级公布事项 100.0%"最多跑一次"。推广"政采云"平台应用。全年完成交易额 15.10 亿元,网上超市订单数 16615 个,采购项目数 564 个,运用率 100%、贯通率 97.0%。深化国库集中支付改革。县级预算单位国库集中支付电子化率 100%。深化统一公共支付平台应用。全面上线医疗票据电子化服务,非税收入项目全部实现电子化缴款,全年生成电子票据逾 35 万份,收缴金额 8186 万元。提供财政优质服务。依托"服务大局、服务部门、服务企业、服务群众、服务基层"的"五好服务"和"上门服务至少一次"活动,全年现场服务部门 224 次,企业 45 次,服务群众 672 次,集中培训 914 人次。

【强化财政监督管理】 强化绩效管理。将全面实施预算绩效管理内容纳入全县机关单位年度考核内容。实现县级预算单位绩效项目全覆盖,自评抽查率超 10.0%,开展 96 个项目复评、15 个重点项目绩效评价和部门整体以及下级政府的综合运行评价。加强单位财务监管。出台机构改革经费保障和财务管理规定,完善培训费、差旅费管理规定,调整机关事业单位伙食补助标准。强化国库集中支付动态监控,全年整改违规资金 596 万元。开展行政机关单位津补贴、公款存放等专项整治 10 余次,并督促整改。加强财政资金监督。扩大公款竞争性存放规模,全年竞争性存放 24.10 亿元。规范涉农企业财务管理,规定涉农补助项目实施单位 1000 元以上支出通过企业账户转账支付。防范化解重大风险。通过财政预算安排、项目自身收益、政府债券置换、融资平台转型等方式,多渠道消化隐性债务存量。严控政府投资项目。遵循"三个不得立项"原则,开工建设前必须经过严格论证和风险评估。参与政府投资项目投资估算及设计概算审核,全年核减投资估算和设计概算 3.23 亿元,核减工程结算价款 1.31 亿元。

【加强干部队伍建设】 完成县农业综合开发办公室职能和人员划转,修订《平阳县财政局职能配置、内设机构和人员编制规定》,实现机构改革平稳过渡。组织周一夜学 24 次,支部集中学习 39 次。党组理论中心组集体学习会 7 次,集中研讨会 4 次,专题读书会 4 期,撰写个人心得体会 18 篇,调研文章 8 篇。检视问题 202 个,党支部查摆问题 8 个,帮助解决实际问题 20 个。优化科室绩效考核办法和全员绩效考核办法,举办"财政擂台、六比竞赛"。制定全年党建工作清单,按季度召开党建工作研究会,完成党组织和团组织的换届选举工作。举办红色教育专题读书班。举办财政·国资党史知识达人赛。打造财政党建文化走廊和廉政长廊,组织党员干部开展志愿者服务活动。

(平阳县财政局供稿　施奇凡执笔)

苍南县

【概况】 2019 年,苍南县实现地区生产总值增长 6.2%。其中:第一产业增加值增长 2.4%;第二产业增加值增长 4.8%;第三产业增加值增长 7.6%。三次产业结构比为 5.4∶41.1∶53.5。全社会固定资产投资额增长10.0%。社会消费品零售总额395.94亿元，增长6.0%。全年城镇居民人均可支配收入50803元，增长8.0%；农村居民人均可支配收入24320元，增长9.7%。全县财政总收入67.66亿元，(较上年剔除海洋罚没收入19.14亿元后的财政总收入62.10亿元)同口径增长9.0%；一般公共预算收入42.46亿元，(较上年剔除海洋罚没收入19.14亿元后的一般公共预算收入37.72亿元)同口径增长12.6%。全县一般公共预算支出113.75亿元，增长8.0%(剔除海涂围垦二期工程补助17.48亿元后的全县一般公共预算支出为96.27亿元，增长11.7%)。

【组织财政收入】 健全收入协调机制。加强与税务部门沟通协作，研判财税形势，制定组织收入预案。加大招商引资力度，吸引企业落户苍南，扩大税源。全年实现税收收入34.97亿元，增长8.9%，占一般公共预算收入的82.4%。完善非税收入管理。关注重点执收单位的征收动态，将做地出让列入绩效考核，激发乡镇、平台加强属地财源建设的积极性。实现执收单位电子缴款，"零上门"办理教育收费、行政事业性收费等业务约78万笔，较上年增长2倍以上。2019年全县非税收入135.09亿元，增长37.3%，(剔除海洋罚没收入26.30亿元及补缴海域使用权出让金32.80亿元后的全县非税收入为75.99亿元，同口径下降4.1%)，其中纳入一般公共预算管理的非税收入7.48亿元，(较上年剔除海洋罚没收入19.14亿元后的纳入一般公共预算管理的非税收入5.62亿元)同口径增长33.1%。

【支持经济发展】 增强经济转型动能。实施"两个健康"*先行区建设，制定降本减负措施及惠企政策"直通车"等产业扶持政策，强化财政资金杠杆效应，促进全县工业投资回升，加快新旧动能换挡，全年拨付企业技术创新、"两化融合"等扶持资金3.10亿元。坚持科技引领产业。全年安排科技支出1.16亿元，增长13.4%。新增院士工作站1个、高新技术企业26家、科技型中小企业199家，规模以上工业研发费用增长38.8%。保障海西青创园、温大苍南研究院等科技公共服务平台运行。推进企业上市上规。聚焦本地企业成长，优化营商环境，加强对企业股改上市、上规培育政策宣传和业务指导。推动8家企业在区域资本市场挂牌，新增挂牌新三板、创新板、成长板企业10家，兑现企业股改、上市等奖励支出4170万元，兑现新增规模以上企业奖励支出1540万元。

【保障改善民生】 全年民生支出94.21亿元，增长26.7%，占一般公共预算支出的82.8%。优先保障教育发展。全年安排教育支出24.90亿元，占一般公共预算支出的22.0%。推进民族中学、嘉禾中学等在建学校项目建设，启动乡镇公办幼儿园建设。完善社会保障体系。全年安排社会保障和就业支出25亿元。落实困难群众最低生活保障资金2亿元、城乡居民基本医保险资金6.60亿元、城乡居民养老保险基础养老金5.10亿元、被征地农民养老保险财政补助资金3.4亿元，惠及全县群众135万。加大公共卫生投入。全年安排医疗卫生支出6.70亿元。支持推进"健康苍南"和"医共体"建设，基本公共卫生服务人均财政补助标准提高至60元/人·年，落实资金8092万元。完善县、镇、村三级医疗机构基础设施，构建区域医疗康养中心和县域医共体。支持文体事业发展。全年安排文化体育与传媒支出1.6亿元。争取省补资金1200万元，修编《苍南—龙湾山海协作生态旅游文化产业园发展规划》，推动农旅融合产业项目落地。推进大剧院等建设，加强福德湾等历史文化村落建设和名人故居保护，拓展百姓书屋等文化阵地建设。

【深化财政改革】 提升财政创收动力。出台《财政收入激励机制和乡镇债务约束机制的实施意见》，加大对制造业、金融业等重点行业主管部门联动考核，激发乡镇、部门抓好财源建设、重点领域税收的创收动力。全年矿山井巷企业总部回归项目贡献税收5.41亿元，增长12.6%。深化扶贫模式改革。推广财政扶贫资金"折股量化"模式，整合财政扶贫资金7500万元，部署落实折股量化项目28个，带动260个村、3000余户低收入农户增收，促进扶贫资金加快发挥效用，获省领导批示肯定。优化办事服务。打造"最多跑一次"改革财政服务供给端延伸版，累计服务预算单位306家、服务人数共计1178人次。推进国企绩效改革。实行编制总额、工资总额双控制，加大以经营绩效为导向的目标考核，加强激励效用。参与拟订《温州矾矿成建制划转工作实施方案》《盐业公司体制改革方案》等文件，为下步改革工作奠定基础。

【强化财政监管】 深化预算绩效管理。构建全方位、全过程、全覆盖的预算绩效管理体系，强化部门单位绩效目标意识和绩效问责意识。全年组织开展绩效自评项目338个，涉及资金36.60亿元，安排重点绩效评价和整体评价12个，涉及金额2.60亿元。严控政府债务风险。出台《苍南县防范化解地方政府隐性债务风险专项工作实施方案》，制定全县地方政府隐性债务化债计划表，建立债务约束机制。全年完成化解任务的198.3%。加强财政资金监管。开展乡镇专项资金检查，涉及垃圾分类等4项专项资金使用管理情况，并对县人民医院等5个政府性投资项目开展跟踪监督。加强政府采购预算编制，全年政府采购项目预算金额5.81亿元，实际采购金额5.32亿元，节省资金4841万元，节约率8.3%。实现资金保值增值。完善财政资金竞争性存放细则，全年举办财政资金竞争性存放招标会4期，涉及金额26.70亿元，完成招标计划的98.9%。

【加强队伍建设】 开展"不忘初心、牢记使命"主题教育，组织理论中心组学习11次、完成调研报告6篇、征询意见建议29条，对照"9+4"专项整治方案全面做好整改落实。开展机关党委和所属党支部换届工作，推进支部标准化、规范化建设，打造全县"双建"建设示范点20个，深化"一支部一特色一品牌"创建活动,获年度县"双十佳"基层党组织。结合政治理论、党风廉政和财政政策制订理论学习计划,全年共开展理论中心组学习13次、集中自学5次、研讨4次。深化党员志愿服务,全年开展"红色星期天"活动4次、"礼让斑马线"文明劝导服务132人次。

(苍南县财政局供稿　游福友　金运贵执笔)

注:

*"两个健康":即非公有制经济健康发展和非公有制经济人士健康发展。

文成县

【概况】　2019年,文成县实现地区生产总值104.91亿元,增长9.0%。其中:第一产业增加值9.34亿元,增长3.1%;第二产业增加值24.29亿元,增长10.0%;第三产业增加值71.28亿元,增长9.6%。三次产业结构比为8.9∶23.2∶67.9。全社会固定资产投资48.90亿元,增长21.0%。全社会消费品零售总额50.00亿元,增长8.0%。全县城镇常住居民人均可支配收入42200元,农村常住居民人均可支配收入19100元,分别增长9.0%和10.0%。2019年,全县完成财政总收入13.84亿元,增长22.2%。其中,一般公共预算收入9.63亿元,增长16.6%,占财政总收入的69.6%,占地区生产总值的9.2%;一般公共预算支出56.14亿元,增长18.8%。全县财政收支平衡。

【组织财政收入】　加强收入协调机制。加强与税务部门合作,做好税收预测分析,强化欠税管理,加强支柱税源涵养,健全税收征管体制机制。全年税收收入5.80亿元,增长40.0%,占一般公共预算收入的60.4%。规范非税管理。全年完成非税收入3.83亿元,其中一般公共预算收入中非税收入3.78亿元,国有资源(资产)有偿使用收入2.26亿元。升级统一公共支付平台,完善非税收入电子化改革需求项目库,全年完成电子支付15.2万笔,总金额5.82亿元。做好土地出让金收缴,全年出让土地16宗,出让价款19.92亿元。争取上级资金。全年争取中央、省、市各类资金26.97亿元,争取省财政厅地方政府债券6.30亿元。

【支持经济发展】　保障重点项目建设。利用PPP、政府购买服务、资产抵押等模式,保障重大交通项目、城中村改造项目、重点产业项目等47个重点项目的资金需求。支持实体经济发展。落实国家减税降费政策,全年减税1.51亿元,减征社保费3900万元。保障"科技新十条""企业上市十条"等政策落实,兑现扶持企业优惠政策资金1.85亿元。支持新兴业态。支持总部经济、电子商务、建筑业等八大新兴业态发展,全年新认定总部经济企业98家,税收入库2.92亿元。

【保障重点支出】　全年民生支出44.74亿元,占一般公共预算支出的79.7%。保障医疗卫生服务。安排卫生健康支出5.27亿元,其中,拨付377万元补足低保、低边、残疾人等群体23600余人的城乡医保个人缴费部分,城乡居民合作医疗基金规模达3.77亿元,参保人数31800余人。提升社会保障能力。安排社会保障和就业支出7.13亿元,其中:安排资金1121万元支持建设避灾场所58个;落实被征地农民转保政策,全年新转保2429人;推进城乡低保标准一体化,全年安排资金5663万元,实现人均低保640元/人·年,惠及低收入人员10378名。加大教育支持力度。安排教育支出7.67亿元,促进教育协调均衡发展,其中拨付1.24亿元用于教育环境改善建设。支持乡村振兴发展。全年投入涉农资金9.00亿元,落实各项惠农富农强农政策;推进农业综合开发,全年立项小型水利设施项目2个,一事一议项目51个,5个一事一议财政奖补助推美丽乡村建设项目通过省财政厅竞争性立项。

【深化财政改革】　深化预算管理改革。提高县级预算编制水平,深化国库集中支付改革,制定《关于全面贯彻落实预算绩效管理的实施意见》,构建全方位预算绩效管理格局。2019年8月,在财政部对全国1868个县(县级市、旗)2018年度县级财政管理绩效综合评价考核中位列全国第65名,浙江省第2名,获财政部奖励资金1500万元。完善财政内控制度。修订《文成县财政局内部控制基本制度》,对财政业务及管理中的各类风险进行事前防范、事中控制、事后监督和纠正,提高内部管理和依法理财水平。推进涉农资金统筹整合。制定《关于推进涉农资金统筹整合的实施意见》,建立覆盖各类涉农资金的"项目库",推进涉农资金统筹整合管理,提升财政支农资金使用效益。完善公款存放管理制度。出台《关于进一步规范预算单位公款竞争性存放管理的通知》,规范公款竞争性存放适用资金范围、银行账户资金存放管理等,全年完成财政资金竞争性存放4期共计12.40亿元。推进国资平台改革。围绕"集中资源办大事"的目标,以市场为导向,通过前期学习考察、全面摸底、深入调研,结合文成县实际,搭建"1+4"国有资本管理体系,构建"财政局(国资办)—县国控集团—四大运营公司—下属子公司"的国有企业发展新格局。

【强化财政监管】　提升资金使用效益。全年盘活财政存量资金561项2.74亿元,覆盖全县17个乡镇和3个县财政专户。建立专项资金绩效导向机制,对2019年度所有部门单位的专项资金编报绩效目标,并纳入年度部门预算管理;加强财政扶贫资金动态监控平台跟踪,覆盖项目266个,涉及金额2.56亿元。防范政府隐性债务风险。按照"一减两严三规范"的要求,加强政府性债务管理,完成全年隐性债务化解任务。严格政府采购监管。完善"互联网+采购"体系,建立文成县政府采购评标专家库。全年"政采云"平台交易总额2.08亿元,接受67位评标专家申请,其中51位入选省政府采购评标专家库。加强国有资产监管。做好机构改革资产划拨工作，规范国有资产配置、使用、处置等行为，强化国有资产转让出租收入管理。加强政府性投资项目监管。开展政府投资项目审价，把握政府投资成本和规模，全年完成项目审核726个，核减金额8569万元。

【优化队伍建设】 开展“不忘初心、牢记使命”主题教育。结合“三助三红三服务”，找差距、补短板，解决问题12个，持续整改问题1个；开展警示教育、红色观影、参观展览，在财政部举办“七十年不忘初心　新时代接续奋斗”文成财政支持社会经济发展成果摄影展，强化党员干部理想信念教育。深化党风廉政建设。落实党委党风廉政建设主体责任，推行纪实手册，全年开展谈心提醒129人次，实现全覆盖。提升干部技能。鼓励干部提升学历、职称，取得高级职称2人；开办财政干部培训2期，参训人员70人次。

（文成县财政局供稿　沈倩倩执笔）

泰顺县

【概况】 2019年，泰顺县实现地区生产总值110.60亿元，按可比价计算，增长8.2%。其中：第一产业增加值9.48亿元，增长4.0%；第二产业增加值37.10亿元，增长8.9%；第三产业增加值64.02亿元，增长8.5%。三次产业结构比为8.6∶33.5∶57.9。按户籍人口计算，人均生产总值29633元，增长8.1%。城镇常住居民人均可支配收入40622元，增长9.4%；农村常住居民人均可支配收入18805元，增长10.5%。全县财政总收入17.22亿元，增长25.2%。其中，一般公共预算收入10.10亿元，增长15.3%。全县一般公共预算支出55.55亿元，增长17.4%。全县预算执行情况良好，财政收支平衡。

【组织财政收入】 完善收入征管协调机制，建立财税部门联席会议制度，推进政府主导、部门配合、社会参与的财政收入保障体系建设，掌握收入主动权。一般公共预算收入占财政总收入的58.7%、占地区生产总值的9.1%，税收收入占一般公共预算收入的80.4%。严格执行政府非税收入管理制度，加强行政事业性收费和政府性基金等政府非税收入项目管理，组织政府非税收入10.87亿元，增长6.7%。其中纳入一般公共预算收入管理的非税收入1.98亿元，下降29.1%。

【支持经济发展】 统筹安排资金15.21亿元，重点支持新城区市政基础配套项目、文祥小学建设项目、殡仪馆异地迁建项目、文泰高速公路、文福公路、小城镇环境综合整治工程、生态搬迁工程等政府投资项目建设。落实扶工兴贸、建筑业扶持、总部经济园建设等优惠政策，共兑现奖补资金2.13亿元，推进“两个健康”先行区建设。发挥政策性融资担保公司作用，为小微企业、“三农”发展提供担保，在保笔数1550户，担保金额2.04亿元，改善小微企业融资困境。

【保障民生事务】 全年民生事务支出46.54亿元，占一般公共预算支出的83.8%。安排教育经费7.27亿元，提高生均公用经费，提升在职教师福利水平，助推创成教育现代化县。安排文化旅游体育和传媒经费9514万元，加大基层文化补助投入，保障县内文体活动开展。落实公共安全经费2.03亿元，保障公、检、法经费支出，推进“平安泰顺”创建。安排卫生健康经费5.97亿元，推进县级公立医院改革，提升公共卫生服务均等化水平，城乡居民基本医疗保险人均财政补助标准提高至每年650元。安排社会保障和就业经费6.22亿元，落实重要民生政策，城乡居民基本养老保险基础养老金补助标准提高至每年175元。安排农林水资金7.03亿元，推进农业农村基础设施建设，促进农民增收致富。统筹项目补助资金1.00亿元支持乡村振兴示范带建设。

【推进财政改革】 严格落实预算法，完善全口径政府预算体系，调整预算项目支出标准，向县人大报告预算编制情况。细化乡镇财政预算编制，推进乡镇公共财政服务平台建设，实现34个服务项目在线支付。推进国库集中支付改革，加快电子改革无纸化管理进程，扩大国库集中支付范围。加强财政资金管理，盘活存量资金2.08亿元，统筹用于民生重点领域，提高资金使用效益。开展财政资金竞争性存放3期，推进资金保值增值。推进部门间“最多跑一次”改革，精准梳理事项主项39项、子项45项，精简办事材料170份，精简比例46.7%，提高机关工作效能。

【强化财政监管】 出台全面落实预算绩效管理实施意见，全年对464个项目实施绩效运行跟踪、532个项目实施项目单位自评、55个项目实施自评复评、12个项目实施重点评价，涉及财政资金11.95亿元，绩效监控覆盖率、绩效自评覆盖率均为100%。强化地方政府性债务管理，新增债券资金依法用于民生工程、交通道路工程等公益性项目支出。实施防范化解地方政府性债务风险专项行动，完成年度隐性债务化解任务。规范政府采购行为，执行政府采购预算3.15亿元，实际完成采购2.89亿元，节约率8.1%。严格政府投资项目工程价款结算审核，核减财政资金2219万元，核减率12.2%。

【加强队伍建设】 开展“不忘初心、牢记使命”主题教育。开展“强责任敢担当、治顽疾优环境”作风建设活动，局社会保障科在全县千人评议机关中层科室活动中被评为满意单位。落实从严治党主体责任，制定年度党风廉政建设主体责任工作要点和反腐败工作责任分工，召开党风廉政专题会议5次，开展违规借贷违规从事营利活动自查128人次，开展廉政风险排查治理自查113人次，推进“清廉财政”建设。

（泰顺县财政局供稿　董　倩执笔）

嘉兴市财政工作

嘉兴市

【概况】 2019年,嘉兴市实现地区生产总值5370.32亿元,按可比价格计算,增长7.0%。其中:第一产业增加值120.89亿元,增长2.1%;第二产业增加值2892.55亿元,增长5.9%;第三产业增加值2356.88亿元,增长8.5%。三次产业结构比为2.2∶53.9∶43.9。按常住人口计算,人均生产总值112751元。社会消费品零售总额2102.54亿元,增长8.5%;外贸进出口总额2832.15亿元,增长0.4%。全市城镇居民人均可支配收入61940元,增长7.8%。农村居民人均可支配收入37413元,增长9.1%。全市财政总收入945.40亿元,增长5.6%;一般公共预算收入565.69亿元,增长9.1%,其中税收收入509.60亿元,增长7.6%。全市一般公共预算支出766.89亿元,增长30.2%。市本级财政总收入306.11亿元,增长6.4%,其中一般公共预算收入180.50亿元,增长8.6%。市本级一般公共预算支出256.80亿元,增长22.7%。当年全市及市本级财政收支平衡。

【组织财政收入】 2019年,财政总收入占全市生产总值的17.6%。全市一般公共预算收入占财政总收入的59.8%,占全市生产总值的10.5%,税收收入占一般公共预算收入的90.1%。强化收入分析预测。应对税收征管体制调整对地方财政收入管理的影响,建立财税协同机制,加强税收、投资、金融等经济指标联动分析,提高收入预测的准确性。规范非税收入征收管理。清理规范征地预收款,完善土地出让金收支信息化管理系统,加强重点非税收入征管。全市非税收入813.10亿元,下降8.8%,其中纳入一般公共预算管理的非税收入56.09亿元,增长24.3%。

【服务经济发展】 降低实体经济成本。深化增值税改革,阶段性降低社会保险缴费,加大减税降费政策落实情况的跟踪和检查力度,全市减免税费和减征社会保险缴费293.31亿元。落实扶企惠企政策。帮助企业应对复杂外贸环境,加强涉企专项资金统筹管理,安排市级政府专项资金6.80亿元,兑现各项产业发展扶持政策。支持设立小微信贷保险公司,建设政策性融资担保体系,优化企业融资环境。打造政府产业基金2.0版。设立新能源定向基金、半导体嘉兴股权投资基金、敏实全球未来汽车智能制造定向基金,支持捷威动力锂电池项目、康峰大硅片项目、敏华未来汽车智慧产业园项目落地嘉兴。发挥基金集聚效应,助推经济发展,全市政府产业基金总规模116.81亿元,投资项目760个,撬动社会资本投资1378.88亿元。

【支持长三角一体化发展】 围绕嘉兴全面融入长三角一体化发展的首位战略,财政部门加大资金、政策支持力度。推进交通一体化建设。市级财政统筹安排41.96亿元,支持杭州湾跨海大桥北接线二期主线全线贯通,保障军民合用机场改扩建、湖嘉申线航道建设、京杭运河航道整治、杭平申线航道改造工程等重大项目,完善高速公路网、海河联运网。优化创新发展环境。支持建立全面接轨上海的浙沪创新协作机制,推进沪嘉杭G60科技创新走廊嘉兴段建设和浙江省区域创新副中心建设。推动嘉兴市委办、嘉兴市府办出台《更高质量建设人才生态最优市的若干意见》《关于深入实施创新驱动发展战略、加快建设长三角创新活力新城的若干意见》,优化人才、科技创新制度体系。推动共享公共服务。支持与上海39家医疗机构共建联合诊疗中心37个、医疗合作项目89个,实现嘉兴市与上海市、江苏省的异地就医门诊费用双向结算。推动嘉兴教育机构与同济大学、浙江师范大学、上海世外教育集团等长三角区域城市大院名校、中小学开展合作办学,全市新增合作办学项目12个。

【保障民生事业发展】 全市民生发展类支出620.13亿元,增长33.3%,占一般公共预算支出的80.9%。支持教育事业发展。全市教育支出131.03亿元,增长9.0%。支持教育领域综合改革,推进嘉兴学院创建嘉兴大学,保障义务教育优质均衡发展。支持公共文化事业发展。全市公共文化支出13.53亿元。推进大运河文化带建设,保障嘉兴博物馆二期、嘉兴市图书馆二期、子城客厅、文艺之家、"月芦文杉"片区改造、马家浜文化博物馆等文化设施建设,嘉兴在全省基层文化服务评估中实现"六连冠"。支持医疗卫生事业发展。全市医疗卫生与计划生育支出40.83亿元,增长13.9%。深化医药卫生综合改革,推进全市医疗保险制度统一、医保支付方式改革、医疗服务价格改革、公立医院薪酬制度改革,完善医保慢性病管理政策,释放医疗改革红利。完善社会保障体系。全市社会保障和就业支出62.11亿元,增长26.2%。支持创建社会"大救助"体系,开展职业技能提升行动,推进养老服务体系建设,支持残疾人事业发展,助力承办全国残疾人职业技能大赛。提升中心城市品质。构建财政、国资协同运作机制,向浙江嘉兴国有资本投资运营有限公司注资20.00亿元,推进市区快速路建设,支持火车站枢纽、现代有轨电车开工,提升老旧小区171处、背街小巷236处。支持生态环境改善。市级财政统筹安排10.11亿元用于生态环境整治和饮用水水源地保护生态补偿等项目。推进固体废物处置能力建设,新增处置能力152万吨,实现生活垃圾产出处理平衡。支持实施乡村振兴战略。推动嘉兴市政府出台《市区支持农业农村发展若干财政政策意见》,整合现有市区财政支农政策,提高财政支农资金分配精准度。构建财政涉农资金统筹整合长效机制,推进农业综合开发、农田整治、农田水利建设等项目资金归口管理和统筹使用。设立乡村振兴专项资金 2.53 亿元，推进美丽城镇、美丽乡村建设，推动城乡融合、共建共享。

【深化财政改革】 构建集中财力办大事政策体系。推动嘉兴市委办、嘉兴市府办出台《关于推进集中财力办大事的若干意见》，统筹资金、资产、资源、资本支持市委、市政府重大决策部署推进、重点项目建设。推进部门间“最多跑一次”改革。简化预算调整审批程序，再造预算执行管理流程，压缩预算单位账户审核、审批办结时限，21 项部门间办事事项全部实现“最多跑一次”。推进政府数字化转型。全市贯通政府采购全流程电子化运行，支持全省公共支付平台非税收入收款票据通打通取。推进财政电子票据管理，开展医疗电子票据改革试点。全面实施预算绩效管理改革。推动市委、市政府出台《关于全面落实预算绩效管理的实施方案》，启动三年行动计划，推进预算管理、绩效管理、内控建设和监督管理融合。

【强化财政监督管理】 加强行政事业单位资产管理。启动市级行政事业单位房产集中统一管理，运用房产数据库和三维地理信息系统开展房产清查，清查出市级各行政事业单位房产 1423 处，面积 252 万平方米，总价 57.70 亿元。加强风险防控。防范化解政府隐性债务风险，建立跟踪督导机制，市级提前完成五年化债计划。实行所有行政事业单位和国资公司全口径债务管理，遏制隐性债务增量。推进清廉财政建设。对公款竞争性存放、脱贫攻坚政策落实情况、惠民惠农财政补贴资金“一卡通”专项治理、预决算公开等重点领域开展专项检查。提升预决算公开内容完整性和细化程度，推进“阳光财政”建设。推进“市民卡”统一发放财政补助性资金，提升基层财政规范化水平。

【加强干部队伍建设】 开展“不忘初心、牢记使命”主题教育。组织党员集中夜学、全员分散自学，开展红船财政党校初心系列党课活动，组织集中学习研讨 11 次。开展“深化‘三服务’、联挂解难题”“上门服务至少一次”等活动，全局累计走访群众 3393 户，走访企业 811 户，向有关部门和服务对象发放征求意见表 45 份，梳理问题清单。将问题整改落实与财政中心工作相结合，建立长效机制，解决实际问题。加强党风廉政建设。建立督查机制，加强党委对重大事项的督查，对所有支部开展政治体检。健全监督制度，发挥机关纪委和支部纪检委员作用，组织开展二级巡察，纠正“四风”、加强作风建设。提升干部队伍素质。实施“选育优苗岗位成才”工程，开展“以学促做知行合一”活动，推进年轻干部专业知识培训工作，建立结构性干部递进式培养机制，优化后备及青年骨干资源库。每月举办“处长论坛”，搭建工作交流和干部锻炼平台，构建重学习、重研究、重落实的氛围。

（嘉兴市财政局供稿　徐力超执笔）

南湖区

【概况】 2019 年，嘉兴市南湖区实现生产总值 620.82 亿元，按可比价格计算，增长 8.0%。其中：第一产业增加值 12.81 亿元，增长 2.2%；第二产业增加值 279.14 亿元，增长 8.5%；第三产业增加值 328.88 亿元，增长 7.8%。三次产业结构比为 2.0∶45.0∶53.0。按户籍人口计算，人均生产总值为 135217 元。全区财政总收入 78.10 亿元，增长 7.6%，一般公共预算收入 32.80 亿元，增长 11.4%，其中税收收入 29.73 亿元，增长 16.8%。全区一般公共预算支出 36.71 亿元，增长 12.6%。当年财政收支平衡。

【组织财政收入】 加强收入分析预测。完善税收分析联席会议制度，支持协税护税网络建设，实行月度、季度收入动态分析，把控收入节奏。提升收入质量。全区财政总收入占全区生产总值的 12.6%，一般公共预算收入占财政总收入的 42.0%，占全区生产总值的 5.3%，税收收入占一般公共预算收入的 90.6%。强化非税收入管理。健全非税收入征管体制，推广统一公共支付平台，受理缴费业务 31 万笔。全年实现政府非税收入 27.29 亿元，其中纳入一般公共预算管理的非税收入 3.06 亿元。

【支持经济转型发展】 强化政策资金引导。落实高端人才助力企业创新发展等系列文件，安排产业发展资金 1.40 亿元，加大企业扶持力度，助力工业经济、开放型经济、数字经济高质量发展。推进政府产业基金 2.0 版运作。与敏实集团合作设立总规模 20.00 亿元的定向基金，引进总投资规模 15.00 亿美元的敏华未来汽车智慧产业园项目。2019 年，区政府产业

首届长三角全球科创项目集中路演暨“2019 中国 · 嘉兴航空航天百人会”开幕仪式

基金规模新增2.20亿元,总规模达7.25亿元。红船母基金下设子基金10支,撬动社会资本投资60.23亿元。强化科技支撑。安排科学技术支出1.88亿元,增长12.0%。加快创新平台建设、科研院所扶持、重点人才引进,支持长三角区域双创券通用通兑,助力嘉兴科技城创建省"万亩千亿"新产业平台。

【保障民生事业发展】 全区民生支出31.48亿元,增长16.9%,占一般公共预算支出的85.8%。加快教育事业发展。全区教育支出7.24亿元,增长9.2%,支持清华附中嘉兴学校等3所中小学校、中港路幼儿园等4所幼儿园建设,支持创建全国义务教育优质均衡发展县(市、区),推进"以区为主"学前教育体制改革。加大医疗卫生投入。全区医疗卫生支出1.51亿元,增长36.9%。安排基本药物制度医疗机构补助经费4135万元。城乡居民基本公共卫生服务补助标准提高至每人每年60元,城乡居民基本医保财政补助标准提高至每人每年1010元。推广家庭医生签约服务,推进医联体建设,建成区疾病预防控制中心、区中心医院东部院区等一批医疗卫生项目,引导优质医疗资源向基层倾斜。完善社会保障体系。全区社会保障支出3.25亿元。调整困境儿童基本生活费标准,完善困难群众基本生活价格补贴机制,提高集中托养重度残疾人护理补贴,细化重度残疾人护理补贴标准。实现镇(街道)、村(社区)两级居家养老服务中心全覆盖。支持"三农"事业。农林水支出3.15亿元,增长1.9%。推进农村环境全域秀美、土地综合整治、农村基础设施建设等各项工作。助力南湖区创建省农产品质量安全放心区,支持举办中国农民丰收节南湖特色专场活动,落实农村生活垃圾分类大数据精细化管理。助推精准扶贫。全年落实东西扶贫、对口支援和山海协作资金2130万元,建成"南湖—遂昌"飞地园区,推动"南湖—若尔盖"飞地园区开园。

【深化财政改革】 推进"最多跑一次"改革。梳理财政内部办事事项41项,提升财政办事效能。开展非税收入自助缴费和医疗电子票据自助取票改革。与社保部门共享信息平台,将涉农惠民财政补助性资金纳入市民卡发放。推进政府数字化转型。依托"浙政钉"App,开发移动办公微应用,实现印鉴管理、固定资产申购、出国(境)审批、出差申请等事项在线审批。实现国库直接支付业务网上审核。上线"资产云"系统,实现全区行政事业单位资产线上管理和审批。完善财政体制。出台《关于调整和完善区与镇(园区)财政管理体制的方案》,划分两级事权与支出责任。构建集中财力办大事财政政策体系。提出财政三年收支政策和重大项目资金安排,整合集中财力办大事项目157项,梳理、整合现有财政政策,保留政策文件138项、完善政策文件4项、取消和整合政策文件6项。深化政府采购改革。升级"互联网+政府采购"管理模式,推广嘉兴农业(扶贫)馆,全年"政采云"平台完成实际采购数4059笔,执行金额3.72亿元。推进财政信息公开。区本级除涉密单位外的40家预算单位全部向社会公开预决算、"三公"经费等信息,在2018年嘉兴市各县(市、区)预决算公开度综合平均分值中排名第二。深化国有企业改革。7月,嘉兴市南湖投资开发建设集团有限公司在公开债券融资市场获AA+评级,建立国有公司"资金池",实施管理联席会议制、国有资金有偿使用制。出台国有公司高管人员招聘管理暂行办法,完善法人治理结构。起草国有公司投资项目管理暂行办法,厘清政府项目和国有公司项目的权责界限。

【完善财政监督机制】 深化绩效评价工作。完善预算执行与预算编制挂钩机制,考核部门项目预算全年度执行率。委托中介机构全程参与重点绩效评价项目10个,完成绩效自评项目320个,涉及资金6.01亿元。加强扶贫资金绩效监管,录入扶贫资金动态监管平台项目6个,涉及资金638万元。强化专项监督检查。开展津补贴发放情况、地方预决算公开情况、财政支持脱贫攻坚政策落实情况、减税降费政策实施效果监督等专项检查,强化日常监管。加强财政支出管理。健全动态监控机制,全年累计监控资金54.56亿元,纠正违规资金327万元。加强政府债务管理。将政府债务率和隐性债务化解情况纳入区对镇、街道目标责任制考核范围,完成年度化债计划。健全资产管理制度。首次向区人大常委会报告全区国有资产管理情况,完善行政事业单位资产管理制度。强化竣工财务决算审批。全年批复竣工财务决算68项,上报决算数4.31亿元,审定决算数4.32亿元,核增82万元。

【加强队伍建设】 开展"不忘初心、牢记使命"主题教育。组织廉政党课,赴廉政教育基地开展警示教育,打造"清廉财政"。推进机构改革,完成机构职能调整、人员划转、资产划分工作。健全干部学习教育制度,开展党组中心组理论学习、财政干部大讲堂、各类财政干部培训班。培育"阳光财政"机关服务品牌。组织全体干部参加素质拓展训练,开展"双手创造风采,展示时代女性""共建美丽乡村,共享美丽生活"等系列主题活动,丰富干部业余文化生活。

(嘉兴市南湖区财政局供稿　谢云蕾执笔)

秀洲区

【概况】 2019年,嘉兴市秀洲区实现地区生产总值468.36亿元,按可比价格计算,增长6.3%。其中:第一产业增加值13.20亿元,增长2.2%;第二产业增加值241.88亿元,增长4.8%;第三产业增加值213.28亿元,增长8.1%。三次产业结构比为2.8∶51.7∶45.5。按常住人口计算,人均生产总值88780元,增长4.7%。全区财政总收入60.00亿元,增长6.2%,一般公共预算收入27.27亿元,增长9.3%;全区一般公共预算支出41.32亿元,增长20.6%。全年财政收支平衡。

【组织财政收入】 加强收入质量管理。全区一般公共预算收入占财政总收入的45.4%,占地区生产总值的5.8%,其中税收收入23.54亿元,占一般公共预算收入的86.3%,增长7.5%。强化护税协税。抽调发改、经商、财政、自规、税务等部门精干人员,成立护税协税联席会议专家顾问团,提升护税协税力量。提升非税收入征管水平。加强信息化建设,公布行政事业性收费清单,制发涉企行政事业性收费和政府基金项目告知卡,规范政府非税收入征收行为。全区非税收入41.43亿元,其中纳入一般公共预算管理的非税收入3.73亿元,增长22.6%。推动土地出让。配合区政府下调公益性项目建设资金计提比例,提升各镇、高新区经营性土地出让积极性。全年土地出让收入35.00亿元。

【推动经济高质量发展】 减轻企业负担。落实各类清费减负政策,停征政府性基金1项、降低收费标准5项,全年减免非税收入3578万元,退还履约保证金8569万元。加强财政资金供给。推动秀洲区委办、区府办出台《秀洲区推进经济转型升级加快高质量发展的若干政策意见》,优化服务业发展、工业发展等专项资金管理办法,发挥财政资金导向作用。区本级落实经济转型升级扶持政策专项资金1.05亿元。深化政府产业基金2.0版。新设分享人才创业投资基金;支持和服务重大项目落地,推动组建捷威电池、汽车零配件、阿特斯等定向基金。全区政府产业子基金规模9.60亿元,直接投资6000万元,撬动社会资本投资1.89亿元。

【保障民生事业发展】 加大民生投入。2019年全区民生支出32.60亿元,(较2018年全区民生支出27.98亿元)增长16.5%,占一般公共预算支出的78.9%。支持教育事业发展。全区教育支出7.78亿元,增长2.3%。提升教育现代化水平,保障校舍新建和维修、教育装备经费、校园安保反恐、新居民子女学校标准化建设等。加大医疗卫生投入。全区医疗卫生与计划生育支出1.87亿元,增长9.0%。全面推行基层医疗机构补偿机制改革,深化"健康秀洲"建设,推进区妇保院、康安医院扩建等项目建设。落实分级诊疗,基层就诊率全省领先。完善社会保障体系。强化社会保障。全区社会保障和就业支出2.10亿元,增长2.7%。发放救助资金4750万元,开展"暖巢行动"帮扶低保家庭281户。建成示范型居家养老服务中心7个,实现镇、街道居家养老服务中心全覆盖。推进全国残疾预防综合试验区建设,"残疾人之家"实现镇、街道全覆盖。助力生态文明建设。区本级投入各类污染防治专项资金5280万元。落实饮用水源地生态补偿资金1600万元,喷水织机淘汰补助1018万元,推动饮用水源地生态补偿机制建设。保障"三农"工作。区本级落实美丽乡村建设专项资金2300万元,经济薄弱村建设专项资金1140万元,都市型农业发展专项资金750万元,土地整治复垦、土地开发及"611"耕地保护工程专项资金1.20亿元,基本农田保护补偿专项资金1800万元,北部湖群整治及河湖联通工程专项资金1250万元。开展东西部扶贫协作和山海协作工作。区本级落实东西部扶贫协作和山海协作资金3899万元。

【推进政府数字化转型】 推广"政采云"平台应用。开展"互联网+政府采购"行动,上线农业(扶贫)馆,通过"政采云"申报采购计划2557条,涉及金额4.00亿元。推进统一公共支付平台运用。全区非税结算账户平台收缴率99.7%,累计接入执收项目71项,数据服务中心启用公共支付自助机,实现全省通打通取,通过平台办理非税收入收缴业务35万笔,涉及资金4.25亿元。深化医疗电子票据改革。区妇幼保健院完成电子票据上线,实现电子票据信息共享和在线真伪查验。开具电子医疗票据13万份,纸质打印率5.7%。

【深化财政改革】 构建集中财力办大事财政体系。形成《秀洲区集中财力办大事财政政策体系方案(2019—2022年)》,推动秀洲区委办、区府办出台《关于推进集中财力办大事的若干意见》。全年集中安排政府性资金27.94亿元办大事要事。深化国资国企改革。强化国有企业预算管理,严控成本费用,运用绩效考核,加强风险管控。推进投融资体制改革,对接金融机构,协助乡镇举债主体和国有资产公司开展低成本直接融资,全年募集资金56.44亿元。推动秀洲区国有资产整合重组,成立市嘉秀发展集团,获得主体信用等级AA+。嘉秀集团发行三期"PPN"*,获取资金13.10亿元。全面实施预算绩效管理。推进项目绩效自评全覆盖,强化重点项目绩效评价、部门(单位)整体评价、财政政策绩效评价,加强绩效评价结果运用。建立国有资产报告制度。配合区政府首次向区人大报告国有资产管理情况相关工作。

【强化财政监督】 推进财政资金竞争性存放。完善区级财政部门和行政事业单位资金竞争性存放管理办法和评分细则,分次组织6.00亿元财政性资金的公开招标,完成全部资金存放。防范化解地方政府债务风险。出台《关于做好秀洲区国有公司融资备案工作的意见》,建立全口径债务月报告机制,上线地方全口径债务监测系统,加强债务融资管控。按照5年化债总目标,2018—2019年累计完成2年考核任务的155.0%,完成全部化解任务的40.1%。加强政府投资项目审查。出台《关于规范政府投资项目资金来源落实和风险评估工作的通知》,加强项目资金来源合规性审查,确保投资规模与地方可用财力相适应。强化内部风险防控。修订专项办法和操作规程,出台《区政府专项资金管理内部控制办法》,搭建完成"1+9+7"*内控制度体系。

【加强队伍建设】 开展"不忘初心、牢记使命"主题教育。优化党支部组织架构,建立"夜学夜议明初心"制度和午间学堂,组织集中学习40余次;党员干部累计走访群众1045户,收集问题建议29个。推进"党务+业务"融合。打造"心海拾贝、情系发展"秀洲财政服务品牌,发挥党支部引领作用,促进科室提升服务能力和水平。加强选人用人。通过公开招聘引进高层次人才。加强干部队伍梯队建设。选拔中层干部5名,轮岗交流8名。组织开展培训。组织"书海扬帆、文化兴财"读书活动、"以教促学、以学促用”等活动70余次。2019年秀洲区财政局连续第7年获秀洲区工作目标责任制考核一等奖。

（嘉兴市秀洲区财政局供稿　方悦真执笔）

注：

*“PPN”：即在银行间债券市场以非公开定向发行方式发行的债务融资工具。

*“1+9+7”：即“1”项财政内部控制基本制度；“9”个专项风险管理办法；“7”个业务科室内控操作规程。

海宁市

【概况】　2019年，海宁市实现地区生产总值1026.57亿元，按可比价计算，增长7.1%。第一产业增加值18.27亿元，增长2.0%；第二产业增加值581.06亿元，增长6.8%；第三产业增加值427.23亿元，增长7.7%。三次产业结构比为1.8∶56.6∶41.6。按户籍人口计算，全市人均生产总值146624元，增长6.2%。全市财政总收入157.36亿元，增长2.8%，其中一般公共预算收入97.02亿元，增长9.0%；一般公共预算支出111.42亿元，增长34.0%。全年财政收支平衡。

【组织财政收入】　优化收入结构。财政总收入占全市生产总值的15.3%，全市一般公共预算收入占财政总收入的61.7%，较上年提高3.5个百分点；税收收入91.39亿元，占一般公共预算收入的94.2%，较上年提高0.3个百分点。加强收入分析预测。加强与税务部门沟通协调，实时监测收入入库情况，关注国际国内经济形势变化及减税降费政策对收入的影响，把控收入节奏。规范非税收入管理。优化土地出让金收支管理，夯实征收管理，严格项目计提。加强与执收单位沟通对接，规范政府性收费执收行为。全市非税收入187.76亿元，下降1.0%，其中纳入一般公共预算管理的非税收入5.63亿元，增长3.5%。

【服务经济发展】　落实清费减负政策。出台阶段性降低职工医疗、工伤及失业保险费实施办法，停征政府性基金1项、降低收费标准5项，全年减免行政事业性收费9654万元、政府性基金2.70亿元。出台社保费减征办法，全年减免企业社保费7.87亿元，减轻实体经济负担。助力实施品质智造。对涉企奖补资金推行竞争性分配，培育企业新动能、改造提升传统产业、支持小微企业成长和推进数字经济“一号工程”，全年兑现奖励资金7.18亿元。支持科技创新和人才引育。研究人才引育升级2.0新政策，拨付就业及人才专项资金3.27亿元，兑现科技项目及专利资金4546万元。加快政府产业基金运作。重点支持晶科能源双倍增和泛半导体产业项目，整合现有产业基金，推进市场化投资运作，全年母基金出资5.95亿元，带动社会资本投资14.32亿元。

【保障改善民生】　全年民生发展类支出89.62亿元，增长36.2%，占一般公共预算支出的80.4%。支持发展优质公平教育。提高各教育阶段生均公用经费标准，推进学前教育基础设施建设，优化教育资源配置，拨付各类教育资金23.40亿元，安排普高教育质量提升专项资金2420万元。深化医疗卫生改革。推进“健康海宁”建设，拨付医疗改革及补助资金3.59亿元，完善医疗资源“双下沉、两提升”专项资金管理办法，提高基本公共卫生经费财政补助标准，支持医疗接轨沪杭发展。提升社会保障水平。安排社会保障和就业支出10.28亿元，增长20.8%。完善失能人员长期护理保险制度。加大困难群众帮扶救助力度，拨付最低生活保障、困境儿童补贴等各类补助资金3592万元。支持文化事业发展。完善财政公共文化投入机制，拨付专项资金2173万元，支持公共文化设施免费开放和健身苑点、农村文化礼堂等设施建设。落实精准帮扶政策。筹措对口帮扶资金4918万元，支持东西部扶贫和山海协作。推进基础设施建设。安排政府投资预算资金31.59亿元，保障沪杭高速许村段抬升、城市防洪二期工程等重点项目推进，建立杭海城际铁路建设资金筹措机制，出资3.10亿元推进杭海城际铁路项目建设。支持乡村振兴战略。统筹全域土地综合整治8.59亿元、美丽乡村建设8351万元、村级公益事业一事一议等补助资金2500万元。改善生态环境。拨付资金1.40亿元，助力中心城区环境综合整治提升和小城镇环境综合整治。完善多元投入保障机制，推进绿能环保、黄湾卫生填埋场修复等垃圾处理设施建设进度，安排环境保护专项资金5.53亿元，支持打赢污染防治攻坚战。

【深化财政改革】　构建集中财力办大事财政政策体系。建立跨年度预算平衡机制，推进中期财政规划管理。清理市级财政奖补政策307个，取消和停止执行文件75个，明确需修改文件67个。调整市级专项资金清单，修订专项资金管理办法，优化财政

海宁市新时代文明实践中心(市民中心)正式启用

资金分配方式。推进预决算信息公开,强化预算刚性约束。深化国库集中支付改革。上线财政专户资金、社保资金国库集中支付电子化系统,实现支付单据无纸化流转。完善市镇两级专项转移支付制度,加大乡镇街道财政资金监管力度。加快财政数字化转型,推广统一公共支付平台应用,加强国库集中支付动态监控,防范和控制支付风险。强化政府购买服务和政府采购管理。全年实施政府购买服务项目176项,购买服务支出4.83亿元。推广“政采云”平台应用,260家本地供应商入驻网上超市“全省一张网”,全年平台交易量7.90亿元,上线海宁农业(扶贫)馆,开展消费扶贫。推进“最多跑一次”改革。深化基层医疗机构信息化建设,推进医疗领域电子票据管理改革,在嘉兴地区率先实现市级公立医院电子票据全覆盖。开展公共支付自助缴款、财政票据按需自主取票应用推广工作。深化代理记账机构设立审批及备案管理改革,所有事项即时办结。简化个人购买新建商品房财政补贴兑现资料,受理纸质材料复印量下降88.3%。

【防控财政风险】 防范养老保险基金支付风险。完善社保基金征缴政策,建立失地农民转保缴费标准动态调整机制,增强基金平衡能力,落实多渠道筹措社保风险准备金制度,当年筹集社保风险准备金23.09亿元。强化地方政府债务管理。向上争取新增地方政府债券14.00亿元,推进防范化解地方政府性债务风险专项行动,完成年度隐性债务化解计划的143.8%。实施国有企业债务限额管理,建立偿债风险应急资金池,累计筹集资金9.77亿元,防范国有企业债务风险。加快推进投融资体制改革,提升国有企业融资能力,全年盘活存量资产38.63亿元,整合优化国有企业35家,新增AA级企业5家。健全国有资产监管制度,首次向市人大报告国有资产管理情况。防范内部控制风险。完成全市行政事业单位内控报告系统编报工作,在许村镇开展内控信息化试点,选取5家单位开展内部控制建设评价,规范财务支出行为。

【加强财政监管】 强化预算绩效管理。出台《海宁市全面落实预算绩效管理三年(2019—2021年)行动计划》,建立“花钱必有效,无效必问责”机制,试点探索下级政府财政运行综合绩效评价,完成幸福养老提升等4个政策项目和1个专项资金的绩效评价工作,通过收缴资金、调整预算等方式督促整改问题26个。完善公款存放机制。实现公款竞争性存放全覆盖,全年累计存放财政资金119.11亿元。加强“三公”经费管理。全年一般公共预算支出中“三公”经费支出2749万元,下降11.4%,其中公务接待费支出809万元,下降5.0%。加大资金资产监管力度。精细化管理政府投资项目,批复政府投资项目竣工财务决算54个,批复决算金额24.44亿元。全面实施政府会计制度,开展财政专项检查,收回违规补助资金6091万元,清理处置市级部门(单位)各类房产40410平方米。

【加强队伍建设】 开展“不忘初心、牢记使命”主题教育,形成领导班子检视问题10条、领导干部个人检视问题143条。推进清廉财政建设,落实全面从严治党主体责任,开展作风效能督查25次,发现并落实整改各类问题25个。开展“三走、三送、三增”*活动。结合“上门服务至少一次”活动,组织干部开展财政政策宣传、业务实践指导、社情民意走访等活动,全年累计走访企业、项目和群众115户(次),收集汇总问题65条。做好机构改革相关工作。做好改革统筹,严明财经纪律,编制财政局及下属事业单位“三定”规定草案,推进机构改革工作。建立干部递进式培养机制,组织“青年干部上讲坛”活动4期,全年组织7名年轻干部参加挂职锻炼或参与中心工作。建立科学选人用人机制,提拔、调整中层干部20名,对在同一岗位工作较长的9名干部按内控要求进行轮岗。强化财政文化建设。举办海宁市财政系统文学艺术界联合会成立大会、皮城杯“不忘初心、牢记使命”书画艺术作品展、机关读书月、微诗歌手札大赛、摄影讲座等活动。2019年,海宁市财政局获海宁市目标责任制考核优秀部门。

(海宁市财政局供稿　黄能能执笔)

注:

*“三走、三送、三增”:即“走企业、送政策、增动能,走群众、送温暖、增感情,走项目、送服务、增效率”活动。

平湖市

【概况】 2019年,平湖市实现生产总值765.77亿元,按可比价格计算,增长7.6%。第一产业增加值12.55亿元,增长2.2%;第二产业增加值468.53亿元,增长7.0%,其中工业增加值434.18亿元,增长7.5%;第三产业增加值284.70亿元,增长8.9%。三次产业结构比为1.6∶61.2∶37.2。按常住人口计算,人均生产总值109442元,增长9.2%。全年财政总收入144.14亿元,增长6.2%,其中一般公共预算收入88.45亿元,增长8.0%。税收收入79.46亿元,增长8.9%。全市一般公共预算支出113.26亿元,增长30.6%。全市财政收支平衡。

【组织财政收入】 提高财政收入质量。2019年,一般公共预算收入占GDP的11.6%,占财政总收入的61.2%。税收收入占一般公共预算收入的89.8%。加强收入分析预测。加强与税务、统计、人民银行等部门的沟通协调,建立财税收入定期分析和交流制度,运用财政收入动态分析系统,预测收入情况,加强对重点税源、重点企业的调查和分析。规范非税收入管理。完善非税收入政策体系,实施政府非税收入目录清单管理,建立目录清单动态调整机制。推广统一公共支付平台,拓宽平台支付渠道,增加接入单位。全市非税收入74.50亿元,下降29.3%,其中纳入一般公共预算管理的非税收入8.99亿元,增长0.7%。

【服务经济高质量发展】 落实减税降费政策。联合税务部门成立协调领导小组,测算减税情况,深化增值税改革,落实小微企业普惠性税收减免、涉企收费减征降费等政策。全年共减免税费28.62亿元。支持经济转型升级。全年投入5.23亿元,实施经济创新工程,推动数字经济等产业发展。落实张江长三角科技城、浙沪新材料产业园等平台建设资金1.89亿元。出台《关于进一步推动科技创新的若干政策意见》,全年安排科技人才发展资金1.09亿元,增长15.6%。推动政府产业基金2.0版运作。出台《平湖市数字经济产业投资基金组建运作方案》,全年设立子基金3支,规模6.30亿元。全年子基金共完成项目投资11个,完成投资7500万元,带动社会资本投资1.30亿元。

【支持"农开区"建设】 2019年,拨付平湖农业经济开发区投资发展有限公司注册资金6500万元,园区进入市场化运作阶段。完善财政扶持政策。出台税收及出让金返还、产业资金切块、考核激励等政策,全年安排奖励资金5000万元。推动产乡融合*成效比拼,全年安排阶梯奖补4500万元。提高资金使用效益。统筹市级美丽乡村、小城镇环境综合整治项目资金4.30亿元,完善园区基础设施建设。整合总投资1.99亿元的省级乡村振兴示范创建项目、总投资5.62亿元的现代园区项目等项目5个,推动园区发展数字化绿色经济。优化园区营商环境。与平湖市农业发展银行签订融资协议2.80亿元。以数字乡村系统为综合应用平台,招引数字科技类农业项目18个,总投资20.00亿元。

【保障民生事业发展】 全年民生财政支出97.01亿元,增长37.9%,占一般公共预算支出的85.7%。全年投入3.90亿元用于10件重点民生实事项目建设。支持教育事业发展。全年教育支出19.55亿元,增长4.3%。提升职业教育水平,安排中等职业学校免学费补助2000万元,落实鼓励民办教育发展政策资金6166万元。支持医疗卫生事业发展。推进"健康平湖"建设,全年医疗卫生与计划生育支出6.07亿元,增长4.5%。推进医共体建设,保障中医院迁建、妇保院新建等医疗基础设施建设项目。完善社会保障体系。全年社会保障和就业支出8.77亿元,增长17.2%。调整新一轮就业创业政策,涉及政策27条。保障"三农"支出。全年"三农"支出58.82亿元,增长11.0%,其中农林水支出8.13亿元,增长22.6%。建立乡村振兴主体培育财政支农储备库,首批支农主体培育名录122家。加大精准扶贫力度。全年投入1400万元,实施"飞地抱团"低收入家庭持股增收计划,撬动帮扶资金1.72亿元。支持环境整治。安排小城镇环境综合整治经费1.00亿元、垃圾分类经费2408万元。

【深化财政改革】 建立集中财力办大事财政政策体系。制定《平湖市集中财力办大事财政政策体系方案(2019—2022年)》,建立跨年度预算平衡机制,实施中(长)期财政规划管理。推进预算绩效管理体系建设。出台《平湖市全面推进预算绩效管理工作实施意见》《平湖市全面贯彻落实预算绩效管理三年行动计划(2019—2021年)》。推进国库集中支付电子化改革。实现财政专户清算电子化,在全省率先实现预算单位、国库业务、财政资金国库集中支付电子化改革全覆盖。推进政府购买服务改革。完成政府购买服务预算编制改革。2019年市级购买服务项目233项,增长31.7%;购买服务金额4.14亿元,增长53.3%。深化投融资体制机制改革。完善市属国有公司运营机制,完成8个镇(街道)的国有公司运营体制改革。推进资本市场建设,全年发行中期票据14.00亿元、非公开发行公司债券30.00亿元。累计承接建设项目26个,落实资金17.85亿元。规范PPP项目实施。推进平湖市生态能源和独山港人才公寓PPP项目,完成投资额4.00亿元。加强对已落地PPP项目的管理,强化绩效考核和监管。

【强化财政监督】 规范地方政府债务管理。出台《平湖市政府债券使用管理办法(试行)》,全年完成政府债券到期还本26.10亿元,地方政府债务余额131.09亿元。推行政府债券使用管理机制,新增债券8.00亿元,拨付再融资券26.00亿元。加强预算绩效管理。实现2018年部门预算管理绩效自评全覆盖。全市开展整体绩效评价部门52个,涉及财政资金64.42亿元;部门自选重点评价项目61个,涉及财政资金12.03亿元。开展预算绩效评价重点项目6个,涉及财政资金1.63亿元。加强政府投资项目管理。做好工程建设项目结算审核,委托第三方对重大投资项目实施全过程跟踪评审。政府投资项目结算审核35个,审定金额5.26亿元,净核减0.45亿元,核减率7.8%。推进公款竞争性存放。全年开展公开招投标4次,竞争性存放财政资金85.06亿元,增长1.6%。完善政府采购监管。加强采购日常监督,开展采购专项检查。推广"政采云"平台运用,全年交易额11.60亿元。

【加强队伍建设】 印发《关于进一步加强财政干部队伍建设的实施意见》。出台《平湖市财政局机构改革组织实施工作方案》,完成机构职能调整、人员划转和新"三定"方案制定落实。开展"不忘初心、牢记使命"主题教育,完成规定书目学习,开展专项研讨、专题党课、走访调研等,收集问题21个,建议2条,对照党章党规检视问题,查找短板600余条。开展"三服务"活动,收集问题清单91个。全年组织"金平湖财政学堂"学习11次,参学人员1600余人次。2019年,平湖市财政局连续第15年被市委、市政府评为工作目标绩效考核优秀部门。

(平湖市财政局供稿 马思源执笔)

注:

*"产乡融合":即以工业的理念发展农业经济,做好跨界和融合的文章,将农业发展成为一二三产跨界融合的"六次产业",通过产业支撑将美丽乡村转化为美丽经济。

桐乡市

【概况】 2019年,桐乡市实现地区生产总值968.16亿元,按可比价格计算,增长7.0%。其中:第一产业增加值23.51亿元,增长2.1%;第二产业增加值510.50亿元,增长7.0%;第三产业增加值434.15亿元,增长7.3%。三次产业结构比为2.43∶52.73∶44.84。按户籍人口计算,人均生产总值137721元,增长6.5%。全市财政总收入135.26亿元,增长4.5%,其中一般公共预算收入79.65亿元,增长10.0%,税收收入71.95亿元,增长7.3%。一般公共预算支出100.72亿元,增长37.4%。全年财政收支平衡。

【组织财政收入】 全市一般公共预算收入占地区生产总值的8.2%、占财政总收入的58.9%,税收收入占一般公共预算收入的90.3%。强化收入调控。建立桐乡财税协同机制,完成收入分析和收入预测的旬报、月报、季报等基础工作,掌握收入进度和增长态势,确保全年财政收入均衡入库。加强非税管理。全市组织非税收入120.33亿元,其中纳入一般公共预算收入管理的非税收入7.70亿元,增长43.4%。

【服务经济发展】 优化营商环境。落实减税降费政策,全年新增减税降费24.20亿元,减轻企业负担。拨付各项涉企补贴奖励资金,兑现财政奖励127项,金额9.20亿元,惠及企业1855户次。推进金融扶企,与银行联合授信中小企业922户,授信总额度123.68亿元。支持数字经济发展。安排专项资金84万元,推动企业上云工作,2019年新增上云企业1150家。升级产业基金运作。出台《桐乡市政府产业基金管理办法》,启动政府产业基金2.0版,围绕数字经济、创业创新、凤凰行动等领域建立三大主题基金,总规模125.00亿元,推进经济转型升级。

桐乡市图书馆新馆落成

【保障改善民生】 全年各项民生支出87.79亿元,增长41.5%,占一般公共预算支出的87.2%。助推乡村振兴。全市一般公共预算"三农"投入46.33亿元,增长10.12%。优化财政涉农资金投入结构,加大对农业绿色生产、可持续发展、农村人居环境和基本公共服务等重点领域和薄弱环节支持力度,推进城乡基本公共服务均等化。探索壮大村级集体经济路径,"桐乡服务创收"入选全省十大村级集体经济发展模式。引导金融资本加大对农业现代化建设投入力度,农业信用担保实际授信金额1.51亿元。促进教育文化事业发展。安排教育支出20.96亿元,助推学校扩容工程,强化集团化办学,提升全域教育现代化水平,打造"学在桐乡"教育品牌。安排文化旅游支出1.29亿元,加大对文化设施及场馆的投入力度,保障城市规划馆、城市档案中心、图书馆新馆、伯鸿城市书房等项目建成。支持医疗卫生体制改革。安排卫生健康支出7.49亿元,全面深化医共体改革试点工作,完善分级诊疗体系,打造"互联网+健康医疗"金名片。加强社会保障力度。安排社会保障和就业支出7.90亿元,增长59.3%。提升养老服务质量,连续15年提高企业职工养老金,涉及金额1.00亿元,惠及全市企业退休人员11万名。

【深化财政改革】 推进财政管理改革。深化乡镇国库集中支付改革和"一卡通"建设,2019年纳入各镇(街道)公共财政服务平台的资金项目64项,涉及补助人数4万人,金额1.10亿元。推行公务卡改革,扩大支付业务和使用范围,现金结报量下降60.0%。组织公款竞争性存放6次,招标金额70.79亿元,增值1.20亿元。建立桐乡市集中财力办大事财政政策体系,集中财力58.30亿元,用于政府投资项目、产业扶持政策等。落实全面预算绩效管理。推动中共桐乡市委、桐乡市人民政府出台《关于全面落实预算绩效管理的实施意见》,构建政府间预算绩效评价体系及市级部门整体绩效预算改革体系,将"绩效"贯穿预算编制、执行、监督全过程,确保财政资金达到既定目标。深化"最多跑一次"改革。上线涉企财政专项资金管理云平台,整合涉企财政资金,打造部门间"最多跑一次"样本。优化统一公共支付平台便民缴费功能,除土地出让收入外,94.9%通过财政结算账户收缴的政府非税收入项目接入统一公共支付平台,2019年发生支付项目101万笔,金额14.19亿元。加快电子票据改革,将医疗票据数字信息接入省财政电子票据平台,2019年开具电子票据85万份,开票金额7945万元。

【强化财政监管】 加强财政监督管理。组织开展资金存放、国有资产管理、政府非税收入清费减负政策落实情况等专项检查项目14个,涉及单位140户。对全市88个部门、单位的494个项目进行绩效评价,涉及资金37.19亿元。实行国库集中支付动态监控。深化国库集中支付改革,完善动态监控预警规则,建立健全预算执行动态监控机制,加强预警信息分析处理。加强内控制度建设。督促行政事业单位建立健全内部控制规范,全市288家单位完成内部控制报告的编报和评价工作。加强风险防控。逐步化解政府隐性债务,组织政府隐性债务清理复查工作,形成隐性债务化债全过程监管的清单式管理模式,建立债券项目储备库。加强社保基金风险防控,进行基金管理风险评估,研究防控措施,提高社保支付风险应对能力。加强政府采购监督管理。推进"政采云"平台覆盖应用,2019年"政采云"网上超市入驻采购单位270家,完成交易6954笔,交易额1.04亿元。

【加强队伍建设】 开展"不忘初心、牢记使命"主题教育。落实各项措施,突出问题整改、推动中心工作,并形成长效机制。夯实基层党建基础。建立评比分析制度,每季度对支部工作开展情况进行督查。履行"一岗双责"。建立班子成员"一岗双责"工作机制,召开工作推进会10场次,排摸收集廉政建设风险点22个。推进机构改革。编制行政和事业单位"三定"方案草案,明确相关机构、职责、人员等事项,确保干部队伍与工作"双稳定"。通过多层次培训、多岗位轮岗锻炼、组织参加团队活动,提高干部的综合素质和业务能力。出台考核与奖金挂钩实施方案,形成差别化奖金发放和奖惩机制。推进"三服务"工作。联合税务等部门开展"三服务"活动186次。开展"上门服务至少一次"活动372次,集中培训44次,服务3402人次。2019年,桐乡市财政局获评桐乡市目标责任制考核先进部门。

(桐乡市财政局供稿　宋莉英执笔)

嘉善县

【概况】 2019年,嘉善县实现地区生产总值626.81亿元,增长7.3%。按常住人口计算,人均生产总值105880元,增长5.7%。第一产业增加值23.25亿元,增长2.2%;第二产业增加值330.96亿元,增长5.1%;第三产业增加值272.59亿元,增长10.7%。三次产业结构比为3.7∶52.8∶43.5。全县财政总收入110.98亿元,增长5.2%。一般公共预算收入67.79亿元,增长10.1%,其中税收收入59.50亿元,增长9.1%。全县一般公共预算支出97.49亿元,增长29.7%。全年财政收支平衡。

【加强收入管理】 强化财税联动机制建设,培育财源,加强收入分析预测。全县财政总收入占全县生产总值的17.7%;一般公共预算收入占全县生产总值的10.8%,占财政总收入的61.1%;税收收入占一般公共预算收入的87.8%。收入结构保持较优。强化非税收入管理。推进政府非税收入征管改革,提高科学化、精细化、规范化管理水平,健全财政票据管理的各项内部制度。全年实现非税收入129.92亿元,增长22.4%,其中纳入一般公共预算管理的非税收入8.29亿元,增长17.8%。

【服务经济发展】 加大政策扶企力度。探索专项资金竞争性分配管理,拨付扶持企业发展资金6.87亿元。制定支持外贸稳定发展政策16条。支持科技创新。全年科技支出5.26亿元,增长41.0%,激发经济创新活力。探索科技创新券在青浦区、嘉善县、吴江区三地通用通兑,安排人才专项项目支出2798万元,增长13.6%。落实企业减负政策。全面落实减税降费政策,减轻市场主体负担,减免税费26.40亿元。取消政府采购投标保证金,清退项目878个,退还投标保证金149万元。运作政府产业基金。新签子基金合伙协议2个,总规模9.00亿元,框架协议3个,总规模28.00亿元。优化政府产业基金运营管理模式,委托县国投公司组建基金运营管理机构代行出资人职责。

【推进乡村振兴】 加大财力保障力度。实施乡村振兴战略行动五年计划,全年一般公共预算农林水支出8.38亿元,增长11.1%。全省首创提取土地出让金收益建立乡村振兴专项资金模式,制定资金管理办法,计提资金2.97亿元。出台"标准田"*管理制度,拨付农业投资"标准田"管理试点财政补助资金585万元。筹措525万元用于加强饮用水水源地生态环境保护。补助1190万元发展"飞地抱团"强村模式,壮大村级集体经济。拨付资金2747万元助推农村人居环境综合整治。推动国家级农村综合性改革试点。争取上级财政资金5000万元,实施计划项目21个,完成投资3.50亿元,撬动现代农业等社会资本投入5.60亿元。

【保障民生事业】 全县民生支出82.32亿元,增长36.9%,占一般公共预算支出的84.4%。推进生态文明建设。全年安排生态文明建设资金3.50亿元,增长12.9%。支持全国文明城市创建重点攻坚行动。支持社会事业发展。全年教育支出18.23亿元,增长10.9%。支持教育高质量发展和教育现代化进程,投入5800万元用于提升教育综合实力建设。加大维稳投入力度,全年公共安全支出7.28亿元,增长20.9%。支持文化强县建设,全年文化支出2.10亿元,增长14.5%,推进基层公共文化建设。全年卫生健康支出5.62亿元,增长16.5%,支持县域医共体建设、基层医疗机构补偿机制改革,统筹均衡城乡医疗水平,提升院前急救建设。完善社会保障制度。全年社会保障和就业支出8.57亿元,增长69.1%。深化养老服务体系改革,加大失业保险援企稳岗力度。加大养老服务事业软环境建设,出台深化养老服务综合改革推进养老服务业高质量发展政策,涉及补助政策10项。深化居家养老服务,推进3家示范型居家养老服务中心建设,支持医养联合体项目建设。

【深化财政改革】 构建集中财力办大事财政政策体系。将原分散在20多个部门113个政策文件整合为65个,形成《嘉善县集中财力办大事财政政策体系方案(2019—2022年)》及具体实施意见,构建"1+1+N"*管理模式,释放财政资金活力。完善财政政策中期评估制度和财政专项资金到期评估制度，制定2019—2022年的财政收支政策和重大项目资金安排。提高绩效管理水平。完善财政管理绩效考核，重点突出整改事项考核，健全以绩效为核心预算管理新机制。推动县委、县政府出台《关于全面落实预算绩效管理的实施意见》。推进政府数字化转型。推进非税收入电子化试点改革，扩宽支付途径和电子化支付手段使用项目，上线执收单位55家，执收项目101项，全年执收55万笔，执收金额14.40亿元。启动财政医疗收费电子票据管理改革试点，县第一人民医院实现上线。拓展乡镇公共财政服务平台新功能，财政补助性资金通过社会保障市民卡发放，全年发放22万笔，发放资金1.42亿元，受益24万人次。

【强化财政监管】 防范债务风险。开展隐性债务五年化债专项行动，完善债务预警机制，健全动态监控和月度通报机制。推动镇级融资平台转型，规范镇（街道）举债融资行为。全年完成化解隐性债务年度目标任务的233.0%。推进乡镇内控建设。建立全覆盖内控制度，运行全领域内控系统，在2018年天凝镇试点基础上，建立全县9个镇（街道）全覆盖的乡镇内控信息系统，涉及管控资金50.00亿元。规范财政资金管理。支付审核预算单位增加至202家，完成授权支付21.43亿元，受理直接支付157.20亿元。公款竞争性存放资金81.85亿元，县、镇两级国库集中支出改革资金覆盖率100%。推进“互联网+政府采购”。推广“政采云”平台运用，全年完成交易11160笔，资金8.96亿元，推进政府采购项目电子化交易，实现所有采购行为网上留痕。全年政府采购节约资金14.81亿元，节约率3.5%。加强国有资产监管。完善国有资产处置管理制度，上线政府资产管理云服务平台，处置资产150笔，金额1.76亿元。完成113户国有企业、292户行政事业单位不动产排查摸底。加强国有企业运行绩效管理，优化企业职工工资结构，规范福利性支出，完成国有企业公务用车制度改革。

【加强队伍建设】 开展“不忘初心、牢记使命”主题教育。建立领导干部“周一夜学”、支部“周五学习日”学习机制。集中学习与个人自学相结合，建立谈心谈话机制，完成专题调研课题10项。组建主题教育督导联络员队伍，成立研学小组。组织中心组扩大学习10次，参加学习党员干部1012人次。强化党风廉政建设。推进“清廉财政”建设，制定《关于推进清廉财政建设的实施意见》，全年开展各类监督检查和正风肃纪专项行动81次。开展纪念建党98周年活动。打造服务品牌。提升机关党建阵地建设，打造机关党建客厅。深化“嘉财善政”机关服务品牌建设，完成“一支部一品牌”创建工作。推动群团共建共融，组建工会兴趣小组，成立局妇委会。开展“三服务”活动，建立走访服务机制、问题清单制度、办理解决机制，全年服务预算单位及企业1385次。组建青年志愿者服务队、党员楼道长服务队和文明劝导服务队，服务870人次。

（嘉善县财政局供稿　徐　晓执笔）

注：

*“标准田”：新型农业主体在适度规模田块上，通过标准化基础设施设备建设、现代化生产管理手段，生产出产品质量、亩均产量优于全县平均水平的优质高效农产品。

*“1+1+N”：即一个行业政策、一个牵头部门、N个实施细则。

海盐县

【概况】 2019年，海盐县实现地区生产总值539.65亿元，按可比价格计算，增长6.3%。按常住人口计算，人均生产总值120069元，增长5.7%。第一产业增加值17.21亿元，增长2.1%；第二产业增加值324.97亿元，增长5.0%；第三产业增加值197.48亿元，增长8.9%。三次产业结构比为3.2：60.2：36.6。社会消费品零售总额159.49亿元，增长8.2%；城镇居民人均可支配收入63733元，增长7.7%；农村居民人均可支配收入37801元，增长8.5%。全县财政总收入91.56亿元，增长9.1%；一般公共预算收入52.28亿元，增长10.0%，其中税收收入47.4亿元，增长9.6%。全县一般公共预算支出87.21亿元，增长42.5%。全县财政收支平衡。

【组织财政收入】 优化收入结构。应对复杂外贸环境、经济下行压力等，完善财税协调机制、强化研判分析，保持财政收入平稳增长。财政总收入占地区生产总值的17.0%。一般公共预算收入占财政总收入的57.1%，占地区生产总值的10.6%。税收收入占一般公共预算收入的90.7%。收入结构保持较优。加强非税征管。开展财政票据专项检查，全县组织非税收入94.70亿元，增长9.2%。其中，纳入一般公共预算管理的非税收入4.88亿元，增长14.4%。

【服务经济发展】 减轻企业负担。落实系列减税降费政策，全年减免企业各项税收13.84亿元，减征社保缴费1.29亿元，返还困难企业社保费1.22亿元。清退政府采购投标保证金138万元，减轻供应商负担。促进转型升级。运用财政专项资金、政府专项债券、政府产业基金、政府采购等政策工具，增强经济发展活力和财源增长后劲。完善财政扶持企业专项资金管理办法，加快资金兑现进度。工业发展资金县级财政支出1.15亿元，服务业发展资金支出2566万元，引导产业结构优化。支持科技创新。完善科技创新政策，支持科技和人才强县建设，全年科学技术支出3.13亿元，增长31.8%。运作政府产业基金。出台海盐县政府产业基金管理办法2.0版本，母基金出资6000万元，落地项目5个。畅通企业融资。开展企业获得信贷便利化行动，引导金融机构支持实体经济，年末县内贷款余额644.06亿元，政策性融资担保余额3.68亿元。推进“凤凰行动”。完善拟上市挂牌企业后备库管理，实现新三板挂牌企业4家、新增对接资本市场股份制企业3家、省股交中心挂牌企业2家。

【保障民生事业】 全县民生支出68.46亿元,增长38.1%,占一般公共预算支出的78.5%。支持教育事业发展。全县教育支出14.30亿元,下降8.0%。推进教育现代化建设,支持县域义务教育优质均衡发展。支持文化事业发展。全县文化支出1.33亿元,增长8.3%。实施文化惠民工程,推进公益性文化体育设施免费开放。提高医疗保障水平。加大城乡居民合作医疗财政补贴力度,支持"双下沉,两提升"和"接沪融杭"等改革,全年医疗卫生与计划生育支出5.96亿元,增长36.5%。加强社会保障工作。社保基金补助支出5.12亿元,补充社保风险准备金支出6.48亿元。提高城乡居民和企业退休人员基本养老金待遇,保障低保、医疗救助等资金支出。

【集中财力办大事】 构建集中财力办大事政策体系。建成集中财力办大事财政政策体系,梳理财政支出结构,制定大事清单,编制中长期财政规划。支持交通建设。保障海盐武原至海宁袁花公路工程、农村公路等级提升工程、农村公路大中修工程等交通建设资金5.15亿元。支持美丽县城建设。保障老旧社区整治、全域整治、城市有机更新等美丽县城建设资金10.45亿元。支持环境治理及生态建设。保障道路保洁、垃圾转运处置、垃圾分类等支出1.60亿元,生活污水处理支出1.10亿元。支持乡村振兴战略。完善财政扶持农业政策,农业发展资金支出1.14亿元。支持发展壮大村集体经济,获省级一事一议财政奖补助推美丽乡村建设试点及补助资金2000万元。支持全国文明城市创建。保障文明交通、文明校园、文明环境建设等资金3425万元。

【推进政府数字化转型】 深化财政票据电子化改革。推行财政医疗收费电子票据管理改革,试点单位县人民医院开具电子票据逾30万份,实现患者自主打印发票和真伪查验服务。推进非税收入电子化征缴改革。实现全县非税收入统一公共支付平台应用全覆盖,执收项目54个,全年办理业务48万笔,收缴资金93.15亿元。推进"政采云"运用。"政采云"网上超市入驻本地供应商312家,网上超市交易额1.08亿元。搭建"政采云"农业(扶贫)馆,开展对四川省屏山县的精准扶贫,促进农副产品消费。扩容市民卡功能。与社保部门共享信息平台,将49项涉农惠农财政补助性资金纳入市民卡发放,涉及资金1.16亿元,累计发放163103人次。

【深化财政改革】 深化预算管理改革。修订《海盐县县级部门(单位)基本支出预算管理办法》《海盐县县级部门(单位)项目支出预算管理办法》等管理办法,加强和规范行政事业单位预算管理。推进预算绩效管理改革。搭建系列政策体系,出台全面落实预算绩效管理实施意见,实施预算绩效管理三年行动计划。启用绩效管理信息系统,加大项目和政策绩效评价力度,完成财政重点评价项目12个,涉及评价资金11.99亿元。推进国库集中支付电子化改革。全面实施县级部门国库集中支付电子化改革,规范镇(街道)财政国库集中支付和核算业务流程。加强镇(街道)财政管理。出台新一轮县对镇(街道)财政管理体制,通过列明清单逐项整改、加强培训指导、完善系统对接等方式规范镇(街道)财政管理。推进融资平台改革。通过兼并重组等方式,推进7家国有融资平台转型为市场化运作的企业主体。

【强化财政监管】 规范公款竞争性存放。完善公款竞争性存放操作,开展公款竞争性存放3期共计45.58亿元,其中财政资金35.73亿元,预算单位资金9.85亿元。规范政府债务管理。实施防范化解地方政府隐性债务风险专项行动,有序化解存量隐性债务。开展政府投资项目立项前财政承受能力和债务风险评估,强化项目源头管控。理性举债,向省财政厅争取2019年新增债券15.00亿元。规范国有资产管理。应用政府资产管理云服务平台,推进行政性资产集中统一管理和经营性资产资源整合,盘活存量积余资金4300万元,移交经营性房产215宗,清理部门所属企业27户。加强政府投资项目管理。制定政府投资项目竣工验收三年行动计划,完成竣工财务决算批复227项。强化项目概算审核和投资项目结算审计,核减金额3.06亿元。规范土地出让金收支管理。停止收取土地出让履约保证金,退还历年收取的履约保证金1.62亿元。当年结算土地出让项目201个(含2018年项目),国有土地使用权出让金收入缴库83.42亿元。加强内控建设。开展内部控制专项监督检查,完善内部操作规程,堵塞内控管理漏洞。深化"双随机"抽查监管工作。动态调整检查对象库、执法人员库,开展"双随机"检查工作4次。

【加强队伍建设】 开展"不忘初心、牢记使命"主题教育。组织集中学习研讨11次,检视剖析问题53个,广泛搜集问题建议并整改到位,累计走访群众3393户,走访企业811户。完成机构改革。制定《海盐县财政局机构改革组织实施工作方案》,全面落实"三定"规定,按时完成职责承接和调整人员到岗履职。开展下属事业单位清理规范整合工作。加强党风廉政建设。印发《2019年党风廉政建设工作要点》,防控重点领域业务风险和履职风险。强化正风肃纪检查。开展正风肃纪督查55次。通报违反作风效能的行为,教育系统干部增强作风效能意识。提升服务基层能力。开展"网格连心、组团服务"*"三服务"、企业大走访大服务专项行动等活动,深入村社网格,共收集意见建议23个,帮助解决难题18个。开展"上门服务至少一次"活动。上门服务预算单位1333次,服务企业348次。2019年,海盐县财政局连续13年被县委、县政府评为工作目标责任制考核优秀单位。

(海盐县财政局供稿　陆梦婷执笔)

注:

*"网格连心、组团服务":嘉兴市"网格化管理、组团式服务"工作,根据地域划分为网格,设置网格管理人员,集聚资源为群众服务。

湖州市财政工作

湖州市

【概况】 2019年,湖州市实现地区生产总值3122.4亿元,按可比价计算,增长7.9%。其中:第一产业增加值133.8亿元,增长2.8%;第二产业增加值1595.4亿元,增长7.6%,其中工业增加值1422.1亿元,增长8.5%;第三产业增加值1393.2亿元,增长8.7%。三次产业结构比为4.3∶51.1∶44.6。按户籍人口计算,人均GDP 116807元,增长7.6%。全年外贸进出口总额940.2亿元,增长6.3%,其中出口838.6亿元,增长8.8%。全年城镇居民人均可支配收入59028元,农村居民人均可支配收入34803元,未扣除价格因素,分别增长8.5%和9.6%。全市财政总收入540.55亿元,增长10.2%;一般公共预算收入316.07亿元,增长10.1%。全市一般公共预算支出466.87亿元,增长17.4%。市本级财政总收入223.02亿元,增长7.6%;一般公共预算收入131.02亿元,增长7.7%。市本级一般公共预算支出214.55亿元,增长16.3%。全市及市本级财政收支平衡。

【组织财政收入】 完善市财税收入协调领导小组各项制度机制,实施市、区县、基层三级联动,加强组织收入全市"一盘棋",在收入目标多元化的大背景下,统筹协调各区县组织收入工作。突出收入的质量和可持续性,一般公共预算收入占GDP的10.1%,占财政总收入的58.5%,税收收入占一般公共预算收入的85.7%。加强政府非税收入管理,完善征收和监管机制。全市非税收入完成512.45亿元,其中纳入一般公共预算管理的非税收入45.35亿元。

【助推经济发展】 落实减税降费政策,出台地方性配套政策,加大乱收费整治力度,减轻企业负担,全市累计减免企业税费110.80亿元。参与制定《关于进一步促进民营经济高质量发展的实施意见》等文件,优化营商环境。重塑各类惠企政策申报及审核流程,加快资金申拨进度,全市累计兑付惠企资金26.55亿元。市级外贸专项资金增加1倍,支持企业应对复杂外贸环境。保障"绿色企业(项目)"支持政策,全市累计安排财政资金逾1.10亿元,建设集"信贷、资本、担保、保险"于一体的绿色金融服务体系。强化政府产业基金运用,全市累计投资项目28个,金额17.87亿元,其中市级项目18个,金额9.56亿元。开展"三服务"活动,建立"1+1+N"*财政服务机制,累计走访809户次,发放各类政策汇编3000余册,解答问题1121个,解决困难107项,帮助基层调度、垫付资金逾50.00亿元,节约各类成本近5000万元。

【提升民生保障水平】 全市民生支出343.34亿元,增长19.1%,占一般公共预算支出的73.5%。落实社会保障和就业支出46.31亿元,加强困难群体就业援助,完善社会保障、社会福利和社会救助体系,保障困难群众基本生活。支持老龄事业发展,完善养老服务补贴制度,推进居家养老和社区养老服务改革试点,支持智慧养老综合服务平台建设。落实卫生健康支出41.42亿元,推进公立医院改革和多元复合医保支付方式改革,实现市域医保政策制度一体化。加强医疗基础设施建设,保障浙北医学中心启用,推进湖州市第一人民医院改扩建、湖州市妇幼儿童医院和湖州市中医院迁建等项目。安排教育支出76.82亿元,保障新一轮学前教育三年行动计划,普及高质量学前教育。优化教育资源布局,推进义务教育高水平均衡发展,支持滨湖高中、南浔高级中学建设。落实职业教育专项资金6.02亿元,助力湖州市职业教育发展走在全省前列。完善支持高校发展机制,筹措资金支持高等教育发展,支持创建湖州师范大学。

【支持生态文明建设】 修订与"两山"转化指数挂钩的生态文明财政政策,制定《湖州市生态环境损害赔偿资金管理办法》,完善生态环保转移支付和生态补偿机制。加大生态环境保护投入,全市投入资金33.53亿元。加大"三农"投入力度,全市累计投入农林水支出31.21亿元,推进农村基层治理和乡村振兴发展。参与制定《关于推进乡村人才振兴的实施意见》,为乡村招才引智提供政策和资金保障。运用强农产业基金扶持农业龙头企业发展,市财政局出资5000万元,惠及涉农实体项目15个。推进国家级、省级田园综合体试点建设。

【集中财力办大事】 聚焦"三大攻坚战"和"一四六十"*工作体系,测算规划期收支状况和可用财力,整合现有政策,做好挖潜、盘活、优化等文章,建立对应"决策流—业务流—资金流"的"大事—政策—财力"三张清单,构建以绩效为核心的市级集中财力办大事财政政策体系。

【推进财政数字化转型】 以大数据推进专项资金管理改革,将12个市级专项资金平台的149个项目纳入市级政府性专项资金平台管理系统,涉及资金5.72亿元,防止重复申报。建立基于互联网的"医后付+电子票据"系统,实施窗口打印电子票据,全市累计开票逾430万张,金额8.81亿元。深化统一公共支付平台应用,拓展支付宝、银联及网银等线上支付渠道,全市实现缴费318万笔,收缴资金220.50亿元。完成国库集中支付业务电子化,实行收入退还书、更正通知书的电子化管理,缩短资金支付周期。

【加强财政管理与监督】 提请市委、市政府出台《中共湖州市委湖州市人民政府关于全面落实预算绩效管理的实施意见》,制定三年行动计划(2019—2021年),建成全方位、全过程、全覆盖的预算绩效管理体系。将预算绩效管理纳入年度市级部门考核,建立市级绩效指标库并应用于2020年度预算编制工作。坚持厉行节约,2020年市级部门预算压减一般性支出5.6%。构建财政大监督体系,推进以督促改。规范市级行政事业单位公务卡使用,实现办卡率和激活率100%。加快市级行政事业单位往来款及对外投资清理,清理近1.5万笔,金额逾87.00亿元,盘活资金16.34亿元。做好机构改革中涉改单位资产清理与分配处理,开展低效闲置资产资源排查,出台《市级行政事业单位国有资产出租出借管理办法》。强化风险防控,严控区县500万元以上政府投资项目,全年全市核减项目66个,核减计划总投资121.82亿元,其中核减当年投资8.80亿元;市本级核减项目23个,核减计划总投资47.10亿元,其中核减当年投资7.90亿元。按照年度化债计划和偿债责任来安排偿债资金,推进原国有融资平台市场化转型。截至12月末,全市已完成隐性债务年度消化计划的105.4%。

【加强队伍建设】 开展"不忘初心、牢记使命"主题教育,学习贯彻习近平新时代中国特色社会主义思想和党的十九届四中全会精神。加强机关党的建设,加强支部标准化建设,创建"红心汇聚促发展　公共财政惠民生"党建服务品牌,并被评为全市十佳机关党建品牌。全面落实从严治党主体责任,推进"清廉财政"建设,2019年市财政局被市纪委评为全市清廉机关示范单位。重视干部轮岗交流,加大年轻干部培养力度,优化干部队伍结构,加强干部队伍能力建设。2019年,中层岗位任用"80后"年轻干部14位,岗位交流52人次。

(湖州市财政局供稿　吴国梁执笔)

注:

*"1+1+N":即一个由一把手负总责的领导小组、一个由分管领导具体负责的具体工作小组和多个条线业务组。

*"一四六十":"一"即围绕加快赶超、实现"两高"的一个奋斗目标;"四"即明确大湾区的绿色智慧走廊、大花园的全域美丽标杆、大通道的现代综合枢纽、大都市区的城际重要板块四个定位;"六"即打造生态样板城市、绿色智造城市、滨湖旅游城市、现代智慧城市、枢纽门户城市、美丽宜居城市六个城市;"十"即开展城市能级提升、产业质效突破、环境治理攻坚、重大战略融入、科技创新加速、营商环境优化、乡村振兴示范、平安夺鼎冲刺、民生福祉改善、干部绩效比拼十大专项行动。

吴兴区

【概况】 2019年,湖州市吴兴区完成地区生产总值726.91亿元,按可比价计算,增长7.8%。其中:第一产业增加值22.30亿元,增长2.9%;第二产业增加值338.76亿元,增长8.8%;第三产业增加值365.85亿元,增长7.1%。三次产业结构比为3.1∶46.6∶50.3。按常住人口计算,人均生产总值119667元。全年实现财政总收入76.52亿元,增长13.8%;一般公共预算收入45.55亿元,增长11.2%,其中税收收入40.31亿元,增长13.8%。一般公共预算支出47.45亿元,增长22.3%。全区财政收支基本平衡。

【依法组织财政收入】 强化财源培植。加快融入长三角一体化,推进制造业高质量发展,落实"三服务"助力企业发展,涵养税源,促进经济持续健康发展。深化收入分析。运用地方财税收入协调议事规则,加强与税务、发改、经信等部门的沟通协调,深化数据分析,加强对经济政策及重点税源研析。优化收入结构。突出可持续发展导向,夯实财政收入基础。一般公共预算收入占财政总收入的59.5%、占GDP的6.3%,税收收入占一般公共预算收入的88.5%。加强非税收入管理。加强票据管理,制定财政票据管理实用手册,按照票款同步限额领购。全年实现非税收入5.55亿元,下降4.8%,其中纳入一般公共预算管理的非税收入4.44亿元,下降16.2%。

【助推经济高质量发展】 优化营商环境,加大企业优惠政策兑现力度,落实"一企一策"补助资金1.32亿元、涉企人才专项资金2681万元、农业企业补助资金4365万元。加大来吴优秀人才就业、创业、租房和购房等方面的补助,安排人才和科技专项资金1.44亿元,打造创新创业平台,推进创新成果转化应用。联合区发改、经信局申报制造业高质量发展示范县(市、区)创建,获2020—2022年省财政专项激励资金3.00亿元。

【支持民生事业发展】 全年民生支出38.03亿元,增长24.1%,占一般公共预算支出的80.1%。其中,教育支出8.71亿元,增长11.6%,重点支持校园综合改造、义务教育免教科书、学前教育扶持等,提高教师工资待遇,完善义务教育经费保障机制;社会保障和就业支出4.65亿元,增长0.2%,重点支持城乡居民基本医疗保险和城乡居民基本养老保险扩面,加大困难群众救助力度;卫生健康支出4.58亿元,增长10.9%,完善基础卫生服务网络,提高公共卫生服务补助标准;农林水事务支出4.01亿元,增长10.2%;城乡社区支出7.54亿元,增长208.3%;科学技术支出1.67亿元,增长20.1%;节能环保支出1.54亿元,增长40.8%;文化体育与传媒支出0.99亿元,增长25.4%;住房保障支出0.61亿元。

【深化国企转型升级】 提升国有企业市场竞争力和融资能力,新增AA+、AA主体信用评级企业2家。落实政府性融资平台公司市场化转型工作,制定扶持发展办法,加快国有企业市场化转型,吴兴区产业投资发展集团实现"双覆盖"*,按既定部署推进吴兴区城市投资发展集团转型工作。完善国有企业规范管理办法,健全国资监管体系,开展国有资产资源专项检查,盘活低效闲置资产,提升国有企业监管水平。

【推进财政改革】 建立对重大民生政策、重点民生项目的全周期绩效跟踪和定期评价机制,将评价结果与预算安排挂钩,作为调整完善政策的重要依据。精简申报材料、简化办事流程、压缩办理时间,50个部门间事项全部实现“最多跑一次”,材料精简40.2%,时间减少62.6%。优化政府采购流程,实现项目采购全流程电子化招标,启用“政采云”平台开展政府采购。全年政府采购节约资金7500万元,节约率9.3%。借助浙江政务服务网推行快捷支付模式,构建统一公共支付平台,全区执收单位覆盖率93%,全年办理业务41.82万笔,服务企业801家次,在行政事业性收费领域实现企业和群众缴费“一次都不用跑”。加大社会资本参与重点项目建设力度,实施PPP项目2个,总投资10.78亿元。

【防范化解债务风险】 严格按照“三个不得立项”要求,从源头上遏制隐性债务增量。实行政府投资项目联审制度,对500万元以上新增政府投资项目报市政府部门联审,2019年通过联审核减项目28个,核减计划总投资7.10亿元。根据吴兴区政府隐性债务风险专项行动实施方案,化解隐性债务存量,全年隐性债务化解完成率210%。全年争取地方政府债券24.10亿元。

【加强财政队伍建设】 开展“不忘初心、牢记使命”主题教育。推进“三服务”工作,走访服务对象67家,解决基层、企业和群众问题88个。加大干部教育培训力度,培养复合型人才。层层签订党风廉政建设责任书,落实全面从严治党主体责任和监督责任。开展廉政谈话、廉政承诺、完善廉政档案、领导干部个人重大事项报告等日常监督活动。

(湖州市吴兴区财政局供稿　高创建执笔)

注:

＊“双覆盖”:即资产覆盖债务,收益覆盖利息。

吴兴区织里镇利济文化公园

南浔区

【概况】 2019年,湖州市南浔区地区生产总值为458.01亿元,增长7.3%。其中:第一产业增加值23.99亿元,增长3.3%;第二产业增加值273.45亿元,增长7.5%;第三产业增加值160.57亿元,增长7.6%。三次产业结构比为5.2∶59.7∶35.1。全区财政总收入63.74亿元,增长5.2%,其中一般公共预算收入37.93亿元,增长7.9%。全区一般公共预算支出49.01亿元,增长21.9%。全区财政收支平衡。

【组织财政收入】 协同税务部门,强化收入预测、分析、执行的联动机制。定期组织召开财政与税务部门联席会议,分析收入执行动态,关注重点行业、重点税源企业,把握收入进度。通过“三服务”活动,走访部分重点税源企业,实现建筑企业税收招引,股权转让企业所得税、个人所得税就地征收。推进“三大行业”(地板木业、建筑业、物流业)税收征收管理,实现税收12.86亿元,增长61.1%。优化收入结构,一般公共预算收入占GDP的8.3%,占财政总收入的59.5%;其中税收收入34.60亿元,增长12.8%,占一般公共预算收入的91.3%,同比提高4个百分点。强化非税收入征管,全年实现非税收入36.21亿元,下降20.8%,其中纳入一般公共预算管理的非税收入3.32亿元,下降25.9%。

【推动经济高质量发展】 落实减税降费政策。落实中央、省各项减税降费政策要求,全年减免税费8.44亿元,减轻企业负担。支持实体经济发展。全年落实支持经济发展专项资金2.66亿元,其中:安排“中国制造2025”专项资金1.00亿元,引导企业转型升级;安排服务业(含旅游、商贸等)发展专项资金8000万元,精准支持服务业发展;安排科技、人才、品牌建设等专项资金5533万元,支持科技与人才创新发展,促进企业提质增效;安排绿色金改专项资金2500万元,推进南浔区绿色金融改革与创新。加快运作产业基金。围绕政府战略部署、重大项目投资,做好产业发展引导基金支持工作。截至2019年年底,已设立南浔区产业投资引导基金母基金1个,规模3.00亿元;参与设立南浔产业整合投资基金和湖州市“中国制造2025”新兴产业发展基金子基金,总规模12.00亿元,支持智能制造、节能环保等行业发展。扶持农民创新创业。依托农民合作基金、农业“三项补贴”政策综合改革试点资金,撬动银行资金1.80亿元解决农民创业贷款难、贷款贵问题。

全年发放贷款56笔,累计放贷133笔,共计9012万元。

【保障民生事业】 全年民生支出39.43亿元,增长20.9%,确保新增财力三分之二以上用于民生。加大社会事业投入。全年教育支出9.02亿元,提高教师待遇,推进美丽校园建设,保障校园安全等资金需求。落实文化事业资金7871万元,增长37.1%,提升全区文化软实力。提高财政保障水平,全年医疗卫生支出5.91亿元,其中城乡居民医保人均财政补助标准提高至970元/人·年,城乡医疗救助专项投入3480万元,促进卫生健康事业发展。全年社会保障和就业支出7.22亿元,完善社会保障体系,提高群众获得感。落实节能环保支出9264万元,打好污染防治攻坚战,助推生态文明建设。向上争取棚户区改造、城镇老旧小区改造等各类专项资金,全年住房保障支出1.65亿元,重点支持頔塘未来社区、保障性安居工程等项目建设。落实支农惠民政策。全年农林水支出5.05亿元,重点支持农田水利、美丽乡村、渔业转型升级等重大支农项目建设。建设村级公益事业项目45个,投入一事一议财政奖补资金3577万元。采取"一折(卡)通"兑现各项农业补贴3901万元,惠及农户50593户次。

【提升财政改革成效】 构建集中财力办大事财政政策体系。围绕"三大攻坚战"和"十大专项行动"工作部署,编制"大事—政策—财力"三张清单,构建以绩效以核心的集中财力办大事财政政策体系。深化政府购买服务改革。规范政府购买服务预算申报、执行、跟踪、统计全流程,建立购买主体和第三方专业机构综合绩效评价体系,构建事前、事中、事后监督机制。全年政府购买服务项目37个,金额5711万元。创新PPP管理模式。全省首创开发"南浔区智慧PPP信息管理系统",实现PPP项目全生命周期动态化、规范化管理。2019年,全区纳入财政部PPP综合信息平台管理库项目12个,总投资555.39亿元,入选国家级示范PPP项目2个,省级推荐PPP项目4个。加快财政数字化转型。推进国库集中支付电子化改革,实行收入退付、更正通知书的电子化管理,缩短资金支付周期。推进政府采购数字化建设,全年完成采购计划4330个,采购交易金额1.50亿元。深化统一公共支付平台应用,拓展支付宝、银联及网银等线上支付渠道,实现缴费48.96万笔,收缴金额2.77亿元。构建"阿里拍卖+"资产管理新模式,实现国有资产处置交易平台化。

【深化国企改革】 加强国有企业监管。深化国有企业负责人薪酬制度改革,制定《南浔区区管企业负责人考核补充办法》。完善区属国有资产交易出租等5项管理制度,规范国有企业资产交易行为。联合招商银行开发CBS6系统,加强区属国有企业资金监管。实行专项检查常态化。对重要节点、重要部门和重点人群,不定期开展贯彻执行中央八项规定精神专项监督检查。建立职工"清廉档案",将违反廉洁行为记入个人清廉档案,作为企业内部中高层职位晋升依据。提升国有资产管理规范化。成立资产排查工作专班,排查全区资产资源,排查出资产5120宗,面积420.11万平方米,划转至区级平台,合理配置国有资产。

【强化财政监管】 推进预算绩效管理。出台《南浔区财政政府性专项资金管理办法》,14项政府专项资金共计3.59亿元纳入清单管理,实行全过程信息公开。制定《南浔区全面落实预算绩效管理的实施意见》,完善全过程预算绩效管理运行机制,构建"全方位、全过程、全覆盖"的预算绩效管理体系。全年完成全区47个部门418个项目预算绩效评价,涉及资金13.37亿元,对所有区级部门431个项目实行绩效跟踪监控。防范化解政府债务风险。加强源头管控,严格执行500万元以上政府投资项目联审制度,核定新建项目17个,总投资34.57亿元,2019年计划投资3.14亿元。全面落实化债责任,全年完成政府隐性债务化解任务的105.3%。优化债务结构,推进融资平台转型,防控政府债务风险,2019年政府债务率控制在绿色安全区内。实施政府投资项目审核。全年审核政府投资概算项目73个,审核控制价及施工图预算项目16个,审核落实资金来源项目64个。强化行政支出监管。落实"厉行节约"规定,严控一般性支出。全区"三公"经费支出1949万元,下降21%,其中,公务接待费支出520万元,下降29%。利用动态监控软件,实现实时监控。全年动态监控拦截公务支出4395笔,审核退回金额3378万元,减少26.6%。深化监督检查。加强财政内控制度建设,构建完善"1+8+X"的内控制度体系,增强风险防控能力。

(湖州市南浔区财政局供稿 许高峰执笔)

德清县

【概况】 2019年,德清县实现地区生产总值537.00亿元,按可比价计算,增长8.3%。其中:第一产业增加值23.43亿元,增长2.9%;第二产业增加值310.18亿元,增长7.9%;第三产业增加值203.39亿元,增长9.8%。三次产业结构比为4.4∶57.7∶37.9。外贸进出口总额190.30亿元,增长12.0%。按户籍人口计算,人均生产总值121291元,增长8.1%。城镇居民人均可支配收入59431元,增长8.3%;农村居民人均可支配收入36013元,增长10.1%。全县完成财政总收入113.06亿元,增长12.2%,其中一般公共预算收入65.66亿元,增长11.0%。全县一般公共预算支出83.66亿元,增长24.5%。全年财政收支平衡。

【组织财政收入】 强化宏观政策和经济形势分析,加强财政与税务等部门沟通协调,推动涉税信息共享,研判财政收入变动趋势。协调组织收入,统筹预算安排,保障财政收入平稳运行。全县实现税收收入55.35亿元,增长13.4%,占一般公共预算收入的84.3%。地方一般公共预算收入占财政总收入的58.1%,占地区生产总值的12.2%。全年争取上级转移支付资金25.90亿元,争取地方政府债券资金7.00亿元。规范非税收入收缴,推动统一公共支付平台建设，全年实现非税收入 95.73 亿元，下降 20.8%，其中纳入一般公共预算管理的非税收入 10.31 亿元，下降 0.1%。

【支持经济发展】 实施积极的财政政策，支持县域经济高质量发展。落实中央和省市新一轮减费降税政策，取消或降低部分行政事业性收费标准。推进新型城镇化建设，争取并拨付中心镇和中心村建设资金 5043 万元，安排小城镇环境综合整治（美丽城镇建设）专项补助资金 3.54 亿元，拨付私营城整治和老旧小区改造资金 1.51 亿元。支持企业发展，全年拨付扶持企业发展政策资金 6.04 亿元，其中直接兑现涉企政策资金 3.26 亿元。支持选商引资和"大好高"项目建设，全年累计签约产业项目逾 300 个。配合县政府出台《德清县推动工业经济高质量发展若干政策意见》，明确扶持数字经济和重点产业发展的若干政策条款，推进数字产业化和产业数字化，推动工业经济高质量发展。规范政府产业基金运作，完成投资 6105 万元，撬动社会资本 1.37 亿元。推进政府与社会资本合作模式，优化企业发展环境，截至 2019 年年底，已落地 PPP 项目 6 个，撬动社会资本 181.59 亿元。

【保障改善民生】 全年民生支出 58.41 亿元，增长 21.6%，占一般公共预算支出的 69.8%。教育支出 13.60 亿元，增长 16.4%，保障浙江工业大学莫干山校区开园启用，推动新高中、莫干山世界外国语中学加快建设，新建、改扩建幼儿园 5 所，建成美丽村教学点 17 个，开展"空调进教室"项目，惠及全县所有中小学生。社会保障和就业支出 8.67 亿元，增长 17.1%，落实城乡养老、城乡医疗和城乡最低生活保障各级补助资金 3.48 亿元，落实各类保障和救助对象待遇支出 1.67 亿元。卫生健康支出 6.18 亿元，增长 40.6%，安排公立医院运行日常补助经费 3662 万元，拨付德清医院建设经费 1.60 亿元，支持医疗卫生体制改革，助推"健康德清"建设。推进财政部农村综合性改革试点试验项目，拨付建设资金 4000 万元；争取省级扶持村级集体经济发展试点资金和一事一议财政奖补项目资金 3100 万元；五四田园综合体项目成功入选省级田园综合体建设名单，获省级财政补助 1800 万元。构建垃圾分类资金保障体系，拨付城乡生活垃圾分类收运处置资金 1.07 亿元，提高垃圾分类处置效率；配合构建省内流域横向生态补偿机制，拨付生态补偿资金 1500 万元，推进生态文明建设。

【深化财政改革】 推进国库集中支付改革，实现预算单位全业务流程电子化管理，缩短资金支付周期。开展基层医疗机构财政补偿机制改革，建立专项付费和购买服务相结合的卫生院财政补偿机制，引导基层医疗机构增能力、调结构、优服务，全年落实财政对基层医疗机构补助 8582 万元。推进统一公共支付平台建设，实现统一公共支付平台接入单位覆盖率 100%、所有非税收入代理银行线下支付渠道覆盖率 100%，累计通过平台缴费逾 104 万笔，收缴资金 6.97 亿元。推动医疗收费电子票据改革，在县人民医院和县中医院院区安装医疗收费电子票据平台，实现医疗收费票据电子化和财政票据按需自助取票。推广运用"政采云"平台，推进网上超市"全省一张网"工作，推动取消政府采购投标保证金制度，2019 年累计清退政府采购投标保证金 6755 万元，降低投标供应商的组织及管理成本；统一"政府采购网上超市"商品类目标准和入围机制，简化采购业务流程，提升采购效率和服务质量，全年采购金额 4.16 亿元；上线德清县农业扶贫馆，开展消费扶贫活动。深化行政事业单位财务核算云改革，推进部门预算编制预算云系统上线，完成试点工作。

【强化财政监督】 全面实施预算绩效管理，搭建全流程预算绩效管理格局。防范化解隐性债务风险，遏制新增隐性债务，化解存量债务，将政府债务率控制在安全区域。加大存量资金盘活力度，累计盘活存量资金 6.70 亿元。深化国有企业市场化转型，按照"资产覆盖债务、收益覆盖利息"原则，将存量债务转为经营性债务。开展国有资产排查处置工作，促进资产资源合理配置。树立过"紧日子"思想，全年一般性支出压减 5%，行政事业单位"三公"经费下降 6.6%。加强政府投资项目监管，全年审核政府投资项目 318 项，核减金额 2.50 亿元，核减率 8.4%。加大财政监督检查和支出绩效评价力度，全年完成财政监督检查和重点绩效评价项目 37 项。做好公款竞争性存放工作，促进财政资金保值增值，2019 年开展财政专户资金竞争性存放 2 期，涉及资金 13.82 亿元；完成行政事业单位（包括下属国有企业）公款竞争性存放 15.29 亿元；完成村级集体资金竞争性存放 3.25 亿元。

【加强队伍建设】 贯彻党风廉政建设责任制，履行"一岗双责"，强化责任分解、考核和追究。开展"廉政教育月"活动，组织"书记说廉"上党课，组织干部职工参观廉政教育基地、观看警示教育片，增强廉洁意识、法纪观念。开展"我与'学习强国'"微党课比赛、"不忘初心、牢记使命"——纪念建党 98 周年主题党日晚会、"科长讲堂""财政青年说"等活动，推进"两学一做"学习教育常态化。结合"三进三服务"活动，深入基层开展调查研究，帮助企业解决困难。选派系统内骨干和年轻干部参加美丽中国田园博览会、东西部扶贫协作挂职、全国文明城市创建督导、县纪委巡察、县信访局接待等县中心工作，提升干部队伍综合素质。

（德清县财政局供稿　蔡　虹执笔）

长兴县

【概况】 2019 年，长兴县实现地区生产总值 693.27 亿元，增长 8.2%。其中：第一产业增加值 35.03 亿元，增长 3.1%；第二产业增加值 355.64 亿元，增长 8.1%；第三产业增加值 302.60 亿元，增长 8.9%。三次产业结构比为 5.1：51.3：43.6。规模以上工业增加值增长 9.2%。社会消费品零售总额 311.3 亿元，增长 10.2%。城镇和农村居民人均可支配收入分别达到 59848 元、35274 元，分别增长 8.8%、9.8%。全县财政总收入 114.38 亿元，增长 11.4%，占 GDP 的 16.5%。其中一般公共预算收入 65.83 亿元,增长 10.9%,占财政总收入的 57.6%,占 GDP 的 9.5%。全县一般公共预算支出 81.10 亿元,增长 13.3%。全年财政收支平衡。

【组织财政收入】 加强与税务部门合作,强化对经济形势预测,加强精准分析和运行调节,科学组织财政收入。2019 年,实现税收收入 55.87 亿元,增长 11.5%,占一般公共预算收入的 84.9%。加强非税收入征管,全年非税收入 87.26 亿元,增长 8.3%,其中纳入一般公共预算管理的非税收入 9.96 亿元,增长 7.6%。支持一二三产业发展,优化工业政策,支持民营经济发展壮大,2019 年安排 3.89 亿元,推动经济高质量发展。落实税收优惠和清费减负政策,2019 年减税降费 30.11 亿元,对 1358 户困难企业返还社保费 1.57 亿元。

【保障民生事业】 2019 年全县民生支出 59.47 亿元,增长 11.9%,占一般公共预算支出的 73.3%。支持教育优先发展,安排教育支出 15.57 亿元,增长 12.2%,优化教育资源配置,促进学前、义务、职业等教育均衡发展。助力打造"健康长兴",落实医疗卫生支出 5.43 亿元,增长 4.6%,支持深化"健康长兴"建设和"双下沉、两提升""三医联动"等各项改革,着力缓解"看病难、看病贵"。安排社会保障和就业支出 8.47 亿元,增长 18.3%,支持社会救助、养老、慈善、残疾人等各项事业,健全社会保障体系。扶持"三农"发展,安排农林水支出 9.27 亿元,增长 0.1%,支持农村基础设施、农业产业化、美丽田园建设,落实各项强农惠农富农政策,推动农业农村发展。

【推进国资国企改革】 按照资产同质、行业相关、产业关联的原则,新组建浙江长兴金融控股集团有限公司、长兴城市建设投资集团有限公司、长兴交通投资集团有限公司、长兴文化旅游发展集团有限公司,规范长兴经济技术开发区、湖州南太湖产业集聚区长兴分区、太湖图影旅游度假区 3 个园区运行。分类推进四大集团二级及以下企业混合所有制改革,提升企业市场竞争力,推进国有企业市场化转型。健全国资监管体系,联合国资办与行业主管部门建立一级对一级负责的监管考核体系。完善管理制度,规范国有企业管理。2019 年将国有企业降本增效攻坚行动纳入"双提十攻坚"行动中,推进国有企业降本增效。县属国有企业完成营业收入 57.69 亿元,增长 70.9%;净利润-17.7 亿元,同比减亏 2.65 亿元;理顺党组织关系,做好国企支部规范化建设。做好党员关系转接和档案接收等工作,新转入支部 39 个,党员 833 名。2019 年,单建、联建党组织 54 个,党员 1049 名。

【防范化解债务风险】 按照"控总量、降成本、拉年限、调结构、降债务"——"五步法"加强债务管理。贯彻落实中央、省、市关于防范化解地方政府隐性债务风险的要求和《长兴县防范化解地方政府隐性债务风险专项行动实施方案》的具体安排,落实防范风险预案,评估债务风险状况,及时发现、报告债务风险,并开展应急处置。争取再融资债券 15.00 亿元。2019 年,长兴县政府债务余额 158.04 亿元,一般债务率降至 160%左右。

【提升资金管理绩效】 理顺"部门职责、事业规划、中期预算、年度目标"等绩效管理要素,提升财政预算绩效管理科学化、精细化水平。代拟《中共长兴县委长兴县人民政府关于全面落实预算绩效管理的实施意见》,拟定《长兴县全面落实预算绩效管理三年行动计划(2019—2021 年)》,明确下一阶段的总体目标、具体任务和保障措施。强化源头约束,细化、量化预算绩效目标。组织预算项目绩效目标编报工作,将填报绩效目标前置于部门预算编制流程,确保绩效目标 100%申报。

【加强队伍建设】 开展"不忘初心、牢记使命"主题教育,开展理论中心组学习,全体党员通过自学和全局夜校、支部学习周等,读原著、学原文、悟原理。结合财政国资管理工作实际,组织部署专题调研活动,做好调查研究。对照"五查五看"要求,对标对表县委决策部署和年度工作目标任务,联系自身工作、成长经历和思想发展变化,广泛听取意见,开展问题检视,做好检视整改。

(长兴县财政局供稿　赵　莹执笔)

安吉县

【概况】 2019 年,安吉县实现地区生产总值 469.59 亿元,增长 7.8%。其中:第一产业增加值 27.72 亿元,增长 1.8%;第二产业增加值 211.83 亿元,增长 6.7%;第三产业增加值 230.04 亿元,增长 9.7%。三次产业结构比为 5.9∶45.1∶49.0。按户籍人口计算,人均生产总值 95065 元,城镇和农村居民人均可支配收入分别达到 56954 元、33488 元。全年完成财政总收入 90.09 亿元,增长 12.5%,其中一般公共预算收入 53.56 亿元,增长 14.2%。税收收入 47.26 亿元,(较上年 41.17 亿元)增长 14.8%。一般公共预算支出 87.57 亿元,增长 17.8%。全年财政收支平衡。

【组织财政收入】 加强与税务部门的协作互动,实现涉税信息共享,及时协调征管入库,把控收入进度,确保完成年度收入任务。全县一般公共预算收入占 GDP 的 11.4%,占财政总收入的 59.5%;税收收入占一般公共预算收入的 88.2%。加强财政票据管理,规范财政票据使用,实现财政结算账户收缴政府非税收入(不含土地出让金)全面纳入统一公共支付平台。全年组织非税收入 84.36 亿元,下降 15.4%,其中纳入一般公共预算管理的非税收入 6.30 亿元,增长 9.6%。

【支持经济发展】 提升营商环境,促进经济高质量发展。全年累计拨付县级涉企奖励资金 3.73 亿元,其中兑现 2018 年度工业经济奖励 1.16 亿元。为帮扶企业应对复杂外贸环境,兑付 2019

年度工业经济奖励涉及外经贸部分奖励资金2083万元。做好全县企业稳岗社会保险费返还工作,2019年对符合条件的244户企业返还社会保险费1.48亿元。推进产业基金设立,与北京招商资本、浙江省金融控股有限公司等机构建立乡村振兴产业基金合作框架协议。2019年,全县"三农"支出37.66亿元,推进农业经济向"两高"转变,建设现代农业强县。争取上级补助资金5.87亿元,缓解财政支出压力。针对全县40个经营性收入少于30万元的薄弱村,落实强村增收项目50个,建立免息"乡村振兴贷"1.00亿元和财政贴息"乡村振兴消薄贷"2.00亿元,助推村级集体经济发展,完成消薄任务。

【保障民生支出】 全年民生支出71.89亿元,增长21.5%,占一般公共预算支出的82.1%。拨付生态文明资金2.18亿元,推进美丽乡村、小城镇综合整治、生态文明示范县等全域生态项目。安排创建资金2.00亿元,用于提升道路、绿化等城市基础设施建设。拨付公共交通财政补贴资金1200万元,推进城乡公交一体化建设。拨付垃圾分类、"虎哥回收"、垃圾填埋焚烧等补助资金6121万元,加快"无废城市"建设。教育投入14.98亿元,支持新三小、安高综合楼等学校改扩建工程推进,提高教师待遇,提升教育设施建设和教育质量。全年投入各类社会保险基金7.72亿元,筹集社会保障风险金6.35亿元。健全社会救助和社会福利体系,2019年安排医疗救助资金2618万元,最低生活保障资金5460万元,老龄事务专项资金1041万元,残疾人两项补贴2644万元。深化医药卫生体制改革,全年医疗卫生投入8.61亿元,增长11.4%,安排卫生事业发展专项资金3100万元,基本公共卫生资金3636万元。投入公共安全经费5.14亿元,落实从优待警政策,支持"扫黑除恶"攻坚行动,加大消防应急装备投入,助力"平安金鼎"再连创。2019年度财政安排休闲旅游产业专项资金3500万元,支持全域旅游发展。安排文化产业专项资金800万元,用于开展美丽集群建设、文艺精品创作、文物保护实施等工作。完成民生改善工程PPP项目(涉及教育、医疗)前期准备工作,于2019年10月纳入全国PPP综合信息平台项目库,项目总投资31.40亿元。

【深化财政改革】 加大财政资金竞争性存放力度,2019年新增额度5.00亿元,截至2019年年底,全县财政资金竞争性存放总额10.00亿元。指导行政事业单位开展公款竞争性存放工作,截至2019年年底,全县行政事业单位公款竞争性存放总额8.43亿元。推进"最多跑一次"改革,推广"政采云"系统运用,实施网上超市"全省一张网"建设工作,降低采购组织的管理成本。搭建"精品馆",主打安吉特色产业。构建扶贫馆,助力精准扶贫,2019年度安吉区域交易额405万元,居全省第9位。深化国有企业改革,重组安吉县交通投资发展集团有限公司。指导乡镇融资平台实施市场化转型,完成开发区、示范区、灵峰度假区、梅溪镇融资平台的市场化重组。完成国企混合所有制改革试点,2019年投资新设混合所有制企业2家,完成股权转让混合所有制改革企业1家。推进部门下属全民所有制国企改制,基本完成改制工作任务,理清资产权属,实现企业"人、财、物"平稳过渡。按照《预算法》要求,编报县国有资本经营预决算。加强行政事业单位内部控制建设,全县220家各类行政事业单位开展内部控制评价工作,完成率100%。建立"1+8+X+Y"的内控体系,推进财政预决算、部门预决算、"三公"经费等方面的信息公开。

【推进绩效管理改革】 首次开展对乡镇(街道)财政运行的综合评价,将评价工作从对单个政策和项目的评价拓展至对乡镇政府整体绩效评价。完成2018年度自评项目812个,涉及资金14.46亿元。完善全面实施预算绩效管理机制,代拟《安吉县全面实施预算绩效管理的实施意见》并提交县委县政府发文。制定《安吉县全面落实预算绩效管理三年(2019—2021年)行动方案》和《安吉县县级预算绩效指标库管理办法》。

安吉县溪龙集镇改建后的振兴大道

【加强队伍建设】 落实机构改革,按新"三定"方案调整、精减内设机构,归并整合内设机构职能。加强干部队伍管理,组织开展新一轮中层干部选任工作,提拔中层干部7人。实行党建工作"五五三"工作法,推进人才培养工程、奖惩激励工程、关心关爱工程建设。开展"工作明星""党员先锋"等先进典型评选。做好干部教育培训。加强人事管理工作,健全干部轮岗交流制度,增强上挂外派力量。加强党风廉政建设,开展正风肃纪行动12次。

(安吉县财政局供稿 童琳匀、姚嘉怡执笔)

绍兴市财政工作

绍兴市

【概况】 2019年,绍兴市实现地区生产总值5780.74亿元,按可比价格计算,增长7.2%。其中:第一产业增加值208.40亿元,第二产业增加值2770.77亿元,第三产业增加值2801.56亿元,分别增长2.3%、7.0%、7.8%。三次产业结构比为3.6∶47.9∶48.5。全市外贸进出口总额2458.99亿元,增长9.8%。全市居民人均可支配收入53839元,增长9.0%,其中城镇常住居民人均可支配收入63935元,农村常住居民人均可支配收入36120元,分别增长8.3%、9.1%。2019年,全市完成财政总收入825.36亿元,增长1.7%。全市一般公共预算收入528.37亿元,增长5.4%,占地区生产总值的9.1%,占财政总收入的64.0%;其中税收收入418.40亿元,增长1.4%,占一般公共预算收入的79.2%。市区一般公共预算收入349.13亿元,增长6.9%;市级一般公共预算收入49.49亿元,(较2018年一般公共预算收入43.83亿元)增长12.9%。全市一般公共预算支出640.87亿元,增长15.1%。其中:市区一般公共预算支出390.07亿元,增长12.5%;市级一般公共预算支出93.56亿元,增长1.7%。全市、市区及市级财政当年收支平衡。

【组织财政收入】 促进财税收入提质增效。制定《2019年财税收入提质增效工作推进方案》,建立工业用电量税收贡献监测机制,引导本地上市公司、大企业集团税源回归,加强市内建筑企业税收管控,落实政府投资项目税收管控和开展集中清欠行动。建立"政府牵头、财税主导、部门联动、齐抓共管"的综合收入大格局。会同税务部门成立工作团队,8月进驻越城区财政局现场指导开展收入组织试点,总结经验并全市推广。加强非税收入管理。建立一体化收缴服务体系,全市通过数字化模式收缴非税收入516万笔,金额268.32亿元,占全部非税收入的95.6%。推进财政电子票据应用,全市19家公立医院、20家基层卫生院接入医疗收费电子票据管理平台,共生成电子票据574万份,金额29.64亿元。全市非税收入848.30亿元,增长46.8%,其中纳入一般公共预算管理的非税收入109.96亿元,增长24.0%。

【促进经济发展】 落实减税降费政策。制定《绍兴市财政局落实减税降费政策工作方案》,开展"线上+线下"多渠道政策宣传。全市累计新增减税降费137.71亿元,占GDP的2.5%,高于全国平均水平0.3个百分点。其中,减免增值税61.43亿元、研发费加计扣除减免企业所得税6.86亿元、对小微企业减税18.14亿元。加大企业政策扶持。制定"1+9"高质量扶持政策体系,全市兑现各类扶持资金47.72亿元,增长7.7%,保障传统产业改造提升和新兴产业培育发展。开展企业纾困行动,帮助化解企业股权危机,实现政企"双赢"。开展产业基金运作。全市政府产业基金规模达204.00亿元,比上年增加近100%,合作子基金55支,投资项目239个,投资金额796.02亿元,撬动社会资本1014.72亿元,推动中芯国际、长电科技、陌桑高科等重大项目落地。

【保障民生事业】 全市民生支出502.88亿元,增长16.8%,占一般公共预算支出的78.5%,其中市级民生支出70.07亿元,占市级一般公共预算支出的74.9%。安排教育资金131.48亿元,增长9.3%,支持中小学教育、高等教育、职业教育和学前教育发展;安排社会保障和就业资金82.15亿元,增长18.9%,支持就业、抚恤、社会福利、残疾人事业等,最低生活保障提升至850元/人·月;安排卫生健康资金61.73亿元,增长31.4%,支持公立医院、基层医疗卫生机构建设和医疗救助事业,推进市妇幼保健院新院建设、市中医院改扩建工程;安排节能环保资金16.31亿元,增长10.0%,支持打好污染防治攻坚战;安排文化旅游体育与传媒资金12.40亿元,增长2.8%,支持阳明心学高峰论坛、文化产业发展大会、水陆国际双马等重要节会活动;安排农林水资金45.74亿元,支持农业现代化,助推柯桥"花香漓渚"田园综合体、诸暨现代农业产业园等重大项目建成。

【深化财政改革】 构建"大预算"体系。核实市级行政事业单位房产478万平方米,补录账外房产面积19万平方米,盘活土地1144亩,盘活的资产资源统筹用于市委、市政府重大项目建设,为绍兴大学、轨道交通1号线等总投资2094.07亿元的113个政府性项目提供财力保障。实行全面预算绩效管理。建立以部门为主体的绩效管理新模式,首次实现年度部门预算绩效目标"双同步""双下达""全公开",开展全市十大民生实事项目绩效评价,涉及资金29.69亿元。开展教育、科技、文化、旅游、二三产、农业、人才7类专项政策绩效评价,涉及资金3.29亿元。开展下级政府财政运行绩效评价,制定高质量发展地方政府评价指标体系。重塑公款竞争性存放机制。修订《绍兴市市级财政专户资金竞争性存放管理操作规程》《绍兴市市级财政专户资金竞争性存放考评管理办法》,完善公款竞争性风险防控体系。实行政府采购"绿色通道"。下放80%的市级政府采购计划建议审核审批事项,审批环节从8个减少至3个,提升政府采购审核审批效率50%以上。推进预算执行改革。实现预算单位用款计划自动化机审,办理时长由2个工作日缩短到即时。组建金控公司(筹)。推进金融大平台组建,以财投公司为基础组建金控公司(筹),注册资本增加至100.00亿元,信用评级、主体和债券评级均获AA+级,对政府所有的金融和类金融公司股权实现一个口子集中管理。开展债券发行申报工作,获批地级市基金债40.00

亿元。

【防范债务风险】 向上争取债券资金。发挥财政部全国土地储备预算试点的先发优势和项目储备优势，全年获得各类债券资金201.10亿元，增长31.8%，其中争取土储专项债53.00亿元。化解存量隐性债务。全年完成隐性债务化解计划的155.0%，全市政府债务率保持在安全区间。推进隐性债务展期。2019年完成到期债务展期20.00亿元，开展剩余180.00亿元的隐性债务展期工作。

【强化财政监督】 开展女职工生育津贴与产假工资重复享受问题专项检查。涉及50个部门、305人次，共收回财政资金652万元。开展惠民惠农财政补贴资金“一卡通”专项治理。利用大数据手段，将人社部门提供的财政供养人员名单与农业农村局、民政局等部门提供的补贴发放人员名单进行核对，检查违规领取补助情况；检查乡镇公共财政服务平台及各项补助资金账户、查看资金发放到位情况；通过走村入户实地检查，检查补贴申领的流程、台账登记、公告公示等。涉及补助资金16.61亿元、项目95个，发现问题28个，补发补助资金231.3万元，收回超范围发放补助资金95万元。开展市级行政事业单位和国有企业津贴补贴和福利发放专项整治。共发现12个方面的问题，采取完善制度、加强管理、规范支出等整改措施，其中清退行政事业单位津补贴和违规发放资金8.54万元。坚持政府过“紧日子”，压减行政成本，全年全市压减一般性支出4.70亿元。

【加强队伍建设】 开展“不忘初心、牢记使命”主题教育，通过层层示范，形成上行下效、整体联动等“比学赶”氛围，从改革发展、减轻基层负担、服务基层群众、落实上级要求和干部担当作为5个方面，查摆各类问题386个。创新“团队化”工作模式，实现扁平化管理。启动全局人员调配9次，累计攻克急难险重任务70余项。推动机构改革，实现79.6%的一般公务员、76.4%的事业一般干部岗位轮换，激发干部的竞争意识和工作热情，建立运行高效顺畅的工作组织。坚持以事定岗，编制《行政岗位职责说明书》《事业岗位职责说明书》，厘定79个行政岗位、110个事业岗位工作职责。突出廉政风险防控，制定《绍兴市财政局岗位风险防控管理实施办法》，风险防控轮岗率96%。实行岗位竞争，全体一般干部参与“双向选择”。

（绍兴市财政局供稿　邢钰莹执笔）

越城区

【概况】 2019年，绍兴市越城区实现生产总值944.08亿元，按可比价计算，增长7.0%。其中：第一产业增加值12.50亿元，增长2.3%；第二产业增加值354.36亿元，增长6.2%；第三产业增加值577.22亿元，增长7.7%。三次产业结构比为1.3∶37.5∶61.2。社会消费品零售总额555.80亿元，增长9.6%。全区城镇居民人均可支配收入59446元，农村城镇居民人均可支配收入36032元，分别增长7.8%和8.7%。全年实现财政总收入129.43亿元，其中：一般公共预算收入78.72亿元，（较2018年一般公共预算收入73.78亿元）增长6.7%，占财政总收入的60.8%，占生产总值的8.3%；税收收入70.16亿元，占一般公共预算收入的89.0%。全区一般公共预算支出65.05亿元，增长17.6%。全年财政收支平衡。

【组织财政收入】 财政收入提质增效。制定《越城区财税收入提质增效工作方案》，成立专项工作组。建立辖区内上市公司、大企业集团“一对一”走访制度，引导区内税源回归本地，提升企业本地纳税率。争取上级补助。做好向上对接，加强项目筛选，全年争取中央、省、市级补助资金7.54亿元。强化非税收入征管。确保应收尽收，全年实现非税收入9.54亿元，其中纳入一般公共预算管理的非税收入8.60亿元，（较2018年纳入一般公共预算管理的非税收入6.36亿元）增长35.2%。

【助推经济发展】 确保减税降费政策落地。落实个人所得税专项扣除、小微企业普惠性税收减免、增值税改革、社保费降费率等各项政策，全年减税降费19.09亿元，帮助企业享受政策红利。兑现企业政策奖励。支持越城区企业做大做强，协助企业引进培养高层次优秀管理人才，全年兑现企业政策奖励资金3.01亿元、人才补助资金1.06亿元。助推科技创新发展。激发创新主体积极性，拨付科技补助资金1.47亿元。

【保障民生支出】 全年安排民生支出51.27亿元，增长17.9%，占一般公共预算支出的78.8%。加大医疗卫生、社保、文体、教育等支出。医疗卫生健康支出10.13亿元，增长81.5%，用于支持基层医疗卫生机构补偿机制改革等事业；教育支出14.12亿元，增长2.7%，用于支持普通教育等事业；社会保障和就业支出10.64亿元，增长5.0%，用于支持下岗再就业等事业，社会保险基金支出3.52亿元，完成年度预算的100.4%。助推民生实事工程。加大民生实事项目保障力度，拨付民生实事工程资金4.60亿元，推进越城区人民医院建设、学校网点建设、中小学校空调安装、“四好农村路”建设等民生实事工程。落实乡村振兴战略。完善财政投入保障机制，投入财政补助资金2.44亿元。重点保障粮食生产、农产品质量安全、“五星3A”美丽乡村建设、“五水共治”和改善农业农村生态环境等。

【推进财政改革】 推进预算指标调整管理改革。疏通预算指标调整管理工作的各环节，实现预算指标调整系统上线，完成指标调整审批事项15821笔，涉及资金1.86亿元。深化国库集中支付改革。扩大国库集中支付授权范围，将原单笔金额10万元以上的直接支付项目调整为授权支付，将72所学校的教育结余资金纳入国库集中支付管理。开展资产处置审批改革。优化资产审批环节,调整资产处置权限、审批流程,实行审批权限分级管理模式,扩大单位在资产处置审批方面相应的权限,缩短资产处置审批时间。

【强化财政监管】 加强财政信息公开。全区除涉密部门外的72家主管单位均完成预算公开工作,公开面100%。浙江省预决算公开度排行榜中,越城区政府决算、部门决算公开位列全省第一。加强政府采购监管。履行政府采购监管职责,全年节约采购资金0.25亿元。实现"政采云"平台上线率100%。运用"互联网+政府采购+扶贫"新模式,推动越城区农业(扶贫)专馆上线。加强资金使用监管。清理、盘活资金4.23亿元,其中历年结余资金3.18亿元。加强资金执行情况动态监控,全年执行财政资金竞争性存放1期,涉及资金38.53亿元。

【加强队伍建设】 开展"不忘初心、牢记使命"主题教育,利用周一夜学、中心理论组学习、主题党日等载体,将学习教育常态化。建立健全《越城区财政局机关效能管理和问责办法》等制度,严格执行领导干部请销假、外出报告、个人重大事项报告制度,定期开展内部纪律检查。班子领导带头推进区财政局"三服务"、部门间"最多跑一次"和"百日攻坚"等工作,解决企业、部门、群众实际问题。

(绍兴市越城区财政局供稿 吴超群执笔)

柯桥区

【概况】 2019年,绍兴市柯桥区实现地区生产总值1504.27亿元,按可比价计算,增长7.6%。其中:第一产业增加值37.21亿元,增长2.4%;第二产业增加值755.38亿元,增长7.9%,其中工业增加值639.99亿元,增长9.3%;第三产业增加值711.67亿元,增长7.6%。三次产业结构比为2.5∶50.2∶47.3。社会消费品零售总额337.45亿元,增长10.5%。自营出口867.52亿元,增长15.6%。城镇常住居民人均可支配收入68948元,农村常住居民人均可支配收入40655元,分别增长8.1%和8.9%。按户籍人口计算,人均生产总值219713元,增长6.5%。全区完成财政总收入197.82亿元,下降0.4%,其中一般公共预算收入131.41亿元,增长4.0%,占地区生产总值的8.7%,占财政总收入的66.4%。税收收入108.80亿元,占一般公共预算收入的82.8%。全区一般公共预算支出126.99亿元,增长12.5%。当年财政收支平衡。

【组织财政收入】 建立多部门财税经济分析共商机制,开展财税研判分析,加强财政收入源头和过程管控。实施财政收入提质增效专项行动,强化工业用电量税收效益比、政府投资项目税源控管等指标的比对分析,找准薄弱环节,挖掘增收潜力。制定《新经济项目引进的若干政策意见(试行)》,激励镇街引进优质项目。加强非税收入征缴,建立部门协调机制,规范土地成本列支管理,及时足额计提"两金"(计提农田水利建设资金和教育资金)。全区实现非税收入128.82亿元,下降1.7%,其中纳入一般公共预算管理的非税收入22.61亿元,增长14.1%。

【落实减税降费政策】 按照"第一时间+顶格优惠+叠加享受"原则,制定减税降费工作方案,健全减税降费协调和动态跟踪机制,确保大规模减税降费政策落地。组织开展减税降费政策措施实施效果监督检查行动,研究分析存在的问题,确保实现所有行业税负只减不增目标。加大减税降费政策宣传力度,结合"服务企业服务群众服务基层"活动,实地走访企业,召开政策辅导会,组织知识竞赛,扩大企业政策知晓度。2019年减免税费31.16亿元,返还减免社保费9.50亿元。

【服务地方经济发展】 落实产业扶持政策。修订《促进民营经济高质量发展若干意见》《推进柯桥印染产业高质量发展的实施方案》等扶持政策,深化传统产业改造提升省级试点,支持新兴产业培育发展,全年兑现产业政策资金5.50亿元。规范产业基金运行。推进总规模500.00亿元的中科院联动创新基金落地,引进首期规模10.00亿元的浙能普华基金。发挥"基金招商"作用,投资引进高科技产业项目5个,加速科技与经济的融合。推动组建注册资本100.00亿元的柯桥金融投资管理平台,发挥金融服务实体经济功能。推进基金小镇建设。加快基金公司集聚,打造创新金融集聚高地,累计入驻私募金融机构266家,注册资金达237.68亿元。发挥小镇平台作用,促进资本与实体项目的对接,全年组织南非理事会专家项目路演、乌克兰院士专家路演等活动16场次。

【保障民生事业发展】 全区民生支出101.38亿元,增长8.9%,占一般公共预算支出的79.8%。办好民生实事。安排财政资金1.30亿元,保障中小学空调安装、山区农民饮用水达标提标、老旧小区电梯化改造等民生实事项目。强化社会保障。全年社会保障和就业支出15.07亿元,增长27.3%。提高城乡居民基本医疗保险财政补助标准。统一调整企业退休人员基本养老金,增加财政支出1.39亿元,惠及企业退休人员14万余名。推动教育事业发展。全区教育支出29.00亿元,增长5.9%。推进教育现代化建设,深化新时代教师队伍建设改革。保障医疗卫生事业。全年卫生健康支出11.17亿元,增长14.3%。筹措财政资金4.93亿元,支持医共体建设,落实基层医疗卫生机构补偿机制改革。支持乡村振兴战略。全年农林水支出8.40亿元,下降29.9%。投入财政资金1.63亿元推进"花香漓渚"国家级田园综合体试点项目建设。保障基础设施建设。筹集财政资金24.69亿元,争取地方政府债券16.00亿元,支持杭绍城际轨道、杭金衢与杭绍台连接线、浙江树人大学绍兴校区二期、柯海线提升改造等项目建设。

【深化财政改革】 构建集中财力办大事政策体系。梳理现行财政政策206项，根据未来4年可用财力情况和必须保障的大事要事，清理、整合政策，构建集中财力办大事财政政策体系。推进涉农资金改革，将15个部门33项资金整合为4个专项，涉及资金6.40亿元。加快"数字财政"建设。入选财政部"预算编制云"浙江省试点单位，在全省率先研发"基层财政一体化平台"，为全省财政改革提供"样本"。在绍兴市率先上线"财务核算云"，区本级国库集中支付预算单位上线率100%。推广"政采云"平台，搭建农业扶贫馆，支持对口援建地区扶贫协作。深化电子化收缴改革，推行医疗票据电子化，全区非税收入电子化缴费金额增长25.5%。推进"最多跑一次"改革。推进部门间财政预算执行领域"最多跑一次"改革，优化办事流程，缩短办事时间，精简办事材料，全部办事事项实现"最多跑一次"，16个办事事项提速50%以上，其中6个项目实现即时办理。

【防范化解债务风险】 打好防范化解政府债务风险攻坚战，按计划实施五年政府隐性债务化解专项行动，完成年度政府隐性债务化解任务。推进融资平台公司市场化转型，制定资产量化方案，完成资产量化配置工作。梳理部门历年在建政府投资项目中长线资金需求，划定财政保障能力红线，累计核减项目预算资金13.80亿元，确保项目建设资金不超出财政承受能力，从源头防范隐性债务产生。

【加强财政监督检查】 提升资金绩效。启动全面绩效管理改革，建立预算绩效一体化工作框架，完成共性指标体系和核心指标标准体系编制。对教育、医疗、交通等23个重点民生领域项目开展重点绩效评价，涉及资金14.49亿元。强化预算管理。"压一般"和"保重点"并举，压缩"三公"经费等一般性支出0.87亿元，压减项目支出1.10亿元，盘活存量资金5.00亿元，统筹财力用于"保工资、保运转、保基本民生"。加大检查力度。6部门联合开展惠民惠农财政补贴资金"一卡通"专项治理工作，组织财政扶贫领域作风问题专项整治、公款存放监督检查等，完成财政监督检查项目18个，并督促整改违规问题，严肃财经纪律。健全内控体系。出台财政专户资金竞争性存放制度、职工疗休养费用结算管理办法、财政专项资金管理内控办法、行政事业单位资产财政管理规程等规章制度，着力构建"1+9+X"三级内控体系。

【提升国资监管效能】 根据国有企业属性，实施差别化考评制度，突出企业净利润、资产负债率等指标，对7家区直属国有企业负责人经营业绩进行考核。启动国有企业工资改革，将保障性工资和效益工资分别同CPI、利润指标挂钩，强化正向激励。依托国有产权登记信息系统，加强资产运行情况的监控、分析和预警，对6家国有企业19.56亿元的资产处置收购进行审核。开展全区行政事业单位、局办下属54家国有公司的国有资产情况调查摸底，制定调配处置方案。

【强化干部队伍建设】 开展"不忘初心、牢记使命"主题教育，制订实施方案，组织理论中心组封闭式专题学习6次、党课7场、实践活动6次以及意见征求会5次，完成课题22个，提出整改措施32条。配合区委第一巡察组开展巡察工作。推进"清廉财政"建设，开展"八个一"警示教育活动，不定期组织正风肃纪监督检查，严明工作纪律。创新干部教育培训模式，组织3个批次52名中层干部参加上海交通大学脱产培训，提升干部素养。组织参加红歌大合唱，开展青年干部读书会，凝聚干部团队合力。

（绍兴市柯桥区财政局供稿　王森剑执笔）

上虞区

【概况】 2019年，绍兴市上虞区实现地区生产总值978.11亿元，按可比价计算，增长7.4%。其中：第一产业增加值49.70亿元，增长2.3%；第二产业增加值504.96亿元，增长6.9%；第三产业增加值423.45亿元，增长8.7%。三次产业结构比为5.1∶51.6∶43.3，对地区生产总值的贡献率分别为1.7%、51.3%和47.0%。按户籍人口计算，人均生产总值125412元，增长7.5%。全年实现财政总收入147.61亿元，增长4.5%。一般公共预算收入89.52亿元，增长8.3%，占财政总收入的60.6%，占地区生产总值的9.2%。一般公共预算收入中税收收入75.67亿元；增长7.6%，占比84.5%。一般公共预算支出104.48亿元（含上级专项补助），增长20.9%。当年财政收支平衡。

【组织财政收入】 加强经济形势研判，科学编制收入计划，成立收入协调领导小组，完善跨部门联络机制和议事规则，加强财政收支管理，把控收入进度，依法科学组织收入。全年财政总收入和一般公共预算收入2项增幅均排名全市第一。强化非税征收管理，做大区级政府财力，全年征收非税收入115.78亿元，增长9.1%，其中纳入一般公共预算管理的非税收入13.85亿元，增长12.3%。

【促进经济发展】 完善财税支持方式，形成《促进民营企业高质量发展的政策意见》为中心的"1+N"企业扶持政策体系，助力经济高质量增长。加快培育发展新动能。兑现产业集群"三个一批"、隐形冠军、数字经济"一号工程"、制造业高质量发展等扶持发展专项资金5.54亿元。安排1.88亿元支持培育高新技术企业、科创大走廊等科技创新项目。支持商贸服务业发展。兑现各类外经贸发展、离岸服务等项目补助资金4558万元，兑现加快促进现代服务业发展奖励资金2429万元，促进经济良性运行。深化政府产业基金运行。发挥财政资金倍增效应，产业基金首期规模3.00亿元，已设立子基金6支，总规模8.60亿元，其中产业基金出资2.55亿元，带动社会资本6.05亿元。

【支持城乡统筹发展】 支持乡村振兴。全年兑现奖补资金1.41

亿元,推进"五星、3A"建设。入选省级乡村振兴产业发展示范建设县,争取到省级补助资金每年4000万元。安排专项资金3.77亿元,支持政策性农业保险、集体经济增收等。支持文化旅游业。安排专项经费6820万元,支持文化强区、乡镇街道综合性文化服务中心等建设,构建上虞区现代公共文化服务体系。兑现奖补资金1580万元,支持省级旅游风情小镇和国家4A级旅游景区创建。支持打好污染防治攻坚战。兑现政策补助资金9.69亿元,推进化工产业改造提升。安排财政资金5200万元,支持印染行业提档升级。安排专项经费1.07亿元,支持城乡生活垃圾处理、生态保护等,持续改善生态环境。入选省级山水林田湖草生态保护修复试点,争取到省级补助资金每年2000万元(2019—2022年共8000万元)。支持城乡生活品质提升。争取政府债券资金14.00亿元和上级补助资金3855万元,并多方筹措资金保障城区重点棚户区改造和支持小城镇环境综合整治项目。安排专项经费8.30亿元,用于公共安全、社会综合治理支出。

【保障民生事业】 全年民生支出82.90亿元,增长23.3%,占一般公共预算支出的79.4%。推动教育改革发展。全年教育支出21.49亿元,增长24.4%。投入教育文化发展专项资金16.56亿元,推进农村教育优质均衡发展,支持新时代教师队伍建设改革,保障民办学校、智慧教育等项目。筑牢社会保障底线。全年社会保障投入11.79亿元,增长60.7%。累计兑现救助资金1.12亿元,支持生活救助和医疗救助政策,安排财政资金3331万元加大养老服务支持力度。提高各项待遇标准,全年累计支付企业职工养老保险金31.45亿元、城乡居民养老保险基础养老金等财政补助3.03亿元、城乡居民医疗缴费等财政补贴3.79亿元。推进基本医疗服务均等化。全年医疗卫生和计划生育支出8.21亿元,增长36.9%。安排医疗卫生体制改革专项经费2.23亿元,支持公立医院综合改革,推进医共体建设等项目,推动城市优质医疗资源下沉和医务人员下基层。

【深化财政改革】 推进政府性债务风险"化管防"体制机制创新试点工作。实施政府隐性债务五年化债计划,确保政府债务风险安全可控。优化预算管理权责,强化预算刚性约束,严肃财经纪律,加强全口径政府财力统筹,盘活存量资金资源,健全重大政府投资项目决策机制和预算管理制度。制定《全面实施预算绩效管理三年行动计划》,开展部门预算整体绩效试点。对全区136个国有新建项目、11个电子政务项目和30个部门预算项目实施绩效目标评审,分别调减投资额15.42亿元、0.46亿元和0.41亿元。推进国库支付电子化扩面、财务核算云平台上线和扶贫资金动态监控体系建设,推进票据电子化改革,推广"政采云"平台运用。开展"1+X"专项督查,做好省、市联动监督检查项目。推进高端会计领军人才培养,组建38人的首届全区会计领军人才库,将会计领军人才建设纳入全区"人才强区"规划。

【推进国企改革】 优化国有股权,推进国有企业整合提升。围绕"大国资"理念,统筹全区行政事业单位、乡镇街道、国有企业经营性资产、资源,注入相关国有企业。依托政府性优势,以准公益性、半垄断性行业为主导,培育新型经营性板块,壮大国有企业经营收入,主要国有企业经营收入增长近20%。提升国有企业信用评级,绍兴市上虞区国有资本投资运营有限公司获"BBB-"(投资级)国际信用评级,全区新增AA+评级公司2家、AA评级公司1家。

【提升队伍素质】 开展"不忘初心、牢记使命"主题教育。打造"理财先锋"党建品牌,以第2名的成绩获区直机关党建十佳品牌。完成机关党委和工青团妇的换届工作。实施中层干部交流会、青年干部座谈会,做好干部选拔培养和交流工作。落实"三服务"活动,提升财政服务水平。完成机构改革,推进职务职级并行改革。做好区委第七轮巡察问题整改落实工作,问题整改率100%。配合区委、区政府做好市县长经济责任审计。深化行风作风建设,在2019年度全区"企业评部门、群众评行风"活动中获第1名。

(绍兴市上虞区财政局供稿 吕 娅执笔)

诸暨市

【概况】 2019年,诸暨市实现生产总值1312.36亿元,按可比价计算,增长7.5%。其中:第一产业增加值47.70亿元,增长2.4%;第二产业增加值646.85亿元,增长7.4%;第三产业增加值617.81亿元,增长8.2%。三次产业结构比为3.6∶49.3∶47.1。按户籍人口计算,人均生产总值120973元,增长7.6%。全市500万元以上固定投资增长7.3%;社会消费品零售总额385.95亿元,增长10.0%。城镇和农村常住居民人均可支配收入分别为67862元和39380元,分别增长8.4%和9.2%。全市财政总收入142.03亿元,增长3.1%,其中:一般公共预算收入89.81亿元,增长2.8%,占生产总值的6.8%,占财政总收入的63.2%。税收收入74.68亿元,占一般公共预算收入的83.2%。全年一般公共预算支出110.50亿元,增长19.8%。全年财政收支平衡,预算执行情况良好。

【组织财政收入】 加强收入分析。关注宏观经济走势,走访企业了解发展情况,加强与税务部门沟通联系,掌握涉税动态信息及风险,强化预测分析和跟踪监测,分解、压实任务,把控收入节奏,完成全年目标任务。强化非税收入管理。以"最多跑一次"改革为引领,提升征收工作水平,改善征管环境,提高收入征管单位积极性。实现政府非税收入全面接入统一公共支付平台,累计接入平台单位110家,全年发生资金业务131.39万笔,收缴资金18.53亿元。全年收缴非税收入96.65亿元,增长16.8%,其中纳入一般公共预算管理的非税收入15.13亿元,增长9.7%。

【服务经济发展】 落实减税降费政策，减轻企业负担，全年减税降费19.24亿元。帮助企业缓解融资压力，全年提供政府应急转贷539笔，金额125.41亿元。聚焦“与杭同城、产融结合”，深化全国县级创投改革试验区建设，做大科技金融规模，打造集投融资服务、招商服务、中介配套服务于一体的高质量发展赋能平台。举办第三届科技金融高峰论坛。支持数字经济“一号工程”和科技人才新政，打好财政政策组合拳，助推传统企业提质升级，全年累计兑现各类财政奖补资金7.18亿元，人才专项资金1.49亿元，科技专项资金5968万元。推动产业基金2.0版实质性运作，参股设立子基金18支，直投项目4个，子基金总规模累计达132.00亿元，累计投资金额30.30亿元，带动社会投资204.50亿元。

【保障重点支出】 全年民生支出86.24亿元，增长19.2%，占一般公共预算支出的78.0%。完善社会保障体系。全年社会保障支出18.39亿元，增长28.5%；医疗卫生支出13.55亿元，增长40.0%。完善基层医疗卫生机构补偿机制改革，全年拨付基层医疗卫生保障经费2.39亿元；推进镇街居家养老服务能力提升工程，建成镇街级居家养老服务中心25家、城乡社区示范型居家养老服务照料中心80家，累计补助2500万元。助推文化教育事业发展。全年教育支出23.21亿元，增长10.4%；文化体育支出1.36亿元，增长0.3%。安排专项资金1.49亿元用于开展职业技能提升行动；安排各类体育事业经费860万元用于市民运动会开展、高水平教练员运动员引进、体育竞赛专项奖励和学校体育设施免费开放等；安排3000万元用于农村文化礼堂新建补助，安排130万元用于博物馆、文化馆、图书馆免费开放，建成文化礼堂230家，浣江书房、书吧21家。助力乡村振兴。加强财政支农惠农力度，全年向上争取省级乡村振兴绩效提升奖补资金1500万元、一事一议财政奖补资金2000万元、省级农村综合改革集成示范项目资金2000万元；山下湖镇米果果田园综合体项目入选省级田园综合体项目，获专项资金补助1800万元。

【深化财政改革】 全面实施预算绩效管理。出台《诸暨市全面落实预算绩效管理三年行动计划(2019—2021年)》，建立预算安排与预算执行率、绩效评价结果挂钩的新机制，全年组织评价项目145个，其中涉及民生实事、重点工程领域项目16个、金额1.76亿元。深化投融资体制改革。组织协调各国有企业做好融资计划，形成长短匹配、品种丰富的新型融资结构。截至2019年年末，综合融资成本5.9%，直接融资和政策性银行贷款占比38.3%；中长期贷款占比79.5%。帮助国有企业做大做强。在“1+7+2”的国有企业新格局基础上，根据各企业产业分布领域及功能，综合分类施策，做大资产规模。全年累计注入资产153.96亿元，其中通过政府债务、置换债调整资本公积98.23亿元，资产再评估增值43.30亿元，行政事业单位经营性及闲置资产注入12.43亿元。

【强化财政监管】 实施防范化解地方政府性债务风险专项行动，化解存量债务，确保风险控制在合理区间，全年累计化解债务60.42亿元。开展“互联网+政府采购”行动，利用政府数字化转型解决采购价格高、质量差、效率低等问题，全年依托“政采云”平台节约资金0.80亿元，节约率1.85%，网上超市交易额1.14亿元，居绍兴市第一。开展本级财政资金和行政事业单位公款存放管理的自查及抽查，督促各单位落实竞争性存款存放。截至2019年年底，累计21家单位开展竞争性存款存放，涉及金额14.05亿元，基本实现全覆盖。落实政府性投资项目概算审核、结算造价审核和标底审核工作，全年审核项目概算336个，审减金额4.23亿元，审减率6.9%；结算造价2695个，核减金额4.37亿元，综合核减率增长28.1%；标底送审项目139个，综合调整率3.7%。

【加强队伍建设】 优化队伍结构，通过竞争性选拔形成合理的干部队伍梯次配备。突出干部培养，全年多次分层次、分岗位开展针对性学习。举办上海交通大学素质提升班，每月开展“书香机关、悦读人生”读书活动，开展“岗位练兵　业务比武”活动。加大正风肃纪检查力度，落实“一月一督查”，集中开展“纪律整治周”活动。推动教育提醒常态化、日常化。

（诸暨市财政局供稿　骆泠霏执笔）

嵊州市

【概况】 2019年，嵊州市实现生产总值589.15亿元，增长6.3%。其中：第一产业增加值39.19亿元，增长2.3%；第二产业增加值283.67亿元，增长6.5%；第三产业增加值266.29亿元，增长6.6%。三次产业结构比为6.7∶48.1∶45.2。按户籍人口计算，全市人均生产总值81238元，增长6.6%。全市财政总收入69.67亿元，增长0.5%。一般公共预算收入45.76亿元，增长0.6%，占生产总值的7.8%，占财政总收入的65.7%。税收收入35.04亿元，占一般公共预算收入的76.6%。全市一般公共预算支出75.95亿元，增长24.5%。全年预算执行情况良好，财政收支平衡。

【组织财政收入】 加强分析研判。分析经济税源形势，研判收入趋势，落实组织收入预案。坚持稳增长与提质量并重，制定《财税收入提质增效工作方案》，推进收入组织进度。加强部门合作。加强与税务部门合作，拟定地方财税收入协调领导小组议事规则，成立地方财税收入联络小组，配合税务部门做好收入组织工作。加强与自然资源和规划部门合作，应用国有土地出让一体化信息管理系统，掌握土地出让信息动态。加强非税管理。健全非税收入征收管理制度，清理非税收入结算账户资金、缩短非税收入缴库期限、压缩土地出让金结算缴库时间，促进非税收入提质增效。加大土地审批税费清欠力度，催缴欠缴税费

1.52亿元。全年完成非税收入116.64亿元，增长102.3%，其中纳入一般公共预算管理的非税收入10.72亿元，增长27.6%。

【支持经济发展】 推进财政政策落地。以"服务企业、服务基层、服务群众"为主线，开展财政政策宣传辅导服务，助推各项惠企惠民政策落实；落实减税政策，全年为企业减负逾13.00亿元；执行制造业、交通运输业、建筑业等阶段性降低社会保险缴费，减轻五项社保费1.34亿元，惠及企业8000家。推进产业优化升级。全年兑现工业经济政策资金3.40亿元，重点支持传统产业提升改造、特色产业项目投资、企业提档升级、总部型企业培育和企业上市等。推进政府产业基金运行。加强对政府产业基金运作和监督管理，2019年新设立子基金3支，全市累计设立子基金8支，总规模近95亿元。产业发展转贷基金全年累计转贷70.85亿元，增长30.0%，受益纳税人1810户。

【保障民生事业】 全年民生领域支出60.72亿元，占一般公共预算支出的80.0%。支持社会事业建设。全年社会保障和就业支出8.12亿元，城乡居民基本医疗保险筹资标准由1100元/人·年提高至1310元/人·年、财政补助标准由750元/人·年提高至890元/人·年，养老保险、医疗保险参保率分别达95%、99%，新增城镇就业25771人；卫生健康支出6.55亿元，其中拨付基层医疗卫生机构补偿机制改革资金1.22亿元、新人民医院建设资金7000万元；教育支出15.53亿元，其中学前教育支出7665万元，义务教育支出9.69亿元，普通高中支出2.36亿元，职业教育支出1.16亿元；各类科技支出5.58亿元，支持科技创新事业；安排公共安全专项资金2.38亿元，保障"平安嵊州"建设；安排人才发展专项资金4490万元，推进"人才强市"；安排越剧事业传承与创新发展专项资金700万元，促进越剧事业发展。支持"三农"建设。全年农林水支出6.55亿元，其中安排一事一议及扶持村级集体经济发展3000万元，农业政策兑现2500万元，农村环境卫生与河道保洁资金3000万元，环境综合整治示范村创建、"五星"达标"3A"争创、美丽乡村风景线建设等资金2.11亿元。支持重点项目建设。落实农村公路等基础设施和民生项目建设政府投资项目资金3.01亿元，拨付购买公共交通服务6330万元；安排购置环保设施设备、污染源普查、省级生态文明建设示范市创建、水源保护和水质监测等资金1638万元。

【深化财政改革】 深化预算管理改革。推进预算信息公开，首次将项目支出绩效目标列入公开内容；强化预算执行率考核，对上一年度预算执行率低于91%和连续两次排名末十位的16个部门单位扣减预算经费。深化国库集中支付改革。推进国库集中支付电子化扩面，实现从预算单位、财政、代理银行到市人民银行的电子化管理；加强公款存放管理，组织开展财政资金竞争性存放工作，资金存放额度53.05亿元；开展财务核算云平台试点，促进财政资金安全、规范和有效使用；组织政府综合财务报告编制改革试点，推进政府部门清产核资、摸清"家底"。深化政府非税收入电子化改革。推进政府非税收入电子化收缴改革，全市开展电子化收缴业务单位234家，共办理收缴业务733471笔，收缴资金29.61亿元；试点开展财政电子票据改革，实现财政电子票据管理系统上线。开展"上门服务至少一次"活动，全年到预算单位宣讲、解读预算编制改革政策和要求318次。

【强化财政监管】 强化财政监督检查。组织开展全市执行财经纪律、"三公"经费政策、预决算公开、减税降费、领导干部离任交接、惠农"一卡通"发放等监督检查，严肃财经纪律。强化政府债务管控。开展防范化解地方政府性债务风险专项行动，完成全年债务化解目标任务；全年争取新增地方债券15.00亿元，其中：一般债券10.00亿元，专项债券5.00亿元，重点支持城中村改造、小城镇环境综合整治等重点公益性项目建设。强化行政成本控制。压减、控制一般性支出和"三公"经费，全年一般性支出下降5%以上，"三公"经费支出下降1%；加大盘活存量资金力度，清理结余资金4.9亿元。强化政府采购监管。推广"政采云"平台应用，推行电子招投标，全年政府采购预算金额5.28亿元，实际采购金额5.04亿元，节约财政性资金2352万元，节支率4.5%。

【加强队伍建设】 开展"不忘初心、牢记使命"主题教育活动，组织主题党课、红色教育基地现场教学、观看《我和我的祖国》影片等。开展"大学习大调研大抓落实"活动，推进"两学一做"学习教育常态化制度化。落实全面从严治党和党风廉政建设责任制，组织开展季度廉情分析会、干部诺廉评廉等。完善干部教育培训制度，以理论中心组、党支部学习为中心，抓好党委专题学习。组织35周岁以下干部和全体中层干部参加年轻干部培训班，打造学习型财政队伍。完善考核激励机制。组织开展"六问聚共识、思想再解放"大讨论、"警示教育月"等活动，打造"清廉财政"。发挥党、团、妇、工等群团作用，深化财政文化建设。

（嵊州市财政局供稿　黄小明执笔）

新昌县

【概况】 2019年，新昌县实现地区生产总值451.46亿元，增长6.3%。其中：第一产业增加值22.10亿元，增长2.2%；第二产业增加值223.80亿元，增长5.6%；第三产业增加值205.56亿元，增长7.8%。三次产业结构比为4.9∶49.6∶45.5。按户籍人口计算，人均生产总值103962元。全社会固定资产投资147.46亿元，下降3.3%；社会消费品零售总额205.66亿元，增长10.4%；出口总值140.92亿元，下降8.6%。全县财政总收入69.73亿元，下降1.8%。一般公共预算收入43.66亿元，增长4.3%。一般公共预算支出64.35亿元，增长13.3%。当年财政收支平衡。

【组织财政收入】 突出组织收入工作中心,合理制订收入计划,实现地方可用财力的持续平稳增长。按照《关于明确2019年财税工作提质增效有关工作的实施意见》,保障财税工作提质增效。2019年,全县一般公共预算收入占地区生产总值的9.7%,占财政总收入的62.6%,比上年提高3.7个百分点;税收收入32.51亿元,占一般公共预算收入的74.4%。加强非税收入管理,全年收缴非税收入28.53亿元,下降6.3%,其中纳入一般公共预算管理的非税收入11.16亿元,增长53.4%。

【助推经济发展】 发挥财政政策导向作用,落实财政资金奖补兑现,鼓励传统产业改造提升,加大创业创新,振兴实体经济,培育发展新动能。2019年兑现县级政策性财政资金5.17亿元,惠及企业3546户次。支持政府投资项目建设,2019年审核拨付政府投资项目资金3.27亿元。会同主管部门向上申报项目151个,争取资金2.95亿元。落实减税降费政策,加大社保基金援企稳岗力度,返还社保费2.02亿元,受益企业1846家;做好阶段性降低社会保险缴费工作,惠及企业4197家,减征1.24亿元。落实2018年度省振兴实体经济财政专项资金项目绩效考核及资金拨付,支持新昌传统行业整治提升、工业企业转型升级、信息化发展、中小企业培育和重点创业园区提升发展。

【加强民生保障】 全年民生支出52.13亿元,增长23.0%,占一般公共预算支出的81.0%,占比较上年提高6.4个百分点。其中八项支出50.33亿元,增长21.3%。重点支持打好"三大攻坚战""富民强省十大行动"、生态文明示范县建设等。全年社会保障支出6.14亿元,增长20.7%,完善居民医保、社会救助、低保补助、孤儿扶助等多层次社会保障体系;全年教育支出12.43亿元,增长1.0%,促进教育优质均衡发展;全年卫生健康支出5.43亿元,增长11.2%,推进医疗卫生服务共同体建设改革、实施基层医疗卫生机构补偿机制改革、深化基本医疗保险支付方式改革、养老服务综合改革;全年文化支出1.08亿元,增长15.1%,支持公益性文化服务、公共体育场馆免费低收费开放,推动社会文化事业发展。

【深化财政改革】 构建集中财力办大事财政政策体系,以乡村振兴为试点,以"三大攻坚战"和"富民强省十大行动计划"为脉络,形成12类56项清单,统筹涉农资金30.00亿元(其中财政预算18.00亿元),重点整合全域旅游、文化礼堂、美丽乡村、"四好农村路"等15个建设类项目。推进财政数字化转型升级,梳理财政办事事项43项,改造财政服务事项流程46个,建立财政"最多跑一次"网上审批平台,办理财政审批事项2523件,办结时限压缩50%以上。推进"政采云"平台应用扩面工作,搭建县级扶贫馆,全年"政采云"平台交易金额7.96亿元,审核"全省一张网"转网供应商303户,上架商品29959件。推进预算绩效管理改革试点,2019年绩效自评覆盖部门64个,涉及项目636个、资金21.07亿元,其中重点评价项目17个,涉及资金8.35亿元。升级乡镇公共财政服务平台,2019年通过平台项目补助79项,涉及资金2.35亿元,受益农户52万户次。落实"三服务",出台《新昌县财政局关于开展"项目化服务助力高质量发展"活动的通知》,梳理"一二三四"服务项目,制定活动清单,定制专业团队,打造服务项目化、项目清单化的管理新模式,走访企业、社区、乡镇、联系村等单位80余个,现场解决问题39个。

【规范债务管理】 开展防范化解政府性债务专项行动,规范政府举债融资、政府和社会资本合作、政府购买服务等行为,化解隐性债务存量、遏制增量。2019年偿还政府性债务利息2.20亿元,完成隐性债务化解计划的102.7%,争取新增债券15.00亿元,再融资债券额度2.90亿元。建立健全债务管理制度,出台《进一步加强地方政府性债务管理的实施意见》和《新昌县债务管理风险预警机制》,强化政府债务限额管理和全口径监测,完善政府债务风险平复和预警机制。推进国有企业实体化运作,通过资产资源注入、"一出二入"和交叉持股等方式,夯实资产规模,降低资产负债率。开拓发行公司债、企业债、票据等资本市场直接融资渠道,完成30.00亿元公司债券申报工作并通过上交所核准。

【夯实财政监管】 开展"1+X"专项清风督查及惠农"一卡通"发放情况、乡镇财政资金监管、公积金管理等监督检查,组织交通治堵、"三治一提升"、应急治理等专项检查,加大扶贫资金使用、医疗救助补助、中央水库移民扶持基金等重点专项资金和重点政策检查力度。规范公款竞争性存放,健全公款存放管理组织架构,成立新昌县规范公款存放管理领导小组,出台《新昌县规范公款存放管理领导小组议事规则》。编制公款竞争性存放计划,落实公开招标工作,2019年开展23.70亿元财政性资金竞争性存放招标工作,全年实际竞争性存放金额49.40亿元。组织全县行政事业单位公款竞争性存放专项检查,乡镇(街道)重点检查率达100%、有自行管理资金账户的县级主管部门(单位)检查率达100%,其他县级主管部门(单位)的账户开设情况检查占自查数的60%。建立政府投资项目评审机制,提升财政资金使用效益,2019年受理预算审核项目和工程变更审核项目34个,审减资金4293万元,核减率8.9%。

【加强队伍建设】 开展"不忘初心、牢记使命"主题教育活动,制定实施方案和实施意见,集中研讨学习,夯实教育成果。开展"大学习大调研大抓落实"活动,推进"两学一做"学习教育常态化制度化。开展创先争优工作,发挥党员示范引领作用,创建市级"党员先锋岗"1个,获县级"先锋标兵"称号2人。落实党风廉政建设责任制,完善廉政风险防控机制,推进"清廉财政"建设。依托方圆读书俱乐部、"年轻干部成长联盟"等平台,发挥团、妇、工等群团作用,深化财政文化建设。

(新昌县财政局供稿　裘李佳执笔)

金华市财政工作

金华市

【概况】 2019年,金华市实现生产总值4559.91亿元,按可比价计算,增长6.5%。其中:第一产业增加值145.82亿元,增长2.0%;第二产业增加值1833.03亿元,增长6.3%;第三产业增加值2581.06亿元,增长6.9%。三次产业结构比为3.2∶40.2∶56.6。全社会消费品零售总额2425.59亿元,增长7.7%。外贸进出口总额4218.51亿元,增长11.9%。全市城镇常住居民人均可支配收入59348元,增长8.1%;农村常住居民人均可支配收入28511元,增长8.7%。常住人口人均生产总值81224元。全市财政总收入661.50亿元,下降0.04%,其中一般公共预算收入411.30亿元,增长4.8%;市本级财政总收入157.49亿元,下降5.2%,其中一般公共预算收入95.01亿元,增长1.5%。全市税收收入358.14亿元,增长3.8%;市本级税收收入80.57亿元,增长0.1%。全市一般公共预算收入占GDP的9.0%,占财政总收入的62.2%,税收收入占一般公共预算收入的87.1%;市本级一般公共预算收入占财政总收入的60.3%,税收收入占一般公共预算收入的84.8%。全市一般公共预算支出664.49亿元,增长15.8%;市本级一般公共预算支出160.61亿元,增长15.0%。全市及市本级财政收支平衡。

【组织财政收入】 加强统筹协调。构建财税工作联席会议机制,强化信息共享。分别于3月、6月召开全市预算执行会议,研究组织收入工作。强化分析预测。针对减税降费政策影响和复杂经济形势,加强收入分析和趋势预判,每月跟踪进度情况。加强非税管理。发挥非税收入调控作用,把握好非税缴库力度,全年全市实现非税收入762.28亿元,其中,纳入一般公共预算收入管理的非税收入52.80亿元。

【助力实体经济发展】 落实降本减负政策。全年全市减轻企业负担195.68亿元,增长36.9%,其中为企业减轻税费负担113.32亿元,增长53.4%。完善行业扶持政策。配合市经济和信息化局、市科技局、市交通运输局,完善现行产业和企业扶持政策。加大对制造业重点细分行业、企业科技创新、物流产业的支持力度。市本级兑现各类产业扶持资金8.32亿元。缓解小微民营企业融资难题。全年金华市国控融资担保有限公司完成融资担保业务223笔,累计担保余额1.92亿元。修订《金华市区企业应急周转金管理办法》,将市本级应急周转金规模扩大至13.00亿元。全年申请使用应急周转金转贷企业共155家,转贷资金26.14亿元,转贷笔数303笔。促进外贸稳定发展。出台支持企业应对复杂的国际贸易环境、促进外贸稳定增长若干举措,对企业进出口额设置规模奖和增量奖励;按照不同展会类别,资助展位费;实施小微企业出口信用保险政府联保政策,将年出口额400万美元以下企业全部纳入政府联保范围。

【支持民生事业发展】 全市民生支出514.77亿元,增长15.2%,占一般公共预算支出的77.5%。市本级民生支出121.32亿元,增长17.4%。支持卫生健康事业。出台基层医疗卫生机构补偿机制改革实施办法,修订市级公立医院综合改革发展专项资金使用管理办法。全市卫生健康投入58.34亿元,增长14.1%,支持公立医院改革、基本医疗保险市级统筹和大病保险市级统筹。加大社会保障力度。全市社会保障和就业支出80.20亿元,增长28.0%。设立社保统筹风险金6.32亿元。市城乡低保标准提高至770元/人·月,城镇特困人员基本生活标准提高至1235元/人·月,农村特困人员基本生活标准提高至990元/人·月,护理补贴分三档并分别提高至195元/人·月、390元/人·月、950元/人·月。支持文教事业发展。全市教育投入126.69亿元,增长10.7%,落实学前教育市对区补助政策,支持职业教育、高等教育科学发展。分类分档设立生均公用经费补助标准,市直公办普通高中学校生均公用经费标准提高至2000元/生·年。加大文化、体育事业发展投入力度,全市科技、文化体育支出分别为24.79亿元、12.05亿元,分别增长17.3%、20.4%。助力乡村振兴战略实施。全市农业投入52.31亿元,增长0.5%,其中安排扶贫资金19.02亿元。

【提升财政管理效能】 出台新一轮市对区财政体制和结算机制。按照"强化权责匹配、注重激励发展、推进区域均衡"原则,出台新一轮市对区财政体制和结算机制。构建集中财力办大事财政政策体系。按照省统一部署,以"三大攻坚战"和"富民强省十大行动计划"为总体框架,制定市本级2019—2022年各项大事的工作规划及重大项目资金安排计划。强化专项资金监管。对市体育彩票销售中心等7家单位开展会计监督。对各区2017年、2018年上级转移支付资金管理使用情况和涉企补助落实情况开展专项检查,涉及转移支付资金44.87亿元。选取"创建应急经费"等4个项目作为财政监督重点事中监管项目,涉及资金7725万元。推进财政重大支出项目绩效评价。出台《关于全面贯彻落实预算绩效管理的实施意见》,选取25个类别58个项目开展绩效重点评价,涉及当年财政预算安排资金2.07亿元。强化债务风险防范。制定《金华市新增政府专项债券管理制度》和《金华市专项债券管理操作指南》,开展全市新增隐性债务自查整改,推进融资平台公司市场化转型。建立财政性资金动态监管闭环。印发《关于建立财政性资金动态监管闭环工作机制的通知》,将所有财政资金列入监管范围,实施三级分级预警。全年共发出三级预警364次、二级预警35次,分别涉及金额802万元、1139万元,问题纠正率100%。推进预算信息公开透明。坚持"公开为常态,不公开为例外"原则,完善公开形式,细化公开内容,97家一级预算单位对外公开2018年度部门决算数据,公开率100%。

【深化"最多跑一次"改革】 开展"每月上门服务至少一次"活动。全年现场服务部门1542次、服务企业595家次,累计开展集中培训96次。编印《金华财政运行参阅》9期、《政策参阅》8期,供市委、市政府决策参考。成立市财政局"无证明城市"工作专班,组建代办员队伍,并开展专项工作督察。开展巡察整改涉财涉会问题专项服务。印发《金华市财政局开展巡察整改涉财涉会问题专项服务活动的方案》,协助被巡察单位落实涉财涉会巡察整改工作任务。建设数字财政平台。完成全市医疗收费电子票据管理平台开发并投入运行,实现与省、市、县医院数据联通共享,全市正式上线医院101家。按照"申报零跑腿、流程再优化、补助不重复"的目标要求,设计开发"金华市财政补助资金管理平台"。

【加强队伍建设】 开展"不忘初心、牢记使命"主题教育,建立"一日一章、一月一单、一季一讲"的学习机制,制定"小组周批阅、支部月晒单"监督办法,赴红色文化基地接受教育。开展岗责梳理,结合机构改革,制定全局岗责梳理方案,形成岗责清单,设定岗位233个,职责1445项,调整职能7项、规范职责26项、建立健全机制4项。抓好巡察整改,对市委巡察中发现的6个方面37个问题,100%完成整改,制定及修改完善制度29项,提醒谈话4人,批评教育13人,书面检查2人。

(金华市财政局供稿　曾东平执笔)

婺城区

【概况】 2019年,金华市婺城区实现生产总值305.38亿元,增长6.6%。其中:第一产业增加值13.04亿元,增长12.0%;第二产业增加值72.48亿元,增长6.4%;第三产业增加值219.86亿元,增长7.0%。三次产业结构比为4.3∶23.7∶72.0。按常住人口计算,全区人均生产总值69571元,增长6.6%。城镇居民人均可支配收入57062元,增长7.4%;农村居民人均可支配收入25138元,增长8.7%。全区财政总收入47.12亿元,增长1.8%,地方一般公共预算收入20.60亿元,增长1.63%,其中区级一般公共预算收入11.09亿元,增长4.9%,占财政总收入的23.5%。一般公共预算支出26.59亿元,增长15.5%,其中区级一般公共预算支出16.61亿元,增长23.7%。当年财政收支平衡。

【组织财政收入】 加强收入分析。关注全区经济形势,加强税收经济分析研判,强化均衡入库和收入质量。地方一般公共预算收入占GDP的6.7%,占财政总收入的43.7%;区级一般公共预算收入中税收收入8.89亿元,占比80.2%。落实减税降费政策,研究应对减税政策预案。规范非税收入管理。深化政府统一公共支付平台应用,推进收缴电子化改革扩面。全年全区收缴非税收入35.45亿元,增长34.5%,其中纳入一般公共预算管理的非税收入2.19亿元。

【助推经济发展】 支持实体经济发展,落实税收优惠政策。全年因减税降费政策各级税收减收6.80亿元。实行应急周转金制度,全年办理应急周转金34笔,涉及金额1.47亿元。开展清理拖欠民营中小企业欠款工作。支持企业发展,兑付各类扶持资金2.93亿元。扩大产业基金规模,设立金华飞扬智能制造产业投资基金8.00亿元。发挥投资对经济增长的拉动作用,通过调整结构、盘活存量、争取地方政府债券等方式筹措资金,支持城市基础设施、小城镇环境综合整治、城中村改造等重点项目建设,确定政府投资计划项目120个,投资额61.64亿元。支持企业上市,拟定收购方案,筹集收购资金1.18亿元,收购金磐机电地产183亩。

【保障民生支出】 全年全区民生支出19.92亿元,占一般公共预算支出的74.9%。安排社会保障支出4.00亿元,完善社会保障安全网。拨付养老服务体系建设经费1000万元,新建城乡居家养老服务中心6家,创建省级示范性居家养老服务中心3家。推进涉农补助资金"一卡通"发放工作,累计发放资金1.00亿元,受益人数7万余人。安排教育支出6.07亿元,增长8%,提高义务教育生均公用经费补助标准,小学由省级标准的650元/人·年提高至1000元/人·年,初中由省级标准的850元/人·年提高至1200元/人·年;一、二、三级普惠性幼儿园分别提高至1600元/人·年、1300元/人·年、1000元/人·年。全年新建(改、扩建)幼儿园15所。支持文化旅游体育事业发展,助力开展中国山水四项公开赛、半程马拉松、全国网红垂钓大赛等活动。安排医疗卫生支出1.58亿元,重点支持县域医共体建设,实行家庭医生签约服务,全区签约家庭医生12万人。统筹城乡发展,争取省级一事一议助推美丽乡村试点补助资金2000万元,安排2019年度一事一议项目54个,总投资3562万元;保障城市开发建设,推进城中村改造,拨付老旧小区改造资金4234万元。

【助力打赢"三大攻坚战"】 加强政府性债务管理,支持打赢防范化解重大风险攻坚战。规范地方政府性举债融资机制,按照化债计划逐步化解隐性债务。根据婺城区棚改项目实际情况,争取政府棚改债券10.00亿元。强化扶贫资金管理,支持打赢脱贫攻坚战。建立扶贫资金动态监控协调机制,完善扶贫资金管理办法,分类梳理扶贫资金16项,涉及资金1.70亿元,专项扶贫资金支出执行率提升至99.8%。落实2019年度省级消除集体经济薄弱村试点项目45个,拨付省级资金2250万元。完成区村级集体经济产业园揭牌,整合资金1.24亿元,实现85个村"飞地"抱团发展。加大资金投入,支持打赢污染防治攻坚战。梳理申报污染防治项目,积极争取更多省级环保专项引导资金。推进"污水零直排区"建设。累计拨付各类污染防治资金4363万元。

【深化财政改革】 深化预算管理改革。优化支出结构,构建集中财力办大事财政政策体系,拟定《婺城区集中财力办大事财政政策体系方案(2019—2022年)》及具体实施意见;盘活财政存量资金,将存量资金统筹纳入年度预算。推进机构改革。编制"三定"方案,做好农业综合开发等相关职能划转和人员转隶工作,增设区政府国有资产监督管理办公室,调整局下属事业单位职能。推动融资平台公司市场化转型,组建婺城区城乡建设投资集团有限公司和婺城交通投资集团有限公司,完成市场化运营框架建设,城投公司完成2A评级,首发企业债16.90亿元。制定《金华市婺城区国有企业用工管理办法(试行)》《金华市婺城区区属国有企业重大事项决策及报告制度(试行)》《金华市婺城区区属国有企业负责人经营业绩考核暨薪酬管理暂行办法(试行)》,建立市场化用工机制,建立与市场化相适应的考核激励机制。

【强化财政监管】 加强支出绩效管理,2019年各部门(单位)通过部门预算管理系统上报绩效目标项目1165个,金额113.70亿元。明确绩效自评责任主体,实现绩效自评全覆盖,选取18个单位的22个项目进行绩效评价,对36个项目进行绩效监控。制定《金华市婺城区财政局中介机构审核考核办法(试行)》,优化评审机制,加强中介机构管理,全年审核工程预算项目159个,送审金额28.55亿元,审定金额24.60亿元,净核减13.8%;审核工程结算49个,送审金额6.30亿元,审定金额5.57亿元,净核减11.6%。严控"三公"经费支出,规范津补贴发放,降低行政运营成本。全年"三公"经费合计1494万元,下降13.9%。

【加强队伍建设】 开展"不忘初心、牢记使命"主题教育,制定《金华市婺城区"不忘初心、牢记使命"主题教育实施方案》,把"学习教育、调查研究、检视问题、整改落实"四项重点措施融入主题教育全过程。完成区委巡察反馈意见整改工作。开展"三服务"活动,累计解决问题203个。加强清廉机关建设,开展"警示教育月"活动。加强干部素质建设,开展各类专题教育培训。婺城区财政局连续第8年获得区级岗位目标责任制考核先进单位称号。

(金华市婺城区财政局供稿　杨秀清执笔)

金东区

【概况】 2019年,金华市金东区实现生产总值248.04亿元,增长6.1%,其中:第一产业增加值13.82亿元,增长2.2%;第二产业增加值112.62亿元,增长5.2%;第三产业增加值121.60亿元,增长7.6%。三次产业结构比为5.6∶45.4∶49.0。按常住人口计算,区人均生产总值67724元,增长5.2%。城镇常住居民人均可支配收入49356元,增长8.6%;农村常住居民人均可支配收入27619元,增长9.4%。财政总收入36.69亿元,增长9.5%,一般公共预算收入22.94亿元,增长12.5%,占GDP的9.2%,占财政总收入的62.5%。税收收入21.49亿元,增长16.2%,占一般公共预算收入的93.7%。财政总支出57.01亿元,下降26.4%,其中一般公共预算支出(包括区级预算指标和专项补助指标)31.95亿元,增长9.7%。当年财政收支平衡。

【促进收入增长】 建立财政税务工作联席会议制度,加强与市财政局、金义都市新区管委会、金东税务、金义税务等部门的协调配合,加强收入执行研判,把握收入进度。优化财政收入结构,提高"三个比重",2019年全区一般公共预算收入占财政总收入的比重较上年提高1.6个百分点。深化非税收入征管电子化改革,完成14家公立医院医疗收费电子票据改革试点,实现公立医院全覆盖,2019年实现非税收入21.27亿元,其中一般公共预算收入中的非税收入1.45亿元。

【支持实体经济发展】 落实国家一系列减税降费政策,开展"服务企业、服务基层、服务群众"活动,全区全年为纳税人减税降费5.80亿元。贯彻"工业强区"战略,开展"实体经济服务年"活动,深入企业送政策、送服务、解难题,加快兑现支持工业转型升级、建筑业、服务业等经济发展扶持政策,全区全年兑现各类扶持资金8352万元,增长23.0%。推进政府产业基金实质化运行,筹集资金6.50亿元。深化企业周转金服务,办理应急周转金106笔,周转资金5.03亿元,惠及企业46家。

【保障民生事业】 全年全区民生支出23.73亿元,增长10.8%,占一般公共预算支出的74.3%。加大社会保障和就业、卫生健康等支出力度。社会保障和就业累计支出4.10亿元,增长19.7%,支持居家养老服务照料中心运行、退役安置、残疾人事业发展等。卫生健康累计支出2.68亿元,增长9.6%,支持"厕所革命"、村级卫生室改造、"基层医疗卫生机构医养结合服务能力提升"工程、公立医院综合改革等。安排卫生项目资金2830万元,支持多湖街道社区卫生服务中心迁建。整合4000万元资金支持垃圾分类、洗衣房、停车场等八件民生关键小事实施。全年教育支出4.77亿元,增长7.7%。支持打造"学在金东"品牌。安排教育基建项目建设资金9766万元,实施金东区实验幼儿园扩建等。向上争取补助资金,孝顺镇U然田园综合体项目获得省级田园综合体项目补助资金1800万元。

【保障项目资金】 加强区重点工程(项目)资金统筹协调,累计落实资金17.10亿元,保障中央未来区、东孝贸创区、江岭高新智造区等重点工程项目实施。保障污水零直排项目实施,出台《金东区"污水零直排区"建设项目管理及资金补助办法》,制定"污水零直排区"建设项目补助标准,对在规定时间内完成并通过省、市、区验收的项目,按工程结算审计价建设安装费的 90% 给予资金补助。助推文明城市创建,累计拨付资金 1.20 亿元。

【加大监管力度】 落实政府过"紧日子"要求,开展预算项目清理工作,对全区 51 个部门及 12 家乡镇(街道、办事处)进行专项检查,对非刚性、非重点项目支出,压减不低于 5%,清理压缩项目资金 7171 万元,调整用于其他急需项目。全面推进预算绩效管理,结合全省部门整体绩效预算改革试点工作,制定《金东区重点绩效评价三年工作方案(2019—2021 年)》,建立重点项目库,完成重点绩效评价项目 24 个,涉及单位 14 家、预算资金 3.17 亿元。防范化解政府债务风险,按照全区隐性债务化解五年计划,拨付预算资金 1.50 亿元,化解农村生活污水项目隐性债务。向上争取债券资金 5.30 亿元。规范公款存放管理,制定《金东区财政专户资金存放管理实施办法》,完善公款竞争性存放制度建设,组织开展公款竞争性存放情况检查,指导 8 家单位开展公款竞争性存放招标工作。完善国库集中支付业务,推行"零上门",完善支付动态监控,强化支付依据审核,规范资金支付行为。强化国有企业监管,制定《金东区国有企业负责人薪酬制度改革实施意见》,指导国有企业推进公司债发行工作,发行公司债 14.50 亿元。

【强化财政干部培养】 开展"不忘初心、牢记使命"主题教育和"能力提升年""三服务""两强一促"* 活动,加强干部队伍建设。搭建年轻干部培养平台,开展周一夜学、"财政讲堂""科长论坛""业务学习日"等活动,2019 年组织"财政讲堂"15 期、"科长论坛"5 期、"业务学习日"12 期。完成区委巡察反馈意见整改工作,完成整改问题 35 个,整改率 100%。

(金华市金东区财政局供稿 曹姗姗执笔)

注:

* "两强一促":即强作风、强纪律、促发展。

兰溪市

【概况】 2019 年,兰溪市实现生产总值 385.69 亿元,按可比价计算,增长 6.1%。其中:第一产业增加值 26.08 亿元,增长 1.7%;第二产业增加值 200.44 亿元,增长 5.3%;第三产业增加值 159.17 亿元,增长 7.9%。三次产业结构比为 6.7∶52.0∶41.3。财政总收入 47.70 亿元,增长 5.3%。一般公共预算收入 28.28 亿元,增长 6.3%,占 GDP 的 7.3%,占财政总收入的 59.3%;其中税收收入 23.93 亿元,增长 5.0%,占一般公共预算收入的 84.6%。一般公共预算支出 58.10 亿元,增长 22.2%。全年财政收支平衡。

【组织财政收入】 实施精准征税协作机制。牵头成立兰溪市精准征税部门协作小组,聚焦重点税源和税收薄弱环节,出台全过程精准征税 13 条意见,分解落实部门协作职责,推进征税基础数据信息共享,确保税收收入应收尽收。以增收节支促进财政平稳运行。牵头制定兰溪市增收节支具体措施 18 条,会同税务等各部门和乡镇街道推进税收征管、土地出让、资产盘活等各项工作,压减一般性支出和非刚性、非重点项目支出,保障财政平稳运行。深化非税收入电子化改革。推进统一公共支付平台自助机服务,新增公办小学校内托管收费项目,实现非税收入线上线下一体化收缴,全年通过平台缴费 46.5 万人次。全市组织非税收入 33.23 亿元,增长 8.7%,其中一般公共预算中的非税收入 4.36 亿元。

【助推经济高质量发展】 减轻企业负担。落实国家税收优惠政策,巩固涉企行政事业性"零收费"成果,落实困难企业社保费返还政策,全年为企业减免各类税费 12.79 亿元,增长 30.0%;返还失业保险费 9211 万元。支持培育新动能。参与制定兰溪市促进实体经济高质量发展新政策,支持传统产业转型升级,助力服务业提升竞争力,累计兑现总部经济、一企一策等各类奖励政策 3.68 亿元,增长 94.7%。推进企业账款清欠工作。通过逐笔摸排、建章立制、销号管理,清偿民营企业、中小企业账款 4.40 亿元。支持"聚兰工程"* 建设。加大招才引才力度,安排全市人才工作经费 384 万元,浙江师范大学行知学院高层次人才交通补贴 288 万元,"双引双回"专项经费 100 万元。

【支持民生事业】 全市民生支出 46.22 亿元,增长 22.0%,占一般公共预算支出的 79.6%。保障教育事业发展。全年安排教育资金 11.04 亿元。落实全市教育大会精神,助力擦亮"学在兰溪"教育品牌,新增提标增资各类专项补助 2646 万元。完善生均公用经费制度,加快学前教育"扩公、撤小、提级"步伐。助推乡村振兴战略。全年落实农林水支出 7.37 亿元。加大农业农村重点领域、重点项目扶持力度,支持面上水利设施维修维护,推进美丽乡村和山区经济发展。支持社会保障和就业。全年安排社会保障和就业支出 10.12 亿元。安排资金 5.80 亿元,提高城乡居民养老保险基础养老金、基本医疗保险补助标准。推动卫生健康事业发展。全年卫生健康支出 7.78 亿元。提高基本公共卫生服务补助标准,安排"双下沉、两提升"补助资金 400 万元,研究医共体建设财政投入新政策。助推重大交通工程建设。向省财政厅争取扶持政策,助推金建高铁兰溪段、351 国道和 330 国道二期等重大交通工程开工建设,融入长三角经济圈,促进都市区共建发展。打通农村基础交通"最后一公里",安排资金 5989 万元,支持"四好农村路"建设、农村公路维修养护等。提升文化软实力。安排基本公共文化服务和文物保护资金 3025 万元,安排农村文化礼堂专项资金 1034 万元。推进全市政府购买服务项目 62 个,执行金额 9087 万元。投入资金 2.15 亿元,支持兰溪市综合档案馆 PPP 项目,撬动社会资本参与政府项目建设。推进生态文明建设。大力支持兰溪市生态文明示范创建,安排城乡环卫一体化建设资金 4400 万元，污水处理补助资金 4108 万元。打好精准脱贫攻坚战。统筹对口支援资金 755 万元，安排资金 1065 万元支持消除集体经济薄弱村，安排资金 2196 万元支持少数民族等扶贫事业，投入困难群众补助、医疗救助、残疾人“两项补助”等专项资金 1.35 亿元。

【深化财政改革】 构建集中财力办大事政策体系。围绕“两个高水平”建设目标和“四大战略”决策部署，以“三大攻坚战”和“富民强省十大行动计划”为总纲，结合新形势、新任务和政策绩效情况，开展工作调研，分类测算分析，构建集中财力办大事财政政策体系，强化财政规划对年度预算的约束作用。推进财政预算绩效管理改革。制定《关于全面贯彻落实预算绩效管理的实施意见》和《全面落实预算绩效管理三年行动计划》，出台部门预算绩效管理考核细则，细化量化部门预算绩效目标编制。加大绩效评价力度，对 123 个预算项目实施绩效自评，抽取重点项目开展复核抽评和重点评价。强化财政资金管理。开展财政资金竞争性存放招投标，涉及资金 30.21 亿元。深化国库集中支付改革，撤并预算单位银行账户 118 个，归集资金 2.38 亿元。落实新会计准则，建立财政性资金动态监管预警机制。防范化解重大风险。按计划化解政府隐性债务，化解率 238.0%。实行全口径债务监测，争取再融资债券 2.40 亿元，用于偿还限额内到期债券；争取小城镇建设和水利建设新增债券 1.50 亿元；推进兰创集团、城投集团各 15.00 亿元债券发行工作。强化社保基金运行分析，加大多渠道筹资力度，市级财政投入 14.12 亿元充实社保基金，争取养老金省级调剂金补助 6.14 亿元，确保及时足额发放。深化国资国企改革。重组成立丰源原水、文旅集团等国有公司，全面排摸并处置盘活国有资产 7400 万元。加强国有企业规范性建设，核销银行账户 89 个，建立各集团公司及其负责人考核机制，增强国有企业竞争力。加快财政信息化建设。完成公立医疗机构电子票据改革，推进“资产云”数据维护，深化“政采云”服务平台应用。

【加强队伍建设】 开展“不忘初心、牢记使命”主题教育。落实“一岗双责”，创新工作载体，组织开展书记讲党课、集中党性教育、基地参观、社区共建、青年共读、慰问困难群众等活动。推进“清廉财政”建设。开展“三服务”活动，推进“最多跑一次”和“无证明城市”改革，全面排摸和防控 38 个“9+2”廉政风险点，打造清廉财政兰溪样板。强化教育培训。组织班子成员参加各类教育实践活动，推荐 1 名中层干部参与兰溪市中青班学习，举办乡镇财政、预算编制、债务管理等财政业务培训班，提升财政干部能力素质。

（兰溪市财政局供稿　胡　凯执笔）

注：

＊“聚兰工程”：兰溪市为优化人才生态环境，补齐人才工作短板，加速各类人才集聚，于 2019 年实施人才集聚十条意见，简称人才“聚兰工程”。

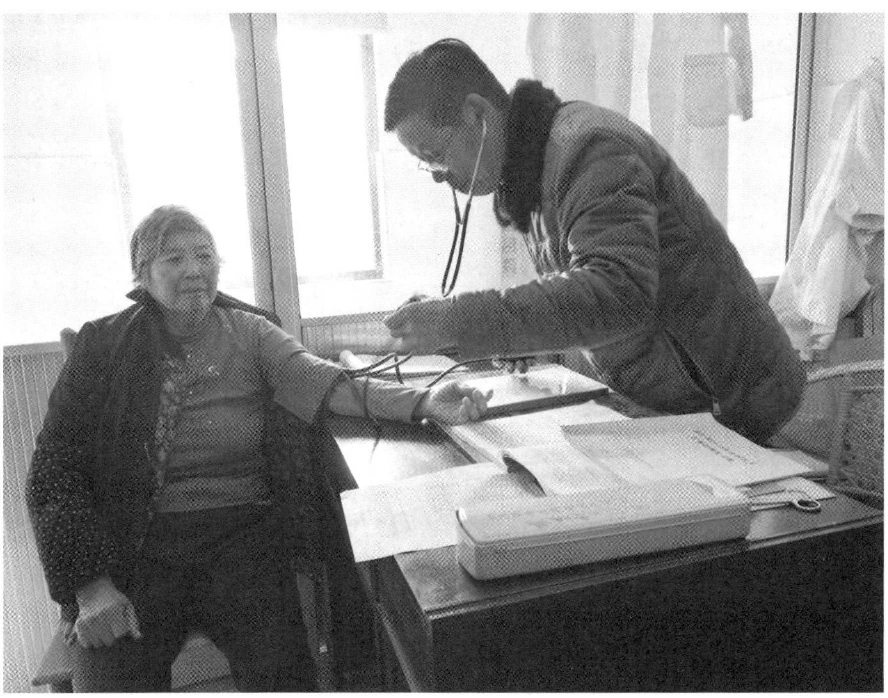

兰溪市诸葛镇示范性居家养老服务中心康复护理室

东阳市

【概况】 2019 年，东阳市实现生产总值 638.45 亿元，按可比价格计算，增长 5.7%。其中：第一产业增加值 17.54 亿元，增长 1.6%；第二产业增加值 283.10 亿元，增长 5.1%；第三产业增加值 337.81 亿元，增长 6.5%。三次产业结构比为 2.8∶44.3∶52.9。按常住人口计算，人均生产总值 75364 元，增长 8.4%。全市财政总收入 118.44 亿元，增长 5.4%，其中一般公共预算收入 69.90 亿元，增长 7.0%。全市一般公共预算支出 98.97 亿元，增长 11.9%。全年财政收支平衡。

【组织财政收入】 优化财政收入结构。2019 年，一般公共预算收入占 GDP 的 10.9%，占财政总收入的 59.0%，其中税收收入 62.40 亿元，占一般公共预算收入的 89.3%，收入结构保持良好。加强非税收入管理。全年非税收入总额 45.83 亿元，其中国有土地使用权出让收入 36.31 亿元，一般公共预算收入中非税收入 7.50 亿元。

【服务经济发展】 构建“财政+金融”服务体系。成立财政金融服务中心，推行企业财政奖补、政策性融资担保等“一站式”服务。加强政策性融资担保建设,成立东阳市国有控股融资担保公司,与12家银行开展政策性担保合作,累计为397户企业提供担保,担保额度7.27亿元。发挥企业转贷资金“搭桥”作用,2019年累计为企业办理转贷业务179家(次),使用转贷资金17.98亿元。出台《东阳市财政专户资金竞争性存放综合评分指标体系(2019年修订)》,激励银行业金融机构加大服务地方经济发展力度。推进产业基金运行。落实基金投资19.00亿元,其中政府产业基金出资5.75亿元。对接生物医药、影视文化等重大产业项目,推动复兴影视基金、百城医药产业基金设立与组建。设立规模1.00亿元的天使梦想基金,加大对人才创业、初创科技企业的支持。扶持重点产业发展。支持企业技术改进、信息技术应用、金融创新,推行财政奖补“即奖即补”,全年全市拨付各类企业财政奖补资金14.64亿元,其中工业3.68亿元、建筑业6.26亿元、影视业3.11亿元。出台企业减负降本政策。全年累计为企业减负18.54亿元。做好拖欠民营企业、中小企业账款清理,全年清偿拖欠账款1.09亿元,清偿率100%。

【保障民生支出】 全市民生支出77.78亿元,增长6.4%,占一般公共预算支出的78.6%。加快基础设施建设。安排财政专项资金6.50亿元,支持“四好农村路”、39省道等交通项目建设,推进南马镇西区污水处理厂二期PPP项目落地。稳定和扩大就业。落实失业保险援企稳岗政策,返还企业失业保险基金1.64亿元,受益企业3456家。提取失业保险基金1.20亿元用于推进职业技能提升培训。支持教育事业发展。巩固城乡义务教育经费保障机制,实施义务教育薄弱环节改善和能力提升工作,全年教育支出22.53亿元,增长12.7%。其中,投入资金4.10亿元推进教育基本建设项目47个。提高社会保障水平。全市社会保障和就业支出11.89亿元,增长6.3%。提高低保救助补助标准,市城乡低保标准提高至750元/人·月;特困人员基本生活标准提高至1282元/人·月,增长14.5%;重度残疾人护理补贴标准增加至950元/人·月。深化医药卫生体制改革。全市卫生健康支出8.99亿元,增长0.4%。全面实施基层医疗机构财政补偿机制改革,推进医共体建设。提高城乡居民医疗保险财政补助标准,从730元/人·月提高至900元/人·月。

【实施乡村振兴战略】 推进2019年一事一议财政奖补项目立项工作。确定项目实施村69个,总投资7049万元,其中财政补助4118万元。开展农村综合改革试点工作,实施项目16个,拨付财政资金3261万元。推进集成示范区建设试点工作,实施项目19个,投入资金1.30亿元,其中财政资金4000万元。支持小城镇环境综合整治、农村危旧房治理改造、农村饮用水达标提标工程建设,累计拨付财政资金19.12亿元。

【深化财政改革】 加强预算管理。加大政府性基金预算调入一般公共预算力度,加强部门预算结转资金管理,压缩结转资金规模。全年政府性基金预算调入一般公共预算11.00亿元,盘活部门结余资金和各项往来资金4.20亿元。强化政府采购监管,全市安排政府采购预算5.05亿元,实际采购金额4.06亿元,节约资金0.99亿元,资金节约率19.6%。深化“最多跑一次”改革。推行“互联网+政务服务”,梳理事项6项,零跑率100%。梳理部门间核心办事事项34项,提升部门间办理效率。推行“互联网+财政”,完成国库集中支付电子化改革,推进“授权支付”,提高资金支付效率。推进医疗收费电子票据系统应用,覆盖全市公立医院8家、民营医院5家。推进政府投资项目审核“放管服”改革,创新“互联网+项目审价”模式,提高项目审核效率,单个项目平均审核时间缩短20%。推进乡镇财政规范化建设。推进乡镇财政机构改革,单设财政所(办)17个。推进乡镇财政所(局)规范化建设,改造升级乡镇公共财政服务平台,开展乡镇财政业务人员培训,培训近200人次。

【推进全面预算绩效管理】 提请东阳市委、市政府出台《关于全面推进预算绩效管理的实施意见》,牵头起草《浙江省下级政府绩效评价办法》,为全省提供东阳方案和东阳经验。重点实施“533”工程,即对5个镇、3个部门和3个街道开展整体支出重点评价,其他镇乡街道开展自评。组织2019年度50万元以上专项绩效目标申报审核,涉及部门和单位115个,项目260个,财政资金14.53亿元。做好2018年度50万元以上专项绩效自评,涉及部门和单位118个,项目290个,财政资金15.23亿元。强化评价结果应用,制作《东阳市财政局绩效评价结果告知书》,促进绩效评价结果应用。

【防范债务风险】 化解隐性债务风险。落实偿债主体责任,通过财政预算安排、融资平台转型、规范政府购买服务行为等举措化解隐性债务。防范养老保险基金风险。做好社保基金保值增值工作,组织资金竞争性存放3期,涉及资金38.20亿元,增加收益1.12亿元。全年提取土地出让金3.99亿元,充实社会保险风险准备金。

【加强队伍建设】 推进机构改革。划转农业综合开发项目管理、国有资产管理、预算执行监督检查等相关职能。完成机构“三定”方案,精简综合科室,新增债务管理科、教科文科、金融科。完成补缺性中层选拔,提拔中层干部7名。加强党风廉政建设。开展“不忘初心、牢记使命”主题教育。局领导带头上党课,落实“三会一课”,定期开展党小组活动,组织全体干部参观看守所、廉政书画展,举办“重温红色经典”朗诵比赛等主题教育活动。开展问题检视,整改落实检视问题152个。推进巡察整改工作,制定《东阳市财政局党组关于落实市委巡察反馈问题整改工作实施方案》,整改落实6个方面37个问题。加强财政文化建设。开展“调研解难题,深化‘三服务’”活动,撰写调研报告14篇,专报12篇。提炼形成“红色财政、民生财政、绩效财政、创新财政”四大财政意识。组建羽毛球、乒乓球等兴趣小组5个,丰富干部业余生活,提高身体素质,增加团队凝聚力。

(东阳市财政局供稿　王　彬执笔)

注:

*“即奖即补”:即依托多部门联动,前置审批环节,保障后续服务,财政奖补企业资金承诺办理期限为拨付文件正式签发后的1个工作日,缩短拨付时间,让企业少跑腿、不跑腿、少等待。

义乌市

【概况】　2019年,义乌市实现地区生产总值1421.14亿元,按可比价格计算,增长7.4%。其中:第一产业增加值22.58亿元,增长2.2%;第二产业增加值418.03亿元,增长7.4%;第三产业增加值980.53亿元,增长7.5%。三次产业结构比为1.6∶29.4∶69.0。按户籍人口计算,人均生产总值171796元,增长5.0%。城镇常住居民人均可支配收入77150元,增长8.3%;农村常住居民人均可支配收入39529元,增长8.6%。全年实现社会消费品零售额722.60亿元,增长8.0%;实现进出口总额2967.83亿元,增长15.9%。全市财政总收入152.44亿元,下降0.7%,其中一般公共预算收入101.22亿元,增长6.3%。一般公共预算支出131.21亿元,增长22.6%。全年财政收支平衡。

【组织财政收入】　优化财政收入结构。全年一般公共预算收入占GDP的7.1%,占财政总收入的66.4%。其中税收收入93.18亿元,占一般公共预算收入的92.1%。强化非税收入征管。推进非税收入电子化征缴改革,累计完成电子缴款260万笔,金额49.71亿元。全年征收非税收入389.69亿元,增长25.2%,其中纳入一般公共预算中的非税收入8.05亿元,增长13.3%。

【支持经济发展】　落实减税降费政策。全年累计新增减税降费36.40亿元,其中新增减税27.46亿元,社保费降费8.16亿元(含返还困难企业社保费3.24亿元);办理留抵退税3.53亿元。实施积极的财政政策。出台支持建筑业、金融业等政策;全年拨付扶持企业资金32.21亿元,支持全市工业、科技、外贸等行业发展。出台《义乌市政府采购支持中小企业信用融资暂行办法》,全年信用融资累计授信突破2720万元,放款1267万元;率先取消采购投标及履约保证金,全年为1000余家企业节省流动周转资金1.00亿元以上。

【保障民生支出】　全年民生支出96.37亿元,占一般公共预算支出的73.4%。提高医疗卫生水平。完善基层医疗机构补偿机制,整合推动优质医疗资源向基层配置,全年拨付医疗卫生财政补助7.01亿元,增长20.5%。支持教育发展。出台非财政预算管理公办幼儿园财政扶持办法,兑现教育扶持资金2616万元,落实新园开办费1500万元,同级幼儿园生均公用经费增长约100元/生·年,拨付中等职业教育发展专项资金1000万元。全年教育支出31.00亿元,增长18.7%。支持公共文化事业发展。增加对融媒体中心定额补助,加大公共文化事业投入,“丝路文化驿站”项目列入全省公共文化服务领域改革创新项目初选名单。全年文化支出3.15亿元,增长6.7%。强化社会保障。拨付养老体系建设资金4716万元,增长23.9%,发放最低生活保障金3519万元,拨付失能人员长护险补助资金5120万元。全年社会保障支出13.69亿元,增长72.9%。

【深化财政改革】　实施政府采购改革。优化采购业务流程,实现供应商无纸化“在家投标”,采购业务全流程线上流转,项目采购、网上超市、在线询价等交易时间由40余天分别缩短至23天、0.55天和4.48天;获“全国政府采购百强县”称号。深化会计信用改革。完善会计人员、会计代理记账机构信用管理,完成全省代理记账“一网通管”试点任务,实现“浙政钉”App会计掌上执法。深化国库集中支付改革。优化国库集中支付审批流程,扩大授权支付业务范围,实现财政与部门间“一次不跑”。修订行政事业单位国有资产管理办法。将资产处置的审批权限(房屋土地及股权除外)下放至单位和主管部门,实现资产处置“最多跑一次”。通过减材料、减事项、减环节,26项办事事项实现“一次不跑”。开展“上门服务至少一次”活动。开展财政理念、政策宣讲及预算编制业务辅导,主动上门服务预算部门367次,服务4780人次。

【强化财政监督】　推进绩效自评扩面。组织对上年度所有财政性支出项目和部分单位部门整体支出开展绩效自评,完成177个项目和15个部门整体支出绩效自评。加强财政绩效管理。实施预算绩效管理三年行动计划,出台全面落实预算绩效管理实施意见;完成42个项目的绩效再评价现场评审工作;实施教育、卫生等民生领域重点项目绩效评价10个;开展镇街财政运行综合绩效评价试点。完善财政管理体制机制。修订财政资金竞争性存放管理办法,推进行政事业单位内控建设。加强项目稽核。完成工程领域稽核项目895个,核减造价9.82亿元。防范政府债务风险。完成2019年债务化解任务。

【加强队伍建设】　推进“不忘初心、牢记使命”主题教育。推动全局党员干部读原著、悟原理,推进全面从严治党。深入开展“三服务”工作。共走访部门单位、企业189家次,梳理问题511个,解决问题501个。完成机构改革。优化内设机构配置,提拔局中层正副职16名。从严管理干部。落实“一岗双责”全程纪实、党风廉政建设专题研究、“三重一大”议事规则等制度;做好“一家两制”风险等级研判和动态调整工作;开展违规兼职情况排查;建立健全“1+3+2”*廉政保障机制。

(义乌市财政局供稿　陈堂堂执笔)

注:

*“1+3+2”:“1”即以营造清廉政治生态为1个统领;“3”即

构建规范透明的公共资金、管理体系、保障有力的财政源头治腐体系、严谨高效的财政监督体系3个体系；“2”即从严治队保障、清廉财政文化保障2个保障。

永康市

【概况】 2019年，永康市实现生产总值629.56亿元，增长6.2%。其中，第一产业增加值8.23亿元，增长1.6%；第二产业增加值341.96亿元，增长6.7%；第三产业增加值279.37亿元，增长5.5%。全市三次产业结构比为1.3∶54.3∶44.4。按常住人口计算，全市人均生产总值101998元，增长5.4%。全社会固定资产投资额115.15亿元，增长20.3%。社会消费品零售总额254.22亿元，增长6.6%。外贸进出口总额322.88亿元，增长4.8%。城镇常住居民人均可支配收入58877元，增长7.9%；农村常住居民人均可支配收入30831元，增长8.8%。全年财政总收入94.53亿元，增长0.6%；一般公共预算收入59.93亿元，增长6.3%，一般公共预算收入中税收收入51.08亿元，增长5.5%。一般公共预算支出87.28亿元，增长16.6%。全年财政收支平衡。

【组织财政收入】 强化财税部门协同合作，加强收入监测，把握组织收入力度和节奏。一般公共预算收入占财政总收入的63.0%，占GDP的9.0%，税收收入占一般公共预算收入的85.0%。完善非税收入征收和监管机制，全年实现非税收入47.33亿元，其中纳入一般公共预算管理的非税收入8.84亿元。

【服务经济发展】 扶持产业发展。兑现产业扶持资金5.32亿元，推动传统产业转型升级，实施数字经济“一号工程”，推进智能化工厂（车间）改造，培育“专精特新”企业、“隐形冠军”。支持“智汇丽州·双龙精英计划”引才工程，安排人才工作经费1.61亿元。落实减税降费。巩固和拓展减税降费政策，全年减轻企业负担22.36亿元，其中返还困难企业社保费1.43亿元，减轻企业税费负担14.49亿元，减轻企业电气负担4.69亿元。开展“三服务”和“上门服务至少一次”活动。协同涉农涉企部门、金融机构，组建专业帮扶服务小分队16支，走访各类企业、预算单位、村居1200余家次，辅导规范财务管理，解决问题117个。

【保障民生事业】 全市民生支出73.46亿元，增长16.9%，占一般公共预算支出的84.2%。助力城市建设。推进四城联创*，实施浙中生态廊道项目34个，新增绿道23公里，助力国家森林城市创建。推进城中村改造，完成龙川东路沿江绿化工程、金城路精品街改造工程，三江六岸亮化工程获省“保俶杯”金奖。助推乡村振兴。实施美丽乡村“千万工程”，出台新时代美丽乡村实施意见，梯次培育“十无”“十有”“三美”农村。推进“一事一议”项目建设44个，整合涉农政策11个，取消3个，全年安排支农资金7.12亿元。永康市列入2019年全省美丽乡村建设试点，获中央财政补助2000万元。支持文教事业。落实教育法定支出，适量奖补民办教育，投入教育资金20.75亿元，占一般公共预算支出的23.8%。安排资金4.66亿元推进教育基础设施建设提速扩容。全年公共文化支出1.20亿元，增长41.5%。推动公共文化服务供给均等化、多样化，开展系列文化推广活动，新建文化礼堂100家。加强社会保障。全年社会保障支出6.99亿元，增长2.9%。提高社保补助标准，城乡居民基本医保财政补助提高至800元/人·年，城乡居民基础养老金提高至200元/人·月。做好最低生活保障对象、最低生活边缘保障对象、残疾人等困难群众保障工作，新建居家养老中心326个。全年拨付社保基金37.94亿元。全年医疗卫生支出7.45亿元，增长3.7%。推进“健康永康”“医共体”“3+1”医防体系建设，拨付经费1.99亿元保障医疗公共卫生服务配套设施。助推重点项目建设。推进小城镇环境综合整治、“四好公路”、学校基础设施、污水管网等重点工程，累计支出政府投资项目13.51亿元。

【深化财政改革】 建立集中财力办大事政策体系。梳理政策500余条，编制《永康市集中财力办大事财政政策体系方案（2019—2022年）》，集中财力办大事资金占项目支出的85.0%以上。建立预算联席会议、执行率考核、项目调整等机制，严格

永康市舜耕前仓镇俯瞰图

预算审核,提升支出进度。构建市县预算编制“1+5”绩效模型。建立以市委主要领导为组长的领导小组,出台《中共永康市委、永康市人民政府关于全面落实预算绩效管理的实施意见》《永康市全面落实预算绩效管理三年行动计划》等系列办法制度。制定基本支出标准、项目支出标准、投资强度标准、综合性开支标准、资产配置标准等5套预算编制标准。“1+5”事前绩效管理方法获省财政厅发文推广,并被《中国财经报》《浙江日报》等多家媒体刊发。深化“最多跑一次”改革。推进非税收入公共支付平台应用和医疗电子票据改革,完成非税电子收缴率97.0%,执收项目接入率100%。推行政府采购网上超市“全省一张网”,利用率100%。

【强化财政监督】 防范债务风险。建立全口径债务动态监测机制,实时监控各部门、融资平台公司和国有企业的全口径债务。严控隐性债务增量,新增地方政府债券15.00亿元,完成债券置换8000万元,盘活结余资金4.26亿元,闲置资产2.60亿元。加强财政监督。完善《内部控制基本制度》《专项资金管理风险内部控制办法》,督促行政事业单位建立内控制度,建立率100%。联合纪检监察、审计等单位,开展重点监督检查21个,涉及资金6.46亿元。开展公款竞争性存放。落实财政资金公款竞争性存放规定,全年开展公款竞争性存放3期、资金50.29亿元。

【加强队伍建设】 开展“不忘初心、牢记使命”主题教育。建立财政党群活动中心党建阵地,推出造价审价党员先锋工作室;编印书籍《印迹》,展现26年永康经济发展历程;开展“新老财政人话财政”座谈会,“心,永远在路上”中层干部集体谈话,“青春芳华正当时”“谈初心、担使命”年轻干部座谈会等系列主题活动,汇编书籍《初心汇》。落实党风廉政。细化党风廉政建设35项,健全制度9项,排查履职廉政风险点245个,完善内审制建立权力运行规程8项、流程19套。深化机构改革。完成财政局职能配置、内设机构和人员编制工作。内设18个机构,新增绩效管理科、行政事业资产科、督查内审科3个机构。选拔任用干部13名,做好直属机关党委、团委和妇委换届选举工作。

(永康市财政局供稿　陈祎莉执笔)

注:

*“四城联创”:即联合创建国家卫生城市、浙江省示范文明城市、国家园林城市和国家森林城市。

浦江县

【概况】 2019年,浦江县实现地区生产总值230.16亿元,按可比价计算,增长6.4%,其中:第一产业增加值10.26亿元,增长0.8%;第二产业增加值97.69亿元,增长7.6%;第三产业增加值122.21亿元,增长5.8%。三次产业结构比为4.5∶42.4∶53.1。按常住人口计算,全县人均生产总值54605元,增长6.3%。全县实现财政总收入29.00亿元,下降2.5%;一般公共预算收入19.29亿元,增长0.8%,占GDP的8.4%,占财政总收入的66.5%;一般公共预算收入中税收收入15.66亿元,下降5.4%,占比81.2%。全县一般公共预算支出39.95亿元,增长3.6%。全年财政收支平衡。

【组织财政收入】 加强税收收入管理。与税务部门建立长效沟通机制,通过掌握第一手信息资料,定期分析财政收入形势。加大对企业的服务力度,全面排查和梳理税源,防范税源流失。加强非税收入管理。全年非税收入32.46亿元,增长4.7%,其中纳入一般公共预算收入管理的非税收入3.63亿元,增长40.6%。深化非税收入收缴电子化改革,统一公共支付平台电子缴款58.11万人次,征收非税收入20.17亿元,收缴率92.0%。推进医疗收费电子票据改革,完成县人民医院和县妇保院的医疗收费电子票据改革、实现县中医院医疗收费电子票据试运行,开出医疗收费电子票据84.77万份,换开纸质票据3.42万份。

【支持实体经济】 全面落实减税降费政策。加强政策宣传和辅导,全年共减免税费4.30亿元。实施惠企政策。结合县域实体经济发展“12365”*翻身战奋斗目标,实施《浦江县人民政府办公室关于促进实体经济稳步发展的若干意见》《浦江县工业经济高质量发展扶持办法》《浦江县商贸业高质量发展扶持办法》等政策,拨付各类企业奖励扶持资金1.97亿元。缓解企业转贷难题。推动通济转贷基金运转,全年办理1344笔,金额60.06亿元,为1079家企业减轻财务负担约4700万元。

【强化民生保障】 全年民生支出31.39亿元,增长4.5%,占一般公共预算支出的78.6%。支持教育事业发展。安排教育支出8.38亿元,增长16.8%。落实教育现代化十大行动,建立浦江县公办普通高中学校生均公用经费标准,出台《浦江县促进学前教育发展奖补资金管理办法(试行)》。提升城乡社会保障水平。全年社会保障支出5.54亿元,增长25.8%。完成重度残疾人补助提标扩面工作。城乡居民最低生活保障标准提高至725元/人·月,城乡居民基本养老保险基础养老金标准提高至170元/人·月。拨付资金4622万元,保障全县415家居家养老服务中心运行和示范性居家养老建设。优化就业服务体系。安排支持职业技能提升资金3200万元,重点支持企业职工和重点群体的职业技能培训。完善医疗卫生体系建设。全年医疗卫生支出5.23亿元,增长45.3%。推进“健康浦江”建设,安排医共体专项保障资金1000万元。健全退役军人服务保障体系。提高退役士兵安置补助、义务兵优待等补助标准,合理调整退役士兵工作帮扶方案。

【加强财政监管】 加强预算绩效目标管理。开展财政支出项目绩效自评和重点项目绩效评价,实现项目绩效目标申报全覆盖。提请县委、县政府出台《关于全面落实预算绩效管理的实施意见》。强化财政监督检查。开展惠民惠农财政补贴资金“一卡通”专项治理、减税降费政策实施效果监督检查、财政会计监督检查、扶贫领域腐败和作风问题专项检查等,规范部门单位财务管理。加大财政资金整合。实施财政资金动态监控,及时清理结余资金,全年盘活各类存量资金1.40亿元,统筹用于民生项目支出。推进公款竞争性存放。调整2019年公款竞争性存放综合评价指标体系,放宽银行参加财政资金竞争性存放的资格条件,增加金融机构服务小微企业和制造业贷款增量考核指标。完成财政资金竞争性存放4期,招标金额18.30亿元;单位公款竞争性存放8期,招标金额5.39亿元。加强政府债务管理。建立健全县地方政府性债务风险防控和应急处置机制。加强债务化解工作,完成年度债务化解任务。做好专项债券资金拨付,加强债券资金使用监管,发行新增棚改专项债券12.00亿元、再融资债券3000万元。

【助力乡村振兴】 拨付支农惠农政策保障资金1.44亿元,用于支持农业农村发展。支持行政村规模调整,拨付行政村规模调整三资融合补助资金5735万元、村级组织运转补助700万元。规范一事一议财政资金项目管理,拨付财政奖补资金1618万元,带动村集体投入526万元,完成项目38个,惠及村民3.10万。推动“惠农转”基金运行,全年完成2337笔转贷业务,金额10.14亿元,缓解农业融资难问题。

【提升财政改革质效】 推行政府性投资项目工程造价咨询中介机构选取“双随机”机制。出台《浦江县政府(国有资本)投资项目委托社会中介机构审核管理办法》,建立政府投资项目工程造价咨询中介机构名录库,随机抽号选取项目审价机构。联合省会计领军人才委员会开展“三服务”活动。与省会计领军人才委员会签署为期三年的合作协议,举办民营企业专题培训会、股改上市培育企业座谈会等。组建县域民营企业与省会计领军人才“三服务”团队线上联络平台。完成新政府会计制度改革,开展“上门服务至少一次”活动,常态化提供业务咨询服务。完成首例电子化招投标项目和首次农业扶贫馆采购,推广“政采云”平台及网上超市应用。强化国有资产管理。成立以县长为组长的不动产清查工作领导小组,开展全县行政事业单位不动产确权登记和处置。提请浦江县人民政府办公室出台《关于明确行政事业单位不动产权证补办有关事项的通知》《关于印发行政事业单位不动产确权登记和处置方案的通知》《关于印发行政事业单位和国有企业不动产土地和房屋用途认定方案的通知》,明确产权登记、产权处置具体事项。完成确权登记40宗,行政事业单位经营性不动产注资给县属国有企业19宗。开展行政事业单位“资产云”管理平台上线和推广工作,实现全县273家行政事业单位全部推广应用。

【强化队伍建设】 开展“不忘初心、牢记使命”主题教育。成立局直属机关委员会和4个下属党支部。局党委理论学习中心组开展为期7天的集中学习研讨,组织开展主题演讲、知识竞赛等活动,各党支部依托午间自学、周一夜学、主题党日等载体开展学习。成立“财情筑梦”财政服务团队,开展课题调研。局班子成员带队完成调研报告6篇,完成领衔破难项目18个,帮助解决包乡走村进企调研中发现的问题8个。对标对表开展“初心四问四检”专项行动,累计梳理问题97个。结合省委巡视和县委巡察反馈问题,抓好十项专项整治,出台规章制度16条。

(浦江县财政局供稿　季建君执笔)

注:

*“12365”:“1”即争创全省营商环境最优县;“2”即浦江实体经济实现“二次创业”;“3”即做到3个“确保”(确保2019—2021年每年金融贷款不良率均低于1.8%;确保到2021年县内主板上市企业至少1家,力争2家;确保2019年—2021年每年至少新供工业用地1000亩,3年累计3000亩以上);“6”即做到6个“翻一番”(规模以上工业企业家数翻一番;规模以上工业产业值翻一番;小微企业园建筑面积翻一番;国家高新技术企业数翻一番;建筑业产值翻一番;新增“个转企”翻一番);“5”即做到5个“翻两番”(工业、科技财政扶持资金翻两番;全融支持工业企业贷款增量翻两番;工业投资翻两番;年产值10亿元以上的企业家数翻两番;工业企业新引进高层次人才和实用人才数翻两番)。

武义县

【概况】 2019年,武义县实现生产总值261.53亿元,增长5.8%,其中:第一产业增加值15.49亿元,增长2.2%;第二产业增加值132.53亿元,增长6.1%;第三产业增加值113.52亿元,增长6.0%。三次产业结构比为5.9∶50.7∶43.4。按常住人口计算,全县人均地区生产总值72163元,增长5.4%。城镇常住居民人均可支配收入42800元,增长9.1%;农村常住居民人均可支配收入19700元,增长9.8%。财政总收入44.06亿元,增长0.4%,其中一般公共预算收入27.03亿元,增长4.0%。一般公共预算支出48.99亿元,增长16.3%。全年财政收支平衡。

【组织财政收入】 优化收入结构。2019年一般公共预算收入占GDP的10.3%,占财政总收入的61.3%;税收收入22.84亿元,下降0.3%,占一般公共预算收入的84.5%,收入结构保持良好。加强非税收入管理。出台《武义县国有资源有偿使用收入管理办法》和《武义县城市基础设施配套服务费征收管理办法》,对取消或免征的收费项目及其他涉企项目的征收减免情况进行全程动态督查,规范非税收入管理,全年非税收入10.83亿元,其中纳入一般公共预算收入管理的非税收入4.19亿元。加强土地出让管理。2019年出让土地21宗,出让面积497亩,成交金额5.66亿元。

【服务经济发展】 加大财政扶持力度。2019年审核、兑付盘活工业用地奖励、企业参与标准化建设奖励、企业品牌建设奖励等各类涉企补助资金5.55亿元,增长34.0%。推进产业基金运作。拨付1.00亿元支持产业转型升级与企业发展。降低企业融资成本,累计发放转贷资金35.31亿元,惠及企业181家。推进政策性融资担保公司运作。投入5000万元,增加武义县众信融资担保有限公司注册资本金至1.50亿元,2019年累计为"三农"、中小微企业担保91户,担保余额2.43亿元。

【强化民生保障】 全年民生支出39.11亿元,增长17.8%,占一般公共预算支出的79.8%。加强基础设施建设。拨付政府投资项目建设资金13.19亿元,重点用于小城镇环境综合整治、G235金华婺城至武义快速路等项目建设。支持"三农"发展。2019年整合财政支农资金5.50亿元,增长4.3%,重点支持农业生产体系建设、农业产业体系建设、农业经营主体体系建设、农村环境和生态建设、专项扶贫及扶持薄弱村等方面,实现财政支农资金整合12年连增。推进一事一议财政奖补助推美丽乡村试点建设。投入一事一议财政奖补资金4980万元,10个试点村累计完成各类村口公园、民宿建设9.8万平方米,形成三角梅基地120亩、白枇杷种植基地150亩、果树采摘园280亩等特色农村产业经济圈,预计带动村民就业730人,每年增加旅客10万人次以上。促进教育文化事业发展。投入教育事业经费7.80亿元,增长11.8%。落实各项教育资助政策,审核、拨付助学金2391万元,资助学前教育贫困幼儿131人、低收入家庭子女入学教育1406人,享受营养餐学生人数2720人,发放国家高中助学金383人。推进医疗卫生体制改革。全年卫生健康支出5.31亿元,城乡居民医疗保险筹资标准提高至1300元/人·年,其中财政补助提高至800元/人·年,城乡居民基本公共卫生服务财政补助标准提高至60元/人·年。加强社会保障力度。社会保障和就业支出6.10亿元,提高社会保障标准,城乡居民基本养老保险基础养老金标准提高至185元/人·月,福利机构孤儿基本生活标准调整至1634元/人·月、社会散居孤儿调整至1308元/人·月。

【深化财政改革】 构建集中财力办大事财政政策体系。以"三大攻坚战"和"富民强省十大行动计划"为脉络,聚焦县委、县政府中心工作,梳理2019—2022年重点支出政策,涉及保留、强化、新出台政策55项,出台《武义县集中财力办大事财政政策体系方案(2019—2022年)》。推进全面预算绩效管理。制定《全面落实预算绩效管理的实施意见》《武义县全面落实预算绩效管理三年(2019—2021年)行动计划》,明确部门、牵头单位责任和实施内容,确保在2021年年底建立全方位、全过程、全覆盖的预算绩效管理体系。推进医疗电子票据改革。全县4家公立医院完成改革,实现患者预约、挂号、缴费、取票"一条龙"自助服务,改善群众就医体验,惠及群众40余万人次。推进部门间"最多跑一次"改革。梳理部门间"最多跑一次"事项32项,"资产云"平台上线运行,向79家行政事业单位推行授权支付,实现政府资产处置事项办理、财政经常性小额资金拨付"一次都不用跑"。推进"三服务"活动。主动为基层、企业、群众送服务、送政策、送信息,累计走访670余次、1530余人次,组织开展集中培训21次共1990余人次,线上服务3040余次,发放宣传资料1440余份,收集问题192个,现场解决问题144个。深化"政采云"平台应用。落实"政采云"网上超市"全省一张网"工作,2019年通过"政采云"平台完成采购计划2162份,审核资金4.90亿元。完善统一公共支付平台建设。实现政府非税收入统一公共支付平台收缴项目全覆盖,2019年通过统一支付平台累计办理业务65万余笔,金额24.36亿元,收缴率98.6%。

【加强财政监管】 化解地方政府债务风险。按照《武义县防范化解地方政府隐性债务风险专项行动的实施方案(修订)》,完成全年化债任务。加强政府性项目投资评审。全年审核资金8.90亿元,核减3864万元,核减率4.34%。强化预算绩效目标管理。完成预算绩效目标审核960项,涉及预算资金15.03亿元。严肃财经纪律。组织开展2018年度财政扶贫资金专项检查整改、公款存放检查、惠民惠农"一卡通"专项检查、"小金库"及相关问题专项检查、减税降费政策实施效果专项检查等工作,推进财政资金规范管理。加强预决算公开。加强部门预决算公开指导,扩大预决算公开范围,细化公开内容,加快公开进度,规范公开方式,首次要求部门至少选取一个财政拨款重点项目公开绩效目标。

【加强队伍建设】 落实主题教育"守初心、担使命,找差距、抓落实"总要求,推进学习教育常态化,全年累计开展党委理论学习中心组专题学习12次,周一夜学48期。开展廉政风险大排查,共查出廉政风险点28个,制定防范措施41条,明确风险责任人员和整改时限,推进整改落实。通过电化教育、实地参观警示教育基地等形式开展廉政警示教育5次。组织开展走访慰问等志愿活动15期次,参与70余人次,服务群众800余人次;组织全体干部职工投身"三城同创"* 工作,累计参与2100余人次。

(武义县财政局供稿 李 锐执笔)

注:

*"三城同创":即国家级卫生县城复审和省级示范文明县城、美丽县城创建。

磐安县

【概况】 2019年,磐安县实现生产总值115.44亿元,按可比价计算,增长6.3%。其中:第一产业增加值11.73亿元,增长2.4%;第二产业增加值45.05亿元,增长4.6%;第三产业增加值58.66亿元,增长8.9%。三次产业结构比为12.0∶45.1∶42.9。按常住人口计算,全县人均生产总值63603元,增长5.6%。城镇常住居民人均可支配收入41736元,增长8.1%;农村常住居民人均可支配收入19461元,增长9.3%。全县实现社会消费品零售总额44.68亿元,增长9.4%。全县完成财政总收入17.84亿元,增长5.4%。其中,一般公共预算收入10.64亿元,增长6.3%。一般公共预算支出39.39亿元,增长24.3%。其中八大类支出27.89亿元,增长27.5%。全年财政收支平衡。

【组织财政收入】 会同税务部门每月至少开展3次收入形势集中研判会,加强收入分析和趋势预判,按照收入计划落实组织收入相关工作,确保全年财政收入均衡入库。一般公共预算收入占GDP的9.2%,占财政总收入的59.6%,一般公共预算收入中,税收收入8.49亿元,占比79.8%。全县政府性基金收入16.95亿元,下降16.2%,完成调整预算的97.0%。全年实现政府非税收入19.39亿元,其中纳入一般公共预算收入管理的非税收入2.15亿元。组织全县相关部门向上争取资金19.80亿元,增长18.4%,其中竞争性奖补资金1.25亿元。争取地方政府债券10.00亿元,其中专项债券2.00亿元,一般债券8.00亿元,一般债券总量占全市总额的36.0%,居全市第一。

【助推经济发展】 支持实体经济。落实减税降费政策,累计减税1.70亿元以上。开展社保退费及阶段性降费减负工作,返还困难企业社保费239家计644万元;对制造业、交通运输业、建筑业三大行业企业2019年5月份、6月份的费款(所属期)实施阶段性降费,涉及企业1789户,降费金额1281万元。完善工业、龙头企业等产业(企业)奖补政策,累计兑现奖补资金2.14亿元,其中工业政策奖补较往年兑现时间提早半个月。支持招商引资。跟进万影达影视文化产业园一、二期项目,累计完成投资额6.00亿元,其中2019年完成3.00亿元;签约三期项目,计划投资8.00亿元。会同磐普产业园跟进中青文旅项目,协助组建项目公司,修改完善项目策划方案,拟定落地初步方案。开展政策性担保。拓宽政策性担保业务,扩大企业受惠面,累计为42家小微企业提供政策性担保1.24亿元,在保余额1.07亿元。

【保障民生事业】 2019年,全县民生支出29.11亿元,增长23.8%,占一般公共预算支出的73.9%。保障教育事业。全年教育支出6.70亿元,支持省教育基本现代化县创建,其中教育基建支出1.60亿元。推进安文初中迁建工程、昌文幼儿园等开工建设。安排资金1500万元资金用于提升教育信息化水平,入选全省第一批10个教育信息化优秀方案。支持社会保障事业发展。全年社会保障和就业支出3.41亿元。加强对特困人员的困难帮扶,完善最低生活保障制度,最低生活保障标准提高至665元/人·月,城镇特困人员基本生活标准提高至1130元/人·月,农村特困人员基本生活标准提高至904元/人·月。保障卫生健康事业。全年卫生健康支出2.42亿元。深化公立医院改革,推进医共体建设,提请磐安县人民政府出台《磐安县县域医疗卫生服务共同体建设实施方案》。服务全县中心工作。扶持磐安特色产业发展,入围全省20个中药材乡村振兴产业发展试点县。指导城建集团运作,筹措老城区拆迁改造资金7.90亿元,其中争取专项债券2.00亿元。配合土地整治、杭温高铁站场开发等全县中心工作,派出13人参与土地整治、老城区拆迁、杭温高铁站场开发、县委巡察等中心工作。实施乡村振兴战略。安排财政资金4000万元,完成一事一议项目63个。通过争取入围全省16个扶持村级集体经济发展试点县、全省第一批13个一事一议助推美丽乡村建设试点县。15个扶持村级集体经济试点项目全部开工。

【优化体制机制】 构建集中财力办大事的财政政策体系。坚守"保工资、保运转、保基本民生"底线,按照轻重缓急原则,构建集中财力办大事财政政策体系。建立"1+5"涉农资金管理机制。针对涉农项目资金拨付进度慢等问题,建立"1+5"涉农资金管理机制,即制作1张流程图,严格执行5项制度(项目资金预拨制、计划报备提醒制、支出进度通报制、乡镇财政台账制、逾期未用资金统筹制),发放提醒函11件,涉及项目35个、资金8.34亿元,统筹逾期未用资金1.10亿元。严格执行预算。提请县督查考核工作领导小组办公室将财政预算支出进度等财政财务管理工作列入县级机关事业单位年度综合考核指标,加强资金调度,确保基本支出、项目支出及时拨付。2019年一般公共预算支出完成调整预算的99.4%,增长24.3%。加强财政内控制度建设,防范财政运行风险。

【强化财政监督】 财政存量资金监管。完成财政资金竞争性存放工作2期共16.26亿元。履行财政监督职能。组织77家单位开展绩效自评,完成年度重点绩效评价项目15个,形成评价报告,提出后期政策改进建议。加大预结算审核力度。累计完成预算审核项目375个,送审金额23.45亿元,审定金额20.94亿元,核减2.51亿元,核减率10.7%;完成结算审核项目610个,送审金额6.77亿元,审定金额6.21亿元,核减0.56亿元,核减率8.3%。完成信息化建设政府采购项目预算审核6个,送审金额1635万元,审定金额1306万元,核减329万元,核减率20.1%。加强国有资产管理。对电子类产品和旧汽车进行集中回收,并组织公开拍卖。组织拍租拍卖活动8期,拍租拍卖收入467万元。清查闲置国有资产143宗,并提出处置意见,其中城区闲置国有资产完成处置。

【加强队伍建设】 开展"不忘初心、牢记使命"主题教育。组织党员赴教育基地开展现场教学。全年开展党课教学11次。全面开展"财政大调研"活动,完成调研报告6篇,解决集中财力办大事、扶贫专项资金管理等实际问题62个。加强党建引领。设立支部活动室3个,优化党建阵地,全年组织开展支部活动22次。解决县委巡察、人大专项评议及财政同级审计发现的问题63个。坚持问题导向,建立健全财务管理、纪律规范等制度14项。提拔中层干部4位,优化财政队伍结构。

(磐安县财政局供稿　马　超执笔)

衢州市财政工作

衢州市

【概况】 2019年,衢州市实现地区生产总值1573.51亿元,按可比价格计算,增长6.7%。其中:第一产业增加值86.51亿元,增长1.6%;第二产业增加值651.12亿元,增长5.6%;第三产业增加值835.88亿元,增长8.2%。三次产业结构比为5.5∶41.4∶53.1。按常住人口计算,人均生产总值71087元,增长5.9%。全社会固定资产投资总额增长7.3%。社会消费品零售总额775.23亿元,增长8.1%。进出口总额347.83亿元,下降0.8%。全市城镇常住居民人均可支配收入46933元,增长8.8%;农村常住居民人均可支配收入24426元,增长9.8%。全市财政总收入223.36亿元,增长8.0%;一般公共预算收入137.12亿元,增长7.0%,其中税收收入111.00亿元,增长3.9%;全市一般公共预算支出449.00亿元,增长26.1%。市本级(含两区,下同)财政总收入127.22亿元,增长7.6%;一般公共预算收入75.92亿元,增长7.1%,其中税收收入61.70亿元,增长5.3%;市本级一般公共预算支出191.48亿元,增长35.5%。财政运行情况总体良好,全市及市本级财政收支平衡。

【组织财政收入】 强化分析预测。健全地方财税收入协调领导小组工作机制,深化财税信息共享,加强收入分析研判,实现全市收入管理"一盘棋"。全市和市本级税收收入占一般公共预算收入比重分别为80.9%、81.3%。全市和市本级一般公共预算收入占财政总收入的比重分别为61.4%、59.7%,占GDP的比重分别为8.7%、10.3%。加强源头管理。打通票据管理和非税征管业务环节,实行"以票控费",全市非税收入280.30亿元,增长14.1%,其中纳入一般公共预算管理的非税收入26.13亿元,增长23.1%;市本级非税收入163.90亿元,增长10.5%,其中纳入一般公共预算管理的非税收入14.23亿元,增长15.6%。

【服务经济发展】 落实减税降费。落实民营经济高质量发展"31条"和中央、省、市减税降费政策,将土地使用税标准降至全省最低,全市累计减税降费37.44亿元,其中税收减免30.75亿元,社保费减免6.67亿元,非税收入减免0.02亿元。支持产业创新。市县统筹整合设立规模8.00亿元的"大三农、大科创、大文旅、大商贸"专项政策资金,累计兑现政策资金7.35亿元。优化融资环境。实施融资畅通工程,组建规模4.50亿元的衢州市信用保证基金,将财政资金竞争性存放招投标体系中涉及绿色信贷、小微企业发展的指标权重提至60.0%,将政府转贷规模增至3.60亿元。聚力项目建设。全市争取2019年度地方政府债券资金105.40亿元,市级(不含两区,下同)争取省国开行授信182.80亿元;通过"非转经""拨改投""债转股"等方式,为市级国有企业增资131.24亿元,提升国有企业投融资能力;推动全市域产业母基金和省基础设施投资(含PPP)基金衢州子基金设立、运作,撬动社会资本284.72亿元,保障杭衢铁路(建衢段)、351国道、市体育中心等政府重大项目按期推进。

【保障改善民生】 优化支出结构,全市民生支出339.81亿元,增长24.4%,占一般公共预算支出的75.7%。发展教育文化事业。全市教育支出56.06亿元,增长15.7%。完善市级学前教育经费管理办法,制定市级公办普通高中生均公用经费标准;2019—2023年,每年安排不少于2500万元的专项经费支持衢州学院创建硕士学位授予单位;投入资金1.04亿元,支持"南孔圣地、衢州有礼"城市品牌打造,提升城市品位能级。健全社保体系。全年社会保障支出51.48亿元,增长10.4%。统一调整全市城乡居民最低生活保障金至770元/人·月,将孤残儿童基本生活费从1000元/人·月提高至1400元/人·月。出台退休返聘人员参加工伤保险管理办法。支持医疗卫生事业。全年医疗卫生支出33.91亿元,增长13.1%。将人均基本公共卫生服务经费和市区城乡居民医保筹资财政补助标准分别提高至60元/人·年和840元/人·年,实施慢性病门诊医疗保障制度。助力乡村振兴。制定《衢州市"大三农"专项资金管理办法》《衢州市涉农财政资金竞争性分配制度》,落实"任务清单+政策清单+资金清单"管理模式,提升涉农资金效能;拨付18个美丽乡村示范村奖励1800万元,预拨"党建治理大花园"工作考核奖励资金1.38亿元,推进乡村大花园和"衢州有礼"诗画风光带建设;全市落实东西部扶贫援川资金5670万元,整改化解扶贫结余资金4.05亿元,支持打好精准脱贫攻坚战。

【深化财政改革】 构建集中财力办大事财政政策体系。对标"三大攻坚战"和市委"八大任务",厘清2019—2022年财政收支政策和重大项目资金安排,涉及项目1080个、资金1532.00亿元。自主研发集管理、查询、服务、分析、应用等功能为一体的集中财力办大事管理应用平台,构建与地区实际相契合的集中财力办大事财政政策体系。加强全面预算绩效管理。出台《衢州市全面推进预算绩效管理实施意见》《衢州市全面落实预算绩效管理三年行动计划(2019—2021年)》等,对下级政府财政运行实施综合绩效评价和政府投资项目绩效评价,开展"一项重点政策、一个重点项目、一家重点部门"全过程绩效评价,加快全面预算绩效管理体系构建。深化"最多跑一次"改革。开发涉企政策兑现服务平台,实现资产报废审批、部门差旅费报销等"一件事"在"浙政钉"上线试运行,全局84%的事项实现"零跑"或"最多跑一次";实施全流程电子化开评标,全市入驻"政采云"采购单位1519家,供应商3222家(其中网上超市"全省一张网"供应商

1051家),交易额287.32亿元(含PPP项目);在统一公共支付平台上线支付项目73个,全市交易额297.95亿元,服务226万人次;在12家公立医疗机构上线电子票据系统,累计开具电子票据371万份,开票金额6.18亿元。

【强化财政监管】 防范隐性债务风险。实施防范化解地方政府隐性债务风险专项行动,加强对政府投资项目财政承受能力和资金来源落实情况、债务风险情况的评估,实行“三个不得立项”。开展监督检查。首次开展“互联网+监管”执法检查,建立财政监督检查案件审理制衡机制;组织实施政府债务、财政资金转移支付、减税降费政策实施效果、扶贫资金使用绩效、扶贫资金“一卡通”、会计师事务所、资产评估机构等11项专项检查,其中财政扶贫政策落实情况检查涉及资金1.06亿元,落实整改项目86个、资金4283万元。推进内控建设。完善“1+9+20”内控制度体系*和财政预算绩效管理全流程内控操作规程,自主开发政府投资项目评审流程管理系统;加强国库集中支付动态监控,筛选疑点支付资金2527笔,核实违规支付资金106笔。

【加强队伍建设】 开展“不忘初心、牢记使命”主题教育。紧扣“八个聚焦聚力”*,组织学习80余次,开展调查研究,深化“三服务”“上门服务至少一次”等活动,走访部门单位和企业162家,解决反映问题120个。落实全面从严治党。建立“党建统领+财政治理”工作机制,发挥局党委会议平台作用,打造“决策引领—督查推动—执纪问效”工作闭环。依托“领导责任(局党委+一把手)、监督责任(驻局纪检监察组+机关纪委)、属地责任(处室单位+党支部)、主体责任(党员+干部)”四位一体党风廉政建设责任体系,开展警示教育月活动,精简文件会议,全年“三类文件”减少37.0%。营造干事氛围。组织干部培训、考察600人次,修订容错纠错、能上能下、正向激励等选人用人制度,搭建“一月一课”、年轻干部座谈会等平台,提拔、交流科级干部22名,1人获“全国先进会计工作者”称号。注重财政文化建设,开展书画摄影展作品征集、减税降费主题征文等活动,组织1200人次参与全国文明城市创建志愿服务,被授予“全国采购监管先进单位”“全国助残先进集体”等称号,在市级机关部门综合考核中获经济发展类“优秀单位”第1名。

(衢州市财政局供稿　余　佳执笔)

注:

*“1+9+20”内控制度体系:即1个内部控制基本制度、9个专项风险内部控制办法、20个内部控制操作规程。

*“八个聚焦聚力”:即聚焦聚力全面融入长三角一体化国家战略;聚焦聚力建设四省边际中心城市;聚焦聚力完善和落实“5459”大产业创新体系;聚焦聚力“党建治理大花园”建设;聚焦聚力打造一支忠诚干净担当的高质量干部队伍;聚焦聚力打好防范化解重大风险攻坚战持久战;聚焦聚力深化“最多跑一次”改革;聚焦聚力全国文明城市创建。

柯城区

【概况】 2019年,衢州市柯城区实现地区生产总值225.55亿元,按可比价格计算,增长6.6%。其中:第一产业增加值7.99亿元,与上年持平;第二产业增加值42.55亿元,增长4.2%,其中工业增加值22.28亿元,增长7.0%;第三产业增加值175.01亿元,增长7.5%。三次产业结构比为3.5∶18.9∶77.6。按户籍人口计算,人均生产总值122927元,增长5.0%。城镇居民人均可支配收入50431元,增长8.6%;农村居民人均可支配收入25810元,增长10.8%。全年固定资产投资总额95.50亿元,增长13.1%。全区财政总收入19.89亿元,增长12.5%;一般公共预算收入12.84亿元,增长7.7%,其中税收收入10.77亿元,增长10.4%;全区一般公共预算支出52.78亿元,增长33.2%。全区财政收支平衡。

【组织财政收入】 加强财税协作,坚持依法征税,一般公共预算收入占GDP的5.7%,占财政总收入的64.6%,税收收入占一般公共预算收入的83.9%。全区非税收入14.39亿元,其中纳入一般公共预算管理的非税收入2.07亿元。加强与有关部门协作,参与中央和省级财政资金竞争性分配,全年争取资金15.53亿元。其中,中央棚改资金、老旧小区改造资金9.20亿元,项目数、资金额均列全省第一。发行公司债券12.00亿元;新增一般债券资金8.00亿元,保障国资公司发展,支持重点项目建设。全年整合、盘活存量资金2.77亿元,提高财政资金使用效益。

【服务经济发展】 落实减税降费政策。按照“第一时间+顶格优惠+叠加享受”原则,落实减税降费政策,全年新增减税降费2.77亿元。完善产业扶持政策。构建“1+2+N”*产业政策体系,安排产业转型升级等奖补资金1.00亿元,支持智能制造、数字经济等重点产业、重点企业发展。兑现招商信息奖励130万元。优化营商环境。取消并清退政府采购投标保证金,鼓励减免履约保证金,为企业盘活资金2100万元。打造产业基金2.0版。首期出资1.00亿元,参股市区域性产业基金。出台柯城区让利性股权投资引导基金管理办法和实施细则,区基金投资首个项目2000万元,带动金华市产业基金跟投4000万元,助推企业创新和产业转型升级。

【保障民生支出】 全年民生支出43.63亿元,增长36.3%,占一般公共预算支出的82.7%。保障科教文卫事业发展。全年教育支出6.75亿元,出台教育发展“1+3+4”配套文件,推进城南小学新建、鹿鸣小学迁建等项目。全年卫生健康支出3.55亿元,推动“健康柯城”建设,区中医院一期项目开工、区疾控中心运行。全年社会保障和就业支出4.90亿元,保障养老保险、基本医疗保险、养老服务、残疾人事业及就业、救灾所需资金。全年文化支出8240万元,科技支出8964万元,做好宣传文化、科技创新等工作。助力脱贫攻坚。出资3284万元在余杭—柯城山海协作园建立"消薄飞地",每年可获10%固定收益。投入专项扶贫资金2420万元,建立3个物业经济联盟,助推53个村实现"消薄"。保障民生实事项目。投入2.95亿元,落实农村路网改造提升、农村文化礼堂建设、城乡养老服务提升、生活小区污水零直排、教育资源扩容等12个民生实事项目资金需求。提升城乡人居环境。投入资金13.44亿元,推进农房整治和风貌提升、农村生活污水治理、农村饮用水提标、垃圾分类、厕所革命等项目实施,保障全国文明城市创建、棚户区和老旧小区改造。

【深化财政改革】 构建集中财力办大事财政政策体系。聚焦政府大事要事,梳理财力清单、事项清单和政策清单,形成《柯城区集中财力办大事财政政策体系方案(2019—2022年)》,增强财政资金保障水平。深化财政数字化转型。深化非税收入统一公共支付平台应用,推进非税收入线上线下一体化收缴,全年服务6万人次,电子化缴款率92.2%。启用浙江政务服务网统一公共支付平台缴款电子化票据。深化"政采云"平台应用,全年交易金额4.87亿元,使用率97.0%。在全市率先上线农业扶贫馆。深化绩效改革。出台《关于全面推进预算绩效管理的实施意见》,省循环有机农业示范试点项目绩效评价居全省第一,增获奖励资金1000万元。推进国有企业改革。完成区属国有企业"1+4+X"体系构建,形成"国资办—母公司—子公司"一体化配套监管体系。

【强化财政监管】 防范债务风险。将政府性债务纳入预算管理,实行政府债务动态管理及风险预警机制,守住不发生区域性、系统性风险的底线。全年完成隐性债务化解任务的139.0%。深化国有资产管理。回收原柯城大酒店物业。"资产云"系统投入运行,规范国有资产公开拍租、拍卖。整合经营性资产2处,入账总价值0.90亿元。加强项目评审和政府采购监管。全年评审项目463个,送审金额26.43亿元,净审减金额3.09亿元。审批政府采购项目2399个,涉及资金5.53亿元。强化涉农资金规范管理。出台《柯城区涉农资金竞争性分配制度》《柯城区涉农资金统筹整合长效机制的实施意见》。实现惠民惠农财政补贴资金归并社保卡"一卡通"发放管理,推进公共财政服务平台建设,全区通过平台发放资金0.47亿元,涉及12万人次。

【加强队伍建设】 开展"不忘初心、牢记使命"主题教育。通过集中学习、专题研讨、多载体促学等,将"学习教育、调查研究、检视问题、整改落实"贯穿始终。开展警示教育。落实从严治党"两个责任",引导全局党员干部增强"四个意识",坚定"四个自信",做到"两个维护",遵守党章党规党纪和国家法律法规,保持清正廉洁。参与一线工作。组织成立财政专班,参与古城双修、未来社区征迁工作,保障征迁任务完成。组织全局干部参与全国文明城市创建工作。

(衢州市柯城区财政局供稿　陈俭龙执笔)

注:

*"1+2+N":"1"即工业18条主政策,"2"即新材料和智能制造专项政策、服装时尚专项政策2个专项产业政策,"N"即科技政策、金融政策、人才政策等N个配套政策。

衢江区

【概况】 2019年,衢州市衢江区实现地区生产总值198.47亿元,按可比价计算,增长8.3%。其中:第一产业增加值20.54亿元,增长0.8%;第二产业增加值74.62亿元,增长10.0%;第三产业增加值103.31亿元,增长8.9%。三次产业结构比为10.3∶37.6∶52.1。按户籍人口计算,全区人均生产总值48122元,增长8.4%。全年财政总收入28.94亿元,增长11.3%,其中一般公共预算收入17.52亿元,增长7.0%。全区一般公共预算支出51.83亿元,增长26.1%。全区财政收支平衡。

【组织财政收入】 加强收入分析。关注宏观经济走势,会同税务部门加强减税降费等政策效应分析,完善协税护税体系。建立工作联席会议制度,把控收入节奏,以月保季、以季保年。全区一般公共预算收入占GDP和财政总收入的比重分别为8.8%和60.5%。强化征管服务。加大亩均税收改革力度,服务重点税源企业,完成第一批265家"低散乱"企业整治提升,新建小微企业园2个。全年完成税收收入14.56亿元,增长6.3%,占一般公共预算收入的83.1%。推广浙江省统一公共支付平台,非税收入电子化征缴率97.2%。全年实现政府非税收入51.42亿元,增长41.6%,其中纳入一般公共预算管理的非税收入2.96亿元,增长10.3%。

【服务实体经济】 减轻企业负担。落实减税降费、财政扶持政策,全年为企业减免税收3.02亿元,兑现奖补资金2.75亿元,返还企业社会保险费4550万元。设立工业企业月结电费周转金300万元,取消政府采购投标保证金,优化营商环境。缓解融资难题。对衢江区信用融资担保公司、衢州市信保基金各出资5000万元,优化企业融资担保服务。定期举办企业家沙龙,政银企联动服务实体经济。加快政策兑现。2019年8月试行企业奖补政策"即享即兑",首批政策落地55项,补助企业60家,补助资金793万元。

【保障民生支出】 全年民生支出34.99亿元,增长19.8%,占一般公共预算支出的67.5%。提升教育医疗水平。全年教育支出9.04亿元,增长47.2%,引进杭州育才、温州知临等教育集团。全年医疗卫生支出5.99亿元,增长21.1%,其中安排区域医共体建设资金2.52亿元,推进衢州市第二人民医院、衢江区中医院两大医共体建设。加大社会保障力度。全年社会保障支出6.08亿元,增长8.4%,落实城乡居民基本养老保险基金、机关事业单位养老保险基金财政补助,保障困难群众救助。支持文化体育事业。全年文化旅游体育与传媒支出1.23亿元,增长86.0%,构建现代文化体育服务体系,举办世界名校赛艇挑战赛、全国户外极限运动公开赛总决赛等国际体育赛事,新建农村文化礼堂35家,覆盖率70.0%。深化基层综合治理。全年支出9.10亿元,办好村庄点亮、养老服务等十方面民生实事项目。投入"四个平台"*建设经费500万元,全科网格经费1200万元,深化基层治理。投入"一户多宅"暨全域土地整治资金2.76亿元,新田铺田园康养综合体项目2.00亿元,美丽乡村建设资金1.87亿元,推进乡村产业振兴,助推衢江区入围全国乡村治理体系建设首批试点单位。

【深化财政改革】 构建集中财力办大事财政政策体系。梳理收支政策和重大项目资金安排,编制4年(2019—2022年)中(长)期财政规划,将有限财力用在大事要事上。制定《关于全面推进预算绩效管理的实施意见》《关于建立涉农资金统筹整合长效机制的实施意见》,提高财政资金使用效益。推进"最多跑一次"改革。会同经信部门设立"企业政策兑现专窗",让企业"进一个门、跑一次窗、办一件事"。实现部门间全部办事事项"最多跑一次",办理时限缩短50.0%,办理流程精简40.0%。推进"三服务五联系"活动。建立局中层干部联系结对重点企业、村镇、群众、学校、医院制度,上门开展服务,帮助解决重难点问题18个,谋划争取项目11个。深化国资改革。完成全区政府资产特定问题调查,召开全区国资工作会议,深化国有企业市场化改革,启动衢江控股有限公司和衢江区建设投资发展有限公司AA信用评级和发债工作。加大国资资金池归集运行,全年实现资金池收益5067万元,年化收益率4.2%。

【加大风险防控】 防范地方政府债务风险。严格地方政府债务预算管理和限额管理,落实隐性债务五年化债计划,2019年超额完成年度化债任务,地方政府债务率处于绿色安全区。防范社保基金运行风险。计提社保风险准备金1.47亿元,列支3000万元弥补城乡居民基本医疗保险基金赤字,加大财政、人力社保、税务信息共享,提升社保基金监管能力。管控财政运行风险。完善财政资金收支规程、内部监督检查办法、内部控制制度等管理制度21个,形成制度汇编并贯彻执行。印发《关于加强党建引领促进清廉财政建设的实施方案》,围绕人、财、物运行重点领域和关键环节开展廉政风险大排查,排查出风险点69个,制定防范化解措施107条,推进"清廉财政"建设。

【强化财政监管】 严格执法检查。开展津补贴和福利发放、公款购买赠送礼品礼金消费卡等专项检查,全区部门、单位自查率100%。加大对专项资金、扶贫资金、政府采购等监管力度,行政处罚政府采购违规行为2例,列入不良行为记录名单的供应商2家。加强政府投资项目管理。严格执行《政府投资条例》,项目审定预算不超项目批复概算。全年审核项目1811个,送审金额98.53亿元,核减金额9.83亿元,核减率10.0%。加大乡镇财政资金监管。召开全区乡镇财政资金监管培训会,招录配齐乡镇财政所工作人员,落实不相容岗位分离制度,提升基层财政资金监管能力。

【干部队伍建设】 开展"不忘初心、牢记使命"主题教育。对照党章党规找差距、抓整改,增强"四个意识",坚定"四个自信",做到"两个维护"。加大干部教育培养。推行干部轮岗交流、中层干部竞争性选拔、试用期满述职评议、年轻干部专班锻炼等制度,全年新提拔副科级领导干部3名,竞争上岗股级干部13名,抽调参加全区重点工作专班干部6名。创建上门服务"至少跑一次"行业党建品牌,成立"财声政韵"朗诵社,制定每月"财政读书日"制度,提振干部队伍精气神。

(衢州市衢江区财政局供稿　柴慧玲执笔)

注:

*"四个平台":即综治工作平台、市场监管平台、综合执法平台、便民服务平台。

江山市

【概况】 2019年,江山市实现地区生产总值303.41亿元,增长7.0%,其中:第一、二、三产业增加值分别为22.70亿元、136.12亿元、144.59亿元,分别增长2.0%、6.1%、8.8%。三次产业结构比为7.5∶44.9∶47.6。按户籍人口计算,人均生产总值45497元,增长7.4%。城镇居民人均可支配收入49455元,增长8.8%;农村居民人均可支配收入26391元,增长9.6%。全年固定资产投资108.46亿元,增长2.0%。全市财政总收入32.20亿元,增长8.9%。一般公共预算收入20.54亿元,增长7.0%,占GDP的6.8%,占财政总收入的63.8%,其中税收收入16.92亿元,增长3.9%,占一般公共预算收入的82.4%。一般公共预算支出67.68亿元,增长20.8%。全市财政收支平衡。

【组织财政收入】 加强与税务部门沟通协作,做好数据测算,把握收入的总量、结构和进度。推进浙江政务服务网统一公共支付平台建设,通过平台办理收缴业务41.19万笔,金额29.80亿元。推动财政票据电子化改革,实施公共支付自助缴款和财政票据按需自主取票应用试点,拓宽取票渠道。规范非税收入管理,实现非税收入27.99亿元,其中纳入一般公共预算管理的非税收入3.62亿元。

【服务经济发展】 落实财政优惠政策。落实减税降费政策,全年减税3.98亿元,减免社保费、行政事业性收费1.30亿元。振兴实体经济,以智能制造为引领,推动企业转型升级,兑现各类涉企财政奖励补助资金3.86亿元。优化“搭桥资金”政策，使用搭桥资金18.24亿元，帮助企业转贷269笔，转贷金额19.02亿元。推动新兴产业发展。支持数字经济建设，促进电商发展，促成海康威视全国消防运营总部、赢家时尚集团江山电商总部等项目落地。安排财政资金8500万元支持做强文化旅游体育产业，支持国家级全域旅游示范区创建，支持承办全国新年登高健身大会等赛事。支持重大项目建设。筹措政府投资重大项目建设财政性资金，争取新增土地储备专项债券8.00亿元，一般债券7.00亿元，分别为城区雨污分离工程、小城镇综合整治项目、姜家公路项目筹措资金1.00亿元、1.23亿元、8000万元，推进全市重点项目建设。深化政府和社会资本合作，推动虎山运动公园、文化艺术中心二期、生活垃圾焚烧发电项目开工建设。与杭州网营物联控股有限公司共同设立定向基金2.50亿元，推进网营物联（江山）智能供应链运营中心项目建设。

【保障改善民生】 全市民生支出55.25亿元，增长22.1%，占一般公共预算支出的81.6%。加大“三农”事业投入。拨付4.18亿元支持江山港流域综合治理、农民饮用水等水利项目建设。统筹美丽乡村建设类项目资金2.21亿元，用于幸福乡村、历史文化村落保护、乡村振兴党建示范带等工作。投入资金6326万元推进农房管控风貌提升工作。安排资金5385万元完成一事一议财政奖补项目58个。拨付资金2500万元扶持村级集体经济试点项目14个，完工项目10个。完善乡镇公共服务平台建设。制定“一卡通”发放实施方案，全年通过平台支付涉农惠民补助资金56万人次，支付金额2.40亿元。支持社会事业发展。全年社会保障支出10.35亿元，增长11.2%。增加财政支出8900万元，实现企业退休人员养老金“十五连涨”。发放长寿补助金280万元助推“长寿之乡”创建。拨付养老服务专项资金1720万元支持养老服务机构建设，打造示范型居家养老服务中心。全年医疗卫生支出6.07亿元，增长12.3%。累计拨付专项资金1.23亿元推进县域医共体建设等医疗卫生改革。支持教育优先战略，全年教育支出9.48亿元，增长5.9%。统筹调度5500万元推进教育布局调整、薄弱学校改造及集体办幼儿园建设。拨付普惠性民办幼儿园奖补资金780万元支持学前教育多元化发展。安排民办教育补助资金3840万元促进民办教育健康发展。投入750万元加强食品药品安全监管和质量安全监管。投入6900万元开展扫黑除恶、平安建设、综合治理、维护稳定、安全生产、基层网格化管理等平安创建工作，为争创平安江山“十连冠”提供财力保障。推进生态环保建设。践行“两山”理念，贯彻落实省财政“两山（二类）”建设专项激励政策。推进雨污分流、截污纳管，完成四都、峡口工业园区污水零直排区建设；推进第二污水处理厂提标改造；提升出境水水质，获得钱塘江流域上下游生态补偿资金500万元。安排环境保护专项资金8342万元支持污染治理和生态环境保护。争取中央资金1800万元支持传统村落保护和环境整治。

【推进财政改革】 构建集中财力办大事财政政策体系，聚焦聚力市委、市政府重大决策部署。落实预算绩效管理三年行动计划，推进“全方位、全过程、全覆盖”的预算绩效管理体系建设。开展部门整体预算绩效改革试点，建立政府预算绩效管理体系。2019年，江山市财政绩效管理工作在纳入评价范围的全国1868个县（县级市、旗）中列第22位，居浙江省首位，获财政部奖励1000万元。推进国库集中支付电子化改革，上线动态监控系统和支付电子化功能，对授权支付资金实施全方位监控。深化会计信用体系建设试点、行政事业单位内控建设、财政领域“最多跑一次”、会计中介机构设立审批及备案管理等改革工作。开展“上门服务至少一次”活动，全年到预算单位宣讲、辅导预算编制改革政策3452人次。

【强化财政监管】 开展预算单位公款竞争性存放，19家单位合计竞争性存放13.60亿元。强化政府投资项目评审，全年评审项目200个，审核资金10.22亿元，节减财政支出5100万元。严格政府采购预算管理，实现“预算、执行、采购、支付”全流程信息化管理，优化“政采云”平台江山政府采购评审专家库人员配置。依托“政采云”平台构建统一政府采购网超市场，平台交易总额4.41亿元。加强乡镇财政管理，所有乡镇完成省级规范化财政所创建工作，其中四都镇、保安乡财政所被评为2018年度省级规范化财政所。

江山市凤林镇中岗村光伏发电项目

【深化国资管理】 完成国有资产报告,9月16日,行政事业性国有资产管理情况首次以专项报告方式提交市人大常委会审议。深化国资管理体制改革、国企市场化转型及国企监管工作。推进江山市城市建设投资有限公司、江山经济开发区建设投资有限公司市场化转型工作。做好29家全民所有制企业公司改制工作,完成11家改制企业的改制方案制订、批复及工商登记配合等相关工作,完成18家应注销企业工商登记配合工作。

【加强队伍建设】 开展"不忘初心、牢记使命"主题教育。做好调查研究、检视问题和整改落实工作。推进"两学一做"学习教育常态化制度化。开展"三个一"*活动。制订机关干部政治业务学习计划,开展干部学习教育培训,全年安排各类培训班15个。促进廉政建设。健全反腐败领导体制和工作机制,签订党风廉政建设责任书。开展"警示教育月"活动,建立中层以上干部个人廉政档案,副科以上干部在江山"廉政在线"平台公开诺廉。采取重要时间节点必查、每月不定期抽查等方式,组织实施"正风肃纪"监督检查。强化内控管理,实行谈心谈话制度。

(江山市财政局供稿 陈琲如执笔)

注:

*"三个一":即树一个标杆、创一项品牌、争一项荣誉。

龙游县

【概况】 2019年,龙游县实现地区生产总值231.95亿元,增长8.0%。其中第一、二、三产业增加值分别为13.64亿元、99.54亿元、118.77亿元,分别增长2.3%、8.3%、8.4%。三次产业结构比为5.9∶42.9∶51.2。按户籍人口计算,人均生产总值57700元,增长8.0%。城镇常住居民人均可支配收入48242元,增长9.0%;农村常住居民人均可支配收入24856元,增长9.8%。全县财政总收入29.55亿元,增长7.5%;一般公共预算收入18.93亿元,增长7.4%,其中税收收入15.36亿元,增长4.2%。全县一般公共预算支出68.21亿元,增长15.6%。全年财政收支平衡。

【组织财政收入】 强化税务协作和部门征收责任,完善地方财税收入协调领导小组工作机制,做好收入任务分解落实。强化数据分析,将财政奖补资金与税收贡献度相挂钩,掌握收入主动性。全县一般公共预算收入占财政总收入的64.1%,占GDP的8.2%;税收收入占一般公共预算收入的81.2%。强化非税收入组织,加强财政票据管理,推进非税收入电子化收缴。全年非税收入47.87亿元,增长50.3%,其中纳入一般公共预算管理的非税收入3.57亿元,增长23.6%。

【服务经济发展】 出台《龙游县企业政策兑现操作细则》,扶持优质产业、企业发展,全年兑现财政奖补资金4.18亿元。结合"三服务""上门服务至少一次"等活动,做好小微企业、高新技术企业政策辅导。成立减税降费工作领导小组,配合人社、税务、医保等部门落实减税降费政策,为企业减免税收4.31亿元,减免社保费1.72亿元。加强与开发区对接,协同处理疑难问题,兑现新招商项目履约政策。发挥"转贷通"作用,破解中小企业转贷资金筹集难和融资成本高等问题,全年共转贷144笔,转贷资金9.39亿元。出台《关于进一步加强会计人员诚信建设的若干意见》等文件,推进全县会计诚信体系建设,助力构建"信用龙游",打造"最佳营商环境"。

【助力特色小镇建设】 参与衢州市产业基金组建,优化政府产业基金运作,加大红木小镇省级特色小镇创建扶持力度,推进产业基金对红木特色小镇的股权投资,投入资金2.23亿元,股权占比19.0%。牵头完成股权投资方案制订、资产评估、项目公示、尽职调查、投资谈判、协议商谈、协议签订等工作,参与红木小镇产业基金运行监督,助推龙游石窟与特色小镇红木小镇5A景区联合创建。

【保障改善民生】 全年民生支出52.56亿元,增长16.2%,占一般公共预算支出的77.1%。加强财政资金统筹整合,支持城东新区开发、美丽沿江公路、士元大花园等重点项目建设。全年教育支出8.85亿元,用于城乡教育信息化建设、打造明珠教师队

龙游县528国道(龙丽线)

伍、促进义务教育优质均衡发展等，提升教育质量。全年社会保障支出8.49亿元，落实社保基金政府投入机制，用于发放城乡低保补助、残疾人两项补贴等困难救助，提高居民低保标准，发放困难群众物价补贴、支持职业技能提升等。全年卫生健康支出5.27亿元，用于医共体建设、医疗救助、食品药品安全监管和质量安全监管等，支持卫生事业发展。

【深化财政改革】 加强政策研究和财力测算，优化财政支出结构，构建龙游县集中财力办大事财政政策体系。规范公款存放管理，成立县公款存放管理领导小组，制定《关于进一步加强财政专户资金竞争性存放管理的若干意见》，明确财政资金竞争性存放事项，全年实施财政专户资金(含社保风险准备金)竞争性存放3期，招标资金12.50亿元。强化专家评委库动态管理，加强新任评委任前风险警示及廉政谈话。组织全县行政事业单位开展公款存放自查和抽查。开展部门间"最多跑一次"改革试点，聚焦部门间办事堵点，简化办事流程，梳理部门间办事事项清单23项，100%实现"最多跑一次"，其中"零跑"事项6项。探索脱贫帮扶新模式，入驻"政采云"农业(扶贫)馆，借助互联网扩大农产品销售。

【强化财政监管】 举办全县严肃财经纪律规范财务管理培训班，夯实财务管理基础。严把财政支付审核关，全年拒付不规范支出5298万元。加强政府性投资项目审核把关，完成"三算"投资项目1128个、送审金额143.84亿元，净核减资金8.32亿元，净核减率5.8%。注重评价监督，推进资金绩效管理，部署开展县级部门(单位)绩效自评工作。强化债券资金使用情况督查，加快债券资金支出进度。加强扶贫资金监管，出台《关于加强财政扶贫资金管理提升使用绩效的通知》，建立预算下达告知单、项目下达告知单、项目进度催告单"三单"机制，明确资金管理主体责任，加快财政扶贫资金分配，确保县扶贫资金60日内分配到位、70.0%以上用于产业发展项目。用好扶贫动态监控平台，形成全县扶贫资金总台账，对扶贫资金进行追踪式在线监控分析。开展全县乡镇财政管理工作专项检查，强化票据管理制度执行，将项目清单管理的财政资金、村主职干部报酬、村监委主任报酬等纳入乡镇公共财政服务平台，涉及金额1.75亿元。建立国有资产报告制度，首次向县人大常委会报告全县国有资产管理情况。制定《关于重申公务出行经费预算管理规定的通知》，落实政府过"紧日子"要求。从严从紧编制部门预算，严控非刚性、非重点项目支出，对额度20万元以上的部门工作性专项经费，压缩5.0%。

【加强队伍建设】 开展"不忘初心、牢记使命"主题教育，牵头举办"初心大讲堂——颂党恩、学原著、悟原理"朗读会，深入基层开展调查研究，走访企业和部门单位312次，解决实际问题35个。制订《机关党建考核办法》，把机关党建纳入综合考核。举办党务干部(纪检干部)读书班，提升党务干部党建能力、纪检委员监督能力。修订实事量化考核办法和编外人员实事量化考核办法，实行编内编外人员一同考核。开展问责问效，全年运用第一种形态(即谈话提醒、批评教育)问责干部30余人次，做到抓早抓小抓苗头。强化内控机制落实，防范履职风险。深化党风廉政风险防控，制订《关于健全完善两个责任联动机制深入推进清廉财政建设的意见》，强化局党委主体责任与驻局纪检监察组监督责任联动落实。

(龙游县财政局供稿　余敏芬执笔)

常山县

【概况】 2019年，常山县实现地区生产总值150.37亿元，增长6.6%。其中：第一产业增加值8.00亿元，增长1.7%；第二产业增加值63.02亿元，增长5.8%；第三产业增加值79.35亿元，增长8.0%。三次产业结构比为5.3∶41.9∶52.8。按常住人口计算，全县人均生产总值58933元，增长5.7%；城镇居民人均可支配收入39654元，增长8.9%；农村居民人均可支配收入22149元，增长9.7%。全县财政总收入18.94亿元，增长10.8%；一般公共预算收入11.79亿元，增长7.4%；一般公共预算支出55.65亿元，增长18.3%。全年财政收支平衡。

【组织财政收入】 顺应征管体制改革新变化，强化政策研究和数据分析，掌握各项财政收入走势，提高收入预测准确性。加强财源培植，挖掘增收潜力。打造"四大百亿"产业，完善和落实总部经济政策。深化"智汇常山"工程，增强经济发展内生动力，推进创新成果向生产力转化。2019年，全县一般公共预算收入占财政总收入的62.2%、占GDP的7.8%；其中税收收入9.05亿元，增长4.0%，占一般公共预算收入的76.8%。规范非税收入征管，推进非税收入电子化收缴，全年非税收入28.99亿元，增长54.7%，其中纳入一般公共预算管理的非税收入2.74亿元，增长20.2%。

【服务经济发展】 *降低企业成本*。落实大规模减税降费政策，减轻企业负担9761万元；做好拖欠民营企业账款清查工作，推动偿还欠款2793万元。*完善政策供给*。梳理、整合县产业政策，推进出台工业新政"二十八条"，制定"大工业""大服务业""大招商"以及"大人才"等政策，全年兑现涉企专项资金2.06亿元；参与制定工业企业"退散进集"、生态园区企业清退、钙产业整治等政策，优化产业结构，腾出高质量发展空间。*推进产业基金投资及运作*。引导基金投资企业5105万元，促进产业转型升级。*向上争取资金*。全年争取资金21.28亿元，乡村振兴产业发展示范建设项目获省级补助资金4000万元，金色同弓田园综合体建设项目获中央补助资金400万元、省级补助资金1400万元，一事一议美丽乡村建设项目获省级补助资金2000万元。*深化"最多跑一次"改革*。连续3年开展"上门服务至少一次"大走访，汇总调研情况，列出破解难题清单，建立长效机制，累计为民办实事113件。

【保障改善民生】 全县民生支出41.76亿元，增长14.4%，占一般公共预算支出的75.0%。支持乡村振兴。统筹2.92亿元用于打造美丽乡村，加快推进农村人居环境建设；投入6692万元用于农饮水达标提标工程，惠及农村人口29万人；助推慈溪—常山山海协作"消薄飞地"产业园项目落地。加速交通建设。投入5.34亿元用于淳常公路、320国道"二改一"等交通基础设施建设。推进教育文化事业发展。全年教育支出6.93亿元，增长13.3%。投入1.00亿元用于芳村、阁底等乡镇学校迁建扩容，推动城乡教育融合发展；保障和提高教师待遇，教育教学质量奖从人均28000元提升至40000元；安排500万元职业教育专项资金，支持常山工匠学院建设。全年文化旅游体育与传媒支出9873万元，增长13.4%。支持打造省诗词教育基地、24小时"南孔书屋"、浙江书法村，助力常山县成功创建区域推进语言文字规范化县。保障医疗卫生支出。全年卫生健康支出5.46亿元，增长5.6%。投入5557万元用于人民医院二期、中医院异地搬迁、乡镇卫生院提升工程；推进医疗卫生改革，常山县医共体建设经验被列为全省典型。加大社保投入。全年社会保障和就业支出7.61亿元，增长14.8%。安排491万元用于养老服务体系建设，投入540万元用于示范型居家养老服务中心项目。助力脱贫攻坚。投入财政专项扶贫资金7059万元，打好精准脱贫攻坚战。

【推进财政改革】 构建集中财力办大事政策体系。完成常山县2020—2022年财政承受和保障能力情况分析，保留政策项目57项，调整、取消和强化政策项目25项。统筹涉农资金。构建乡村振兴涉农资金统筹整合机制，整合县重点涉农、乡村振兴发展等12类项目和2.24亿元拼盘资金。深化国资改革。依照"1+1+N"组织架构，将24家涉改县属国有企业整合为14家，推进国企市场化转型，挂牌成立常山县城市投资集团有限公司、常山县农村投资集团有限公司；出台"1+10"改革配套制度*；盘活现有资源，建立"三池"*归集运行机制，全年国有资产登记确权率80.0%，调剂资金6.40亿元；成立衢州市金融服务小组，国资公司新增授信金额5.20亿元，新增到位资金2.20亿元。

【规范财政管理】 完善预算管理制度。压减一般性支出，提请常山县人民政府出台县级部门预算调整管理办法，增强预算刚性；实施会议费和培训费总额控制，打造节约型政府。规范政府投资管理。出台政府投资项目契约化管理制度，实现项目封闭式运行；强化政府投资项目全过程监管，严把政府投资项目概算、预算、结算三道关，全年审核项目611个，核减投资支出1.95亿元；完善立项资金来源审批制度，全年审批项目102个，不予立项7个。加强公款竞争性存放管理。全年开展财政资金竞争性存放招标16.80亿元，新增存量资金总收益835万元；指导预算单位开展公款竞争性存放29次，累计招标金额6.33亿元；降低公务接待廉政风险，参与制定"廉政灶"*制度。加强政府采购管理。推进全省政府采购"一张网"建设，全县入驻"政采云"网超供应商88户。推进重点项目绩效评价。实施财政资金绩效自评项目83个，涉及资金8.05亿元，发挥绩效评价对专项资金使用的导向和激励作用。

【加强队伍建设】 开展"不忘初心、牢记使命"主题教育、"警示教育月""党建治理大花园·党员先锋作示范"等活动，强化责任担当。签订《党风廉政建设责任书》，推动清廉财政和清廉队伍建设。选派业务骨干参与县委中心工作、巡察任务等，提升业务能力。举办"最美初心"爱国主题朗诵比赛。组织参加创建省级示范文明县城、社区文明劝导、认领微心愿、慰问困难户等志愿活动800余人次。常山县财政局在2019年度全县机关部门综合考核中蝉联一等奖，受到县委、县政府"十条军规"执行工作通报表彰3次，获"常山县劳动模范集体""衢州市助残先进集体"称号。

（常山县财政局供稿　潘金金执笔）

注：

*"退散进集"：是指以"低散乱"企业、"僵尸"企业、亩均税收万元以下企业等为重点，加快淘汰低效产能，引导企业向工业平台集中集聚，实现规范提升发展，促进资源要素优化配置，推动常山县工业经济高质量发展的一项工作举措。

*"1+10"改革配套制度：是指常山县为推动国资改革而建立的系列制度。"1"即《关于深化常山县国有企业改革的意见》，"10"即《常山县国有企业人事管理办法（试行）》《常山县国有资产管理办法（试行）》《常山县国有企业财务管理办法（试行）》等10项配套制度。

*"三池"：即资金池、资产池和项目池。

*"廉政灶"：是指常山县为乡镇（街道）、县级机关部门到村开展公务活动，因特殊情况无法及时赶回原单位用餐的工作人员，提供工作餐的固定用餐点。

开化县

【概况】 2019年，开化县实现地区生产总值146.80亿元，增长6.5%，其中一产、二产、三产分别实现增加值13.65亿元、52.42亿元、80.73亿元，分别增长2.1%、6.2%、7.7%。三次产业结构比为9.3∶35.7∶55.0。按常住人口计算，人均生产总值57512元，增长5.7%。社会消费品零售总额92.35亿元，增长8.0%。城镇常住居民人均可支配收入37762元，增长9.1%；农村常住居民人均可支配收入19001元，增长9.9%。城镇新增就业人数6002人，城镇登记失业率1.9%。全县财政总收入15.45亿元，增长6.4%，其中一般公共预算收入9.95亿元，增长6.0%。全县一般公共预算支出65.98亿元,增长25.7%。全年财政收支平衡。

【组织财政收入】 建立地方财税收入协调机制,加强税源分析和监控,推进依法征税、信息管税、综合治税。全年一般公共预算收入占财政总收入的64.4%,占GDP的6.8%;其中税收收入7.97亿元,占一般公共预算收入的80.1%。推进非税收入电子化征缴改革,非税收入项目全部接入统一公共支付平台,全年办理缴费业务20万笔,线上缴款累计金额8.17亿元。完善土地出让收支管理办法,规范征地拆迁补偿费、土地储备资金拨付流程和乡镇土地出让金结算办法,挖掘非税收入增收潜力,土地折抵指标收入比上年增加12.88亿元。全年实现非税收入23.02亿元,其中一般公共预算收入中的非税收入1.98亿元。

【支持经济发展】 联合税务部门印发贯彻落实减税降费政策工作方案,宣传减税降费政策内容,落实小微企业普惠性减税、增值税大规模减税、个人所得税改革、社保费减负等减税降费政策,全年减税降费2.37亿元。实施"产业强县"发展战略,完善产业扶持政策,加快政策兑现速度,全年兑现财政扶持政策资金2.57亿元。投入2.51亿元推进城乡建设用地复垦,为经济社会发展腾出空间。参与衢州市区域产业基金组建,完成区域产业基金一期出资5000万元。加强企业应急专项资金管理,发挥应急专项资金作用,为97家企业提供应急周转资金累计8.31亿元。开展"三服务"活动,上门为企业送政策送服务。

【保障民生支出】 全年民生支出52.70亿元,增长22.8%,占一般公共预算支出的79.9%。助力教育现代化创建,增加教师收入,安排资金2.17亿元保障教育建设工程,全年教育支出6.27亿元。统一城乡特困人员基本生活标准为上年度城镇居民家庭人均消费性支出的55.0%,落实困难群体社会保险补贴政策,全年社保支出7.45亿元。推进"健康开化"建设,投入3500万元启动县域医共体建设,全年卫生健康支出4.44亿元,增长26.9%。支持"五水共治""四边三化""三改一拆"和农村污水、垃圾、厕所、庭院"四大革命",筹措2.07亿元开展美丽河湖治理。统筹县级财力安排14.43亿元保障城华快速路(朝阳段)、根缘小镇南大门、小桥头片区改造等重点项目建设。

【助力脱贫攻坚】 安排扶贫资金3223万元用于扶持低收入农户增收,帮扶村产业发展和基础设施建设。助推桐乡山海协作"消薄"飞地落地运行,帮扶91.4%行政村实现集体经营性收入10万元以上。牵头完成开化县光伏小康工程,项目合作期20年内,每年预计分红1400万元,专项用于增加扶贫重点村集体经济收入和增强低收入农户自我发展能力。加强农村综合改革试点项目管理,投入1600万元带动社会力量共建村级公益事业项目78个,投入3160万元实施扶持村级集体经济发展试点项目37个。

【深化财政改革】 加大"四本预算"之间统筹力度,将耕地开垦费、土地开垦费由政府性基金预算转列一般公共预算。优化重点支出资金安排,构建开化县集中财力办大事财政政策体系。扩大上会审查部门预算数量至35个。开展"互联网+政府采购"行动,上线农业(扶贫)馆,154家供应商加入网上超市"全省一张网",通过"政采云"平台开展所有政府采购业务,交易规模2.44亿元。推进财政电子票据管理改革,推广公共支付自助缴款和财政票据按需自主取票,累计使用医疗电子票据1768份。全县所有预算单位和乡镇集中支付业务完成电子化改革。新增管理会计试点企业2家。做好机构改革单位预算经费保障工作,指导涉改单位做好基本支出、项目支出经费的划分调整。开展钱塘江源头区域(开化)山水林田湖草生态保护修复工程国家试点,规范专项资金管理,试点项目总投资28.32亿元,完成年度投资计划的99.0%。

【强化监督管理】 推进财政支出标准体系规范化建设,明确物业管理费、干部教育培训费、数字化档案加工等10项经费支出标准。完善公共财政服务平台功能,全县城乡居民财政补助资金全部通过平台发放。完善国库集中支付动态监控规则设置,对财政资金支付实行全过程监控,拦截有误或违规笔数740笔,涉及金额1.50亿元。以财政政策实施情况和财政资金使用效能为重点,对15个项目开展监督检查。推进"互联网+监管",开展减税降费政策措施实施效果、财政支持脱贫攻坚政策落实情况、预决算公开情况等9个专项监督检查。建立国有资产报告制度,首次向县人大常委会报告全县国有资产管理情况和全县行政事业单位国有资产情况。落实政府过"紧日子"要求,压缩一般性支出5.0%以上。

【加强债务管理】 执行债务管理相关规定,落实化解隐性债务行动方案。加强项目源头管控,提请县政府出台《关于进一步加强政府投资项目管理的实施意见》,加大政府投资项目评审力度。核实入库PPP项目地方政府隐性债务情况,论证项目合规性,规避隐性债务风险。推进国有公司市场化转型,通过增加注册资本3.63亿元、无偿划转有效资产4.03亿元等方式,支持5家县属国有公司发展。

【加强队伍建设】 开展"不忘初心、牢记使命"主题教育,将学习教育、调查研究、检视问题、整改落实贯穿全过程。深化廉政风险防控,落实分管领导和科室负责人"一岗双责"。加强机关党支部标准化建设,加强国有企业基层党组织建设和党员管理。设置内设机构17个,整合规范下属事业机构,明确机构职责。制定督查督办管理办法、临时聘用人员管理办法等内部管理制度,规范管理,提高工作质效。

(开化县财政局供稿 江春笑执笔)

舟山市财政工作

舟山市

【概况】 2019年,舟山市实现生产总值1371.60亿元,按可比价格计算,增长9.2%,增速居全省各市首位。按常住人口计算,人均生产总值116781元。第一、二、三产业增加值分别为146.40亿元、475.53亿元、749.67亿元,分别增长1.3%、17.6%、5.7%,三次产业结构比为10.7∶34.6∶54.7。全社会固定资产投资增长8.6%,其中房地产开发投资增长12.5%,高新技术产业投资增长12.8%。全年规模以上工业实现增加值293.70亿元,增长43.2%,增速居全省各市首位。全市社会消费品零售总额580.60亿元,增长11.4%。港口货物吞吐量5.36亿吨,增长5.5%。外贸进出口总额1371.10亿元,增长20.7%。城镇、渔农村居民人均可支配收入分别为61479元和36784元,增长8.6%和8.8%。全市实现财政总收入230.59亿元,增长5.6%;一般公共预算收入154.86亿元,增长6.1%,其中税收收入107.06亿元,增长5.1%。一般公共预算支出323.36亿元,增长4.8%。市本级财政总收入126.43亿元,增长19.3%,其中市本级一般公共预算收入84.02亿元,增长23.2%。市本级一般公共预算支出127.51亿元,增长6.6%。全市和市本级财政收支平衡。

【组织财政收入】 财税联动组织收入。落实年度财政收入目标,协调全市各区域和各部门的组织收入进度。强化市财政与税务部门、县区财政部门的联动,做好收入预测和执行情况分析,确保财政收入持续增长。加强非税收入征管。加强非税收入源头管控,推动统一公共支付平台应用,全市全年实现政府非税收入277.05亿元,其中纳入一般公共预算收入管理的非税收入47.80亿元。加快土地出让金清算进度,完成市级(含两区)土地清算项目75个。优化收入结构。一般公共预算收入占财政总收入的67.2%,占GDP的11.3%,税收收入占一般公共预算收入的69.1%。

【支持新区建设】 争取政策资金。争取省财政厅代发的新增地方政府债券资金40.00亿元,中央及省海洋发展专项资金14.70亿元,省财政社保调剂金补助12.67亿元。研究中国(浙江)自贸试验区财税政策,向财政部争取低硫船用燃料油出口退税政策。保障重点项目建设。全市完成政府投资272.95亿元,筹措各类建设资金324.62亿元,保障政府重点项目推进。加强政府投资项目全过程造价管理,审核项目577个,审定金额131.62亿元,金额调整率12.4%。配合舟山市甬舟铁路建设指挥部做好甬舟铁路PPP项目投融资工作。

【助推经济发展】 扶持海洋产业。兑现各类扶持资金5.86亿元,重点支持国家战略实施、大宗商品交易、江海联运建设、油品全产业链打造等。打造产业基金2.0版,提升新区财金投资基金市场化投资运作能力,截至2019年年底,财金基金累计在投项目47个,投资额41.80亿元,撬动各类资金340.76亿元;科创基金投资项目21个,投资额1.21亿元。帮扶企业发展。贯彻落实减税降费政策,全市新增减税27.04亿元,社保减负4.75亿元。发挥工业企业应急转贷资金和中小企业专项信用贷款作用,分别发放1.52亿元和8.69亿元。

【保障民生事业】 加大财政民生支出。全市财政民生支出227.17亿元,增长8.0%,占一般公共预算支出的70.3%。全市公共安全、教育、科学技术、文化旅游体育与传媒、节能环保、住房保障等民生事业支出分别为16.27亿元、36.04亿元、7.46亿元、6.19亿元、5.36亿元、10.73亿元。保障基本公共服务,推进公共服务资源全域共享;支持"平安舟山"建设和"扫黑除恶"专项行动;落实各级教育经费保障机制,推进海岛教育全面发展,完善基本公共文化服务体系;支持"创新舟山"建设,推进科技创新能力提升;支持城镇保障性安居工程,支持生态环境保护。完善社会保障体系。全市社会保障与就业支出27.36亿元,医疗卫生与计划生育支出19.12亿元。完善社保管理体系,建立企业职工基本养

2019年中国海洋文化节休渔谢洋大典

老保险风险预警机制;促进就业创业,从失业保险基金结余中提取1.80亿元专项用于支持职业技能提升行动,优化市区残疾人就业保障金分配办法。深化公立医院综合改革,完善公立医院考核机制,建立专项补助与付费购买相结合、资金补偿与服务绩效相挂钩的基层医疗卫生机构补偿新机制。支持城乡一体化发展。全市农林水事务支出57.20亿元、城乡社区支出41.43亿元,重点支持美丽乡村、治水治污、城乡环境综合整治等,保障"菜篮子"平稳供应。

【深化财政改革】 推进部门预算管理改革。深化部门预算管理,启动市级部门公用经费改革,编制市本级政府三年滚动财政规划,完善财政存量资金动态盘活和定期清理长效机制,减少资金沉淀。推动区域财政体制改革。制定新一轮市区财政管理体制,引导县区经济实现高质量发展。出台新一轮新城管委会财政管理体制,加强区域统筹及资源集约配置。深化"最多跑一次"改革。推进部门间"最多跑一次"改革,实现"最多跑一次"事项58项,办事材料精简37%,办事时间压缩40%。开展"三服务"活动,全年累计服务部门1444次,服务企业455次,累计服务4773人次。做好财政机构改革。做好市级机关机构改革经费保障和财务管理工作,明确改革期间经费保障责任、财务管理要求、会计责任主体"三不变"原则,加强涉改单位国有资产清查移交和监督管理。完成局内机构改革工作,做好财政局下属参公、事业单位的职能、类别调整及更名,保障全局工作运行顺畅。推进"数字财政"建设。深化国库集中支付制度改革,实现部门预算支出审核"一次都不用跑";完成财政(医疗收费)电子票据管理平台上线运行,全市开具医疗收费电子票据100余万份;优化政府采购营商环境,深化"政采云"平台应用,全市交易额15.29亿元,增长154.8%。强化国有资产管理,完成"资产云"上线运行,全面覆盖市本级行政事业单位。

【强化财政监督】 全面实施预算绩效管理。开展市级2019年预算绩效目标审核和预算项目绩效跟踪监控工作。健全专项资金全过程预算绩效管理机制,对9个周期届满的专项资金进行综合绩效评价。强化债务管理。规范地方债务的举借、使用、偿还等行为,通过做大可偿债财力、严控一般性支出、规范政府投资项目管理等,保持全市政府债务率在中低风险水平。推进防范化解政府隐性债务风险工作,落实化债方案。

【加强队伍建设】 开展"不忘初心、牢记使命"主题教育活动。抓好学习教育、调查研究、问题检视、落实整改等。深化"清廉财政"建设。出台舟山市清廉财政建设实施方案,构建清廉财政建设长效机制。加强干部能力建设。调整机构改革后中层干部配置,公开选拔优秀年轻干部,组织开展一般干部岗位双向选择。举行各类研讨班、业务骨干和基础实务培训班,提升干部综合素质和履职能力。开展财政文化建设。组织"减税降费""逐梦新时代,奋进新征程"系列宣传活动,助力文明城市创建活动,组织各项志愿活动20次,募集志愿服务1480余人次,服务时长2500小时。

(舟山市财政局供稿　郑舒悠执笔)

定海区

【概况】 2019年,舟山市定海区实现地区生产总值564.50亿元,按可比价计算,增长6.7%。按户籍人口计算,人均地区生产总值141655元,增长6.0%。第一、二、三产业增加值分别为10.70亿元、220.70亿元、333.10亿元,分别增长2.0%、8.1%、6.0%。三次产业结构比为1.9∶39.1∶59.0。社会消费品零售总额233.65亿元,增长7.6%。全区居民人均可支配收入58193元,增长8.8%,其中城镇常住居民和渔农村常住居民人均可支配收入分别为67352元和36825元,分别增长8.8%和8.6%。全区财政总收入53.58亿元,增长0.4%,一般公共预算收入33.08亿元,增长4.1%。一般公共预算支出48.45亿元,增长7.0%。全年财政收支平衡。

【组织财政收入】 提高收入质量。2019年一般公共预算收入占财政总收入的61.7%,增长2.2个百分点,占GDP的5.9%,增长0.1个百分点;税收收入26.00亿元,增长3.9%,占一般公共预算收入的78.6%。加强税收征管。成立区综合治税联席小组,定期组织全区治税联席小组工作会议,测算全区税收情况。加强对重点税源行业的财源建设分析。强化非税一体化收缴。强化财政票据管理,完成财政票据"双随机、一公开"检查工作,提高非税收入质量与征管效率。全年完成非税收入7.29亿元,其中纳入一般公共预算管理的非税收入7.08亿元,增长13.3%。

【打好三大攻坚战】 加强债务风险防控。按月确认地方债务,全面掌握全区债务总量及变动情况。实施防范化解政府隐性债务风险专项行动,完成年度政府隐性债务化债目标。向上争取政府债券,获得再融资债券17.20亿元,首获新增专项债券7.00亿元,缓解基础设施建设融资压力。强化精准扶贫资金保障。投入东西部扶贫协作、援疆援藏资金1107万元,落实对口支援、东西部扶贫协作的决策部署。加大对口扶贫资金保障力度,投入5964万元支持消除集体薄弱村,增强村集体自我发展能力。推进生态文明示范创建。加快治水治污、环境监管能力建设,落实主要污染物排放财政收费制度,助力蓝天、碧水、净土、清废四大行动。

【助力经济发展】 梳理修订扶持政策。代拟《关于促进民营经济高质量发展的实施意见》,支持税源企业做大做强。加大稳商资金扶持。加大对企业的政策兑现力度,全年兑现实体经济发展扶持资金1.87亿元。落实涉及小微企业及重点群体减税降费政策,累计减免各类税费6.05亿元。培育发展新动能。推进全区招商引资工作,投入145万元用于招商引资奖励,落实《定海区招商引资绩效考核办法》政策。扶持企业上市和并购重组,完成沪航物联新三板挂牌。支持定海海洋科学城、海洋文化产业园、粮油产业园区建设，提升区域核心创新力和成果转化率。缓解企业融资难。发挥区级转贷资金作用，全年为464家企业提供应急转贷资金60.86亿元。健全政策性融资担保体系，改善小微企业和“三农”融资环境。实施“定海蓝海育苗基金”合作计划和“兴业育苗基金”信贷合作项目，推进海洋农商银行、杭州银行等金融机构向全区13家中小企业发放贷款5165万元。

【重点保障民生】 全年财政民生支出32.09亿元，增长2.4%，占一般公共预算支出的66.2%。兜住社会保障底线。全年社会保障支出2.73亿元，其中投入7231万元帮扶困难群众、残疾人等特殊群体。保障城乡居民及被征地农民养老保险金，提高保障支出标准。健全养老服务体系，打造示范型居家养老服务中心3家。提升医疗保障水平。全年医疗卫生支出2.77亿元，提高城乡居民基本医疗保险筹资标准及基本公共卫生服务水平，实施困难群体医疗救助。支持优质医疗资源下沉，推动区域医共体建设。支持教育事业发展。全年教育事业支出6.30亿元。支持定海六中等现代化校园建设。提高生均公用经费标准，加大教育保障力度。推进乡村振兴战略。全年农林水事务支出8.73亿元。强化农村基础设施建设，提升防洪排涝和供水能力。完成一事一议财政奖补项目立项41个，推进美丽乡村建设。定海区入选2020年度全省农村综合改革试点。支持构建公共文体服务体系。筹措资金举办“唱响定海”“神行定海山”等文体活动，提升全区文化软实力。

【深化财政改革】 推动“资产云”上线，优化“政采云”应用，全线贯通政府采购电子交易平台系统，全年共受理、审核各类政府采购建议书4190起，“政采云”平台交易额2.46亿元。完善财政体制机制。构建集中财力办大事财政政策体系，完善市区财政管理体制。健全街道预决算工作机制，城东街道、马岙街道预算首次提交区人代会审议。细化一般公共预算等“四本”预算草案功能科目到项级，提高预算编制精细化水平。全区11个镇街全部达成省级规范化乡镇财政所评定。

【财政监管精细化】 盘活财政存量资金。定期报告财政存量资金，加快预算结转结余资金的执行进度，全年盘活存量资金12.17亿元，盘活率97.4%。强化政府投资项目管理。完善造价编审系列规章制度，规范社会中介机构参与。自主研发网上申报系统，并在市内率先运行，实现送审资料无纸化。全年完成审定项目1345个，送审金额56.86亿元，审定金额53.27亿元，净核减3.59亿元，核减率6.3%。细化专项检查和绩效评价。开展会计信息质量专项检查4次、残疾人“两项补贴”等专项检查6次。开展农渔业产业化扶持专项资金等项目绩效评价工作23项。落实新《政府会计制度》实施。做好全区行政事业单位财务人员业务培训工作，实现新旧政府会计制度转轨。

【加强队伍建设】 做好巡视整改。建立整改清单，明确责任人员和整改期限，落实巡视反馈提出的6个方面16个问题。推进“不忘初心、牢记使命”主题教育。通过自学、领学、视频学等形式深入学习贯彻习近平新时代中国特色社会主义思想，组织召开专题学习会、专题党课、民主生活会等。落实党风廉政建设。全面落实从严治党主体责任，通过开展勤政廉洁谈话、签订廉政责任状、实行“一岗双责”制度，加强作风建设。打造学习型机关，提高干部素质。制订实施年度干部培训计划，组织开展集中培训、财政干部论坛等活动。加强干部梯队建设，提拔年轻中层副职6名。局班子成员开展课题调研，牵头完成调研报告6篇。

（舟山市定海区财政局供稿　王哲烨执笔）

普陀区

【概况】 2019年，舟山市普陀区实现地区生产总值444.49亿元，按可比价格计算，增长6.6%；按户籍人口计算，全区人均生产总值140407元，增长7.2%。第一产业增加值62.18亿元，增长5.0%；第二产业增加值127.11亿元，增长10.6%；第三产业增加值255.20亿元，增长5.0%。三次产业结构比为14.0∶28.6∶57.4。全区财政总收入42.73亿元，增长5.4%。全区一般公共预算收入29.62亿元，下降5.1%（上年全区一般公共预算收入31.23亿元），其中本级一般公共预算收入25.93亿元，下降6.5%（上年本级一般公共预算收入27.74亿元）。全区税收收入24.10亿元，下降6.9%（上年全区税收收入25.88亿元）。全区一般公共预算支出（含上级转移支付支出）66.21亿元，增长8.1%，其中本级一般公共预算支出41.81亿元，增长12.2%。全年财政收支平衡。

【组织财政收入】 围绕收入目标分解落实责任，强化财税联动机制，定期召开联席会议，互通信息，掌握收入形势。督促镇、街道及经济产业平台落实工作清单税收任务。加强政策研究，提升招商引税针对性，以“亩产税收”为导向，挖掘、培植后续财源。2019年，一般公共预算核减2.64亿元。全年一般公共预算收入占GDP的6.7%，占财政总收入的69.3%；税收收入占一般公共预算收入的81.4%。规范非税收入征管，依托收缴电子化管理系统确保应收尽收。全年实现非税收入6.43亿元，增长4.2%，其中纳入一般公共预算收入的非税收入5.48亿元，增长3.7%。

【落实“过紧日子”方针】 除机制性项目外，2019年政府性专项及各单位部门预算专项在年初预算安排额度基础上压缩5.0%；部门预算中的业务招待费在年初预算安排数基础上压缩10%，2019全区“三公”经费支出压缩6.6%。加强财政结转结余资金管理，全年盘活存量资金1.53亿元，收回部门两年以上结余资金3442万元。

【服务经济发展】 拨付产业扶持资金1.49亿元,其中工业发展扶持资金5364万元,推进信息化技术、智能装备、现代管理模式应用;航运业扶持资金2374万元,惠及航运企业、单船及分公司235家;旅游扶持资金1921万元,推动海洋旅游产业发展;服务业发展扶持资金3179万元,促进开放型经济发展。支持数字经济,推进数字海岛*、"海鲜e街"*等建设。加强产业引导基金管理,基金完成投资目标并退出项目2个。支持全省大花园典型示范建设,拨付建设资金13.28亿元,推进全国文明城市创建、安置小区建设、老旧小区改造、百里滨海大道等重点工程。落实减税降费政策,减轻企业税负5.30亿元,向361家困难企业返还社保费2042万元,减免17家单位城市基础设施配套费601万元。支持企业投保出口信用保险,扩大中小企业出口信用保险覆盖面,按投保保费给予20.0%补助。

【服务社会民生】 全年本级民生支出32.26亿元,增长10.2%,占本级一般公共预算支出的77.2%。其中教育支出4.76亿元,推动民办教育发展,支持民办转公办。安排卫生健康支出2.38亿元,完善医共体药品采购管理机制,健全基层医疗机构财政补偿机制。安排社会保障和就业支出6.01亿元,支持养老服务机构能力提升,推进区残疾人托养中心建设。安排科技支出4309万元,支持院企合作推动科技创新。安排文化旅游体育与传媒支出7204万元,推动文旅融合,扶持文化产业发展。安排农林水支出5911万元,支持国家绿色渔业实验基地创新中心、省级渔业转型发展先行区、省级农业绿色发展先行县(区)创建,支持省级田园综合体二期开园。

【推进财政改革】 制定《普陀区集中财力办大事财政政策体系方案》,建立集中财力办大事政策体系。实行三年滚动财政规划编制,试点编制主管部门汇总预算。规范乡镇财政管理,完善乡镇公共服务平台建设,100%创建省级规范化乡镇所。深化财政专项资金管理,区级专项资金纳入2019年财政专项资金管理清单19项。推进政府采购改革。完成网上超市"全省一张网",入驻本地供应商342家。取消并清退政府采购招投标保证金1360万元。启用政府采购招投标电子交易系统,上线会议培训、物业、车辆维修等定点采购项目。全年"政采云"交易15143笔、金额2.01亿元,使用率100%。启动公益二类事业单位政府购买服务试点,推进区委宣传部购买"今日普陀"报发行服务项目。全年33家预算单位执行购买服务事项102个,购买金额8371万元。推广应用统一公共支付平台,新增渔业资源增值保护费、消防罚没收入、公共租赁房屋租金3项个人缴费业务,上线医疗收费电子票据系统,新增公共支付自助机智能POS刷卡支付全市通缴功能。上线行政事业单位房地产集中管理信息化平台,提高管理效率。推进国库集中支付改革,开展国库库款拨款影像化试点,启动区会计核算中心审核退出试点。推进部门间"最多跑一次"改革,34项事项中实现"最多跑一次"27项。

【加强财政监管】 提升资金绩效。推进全面预算绩效管理,出台《关于全面落实预算绩效管理的意见》。纳入预算绩效管理项目65个,全部实行预算绩效目标运行跟踪监控。规范公款竞争性存放,成立区级公款竞争性存放领导小组,制定议事规则。全年开展公款竞争性存放招投标4期,招标资金10.55亿元。探索涉农资金统筹整合长效机制,将18个涉农专项资金整合为5个。加强政府投资项目管理,完善政府投资项目造价审核管理制度,完成造价审核572个,净核减3.50亿元,净核减率8.1%。防范化解债务风险。完善全口径债务预算管理,规范各类举债行为,编制全区2019年债务计划,实行国有企业债务计划总额管控。根据地方政府隐性债务五年化债计划,完成年度化债任务。向市级争取可偿债财力,调整部分区域市区土地出让金结算机制,降低债务率13.0%。近3年首次争取到新增债券7.00亿元,其中一般债券3.00亿元、专项债券4.00亿元,每年可降低区级融资成本1700万元。

【加强队伍建设】 深化机构改革,财政局挂"舟山市普陀区人民政府国有资产监督管理办公室"牌子。整合调整内设机构及下属事业单位职能。落实党风廉政建设责任制,履行"三重一大""三会一课"、民主生活会、组织生活会等制度,开展党委理论学习中心组集中学习15次。针对"8+1"正风肃纪专项整治等事项,召开党委会议17次。加强内控管理,出台清廉财政建设方案。开展"不忘初心、牢记使命"主题教育,举办迎国庆"传承文明,展现活力,建功新时代"趣味运动会、财政国资系统"读习近平总书记的书"读书宣讲会等活动。开展志愿服务活动,全年人均参与创城志愿服务12次。开展"三服务",走访企业和基层35处,解决各类问题40个。

(舟山市普陀区财政局供稿 唐 伟执笔)

注:

*数字海岛:以蚂蚁、东极等海岛为示范,突出海洋海岛保护开发,重点推进旅游产业、公共服务和社会治理的数字化建设。

*"海鲜e街":依托互联网信息系统,综合运用大数据平台等手段,促进沈家门海鲜夜排档线下线上融合,实现营销、管理及服务数字化。

岱山县

【概况】 2019年,岱山县实现生产总值248.30亿元,增长22.7%,其中:第一产业增加值39.52亿元,下降6.1%;第二产业增加值120.31亿元,增长52.9%;第三产业增加值88.47亿元,增长6.3%。三次产业结构比为15.9∶48.5∶35.6。人均生产总值(户籍口径)139783元,增长24.6%。全社会固定资产投资增长12.2%。社会消费品零售总额89.10亿元,增长8.7%。全县城镇常住居民人均可支配收入54562元,增长8.7%;渔农村常住居民人均可支配收入36903元,增长9.0%。全县财政总收入26.24亿元,增长5.5%(上年剔除鱼山海域一次性入库后的财政总收入为24.88亿元),其中一般公共预算收入17.60亿元,增长5.0%(上年剔除鱼山海域一次性入库后的一般公共预算收入为16.76亿元),占财政总收入的67.1%,占GDP的7.1%。税收收入13.85亿元,增长5.0%,占一般公共预算收入的78.7%。一般公共预算支出50.90亿元,增长8.8%(上年剔除鱼山海域一次性支出后的一般公共预算支出为46.78亿元)。当年财政收支平衡。

【组织财政收入】 加强与税务机构联动。做好重大项目税收落地工作,掌握税源结构分布及增减变动情况,做好“减税降费”、财政体制分成调整等新情况下的财税收支分析预测。地方税收收入中,主体税种完成7.48亿元,增长4.8%,对地方税收和地方财政贡献率分别为54.0%和42.5%;资源税等其他税种完成6.37亿元,增长5.2%,对地方税收和地方财政贡献率分别为46.0%和36.2%。组织非税收入征管。落实“收支两条线”规定,强化非税收缴监管,完善收费目录清单制度,推行常态化公开,建立基础数据库,发挥收缴信息系统动态监控功能。加强社保基金账户管理,制订定期存款计划,实现基金保值增值。全县非税收入21.72亿元,下降6.1%,其中纳入一般公共预算管理的非税收入3.76亿元,下降65.8%。

【支持发展建设】 集中财力支持国家战略建设。向上争取资金28.46亿元,增加4.23亿元。支持国家战略和重大项目实施,投入资金2.33亿元,保障舟山绿色石化基地安全生产、医疗卫生和社会治安等工作开展。投入资金6.31亿元,助力对外大通道建设,保障宁波舟山港主通道、526国道岱山段改建、燕窝山陆岛交通码头等工程推进。助力大花园建设。投入资金3350万元,建设新渔农村和森林岱山,打造一批美丽乡村精品村、A级景区村庄。投入治污治水资金8752万元,助力清废、净土行动,开展“污水零直排区”“品质河道”等建设。安排旅游发展专项经费1500万元,支持县重点旅游项目、秀山旅游、渔农家乐、海洋文化节等文旅建设。助推实体经济发展。落实减税降费政策,全年减免各类税费4.14亿元。出台《岱山县中小企业专项信用贷款财政支持办法》,引导信贷资金向中小企业倾斜,降低贷款利率,发放中小企业专项信用贷款88笔,贷款金额1.63亿元,惠及企业85家。加大建筑业、服务业、航运业、集装箱等岱山特色行业扶持力度,拨付企业财政奖励补助3151万元。发挥财政资金应急救济作用。解决台风后农业生产自救和灾后重建工作资金紧缺问题,推广省农业信贷担保公司推出的“浙里担—救灾贷”,帮助20家农业经营主体申请贷款364万元。

【增进民生福祉】 全年民生支出37.06亿元,增长9.2%,占一般公共预算支出的72.8%。支持教育公平发展。全年教育支出5.07亿元,增长5.4%。投入4500万元加强东沙中学、岱山中学、高亭小学、岱西镇中心幼儿园等校园建设。加大家庭经济困难学生资助力度,发放助学金121万元。推动公共卫生服务发展。全年医疗卫生支出3.57亿元,增长10.2%。投入保障经费8712万元助力公立医院改革,推进基本建设、设备提升、人才培养、公共卫生等工作。加大弱势群体社会保障和救助力度。全年社会保障支出5.96亿元,下降14.1%。发放残疾人“两项补贴”*资金1448万元、老年渔民生活补贴及渔民社保补贴3163万元;发放失业人员失业保险金和医疗补助金、灵活就业人员社会保险补贴1737万元。丰富群众文化生活。投入海洋文化基金1454万元,加大公益性文体设施建设力度,支持“十百千”工程*等公共文化事业发展。推进乡村振兴。实施“一事一议”财政奖补项目41个,总投资2986万元,合计争取财政资金2010万元,受益群众3.8万人。

【深化财政改革】 深化预算管理改革。推进财政重点支出项目绩效评价工作,做好预决算公开,108家预算单位全部向社会公开预算信息。推进“最多跑一次”改革。实现辖区内电子缴款全覆盖,42家行政事业单位92项收费实现电子化运行,收缴非税收入6.51亿元。3家县级公立医院财政(医疗收费)电子票据管理平台上线运行,开具医疗收费电子票据50.2万份。推广“政采云”平台。助力打造网上超市“全省一张网”,平台交易规模1.70亿元,增长32.9%。全年节约资金1912万元,节约率10.1%。

【强化监督管理】 强化债务管理。掌握各部门债务增减情况,加强乡镇债务监管,防范债务风险。完成年度隐性债务化解计划目标的256.7%。加强项目库建设管理。规范“森林岱山”建设、现代渔农业、一事一议财政奖补等项目库管理。出台《岱山县财政农业专项资金项目库管理暂行办法》《岱山县一事一议财政奖补项目库管理办法》,全县38个农口项目列入2020年财政项目库。健全公款存放机制。强化监管问责,实时公布招标、中标公告,全年开展公款竞争性存放7期共32.26亿元,比上年增加20.42亿元,增长172.4%,存款年收益增加543万元,增长8.8%。把好政府投资项目造价审核关。全年完成项目审核203个,审定金额20.42亿元,净核减5659万元,净核减率2.7%。出台《岱山县公建项目(建筑)建设标准指引(暂行)》,退回指标超标项目26个,涉及资金1.55亿元。加强行政事业单位国有资产管理。规范行政事业单位房产出租出借、处置报批报备等手续,130余家行政事业单位上线使用“资产云”。全年审批行政事业单位房产出租9次,出租面积1528平方米,入库出租收入113万元。

【强化党建引领】 开展“不忘初心、牢记使命”主题教育。推动学习与实践相结合,为20家企业送服务送政策,解决问题22个;调研全县74个村,开展现场指导。加强基层党组织建设。完善基层党建网络,改选党支部。发挥党支部直接教育党员、管理党员、监督党员作用。坚持国企党建引领,全县85家国有企业全部将党建工作纳入公司章程。倡导职业精神选贤任能。鼓励干部参加职称考试,全局取得公职律师、资产评估师职业资格以及会计师、审计师、经济师等中级职称7人次。

(岱山县财政局供稿 徐 华执笔)

注:

＊残疾人"两项补贴":即困难残疾人生活补贴和重度残疾人护理补贴制度。

＊"十百千"工程:指全省完成10个公共文化服务重点县、100个公共文化服务重点乡镇(街道)和1000个公共文化服务重点村(社区)。

嵊泗县

【概况】 2019年,嵊泗县实现地区生产总值114.00亿元,按可比价格计算,增长6.5%。其中,第一产业增加值33.90亿元,增长5.1%;第二产业增加值19.60亿元,增长10.5%;第三产业增加值60.50亿元,增长6.0%。三次产业结构比为29.8∶17.1∶53.1。按户籍人口计算,全县人均生产总值152442元。全年实现财政总收入11.39亿元,增长14.1%。全县一般公共预算收入7.80亿元,增长8.3%。全县一般公共预算支出30.29亿元,增长7.7%。全年财政收支平衡。

【组织财政收入】 加强与税务部门沟通协作,建立地方财税收入联动协调工作机制,把握组织收入力度、进度和节奏。加大招商引资工作力度,发挥部门、乡镇职能优势,形成"开源增收"合力,促进财税增收。2019年,全县一般公共预算收入占GDP的6.8%,占财政总收入的68.5%,其中税收收入4.85亿元,增长16.4%,占一般公共预算收入的62.1%。规范非税征管,依托统一公共支付平台构建一体化收缴体系,提升收缴效率。全县非税收入5.71亿元,增长54.7%,其中纳入一般公共预算管理的非税收入2.95亿元,下降2.8%。

【支持经济发展】 加大对企业的扶持及政策倾斜,2019年安排小微企业发展专项资金630万元,用于扶持、奖励小微企业加大区域品牌建设、技术改造、产品研发、电商发展等项目,促进民营企业高质量发展。贯彻落实减税降费政策,2019年全县减免各类税费2.26亿元。推进融资担保体系建设,与省再担保有限公司签订3.00亿元再担保协议,为小微企业和"三农"提供政策性融资担保服务,缓解小微企业融资难融资贵问题。修订《嵊泗县中小企业融资担保管理办法》,规范县级政策性融资担保流程,2019年共转贷1.23亿元、信用担保1810万元。推进文化旅游深度融合,推进省级全域旅游示范县创建。2019年安排旅游发展专项资金5500万元,用于景区建设、全域旅游创建、旅游品质等软硬件提质,推动旅游产业提档升级。

【保障民生需求】 全年民生支出22.30亿元,增长9.0%,占一般公共预算支出的73.6%。农林水事务支出7.90亿元,城乡社区支出4.13亿元,重点支持A级景区和景区村庄建设、污水零直排区建设、美丽乡村建设、助推乡村振兴战略。公共安全支出1.47亿元,增长1.9%,支持"平安嵊泗""扫黑除恶""全域夜不闭户""全域无毒"品质创建。教育支出2.77亿元,增长8.3%,支持各级各类教育均衡发展,推进美丽校园、数字化校园(智慧校园)和中小学专用教室提升等建设。文化旅游体育与传媒支出7700万元,增长1.7%,完善基本公共文化服务体系,促进文化体育事业发展,推进文旅产业融合。社会保障和就业支出1.92亿元,增长2.4%,完善城乡居民社会保障体系,支持社会就业创业,提升精准扶贫、精准脱贫成效。卫生健康支出2.27亿元,增长11.3%,助力医共体建设,制定《嵊泗县基层医疗卫生机构补偿机制改革实施细则》,建立整合型医疗卫生服务体系,打造"健康嵊泗"升级版。

【深化财政改革】 构建集中财力办大事财政政策体系,提出2019—2022年的财政收支政策和重大项目资金安排,编制中(长)期财政规划。推进财政数字化转型,完成国库集中支付电子化改革,出台《嵊泗县县级财政国库集中支付电子化管理暂行办法》和《嵊泗县县级国库集中支付实拨业务电子化管理暂行办法》。加快非税收入收缴电子化改革,启用非税收缴公共支付自助机,实现支付宝、刷卡自助收缴。推进财政电子票据管理改革,将医疗收费电子票据纳入改革试点。加强乡镇财政管理,做好新一轮乡镇财政体制管理和结算工作。推进乡镇规范化财政所和公共服务平台建设,全县7个乡镇财政办均被评为省级规范化财政所(办)。深化国资国企改革发展,落实《关于加强县属国有企业职工薪酬管理的指导意见》,完善工资与效益联动机制,实行工资总额预算管理。制定《关于进一步推进县属国有企业改革的实施意见》,加快资产确权,对部分企业进行改制和股权划转。

【强化财政监管】 推进预算绩效管理工作,对上一年度县级部门预算专项开展预算绩效自评,涉及县级部门40个,项目120个,财政资金1.18亿元。开展绩效再评价,涉及单位12个,金额1285万元。开展2019年度财政支出绩效运行跟踪监控工作,涉及部门38个,项目122个,申报财政资金1.35亿元,覆盖面100%。做好公款竞争性存放工作,2019年开展公款竞争性存放2期,存放资金3.10亿元。构建政府采购政策体系,深化"政采云"平台应用,推广"全省一张网",推进政府采购项目电子交易贯通工作。

【加强队伍建设】 开展"不忘初心、牢记使命"主题教育。探索新常态下党员干部理论学习教育长效机制,落实"三会一课""主题党日活动"、组织民主生活会等基本制度。培育机关文化,抓好蓝海读书社、篮球队、足球队等兴趣团队建设。组织参与"慈善一日捐""义务献血""志愿服务"等各类活动。加强干部素质建设,开展各类专题教育培训,组织业务骨干参与县委中心工作、巡察任务等,提升政治站位,强化业务能力。

(嵊泗县财政局供稿　陈　媛执笔)

台州市财政工作

台州市

【概况】 2019年,台州市实现生产总值5134.05亿元,按可比价格计算,增长5.1%。其中:第一产业增加值282.08亿元,增长1.0%;第二产业增加值2339.90亿元,增长3.6%;第三产业增加值2512.07亿元,增长6.9%。三次产业结构比调整为5.5∶45.6∶48.9。按常住人口计算全市人均生产总值83555元,增长4.8%。全年固定资产投资总额增长10.7%。社会消费品零售总额2562.58亿元,增长8.3%。全年外贸进出口总额1700.08亿元,下降2.1%。其中:出口总额1565.15亿元,增长2.2%;进口总额134.93亿元,下降34.3%。城镇常住居民人均可支配收入60351元,增长8.3%;农村常住居民人均可支配收入30221元,增长9.4%。全市财政总收入729.83亿元,下降2.1%。全市一般公共预算收入438.50亿元,增长1.7%,占财政总收入的60.1%,占生产总值的8.5%。全市一般公共预算支出770.33亿元,增长17.8%。市本级财政总收入67.56亿元,增长10.8%。市本级一般公共预算收入37.30亿元,增长21.0%。市本级一般公共预算支出121.31亿元,增长29.5%。全市及市本级财政收支平衡。

【依法组织收入】 组织财政收入。针对经济下行、复杂外贸环境、大规模减税降费、房地产市场波动以及第9号台风直接登陆等因素影响,建立地方财税收入协调机制、财政税务协作制度,加强与税务部门配合,加大耕地占用税等小税种征管力度,全年税收收入363.70亿元,下降3.3%。组织非税收入。强化非税收入管理,挖掘增收潜力。全年实现非税收入917.63亿元,增长50.1%,其中纳入一般公共预算收入管理的非税收入74.80亿元。

【支持经济发展】 落实大规模减税降费政策。组织开展"千名财政干部进千企"活动,按照"第一时间+顶格优惠+叠加享受"原则,设计"送讲辩赛"载体,通过汇编《财税政策工具箱》、在台州交通广播电台设立"财知道"栏目、借助网络直播举办"与高级会计师对话"、联合市税务局等4家单位举办减税降费知识辩论大赛等形式,宣传减税降费相关政策,受到财政部肯定。配合相关部门阶段性降低失业保险和工伤保险费率,调整个体工商户和灵活就业人员缴费基数。落实困难企业社保费返还政策,全年累计返还困难企业失业保险基金12.80亿元。加大重点产业扶持力度。围绕"七大千亿级产业集群"培育,梳理相关产业政策,出台财政支持高质量发展若干意见。加快产业基金实质性运作,设立转型升级产业基金和优化升级产业基金母基金2支、子基金26支,累计投资43.77亿元,带动社会资本投资2000余亿元。加强产业基金的顶层设计和系统谋划,出台台州市优化升级产业基金2.0版实施方案。推进小微企业信用保证基金运作,建立健全政府性融资担保体系,为小微和"三农"企业提供信用担保服务。重点建设政采云"台州精品馆""扶贫馆"。通过平台扶持区域产业、推介台州制造(精品),实现政府采购政策功能。全年实现1100余家企业进驻。

【保障民生支出】 全年民生支出583.51亿元,增长18.2%,占一般公共预算支出的75.7%。保障办好民生实事。筹集"利奇马"台风灾后救灾资金14.40亿元,保障群众基本生产生活和灾后重建。安排公交发展专项资金3.75亿元,重点支持公交福利优惠、清洁能源公交车购置等。争取中央、省级保障性安居工程补助资金2.31亿元,全市统筹安排财政资金84.26亿元,支持城镇保障性安居工程建设。建立年度为民办实事项目统筹联动资金保障机制。推进教育文化事业发展。全市教育支出147.31亿元,增长9.5%,占一般公共预算支出的19.1%,高于全省平均占比1.5个百分点。支持普通高中特色化多样化发展、职业教育提质培优等;支持高等教育跨越式发展;保障义务教育经费,推动义务教育优质均衡发展;落实学前教育3年行动计划,促进学前教育升等级上水平。全市文化体育与传媒支出11.88亿元,增长2.8%。加大文化和旅游投入,全市统筹安排文化旅游发展专项资金3.94亿元,提升基本公共服务水平。支持社会保障事业发展。全市社会保障和就业支出94.94亿元,增长42.7%。提高城乡居民基础养老金的补助标准至180元/人·月,提高基本公共卫生服务财政补贴标准至69元/人·年。调整残疾人城乡居民基本养老保险个人缴费代缴政策,将三、四级残疾人纳入代缴范围。支持乡、镇(街道)示范型居家养老服务中心建设,加大公立养老机构建设力度,提升养老机构服务质量。按照国家职业技能提升三年行动计划(2019-2021年),全市筹措资金7.58亿元,支持多层次职业技能培训。保障卫生健康事业发展。全市卫生健康支出60.59亿元,增长17.6%。配合卫计委完成公立医院考核和药品采购方面的考核,落实公立医疗机构药品集中采购工作方案,建立相关机制,实现医药差价转入财政社保账户后经卫生健康委批准再返还至原单位。分配医疗卫生专项资金3批,共计1.7亿元。兑现市级公立医院院长(党委书记)年薪制资金。配合市医疗保障局起草《台州市公立医疗机构药品联合采购工作方案》,参与基本医疗保险总额控制管理和DRGS付费方式改革。助力农民增收。安排财政专项资金4.69亿元,推动农业现代园区、特色农业强镇和美丽田园综合体建设,支持村级公益事业发展。安排专项经费9957万元,用于防控非洲猪瘟、保障生猪生产。

【深化财政改革】 构建集中财力办大事政策体系。对今后四年(2019—2022年)的财力和支出能力进行测算,研究预算安排,重点支持“三大攻坚战”、深化“最多跑一次”改革、实施加快培育发展新动能行动计划、传统产业改造提升行动计划、“四大”建设行动计划、乡村振兴战略行动计划等省市各项中心工作,形成集中财力办大事政策体系规划。开展土地储备出让预算管理制度改革试点,推进国有资产管理报告改革,盘活“三资”存量(资金、资产、资源)。深化“最多跑一次”改革。对接市“最多跑一次”改革办公室、大数据管理中心等部门,在台州市机关内部“最多跑一次”服务平台公开37项部门间办事事项的办事指南和流程图,其中29项已开通网上办事功能。推进医疗领域电子票据试点改革,破解老百姓看病“排队长、报销慢、监管难、成本高”等问题。推进资金管理电子化。在全国地级市首先实现公款竞争性存放网上招标,构建公开、透明和规范的财政资金存放管理择优机制。打造产业奖补政策兑现一网通兑平台,实现财政奖补政策“零次跑”。起草《医疗卫生专项资金管理办法》,加强医院资产管理,与卫计委等部门联合印发《台州市级医院报废处置固定资产实施细则》。

【加强财政监管】 强化债务风险防控。执行省委、省政府“三个不得立项”政策,明确新建政府性投资项目由财政部门出具债务风险评估报告,强化源头管控,遏制新增隐性债务。依托财政部债务监测系统,每月实时催报、录入债务数据,实现全过程监测。推动融资平台转型,做好存量债务化解工作,完成全年化债计划的101.1%。规范推进PPP模式。加强项目入库管理,严格新入库项目申报审查,全市入库项目66个,入库金额1372.00亿元,入库项目数和投资额均居全省第二。组织温玉铁路PPP项目“一案两评”专家评审和部门联审,全程指导温玉铁路PPP项目进入财政部项目库。规范在建项目管理,及时跟踪、更新项目库信息,追回实施不规范的PPP项目中央财政奖补资金800万元。强化社保基金风险管控。加强社保基金预算执行管理,分析研判支付风险,预测各项政策措施带来的影响,做好应对准备,防范化解基金运行风险。贯彻落实职工社保基金市区统筹政策和全民医疗保险办法,统筹调剂市区工伤、生育等基金,应对基金支付风险。强化预算绩效管理。对接市委考核办,将预算绩效管理纳入2019年市级部门目标责任制考核。面向市级部门同步印发绩效管理考核办法,细化考核内容与考核要求,强化执行,构建全方位预算绩效管理格局。根据绩效评价结果,将市本级22项财政专项资金合并为17项。将项目绩效自评作为财政预算安排前置条件,并在预算编制系统中跟踪监控绩效目标落实情况。全面贯彻中央、省关于东西部扶贫协作和对口支援的决策部署,落实对口援建专项资金2.09亿元。压缩一般性支出。贯彻落实中央、省市有关厉行节约各项规定,完善公务支出标准体系,按照不低于5%的幅度压减非刚性、非重点项目支出,全市压减资金4.16亿元。

【加强队伍建设】 开展“不忘初心、牢记使命”主题教育。围绕党群联动、系统联动、财经联动“三联动”,开展理论学习,增强干事担当,深化为民服务,学深悟透做实习近平新时代中国特色社会主义思想。优化干部队伍结构。开展中层正职岗位交流11名,选拔中层岗位干部12名;全市范围公开选调优秀年轻干部3人。发挥队伍服务作用。启动“菁才计划”,开展“菁才沙龙”活动3期,组织30多名年轻干部分批进企业、下基层开展服务。组织以“老”带“新”,分10个小组开展重大对策攻关调研活动,为全市财政工作建言献策。组织党员干部、菁才志愿者参与第9号台风“利奇马”灾后重建工作。夯实党建基础。制定《台州市财政局党支部建设“全”计划工作方案》。落实“三会一课”制度。选举产生新一届机关党委和机关纪委。强化从严治党。召开台州市财政系统党风廉政建设大会,制发《台州市财政局2019年党风廉政建设工作要点》,落实党风廉政建设主体责任。落实“三书两报告”制度、廉政约谈制度。制发《台州市财政局警示教育月活动方案》,分批组织干部开展现场警示教育。印发《台州市清廉财政建设实施方案》,围绕政治生态、资金管理、源头治腐、财政监督、清廉文化五大体系,出台具体措施23项。在重要节日向全局干部发送廉政短信提示,每月至少开展作风效能检查2次,并通报检查结果。编写《全面从严治党应知应会知识要点》印发至全局,组织应知应会知识考试。

(台州市财政局供稿 梁 劲、沈孔平执笔)

椒江区

【概况】 2019年,台州市椒江区实现生产总值674.26亿元,增长5.6%。其中:第一产业增加值22.33亿元,增长1.9%;第二产业增加值278.67亿元,增长2.6%;第三产业增加值373.26亿元,增长8.2%。三次产业结构比为3.3∶41.3∶55.4。按户籍人口计算,人均生产总值121358元,增长5.7%。城镇常住居民人均可支配收入66899元,农村常住居民人均可支配收入32007元,分别增长8.7%和8.9%。全年实现财政总收入83.47亿元,增长1.7%。一般公共预算收入51.28亿元,增长3.5%。一般公共预算支出50.50亿元,增长12.8%。全年财政收支平衡。

【依法组织收入】 组织税收收入。定期召开财政、税务联席会议,分析研判收入形势,根据收入目标分解收入任务。做好税源跟踪排查,加强日常税收征管,依法打击偷漏税行为。全年一般公共预算收入增速居全市第一。注重收入质量。一般公共预算收入占生产总值的9.0%,占财政总收入的61.4%;税收收入46.68亿元,增长1.5%,占一般公共预算收入的91.0%。加强非税收入管理。完善行政事业性收费和政府性基金等收入管理,规范非税收入征收行为。推进统一公共支付平台建设,加强执收单位和代收银行日常监管。全年实现非税收入92.70亿元,其中纳入一般公共预算收入管理的非税收入4.60亿元。

【多渠道筹措资金】 申报债券和奖补资金。对接发改、自然资源和规划等职能部门及项目主管部门、国企，梳理、测算项目预期收益，完善项目资金平衡方案。全年实际到位棚改专项债券3.00亿元，争取2020年度专项债券提前批额度13.80亿元。组织包装各类奖补资金项目，到位各级奖补资金11.16亿元。指导国企做好直接融资工作。发行区国资公司债，募集资金20.00亿元，票面利率4.59%。完成区国资公司债转售20.00亿元。

【支持经济发展】 服务项目建设。围绕政府性投资重点建设项目，统筹资金20.60亿元，推进"两个大陈"、绿色药都、智能马桶小镇等项目建设。帮扶企业发展。落实国家和省、市出台的各项减税降费政策，减免企业各类税费负担31.58亿元。认定困难工业企业2053家，返还社保费用1.38亿元。完善"四龙"* 企业扶持、科技新长征、股改上市十大新政、人才引进、招商引资、服务业等扶持政策，兑现涉企奖补资金2.84亿元。推进资金紧张企业"债+股"计划，累计落实应急转贷资金8213万元。支持农业农村发展。引导、扶持粮食生产规模经营，安排粮食生产补贴资金1112万元。投入村级公益事业一事一议财政奖补资金859万元，支持建设项目25个。

【保障民生支出】 全区民生支出38.80亿元，增长14.9%，占一般公共预算支出的76.8%。支持教育事业发展。完善学前教育经费保障机制，落实义务教育和职业教育生均经费制度，出台《椒江区中小学、幼儿园开班设备经费基本配置标准(试行)》，提高教育经费使用效益。全年教育支出10.04亿元，增长14.6%。支持医疗卫生事业发展。出台《椒江区基层医疗卫生机构补偿机制改革实施办法(试行)》，建立专项补助与付费购买相结合、资金补偿与服务绩效相挂钩的基层医疗卫生机构补偿新机制，设立改革风险保障金400万元。全年卫生健康支出4.16亿元。完善社会保障制度。出台《椒江区医联体基本医疗保险费用总额预算支付方式改革实施意见》，优化医疗保险支付方式。出台《椒江区关于做好低收入农户社会救助兜底保障工作的实施意见》，推进城乡低保救助民生工程，城乡低保标准提高至770元/人·月；特困人员救助供养标准提高至18920元/人·年，因病、因灾、因学等原因申请临时救助的，最高救助额提高至最高低保标准的12倍。发放稳岗补贴152万元，惠及企业38家、职工3827名。全年社会保障和就业支出8.87亿元，增长77.5%。支持城乡社区建设。落实行政村规模调整奖补资金，试行专职社区工作者等级绩效薪酬制度。全年城乡社区支出1.84亿元，增长2.2%。

【深化财政改革】 构建集中财力办大事政策体系。梳理现有财政政策并对部分政策实施情况开展绩效评价，对到期、项目目标已实现的政策，予以撤销；对符合区委、区政府工作目标，但支持方向、扶持对象和用途相同或相近、补助对象小而散的政策，予以整合归并；对效用不明显、扶持方向不符合区委、区政府工作目标以及市场竞争机制能有效调节的政策，提出调整支出政策和项目资金的建议。强化专项资金管理。列入2019年度财政专项资金管理清单项目8个，涉及预算资金1.37亿元。深化绩效管理改革。参与《浙江省部门整体绩效评价管理办法》《浙江省部门整体预算绩效评价方案》起草工作。推进部门整体绩效预算改革，实施"五位一体"* 运行机制，搭建制度、软件两大保障体系及四大操作架构*，2020年部门预算编制工作在试点基础上，全面推开整体绩效预算改革。开展公款竞争性存放。全年组织招投标10期，招标金额54.55亿元。推进政府购买服务。全区21家单位59个项目编制政府购买服务预算，预算金额11.89亿元。推广财政电子票据。推进医疗收费电子票据试点改革。依托浙江政务服务网统一公共支付平台开展公共支付自助缴款，做好财政票据按需自主取票应用推广工作试点，布设公共支付自助机，方便缴款人就近办理支付取票。加强政府采购工作。全区行政事业单位全面应用"政采云"平台，全年完成政府采购交易金额3.09亿元，节支率8.24%。

【加强财政监管】 加强"三资"监管。强化行政事业单位国有资产监管，建立健全向区人大常委会报告国有资产管理情况制度，首次完成相关报告。开展专项检查。开展扶贫资金专项检查和减税降费专项督查。开展全区规范津补贴发放情况重点检查，对区应急管理局、商务局、经济合作办公室等24家部门和街道进行实地检查、督促整改，并建立健全规范津补贴发放长效机制。强化政府投资项目建设资金监管。深化基本建设财务信息一体化管理，实地督查区内21个基建项目财务情况。开展工程预结算财政审核，全年完成预、结算审核284项，审核金额10.16亿元，核减率9.7%。控制行政成本。树立过"紧日子"思想，全年压减年度部门预算一般性支出2300万元，压缩率5.7%。从严控制"三公"经费预算，完善内控制度，规范支出行为，"三公"经费下降12.1%。

【干部队伍建设】 开展"不忘初心、牢记使命"主题教育。聚焦财政职能作用、检视问题短板，并落实整改。推进全面从严治党。坚持把党的政治建设放在首位，落实管党治党主体责任，对照清单逐项落实。履行"一岗双责"，关注廉政风险点和干部职工的思想动态，开展针对性的督促和指导。推进"清廉财政"建设，排查、梳理廉政风险点18个，落实防范举措67条。打造市级党建示范点。打造"五心抓党建、五财促发展"党建品牌，建设党群活动室、拍摄党建宣传微电影、排练主题小品等，建设富有财政职业特色和文化气息的党建示范点。做好干部工作。落实容错免责、能上能下、正向激励等制度。开展警示教育和谈心谈话，及时发现并纠正苗头性倾向性问题。履行意识形态工作主体责任，加强理论武装，把准意识形态政治方向；规范机关干部网络行为，强化网评员队伍，开展正面宣传，监测、引导网络舆情。

（台州市椒江区财政局供稿　章佳琦执笔）

注:

*“四龙”:即巨龙(上市企业)、蛟龙(拟上市企业)、潜龙(科创企业)、幼龙(种子企业)。

*“五位一体”:即以项目重建为基础、以目标设定与指标体系建设为核心、以绩效管理为抓手、以绩效结果运用为推动力、以数字财政一体化为保障。

*“四大操作架构”:即部门绩效预算管理总体架构、部门绩效目标与指标体系架构、项目评价与跟踪运用架构、绩效结果应用架构。

黄岩区

【概况】 2019年,台州市黄岩区实现生产总值545.91亿元,按可比价格计算,增长6.7%。其中:第一、二、三产业增加值分别为19.19亿元、264.52亿元、262.20亿元,分别增长2.7%、6.3%、7.5%。三次产业结构比为3.5∶48.5∶48.0。城镇居民人均可支配收入60963元,增长9.1%;农村居民人均可支配收入30992元,增长9.6%;人均生产总值88669元,增长7.7%。全年实现财政总收入69.79亿元,下降11.6%;一般公共预算收入43.08亿元,下降9.7%;一般公共预算支出66.05亿元,增长22.6%。当年财政收支平衡。

【依法组织收入】 加强收入调节力度,针对复杂外贸环境和国内更大规模减税降费政策短期减收等因素影响,解决组织收入存在的问题,完成省市下达的收入目标任务数。2019年一般公共预算收入占财政总收入的61.7%,占生产总值的7.9%;其中税收收入37.70亿元,下降8.3%,占一般公共预算收入的93.5%。实现政府非税收入39.73亿元,其中纳入一般公共预算收入管理的非税收入5.38亿元。

【培育优质财源】 落实减税降费和财源培植。落实国家和省市出台的各项减税降费政策,帮助企业减负增效,全年减免各类税费17.61亿元(含社保费返还1.77亿元)。应用政策激励和财政资金,支持实体经济发展,兑付涉企补助资金2.6亿元。开展“百名财政干部进百企(项目)”活动。由局班子成员带队组成7个小组,深入100余家企业(项目)一线,赠送“财政服务工具箱”。收集到企业需求50余条,提交相关科室和黄岩区“三服务”办公室解决。建立局领导联系企业制度。每位局班子成员牵头联系重点企业15家,采取“一月一联系、一季一小结”形式,构建“三服务”长效机制,了解黄岩区重点企业生产经营现状,帮助解决企业经营难题。累计走访企业48家,搜集到企业个性化服务需求和问题31件,其中由财政部门解决7件,提交黄岩区“三服务”办公室解决24件。扶持产业转型升级。兑现技改、信息化、节能、工业设计、亩均税收、科技等项目资金,累计兑现区级转型升级资金1.09亿元。推进“两馆”建设助力企业上“云”。借助“政采云”平台,搭建东西部扶贫协作地区优质农特产品供需对接的线上“扶贫馆”。9月20日,黄岩区“扶贫馆”在“政采云”平台上线,全年辅导267家行政事业单位开通扶贫账号,下单产品6087件,成交金额181万元。上线“政采云”台州“精品馆”,服务企业入驻“政采云”平台。2019年,为8家企业开展上门送政策服务,帮助10家企业入驻“政采云”平台。

【保障民生支出】 2019年一般公共预算民生支出53.29亿元,增长21.7%,占比80.7%,人均民生支出8651元,增长21.5%。保障教育优先发展。教育支出15.36亿元,增长0.2%。加大学前教育经费投入,建立学前教育经费保障机制和普惠性民办幼儿园生均公用经费财政补助制度。落实义务教育教师工资待遇政策,且不低于当地公务员平均工资收入水平。完善职业教育生均经费制度,提高西部偏远地区小规模学校的生均经费水平,职业教育生均经费标准提高至2500元/人·年。助力省基础教育重点区摘帽,落实教育基础设施投入2.12亿元。落实文体事业投入1.10亿元,主要用于文化礼堂创建和管理经费,旅游基础设施及项目规划、建设开发奖补等。提升医疗卫生和社会保障水平。医疗卫生和社会保障支出分别为3.62亿元和15.15亿元,分别增长14.1%和67.1%,加强基本社会保障,建立健全覆盖城乡居民的社会保障体系,将城乡居民基本养老保险基础养老金提高至180元/人·月,城乡居民基本医疗保险财政补助标准提高至800元/人·年;加快养老服务体系建设,推进残疾人事业发展,做好困难人员基本生活托底,支持扩大养老服务设施供给,保障黄岩区福利中心、黄岩区残疾人康复和托养中心运营。

【深化财政改革】 推进“最多跑一次”改革。优化会计类行政许可和公共服务事项流程,简化程序,2019年会计业务类许可事项均实现掌上办理。梳理部门间办事事项,统一事项标准,编制、完善办事指南,全年梳理部门间办事事项67项,其中财政25项、国资42项。开展“上门服务至少一次”活动,对接各主管部门,全年上门服务80余次。推进政务服务网统一公共支付平台实施应用,通过平台办理各项业务8.4万笔,合计金额8.34亿元。推进国资国企改革。形成黄岩“1+3”*国资布局,做优做强国有企业,制订国企深化改革推进工作计划,完善国资监管制度,出台国企投资监督、融资及对外担保管理办法。明确“1+3”集团“三定”方案,发行资产证券化(ABS)9.20亿元、绿色债9.00亿元、公司债9.00亿元。助推美丽乡村建设。开展提升农村人居环境示范试点,推进浙江省“两山”建设试点、省级一事一议财政奖补助推美丽乡村建设试点、浙江省创新强省农业科技示范试点等。深化财政资金竞争性存放。出台《台州市黄岩区区属国有企业资金存放管理暂行办法》,全年组织财政资金竞争性存放招投标3期,存放金额38.68亿元,增加收益4769万元,帮助43家行政事业单位及国有企业完成公款存放招投标。健全融资机制。做好专项债券申报工作，2019年发行棚改专项债券11.00亿元。做好债券发行及项目配套融资准备工作，优化债券项目遴选，组建“3+X”项目储备及融资（发债）专班*，申报并获得2020年提前下达的一般债券6.43亿元，棚改专项债券13.67亿元，创新专项债券12.69亿元，土地储备专项债券11.00亿元，再融资债券10.40亿元，总计54.20亿元。2019年发行2020年提前下达的专项债券12.60亿元。推进PPP项目建设。引导社会资本进入社会公共事业领域，根据财政承受能力，指导、配合项目实施机构推进PPP模式，促进已实施项目落地。2019年，黄岩区推进PPP项目7个，总投资额49.50亿元。

【加强财政监管】 全面开展绩效考核。以单位自评为主、财政抽评为辅，完成69个主管部门的绩效考核评分。共报送绩效目标1526个，涉及财政资金39.42亿元。加强政府采购监管。全年完成政府采购预算3.60亿元，实际采购金额3.08亿元，节约资金5225万元，资金节约率14.5%。加强“四算”监督、严把重点项目。2019年审结黄岩区各项重点项目1072个，送审投资额191.40亿元，审定投资额172.12亿元，净核减资金19.28亿元。防范化解政府性债务风险。根据“强化责任、统筹谋划、分年消化、严控增量”要求，压实化债职责，落实专项行动方案，严控隐性债务增量情况，整改违法违规举债行为，推动国有企业融资平台市场化转型。2019年度化债率105.9%。

【干部队伍建设】 打造黄岩财政特色党建品牌，形成党建与业务同频共振。将党风廉政建设、反腐败工作与财政工作同部署、同落实、同检查。组织召开党风廉政专题会议2次，压实局班子成员、中层骨干责任。执行谈话谈心制度，2019年共开展工作提示约谈49次，警示约谈2次。开展主题教育，开展“读原文·悟原理”领读者系列活动。召开专题民主恳谈会、对照党章党规找差距专题会和主题教育专题民主生活会。结合黄岩区财政局“十件大事”和破难攻坚项目，推进官河古道、蜜橘振兴、救灾重建等重点项目。落实巡察整改。制定整改措施20项，完成巡察组反馈问题12个，约谈干部3名，制定和完善各类规章制度13项。黄岩区财政局入选2017—2018年全国节约型公共机构示范单位。

（台州市黄岩区财政局供稿　牟　峰、刘慧珺执笔）

注：

*“1+3”：按照“一改组、三整合”要求，进行国资国企布局结构的优化重组。改组成立“国有资本投资运营公司”，整合组建“黄岩城市建设投资集团有限公司”“黄岩交通旅游投资集团有限公司”和“黄岩经开投资集团有限公司”。

*“3+X”项目储备及融资（发债）专班：“3”即黄岩区发改局、黄岩区财政局和黄岩区区委督查室，“X”即其他各部门单位和各集团公司。

路桥区

【概况】 2019年，台州市路桥区生产总值673.92亿元，按可比价计算，增长0.7%。其中，第一产业增加值13.92亿元，增长1.9%；第二产业增加值283.30亿元，下降1.4%；第三产业增加值376.70亿元，增长2.5%。三次产业结构比为2.1∶42.0∶55.9。全区实现财政总收入82.72亿元，下降1.9%。其中，一般公共预算收入47.06亿元，增长0.05%。一般公共预算支出43.38亿元，增长9.9%，剔除历年结转、上级专项当年支出数后为36.56亿元，增长13.0%。全年财政收支平衡。

【组织财政收入】 形成组织收入合力。成立地方财税收入协调工作领导小组，出台《路桥区地方财税收入协调领导小组议事规则》，定期召开地方财税协调会议，建立多部门联动机制，构建税收共治格局，完成全年收入任务。全区一般公共预算收入占财政总收入的56.9%，同比上升1.1个百分点，占GDP的7.0%。税收收入41.61亿元，占一般公共预算收入的88.4%，下降0.4个百分点。全区非税收入43.54亿元，其中纳入一般公共预算管理的非税收入5.45亿元。向上争取资金。全年争取上级补助资金7.61亿元（中央及省级补助6.25亿元、市级补助1.36亿元），其中污水零直排补助0.58亿元，环保节能减排补助资金1.15亿元，交通补助0.44亿元，自然灾害救灾资金0.18亿元，省级田园综合体项目和一事一议助推美丽乡村建设试点项目1.60亿元。

【支持经济发展】 落实减税降费政策。成立减税降费工作领导小组，设立政策落实组、收支平衡组、宣传培训组、调研建议组、督导检查组，落实税收减免和降费政策，全区累计减税11.58亿元，返还失业保险金1.90亿元，社保费单位部分减征0.77亿元，机关事业单位养老保险减征0.22亿元。推动财源培植。综合应用财政激励和财政资金，支持实体经济发展，制定《路桥区“企业上云”专项资金管理办法》《路桥区国家高新技术企业“亩产效益”综合评价操作规程（试行）》《关于加快“科技新长征”推动高质量发展的若干政策意见》等，培育创新主体，全年共投入区本级科技资金0.61亿元。

【保障民生支出】 全年民生支出34.40亿元，增长17.3%，占一般公共预算支出的79.3%。支持教育事业发展，全年教育支出9.43亿元，增长10.2%，其中拨付1000万元用于北京大学附属中学台州飞龙湖学校建设，拨付学前教育奖补经费608万元，落实义务教育发展专项资金920万元；提升医疗服务水平，全年卫生健康支出4.66亿元，增长35.9%，其中拨付基层医疗卫生经费0.50亿元；完善社会保障体系，全年社会保障与就业支出5.31亿元，增长14.5%，其中支出2.55亿元用于城乡居民基本医疗保险，支出0.82亿元用于城乡居民养老保险，支出0.34亿元用于最低生活保障。

【深化管理创新】 构建集中财力办大事政策体系。树立过“紧日子”思想，严控“三公”经费等一般性支出，落实压减一般性支出5%，将资金优先用于保工资、保运转、保民生“三保”支出。编制《路桥区集中财力办大事财政政策体系方案》，将有限的财力集中到“五水共治”“美丽路桥”“乡村振兴”以及市区为民办实事等重大决策部署上，助力地方经济和社会事业高质量发展。创新重点部门预算审核机制。出台《路桥区重点部门(项目)预算审查监督办法》，在编制预算安排中，创新重点部门(项目)预算审核机制，选择不同部门的5个项目预算委托第三方独立开展绩效评估，在全市率先将审核和评估结果提交区人代会审查。推进公款竞争性存放。修订《路桥区财政专户资金竞争性存放管理实施办法》及配套制度2个，开展资金竞争性存放公开招标4期，涉及财政专户资金50.20亿元、行政事业单位公款13.98亿元。完成国有资产报告。做好全区行事单位国有资产数据的统计、汇总和上报，首次向区人大专项报告2018年度全区行政事业性国有资产管理情况。推进国库集中支付改革。印发《关于区级预算单位预算执行管理有关工作的通知》，明确区级国库集中支付均采用授权支付方式，强化预算单位主体责任，优化支付流程。深化部门间“最多跑一次”改革。对照省厅、市局办事事项，梳理办事事项65个，确保办理时限减少50%，办事材料精简30%以上，实现部门间办事“最多跑一次”或“不用跑”。推进区属国企改革。加强国资国企投融资管理，完成《路桥区国有企业市场化转型行动方案》和《路桥区国有资源资产整合行动方案》，通过资源、资产整合重组，提升融资能力，推进区属国有企业市场化转型。

【防控财政风险】 严肃财经纪律。组织开展2017—2018年度各类涉企财政专项资金、财政票据管理使用、涉农财政资金“一卡通”治理情况、违规发放津补贴和福利问题等专项检查，发挥财政监督职能作用。防范运行风险。落实省委巡视反馈问题整改工作，降低地方综合债务率。根据前期制订的八年化债计划，细化具体措施，年度化债完成率200%。实施“千亩净地”、国有资源资产整合、国有企业提质、国有企业市场化转型、存量债务降本降息、债券项目储备等“六大行动”，破解和防范财政运行、债务化解中存在的困难和风险。强化绩效管理。制定《关于全面贯彻落实预算绩效管理的实施意见》，完善预算编制有目标、预算执行有监控、预算完成有评价、评价结果有应用、结果应用有问责的运行机制，全年开展预算绩效自评项目276个，涉及资金8.55亿元，完成整体评价报告4个，涉及资金0.10亿元。

【建设法治财政】 加强规范性文件管理。制订财政管理规范性文件4份。清理2018年12月31日之前制发的行政规范性文件，涉及政策17个，保留13个，废止4个。开展规范性文件公平竞争自查，接受省第三方评估组检查，实现行政规范性文件合法性审核100%覆盖。强化制度保障。制订《重大行政决策程序暂行办法》《重大行政执法决定法制审核办法》，对重大行政决策事项进行目录化管理，促进依法、科学、民主决策。加强普法宣传。在“12·4”宪法日开展“宪法进广场”主题日宣传教育活动，向群众介绍财政涉企政策。分批组织6人次参加为期3天的法律知识轮训，组织全体在编人员开展网上考法，通过率100%。

【干部队伍建设】 开展“不忘初心、牢记使命”主题教育。成立主题教育工作领导小组，制订主题教育实施方案，召开主题教育工作会议。通过“周一夜学”、参观教育基地、观看红色影片、上专题党课等，确保主题教育有实效。多渠道开展理论学习。利用党组理论中心组学习会、财政讲堂、党日活动、警示活动等载体，对政治理论、党风廉政、法律法规、财政业务等专题开展理论学习。采取“请进来，走出去”方式，邀请专家就地方政府专项债、政府采购、2019年宏观及投资策略等进行专题授课。组织全局机关干部、镇(街道)财政所工作人员共120余人分2期赴浙江工商大学开展能力素质提升培训。打造党建廉政示范点。打造清廉阵地、党建展区等，完成示范点申报和验收工作，被评选为区级“2019年机关党建示范点”。培养人才梯队。结合机构改革，开展科室及岗位人员调整，提拔中层正职7名、中层副职4名。

(台州市路桥区财政局供稿　陈静洁执笔)

临海市

【概况】 2019年，临海市实现地区生产总值(GDP)711.92亿元，按可比价格计算，增长3.0%。其中：第一产业增加值48.02亿元，增长2.3%；第二产业增加值323.96亿元，增长0.1%；第三产业增加值339.94亿元，增长5.9%。三次产业结构比为6.7：45.5：47.8。按户籍人口计算，人均生产总值59087元，增长6.1%。全市城镇常住居民人均可支配收入55915元，增长8.5%。农村常住居民人均可支配收入30131元，增长9.9%。全年完成财政总收入111.14亿元，下降2.9%；一般公共预算收入65.99亿元，增长3.0%，占财政总收入的59.4%，占GDP的9.3%；税收收入54.60亿元，下降3.3%，占一般公共预算收入的82.7%。全年实现政府非税收入118.47亿元，其中纳入一般公共预算收入管理的非税收入11.39亿元。一般公共预算支出108.30亿元，增长14.4%。全年财政收支平衡。

【助推经济发展】 扶持企业转型升级。兑现各类奖补资金19.83亿元，重点支持企业创业创新，助力产业优化升级。坚持“抓大扶小”，推进“2513”龙头企业培育工程*，给予吉利豪情、华海药业、伟星集团等“一企一策”重点扶持。加强财税合作。针对经济下滑和超强台风“利奇马”等影响，提出“财税+”工作举措，结合“不忘初心、牢记使命”主题教育，举办“乡村振兴·财税讲坛”、党建引领推动经济高质量发展系列活动论坛，共同解决难题，推进发展。运作产业基金。通过产业科技发展基金参与华海药业定向增发项目，支出1.76亿元认购华海药业定向增发份额。争取专项债券。争取债券资金23.00亿元，缓解地方财政压力。推进项目攻坚。深化“百大项目、百团攻坚”行动，投资52.00亿元建设联化科技产业园，对新建政府投资项目资金来源审批实行“一事一议”。携手深圳华强集团共建“熊出没”小镇，总投资100.00亿元，首期占地270亩。入围省小微企业园建设(提升)重点市创建。振兴实体经济。争取到振兴实体经济(传统产业改造)财政专项激励资金1.00亿元，连续第2年在全省振兴实体经济示范市考核中获评优秀，入选省首批制造业高质量发展示范市创建名单。

【保障民生支出】 全年民生支出88.05亿元，增长16.7%，占一般公共预算支出的81.3%，同比提高1.6个百分点。支持教育事业发展。全市教育支出22.07亿元，增长5.2%。助推临海市通过省教育基本现代化市评估。完善社会保障制度。全市社会保障和就业支出15.59亿元，增长40.8%。城乡居民基础养老标准提高30元/人·月，城乡居民医疗保障财政补助标准提高120元/人·年。提升医疗卫生服务能力。全市卫生健康支出10.09亿元，增长41.5%。对低保、残疾人、孤儿等城乡居民医保免缴对象补充医疗保险，共拨付300万元，惠及全市3.2万人。深化“双下沉、两提升”工作，安排专项资金300万元支持医共体、医联体建设；基本公共卫生服务补助标准提高5元/人·年。安排救灾资金。针对“利奇马”台风对临海市造成的损失，筹措救灾资金6.30亿元，出台灾后产业扶持政策。落实强农惠农政策。全市“三农”支出49.49亿元，增长8.0%。

【深化财政改革】 推进“最多跑一次”改革。实现财政事项100%“最多跑一次”。实现会计从业资格证网上申报，证件快递免费送达，推进群众办事“跑零次”改革；开展“上门服务至少一次”活动，实现19个镇(街道)、70家一级预算单位全覆盖。深化国库集中支付改革。梳理国库集中支付业务，优化业务流程，添加数字签名证书，实现市本级国库集中支付业务电子化全覆盖。完善统一公共支付平台。全市上线执收单位204家，全年完成执收金额76.48亿元。推广应用“政采云”平台。首次完成政府采购电子化交易项目，实现政府采购全流程电子化操作。全年“政采云”平台交易额10.15亿元。推进国有企业改革。新增信用等级AA+、AA国有企业各2家，新增融资规模12.20亿元。建立国有资产管理情况报告制度，完成企业国有资产管理情况专项报告并首次提交市人大常委会审议。2019年5月，被评为浙江省落实有关重大政策措施真抓实干成效明显市，获省级专项奖励1000万元。

【强化财政监管】 推行全过程预算绩效管理。牵头草拟《中共临海市委临海市人民政府关于全面落实预算绩效管理的实施意见》，将预算绩效纳入年度镇(街道)和市级单位目标责任制考核，与单位争先评优和干部考核奖挂钩。制定临海市全面落实预算绩效管理三年行动计划(2019—2021年)，构建全过程预算绩效管理体系。强化财政监督管理。对全市63家行政事业单位开展会计评估监督检查，并针对问题督促整改。严控一般性支出。印发《临海市财政局关于贯彻落实过“紧日子”要求，进一步加强和规范全市行政事业单位预算管理的通知》等文件，硬化预算约束、加强财务会计管理。化解地方政府债务风险。启动三年化债计划，《践行新发展理念，防控地方债风险——浙江临海“促发展与防风险”并举的创新经验》被中央组织部组织编写的《贯彻落实习近平新时代中国特色社会主义思想在改革发展稳定中攻坚克难案例》收录。完善政府性资金竞争性存放管理。全年竞争性存放资金量76.05亿元，实现资金增值1.15亿元。

临海市104国道望江门大桥

【干部队伍建设】 开展“不忘初心、牢记使命”主题教育。成立领导小组，召开工作推进会，明确工作任务和责任分工。联合国家税务总局临海市税务局、国家税务总局台州市税务局第三稽查局成立主题教育期间临时联合党支部。抗洪救灾期间，组建党员干部突击队、青年突击队和灾后重建突击队，发动机关干部517名参与抗洪救灾。同应山塘村签订“契约化”党建共建协议，组织党员干部赴应山塘村开展志愿活动。推进“两学一做”学习教育，下基层、下企业、走镇街、讲党课，收集地方党委政府、企业家意见建议1783条，帮助解决各类问题548个。全面落实党风廉政建设主体责任。执行“三重一大”决策制度,建立党风廉政约谈制度,全体班子成员和各科室、基层单位负责人签订党风廉政建设责任书。开展履行党风廉政建设主体责任年度专项考核。

(临海市财政局供稿　潘心韵执笔)

注:

＊**“2513”**龙头企业培育工程:即力争到2021年,实现年销售收入500.00亿元以上的企业2家、100.00亿元以上5家、50.00亿元以上10家、10.00亿元以上30家。

温岭市

【概况】　2019年,温岭市实现生产总值1105.13亿元,按可比价格计算,增长6.5%。其中:第一产业增加值77.70亿元,下降1.8%;第二产业增加值503.56亿元,增长5.8%;第三产业增加值523.87亿元,增长8.3%。三次产业结构比为7.0∶45.6∶47.4。按常住人口计算,人均生产总值80637元,增长6.3%。全市实现财政总收入129.69亿元,下降3.1%。一般公共预算收入78.27亿元,增长1.3%。一般公共预算支出128.56亿元,增长19.2%。全年财政收支平衡。

【组织财政收入】　做好收入分析预测。做好经济形势调研与分析,把握年度财政收入规模和进度,协调税务部门,分解收入目标,确保全年财政收入平稳、可持续增长。保持收入结构优化。一般公共预算收入占GDP的7.1%,占财政总收入的61.8%,其中税收收入64.55亿元,下降3.9%,占一般公共预算收入的82.5%。加强非税收入征管。全年实现非税收入142.39亿元,增长50.7%,其中纳入一般公共预算收入管理的非税收入13.72亿元,国有土地使用权出让收入123.35亿元。

【服务经济发展】　落实减税降费政策。全年减免税费24.78亿元,其中向全市7100家困难企业返还社保费2.62亿元。扶持实体经济发展。开展“三服务”活动,实地走访企业200余家,帮助解决困难。全年兑现工业、农业、建筑业、商贸促进、科技人才、金融三产、招商引资等财政扶持资金5.42亿元。通过政府信用担保平台为企业提供信用担保19.63亿元,缓解中小企业融资难问题。创新会计助企服务。累计举办百名财务经理研修班、财务总监联谊会、“智慧财经大讲堂”等服务活动27次,为企业发展提供会计人才支持。

【服务项目建设】　全年投入“两高”联络线、路泽太高架快速路、大麦屿疏港公路、104国道温岭塘岭至吕岙段等交通路网建设18.20亿元,投入横峰全域整治、太平街道坊下街区块改造12.00亿元,投入泽国中学迁建工程等教育校网建设1.95亿元,投入温岭市医疗中心、温岭市第五人民医院等公立医院建设1.60亿元。支持环境革命,投入城镇污水处理设施、污水零直排区建设、城乡公厕建设、村庄环境综合整治等资金4.46亿元。

【保障民生支出】　全市财政民生支出93.82亿元,增长12.8%,占一般公共预算支出的73.0%。支持教育事业发展。全年用于保障和提高教师待遇、推进教育校网建设和改善教学条件等各类教育支出27.26亿元,助推温岭市创建省级基本教育现代化市。安排学前教育专项经费3500万元,重点补齐学前教育短板。完善社会保障机制。全年社会保障和就业支出19.28亿元,增长79.1%。实现退休人员基本养老金15连涨,城乡居民基础养老金标准提高至180元/人·月,城乡居民最低生活保障标准提高至770元/人·月。完善社会救助和社会福利体系,拨付低保对象补助资金6562万元,残疾人“两项补贴”5537万元,城乡医疗救助2976万元。支持医疗惠民事业。全年医疗卫生与计划生育支出9.13亿元,增长31.5%。城乡居民基本医疗保险财政补助标准提高至720元/人·年,完善《温岭市基层医疗卫生机构补偿机制改革实施办法》。支持灾后重建工作。向上争取“利奇马”台风灾后补助资金2.07亿元,保障灾后重建工作和受灾群众生活。推进乡村振兴发展。落实美丽乡村建设、村庄环境整治奖补和农村生活垃圾治理资金3.13亿元。争取到坞根镇省级农业特色强镇项目,获省级财政补助资金700万元。落实渔业生产成本补贴、减船转产、远洋捕捞补助资金5.82亿元,支持渔民转产转业和渔区休养生息。

【深化财政改革】　深化国库集中支付改革。优化实拨和国库集中支付的业务流程,启用支付、实拨电子化功能,完成财政、银行、预算单位间的业务数据交互,实现全市预算单位电子化支付全覆盖。深化“最多跑一次”改革。在台州市内率先全面取消政府采购投标保证金,实现政府采购项目网上报名;在全省范围内率先启动农业(扶贫)馆上线相关工作,打造“互联网+政府采购+扶贫”新模式;在台州市内率先实现医疗收费电子票据系统上线,提升政府公共服务能力。推进政府数字化转型。推出OA办公系统电脑端、“浙政钉”平台移动办公系统,实现“掌上办公”“网上办公”。加快国有企业优化重组。构建“1+N”国有企业管理体系,推进全市直属国企市场化转型和实体化运作。出台《2019年度国投集团、水务集团、市场集团、基投集团目标责任制考核办法》《国有企业“三定”方案编制的原则意见》《温岭市国有企业工资总额管理暂行办法》《温岭市国有资本决策委员会议事规则》,奠定监管制度框架。

【强化财政监管】　加强财政绩效管理。提请市委、市政府出台《温岭市委市政府关于全面贯彻落实预算绩效管理的实施意见》,将镇(街道)预算绩效管理工作纳入全市目标责任制考核。建立市级预算绩效指标库(通用类),创建温岭市预算绩效目标个性指标。推进绩效评价工作,全年重点抽取19家单位21个项目开展绩效评价。完善内控制度建设。梳理核心业务流程,出台《财政专项资金风险防控办法》，修订内部控制操作流程，操作流程增至20个，完成“1+9”体系建设。加大预结算审核力度。完成预算审核项目245个，审核资金31.63亿元，核减项目资金6276万元，核减率2.0%；完成结算审核项目2419个，审核资金35.45亿元，核减项目资金3.11亿元，核减率8.8%。防范化解财政风险。截至2019年年底，累计完成两年化债计划的117.3%。收回单位结余资金和部门往来款项6001万元。深化公款竞争性存放，实施社保资金及其他财政性资金存放招投标工作5期，完成30.10亿元资金的保值增值。

【干部队伍建设】 开展“不忘初心、牢记使命”主题教育。查摆收集问题479个，通过“三张清单”逐一落实整改责任，确定调研课题9个，开展调研走访24次，收集问题57个，完善对策措施41项。推进“两学一做”常态化制度化。通过“三会一课”制度、集中学习、重温入党誓词、参观红色教育基地、开展党日活动等，提升学习效果。落实巡察整改。成立巡察整改领导小组，召开巡察整改专题民主生活会和党委专题会议，制定整改方案，明确整改措施、责任领导和整改期限，以责任清单形式推进整改工作。强化党风廉政建设。履行“一岗双责”，召开系统党风廉政建设会议、党风廉政警示教育大会，深化“三同”考核*，激发干部职工的“超创干”精神。完善廉政风险干预机制，落实党风廉政约谈制度，全年累计开展各类谈话48人次。完成机构改革。划出农业综合开发中心整体职责，接收国有资产管理职责，优化“三定方案”。做好干部选拔任用工作。提拔青年干部13名，充实中层干部队伍，向财政部条法司、浙江省票据中心、温岭市东部新区分别推荐青年骨干挂职锻炼。做好日常教育培训工作。实施《教育培训计划》《财政讲坛计划》，通过学习会、财政讲坛、专家讲座、专题党课、在线自学等载体丰富学习内容，举办财政讲坛7期。

（温岭市财政局供稿　金娴希执笔）

注：

*“三同”考核：即在温岭市领导干部和中层干部中，实施重大项目重点工作“承诺同作、工作同抓、责任同担”的“三同”考核管理。

玉环市

【概况】 2019年，玉环市实现生产总值617.50亿元，增长5.2%。其中：第一产业增加值37.11亿元，增长2.6%；第二产业增加值339.85亿元，增长4.5%；第三产业增加值240.54亿元，增长6.7%。三次产业结构比为6.0：55.0：39.0。按户籍人口计算，人均生产总值141647元，增长4.8%。社会消费品零售总额216.76亿元，增长9.0%。城镇常住居民人均可支配收入71344元，增长8.1%；农村常住居民人均可支配收入35340元，增长8.9%。全市实现财政总收入87.42亿元，下降5.4%。一般公共预算收入53.92亿元，增长1.1%。一般公共预算支出80.20亿元，增长14.6%。全年财政收支平衡。

【组织财政收入】 协调税收征管。推动财税收入协调议事小组规范化、常态化，加强组织收入前瞻性、计划性，全年协调组织税收收入76.88亿元；健全财税联络员制度，筛选财政补助名单，促进企业规范核算。2019年，一般公共预算收入占GDP的8.7%，占财政总收入的61.7%，其中税收收入43.38亿元，下降7.5%，占一般公共预算收入的80.5%。规范非税收入征管。借助“统一公共支付平台”推进非税收入收缴全程跟踪，实现执收单位、代理银行、财政部门信息共享核对机制，2019年完成非税收入59.25亿元，增长110.6%，其中纳入一般公共预算管理的非税收入10.54亿元，增长63.8%。

【服务经济建设】 助推产业优化升级。全年兑现各类财政扶持资金4.27亿元，争取上级各类扶持资金5953万元，集中财力支持重点产业，培育新兴产业创新发展。支持基础设施建设。安排2.93亿元推进G228温岭泽国至玉环大麦屿疏港公路工程建设，构建港口、铁路和干线公路综合交通运输体系，安排公路建设养护资金5655万元，支持公路设施提升改造、维修保养和养护管理。加强全市PPP项目规范化运作，完成新建铁路杭州经绍兴至台州线温岭至玉环段PPP项目入库，项目总投资71.26亿元。落实减税降费政策。全年累计减免税费（不含社保降费）27.98亿元，增长106.5%；新增减税降费12.59亿元，社保降费2.67亿元。

【优化支出结构】 全年民生支出61.73亿元，增长15.8%，占一般公共预算支出的77.0%；非盈利性服务业八项支出66.86亿元，增长21.9%。加大教育投入。全年教育支出13.04亿元，增长0.9%。推进沙门中学、城关中心小学分校区、陈屿中心小学分校区、环山小学改扩建等项目。安排学前专项资金1800万元、教师专业发展培训及学历提升奖励经费810万元、教育人才引进及培养经费500万元，促进教育软实力提升。强化社会保障。全年社会保障和就业支出6.90亿元，增长22.8%。安排资金1660万元，完善养老服务体系建设；发放低保补助金3622万元、医疗补助金996万元，完善救助、养老配套设施，建成残疾人托养中心并投入使用。促进卫生健康事业发展。全年卫生健康支出5.90亿元，安排综合医改经费2247万元，做好大型医疗设备采购、卫生人才引进和重点学科发展；安排资金1750万元支持省级和地方医院优质医疗资源下沉；安排1800万元用于大麦屿卫生院迁建，安排320万元用于沙门卫生院、楚门卫生院扩建；新增低保人群免费胃癌筛查，做好适龄妇女“两癌”筛查工作及60周岁以上老人免费流感疫苗接种。支持“三农”事业。重点保障粮食生产，安排乡村振兴示范村、历史文化村落保护、美丽乡村精品村建设等补助2919万元；推进“清洁家园、美丽乡村”活动，安排清洁家园（垃圾分类）专项资金2627万元。全年争取中央和省级一事一议项目及各类试点资金 3900 万元。

【深化财政改革】 构建集中财力办大事财政政策体系。编制中(长)期财政规划,梳理现行可纳入"大事"的财政政策,实现规划周期内大事要事全覆盖。推进产业政策兑现"最多跑一次"改革。打造一体化的产业政策奖励兑现系统,通过大数据共享、减环节、减材料等举措,纳入试运行奖补项目 214 个,实现财政奖补政策"一件事"全流程"零次跑"、奖补资金"一网通兑"。深化预算管理制度改革。按"先进项目库,后入预算库""先选项目,后排资金"管理模式,严把项目审核关口,实行全周期滚动管理。出台《市级行政事业单位公款存放管理办法》和《市财政专户资金存放管理办法》,专户资金开展竞争性存放金额 20.00 亿元。加强对外借款清理、用款计划管理和大额支付动态监控,利用国库集中支付动态监控平台加强对大额支出的监控,保持库款合理水平。全面推进预算绩效管理。实现全市财政绩效自评全覆盖、100 万元以上项目跟踪全覆盖。组织全市 56 家预算单位对 697 个项目开展自评,涉及财政资金 28.90 亿元,其中 20 家预算单位开展整体支出评价。推进融资平台转型。完成 4 家融资平台市场化转型,实现企业融资发展与政府债务脱钩。推动市国投集团信用评级由 AA 提升至 AA+,二期企业债券 8.00 亿元于 8 月 30 日发行,利率 4.98%,为近期全国同期限同级企业债的最低发行利率。

【强化财政监管】 强化政府性债务管理。争取并发行新增债券 8.50 亿元,再融资债券 3.90 亿元,规范政府举债融资等行为,严格遏制隐性债务增量。完善内部管理。优化财政内部控制"1+9+X"体系,修订 8 个风险控制管理办法、1 个财政专项资金管理风险控制办法和内部操作规程。加强政府采购监管。推进采购审批与"政采云"数据对接,实现"云审批",全市各单位"云上"交易 16000 笔,金额 4.00 亿元。

玉环市大麦屿城南居家养老中心食堂

【加强队伍建设】 强化机关党建。开展"不忘初心、牢记使命"主题教育,打造"红财"党建品牌,改造党群活动中心、"红财之家"等党建阵地,拓展"三会一课"学习内容,组建红财先锋队。推进"清廉财政"建设。举办"清风送廉进机关,履职担当我作为"主题演讲比赛,分发党风廉政建设知识手册 200 余份。开展警示教育月活动,组织各党支部召开专题组织生活会,围绕违纪违法案例剖析展开批评和自我批评。全年实施廉政约谈 1042 人次。提升队伍素质。制定《关于加强年轻干部队伍建设的实施意见》,建立年轻干部"成长档案"35 份,选拔任用中层干部 14 名,其中 35 周岁以下 7 人。利用"学习强国"平台、"手机党课"微信群深化"书香支部"建设。举办业务主题学习,出台年度干部职工教育培训计划,开展全员业务培训,参训干部职工 170 余人。组建玉环市财政系统人才库,加强人才储备。2019 年玉环市财政工作获省政府重大政策措施真抓实干督查激励表彰。

(玉环市财政局供稿　吴前哲执笔)

天台县

【概况】 2019 年,天台县实现生产总值 291.03 亿元,增长 7.2%。其中:第一产业增加值 14.76 亿元,增长 2.2%;第二产业增加值 119.66 亿元,增长 6.5%;第三产业增加值 156.61 亿元,增长 8.2%。三次产业结构比为 5.1∶41.1∶53.8。按常住人口计算,人均生产总值 71771 元,增长 6.4%。全县财政总收入 37.00 亿元,增长 1.7%,其中一般公共预算收入 22.33 亿元,增长 2.0%。全县一般公共预算支出 61.06 亿元,增长 19.4%。全年财政收支平衡。

【组织财政收入】 加强税收收入管理。制定财税收入协调小组议事规则,加强与税务部门协调沟通,把握收入力度、节奏,提升收入质量,全年财政总收入和一般公共预算收入增速分别居全市第一、第三。一般公共预算收入占生产总值的 7.7%,占财政总收入的 60.4%;税收收入 18.55 亿元,占一般公共预算收入的 83.1%。强化非税收入管理。根据"收支两条线"改革要求,做好非税收入的预测和分析工作,全年实现政府非税收入 34.58 亿元,其中纳入一般公共预算收入管理的非税收入2.77亿元。加强土地出让金收入管理，把握推地节奏，全县土地出让金收入29.33亿元，增加地方可用财力。向上争取资金。全年累计向上争取各类资金36.50亿元(含新增债券9.00亿元)，用于保障教育、卫生、社保、生态环保和重点工程等支出。

【助推经济发展】 落实减税降费政策。落实小微企业普惠性减税、增值税大规模减税、社保费减负等各项减税降费政策，用足用好增值税留抵退税政策，全年办理各类税费减免12.10亿元。支持外向型经济发展。应对复杂外贸环境，全年拨付对外经济贸易扶持资金1223万元，办理出口退税3.19亿元，增长16.0%。支持产业转型升级。安排涉企资金1.57亿元，重点鼓励企业股改、科技创新，推进电子商务发展，助推实体经济发展。提升服务质量。联合税务组建“惠企服务小分队”，开展“一对一”上门订单式服务，服务规模以上企业近30家，帮助解决困难和答疑事项上千项；开展“三服务”活动，向县内6家书吧赠送财政书籍1000余册，借助流动图书馆在传统集市日开展政策宣讲，帮助市民了解和利用惠民政策。

【保障民生事业】 全年民生支出48.60亿元，增长19.7%，占一般公共预算支出的79.6%。坚持教育优先发展。全年教育投入13.82亿元，支持创建全国义务教育优质均衡县；提高义务教育学生营养餐补助范围和补助标准，受益学生5183人次；新增享受义务教育困难非寄宿学生补助1240人。提升群众养老保险保障水平。全年社会保障投入6.32亿元，提高退休人员基本养老金，全年增资6000万元；城乡居民基本养老保险基础养老金标准提高至180元/人·月。加大卫生健康保障力度。全年卫生健康投入6.65亿元，用于人民医院和中医院搬迁、乡镇卫生院提升改造工程等。支持“三农”发展。全年农林水投入6.08亿元，其中农村土地综合整治补助资金1.39亿元、“美丽乡村”建设资金5322万元，助力乡村振兴战略实施。支持生态文明建设。安排生态保护资金4.77亿元，其中小城镇环境综合整治资金1.07亿元，污水零直排资金8880万元，打好污染防治攻坚战。

【深化财政改革】 推进“最多跑一次”改革。推进财政数字化转型，深化统一公共支付平台、医疗收费电子票据改革，提高教育收费、城乡居民社保缴费、交通违章缴款掌上办理水平。强化“两山”建设成效。以省财政的“两山(二类)”建设财政专项激励资金3.00亿元，撬动全县总投资61.00亿元，其中社会资本38.00亿元。加强国有资产管理。国有经营公司和国有资本运营公司2家一级母公司信用主体评级达到AA，拓展天台县国企面向市场直接融资。做好国有资产优化工作，商品房及店铺、地基(排屋)、土地等三类资产共拍得4.95亿元。建立一事一议财政奖补项目竞争性立项机制。在全县所有财政支持农村产业、基础设施等项目管理中引入竞争性立项机制。

【强化财政监管】 加强政府债务管理。实施地方政府债务限额管理，全面规范天台县政府债务管理，防范财政金融风险；向上争取地方政府一般债券，安排用于智能交通工程、始丰湖工程等县重点项目。加强公款竞争性存放。对天台县财政专户资金10.80亿元、平桥镇等28家行政事业单位公款2.28亿元实施竞争性存放招投标。落实政府过“紧日子”。全年一般性支出压减6.0%，“三公”经费压减3.5%。

【强化队伍建设】 制定《2019年机关党建及意识形态领域工作要点》，与班子成员民主生活会、纪律监督检查等工作同部署、同落实、同考核。组织全体干部职工利用机关学习会专题学习系列党内法规，严明党的政治纪律和政治规矩。开展约谈工作，落实“一岗双责”，累计约谈57人次。开展“一践两增”大讨论、“三服务”等活动，推进“九整治一提升”工作。坚持“一切工作到支部”，联合税务局、经信局党支部与县内7家行业协会，组建“三合联七惠民企”党建联盟，联合为企业“把脉会诊”，得到人民网、党建网等中央媒体推广肯定。制定《关于开展“不忘初心、牢记使命”主题教育的实施意见》，做好学习教育、调查研究、检视问题、整改落实各项工作。全体党员通过“周一学习夜”“早晚自学一刻钟”的方式通读“一书一章”、十九届四中全会精神和一系列上级重要指示精神。围绕集中财力办大事、化解隐性债务等重点项目开展“一竿子插到底”调研并形成成果，完善乡镇(街道)财政管理体制改革入选台州市主题教育“常态长效好机制”。

(天台县财政局供稿　张玲珍执笔)

仙居县母亲河永安溪早春景象

仙居县

【概况】 2019年，仙居县实现生产总值249.20亿元，增长5.2%。其中：第一产业增加值15.62亿元，增长0.0%；第二产业增加值109.02亿元，增长6.3%；第三产业增加值124.56亿元，增长4.8%。三次产业结构比6.3∶43.7∶50.0。户籍人口人均生产总值48061元，增长4.7%。全年实现财政总收入34.81亿元，增长0.2%。一般公共预算收入21.09亿元，增长1.2%。税收收入18.39亿元，同比持平。一般公共预算支出57.33亿元，增长5.1%。全年一般公共预算收支平衡。

【依法组织收入】 巩固收入结构。一般公共预算收入占生产总值的8.5%，占财政总收入的60.6%；税收收入占一般公共预算收入的87.2%。加强非税收入征管。加强与执收单位沟通，严格执行年初核定的非税收入计划。加强日常监督检查，对执收单位进行票据检查，对应收未收行为进行追缴并按相关法规处罚，督促自然资源与规划局及时足额收缴土地出让金。2019年，非税收入入库23.45亿元，其中土地出让金19.37亿元；纳入一般公共预算管理的非税收入2.70亿元，增长10.3%。

【服务高质量发展】 服务重大项目建设。全年政府性投资项目支出10.63亿元。加强对政府投资项目预算审核，审查项目332个，净核减工程造价1.43亿元，净核减率6.9%。落实各项“降本减负”政策。返还困难企业社保费7891万元，惠及企业947家，全年为企业减免各项税费9.60亿元。支持企业创业创新。加大对企业科技创新、技术改造、“两化融合”等扶持力度，兑现涉企奖补资金1.18亿元。支持企业向上争取资金。助力兴宇汽车零部件公司和君业药业争取省级技术改造专项资金6572万元。支持外向型经济发展。协助县政府出台支持外贸稳定增长、扶持中小企业竞争力提升工程、加强“三强一制造”建设加快质量提升等若干意见。在出口信保、境外投资、公益培训等方面投入财政资金1492万元。

【推动社会事业发展】 全年民生支出45.54亿元，增长3.6%，占一般公共预算支出的79.4%。其中，“为民办实事”项目投入3898万元，保障“为民办实事”项目63个。教育投入11.71亿元，助力仙居县通过省教育基本现代化县评估。促进教育信息化建设和民办教育发展，教育信息化方案被省财政厅评为十大优秀方案。提高教师待遇。推进职教中心、王台门巷教育区块、孟溪幼儿园等重点教育项目建设。卫生健康事业投入6.13亿元，支持“医共体”建设取得新进展，保障县120急救指挥中心建成运行，推进福应街道社区卫生服务中心项目，深化“健康仙居”建设。社会就业与保障投入9.39亿元，完善社会救助机制，落实社保扩面降费；加大财政就业专项资金、失业保险促进就业资金统筹力度，完善各项再就业优惠政策。应急管理投入1.18亿元保障超强台风“利奇马”抗灾救灾及灾后重建工作。助推乡村振兴，投入3250万元推进垃圾革命、美丽庭院及精品村建设，争取一事一议奖补资金2000万元。牵头形成涉农资金统筹整合方案，落实扶贫资金1.72亿元，分配进度100%。

【完善财政管理】 建立健全社保资金质押制度。启动财政专户资金竞争性存放“两债质押”*，首期财政专户资金竞争性存放6.35亿元，其中实现债券质押6.20亿元，质押率98.0%。推进乡镇财政体制改革。配合县委财经委拟定《仙居县完善乡镇街道财政管理体制调整方案》，构建超收分成机制，制定相关单位部门专项政策，完善新一轮乡镇财政体制。加强债务管控。盘活存量资金，制定暂付性款项消化和清还方案，全年清理借款3.86亿元；盘活结转结余1.24亿元。建立乡镇债务化解消赤奖励制度，增强乡镇财政风险防控能力。2019年化债率111.47%，超额完成年度化债计划。加强财政监督。开展行政事业单位公款竞争性存放检查、津补贴检查、审计脱贫攻坚政策落实情况等监督检查8项，涉及金额17.20亿元，发现违规问题金额4250万元。完善“1+9+X”内部控制体系，提升财政监督实效。推进全面实施绩效管理。实施预算绩效管理三年行动计划，出台县级层面全面落实预算绩效管理实施意见，健全全过程预算绩效管理机制并应用于2020年预算编制。

【推进数字化转型】 上线公共支付自助机，除土地出让收入以外90%以上的非税收入项目接入统一公共支付平台，全年电子缴款36.95万笔，收缴金额14.52亿元。推进医疗电子票据全面上线，电子票据自助打印机在公立卫生医疗机构落地运行，累计开具医疗电子票据31.44万份，纸质票据打印率2.4%。作为台州市财务核算云服务平台首个试点县，选取首批入云单位10家，完成财务核算云上线运作。推进政府采购小额电子招投标，10月完成全县首个政府采购电子交易项目。开展“互联网+政府采购”行动，上线“农业(扶贫)馆”，帮助对口扶贫地区销售优质农特产品。

【加强队伍建设】 调整职责分工。制定《仙居县财政局职能配置、内设机构和人员编制规定》，梳理科室职责分工和一体化运作事宜。开展“不忘初心、牢记使命”主题教育。组建“8+X”主题教育研学小组，围绕8个必选主题和集中财力办大事、基金运行等主题开展交流学习2次。主题教育微视频《坚守》入选县级优秀党员微故事；《构建“三大支撑体系”高效助推“两抓”项目攻坚》案例入选县级机关“两抓年”先锋案例优秀案例。落实党风廉政建设主体责任。执行“三重一大”决策制度，建立党风廉政约谈制度。开展各类财政文化活动。举办“聆听初心”采访活动、主题教育演讲比赛、“财政新青年当有时代新担当”主题论坛、慰问外来务工子女等活动。

(仙居县财政局供稿　朱梦娇执笔)

注：

*“两债质押”：为提高财政专户资金存放安全性，实施财政专户资金竞争性存放质押制度，鼓励各银行提供质押品。质押

品原则上应为可流通国债或地方政府债券,质押的国债或地方政府债券面值数额分别为存款金额的105%、115%。

三门县

【概况】 2019年,三门县实现生产总值265.74亿元,增长8.3%。其中:第一、第二、第三产业增加值分别为33.43亿元、115.44亿元和116.87亿元,分别增长2.5%、10.5%和7.5%。三次产业结构比为12.6∶43.4∶44.0。按户籍人口计算,人均生产总值59402元。全县居民人均可支配收入36607元,增长9.3%。全县财政总收入29.25亿元,下降3.2%。其中:一般公共预算收入18.17亿元,下降2.5%,占生产总值的6.8%,占财政总收入的62.1%;税收收入14.56亿元,下降2.9%,占一般公共预算收入的80.1%。全年实现政府非税收入20.88亿元,其中纳入一般公共预算收入管理的非税收入3.61亿元。一般公共预算支出53.64亿元,增长22.4%。全县财政收支平衡。

【支持经济发展】 落实各项减税降费政策,全年累计减免各项税费9.98亿元。持续开展"两年"活动,为企业提供"五心""妈妈式"服务。完成困难企业社保费返还发放工作,减免金额1.01亿元,返还金额6425万元,惠及困难企业1180家。支持经济转型发展,全年兑现鼓励工业经济转型发展、人才引育、国家高新技术企业评定等政策资金1.09亿元,增长68.3%。支持"科技新长征",鼓励企业进行技术改造和科技创新,全年科学技术支出1.11亿元,增长67.6%。向上争取新增政府债券额度8.00亿元,推动一批重大产业、重点基础设施项目建设。

【支持民生改善】 全县财政民生支出38.72亿元,增长19.4%,占一般公共预算支出的72.2%。全年教育支出9.62亿元,增长6.0%,深化教育振兴行动。2017—2019年,共设立5000万元教育专项奖励资金,保障教育优先发展,完成省基础教育重点县摘帽,助推通过省教育基本现代化县预评估。社会保障和就业支出5.07亿元,增长22.0%。提高城乡养老保险基础养老金标准以及基本公共卫生服务经费财政补助标准,完善全县统筹的大病保险制度和因病致贫的医保救助体系。全年医疗卫生和计划生育支出3.87亿元,增长8.8%。支持"健康三门"建设,深化医疗卫生体制改革,推进县域医共体建设,以三级乙等标准建造的三门医院新院区建成并投入使用。用足用好3年3.00亿元"两山"建设资金,保障全县城镇污水处理设施、农村生活垃圾"三化"处理、小城镇综合整治等项目建设。完善"一事一议"财政奖补工作机制,获省奖补资金2000万元,助推美丽乡村建设。投入资金1.50亿元,支持打好精准脱贫攻坚战。

【深化财政改革】 助推机关内部"最多跑一次"改革。梳理办事事项39个,基本涵盖部门间所有涉及财政、国资业务的办事内容,实现在"台州市机关内部最多跑一次平台"网上办理,加快业务事项申请、审批、反馈全流程电子化改造。深化"政采云"应用。网上超市累计交易6350笔,交易金额5400万元。推进"政采云"农业(扶贫)馆三门馆上线。深化电子票据改革。完成17家卫生机构医疗电子票据系统上线工作,累计开具医疗电子票据4.5万份,开票金额7600万元。推进国库集中支付电子化改革。通过电子证书实现实名制管理,实现"操作必留痕,责任落到人",确保预算单位资金支付安全,提高财政资金支付清算效率。完成国有资产管理报告。借助"资产云"加强行政事业单位资产核查和备案,完成年度全县行政事业单位国有资产数据上报。

【加强财政监管】 全面实行预决算公开。全县83家一级预算单位全部完成部门预决算公开,预算公开覆盖面100%。完善预算管理制度。推动中期财政规划管理,完善全口径预算编制,加强预算编制精细管理。按照过"紧日子"的要求,强化"三公"经费预算管理,金额只减不增,厉行节约。提升预算绩效管理水平。优化绩效目标审核流程。完成全县94家单位200个财政支出项目的绩效评价,涉及预算资金11.28亿元,并对17家预算单位20个项目进行绩效抽评。规范财政资金存放管理。完善财政资金竞争性存放评标指标体系,建立科学规范、公正透明的财政资金存放管理机制,全年组织公开招标3次,参与银行10家,中标资金27.00亿元。

【深化国有企业改革】 推进平台公司转型。按照省定转型标准推进国有投资公司转型,形成"1+6+N"*模式的国有企业发展架构。拟定企业"三定"方案初稿,严控岗位职数,出台企业负责人薪酬改革实施意见,健全激励机制,强化县属企业负责人责任,增加企业发展活力。落实公司改制。完成9家企业改制方案批复及重组注销批复。优化国有资本债券运作。通过股权划转、海域使用权及土地资产评估入账等方式增加县国投公司净资产,确保县国投公司AA信用等级,稳定发债主体地位。

【干部队伍建设】 开展"不忘初心、牢记使命"主题教育工作。贯彻落实党风廉政建设工作的一系列重大决策部署,全面落实从严治党要求,履行党风廉政建设主体责任。推动"清廉财政"建设,强化"一岗双责"意识,坚持党风廉政建设与中心工作同谋划、同部署、同考核。组织学习城西村八任书记先进典型事迹,举办庆祝新中国成立70周年文艺晚会,组织主题教育应知应会测试、党纪条规测试和党务知识考试。履行"四重一大"各项程序,主动做好事前、事中、事后的各项备案及汇报工作,接受上级监督。

(三门县财政局供稿　罗仕强执笔)

注:

*"1+6+N":"1"即三门县国有资产投资控股有限公司,"6"即三门县科技创新投资有限公司、台州市北部湾区经济开发集团有限公司、三门县环境有限公司、三门县旅游开发投资有限公司、三门县交通发展集团有限公司、三门县水利基础设施投资有限公司6个县属企业,"N"即6个县属企业下属子公司。

丽水市财政工作

丽水市

【概况】 2019年,丽水市实现地区生产总值1476.61亿元,增长8.3%。其中:第一产业增加值100.04亿元,第二产业增加值571.34亿元,第三产业增加值805.23亿元,分别增长2.8%、8.6%、8.7%。三次产业结构比为6.8∶38.7∶54.5。全市常住人口人均GDP为66936元,增长7.6%。固定资产投资增长11.5%。社会消费品零售总额748.14亿元,增长9.6%。全市进出口总额294.93亿元,增长19.4%。其中,出口267.37亿元,增长18.4%;进口27.56亿元,增长30.0%。城镇常住居民和农村常住居民人均可支配收入分别为46437元、21931元,分别增长9.1%、10.1%。全市财政总收入228.13亿元,增长8.0%;一般公共预算收入139.83亿元,增长7.6%;一般公共预算税收收入109.81亿元,增长4.5%;一般公共预算支出526.50亿元,增长21.9%。其中,市本级财政总收入58.74亿元,增长8.0%;一般公共预算收入37.33亿元,增长8.0%;一般公共预算税收收入28.10亿元,增长2.7%;一般公共预算支出76.53亿元,增长38.4%。全市和市本级财政收支平衡。

【组织财政收入】 建立地方财税收入协调领导小组议事规则,加强与税务、自然资源、人民银行等部门沟通联系,做好组织收入工作。全市一般公共预算收入占GDP的9.5%,占财政总收入的61.3%;全市税收收入占一般公共预算收入的78.5%。强化非税收入征管,加强土地出让金收缴力度。2019年全市非税收入325.21亿元(含国有土地使用权出让收入223.46亿元,增长41.40%),其中纳入一般公共预算管理的非税收入30.02亿元;市本级非税收入152.70亿元(含国有土地使用权出让收入133.83亿元,增长74.16%),其中纳入一般公共预算管理的非税收入11.02亿元。

【支持经济发展】 落实总部经济政策,推进财政政策助企工作。牵头和配合经信等部门制定企业政策及资金管理办法27项。全年全市兑付扶持企业资金20.13亿元,其中市级8.57亿元。配合经信部门对绿谷信息产业园、大学生创业园、杭州丽水海创园3个数字产业发展平台开展集聚融合,在原绿谷信息产业园运营招商政策基础上,出台数字产业发展平台运营和项目招商政策。加强减税降费政策解读、宣传,促进减税降费政策落实到位,全市落实新增减税降费38.47亿元,其中社保费降费9.20亿元,减税29.27亿元。设立中核(浙江)新兴产业股权投资基金,总规模100.10亿元。发挥产业引导和基金辐射作用,基金实际出资5.38亿元,撬动社会资本投资71.76亿元。开展“三服务”活动,集中走访纳爱斯、方正电机等企业30余家,谋划新一轮产业发展政策。

【保障民生重点】 全市民生支出417.16亿元,增长22.2%,占一般公共预算支出的79.2%。支持教育提质行动,全市教育支出76.69亿元,增长11.3%,安排2.71亿元落实“空调进教室”和改善学生营养餐2项重点民生工程。全市社会保障支出59.50亿元,增长28.8%,城乡居民最低生活保障标准提高到770元/人·月,企业退休人员养老金增发126元/人·月,机关事业单位退休人员养老金增发264元/人·月,城乡居民基本医疗保险财政补贴人均增加30元,基本公共卫生服务经费补助人均增加5元。全市卫生健康支出47.41亿元,增长13.8%,主要用于支持基本医疗保险、公共卫生服务、基层医疗卫生机构等工作。安排2019年市本级政府投资项目支出117.89亿元,拨付67.17亿元助力城中村改造,保障“生态产业提质”“美丽城乡提标”“交通发展提速”“改革开放提效”“幸福指数提高”等市委、市政府重点工作。

【深化改革创新】 构建集中财力办大事财政政策体系,梳理卫健惠民、社保安民等专项15类,整合财力推动市委、市政府各项决策部署落地。完善新一轮市对莲都区、开发区财政体制。提请市委、市政府出台《关于全面实施预算绩效管理的若干意见》,制订全面实施预算绩效管理三年行动计划,建立市直预算绩效管理建议制度,完善预算绩效管理工作机制,承担浙江省深化政府购买服务第三方绩效评价工作试点工作,构建全方位、全过程、全覆盖的预算绩效管理体系。加强预算管理,优化部门预算编制流程。规范专项资金管理,不再新设地方财政资金安排的专项资金,不在专项资金中安排工作经费。推进财政电子票据管理改革,丽水市财政医疗电子票据管理平台通过省财政厅验收,完成全市电子票据管理系统全面贯通,全市23家公立医院全部上线。统一实施涉农补贴一张社保卡发放,实现全市域范围内推行涉农补贴社保卡“一卡通”发放。推进首批“政采云”农业(扶贫)馆试点建设,开启“电商扶贫”新模式,推动“东西部扶贫”产品走进丽水、“丽水山耕”产品走出丽水。推进田园综合体建设,继景宁东弄、龙泉源底之后,缙云仙都被列为省级田园综合体项目。开展机关内部“最多跑一次”改革,梳理内部办事事项75项,精减合并15项,压缩材料30%,总体提速50%。将市本级行政事业单位部分经营性资产、闲置房产注入国资营运公司,支持国资营运公司做大做强。

【加强财政监管】 加强行政事业单位内控建设,提请市政府出台《关于进一步加强全市行政事业单位内部控制建设的若干意见》,开展行政事业单位内控制度样本建设。深化财政内部控制建设，完善财政内部控制制度体系，开展内控专项检查和考核。指导庆元县完成政府资金管理领域风险防控典型样本建设并在全市推广，加强政府资金管理领域廉政风险防控。建立健全扶贫资金动态监控平台，加快财政资金预算执行进度，支持打赢脱贫攻坚战。组织开展全市财政资金“合法性浪费”绩效调研，修订差旅费管理制度，规范劳务费支出，压缩一般性支出，全市和市本级“三公”经费分别下降 5.8%、5.1%。国库集中支付审核 17.36 万笔，支付资金 57.17 亿元。工程项目审核 220 项，节约财政性资金 5.08 亿元。

【助力生态建设】 助力生态产品价值实现机制试点建设，开展财政支持生态产品价值实现体制机制研究，建立根据生态产品价值质量和价值确定财政转移支付额度和横向生态补偿额度的体制机制，探索可持续发展的生态产品价值实现路径。安排试点工作经费和“两山”学院建设经费，建立瓯江全流域上下游横向生态补偿机制，出台《丽水市本级老旧营运车辆提前淘汰补助实施办法》，助力生态产品价值实现。

【加强队伍建设】 开展“不忘初心、牢记使命”主题教育，检视、整改问题 689 项。组织开展“谋在深处、干在实处，以‘丽水之干’担纲‘丽水之赞’”主题大讨论活动。开展“迎国庆升旗仪式”“演讲比赛”“讲财政好故事”“道德讲堂”“迎新春晚会”系列活动，提振干部精气神。落实职务职级并行政策，职级晋升 57 人次，职务提任 5 人。做好新一轮定员定岗工作，加大干部交流力度，干部轮岗交流 38 人。开展 9 期“财政讲坛”，邀请相关领导、专家作“生态产品价值实现机制”等系列专题讲座。加强会计队伍建设，通过沟通协调和争取，推动丽水市委人才办首次将会计专业人才纳入全市“138”人才工程培养规划。修订局党组会议议事规则、局工作规则等制度、办法 35 个，推进局各项工作规范化、制度化。落实全面从严治党主体责任、落实市委巡察整改工作，分别制定整改举措 160 项、70 项，全部整改到位，新制定制度 16 项，修改完善制度 6 项。加强廉政风险防控，梳理风险点 36 个，落实防控举措，开展经常性督促检查。定期专题研究意识形态工作，制定年度意识形态工作要点，落实意识形态工作责任。

（丽水市财政局供稿　王苏连执笔）

莲都区

【概况】 2019 年，丽水市莲都区实现生产总值 389.63 亿元，增长 7.2%。其中：第一产业、第二产业、第三产业增加值分别为 20.57 亿元、123.40 亿元、245.66 亿元，分别增长 3.0%、6.0%、8.2%。三次产业结构比为 5.3∶31.7∶63.0。按常住人口计算，人均生产总值 88803 元，增长 6.8%。全区实现财政总收入 28.40 亿元，增长 10.1%。其中：一般公共预算收入 17.29 亿元，增长 9.2%；一般公共预算收入中，税收收入 13.12 亿元，增长 10%。实现一般公共预算支出 51.60 亿元，增长 19.5%。全年财政收支基本平衡。

【组织财政收入】 配合税务部门加强税收征管，开展税源分析和监控，依法应收尽收。一般公共预算收入占财政总收入的 60.9%，占生产总值的 4.4%；税收收入占一般公共预算收入的 75.8%。加强非税收入征管，全年组织非税收入 11.51 亿元，其中纳入一般公共预算管理的非税收入 4.18 亿元，增长 6.9%。全年统筹整合、盘活各类财政资金 4.39 亿元，统筹用于民生和急需的重点项目支出。

【支持经济发展】 落实各项清费减负政策，全年减免各类税费约 4.04 亿元。推进“亩均论英雄”改革，以“亩均效益”相关指标为评定标准，兑现各类企业奖补 2.21 亿元，促进实体经济发展。做好项目谋划，向上争取项目资金支持，争取省财政新增地方政府债券资金 5.00 亿元。强化财政资金统筹，保障小城镇

丽水市国库支付中心开展志愿者活动

环境综合整治、长岗背小学、碧湖镇区提升改造工程、桃碧线提升工程、“四好”农村公路、农民新社区安置小区项目、土地整治等重点项目资金需求。

【保障民生重点支出】 全年民生支出42.39亿元,增长17.7%,占一般公共预算支出的82.1%。安排教育支出7.28亿元,增长17.3%,用于中小学校改扩建工程、中小学和学前教育生均公用经费提标、编外教师工资待遇发放等,其中投入教育质量考核奖790万元、教育教学装备经费3000万元、民办学校和幼儿园扶持资金3500万元。安排卫生健康支出6.56亿元,增长8.4%,城乡居民基本医保财政补助标准提高至1100元/人·年,城乡居民基本公共卫生服务财政补助标准提高至60元/人·年。安排社会保障和就业支出8.08亿元,增长17.2%,拨付医疗救助资金2283万元、最低生活保障和特困人员救助供养资金6333万元、城乡困难居民临时救助368万元、残疾人保障补助4218万元;投入就业补助资金876万元,推进高校毕业生等重点人群就业创业;落实养老服务补助经费110万元,在72个城乡社区开展助餐、配送餐服务。

【深化财政改革】 编制《丽水市莲都区集中财力办大事财政政策体系方案(2019—2022年)》,形成全区政策合力、资金合力和工作合力,推动党委政府各项决策部署落地。率先在全市建立公物仓制度,压缩固定资产购置费用。全年调入公物仓资产383件,调出公物仓资产351件,提升固定资产配置使用效率。开展全区行政事业单位闲置及经营性资产清查处置“百日行动”,按照“核销一批、留用一批、移交一批、出让一批”的处置思路,完成资产处置工作450处,处置率95.9%。运用“浙政钉掌上执法系统”,探索“互联网+监管”新模式,对32家行政事业单位、5家国有企业、3家会计代理记账企业开展财政票据使用、公款竞争性存放、会计信息质量、国有企业财务监管、代理记账业务和会计行为等方面的执法检查,提升行政执法在线服务水平。深化“最多跑一次”改革,开展“上门服务至少一次”活动、“三服务”工作,全年现场服务部门175次、二级单位81次、走访企业100余家,累计服务人次597人;开展集中培训6次,培训1280人次。

【强化财政监管】 全面推进预算绩效管理,以部门为评价主体,开展绩效评价项目512个,涉及资金13.92亿元,从中选取52个项目委托第三方开展抽评。树立底线思维,落实责任,统筹各渠道财政资金,确保隐性债务化解任务完成;对行政事业单位、国有控股企业、融资平台公司等实施全口径债务动态监测,防范隐性债务风险。梳理政府资金管理薄弱环节,推出财务人员报告个人有关事项、财务印章管理、大额支出短信通知、原始凭证统一加盖付讫章、支付系统增设领导查询岗、“资产云”和“政采云”增设纪检查询权限等制度机制和措施举措,构建资金安全防控管理体系。全年累计办理政府投资项目概(预、结、决)算等事项627件,累计送审造价17.69亿元,审定造价16.19亿元,净审减1.49亿元,净审减率8.45%。贯彻落实中央、省、市关于厉行节约各项规定,控制和压缩一般性支出,严控“三公”经费支出,规范津贴补贴发放,降低行政运行成本。全年“三公”经费支出1428万元,下降0.2%。

【加强队伍建设】 开展“不忘初心、牢记使命”主题教育,推进学习教育、调查研究、检视问题、整改落实工作。组织开展浙西南革命精神大讨论、“两山理论”猜灯谜、青年干部话担当等主题活动,搭建平台,提升财政干部理论素养。举办春节登山竞赛、趣味运动会等体育类项目,提升凝聚力。

(丽水市莲都区财政局供稿 吴志盛执笔)

龙泉市

【概况】 2019年,龙泉市实现生产总值142.55亿元,增长8.1%。其中:第一产业增加值15.26亿元,增长2.8%;第二产业增加值52.05亿元,增长9.1%;第三产业增加值75.24亿元,增长8.5%。三次产业结构比为10.7∶36.5∶52.8。人均生产总值59468元,增长7.9%。全市实现财政总收入15.07亿元,增长6.4%,其中一般公共预算收入9.79亿元,增长7.6%;税收收入7.89亿元,增长4.5%。全年实现一般公共预算支出57.31亿元,增长18.5%。全年财政收支平衡。

【组织财政收入】 强化收入预测分析,加强与税务、自然资源等部门的沟通协作,围绕税收收入、土地性收入等主要收入来源,强化收入分析和财源管理,对财政收入中苗头性、趋势性问题做好预研预判,挖掘增收潜力,提高财政收入质量。一般公共预算收入占GDP的6.9%,占财政总收入的65.0%;税收收入占一般公共预算收入的80.6%。强化非税收入征管,深化统一公共支付平台应用,全年通过平台网上缴款非税收入189961笔,收缴金额13.70亿元。全年组织非税收入24.83亿元,其中纳入一般公共预算管理的非税收入1.90亿元,增长22.4%。

【支持经济发展】 助力生态工业转型升级,强化资金供给和政策保障,涵养绿色优质生态财源,推动经济结构调整和提质增效。兑现技改补贴1434万元,支持企业实施“机器换人”,加快科技创新引领传统产业提升改造和优化升级,加快构建产学研合作创新体系。全年兑现各类政府政策资金1.31亿元。加快产业基金运作,规范投资行为,龙泉市剑瓷文化旅游产业基金投资青瓷文化创意发展公司,支持剑瓷文化产业发展。落实减税降费政策,贯彻落实国务院新一轮小微企业普惠性减税、个人所得税改革、增值税大规模减税、社保费减负等减税降费政策,全年累计减免税费5.09亿元,取消或免征、减征不动产登记费、文化事业建设费等行政事业性收费6项,为企业减负793万元。支持人才引进,加强"人才强市"建设,落实人才投资优先保证各项政策,确保重大人才工程项目经费需求,加强人才专项资金管理,全年人才发展专项资金支出1290万元,落实国家、省"千人计划""万人计划"产业项目专项资助等引才措施,强化科技人才支撑。

【保障民生事业】 全年民生支出48.98亿元,增长22.3%,占一般公共预算支出的85.5%。教育投入6.95亿元,支持创建省教育基本现代化市,支持第三中学综合楼工程、第一中学提升改造工程(二期)、江南小学运动场提升改造工程、安仁镇中心幼儿园新建等;卫生健康投入6.70亿元,推进医共体建设,落实公立医院和基层医疗卫生机构财政补助政策,保障市中医院迁建工程;公共文化投入1.19亿元,推进文旅兴市,举办第二届世界青瓷大会·第十一届龙泉青瓷龙泉宝剑文化旅游节,保障普惠性文化场馆对外开放,推进农村文化礼堂等项目建设;社会保障投入7.19亿元,落实城乡居民最低生活保障、临时救助、优抚抚恤补助、城乡居民医疗保险等民生政策。加大"三农"投入,统筹安排财政资金19.70亿元,重点用于农村环境整治、历史文化村落、扶持村集体经济、生态效益村、河流整治等。

【深化财政改革】 构建集中财力办大事财政政策体系,保障"产业培育大比拼、项目建设大比武"活动等重点工作资金需求,全年安排政府性投资项目及补助类项目40.73亿元。围绕"三大攻坚战"和"七大行动",编制2020—2022年中(长)期财政规划,涉及项目300余个,形成《龙泉市集中财力办大事财政政策体系方案(2020—2022年)》。推进部门间"最多跑一次"改革,梳理各工作事项,完成流程再造,实现"零跑"或"最多跑一次"54项,92.6%的事项实现在7个工作日内完成办理。推进专项资金管理改革,遵循"未制定管理办法、未纳入项目库,一律不得分配"的原则,出台《龙泉市电子商务发展专项资金管理使用办法》等28项资金管理办法,推广财政专项资金项目库制度,储备项目3000余个,管理模式从"资金等项目"转变为"项目等资金",全年统筹整合资金5.66亿元。

【强化财政监管】 强化预算绩效管理。首次实现预算项目评价全覆盖,首次开展乡镇政府财政运行综合绩效评价试点工作,在部门预算编制系统中增设《项目绩效目标表》,并设置为前置条件,无绩效目标、目标不明确的项目不安排预算。强化绩效评价,将绩效考评结果作为下年度预算编制的重要依据,对绩效低的预算项目,预算审核从严、资金安排从紧或不再安排资金。化解地方政府隐性债务风险。按照"五年任务三年完成"目标,采取调入政府性基金收入、盘活闲置国有资产、规范政府投资项目审批、推进融资平台市场化转型等举措开展债务化解工作,超额完成年度化债目标任务。开展新增债券争取工作,向上争取新增政府债券13.00亿元,保障全市基础设施建设。加强审计整改落实。坚持立审立改,强化制度执行刚性,堵塞管理漏洞,实行整改落实情况每周一报制度,召开审计整改专题会议20余次,问题整改完成率100%。

【加强队伍建设】 开展"不忘初心、牢记使命"主题教育,形成专题调研报告16篇,开展专题党课12节,梳理对照检查工作问题清单81条、个人问题清单93条。开展"如何当好服务员、如何当好大管家"专题教育活动,通过主题教育大讨论、审计问题大整改、财政管理大改革、基层服务大调研、纪律作风大提升、业务能力大比武、服务质量大评估等活动,提升财政干部工作作风和工作能力。推进党风廉政建设,打造"建设清廉机关、创造模范机关"示范点,构建财政党建文化园。严把选人用人关,按照《干部选拔任用实施意见》,新提任中层干部13人,优化各科室(单位)人员配备。发挥工、青、妇作用,开展系列活动,丰富干部职工生活。2019年,获国务院办公厅、省政府办公厅财政管理工作绩效督查激励优秀和财政部县级财政管理绩效综合评价优秀,获评全国财政系统先进集体荣誉称号,获龙泉市委、市政府2018年度部门综合考核一等奖。

(龙泉市财政局供稿　王炜祎执笔)

缙云县

【概况】 2019年,缙云县实现地区生产总值232.03亿元,按可比价计算,增长7.9%,其中:第一产业增加值为11.44亿元,增长2.6%;第二产业增加值为106.21亿元,增长8.5%;第三产业增加值为114.38亿元,增长7.7%。三次产业结构比为4.9∶45.8∶49.3。人均生产总值62064元,增长6.8%。城镇居民人均可支配收入45586元,增长9.7%;农村居民人均可支配收入21489元,增长9.8%。全年实现财政总收入25.99亿元,增长5.3%。一般公共预算收入16.65亿元,增长8.5%,其中税收收入13.26亿元,增长4.6%。一般公共预算支出62.97亿元,增长20.7%。全年财政收支平衡。

【组织财政收入】 完善收入协调机制,加强与税务部门沟通,加强预测分析,推动信息共享,掌握上级收入政策导向,把握组织收入节奏,提高财政收入质量。2019年,一般公共预算收入占GDP的7.2%,占财政总收入的64.1%,税收收入占一般公共预算收入的79.7%。推进非税收入提质增效,将执收单位的非税收入管理工作纳入全县综合考核。科学编制土地出让收支预算,实现土地出让收支基金预算与土地供应计划同步编制。2019年,全县收缴各项政府非税收入38.74亿元,增长30.2%,其中国有土地使用权出让收入23.86亿元,增长25.7%;纳入一般公共预算管理的非税收入3.38亿元,增长27.2%。

【支持经济发展】 做好减税降费工作,减轻企业负担。与税务局、人力社保局等相关职能部门做好沟通协调,2019年,累计为企业减轻各类成本和负担9.79亿元,基本养老、基本医疗、失业、工伤、生育等各项险种合计降费8819万元,返还困难企业社会保险费4667万元,惠及企业1853家。2019年,兑现生态工业和开放型经济、循环经济、凤凰行动、总部经济等政策资金1.46亿元;兑现2018年度科技政策奖励1400万元,安排人才发展专项经费1490万元。引导和鼓励企业挂牌上市,兑现上市辅导备案、股改、挂牌上市等奖励1276万元。成立政策性融资担保公司,发挥政府转贷基金作用,降低企业贷款成本。

【推进乡村振兴】 实施乡村振兴战略,发挥财政资金撬动功能,推进农村农业现代化建设。2019年,落实缙云县好溪水利枢纽潜明水库工程资金1.11亿元,好溪流域综合治理工程资金8100万元,农村饮用水达标提标工程资金1038万元,美丽乡村建设项目资金828万元,黄茶、茭白、烧饼、爽面等品牌建设资金660万元,扶持"两黄两白一红一灰一黑"* 五彩富民产业。整合扶持经济薄弱村发展、结对帮扶等资金4800万元,完成37mw光伏小康工程建设,涉及扶贫重点村89个,扶持6800户低收入农户人均年收入增收4000元。

【保障民生重点支出】 2019年,全县民生支出52.13亿元,占一般公共预算支出的83.0%。推进各项民生实事,加大基本建设支出,其中落实土地整治项目资金3.00亿元、330国道东渡至新碧段综合整治项目资金1.50亿元、人民医院迁建工程资金5860万元、小城镇环境综合整治资金2983万元、"空调进教室"工程资金3078万元。全年教育支出11.82亿元,增长2.2%。安排改善基础办学条件专项资金4500万元,支持教育重点县"摘帽",促进教育现代化县创建,推动教育发展重点由普及到提质转变等教育重点工作。完善医疗保险基金制度,全年医疗卫生支出5.48亿元,下降12.3%,城乡居民基本医疗保险筹资标准提高至1140元/人·年,其中个人筹资提高至380元/人·年,政府筹资提高至760元/人·年。全年社会保障支出10.68亿元,增长55.7%,重点用于人力资源和社会保障管理事务、民政管理事务、行政事业单位离退休、就业补助、抚恤等支出。

缙云县以舒洪镇为核心推进省农村综合改革集成示范区建设试点工作

【深化财政改革】 推进"政采云"平台应用,简化采购审批流程,推荐本地企业入驻"政采云"扶贫馆,助力全县农特产品推销。全年完成"政采云"交易3.98亿元,节约资金4638万元,节约率12.5%。推进部门间"最多跑一次"改革,梳理部门间"最多跑一次"办事事项,通过重塑业务流程、简化申报材料等举措,实现"最多跑一次"涉财事项53项。开展"上门服务至少一次"活动和"三服务"工作,全年上门走访部门单位107家,累计服务916人次;上门帮扶、对接企业和基层部门36家,现场解决问题27个,办结率100%。建立健全国有企业管理配套制度,出台《缙云县国有企业人事管理暂行办法》《缙云县国有企业负责人薪酬管理暂行办法》等县属国有企业绩效考核、薪酬管理配套制度。开展权证办理、国有资产清收、经营性资产分类授权管理、国有闲置资产盘活"四大行动",推动国有资产保值增值。加快盘活存量国有资产,推进存量国有资产"一宗一策"盘活处置行动,通过统筹利用、招商引资、出让转让等方式对31宗重大国有资产进行优化利用和价值变现,盘活闲置、低效、偏远资产。

【规范财政管理】 提高财政资金使用绩效,压减一般性支出,2019年,全县公用经费预算压减5.0%,一般性项目支出压减8%至10.0%,一般公共预算"三公"经费支出下降0.3%。强化资金审核管理,2019年国库集中支付审核退回资金1.1亿元,涉及业务940余笔;净核减政府性投资项目预算6945万元;核减生态工业政策和开放型经济政策资金347万元。规范财政扶贫资金管理,制定财政支农专项资金管理办法。规范涉农补助发放,2019年通过乡镇财政公共服务平台社会保障卡"一卡通"发放涉农个人补助2.39亿元,惠及53万人。强化涉农资金统筹使用,2019年整合各项支农资金11.1亿元,集中财力支持薄弱和关键环节,提升支农资金使用效益,推进精准扶贫。

【加强队伍建设】 开展"不忘初心、牢记使命"主题教育活动和"浙西南革命精神"弘扬践行活动,通过自纠自查、检视问题、查摆不足、整改落实,促进提升工作实效。开展以"七个一"为主要内容的警示教育月活动,制定党风廉政工作任务分工,排查多个层面廉政风险点,多角度开展廉政教育。组织开展"三八"节、建国70周年大合唱、仙都马拉松志愿服务、系列征文等活动,打造"忠诚、干净、担当"的财政队伍。

(缙云县财政局供稿 朱 航执笔)

注:

*"两黄两白一红一灰一黑":缙云县重点扶持农业产业,其中,"两黄"指烧饼、黄茶,"两白"指爽面和茭白,"一红"指杨梅,"一灰"指麻鸭,"一黑"指霉干菜。

青田县

【概况】 2019年，青田县实现生产总值243.50亿元，增长9.4%；按常住人口计算，人均生产总值69654元。其中：第一产业增加值9.60亿元，增长2.8%；第二产业增加值104.50亿元，增长9.4%；第三产业增加值129.40亿元，增长10.0%。三次产业结构比为4.0∶42.9∶53.1。全县财政总收入34.37亿元，增长14.0%，其中，一般公共预算收入21.02亿元，增长10.0%，占全县GDP的8.6%，占财政总收入的61.2%。一般公共预算税收收入16.18亿元，增长5.4%，占比77.1%。一般公共预算支出66.30亿元，增长23.8%。全年财政预算收支平衡。

【组织财政收入】 强化收入分析。建立财政和税务部门每月收入分析例会制度，掌握重点税源企业和行业税收入库动态跟踪管理情况，研判收入总体情况，跟进组织收入举措。提升组织收入工作合力。完善地方财税收入协调机制，强化县级层面财政收支运行情况季度碰头会制度，加强重大财政收支事项专项研究，提升财政收入调控能力和组织收入工作稳定性。深化非税收入征管。加大非税收入信息化、电子化征缴力度，推动统一公共支付平台线上线下一体化收缴扩围，落实行政事业性收费取消和停征政策，开展非税收入执收工作专项检查，监督执收单位落实非税收入"应收尽收、应缴尽缴"工作职责。全年组织非税收入23.24亿元，其中纳入一般公共预算管理的非税收入4.84亿元。

【支持经济发展】 加大对工业企业扶持力度。帮助企业缓解融资难题，全年完成企业融资担保业务15笔，涉及金额3000万元；实行企业结对帮扶，集中开展财政系统"不忘初心、牢记使命"服务企业专项行动，累计走访调研结对企业52家。加快财政扶持政策兑现。全年兑付企业技改扶持资金1.94亿元，拨付总部经济激励政策补助1.39亿元。发挥政府产业基金引导作用。累计投入财政资金3000万元入股丽青华侨基金和中核军民融合产业发展(浙江)投资基金，支持重点优势产业发展。

【保障民生重点支出】 全年民生支出51.89亿元，增长23.6%，占一般公共预算支出的78.3%。其中，教育支出10.13亿元，增长11.9%，其中支出3000万元支持"空调进校园"项目，支出3100万元支持教育基本现代化县创建；科学技术支出2.24亿元，增长4.2%；社会保障和就业支出6.75亿元，增长19.4%，包括最低生活保障支出9596万元，机关事业单位养老保险支出1.50亿元；医疗卫生支出8.12亿元，增长35.0%，其中投入1.26亿元支持医疗卫生领域体制改革，投入1081万元支持公立医院"双下沉、两提升"专项改革；城乡社区事务支出11.02亿元，增长74.7%，包括小城镇环境综合整治支出1.17亿元，中部工业园区平台拓展支出5000万元；住房保障支出1.52亿元，增长5.8%，包括单位住房公积金支出1.35亿元。深化农村公益事业一事一议财政资金奖补政策，全年拨付1900万元，支持全县农村公益性项目86个。

【深化财政改革】 构建集中财力办大事财政政策体系，编制《青田县集中财力办大事财政政策体系方案》。完善全口径预算编制体系，加大政府性基金预算结余和国有资本经营预算调入一般公共预算的规模，2019年调入资金1914万元。盘活财政存量资金，全年清理、盘活各类结转结余财政沉淀资金3.10亿元，其中，统筹2.73亿元用于各类重点和急需支出。加快涉农资金整合与统筹使用，累计清理消化需安排但实际未到位的财政涉农项目资金2.00亿元。推进国库集中支付电子化改革，上线运行电子化实拨业务系统，完成10家预算单位支付业务电子化试点。实施全面预算绩效管理，出台《青田县全面预算绩效管理三年行动计划》，完成县级预算绩效指标库建设，推进绩效自评和绩效运行监控全覆盖。加大政府和社会资本合作(PPP)模式应用，推动青田县第二人民医院迁建、青田县养老中心项目应用PPP模式。加快事业单位机构改革步伐，下属事业单位乡镇财政管理中心和会计核算中心实现机构合并以及人员编制划转。深化国有企业市场化改革，完成青田县交通发展投资公司、青田县水利发展投资公司和青田菜篮子发展集团有限公司改革组建并投入运营。

【强化财政监管】 加强地方政府债务管理，全年争取新增债券9.00亿元，地方政府债务控制在限额内。开展存量财政专户清理规范专项行动，累计合并、撤销不合规财政资金账套28个。实施公款竞争性存放，出台《青田县规范公款存放管理领导小组议事规则》，实施竞争性存放管理资金7.00亿元，整体存放利率较基准利率上浮39.8%。控压一般性支出，强化过"紧日子"的理念，优化基本支出和项目支出结构，严格管控项目支出规模，确保"三公"经费只减不增。

【加强队伍建设】 强化"不忘初心、牢记使命"主题教育，开展"践行'浙西南革命精神'，聚力'新财政·心服务'，助推高质量绿色发展"主题大讨论活动，梳理财政各类风险16大类37项，检视发现各类问题和短板12个。深化全面从严治党，印发全年度党风廉政建设工作要点，开展每月一次的党支部会议或微型廉政警示教育讲课，完善财政系统党风廉政风险防控机制，落实巡视巡查问题整改"回头看"工作。推进财政文化建设，打造"新财政·心服务"财政党建品牌，举办青田县财政系统首届职工趣味运动会，开通"青财有阅"廉政文化主题座谈和财政业务专题读书会平台。开展"走出去"业务学习大轮训，分2批次组织120余位干部赴上海财经大学进行集中学习培训，提升干部职工"财"为"政"服务水平。深化周一夜学机制，定制科室业务专题授课清单，强化干部业务理论结合实际操作的能力。

(青田县财政局供稿　王　瑞执笔)

云和县

【概况】 2019 年,云和县实现地区生产总值 82.93 亿元,可比增长 13.5%。其中:第一产业增加值 5.02 亿元,增长 2.6%;第二产业增加值 44.48 亿元,增长 19.2%;第三产业增加值 33.43 亿元,增长 7.7%。三次产业结构比为 5.9 : 53.8 : 40.3。按常住人口计算,人均生产总值 72078 元。全县财政总收入 10.41 亿元,增长 9.7%,其中一般公共预算收入 6.43 亿元,增长 9.2%;税收收入 5.30 亿元,增长 7.07%。一般公共预算支出 30.40 亿元,增长 21.5%。全年财政收支平衡。

【组织财政收入】 强化经济运行态势分析,做好与税务等征收部门的沟通协调,把握组织收入力度和方向,优化收入结构,提升财政收入质量。2019 年,一般公共预算收入占 GDP 的 7.8%,占财政总收入的 61.8%,税收收入占一般公共预算收入的 82.4%。全县政府性基金收入 9.72 亿元,各类社保基金收入 8.19 亿元,国有资本经营预算收入 277 万元。全年实现非税收入 10.88 亿元,其中纳入一般公共预算管理的非税收入 1.13 亿元。

【服务经济发展】 落实大规模减税降费政策,减轻企业负担。落实增值税改革降低增值税税率、小微企业普惠性税收减免等各项优惠政策,全年增值税减税 1.32 亿元,企业所得税减免 1482 万元,个人所得税减免 3489 万元。落实城镇土地使用税分类分档减免政策,减免城镇土地使用税 814 万元,惠及企业 135 户。加大财政扶持力度,鼓励科技创新发展。推进"机器换人"、低小散整治、木玩百亿产业、学前教育装备体系建设、电子商务等重点工作,深化"亩均论英雄"改革,兑现财政扶持资金 1.21 亿元。培育创新型企业,累计兑现国家级高新技术企业 5 家(其中重新认定 1 家)、省科技型中小企业 14 家、省农业科技企业 5 家。利用小额担保公司平台,累计为 28 户企业提供担保业务,担保金额 6145 万元。利用兴云中小企业发展促进资金,累计为 44 户企业提供转贷服务,转贷金额 2.07 亿元。推进"成长贷"业务,累计帮助列入"成长贷"服务范围的 9 家企业取得融资资金 1225 万元。投资 1500 万元,加快政府产业基金 2.0 版运作,撬动社会有效投资。保障"美丽云和"建设。多渠道筹集基本建设资金 13.69 亿元,保障优化生态环境质量、建设美丽城乡、补齐交通基础设施短板、推进全域旅游等各项重要工作。安排 2137 万元用于县城截污纳管,推进污水零直排 PPP 项目实施,通过财政部入库审核,成为全县首个入库项目。统筹安排 2.68 亿元,推进木玩童话小镇、环云和湖、梯田创五 A、三江口旅游综合体等项目建设。

【保障民生支出】 全年民生投入 23.36 亿元,增长 19.65%。支持农业农村快速发展。重点实施"两山(一类)"项目,投入 1.5 亿元,整合各级财力,撬动社会资本,加大精准扶贫力度。深化村级公益事业一事一议财政奖补政策运用,投入 1000 万元带动社会力量共建村级公益事业项目 35 个。促进教育事业均衡发展。全年教育支出 4.03 亿元,增长 16.1%。完善城乡义务教育经费保障机制,统筹安排 1672 万元用于"空调进教室"改造项目,安排 341 万元用于义务教育学校学生营养工程。加大教育基础设施投入力度,安排 3425 万元支持民办文元育英学校发展、安排 878 万元用于云和中学整体改造、安排 828 万元用于城东幼儿园建设。健全完善社会保障制度。全年社会保障支出 3.29 亿元,增长 24.4%。落实社保风险准备金计提政策,累计从土地出让金、国有资本经营预算收益等领域提取社保风险准备金 8270 万元。出台"新市民"同等享受最低生活保障政策,建立民生保障动态调整机制,2019 年低保标准提高至 770 元/人·月,特困救助供养 1210 元/人·月。提高城乡合作医疗财政补助标准,财政补助标准提高至 1050 元/人·年。加大医疗卫生补助力度。全年医疗卫生支出 2.66 亿元,增长 5.2%。对城乡居民医疗保险补助 9005 万元,对困难人员代缴保险费 496 万元。安排医疗救助资金 723 万元,实际救助 10890 人。推进适龄妇女免费"两癌"检查项目,安排财政资金 80 万元,增长 100%。安排资金 119 万元,保障低保人群胃癌免费筛查制度、胎儿先天性心脏病防治制度和 0—12 个月龄婴儿耳聋基因筛查制度。

【深化财政改革】 深化预算管理。强化存量资金统筹,清理、整合部门 2018 年度国库集中支付系统的县本级结余结转资金以及结转 2 年以上的省转移支付结余结转资金,累计盘活资金 1.99 亿元,统筹用于民生急需领域。深化政府采购改革。推进"政采云"平台推广工作,提高政府采购规范性和透明度,节约行政成本,全年采购节约资金 2395 万元,节约率 11.8%。推进法治财政建设。做好行政规范性文件清理工作,清理涉及机构改革和涉企经营行政许可的规范性文件,认定全文继续有效的规范性文件 8 件。做好财政预决算信息公开,推进县本级政府预决算和除涉密单位外的全县 73 个单位部门预决算向社会公开,"亮"出收支明细账。推进干部学法用法常态化,采取理论中心组带头学、全体干部职工集中学和自学相结合的模式,增强干部法治意识。

【防范债务风险】 严守"三个不得立项"和"六必问责"底线,控制债务增量、消化债务存量。严控地方政府债务规模,实行余额限额管理。2019 年,全县限额内债务余额 30.92 亿元,其中一般债务 21.93 亿元,专项债务 8.99 亿元,债务风险总体可控。开展隐性债务五年化解专项行动。向上争取新增债券 7.00 亿元,主要用于棚户区改造、工业园区基础设施建设、污水零直排工程、交通、教育等重点项目建设。

【强化财政监管】 执行"三公"经费预算式管理和支出预警机

制，全县“三公”经费支出1543万元，下降4.37%。落实扶贫领域监督专项检查，开展惠民惠农财政补贴资金“一卡通”管理问题专项治理，建立扶贫动态监控系统，将困难群众救助补助资金、残疾人事业发展补助资金、医疗救助补助资金等65个项目、1.69亿元扶贫资金纳入监控系统，设立资绩效目标，动态掌握各项资金收支情况和使用绩效。出台《关于全面实施预算绩效管理的若干意见》，制定《2019年县直部门预算绩效目标管理工作方案》，对县直部门773个一般公共预算项目实施绩效目标管理，涉及资金8.23亿元，实现预算项目绩效目标管理“全覆盖”。开展公款竞争性存放工作，全年全县行政事业单位公款竞争性存放14.40亿元，国有企业公款竞争性存放1.56亿元。

【加强队伍建设】 开展“不忘初心、牢记使命”主题教育，在党性提升服务区中增设初心室和使命室，开展“寻初心，担使命”等系列活动，通过革命传统教育、先进典型教育，增强共产党员的责任感和使命感。开展班子成员微党课、支部书记专题党课、党组书记主题党课等形式，增强理论学习实效。通过巡察整改、补短板、民主生活会、“三服务”、调研、廉政风险排查、座谈会等，检视问题，查摆不足，提高干部担当意识。

（云和县财政局供稿　蔡文婧执笔）

遂昌县

【概况】 2019年，遂昌县实现生产总值124.66亿元，增长7.8%。其中：第一产业增加值11.94亿元，增长2.9%；第二产业增加值48.49亿元，增长8.5%；第三产业增加值64.23亿元，增长8.1%。三次产业结构比为9.6∶38.9∶51.5。人均生产总值64959元，增长7.5%。全年财政总收入19.02亿元，增长10.3%。一般公共预算收入10.96亿元，增长8.5%，占GDP的8.8%，占财政总收入的57.6%；其中税收收入9.07亿元，增长7.9%；占一般公共预算收入的82.8%。一般公共预算支出50.29亿元，增长22.2%。全年财政收支平衡。

【组织财政收入】 加强重点税源建设，夯实财政增收基础，掌握大额收入变化。深化财税合作，落实收支运行月分析和报告制度，做好财政收支运行研判分析。全年争取上级转移支付资金26.27亿元。完善非税收入征缴机制，优化政府非税收入结构，全年组织非税收入22.34亿元，其中纳入一般公共预算管理的非税收入1.89亿元。加大土地开发力度，加快土地出让，全年政府性基金收入20.45亿元。

【支持经济发展】 支持农业产业发展，重点培育农业龙头企业，全年安排农业产业类扶持资金6307万元，推进茶叶、高山蔬菜、中药材、中蜂等特色农业产业发展。支持制造业高质量发展，落实振兴生态工业等优惠政策，支持科技创新、高新技术企业培育、科创平台建设，创建遂昌金属制品产业创新服务综合体，全年兑现各类奖励资金1.76亿元。支持文体旅游产业发展，全年兑现旅游政策奖励资金1.08亿元，举办汤公音乐节、乡村春晚、“茶园定向赛”等系列活动。减轻企业负担，取消政府采购投标保证金，鼓励减免履约保证金，推行保函替代现金，全年减税降费4.46亿元。贯彻“稳就业”工作要求，落实社保费减免政策，返还628家企业社保费3873万元。

【保障民生重点支出】 全年民生支出40.65亿元，增长22.9%，占一般公共预算支出的80.8%。全年社会保障支出4.81亿元，增长28.6%。提高养老、医疗保障待遇水平，做好残疾人参加城乡居民基本养老保险全额补助代缴工作，全年企业职工基本养老保险基金支出6.94亿元，增长12.3%。全年医疗卫生支出4.24亿元，增长13.3%。助推县域医共体建设和基层医疗卫生机构补偿机制改革，提高城乡居民基本医疗保险财政补助标准，全年筹措城乡居民基本医疗保险基金2.20亿元。全年教育支出7.30亿元，增长14.2%。落实教育资源扩量工程，投入2.01亿

遂昌县柘岱口乡北洋村村景

元保障实验小学迁建、遂昌三中迁建、云峰中心小学扩建、梅溪幼儿园等教育基础设施建设。投入1600万元完成中小学"空调进教室"及义务教育段学校"一蛋一奶"等工程。保障政府投资项目建设,推进农村基础设施、富民安居、城市交通网络、城市更新等工程建设,全年拨付政府投资项目资金11.55亿元。

【支持乡村振兴战略】 加大涉农资金整合力度,出台《探索建立健全涉农资金统筹整合长效机制实施方案》,梳理相关涉农资金政策。推进农村人居环境提升,安排资金1.57亿元,保障小城镇综合治理,推进垃圾、厕所和污水"三大革命",加快美丽乡村、美丽宜居示范村建设。落实农村综合改革试点,安排一事一议财政奖补助推美丽乡村建设、村组织运转补助、扶持村集体经济发展等农业综合改革支出1.25亿元。优化惠农资金发放流程,做好"一卡通"惠民惠农补助款发放工作,纳入平台项目79项,发放金额2.32亿元,惠及37万人次。推进"消薄"工作,落实财政资金4300万元,完成全年"消薄"任务。

【深化财政改革】 构建全县集中财力办大事财政政策体系,编制2019—2022年财政中长期规划。强化部门预算管理,完善预算统筹指标调剂程序,推进"最多跑一次"改革,梳理财政业务事项办理流程,形成事项清单、办事指南和流程图,做到减环节、减材料、减时限。加快财政数字化转型,推进国库集中支付电子化改革,上线实拨业务电子化系统和用户账户管理系统。推进医疗电子票据改革,完成县人民医院、中医院等医院的医疗电子票据建设。加快政府采购数字化转型,推进"政采云"网上超市"全省一张网",全年"政采云"平台采购金额1.77亿元,资金节约率3.4%。启动新一轮国有企业市场化改革,整合重组国有核心企业5家,建立健全国有企业监管体系,建立项目投资计划、融资计划、经营预算与薪酬挂钩考核机制,提升企业自主投融资能力。

【防范债务风险】 研究债券空间和申报范围,根据地方财力谋划债券额度申报,争取新增地方政府债券8.00亿元,再融资债券0.30亿元。严控地方政府债务率,通过项目管理、资产清查、信息查询、经济指标、报表统计等措施,加强政府性债务的安全预警管理。根据机构改革具体情况,调整债务监测系统组织机构,对全县行政事业单位及各企业融资平台做好债务监测工作。按照五年化债计划落实地方政府隐性存量债务化解工作,通过加强项目管控、谋划土地收入、加快融资平台转型等方式,筹集资金化解债务风险,完成年度化债计划。

【强化财政监管】 压减一般性支出,全年"三公"经费下降10.2%。加强预算绩效管理,推进绩效自评全覆盖和预算项目绩效运行跟踪监控,并将2020年预算绩效目标编制嵌入预算编制系统。优化扶贫资金管理,修订《遂昌县财政专项扶贫资金和项目管理办法》,做好扶贫资金动态监控系统管理。强化业主单位项目管理主体责任,规范中介机构审核,优化项目预结算审核管理,完成项目预决算审核141个,送审造价26.47亿元,审定造价24.04亿元,核减2.43亿元。

【推进法治财政建设】 清理规范性文件,清理废止规范性文件11件。加强行政执法人员和法制审核人员相关岗位培训,通过专家授课、实务研讨、以案说法等形式,开展"三项制度"专题培训,提高行政执法人员能力。开展"双随机"检查工作,对财政票据、会计师事务所执业质量检查、政府采购、农业综合开发项目等制订年度"双随机"抽查计划,完成"双随机"抽查14户,其他行政执法检查44户。

【加强队伍建设】 开展"不忘初心、牢记使命"主题教育活动,开展研讨学习,撰写学习心得体会16篇,形成调研文章8篇,形成两张"问题清单",开展"五查五看"和"8+1"专项整治工作。制订中青年财政干部每季度业务技能考试计划,推进以考促学、以学促知。践行浙西南革命精神,组织党员赴王村口红色教育基地,参与"重走红军路,勇当挺进师"红色定向赛,开展中青年干部"五四"毅行活动。加强作风建设,组织党员干部开展警示教育活动,参与全县"涉农中层干部大家评"活动。

(遂昌县财政局供稿 戴心怡执笔)

松阳县

【概况】 2019年,松阳县实现国内生产总值115.56亿元,增长8.4%。第一产业、第二产业、第三产业增加值分别为13.17亿元、46.97亿元、55.42亿元,分别增长2.7%、9.7%、8.8%。三次产业结构比为11.4∶40.6∶48.0。城镇居民人均可支配收入40432元,增长8.9%;农村居民人均可支配收入19371元,增长10.4%。全县财政总收入12.83亿元,增长10.3%。一般公共预算收入7.89亿元,增长8.6%,占财政总收入的61.5%,占GDP的6.9%。税收收入6.46亿元,增长7.8%,占一般公共预算收入的81.9%。全县一般公共预算支出46.30亿元,增长21.9%。全年财政收支平衡。

【组织财政收入】 *加强收入研判。*结合经济形势,加强与税务部门对接,盯紧税收收入情况,做好收入预测,把控非税收入入库力度,增强收入的预见性与主动性。*加强社保基金征收管理。*定期预测全县社保基金存量情况,应对社保基金收支平衡风险。*加大非税收入征缴力度。*依托非税收入征管信息系统及省政务服务统一公共支付平台,打造线上线下一体化非税收缴新模式,全年完成政府非税收入21.61亿元,增长29.9%,其中纳入一般公共预算管理的非税收入1.43亿元,增长11.9%。

【支持经济社会发展】 *支持实体经济发展。*强化财政政策和资金供给，加强优质财源培育力度，落实企业出口奖励、“煤改气”及技改股改等扶持政策，兑现财政奖补资金1.44亿元。保障重点项目建设。加强政府性基本建设预算编制和执行，保障“建设大花园”等各重点项目的资金需求，全年保障政府投资项目支出13.86亿元。

【保障民生重点】 加大民生支出力度。全年民生支出38.77亿元，增长26.5%，占一般公共预算支出的83.7%。保障“空调进教室”项目、落实义务教育教师平均工资不低于公务员平均工资水平等政策，全年教育支出6.44亿元。开展基本医疗控费工作，建立政府直接补助和购买服务相结合的基层医疗卫生机构补偿机制，全年卫生健康支出4.17亿元。落实临时救助、残疾人就业扶持等政策，全年社会保障和就业支出6.65亿元。保障全年民俗节庆活动及国际天空跑挑战赛、全国围甲联赛、半程马拉松等高等级体育赛事215余场，全年文化体育与传媒支出6584万元。实施乡村振兴战略。整合涉农资金，加大对产业培育、农业基础项目、新农村建设等重点领域的扶持力度，全年财政支农专项资金支出6.59亿元；深化农村综合改革，推动省级扶持村集体经济发展、一事一议助推美丽乡村等试点工作。

【深化财政改革】 牵头起草《关于全面落实预算绩效管理的若干意见》。开展“上门服务至少一次”活动，累计服务部门857次，服务二级单位621次，服务企业251次，服务人数1526人次；组织集中培训25次，参培人数3850人。推动国库集中支付改革，全面推行授权支付业务。推动投融资体制创新。加强优质企业筛选，夯实区域基金投资基础，推进云夕松阳国际乡村文化交流中心、大木山云酒店、上上德盛集团3个项目的投资进程。完成丽水学院松阳校区项目及火车站站前大道站前广场及其配套基础设施项目、仙居至庆云公路松阳县水南至枫坪段PPP项目签约工作。全县累计入库PPP项目9个。加快国企改革步伐。推进松阳县国有资本投资运营集团等6家国有企业组建工作；完善国有企业公司治理组织结构；开展全民所有制企业制改制工作。加强国有资产管理。出台《松阳县国有经营性资产管理规定》；按照《松阳县行政事业单位国有资产处置管理暂行办法》，在全县范围内推广“资产云”管理平台。出台《松阳县国有资产整合利用工作实施方案》，推进闲置国有资产整合利用。建立国资营运机构“三公”经费和“福利费”监控预警制度。

【推进法治财政建设】 根据全面推进依法治国总体要求，结合工作实际，推进法治财政建设。做好规范性文件出台前的合法性审查和报备工作，全年出具合法性审查意见8份，其中局发文合法性审查1份。开展制发和起草政府发文的行政规范性文件专项清理1次。开展行政机关合同审查，出具合法性审查意见10份，其中修改意见13条。加强法治宣传教育，组织学习《中华人民共和国中小企业促进法》《重大行政决策暂行条例》《党内法规工作学习资料选编——中国共产党党内法规制定条例》《政府投资条例》等12部法律法规。

【强化财政监管】 防范债务风险，控制债务总量，获新增政府债券资金8.00亿元。加强地方政府债务管理，落实“三个不得立项”要求，遏制隐性债务增量，推动五年化债计划落实。修订《松阳县财政暂付性款项管理办法》，加强暂存暂付款项管理；强化资金整合清理，全年整合资金1.10亿元、清理回收结余资金1.71亿元；出台《松阳县国库集中支付动态监控管理暂行办法》，加强财政资金支出管理。强化“三公”经费调控，“三公”经费支出1863万元，下降22.9%。开展财政资金竞争性存放2期，涉及资金14.72亿元。强化项目监管，完成政府性投资项目的预算审核70个，核减6145万元；推广应用“政采云”平台，全年政府采购节约资金386万元，资金节约率5.0%。开展预决算公开、公款竞争性存放、惠民惠农财政补贴资金“一卡通”专项治理等重点检查6项。

【加强队伍建设】 开展“不忘初心、牢记使命”主题教育、“三服务”“三个年”“浙西南革命精神”等活动，支持黄南水库、青田码道、瓦窑头征迁等重点工作。推动清廉财政和清廉队伍建设，印发《松阳县财政局开展“执行力建设深化年”实施方案》《松阳县财政局清廉机关建设实施方案》，加强纪律建设和工作纪律检查督查，开展党风廉政建设提升月活动。开展微型党课、大合唱比赛、青年干部演讲、财税运动会、中医养生讲座、健康E站等活动，营造财政文化氛围，提升队伍凝聚力。

（松阳县财政局供稿　应少泽执笔）

庆元县

【概况】 2019年，庆元县实现地区生产总值（GDP）78.38亿元，按可比价计算，增长8.4%。其中：第一产业增加值6.85亿元，第二产业增加值29.55亿元，第三产业增加值41.98亿元，分别增长3.4%、8.1%和9.6%。三次产业结构比为8.7∶37.7∶53.6。人均生产总值56228元，增长8.2%。全县财政总收入8.34亿元，增长0.1%，其中一般公共预算收入5.48亿元，增长8.5%，占GDP的7.0%，占财政总收入的65.7%。税收收入4.58亿元，增长7.6%，占一般公共预算收入的83.6%。非税收入9.96亿元，增长2.6%，其中国有土地出让金收入5.66亿元，占非税收入的56.8%；纳入一般公共预算管理的非税收入9010万元，增长13.5%，占一般公共预算收入的16.4%。全县一般公共预算支出37.25亿元，增长13.0%。全年财政收支平衡。

【支持生态经济发展】 支持生态农业发展，落实2019年“两山”建设财政专项激励政策，规划“两山”项目9个，总投资5.59亿元,用于精准帮扶、现代农业、农旅融合、美丽乡村建设等。支持生态工业发展,落实财政优惠政策和优质服务,发挥财政科技资金引导作用,全年发放创新券66万元,兑现科技型中小企业创新资金218万元,科技三项经费200万元,推动食用菌、铅笔等传统产业优化升级。推进庆元县政府产业基金运作,完成庆元县首个生态经济产业基金投资项目签约,投资金额2000万元。

【保障民生支出】 全年民生支出29.05亿元,增长12.7%,占一般公共预算支出的77.9%。社会保障支出9.83亿元,增长13.7%,加大社会保险基金的财政保障力度,落实城乡居民基本养老保险财政补助6124万元、城乡居民基本医疗保险财政补助1.36亿元;安排被征地农民基本养老保险基本生活保障资金4771万元。医疗卫生与计划生育支出3.04亿元,增长17.0%,强化基本医疗卫生机构服务能力和人才队伍建设,保障城市优质医疗资源双下沉、责任医生签约服务、巡回诊疗车等工作。教育支出7.15亿元,巩固、完善城乡义务教育"两免一补"政策,免除科教书资金758万元,落实和完善扶困助学机制;推进教育综合改革,兑现高考奖励资金774万元;全年投入200万元,实施"互联网+义务教育"提升工程,让乡村学校同步享有城镇优质教育资源;安排义务教育民办教育专项资金793万元,扶持民办教育发展。加大"三农"投入,申报支农项目108个,落实资金6.18亿元。安排一事一议财政奖补项目25个,涉及资金2200万元,覆盖全县16个乡镇25个村落,惠及5万余人。整合投入资金2.89亿元,支持"五水共治""六边三化三美""垃圾分类"等环保专项行动,打好"蓝天保卫战"。全年基本建设支出28.91亿元,保障庆元县旧城改造、香蕈大道二期工程、城区地下综合管网工程、城市森林公园建设等项目资金。

【深化财政改革】 加强预算绩效管理,完善绩效评价体系,实现预算项目绩效目标管理覆盖率100%。构筑集中财力办大事体系,编制2019—2021年财政承载能力方案,对未来3年财政收支进行统筹安排。开展"上门服务至少一次"活动,全年累计服务预算单位181个、企业19个,完成上门服务和集中培训1653人次。推行授权支付,优化支付方式,提高财政预算执行工作效率。推进统一公共支付平台应用扩面,通过统一公共支付平台收缴资金18.58万笔,金额9.69亿元,实现90%以上缴款业务接入统一公共支付平台。落实总投资31.05亿元,推进庆元县文体中心、衢宁铁路庆元站站前广场、庆元县兰溪桥水库扩建、庆元县污水处理厂及城区地下污水等管网工程、庆元县生活垃圾综合处置等5个PPP项目。推进财政数字化转型,扩大"政采云"平台应用范围,全年入驻注册供应商125家,网超供应商49家,平台交易额1.97亿元。推进国企改革,完成庆元县17家全民所有制企业改制工作,完成庆元县国有资本投资运营集团有限公司和庆元县城市发展投资有限公司注册、挂牌工作,出台《庆元县国有企业负责人薪酬管理暂行办法》,加强国有企业负责人收入分配管理。

【推进法治财政建设】 建立行政处罚裁量标准制度,细化、量化行政处罚裁量权。推进政务公开,加大财政资金分配、财政项目安排、财政政策制定等涉及群众切身利益的重点财政信息公开力度。加强对规范性文件的监督管理,按照《浙江省行政规范性文件管理办法》制定规范性文件。

【强化财政监管】 加强地方政府债务管理,管控、化解潜在债务风险,完成年度化债计划。破解融资举债难题,向上争取地方政府专项债券发行额度。全年限额内政府债务余额31.71亿元,年度债务率47.3%,低于警戒线,债务风险总体可控。推进庆元县政府资金管理领域风险防控典型样本建设工作,印发《庆元县人民政府关于进一步加强行政事业单位(国有企业)内部风险防控的通知》,规范和明确各单位重大行政决策(履职)风险、财经审计内部控制风险、廉政风险。对58家一级预算单位开展财政监督专项检查、内部控制检查、预算公开检查,抽选单位开展财政票据管理情况、政府采购管理情况、培训费支出等专项检查。与纪委、审计等部门联合制定行政事业单位(国有企业)内控检查"三年一覆盖"制度。加强支付监督管理,对审核的支付凭证加盖"附件"章,防止重复报支。开通国库集中支付系统查询用户端口,供单位主要负责人查询财务运行情况。

【加强队伍建设】 开展"不忘初心、牢记使命"主题教育活动,组织党员干部集中学习"两书一章",开展主题党日活动,加强党风廉政教育、意识形态教育。依托学习强国、理论中心组夜学、党员夜学等平台组织干部职工学习十九届四中全会精神、习近平新时代中国特色社会主义思想。加强党建工作,开展"一把手"上党课、微型党课比赛等活动。参与践行"浙西南革命精神"主题朗读比赛、全县工间操比赛,开展庆"五·四"红歌比赛、"铸铁军,强队伍"集中军训、为留守儿童点亮"微心愿"等活动,增强团队凝聚力。

(庆元县财政局供稿　胡梦瑶执笔)

景宁畲族自治县

【概况】 2019年,景宁畲族自治县(以下简称景宁县)实现地区生产总值69.00亿元,增长9.2%。其中:第一产业增加值6.41亿元,增长2.9%;第二产业增加值17.04亿元,增长2.9%;第三产业增加值45.55亿元,增长13%。三次产业结构比为9.3∶24.7∶66.0。全县人均地区生产总值62306元,增长7.6%。全社会固定资产投资增长13.1%。社会消费品零售总额37.38亿元,增长12.2%。进出口总额33.83亿元,增长98.7%,其中:出口17.97亿元,增长41.5%。城乡居民人均可支配收入29242元,增长9.5%,其中,城镇常住居民人均可支配收入40014元,增长8.8%;农村常住居民人均可支配收入20005元,增长10.1%。全县财政总收入14.95亿元,下降2.3%;其中一般公共预算收入 6.98 亿元，下降 9.9%，占 GDP 的 10.1%，占财政总收入的 46.7%；一般公共预算收入中税收收入 5.85 亿元，下降 12.0%，占一般公共预算收入的 83.9%。非税收入 10.27 亿元，增长 29.8%，其中纳入一般公共预算管理的非税收入 1.12 亿元，增长 3.2%，占一般公共预算收入的 16.1%。一般公共预算支出 47.54 亿元，增长 12.3%。全县财政收支平衡。

【支持经济发展】 落实大规模减税降费政策，全年减税降费 2.48 亿元，其中减税 2.31 亿元，降费 1700 万元。加大对企业的扶持力度，参与制定和完善工业、服务业、建筑业等扶持行业、企业政策 10 个，兑付各类扶持企业资金 2.54 亿元。落实困难企业社保费返还政策，退还第一批符合条件的 425 家企业社保费 2543 万元。

【保障民生重点支出】 全县民生支出 37.56 亿元，增长 18.5%，占一般公共预算支出的 79.0%。安排一般公共服务、公共安全支出、教育支出、科学技术支出、社会保障和就业支出、医疗卫生与计划生育支出、节能环保支出、城乡社区支出等财政八项支出 34.80 亿元，增长 22.0%，占一般公共预算支出的 73.2%，比上年同期提升 5.8 个百分点。全年社会保障支出 4.67 亿元，增长 11.8%。落实调整社会救助、社会优抚等政策，提升社会救助功能，2019 年医疗救助支出 1371 万元，惠及 13430 人次；城乡最低生活保障支出 2812 万元，惠及 68102 月人次；孤儿困境儿童支出 152 万元，惠及 2293 月人次；特困人员供养支出 551 万元，惠及 4550 月人次；残疾人两项补贴支出 2307 万元，生活补贴惠及 74659 月人次、护理补贴惠及 31972 月人次；安排 191 万元资金为 65 岁以上老人注射肺炎疫苗；在全市率先启动低收入农户高水平全面小康养老计划，统筹资金为全县 5100 名低收入农户代缴城乡居民养老保险，减轻低收入农户负担。全年卫生健康支出 3.45 亿元，增长 13.4%。深化医疗卫生服务体系改革，研究适应医共体建设的财政保障政策，筹资 325 万元用于医共体建设。全年教育支出 5.05 亿元，增长 8.2%，重点支持第二高中、凤凰学校、鹤溪幼儿园建设。筹措政府性项目建设资金 18.00 亿元，保障教育、交通、医疗等 64 个重点民生项目建设。

【实施乡村振兴战略】 安排农林水资金 6.66 亿元，支持农民增收“十大行动计划”“五水共治”“大搬快治”“六边三化三美”等重点工作。支持精准脱贫攻坚战，安排财政专项扶贫资金 2.75 亿元，增长 75.2%；统筹“两山（一类）”建设激励资金 1.36 亿元，带动总投资 5.83 亿元。支持实施乡村振兴战略，整合 17 项专项资金设立产业振兴、其他乡村振兴专项资金，2019 年统筹资金 2.70 亿元，用于实施乡村振兴战略行动计划。支持美丽城镇建设，整合 17 项专项资金设立美丽城镇建设专项，2019 年整合资金 2.62 亿元，支持美丽城镇建设暨小城镇环境综合整治。

【深化财政改革】 全面实施预算绩效管理，按照县委、县政府《关于全面实施预算绩效管理的若干意见》，制定实施《景宁畲族自治县全面落实预算绩效管理三年行动计划（2019—2021 年）》，建立健全全过程预算绩效管理机制。2019 年 1 月 1 日起，全县所有单位均通过“政采云”平台组织政府采购，全年实施政府采购 1.46 亿元，节约资金 1036 万元，资金节省率 7.1%。实施政府非税收入收缴电子化改革，全县所有执收单位均接入统一公共支付平台，通过“银联”“支付宝”等第三方支付（网页、手机）电子收缴 49 项非税收入 10.23 万笔、11.38 亿元。2019 年 5 月 8 日，启动医疗收费电子票据改革；2019 年 7 月 26 日，县人民医院医疗收费电子票据系统正式试运行，成为全市第一家生成“医疗收费电子票据”的县级医院。全年开具医疗收费电子票据 9.56 万张，打印纸质票据 7676 张，打印率下降至 8.02%。实现涉农补助资金通过社保卡“一卡通”发放全覆盖，全年发放资金 1.50 亿元，受益 3.6 万人次。编制《县财政局部门间“最多跑一次”办事指南》，9 大类 31 大项 47 小项事项实现“最多跑一次”，42 项实现“网上办”，21%涉财事项实现“零次跑”。开展“四服务两提升”活动，组织全体干部开展“上门服务至少一次”活动 386 人次。深化国企改革，组建县城市建设发展集团有限公司先行试点，完成 17 家县属全民所有制企业公司制改制。

【强化财政监管】 防范债务风险，按照“5 年任务 3 年完成”的隐性债务化债计划，通过提前归还银行贷款和变更原签订的协议等方式化解隐性债务。加强政府性债务管理，限额内政府债务余额 37.33 亿元，其中：一般债务余额 34.45 亿元；专项债务余额 2.88 亿元。新增一般地方政府债券 8.00 亿元，支持重点项目建设。债务率低于风险警戒线，总体风险可控。开展扶贫资金专项检查工作，委托浙江普华会计师事务所，对 2018 年度中央财政扶贫资金和省级财政扶贫项目的资金管理使用情况进行专项检查，重点抽查 3 个乡镇的扶贫项目，涉及财政扶贫资金 991 万元，其中：中央财政扶贫资金 239 万元、省级财政扶贫资金 672 万元。针对检查发现的问题，督促各相关单位整改落实到位。

【建设清廉财政】 开展“不忘初心、牢记使命”主题教育，组织党员干部深入大张坑等地接受红色传统教育 3 次，开展集中学习 5 天，实地调研 24 人次，形成调研报告 8 份，班子成员认领问题 20 个，全部完成整改。落实县委巡察整改工作，对巡察反馈的 6 个方面 34 个问题，提出整改措施 126 条，完成整改问题 28 个，新出台和修订制度 5 项。

（景宁畲族自治县财政局供稿　吴向东执笔）

市县（市、区）图片集锦

zhejiang caizheng nianjian

西湖大学云栖校区正门

西湖大学云栖校区实验室

杭州市贯彻“创新驱动发展”战略，落实财力保障，推进“名校名院名所”建设工程，支持西湖大学、国科大杭高院、中法航空大学等重点项目的建设与发展，为杭州市经济社会发展和产业升级转型提供智力支持。

北京航空航天大学杭州创新研究院

建设中的西湖大学云谷校区

2019 年，杭州市上城区财政加大文创与体育投入，支持重点文创企业发展，支持举办大宋 108 公里国际越野赛、亚洲美食节、南宋文化节等重要活动，提升上城区文化影响力。

“经典南宋 · 韵味杭州” 2019 南宋文化节在湖滨步行街开幕

亚洲美食节活动之“知识江南美学·味象风雅宋韵”

湖滨步行街热闹街景

区重点影视企业与区属国有企业联合出品电视剧《在远方》亮相戛纳电影节

2019 杭州大宋 108 公里国际越野赛在上城区开跑

2019 年，杭州市江干区财政全力支持全域拥江发展，保障钱江新城二期等区域地标项目和公共服务设施开工建设，其中投入 2200 万元助力打响钱塘江文化品牌，“北京周”“冲浪赛”“夏衍杯”等系列活动惠及群众 130 万人次。

钱塘江国际冲浪对抗赛暨冲浪嘉年华活动现场

庆春商圈夜景

钱塘江流域文化庙会暨非遗传统体育项目展演活动

三堡船闸夜景

中国非物质文化遗产项目蛋雕雕刻展示

钱江新城灯光秀

家庭医生签约服务现场

2019年，杭州市拱墅区加大财力保障，支持基层医疗服务优化，打造“基层中医药”品牌，保障公共卫生、慢病防控、智慧医疗、卫生监督、精神卫生等各项事业开展。推进医养护签约服务，落实社区卫生服务中心和卫生基本药物制度补助，完善基层医疗卫生服务体系。

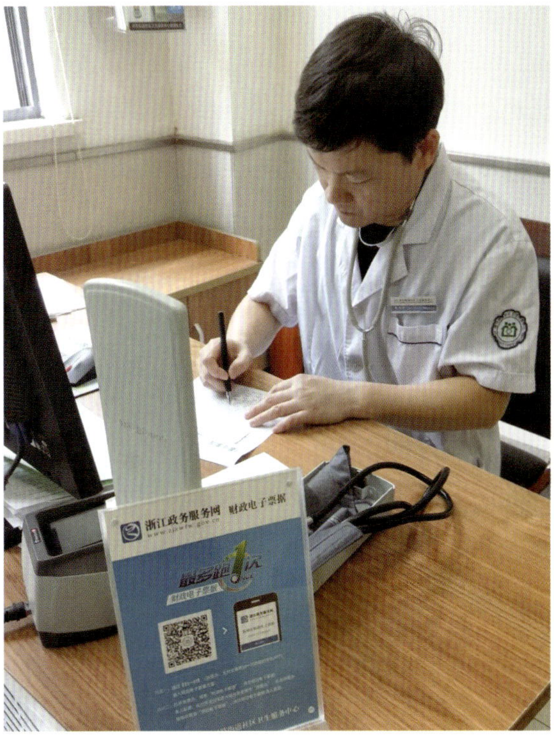

拱墅区成为全国第一个实现医疗收费票据电子化率100%的县级地区

米市巷社区中医馆

拱墅区祥符街道社区卫生服务中心投入使用

杭州市首届中医文化节开幕式

杭州市西湖区财政局投入14.26亿元助推企业转型升级。重点打造数字经济、文化创意、金融科技和生物科技等重大产业链，鼓励优势传统产业向高端、智能、数字化发展。兑现3.03亿元补助企业研发投入，支持引进高端研发机构。推进科技金融风险池服务，为21家小微企业提供贷款0.84亿元，缓解小微企业融资难。

位于黄龙时代广场的支付宝总部大楼

浙江网商银行

2019年，杭州市高新技术产业开发区（滨江）秉持产业引领经济高质量发展理念，投入产业资金37.52亿元，支持人才引进和企业上市，推进产学研项目落地，壮大产业平台，助力“数字经济最强区”建设。

人工智能与脑科学研究院暨诺贝尔奖工作站揭牌仪式

第十四期硅谷精英沙龙在杭州市滨江区举行

中澳生物医药产业科技园正式落成开园

物联网小镇荣获滨江区首个国家3A级旅游景区

机器人小镇博展中心客厅

杭州市萧山区科技创新中心

信息港小镇

2019年，杭州市萧山区财政助力创新强区建设，全年人才支出3.7亿元，增长83.1%，重点支持浙大创新研究院、北大信息技术高等研究院等发挥载体作用；落实信息化项目支出1.7亿元，增长140%，打造数字经济和新制造业双引擎。

湘湖金融小镇

改造后的径山双溪集镇

长乐林场鸟瞰图

径山镇前溪村机械化作业农田

良渚古城遗址公园正门

崇贤沾桥老街整治后

杭州市余杭区财政围绕“全域美丽大花园”建设目标，做好良渚遗址申遗、小城镇环境综合整治、美丽乡村建设等重点城乡建设项目资金保障工作，2019 年投入 129.64 亿元，推动余杭区建成“诗画浙江”鲜活样板地。

杭州市富阳区财政加大教育、文化、基础设施建设等重点领域投入，支持文化馆、文化公园、文化村、学校、科技城等项目，助力打造生态之美、人文之美、和谐之美的现代版富春山居图。

历史文化村—东梓关村

银湖科技城

富春山馆

银湖学校

东吴文化公园

黄公望纪念馆

杭临线首列车接车

杭临城际铁路全面调试工作现场

2019 年，杭州市临安区加大财政保障力度，助力交通融杭建设。完善“一高两铁三快速”交通体系，全面对接全市迎亚运保畅通快速路网攻坚行动计划。杭徽高速杭州西至临安段免费通行，公交服务实现与主城区票价机制和优惠政策双统一。科技大道改扩建工程主干道开建并贯通，绕城西复线（临安段）完成路基和桥梁工程，临金高速（临安段）先行段启动建设，杭临绩高铁纳入长三角区域一体化发展纲要。

205 省道永指线获评浙江省首届最美自驾公路

杭州市临安区科技城鸟瞰图

科技大道

杭徽高速公路临安至青山段

建德市围绕“环境美、生活美、产业美、人文美、治理美”的目标，挖掘严州古城文化价值，推进“人产城文景”融合，根据可用财力，循序渐进、有序开发、有效保护，将梅城镇打造成省级美丽城镇样板。

梅城三江口

严州府城楼

府前街

2019年，淳安县拨付建设补助资金1130万元，拨付运行保障经费447.5万元，新建文化礼堂65个，丰富农村文化生活，打造新时代农村精神家园。

郭村百家宴

叶家祠堂文化盛会

下姜村丰收节

赤川口村宗祠庆典

2019年，桐庐县秉持“政府过紧日子、百姓过好日子”理念，压减政府一般性支出5%以上，聚焦民生事业发展。全年民生支出41.18亿元，增长13.0%，占一般公共预算支出的82.0%，全力保障老旧小区改造、公厕提升改造、学后托管服务、停车设施建设、农村公路改造等民生项目资金需求，群众对民生实事项目总体满意度达90.4%，较上年提高1.9%。

老旧小区加装电梯

分水江临江健康绿道

天然气过江施工现场

四好农村路——徐七线

新建的春蕾幼儿园春江景苑园区

智慧公交站

宁波市 2019年9月2日，第三次亚太地区基础设施融资和PPP联络网会议在宁波市召开。此次会议由联合国亚洲及太平洋经济社会委员会主办、财政部PPP中心和宁波市人民政府承办，来自14个亚太PPP联络网成员国、1个非洲国家，联合国欧洲经济委员会、亚洲基础设施投资银行、亚太商业论坛和阿斯塔纳国际金融中心等国际组织和知名论坛，以及私营部门的百余名中外代表参会。

财政部PPP中心主任焦小平先生致辞

宁波市副市长许亚南和ESCAP副执行总裁秘书韩洪珠会面

中国财政部PPP中心与哈萨克斯坦PPP合作中心合作备忘录签署仪式

宁波企业代表分享践行可持续发展理念的做法

国内外代表交流讨论现场

城市可持续发展之宁波案例分论坛

与会代表考察宁波固体废物处置中心

2019 年，宁波市镇海区开展“项目建设攻坚年”活动。根据 2019 年度基本建设项目计划，安排资金财务计划 91.52 亿元，建设历年竣工结算项目、续建项目、新开工项目、前期项目共计 247 项，其中镇海区级重点项目 100 个，投资完成率 102%。

镇海区新农村建设样板村 -- 光明村

镇海区污水处理厂中水回用工程

镇海区蟹浦镇郑氏十七房鸟瞰景观

镇海区招宝山街道沿江路景观带

镇海区庄市街道商帮公园

慈溪峙山文化广场一角

慈溪浒山江夜景

慈溪市财政集中财力办大事，着力打好三大攻坚战，提升城市环境和品位，助力建设创新活力之城。2019年，财政用于民生支出110.9亿元，占一般公共预算支出的80.9%，办实办好年度10项民生实事项目，增进民生福祉，连续4年获评中国最具幸福感县级城市。

慈溪现代农业开发园区

慈溪文化商务区

慈溪新城大道

慈溪森林公园

宁海县财政2019年整合县级涉农资金7.80亿元，提升财政支农效益。截至2019年年底，累计完成农村综合改革项目484个，项目总投资6.37亿元，合计奖补2.55亿元，发挥财政资金杠杆撬动作用，完善民主议事流程、加强村务监督，提升农村基础设施环境。

宁海县桑洲镇南岭村梯田

宁海县力洋村知名古宅五门大宅内景

岔路镇下畈村的清晨

干净整洁的乡村小巷

宁海县长街镇九江自然村彩色稻田鸟瞰图

宁海县胡陈乡中堡溪村

温州市 2019年全力助推交通共联，实现甬台温高速复线温州灵昆至苍南段、绕城高速北段二期、市域铁路S1线、4条BRT线路正式通车。

温州S1线全线通车

快速公交1号线

甬台温高速复线

快速公交6号线

灵昆高速开通

2019年，温州市鹿城区全面提升中心城区首位度，加快建设品质新城，财政全年安排建设资金64.13亿元，支持历史街区改造、污水零直排区建设、“五水共治”、特色小镇创建、温瑞大道二期、美丽乡村示范带、城区道路综合整治、城乡危旧房改造、安置性商品房采购等重点工程建设，推动“大建大美”向“全域美”拓展、向“精建精美”提升，提升城市竞争力、辐射力、影响力。

滨江CBD夜景

瓯江夜景

温瑞大道二期

改造后的禅街

白鹿洲公园

侨乡风貌全览

茶山沿河风光

梓上村乡村客厅

2019 年，温州市瓯海区财政支持乡村振兴战略实施，保障乡村振兴示范带、美丽乡村及美丽庭院建设。全年争取省市乡村振兴绩效提升奖补、农村综合改革补助 4277 万元。落实各项惠农富农强农政策，整合财政资金 4.15 亿元，用于改善农村道路、饮水设施、活动场所等基础设施建设。

焕然一新的民居

夕阳下的白门河掠影

2019年，温州市龙湾区财政投入资金26.3亿元，支持G330国道龙湾永中至海城段工程建设，项目主线长约10.95公里，同步建设龙湾海城支线1.85公里，完善温州港集疏运体系，提高综合运输效率，改善周边市民出行环境。

环山东路（330国道）龙湾奥体段

环山东路施工现场

环山东路（330国道）横山隧道入口

环山东路（330国道）龙湾郑宅段

国际邮轮港

2019 年，温州市洞头区财政助力全域旅游发展，入围省十大海岛公园。成功举办国际铁人三项等 12 项赛事，引进帆船基地，打造星光经济带，常态化运营国际邮轮港。全年接待游客 890 万人次，实现旅游综合收入 40.11 亿元，分别增长 15.6%、15.5%。

2019 年温州长距离铁人三项世界杯赛比赛现场

全省青少年沙滩排球锦标赛比赛现场

2019 年“一带一路”国家间群众体育交流比赛

2019 两岸一家亲·半屏山系列交流活动开幕仪式

温州市洞头区帆船基地

“同心里”民宿一条街

2019年，瑞安市围绕新时代“至美瑞安”建设战略目标，推进城市环境空间优化，完善综合交通体系和公共文化设施建设，提升城市功能品质和发展能级，全年投入城市建设、环境提升和交通干道建设资金93.23亿元。

瑞安中塘河生态慢行廊道

瑞安国旗教育馆

甬台温高速复线灵昆至阁巷段飞云江跨海特大桥

龙丽温高速公路瑞安段

瑞安高速市区出口

乐清市以“有园入、入园近、入好园”为目标，坚持公益性和普惠性原则，努力破解“入园难、好园少、师资缺”三大问题，助推学前教育高质量发展。2019年，乐清市加大资金投入、盘活闲置资源、完善配套政策，累计投资2.65亿元，新增学位3330个，实现25个乡镇（街道）公办幼儿园全覆盖。秋季开学前，乐清市11所公办幼儿园举行集体开园仪式。

开园仪式中的幼儿文艺表演

集体开园仪式

11所新投入使用的公办幼儿园园长集体宣誓

新建的乐清市实验幼儿园金溪园区

集体开园升国旗仪式现场

2019年，永嘉县加大投入，全面实施“12310”旅游发展路径，打造长三角一流的山水田园休闲度假目的地。挖掘和传承永嘉革命老区独特的历史价值和文化内涵，加强旅游产品创新，将楠溪山水和文化资源转化为发展新动能，入围2019年中国县域旅游竞争力百强县。全县游客数量增长25%、门票收入突破1亿元，带动山区村集体增收2900万元、农户人均年增收逾5000元。

鸟瞰楠溪江

村民观看文艺演出

游客参观红十三军军部旧址

岩头镇芙蓉古村

楠溪江狮子岩风景区

2019 年，平阳县财政投入 1.61 亿元，支持红色融合发展，打造红色教育品牌。加强以省一大会址为核心的红色旅游经典景区建设，省委党校平阳分校挂牌投用。支持“浙江红都”红色旅游文化产业区等系列项目，“浙江延安・红色励志之旅”入选“省级精品旅游线路”。以红色旅游为撬动点，全年接待游客 1898 万人次，增长 24.1%，旅游总收入 161.43 亿元，增长 28.4%。

游客体验重走红军路（大屯－马头岗）

红色记忆道路——凤冠线

中共浙江省一大会址纪念园

省委党校平阳分校

中国工农红军挺进师纪念碑

2019年，苍南县拨付财政资金5167万元，以“城乡同质饮水”为目标，围绕“能延则延、能扩则扩、进村到户、标准统一”的总体思路，创新“建管合一”和智慧管护等模式，打造八亩后、东阳、杨子山等一批具有特色的单村供水站示范点，保障农村饮用水达标提标工程。

东阳村单村供水站

八亩后村单村供水站

苍南县马站铁场净水厂

全县饮用水在线智慧管理平台

苍南县新城水厂

2019年，文成县积极筹措资金，推动综合交通从末端向枢纽转变。投入资金3.66亿元，建设高速公路，启动国省道、通乡县道和“四好农村路”改造提升工程，打造“外快内畅”交通；投入5000余万元，推进城乡公交一体化建设，开通17个乡镇61条公交线路，全程票价平均降幅30%以上，缓解群众“出行难、票价高”问题。

新启用的公交车

56省道大峃至南田段鸟瞰图

金朱林场修建“四好农村路”

玉壶镇汤垟村的“四好农村路”

推动城乡公交一体化（大峃镇—朱阳村公交车）

龙丽温高速文瑞段

文成县樟台高速收费站

2019年，泰顺县坚持教育优先发展战略，加大一般预算对教育的投入，安排教育经费7.27亿元，提高生均公用经费、提升在职教师福利水平，支持“学在泰顺”三年行动计划实施，助推泰顺县创成教育现代化县。

体验式实验教学现场

泰顺中学全景

育才小学正门

新建成的泗溪镇幼儿园

配备齐全的多媒体教室

浙江合众新能源汽车有限公司嘉兴汽车加工车间

南湖千亿基金联盟成立仪式

嘉兴市2019年出台科技新政和人才新政2.0版，科学技术支出增长38.4%。搭建长三角全球科创路演中心，首届路演和创业者峰会签约项目613个。签约诺贝尔奖、图灵奖获得者和海内外院士64人，新增国家特聘专家102名，中高端人才净流入率居全国第4，入选省“海外工程师”“省千”及省领军型团队数量分别居全省第1、第2和第3。

嘉兴高新技术产业园区

2019星耀南湖·长三角精英峰会暨第二届G20科创走廊人才峰会现场

位于嘉兴市的中国巨石股份有限公司智能生产基地

第五届互联网之光博览会在嘉兴市举行

政府产业基金支持引进的大硅片项目签约仪式

嘉兴市南湖区凤桥镇智慧公交站

省级“美丽河湖”凌公塘鸟瞰图

2019年，嘉兴市南湖区紧紧围绕“江南水乡名城”定位，落实财力保障，支持中心城市品质提升建设，推动城乡融合发展。完成老旧小区、背街小巷改造项目各118个，“角里未来社区”入选全省首批试点，建成“绿城花海”12处，高标准改造农贸市场3家，投入运行智慧公交站110个。

中国农民丰收节南湖特色专场活动

居民在社区智慧书屋内学习乐器

“城市管理 南湖标准”发布会现场

杨柳湾幸福里农贸市场

嘉兴市秀洲区2019年投入资金320余万元，用于食品检测、外部宣传、餐饮作坊监管等工作，保障秀洲区通过省食品安全区创建。

食品安全检查现场

新餐饮（网络订餐）助力食安行动启动仪式

新投放的智慧菜场显示屏

深入食品生产企业开展监督检查

餐饮作坊监管现场

食品快速检测和食品安全宣传现场

2019年，海宁市聚焦聚力全面融入长三角一体化发展首位战略，强化资金统筹，加大对基础设施建设的投入力度，重点保障交通、教育、水利、农村等领域基础设施建设，提升人居环境，促进全域秀美，推动城乡一体化发展，打造“品质海宁”升级版。

建设中的鹃湖科技创新园

古老的市河改造后焕然一新

沪杭高速公路许村段改建工程开工仪式

海宁鹃湖公园

杭海城际铁路项目全线完成轨道、电气双贯通

升级改造后的学林体育公园

尖山码头

平湖农业经济开发区项目集中签约仪式

平湖市完善财政扶持政策，加快基础设施建设，大力发展新型农业，推进美丽乡村建设，2019 年统筹项目资金 4.30 亿元，整合省以上项目 5 个，推动全省首个农业经济开发区打造长三角乡村振兴示范引领核心镇。

金融助力乡村振兴·银企合作签约仪式

美丽乡村老街

浙沪乡村半程马拉松赛在平湖市举行

明月山塘景区

龙萌湾农创小镇

2019 年，桐乡市入围全省 20 个文化产业发展专项资金重点扶持县，设立文化产业引导激励专项资金，每年投资 1300 万元，构建现代文化产业平台体系。支持全市公共文化建设，保障图书馆新馆、城乡规划展览馆、伯鸿城市书房等 8 个重要文化项目建设，实现镇级综合文化站和村级综合文化服务中心全覆盖，形成完善的市、镇、村三级文化阵地，建成“15 分钟公共文化服务圈”。

茅盾文学奖颁奖典礼在桐乡市举行

木心美术馆

洲泉镇蚕花盛会

桐乡市图书馆新馆投入使用

丰子恺故居

城市书房内景

茅盾故居

嘉善县全力推动养老服务供给精准化、形式多样化、参与社会化。2019 年投入 325 万元改造居家养老照料中心 14 家；完成国家级养老服务业标准化建设试点，制定机构养老、居家养老、智慧养老等服务标准 47 项；推进医养结合，实现全县 80% 以上的居家养老服务照料中心与村（社区）卫生服务站毗邻建设、所有公办养老机构和照料中心均与就近医疗机构签订合作协议。

嘉善县社会福利中心——银福苑

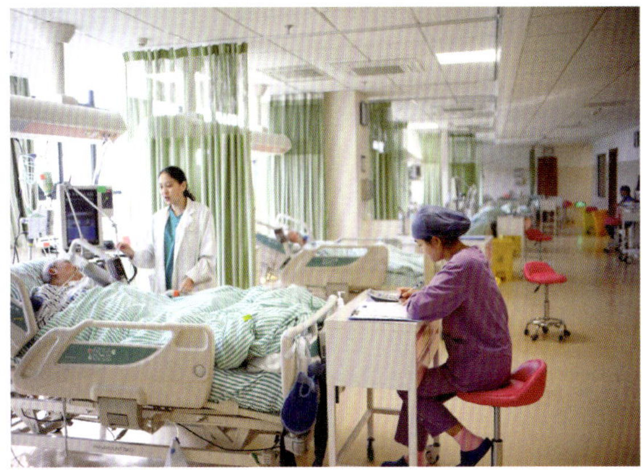
嘉善人民医院新建大楼舒适的医疗环境

嘉善县老年活动中心

组织老年人参加各项活动

大云镇卫生院开展远程医疗服务

嘉善第二人民医院义诊现场

加强中德教育交流

改造后的图书馆提升学生阅读体验

海盐县财政优先保障教育投入，完善义务教育优质均衡发展机制，加强城乡教育基础设施建设，推动优质资源共享。2019 年，海盐县通过全国首批县域义务教育优质均衡发展督导评估认定。

组织学生看护农耕文化植物园

组织丰富多彩的课外活动

改造后的音乐教室

学生在足球场参加训练

杰出湖州人代表“湖颖奖”颁奖现场

在外湖州籍各界杰出代表访谈

湖州市2019年举办“湖州人大会”，全面展示湖州经济社会发展取得的成绩。市财政局积极参与制定大会会务工作方案，做好项目经费使用的资金管理工作，保障大会各项活动开展。

海内外杰出湖州人代表齐聚一堂

2019·湖州人大会开幕式

2019 年，湖州市吴兴区财政统筹各级资金支持美丽乡村创建，提高美丽乡村建设水平，助推各乡镇因地制宜发展特色经济。

埭溪镇美妆小镇

织里镇庙兜村美丽水乡景观

妙西镇石山村特色水乡民宿

织里镇中国童装城

长三角乡村文旅创客大会现场

首届全国桨板锦标赛暨第五届丝绸小镇彩色欢乐跑活动在八里店镇举行

2019年，湖州市南浔区财政加大民生事业投入，重点支持頔塘南岸工程建设，助力马腰小城镇环境综合整治，保障三高连接线建设通车，促进全区经济社会高质量发展。

南浔区公共资产网络竞价平台战略合作项目签约仪式

财政PPP项目——頔塘南岸工程

三高连接线建设通车

马腰村开展环境综合整治

2019年，德清县财政加大投入力度，助推乡村振兴战略。举办首届美丽中国田园博览会，支持五四田园综合体项目入选省级田园综合体建设名单，推动实现农业全面升级、农村全面进步、农民全面发展。

首届美丽中国田园博览会开幕式

五四游客服务中心

五四村党群服务中心外景

“庆丰收”表演

田博会会场俯瞰图

2019年是安吉县开展小城镇环境综合整治行动的第3年，3年累计投入财政资金1.8亿元，完成全县32个小城镇整治任务，并全部通过省级考核验收。其中，12个整治点获评省级样板，安吉县获2018年度全省小城镇环境综合整治工作优秀单位。

孝源街道的缝纫公园

报福集镇新建的“口袋公园”

上墅集镇的居民休闲公园

鄣吴集镇的归仁里老街

“五线”下地后的山川街道

万丰越商基金收购美国焊接机器人应用系统服务商 paslin 智能制造装备园落户绍兴

绍兴市转型升级产业基金投资陌桑高科项目

绍兴市财政 2019 年高效运作产业基金，全市政府产业基金设立规模204亿元，投资项目 239 个，投资金额 796.0 亿元，带动社会资本 1014.7 亿元，推动中芯国际、长电科技、陌桑高科等一批重大项目落地。

省市区三级产业基金联动项目“长电科技”在绍兴市签约

绍兴国投投资的中芯国际项目生产基地

越城区第三届农村文化礼堂节目—“我们的村晚”

金溪村文化礼堂吸引游客驻足留念

老人在文化礼堂为少先队员讲故事

2019 年，绍兴市越城区财政投入 5456 万元支持文化旅游体育与传媒事业发展，举办首届区运动会等重大赛事活动，新建农村文化礼堂 27 个、社区文化家园 7 个，实现镇街文化分馆全覆盖，达到省公共文化服务重点县标准。

越城区第一届运动会现场

2019 年，绍兴市柯桥区投入财政资金 0.96 亿元（2017—2019 年累计资金 2.06 亿元），推进国家级美丽乡村田园综合体试点“花香漓渚”项目建设，深耕乡村振兴试验田。

盛开的千亩花田

兰花精品培育基地

美丽乡村棠棣村

第五届漓渚镇“花满棠棣”美丽乡村骑行赛

“花香漓渚”全景图

绍兴市第九届运动会暨第二届市民运动会在上虞区开幕

绍兴市上虞区发挥“体育+”对人文、旅游的辐射效应，激发城市活力。2019年，文化旅游与体育传媒支出2.54亿元，其中支出5500余万元支持体育事业发展，举办绍兴市第九届运动会、曹娥江国际半程马拉松、曹娥江国际龙舟大奖赛等大型赛事，以体育带动旅游经济，以旅游经济带动文化交流。

2019年全国春季游泳锦标赛开幕式暨上虞游泳馆启用仪式

曹娥江国际半程马拉松赛比赛现场

覆卮山景区

中华孝德园景区

丰惠古街

2019 年 11 月 20—21 日，第三届中国（诸暨）科技金融暨与杭同城产融驱动高峰论坛在诸暨举行。百余家全球知名创投机构负责人和专家学者、企业负责人代表共 500 余人参加本届论坛，参会机构管理规模达 3 万亿元。

诸暨市与国内多家创业投资协会开展战略合作签约仪式

高峰论坛圆桌会议

2019 年，嵊州市财政局安排资金 1.97 亿元，支持全市重大水利工程建设，打造“水网相通、山水相融、城水相依、人水相亲”的河湖水环境，构建具有独特韵味的诗画江南水乡。

嵊州下八亩水库除险加固工程

剡溪健身绿道

美丽河湖－澄潭江综合治理工程

综合治理后的石璜江美景

嵊州湛头滞洪区项目—艇湖城市公园

省级旅游风情小镇东茗乡的下岩贝露营基地

治理后的梅渚古村宅前塘

2019 年，新昌县财政安排绿色资金 1.89 亿元，助力“两山”理念践行和“生态兴县”战略实施，生态文明建设评价总指数多年获绍兴全市第一。当年入选全国“绿水青山就是金山银山”实践创新基地，成为绍兴市首个获此荣誉的县（市），也是继安吉县后，浙江省第 2 个同时获得“国家生态文明建设示范县”“两山”实践创新基地这两项国家级荣誉的县（市、区）。

黄泽江水域治理打造生态样本河道

山水文化古道—小将盐帮古道

新昌本土企业自动化装备车间推动“机器换人”

金华市财政大力支持展会经济和文体赛事经济的发展。2019年助力举办第二届金华发展大会、华东农业科技新成果展示交易会、全国电动冲浪板锦标赛、全国藤球锦标赛等会展和体育赛事，推动金华全方位高质量发展。

中国金华龙舟邀请赛现场

杭州亚运会金华分赛区筹备活动现场

全国藤球锦标赛在金华举行

首届全国电动冲浪板锦标赛暨全国动力冲浪板休闲巡回赛开幕式

第二届金华发展大会现场

第十二届华东农业科技新成果展示交易会开幕式

婺城船运游埠船闸通航

2019年，金华市婺城区强化财政保障职能，加大对普惠性、兜底性民生领域的投入，有效保障教育、医疗卫生、交通、文化、生态环境等重点领域资金需求，全区民生支出19.92亿元，占一般公共预算支出的74.9%。

婺城区老年人活动中心开馆

签约的家庭医生上门提供医疗服务

污水零直排区建设施工现场

婺城区举办首届教育发展大会

垃圾分类进社区

2019 年，金华市金东区总结农村垃圾分类经验，整合垃圾分类资金 2063 万元（其中争取省级资金 641 万元、市级资金 197 万元），探索具有金东特色的“两定六分”法（“两定”，即定点、定时；“六分”，即将垃圾分为可回收垃圾、厨余垃圾、其他垃圾、有害垃圾、大件垃圾和建筑垃圾 6 类），实现垃圾分类全覆盖。

财政志愿者赴居家养老服务中心宣传垃圾分类

财政志愿者上门服务居民签订垃圾分类承诺书

志愿者引导居民做好垃圾分类

开展垃圾分类积分兑换活动，居民可以用垃圾分类积分兑换日用品

磐安县财政局赴乡镇（街道）上门服务解读流程图

2019 年，磐安县财政局建立“1+5”涉农资金管理机制，即制作 1 张流程图，严格执行 5 项制度。全年共发放提醒函 11 件，涉及项目 35 个、资金 8.34 亿元，着力解决涉农项目资金拨付进度慢等问题。

计划投资 8 亿元的万影达项目三期签约仪式

万影达项目施工航拍图

2019年，兰溪市财政安排“消薄”专项资金1065万元，激发集体经济薄弱村内生发展力；投入2196万元支持扶贫产业和少数民族事业发展；投入困难群众补助资金、医疗救助资金、残疾人“两项补助”及残疾人事业费等1.35亿元，助力打赢精准脱贫攻坚战。

兰溪市汇谭甘蔗基地

兰溪市扶贫蔬菜基地

兰溪市云山万亩粮食生产功能区

兰溪市新桥花卉基地

兰溪市茶园鸟瞰图

2019 年，东阳市财政加大对历史文化村落保护利用，按照“财政扶持、群众自筹、社会参与”的原则，将历史文化村落保护利用工作与美丽乡村建设相结合，通过历史文化村落的建设，带动农村产业发展和农民增收致富。全年安排财政资金 1500 万元，累计建成省级历史文化村落重点村 3 个、正在建设 2 个；累计建成省级历史文化村落一般村 19 个、正在建设 10 个。

改造后的湖溪象田公路

县道怀万线（怀鲁村到古渊头段）

东阳市南上湖至郭宅公路秋景

蔡宅村植物学家蔡希陶故居

蔡宅村开展民俗活动

东阳市横店镇历史文化村落—官桥村古建筑群

2019年，义乌市“对标自贸区，干实试验区”，以项目为王全面推动新旧动能转换，加快城市转型升级。义乌市财政健全集中财力办大事财政政策体系，聚焦中心大局，全力保障重点区块大开发、“一带一路”大开拓、城市能级大提升，为高水平建设世界“小商品之都”提供资金保障。

义乌市与天合光能股份有限公司签约总投资60亿元的太阳能组件生产基地项目

2019年“义新欧”班列共开行528列、发运42286个标箱

义乌市“义新欧”国内物流示范园子项国内公路港一期项目现场图

义乌市中心回迁房项目建设现场

圆通速递浙江总部项目现场图

义乌吉利发动机有限公司1.5T、2.0T发动机项目现场图

2019年，浦江县财政发挥财政资金“四两拨千斤”作用，助力浦江县实施“五大战略”，推动“二次创业”，打响“12365”实体经济翻身战。

国家重点扶持高新技术企业实施“技改扩能增效行动”

浦江县2019年二季度重大项目集中开工仪式

《浦江县工业经济高质量发展扶持办法》宣讲会现场

轴承钢球制造企业开展生产工艺提升试验

浦江县重大产业项目杭机股份磨床智能制造产业化建设项目施工现场

2019年，武义县加大支农资金整合力度，全年整合财政支农资金5.50亿元，增长4.3%，重点用于支持农业生产体系建设、农业产业体系建设、农业经营主体体系建设、农村环境和生态建设、专项扶贫及扶持薄弱村等，推进“三农”发展。

花田小镇

武义县举办2019中国农民丰收节

武义县大博金一乐园旅游观光基地

南缸窑村彩色稻田鸟瞰图

武义县举办年货节为农产品销售搭建平台

武义县中药材产业种植园

柳城畲族镇农旅结合景点——十里荷花景区

衢州市按照“主题教育主阵地、乡村振兴主平台、基层治理主载体”的定位，财政部门加大支持乡村振兴讲堂建设力度，通过开展技能培训和文化活动，提升广大农民的文明素养、文化素质和致富能力，为乡村振兴注入新动力。

衢州市柯城区余东农民画进京展览

衢州市柯城区九华立春祭

乡村振兴“中蜂养殖”讲堂

农业专家开展实地培训指导

2019年橘子音乐节在衢州市举行

衢州市柯城区加大财政投入力度，打造“运动柯城”品牌，推进灵鹫山国家森林运动小镇建设，支持举办森林汽车穿越大赛、森林极限运动会等系列赛事，推动全区体育事业蓬勃发展。

2019 年灵鹫山·百公里国际越野跑出发现场

徐莫森林汽车穿越小道

万田乡小康体育升级村

灵鹫山第二届（国际）森林汽车穿越大赛开幕式

森林极限运动会自行车攀爬项目比赛现场

灵鹫山国家森林运动小镇

衢州市衢江区作为全省构建“三位一体”农民合作经济组织体系首批推进县之一，2019 年财政投入 610 万元，建立以农合联服务中心为平台，以资产经营公司、农民合作基金为引领，以生产、供销、信用三大功能为支撑的服务体系，形成低投入、广覆盖、可复制的实践经验，让农民通过农合联改革得到更多实惠。

全省深化“三位一体”改革现场会在衢江区召开

农合联线上庄稼医院智慧平台演示

衢江区余氏家庭农场柑橘基地俯瞰图

“衢江山农”区域公共品牌展示馆

柑橘新品种—红美人

衢江莲花片区新建农产品质量安全快速检测室

2019年，江山市加大财政资金统筹，支持全域旅游发展，助力做好“旅游+乡村”“旅游+体育”“旅游+文化”“旅游+工业”文章。2019年9月，江山市被国家文化和旅游部评为首批国家全域旅游示范区，打造以全域旅游牵引“大花园”核心区建设的江山样本。

2019年全国新年登高健身大会在江山举行

省级工业旅游示范基地—福赐德蜂业开展国内外企业交流

2019年中国农民丰收节活动现场

国家3A级旅游景区、省级老年养生旅游示范基地—耕读村

浙西首部实景剧“你好江山”表演现场

城北旅游综合体

游客在体验浮盖山漂流项目

2019年，龙游县围绕建设区域明珠型城市目标，加快构建城乡发展新格局，加大交通设施投入，推进“一路一桥一港一枢纽”等重大基础设施建设，提升沿线绿化景观，打造精品示范道路，完善水路、公路相融合的交通体系格局，促进全县经济发展步入快车道。

湖镇至童家公路

长生桥村道

衢江沿江公路

杭长高铁詹家段

320国道龙游段

龙游港区桥头江作业区

常山县开通直达杭州的首列动车

美丽乡村－黄塘村

2019年，常山县以高质量发展为目标，以改善民生为重点，加大财政资金保障力度，全面推动农村饮用水达标提标工程、美丽乡村建设、交通基础设施建设等民生实事落地实施，支持教育、养老、体育等社会事业发展。全年民生支出41.76亿元，增长14.4%。

2019年全国青少年山地自行车锦标赛在常山县举行

常山工匠学院成立仪式

常山县辉埠镇箬岭水厂

马金溪下淤河段

2019年，开化县争取全国山水林田湖草生态保护修复工程试点中央补助资金5亿元，推进钱塘江源头区域山水林田湖草生态保护修复工程试点建设，支持开展水生态环境质量提升、生物多样性保护等工程项目，守护钱塘江生态屏障。

钱江源头秋色

马金镇姚家源村木桥

钱江源莲花湖

古田山雪景

马金镇石柱村、石川村鸟瞰图

舟山市通过向上争取政策资金、优化产业扶持方向，推进中国（浙江）自贸试验区重大项目建设。2019 年浙石化一期全面投产，一号线成品油链条全流程打通，市场主体持续增加，海事服务稳步发展，产能释放不断扩大。

保税燃料油加注现场

2019 年第三届世界油商大会在舟山市举行

浙石化一期工程园区

第三届世界油商大会重大项目签约仪式

洋山港

2019年，舟山市定海区财政交通运输支出2.80亿元，用于完善城市基础设施建设，助力打好“五大会战”、建设“四个舟山”，推进海天大道全线提升，滨海大道基本贯通，城市路网进一步完善。

白泉高架延伸段试通车

舟岱跨海大桥主塔完成封顶

329国道改建工程李家桥段

宁波舟山港主通道项目擂鼓隧道贯通

329国道改建工程虹桥互通段

海天大道提升工程定海段

综合性客运站—东门交通综合体

舟山市普陀区践行“两山”理念，坚持生态立区，2019 年，财政部门加大生态文明示范区建设资金保障，推动美丽乡村建设、百里滨海大道打造、污水零直排等工程，努力打造“自由贸易先行区、海上花园会客厅”。

国家级海洋特别保护区——中街山列岛

舟山群岛马拉松在普陀区开跑

普陀佛茶文化节活动现场

普陀东港新城内湖商圈

普陀东港城市湿地

展茅街道美丽海岛田园综合体

沈家门渔港

岱山县把握舟山群岛新区、中国（浙江）自贸试验区建设发展机遇，“洗净”传统渔村“灰头土脸”旧容，“开启”城市“靓丽宜人”美颜。2019年，岱山财政投入资金12.71亿元，重点支持乡村振兴、治水治污、小城镇环境综合整治工程等，加快城乡融合发展，推进品质“海上花园城”建设。

传统渔村的新农村风景

G526岱山段改建工程PPP项目

城区功能完善的高亭镇

整改后的高亭中心渔港—峰景湾

嵊泗县加大财政投入，助力实施渔民“双转”、渔业增殖放流等政策，推进马鞍列岛海洋特别保护区建设，创建国家级海洋公园、国家级海洋生态文明示范区，推动嵊泗渔业由传统捕捞逐渐转向休闲渔业、养殖业多元化方向发展。

海上作业现场

名贵鱼类重现东海

甲板上忙碌的渔民

嵊山百年渔场港口万船云集

生态环境优美的海洋公园

台州市财政局2019年实施菁才计划2.0，针对全局1983年1月1日以后出生的干部，开展为期3年的培养计划，包括学习锻炼、风采展示、奉献社会。全年共组织“菁才沙龙”4次；组织参与各类专项资金申报现场考察6批，并开展企业实地走访活动；开展志愿活动，特别是在“利奇马”台风灾后救助活动中，全体组员冲锋在前，展示了财政青年干部的风采。

菁才计划启动仪式

菁才沙龙之主题访谈

菁才沙龙之公开课

菁才沙龙之辩论赛

菁才沙龙之思维导图

自然资源部生态修复司领导和专家考察大陈岛蓝色海湾生态修复工程

大陈岛梅花湾获评浙江省美丽乡村夜经济精品线

2019年，台州市椒江区大陈岛蓝色海湾项目获批国家财政补助资金1.2亿元，助力大陈岛探索现代化海岛示范区建设和红色旅游第一岛、两岸交流示范岛、生态美丽岛、数字智慧岛、幸福平安岛等“一区五岛”建设，推动大陈岛在浙江省大湾区和大花园行动计划中打造为全球新兴的文化与旅游产业基地和海湾海岛旅游带。

大陈岛垦荒纪念碑

大陈岛海上工地

大陈岛开展蓝色海湾生态修复工程

大陈岛风力发电场

大陈岛黄鱼深水网箱养殖基地

2019 年，台州市黄岩区财政助推美丽乡村的各项改革试点。开展提升农村人居环境示范试点、推进全省“两山”建设试点、省级一事一议财政奖补助推美丽乡村建设试点、全省创新强省农业科技示范试点等。

长潭水库大坝

瑞岩溪湿地

南城贡橘园

同济黄岩乡村振兴学院

平田乡蒋家垟村花海

宁溪镇二月二灯会

2019 年，台州市路桥区财政投入“美丽路桥”建设资金 20.25 亿元，加强环境综合整治，支持美丽乡村建设，推进路桥区实现城市街景整洁亮丽、城市路景绿化美化、城市水景清洁流畅、城市生态和谐宜居。

修缮一新的路桥区十里长街

沃尔沃小镇

凉溪村文化礼堂前的广场成为村民娱乐活动中心

路桥区中央山公园二期

赏心悦目的坐应村彩绘外墙

游艇小镇

飞龙湖花海

甬台温高速公路

2019年，临海市加大交通基础设施建设投资力度，全年完成投资56.51亿元，完成年度计划的102%。推进铁路、高速公路、普通国省道互联互通，建成安全、畅通、绿色、高效的综合交通服务体系，促进经济协作区协同融合发展。

台金高速水洋镇匝道口

县道赤白线

临海三桥

225省道南溪村段

乡道兰田盘山公路

头门港疏港公路

2019年，温岭市财政围绕建设“美丽温岭、活力温岭、幸福温岭”的目标，发挥财政职能作用，加大“五水共治”力度，加强环境综合整治，支持乡村振兴战略，全面提升城乡生态品质、宜居品质。全年投入3.13亿元保障美丽乡村建设、村庄环境整治奖补和农村生活垃圾治理，落实渔业生产成本补贴、减船转产、远洋捕捞补助资金5.82亿元。

温岭市石塘渔港

温岭市石桥头镇土坦新村垃圾分类积分牌

温岭新城区夜景

温岭市石塘渔村大奏鼓表演

锦屏公园湖景

省级历史文化村落保护利用重点村——平桥镇张思村

2019年，天台县财政围绕“全域大花园、美丽经济带、文化示范区”的目标，全年投入“美丽乡村”建设资金5322万元，推进“千村示范、万村整治”工程，保障乡村振兴战略实施。

泳溪乡北山村鎏金梯田

南屏乡南黄古道

后岸村铁甲龙山下桃花盛开

省级农家乐集聚村—始丰街道安科新村

赤城街道塔后村的美丽田园风光

第十二届浙江油菜花节在仙居举办

朱溪镇杨丰山村

2019年，仙居县财政统筹安排财力，重点推进新时代美丽乡村建设，支持构建有仙居韵味的美丽乡村大花园。

“美丽乡村”石盟垟村村貌

雪后的仙居绿道

杨丰山梯田鸟瞰图

三门县财政加大投入力度，保障“六美三门”建设、美丽乡村精品建设、“百村万院”海上大花园建设、城镇污水处理设施项目、小城镇综合整治、橡胶行业整治提升等县委县政府重点工作，推动县域环境实现“大变脸”。

河道整治后的美丽沙柳村

美丽渔村——涛头村

青叶村的小城镇综合整治工程

晨雾中的大周村

卢家塘村开展养殖示范区建设

丽水市财政坚持“绿水青山就是金山银山”的生态发展理念，完善财政支农体系建设，加大财政支农资金投入，助力生态农业创新发展，激发绿色发展新动能。2019年，“三农”支出195.10亿元，重点用于美丽乡村建设、农旅融合发展，助力农业增效、农村增美、农民增收。

松阳县茶青交易市集

庆元县香菇市集

龙泉县山村秋忙

缙云黄龙农业科技园

云和县梯田田间运动会

庆元县屏都街道洋背村农活秀

丽水市莲都区围绕“促进农业农村改革，保障农民增收”的主要任务，强化资金统筹，2019 年财政农林水支出 6.09 亿元，重点落实各项支农惠农政策，推进美丽乡村建设。

大港头劳作现场

莲都区老竹镇茶园

仙渡乡的春播

丽新乡畈岸村异地搬迁安置项目

美丽乡村利山村

龙泉市财政积极构建文化事业发展财政保障长效机制，2019年安排公共文化服务资金2800万元，支持打造“不灭窑火”“百姓大舞台”“小城艺术周”“乡村漫游节”“乡村春晚”等百姓艺术“嘉年华”和公共文化服务区域性品牌，保障“天下龙泉”大型实景演出、长三角之巅·天籁音乐会等大型音乐活动经费需求，满足人民群众日益增长的公共文化需求。

“天府之路·四川遂宁”龙泉青瓷归源展开幕仪式

龙泉“宝剑杯”端午龙舟赛比赛现场

龙泉畲乡竹垟“三月三”山哈文化旅游节

长三角之巅·天籁音乐会在龙泉市举行

在北京故宫推广龙泉剑瓷历史文化

“天下龙泉”大型实景演出现场

“不灭窑火”龙泉青瓷传统龙窑烧制技艺活动开窑仪式

缙云县发挥财政资金撬动功能，推进省农村综合改革集成示范区建设试点工作。重点推进以舒洪镇为核心的发展区块建设，突出“麦香小镇”定位，深化一二三产业融合，推动杨梅和爽面等特色乡愁产业规范化、品牌化建设和休闲旅游发展，生态效益、经济效益和文化效益相辅相成，“财政 +”成效明显。

新建的舒洪农贸市场

晾晒中的缙云爽面

舒洪爽面博物馆内景

全省农村综合改革会议—舒洪镇现场观摩活动

游客体验舒洪杨梅节采摘活动

舒洪镇昆洪千亩水田开发项目

住有所居：青田县高湾经济适用房

病有所医：新建成的青田县中医院综合楼

老有所养：青田县养老服务中心

青田县财政聚焦“惠民生”，加大民生领域支出倾斜力度，补齐民生事业短板，2019 年全县民生支出 51.89 亿元，占一般公共预算支出的 78.3%，民生支出增幅连续 6 年实现两位数增长，占比连续 6 年保持在 74% 以上。

学有所教：浙江省第一批“特色示范高中”—青田中学

2019年，云和县践行“两山”理念，推进一二三产业融合发展。以云和木制玩具特色产业为引领，打造5A级特色小镇，推进“全域旅游”产业发展。全县农家乐民宿发展至300余家，年接待游客250万人左右。

石塘镇长汀沙滩

浮云溪滨水景观轴工程

云和梯田深处木屋民宿群

云和雪梨节上“晒”丰收

云和特色产业木制玩具展厅

2019年，遂昌县安排财政资金1.57亿元，聚焦“一乡一主题、一村一情境”，推进农村人居环境提升。全面完成小城镇环境综合整治三年任务，推进垃圾、厕所和污水“三大革命”，支持美丽乡村、美丽宜居示范村建设，推动城乡环境向“洁、序、美”升级蜕变。

“千万工程”打造美丽三仁畲族乡

美丽乡村珠村畈村

融党建、畲族、竹笋文化为一体的小忠村

穿越美丽乡村的小金线公路

小城镇环境整治后的应村村

2019年，松阳县财政围绕“乡村振兴”战略，完善财政支农资金管理机制，探索村级项目建设财政管理新途径，全年整合安排财政支农专项资金1.1亿元，保障全县“乡村振兴”战略实施。

石仓契约博物馆里的松阳高腔表演

“五水共治”后的小竹溪

松阳油豆腐品尝体验活动

松阳“网红桥”—石门圩廊桥

第一届城乡联系国际论坛在松阳县召开

月山村的农业综合体

庆元县加大财政支农投入，支持农业部门依托高山蔬菜、甜桔柚等特色优质农产品，积极打造特色化、精品化的新型农业业态，做特做精“庆元800”特色产业，推动“沟、谷”产业建设。

四山高山蔬菜基地

坑里村红提基地

举水乡落岭蔬菜基地培育反季节蔬菜

国家林下经济示范基地——乾宁道地药材公司

张村乡高山台地白茭田

黄坛村甜桔柚喜获丰收

2019年，景宁畲族自治县财政统筹资金，支持“绿色发展·乡村振兴”百日攻坚大会战，用100天的时间开展包括生态产业招商引资、外舍新区环境整治、城乡垃圾分类和“厕所革命”、乡村移风易俗等“十大攻坚战”，激发景宁生态潜力。

畲乡绿道骑行体验

3A级景区、国家级生态乡镇东坑镇爱情小镇

景宁畲族自治县第三批特色文化村——北溪村

财政统计资料

zhejiang caizheng nianjian

1978—2019年浙江省财政收支表

年 份	财政总收入（亿元）	一般公共预算收入（亿元）	其中税收收入（亿元）	其中税收收入 占比%	一般公共预算支出（亿元）	增长率（%） 总收入	增长率（%） 一般公共预算收入	增长率（%） 一般公共预算支出	全省GDP值（亿元）	总收入占GDP比重（%）	人均财政支出（元）
1978	27.45				17.43				124	21.8	46
1979	25.87				17.74	−5.8		1.8	158	16.4	47
1980	31.13				17.34	20.3		−2.3	180	17.3	45
1981	34.34				17.12	10.3		−1.3	205	16.8	44
1982	36.64				18.88	6.7		10.3	234	15.7	48
1983	41.79				21.94	14.1		16.2	257	16.3	55
1984	46.67				28.80	11.7		31.3	323	14.5	72
1985	58.25				37.40	24.8		29.9	429	13.6	93
1986	68.61				50.96	17.8		36.3	502	13.7	125
1987	76.36				51.24	11.3		0.5	607	12.7	124
1988	85.55				63.14	12		23.2	770	11.1	151
1989	98.21				74.77	14.8		18.4	849	11.6	178
1990	101.59				80.23	3.4		7.3	905	11.1	189
1991	108.94				88.43	7.2		10.2	1089	10.2	207
1992	118.36				95.31	8.6		7.8	1376	8.7	221
1993	166.64				125.04	40.8		31.2	1926	8.7	288
1994	209.39	94.63			153.03	25.7		22.4	2689	7.9	351
1995	248.50	116.82			180.29	18.7	23.4	17.8	3558	7	411
1996	291.75	139.63			213.71	17.4	19.5	18.5	4189	7	484
1997	340.52	157.33			240.16	16.7	12.7	12.4	4686	7.3	542
1998	401.80	198.10			286.81	18	25.9	19.4	5053	8.1	644
1999	477.40	245.47			344.04	18.8	23.9	20.0	5444	8.8	769
2000	658.42	342.77			431.30	37.4	39.6	25.4	6141	10.7	922
2001	856.00	500.69			597.30	30.5	46.1	38.5	6898	12.4	1263
2002	1166.58	566.85			749.90	36.3	13.2	25.5	8004	14.6	1570
2003	1468.89	706.56			896.77	25.9	24.6	19.6	9705	15.1	1846
2004	1805.16	901.05			1062.94	22.9	27.5	18.5	11649	15.5	2158
2005	2115.36	1066.60			1265.53	17.2	18.4	19.1	13418	15.7	2536
2006	2567.66	1298.20	1184.24	91.6	1471.86	21.4	21.7	16.3	15718	16.3	2902
2007	3239.89	1649.50	1535.35	93	1806.79	26.2	27.1	22.8	18754	17.3	3505
2008	3730.06	1933.39	1792.09	92.7	2208.58	15.1	17.2	22.2	21463	17.4	4237
2009	4122.04	2142.51	1983.67	92.6	2653.35	10.5	10.8	20.1	22990	17.9	5029
2010	4895.41	2608.47	2464.96	94.5	3207.88	18.8	21.7	20.9	27722	17.7	5890
2011	5925.00	3150.80	2952.01	93.7	3842.59	21	20.8	19.8	32000	18.5	7034
2012	6408.49	3441.23	3227.77	93.8	4161.88	8.2	9.2	8.3	34606	18.5	7599
2013	6908.41	3796.92	3545.66	93.4	4730.47	7.8	10.3	13.7	37568	18.0	8603
2014	7522.55	4122.02	3853.96	93.5	5159.57	8.9	8.6	9.1	40154	18.7	9367
2015	8549.47	4809.94	4168.22	86.7	6645.98	8.8	7.8	21.1	42886	19.9	11999
2016	9225.07	5301.98	4540.08	85.6	6974.25	7.7	9.8	10.0	46485	19.8	12476
2017	10301.16	5804.38	4940.74	85.1	7530.31	10.6	10.3	8.6	51768	19.9	13312
2018	11705.95	6598.21	5586.63	84.7	8629.53	13.6	11.1	13.1	56197	20.8	15042
2019	12268.24	7048.58	5898.75	83.7	10053.03	4.8	6.8	16.5	62352	19.7	17185

2017—2019 年浙江省一般公共预算收支决算表

单位:万元

收入				支出			
预算科目	2017 年	2018 年	2019 年	预算科目	2017 年	2018 年	2019 年
一、税收收入	49407446	55866304	58987479	一、一般公共服务支出	7650264	8753336	10099552
增值税	22013738	24088426	23745797	二、外交支出	0	0	0
营业税				三、国防支出	81472	93873	93700
企业所得税	8221918	9724594	11160931	四、公共安全支出	5484403	6142404	6627043
个人所得税	3952361	4658649	4129403	五、教育支出	14301531	15724730	17646898
资源税	125769	128326	121024	六、科学技术支出	3034961	3796567	5160608
城市维护建设税	3290856	3705508	3632621	七、文化旅游体育与传媒支出	1596593	1745892	2032599
房产税	1953497	2332943	2072531	八、社会保障和就业支出	8017837	9149336	10739411
印花税	815745	901903	934768	九、卫生健康支出	5841657	6261980	7356114
城镇土地使用税	1162865	1276452	924419	十、节能环保支出	1901502	1947519	2695485
土地增值税	2889010	3421975	4676891	十一、城乡社区支出	9101656	11588836	16276811
车船税	515939	550188	593766	十二、农林水支出	6966927	7244617	7442421
耕地占用税	649680	456262	1218508	十三、交通运输支出	3205324	3912266	4445895
契税	3815884	4594547	5713368	十四、资源勘探信息等支出	1935399	2157060	1963152
烟叶税	184	155	102	十五、商业服务业等支出	1403838	1546154	1043696
环境保护税		26376	35102	十六、金融支出	104677	642550	407013
其他税收收入	0	0	28248	十七、援助其他地区支出	241530	394953	415852
二、非税收入	8636391	10115816	11498292	十八、自然资源海洋气象等支出	679504	925782	1058738
专项收入	4675560	5297846	5288693	十九、住房保障支出	1697771	1853128	2003959
行政事业性收费收入	689922	967532	1448345	二十、粮油物资储备支出	167736	226172	228492
罚没收入	1236552	1724502	1994446	二十一、灾害防治及应急管理支出			540410
国有资本经营收入	-439550	-474680	-466945	二十二、债务付息支出	1437049	1762123	2057354
国有资源(资产)有偿使用收入	2110384	2260017	2773513	二十三、债务发行费用支出	9147	9949	8575
其他收入	363523	340599	460240	二十四、其他支出	442393	416029	186557
本年收入合计	58043837	65982120	70485771	本年支出合计	75303171	86295256	100530335

2015—2019年浙江省11市及市本级一般公共预算收入排序表

单位：万元

地 区	2015年		2016年		2017年		2018年		2019年	
	一般公共预算收入	排序	一般公共预算收入	排序	一般公共预算收入	排序	一般公共预算收入	排序	一般公共预算收入	排序
杭州市	12338820	1	14023826	1	15674169	1	18250616	1	19659731	1
杭州市本级	1577942	1	1655861	1	2172126	1	3602608	2	3769353	2
宁波市	10064065	2	11145409	2	12452880	2	13796865	2	14685072	2
宁波市本级	998619	2	1182009	2	1428952	2	3852992	1	3931521	1
温州市	4030735	3	4398744	3	4653504	3	5475765	3	5789706	3
温州市本级	949573	3	1000805	3	1020701	3	1287740	3	5789706	3
嘉兴市	3503450	5	3879341	5	4437941	4	5185536	4	5656945	4
嘉兴市本级	726527	5	848498	4	975699	4	1117750	4	1204332	4
湖州市	1913116	8	2111792	8	2374308	8	2870960	8	3160702	8
湖州市本级	368329	7	397418	7	396308	8	455403	8	475484	8
绍兴市	3628935	4	3903010	4	4313596	5	5013379	5	5283698	5
绍兴市本级	632361	6	595949	6	628090	6	518347	6	589534	7
金华市	3096885	6	3381394	7	3577073	7	3926214	7	4113010	7
金华市本级	740418	4	820517	5	866168	5	935846	5	950131	5
衢州市	940151	11	1025553	11	1112838	11	1280960	11	1371245	11
衢州市本级	316270	9	338258	9	382776	9	425822	9	455600	9
舟山市	1127221	9	1203248	9	1257644	9	1460243	9	1548600	9
舟山市本级	331252	8	372222	8	414251	7	513787	7	670017	6
台州市	2980170	7	3432835	6	3822482	6	4311768	6	4384983	6
台州市本级	264538	10	299513	10	308136	10	331506	11	389700	10
丽水市	945064	10	1035667	10	1129055	10	1300106	10	1398293	10
丽水市本级	232871	11	255172	11	299086	11	345820	10	373338	11

2015—2019年浙江省县(市、区)一般公共预算收入排序表

单位:万元

地区		2015年		2016年		2017年		2018年		2019年	
		一般公共预算收入	排序	一般公共预算收入	排序	一般公共预算收入	排序	一般公共预算收入	排序	一般公共预算收入	排序
杭州市	富阳区	543226	24	576102	25	637020	26	727000	24	800008	22
	桐庐县	269668	56	261681	60	278292	60	306679	55	337654	53
	临安区	325622	45	373378	43	433009	39	531682	37	611600	34
	建德市	211944	63	227059	62	244007	63	282707	58	311008	57
	淳安县	171420	68	173613	69	172688	71	194962	65	210871	64
	上城区	664589	16	723906	14	731869	18	806481	20	851296	20
	下城区	856380	7	794139	12	820368	13	893996	14	965861	15
	江干区	740355	11	874915	7	880088	11	950901	12	1036818	11
	拱墅区	693773	13	796566	12	781355	15	843980	17	911928	16
	西湖区	1116467	4	1231126	5	1259835	5	1394075	6	1506362	6
	滨江区	1084558	5	1253661	4	1428138	4	1648585	5	1755863	5
	萧山区	1600830	2	1951629	2	2274820	2	2703161	2	2676630	2
	余杭区	1876477	1	2442888	1	2800053	1	3363799	1	3914479	1
	开发区	547970	22	635098	20	703084	20				
	西湖风景名胜区	57599	92	52204	95	57417	94				
宁波市	慈溪市	777038	9	838982	8	941199	8	1045673	9	1129316	8
	余姚市	750989	10	811633	11	906480	10	1006321	10	1072259	10
	奉化区	338192	43	370515	45	429354	40	494700	38	600046	35
	象山县	379485	36	380730	42	392698	47	409984	46	462599	42
	宁海县	415712	34	487899	32	554779	31	616311	30	660175	30
	鄞州区	1504485	3	1644434	3	1917837	3	1984294	3	2123958	3
	镇海区	589188	20	647147	19	704777	19	785824	21	842299	21
	北仑区	464453	30	519487	30	552210	32	1825612	4	1956401	4
	江东区	600219	19	676630	18						

（续表一） 单位：万元

地区		2015年		2016年		2017年		2018年		2019年	
		一般公共预算收入	排序	一般公共预算收入	排序	一般公共预算收入	排序	一般公共预算收入	排序	一般公共预算收入	排序
	江北区	542339	25	600080	22	650166	25	728878	23	781709	26
	海曙区	650215	17	516477	31	930238	9	1046276	8	1124789	9
	开发区	675623	15	812180	10	1026975	7				
	大榭开发区	446952	31	537185	29	651936	24				
	宁波保税区	193977	65	204721	67	234775	66				
	东钱湖区	70718	89	80305	86	101725	81				
	高新开发区	320310	46	353014	47	396898	45				
	杭州湾新区	345551	41	481981	34	631881	28				
温州市	平阳县	256688	58	277720	58	297951	56	395628	48	380260	50
	苍南县	300221	50	318176	53	337222	51	568631	34	424574	47
	瑞安市	547214	23	590481	23	634679	27	710898	26	796399	24
	永嘉县	263580	57	295880	56	315959	54	350711	51	395265	49
	乐清市	641502	18	722325	15	794030	14	943017	13	996893	13
	文成县	72617	85	79189	87	82539	88	82620	81	96302	82
	泰顺县	71496	86	78121	89	79105	89	87605	80	101018	78
	洞头区	54172	94	65182	92	71022	90	81758	82	97043	81
	鹿城区	275765	55	285333	57	293808	58	314625	54	343935	52
	瓯海区	283963	53	321901	50	335695	52	368449	49	420053	48
	龙湾区	226281	60	250665	61	258293	61	284083	57	321631	56
	开发区	87663	81	112966	81	132500	79				
嘉兴市	海宁市	691221	14	720018	16	777242	16	889957	15	970200	14
	桐乡市	550005	21	580002	24	616900	29	724000	25	796500	23
	平湖市	505780	28	567891	27	688688	21	818818	19	884488	19
	嘉善县	355506	39	418002	39	517178	35	615975	31	677939	29
	海盐县	316288	47	351779	48	406520	44	475231	40	522800	39
	南湖区	194006	64	212321	66	244500	62	294330	56	327968	55

（续表二） 单位：万元

地区		2015年		2016年		2017年		2018年		2019年	
		一般公共预算收入	排序	一般公共预算收入	排序	一般公共预算收入	排序	一般公共预算收入	排序	一般公共预算收入	排序
	秀洲区	164117	69	180830	68	211214	67	249475	61	272718	60
湖州市	长兴县	431752	33	454618	35	494980	36	593675	32	658269	32
	德清县	373614	37	420333	38	486632	37	591450	33	656609	33
	安吉县	329601	44	358511	46	395208	46	469217	43	535632	38
	吴兴区	230851	59	263656	59	311462	55	409586	47	455456	44
	南浔区	178969	67	217256	65	289718	59	351629	50	379252	51
绍兴市	柯桥区	978488	6	1060220	6	1140629	6	1263560	7	1314074	7
	上虞区	510882	27	569966	26	666369	23	826461	18	895152	18
	嵊州市	291745	52	320096	52	380222	48	454858	44	457590	43
	新昌县	280028	54	309400	54	363600	50	418800	45	436635	45
	诸暨市	715894	12	717938	17	770087	17	873729	16	898144	17
	越城区	219537	62	329441	49	364599	49	657624	27	692569	28
金华市	兰溪市	221966	61	226467	63	241800	65	266000	59	282838	59
	永康市	444860	32	485289	33	523569	34	563580	35	599255	36
	武义县	186137	66	220386	64	242808	64	259807	60	270277	61
	东阳市	486173	29	562569	28	585778	30	657548	28	699007	27
	磐安县	73220	84	82169	84	89072	84	100068	77	106402	77
	义乌市	792511	8	817904	9	849995	12	952005	11	1012240	12
	浦江县	151600	71	166093	71	177883	70	191360	67	192860	67
	金东区										
	婺城区										
	开发区										
衢州市	龙游县	126556	76	140351	77	148161	76	176315	70	189283	68
	常山县	86833	83	94016	82	98780	82	109781	75	117850	75
	江山市	153481	70	158592	74	166709	74	192060	66	205409	66
	开化县	68830	91	81610	85	84353	86	93887	78	99475	79

（续表三）　　单位：万元

地区		2015年		2016年		2017年		2018年		2019年	
		一般公共预算收入	排序	一般公共预算收入	排序	一般公共预算收入	排序	一般公共预算收入	排序	一般公共预算收入	排序
	柯城区	86979	82	88762	83	95285	83	119256	74	128394	74
	衢江区	101202	80	123964	79	136774	77	163839	71	175234	71
舟山市	岱山县	126037	77	140863	77	155195	75	241540	62	176002	70
	嵊泗县	69010	90	67301	91	66659	92	72008	85	78000	84
	定海区	305556	49	321886	51	326546	53	317751	52	330793	54
	普陀区	295366	51	300976	55	294993	57	315157	53	293788	58
台州市	临海市	380108	35	449188	36	542928	33	640650	29	659900	31
	温岭市	541213	26	616886	21	680900	22	772850	22	782700	25
	玉环市	344987	42	426217	37	484919	38	533376	36	539248	37
	三门县	144987	74	155766	75	167830	73	186290	69	181700	69
	仙居县	134660	75	162468	72	185250	69	208400	64	210900	63
	天台县	150268	72	170371	70	192068	68	218960	63	223312	62
	椒江区	350386	40	385494	41	416047	43	472176	41	496123	40
	黄岩区	310189	48	371145	44	416795	42	477200	39	430800	46
	路桥区	358834	38	395787	40	427609	41	470360	42	470600	41
丽水市	缙云县	110080	79	121503	80	130521	80	153412	73	166468	73
	景宁县	54513	93	62265	93	70087	91	77418	83	69756	85
	龙泉市	71445	87	78607	88	85032	85	91018	79	97922	80
	青田县	149328	73	159981	73	168400	72	191071	68	210229	65
	庆元县	35508	97	39101	97	42048	96	50500	87	54810	87
	松阳县	52591	95	58617	94	63070	93	72697	84	78910	83
	遂昌县	71160	88	77978	90	83707	87	100968	76	109590	76
	云和县	42899	96	46640	96	51800	95	58890	86	64330	86
	莲都区	124669	78	135803	78	135304	78	158312	72	172940	72

备注：2018年总预算报表单位体系经过规范调整，取消包括杭州市开发区、杭州市西湖风景名胜区、湖州市开发区、金华市开发区、温州市开发区、宁波市开发区、宁波市大榭开发区、宁波市保税区、宁波市东钱湖区、宁波市高新开发区、宁波市杭州湾新区在内的11个非一级政府开发区节点。其中宁波市开发区数据并入宁波市北仑区，其余开发区数据均并入对应市本级。以上调整，仅调整当年数据，未对以前年度数据进行追溯调整。

2019年度浙江省一般公共预算收支决算分级表

单位:万元

预算科目	决算数合计	省级	地级	其中:地级直属乡镇	县级	乡镇级
一、税收收入	58987479	1670022	11177355	54603	28901017	17239085
增值税	23745797	860634	4316420	40600	9793898	8774845
企业所得税	11160931	718911	2107840	4331	5349506	2984674
个人所得税	4129403	40413	642873	2499	2459527	986590
资源税	121024	0	3008	0	40755	77261
城市维护建设税	3632621	25876	975972	2560	1500609	1130164
房产税	2072531	2582	316898	669	1027897	725154
印花税	934768	15557	190035	441	436571	292605
城镇土地使用税	924419	-244	121008	561	326642	477013
土地增值税	4676891	0	573556	157	2998598	1104737
车船税	593766	0	91469	0	448606	53691
耕地占用税	1218508	0	140847	755	880620	197041
契税	5713368	1	1688734	2030	3599128	425505
烟叶税	102	0	0	0	102	0
环境保护税	35102	5833	4425	0	16261	8583
其他税收收入	28248	459	4270	0	22297	1222
二、非税收入	11498292	1763764	3047988	2960	6324099	362441
专项收入	5288693	610951	1391929	2960	2933953	351860
行政事业性收费收入	1448345	388334	298264	0	758329	3418
罚没收入	1994446	24701	550655	0	1418738	352
国有资本经营收入	-466945	2712	-217003	0	-252654	0
国有资源(资产)有偿使用收入	2773513	655888	847440	0	1263507	6678
其他收入	460240	81178	176703	0	202226	133
本年收入合计	70485771	3433786	14225343	57563	35225116	17601526
一、一般公共服务支出	10099552	473966	2114638	15169	5510635	2000313
二、外交支出	0	0	0	0	0	0
三、国防支出	93700	12129	23904	66	54044	3623
四、公共安全支出	6627043	780883	1565211	3182	4129602	151347
五、教育支出	17646898	1608202	2892968	24733	11650336	1495392
六、科学技术支出	5160608	336713	1759346	428	2866790	197759
七、文化旅游体育与传媒支出	2032599	268781	533586	2020	1045818	184414
八、社会保障和就业支出	10739411	470489	2151399	17731	7368458	749065
九、卫生健康支出	7356114	369030	1182778	11391	5426800	377506
十、节能环保支出	2695485	34307	495410	1541	1902788	262980
十一、城乡社区支出	16276811	11341	3956524	8298	9968087	2340859
十二、农林水支出	7442421	417961	900448	24400	4413344	1710668
十三、交通运输支出	4445895	695210	1513702	139	2166971	70012
十四、资源勘探信息等支出	1963152	111202	661860	876	1037697	152393
十五、商业服务业等支出	1043696	29879	310499	0	656443	46875
十六、金融支出	407013	213886	128421	0	64624	82
十七、援助其他地区支出	415852	80998	150798	0	183691	365
十八、自然资源海洋气象等支出	1058738	75658	170083	0	621833	191164
十九、住房保障支出	2003959	192499	458101	5629	1205838	147521
二十、粮油物资储备支出	228492	104304	36443	0	86191	1554
二十一、灾害防治及应急管理支出	540410	30192	111753	877	322400	76065
二十二、其他支出	186557	3710	56122	40	98588	28137
二十三、债务付息支出	2057354	76972	436635	0	1521028	22719
二十四、债务发行费用支出	8575	394	2319	0	5859	3
本年支出合计	100530335	6398706	21612948	116520	62307865	10210816

2019年度浙江省政府性基金收支决算分级表

单位：万元

收入项目	决算数合计	省级	地级	其中：地级直属乡镇	县级	乡镇级
国有土地使用权出让相关收入	82595406	0	30929113	11211	49532527	2133766
国有土地收益基金相关收入	2137414	0	1158419	0	978173	822
农业土地开发资金相关收入	73039	13298	21323	0	38418	0
城市基础设施配套费相关收入	1019526	0	159090	0	836421	24015
污水处理费相关收入	529728	0	176195	0	353057	476
车辆通行费相关收入	356069	50240	264800	0	41029	0
彩票公益金收入	455446	167877	182483	0	104047	1039
其他各项政府性基金相关收入	18911604	113291	10437885	0	8247719	112709
本年收入合计	106078232	344706	43329308	11211	60131391	2272827
国有土地使用权出让相关支出	80997745	2151	26992056	41203	48999801	5003737
国有土地收益基金相关支出	1502921	0	667722	0	753655	81544
农业土地开发资金相关支出	24758	0	4068	0	12843	7847
城市基础设施配套费相关支出	732548	0	79396	0	538597	114555
污水处理费相关支出	515964	0	183969	0	328591	3404
车辆通行费相关支出	2142206	1805107	291235	0	45864	0
彩票公益金安排的支出	367622	18264	133044	117	185116	31198
其他各项政府性基金相关支出	17563156	137980	10599642	4356	6121803	703731
本年支出合计	103846920	1963502	38951132	45676	56986270	5946016

2019年度浙江省国有资本经营收支决算总表

单位：万元

预算科目	决算数	预算科目	决算数
利润收入	682319	解决历史遗留问题及改革成本支出	19770
股利、股息收入	105682	国有企业资本金注入	483881
产权转让收入	39669	国有企业政策性补贴	16427
清算收入	14185	金融国有资本经营预算支出	14944
其他国有资本经营预算收入	80080	其他国有资本经营预算支出	49301
本年收入合计	921935	本年支出合计	584323
上级补助收入	0		
上年结余	135796	调出资金	379057
省补助计划单列市收入	0	年终结余	94351
收入总计	1057731	支出总计	1057731

2015—2019年浙江省政府非税收入表

单位：亿元

项　　目	2015年	2016年	2017年	2018年	2019年
行政事业性收费	386.23	455.43	380.26	387.92	408.94
政府性基金	442.56	442.84	400.68	462.51	486.74
国有资源有偿使用收入	2206.72	3566.29	6336.54	8473.71	8916.81
国有资产有偿使用收入	89.79	86.30	87.19	90.67	114.3
按规定上缴财政的国有资本经营收入	-7.48	13.06	27.55	33.94	42.48
行政(刑事)处罚的罚没收入	108.58	129.81	123.74	172.5	1402.28
彩票公益金	35.37	36.40	41.78	48.64	45.63
以政府名义接受捐赠的收入	1.28	1.49	1.90	0.57	0.74
应当纳入政府非税收入管理的其他资金	187.40	192.92	269.60	324.96	600.74
合计	3450.46	4924.54	7669.24	9995.42	12018.66

备注：1. 本表所列政府非税收入项目分类标准依照《浙江省政府非税收入管理条例》相关规定，不同于预算科目分类标准；
2. 按规定上缴财政的国有资本经营收入含国有企业计划亏损补贴。
3. 因四舍五入原因，合计数与分项加总数或存在尾差。

2019年浙江省市县级一般公共预算收支情况表

单位:万元

项目 \ 地区	杭州市	市本级	富阳区	桐庐县	临安区	建德市	淳安县	上城区
一、收入合计	19659731	3769353	800008	337654	611600	311008	210871	851296
(一)税收收入小计	17911758	3052871	721045	304820	541553	282837	194859	814791
增值税	6464435	1273958	277515	131729	203395	117646	78192	275316
企业所得税	3762660	428702	119306	52562	108131	59234	37015	227427
个人所得税	1813506	113899	36717	21726	24607	13673	15833	123448
资源税	18604	0	7508	1021	2307	5943	602	0
城市维护建设税	1117782	310431	46589	15148	32574	15315	8050	39825
房产税	589684	55289	17026	15036	11160	9943	8789	42548
城镇土地使用税	116652	7907	15851	13482	9599	7756	2811	1737
土地增值税	1639773	79146	79829	15889	58340	13015	17383	86428
耕地占用税	119847	5353	16674	4415	18221	1015	1734	0
契税	1839509	728000	85381	22743	61484	22047	19314	0
其他各项税收收入	429306	50186	18649	11069	11735	17250	5136	18062
(二)非税收入小计	1747973	716482	78963	32834	70047	28171	16012	36505
专项收入	1173121	446953	41030	18174	39155	21136	8831	33825
行政事业性收费收入	101292	55448	9177	1969	3546	2460	1886	0
罚没收入	279899	79941	15959	11611	10577	7609	2707	2410
国有资本经营收入	-198006	-120000	-5000	0	-14911	-4700	0	0
国有资源(资产)有偿使用收入	292317	191061	15735	1021	28482	1463	1946	270
其他收入	99350	63079	2062	59	3198	203	642	0
二、支出合计	19528530	4953545	1055038	501985	856154	541505	688654	525476
一般公共服务支出	1708207	447430	96061	38368	78283	51247	72373	57651
外交支出	0	0	0	0	0	0	0	0
国防支出	10731	2145	38	479	445	530	287	24
公共安全支出	1190269	414258	50704	29703	45293	30432	29166	47238
教育支出	3635648	771351	218846	130365	168709	96314	81190	106146
科学技术支出	1481879	487911	56338	26710	50557	26304	10952	16043
文化旅游体育与传媒支出	389757	142920	17870	14378	15755	10564	11114	6472
社会保障和就业支出	2292860	842927	36790	48549	135080	62370	77784	87961
卫生健康支出	1300003	318337	57003	76784	70156	43395	61328	21678
节能环保支出	471506	155679	58139	6424	15891	9462	25903	3368
城乡社区支出	3308192	571251	87772	25243	77663	48325	48511	70986
农林水支出	1053876	244426	79358	44858	74818	74815	89522	3970
交通运输支出	743181	187328	201856	24088	37405	19898	96223	60090
资源勘探信息等支出	540280	137486	13623	2124	15327	1573	11045	4718
商业服务业等支出	353291	21554	6688	1579	7417	3647	5292	6779
金融支出	15875	1369	236	30	35	0	25	13087
援助其他地区支出	130475	35516	7293	4977	1848	1117	0	13647
自然资源海洋气象等支出	180117	29277	10837	8646	6639	24905	24069	949
住房保障支出	229186	7469	21102	8819	27658	11835	15229	83
粮油物资储备支出	22207	13389	40	1587	27	0	2112	0
灾害防治及应急管理支出	46112	8368	3093	919	8759	1600	1527	1486
其他支出	64253	13253	0	60	397	2140	0	571
债务付息支出	359158	99540	31282	7227	17976	20896	24946	2512
债务发行费用支出	1467	361	69	68	16	136	56	17

（续表一） 单位：万元

项目 \ 地区	下城区	江干区	拱墅区	西湖区	滨江区	萧山区	余杭区	宁波市
一、收入合计	965861	1036818	911928	1506362	1755863	2676630	3914479	14685072
（一）税收收入小计	869823	1010955	859427	1415741	1662371	2443038	3737627	12175790
增值税	302943	381405	363644	535761	697954	772920	1052057	5416044
企业所得税	229368	259774	187651	366245	353110	453318	880817	2346745
个人所得税	87563	65502	37370	232739	289913	108426	642090	860095
资源税	0	0	0	0	0	1163	60	11464
城市维护建设税	51746	61078	54604	78228	116586	131317	156291	938259
房产税	63026	72159	43400	50910	58175	64837	77386	277260
城镇土地使用税	2743	3319	5192	4231	1934	22866	17224	134884
土地增值税	47368	147363	146226	118345	118605	317680	394156	670383
耕地占用税	0	0	0	0	0	67811	4624	198350
契税	0	0	0	0	0	445120	455420	1016991
其他各项税收收入	85066	20355	21340	29282	26094	57580	57502	305315
（二）非税收入小计	96038	25863	52501	90621	93492	233592	176852	2509282
专项收入	45552	48922	42506	67762	90686	153717	114872	1170694
行政事业性收费收入	5088	0	1854	4724	0	15003	137	271352
罚没收入	44973	7988	7613	7305	2127	37209	41870	392022
国有资本经营收入	20	-31415	0	0	0	-15000	-7000	-43158
国有资源（资产）有偿使用收入	405	355	525	10830	679	12641	26904	598042
其他收入	0	13	3	0	0	30022	69	120330
二、支出合计	444493	762888	510072	930128	1236919	2754342	3767331	17678895
一般公共服务支出	50808	74415	65457	89122	42636	235390	308966	1643631
外交支出	0	0	0	0	0	0	0	0
国防支出	343	63	25	1175	0	2993	2184	14651
公共安全支出	53018	58317	57709	70881	44875	125780	132895	1007257
教育支出	109393	157111	129918	203602	247272	519056	696375	2514461
科学技术支出	16107	71140	29996	73820	233220	99666	283115	1241564
文化旅游体育与传媒支出	9460	11145	4562	13833	32640	38221	60823	348118
社会保障和就业支出	81990	103140	55497	128258	155204	163990	313320	1801102
卫生健康支出	23441	39015	25770	76652	34453	223620	228371	1142688
节能环保支出	25	10120	6825	555	6919	65726	106470	468595
城乡社区支出	67599	169731	121423	161484	285653	629634	942917	4074546
农林水支出	1507	14742	1370	19719	10919	239401	154451	938525
交通运输支出	20	120	75	55	105	70768	45150	469889
资源勘探信息等支出	2452	529	426	46912	55491	91363	157211	513556
商业服务业等支出	8889	3482	4050	4155	9958	75242	194559	325024
金融支出	98	0	81	0	0	732	182	38628
援助其他地区支出	0	0	1565	8600	18160	12749	25003	117898
自然资源海洋气象等支出	1245	2039	1474	3503	2313	40062	24159	109126
住房保障支出	12235	3104	3351	20014	26610	58449	13228	370797
粮油物资储备支出	0	0	0	0	0	177	4875	17761
灾害防治及应急管理支出	789	982	9	3729	2667	5988	6196	76107
其他支出	0	32801	0	297	6724	2786	5224	35013
债务付息支出	5046	10875	489	3762	20898	52421	61288	409015
债务发行费用支出	28	17	0	0	202	128	369	943

（续表二）

单位：万元

项目 \ 地区	市本级	慈溪市	余姚市	奉化区	象山县	宁海县	鄞州区	镇海区
一、收入合计	3931521	1129316	1072259	600046	462599	660175	2123958	842299
（一）税收收入小计	3093267	924962	918963	489746	366563	483415	1888498	614752
增值税	1372270	459008	468091	204830	191421	244386	751453	309245
企业所得税	756118	117074	107105	40859	51811	76266	377017	97035
个人所得税	212979	43423	55997	22187	21870	19550	114904	27224
资源税	−69	1696	2036	1203	2141	727	2300	35
城市维护建设税	353509	55693	67289	32597	18560	27038	112981	44265
房产税	47188	30328	22622	10341	9298	11635	49634	15400
城镇土地使用税	26716	23293	20342	5697	10852	4848	10790	7241
土地增值税	113275	67215	61933	55549	14685	27917	122446	33569
耕地占用税	26786	36413	13106	44462	2153	12393	4647	5147
契税	124272	63544	75761	60992	33864	46520	295030	56392
其他各项税收收入	60223	27275	24681	11029	9908	12135	47296	19199
（二）非税收入小计	838254	204354	153296	110300	96036	176760	235460	227547
专项收入	352584	74232	81957	27889	24870	31111	142134	162436
行政事业性收费收入	44392	15867	28838	29961	35817	67072	16110	6818
罚没收入	121425	46567	22162	32661	22651	59645	48754	11432
国有资本经营收入	−5668	−11740	−25750	0	0	0	0	0
国有资源（资产）有偿使用收入	279249	68543	43446	18260	12698	17160	25937	42747
其他收入	46272	10885	2643	1529	0	1772	2525	4114
二、支出合计	6079333	1370994	1225924	822653	774649	907608	1747213	972945
一般公共服务支出	374141	136883	120700	128300	92426	95331	183779	80943
外交支出	0	0	0	0	0	0	0	0
国防支出	5888	1110	1554	133	823	461	1532	973
公共安全支出	297481	122664	84542	53818	46452	52627	93717	51891
教育支出	597721	319869	238388	140940	130143	170268	287334	124459
科学技术支出	705603	74546	59945	40472	34981	22526	105683	32405
文化旅游体育与传媒支出	144423	32937	17888	17318	13593	18440	32991	19737
社会保障和就业支出	378771	187909	232812	119222	92428	185606	294535	86523
卫生健康支出	235504	164198	133162	68573	43081	86357	142001	54213
节能环保支出	106741	13756	20105	17641	6316	7315	27238	26599
城乡社区支出	1916377	131436	91926	64372	101375	47777	292664	352896
农林水支出	204917	61305	129946	77992	119082	82060	72487	45542
交通运输支出	260294	21078	16658	28743	20930	32302	17726	12405
资源勘探信息等支出	202386	20165	14192	7414	8945	16369	48097	16859
商业服务业等支出	198205	7182	10000	2855	2069	8562	28271	5183
金融支出	9874	787	400	1503	250	632	16697	806
援助其他地区支出	87679	4278	3972	1591	1672	1975	5805	2205
自然资源海洋气象等支出	28180	6830	11392	7162	10979	6550	11104	4374
住房保障支出	125726	31483	3431	18794	20574	26559	36384	25573
粮油物资储备支出	796	0	0	1024	877	5428	5512	541
灾害防治及应急管理支出	24931	5464	3027	3323	4876	9222	8294	5451
其他支出	20515	1172	0	632	133	1307	515	394
债务付息支出	152237	25942	31884	20831	22644	29934	34847	22973
债务发行费用支出	943	0	0	0	0	0	0	0

（续表三） 单位：万元

项目 \ 地区	北仑区	江北区	海曙区	温州市	市本级	平阳县	苍南县	瑞安市
一、收入合计	1956401	781709	1124789	5789706	1416333	380260	424574	796399
（一）税收收入小计	1755649	701979	937996	4745950	1195968	305166	349746	690920
增值税	740524	270168	404648	2014333	359549	136527	169515	287728
企业所得税	466615	128258	128587	722828	211322	25405	42731	79139
个人所得税	207202	62346	72413	248098	81100	13289	12202	32214
资源税	460	15	920	7357	211	482	94	864
城市维护建设税	122034	45059	59234	289165	76060	14719	18255	43527
房产税	31881	15720	33213	214860	72691	12783	5910	25901
城镇土地使用税	11722	6403	6980	71647	16382	7690	4268	8832
土地增值税	35221	68088	70485	351513	83198	23275	37084	53353
耕地占用税	36708	12690	3845	119766	8091	30413	8370	22619
契税	64729	74207	121680	536800	243430	31680	37980	113208
其他各项税收收入	38553	19025	35991	169583	43934	8903	13337	23535
（二）非税收入小计	200752	79730	186793	1043756	220365	75094	74828	105479
专项收入	125469	44502	103510	369782	95889	26285	27659	34120
行政事业性收费收入	4200	10129	12148	130557	30593	7716	17441	17096
罚没收入	15428	5540	5757	276489	54974	24272	13770	40636
国有资本经营收入	0	0	0	-29201	-23000	-1490	-1800	-6000
国有资源（资产）有偿使用收入	32227	19075	38700	254879	45593	9534	14574	14437
其他收入	23428	484	26678	41250	16316	8777	3184	5190
二、支出合计	2087233	743744	946599	10841222	1521978	908820	1137515	1399213
一般公共服务支出	148340	89766	193022	1222802	182060	141847	100059	124157
外交支出	0	0	0	0	0	0	0	0
国防支出	1183	655	339	10928	3384	1216	941	1314
公共安全支出	70709	43970	89386	730345	148119	46119	64498	77572
教育支出	214119	99983	191237	2067136	333902	160791	248808	268235
科学技术支出	90304	35722	39377	235282	70413	11508	11632	30456
文化旅游体育与传媒支出	23552	12330	14909	181933	42788	11665	16371	15467
社会保障和就业支出	123540	41091	58665	1134639	126302	126820	123238	212588
卫生健康支出	89580	43278	82741	910829	109329	79516	67258	101080
节能环保支出	227576	10473	4835	171288	33929	8989	9488	6689
城乡社区支出	752557	220026	103140	2244472	103485	204564	271280	385600
农林水支出	35809	62081	47304	695709	48071	54095	110043	68249
交通运输支出	33907	6854	18992	440256	167471	13732	54895	22831
资源勘探信息等支出	112846	29769	36514	95640	19763	5937	2887	9460
商业服务业等支出	48764	5679	8254	39331	8478	730	1275	7002
金融支出	1144	2430	4105	12595	11187	250	0	508
援助其他地区支出	4100	1840	2781	17036	6447	0	0	2930
自然资源海洋气象等支出	11187	3691	7677	108139	15602	6630	12453	15603
住房保障支出	41916	21499	18858	239498	60796	9953	19505	19451
粮油物资储备支出	3449	0	134	11496	1384	3128	192	1232
灾害防治及应急管理支出	4628	2049	4842	81240	10817	5730	3801	8907
其他支出	10295	0	50	38384	616	1141	4331	30
债务付息支出	37728	10558	19437	151579	17541	14415	14496	19772
债务发行费用支出	0	0	0	665	94	44	64	80

（续表四） 单位：万元

项目 \ 地区	永嘉县	乐清市	文成县	泰顺县	洞头区	鹿城区	瓯海区	龙湾区
一、收入合计	395265	996893	96302	101018	97043	343935	420053	321631
（一）税收收入小计	306560	816457	58008	81214	53462	270014	347810	270625
增值税	138984	427101	26954	50257	24413	117205	155996	120104
企业所得税	48042	114591	7351	11441	7539	42250	77281	55736
个人所得税	10352	49306	2670	2322	1891	18092	14889	9771
资源税	42	385	66	433	4221	45	452	62
城市维护建设税	15320	50923	3068	5017	3174	16730	22431	19941
房产税	9821	30680	1388	1438	1325	18757	18339	15827
城镇土地使用税	2971	15413	511	628	1524	4294	3849	5285
土地增值税	18968	27496	-359	3492	3493	29954	39224	32335
耕地占用税	13732	17648	4846	994	1533	4048	4553	2919
契税	36980	58836	9359	2880	2447	0	0	0
其他各项税收收入	11348	24078	2154	2312	1902	18639	10796	8645
（二）非税收入小计	88705	180436	38294	19804	43581	73921	72243	51006
专项收入	60100	66597	5585	6703	4187	12674	15652	14331
行政事业性收费收入	11615	12860	5082	3675	1689	12505	4507	5778
罚没收入	12447	89145	2339	2822	6183	15053	10607	4241
国有资本经营收入	-1350	-3430	0	-210	0	0	-500	8579
国有资源（资产）有偿使用收入	4378	14667	23033	6281	31210	32490	41977	16705
其他收入	1515	597	2255	533	312	1199	0	1372
二、支出合计	1092254	1553937	561361	555495	327411	681861	701395	399982
一般公共服务支出	100367	97743	64435	54700	36584	118550	135084	67216
外交支出	0	0	0	0	0	0	0	0
国防支出	518	1312	341	157	550	501	586	108
公共安全支出	54154	83257	25415	20311	15892	84425	67786	42797
教育支出	232257	284797	81259	72678	39569	129045	125782	90013
科学技术支出	19862	18210	4809	3075	7235	20211	12694	25177
文化旅游体育与传媒支出	20856	19126	15173	9514	6329	7747	9528	7369
社会保障和就业支出	133703	132622	79665	62223	31622	43087	36201	26568
卫生健康支出	127145	130882	52719	59662	31504	52581	59857	39296
节能环保支出	9409	9423	24131	27482	7787	15217	7136	11608
城乡社区支出	201363	473849	74614	120317	87932	142043	141070	38355
农林水支出	87380	85984	71973	70326	28632	22751	37227	10978
交通运输支出	28426	81283	25499	16491	10179	7412	7078	4959
资源勘探信息等支出	14022	27827	1136	78	2395	3741	3578	4816
商业服务业等支出	4019	4644	1034	874	166	6703	2320	2086
金融支出	0	0	0	0	105	0	129	416
援助其他地区支出	50	3439	0	0	0	1661	1330	1179
自然资源海洋气象等支出	16866	20136	7184	4374	4163	77	970	4081
住房保障支出	3592	9333	17960	19809	4891	18630	41892	13686
粮油物资储备支出	71	2902	855	345	971	0	416	0
灾害防治及应急管理支出	18287	15028	1499	2987	2949	3716	3890	3629
其他支出	111	30720	787	121	5	0	110	412
债务付息支出	19691	21308	10836	9879	7914	3763	6731	5233
债务发行费用支出	105	112	37	92	37	0	0	0

（续表五） 单位：万元

项目 \ 地区	嘉兴市	市本级	海宁市	桐乡市	平湖市	嘉善县	海盐县	南湖区
一、收入合计	5656945	1204332	970200	796500	884488	677939	522800	327968
(一)税收收入小计	5096037	1066264	913873	719542	794582	595020	474008	297323
增值税	1994976	401746	341957	262269	330275	247294	201125	116618
企业所得税	961689	208052	127434	162350	161721	101478	111996	45884
个人所得税	222577	76433	45916	33173	35259	16717	14481	386
资源税	41	0	0	0	0	12	29	0
城市维护建设税	283633	59964	48713	34989	46225	30761	31355	17155
房产税	193371	36913	42709	27383	22325	21207	24328	9319
城镇土地使用税	87452	7676	11897	10118	20305	11934	14923	5541
土地增值税	460556	63116	105598	63423	58307	50491	18236	54426
耕地占用税	215694	18291	23522	46988	32176	25707	19439	31908
契税	545089	167812	144051	59282	70809	74996	28139	0
其他各项税收收入	130959	26261	22076	19567	17180	14423	9957	16086
(二)非税收入小计	560908	138068	56327	76958	89906	82919	48792	30645
专项收入	338794	73426	46018	35078	66511	40966	35093	23174
行政事业性收费收入	108712	33722	26618	17886	7788	11077	5766	1359
罚没收入	120655	22840	19436	18932	16147	19113	11507	5857
国有资本经营收入	-106994	-19500	-45093	-7000	-15000	-8960	-11441	0
国有资源(资产)有偿使用收入	81835	19067	7208	10140	12940	18780	5999	255
其他收入	17906	8513	2140	1922	1520	1943	1868	0
二、支出合计	7668853	1787637	1114158	1007196	1132556	974922	872067	367082
一般公共服务支出	645904	128885	111219	75336	94268	95755	72657	28805
外交支出	0	0	0	0	0	0	0	0
国防支出	6172	1614	1757	918	665	29	1091	42
公共安全支出	439377	82638	59920	67220	66512	72772	43137	26904
教育支出	1310320	195622	234042	209620	195508	182287	142977	72415
科学技术支出	330388	51729	48264	41876	63968	52551	31306	18759
文化旅游体育与传媒支出	135296	34770	22078	19504	15944	21040	13318	5443
社会保障和就业支出	621091	158840	102832	79041	87720	85664	53497	32467
卫生健康支出	408324	62550	60584	74865	60714	56180	59605	15106
节能环保支出	277498	19093	70084	44906	45823	61676	25611	4885
城乡社区支出	2041911	622018	203334	257556	336294	199980	222004	102282
农林水支出	533851	57665	81404	68255	81334	83781	72798	31541
交通运输支出	415201	257354	17729	13857	15081	10203	59401	5136
资源勘探信息等支出	85586	27667	23148	3155	11627	5919	9185	3388
商业服务业等支出	35340	16365	3008	1821	2341	3018	5235	1208
金融支出	2298	1548	566	57	60	0	67	0
援助其他地区支出	12910	4646	2421	2313	2444	0	0	1086
自然资源海洋气象等支出	71825	4041	19137	5548	7206	12254	20388	1015
住房保障支出	103265	23567	13695	15054	16317	7232	20339	4986
粮油物资储备支出	12749	5346	4837	6	0	83	2426	51
灾害防治及应急管理支出	25403	6989	4127	1902	3274	4501	3074	792
其他支出	3798	1737	0	89	2	1343	0	612
债务付息支出	149398	22748	29895	24128	25214	18606	13857	10089
债务发行费用支出	948	205	77	169	240	48	94	70

（续表六） 单位：万元

项目＼地区	秀洲区	湖州市	市本级	长兴县	德清县	安吉县	吴兴区	南浔区
一、收入合计	272718	3160702	475484	658269	656609	535632	455456	379252
（一）税收收入小计	235425	2707162	373240	558677	553505	472588	403095	346057
增值税	93692	1088652	116177	246711	235374	179968	157611	152811
企业所得税	42774	472390	87965	94260	104502	61514	76820	47329
个人所得税	212	222832	29933	38644	53467	61416	22996	16376
资源税	0	20269	1608	7063	3725	3386	4487	0
城市维护建设税	14471	139783	23816	30072	26827	22751	19430	16887
房产税	9187	75920	10820	17624	14487	9010	17489	6490
城镇土地使用税	5058	61545	6754	16859	12903	8517	9068	7444
土地增值税	46959	172423	34100	26075	22928	36545	25148	27627
耕地占用税	17663	86007	377	9048	13638	19295	6966	36683
契税	0	294105	52980	54254	51613	60221	50675	24362
其他各项税收收入	5409	73236	8710	18067	14041	9965	12405	10048
（二）非税收入小计	37293	453540	102244	99592	103104	63044	52361	33195
专项收入	18528	251891	32463	72986	61686	39585	26848	18323
行政事业性收费收入	4496	49995	23508	6140	7302	3930	5328	3787
罚没收入	6823	84327	20152	8934	19438	16066	10086	9651
国有资本经营收入	0	-14017	-14022	5	0	0	0	0
国有资源（资产）有偿使用收入	7446	62222	29895	7843	11215	1895	10099	1275
其他收入	0	19122	10248	3684	3463	1568	0	159
二、支出合计	413235	4668656	1180806	810950	836558	875665	474537	490140
一般公共服务支出	38979	470330	111735	81493	92619	90929	42562	50992
外交支出	0	0	0	0	0	0	0	0
国防支出	56	5351	900	3417	255	0	173	606
公共安全支出	20274	320101	86521	52583	58640	51383	37267	33707
教育支出	77849	768283	149507	155719	136008	149795	87052	90202
科学技术支出	21935	187149	39052	36123	38405	43790	16704	13075
文化旅游体育与传媒支出	3199	85197	26598	11410	20000	9365	9953	7871
社会保障和就业支出	21030	462842	124329	77866	86740	55276	46470	72161
卫生健康支出	18720	414249	107139	54327	61808	86105	45802	59068
节能环保支出	5420	244815	29841	49100	21456	119720	15434	9264
城乡社区支出	98443	488620	85091	89611	71794	124780	75403	41941
农林水支出	57073	412517	63839	92702	89276	76032	40120	50548
交通运输支出	36440	268935	142758	14112	77982	13770	8267	12046
资源勘探信息等支出	1497	145495	81279	14258	26596	847	15498	7017
商业服务业等支出	2344	41229	26522	3042	4236	947	2600	3882
金融支出	0	23807	18564	329	2294	470	1831	319
援助其他地区支出	0	8269	4322	1709	2238	0	0	0
自然资源海洋气象等支出	2236	41644	8393	16586	11443	3379	1481	362
住房保障支出	2075	49660	14948	6098	3379	2665	6096	16474
粮油物资储备支出	0	10120	3500	2282	3892	90	9	347
灾害防治及应急管理支出	744	26800	7395	3738	4856	3256	4349	3206
其他支出	15	20926	17191	0	0	0	2466	1269
债务付息支出	4861	171364	31297	44271	22533	42818	14812	15633
债务发行费用支出	45	953	85	174	108	248	188	150

（续表七） 单位：万元

项目 \ 地区	绍兴市	市本级	柯桥区	上虞区	嵊州市	新昌县	诸暨市	越城区
一、收入合计	5283698	589534	1314074	895152	457590	436635	898144	692569
(一)税收收入小计	4184036	306619	1087971	756681	350430	325051	746813	610471
增值税	1616566	72543	362341	305746	127256	153138	343816	251726
企业所得税	638442	41504	160095	143031	54377	50971	86113	102351
个人所得税	185087	18789	38415	37814	19864	20519	31204	18482
资源税	4334	263	-5	567	927	367	1507	708
城市维护建设税	226164	19192	42423	41435	18975	17271	44425	42443
房产税	266670	12368	104913	31698	17618	16675	46542	36856
城镇土地使用税	128856	4399	24886	21161	17788	13220	30815	16587
土地增值税	476894	10308	218952	23695	32704	19069	44848	127318
耕地占用税	119512	-4782	14428	77724	6561	8827	16754	0
契税	399806	110363	93050	53996	45572	17277	79548	0
其他各项税收收入	121705	21672	28473	19814	8788	7717	21241	14000
(二)非税收入小计	1099662	282915	226103	138471	107160	111584	151331	82098
专项收入	660164	244468	167883	69789	45206	25947	79600	27271
行政事业性收费收入	80340	15724	11684	13230	6908	11144	14865	6785
罚没收入	155250	17195	16829	15582	33668	7991	28079	35906
国有资本经营收入	-28451	-22000	492	-2943	-4000	0	0	0
国有资源(资产)有偿使用收入	217371	24350	25532	41149	23995	65199	26078	11068
其他收入	14988	3178	3683	1664	1383	1303	2709	1068
二、支出合计	6408697	935576	1269886	1044758	759482	643450	1105037	650508
一般公共服务支出	719414	128386	143501	128303	66895	67545	112122	72662
外交支出	0	0	0	0	0	0	0	0
国防支出	7107	2632	790	509	535	735	1333	573
公共安全支出	480204	131404	80758	80995	49538	42895	76767	17847
教育支出	1314831	157009	289990	214921	155320	124256	232118	141217
科学技术支出	468932	103141	69070	61518	55854	53063	92611	33675
文化旅游体育与传媒支出	124010	32355	26382	25435	9943	10840	13599	5456
社会保障和就业支出	821521	120070	150672	117861	81207	61367	183907	106437
卫生健康支出	617303	64585	111656	82133	67933	54275	135463	101258
节能环保支出	163072	13665	53891	26195	19915	16632	24855	7919
城乡社区支出	581508	54100	147382	101044	101975	83241	34730	59036
农林水支出	457441	24397	84040	118919	65523	56350	68390	39822
交通运输支出	140284	30351	22728	21618	25439	13604	21504	5040
资源勘探信息等支出	74735	4906	10148	16763	3288	7397	20253	11980
商业服务业等支出	29946	1406	6459	3686	6665	2594	2487	6649
金融支出	6100	971	0	3623	317	32	1157	0
援助其他地区支出	18099	5937	4621	3134	1150	0	3067	190
自然资源海洋气象等支出	73345	6369	5460	14825	15479	11085	16420	3707
住房保障支出	131369	30869	24610	5172	9202	18365	16029	27122
粮油物资储备支出	9579	1381	3128	1663	2134	239	1034	0
灾害防治及应急管理支出	33497	5264	3849	5998	3980	4836	6820	2750
其他支出	1099	1010	89	0	0	0	0	0
债务付息支出	134952	15318	30618	10366	17075	14072	40335	7168
债务发行费用支出	349	50	44	77	115	27	36	0

（续表八） 单位：万元

项目＼地区	金华市	市本级	兰溪市	永康市	武义县	东阳市	磐安县	义乌市
一、收入合计	4113010	950131	282838	599255	270277	699007	106402	1012240
（一）税收收入小计	3581398	805685	239268	510832	228374	623984	84865	931783
增值税	1335601	282457	122434	222996	104484	255452	45705	237947
企业所得税	484922	105360	29921	56482	33138	90283	12333	138956
个人所得税	202724	39681	12830	24968	10671	62770	5203	43044
资源税	5975	994	1021	0	1155	2286	375	7
城市维护建设税	204064	52136	19102	30573	13192	35247	5664	41273
房产税	171887	41841	11746	24582	9410	14752	1942	54619
城镇土地使用税	111284	25157	12694	17883	8867	8356	1510	31438
土地增值税	470981	127389	8445	70152	19480	73503	5160	151782
耕地占用税	51491	7440	2420	6303	6363	10661	860	11221
契税	417856	95124	12035	39832	15850	46852	4062	185904
其他各项税收收入	124613	28106	6620	17061	5764	23822	2051	35592
（二）非税收入小计	531612	144446	43570	88423	41903	75023	21537	80457
专项收入	203976	45696	16748	26809	19950	38948	5536	36808
行政事业性收费收入	99159	41611	2881	22541	2281	13078	5689	5575
罚没收入	149603	42358	18287	17531	8946	22630	4505	28081
国有资本经营收入	-22607	-8027	-5580	0	0	-2000	0	-6000
国有资源（资产）有偿使用收入	88662	19111	10032	19238	8433	2177	4039	15378
其他收入	12819	3697	1202	2304	2293	190	1768	615
二、支出合计	6644874	1031804	580971	872802	489931	989680	393937	1312069
一般公共服务支出	813833	130936	52685	87534	48420	143948	53840	166932
外交支出	0	0	0	0	0	0	0	0
国防支出	5095	1997	350	701	83	420	28	673
公共安全支出	512528	100364	36063	64150	28430	59756	19617	131664
教育支出	1266907	153408	110409	157519	77962	199298	66950	310039
科学技术支出	247933	42919	16513	41252	23578	36863	4616	59327
文化旅游体育与传媒支出	120464	23990	10325	12010	8488	11941	6558	31456
社会保障和就业支出	802015	144460	101161	69937	60970	118939	34137	136921
卫生健康支出	583358	96953	77782	74544	53094	89903	24184	72473
节能环保支出	151359	17807	8663	35066	21992	16729	4983	16926
城乡社区支出	770192	94088	23782	226533	48357	169694	70575	96935
农林水支出	523033	47303	73650	52921	59374	51470	54747	81427
交通运输支出	200200	22126	19674	14912	18052	20840	26143	42902
资源勘探信息等支出	83594	36479	14403	458	3181	5713	945	17161
商业服务业等支出	96632	13270	3155	1869	3420	2048	452	66028
金融支出	5473	2076	0	129	0	311	0	2957
援助其他地区支出	11447	2938	0	1835	0	1634	0	4259
自然资源海洋气象等支出	88009	8807	18141	7330	10544	5972	5781	15970
住房保障支出	169941	58803	3878	657	8897	23241	4766	26494
粮油物资储备支出	6691	4553	581	36	76	339	769	14
灾害防治及应急管理支出	47368	10507	3628	4583	3126	3753	4790	11474
其他支出	1820	343	470	0	60	36	668	0
债务付息支出	136631	17633	5638	18761	11800	26778	9296	20010
债务发行费用支出	351	44	20	65	27	54	92	27

（续表九） 单位：万元

项目 \ 地区	浦江县	金东区	婺城区	衢州市	市本级	龙游县	常山县	江山市
一、收入合计	192860	0	0	1371245	455600	189283	117850	205409
(一)税收收入小计	156607	0	0	1109965	363606	153605	90457	169248
增值税	64126	0	0	482069	132867	75882	48402	79449
企业所得税	18449	0	0	188838	88121	15784	13244	19177
个人所得税	3557	0	0	36254	12253	4387	2211	4691
资源税	137	0	0	5184	0	885	1656	753
城市维护建设税	6877	0	0	65713	21056	8290	5384	11320
房产税	12995	0	0	26330	6025	4662	947	7756
城镇土地使用税	5379	0	0	27209	3995	6581	752	10059
土地增值税	15070	0	0	68247	18221	9103	3447	10645
耕地占用税	6223	0	0	53574	21443	9045	4583	4269
契税	18197	0	0	125295	50084	15143	7104	15447
其他各项税收收入	5597	0	0	31252	9541	3843	2727	5682
(二)非税收入小计	36253	0	0	261280	91994	35678	27393	36161
专项收入	13481	0	0	86399	26741	10716	7439	18020
行政事业性收费收入	5503	0	0	44850	15410	7289	4533	3280
罚没收入	7265	0	0	54215	19801	3804	7488	7893
国有资本经营收入	-1000	0	0	-4073	-3990	0	0	-83
国有资源(资产)有偿使用收入	10254	0	0	73062	29310	13869	7508	5425
其他收入	750	0	0	6827	4722	0	425	1626
二、支出合计	399472	315497	258711	4490028	868768	682053	556540	676800
一般公共服务支出	49383	50521	29634	544131	132294	77131	61524	63824
外交支出	0	0	0	0	0	0	0	0
国防支出	474	257	112	5500	1776	630	185	1213
公共安全支出	25728	26387	20369	224960	91845	29091	25878	32107
教育支出	83861	46756	60705	560654	87377	88510	69310	94796
科学技术支出	9255	9512	4098	153971	56531	16991	15754	31734
文化旅游体育与传媒支出	7160	4548	3988	95903	26068	11500	9873	10459
社会保障和就业支出	55407	40060	40023	514834	65903	84899	76105	103549
卫生健康支出	52255	26407	15763	339171	31388	52708	54555	60717
节能环保支出	15771	6652	6770	233329	43818	61846	14671	8432
城乡社区支出	9946	24073	6209	607478	88318	96794	75575	111170
农林水支出	33784	40722	27635	481385	42265	80472	69347	82696
交通运输支出	12080	9528	13943	186335	32164	25095	46786	21543
资源勘探信息等支出	1495	2266	1493	117128	72378	12021	2242	5630
商业服务业等支出	861	4539	990	38826	10162	10289	1264	8226
金融支出	0	0	0	1188	476	151	0	541
援助其他地区支出	781	0	0	310	100	0	0	0
自然资源海洋气象等支出	4322	4548	6594	86404	8689	13776	12609	3143
住房保障支出	20761	8801	13643	186432	55662	2827	6502	16841
粮油物资储备支出	15	177	131	11308	1942	1400	1543	2225
灾害防治及应急管理支出	2304	2151	1052	19301	5351	2431	1953	3409
其他支出	0	223	20	527	109	22	15	129
债务付息支出	13825	7358	5532	80562	14118	13432	10791	14334
债务发行费用支出	4	11	7	391	34	37	58	82

（续表十） 单位：万元

项目＼地区	开化县	柯城区	衢江区	舟山市	市本级	岱山县	嵊泗县	定海区
一、收入合计	99475	128394	175234	1548600	670017	176002	78000	330793
（一）税收收入小计	79700	107713	145636	1070574	385825	138450	48452	260004
增值税	28038	40964	76467	394645	143216	51592	22362	92653
企业所得税	13517	18289	20706	158930	71563	18244	7323	42745
个人所得税	4456	3818	4438	57593	30651	4957	1674	12053
资源税	118	0	1772	32618	0	15071	618	12239
城市维护建设税	3486	6592	9585	51995	15510	5080	2523	16805
房产税	2924	2503	1513	36467	11291	3964	1385	13269
城镇土地使用税	2797	943	2082	44514	7844	7837	3744	21871
土地增值税	8669	10274	7888	58039	5859	3603	2298	16190
耕地占用税	5124	3849	5261	104574	41409	16078	122	6737
契税	8541	17499	11477	87008	33338	7882	5254	17885
其他各项税收收入	2030	2982	4447	44191	25144	4142	1149	7557
（二）非税收入小计	19775	20681	29598	478026	284192	37552	29548	70789
专项收入	4793	10821	7869	57123	16292	10228	2905	16033
行政事业性收费收入	4284	4870	5184	10210	5314	1283	1134	1031
罚没收入	10413	1801	3015	148250	105070	18980	2597	4517
国有资本经营收入	0	0	0	1704	1704	0	0	0
国有资源（资产）有偿使用收入	285	3189	13476	243227	141677	6451	21721	48669
其他收入	0	0	54	17512	14135	610	1191	539
二、支出合计	659797	527817	518253	3233611	1275091	508962	302912	484502
一般公共服务支出	55058	61224	93076	438835	255927	44731	37218	42866
外交支出	0	0	0	0	0	0	0	0
国防支出	921	142	633	4055	1928	696	469	430
公共安全支出	21827	13117	11095	162743	67042	22134	14708	28960
教育支出	62740	67525	90396	360395	151979	50686	27702	62986
科学技术支出	11685	8964	12312	74615	37323	10134	3846	11486
文化旅游体育与传媒支出	17466	8240	12297	61946	25019	9472	7691	7328
社会保障和就业支出	74526	49008	60844	273568	107254	59615	19248	27306
卫生健康支出	44408	35486	59909	191166	63911	35671	22696	27698
节能环保支出	59253	38444	6865	53589	26705	4558	6761	3671
城乡社区支出	136615	77648	21358	414315	166751	51250	41335	64206
农林水支出	86461	61168	58976	572039	100808	127104	79046	87253
交通运输支出	20262	10840	29645	299944	168322	54739	15022	28014
资源勘探信息等支出	1740	6845	16272	36244	10676	4107	4840	8784
商业服务业等支出	817	542	7526	10271	1452	488	1777	3103
金融支出	20	0	0	443	120	80	68	50
援助其他地区支出	10	100	100	2194	1206	0	0	324
自然资源海洋气象等支出	33140	4625	10422	39499	23758	3507	3580	3200
住房保障支出	12036	76682	15882	107329	28626	11297	5621	42546
粮油物资储备支出	1384	26	2788	7330	2113	1250	872	2990
灾害防治及应急管理支出	1879	2004	2274	24182	6021	4502	1513	7211
其他支出	0	200	52	11618	542	0	267	2723
债务付息支出	17490	4899	5498	86720	27361	12863	8566	21274
债务发行费用支出	59	88	33	571	247	78	66	93

（续表十一）　　　　单位：万元

项目 \ 地区	普陀区	台州市	市本级	临海市	温岭市	玉环市	三门县	仙居县
一、收入合计	293788	4384983	389700	659900	782700	539248	181700	210900
(一)税收收入小计	237843	3636696	253056	546033	645530	433848	145588	183888
增值税	84822	1597274	77303	231850	296362	236996	71247	81756
企业所得税	19055	544642	62603	83971	79935	48623	20451	25472
个人所得税	8258	181437	15774	28825	37752	16607	5904	11342
资源税	4690	8969	0	1684	949	990	1838	912
城市维护建设税	12077	228805	23114	33237	36415	31333	7901	8730
房产税	6558	191948	17876	32628	29977	24169	12640	5641
城镇土地使用税	3218	120231	9137	26149	18651	15283	4271	4079
土地增值税	30089	232189	12075	27187	32245	15857	5855	14898
耕地占用税	40228	99510	1923	15608	20673	11507	2705	11439
契税	22649	319198	23006	51570	71368	22217	8377	13631
其他各项税收收入	6199	112493	10245	13324	21203	10266	4399	5988
(二)非税收入小计	55945	748287	136644	113867	137170	105400	36112	27012
专项收入	11665	255213	17681	31200	71519	39045	10188	11451
行政事业性收费收入	1448	127243	19651	21099	8683	3580	14844	11635
罚没收入	17086	236200	56230	15196	44913	61303	7677	4808
国有资本经营收入	0	-24512	-2500	0	-6000	-4000	-220	-2065
国有资源(资产)有偿使用收入	24709	138341	43730	43568	13520	5472	2951	1072
其他收入	1037	15802	1852	2804	4535	0	672	111
二、支出合计	662144	7703304	1213085	1082989	1285553	802082	536420	573319
一般公共服务支出	58093	858023	130664	110723	119998	109825	70394	64274
外交支出	0	0	0	0	0	0	0	0
国防支出	532	6330	1580	995	108	269	503	247
公共安全支出	29899	516284	93986	63443	87174	56927	27225	27651
教育支出	67042	1473112	189778	220741	249540	130446	96195	99653
科学技术支出	11826	287879	136909	25711	22124	33967	11068	4048
文化旅游体育与传媒支出	12436	118798	16426	11079	14790	12529	9132	7748
社会保障和就业支出	60145	949443	40504	155912	192833	68967	50695	82735
卫生健康支出	41190	605866	63060	100876	91322	59012	41581	59075
节能环保支出	11894	304181	28148	99164	22581	11899	23891	26891
城乡社区支出	90773	749245	81941	62974	150316	197550	61926	70246
农林水支出	177828	714661	44209	119237	182238	45979	57552	64689
交通运输支出	33847	322703	130972	18212	51312	14657	31946	13063
资源勘探信息等支出	7837	117467	59743	8497	11427	8946	6196	6245
商业服务业等支出	3451	31255	11355	1980	8815	1896	642	672
金融支出	125	84457	81576	121	708	246	165	21
援助其他地区支出	664	15786	2007	1796	3093	4169	10	0
自然资源海洋气象等支出	5454	119797	31113	14634	20819	5380	15281	5007
住房保障支出	19239	115588	19863	21314	5300	12355	7773	12676
粮油物资储备支出	105	4313	48	1208	471	57	2141	13
灾害防治及应急管理支出	4935	105001	23462	16373	15182	8866	3667	10853
其他支出	8086	2854	195	190	303	1197	157	49
债务付息支出	16656	199429	25401	27758	35000	16861	18109	17363
债务发行费用支出	87	832	145	51	99	82	171	100

（续表十二） 单位：万元

项目 \ 地区	天台县	椒江区	黄岩区	路桥区	丽水市	市本级	缙云县	景宁县
一、收入合计	223312	496123	430800	470600	1398293	373338	166468	69756
(一)税收收入小计	185510	450145	377008	416090	1098091	280954	132646	58543
增值税	78638	193510	176602	153010	480568	84334	61676	35081
企业所得税	32784	63490	43363	83950	159934	46530	13739	4475
个人所得税	8460	21870	16778	18125	58787	11381	5550	6872
资源税	1089	0	501	1006	6209	1	283	51
城市维护建设税	9315	29395	25806	23559	61382	21184	6978	3446
房产税	6593	17881	22032	22511	25552	4596	3737	1172
城镇土地使用税	3006	10987	15260	13408	20389	5041	3182	787
土地增值税	17089	47108	21135	38740	75893	26869	12830	2805
耕地占用税	7138	6929	6054	15534	50183	14516	8836	52
契税	16029	41857	39933	31210	131710	60325	11999	1929
其他各项税收收入	5369	17118	9544	15037	27484	6177	3836	1873
(二)非税收入小计	37802	45978	53792	54510	300202	92384	33822	11213
专项收入	10831	20369	23276	19653	110585	39736	12756	4237
行政事业性收费收入	9242	6779	6992	24738	36301	12891	3764	1840
罚没收入	9897	18893	8195	9088	72835	10669	12965	1038
国有资本经营收入	-200	-4059	-2668	-2800	-342	0	170	0
国有资源(资产)有偿使用收入	6873	2383	16367	2405	67667	24397	2886	2283
其他收入	1159	1613	1630	1426	13156	4691	1281	1815
二、支出合计	610573	504984	660482	433817	5264959	765325	629736	475397
一般公共服务支出	63177	69865	64948	54155	560476	92180	52062	56308
外交支出	0	0	0	0	0	0	0	0
国防支出	643	543	1161	281	5651	60	132	449
公共安全支出	36546	49583	36133	37616	262092	51553	30206	15770
教育支出	138164	100394	153933	94268	766949	105314	118221	50515
科学技术支出	8657	16267	22466	6662	114303	27815	15191	5181
文化旅游体育与传媒支出	15487	9116	10956	11535	102396	18229	15384	8308
社会保障和就业支出	64416	88730	151512	53139	595007	42039	106832	46735
卫生健康支出	66478	41645	36183	46634	474127	30022	54803	34452
节能环保支出	39822	3391	24943	23451	121946	19984	6674	15899
城乡社区支出	43229	18396	34578	28089	984991	173104	86738	123148
农林水支出	60836	38047	61355	40519	641423	22548	78557	66621
交通运输支出	22514	6903	24157	8967	263757	114562	19549	17771
资源勘探信息等支出	6240	4306	4205	1662	42225	9097	3840	8114
商业服务业等支出	806	2716	1306	1067	12672	1730	2528	648
金融支出	144	712	66	698	2263	660	180	87
援助其他地区支出	0	1717	1515	1479	430	0	0	0
自然资源海洋气象等支出	13138	6048	3583	4794	65175	5854	11873	3210
住房保障支出	12360	22433	829	685	108395	31772	8727	8932
粮油物资储备支出	37	338	0	0	10634	1991	190	389
灾害防治及应急管理支出	6520	4215	12325	3538	25207	2648	4561	1338
其他支出	0	106	457	200	2555	611	684	622
债务付息支出	11277	19475	13836	14349	101574	13441	12745	10808
债务发行费用支出	82	38	35	29	711	111	59	92

（续表十三） 单位：万元

项目 \ 地区	莲都区	龙泉市	青田县	庆元县	松阳县	遂昌县	云和县
一、收入合计	172940	97922	210229	54810	78910	109590	64330
（一）税收收入小计	131159	78892	161798	45800	64620	90678	53001
增值税	71116	31305	81193	16723	25422	42119	31599
企业所得税	18839	10241	27857	5896	11386	17418	3553
个人所得税	7312	4070	6995	2000	4561	8189	1857
资源税	400	688	2363	79	546	1724	74
城市维护建设税	5145	4809	7524	1877	2779	4010	3630
房产税	2906	3173	4393	920	1726	1555	1374
城镇土地使用税	1354	2483	2114	376	1360	1704	1988
土地增值税	1889	6047	12099	3139	2963	4301	2951
耕地占用税	3262	3006	1841	10072	6921	323	1354
契税	14958	10580	12560	3489	5111	7484	3275
其他各项税收收入	3978	2490	2859	1229	1845	1851	1346
（二）非税收入小计	41781	19030	48431	9010	14290	18912	11329
专项收入	18135	4982	11838	3125	4205	6151	5420
行政事业性收费收入	2112	1278	7604	1491	2287	2941	93
罚没收入	13785	4002	16579	2229	4337	4455	2776
国有资本经营收入	0	-225	0	-155	0	-132	0
国有资源（资产）有偿使用收入	7749	8003	11061	1707	2543	4588	2450
其他收入	0	990	1349	613	918	909	590
二、支出合计	515996	573075	662987	372528	463008	502916	303991
一般公共服务支出	50357	49595	80867	47841	46726	50904	33636
外交支出	0	0	0	0	0	0	0
国防支出	766	939	811	543	573	649	729
公共安全支出	28798	22096	31168	25515	20592	20993	15401
教育支出	72834	69515	101332	71463	64390	73041	40324
科学技术支出	10360	10399	22379	8023	5846	5933	3176
文化旅游体育与传媒支出	10066	11917	11323	7403	6584	8229	4953
社会保障和就业支出	80780	71907	67543	31785	66453	48050	32883
卫生健康支出	65566	66992	81231	30359	41698	42362	26642
节能环保支出	10309	9893	7926	11229	11947	16213	11872
城乡社区支出	73121	147886	110197	44616	83460	94486	48235
农林水支出	60858	78037	70631	53143	80773	88095	42160
交通运输支出	18238	6064	30181	17658	8071	19617	12046
资源勘探信息等支出	4116	1772	3252	670	2577	668	8119
商业服务业等支出	537	2371	1993	793	677	615	780
金融支出	30	374	492	0	5	289	146
援助其他地区支出	0	0	349	0	81	0	0
自然资源海洋气象等支出	5660	5083	13122	3369	4887	5900	6217
住房保障支出	11184	1190	15178	6976	5998	10435	8003
粮油物资储备支出	558	1353	850	173	910	3961	259
灾害防治及应急管理支出	3728	1555	3531	1920	1222	3276	1428
其他支出	190	0	94	209	0	121	24
债务付息支出	7890	14056	8438	8781	9496	9009	6910
债务发行费用支出	50	81	99	59	42	70	48

2019年浙江省各市县财政总收入

单位：万元

地　区	财政总收入	地　区	财政总收入	地　区	财政总收入
杭州小计	**36500413**	桐乡市	1109769	常山县	189447
杭州市	35006136	海盐县	915619	开化县	154501
桐庐县	580877	**湖州小计**	**5405508**	**舟山小计**	**2305907**
建德市	541180	湖州市	2230185	舟山市	1929638
淳安县	372220	德清县	1130635	岱山县	262405
宁波小计	**27849497**	安吉县	900900	嵊泗县	113864
宁波市	22427474	长兴县	1143788	**台州小计**	**7298348**
慈溪市	1824845	**绍兴小计**	**8253592**	台州市	3035298
余姚市	1781338	绍兴市	5439330	温岭市	1266938
宁海县	1047072	诸暨市	1420293	临海市	1111390
象山县	768768	嵊州市	696663	玉环市	874163
温州小计	**9368679**	新昌县	697306	三门县	292538
温州市	4262495	**金华小计**	**6615030**	天台县	369951
乐清市	1670157	金华市	1574884	仙居县	348070
瑞安市	1251952	兰溪市	476964	**丽水小计**	**2281258**
永嘉县	622026	东阳市	1184441	丽水市	871423
平阳县	574847	义乌市	1524402	龙泉市	150707
苍南县	676647	永康市	945318	青田县	343720
文成县	138375	浦江县	290048	云和县	104053
泰顺县	172180	武义县	440550	庆元县	83391
嘉兴小计	**9454040**	磐安县	178423	缙云县	259918
嘉兴市	3061084	**衢州小计**	**2233577**	遂昌县	190216
海宁市	1573631	衢州市	1272164	松阳县	128331
平湖市	1441370	江山市	321969	景宁县	149499
桐乡市	1352567	龙游县	295496		

2019年浙江省乡镇(含比照乡镇财政体制管理的街道)一般公共预算收入排序表

单位:万元

排序	所属地区	县(市、区)	乡镇(街道)	一般公共预算收入	排序	所属地区	县(市、区)	乡镇(街道)	一般公共预算收入
1	杭州市	余杭区	良渚街道	214163.00	32	金华市	义乌市	稠城街道	84464.00
2	绍兴市	柯桥区	马鞍街道	202046.00	33	温州市	苍南县	灵溪镇	84025.16
3	金华市	东阳市	横店镇	193796.00	34	杭州市	余杭区	余杭街道	83103.00
4	温州市	乐清市	柳市镇	193511.00	35	舟山市	普陀区	六横镇	82312.00
5	金华市	义乌市	稠江街道	176946.00	36	温州市	苍南县	龙港镇	81524.23
6	嘉兴市	平湖市	钟埭街道	170266.00	37	嘉兴市	海盐县	西塘桥街道	80774.00
7	杭州市	余杭区	仓前街道	168211.00	38	杭州市	余杭区	闲林街道	79948.00
8	杭州市	余杭区	五常街道	166511.00	39	湖州市	吴兴区	织里镇	78528.00
9	嘉兴市	平湖市	乍浦镇	162330.00	40	绍兴市	诸暨市	店口镇	78259.00
10	湖州市	安吉县	递铺街道	159602.00	41	嘉兴市	南湖区	大桥镇	74681.00
11	宁波市	江北区	慈城镇	154425.00	42	绍兴市	柯桥区	齐贤街道	74202.00
12	温州市	平阳县	鳌江镇	139614.70	43	温州市	乐清市	城南街道	72553.00
13	宁波市	鄞州区	姜山镇	133427.00	44	嘉兴市	海宁市	长安镇	71759.00
14	绍兴市	诸暨市	暨阳街道	130607.00	45	嘉兴市	平湖市	独山港镇	70437.00
15	嘉兴市	嘉善县	惠民街道	125187.00	46	杭州市	富阳区	富春街道	69766.00
16	宁波市	慈溪市	观海卫镇	124357.00	47	湖州市	南浔区	南浔镇	69580.00
17	温州市	乐清市	北白象镇	120621.00	48	金华市	义乌市	江东街道	68560.00
18	湖州市	吴兴区	八里店镇	119765.00	49	绍兴市	诸暨市	陶朱街道	67010.00
19	嘉兴市	桐乡市	高桥街道	112382.00	50	湖州市	吴兴区	埭溪镇	65006.00
20	杭州市	西湖区	三墩镇	112227.00	51	温州市	平阳县	万全镇	64166.00
21	宁波市	慈溪市	周巷镇	101746.00	52	温州市	乐清市	乐成街道	63884.00
22	嘉兴市	海盐县	武原街道	100787.00	53	绍兴市	上虞区	道墟街道	60510.00
23	杭州市	萧山区	瓜沥镇	100012.47	54	绍兴市	诸暨市	大唐街道	60497.00
24	绍兴市	上虞区	百官街道	97302.00	55	杭州市	富阳区	东洲街道	60121.00
25	宁波市	海曙区	高桥镇	96854.00	56	湖州市	长兴县	煤山镇	60046.59
26	台州市	临海市	杜桥镇	96766.00	57	绍兴市	嵊州市	浦口街道	60007.00
27	金华市	义乌市	北苑街道	96000.00	58	嘉兴市	桐乡市	洲泉镇	59687.00
28	湖州市	长兴县	太湖街道	94028.21	59	杭州市	富阳区	银湖街道	59478.00
29	宁波市	鄞州区	邱隘镇	88063.00	60	绍兴市	柯桥区	钱清街道	59105.00
30	温州市	瑞安市	塘下镇	87133.00	61	宁波市	海曙区	集士港镇	58921.00
31	嘉兴市	海宁市	海昌街道	85308.00	62	杭州市	萧山区	衙前镇	58621.35

（续表一）　　　　单位：万元

排序	所属地区	县（市、区）	乡镇（街道）	一般公共预算收入	排序	所属地区	县（市、区）	乡镇（街道）	一般公共预算收入
63	金华市	永康市	西城街道	57852.00	94	绍兴市	诸暨市	浣东街道	44917.00
64	杭州市	余杭区	崇贤街道	57649.00	95	绍兴市	柯桥区	杨汛桥街道	44874.00
65	宁波市	慈溪市	龙山镇	57334.00	96	宁波市	鄞州区	云龙镇	44515.00
66	宁波市	宁海县	西店镇	56824.00	97	台州市	临海市	上盘镇	44383.30
67	丽水市	青田县	鹤城街道	56015.00	98	丽水市	青田县	温溪镇	44300.00
68	宁波市	余姚市	泗门镇	55563.61	99	台州市	温岭市	大溪镇	44297.00
69	嘉兴市	嘉善县	姚庄镇	55341.00	100	金华市	永康市	东城街道	44029.00
70	金华市	武义县	熟溪街道	55329.00	101	绍兴市	柯桥区	福全街道	43693.00
71	宁波市	慈溪市	横河镇	54435.00	102	杭州市	余杭区	乔司街道	43185.00
72	嘉兴市	桐乡市	梧桐街道	54000.00	103	杭州市	余杭区	仁和街道	43016.00
73	金华市	武义县	白洋街道	53891.00	104	台州市	玉环市	楚门镇	42991.57
74	杭州市	西湖区	双浦镇	52838.00	105	杭州市	富阳区	春江街道	42853.00
75	宁波市	海曙区	古林镇	51699.00	106	嘉兴市	海宁市	袁花镇	42685.00
76	台州市	路桥区	金清镇	51659.00	107	杭州市	富阳区	新登镇	42340.00
77	杭州市	萧山区	义桥镇	51346.33	108	嘉兴市	海宁市	马桥街道	42125.00
78	舟山市	普陀区	东港街道	51315.00	109	嘉兴市	平湖市	当湖街道	41718.00
79	嘉兴市	海宁市	黄湾镇	51126.00	110	嘉兴市	嘉善县	魏塘街道	41709.00
80	宁波市	象山县	西周镇	50390.73	111	金华市	义乌市	佛堂镇	41062.00
81	宁波市	奉化市	溪口镇	50081.00	112	温州市	平阳县	水头镇	39596.59
82	绍兴市	柯桥区	安昌街道	50059.00	113	嘉兴市	桐乡市	乌镇镇	38925.00
83	湖州市	长兴县	李家巷镇	49111.20	114	金华市	永康市	江南街道	38436.00
84	绍兴市	上虞区	沥海街道	48537.00	115	温州市	乐清市	城东街道	38310.00
85	台州市	温岭市	泽国镇	48153.00	116	宁波市	宁海县	黄坛镇	38088.00
86	宁波市	鄞州区	五乡镇	47739.00	117	湖州市	德清县	钟管镇	37813.00
87	湖州市	德清县	新市镇	47000.00	118	湖州市	吴兴区	环渚街道	35405.00
88	衢州市	江山市	虎山街道	46688.00	119	丽水市	缙云县	五云街道	35207.00
89	杭州市	余杭区	瓶窑镇	46103.00	120	金华市	义乌市	苏溪镇	35056.00
90	温州市	乐清市	虹桥镇	45776.00	121	杭州市	余杭区	塘栖镇	34833.00
91	湖州市	长兴县	画溪街道	45561.22	122	嘉兴市	海宁市	许村镇	34813.00
92	嘉兴市	南湖区	七星街道	45225.00	123	嘉兴市	嘉善县	西塘镇	34596.00
93	金华市	武义县	壶山街道	44939.00	124	嘉兴市	桐乡市	濮院镇	34380.00

（续表二） 单位：万元

排序	所属地区	县（市、区）	乡镇（街道）	一般公共预算收入	排序	所属地区	县（市、区）	乡镇（街道）	一般公共预算收入
125	舟山市	岱山县	衢山镇	34319.00	156	衢州市	江山市	双塔街道	27769.00
126	湖州市	德清县	雷甸镇	34271.00	157	台州市	玉环市	芦浦镇	27613.00
127	嘉兴市	平湖市	新埭镇	33782.00	158	湖州市	德清县	武康街道	27536.00
128	绍兴市	嵊州市	三江街道	33680.00	159	绍兴市	柯桥区	平水镇	27347.00
129	金华市	义乌市	福田街道	33578.00	160	绍兴市	嵊州市	甘霖镇	27180.00
130	宁波市	慈溪市	庵东镇	33448.00	161	嘉兴市	海盐县	百步镇	26964.00
131	宁波市	余姚市	马渚镇	33358.79	162	宁波市	海曙区	横街镇	26759.00
132	绍兴市	嵊州市	剡湖街道	32937.00	163	金华市	永康市	城西新区	26742.00
133	宁波市	象山县	石浦镇	32874.04	164	金华市	永康市	古山镇	26675.00
134	湖州市	安吉县	昌硕街道	32427.00	165	湖州市	吴兴区	湖东街道	26644.00
135	湖州市	德清县	乾元镇	32164.00	166	嘉兴市	嘉善县	大云镇	26505.00
136	嘉兴市	平湖市	曹桥街道	32124.00	167	衢州市	江山市	贺村镇	26429.00
137	绍兴市	诸暨市	枫桥镇	32015.00	168	台州市	玉环市	沙门镇	26266.00
138	嘉兴市	桐乡市	崇福镇	31615.00	169	杭州市	萧山区	党湾镇	25937.72
139	嘉兴市	秀洲区	王江泾镇	31597.00	170	宁波市	镇海区	九龙湖镇	25907.22
140	绍兴市	上虞区	小越街道	31522.00	171	嘉兴市	嘉善县	天凝镇	25854.00
141	宁波市	慈溪市	长河镇	31160.00	172	金华市	义乌市	城西街道	25635.00
142	湖州市	南浔区	双林镇	31099.00	173	嘉兴市	平湖市	新仓镇	25561.00
143	温州市	瓯海区	娄桥街道	31048.00	174	金华市	义乌市	后宅街道	25557.00
144	湖州市	南浔区	练市镇	31017.00	175	宁波市	余姚市	丈亭镇	25299.09
145	湖州市	长兴县	和平镇	30848.83	176	温州市	平阳县	萧江镇	24956.00
146	绍兴市	上虞区	崧厦街道	30728.00	177	嘉兴市	海盐县	望海街道	24698.00
147	金华市	义乌市	廿三里街道	29684.00	178	绍兴市	柯桥区	兰亭街道	24430.00
148	杭州市	萧山区	临浦镇	29541.08	179	宁波市	镇海区	蟹浦镇	24270.13
149	宁波市	鄞州区	东吴镇	29323.00	180	宁波市	余姚市	陆埠镇	24122.65
150	台州市	玉环市	清港镇	29178.00	181	金华市	东阳市	南马镇	24107.00
151	杭州市	建德市	新安江街道	29043.00	182	嘉兴市	南湖区	余新镇	23442.00
152	宁波市	慈溪市	逍林镇	28627.00	183	宁波市	海曙区	洞桥镇	23345.00
153	嘉兴市	嘉善县	罗星街道	28498.00	184	温州市	瓯海区	梧田街道	23219.00
154	金华市	兰溪市	灵洞乡	28318.00	185	宁波市	慈溪市	崇寿镇	23079.00
155	杭州市	余杭区	中泰街道	27915.00	186	宁波市	余姚市	临山镇	22947.62

（续表三）　　单位：万元

排序	所属地区	县（市、区）	乡镇（街道）	一般公共预算收入	排序	所属地区	县（市、区）	乡镇（街道）	一般公共预算收入
187	宁波市	慈溪市	掌起镇	22867.00	218	杭州市	桐庐县	桐君街道	18282.00
188	台州市	温岭市	松门镇	22396.00	219	台州市	路桥区	蓬街镇	18253.00
189	台州市	路桥区	新桥镇	22336.00	220	绍兴市	诸暨市	次坞镇	18219.00
190	杭州市	萧山区	益农镇	22190.14	221	台州市	温岭市	温峤镇	18187.00
191	金华市	东阳市	巍山镇	22057.00	222	绍兴市	诸暨市	牌头镇	18141.00
192	金华市	永康市	芝英镇	21912.00	223	宁波市	余姚市	河姆渡镇	18122.28
193	金华市	兰溪市	云山街道	21798.00	224	台州市	温岭市	新河镇	17870.00
194	台州市	黄岩区	院桥镇	21364.00	225	嘉兴市	嘉善县	干窑镇	17855.00
195	湖州市	南浔区	菱湖镇	21335.00	226	湖州市	长兴县	夹浦镇	17675.27
196	台州市	温岭市	箬横镇	21295.00	227	杭州市	富阳区	胥口镇	17546.00
197	湖州市	长兴县	龙山街道	21233.81	228	舟山市	普陀区	沈家门街道	17505.00
198	嘉兴市	海宁市	盐官镇	21190.00	229	嘉兴市	海宁市	丁桥镇	17486.00
199	台州市	路桥区	横街镇	21190.00	230	嘉兴市	海宁市	斜桥镇	17405.00
200	金华市	兰溪市	兰江街道	20866.00	231	衢州市	开化县	华埠镇	17387.00
201	宁波市	鄞州区	横溪镇	20844.00	232	宁波市	鄞州区	咸祥镇	17313.00
202	台州市	三门县	海游街道	20699.00	233	湖州市	安吉县	灵峰街道	17273.00
203	湖州市	德清县	洛舍镇	20469.00	234	金华市	永康市	龙山镇	17027.00
204	丽水市	缙云县	壶镇镇	20341.00	235	杭州市	富阳区	环山乡	16965.00
205	金华市	东阳市	歌山镇	20308.00	236	温州市	瓯海区	郭溪街道	16887.00
206	杭州市	富阳区	鹿山街道	20221.00	237	台州市	温岭市	滨海镇	16772.00
207	嘉兴市	秀洲区	王店镇	19684.00	238	杭州市	富阳区	场口镇	16687.00
208	湖州市	南浔区	和孚镇	19666.00	239	杭州市	富阳区	灵桥镇	16314.00
209	绍兴市	上虞区	章镇镇	19545.00	240	绍兴市	诸暨市	山下湖镇	16166.00
210	嘉兴市	海盐县	秦山街道	19510.00	241	宁波市	慈溪市	附海镇	16096.00
211	金华市	武义县	桐琴镇	19475.00	242	绍兴市	上虞区	东关街道	16091.00
212	宁波市	余姚市	小曹娥镇	19144.99	243	湖州市	南浔区	旧馆镇	15791.00
213	湖州市	长兴县	泗安镇	18967.28	244	金华市	武义县	泉溪镇	15784.00
214	杭州市	萧山区	所前镇	18760.33	245	杭州市	萧山区	浦阳镇	15741.50
215	宁波市	余姚市	黄家埠镇	18442.38	246	金华市	义乌市	义亭镇	15717.00
216	台州市	天台县	平桥镇	18347.00	247	湖州市	长兴县	洪桥镇	15651.94
217	台州市	临海市	汛桥镇	18317.30	248	衢州市	龙游县	湖镇镇	15568.00

（续表四） 单位：万元

排序	所属地区	县(市、区)	乡镇(街道)	一般公共预算收入	排序	所属地区	县(市、区)	乡镇(街道)	一般公共预算收入
249	金华市	义乌市	上溪镇	15548.00	280	湖州市	安吉县	省际承接产业转移示范区安吉分区	13465.00
250	湖州市	德清县	禹越镇	15355.00	281	嘉兴市	海盐县	于城镇	13383.00
251	宁波市	慈溪市	新浦镇	15352.00	282	杭州市	萧山区	河上镇	13287.43
252	台州市	温岭市	石塘镇	15308.00	283	金华市	磐安县	新渥街道	13250.00
253	宁波市	鄞州区	瞻岐镇	15203.00	284	绍兴市	诸暨市	应店街镇	13230.00
254	舟山市	岱山县	高亭镇	15190.00	285	嘉兴市	海宁市	周王庙镇	13218.00
255	嘉兴市	南湖区	新丰镇	15154.00	286	温州市	鹿城区	藤桥镇	13217.00
256	嘉兴市	桐乡市	石门镇	15145.00	287	衢州市	柯城区	航埠镇	13104.00
257	嘉兴市	海宁市	海洲街道	15099.00	288	台州市	玉环市	龙溪镇	13101.40
258	宁波市	余姚市	牟山镇	15092.83	289	温州市	乐清市	翁垟街道	13057.00
259	金华市	永康市	象珠镇	15022.00	290	宁波市	鄞州区	塘溪镇	12998.00
260	宁波市	余姚市	三七市镇	14967.02	291	湖州市	安吉县	梅溪镇	12937.00
261	台州市	临海市	东塍镇	14911.10	292	杭州市	桐庐县	城南街道	12843.00
262	湖州市	德清县	新安镇	14888.00	293	丽水市	青田县	油竹街道	12775.00
263	嘉兴市	秀城区	凤桥镇	14865.00	294	湖州市	长兴县	小浦镇	12721.20
264	杭州市	富阳区	渌渚镇	14648.00	295	温州市	乐清市	南岳镇	12674.00
265	嘉兴市	海盐县	沈荡镇	14586.00	296	宁波市	慈溪市	匡堰镇	12652.00
266	杭州市	富阳区	大源镇	14470.00	297	宁波市	海曙区	鄞江镇	12634.00
267	宁波市	慈溪市	胜山镇	14432.00	298	宁波市	奉化市	松岙镇	12627.00
268	湖州市	安吉县	天子湖镇	14424.00	299	丽水市	缙云县	新碧街道	12549.00
269	衢州市	常山县	辉埠镇	14334.00	300	湖州市	吴兴区	东林镇	12448.00
270	温州市	瓯海区	新桥街道	14182.00	301	嘉兴市	嘉善县	陶庄镇	12405.00
271	温州市	永嘉县	桥下镇	13814.00	302	绍兴市	上虞区	梁湖街道	12238.00
272	湖州市	安吉县	天荒坪镇	13780.00	303	温州市	瓯海区	潘桥街道	12071.00
273	湖州市	长兴县	雉城街道	13765.19	304	金华市	义乌市	赤岸镇	11869.00
274	绍兴市	诸暨市	姚江镇	13642.00	305	绍兴市	嵊州市	三界镇	11809.00
275	金华市	义乌市	大陈镇	13582.00	306	舟山市	定海区	金塘镇	11743.00
276	台州市	临海市	沿江镇	13534.50	307	温州市	瑞安市	马屿镇	11657.00
277	宁波市	慈溪市	桥头镇	13517.00	308	嘉兴市	桐乡市	凤鸣街道	11618.00
278	丽水市	龙泉市	剑池街道	13478.00	309	金华市	东阳市	湖溪镇	11618.00
279	嘉兴市	海盐县	通元镇	13466.00	310	温州市	瓯海区	瞿溪街道	11573.00

（续表五） 单位：万元

排序	所属地区	县(市、区)	乡镇(街道)	一般公共预算收入	排序	所属地区	县(市、区)	乡镇(街道)	一般公共预算收入
311	湖州市	安吉县	孝丰镇	11489.00	342	湖州市	德清县	下渚湖街道	10176.00
312	杭州市	余杭区	径山镇	11479.00	343	温州市	瓯海区	仙岩街道	10173.00
313	金华市	浦江县	浦阳街道	11422.00	344	绍兴市	诸暨市	璜山镇	10170.00
314	绍兴市	嵊州市	黄泽镇	11400.00	345	舟山市	定海区	盐仓街道	10030.00
315	杭州市	建德市	梅城镇	11251.00	346	金华市	永康市	花街镇	9908.00
316	杭州市	富阳区	新桐乡	11228.00	347	湖州市	长兴县	林城镇	9888.88
317	丽水市	龙泉市	龙渊街道	11177.00	348	衢州市	江山市	上余镇	9868.00
318	杭州市	余杭区	运河街道	11166.00	349	杭州市	淳安县	千岛湖镇	9826.00
319	金华市	浦江县	黄宅镇	11009.00	350	绍兴市	嵊州市	鹿山街道	9739.00
320	嘉兴市	平湖市	林埭镇	10976.00	351	舟山市	岱山县	东沙镇	9730.00
321	绍兴市	上虞区	丰惠镇	10970.00	352	绍兴市	诸暨市	安华镇	9592.00
322	金华市	永康市	石柱镇	10957.00	353	台州市	温岭市	城南镇	9585.00
323	金华市	磐安县	安文街道	10951.00	354	宁波市	象山县	大徐镇	9551.22
324	温州市	永嘉县	桥头镇	10900.00	355	杭州市	桐庐县	横村镇	9539.00
325	嘉兴市	海盐县	澉浦镇	10882.00	356	温州市	瓯海区	南白象街道	9495.00
326	湖州市	安吉县	溪龙乡	10797.00	357	舟山市	定海区	岑港街道	9484.00
327	绍兴市	柯桥区	夏履镇	10743.00	358	杭州市	萧山区	戴村镇	9455.87
328	宁波市	象山县	东陈乡	10715.47	359	丽水市	松阳县	西屏街道	9412.00
329	嘉兴市	桐乡市	屠甸镇	10678.00	360	宁波市	奉化市	裘村镇	9387.00
330	温州市	泰顺县	司前畲族镇	10637.00	361	杭州市	建德市	洋溪街道	9351.00
331	杭州市	建德市	寿昌镇	10571.00	362	绍兴市	柯桥区	漓渚镇	9342.00
332	杭州市	临安区	板桥镇	10483.08	363	绍兴市	诸暨市	暨南街道	9283.00
333	杭州市	萧山区	进化镇	10457.77	364	绍兴市	上虞区	盖北镇	9214.00
334	金华市	兰溪市	永昌街道	10429.00	365	湖州市	长兴县	虹星桥镇	9146.39
335	衢州市	江山市	清湖街道	10366.00	366	丽水市	遂昌县	妙高街道	9105.00
336	嘉兴市	平湖市	广陈镇	10351.00	367	嘉兴市	秀洲区	洪合镇	9087.00
337	舟山市	定海区	环南街道	10330.00	368	杭州市	建德市	下涯镇	9021.00
338	金华市	兰溪市	诸葛镇	10324.00	369	湖州市	吴兴区	妙西镇	8975.00
339	金华市	磐安县	尖山镇	10295.00	370	舟山市	岱山县	秀山乡	8864.00
340	嘉兴市	桐乡市	河山镇	10240.00	371	杭州市	桐庐县	分水镇	8862.00
341	宁波市	余姚市	梁弄镇	10191.38	372	湖州市	安吉县	上墅乡	8857.00

（续表六） 单位：万元

排序	所属地区	县（市、区）	乡镇（街道）	一般公共预算收入	排序	所属地区	县（市、区）	乡镇（街道）	一般公共预算收入
373	温州市	苍南县	金乡镇	8779.88	404	湖州市	吴兴区	道场乡	7357.00
374	绍兴市	上虞区	谢塘镇	8773.00	405	温州市	乐清市	天成街道	7303.00
375	温州市	瓯海区	景山街道	8717.00	406	湖州市	长兴县	水口乡	7281.90
376	温州市	瑞安市	陶山镇	8577.00	407	衢州市	开化县	芹阳办事处	7262.00
377	台州市	临海市	涌泉镇	8569.00	408	台州市	三门县	珠岙镇	7251.00
378	舟山市	普陀区	虾峙镇	8546.00	409	杭州市	富阳区	里山镇	7206.00
379	台州市	玉环市	干江镇	8495.00	410	宁波市	余姚市	大隐镇	7114.24
380	杭州市	桐庐县	江南镇	8480.00	411	金华市	东阳市	马宅镇	6890.00
381	绍兴市	上虞区	上浦镇	8425.00	412	温州市	乐清市	石帆街道	6865.00
382	舟山市	岱山县	岱西镇	8356.00	413	舟山市	普陀区	展茅街道	6857.00
383	台州市	三门县	浦坝港镇	8355.00	414	金华市	兰溪市	游埠镇	6855.00
384	湖州市	德清县	舞阳街道	8313.00	415	杭州市	建德市	大同镇	6813.00
385	温州市	泰顺县	罗阳镇	8294.00	416	杭州市	建德市	李家镇	6795.00
386	嘉兴市	秀洲区	油车港镇	8217.00	417	宁波市	象山县	黄避岙乡	6790.47
387	温州市	平阳县	海西镇	8157.00	418	金华市	兰溪市	上华街道	6760.00
388	绍兴市	新昌县	儒岙镇	8120.00	419	湖州市	南浔区	善琏镇	6751.00
389	杭州市	桐庐县	富春江镇	8044.00	420	宁波市	宁海县	长街镇	6721.00
390	杭州市	临安区	太湖源镇	8027.97	421	温州市	乐清市	蒲岐镇	6714.00
391	绍兴市	嵊州市	崇仁镇	7839.00	422	温州市	泰顺县	西旸镇	6696.00
392	温州市	苍南县	钱库镇	7830.72	423	温州市	瓯海区	泽雅镇	6676.00
393	温州市	平阳县	腾蛟镇	7800.00	424	宁波市	宁海县	深甽镇	6651.00
394	金华市	东阳市	画水镇	7736.00	425	舟山市	嵊泗县	菜园镇	6613.00
395	丽水市	莲都区	碧湖镇	7730.00	426	嘉兴市	海宁市	硖石街道	6608.00
396	舟山市	定海区	白泉镇	7725.00	427	温州市	乐清市	清江镇	6452.00
397	金华市	兰溪市	女埠街道	7702.00	428	舟山市	定海区	小沙街道	6431.00
398	温州市	洞头区	北岙街道	7696.00	429	台州市	天台县	白鹤镇	6426.00
399	杭州市	建德市	乾潭镇	7692.00	430	舟山市	定海区	昌国街道	6378.00
400	绍兴市	嵊州市	长乐镇	7651.00	431	台州市	三门县	健跳镇	6373.00
401	湖州市	德清县	莫干山镇	7618.00	432	嘉兴市	秀洲区	新塍镇	6333.00
402	嘉兴市	桐乡市	大麻镇	7499.00	433	宁波市	象山县	贤庠镇	6320.15
403	温州市	乐清市	淡溪镇	7403.00	434	金华市	武义县	茭道镇	6273.00

（续表七）　　单位：万元

排序	所属地区	县（市、区）	乡镇（街道）	一般公共预算收入	排序	所属地区	县（市、区）	乡镇（街道）	一般公共预算收入
435	杭州市	临安区	於潜镇	6173.60	466	宁波市	宁海县	力洋镇	4890.00
436	丽水市	遂昌县	云峰街道	6129.00	467	绍兴市	新昌县	梅渚镇	4875.00
437	金华市	东阳市	千祥镇	6122.00	468	舟山市	定海区	马岙街道	4803.00
438	温州市	瓯海区	茶山街道	6100.00	469	温州市	乐清市	大荆镇	4731.00
439	台州市	临海市	尤溪镇	6007.50	470	温州市	洞头区	东屏街道	4724.00
440	绍兴市	新昌县	大市聚镇	6001.00	471	台州市	黄岩区	沙埠镇	4701.00
441	金华市	东阳市	佐村镇	5930.00	472	衢州市	衢江区	廿里镇	4697.00
442	温州市	瓯海区	丽岙街道	5924.00	473	绍兴市	上虞区	驿亭镇	4660.00
443	杭州市	建德市	更楼街道	5923.00	474	金华市	浦江县	郑宅镇	4652.00
444	绍兴市	柯桥区	王坛镇	5895.00	475	宁波市	宁海县	岔路镇	4629.00
445	金华市	磐安县	尚湖镇	5767.00	476	温州市	乐清市	磐石镇	4626.00
446	丽水市	青田县	船寮镇	5747.00	477	绍兴市	柯桥区	稽东镇	4592.00
447	温州市	苍南县	南宋镇	5670.73	478	宁波市	象山县	墙头镇	4533.64
448	金华市	永康市	唐先镇	5623.00	479	丽水市	莲都区	仙渡乡	4508.00
449	宁波市	宁海县	强蛟镇	5616.00	480	宁波市	象山县	茅洋乡	4505.67
450	台州市	黄岩区	北洋镇	5400.00	481	杭州市	临安区	昌化镇	4492.86
451	绍兴市	上虞区	汤浦镇	5392.00	482	舟山市	定海区	干览镇	4488.00
452	衢州市	柯城区	石梁镇	5387.00	483	衢州市	龙游县	小南海镇	4483.00
453	金华市	武义县	王宅镇	5299.00	484	杭州市	余杭区	黄湖镇	4482.00
454	温州市	乐清市	芙蓉镇	5286.00	485	宁波市	宁海县	大佳何镇	4463.00
455	台州市	天台县	坦头镇	5242.00	486	金华市	浦江县	浦南街道	4436.00
456	杭州市	临安区	龙岗镇	5207.81	487	金华市	永康市	前仓镇	4332.00
457	金华市	浦江县	仙华街道	5161.00	488	丽水市	青田县	东源镇	4303.00
458	金华市	永康市	方岩镇	5148.00	489	绍兴市	嵊州市	仙岩镇	4285.00
459	衢州市	龙游县	龙洲街道	5128.00	490	金华市	东阳市	东江镇	4264.00
460	温州市	瓯海区	三垟街道	5124.00	491	舟山市	嵊泗县	洋山镇	4236.00
461	湖州市	长兴县	吕山乡	5048.09	492	绍兴市	新昌县	澄潭镇	4227.00
462	台州市	临海市	白水洋镇	5047.10	493	湖州市	安吉县	报福镇	4208.00
463	杭州市	临安区	高虹镇	4971.44	494	金华市	东阳市	虎鹿镇	4153.00
464	丽水市	庆元县	濛洲街道	4947.00	495	金华市	浦江县	白马镇	4120.00
465	宁波市	象山县	涂茨镇	4897.56	496	舟山市	定海区	双桥街道	4089.00

（续表八） 单位：万元

排序	所属地区	县（市、区）	乡镇（街道）	一般公共预算收入	排序	所属地区	县（市、区）	乡镇（街道）	一般公共预算收入
497	金华市	兰溪市	梅江镇	4064.00	528	绍兴市	新昌县	城南乡	3328.00
498	金华市	永康市	西溪镇	4021.00	529	舟山市	定海区	城东街道	3275.00
499	丽水市	云和县	凤凰山街道	4000.00	530	宁波市	象山县	定塘镇	3229.71
500	绍兴市	诸暨市	同山镇	3995.00	531	丽水市	青田县	高湖镇	3226.00
501	金华市	兰溪市	马涧镇	3949.00	532	湖州市	安吉县	章村镇	3204.00
502	温州市	永嘉县	沙头镇	3935.00	533	温州市	洞头区	大门镇	3187.00
503	丽水市	缙云县	东渡镇	3910.00	534	丽水市	青田县	瓯南街道	3165.00
504	宁波市	宁海县	前童镇	3876.00	535	杭州市	富阳区	永昌镇	3164.00
505	宁波市	海曙区	章水镇	3859.00	536	舟山市	嵊泗县	嵊山镇	3157.00
506	杭州市	建德市	钦堂乡	3841.00	537	宁波市	海曙区	龙观镇	3139.00
507	衢州市	常山县	青石镇	3829.00	538	杭州市	富阳区	洞桥镇	3118.00
508	台州市	临海市	永丰镇	3707.50	539	温州市	鹿城区	山福镇	3100.00
509	丽水市	云和县	白龙山街道	3644.00	540	丽水市	缙云县	新建镇	3050.00
510	丽水市	庆元县	竹口镇	3561.00	541	杭州市	淳安县	汾口镇	3028.00
511	杭州市	余杭区	百丈镇	3550.00	542	湖州市	南浔区	石淙镇	3008.00
512	杭州市	萧山区	楼塔镇	3546.01	543	湖州市	安吉县	山川乡	3003.00
513	台州市	温岭市	石桥头镇	3512.00	544	金华市	浦江县	郑家坞镇	3001.00
514	绍兴市	诸暨市	五泄镇	3497.00	545	金华市	兰溪市	赤溪街道	2983.00
515	温州市	苍南县	宜山镇	3491.80	546	宁波市	宁海县	胡陈乡	2975.00
516	金华市	武义县	履坦镇	3450.00	547	舟山市	普陀区	桃花镇	2970.00
517	台州市	天台县	三合镇	3426.00	548	杭州市	富阳区	渔山乡	2921.00
518	宁波市	象山县	泗洲头镇	3407.13	549	杭州市	淳安县	文昌镇	2893.00
519	金华市	兰溪市	横溪镇	3403.00	550	丽水市	庆元县	屏都街道	2887.00
520	台州市	黄岩区	头陀镇	3356.00	551	衢州市	江山市	峡口镇	2883.00
521	杭州市	临安区	潜川镇	3353.51	552	金华市	磐安县	玉山镇	2882.00
522	丽水市	青田县	黄垟乡	3350.00	553	金华市	兰溪市	香溪镇	2844.00
523	台州市	黄岩区	宁溪镇	3349.00	554	宁波市	宁海县	越溪乡	2833.00
524	湖州市	安吉县	鄣吴镇	3344.00	555	丽水市	云和县	浮云街道	2832.00
525	杭州市	桐庐县	瑶琳镇	3341.00	556	杭州市	富阳区	春建乡	2830.00
526	温州市	乐清市	盐盆街道	3335.00	557	丽水市	龙泉市	石达石街道	2815.00
527	绍兴市	上虞区	永和镇	3333.00	558	杭州市	建德市	大洋镇	2804.00

（续表九）　　单位：万元

排序	所属地区	县（市、区）	乡镇（街道）	一般公共预算收入	排序	所属地区	县（市、区）	乡镇（街道）	一般公共预算收入
559	杭州市	建德市	杨村桥镇	2796.00	590	台州市	温岭市	坞根镇	2314.00
560	温州市	平阳县	南麂镇	2791.00	591	杭州市	富阳区	常安镇	2213.00
561	宁波市	宁海县	一市镇	2771.00	592	杭州市	淳安县	姜家镇	2211.00
562	绍兴市	诸暨市	浬浦镇	2764.00	593	丽水市	莲都区	紫金街道	2193.00
563	湖州市	南浔区	千金镇	2738.00	594	绍兴市	新昌县	巧英乡	2192.00
564	衢州市	江山市	四都镇	2726.00	595	丽水市	龙泉市	安仁镇	2150.00
565	台州市	天台县	洪畴镇	2696.00	596	温州市	苍南县	桥墩镇	2136.89
566	宁波市	象山县	新桥镇	2692.29	597	衢州市	龙游县	东华街道	2101.00
567	杭州市	建德市	航头镇	2680.00	598	杭州市	富阳区	万市镇	2100.00
568	衢州市	衢江区	上方镇	2678.00	599	温州市	泰顺县	彭溪镇	2081.00
569	丽水市	庆元县	松源街道	2642.00	600	宁波市	宁海县	茶院乡	2078.00
570	杭州市	临安区	清凉峰镇	2625.51	601	湖州市	安吉县	杭垓镇	2062.00
571	温州市	洞头区	元觉街道	2617.00	602	绍兴市	嵊州市	石璜镇	2037.00
572	台州市	临海市	括苍镇	2606.70	603	丽水市	遂昌县	柘岱口乡	2027.00
573	丽水市	缙云县	东方镇	2570.00	604	台州市	椒江区	大陈镇	2006.00
574	丽水市	庆元县	黄田镇	2568.00	605	绍兴市	诸暨市	赵家镇	1993.00
575	温州市	平阳县	麻步镇	2556.41	606	温州市	瑞安市	湖岭镇	1980.00
576	杭州市	临安区	天目山镇	2547.53	607	丽水市	莲都区	岩泉街道	1945.00
577	舟山市	岱山县	长涂镇	2538.00	608	衢州市	衢江区	樟潭街道	1925.00
578	杭州市	临安区	太阳镇	2513.47	609	绍兴市	新昌县	沙溪镇	1894.00
579	宁波市	象山县	鹤浦镇	2504.16	610	台州市	三门县	亭旁镇	1892.00
580	绍兴市	越城区	富盛镇	2504.00	611	绍兴市	诸暨市	岭北镇	1884.00
581	温州市	乐清市	南塘镇	2454.00	612	杭州市	富阳区	湖源乡	1849.00
582	温州市	乐清市	雁荡镇	2451.00	613	温州市	永嘉县	岩头镇	1825.00
583	温州市	平阳县	顺溪镇	2443.00	614	金华市	磐安县	方前镇	1821.00
584	杭州市	建德市	大慈岩镇	2442.00	615	宁波市	余姚市	鹿亭乡	1818.74
585	宁波市	象山县	晓塘乡	2416.64	616	衢州市	衢江区	大洲镇	1788.00
586	舟山市	岱山县	岱东镇	2399.00	617	台州市	仙居县	下各镇	1735.00
587	丽水市	龙泉市	八都镇	2376.00	618	金华市	兰溪市	黄店镇	1734.00
588	台州市	三门县	海润街道	2375.00	619	台州市	仙居县	横溪镇	1734.00
589	杭州市	桐庐县	凤川街道	2333.00	620	台州市	仙居县	官路镇	1721.00

（续表十） 单位：万元

排序	所属地区	县（市、区）	乡镇（街道）	一般公共预算收入	排序	所属地区	县（市、区）	乡镇（街道）	一般公共预算收入
621	温州市	瑞安市	桐浦镇	1708.00	652	宁波市	宁海县	桑洲镇	1278.00
622	衢州市	龙游县	横山镇	1708.00	653	绍兴市	上虞区	长塘镇	1275.00
623	杭州市	建德市	三都镇	1682.00	654	台州市	临海市	河头镇	1273.80
624	金华市	磐安县	盘峰乡	1636.00	655	温州市	泰顺县	雅阳镇	1272.00
625	台州市	临海市	汇溪镇	1622.70	656	金华市	兰溪市	水亭畲族乡	1270.00
626	舟山市	嵊泗县	黄龙乡	1607.00	657	温州市	苍南县	赤溪镇	1266.91
627	温州市	泰顺县	泗溪镇	1604.00	658	杭州市	淳安县	梓桐镇	1260.00
628	金华市	磐安县	冷水镇	1589.00	659	台州市	临海市	小芝镇	1253.80
629	温州市	苍南县	马站镇	1559.26	660	绍兴市	新昌县	镜岭镇	1252.00
630	金华市	磐安县	仁川镇	1541.00	661	台州市	三门县	沙柳街道	1236.00
631	丽水市	莲都区	大港头镇	1532.00	662	衢州市	常山县	芳村镇	1226.00
632	杭州市	富阳区	上官乡	1517.00	663	温州市	苍南县	矾山镇	1224.81
633	丽水市	缙云县	舒洪镇	1516.00	664	衢州市	衢江区	莲花镇	1224.00
634	丽水市	庆元县	安南乡	1500.00	665	杭州市	桐庐县	旧县街道	1219.00
635	宁波市	奉化市	大堰镇	1499.00	666	温州市	平阳县	青街乡	1217.00
636	丽水市	莲都区	雅溪镇	1497.00	667	丽水市	庆元县	隆宫乡	1217.00
637	绍兴市	诸暨市	陈宅镇	1493.00	668	衢州市	常山县	球川镇	1188.00
638	宁波市	余姚市	四明山镇	1472.16	669	衢州市	龙游县	溪口镇	1166.00
639	温州市	泰顺县	仕阳镇	1463.00	670	杭州市	临安区	河桥镇	1164.57
640	绍兴市	嵊州市	金庭镇	1457.00	671	丽水市	龙泉市	查田镇	1154.00
641	衢州市	常山县	天马街道	1440.00	672	温州市	平阳县	闹村乡	1148.00
642	宁波市	余姚市	大岚镇	1433.49	673	舟山市	嵊泗县	枸杞乡	1113.00
643	杭州市	余杭区	鸬鸟镇	1428.00	674	丽水市	莲都区	黄村乡	1099.00
644	丽水市	莲都区	白云街道	1416.00	675	丽水市	龙泉市	西街街道	1083.00
645	绍兴市	诸暨市	东和乡	1405.00	676	丽水市	遂昌县	湖山乡	1082.00
646	杭州市	富阳区	常绿镇	1404.00	677	温州市	洞头区	霓屿街道	1067.00
647	丽水市	松阳县	裕溪乡	1395.00	678	温州市	瑞安市	高楼镇	1061.00
648	杭州市	淳安县	威坪镇	1380.00	679	衢州市	衢江区	浮石街道	1057.00
649	绍兴市	诸暨市	马剑镇	1335.00	680	衢州市	江山市	新塘边镇	1049.00
650	台州市	临海市	桃渚镇	1333.70	681	金华市	兰溪市	柏社乡	1046.00
651	金华市	东阳市	三单乡	1313.00	682	台州市	仙居县	白塔镇	1020.00

（续表十一） 单位：万元

排序	所属地区	县（市、区）	乡镇（街道）	一般公共预算收入	排序	所属地区	县（市、区）	乡镇（街道）	一般公共预算收入
683	温州市	泰顺县	筱村镇	1018.00	714	衢州市	衢江区	岭洋乡	735.00
684	杭州市	建德市	莲花镇	991.00	715	丽水市	青田县	祯旺乡	733.00
685	温州市	苍南县	望里镇	984.67	716	衢州市	衢江区	后溪镇	722.00
686	温州市	平阳县	南雁镇	976.00	717	台州市	天台县	街头镇	716.00
687	丽水市	莲都区	联城街道	973.00	718	丽水市	莲都区	万象街道	713.00
688	衢州市	开化县	池淮镇	969.00	719	衢州市	衢江区	杜泽镇	711.00
689	衢州市	江山市	凤林镇	968.00	720	杭州市	淳安县	大墅镇	707.00
690	衢州市	江山市	大陈乡	949.00	721	丽水市	松阳县	叶村乡	699.00
691	丽水市	青田县	腊口镇	943.00	722	温州市	泰顺县	三魁镇	698.00
692	衢州市	龙游县	詹家镇	918.00	723	丽水市	龙泉市	屏南镇	688.00
693	衢州市	开化县	马金镇	912.00	724	绍兴市	上虞区	丁宅乡	684.00
694	杭州市	桐庐县	钟山乡	900.00	725	温州市	泰顺县	南浦溪镇	673.00
695	丽水市	青田县	海口镇	892.00	726	绍兴市	新昌县	小将镇	670.00
696	丽水市	莲都区	丽新乡	887.00	727	温州市	泰顺县	龟湖镇	669.00
697	杭州市	淳安县	临歧镇	870.00	728	绍兴市	诸暨市	东白湖镇	657.00
698	衢州市	江山市	石门镇	865.00	729	绍兴市	上虞区	岭南乡	657.00
699	衢州市	常山县	新昌乡	855.00	730	丽水市	松阳县	赤寿乡	657.00
700	丽水市	松阳县	望松街道	828.00	731	杭州市	桐庐县	莪山畲族乡	641.00
701	温州市	乐清市	湖雾镇	825.00	732	衢州市	常山县	金川街道	641.00
702	台州市	仙居县	田市镇	824.00	733	杭州市	富阳区	龙门镇	640.00
703	温州市	瑞安市	平阳坑镇	810.00	734	衢州市	衢江区	横路街道	637.00
704	丽水市	龙泉市	上垟镇	810.00	735	台州市	黄岩区	上郑乡	634.00
705	金华市	武义县	柳城镇	809.00	736	杭州市	淳安县	屏门乡	633.00
706	绍兴市	新昌县	双彩乡	803.00	737	衢州市	衢江区	太真乡	632.00
707	衢州市	江山市	长台镇	794.00	738	温州市	平阳县	凤卧镇	615.00
708	金华市	磐安县	大盘镇	785.00	739	杭州市	桐庐县	百江镇	612.00
709	丽水市	遂昌县	濂竹乡	784.00	740	温州市	泰顺县	百丈镇	612.00
710	温州市	泰顺县	雪溪乡	749.00	741	金华市	浦江县	岩头镇	592.00
711	衢州市	衢江区	峡川镇	749.00	742	杭州市	淳安县	里商乡	588.00
712	丽水市	莲都区	太平乡	742.00	743	丽水市	遂昌县	三仁乡	585.00
713	衢州市	常山县	招贤镇	736.00	744	衢州市	衢江区	全旺镇	580.00

（续表十二） 单位:万元

排序	所属地区	县(市、区)	乡镇(街道)	一般公共预算收入	排序	所属地区	县(市、区)	乡镇(街道)	一般公共预算收入
745	衢州市	柯城区	石室乡	575.00	776	台州市	仙居县	埠头镇	420.00
746	宁波市	象山县	高塘岛乡	573.46	777	衢州市	衢江区	湖南镇	415.00
747	绍兴市	新昌县	东茗乡	561.00	778	温州市	苍南县	藻溪镇	408.44
748	衢州市	衢江区	高家镇	559.00	779	杭州市	淳安县	金峰乡	406.00
749	衢州市	龙游县	石佛乡	559.00	780	温州市	瑞安市	曹村镇	401.00
750	温州市	泰顺县	柳峰乡	547.00	781	温州市	永嘉县	大若岩镇	396.00
751	衢州市	柯城区	万田乡	539.00	782	杭州市	淳安县	枫树岭镇	393.00
752	温州市	平阳县	山门镇	536.30	783	丽水市	景宁畲族自治县	东坑镇	393.00
753	台州市	黄岩区	茅畲乡	536.00	784	温州市	文成县	大峃镇	392.00
754	丽水市	松阳县	玉岩镇	536.00	785	衢州市	江山市	碗窑乡	389.00
755	丽水市	松阳县	古市镇	534.00	786	丽水市	龙泉市	兰巨乡	385.00
756	衢州市	衢江区	云溪乡	532.00	787	丽水市	青田县	高市乡	382.00
757	丽水市	遂昌县	大柘镇	516.00	788	衢州市	柯城区	姜家山乡	381.00
758	衢州市	江山市	大桥镇	515.00	789	丽水市	松阳县	大东坝镇	378.00
759	杭州市	临安区	岛石镇	496.38	790	杭州市	桐庐县	新合乡	376.00
760	温州市	瑞安市	林川镇	487.00	791	温州市	永嘉县	碧莲镇	375.00
761	衢州市	开化县	桐村镇	479.00	792	丽水市	松阳县	象溪镇	375.00
762	杭州市	淳安县	左口乡	478.00	793	温州市	泰顺县	凤垟乡	355.00
763	衢州市	龙游县	模环乡	477.00	794	绍兴市	嵊州市	谷来镇	335.00
764	丽水市	缙云县	七里乡	477.00	795	台州市	黄岩区	上垟乡	335.00
765	衢州市	常山县	紫港街道	474.00	796	台州市	黄岩区	屿头乡	330.00
766	丽水市	青田县	山口镇	466.00	797	丽水市	景宁畲族自治县	鹤溪街道	330.00
767	杭州市	淳安县	安阳乡	461.00	798	金华市	武义县	俞源乡	329.00
768	衢州市	江山市	坛石镇	452.00	799	衢州市	常山县	白石镇	326.00
769	丽水市	龙泉市	小梅镇	448.00	800	金华市	磐安县	窈川乡	322.00
770	丽水市	莲都区	老竹镇	447.00	801	杭州市	淳安县	浪川乡	317.00
771	衢州市	衢江区	黄坛口乡	438.00	802	温州市	永嘉县	岩坦镇	316.00
772	丽水市	云和县	元和街道	437.00	803	温州市	永嘉县	巽宅镇	309.00
773	杭州市	临安区	湍口镇	432.27	804	舟山市	嵊泗县	五龙乡	301.00
774	衢州市	龙游县	塔石镇	421.00	805	台州市	黄岩区	富山乡	292.00
775	丽水市	缙云县	仙都街道	421.00	806	金华市	永康市	舟山镇	291.00

（续表十三） 单位：万元

排序	所属地区	县（市、区）	乡镇（街道）	一般公共预算收入	排序	所属地区	县（市、区）	乡镇（街道）	一般公共预算收入
807	杭州市	淳安县	瑶山乡	286.00	838	杭州市	淳安县	富文乡	180.00
808	丽水市	青田县	三溪口街道	284.00	839	衢州市	柯城区	沟溪乡	180.00
809	台州市	玉环市	海山乡	282.46	840	温州市	文成县	玉壶镇	179.00
810	台州市	天台县	石梁镇	268.00	841	衢州市	衢江区	周家乡	178.00
811	衢州市	开化县	村头镇	257.00	842	杭州市	淳安县	界首乡	177.00
812	温州市	乐清市	岭底乡	253.00	843	金华市	武义县	桃溪镇	177.00
813	丽水市	龙泉市	岩樟乡	253.00	844	温州市	文成县	南田镇	171.00
814	杭州市	桐庐县	合村乡	249.00	845	丽水市	云和县	崇头镇	170.00
815	金华市	浦江县	中余乡	249.00	846	丽水市	龙泉市	道太乡	166.00
816	杭州市	淳安县	石林镇	244.00	847	台州市	仙居县	湫山乡	164.00
817	丽水市	青田县	北山镇	243.00	848	杭州市	淳安县	中洲镇	163.00
818	温州市	永嘉县	金溪镇	241.00	849	温州市	永嘉县	鹤盛镇	161.00
819	温州市	苍南县	霞关镇	239.00	850	衢州市	常山县	大桥头乡	161.00
820	衢州市	开化县	音坑乡	237.00	851	杭州市	淳安县	王阜乡	157.00
821	金华市	磐安县	双溪乡	236.00	852	衢州市	龙游县	沐尘乡	156.00
822	温州市	文成县	巨屿镇	233.00	853	台州市	三门县	蛇蟠乡	156.00
823	绍兴市	上虞区	下管镇	227.00	854	衢州市	衢江区	双桥乡	154.00
824	温州市	泰顺县	包垟乡	226.00	855	台州市	黄岩区	平田乡	154.00
825	绍兴市	新昌县	回山镇	226.00	856	金华市	磐安县	九和乡	152.00
826	丽水市	景宁畲族自治县	红星街道	226.00	857	丽水市	松阳县	板桥乡	152.00
827	温州市	文成县	百丈漈镇	225.00	858	杭州市	淳安县	宋村乡	148.00
828	绍兴市	新昌县	新林乡	219.00	859	金华市	武义县	大田乡	148.00
829	衢州市	柯城区	九华乡	214.00	860	丽水市	景宁畲族自治县	沙湾镇	148.00
830	丽水市	青田县	万山乡	210.00	861	温州市	永嘉县	枫林镇	147.00
831	绍兴市	上虞区	陈溪乡	199.00	862	丽水市	景宁畲族自治县	英川镇	145.00
832	丽水市	庆元县	淤上乡	196.00	863	衢州市	开化县	杨林镇	142.00
833	舟山市	普陀区	东极镇	192.00	864	丽水市	松阳县	水南街道	142.00
834	温州市	泰顺县	大安乡	187.00	865	温州市	文成县	黄坦镇	139.00
835	丽水市	松阳县	新兴镇	184.00	866	温州市	苍南县	炎亭镇	133.43
836	丽水市	莲都区	峰源乡	183.00	867	台州市	仙居县	步路乡	133.00
837	温州市	苍南县	沿浦镇	181.72	868	温州市	洞头区	鹿西乡	132.00

（续表十四） 单位：万元

排序	所属地区	县（市、区）	乡镇（街道）	一般公共预算收入	排序	所属地区	县（市、区）	乡镇（街道）	一般公共预算收入
869	温州市	文成县	西坑畲族镇	131.00	900	温州市	苍南县	莒溪镇	84.58
870	温州市	苍南县	岱岭乡	130.35	901	衢州市	开化县	苏庄镇	81.00
871	金华市	磐安县	双峰乡	130.00	902	台州市	仙居县	双庙乡	80.00
872	金华市	浦江县	虞宅乡	129.00	903	丽水市	景宁畲族自治县	梧桐乡	74.00
873	丽水市	青田县	万阜乡	128.00	904	温州市	苍南县	大渔镇	72.88
874	台州市	三门县	花桥镇	127.00	905	温州市	乐清市	龙西乡	72.00
875	衢州市	龙游县	庙下乡	126.00	906	舟山市	嵊泗县	花鸟乡	72.00
876	台州市	仙居县	皤滩乡	122.00	907	衢州市	常山县	同弓乡	71.00
877	丽水市	龙泉市	住龙镇	119.00	908	丽水市	缙云县	大源镇	71.00
878	杭州市	淳安县	鸠坑乡	117.00	909	温州市	永嘉县	溪下乡	69.00
879	温州市	泰顺县	东溪乡	117.00	910	衢州市	衢江区	举村乡	69.00
880	丽水市	青田县	祯埠镇	111.00	911	衢州市	开化县	长虹乡	69.00
881	丽水市	遂昌县	石练镇	109.00	912	台州市	仙居县	上张乡	68.00
882	金华市	武义县	白姆乡	108.00	913	丽水市	青田县	阜山乡	64.00
883	丽水市	云和县	石塘镇	108.00	914	金华市	浦江县	杭坪镇	62.00
884	金华市	武义县	西联乡	106.00	915	温州市	永嘉县	界坑乡	61.00
885	丽水市	缙云县	方溪乡	106.00	916	丽水市	青田县	季宅乡	61.00
886	温州市	乐清市	仙溪镇	103.00	917	丽水市	龙泉市	锦溪镇	61.00
887	金华市	浦江县	檀溪镇	102.00	918	丽水市	松阳县	四都乡	60.00
888	丽水市	遂昌县	焦滩乡	102.00	919	丽水市	景宁畲族自治县	澄照乡	59.00
889	温州市	瑞安市	芳庄乡	98.00	920	衢州市	开化县	林山乡	58.00
890	丽水市	缙云县	大洋镇	98.00	921	丽水市	龙泉市	竹垟畲族乡	58.00
891	温州市	文成县	珊溪镇	97.00	922	温州市	乐清市	白石街道	57.00
892	金华市	浦江县	前吴乡	95.00	923	台州市	仙居县	大战乡	56.00
893	衢州市	常山县	何家乡	95.00	924	丽水市	遂昌县	黄沙腰镇	52.00
894	衢州市	开化县	中村乡	93.00	925	台州市	天台县	龙溪乡	51.00
895	绍兴市	嵊州市	下王镇	89.00	926	台州市	天台县	南屏乡	48.00
896	金华市	武义县	新宅镇	89.00	927	衢州市	江山市	张村乡	47.00
897	丽水市	遂昌县	北界镇	88.00	928	台州市	天台县	雷峰乡	46.00
898	温州市	乐清市	智仁乡	85.00	929	丽水市	缙云县	溶江乡	46.00
899	衢州市	柯城区	华墅乡	85.00	930	丽水市	遂昌县	新路湾镇	46.00

（续表十五） 单位：万元

排序	所属地区	县（市、区）	乡镇（街道）	一般公共预算收入	排序	所属地区	县（市、区）	乡镇（街道）	一般公共预算收入
931	台州市	天台县	泳溪乡	45.00	962	温州市	泰顺县	竹里畲族乡	23.00
932	绍兴市	嵊州市	贵门乡	42.00	963	金华市	浦江县	大畈乡	23.00
933	衢州市	江山市	塘源口乡	42.00	964	丽水市	松阳县	斋坛乡	22.00
934	丽水市	青田县	吴坑乡	42.00	965	温州市	文成县	周壤镇	21.00
935	丽水市	遂昌县	安口乡	42.00	966	衢州市	柯城区	七里乡	21.00
936	丽水市	龙泉市	龙南乡	42.00	967	衢州市	江山市	廿八都镇	21.00
937	丽水市	景宁畲族自治县	景南乡	40.00	968	温州市	永嘉县	茗岙乡	20.00
938	台州市	玉环市	鸡山乡	39.80	969	温州市	文成县	周山畲族乡	20.00
939	温州市	平阳县	怀溪镇	38.00	970	丽水市	景宁畲族自治县	渤海镇	20.00
940	丽水市	景宁畲族自治县	雁溪乡	38.00	971	丽水市	景宁畲族自治县	梅歧乡	20.00
941	丽水市	景宁畲族自治县	九龙乡	38.00	972	丽水市	景宁畲族自治县	郑坑乡	20.00
942	温州市	永嘉县	云岭乡	37.00	973	丽水市	景宁畲族自治县	大漈乡	20.00
943	温州市	文成县	铜铃山镇	36.00	974	丽水市	景宁畲族自治县	家地乡	20.00
944	衢州市	开化县	齐溪镇	36.00	975	丽水市	景宁畲族自治县	大地乡	20.00
945	丽水市	遂昌县	金竹镇	36.00	976	丽水市	景宁畲族自治县	鸬鹚乡	20.00
946	丽水市	遂昌县	王村口镇	35.00	977	温州市	文成县	平和乡	18.00
947	丽水市	龙泉市	城北乡	35.00	978	衢州市	龙游县	大街乡	18.00
948	衢州市	开化县	何田乡	33.00	979	丽水市	遂昌县	西畈乡	17.00
949	衢州市	衢江区	灰坪乡	31.00	980	丽水市	松阳县	樟溪乡	17.00
950	衢州市	常山县	东案乡	31.00	981	温州市	瑞安市	北麂乡	16.00
951	丽水市	龙泉市	宝溪乡	31.00	982	丽水市	青田县	舒桥乡	16.00
952	衢州市	开化县	大溪边乡	30.00	983	丽水市	青田县	贵岙乡	16.00
953	丽水市	景宁畲族自治县	大均乡	30.00	984	台州市	三门县	横渡镇	15.00
954	丽水市	景宁畲族自治县	毛垟乡	30.00	985	丽水市	缙云县	胡源乡	15.00
955	丽水市	景宁畲族自治县	秋炉乡	30.00	986	丽水市	缙云县	双溪口乡	15.00
956	温州市	文成县	二源镇	27.00	987	丽水市	松阳县	竹源乡	15.00
957	衢州市	龙游县	罗家乡	26.00	988	丽水市	缙云县	三溪乡	14.00
958	丽水市	云和县	紧水滩镇	26.00	989	丽水市	遂昌县	龙洋乡	14.00
959	丽水市	景宁畲族自治县	标溪乡	25.00	990	丽水市	松阳县	枫坪乡	14.00
960	衢州市	龙游县	社阳乡	24.00	991	金华市	武义县	三港乡	13.00
961	温州市	文成县	峃口镇	23.00	992	丽水市	青田县	海溪乡	13.00

（续表十六）　　单位：万元

排序	所属地区	县（市、区）	乡镇（街道）	一般公共预算收入	排序	所属地区	县（市、区）	乡镇（街道）	一般公共预算收入
993	丽水市	青田县	小舟山乡	12.00	1024	温州市	瑞安市	莘塍街道	—
994	温州市	苍南县	凤阳乡	11.54	1025	温州市	瑞安市	汀田街道	—
995	丽水市	松阳县	三都乡	10.00	1026	温州市	瑞安市	飞云街道	—
996	温州市	文成县	双桂乡	9.00	1027	温州市	瑞安市	仙降街道	—
997	金华市	武义县	坦洪乡	9.00	1028	温州市	瑞安市	南滨街道	—
998	台州市	天台县	三州乡	9.00	1029	温州市	瑞安市	云周街道	—
999	台州市	仙居县	安岭乡	9.00	1030	温州市	平阳县	昆阳镇	—
1000	丽水市	青田县	巨浦乡	9.00	1031	金华市	婺城区	安地镇	—
1001	丽水市	青田县	仁宫乡	9.00	1032	金华市	婺城区	白龙桥镇	—
1002	丽水市	遂昌县	蔡源乡	9.00	1033	金华市	婺城区	蒋堂镇	—
1003	丽水市	遂昌县	应村乡	9.00	1034	金华市	婺城区	琅琊镇	—
1004	丽水市	遂昌县	高坪乡	9.00	1035	金华市	婺城区	罗埠镇	—
1005	丽水市	云和县	赤石乡	9.00	1036	金华市	婺城区	罗店镇	—
1006	温州市	文成县	公阳乡	8.00	1037	金华市	婺城区	汤溪镇	—
1007	金华市	武义县	大溪口乡	8.00	1038	金华市	婺城区	雅畈镇	—
1008	衢州市	江山市	保安乡	8.00	1039	金华市	婺城区	洋埠镇	—
1009	丽水市	青田县	章村乡	8.00	1040	金华市	婺城区	岭上乡	—
1010	金华市	浦江县	花桥乡	7.00	1041	金华市	婺城区	乾西乡	—
1011	台州市	仙居县	朱溪镇	7.00	1042	金华市	婺城区	箬阳乡	—
1012	丽水市	青田县	仁庄镇	7.00	1043	金华市	婺城区	沙畈乡	—
1013	丽水市	缙云县	前路乡	7.00	1044	金华市	婺城区	塔石乡	—
1014	丽水市	松阳县	安民乡	7.00	1045	金华市	婺城区	莘畈乡	—
1015	温州市	文成县	桂山乡	5.00	1046	金华市	婺城区	竹马乡	—
1016	丽水市	青田县	方山乡	5.00	1047	金华市	婺城区	长山乡	—
1017	丽水市	缙云县	石笕乡	5.00	1048	金华市	婺城区	苏孟乡	—
1018	丽水市	云和县	雾溪乡	5.00	1049	金华市	婺城区	新狮街道	—
1019	台州市	仙居县	广度乡	4.00	1050	金华市	金东区	曹宅镇	—
1020	丽水市	青田县	汤垟乡	4.00	1051	金华市	金东区	赤松镇	—
1021	丽水市	青田县	章旦乡	4.00	1052	金华市	金东区	傅村镇	—
1022	台州市	仙居县	淡竹乡	2.00	1053	金华市	金东区	江东镇	—
1023	丽水市	云和县	安溪乡	2.00	1054	金华市	金东区	澧浦镇	—

（续表十七） 单位：万元

排序	所属地区	县(市、区)	乡镇(街道)	一般公共预算收入	排序	所属地区	县(市、区)	乡镇(街道)	一般公共预算收入
1055	金华市	金东区	岭下镇	—	1064	丽水市	庆元县	贤良镇	—
1056	金华市	金东区	塘雅镇	—	1065	丽水市	庆元县	百山祖镇	—
1057	金华市	金东区	孝顺镇	—	1066	丽水市	庆元县	官塘乡	—
1058	金华市	金东区	源东乡	—	1067	丽水市	庆元县	江根乡	—
1059	金华市	金东区	东孝街道	—	1068	丽水市	庆元县	举水乡	—
1060	金华市	金东区	多湖街道	—	1069	丽水市	庆元县	岭头乡	—
1061	台州市	仙居县	溪港乡	—	1070	丽水市	庆元县	龙溪乡	—
1062	丽水市	庆元县	左溪镇	—	1071	丽水市	庆元县	五大堡乡	—
1063	丽水市	庆元县	荷地镇	—	1072	丽水市	庆元县	张村乡	—

2019年浙江省社会保险基金收支表

单位：万元

科目	本年收入	中央调剂资金收入	本年支出	中央调剂资金支出	本年收支结余	滚存结余
一、企业职工基本养老保险	28373432	3840000	30297164	4970000	-1923732	34588706
二、城乡居民基本养老保险	1764015	0	1788745	0	-24730	1544758
三、机关事业单位基本养老保险	6068185	0	5910620	0	157565	891423
四、职工基本医疗保险	10898891	0	8862419	0	2036472	19115680
五、城乡居民基本医疗保险	4685493	0	4194944	0	490549	1651963
六、工伤保险	592926	0	629511	0	-36585	1006364
七、失业保险	878434	0	1870187	0	-991753	2484016
八、生育保险	647720	0	643994	0	3726	295192
合计	53909096	3840000	54197584	4970000	-288488	61578102

注：本年收入和本年支出中均不含省内上下级调剂收支。

2019年浙江省一般公共服务支出

单位：万元

科　目	决算数	科　目	决算数
人大事务	208536	港澳台事务	24103
政协事务	153124	档案事务	76044
政府办公厅（室）及相关机构事务	3914248	民主党派及工商联事务	62444
发展与改革事务	401565	群众团体事务	183742
统计信息事务	150716	党委办公厅（室）及相关机构事务	336501
财政事务	499625	组织事务	263465
税收事务	573695	宣传事务	213585
审计事务	120046	统战事务	104584
海关事务	41599	对外联络事务	1591
人力资源事务	311160	其他共产党事务支出（款）	199159
纪检监察事务	308237	网信事务	12354
商贸事务	488252	市场监督管理事务	956677
知识产权事务	3364	其他一般公共服务支出（款）	478927
民族事务	12209		
一般公共服务支出合计		10099552	

2019年浙江省卫生健康支出

单位：万元

科　目	决算数	科　目	决算数
卫生健康管理事务	262802	财政对基本医疗保险基金的补助	2221446
公立医院	1250429	医疗救助	182716
基层医疗卫生机构	908173	优抚对象医疗	14040
公共卫生	930579	医疗保障管理事务	51543
中医药	40236	老龄卫生健康事务（款）	25106
计划生育事务	297356	其他卫生健康支出（款）	386869
行政事业单位医疗	784819		
卫生健康支出合计		7356114	

2019 年浙江省教育支出

单位：万元

科　目	决算数	科　目	决算数
教育管理事务	326191	留学教育	0
普通教育	13589971	特殊教育	87768
职业教育	1598581	进修及培训	237697
成人教育	88464	教育费附加安排的支出	943075
广播电视教育	45502	其他教育支出(款)	729649
教育支出合计		17646898	

2019 年浙江省科学技术支出

单位：万元

科　目	决算数	科　目	决算数
科学技术管理事务	139410	社会科学	22564
基础研究	28389	科学技术普及	73899
应用研究	114872	科技交流与合作	32145
技术研究与开发	2592744	科技重大项目	71645
科技条件与服务	288625	其他科学技术支出(款)	1796315
科学技术支出合计		5160608	

2019 年浙江省农林水支出

单位：万元

科　目	决算数	科　目	决算数
农业	2852010	农业综合开发	71373
林业和草原	577220	农村综合改革	785678
水利	2078318	普惠金融发展支出	88714
南水北调	0	目标价格补贴	35
扶贫	328561	其他农林水支出(款)	660512
农林水支出合计		7442421	

2019年浙江省社会保障和就业支出

单位:万元

科目	决算数	科目	决算数
人力资源和社会保障管理事务	585209	最低生活保障	427026
民政管理事务	351218	临时救助	62843
行政事业单位离退休	3080485	特困人员救助供养	35753
企业改革补助	4776	补充道路交通事故社会救助基金	224
就业补助	162739	其他生活救助	97753
抚恤	357603	财政对基本养老保险基金的补助	1871986
退役安置	207168	财政对其他社会保险基金的补助	639342
社会福利	419590	退役军人管理事务	63105
残疾人事业	511888	其他社会保障和就业支出(款)	1838111
红十字事业	22592		
社会保障和就业支出合计		10739411	

2019年浙江省节能环保支出

单位:万元

科目	决算数	科目	决算数
环境保护管理事务	213608	已垦草原退耕还草(款)	0
环境监测与监察	38147	能源节约利用(款)	466763
污染防治	458275	污染减排	247365
自然生态保护	368303	可再生能源(款)	16205
天然林保护	7199	循环经济(款)	53752
退耕还林	0	能源管理事务	5154
风沙荒漠治理	0	其他节能环保支出(款)	820714
退牧还草	0		
节能环保支出合计		2695485	

2019年浙江省文化旅游体育与传媒支出

单位：万元

科 目	决算数	科 目	决算数
文化和旅游	1065328	新闻出版电影	52935
文物	171834	广播电视	146626
体育	201951	其他文化体育与传媒支出(款)	394025
文化旅游体育与传媒支出合计		2032599	

2019年浙江省城乡社区支出

单位：万元

科 目	决算数	科 目	决算数
城乡社区管理事务	2540988	城乡社区环境卫生(款)	1251513
城乡社区规划与管理(款)	257593	建设市场管理与监督(款)	43019
城乡社区公共设施	5496110	其他城乡社区支出(款)	6687588
城乡社区支出合计		16276811	

2019年浙江省交通运输支出

单位：万元

科 目	决算数	科 目	决算数
公路水路运输	2378227	邮政业支出	6972
铁路运输	320245	车辆购置税支出	1125395
民用航空运输	164864	其他交通运输支出(款)	260834
成品油价格改革对交通运输的补贴	189358		
交通运输支出合计		4445895	

2019 年浙江省资源勘探信息等支出

单位:万元

科　目	决算数	科　目	决算数
资源勘探开发	55228	国有资产监管	45280
制造业	243300	支持中小企业发展和管理支出	593806
建筑业	13204	其他资源勘探信息等支出(款)	716351
工业和信息产业监管	295983		
资源勘探信息等支出合计		1963152	

2019 年浙江省金融支出

单位:万元

科　目	决算数	科　目	决算数
金融部门行政支出	7407	金融调控支出	0
金融部门监管支出	3385	其他金融支出(款)	53327
金融发展支出	342894		
金融支出合计		407013	

2019 年浙江省灾害防治及应急管理支出

单位:万元

科　目	决算数	科　目	决算数
应急管理事务	166984	地震事务	2595
消防事务	192317	自然灾害防治	15089
森林消防事务	2879	自然灾害救灾及恢复重建支出	158774
煤矿安全	369	其他灾害防治及应急管理支出	1403
灾害防治及应急管理支出合计		540410	

2019 年浙江省商业服务业等支出

单位：万元

科　目	决算数	科　目	决算数
商业流通事务	415548	其他商业服务业等支出(款)	431208
涉外发展服务支出	196940		
商业服务业等支出合计		1043696	

2019 年浙江省自然资源海洋气象等支出

单位：万元

科　目	决算数	科　目	决算数
自然资源事务	814581	气象事务	68840
海洋管理事务	60332	其他自然资源海洋气象等支出(款)	78946
测绘事务	36039		
自然资源海洋气象等支出合计		1058738	

2019 年浙江省住房保障支出

单位：万元

科　目	决算数	科　目	决算数
保障性安居工程支出	720307	城乡社区住宅	61147
住房改革支出	1222505		
住房保障支出合计		2003959	

2019 年浙江省粮油物资储备支出

单位：万元

科　目	决算数	科　目	决算数
粮油事务	163762	粮油储备	58255
物资事务	3284	重要商品储备	3191
能源储备	0		
粮油物资储备支出合计		228492	

2019年度浙江省乡镇财政基本情况表

单位:万元

项　目	决算数	项　目	决算数
一、一般公共预算收支决算		上级补助收入	3891817
收入总计	24489768	待偿债置换专项债券上年结余	0
一般公共预算收入	17659089	上年结余	257608
上级补助收入	5963598	调入资金	45671
待偿债置换一般债券上年结余	0	债务(转贷)收入	0
上年结余	389233	支出总计	6479134
调入资金	109769	政府性基金预算支出	5991692
债务(转贷)收入	0	上解上级支出	69414
动用预算稳定调节基金	368079	调出资金	97094
接受其他地区援助收入	0	债务还本支出	0
支出总计	24489768	待偿债置换专项债券结余	0
一般公共预算支出	10327336	年终结余	320934
上解上级支出	13505635	三、国有资本经营预算收支决算	
调出资金	0	收入总计	0
债务还本支出	0	国有资本经营预算收入	0
补充预算周转金	0	上级补助收入	0
安排预算稳定调节基金	294194	上年结余	0
援助其他地区支出	0	支出总计	0
待偿债置换一般债券结余	0	国有资本经营预算支出	0
年终结余	362603	上解上级支出	0
二、政府性基金预算收支决算		调出资金	0
收入总计	6479134	年终结余	0
政府性基金预算收入	2284038		

2019年全国各省、市、自治区财政收支占全国财政收支
税收收入占一般公共预算收入比重及排序

地　区	一般公共预算收入（亿元）	约占地方一般公共预算收入的比重（%）	占比排序	税收收入（亿元）	约占一般公共预算收入的比重（%）	占比排序	一般公共预算支出（亿元）	约占地方一般公共预算支出的比重（%）	占比排序
北京市	5817	5.8	6	4823	82.9	4	7408	3.6	11
天津市	2410	2.4	16	1634	67.8	28	3556	1.7	27
河北省	3739	3.7	9	2631	70.4	20	8309	4.1	7
山西省	2348	2.3	17	1784	76.0	8	4711	2.3	24
内蒙古自治区	2060	2.0	21	1540	74.8	9	5101	2.5	20
辽宁省	2652	2.6	14	1930	72.7	13	5745	2.8	17
吉林省	1117	1.1	26	798	71.4	16	3933	1.9	26
黑龙江省	1263	1.2	25	924	73.2	12	5012	2.5	22
上海市	7165	7.1	3	6216	86.8	1	8179	4.0	8
江苏省	8802	8.7	2	7340	83.4	3	12574	6.2	2
浙江省	**7049**	**7.0**	**4**	**5899**	**83.7**	**2**	**10053**	**4.9**	**6**
安徽省	3183	3.1	11	2210	69.4	24	7392	3.6	12
福建省	3053	3.0	12	2209	72.4	14	5078	2.5	21
江西省	2487	2.5	15	1748	70.3	22	6387	3.1	14
山东省	6527	6.5	5	4849	74.3	11	10740	5.3	3
河南省	4042	4.0	8	2841	70.3	21	10164	5.0	5
湖北省	3389	3.4	10	2531	74.7	10	7970	3.9	10
湖南省	3007	3.0	13	2062	68.6	25	8034	3.9	9
广东省	12655	12.5	1	10064	79.5	7	17298	8.5	1
广西壮族自治区	1812	1.8	22	1147	63.3	30	5851	2.9	16
海南省	814	0.8	28	653	80.2	6	1859	0.9	30
重庆市	2135	2.1	19	1541	72.2	15	4848	2.4	23
四川省	4071	4.0	7	2889	71.0	17	10348	5.1	4
贵州省	1767	1.7	23	1204	68.1	26	5949	2.9	15
云南省	2074	2.1	20	1451	70.0	23	6770	3.3	13
西藏自治区	222	0.2	31	158	71.0	18	2188	1.1	28
陕西省	2288	2.3	18	1846	80.7	5	5719	2.8	18
甘肃省	850	0.8	27	578	68.0	27	3952	1.9	25
青海省	282	0.3	30	199	70.4	19	1864	0.9	29
宁夏回族自治区	424	0.4	29	268	63.2	31	1438	0.7	31
新疆维吾尔自治区	1578	1.6	24	1016	64.4	29	5315	2.6	19
地方合计	101081			76980			203743		

注：因四舍五入因素，合计数与分项加总数或存有尾差。

财政法规选编

zhejiang caizheng nianjian

浙江省转型升级产业基金管理办法

浙财企〔2019〕4 号 2019 年 1 月 15 日

第一章 总 则

第一条 为加强浙江省转型升级产业基金的运作与管理，根据财政部印发的《政府投资基金暂行管理办法》（财预〔2015〕210 号）《财政部关于财政资金注资政府投资基金支持产业发展的指导意见》（财建〔2015〕1062 号）等规定，制定本办法。

第二条 浙江省转型升级产业基金（以下简称“省转型升级基金”或“基金”）是由省政府主导设立、按市场化方式运作的政府投资基金，其设立宗旨是发挥财政政策导向作用，实现政府引导与市场化运作的有效结合，加快推动创业创新和产业转型升级。

第三条 省转型升级基金按照“聚焦战略取向、突出政策引导、坚持市场运作、合理防范风险”的原则进行运作管理，加强省市县联动，深入贯彻落实国家和省委省政府产业战略重点部署，支持浙江富民强省十大行动计划实施，推动八大万亿产业、战略性新兴产业发展。

第四条 省转型升级基金作为省本级政府投资基金，资金来源为省财政预算安排，按照《财政总预算会计制度》反映政府出资形成的资产和权益，视运作和管理情况经省政府批准后增加财政预算资金后续投入。

第二章 组织架构

第五条 省转型升级基金基本组织架构包括基金管理委员会（以下简称“基金管委会”或“管委会”）、基金公司、基金管理公司三个层次，按照本办法规定各司其职、各尽其责。经省政府批准，主题基金管理架构可根据其功能特点和运作管理要求相应确定。

第六条 基金管委会由常务副省长担任主任，省政府分管副秘书长和省财政厅厅长担任副主任，省委宣传部、省发展改革委、省经济和信息化厅、省科技厅、省财政厅、省商务厅、省地方金融监管局等部门负责人为成员，通过投资决策会议等方式实施基金重大事项的决策和协调。管委会办公室设在省财政厅。

第七条 授权浙江省金融控股有限公司（以下简称“省金融控股公司”）代行出资人职责，专门组建基金法人公司（以下简称“基金公司”）。基金公司按《公司法》规定要求设立股东会、董事会和监事（会），不设日常经营机构。

第八条 基金公司委托浙江金控投资管理有限公司（以下简称“基金管理公司”）负责省转型升级基金的投资管理，并签订委托管理协议，浙江金控资本管理有限公司负责投资管理省转型升级基金投资的部分专业性强、市场化程度高的定向投资基金及重大项目。

第三章 运作模式

第九条 省转型升级基金聚焦数字经济、凤凰行动、金融稳定、特色小镇、创新引领等政府关注重点领域，组建相关政府主题基金。主题基金由省级行业主管部门根据本办法规定，结合政策引导目标及主管行业特点提出组建方案（方案框架见附件），经省政府同意后实施。

省转型升级基金与国家、市县政府投资基金及社会资本、金融资本开展合作，采取“定向基金”为主、“非定向基金”“直接投资”为辅的模式进行运作，并积极探索各类创新业务，吸引各类高端资源要素集聚浙江。

第十条 定向基金是指由省转型升级基金、市县政府产业基金、社会资本以私募方式共同组建，委托专业投资机构进行运作管理，以省内特定重大产业项目为投资标的的股权投资基金。定向基金采取多元化出资结构，通过出资各方合理制衡，实现利益共享、风险共担。

第十一条 定向基金规模原则上不低于 10 亿元，省转型升级基金与市县政府产业基金合计出资比例不超过定向基金规模的 40%。定向基金出资结构中，与产业项目方非关联的独立第三方社会资本出资比例原则上不低于定向基金规模的 20%，特别重大项目经管委会审定后可不受本条所设规模及出资比例限制。

第十二条 非定向基金是指由省转型升级基金、市县政府产业基金、社会资本等以私募方式共同组建，委托专业投资机构进行运作管理，投向非特定对象的股权投资基金。省转型升级基金与市县政府产业基金合计出资比例不超过非定向基金规模的 30%，与执行事务合伙人及基金管理人非关联的独立第三方社会资本出资比例原则上不低于基金规模的 20%。省级行业主管部门在主题基金方案中应明确非定向基金投资浙江省内项目金额（倍数）。

政府需要特别支持的重点领域，经管委会审定后，省转型升级基金与市县政府产业基金合计出资比例可不受本条所设比例限制。

第十三条 省转型升级基金可对全省性重大项目直接投资，具体可根据不同类别的投资对象，采取新设公司、参与增资、受让股权等投资方式。省转型升级基金在直投项目中占股比例一般不超过 20%，且不为第一大股东，特别重大项目经管委会审定后可不受本条所设比例限制。

直投项目中涉及非现金资产的，需经具备资质的资产评估机构进行评估，并按有关规定备案。

第十四条 省转型升级基金参股的项目，基金管理公司可采取委派董事、监事、观察员等形式进行管理，依法行使股东权利、开展投后管理、办理股权退出等事务，但不参与项目日常经营管理。

第十五条 省转型升级基金投资项目各出资方应当按照“利益共享、风险共担”的原则，在公司章程或合伙协议中明确约定收益分配和亏损负担方式。为更好地发挥政府出资引导作用，省转型升级基金可在取得的投资收益中向合作对象进行让利，但不得承诺投资本金不受损失。

第四章　职责分工

第十六条　基金管委会、管委会办公室、省财政厅、省级行业主管部门、省金融控股公司、基金公司、基金管理公司应明确职责，根据国家预算、金融和财务等有关规定健全基金运作管理机制，推动基金政策引导目标实现。

第十七条　管委会主要职责：负责根据国家和浙江省产业导向及相关规划，研究确定省转型升级基金的投资原则和投资要求，决定基金的资金筹集及增资计划，协调和决策主题基金设立、定向基金及非定向基金组建、重大项目直投等事项，审议基金年度工作报告。

第十八条　管委会办公室主要职责：负责管委会的日常工作，贯彻落实管委会有关基金发展的重大决策，组织投决会对投资项目进行审议决策，协调基金运作管理中出现的问题，组织对省转型升级基金进行考核评价。

第十九条　省财政厅主要职责：负责代表省政府履行出资人职责，筹措落实财政出资资金，牵头制定基金管理办法；开展基金财务监管，做好政策指导和统筹协调。

第二十条　省级行业主管部门主要职责：负责围绕我省经济发展战略和产业政策导向，研究提出主题基金组建方案及项目投资方案；定期推荐重大投资项目，落实行业监管和项目对接服务；参与基金投资决策，开展基金考核评价并提出奖惩建议。

第二十一条　省金融控股公司主要职责：负责组建基金公司和聘用基金管理公司，对基金管理公司进行监管和指导，做好基金年度财务审计和基金管理公司的考核评价，定期向基金管委会办公室报送基金运作情况。基金公司主要职责：按照管委会确定的投资原则和投资要求，组织制定年度投资计划，并加强对基金日常运作的监督管理。

第二十二条　基金管理公司主要职责：负责完善省级行业主管部门提出的投资方案；对立项项目开展尽职调查，提出投资建议；按照管委会审议确定的投资方案，进行入股谈判、签订章程或合伙协议、投后管理、基金退出等具体投资事宜，定期向省金融控股公司报送基金运作情况。

第五章　投资原则和要求

第二十三条　省转型升级基金重点投向数字经济、环保、健康、旅游、时尚、金融、高端装备制造、文化等八大万亿产业，并根据省委省政府战略部署及时作出调整。不得投向高污染、高能耗、落后产能等国家和省禁止、限制发展行业。

第二十四条　省转型升级基金从事业务必须遵守国家法律法规，不得从事以下业务：

1. 投资二级市场股票、期货、企业债券、信托产品、理财产品、保险计划及其他金融衍生品；

2. 从事担保、抵押、房地产（包括购买自用房地产）、委托贷款等业务；

3. 向任何第三方提供赞助、捐赠等支出；

4. 吸收或变相吸收存款，或向任何第三人提供贷款和资金拆借；

5. 进行承担无限连带责任的对外投资；

6. 发行信托或集合理财产品募集资金。

经管委会批准的需要特别支持的重点领域或创新业务，不受上述条款限制，法律法规明文禁止的除外。

第二十五条　省转型升级基金设立的各类子基金，一般应委托专业投资机构进行运作和管理，选聘的专业机构应符合以下基本条件：

1. 在中华人民共和国境内依法设立，且已在相关主管部门或行业自律组织登记备案，注册资本不低于1000万元，最近3年不存在重大违法违规行为；

2. 有固定营业场所及与其业务相适应的软硬件设施，应向符合《私募投资基金监督管理暂行办法》（证监会第105号令）等规定的合格投资者募集资金；

3. 具备丰富的投资管理经验和良好的管理业绩，健全的投资管理和风险控制流程，规范的项目遴选机制，能够为被投资企业提供创业辅导、管理咨询等增值服务；

4. 至少有3名具备3年以上股权投资或股权投资基金管理工作经验的高级管理人员，且有3个（含）以上股权投资的成功案例；

5. 专业机构在提交合作方案时，须至少已取得拟设立子基金总规模30%额度的出资意向，并提供拟出资人出资承诺函等材料。

第二十六条　省级行业主管部门提出的主题基金组建方案及定向基金、非定向基金、直投项目等投资方案，要结合政策目标明确投资进度；对受托管理的专业投资机构有特殊要求的，由方案提出部门明确具体条件，会同基金管理公司面向社会公开选聘。

第六章　投资管理程序

第二十七条　省转型升级基金投资决策一般程序为：项目提出（征集）、项目初审、项目立项、尽职调查、投决会评审、公示、组织实施等。

第二十八条　省级行业主管部门根据本办法规定，结合政策目标及主管行业特点，面向市县政府及社会征集投资意向，向管委会办公室提出具体项目投资方案。

第二十九条　管委会办公室对省级行业主管部门提出的项目投资方案进行初审，符合要求的予以立项，交由基金管理公司开展尽职调查。基金管理公司形成投资建议书，对投资模式、投资期限、投资金额、收益分配、让利措施、退出方式等提出具体建议。

第三十条　管委会办公室根据基金管理公司提出的投资建议书，原则上提交投资决策会议进行审议决策，亦可由管委会办公室会同省级相关部门提出审核意见后，报管委会主任批准。投决会由基金管委会主任或其授权相关人员主持，投决会成员由省级相关行业主管部门组成，一般不少于5人，必要时邀请外部专家参加并提供专业意见。

第三十一条　经审议通过或批准的项目投资方案，在省财政厅门户网站公示7个工作日，涉及国家秘密或商业秘密的除外。经公示无异议的或异议不成立的，由基金管理公司与相关合作方拟定章程或合伙协议，正式签署后予以实施。

第三十二条 项目投资方案经批准后达6个月，仍未签署相关投资的章程或协议，导致投资方案无法实施的，基金管理公司应在1个月内及时向基金管委会办公室报送终止投资情况，管委会办公室向管委会报备。

第七章 费用和收益

第三十三条 根据委托管理协议，基金公司原则上按照投资金额0.6%的比例，按年支付基金管理公司委托管理费用。

第三十四条 为激励基金管理公司引进人才，不断提高运作管理水平，对于投资效益较好的项目，经省金融控股公司提出申请，并报管委会批准，可从基金投资收益中提取一定比例用于对基金管理公司的业绩奖励；在投资管理过程中，对投资管理违反本办法规定的，经省金融控股公司提出建议，并报管委会批准，扣减基金管理公司相应的管理费用。

第三十五条 基金公司仅限于列支法律规定作为公司存在所必须进行的法律行为所需的成本和费用，以及根据本办法规定支付的管理费用和业绩奖励。基金公司的税后利润在提取法定公积金后不分配，全额留存基金公司用于滚动投资。

第八章 基金退出

第三十六条 省转型升级基金投资项目应在章程或合伙协议中载明具体退出期限、退出条件、退出方式，在达到投资年限或约定退出条件时，应适时按约定方式退出。需按未约定方式退出的，由省级行业主管部门结合政策目标和项目实际情况提出退出方案，经管委会批准后，由基金管理公司具体办理退出事宜。

第三十七条 省转型升级基金可采取股权转让、股票减持、股东回购以及解散清算等方式退出。需要资产评估的，应聘请具备资质的资产评估机构进行评估，评估结果报省财政厅核准或备案。如受让方为国有全资公司或国有独资企业的，报管委会批准后，可协议转让相应股权(份额)；如受让方为非国有全资公司或非国有独资企业的，应按国有产权管理的有关规定在依法设立的产权交易机构中采取公开挂牌方式办理退出。

第三十八条 采取定向基金或非定向基金等子基金模式运作的，基金管理公司应与其他出资人约定，有下述情况之一时，省转型升级基金可选择提前退出：

1. 章程或协议签署后超过6个月，未按规定程序和时间要求完成设立或增资手续的；

2. 省转型升级基金拨付子基金账户1年以上，参股子基金未实际出资的；

3. 子基金投资项目不符合本办法及主题基金方案政策导向的；

4. 发现其他危及省转型升级基金安全或违背政策目标等事前约定退出情形的。

第三十九条 基金存续期最长不超过8年，经相关审议决策程序批准后可适当延长。

第九章 风险防控和绩效考核

第四十条 省财政厅应会同相关省级行业主管部门建立对省转型升级基金的监督和考核机制，按照“公开、透明、择优”的原则进行决策，接受社会各方的监督，对于发现的问题及时提出整改意见，确保基金规范运作和有效管理。

第四十一条 省金融控股公司要认真代为履行出资人的相关权利和义务，加强对省转型升级基金运作管理的指导，监督检查基金投资运作、风险控制、资金使用及财务管理情况，并视工作需要委托专业机构开展专项审计。

第四十二条 基金公司要健全董事会、监事会工作制度，对年度投资计划进行审议并作出决定，及时报管委会办公室和省金融控股公司备案。

第四十三条 按照国家有关内部控制规范体系建设的要求，基金管理公司要建立健全包括风险管理制度和风险控制流程在内的风控合规体系及内部管控制度。

第四十四条 省转型升级基金合作设立的子基金应当委托一家中国境内商业银行进行托管，托管银行由子基金管理机构提议并经子基金全体出资人一致同意，按照有关规定及托管协议开展资产保管、资金拨付和结算等日常工作，对投资活动进行动态监管，定期向子基金管理机构出具银行托管报告。

第四十五条 建立健全对省转型升级基金设立的主题基金运作管理的考核评价机制。省级行业主管部门要对投资项目开展考核评价，并根据评价结果提出奖惩建议。对于运作较好的项目，可采取追加投入、利益让渡、公开表彰等方式给予激励；对于运作成效较差的项目，应减少投资，直至提前退出。

第四十六条 省转型升级产业基金出资部分无收益或亏损的，不得采取政府补贴形式向合作对象支付收益；出资部分实现收益的，不得超出税后收益总额向合作对象让渡收益。

第四十七条 建立政府投资基金及其高级管理人员信用记录，并将其纳入全国统一的社会信用信息共享交换平台。建立黑名单机制和信用管理机制，对投资项目的管理机构存在违规违约行为的，有权单独或同时行使以下权利：

1. 限期整改；

2. 在省财政厅、省级行业主管部门、基金管理公司网站等公布其违规违约行为，并将相关情况载入管理档案；情节严重的，省转型升级基金停止与其合作。

3. 由管委会办公室会同省发展改革委根据《政府出资产业投资基金管理暂行办法》予以公告或开展联合惩戒；

4. 造成省转型升级基金损失的，根据协议约定要求相关方赔偿损失。

第四十八条 健全尽职免责机制，对于政府产业基金运作过程中发生违法违规行为的，依法依规追究相应责任；对于已履职尽责的投资项目，如发生风险造成投资损失，决策机构、主管部门、代行出资人职责机构、基金管理机构等不承担相关责任。

第十章 报告制度和信息披露

第四十九条 每季度结束后15日内，基金管理公司应向省金融控股公司报送省转型升级基金投资运作、项目进展、股本变化和资金使用等情况，由省金融控股公司审核后报基金管委会办公室备案。

第五十条 会计年度结束后4个月内，基金管理公司应向省金融控股公司提交省转型升级基金年度工作报告和经会计师事务所审计的年度会计报告，由省金融控股公司审核后报管委会办公室。

第五十一条 省转型升级基金与相关合作方签署章程或协议后，发生省转型升级基金认缴出资额增加、项目管理方实质性变化、基金存续期延长等核心要素变更，由基金管理公司向基金管委会办公室报告并获批复后进行处理。项目管理方实质性变化包括但不限于：

1. 子基金管理机构的主要股东（公司制）或普通合伙人（合伙制）发生实质性变化；

2. 子基金管理机构关键人士半数（含）或董事长、总经理以上发生变化；

3. 直投项目主要股东及经营范围发生实质性变化，且影响直投项目发起部门政策目标实现的。

第五十二条 省转型升级基金投资合作的子基金管理机构及直投项目应建立重大事项披露制度，定期向基金管理公司提交子基金或企业运营报告、经审计的财务报告等，基金管理公司视工作需要可委托专业机构对子基金或企业进行审计。

第五十三条 省转型升级基金运作和管理中如发生重大问题，基金管理公司应在7个工作日内向省金融控股公司报告，并由省金融控股公司及时提出意见报管委会办公室。

第十一章 附 则

第五十四条 本办法自2019年2月16日起实施。《浙江省财政厅关于印发浙江省转型升级产业基金管理办法的通知》（浙财企〔2015〕109号）同时废止。

第五十五条 省信息经济创业投资基金、省创新强省产业基金、省创新引领基金（原省级科技成果转化引导基金）纳入省转型升级产业基金统筹使用。本办法实施前已签约项目，按照原管理办法执行。

第五十六条 市县财政部门可结合当地实际，参照本办法制定相关政府产业基金管理办法。省转型升级基金与国家相关产业基金合作设立子基金的管理，按照国家有关政策规定执行。

（注：附件略）

浙江省科技发展专项资金管理办法

浙财科教〔2019〕7号 2019年2月17日

第一章 总 则

第一条 为进一步规范和加强我省科技专项资金的分配、使用管理，提高财政资金使用绩效，推进“创新强省”和“两个高水平”建设，根据《中华人民共和国预算法》和《国务院关于优化科研管理提升科研绩效若干措施的通知》（国发〔2018〕25号）、《浙江省人民政府关于全面加快科技创新推动高质量发展的若干意见》（浙政发〔2018〕43号）等规定，特制定本办法。

第二条 浙江省科技发展专项资金（以下简称“专项资金”）是指由省级财政预算安排或中央授权省级统筹安排，用于支持我省开展科研攻关活动、提升科技创新能力、优化科研环境条件等方面的专项资金。专项资金实行滚动预算，具体支持范围原则上以三年为一周期，到期（中期）后进行综合评价，视绩效评价和监督检查情况进行动态调整。

第三条 省财政厅负责专项资金的预算管理和资金下达，会同省科技厅和省级有关部门组织开展专项资金监督检查。省科技厅负责专项项目管理，提出专项资金分配建议方案，细化编制年度专项资金预算。省科技厅会同省财政厅开展专项资金预算绩效管理。

第四条 专项资金按照“集中财力，突出重点；分类支持，合理配置；公开透明，科学规范”的原则管理和使用。

第二章 支持对象和范围

第五条 专项资金的支持对象是在浙江省境内（不含宁波，下同）注册，具有独立法人资格的企业、科研院所、高等院校及其他具备科研开发或科技服务能力的单位，以及市、县（市、区）人民政府（以下简称“市县”）。公开招标、联合基金、创新引领基金等特殊项目和在浙部属单位等特殊单位的支持对象，由省科技厅商省财政厅确定。

第六条 专项资金的支持范围包括：围绕三大攻坚战、富民强省十大行动计划和“两个高水平”建设，根据国家和我省制定的中长期科技规划纲要、科技创新五年规划、“科技新政”以及省委、省政府确定的年度科技重点工作部署确定。

（一）基础公益研究（含省自然科学基金）。突出基础研究、应用基础研究、公益技术应用研究，包括自然科学基金、公益技术应用研究两类资助项目。

（二）重点研发。强化战略导向和目标引导，面向世界科技前沿，聚焦事关我省乃至国家新兴产业发展和公共领域的关键核心技术攻关和应用示范，包括重大科技专项、农业新品种选育两类资助项目。

（三）技术创新引导。通过发挥财政性资金杠杆作用，引导社会资本和创新主体加大研发投入，积极营造大众创业、万众创新良好生态，促进科技成果转移转化，包括创新投入引导、政策性引导两类资助项目，及创新引领基金。

（四）创新基地和人才。促进科技创新基地建设及能力提升、科技资源开放共享和创新人才与团队创新活动，包括公共创新平台与载体、创新人才与团队两类资助项目。

（五）中央引导地方科技发展专项。改善科研基础条件，优化科技创新环境，促进科技成果转移转化，提升科技创新能力，主要包括科研基础条件和能力建设、专业性技术创新平台、科技创新项目示范、科技创新创业服务机构四类资助项目。

第三章　支持、分配方式和资助标准

第七条　专项资金主要采取前补助(无偿资助)、后补助(无偿资助、绩效奖补、风险补偿)等支持方式,根据科研活动及资助项目属性确定具体支持方式。采用前补助支持方式的项目资金,以公开竞争方式分配(择优遴选,下同)为主,信用制和择优委托方式分配为辅。采用后补助支持方式的项目资金,按照因素法或公开竞争方式分配。

第八条　专项资金分配方式及资助标准如下:

(一)基础公益研究项目,实行公开竞争方式分配。

省自然科学基金项目财政资助额度最低不少于5万元,一般不超过100万元,公益技术应用研究项目财政资助额度为10万元左右,一般不超过15万元。20万元(含)以上项目一般采用分期拨款方式,20万元以下项目一般采用一次性拨款方式。

(二)重点研发项目,以公开竞争方式分配为主,信用制和择优委托方式分配为辅。

重大科技专项项目财政资助额度一般不低于100万元,不超过1000万元;申请财政资助额度低于100万元的,按不高于申请数给予资助。数字经济、生命健康两个重大科技专项,通过产学研结合、省市县联动方式滚动实施,两个专项各确定10个左右主攻方向,省财政每年资助每个主攻方向不低于2000万元。农业新品种选育项目财政年资助额度在300—1000万元之间,以5年为一个周期,连续稳定支持3—5年。对特别重大的创新项目,可采取"一事一议"的方式予以专题支持。项目补助资金一般采用分期拨款的方式。

(三)技术创新引导项目,实行因素法、公开竞争方式分配。

1. 创新投入引导即企业研发后补助实行因素法分配,根据省统计局有关资料,以我省上上年度规模以上工业企业研发投入(研发经费支出,下同)占主营业务收入比重前500名的企业名单作为因素实行分档计分。

分档计分标准为:研发投入占主营业务收入比重前100名(第一档),各6分,计600分;第101至300名(第二档),各3分,计600分;第301—500名(第三档),各2分,计400分;合计1600分,每分值补助额为10万元,市县补助额计算公式如下:

某市县补助额=∑(该市县分档获奖企业数量×标准分值)×10万元。

2. 政策性引导分类分档,实行公开竞争方式分配给予定额或按比例限额补助(奖励)。

(四)创新基地和人才项目,实行公开竞争方式分配,分类分档给予定额或者按比例限额资助(奖励)。

1. 公共创新平台与载体项目,实行公开竞争方式分配给予分类支持,设立(并购)海外研发中心按合同金额的5%给予最高不超过500万元的一次性奖励,新建省级重点实验室(工程技术研究中心)、农业科技园区、重点农业企业研究院、临床医学研究中心等创新基地项目给予最高200万元一次性建设资助,省级优秀星创天地给予50万元一次性建设资助。

省大型仪器设备、科技文献、实验动物、科技创新云服务等基础条件与公共科技创新平台,当年绩效评价良好及以上的,视其承担的公益任务,由省科技厅商省财政厅确定下一年度具体支持额度;对绩效评价优秀的国际合作基地给予最高200万元一次性奖励;省级海外创新孵化中心绩效评价为优秀的,下一年度每家奖励100—200万元,5年内累计奖励支持不超过600万元;省级重点实验室(工程技术研究中心)绩效评价每三年一次,对绩效评价排名前1/5的,每家给予一次性绩效奖励90万元。

上述公共创新平台与载体项目一次性奖励、建设资助主要采用一次性拨款方式。

2. 创新人才与团队项目通过公开竞争方式分配给予定额、限额资助。其中,领军型创新创业团队首个资助周期内省财政资助额度不低于500万元(分期拨款)。对具有国际顶尖水平的领军型创新创业团队采取"一事一议"的方式,专题论证支持方式与额度,最高可获得1亿元的省级财政资助(分期拨款)。对浙江"万人计划"入选者给予特殊支持,其中:杰出人才每人100万元,科技创新领军人才、科技创业领军人才每人80万元,特殊支持经费分三年拨付。扩大"海外工程师"计划,省财政按每人10万元标准资助所聘企业,采用一次性拨款方式,5年内累计资助不超过2次,省属企业引进由企业自负。大学生科技创新活动(新苗人才)计划项目,省财政平均资助额度为0.5万元左右,采用一次性拨款方式。

(五)中央引导地方科技发展专项项目,通过竞争择优方式分配给予定额、限额资助。

其中:科研基础条件和能力建设、专业性技术创新平台、科技创新项目示范,原则上每项资助不超过500万元,科技创新创业服务机构原则上每家资助不超过200万元,采用一次性拨款方式。符合国家规定支持范围和条件的国家级重大创新载体,建设期内给予定向滚动支持,资助标准可以突破。

本办法未明确的具体资助标准,按照省委、省政府有关科技创新政策、省政府与有关共建(合作)单位签定的协议执行,或由省财政厅会同省科技厅商定。

第四章　公开竞争方式分配

第九条　专项项目申报采取开放申报、限额推荐相结合的方式进行。省科技厅会同省级有关部门根据专项实施的目标要求,提前1年在省科技厅门户网站公开发布年度专项项目申报通知,明确专项项目组织申报要求、截止时间和申报程序。

第十条　专项项目评审可根据项目实际,选择专家网络评审、会议评审、现场答辩会等多种形式开展。开展会议评审的,原则上应在评审前公布评审专家名单;开展通讯评审的,应由项目评审系统根据专家专业领域和项目所属技术领域自动匹配、抽取专家,并在评审结束前对评审专家名单严格保密,确保评审过程和结果公平公正。

第十一条 省科技厅对通过专家评审的项目组织论证或进行会议评审，重点对项目实施可行性，及项目绩效目标的有效性、合理性、可实现性进行评审，择优进入项目储备库。

第十二条 进入项目储备库的项目，由省科技厅会同省财政厅对专项项目资金预算和绩效目标进行审核。

第十三条 项目立项前，由省科技厅在门户网站上予以公示，接受社会监督，公示时间一般为7个工作日。对公示有异议的项目，由省科技厅进行调查，核实有关情况，提出调查处理意见。

第十四条 公示无异议的项目和经调查核实符合条件的项目确定为下年立项项目，由省科技厅下达立项文件。

第十五条 部分实行公开竞争方式分配给予定额及按比例限额方式支持的专项项目，如自然科学基金项目、创新人才与团队项目、国际科技合作项目、政策性引导中的科学技术奖励、科技特派员创业项目等，可适当调整或简化公开竞争方式分配程序，具体由省科技厅商省财政厅确定。

第十六条 中央引导地方科技发展专项项目要按照《财政部　科学技术部关于印发〈中央引导地方科技发展专项资金管理办法〉的通知》（财教〔2016〕81号）规定，及财政部、科技部有关要求，由省科技厅根据《浙江省科学技术厅　浙江省财政厅关于印发〈浙江省中央引导地方科技发展计划管理细则〉的通知》（浙科发计〔2018〕198号）规定，提出专项项目资金分配建议方案，会同省财政厅报财政部、科技部审核。

第五章　专项资金预算审批及下达

第十七条 省科技厅会同省级有关部门按照专项资金设立目标，及公开竞争方式分配要求，建立跨年度项目库、细化项目预算；并按照《中华人民共和国预算法》及部门预算管理要求，及时将专项资金预算需求、绩效目标及细化项目报省财政厅审核。

其中：承担（奖补，下同）单位为省属预算单位的，专项项目资金预算编入该单位年度预算，承担单位为省部属非预算单位的，专项项目资金预算编入省科技厅部门年度预算后转拨；市县承担单位专项项目资金纳入省科技厅部门专项转移支付清单管理。

第十八条 省财政厅按照《中华人民共和国预算法》及部门预算管理、集中财力办大事财政政策体系、专项资金设立目标等要求，对申报不规范、绩效目标不明确、立项理由不充分的专项项目资金，退回单位重新编报，对重新编报后仍不符合上述要求的单位，核减其专项项目资金预算，以切实提高专项项目资金预算编制质量、财政资金使用绩效。

第十九条 经浙江省人民代表大会批准后，省财政厅于二十日内批复专项资金预算，六十日内下达专项转移支付预算到有关市县财政。

省部属牵头承担单位应当根据专项项目进度和资金使用情况，及时向承担单位拨付资金；承担单位应当根据专项项目进度，及时向参与单位拨付资金，参与单位不得再向外转拨资金。

市县财政部门在收到专项转移支付资金预算后，三十日内会同同级科技部门，将专项项目资金及时拨付到项目（牵头）承担单位。

对实行因素法分配的企业研发后补助资金，市县财政部门应会同有关部门制定资金筹措和奖补办法，可以只对排名前500名企业给予奖补，也可以在统筹省财政转移支付资金和市县相关资金后增加奖补企业名单。

第六章　专项项目资金使用

第二十条 采用后补助的专项项目资金，除了公开竞争研发类、科学技术奖、企业研发后补助等对特定对象奖励的项目资金可主要用于项目组绩效支出、获奖团队（个人）、获奖企业奖励外，其他专项项目资金不得用于发放人员奖励、福利，由承担单位自主用于相关的科技创新活动支出。采用前补助支持方式的专项项目资金开支范围包括直接费用和间接费用两部分。

（一）直接费用是指在项目实施过程中发生的与之直接相关的费用。包括：

1. 设备费：是指在项目实施过程中购置或试制专用仪器设备，对现有仪器设备进行升级改造，以及租赁使用外单位仪器设备而发生的费用。（牵头）承担单位和参与单位应当严格控制设备购置，鼓励开放共享、自主研制、租赁专用仪器设备以及对现有仪器设备进行升级改造，避免重复购置。

2. 材料费：是指在项目实施过程中消耗的各种原材料、辅助材料等低值易耗品的采购及运输、装卸、整理等费用。

3. 测试化验加工费：是指在项目研究开发过程中支付给外单位（包括承担单位内部独立经济核算单位）的检验、测试、化验及加工等费用。委托测试化验加工需签订合同或协议等。

4. 燃料动力费：是指在项目研究开发过程中直接使用的相关仪器设备、科学装置等运行发生的水、电、气、燃料消耗费用等。

5. 出版/文献/信息传播/知识产权事务费：是指在项目实施过程中，需要支付的出版费、资料费、专用软件购买费、文献检索费、专业通信费、专利申请及其他知识产权事务等费用。

6. 会议/差旅/国际合作交流费：是指在项目研究开发过程中发生的差旅费、会议费和国际合作交流费。在编制预算时，本科目支出预算不超过直接费用预算10%的，不需要编制测算依据。承担单位和科研人员应当按照实事求是、精简高效、厉行节约的原则，严格执行国家、省和单位的有关规定，统筹安排使用。

7. 劳务费：是指在项目实施过程中支付给参与项目研究的研究生、博士后、访问学者以及项目聘用的研究人员、科研辅助人员等的劳务性费用。项目聘用人员的劳务费开支标准，参照当地科学研究和技术服务业从业人员平均工资水平，根据其在项目研究中承担的工作任务确定，其社会保险补助纳入劳务费科目开支。劳务费预算应据实编制，不设比例限制。

8. 专家咨询费：是指在项目实施过程中支付给临时聘请的咨询专家的费用。专家咨询费不得支付给参与本项目及子项目研究和管理的相关工作人员。高级专业技术职称人员的专家咨询费标准为1500—2400元/人天(税后);其他专业人员的专家咨询费标准为900—1500元/人天(税后);院士、全国知名专家,可按照高级专业技术职称人员的专家咨询费标准上浮50%执行。

9. 其他支出:是指在项目实施过程中除上述支出范围之外的其他相关支出。其他支出应当在申请预算时详细说明。

(二)间接费用是指承担单位在组织实施项目过程中发生的无法在直接费用中列支的相关费用。主要包括:承担单位为项目研究提供的房屋占用,日常水、电、气、暖消耗,有关管理费用的补助支出,及公开竞争研发类项目激励科研人员的绩效支出等。

间接费用实行总额控制,按照不超过直接费用扣除设备购置费后的一定比例核定,具体比例如下:

1. 200万元以下的部分为25%;

2. 200万元(含)至500万元的部分为20%;

3. 500万元(含)以上的部分为15%;

4. 软科学、自然科学基金和软件类科研项目按全额30%;

5. 国家科研项目按国家规定比例。

项目中有多个单位的,间接费用在总额范围内由项目承担单位与参与单位协商分配。承担单位不得在核定的间接费用以外,再以任何名义在专项项目资金中重复提取、列支绩效支出等相关费用。绩效支出主要用于对项目组(团队)科研人员项目完成业绩的激励,绩效支出安排与科研人员在项目工作中的实际贡献挂钩。项目承担单位在统筹安排间接费用时,要处理好合理分摊间接成本和对科研人员激励的关系。

国家对直接费用、间接费用的口径、预算编制及预算调剂权限有新规定的,按照国家规定执行。

第二十一条 专项项目资金一经批复下达,应按计划及时组织项目实施,相关主管部门按照“谁主管、谁负责”的原则,承担日常监督管理职责。项目承担单位要认真落实国家和省有关政策规定,按照权责一致的要求,强化自我约束和自我规范,制定内部管理办法,落实项目预算调剂、间接费用统筹使用、劳务费分配管理、结余资金使用等管理权限;加强预算审核把关,规范财务支出行为,落实财务审查、项目进度主体责任,完善内部风险防控机制,强化资金使用绩效评价,保障资金使用安全规范有效;实行内部公开制度,主动公开项目预算、预算调剂、资金使用(重点是间接费用、外拨资金、结余资金使用)、研究成果等情况。

第二十二条 赋予科研单位科研项目资金管理使用自主权。推行省重大科技专项和领军型创新创业团队项目首席专家负责制,赋予科研领衔人员更大的科研项目资金自主支配权。采用前补助支持方式的专项项目总预算不变的,直接费用中除设备费外,其他科目费用调剂权全部下放给项目承担单位。项目承担单位应建立健全管理制度,及时为科研人员办理调剂手续。对于接受企业或其他社会组织委托取得的专项项目资金,纳入单位财务统一管理,由项目承担单位按照委托方要求或合同约定管理使用,涉及财政性资金的项目需遵守财政财务管理规定。省属高校、科研院所要根据科研工作的特点,对科研需要的出差和会议按标准报销相关费用并简化相关手续。项目承担单位自主选择具有资质的第三方中介机构进行结题财务审计,利用好单位内外部审计结果。

省属高校和科研院所要简化科研仪器设备采购流程,对科研急需的设备和耗材,采用特事特办、随到随办的采购机制,可不进行招投标程序,缩短采购周期;对于独家代理或生产的仪器设备,按程序确定采取单一来源采购等方式增强采购灵活性和便利性。省属高校和科研院所要强化政府采购主体责任,建立健全政府采购内控管理制度,做到科研仪器设备采购全程公开、透明、可追溯。

第二十三条 落实《中共浙江省委办公厅 浙江省人民政府办公厅印发〈关于进一步完善省财政科研项目资金管理等政策的实施意见〉的通知》,省属高校、科研院所按照实事求是、精简高效、厉行节约的原则,可以合理确定因科研需求举办的业务性会议次数、天数、人数、会议费开支范围、标准,科研人员乘坐交通工具等级和住宿费标准,及科研类咨询费开支标准;利用好如直接费用中的材料费,符合条件的资料费、测试化验加工费、印刷出版费,及间接费用中的水电等管理费用,可由项目承担单位拨回基本户等政策规定。落实《财政部关于进一步完善中央财政科技和教育资金预算执行管理有关事宜的通知》(财库〔2018〕96号),允许部分专项项目资金从本单位零余额账户向本单位或本部门其他预算单位实有资金账户划转,具体包括:由预算单位与项目承担单位签订委托协议或合同,按约定确需将资金支付到项目承担单位的;省属高校、科研院所内部机构之间合理的结算支出,如测试化验加工费用、成本分摊费用等;承担省财政资金资助的后补助专项项目资金等。

第二十四条 项目实施期间,专项项目年度剩余资金可结转下一年度继续使用。项目完成任务目标并通过验收后,结余资金按规定留归项目承担单位使用,在两年内(自验收结论下达后次年的1月1日起计算)由项目承担单位统筹安排用于科研活动的直接支出;两年后未使用完的,按规定予以收回。

第二十五条 项目承担单位应当严格执行国家和省有关支出管理、资产管理等制度。承担单位应当严格按照专项项目资金开支范围和标准列报支出,对应当实行公务卡结算的支出,按照我省公务卡使用结算有关规定执行。对设备费、大宗材料费和测试化验加工费、劳务费、专家咨询费等,原则上应当通过银行转账方式结算。行政事业单位使用专项项目资金形成的固定资产属于国有资产,应当按照国家和省有关国有资产管理的规定执行。企业使用专项项目资金形成的固定资产,按照《企业财务通则》等相关规章制度执行。

第七章 项目验收、绩效管理和监督检查

第二十六条 省科技厅会同省级有关部门负责组织项目验

收。存在下列行为之一的，不得通过项目验收：

（一）编报虚假预算，套取财政资金；

（二）未对专项资金进行单独核算；

（三）截留、挤占、挪用专项资金；

（四）违反规定转拨、转移专项资金；

（五）提供虚假财务会计资料；

（六）未按规定执行和调剂预算；

（七）虚假承诺其他来源的资金；

（八）资金管理使用存在违规问题拒不整改；

（九）其他违反国家财经纪律的行为。

第二十七条 省科技厅应会同省财政厅建立健全专项资金预算绩效管理制度，完善绩效目标管理，在专项资金实施中期或周期终了时，组织实施专项资金绩效评价，评价结果作为完善专项资金政策及预算资金分配的重要依据。根据专项项目管理和实施情况，市县科技部门应会同同级财政部门组织实施专项项目绩效目标申报、绩效监控和绩效评价等工作，切实提高财政资金使用效益。

专项项目绩效评价结果应作为承担单位后续项目支持的重要依据，以及相关研发、管理人员和项目承担单位业绩考核的参考依据。对绩效评价优秀的，在后续项目支持中给予倾斜。

第二十八条 专项项目资金必须专款专用，任何组织或个人不得虚报、套取、冒领、贪污、挪用、截留。项目承担单位应依法主动接受财政、审计、纪检监察、科技等部门的审计与监督。对违规使用专项项目资金的，主管部门要督促整改。对以弄虚作假等手段套取骗取专项项目资金以及挤占挪用专项项目资金等违法违规行为的，按照《中华人民共和国预算法》《财政违法行为处罚处分条例》等有关法律法规查处并追回专项资金。涉嫌犯罪的，依法移送司法机关处理。

第二十九条 各级财政、科技部门、相关行政主管部门、单位及其工作人员在专项资金管理工作中，存在滥用职权、玩忽职守、徇私舞弊等违法违纪行为的，按照《中华人民共和国预算法》《中华人民共和国公务员法》《中华人民共和国监察法》《财政违法行为处罚处分条例》等有关规定追究有关责任单位和人员的责任；涉嫌违纪违法的，移送纪检监察机构和司法机关处理。

第八章　附　则

第三十条 省科技发展专项资金还包括省创新引领基金（原省级科技成果转化引导基金），该项基金纳入政府产业基金管理大平台，以主题基金方式投资运作，按照《浙江省财政厅关于印发浙江省转型升级产业基金管理办法的通知》（浙财企〔2019〕4号）及创新引领主题基金运作方案等规定进行管理、运作。

第三十一条 本办法自2019年3月22日起施行。此前发布的相关管理办法中规定与本办法不一致的，以本办法规定为准。《浙江省公共科技创新平台建设经费管理暂行办法》（浙财教字〔2008〕88号）、《浙江省省级科技研发和成果转化项目经费管理暂行办法》（浙财教〔2012〕357号）、《支持青山湖科技城引进共建创新载体专项资金管理暂行办法》（浙财教〔2013〕31号）、《浙江省省级科技型中小企业扶持和科技发展专项资金管理办法》（浙财教〔2014〕147号）、《浙江省省级企业研发后补助资金管理办法（试行）》（浙财科教〔2018〕1号）同时废止。

浙江省哲学社会科学专项资金管理办法

浙财科教〔2019〕9号　2019年2月15日

第一章　总　则

第一条 为进一步规范和加强我省哲学社会科学专项资金的分配、使用管理，提高财政资金使用效益，更好地支持和促进“哲学社会科学强省”和“两个高水平”建设，根据《中华人民共和国预算法》《国务院关于优化科研管理提升科研绩效若干措施的通知》（国发〔2018〕25号）和《中共浙江省委办公厅　浙江省人民政府办公厅印发〈关于进一步完善省财政科研项目资金管理等政策的实施意见〉的通知》等规定，结合我省实际，特制定本办法。

第二条 浙江省哲学社会科学专项资金（以下简称“专项资金”）是指由省级财政预算安排，用于支持我省哲学社会科学研究、学术活动、人才培养、平台建设、著作出版、成果奖励和宣传普及等专项资金。专项资金实行滚动预算，具体支持计划原则上以三年为一周期，到期后，进行综合评价，视绩效评价和监督检查情况进行动态调整。

第三条 省财政厅负责专项资金的预算管理和资金下达，指导省社科联组织开展专项资金预算绩效管理，会同省社科联开展专项资金监督检查。省社科联负责专项项目管理，建立项目库，组织项目评审，提出专项资金分配建议方案，细化编制年度专项资金预算，会同省财政厅开展专项资金预算绩效管理。

第四条 专项资金按照“集中财力，突出重点；分类支持，合理配置；公开透明，科学规范”的原则管理和使用。

第二章　支持对象和范围

第五条 专项资金资助对象包括：

各高等院校、教学科研单位，各级党校、社科院和党政机关研究机构，省级学会、民办社科研究机构、社科普及基地，各市、县社科联和全省社会科学工作者。必要时，可面向全国教学科研单位和专家学者进行招标。

第六条 专项资金的支持范围包括：

（一）课题研究。主要包括省哲学社会科学规划课题、省社科联研究课题、省社科联科普课题等。

（二）科研平台。主要包括省新型智库、省哲学社会科学重点研究基地、省重点创新中心等公共平台建设以及支持数据库、文科实验室发展。

（三）宣传普及。主要包括各类社科普及活动、社科普及基地建设、科普创新项目；优秀成果、优秀学者等的宣传推介。

（四）学术活动。主要包括省级重要学术活动以及省级学会、民办社科研究机构学术活动等。

（五）人才培养。主要用于哲学社会科学类人才培养和队伍建设，以及之江青年社科学者行动计划中的小组活动和浙江发展研究中心分中心活动。

（六）省哲学社会科学优秀成果奖励。

（七）省级社会科学学术著作出版。

（八）浙江文化研究工程。

（九）省领导的其他调研项目和活动等。

第三章　分配方式和资助标准

第七条　专项资金分配方式及资助标准如下：

（一）各类研究课题。一般实行公开竞争方式分配（择优遴选，下同）。根据评审结果，分重大课题、重点课题和一般课题项目。重大课题项目财政资助额度为10—20万元，重点课题项目为5—8万元，一般课题项目为1—5万元，采用一次性拨款方式。

（二）科研平台。

1. 省新型智库。实行主要以公开竞争与政府购买服务方式分配。建设期为五年，浙江省新型重点专业智库财政资助额度为每年80—150万元，浙江省重点培育智库为每年40—60万元，根据中期和期末绩效评估结果作动态调整。年度财政资助采用一次性拨款方式，对符合条件的智库项目推行政府购买服务制度。

2. 省哲学社会科学重点研究基地。实行公开竞争方式分配。建设期为五年，A类基地财政资助额度为每年50—80万元，B类基地为每年30—50万元，根据中期和期末绩效评估结果作动态调整。年度财政资助采用一次性拨款方式。

3. 省重点创新中心。实行公开竞争方式分配。建设期为五年，财政资助额度为每年30万左右，根据中期和期末绩效评估结果作动态调整。年度财政资助采用一次性拨款方式。

（三）社会科学宣传普及工作和学术活动。实行政府购买服务方式分配。付款金额和方式根据合同约定。

（四）省哲学社会科学优秀成果奖。实行公开竞争方式分配。奖励额度为一等奖8—10万元，二等奖3—5万元，三等奖1—3万元，各类奖励采用一次性支付。

（五）省级社会科学学术著作出版。实行公开竞争方式分配。根据评审结果，分为全额资助和部分资助。全额资助额度以出版合同为准，部分资助额度为1.5—3万元。项目采用一次性拨款方式。

（六）哲学社会科学人才培养项目。实行公开竞争方式分配。之江青年活动小组财政资助额度为每个小组5—15万元，浙江发展研究中心每个分中心为20—40万元，根据中期和期末绩效评估结果作动态调整。财政资助采用一次性拨款方式。

（七）浙江文化研究工程。该项目资金分配方式及资助标准参照《浙江文化研究工程（第二期）专项资金管理办法》执行。

（八）省领导的其他调研项目和活动等。根据性质内容分类确定承担单位，有多个单位可供选择的，采取公开竞争方式优选确定项目或主要活动的承担单位；特殊、性质单一没有多个对象可供选择的，实行单一对象委托方式。财政资助标准根据事项的重要程度、内容、要求另行确定。

（九）后补助项目和事后奖励。实行公开竞争方式分配。财政资助额度为1—6万元，对于特别优秀、具有重大学术价值或学术影响的成果，最高资助额度可达10—15万元。

第四章　公开竞争方式分配

第八条　发布申报通知。省社科联会同省级有关部门根据专项实施的目标要求，通过网络、报刊等平台公开发布年度专项项目申报通知和指南，明确专项项目组织申报要求、截止时间和申报程序。

第九条　项目申报。专项项目申报采取开放申报、限额申报相结合的方式进行。项目申报人要根据各类项目申报通知要求，认真编写申报材料，并由各级社科联组织、学术社团和教学科研机构组织初步审核、推荐后，在规定时间内汇总报送。

第十条　申报公示。各类项目申报截止后，省社科联对申报项目进行资格审核、汇总、分类后，将申报项目清单在浙江社科网上公示，接受社会监督。公示时间一般为7个工作日。

第十一条　项目评审。项目评审采取专家评审方式进行。组织专家评审的项目，从国家社科基金评审专家库、省社科规划学科组专家库中抽取部分专家，采取通讯评审、网上评审、会议评审、异地评审等方式进行匿名评审，最终评选出各类入选项目。重大委托或交办活动项目立项可使用简易评审程序审议决定。

第十二条　立项公示。专家评审结果经省社科联审议通过后，在浙江社科网等平台进行公示，公示时间为7个工作日。对公示有异议的项目，由省社科联邀请有关专家进行调查，核实有关情况，提出处理意见。

第十三条　发布立项通知。公示无异议的项目和经调查核实符合条件的项目确定为正式立项项目，在浙江社科网等平台发布立项通知。

第十四条　省领导的其他调研项目和活动由省社科联会同省财政厅，对项目实施可行性和专项项目资金预算、项目绩效目标的有效性、合理性、可实现性进行评审，提出项目审核意见，符合条件的确定为立项项目。

第十五条　实行政府购买服务方式分配的项目按照有关规定执行。

第五章　专项资金预算审批及下达

第十六条　省社科联会同省级有关部门按照专项资金设立目标以及公开竞争方式分配要求，建立跨年度项目库、细化项目预算；并按照《中华人民共和国预算法》及部门预算管理要求，及时将专项资金预算需求、绩效目标及细化项目报省财政厅审核。

其中：承担单位为省属预算单位的，项目资金预算编入该单位年度预算，省属非预算单位的编入省社科联部门年度预算后转拨；市县单位专项项目资金纳入省社科联部门一般性转移支付管理。

第十七条 省财政厅按照《中华人民共和国预算法》及部门预算管理、集中财力办大事财政政策体系、专项资金设立目标等要求，对申报不规范、绩效目标不明确、立项理由不充分的专项项目资金，退回单位重新编报，对重新编报后仍不符合上述要求的单位，核减其专项项目资金预算，以切实提高专项项目资金预算编制质量、财政资金使用绩效。

第十八条 经浙江省人民代表大会批准后，省财政厅在二十日内批复部门预算，三十日内下达一般性转移支付预算。市县财政部门在收到一般性转移支付资金预算后，三十日内会同同级社科联，将专项项目资金及时拨付到项目承担单位。

第六章 专项项目资金使用

第十九条 省社科联各类课题资金使用。课题经费开支范围一般包括直接费用和间接费用两部分。

（一）直接费用是指在项目实施过程中发生的与之直接相关的费用。包括：

1. 资料费：指在项目研究过程中需要支付的图书（包括外文图书）购置费，资料收集、整理、复印、翻拍、翻译费，专用软件购买费，文献检索费等。

2. 数据采集费：指在项目研究过程中发生的调查、访谈、数据购买、数据分析及相应技术服务购买等支出的费用。

3. 会议/差旅/国际合作交流费：是指在项目研究开发过程中发生的差旅费、会议费和国际合作交流费。具体开支标准按照国家和我省有关规定执行。其中不超过直接费用10%的，不需要提供预算测算依据。

4. 设备费：是指在项目实施过程中购置或试制专用仪器设备，对现有仪器设备进行升级改造，以及租赁使用外单位仪器设备而发生的费用。应当严格控制设备购置，鼓励开放共享、自主研制、租赁专用仪器设备以及对现有仪器设备进行升级改造，避免重复购置。

5. 专家咨询费：在项目实施过程中支付给临时聘请的咨询专家的费用。专家咨询费不得支付给参与项目研究及管理相关的工作人员。高级专业技术职称人员的专家咨询费标准为1500—2400元/人天（税后）；其他专业人员的专家咨询费标准为900—1500元/人天（税后）。院士、全国知名专家，可按照高级专业技术职称人员的专家咨询费标准上浮50%执行。国家有新标准的按照国家规定执行。

6. 劳务费：是指在项目实施过程中支付给参与项目研究的研究生、博士后、访问学者以及项目聘用的研究人员、科研辅助人员等劳务性费用。项目聘用人员的劳务费开支标准，参照当地科学研究和技术服务业从业人员平均工资水平，根据其在项目研究中承担的工作任务确定，其社会保险补助纳入劳务费科目中列支。劳务费预算应据实编制，不设比例限制。

7. 印刷出版费：指在项目研究过程中支付的打印费、印刷费及阶段性成果出版费等。

8. 其他支出：是指在项目实施过程中除上述支出范围之外的其他相关支出。其他支出应当在申请预算时单独列示并详细说明。

（二）间接费用是指承担单位在组织实施项目过程中发生的无法在直接费用中列支的相关费用。主要包括：承担单位为项目研究提供的房屋占用，日常水、电、气、暖消耗，有关管理费用的补助支出，及公开竞争研发类项目激励科研人员的绩效支出等。

间接费用实行总额控制，按不高于项目资助全额的30%核定。国家科研项目按国家规定比例执行。

国家对直接费用、间接费用口径有新规定的，按照新规定执行。

（三）科研规模较小、经费不超过2万元（含）的后补助项目可全部作为间接费用使用。

（四）政府购买服务类项目经费按照政府购买服务有关规定执行，咨询类、服务类研究项目经费按照合同约定使用。

第二十条 科研平台资金使用。

（一）省新型智库。开支范围包括项目研究经费、人员聘用经费、国际国内合作与交流经费、奖励经费四部分。

1. 项目研究经费：是指开展项目研究所发生的费用。开支范围可参照直接费用，但不得开支间接费用。

2. 人员聘用经费：是指支付给智库聘用编制以外、不开支财政补助人员经费的专职研究人员、管理人员和国外访问学者的费用。智库及其依托单位应当按照国家和省里有关政策规定聘用相关人员并按照程序合理确定所聘用人员的薪酬标准。

从党政部门、高等院校、科研院所等行政事业单位聘用的、开支人员聘用经费的专职研究人员和管理人员，其人事、工资等关系须与原单位脱钩。

3. 国际国内合作与交流经费：是指为完成研究工作任务，在国内外组织学术研讨会议、参与相关访问交流活动、境外（含港澳台）专家来内地开展学术合作交流所产生的费用。开支涉外交流经费应当执行国家和省内外事经费管理的有关规定。

4. 奖励经费：是指智库根据一线研究人员实际贡献安排的奖励性费用。开支奖励经费必须符合以下条件之一：

（1）研究成果被中央决策采用；

（2）研究成果得到中央领导批示；

（3）研究成果被省委省政府决策采用；

（4）研究成果得到省委省政府领导批示；

（5）智库成果产生较大影响的或经"浙江省新型智库建设联席会议"认定的在其他方面作出突出贡献的。

奖励经费在所在事业单位绩效工资总额单列，经费不超过专项经费总额的30%。安排奖励经费要合理合规、公开公平、拉开档次，符合国家和我省收入分配制度要求，奖励的标准和办法另行核定。不得在奖励经费以外再以任何名义在专项经费中重复提取、列支相关费用。

政府购买服务方式的智库项目，其项目资金按照合同约定管理使用。

（二）省哲学社会科学重点研究基地、省重点创新中心资金使用参照省新型智库平台方式，开支范围包括项目研究经费、人员聘用经费、国际国内合作与交流经费。其中，项目研究经费按照省社科规划课题管理。

第二十一条 省哲学社会科学优秀成果奖励资金，直接用于获奖个人（团队）奖励。

第二十二条 省级社会科学学术著作出版资金，全部用于成果出版。

第二十三条 哲学社会科学人才培养资金中的之江青年小组和浙江发展研究中心活动经费，其开支范围只能开支直接费用，不得开支间接费用。项目研究经费按照省社科规划课题管理。

第二十四条 浙江文化研究工程资金使用。该项目资金使用参照《浙江文化研究工程（第二期）专项资金管理办法》执行。

第二十五条 专项项目资金一经批复下达，应按计划及时组织项目实施，相关主管部门按照"谁主管、谁负责"的原则，承担日常监督管理职责。项目承担单位要认真落实国家和省有关政策规定，按照权责一致的要求，强化自我约束和自我规范；制定内部管理办法，落实项目预算调剂、间接费用统筹使用、劳务费分配管理、结余资金使用等管理权限；加强预算审核把关，规范财务支出行为，落实财务审查、项目进度主体责任，完善内部风险防控机制，强化资金使用绩效管理，保障资金使用安全规范有效；实行内部公开制度，主动公开项目预算、预算调剂、资金使用（重点是间接费用、外拨资金、结余资金使用）、研究成果等情况。

第二十六条 赋予科研单位科研项目经费管理使用自主权。直接费用中除设备费外，其他科目费用调剂权全部下放给项目承担单位。项目承担单位应建立健全管理制度，及时为科研人员办理调剂手续。对于接受企业或其他社会组织委托取得的项目经费，纳入单位财务统一管理，由项目承担单位按照委托方要求或合同约定管理使用，涉及财政性资金的项目需遵守财政财务规定。省属高校、科研院所要根据科研工作的特点，对科研需要的出差和会议按标准报销相关费用并简化相关手续。项目承担单位自主选择具有资质的第三方中介机构进行结题财务审计，利用好单位内外部审计结果。

落实《中共浙江省委办公厅　浙江省人民政府办公厅印发〈关于进一步完善省财政科研项目资金管理等政策的实施意见〉的通知》和《财政部关于进一步完善中央财政科技和教育资金预算执行管理有关事宜的通知》（财库〔2018〕96号），省属高校、科研院所按照实事求是、精简高效、厉行节约的原则，可以合理确定业务性会议次数、天数、人数以及会议费开支范围、标准，科研人员乘坐交通工具等级和住宿费标准，科研类咨询费开支标准；利用好如直接费用中符合条件的资料费、印刷出版费，及间接费用中的水电等管理费用，可由项目承担单位拨回基本户等政策规定；允许部分专项项目资金从本单位零余额账户向本单位或本部门其他预算单位实有资金账户划转，具体包括：由预算单位与项目承担单位签订委托协议或合同，按约定确需将资金支付到项目承担单位的；省属高校、科研院所内部机构之间合理的结算支出，成本分摊费用等；承担省财政资金安排的后补助类项目资金等。

对于野外考察、调查研究、心理测试等科研活动中无法取得发票或财政性票据的，允许高校和科研院所建立符合科研活动实际需要的内部报销规定，但应要求报销人提供阐明支出内容、无法取得法定票据原因等的说明材料，在确保其真实性的前提下据实报销。

项目有多个单位的，间接费用在总额范围内由项目承担单位与参与单位协商分配。承担单位不得在核定的间接费用以外，再以任何名义在专项项目资金中重复提取、列支绩效支出等相关费用。绩效支出主要用于对项目组（团队）科研人员的激励，绩效支出安排与科研人员在项目工作中的实际贡献挂钩，不设比例限制。项目承担单位在统筹安排间接费用时，要处理好合理分摊间接成本和对科研人员激励的关系。

第二十七条 省属高校和科研院所要简化科研仪器设备采购流程，对科研急需的设备和耗材，采用特事特办、随到随办的采购机制，可不进行招投标程序，缩短采购周期；对于独家代理或生产的仪器设备，按程序确定采取单一来源采购等方式增强采购灵活性和便利性。省属高校和科研院所要强化政府采购主体责任，建立健全政府采购内控管理制度，做到科研仪器设备采购全程公开、透明、可追溯。

第二十八条 项目实施期间，专项项目年度剩余资金可结转下一年度继续使用。项目完成任务目标并通过验收后，结余资金按规定留归项目承担单位使用，在两年内（自验收结论下达后次年的1月1日起计算）由项目承担单位统筹安排用于科研活动的直接支出；两年后未使用完的，按规定收回。

第二十九条 项目承担单位应当严格执行国家和省有关支出管理、资产管理等制度。承担单位应当严格按照专项项目资金开支范围和标准办理支出，对应当实行"公务卡"结算的支出，按照我省财政科研项目使用公务卡结算的有关规定执行。对设备费、劳务费、专家咨询费等，原则上应当通过银行转账方式结算。行政事业单位使用专项项目资金形成的固定资产属于国有资产，应当按照国家和省有关国有资产管理的规定执行。

第七章　项目验收、绩效管理和监督检查

第三十条 省社科联会同省级有关部门负责组织项目验收。存在下列行为之一的，不得通过项目验收，项目承担单位或项目负责人，在项目合同到期开始计算，两年内暂停项目负责人申报省社科联各类项目及推荐其申报国家社科基金项目。情节严重的，自该行为被记入科研信用不良记录之日起五年内不得申报各类社科项目。

（一）编报虚假预算，套取国家财政资金；

（二）未对专项项目资金进行单独核算；

（三）截留、挤占、挪用专项项目资金；

（四）违反规定转拨、转移专项项目资金；

（五）提供虚假财务会计资料；

（六）未按规定执行和调剂预算；

（七）虚假承诺配套资金；

（八）专项项目资金管理使用存在违规问题拒不整改；

（九）其他违反国家财经纪律的行为。

第三十一条 按照财政资金预算绩效统一管理制度，省财政厅会同省社科联完善绩效目标管理，专项资金在实施中期或周期终了时，组织实施专项资金绩效评价，评价结果作为完善专项资金政策及预算资金分配的重要依据。

专项项目绩效评价结果应作为承担单位项目后续支持的重要依据，以及相关科研、管理人员和项目承担单位业绩考核的参考依据。对绩效评价优秀的，在后续项目支持中给予倾斜。

第三十二条 专项项目资金必须专款专用，任何组织或个人不得虚报、套取、冒领、贪污、挪用、截留。项目承担单位应依法主动接受财政、审计、纪检监察、社科联等部门的审计与监督。对违规使用专项项目资金的，主管部门要督促整改。对以弄虚作假等手段套取骗取专项项目资金以及挤占挪用专项项目资金等违法违规行为的，按照《中华人民共和国预算法》《财政违法行为处罚处分条例》等有关法律法规查处并追回专项资金。涉嫌犯罪的，依法移送司法机关处理。

第三十三条 各级财政、社科联以及相关行政主管部门、单位、工作人员在专项资金管理工作中，存在滥用职权、玩忽职守、徇私舞弊等违法违纪行为的，按照《中华人民共和国预算法》《中华人民共和国公务员法》《中华人民共和国监察法》《财政违法行为处罚处分条例》等有关规定追究有关责任单位和人员的责任；涉嫌违纪违法的，移送纪检监察机构和司法机关处理。

第八章 附 则

第三十四条 各市县哲学社会科学专项资金管理办法可参照本办法。

第三十五条 本办法自2019年3月22日起施行。此前发布的相关管理办法中与本办法不一致的，以本办法为准。《浙江省社会科学规划课题专项资金竞争性分配管理办法》（浙财教〔2015〕93号）、《浙江省财政厅 浙江省社会科学界联合会关于明确省级社科经费管理有关事项的通知》（浙财教〔2016〕38号）同时废止。

政采云网上超市“全省一张网”实施方案

浙财采监〔2019〕2号 2019年2月19日

一、指导思想

深入贯彻党的十九大和十九届二中、三中全会精神，根据习近平总书记“加快建设数字中国”指示，落实《深化政府采购制度改革方案》部署，通过“制度+技术”集成创新，加强云计算、大数据、电子商务等新技术新业态在政府采购领域的应用，促进政府采购与互联网深度融合。

按照车俊书记、袁家军省长提出的工作要求，加快打造全省统一的“互联网+政府采购”体系，为推动全国政府采购数字化转型贡献浙江经验。

二、建设背景

我省自1999年实施政府采购制度以来，制度体系不断健全，管理体制和运行机制不断完善，采购范围快速扩大，采购规模从1999年的4.75亿元增长到2018年的1483.57亿元，有力服务了浙江经济社会发展大局。但同时也出现了一些亟待完善解决的问题，如政府采购市场割裂，政策调控功能发挥不足，“价格高、质量差、效率低”的采购体验，采购过程透明度不够高等问题。这些问题的产生，除了市场发育不成熟、制度设计有待进一步完善等因素外，很重要的原因是缺少一个全省统一、规范、透明的政府采购信息化平台。实践中，基于传统IT项目建设思维开发建设的政府采购信息系统，普遍遇到了建维成本高、信息共享难、服务体验差的瓶颈问题，不仅难以适应“互联网+”、大数据、云计算等新技术以及电子商务等新模式蓬勃发展的趋势，也制约了政府采购制度创新发展要求。

为顺应新时代发展要求，深化政府采购制度改革，在财政部及省委、省政府的大力支持和指导下，我省全力推进政采云平台建设，旨在通过“制度+技术”集成创新，探索打造“公平、公正、公开”的政府采购云服务平台，推动政府采购治理数字化转型，为构建全国一体化政府采购云服务平台提供浙江经验。

政采云平台成功赋互联网能力予政府采购的交易和管理，更成为贯彻落实“放管服”改革实践的样板平台、助推政府治理数字化转型的创新试点平台，助推我省实现“阳光采购”“高效采购”“功能采购”“智能采购”四大成效。目前，政采云平台已被列入浙江省政府数字化转型首批21个重大项目之一，也是浙江省委推进“清廉浙江”建设的重要内容。

三、现有问题

虽然我省应用政采云平台取得了一定成效，但目前网上超市由各地分头建设及管理的模式，也带来了新的问题：

（一）各区划重复建设网上超市，供应商重复入围，与“放管服”和“最多跑一次”改革要求仍有一定距离；

（二）各区划网上超市招标准入、处理标准不统一，无法对供应商形成统一管理；

（三）区划交易量不集中，规模效应不明显，难以引进覆盖全国、全省的供应商；

（四）入围及时性低，无法有效激发市场活力；

（五）网上超市入围门槛较低，供应商质量良莠不齐，服务能力差距较大，供应商承诺服务范围缺乏验证手段；

（六）网上超市商品类目分布不均，重复商品数较多，部分商品无销量，商品质量无保障；

(七)供应商分散管理,难以对供应商诚信情况进行全面了解和监管,处罚结果难以全省共享;

(八)缺乏有效的监管工具,如比价系统、预警管控、诚信评价、满意度指数、政采云价格指数、采购单位分析报告等均未实现可用,背离了网上超市"宽进严管"的初衷。

四、建设目标

建设网上超市"全省一张网",目的是切实降低采购组织的管理成本,提升供应商服务质量,建立统一的商品标准体系,实现供应商库、商品库全省共享,简化业务流程,提升采购效率,激发市场活力,强化大数据分析应用,整合形成监管合力,打破各区划市场壁垒,形成"全省买货、货卖全省"的统一政府采购网上超市市场。

行业馆、主题馆有出台后续政策的,可参照适用。

五、建设框架和管理规则

(一)供应商入围及管理

1. 供应商入围

省级制定相应准入方案及管理规则,全省统一实施。供应商凡是满足准入条件的(尚在被限制加入期限内的供应商除外),可实时申请成为网超供应商,注册和审查常态化。入围由其注册所在地(以核发营业执照的市场监管部门为认定依据)的集中采购机构进行审核,浙江省外注册的供应商申请入围的,由省政府采购中心负责审核。

供应商以总公司名义申请入围的,可授权其各地分公司进行属地化服务,但总供应商应在其注册信息中对分公司信息进行维护,若供应商授权分公司进行供货(分公司提供关联关系证明材料),同一采购活动相关流程的参与主体必须保持一致。

2. 销售区划设置

供应商通过审核入围后,可根据自身实际情况,设定具体销售区划,并在其设定区划内进行供应商店铺及商品的展示。

3. 退出规则

供应商因自身原因或意愿主动申请退出的,需说明原因,经负责审查入围的集中采购机构同意后,方可退出,同时可限制其一定时间内无法重新加入。

根据《浙江省政府采购电子卖场采购管理暂行办法》及网上超市供应商入围合同规定,当供应商的违规(约)行为达到一定预警次数的,或诚信分值低于一定分值时,系统对供应商自动给予商品冻结或暂停供应商供货资格等处理,具体规则由省政府采购中心另行拟定。

(二)商品展示及管理

1. 商品目录

各地可根据实际需求情况,在网上超市平台已建立的类目基础上,选择本区划下商品类目的范围;政采云平台运行维护公司(以下简称"运维公司")负责按省财政厅确定的政府采购目录建设前台类目、后台类目及对应关系,确保目录全省统一,并按省财政厅要求设置网上超市限额标准。

上架商品应按照其对应的政策性质,通过网上超市打标的方式进行区分,如节能商品(系统应强制采购,限制同类非节能商品上架)、环保商品(系统应优先推荐)、有资产限额商品、集采采购目录商品等。

特殊类目商品可单独放入行业馆、主题馆中进行交易。

2. 商品展示

网上超市平台按照供应商设置的供货区划和商品类目对应展示商品,并应实现可按供应商、价格、诚信、销量等多个维度排序展示。

价格展示时,应根据供应商入围类型的不同,分类展示:具有市场价格参考意义的大型电商或行业电商,可通过自营平台价格与网上超市入围合同中约定优惠率的关系进行价格展示;无自营平台市场参考价格的供应商,取消自营平台及优惠率展示,供应商直接通过约定销售价格的方式进行价格展示。

3. 商品成交限制

采购人若采购资产限额标准以上商品的,按照区划政策不同,运维公司应提供两种产品功能供财政部门选择:一是不可采购;二是可采购但应说明理由并预警。

4. 平台提供的商品营销服务

运维公司应为供应商提供价格营销工具,供应商可自主按销售数量设置阶梯价并在前台展现。运维公司应通过系统功能,协助供应商实现对商品价格合理拆分,将商品价格、运费价格及服务价格单独展示,支持供应商根据采购人的需求上线特色服务,按店铺、类目、商品设置服务内容和服务价格,便于采购人进行比较和选择。

5. 商品管理

(1)搭建标准化商品库

通过商品类目、属性、填写规范的建立,规范商品发布,保证商品发布分类准确、主要参数信息必填、填写内容规范。

搭建 SPU 库,SPU 是标准化商品的信息单元,通过收集商品品牌、型号、技术参数等确定的商品信息并录入系统,供应商在发布商品时选择品牌、型号,技术参数等重要信息系统会默认填写,确保商品信息的全面、真实、准确、可靠。

(2)商品信息审核

运维公司尽快实现通过大数据分析、智能比对已完成对商品的有效管理。在此之前,运维公司提供商品巡检及价格审核管理等服务,协助集中采购机构进行管理。

(3)商品信息巡检

运维公司通过系统巡检,排查拦截禁止发布、主图破损、重要信息缺失等不规范的商品。通过巡检,排查下架类目错放、描述不符、虚假夸大宣传等不规范的商品。

(4)商品价格管理

加快设计开发"政采云价格指数",通过网上超市平台标准商品与其他平台的商品进行比价及限制高于政采云价格指数商品上架,确保政府采购领域规模采购的价格优势。供应商对政采云价格指数有异议的,可向运维公司申请核对。各级财政部门和集中采购机构应监督运维公司勤勉维护政采云价格指数,并可提出修正意见。

设计网上超市平台同款标准商品的比价功能，提高网上超市商品价格透明度。

周期性进行商品价格监测，给财政部门提供判断依据及标准。

(5)滞销商品管理

为了提升采购体验，对于60天没有成交且无编辑的商品设置预警功能，90天没有成交且无编辑的商品作自动下架处理，若供应商确认该商品仍有必要发布的，可以重新申请上架。

(三)网上超市运行监督、管理

1. 监督、管理依据

《浙江省政府采购电子卖场采购管理暂行办法》、政府采购领域相关法律法规、网上超市入围合同以及经批准的平台管理规则。

2. 监督、管理的分类和分工

违反平台管理规则：由运维公司进行处理，同时报审其入围的集中采购机构备案，全网生效。

违反入围合同规则(包括供应商入围协议、承诺等)：信息来源不涉及交易的，由审查其入围的集中采购机构进行处理；信息来源涉及交易的，由交易项目所在同级集中采购机构处理，涉及不同区划的，由省财政厅指定。

违反法律法规和有关规范性文件罚则：由同级财政部门处理。

3. 运维公司在举报和纠纷处理中的辅助职责

运维公司统一受理举报和纠纷申诉，并按前述分类分工分别送有关部门和机构处理。

涉及商品价格、质量的举报和纠纷，应集中采购机构和财政部门要求，运维公司应当出具专业辅助意见。

4. 诚信体系建设

运维公司加快全网统一的诚信体系建设及应用，实现对各政府采购主体政府采购违规(约)行为的诚信评价及预警功能，加强对各当事人的诚信约束。

六、实施时间

因贯彻落实“最多跑一次”改革需要，本方案于2019年2月19日起实施。

七、组织保障

各有关单位按照“省级定规则，省市县共建共管”和“平台负责产品开发和建设运维，集中采购机构负责供应商入围、商品管理及执行入围合同规则，财政部门负责监督管理”的原则，根据职能分工做好相关工作。

省财政厅：协调推进网上超市“全省一张网”工作；制定网上超市“全省一张网”实施方案；批准省政府采购中心拟定的“全省一张网”供应商准入、退出等统一合同规则；批准运维公司“全省一张网”平台管理规则；负责省本级网上超市交易监管，协调跨区划监管。

省政府采购中心：负责拟定网上超市“全省一张网”供应商准入、退出等统一合同规则；负责对注册地在省外的供应商入围及其商品管理并执行入围合同规则；负责对省本级交易违反入围合同规则的情形进行处理。

市县财政部门及集中采购机构：市县财政部门负责协调推进本级网上超市“全省一张网”工作，负责本级网上超市交易监管。市县集中采购机构负责注册地在本区域内供应商的入围及商品管理并执行入围合同规则，负责对本级交易违反入围合同规则情形的处理。

运维公司：负责网上超市“全省一张网”产品开发和建设运维，负责拟定网上超市“全省一张网”平台管理规则并执行，对商品上架、涉及价格、质量的举报和纠纷处理提供专业辅助。

浙江省金融业发展专项资金管理办法

浙财金〔2019〕14号 2019年3月1日

第一章 总 则

第一条 为规范专项资金管理，提高资金使用效益，增强金融服务实体经济能力，防范金融风险，根据《中华人民共和国预算法》和有关法律法规，制定本办法。

第二条 本办法所称浙江省金融业发展专项资金(以下简称“专项资金”)，由省级财政预算统筹安排，重点用于引导地方增加普惠金融基础设施，扶持金融产业发展，深化区域金融改革，加强金融风险防控，提高金融服务实体经济能力。

第三条 专项资金采用竞争性分配，由省财政厅、省地方金融监管局联合组织实施。专项资金原则上以三年为一周期，到期后，相关部门对专项资金进行周期综合评价，并根据周期综合评价结果，适时完善专项资金分配政策。

第四条 省财政厅负责专项资金预算安排、资金分配方案审核、资金下达、监督检查和指导地方金融监管部门开展绩效管理工作；省地方金融监管局负责制定竞争性分配方案，对资金使用情况进行事中事后监督检查和绩效管理。各市、县(市)地方金融监管部门、财政部门共同负责做好资金申报、资金使用，推动各项工作落实，促进绩效目标的实现。

第二章 资金申报与评审

第五条 省财政厅、省地方金融监管局根据经济金融发展情况确定专项资金规模、支持重点，并联合确定申报要求，下发申报通知文件。

第六条 专项资金分配以市、县(市)为单位。各市、县(市)地方金融监管部门、财政部门按照申报通知文件要求，联合行文上报申报材料。

第七条 省地方金融监管局、省财政厅按照省级财政资金竞争性分配程序要求，对各市、县(市)上报的材料组织专家进行评审。评审结果在省财政厅门户网站上公示 7 个工作日。

第八条 省地方金融监管局、省财政厅联合将拟扶持市、县(市)申报方案专家评审意见反馈至所在地地方金融监管部门、财政部门。拟扶持市、县(市)地方金融监管部门、财政部门应根据专家意见修改完善申报方案后,报省地方金融监管局、省财政厅备案。

第三章 资金分配、下达和使用

第九条 根据公示结果,省财政对纳入扶持范围的每个市、县(市)安排专项资金补助。

第十条 按照预算管理规定,省财政厅于当年 10 月 31 日前印发提前下达专项资金文件,获扶持市、县(市)财政部门应根据要求,将提前下达的资金列入下一年度本级财政预算。

省财政厅在年度预算经省人代会批准后 60 日内将专项资金下达到获得扶持的市、县(市)财政部门。

第十一条 纳入扶持范围的市、县(市)要按照本地申报方案确定的重点工作任务及绩效目标,研究制定工作开展的责任分工和年度计划方案,确保周期目标按计划如期完成。涉及重大方案调整的要及时书面报告。

第十二条 下达的专项资金,实行属地管理,获得扶持的市、县(市)应按照本办法规定的专项资金支持方向和文件通知要求,结合当地工作实际,统筹用于支持本地金融重点领域和重点工作推进。

第四章 绩效评价和监督检查

第十三条 省地方金融监管局会同省财政厅建立健全专项资金预算绩效管理制度,完善绩效目标管理,组织实施专项资金绩效评价。评价结果作为完善专项资金政策及预算资金分配的重要依据。

第十四条 绩效评价按照"谁使用、谁评价"的原则实施。各市、县(市)地方金融监管部门会同财政部门组织实施绩效目标申报、绩效监控和绩效评价等工作,建立健全专项资金使用管理、监督检查和跟踪问效制度,按规定要求使用专项资金,确保资金安全高效。

第十五条 获得资金扶持的市、县(市)财政部门、地方金融监管部门每年应当开展年度执行情况分析,并于次年 3 月 10 日前将年度执行情况分析报告上报省财政厅、省地方金融监管局备案。报告一般应包括实施方案进展情况和省级专项资金使用情况,其中:实施方案进展情况包括年度执行进度、绩效目标实现情况、存在问题和后续规划调整、实施建议等内容;省级专项资金使用情况包括上年度资金执行进度和本年度资金安排计划。

第十六条 参与申报的各市、县(市)地方金融监管部门、财政部门应对申报材料中的指标、数据的真实性负责,对申报过程中有弄虚作假行为的,一经查实,取消申报资格,且下一轮周期不得再申报。

第十七条 各级财政部门、地方金融监管部门、有关单位及其工作人员在专项资金申报和使用管理中,存在违反规定审批、分配、拨付、使用和管理资金,以及骗取、挤占、挪用和截留资金等其他违法违纪行为的,按照《中华人民共和国监察法》《中华人民共和国公务员法》《中华人民共和国预算法》和《财政违法行为处罚处分条例》等国家有关规定追究相应责任;涉嫌犯罪的,移送司法机关处理。

第五章 附 则

第十八条 本办法自 2019 年 3 月 21 日起施行,原《浙江省金融业发展专项资金管理办法》(浙财金〔2018〕6 号)同时废止。

浙江省促进企业融资奖励办法

浙财金〔2019〕20 号 2019 年 4 月 11 日

第一章 总 则

第一条 为引导金融机构加大对我省企业发行债务融资工具的支持力度,鼓励金融机构利用央行支小再贷款政策支持民营和小微企业融资,防范化解企业债务风险,助推我省经济高质量发展,制订本办法。

第二条 本办法所称债务融资工具,是指金融机构按照《银行间债券市场非金融企业债务融资工具管理办法》,为企业主承销、约定在一定期限内还本付息的债务融资工具。

第三条 本办法所称央行支小再贷款,是指中国人民银行按一定条件向金融机构发放的专门用于对民营和小微企业发放贷款的贷款。

第四条 省财政厅负责奖励资金预算管理,审定下达资金,并对资金使用情况进行监督。人行杭州中心支行负责金融机构债务融资工具主承销业务、支小再贷款业务的监测统计,并会同省财政厅、省地方金融监管局做好奖励资金的申报和审核工作。

第二章 奖励范围与标准

第五条 本办法奖励对象是具有债务融资工具主承销业务资格或使用央行支小再贷款资格的在浙金融机构一级分支机构或在浙法人金融机构。

第六条 对为我省企业发行债务融资工具提供主承销服务的金融机构,按以下标准进行奖励:

(一)金融机构为企业发行债务融资工具提供主承销服务,按年度累计发行额(以发行上市日为标准,下同)的一定比例进行奖励。

其中,对承销民营企业债务融资工具、绿色债务融资工具、双创债务融资工具、永续票据、资产支持票据、超过 1 年的长期限品种债务融资工具按照上述标准的 2 倍给予奖励。以上奖励不重复给予。

(二)两家金融机构为企业联合主承销债务融资工具的,按承销比例进行奖励。

第七条 对金融机构创设信用风险缓释工具且不需要政策性担保机构提供反担保,实际成交金额超过1亿元(含)的,按照每个项目30万元给予奖励;对实际成交金额5000万元(含)—1亿元的,按照每个项目20万元给予奖励;实际成交金额2000万元(含)—5000万元的,按照每个项目10万元给予奖励。

第八条 对使用央行支小再贷款发放民营和小微企业贷款平均年化贷款利息不高于支小再贷款借用利率3个百分点的金融机构,按不超过再贷款使用金额的0.5%比例给予贴息性奖励。

第三章 资金申报与审核拨付

第九条 各金融机构以一级分支机构或法人机构为单位,对本机构在上年度主承销的债务融资工具、创设信用风险缓释工具、使用央行支小再贷款发放民营和小微企业贷款情况进行认真统计核实并提出资金奖励申请。申请材料一式3份,按下述要求分送财政局、人民银行、地方金融监管局(金融办)各1份:

(一)在杭金融机构一级分支机构或法人金融机构,于每年3月底前向省财政厅、人行杭州中心支行、省地方金融监管局提出申请。

(二)非在杭金融机构一级分支机构或法人金融机构,于每年3月10日前向所在地财政局、人民银行、地方金融监管局(金融办)提出申请。当地人民银行、地方金融监管局(金融办)、财政局审核后形成初审意见,并以联合发文形式于每年3月底前报省财政厅、人行杭州中心支行、省地方金融监管局,金融机构的申报材料随文一并报送。

第十条 金融机构申请债务融资工具奖励资金应提交的材料:

(一)金融机构直接债务融资奖励资金申请表(附件1);

(二)主承销债务融资工具明细表(附件2);

(三)发行企业在中国货币网上发布的债券发行公告。

第十一条 金融机构申请创设信用风险缓释工具奖励资金应提交的材料:

(一)创设信用风险缓释工具奖励资金申请表(附件3);

(二)信用风险缓释工具创设情况公告。

第十二条 金融机构申请使用央行支小再贷款发放民营和小微企业贷款奖励资金应提交的材料:

(一)央行支小再贷款发放民营和小微企业贷款奖励资金申请表(见附件4);

(二)当地人民银行、地方金融监管局(金融办)、财政局要求的其他材料。

第十三条 人行杭州中心支行会同省财政厅、省地方金融监管局对金融机构奖励资金申报材料进行审核,确定奖励对象及金额。

第十四条 根据审核结果,省财政厅将奖励资金直接拨付到相关金融机构。对非在杭金融机构一级分支机构或法人金融机构,省财政厅将资金拨付文件抄送当地财政局。

第四章 监督管理

第十五条 金融机构应在收到奖励资金3个月内将资金使用情况以及本机构支持企业融资情况,以书面报告形式上报省财政厅、人行杭州中心支行、省地方金融监管局。

第十六条 人行杭州中心支行会同省财政厅、省地方金融监管局建立健全奖励资金预算绩效管理制度,完善绩效目标管理,组织实施奖励资金绩效评价,评价结果作为完善奖励资金政策及奖励资金分配的重要依据,切实提高财政资金使用效益。

第十七条 金融机构应加强主承销项目的后续管理,督促企业按期兑付债务。对所承销的项目出现未按期兑付的,扣除该项目财政奖励金额;不积极配合开展债券违约处理的,取消金融机构当年奖励资格。

第十八条 各部门、有关单位及其工作人员在资金申报和使用管理中,若存在违反规定审批、分配、拨付、使用和管理资金,以及骗取、挤占、挪用和截留资金等其他违法违纪行为,按照《中华人民共和国监察法》《中华人民共和国公务员法》《中华人民共和国预算法》和《财政违法行为处罚处分条例》等国家有关规定追究相应责任;涉嫌犯罪的,移送司法机关处理。

第五章 附 则

第十九条 本办法所称"我省""在浙"范围不包含宁波。

第二十条 本办法由省财政厅会同人行杭州中心支行、省地方金融监管局负责解释。

第二十一条 本办法自2019年5月11日起施行,原《浙江省直接债务融资奖励暂行办法》(浙财金〔2012〕72号)同时废止。

浙江省科学普及和学术智力专项扶持资金管理办法

浙财科教〔2019〕34号 2019年6月4日

第一章 总 则

第一条 为加强我省科学普及和学术智力活动专项扶持资金分配、使用管理,提高财政资金使用效益,促进我省科学普及、学会(协会、研究会、促进会,以下简称"学会")学术发展和智力引进等工作,根据《中华人民共和国预算法》《中华人民共和国科学技术普及法》及省院士专家工作站建设发展规划等规定,结合我省实际,特制定本办法。

第二条 浙江省科学普及和学术智力活动专项扶持资金(以下简称"专项资金")是指由省级财政预算安排或中央授权省级统筹安排,用于支持我省科学普及、科技场馆建设、学会学术发展、智力引进等的专项资金。专项资金实行滚动预算,原则上以三年为一周期,进行周期综合评价,视绩效评价和监督检查情况进行动态调整。

第三条 专项资金由省财政厅会同省科协按照职责分工共同管理。省财政厅主要负责专项资金的预算管理和资金拨付,会同省科协开展专项资金监督检查。省科协负责专项项目管理,建立项目库,组织项目评审,提出专项资金分配建议方案,细化编制年度专项资金预算。省科协会同省财政厅开展专项资金预算绩效管理。

第四条 专项资金分配遵循公开透明、公平公正、绩效导向、科学规范的原则。

第二章 支持对象和范围

第五条 专项资金支持对象是浙江省境内(不含宁波,下同),具有独立法人资格的高校、科研院所、科技场馆、学会、科普教育基地、媒体及出版单位、院士专家工作站、企业、科技中介服务机构、其他具备科技创新服务能力的单位,以及市、县(市、区)科协。公开招标等特殊项目和中央另有规定的支持对象视实际需要确定,具体由省科协商省财政厅明确。

第六条 专项资金的支持范围包括:

围绕"服务科技工作者、服务创新驱动发展战略、服务公民科学素质提高、服务党委政府科学决策的能力明显加强"职能定位,根据我省制定的中长期科技规划纲要、全民科学素质工作、院士专家工作站建设规划以及省委、省政府确定的年度重点工作部署确定。

(一)服务科技创新及科学素质提升

支持我省学会、科普教育基地等组织开展学术交流、科技与智库服务、科学普及、人才培养和能力提升等。

1. 学术交流。包括搭建不同形式、不同层次学术交流平台,开展形式多样的学术活动,促进学科发展,推动省内科技期刊繁荣与发展。

2. 科技与智库服务。包括实施创新驱动助力工程,开展技术推广、科技攻关、成果转化、人才引进、项目合作等活动和科技中介服务。围绕我省中心工作和重大发展战略,开展科学论证和课题研究,提供对策建议和决策咨询服务。

3. 科学普及。包括引导和支持各类科普主体兴办科普事业,开展科普理论研究、资源创作、科普活动、基础设施建设、科学素质提升、科学传播、技术推广等合作项目和服务。

4. 人才培养。通过育才工程举荐和培养青年科技人才,为建设人才强省提供人力支持。

5. 能力提升。包括支持学会提高承接政府转移职能的能力,提供形式多样的社会化服务。

(二)院士专家工作站建设

支持省级院士专家工作站(以下简称"省级站")建设、开展院士行业科技战略咨询项目等,为"创新强省"提供高端智力支持。

1. 新认定省级站补助。对认定一年以上的市级院士专家工作站,或与院士专家团队签订协议满一年的省属单位,在战略决策咨询、关键技术攻关、科技成果推广、创新人才集聚和培养等方面取得了明显成效后,经公开择优程序评审认定的省级站。

2. 省级站绩效考核优秀奖补。经过三年周期性考核的省级站在战略决策咨询、关键技术攻关、科技成果推广、创新人才集聚和培养等方面取得了显著成效,经评审确定为"优秀"等次的省级站。

3. 院士行业科技战略咨询项目。经评审确定的、由院士领衔、对我省产业和行业技术起到引领作用的科技战略咨询项目,主要包括围绕我省发展战略,组织开展战略决策咨询活动;主动设计或承接与我省产业紧密相关的高水准国内外学术交流和产业技术研讨;根据各地产业发展需要,组织专题性院地对接等活动。

(三)基层科普行动计划

基层科普行动计划中央补助,主要支持市、县(市、区)科普服务乡村振兴、公民科学素质提升、区域科普场所设施及科普示范体系建设等,重点支持承担中国科协、省科协工作试点及其他科普活动工作成效显著的地区。

(四)科技馆免费开放

科技馆免费开放中央补助,对经中国科协、中宣部、财政部确定的免费开放科技馆,主要支持其免费开放工作。

第三章 支持、分配方式和资助标准

第七条 专项资金主要采取前补助(无偿资助)、后补助(无偿资助、绩效奖补)等支持方式,具体支持方式根据项目属性确定。采用前补助方式支持的专项项目资金,主要实行公开竞争方式分配(择优遴选,下同);采用后补助方式支持的专项项目资金,按照因素法或公开竞争方式分配。

积极鼓励学会等单位通过政府购买服务方式参与承接科技创新及科学素质提升等服务项目。

第八条 专项资金分配方式及资助标准如下:

(一)服务科技创新及科学素质提升

以绩效目标作为服务科技创新及科学素质提升资金分配的依据,引入竞争机制,实行项目制管理。其中:产业发展类项目按照效率优先的原则,集中财力支持学会引导和服务优势产业、制造业企业的创新发展;公共事业类项目按照公平择优的原则,突出需求导向和应用导向,支持学会促进科技成果惠及民生,服务社会公益事业的发展。支持通过动员各类社会力量积极参与科普事业,提高科普工作社会化水平,培育科普活动品牌和专业科普人才,共建共享科普资源,推动科普工作理论研究和科普工作创新发展,实现科学普及。根据财力和不同类别项目给予一次性资助5—50万元。

(二)院士专家工作站建设

经评审认定为省级站的建站单位,每家给予一次性建设资助50万元;在省级站三年周期性绩效考核中,考核等次为"优秀"的建站单位("优秀"比例控制在30%以内),每家给予一次性奖补20万元;院士行业科技战略咨询项目每年遴选10个左右,每项给予一次性资助 20~50 万元。

(三)基层科普行动计划

基层科普行动计划每年根据重点工作安排,遴选 20 个县(市、区)落实。基层科普行动计划中央补助资金实行"因素法"分配,主要因素包括组织建设工程(50%)、创新服务能力(40%)和科普活动(10%)。

某市县补助额=∑该市县各项因素得分÷列入补助范围市县总得分×中央补助资金

(四)科技馆免费开放

科技馆免费开放中央补助资金实行"因素法"分配,主要因素包括常设展厅面积(20%)、常设展厅年观众量(40%)、科技馆级别(20%)和年度工作成效(20%)。科技馆级别因素满分为 1.5 分,其中:省级为 1.5 分,较大市级(省会、计划单列市)0.7 分,其他市级 0.5 分,县级 0.3 分;年度工作成效因素满分为 2 分,其中:好为 2 分,较好 0.8 分,一般 0.5 分。

某科技馆补助额=∑该科技馆各项因素得分÷列入补助范围科技馆总得分×中央补助资金

在发展和执行过程中,财政部、中国科协、省委、省政府有其他要求的,由省科协商省财政厅对基层科普行动计划、科技馆免费开放补助分配因素及权重作适当调整。

第四章 公开竞争分配方式

第九条 服务科技创新及科学素质提升资金、院士专家工作站建设资金,由省科协会同省属有关部门根据实施目标和要求,提前一年在省科协门户网站公开发布年度政府支持项目申报通知,明确政府支持项目申报要求、截止时间和申报程序。

(一)服务科技创新及科学素质提升资金。通过政府采购确定有能力承接项目的高校、科研院所、科技场馆、学会、科普教育基地、媒体及出版单位、院士专家工作站、企业、科技中介服务机构、其他具备科技创新服务能力的单位。主要程序如下:

1. 省科协每年向社会公开征集科技需求,经形式审查、专家评审拟定采购项目候选清单。

2. 经省科协研究确定采购项目清单。

3. 公开发布采购项目清单,通过政府采购方式确定项目承接单位。

(二)院士专家工作站建设资金。在省院士专家工作站建设协调小组指导下进行,由省院士专家工作站建设协调小组办公室(以下简称"协调小组办公室")具体负责。主要申报流程如下:

1. 申报推荐。协调小组办公室发布申报通知,由符合申报条件的单位自愿申报,经各市委人才办、科协初审后上报协调小组办公室。省属单位经主管单位初审同意后可直接申报。

2. 形式审查。协调小组办公室负责对申报材料进行形式审查并提出初审意见,对三年周期性绩效考核进行初审评分。

3. 专家评审。协调小组办公室组织相关专家对候选单位、候选项目进行评审打分。

4. 批准认定。协调小组办公室会议综合初审、专家评审得分、区域及行业分布等情况讨论产生拟认定省级站、绩效考核"优秀"省级站、拟支持院士行业科技战略咨询项目名单。名单公示 7 个工作日,公示期满无异议的,发文公布。

第五章 专项资金预算审批及下达

第十条 省科协会同省属有关部门按照专项资金设立目标和竞争性分配要求,建立跨年度项目库、细化项目预算;并按照《中华人民共和国预算法》和部门预算管理要求,及时将专项资金预算需求、绩效目标及细化项目报省财政厅审核。

其中:对省级财政预算安排专项资金,承担(奖补,下同)单位为省属预算单位的,项目资金预算纳入该单位年度预算,省部属非预算单位的纳入省科协部门年度预算后转拨;市县单位专项项目资金纳入省科协部门转移支付专项清单管理。对中央授权省级统筹安排专项资金,按照财政部相关要求办理。

第十一条 省财政厅按照部门预算管理、集中财力办大事财政政策体系、专项资金设立目标等要求,对申报不规范、绩效目标不明确、立项理由不充分的项目资金预算,退回单位重新编报,对重新编报后仍不符合上述要求的单位,核减其项目资金预算,以切实提高专项资金项目预算编制质量、提高财政资金使用绩效。

第十二条 对省级财政预算安排专项资金,经省人大批准后,省财政厅二十日内批复专项资金预算并同时批复绩效目标,六十日内由省财政下达到有关市、县(市)财政。对中央授权省级统筹安排专项资金,按照财政部相关要求办理。市、县(市、区)财政部门在收到转移支付资金预算后,三十日内会同同级科协,将政府支持项目资金及时拨付到项目承担单位。

第六章 专项项目资金使用

第十三条 服务科技创新及科学素质提升资金按照经费预算有关规定使用;院士专家工作站建设资金用于省级站资源建设、成果转化对接活动和工作经费,不得用于和个人相关的劳务、奖金、福利开支;院士行业战略咨询项目补助资金比照省哲学社会科学研究项目资金管理、使用并列支。

第十四条 按照财政部、中国科协有关规定,基层科普行动计划中央补助资金,由市、县(市、区)统筹用于科普服务乡村振兴战略、公民科学素质提升、区域科普场所设施及基层科普示范体系建设等方面;科技馆免费开放中央补助资金,主要用于弥补科技馆免费开放门票收入减少,可用于日常运行保障增量、展品更新、绩效考核奖励等方面开支。

第七章 绩效管理和监督检查

第十五条 省科协应会同省财政厅建立健全专项资金预算绩效管理制度,完善绩效目标管理,专项资金实施周期终了,组织实施专项资金绩效评价,评价结果作为完善专项资金政策及预算资金分配的重要依据。根据专项资金项目管理和实施情况,市、县(市、区)科协应会同同级财政部门组织实施专项资金项目绩效目标申报、绩效监控和绩效评价等工作,及时了解专项资金的使用和效益情况,实行绩效考核,切实提高财政资金使用效益。

专项资金项目绩效评价结果应作为项目承担单位后续项目支持的重要依据。对绩效评价优秀的,在后续项目支持中给予倾斜。

第十六条 政府支持项目资金必须专款专用,任何组织或个人不得虚报、套取、冒领、贪污、挪用、截留。项目承担单位应依法主动接受财政、审计、纪检监察、科协等部门的审计与监督。对违规使用项目资金的,主管部门要督促整改。对以弄虚作假等手段套取骗取项目资金以及挤占挪用项目资金等违法违规行为的,按照《中华人民共和国预算法》《财政违法行为处罚处分条例》等有关法律法规查处并追回项目资金。涉嫌犯罪的,依法移送司法机关处理。

第十七条 各级财政、科协、相关行政主管部门、单位及其工作人员在专项资金管理工作中,存在滥用职权、玩忽职守、徇私舞弊等违法违纪行为的,按照《中华人民共和国预算法》《中华人民共和国公务员法》《中华人民共和国监察法》《财政违法行为处罚处分条例》等有关规定追究有关责任单位和人员的责任;涉嫌违纪违法的,移送纪检监察机构和司法机关处理。

第八章 附 则

第十八条 本办法自2019年7月15日起施行。此前发布的相关管理办法中规定与本办法不一致的,以本办法规定为准。《浙江省财政厅 浙江省科学技术协会关于印发浙江省院士专家工作站建设专项资金管理办法的通知》(浙财教〔2012〕129号)、《浙江省财政厅 浙江省科学技术协会关于印发浙江省科学普及和学术智力活动专项扶持资金管理办法的通知》(浙财教〔2014〕199号)、《浙江省财政厅 浙江省科学技术协会关于印发浙江省学会服务科技创新及科学素质提升专项资金管理办法的通知》(浙财教〔2016〕23号)同时废止。

浙江省就业补助资金管理办法

浙财社〔2019〕40号 2019年7月4日

第一章 总 则

第一条 为落实国家和我省各项就业创业政策,规范就业补助资金管理,提高资金使用绩效,根据《财政部 人力资源社会保障部关于印发〈就业补助资金管理办法〉的通知》(财社〔2017〕164号)、《浙江省人民政府关于支持大众创业促进就业的意见》(浙政发〔2015〕21号)、《浙江省人民政府关于做好当前和今后一段时期就业创业工作的实施意见》(浙政发〔2017〕41号)、《浙江省人民政府关于做好当前和今后一个时期促进就业工作的实施意见》(浙政发〔2018〕50号)等有关规定,制定本办法。

第二条 就业补助资金是由县级以上人民政府设立,由财政部门会同人力资源和社会保障部门(以下简称人力社保部门)管理,通过一般公共预算安排用于加强基本公共就业服务以促进就业创业的专项资金。

基本公共就业服务是中央、省与市县共同财政事权,由中央、省与市县共同承担就业补助资金的支出责任。

失业保险基金促进就业经费的使用管理仍按《浙江省人力资源和社会保障厅 浙江省财政厅关于扩大失业保险基金支出范围试点有关问题的通知》(浙人社发〔2012〕282号)等相关文件规定执行。国家有新规定的,按新规定执行。

第三条 就业补助资金管理应遵循以下原则:

(一)注重普惠,重点倾斜。落实国家和省普惠性的就业创业政策,重点支持就业困难群体就业创业,适度向财力薄弱、就业工作任务重的地区倾斜,促进各类劳动者公平就业,推动地区间就业协同发展。

(二)奖补结合,激励相容。优化机制设计,奖补结合,充分发挥各级政策执行部门、政策对象等积极性。

(三)易于操作,精准效能。提高政策可操作性和精准性,加强监督与控制,以绩效导向、结果导向强化就业补助资金管理。

第二章 资金支出范围

第四条 就业补助资金分为对个人和单位的补贴、公共就业服务能力建设补助两类。对个人和单位的补贴资金主要用于职业培训补贴、职业技能鉴定补贴、社会保险补贴、岗位补贴、就业见习补贴、求职创业补贴、创业补贴等支出;公共就业服务能力建设补助资金主要用于就业创业服务补贴和高技能人才培养补助等支出。

已享受财政或失业保险基金同类(类似)项目资金补贴的,不得重复享受就业补助资金补贴。

第五条 职业培训补贴主要用于以下方面:

(一)就业技能培训补贴。对法定劳动年龄内有就业要求和培训愿望且履行就业失业登记义务的城乡劳动者到定点培训机构参加就业技能培训并取得国家职业资格证书(或职业技能等级证书、专项职业能力证书,下同)的,给予就业技能培训补贴。

就业技能培训补贴标准按《培训工种(专项能力)和补贴标准目录》规定执行,各地发布的重点产业职业培训需求指导目录内的职业培训,可适当提高补贴标准。

(二)岗位技能培训补贴。对签订1年以上期限劳动合同的企业新录用人员,于签订劳动合同之日起1年内参加由企业依托所属培训机构或定点培训机构开展的岗位技能培训,并取得职业资格证书的,给予岗位技能培训补贴。岗位技能培训补贴标准按当地确定的培训补贴标准或企业实际发生的合理培训成本的一定比例确定,具体由各级人力社保部门商财政部门确定。对小微企业新招用毕业2年以内的高校毕业生并自招用起6个月内开展岗前技能培训的,补贴标准可上浮20%。

(三)创业培训补贴。对法定劳动年龄内有创业要求和培训愿望的城乡劳动者和在校大学生参加创业培训并取得创业培训合格证书的，给予创业培训补贴。创业培训补贴标准由各级人力社保部门商财政部门确定。

（四）项目制培训补贴。各级人力社保、财政部门可通过项目制方式，向政府认定的培训机构整建制购买就业创业培训项目，为化解过剩产能企业失业人员、建档立卡贫困劳动力免费提供就业创业培训。对承担项目制培训任务的培训机构，给予项目制培训补贴。项目制培训补贴标准由各级人力社保部门商财政部门确定。

（五）劳动预备制培训补贴。对为城乡未继续升学的应届初高中毕业生参加就业技能培训或创业培训垫付劳动预备制培训费的培训机构，给予劳动预备制培训补贴。其中农村学员和城市低保家庭学员参加劳动预备制培训的，同时给予生活费补贴。劳动预备制培训补贴及生活费补贴标准由各级人力社保部门商财政部门确定。

（六）企业新型学徒制培训补贴。对以"招工即招生、入企即入校、企校双师联合培养"为主要内容，采取"企校双制、工学一体"的培养模式培养技能人才的企业，给予企业新型学徒制培训补贴。企业新型学徒制培训补贴标准由各级人力社保部门商财政部门确定。

上述各类职业培训补贴每人每年可享受不超过 3 次，但同一职业同一等级不可重复享受。

第六条 职业技能鉴定补贴。对通过初次职业技能鉴定并取得职业资格证书的城乡劳动者，给予职业技能鉴定补贴。职业技能鉴定补贴标准由各级人力社保、财政部门根据不同职业（工种）的技能鉴定收费标准制定。各地发布的重点产业职业培训需求指导目录内的职业培训，可适当提高补贴标准。

第七条 社会保险补贴主要用于以下方面：

（一）就业困难人员社会保险补贴。对用人单位招用就业困难人员并按规定签订劳动合同和缴纳社会保险费的、公益性岗位安置就业困难人员并按规定缴纳社会保险费的、就业困难人员实现灵活就业并按规定缴纳社会保险费的，给予就业困难人员社会保险补贴。用人单位招用和公益性岗位安置就业困难人员社会保险补贴标准为其为就业困难人员实际缴纳的基本养老保险费、基本医疗保险费和失业保险费（以下简称"社会保险三费"）之和；就业困难人员灵活就业社会保险补贴标准为不超过其实际缴费的 2/3。就业困难人员社会保险补贴期限，除对距法定退休年龄不足 5 年的人员可延长至退休外，其余人员最长不超过 3 年（以初次核定其享受社会保险补贴时年龄为准）。

（二）高校毕业生社会保险补贴。对小微企业新招用毕业 2 年以内高校毕业生、与其签订 1 年以上劳动合同并为其缴纳社会保险费的，和毕业 2 年以内的高校毕业生实现灵活就业、在公共就业人才服务机构办理实名登记并依法缴纳社会保险费的，给予高校毕业生社会保险补贴。小微企业新招用高校毕业生社会保险补贴标准为其为高校毕业生实际缴纳的社会保险三费之和，补贴期限不超过 1 年；高校毕业生灵活就业社会保险补贴标准为不超过其实际缴费的 2/3，补贴期限不超过 3 年。

（三）员工制家政服务企业社会保险补贴。对符合条件的员工制家政服务企业与家政服务员签订劳动合同并在合同期限内的，给予员工制家政服务企业社会保险补贴。员工制家政服务企业社会保险补贴标准为企业为家政服务员实际缴纳的社会保险三费之和的 50%，补贴期限不超过 3 年。

（四）一次性创业社会保险补贴。对在校大学生和毕业 5 年以内高校毕业生、登记失业半年以上人员、就业困难人员、自主择业军转干部和自主就业退役士兵、持证残疾人（以下统称重点人群）创办个体工商户（含经认定的网络创业，民办非企业单位等，下同）或企业，自工商登记注册之日起正常经营并依法缴纳社会保险费 1 年以上的，给予一次性创业社会保险补贴。一次性创业社会保险补贴标准不超过 5000 元。从事农村电子商务创业的，补贴标准可上浮 20%。

第八条 岗位补贴。主要用于以下方面：

（一）公益性岗位补贴。对在公益性岗位安排就业困难人员、就业困难或困难家庭高校毕业生就业的单位，给予公益性岗位补贴。公益性岗位补贴标准参照当地最低工资标准，补贴期限除对距法定退休年龄不足 5 年的人员可延长至退休外，其余人员最长不超过 3 年（以初次核定其享受公益性岗位补贴时年龄为准）。

（二）高校毕业生就业岗位补贴。对毕业 2 年以内的高校毕业生到中小微企业就业，签订 1 年以上劳动合同、依法缴纳社会保险费且工资低于当地上年度全社会在岗职工平均工资的，在劳动合同期限内可给予高校毕业生就业岗位补贴。高校毕业生就业岗位补贴标准由各地人力社保部门会同财政部门确定，补贴期限不超过 3 年。

第九条 就业见习补贴。主要用于以下方面：

（一）见习基本生活补贴。对见习基地吸纳离校 2 年内未就业高校毕业生和 16—24 岁登记失业青年参加就业见习，并给予见习人员不低于当地最低工资标准的生活补助的，给予见习基本生活补贴。见习基本生活补贴标准不低于当地最低工资标准的 60%，补贴期限最长不超过 12 个月。对被评为省级见习示范基地或见习人员见习期满留用率达到 50% 以上的单位，可适当提高补贴标准。

（二）综合商业保险补贴。对见习基地为见习人员购买综合商业保险的，给予综合商业保险补贴。综合商业保险补贴标准由各级人力社保部门商财政部门确定。由政府统一购买综合商业保险的，不再给付综合商业保险补贴。

（三）见习期养老保险费补贴。对见习基地招（聘）用见习人员并缴纳见习期养老保险费（个人缴费部分除外，下同）的，给予见习期养老保险费补贴。见习期养老保险费补贴标准为见习基地为见习人员实际缴纳的见习期养老保险费。

第十条 求职创业补贴。对在毕业年度有就业创业意愿并积极求职创业的低保家庭、贫困残疾人家庭、建档立卡贫困家庭中的高校毕业生，孤儿、残疾及获得国家助学贷款的高校毕业生，给予求职创业补贴。求职创业补贴标准为每人3000元。省部属高校求职创业补贴由高校所在地市级财政列支，省财政在下达就业补助转移支付资金时作为因素给予体现。存在身份重叠的毕业生，只能按一种身份申领。

第十一条 创业补贴。主要用于以下方面：

（一）一次性创业补贴。对初次创业的重点人群，给予一次性创业补贴。一次性创业补贴条件和标准由各级人力社保部门商财政部门确定。

（二）创业带动就业补贴。对重点人群创办个体工商户或企业带动就业并依法缴纳社会保险费1年以上的，给予创业带动就业补贴。创业带动就业补贴标准为：带动3人就业的，给予每年2000元；带动超过3人就业的，每增加1人再给予1000元。每年总额不超过2万元，补贴期限不超过3年。重点人群从事农村电子商务创业的，标准可上浮20%。

（三）创业孵化补贴。创业孵化基地和创业孵化企业提供创业孵化服务的，可按实际成效给予创业孵化补贴。创业孵化补贴条件和标准由各级人力社保部门商财政部门确定。

第十二条 就业创业服务补贴。对人力资源市场信息网络建设、基层公共就业服务机构承担的免费公共就业服务，公共就业创业服务机构及其与高校开展的招聘活动和创业大赛、创业宣传等创业服务，人力资源服务机构等市场主体参与的政府部门组织的省际对口劳务协作和省内劳动力余缺调剂服务、企业开展的政府部门组织的用工监测等，可按规定给予就业创业服务补贴。就业创业服务补贴可按规定给予补贴或由县级以上财政、人力社保部门按政府购买服务相关规定，以向社会购买基本就业创业服务成果的方式支付，具体标准由各级人力社保部门商财政部门确定。

第十三条 高技能人才培养补助。重点用于高技能人才培训（实训）基地建设和技能大师工作室建设等支出。

第十四条 其他支出。指经省人民政府批准或经市、县（市、区）人民政府批准并报省人力社保厅、省财政厅备案，符合中央及我省相关管理规定，确需新增的项目支出。

第十五条 《浙江省人力资源和社会保障厅等6部门关于进一步加强流动人口就业管理服务工作的通知》（浙人社发〔2014〕26号）规定的招用欠发达地区农村劳动力就业岗位补贴，《浙江省人民政府关于支持大众创业促进就业的意见》（浙政发〔2015〕21号）规定的创业场地租金补贴、从事涉农销售和服务的电子商务企业招用高校毕业生社会保险补贴、在村级电子商务服务站服务一次性创业社保补贴、到村级电子商务服务站就业社会保险补贴和岗位补贴、困难家庭和就业困难高校毕业生临时生活补贴、优秀创业项目资助、全省创业大赛优胜奖励，《中共浙江省委办公厅　浙江省人民政府办公厅印发关于进一步引导和鼓励高校毕业生到基层工作的实施意见的通知》规定的到养老、家政服务和现代农业企业就业岗位补贴、初次创办养老、家政服务和现代农业企业一次性创业补贴、创业大赛奖励、优秀创业者能力提升培训补贴、安家补贴，《浙江省人民政府关于做好当前和今后一段时期就业创业工作的实施意见》（浙政发〔2017〕41号）规定的创业孵化示范基地奖补、吸纳建档立卡贫困家庭劳动力和低收入农户成员就业补贴、就业见习指导管理费用、村（社区）公共就业创业服务平台（窗口）补贴，《浙江省人民政府关于做好当前和今后一个时期促进就业工作的实施意见》（浙政发〔2018〕50号）规定的就业困难人员和零就业家庭成员参加就业技能培训和创业培训期间的生活费补贴、生活困难的失业人员临时生活补助，《浙江省农业厅等3部门关于做好大学毕业生从事现代农业相关政策衔接落实工作的通知》（浙农技发〔2018〕11号）规定的高校毕业生从事现代农业岗位补贴，《浙江省人力资源和社会保障厅等3部门关于进一步推进东西部扶贫劳务协作的通知》（浙人社发〔2018〕124号）规定的吸纳贫困人员就业社会保险补贴、吸纳对口地区贫困人员就业岗位补贴等相关补贴，所需资金可从就业补助资金中列支，其他本通知未列入、但省级以上文件有规定的补贴项目，按其规定执行；补贴标准和享受条件无具体规定的，由各地结合当地实际确定。

第十六条 各项就业补助资金的具体标准在符合上述规定的基础上，由各级人力社保部门商财政部门确定。各地要严格控制就业创业服务补贴的支出比例，原则上不得超过就业补助资金支出总额的20%。

第十七条 就业补助资金严格按照规定的范围、标准和程序使用，各地不得自行在就业补助资金中增设未经批准的其他支出项目。就业补助资金不得用于以下支出：

（一）办公用房建设支出；

（二）职工宿舍建设支出；

（三）购置交通工具支出；

（四）发放工作人员津贴补贴等支出；

（五）“三公”经费支出；

（六）普惠金融项下创业担保贷款（原小额担保贷款，下同）贴息、奖补及补充创业担保贷款基金相关支出；

（七）部门预算已安排支出；

（八）法律法规禁止的其他支出。

银行手续费、银行票据工本费、异地支付邮寄费等与经办业务有关的经费支出，应在部门预算中足额安排，不得从就业补助资金中支出。

个人、单位按照本办法申领获得的补贴资金，具体用途可由申请人或申请单位确定，不受本条规定限制。

第十八条 各级人力社保、财政部门应当进一步优化业务流程，积极推进网上申报、网上审核、联网核查，各类补贴的申请材料以省人力社保厅公布“最多跑一次”事项相关文件为准。对个人的补贴，经人力社保部门审核后，按规定支付到申请者本人的社会保障卡或个人银行账户；对培训机构、企业、社会组织等单位或单位代个人申请的补贴，经人力社保部门审核后，按规定拨付到单位在银行开设的基本账户。

第十九条 就业补助资金的支付，按财政国库管理制度相关规定执行。

第三章 资金分配与下达

第二十条 中央下达的就业补助资金与省级安排的就业补助转移支付资金，实行以因素法分配为主、项目法分配为辅的分配办法。

第二十一条 实行因素法分配的因素包括基础因素、资金因素和绩效因素三类，原则上以上一年度的决算数据和相关工作成效作为分配依据。每年分配资金选择的因素、权重、方式及增减幅上下限，可根据年度就业整体形势和工作任务重点适当调整。

第二十二条 公共就业服务能力建设补助资金中的高技能人才培养补助资金，实行项目法分配。具体项目包括：高技能人才公共实训基地建设项目、技能大师工作室项目。

第二十三条 省财政厅会同省人力社保厅于每年10月31日前将下一年度省级就业补助转移支付资金预计数下达各地；次年省人民代表大会审查批准省级预算后30日内正式下达各地；每年收到中央财政就业补助资金后30日内下达各地。相应的绩效目标由省人力社保厅会同省财政厅随预算一并分解下达。

第二十四条 省级安排的就业补助资金实施期限原则上为三年，到期后，根据总体绩效评价结果，适时调整实施期限和分配政策。

第四章 资金管理与监督

第二十五条 各级财政、人力社保部门应当建立健全财务管理规章制度，强化内部财务管理，优化业务流程，加强内部风险防控。

各级人力社保部门应当建立和完善就业补助资金发放台账，做好就业补助资金使用管理的基础工作，有效甄别享受补贴政策人员和单位的真实性，防止出现造假行为。落实好政府采购等法律法规的有关规定，规范采购行为。形成固定资产的，按照固定资产管理规定执行。加强信息化建设，将享受补贴人员、项目补助单位、资金标准、预算安排和执行等基础管理数据统一纳入全省就业创业和失业保险管理信息系统，并加快实现与财政部门的信息共享。

第二十六条 各级财政部门应当加快资金拨付进度，减少结转结余。人力社保部门要按照本办法规定积极推动落实就业创业扶持政策，确保资金用出成效。

第二十七条 各地要建立完善科学规范的绩效评价指标体系，积极推进就业补助资金的绩效管理。各级人力社保部门要对本地区就业补助资金的绩效目标实现情况开展绩效监控，并在预算年度结束后开展绩效自评。各级财政部门根据工作需要适时对就业补助资金开展重点绩效评价，评价结果作为完善就业创业政策和调整就业补助资金支出结构的重要依据。

第二十八条 各地要将就业补助资金管理使用情况列入重点监督检查范围，有条件的地方，可聘请具备资质的社会中介机构开展第三方监督检查，自觉接受审计等部门的检查和社会监督。

第二十九条 各地应当按照财政预决算管理的总体要求，做好年度预决算工作。

第三十条 各级人力社保、财政部门应当按照各自职责做好信息公开工作，通过当地媒体、部门网站等向社会公开年度就业工作总体目标及完成情况。

各级人力社保部门应建立健全就业补助资金使用情况公告公示制度，在资金拨付前，在部门官网或公共就业服务场所显著位置进行公示，公示期不少于7天。公示内容包括：享受各项补贴的单位名称或人员名单（含隐藏或遮挡部分数字的身份证号码）、补贴标准及具体金额等。其中，涉及职业资格的培训补贴还应公布职业资格证书编号；项目制职业培训补贴还应公开培训的内容、取得的培训成果等；公益性岗位补贴还应公开公益性岗位名称、设立单位、安置人员名单、享受补贴时间等；求职创业补贴应在各高校初审时先行在校内公示。

在做好就业补助资金使用情况公开公示的同时，要处理好政府信息公开与个人信息保护的关系，原则上不予公开家庭住址、联系方式、银行卡号、出生日期、家庭困难状况、身体残疾情况等涉及享受补贴人员个人隐私的敏感信息，确需公开的要注意保护个人信息和隐私安全，维护好劳动者信息安全和合法权益。

第三十一条 各级财政、人力社保部门应当建立就业补助资金"谁使用、谁负责"的责任追究机制。

各级财政、人力社保部门及其工作人员在就业补助资金的分配审核、使用管理等工作中，存在违反本办法规定的行为，以及其他滥用职权、玩忽职守、徇私舞弊等违法违纪行为的，依照《中华人民共和国预算法》《中华人民共和国公务员法》《中华人民共和国监察法》等有关法律法规追究相应责任。涉嫌犯罪的，依法移送司法机关处理。对有关单位和个人弄虚作假、骗取套取就业补助资金的，按照《财政违法行为处罚处分条例》等有关规定严肃查处。

对疏于管理、违规使用资金的地区，相应扣减下一年度就业补助转移支付资金；情节严重的，取消下一年度该地区获得就业补助转移支付资金的资格，并在全省范围内予以通报。

第五章 附 则

第三十二条 各级财政、人力社保部门可根据本办法，结合当地实际，制定具体实施办法，并报省财政厅、省人力社保厅备案。

第三十三条 本办法自2019年8月10日起施行。《浙江省财政厅 浙江省人力资源和社会保障厅关于印发〈浙江省促进就业资金管理办法〉的通知》（浙财社〔2011〕80号）同时废止。

浙江省政府采购项目电子交易管理暂行办法

浙财采监〔2019〕10号 2019年8月15日

第一章 总 则

第一条 为规范政府采购项目电子交易行为，保障交易公平、公正和安全，提高政府采购效率，根据《中华人民共和国政府采购法》及其实施条例、《中华人民共和国电子签名法》《中华人民共和国合同法》等有关法律、法规、规章及规范性文件，结合本省实际，制定本办法。

第二条 浙江省各级政府采购项目电子交易活动，适用本办法。

本办法所称政府采购项目包括通过公开招标、邀请招标、竞争性谈判、单一来源采购、询价以及财政部认定的其他采购方式实施的政府采购项目；所称电子交易活动是指以数据电文形式，依托政府采购项目电子交易平台（以下简称电子交易平台）进行的政府采购交易活动。

通过电子卖场实施的政府采购活动，适用电子卖场采购管理相关办法。

第三条 省级财政部门负责指导全省政府采购项目电子交易工作，监督管理省级政府采购项目电子交易活动；市、县（市、区）财政部门负责监督管理本级政府采购项目电子交易活动。

第四条 政府采购项目电子交易活动应遵循公开透明、公平公正、诚实信用和安全高效的原则。

第五条 为确保网上操作合法、有效和安全，供应商应当在投标、响应截止时间前，采购人、采购代理机构、评审专家、参与单一来源采购的专业人员应当在参加电子交易活动前，完成电子交易平台上的身份认证，并对相关数据电文使用电子签名。

前款所述主体统称为政府采购项目电子交易相关主体。

第二章　政府采购项目电子交易平台

第六条 电子交易平台应按照标准统一、互联互通、公开透明、安全高效的原则建设和运营。

第七条 电子交易平台应当具备下列主要功能：

（一）在线完成政府采购项目全部交易过程；

（二）编辑、生成、对接、交换和发布有关政府采购数据信息；

（三）提供财政部门及审计、监察机关依法实施监督、管理、监察的通道；

（四）省级财政部门规定的其他功能。

第八条 电子交易平台应当为各类政府采购信息的互联互通和交换共享开放数据接口、公布接口要求。接口应当保持技术中立。

电子交易平台运营机构不得以技术和数据接口配套为由要求潜在供应商购买指定的工具软件。

第九条 电子交易平台应当允许社会公众、潜在供应商免费获取依法公开的政府采购信息，为政府采购项目电子交易相关主体、财政部门及审计、监察机关按各自职责和注册权限登录使用提供必要条件。

第十条 电子交易平台运营机构应当根据国家有关法律法规及技术规范，建立健全平台规范运行和安全管理制度，加强监控、检测，及时发现和排除隐患。

第十一条 电子交易平台运营机构应当采用可靠的身份识别、权限控制、加密、病毒防范等技术，防范非授权操作，保证平台的安全、稳定、可靠。

第十二条 电子交易平台运营机构应当采取有效措施，验证其初始录入信息的真实性，并确保数据不被篡改、不遗漏和可追溯。

第十三条 电子交易平台运营机构不得以任何手段限制或者排斥潜在供应商，不得泄露依法应当保密的信息，不得弄虚作假、恶意串通或者为弄虚作假、恶意串通提供便利。

第三章　政府采购项目电子交易规程

第十四条 采购人或其委托的采购代理机构（以下简称采购组织机构）采用推荐、随机抽取方式邀请供应商的，应当通过电子交易平台发出邀请书和采购文件（包括资格预审文件、招标文件、竞争性谈判文件、单一来源采购文件、询价文件、竞争性磋商文件等，下同）；采用发布公告方式邀请供应商的，应当同时上传采购文件至电子交易平台，供社会公众查阅和潜在供应商获取。

采购组织机构提供采购文件不得收取费用。

潜在供应商获取采购文件前应当在电子交易平台上注册账号并登录。

第十五条 招标公告、资格预审公告、竞争性谈判公告、竞争性磋商公告和询价公告等采购公告，以及邀请书、采购文件应当载明电子交易平台的网络地址和登录方法。

第十六条 在投标、响应截止时间前，电子交易平台运营机构不得向采购组织机构以外的任何单位或个人泄露获取采购文件的潜在供应商名称、数量以及可能影响公平竞争的其他信息。

第十七条 采购组织机构对采购文件进行澄清或修改的，应当同时通知已获取采购文件的潜在供应商。依法应当公告的，应按规定公告。

第十八条 供应商进行电子投标、响应应安装客户端软件，并按照采购文件和电子交易平台的要求编制并加密投标、响应文件。供应商未按规定加密的投标、响应文件，电子交易平台应当拒收并提示。

第十九条 供应商应当在投标、响应截止时间前完成投标、响应文件的传输递交，并可以补充、修改或者撤回投标、响应文件。补充或者修改投标、响应文件的，应当先行撤回原文件，补充、修改后重新传输递交。投标、响应截止时间前未完成传输的，视为撤回投标、响应文件。投标、响应截止时间后递交的投标、响应文件，电子交易平台应当拒收。

电子交易平台收到投标、响应文件，应当妥善保存并即时向供应商发出确认回执通知。在投标、响应截止时间前，除供应商补充、修改或者撤回投标、响应文件外，任何单位和个人不得解密或提取投标、响应文件。

第二十条 供应商在电子交易平台传输递交投标、响应文件后，还可以在投标、响应截止时间前提交以介质存储的数据电文形式的备份投标、响应文件，采购组织机构应当在采购文件中对备份投标、响应文件的制作、存储、密封作出规定，并明确供应商未按规定响应的后果，但不得强制或变相强制供应商提交备份投标、响应文件。

供应商仅提交备份投标、响应文件的，投标、响应无效。

第二十一条 电子交易平台运营机构，以及与该机构有直接控股或者管理关系可能影响采购公正性的任何单位和个人，不得在该平台进行的政府采购项目电子交易中投标、响应和代理政府采购项目。

第二十二条 采购组织机构按照采购文件规定的时间通过电子交易平台组织开标、开启响应文件，所有供应商均应当准时在线参加。

第二十三条 开标、开启响应文件时，电子交易平台自动提取所有投标、响应文件，提示采购组织机构和供应商按采购文件规定的方式和时间在线解密。给予供应商在线解密的时间由采购文件规定，但不得少于半小时。

第二十四条 投标、响应文件未按时解密，供应商提供了备份投标、响应文件的，以备份投标、响应文件作为依据，否则视为投标、响应文件撤回。投标、响应文件已按时解密的，备份投标、响应文件自动失效。

采购组织机构应当在采购文件中对前款内容予以特别提示，并明确投标、响应文件未按时解密的风险负担。

第二十五条 采购组织机构应当对开标、开启响应文件和评审现场进行全程录音录像并存档，录音录像应当清晰可辨。

第二十六条 评审中需要供应商对投标、响应文件作出澄清、说明或者补正的，评审小组和供应商应当通过电子交易平台交换数据电文。给予供应商提交澄清说明或补正的时间不得少于半小时，供应商已经明确表示澄清说明或补正完毕的除外。

第二十七条 评审小组完成评审后，应当通过电子交易平台向采购人及其委托的采购代理机构提交评审报告。

采购人应当通过电子交易平台确认中标、成交供应商。

采购组织机构应当通过电子交易平台向中标、成交供应商发出中标、成交通知书，向未中标、成交供应商发出中标、成交结果通知书，同时编制发布采购结果公告。

第二十八条 采购人应当通过电子交易平台与中标、成交供应商签订合同，并在规定时间内依法发布合同公告。

第二十九条 采购开始前，采购组织机构可以决定投标、响应截止时间以后的某些环节以纸质形式进行，并在采购文件中明确。

第三十条 采购过程中出现以下情形，导致电子交易平台无法正常运行，或者无法保证电子交易的公平、公正和安全时，采购组织机构可中止电子交易活动：

（一）电子交易平台发生故障而无法登录访问的；

（二）电子交易平台应用或数据库出现错误，不能进行正常操作的；

（三）电子交易平台发现严重安全漏洞，有潜在泄密危险的；

（四）病毒发作导致不能进行正常操作的；

（五）其他无法保证电子交易的公平、公正和安全的情况。

出现前款规定情形，不影响采购公平、公正性的，采购组织机构可以待上述情形消除后继续组织电子交易活动，也可以决定某些环节以纸质形式进行；影响或可能影响采购公平、公正性的，应当重新采购。

第三十一条 电子交易平台运营机构应当如实记录并保存电子交易过程、数据信息来源等电子交易活动信息，妥善保存电子交易活动中的数据电文。上述资料保存期限自采购结束之日起不少于五年。

第三十二条 政府采购项目电子交易有关档案，由采购人、采购代理机构以电子档案形式保存，某些环节以纸质形式进行的，该部分档案可以采用纸质形式保存。

档案的收集、归档、管理、使用和销毁按照《浙江省政府采购档案管理办法》及相关规定执行。

第三十三条 政府采购项目电子交易有关数据电文文本应当标准化、格式化，并符合有关法律法规以及财政部、省级财政部门颁发的标准文本的要求。

第四章　监督管理

第三十四条 政府采购项目电子交易活动及相关主体、电子交易平台应当自觉接受财政部门及审计、监察机关依法实施的监督、管理、监察。

财政部门及审计、监察机关及其工作人员，除依法履行职责外，不得干预政府采购项目电子交易活动，并应遵守有关信息保密的规定。

第三十五条 采购组织机构应当具备必要的电子交易设备设施，建立政府采购项目电子交易管理制度，对其业务人员进行必要的培训，确保政府采购项目电子交易的实施。

采购组织机构未按照本办法规定进行操作，由同级财政部门责令改正，给供应商造成损失的，应当承担赔偿责任。

第三十六条 政府采购项目电子交易相关主体应妥善保管电子交易平台身份认证信息，对因保管不善导致他人盗用身份进行操作产生的后果，依法承担相应的责任。

第三十七条 任何单位和个人不得伪造、篡改或者损毁政府采购项目电子交易活动信息、数据电文和电子档案。

违反前款规定的，按照有关法律法规追究法律责任。

第三十八条 电子交易平台运营机构有下列情形的，责令改正，并按照有关规定、约定承担法律责任。

（一）违反规定要求供应商注册登记、收取费用；

（二）违反规定要求供应商购买指定的工具软件；

（三）其他损害采购组织机构和供应商合法权益的情形。

第三十九条 电子交易平台运营机构未按照本办法规定履行其初始录入信息验证义务，造成政府采购当事人损失的，应当承担相应的赔偿责任。

第四十条 政府采购项目电子交易活动中，电子交易平台运营机构及其工作人员违反本办法第十三条规定，按照有关法律法规追究法律责任。

第五章 附 则

第四十一条 政府采购项目电子交易活动程序及相关主体的权利、义务、责任按照本办法和有关法律、法规、规章及规范性文件执行。

第四十二条 本办法自2019年9月30日起施行。

关于加强县域医共体财务管理工作的意见

浙财社〔2019〕59号 2019年9月5日

各市、县(市、区)财政局、卫生健康委(局):

为贯彻落实《中共浙江省委办公厅 浙江省人民政府办公厅关于全面推进县域医疗卫生服务共同体建设的意见》要求,规范县域医共体(不包括社会办医疗机构牵头的县域医共体,以下简称医共体)财务管理,促进医共体平稳运行和健康发展,现就加强医共体财务管理工作提出如下意见:

一、建立医共体财务管理新体制

(一)实行统一管理、集中核算、统筹运营的财务管理体制。医共体要按照集团化管理、一体化运营要求,对所有成员单位(不包括社会办医疗机构,下同)的财务工作进行统一管理,建立健全财务管理制度,规范财务收支核算,完善内控制度建设,保障国有资产安全完整。成员单位的会计核算工作由医共体集中管理、分户核算。医共体内要打破成员单位界限,加强资源整合,促进共享共用,统筹安排资金和科学调配资产,促进医共体资源合理使用和效益最大化。

(二)加强医共体财务工作领导。医共体主要负责人是医共体财务工作的第一责任人,对财务活动的合法性和会计工作及会计资料的真实性、完整性负责。医共体原则上要单独设置总会计师,总会计师作为医共体领导班子成员,协助医共体主要负责人管理医共体财务工作。总会计师须具有会计师以上专业技术资格,暂不具备条件设置总会计师的,要明确医共体分管财务工作的领导。

(三)设立专门的医共体财务机构。医共体要设立财务管理中心,财务管理中心在医共体党委领导下,对医共体财务工作进行统一管理,具体承担会计核算、预算管理、成本管理、资产管理、价格管理、会计监督和内部控制等财务管理职能。财务管理中心主要以牵头医院财务机构为基础组建。医共体要根据自身规模、资金流量和经济活动需要,科学设置财务管理中心内部岗位,按照国家有关规定配备专职人员。财务管理中心负责人须具有会计师以上专业技术资格和从事会计工作三年以上经历。财务管理中心设立后,医共体成员单位原则上只设置报账员岗位,不再保留单独的财务机构,报账员由财务管理中心统一调配和管理。

二、建立统一的全面预算管理制度

(一)强化预算管理主体责任。医共体作为县级卫生健康部门直属预算单位管理,要切实履行预算管理主体责任,成立专门的预算管理委员会实施统一、全面的预算管理。预算管理委员会在医共体党委领导下,主要负责组织审查医共体预算管理制度、预算和决算草案,研究协调预算管理重大问题等工作。预算委员会主任由医共体主要负责人担任,成员由总会计师等有关领导、相关职能部门负责人和成员单位负责人等组成。

(二)实施全面预算管理。医共体要按照全面预算管理要求,建立健全预算编制、审批、执行、调整、决算、分析和评价等一整套预算管理制度,规范业务流程和工作程序,明确管理内容和工作要求。财务管理中心根据年度工作目标,负责编制成员单位年度预算草案和医共体总预算草案,经预算管理委员会审查、医共体党委会审议后上报县级卫生健康部门。医共体要严格预算刚性约束,经批准下达的预算,不得随意调整,确需调整的必须按预算编制程序办理。要重视和加强预算执行分析和评价工作,提高资金使用绩效。

(三)规范财政预算执行。财政部门下达医共体财政预算指标时,应同时提供分成员单位和支出内容的资金分配明细清单。除指定使用单位或人员的项目资金外,其他财政预算资金原则上可由医共体根据清单统筹安排和使用。医共体要严格按照国库集中支付规定,通过国库单一账户体系将财政预算资金支付到最终收款人。年末,医共体根据预算执行结果提出预算调整方案报送县级卫生健康部门,经财政部门审核后,据以调整年度预算和决算。

三、构建功能完善的会计核算体系

(一)建立统一的会计核算体系。建立与医共体财务管理体制相适应的会计核算体系,按照《政府会计制度》规定和集中管理、分户核算的要求,对成员单位中的医院和基层医疗卫生机构分别使用医院会计科目和基层医疗卫生机构会计科目进行核算,积极推进会计核算系统统建统管,保证会计核算的真实性和完整性,满足政府、部门和医共体管理需要。

(二)构建"一本账"财务报告体系。建立包括医共体财务报告、医院汇总财务报告、基层医疗卫生机构汇总财务报告、各成员单位财务报告等层级在内的"一本账"报告体系,做好医共体改革与国家统一的财务会计制度的衔接。其中,医院汇总财务报告、基层医疗卫生机构汇总财务报告、各成员单位财务报告按照国家有关规定执行,医共体财务报告内容另行制定印发。

(三)统一银行账户管理。医共体经机构编制部门依法登记具有法人资格的,经批准后可由医共体开设单位零余额账户和基本存款账户,其中单位零余额账户主要用于财政预算资金的支付和清算,基本存款账户主要用于办理日常转账结算和现金收付;医共体不具有法人资格的,经批准后可由医共体牵头医院开设单位零余额账户和基本存款账户。医共体可保留成员单位基本存款账户，专门用于缴存当日医疗收入，其他账户按规定撤销。医共体开设银行账户具体事宜按照当地财政部门和人民银行有关规定执行。医共体要按照财政部门规定规范公款竞争性存放管理。

四、加强财务收支和价格管理

（一）完善收入管理制度。明确医共体收入管理程序和规范，成员单位所有收入必须全部纳入财务管理中心统一核算和管理。要加强收入控制，统一票据管理，规范收入管理程序并严格执行，加强计算机网络环境下的收费管理和实施电子支付后的收入安全风险防控，杜绝管理漏洞。

（二）加强内部价格管理。医共体要在财务管理中心配备专（兼）职人员，统一负责医共体价格管理工作。按规定做好医疗服务和药品价格维护，规范医疗服务项目价格的申报、执行、调整和公示。医共体内相同性质单位相同内容的服务项目，应按照一体化运营要求设置统一价格。要主动自觉接受社会监督，认真听取群众投诉意见，建立内部价格自查自纠机制。

（三）加强支出管理。医共体要贯彻厉行节约、勤俭办事业的原则，严格执行国家财经法律法规和财务规章制度，实施统一的支出管理。在国家规定的标准范围内，结合医共体特点，制定医共体各类支出标准。建立统一的资金审批制度，明确资金支付的审批流程、审批人员和审批权限。

五、积极推进成本和绩效管理

（一）建立成本管理制度。建立健全医共体成本核算体系，完善医共体总成本、医疗成本、公共卫生成本、科室成本、项目成本和病种成本等核算工作，全面、准确反映医共体和成员单位的成本信息。要强化成本意识，通过资源整合、统一采购、业务流程改造、预算绩效管理和成本分析等有效措施加强成本控制，努力降低医疗服务成本，提高医共体整体绩效。

（二）建立全面绩效管理制度。医共体要强化绩效意识，在落实财政资金绩效管理的基础上，逐步将纳入单位预算管理的各项资金全面实施绩效管理，建立覆盖事前绩效评估、科学设置绩效目标、实施绩效运行监控、开展绩效评价和结果应用等全过程的内部绩效管理体系，积极探索绩效评价结果与医共体内项目安排、资金分配和薪酬待遇等挂钩机制。

六、加强资产的统筹管理

建立统一的医共体资产管理制度，统一采购和调配医共体药品、耗材、设备和后勤物资，统一管理国有资产配置、使用、处置和清查，统一管理成员单位国有资产对外投资、对外出租和出借等。建立资产内部共享使用管理制度，实现成员单位资产在医共体内统筹使用，涉及产权转移的资产调拨应根据资产管理权限审批后实施，努力提高资产总体使用效率。

七、完善内部控制和监督管理

（一）强化内部控制机制和财务运行风险评估。根据《行政事业单位内部控制规范》要求，结合医共体运行机制和管理特点，健全医共体内部控制机制和财务管理制度，加强对经济业务活动的控制，建立定期评估机制，对内部控制制度建设情况和财务运行风险进行评估，有效防范经济运行风险。

（二）设立独立的财务监督管理机构。按照内控制度建设要求，加强医共体内部财务监管和审计队伍建设，建立健全财务监督管理制度和内部审计制度，定期开展医共体内部财务监督和内部审计工作，积极推进绩效审计，增强自查自纠和自我改进能力，不断提升财务管理水平，确保国有资产安全完整。

（三）加强外部监督指导。各级财政、卫生健康等部门要按照职责要求，密切关注改革动态，进一步加大对医共体财务工作的指导，切实加强对医共体的财务监督管理，及时研究解决改革中存在的财政财务管理方面的问题，保障医共体建设顺利推进。

本意见自2019年10月5日起施行。

浙江省政府投资预算管理办法实施细则

浙财建〔2019〕113号 2019年9月30日

第一条 为依法加强政府投资预算管理，切实推动《浙江省政府投资预算管理办法》（省政府令第363号）的实施，结合我省实际，制定本实施细则。

第二条 政府性资金的范围依照国家和省有关规定确定。包括：一般公共预算、政府性基金预算、国有资本经营预算中安排的建设资金。财政专户资金比照政府性资金管理。

自筹资金的范围依照国家和省有关规定确定。包括：各类投资者投入资金（除政府性资金外）、事业单位提取的修购基金等。

第三条 财政部门负责建立健全政府投资预算管理制度，负责政府投资预算安排、预算支出的管理和监督工作。

项目主管部门负责所属单位的政府投资项目的预算管理和监督工作，指导和督促项目建设单位做好项目预算管理的基础工作。

项目建设单位具体负责本单位政府投资项目的预算管理基础工作。包括：建立健全本单位基建财务管理制度和内部控制制度，按照规定编制项目资金预算，按项目单独核算，及时办理工程价款结算和资金支付，编报项目竣工财务决算，进行绩效管理，办理资产交付及其他工作。

第四条 政府投资预算按照财政事权与支出责任相适应原则，纳入各级政府、各部门、各单位预算。

第五条 政府投资预算安排按照量入为出、统筹兼顾、控制风险、绩效优先的原则，并参考上一年预算执行情况和本年度收支预测进行编制。政府投资预算与政府投资年度计划应充分衔接。

（一）财政部门和发展改革部门及时就下一年度的政府投资预算和政府投资计划沟通衔接，具体包括项目情况、年度项目投资安排、年度政府投资预算安排及其他事项等。

（二）项目主管部门和项目建设单位要结合项目报批，对新增重大政府投资项目开展事前绩效评估，重点论证立项必要性、投入经济性、绩效目标合理性、实施方案可行性、筹资合规性等，评估结果作为申请预算的必备要件。

（三）项目建设单位应当根据项目事前绩效评估结果、上年度绩效评价结果、批准的项目概算、建设工期、年度投资和自筹资金计划、以前年度项目各类资金结转情况等，提出项目财政资金预算建议数及绩效目标和实现措施，经项目主管部门审核后报财政部门。项目预算编制不得任意突破项目概算。有自筹资金的项目应当同时反映自筹资金有关情况。

（四）财政部门应加强政府投资项目财政资金预算审核和绩效目标审核。财政资金预算安排应当将项目事前绩效评估结果、绩效目标、以前年度财政资金预算执行情况、项目预算评审意见和年度绩效评价结果作为重要参考依据。

（五）财政部门在汇总平衡本级政府年度政府投资预算基础上，形成本级政府重大投资项目资金安排表及相关情况说明。政府重大投资项目预算安排情况和预算执行及绩效情况应当报同级人大审查。

第六条　政府投资项目在决策阶段，应当明确建设资金来源。项目建设单位应按照国家和省有关规定筹集落实建设资金，合理控制筹资成本。非市场化运作的政府投资项目，不得以地方政府债券以外的债务性资金作为资金来源。禁止通过融资平台公司、国有企业等渠道进行违法违规融资，不得增加隐性债务。

对确需通过举借政府债务建设的项目、政府和社会资本合作（PPP）项目，项目建设单位需制定资金（融资）平衡方案，并出具项目现金流和收益情况的评估报告。PPP项目还须提供项目资本金部分的出资说明和财政承受能力分析材料。

第七条　需报省级以上审批的市县政府投资项目，所需资金由市县负责筹措落实，原则上由市县财政部门按要求出具资金来源、项目投资意见。申请省级财政资金的，省级项目主管部门应向省财政厅提出项目省级财政资金安排建议。

第八条　政府投资项目财政资金的支付按照国库集中支付制度有关规定执行。项目主管部门、建设单位应当根据批准的项目概算、本级政府投资预算，结合年度政府投资项目计划、项目合同、建设进度等，及时办理资金支付。

第九条　政府投资项目的工程价款应按照合同条款规定、实际完成工程量申请和支付，设备、材料货款按采购合同条款规定支付。建设单位或代建单位与设计、施工、监理单位及设备、材料供应商等签订的合同有关价款规定必须内容详尽，具体应包括金额、支付条件和时间、结算方式、保修服务条款等内容。

第十条　项目主管部门和建设单位应完善和健全内控管理制度，加强工程变更管理，明确设计变更和合同变更的内部审查程序，有效控制工程造价。

第十一条　项目主管部门应当及时掌握所属各单位政府投资项目预算执行动态，对项目绩效目标实现程度和预算执行进度实行监控，发现问题要及时纠正，确保各单位严格按照批准的项目预算执行。

第十二条　政府投资项目工程价款结算应当按合同约定和工程价款结算程序办理。项目建设单位对工程价款结算可直接进行审核，也可以委托具有相应资质的工程造价机构进行审核。项目主管部门应会同财政部门加强对政府投资项目工程价款结算的监督。必要时，项目主管部门和财政部门可对工程价款结算进行全面审查。

第十三条　省级政府投资项目竣工财务决算按如下要求报批：对省级主管部门本级项目、财政资金占项目投资比例超过50%（含）且财政资金超过2000万元（含）的省级单位非经营性项目，经省级项目主管部门审核后报省财政厅批复；其他省级项目竣工财务决算，由省级项目主管部门负责批复，报省财政厅备案。其中电子政务和信息化类项目、以设备购置和房屋及其他建筑物购置为主的项目，其竣工财务决算由项目主管部门审核批复。省财政厅对省级项目主管部门批复的项目竣工财务决算实行抽查。

市县级政府投资项目竣工财务决算的审核批复，由各市、县（市）财政部门自行确定。

第十四条　财政部门和项目主管部门对项目竣工财务决算实行"先审核、后批复"的办法。即：由财政部门负责批复的项目竣工财务决算，经项目主管部门初审、财政部门复审后，按规定批复。由项目主管部门负责批复的项目竣工财务决算，由项目主管部门审核后，按规定批复。

第十五条　财政部门、项目主管部门可根据需要，通过公开招投标或者政府采购等形式委托具有相应能力的机构，对政府投资项目的估算、概算、预算、决（结）算等进行评审，所需费用列入财政预算。

第十六条　项目主管部门具体组织实施本部门或本行业政府投资项目绩效评价和监督检查工作。跨年度实施的政府投资项目，项目主管部门每年应对照年度绩效目标开展绩效自评；项目完工可投入使用或试运行合格后，应对项目总体情况开展绩效自评。财政部门可根据需要对社会关注度高、总投资较大的政府投资项目开展重点绩效评价和监督检查，并依法公开绩效评价结果。

第十七条　电子政务和信息化类项目、以设备购置和房屋及其他建筑物购置为主的项目，可以简化执行本实施细则。

第十八条　各市、县（市）财政部门可根据本实施细则制定具体实施办法，报省财政厅备案。

第十九条 本实施细则自 2019 年 11 月 1 日起施行。《浙江省财政厅转发财政部关于印发〈基本建设项目建设成本管理规定〉和〈基本建设项目竣工财务决算管理暂行办法〉的通知》（浙财建〔2016〕178 号）第五条第一款规定与本实施细则不一致的，按照本细则第十三条第一款执行。原《浙江省政府投资预算管理办法实施细则》（浙财建〔2013〕245 号）同时废止。

浙江省乡村振兴投资基金管理办法

浙财农〔2019〕46 号 2019 年 10 月 23 日

第一章 总 则

第一条 为规范浙江省乡村振兴投资基金（以下简称“省乡村振兴基金”）管理运作，高水平推进农业农村现代化，根据《政府投资基金暂行管理办法》（财预〔2015〕210 号）、《全面实施乡村振兴战略高水平推进农业农村现代化行动计划（2018—2022 年）》《浙江省乡村振兴战略规划（2018—2022 年）》精神，制定本办法。

第二条 省乡村振兴基金是由省政府主导设立的政府投资基金，以推进实施乡村振兴战略为核心，以绿色发展为导向，聚焦重点领域、重点产业，聚集资源要素，关注新产业新业态，按市场化方式运作，联动市县政府基金，鼓励和引导社会资本、金融资本投入乡村振兴事业，支持稳定重要农产品供给，打造引领性、标杆性农业农村项目，以点带面促进全省“三农”高质量发展。

省乡村振兴基金管理遵循“突出政府引导、坚持市场运作、强化科学决策、合理防范风险”的原则，不以盈利为主要目的。

第三条 省乡村振兴基金以浙江省农业发展投资基金为基础设立，总规模 100 亿元，资金来源为省财政拨款，后续视运作和管理情况经省政府批准后增加财政资金投入。

第二章 组织架构

第四条 省乡村振兴基金基本组织架构包括省乡村振兴基金管理委员会（以下简称“管委会”）、省乡村振兴基金公司、基金管理公司三个层次，按照本办法规定各司其职，各尽其责。

第五条 管委会由分管副省长任主任，省政府分管副秘书长、省财政厅厅长担任副主任，成员由省财政厅、省农业农村厅、省水利厅、省自然资源厅、省林业局、省粮食物资局、省供销社等乡村振兴相关单位负责人担任。

第六条 管委会办公室设在省财政厅，由省财政厅分管副厅长兼任办公室主任。

第七条 授权浙江省金融控股有限公司（以下简称“省金融控股公司”）代行出资人职责。组建浙江省乡村振兴投资基金有限公司（具体以工商注册为准）作为基金法人（以下简称“基金公司”）。基金公司按《公司法》规定要求设立董事会和监事（会），不设日常经营机构。

第八条 委托浙江金控投资管理有限公司（以下简称“基金管理公司”）作为省乡村振兴基金的运营机构。基金管理公司按照委托协议约定和管委会要求负责省乡村振兴基金的投资管理。

第三章 运作模式

第九条 省乡村振兴基金与市县政府、农业龙头企业、投资机构等合作，一般采用定向基金、非定向基金等子基金和直接投资模式运作。通过定向基金和直接投资支持重大农业农村项目，培育重点龙头企业；围绕特定主题，通过非定向基金培育农业产业，共同促进乡村振兴事业发展。

省乡村振兴基金可聚焦政府关注重点领域，组建相关主题基金，由行业主管部门根据本办法规定，结合政策引导目标及主管行业特点提出组建方案，经省政府同意后实施。

省乡村振兴基金投资项目应具有一定的收入来源或能形成一定的具有经济价值、权属明确的资产资源。

第十条 定向基金和非定向基金模式适用于农业农村产业升级等竞争性领域，鼓励市县产业基金联动投资，省乡村振兴基金与社会资本合作设立的子基金，省乡村振兴基金出资比例一般不超过子基金的 50%。

第十一条 定向基金以省内特定重大农业农村项目为投资标的，支持重大项目招引落地，促进省内龙头企业做大做强。由省乡村振兴基金、市县政府联动资金、产业资本、独立第三方社会资本等组建，委托专业投资机构进行运作管理。定向基金出资结构中，与项目方非关联的独立第三方社会资本出资比例原则上不低于定向基金规模的 10%，特别重大项目经管委会审定后可不受本条限制。

第十二条 非定向基金以非特定项目对象为投资标的，围绕特定主题培育相关农业产业，带动乡村振兴事业发展。由省乡村振兴基金、基金管理人、独立第三方社会资本等共同组建，鼓励市县联动出资，委托专业投资机构进行运作管理。与执行事务合伙人及基金管理人非关联的独立第三方社会资本出资比例原则上不低于基金规模的 10%。

第十三条 省乡村振兴基金可对省内重大农业农村产业化项目和基础设施项目等直接投资，鼓励带动银行、保险等金融资本共同投入。省乡村振兴基金对单个直投项目出资额一般不超过 10 亿元，原则上不做第一大股东。

第十四条 省乡村振兴基金投资项目各出资方应当按照“利益共享，风险共担”的原则，在公司章程或合伙协议中明确约定利益分配和亏损负担方式。为更好地发挥政府出资引导作用,对实现政策目标的项目,省乡村振兴基金可在取得投资收益中向合作对象适当让利,但不得承诺投资本金不受损失,不得承诺最低收益,国家另有规定的除外。

第四章　职责分工

第十五条　管委会主要职责:根据国家和省有关“三农”政策和我省实施乡村振兴战略,确定省乡村振兴基金的投资方向和投资要求,决定基金的资金筹集及增资计划,批准省乡村振兴基金投资和退出项目方案,决定对基金管理公司的奖惩,对省乡村振兴基金管理运行重大问题进行决策。

第十六条　管委会办公室主要职责:负责管委会的日常工作,贯彻落实管委会的重大决策,发布基金投资指南,组织决策咨询会对投资项目进行审议,协调基金运作管理中出现的问题,组织对省乡村振兴基金进行考核评价。建立省农信联社、省农业担保公司等农村金融机构以及省农科院等农业科研单位共同参与的决策咨询机制。可视需要邀请省委组织部、省委宣传部等乡村振兴相关单位参与重大项目审议。

第十七条　管委会成员单位职责:

省财政厅主要职责:代表省政府履行出资人职责,筹措落实财政出资资金,牵头制订基金管理办法和投资项目运作方案;开展基金财务监管,做好政策指导和统筹协调。

行业主管部门主要职责:根据我省乡村振兴战略目标任务和部门职责,研究提出主题基金组建方案或项目投资方案,推荐重大投资项目;协调争取行业政策支持,进行项目行业监管;提供项目投资对接服务,对基金管理公司提出的项目考核评价建议进行审核;参与省乡村振兴基金投资决策。

第十八条　省金融控股公司主要职责:负责组建基金公司和聘用基金管理公司,对基金管理公司进行监管和指导,做好基金公司年度财务审计和基金管理公司的考核评价,定期向基金管委会办公室报送基金运作情况。

基金公司主要职责:按照管委会确定的投资原则和要求,组织制定年度投资计划,并加强对基金日常运作的监督管理。

第十九条　基金管理公司主要职责:负责协助行业主管部门编制项目投资方案;对立项项目开展尽职调查,提出投资建议;按照管委会审议确定的投资方案,进行入股谈判、拟定章程或合伙协议、负责投后管理、基金退出等具体投资事宜;依法行使股东权力,但不参与项目日常经营管理;定期向省金融控股公司报送省乡村振兴基金运作情况;根据投资方案要求,组织项目考核评价,提出考核评价建议。

第五章　投资方向和要求

第二十条　省乡村振兴基金聚焦省委、省政府重大决策部署和重点工作任务,坚持绿色发展理念,重点支持重大区域特色产业、农业战略和新兴产业、重大农业农村基础设施、农产品加工和全产业链建设、国土空间综合整治及生态修复工程、新型综合服务体系建设、数字乡村建设以及省委、省政府部署的其他乡村振兴重要任务。

第二十一条　省乡村振兴基金在运作过程中必须遵守国家法律法规,不得从事以下业务:

1. 从事融资担保以外的担保、抵押、委托贷款等业务;

2. 投资二级市场股票、期货、房地产、证券投资基金、评级AAA以下的企业债、信托产品、非保本型理财产品、保险计划及其他金融衍生品;

3. 向任何第三方提供赞助、捐赠(经批准的公益性捐赠除外);

4. 吸收或变相吸收存款,或向第三方提供贷款和资金拆借;

5. 进行承担无限连带责任的对外投资;

6. 发行信托或集合理财产品募集资金;

7. 其他国家法律法规禁止从事的业务。

经管委会批准的需要特别支持的重点领域或创新业务,不受上述条款限制,法律法规明文禁止的除外。

第二十二条　省乡村振兴基金出资组建的子基金(定向子基金与非定向子基金),一般应委托专业机构进行运作和管理,选聘的专业机构应具备以下基本条件:

1. 在中华人民共和国境内依法设立,注册资本或出资金额不低于1000万元;

2. 具备相应资产管理的资质,有一定的资金募集能力,有固定的营业场所和与其业务相适应的软硬件设施;

3. 具备一定的农业农村投资管理经验和良好的管理业绩,健全的投资管理和风险控制流程,规范的项目遴选机制;

4. 能够为被投资企业提供创业辅导、管理咨询等增值服务;至少有3名具备3年以上创业投资或基金管理工作经验的高级管理人员;

5. 至少有3个(含)以上股权投资年平均收益率不低于10%的成功案例,其中至少有1个案例为乡村振兴相关领域。

第二十三条　行业主管部门提出的投资方案应结合政策目标明确投资要求,对受托管理的专业投资机构有特殊要求的,由投资方案提出部门明确具体条件,会同基金管理公司面向社会公开选聘。

第六章　投资管理程序

第二十四条　省乡村振兴基金项目投资决策的一般程序为:项目提出(征集)、项目推荐、项目立项、尽职调查、决策咨询委员会评审、管委会报备(或批准)、公示、组织实施等。省委、省政府确定的重大投资项目可根据实际情况简化投资决策程序。

第二十五条　行业主管部门会同基金管理公司按照本办法规定,结合行业特点,面向市县政府及社会征集投资意向,向管委会办公室推荐相关领域的重大投资项目,提出项目投资方案。

第二十六条　管委会办公室对主管部门推荐的投资项目进行初审,符合条件的予以立项,交由基金管理公司开展尽职调查。必要时基金管理公司可委托会计师事务所、律师事务所等第三方中介机构进行尽职调查,或聘请相关领域专家为项目决策提供技术和智力支持。

第二十七条 基金管理公司根据尽职调查结果形成投资建议书,对投资规模、投资模式、投资期限、投资金额、收益分配、让利措施、退出方案等提出建议。

第二十八条 管委会办公室组织决策咨询评审会议,根据投资建议书对拟投资项目进行评审,形成投资决策咨询意见。决策咨询评审会议成员由管委会相关成员单位和外部相关专家组成,一般不少于7人,其中外部专家不少于1/3。

第二十九条 管委会办公室根据投资决策咨询意见将拟投资项目报管委会备案或批准。经备案或批准后的项目应在省财政厅门户网站公示7个工作日,涉及国家秘密或商业秘密的除外。经公示无异议或异议不成立的,由基金管理公司与相关合作方拟定公司章程或合伙协议,并按规定正式签署后实施。在项目投资方案经批准后6个月内,仍未签署相关投资的章程或协议,导致投资方案无法实施的,基金管理公司应及时向基金管委会办公室报送终止投资情况,管委会办公室向管委会报备。

第七章 费用和收益

第三十条 根据委托管理协议,基金公司原则上按照投资金额0.6%的比例,按年支付基金管理公司委托管理费用。

第三十一条 为激励基金管理公司引进人才,不断提高运作管理水平,对于投资效益较好的项目,省金融控股公司提出申请,经管委会办公室审核并报管委会批准,可从基金投资收益中提取一定比例用于基金管理公司的业绩奖励;在投资管理过程中,对投资管理违反本办法规定的,省金融控股公司提出建议,经管委会办公室审核并报管委会批准,扣减基金管理公司相应的管理费用。

第三十二条 基金公司仅限列支法律规定的作为公司存在所必须进行的法律行为所需的成本和费用,以及根据本办法支付基金管理公司的管理费和业绩奖励。

第三十三条 基金公司的税后利润在提取法定公积金后不分配,全额留存基金公司用于投资。

第八章 基金退出

第三十四条 省乡村振兴基金应在公司章程或合伙协议中载明具体退出期限、退出条件、退出方式,在达到投资年限或约定退出条件时,按约定退出后向管委会办公室报备。

第三十五条 其他情况退出的,一般程序为:基金管理公司提出退出方案、管委会办公室审核、决策咨询评审(如需)、管委会批准(或备案)、基金管理公司具体办理退出事宜。

第三十六条 省乡村振兴基金可采取股权转让、股份减持、股东回购以及解散清算等方式退出。需要资产评估的,应聘请具备资质的资产评估机构进行评估,评估结果报省财政厅核准或备案。其他情况退出的,如受让方为国有全资公司或国有独资企业的,报管委会批准后,可协议转让相应股权(份额);如受让方为非国有全资公司或非国有独资企业的,应按国有产权管理的有关规定在依法设立的产权交易机构中采取公开挂牌方式办理退出。

第三十七条 省乡村振兴基金退出应符合国家有关规定,按章程或协议约定条件及时退出。对有下述情况之一的,省乡村振兴基金无需其他出资人同意,可选择提前按约定退出:

1. 章程或协议签署后超过6个月,未按规定程序和时间要求完成设立手续或者增资手续的;

2. 省乡村振兴基金拨付至子基金账户1年以上,参股子基金未实际出资的;

3. 投资领域和方向不符合政策导向的;

4. 项目考核未通过的;

5. 发现其他危及省乡村振兴基金安全或违背政策目标等事先约定退出情形的。

第三十八条 参股子基金存续期限最长不超过10年,经相关审议决策程序批准后可适当延长。

第九章 风险防控和绩效考核

第三十九条 省财政厅应会同相关主管部门建立对省乡村振兴基金的监督和考核机制,按照“公开、透明、择优”的原则进行决策,接受社会各方的监督,对于发现的问题及时提出整改意见,确保基金规范运作和有效管理。

第四十条 省金融控股公司要认真代为履行出资人的相关权利和义务,加强对省乡村振兴基金运作管理的指导,监督检查基金公司投资运作、风险控制、资金使用及财务管理情况,并视工作需要委托专业机构开展专项审计。

第四十一条 基金管理公司应按照国家有关内部控制规范体系建设的要求,建立健全包括风险管理制度和风险控制流程在内的风险合规体系及内部管控制度。

第四十二条 省乡村振兴基金合作设立的子基金应当委托一家中国境内商业银行进行托管,托管银行由子基金管理机构提议并经子基金合伙人会议同意,按照有关规定及托管协议开展资产保管、资金拨付和结算等日常工作,对投资活动进行动态监管,定期向子基金管理机构出具银行托管报告。

第四十三条 建立健全对省乡村振兴基金设立的基金运作管理的考核评价机制。基金管理公司依据项目投资方案,组织项目考核评价,提出考核评价建议报相关行业主管部门审核。根据考核评价结果,对于运作较好的项目给予一定激励;对于运作成效较差的项目,应减少投资,直至提前退出。管委会办公室应根据需要组织省级有关行业主管部门或委托中介机构对省乡村振兴基金进行考核评价,并向管委会报告考核结果。

第四十四条 省乡村振兴基金出资部分无收益或亏损的,不得采取政府补贴形式向合作对象支付收益;出资部分实现收益的，不得超出税后收益总额向合作对象让渡收益。

第四十五条 建立健全合作信用管理机制。对投资项目的管理机构或直投项目存在违法违规违约行为的，省乡村振兴基金有权要求单独或同时行使以下权利：

1. 建立违规违约行为管理档案，并限期整改；

2. 要求相关投资机构、直投企业根据协议约定赔偿省乡村振兴基金的损失；

3. 情节严重的典型案例向全省通报，省乡村振兴基金自通报之日起三年内与责任方暂停新增合作。

第四十六条 健全尽职免责机制。对于省乡村振兴基金运作过程中发生违法违规行为的，依法依规追究相应责任；对于已履职尽责的投资项目，如发生风险造成投资损失，决策机构、主管部门、代行出资人职责机构、基金管理机构等不承担相关责任。

第十章 信息披露和报告制度

第四十七条 建立定期报告制度。省乡村振兴基金管委会办公室定期向管委会报告工作进展情况，提出基金投资计划和方向建议。其他成员单位向管委会报告相关领域项目储备推荐、行业支持政策落实等情况。省乡村振兴基金投资运作过程中如发生重大或特殊事件，基金管理公司应当及时向省金融控股公司报告，并由省金融控股公司提出意见后报管委会办公室，抄送行业主管部门。

第四十八条 每季度结束后15日内，基金管理公司应及时报送省乡村振兴基金的投资运作、项目进展、股本变化、资金使用等情况，由省金融控股公司审核后报管委会办公室备案。

第四十九条 会计年度结束后4个月内，基金管理公司须提交省乡村振兴基金年度工作报告和经会计师事务所审计的年度会计报告，由省金融控股公司审核后报管委会办公室，抄送行业部门。

第五十条 省乡村振兴基金与相关合作方签署章程或协议后，发生省乡村振兴基金认缴出资额增加、项目管理方实质性变化、子基金存续期延长等核心要素变更的，由基金管理公司向管委会办公室报告并获批复后进行处理。项目管理方实质性变化包括但不限于：

1. 子基金管理机构的控股股东或实际控制人（公司制）或执行事务合伙人（合伙制）发生实质性变化；

2. 子基金管理机构关键人士半数（含）以上发生变化；

3. 直投项目控股股东或实际控制人及经营范围发生实质性变化，且影响直投项目政策目标实现的。

第五十一条 省乡村振兴基金投资合作的子基金管理机构及直投项目应建立重大事项披露机制，定期向基金管理公司提交子基金或企业运营报告、经审计的财务报告等，基金管理公司视工作需要可委托专业机构对子基金或企业进行审计。

第十一章 附 则

第五十二条 原浙江省农业发展投资基金、浙江省农业综合开发投资基金已投资项目，分别按原办法管理。

第五十三条 本办法自2019年12月1日起施行，《浙江省财政厅关于印发浙江省农业发展投资基金管理暂行办法的通知》（浙财农〔2015〕166号）、《浙江省财政厅关于印发浙江省农业综合开发投资基金管理暂行办法的通知》（浙财农发〔2017〕15号）同时废止。

（注：附件略）

浙江省政府债券公开发行承销团组建及管理办法

浙财预执〔2019〕44号 2019年11月12日

第一章 总 则

第一条 为规范浙江省政府债券公开发行承销团组建、管理工作，维护报名机构和债券承销团成员的合法权益，根据财政部《关于印发〈地方政府一般债券发行管理暂行办法〉的通知》（财库〔2015〕64号）、《关于印发〈地方政府专项债券发行管理暂行办法〉的通知》（财库〔2015〕83号）及其他有关规定，结合浙江省实际，制定本办法。

第二条 浙江省政府债券公开发行承销团（以下简称承销团）组建及管理适用本办法。

第三条 承销团的组建遵循公开、公平、公正的市场化原则。

第四条 浙江省财政厅根据市场环境和浙江省政府债券公开发行任务等，确定承销团成员的目标数量。

第五条 承销团每届有效期3年，期满后，依照本办法重新组团。承销团成员（含主承销商）按年度实行取消、退出、增补机制。

第二章 资格条件

第六条 报名参加承销团的金融机构（以下简称报名机构）应当具备下列基本条件：

（一）在中国境内依法成立，经营范围包括债券承销。除外国银行分行外，其他报名机构均应具有独立法人资格；外国银行分行参与承销政府债券，应取得其总行对该事项的特定授权；

（二）财务稳健，资本充足率、偿付能力或者净资本状况等方面指标达到监管标准，具有较强的风险防控能力；

（三）具有负责债券业务的专职部门和健全的债券投资与风险管理制度；

（四）有能力履行浙江省政府债券公开发行承销协议（以下简称承销协议）规定的各项义务；

（五）应当为依法开展经营活动，近3年内在债券承销、交易等经营活动中没有重大违法记录，注册资本不低于人民币5亿元或者总资产不低于人民币200亿元的银行类金融机构，或注册资本不低于人民币10亿元的券商类金融机构；

（六）若为上一届承销团成员的，应当在上一届承销团有效期最后一年未到退团标准或未主动退团。

省内农村信用合作联社、农村商业银行、农村合作银行统一以浙江省农村信用社联合社为主体参与报名。

第三章 申请与组建

第七条 浙江省财政厅提前公布承销团组建通知（以下简称组团通知）和承销协议范本。

组团通知应当分别明确银行类、券商类承销团成员的目标数量、报名要求以及主承销商数量等内容。

承销协议范本应当包括浙江省财政厅和承销团成员双方的权利、义务等内容，并与组团通知同时发布。

第八条 报名机构应当在申请截止日期之前提出申请，并提交下列申请材料：

（一）浙江省政府债券承销团成员申请表；

（二）浙江省财政厅要求提供的其他材料。

第九条 浙江省财政厅对符合本办法第六条基本条件的报名机构进行综合评分。综合评分指标包括承销意愿、承销能力、资本经营及风险防控状况、其他因素等四类指标。指标得分满分为100分，按照银行类、券商类报名机构分别排名计分，由高到低确定承销团成员。各项指标权重、计分方法详见附表。

第十条 主承销商从承销团成员中产生，按前三年浙江省政府债券承销量排名顺序确定，如承销量相同，依次按承销意愿、承销能力指标得分由高到低排序。其中排名前三位的承销团成员自动获得本届主承销商资格，其余主承销商依承销团成员申请，按上述排名情况及实际所需主承销商数量确定。

第十一条 中央国债登记结算有限责任公司、上海证券交易所、深圳证券交易所等债券托管、交易场所应当根据浙江省财政厅需要提供综合评分指标中有关业务数据。

第十二条 浙江省财政厅对确定作为承销团成员（含主承销商）的报名机构予以书面通知，并向社会公布。

第四章 承销团成员的取消、退出与增补

第十三条 承销团成员在年度内累计承销公开发行的浙江省政府债券金额为零的，浙江省财政厅有权取消其本届承销团有效期内的下年承销团成员资格，终止与其签订的承销协议，并向社会公告；取消期届满后，浙江省财政厅有承销团成员增补需要的，上述机构仍可参与增补申请。

第十四条 主承销商在年度内承销量未达到规定比例的累计期数超过全年公开发行期数50%的，或累计3期承销公开发行的浙江省政府债券金额为零的，浙江省财政厅有权取消其本届承销团有效期内的下年主承销商资格，该机构自动变为一般承销商，主承销商资格变动情况将向社会公告；取消期届满后，浙江省财政厅有主承销商增补需要的，上述机构仍可参与增补申请。

第十五条 承销团成员可以根据承销协议的约定，自愿申请退出承销团。浙江省财政厅应当自收到书面退出申请之日起30日内予以确认，并向社会公布。

申请退出的承销团成员，在获得确认之前，应当按照承销协议的约定，继续履行承销协议。自浙江省财政厅确认之日起，浙江省财政厅应当终止与其签订的承销协议。

第十六条 承销团成员出现以下行为的，应当主动退出承销团，或由浙江省财政厅根据承销协议的约定通知其退出本届承销团，终止与其签订的承销协议，并向社会公告：

（一）以欺骗、利益输送等不正当手段加入承销团的；

（二）财务状况恶化，难以继续履行承销团成员义务的；

（三）年度内投标量未达到规定比例的累计期数超过全年公开发行的浙江省政府债券期数30%的；

（四）严重不正当投标行为、操纵二级市场行为；超承销额度分销，违规向承销团其他成员分销；出现伪造浙江省政府债券账务记录，发布关于浙江省政府债券虚假信息等重大违法行为或者严重违反浙江省政府债券相关管理政策规定行为的；

（五）严重违反承销协议其他相关约定的。

第十七条 浙江省财政厅可以根据浙江省政府债券公开发行需求，参照本办法第三章规定增补承销团成员（含主承销商），并将增补情况及时向社会公布。

退出债券承销团成员的机构，不得再申请加入本届承销团。

第五章 附 则

第十八条 本办法由浙江省财政厅负责解释。

第十九条 本办法自2019年12月13日起施行。

浙江省文化和旅游专项资金管理办法

浙财文〔2019〕54号 2019年12月27日

第一章 总 则

第一条 为促进文化和旅游事业发展，规范浙江省文化和旅游专项资金（以下简称专项资金）使用管理，提高资金使用绩效，根据《中国人民共和国预算法》《中华人民共和国公共文化服务保障法》《中华人民共和国文物保护法》《中华人民共和国非物质文化遗产法》《国务院办公厅印发关于促进全域旅游发展的指导意见》（国办发〔2018〕15号）、《浙江省公共文化服务保障条例》《浙江省人民政府办公厅关于进一步加强省级财政专项资金管理工作的通知》（浙政办函〔2014〕66号）等精神，结合我省文

化和旅游工作实际,特制定本办法。

第二条 本办法所指专项资金,是指省级财政(含中央财政专项转移支付奖补资金)通过一般公共预算安排,统筹用于支持各地加强文化和旅游(文物)事业建设、促进全省文化和旅游(文物)事业发展的资金。

第三条 专项资金原则上实施期限为三年,到期后,省文化和旅游厅、省文物局应对专项资金三年实施总体情况开展绩效评价,省财政厅可视情开展重点绩效评价,根据评价结果,适时调整专项资金实施期限和分配政策。

第四条 专项资金的分配使用应遵循"公平公正、科学规范、统筹安排、讲究绩效"的原则,符合我省文化和旅游(文物)事业发展规划以及公共财政的基本要求,确保资金使用合理、安全、高效。

第五条 专项资金由财政部门、文化和旅游部门(文物部门)按照职责分工共同管理。省财政厅主要负责专项资金的预算安排、分配方案审核、资金下达、监督检查和指导有关部门绩效管理工作。

省文化和旅游厅、省文物局负责制定工作方案和规划,组织开展专项资金预算编制和资金的申报;提出专项资金整体绩效目标和分配建议,并负责提供相关测算因素数据,对其准确性、及时性负责;督促做好相关实施工作;审核下级文化和旅游部门(文物部门)报送的绩效目标,按要求分解设置市县绩效目标并提交财政部门,开展专项资金事中事后监督检查和预算绩效管理工作。

各地文化和旅游部门(文物部门)会同财政部门根据专项资金使用方向和支持重点,建立项目储备库,共同做好专项资金下达后的项目报备、使用管理、监督检查和跟踪问效等工作。

第二章 预算、分配与下达

第六条 省文化和旅游厅、省文物局应当按照部门预算编制要求,根据国家和省委、省政府相关政策及省与市县支出责任划分的原则,编制预算年度专项资金预算及其绩效目标,并编制三年滚动预算。

第七条 专项资金实行因素法分配,分配因素依据补助政策和使用方向确定,包括财力因素、基本因素、业务因素、绩效因素和其他因素。

(一)基本公共文化服务类

专项资金包括补助资金和奖励资金。其中补助资金占专项资金总额的70%,奖励资金占30%。

1. 补助资金分配

(1)财力因素。按照省财政关于地方财政财力状况的分类分档办法确定补助系数测算。

(2)基本因素。主要根据基本公共文化服务的对象(范围)计算,包括常住人口数、地域面积数、乡镇(含街道)数、行政村(含社区)数等。

(3)业务因素。主要根据基本公共文化服务内容计算,包括公共文化设施建筑面积、公共文化机构设施数量、公共文化服务机构从业人员数量等。

某市、县(市、区)补助资金额度=某市、县(市、区)分配因素得分/∑各市、县(市、区)分配因素得分×省补助资金总额;

其中:某市、县(市、区)分配因素得分=∑〔某市、县(市、区)分配因素值/全省该项分配因素总值×相应权重〕×财力因素得分。

对常住人口规模特别小或海域面积较大且对公共文化服务成本有一定影响的市、县(市、区),省财政厅可在按因素法分配资金的基础上以适当方式进行调整。

2. 奖励资金分配

奖励资金以设区市本级和县(市、区)为单位,根据绩效考核结果分配。考核内容主要包括:公共财政文化旅游体育与传媒支出(207款)投入情况,按国家、省规定的基本公共文化服务项目保障标准落实情况,公共文化设施覆盖率和合格率,公共文化设施运行管理情况,基本公共文化服务项目完成情况,支持社会力量参与提供公共文化服务情况,省有关部门确定的基本公共文化服务年度重点项目完成情况,专项资金管理情况,工作创新情况等。

设区市本级和县(市、区)实行分类考核。奖励资金的90%用于县(市、区)的考核奖励,10%用于设区市本级的考核奖励。

省财政厅会同省文化和旅游厅,根据各县(市、区)的考核结果,对高于县(市、区)考核得分全省平均水平的县(市、区),按其考核得分和常住人口修正系数计算综合得分,给予考核奖励。其中对全省前10名增加20%奖励资金,对全省后10名酌情扣减补助资金。

某县(市、区)综合得分=某县(市、区)考核得分×常住人口修正系数;

其中:某县(市、区)常住人口修正系数=某县(市、区)常住人口数/获得考核奖励县(市、区)的平均常住人口数。

某设区市本级综合得分=某设区市本级考核得分×40%+所辖区平均考核得分×40%+所辖县(市)平均考核得分×20%。

具体考核办法另行制定。

(二)文物类

1. 财力因素。按照省财政关于地方财政财力状况的分类分档办法确定补助系数测算。

2. 基本因素。按照省级以上文物保护单位数、世界文化遗产数,根据全国文化文物业法定统计资料年度最新数据测算。

3. 业务因素。按照文物保护项目立项数、项目核准预算数,根据省文物局批复的项目立项数及项目通过预算评审的核准预算数测算。

4. 绩效因素。按照专项资金执行率、项目质量和项目完成率等,根据上一年度绩效评价结果测算。绩效考核评价指标另行制定。

若某市、县(市、区)当年业务因素得分为0的,其因素综合得分也视同为0。年度内发生重大文化遗产安全责任事故的市、县(市、区),其因素综合得分也视同为0。

(三)非物质文化遗产类

非物质文化遗产保护专项资金包括补助资金和奖励资金。其中补助资金占70%,奖励资金占30%。

1. 补助资金分配

(1)财力因素。按照省财政关于地方财政财力状况的分类分档办法确定补助系数测算。

(2)基本因素。主要根据省级及以上非物质文化遗产代表性项目数、拥有各类省级非物质文化遗产保护传承载体数量计算。

(3)业务因素。主要根据非遗保护工作阶段性重点项目数、省级非物质文化遗产代表性传承人数量。

2. 奖励资金分配

根据上年度《浙江省非物质文化遗产保护发展指数评估指标数据》进行排名,排名前70%的,按评价得分分配奖励资金;排名后30%的,不享受奖励资金。

奖励资金=当地上年度评价得分/∑前70%县市评价得分总和×当年奖励资金总额。

(四)旅游发展类

1. 财力因素。按照省财政关于地方财政财力状况的分类分档办法确定补助系数测算。

2. 基本因素。包括旅游发展成效相关指标,上一年度地方政府主导开工建设的旅游公共服务设施、4A级及以上国家A级旅游景区数量、景区城镇村占比等。

3. 业务因素。按照省委、省政府统一部署,万千百工程、红色旅游、全域旅游、风情小镇创建、诗路建设、海岛公园、5A级旅游景区及国家级旅游度假区创建等重点工作及其他省委、省政府交办的重要工作任务完成情况,以及相关重大建设项目投入情况。

4. 绩效因素。按照资金执行率、上一年度绩效评价结果确定。

第八条 根据省委、省政府确定的文化和旅游(文物)工作中心任务,文化和旅游(文物)事业发展规划确定的重点工作,文化和旅游(文物)事业创新和引领示范的需要,可以对各项分配因素及权重进行调整。

第九条 每年10月底前,省级财政应按不低于当年预算数70%的比例,将下年度的预算指标提前下达市、县(市)财政、文化和旅游部门(文物部门),并在省本级预算批准60日内正式下达资金,相应的绩效目标随预算一并分解下达。各级财政部门应根据要求,将提前下达的专项资金编入下一年度本级财政预算。

第三章 资金使用管理

第十条 专项资金主要用于促进基本公共文化服务、省级以上重点文物保护利用、省级以上非物质文化遗产传承保护、旅游公共服务等支出。具体包括:

(一)公共文化设施建设。包括市、县两级博物馆(纪念馆)、美术馆、文化馆、图书馆的建设和设备购置;乡镇文化站以及中心镇图书馆的建设和设备购置;村级农村文化礼堂、文化活动中心(室)建设和设备购置,全国文化信息资源共享工程村级基层服务点平台和数字资源建设等。

(二)公共文化设施运行、维护和管理。主要指对前款所列各项公共文化设施运行维护所发生的支出和村级公共文化设施管理人员费用。包括博物馆、纪念馆、美术馆等用于陈列布展的支出。

(三)公共文化设施免费开放。包括博物馆、纪念馆免费开放减收门票的补助;美术馆、图书馆、文化馆、文化站提供免费开放服务的补助;列入全省博物馆名录的非国有博物馆提供的免费开放服务补助。

(四)开展群众文化活动。包括送戏下乡(含民营剧团)、送书下乡、开展其他群众文化活动的补助;相关主管部门到农村(或社区)开展讲座、展览、文化走亲等活动的支出;对农村(或社区)优秀业余文化团队开展活动和购置器材的补助。

(五)公共文化人才队伍建设。主要指用于直接从事公共文化服务的人才培养,村级公共文化设施管理人员和村级文艺骨干的培训,组建文化指导员、志愿者队伍,以及符合条件的省舞台艺术人才演出补贴等支出。

(六)省级及以上文物保护单位的维修、保护、利用等。包括保护规划编制、保护方案设计、文物技术保护、文物本体维修保护、安防消防防雷等保护性设施建设、文物本体保护范围内的环境治理、陈列展示、数字化保护、预防性保护、大遗址保护管理、考古遗址公园建设和世界文化遗产监测管理体系建设等。

(七)市、县(市、区)级文物保护单位重点维修保护项目。仅限列入国家文物局以及省委、省政府确定的重大项目,列入国家文物局、省文物局文物博物馆事业发展五年规划的重点项目,列入革命文物保护利用的重点项目等。

(八)考古工作。包括考古调查、勘探和发掘,考古资料整理和报告出版,重要考古遗址、遗迹保护以及重要出土(出水)文物保护与修复等。

(九)可移动文物保护。主要用于国有文物收藏单位馆藏文物的保护,包括预防性保护、保护方案设计、文物技术保护(含文物本体修复)、数字化保护等。

(十)支持文物保护科技。主要用于文物保护重点和难点领域的科技创新,包括文物保护修复、考古勘探发掘、文物价值认知、文物传承利用等方面的共性和关键技术研发。

(十一)省级以上非物质文化遗产代表性项目保护。主要用于省级及以上物质文化遗产代表性项目相关的调查研究、记录和保存、传承活动、理论和技艺研究、业务培训、出版、展示推广、民俗活动等支出。

(十二)省级非物质文化遗产项目代表性传承人传承补习、省级非物质文化遗产整体性保护、各类省级非物质文化遗产保护传承载体建设等支出。

(十三)旅游公共服务设施建设补助及红色旅游、全域旅游、万千百工程、海岛公园、旅游风情小镇等重点工作奖补。

（十四）省委、省政府确立的重点文化和旅游发展工作，以及省级有关部门根据需要确定的其他项目，包括文化示范工程创建、群众文化活动品牌培育等支出。

第十一条 专项资金不得用于：征地拆迁、基本建设、日常养护、应急抢险、超出文物本体保护范围的环境整治、文物文化遗产征集等各项支出；支付各种罚款、捐款、赞助、投资等支出；编制内在职人员工资性支出和离退休人员离退休费用支出；各种工资福利性支出；偿还债务；国家规定禁止列入的其他支出。

第十二条 规范专项资金的使用管理，各地财政、文化和旅游部门（文物部门）收到省财政下达的专项资金预算后，要严格按照管理办法规定的用途，与地方财政安排的资金统筹使用，合理安排各项支出预算，确定落实项目，并按省级相关要求完成具体细化项目储备、报备工作。

第十三条 专项资金（文物类）应遵循以下使用规范：

（一）专项资金（文物类）实行项目库管理。各地文化和旅游、文物部门应当会同同级财政部门建立科学、规范的项目储备库，纳入项目储备库的项目，其项目方案事先须通过国家文物局或省文物局审批或必要性审查。分配专项资金时，原则上要在项目储备库中择优选取。项目预算不得超过项目核准预算数。

（二）各地文化和旅游部门（文物部门）、财政部门应于每年5月31日前，完成下一年度具体细化项目储备工作。

（三）各地在进行项目事前储备、资金分配并报省级部门备案前，应将项目有关信息在当地政府政务信息公开平台上公示7天，公示无异议后方可纳入项目储备库或上报省级部门备案。

第十四条 专项资金的支付按照国库集中支付制度有关规定执行。属于政府采购管理范围的，按照政府采购有关法律法规和有关制度执行。

第十五条 各地财政、文化和旅游部门（文物部门）应采取有效措施，加快预算执行进度，提高预算执行的均衡性和有效性。各地财政部门应及时清理盘活结转结余资金，结转结余的资金，按照《中国人民共和国预算法》和其他相关规定处理。

第四章 绩效管理和监督检查

第十六条 省文化和旅游厅、省文物局应按规定建立健全专项资金预算绩效管理制度，完善绩效目标管理，建立健全核心绩效指标体系，指导各地文化和旅游部门（文物部门）对绩效目标实现情况进行监控，每年组织实施专项资金绩效自评，确保绩效目标如期完成；省财政厅可视情开展抽评，评价结果作为完善补助资金政策及预算资金分配的重要依据。各地文化和旅游（文物部门）、财政部门要根据项目管理和实施情况组织实施绩效目标申报、绩效监控和绩效评价等工作，切实提高财政资金使用效益。

第十七条 各地财政、文化和旅游部门（文物部门）要建立健全资金监督管理机制，加强资金分配使用的风险管理，强化流程控制、依法合规分配和使用资金。定期对专项资金的使用管理情况进行检查，及时发现和纠正有关问题。

第十八条 各地财政、文化和旅游部门（文物部门）应自觉接受审计、纪检监察等部门的监督检查和社会监督。

第十九条 各级财政、文化和旅游部门（文物部门）及其工作人员在专项资金的分配、审核、使用管理等工作中，存在违反本办法规定的行为，以及其他滥用职权、玩忽职守、徇私舞弊等违法违纪行为的，按照《中华人民共和国预算法》《中华人民共和国公务员法》《中华人民共和国监察法》《财政违法行为处罚处分条例》等国家有关规定追究相应责任。涉嫌犯罪的，依法移送司法机关处理。

第五章 附 则

第二十条 各地财政部门会同同级文化和旅游部门（文物部门），可根据本办法制定具体实施办法，并报省财政厅、省文化和旅游厅、省文物局备案。

第二十一条 对于中央下达的文化和旅游（文物）等方面专项转移支付、一般性转移支付再分配下达到各地的资金管理，可参照本办法执行。中央另有规定的从其规定。

第二十二条 本办法自印发之日起施行。《浙江省财政厅 浙江省文化厅 浙江省广播电影电视局 浙江省新闻出版局 浙江省文物局关于印发浙江省基本公共文化服务专项补助资金管理办法（试行）的通知》（浙财教〔2013〕229号）、《浙江省财政厅 浙江省文化厅 浙江省文物局关于印发〈浙江省文化遗产保护专项资金管理办法〉的通知》（浙财教〔2015〕2号）、《浙江省财政厅 浙江省旅游局关于印发浙江省旅游补助及贴息专项资金管理办法的通知》（浙财行〔2014〕62号）同时废止。今后中央、省另有规定的，按新规定执行。

浙江省住房与城市建设专项资金管理办法

浙财建〔2019〕163号 2019年12月31日

第一条 为加强浙江省住房与城市建设专项资金使用管理，提高财政资金使用绩效，根据《中华人民共和国预算法》《中共浙江省委 浙江省人民政府关于全面落实预算绩效管理的实施意见》《浙江省人民政府办公厅关于进一步加强省级财政专项资金管理工作的通知》等，制定本办法。

第二条 浙江省住房与城市建设专项资金（以下简称专项资金）是指由省级财政预算安排，用于支持全省住房和城乡建设发展的专项转移支付资金。

第三条 专项资金按照"公开透明、突出重点、讲求绩效"的原则进行分配、使用和管理。

第四条 专项资金实施期限原则上为三年。到期后，省建设厅应对专项资金三年实施总体情况开展绩效自评，省财政厅可视情开展重点绩效评价，根据评价结果，适时调整专项资金实施期限和分配政策。

第五条 省财政厅牵头制定资金管理办法，负责专项资金预算安排，审核资金分配建议方案，视情开展重点绩效评价，指导地方预算管理等工作。

省建设厅负责制定并下达年度工作计划，研究提出资金分配建议方案，对资金使用情况组织监督检查，做好专项资金绩效管理，并指导地方做好相关工作，提高财政资金使用效益。

市、县(市、区)(以下简称市县)建设主管部门和财政部门根据专项资金支持方向和重点，负责做好项目储备、任务申报、资金分配、项目管理、资金监管、监督检查、绩效管理和竣工验收等具体工作。

第六条 专项资金用于支持我省住房和城乡建设发展的重点工作任务。主要包括以下六类：

(一)城镇污水处理基础设施建设。包括城镇污水处理厂及管网建设，城镇污水处理厂提标改造和污泥处置基础设施建设。

(二)城镇生活垃圾分类基础设施建设。包括城镇生活垃圾焚烧和餐厨垃圾处置基础设施建设，垃圾分类和中转基础设施建设，省级高标准垃圾分类示范小区创建等。

(三)海绵管廊建设。包括城镇海绵城市及地下综合管廊建设。

(四)美丽宜居示范村建设。省级美丽宜居示范村创建、村庄设计和农房设计落地试点、传统村落保护发展规划编制等。

(五)其他。包括因严重自然灾害造成城镇基础设施毁损的修复、促进人居环境与品质提升的城镇基础设施建设修缮与特色保护、智慧城管建设等，以及省财政厅和省建设厅认为需要支持的其他工作任务。

第七条 专项资金采取因素法分配，各市县的资金补助通过以下因素计算确定：

(一)主因素

1. 工作任务。根据各地上报的工作任务量确定。该因素权重不超过85%。

2. 绩效因素。根据年度绩效评价结果以及考核评选结果确定。该因素权重不低于15%。

(二)子因素

财力状况。根据省财政专项转移支付分类分档有关规定确定。

省财政厅和省建设厅可以根据专项资金管理需要和建设工作任务，适时调整优化分配因素和权重。

第八条 省建设厅会同省财政厅按照省委、省政府的决策部署，坚持集中财力办大事的原则，确定年度工作任务，并组织开展资金申报。

市县建设主管部门会同财政部门根据各地工作实际，按要求于8月底前进行资金申报，并对申报材料的真实性、合规性负责。

第九条 省建设厅对各地上报的工作任务进行合规性、合理性审核。根据审核情况，及时提出资金分配建议方案和绩效目标分解方案报省财政厅。

省财政厅对资金分配建议方案进行审核后，会同省建设厅在10月31日前，按不低于当年专项资金规模的70%提前下达下一年度专项资金；剩余资金在省人代会批准预算后60日内下达。绩效目标随同资金文件一并分解下达。

省建设厅应于每年4月底前将各项年度建设任务计划下达给市县。

在收到资金文件后，市县财政部门会同建设主管部门及时将专项资金分解到具体项目和任务，并将分配情况在省级转移支付项目库中进行同步报备。

第十条 专项资金可以统筹安排用于纳入年度建设计划并符合第六条支持范围的任务，但不得用于楼堂馆所建设、管理机构人员经费和日常办公经费等不符合规定的支出。

第十一条 市县财政部门、建设主管部门应当根据本办法建立健全管理机制，按照“谁用款、谁负责”的原则，切实加强专项资金使用管理，做好绩效监控，提高资金使用效益。专项资金拨付按照财政国库管理制度有关规定执行。资金使用中属于政府采购管理范围的，按照政府采购有关规定执行。专项结余结转资金按照中央和省有关规定安排使用。

第十二条 专项资金的分配、使用管理等严格执行有关信息公开和公示相关规定。

凡按规定需由各地事前储备或需申请专项资金的项目，在纳入储备库或上报前要将项目有关信息在市县建设主管部门和财政部门的门户网站向社会公示7天，公示无异议后方可纳入项目储备库或上报。

第十三条 省建设厅应建立健全专项资金预算绩效管理制度，完善绩效目标管理，建立健全绩效指标体系，每年开展专项资金绩效自评。省财政厅可视情开展抽评，评价结果作为完善专项资金政策及预算资金分配的重要依据。

各市县建设主管部门及财政部门要根据项目管理和实施情况组织实施绩效目标申报、绩效监控和绩效评价等工作，并对发现的问题及时做好整改落实，确保绩效目标完成，切实提高财政资金使用效益。

第十四条 专项资金的使用管理接受审计、纪检监察、财政等部门的监督检查，一旦发现截留、挤占、挪用或骗取专项资金等违法违纪行为，依照有关法律法规追究相应责任。各级财政部门和建设主管部门、单位及其工作人员在专项资金使用管理工作中，存在违反规定审批、分配、使用和管理资金，以及其他滥用职权、玩忽职守、徇私舞弊等违法违纪行为的，按照《中华人民共和国预算法》《中华人民共和国公务员法》《中华人民共和国监察法》《财政违法行为处罚处分条例》等国家有关规定追究相应责任；涉嫌犯罪的，移送司法机关处理。

第十五条 本办法由省财政厅会同省建设厅负责解释。市县财政部门及建设主管部门应根据当地实际情况，建立完善资金管理和项目管理实施细则，并报省财政厅和省建设厅备案。

第十六条 本办法自发布之日起施行。《浙江省财政厅 浙江省住房和城乡建设厅关于印发浙江省住房与城市建设专项资金管理办法(试行)的通知》(浙财建〔2015〕51号)同时废止。

2019 年财政规章及相关政策文件目录(选编)

序号	文件名称	发文单位	文号	印发日期
1	关于有效发挥政府性融资担保基金作用切实支持小微企业和“三农”发展的指导意见	国务院办公厅	国办发〔2019〕6 号	2019. 1. 23
2	关于印发降低社会保险费率综合方案的通知	国务院办公厅	国办发〔2019〕13 号	2019. 4. 2
3	关于印发科技领域中央与地方财政事权和支出责任划分改革方案的通知	国务院办公厅	国办发〔2019〕26 号	2019. 5. 23
4	关于印发教育领域中央与地方财政事权和支出责任划分改革方案的通知	国务院办公厅	国办发〔2019〕27 号	2019. 5. 27
5	关于印发交通运输领域中央与地方财政事权和支出责任划分改革方案的通知	国务院办公厅	国办发〔2019〕33 号	2019. 6. 27
6	关于做好 2020 年度中央财政专项扶贫资金和项目安排的通知	国务院扶贫办	国开办发〔2019〕20 号	2019. 11. 13
7	关于印发国有金融资本出资人职责暂行规定的通知	国务院办公厅	国办发〔2019〕49 号	2019. 12. 4
8	关于印发《重点生态保护修复治理资金管理办法》的通知	财政部	财建〔2019〕29 号	2019. 3. 4
9	关于推进政府和社会资本合作规范发展的实施意见	财政部	财金〔2019〕10 号	2019. 3. 11
10	关于深化增值税改革有关政策的公告	财政部 税务总局 海关总署	公告 2019 年第 39 号	2019. 3. 21
11	关于印发《服务业发展资金管理办法》的通知	财政部	财建〔2019〕50 号	2019. 3. 27
12	关于印发《学生资助资金管理办法》的通知	财政部 教育部 人力资源社会保障部 退役军人部 中央军委国防动员部	财科教〔2019〕19 号	2019. 4. 3
13	关于印发《农村综合改革转移支付管理办法》的通知	财政部	财农〔2019〕17 号	2019. 4. 4
14	关于调整部分政府性基金有关政策的通知	财政部	财税〔2019〕46 号	2019. 4. 26
15	关于做好地方政府债券发行工作的意见	财政部	财库〔2019〕23 号	2019. 4. 28
16	关于加强农村危房改造资金使用管理助力全面完成脱贫攻坚任务的通知	财政部 住房城乡建设部	财社〔2019〕53 号	2019. 5. 8
17	关于进一步深入推进首台(套)重大技术装备保险补偿机制试点工作的通知	财政部 工业和信息化部 银保监会	财建〔2019〕225 号	2019. 5. 15
18	关于印发《中央对地方重点生态功能区转移支付办法》的通知	财政部	财预〔2019〕94 号	2019. 5. 15
19	关于印发《国际金融组织和外国政府贷款赠款项目绩效评价管理办法》的通知	财政部	财国合〔2019〕18 号	2019. 5. 22

(续表一)

序号	文件名称	发文单位	文号	印发日期
20	关于印发《食品药品监管补助资金管理暂行办法》的通知	财政部 市场监管总局 药监局	财行〔2019〕98 号	2019. 5. 23
21	关于印发《土地储备项目预算管理办法(试行)》的通知	财政部 自然资源部	财预〔2019〕89 号	2019. 5. 29
22	关于运用政府采购政策支持脱贫攻坚的通知	财政部 国务院扶贫办	财库〔2019〕27 号	2019. 5. 29
23	关于印发《农田建设补助资金管理办法》的通知	财政部 农业农村部	财农〔2019〕46 号	2019. 5. 30
24	关于印发《农业相关转移支付资金绩效管理办法》的通知	财政部 农业农村部	财农〔2019〕48 号	2019. 6. 4
25	关于印发《中央对地方均衡性转移支付办法》的通知	财政部	财预〔2019〕108 号	2019. 6. 4
26	关于印发《农村环境整治资金管理办法》的通知	财政部	财资环〔2019〕12 号	2019. 6. 18
27	关于印发《水污染防治资金管理办法》的通知	财政部	财资环〔2019〕10 号	2019. 6. 18
28	关于印发《土壤污染防治专项资金管理办法》的通知	财政部	财资环〔2019〕11 号	2019. 6. 18
29	关于印发《城市管网及污水处理补助资金管理办法》的通知	财政部 住房城乡建设部	财建〔2019〕288 号	2019. 6. 24
30	关于印发水利发展资金管理办法的通知	财政部 水利部	财农〔2019〕54 号	2019. 6. 25
31	关于印发《财政部门财政扶贫资金违规管理责任追究办法》的通知	财政部	财监〔2019〕21 号	2019. 7. 9
32	关于促进政府采购公平竞争优化营商环境的通知	财政部	财库〔2019〕38 号	2019. 7. 29
33	关于全面推行医疗收费电子票据管理改革的通知	财政部 国家卫生健康委 国家医疗保障局	财综〔2019〕29 号	2019. 7. 30
34	关于修改中央财政困难群众救助等补助资金管理办法的通知	财政部 民政部 住房城乡建设部 中国残联	财社〔2019〕114 号	2019. 8. 1
35	关于印发基本公共卫生服务等 5 项补助资金管理办法的通知	财政部 国家卫生健康委 国家医疗保障局 国家中医药管理局	财社〔2019〕113 号	2019. 8. 2
36	关于印发《义务教育薄弱环节改善与能力提升补助资金管理办法》的通知	财政部 教育部	财教〔2019〕100 号	2019. 8. 7
37	关于印发《中央财政县级基本财力保障机制奖补资金管理办法》的通知	财政部	财预〔2019〕144 号	2019. 8. 21
38	关于印发财政预决算领域基层政务公开标准指引的通知	财政部办公厅	财办发〔2019〕77 号	2019. 8. 22
39	关于印发《中央财政城镇保障性安居工程专项资金管理办法》的通知	财政部 住房城乡建设部	财综〔2019〕31 号	2019. 8. 29
40	关于发布《中华人民共和国耕地占用税法实施办法》的公告	财政部 税务总局 自然资源部 农业农村部 生态环境部	2019 年第 81 号	2019. 8. 30

（续表二）

序号	文件名称	发文单位	文号	印发日期
41	关于支持做好稳定生猪生产保障市场供应有关工作的通知	财政部办公厅 农业农村部办公厅	财办农〔2019〕69号	2019.9.3
42	关于全面推开划转部分国有资本充实社保基金工作的通知	财政部 人力资源社会保障部 国资委 税务总局 证监会	财资〔2019〕49号	2019.9.16
43	关于印发《城乡义务教育补助经费管理办法》的通知	财政部 教育部	财教〔2019〕121号	2019.9.19
44	关于印发《中央财政医疗救助补助资金管理办法》的通知	财政部 国家卫生健康委 国家医保局	财社〔2019〕142号	2019.9.26
45	关于印发《中央引导地方科技发展资金管理办法》的通知	财政部 科技部	财教〔2019〕129号	2019.9.29
46	关于印发《特大型地质灾害防治资金管理办法》的通知	财政部 自然资源部	财资环〔2019〕44号	2019.9.29
47	关于印发《关于加快农业保险高质量发展的指导意见》的通知	财政部 农业农村部 银保监会 林草局	财金〔2019〕102号	2019.10.9
48	关于印发《中央财政城乡居民基本医疗保险补助资金管理办法》的通知	财政部 医保局	财社〔2019〕166号	2019.10.10
49	关于修订发布《普惠金融发展专项资金管理办法》的通知	财政部	财金〔2019〕96号	2019.10.15
50	关于印发《财政支持打好污染防治攻坚战加快推进生态文明建设的意见(2019—2020年)》的通知	财政部污染防治和 生态文明建设领导小组	财生态组〔2019〕1号	2019.11.6
51	关于印发《农业生产和水利救灾资金管理办法》的通知	财政部 农业农村部 水利部	财农〔2019〕117号	2019.11.14
52	关于调整完善增值税留抵退税地方分担机制及预算管理有关事项的通知	财政部 税务总局 人民银行	财预〔2019〕205号	2019.12.5
53	关于修订印发《政府财务报告编制办法(试行)》的通知	财政部	财库〔2019〕56号	2019.12.18
54	关于印发《中央财政科技计划(专项、基金等)后补助管理办法》的通知	财政部 科技部	财教〔2019〕226号	2019.12.19
55	关于印发《支持学前教育发展资金管理办法》的通知	财政部 教育部	财教〔2019〕256号	2020.1.8
56	关于印发《特殊教育补助资金管理办法》的通知	财政部 教育部	财教〔2019〕261号	2020.1.14
57	关于印发《现代职业教育质量提升计划资金管理办法》的通知	财政部 教育部	财教〔2019〕258号	2020.1.16
58	关于建立健全涉农资金统筹整合长效机制的实施意见	浙江省人民政府	浙政发〔2019〕7号	2019.3.5
59	关于印发浙江省企业减负降本政策(2019年第一批)的通知	浙江省人民政府办公厅	浙政办发〔2019〕25号	2019.4.19
60	关于印发浙江省医疗卫生领域财政事权和支出责任划分改革实施方案的通知	浙江省人民政府办公厅	浙政办发〔2019〕66号	2019.12.31

（续表三）

序号	文件名称	发文单位	文号	印发日期
61	关于印发浙江省转型升级产业基金管理办法的通知	浙江省财政厅	浙财企〔2019〕4号	2019.1.1
62	关于印发省属高校捐赠收入财政配比资金管理办法的通知	浙江省财政厅 浙江省教育厅	浙财科教〔2019〕1号	2019.1.7
63	关于浙江省贯彻实施小微企业普惠性税收减免政策的通知	浙江省财政厅 国家税务总局浙江省税务局	浙财税政〔2019〕4号	2019.1.23
64	关于印发浙江省森林生态效益补偿资金管理办法的通知	浙江省财政厅 浙江省林业局	浙财建〔2019〕10号	2019.1.31
65	关于落实重点群体创业就业有关税收优惠政策的通知	浙江省财政厅 国家税务总局浙江省税务局 浙江省人力资源和社会保障厅 浙江省扶贫办公室	浙财税政〔2019〕8号	2019.2.14
66	关于印发浙江省省属高校　科研院所基本科研业务费管理办法的通知	浙江省财政厅 浙江省教育厅 浙江省科学技术厅	浙财科教〔2019〕4号	2019.2.14
67	关于印发浙江省哲学社会科学专项资金管理办法的通知	浙江省财政厅 浙江省社会科学界联合会	浙财科教〔2019〕9号	2019.2.15
68	关于印发浙江省科技发展专项资金管理办法的通知	浙江省财政厅 浙江省科学技术厅	浙财科教〔2019〕7号	2019.2.17
69	关于印发政采云网上超市"全省一张网"实施方案的通知	浙江省财政厅	浙财采监〔2019〕2号	2019.2.19
70	关于印发浙江省财政服务领域"最多跑一次"改革行动方案的通知	浙江省财政厅办公室	浙财办发〔2019〕10号	2019.2.22
71	关于印发浙江省基本公共卫生服务项目补助资金管理办法的通知	浙江省财政厅 浙江省卫生健康委员会	浙财社〔2019〕5号	2019.2.28
72	关于印发浙江省金融业发展专项资金管理办法的通知	浙江省财政厅 浙江省地方金融监督管理局	浙财金〔2019〕14号	2019.3.1
73	关于印发浙江省矿山地质环境治理恢复与土地复垦基金管理办法（试行）的通知	浙江省财政厅 浙江省自然资源厅 浙江省生态环境厅 中国人民银行杭州中心支行	浙财综〔2019〕9号	2019.3.16
74	关于修改浙江省资产评估机构财政监督管理实施办法的通知	浙江省财政厅	浙财企〔2019〕22号	2019.3.20
75	转发财政部　税务总局关于去产能和调结构房产税城镇土地使用税政策的通知	浙江省财政厅 国家税务总局浙江省税务局	浙财税政〔2019〕10号	2019.3.22
76	关于印发浙江省促进企业融资奖励办法的通知	浙江省财政厅 中国人民银行杭州中心支行 浙江省地方金融监督管理局	浙财金〔2019〕20号	2019.4.11
77	关于明确政府采购保证金管理工作的通知	浙江省财政厅	浙财采监〔2019〕5号	2019.4.25
78	关于印发浙江省深化政府购买服务第三方绩效评价工作试点实施方案的通知	浙江省财政厅	浙财综〔2019〕19号	2019.4.15

（续表四）

序号	文件名称	发文单位	文号	印发日期
79	关于省内跨地区经营建筑安装企业有关所得税管理问题的通知	浙江省财政厅 国家税务总局浙江省税务局	浙财税政〔2019〕14号	2019. 5. 27
80	关于降低文化事业建设费有关事项的通知	浙江省财政厅 国家税务总局浙江省税务局	浙财综〔2019〕20号	2019. 6. 4
81	关于印发浙江省科学普及和学术智力专项扶持资金管理办法的通知	浙江省财政厅 浙江省科学技术协会	浙财科教〔2019〕34号	2019. 6. 4
82	关于做好2019年浙江省政府债券公开发行工作有关事项的通知	浙江省财政厅	浙财预执〔2019〕30号	2019. 6. 4
83	关于印发浙江省就业补助资金管理办法的通知	浙江省财政厅 浙江省人力资源和社会保障厅	浙财社〔2019〕40号	2019. 7. 4
84	关于进一步扩大农产品增值税进项税额核定扣除试点行业范围有关事项的通知	浙江省财政厅 国家税务总局浙江省税务局	浙财税政〔2019〕19号	2019. 7. 5
85	关于印发2019年浙江省财政厅法治政府建设工作要点的通知	浙江省财政厅办公室	浙财办发〔2019〕35号	2019. 7. 8
86	关于加快实施"互联网+政府采购" 进一步贯彻落实政府采购政策的通知	浙江省财政厅	浙财采监〔2019〕8号	2019. 7. 25
87	关于印发浙江省政府采购项目电子交易管理暂行办法的通知	浙江省财政厅	浙财采监〔2019〕10号	2019. 8. 15
88	关于在浙江政采云平台设立农业(扶贫)馆深入开展消费扶贫的通知	浙江省财政厅等12部门	浙财采监〔2019〕9号	2019. 9. 2
89	关于加强县域医共体财务管理工作的意见	浙江省财政厅 浙江省卫生健康委员会	浙财社〔2019〕59号	2019. 9. 5
90	关于印发浙江省政府投资预算管理办法实施细则的通知	浙江省财政厅	浙财建〔2019〕113号	2019. 9. 30
91	关于印发浙江省政府向社会力量购买服务指导性目录(2020年度)的通知	浙江省财政厅	浙财预〔2019〕34号	2019. 10. 14
92	关于印发浙江省乡村振兴投资基金管理办法的通知	浙江省财政厅	浙财农〔2019〕46号	2019. 10. 23
93	关于印发浙江省政府债券公开发行承销团组建及管理办法的通知	浙江省财政厅	浙财预执〔2019〕44号	2019. 11. 12
94	关于在中国(浙江)自由贸易试验区实施会计师事务所分支机构设立审批和中介机构从事代理记账业务审批告知承诺改革试点的通知	浙江省财政厅	浙财会〔2019〕50号	219. 11. 29
95	关于印发浙江省文化和旅游专项资金管理办法的通知	浙江省财政厅 浙江省文化和旅游厅 浙江省文物局	浙财文〔2019〕54号	2019. 12. 27
96	关于印发浙江省历史文化名城名镇名村保护专项资金管理办法的通知	浙江省财政厅 浙江省住房和城乡建设厅 浙江省文物局	浙财建〔2019〕165号	2019. 12. 31
97	关于印发浙江省住房与城市建设专项资金管理办法的通知	浙江省财政厅 浙江省住房和城乡建设厅	浙财建〔2019〕163号	2019. 12. 31

财政文选

Zhejiang caizheng nianjian

省领导论财政

深化供给侧结构性改革 全力推动重点工作落实

——在十四届省委财经委员会第五次会议上的讲话（摘要）

浙江省委书记、省人大常委会主任、
省委财经委员会主任 车 俊

各地各有关部门要深刻把握当前经济形势，勇于破题、善于解题，持续发力、善作善成，紧扣全年目标任务、抓好重点工作落实，推动供给侧结构性改革不断深入，推动稳企业、增动能、保平安落地见效，推动经济社会持续平稳健康发展，以优异成绩庆祝新中国成立70周年。

自2019年省委部署实施融资畅通工程以来，省有关部门和各市迅速行动、扎实推进，各金融机构积极响应、主动作为，各项工作进展良好。要拉高标杆、持续推进，以更细致的工作推动金融供给侧结构性改革，以高质量的标准提升金融服务，推动解决民企融资难融资贵问题取得实质性突破。要摸清底数、掌握需求，推动金融服务更加普惠、供需更加匹配。要扎实做好金融综合服务平台建设、信用体系和评估体系建设、金融和科技结合等基础性工作，从根本上提升金融服务实体经济的效能。要着力打好金融风险攻坚战，切实维护浙江省良好的金融生态。

党中央、国务院对减税降费高度重视，出台的政策指向精准、力度空前，极大地激发了市场主体的活力。要精准地落实好减税降费政策，结合深入开展“三服务”活动，切实做好政策解读和宣传工作，持续优化操作流程，让企业更快知晓更早享受更多受益。财政收支管理要更加精细，既抓好开源，坚持放水养鱼，培育涵养优质财源，盘活财政存量资金和资产；又狠抓节流，压减一般性支出；要确保重点，集中财力办大事，把有限的财力用到刀刃上。要加强债务管控，兜住“三保”底线，加大转移支付，切实防控好财政运行风险。

要全力稳外贸稳外资，坚定不移扩大对外开放，为全省经济平稳健康发展提供有力支撑。要进一步优化营商环境，通过“最多跑一次”改革、“三服务”活动，了解企业需求、解决企业难题、增强企业信心，切实抓好政策落地，激发企业积极性主动性创造性。要立足于做好自己的事情，抓好有效投资、扩大消费、稳定就业、改善民生等面上经济工作。要重点研究解决人才和知识产权等贸易之外的各种潜在影响，提前研究面临的新机遇、新风险、新挑战，优化完善经济政策，使之更精准，更符合国际规则、国际惯例和国际标准。要增强大局意识，以浙江担当抓好重大创新项目，支持西湖大学等改革创新发展，进一步营造创新创业良好生态，落实创新强省战略。

（2019年7月8日）

用初心和使命 凝聚走在前列的力量

——在省政府办公厅、省财政厅、省政府研究室党员干部专题党课上的讲话（摘要）

浙江省人民政府省长 袁家军

不忘初心、牢记使命，是为了跑好接力赛、走好新时代长征路。南湖红船是我们党的根脉。党员们要站在“三个地”的政治高度，深入贯彻习近平新时代中国特色社会主义思想，在省委正确领导下，坚定不移沿着“八八战略”指引的路子走下去，不忘富民强省初心，牢记走在前列使命，永葆自我革命勇气，展现服务大局作为，全面锻造凝聚人心的根本力量，加快构建走在前列的体制机制，奋力推动习近平新时代中国特色社会主义思想在浙江大地生根开花结果。

坚守初心、担当使命，实现“四个伟大”，关键在于凝聚全国各族人民同心奋斗中国梦的强大力量，根本在于提升党的组织领导力，在于增强“四个意识”、坚定“四个自信”、坚决做到“两个维护”，不断强化忠诚信仰的力量、践行宗旨的力量、理论创造的力量、集中统一的力量和自我革命的力量，确保我们党始终走在时代前列。

守护好、发展好南湖红船这一“党的根脉”，是浙江党员干部和浙江人民无尚的光荣与最大责任。要增强前列意识，坚持目标导向，坚持自我净化、自我完善、自我革新、自我提高，以强烈的自我革命精神，全面查找思想、作风、进取意识、奋斗精神等方面的差距，全面查找工作中的短板、不足和漏洞，深刻检视发现问题，真刀真枪解决问题，努力为全国发展大局发挥更大支撑作用。

一要从全面深化改革中查问题找差距，找一找谋划改革的主动性强不强、参与重大改革的深度够不够、抓改革的钉钉子精神有没有、改革政策和成果运用的足不足。

二要从新一轮开放中查问题找差距，找一找谋划开放举措的意识强不强、靠前主动服务企业做的够不够、落实重大开放战略的实招有没有、落实新一轮开放举措的速度快不快。

三要从创新驱动发展中查问题找差距，找一找抓创新的紧迫感强不强、融入“互联网+”科创高地和生命健康科创高地建设的程度深不深、谋划执行创新性举措够不够、支持创新的制度和政策供给够不够。

四要从富民惠民安民中查问题找差距，找一找群众路线走的实不实、人民群众反映的突出问题有没有真正解决、形式主义官僚主义有没有整治到位。

五要从政府系统全面从严治党中查问题找差距，找一找对新思想有没有学深悟透、奋斗精神和自我革命精神足不足、组织能力强不强。

省政府办公厅、省财政厅、省政府研究室的党员干部要把初心刻在心上、把使命扛在肩上，锤炼忠诚干净担当的政治品格，加快构建走在前列的体制机制，人人争创最佳实践、人人争做“领跑者”，为全省政府系统作出表率。

（2019年7月9日）

厅领导谈财政

新形势　新坐标　新作为

——在省财政学会第八次会员代表大会上的讲话

浙江省财政厅党组书记、厅长 徐宇宁

在省委、省政府的正确领导下，在财政部、中国财政学会和社会各界的支持指导下，浙江省财政学会要积极践行“财为政服务”理念，发挥好财政政策研究服务决策参考作用，多出管用、实用的成果，保障党中央、国务院和省委、省政府重大战略决策部署实施。

习近平总书记曾说过，“治国理政必须善于集中各方面智慧、凝聚最广泛力量”，推动财政改革也是如此。新一届学会理事会集聚了系统内外的广大财经工作者和专家学者。站在改革开放40周年、学会成立30周年的历史节点上，要深入贯彻党的十九大精神和省十四次党代会精神，高位定标、创新作为，谋划学会工作新格局，为浙江财政改革添动力。

一、准确把握新形势，发挥学会“谋策助跑”作用

从历史经验看，社会组织的持续发展离不开对时代使命的精准把握、对社会责任的出色履行。现阶段，对学会的使命与责任把握，应该建立在对当前及今后一个时期形势的准确理解和把握上。

*一是要准确把握经济社会新形势。*当前，浙江省经济社会高质量发展迈入新时代、政府现代化治理进入新阶段，既有难得机遇，也有现实挑战。具体来说：既面临着新一轮科技革命和产业变革、改革开放走深走实、扩大国内市场和长三角一体化发展上升为国家战略的新机遇，也无法回避国际环境和国内条件变化的倒逼压力，机遇与挑战并存。面对发展中出现的新问题，面对习总书记赋予的“干在实处、走在前列、勇立潮头”的新期望，如何统筹兼顾，在传承和创新中，实现更高层次、更高质量的发展，如何聚焦聚力省委、省政府重大决策部署，靠前谋划，拿出科学之策、管用之招、务实之计，均对财政部门的服务决策能力提出了新的更高的要求。财政工作、学会工作要像邓小平同志曾经讲的那样，不断“研究新情况，解决新问题”。

*二是要准确把握财政工作新形势。*近几年来，财政收支紧平衡特征越来越明显。一方面，受全球经济复苏缓慢、国内经济增长乏力、复杂外贸环境等多种因素影响，经济运行面临体制改革、产业转型和结构升级的压力，税收收入增长放缓；中央连续实施积极财政政策，推进更大规模减税降费，带来政策性减收，2018年全国减税降费1.3万亿元，2019年要实施更大规模的减税，这对全省地方财政组织收入带来很大压力；加上房地产市场、贸易环境多变等的不确定性，财政收入增长基础不稳固，增速放缓。另一方面，考虑到支出结构、宏观调控、社会发展和深化改革等因素影响，财政支出的增速仍将保持在较高水平。不但要保工资、保运转、保基本民生等刚性支出，还要保障长三角一体化、三大攻坚战、八大万亿产业、富民强省十大行动计划等一系列大事要事，财政要一一对标，做好制度供给和资金保障。2019年浙江省财政工作面临的5个问题，第一个就是收入端各种减收因素叠加，支出端要求不断加大财政保障力度，收支矛盾进一步尖锐，给财政收支平衡带来巨大挑战，对财政部门的理财水平和资金统筹能力提出新的考验。

二、科学找准新坐标，推进学会“研以致用”工作

浙江省财政学会是浙江财政部门的核心智库，最主要的职责就是为财政服务保障省委、省政府中心工作和经济社会发展大局提供决策参考。当前，浙江经济社会发展正处在新的历史方位，这是学会“研以致用”的新坐标，也是学会服务现实的重要指向。

*一要服务省委、省政府重大决策部署。*高质量发展和“两个高水平”建设是浙江省当前及今后一个时期的发展目标。为实现这个目标，省委、省政府提出“四个强省”“四大建设”、富民强省十大行动计划等一系列重要举措。财政部门作为综合经济部门，如何有效发挥职能作用，助推省委、省政府决策落地实施，需要大家提高站位，在观大势、谋大局中，主动围绕省委、省政府的重大决策部署、经济社会的热点问题、财政中心工作的“肠梗阻”问题，特别是对带普遍性、苗头性、倾向性的问题开展研究，主动谋篇布局、出招落子。当前，综合性的工作任务越来越多，如数字经济“一号工程”、长三角一体化国家战略实施等等，不是一个单位、一个部门可以独立完成的任务，需要群策群力、协同推进。学会不同于财政业务处室，不局限于特定领域的业务工作，站位更高、立场更超脱、思路和视野更开阔，学会成员既有实务工作者，也有理论研究者，可以各施所长，优势互补，更有条件从全局性、整体性出发，主动超前谋划，推动财政工作从“被动买单”向“主动请客”转变，为财政部门更好地发挥职能作用提供智力支持。

*二要服务财政改革发展。*财政是社会各种矛盾和利益关系的交汇点，财政改革往往是其他改革的突破口。当前，财政改革已经到了“啃硬骨头”攻坚拔寨的冲刺期，需要研究和破解的问题很多，如地方政府隐性债务和养老保险基金可持续运行的潜在风险、税收体制变革带来的挑战、“集中财力办大事”财政政策体系与中长期财政规划的统筹等，这些都需要学会“求真务实谋良策”。“实干”是最质朴的方法论，学会工作要务实，多出实招、想实策、重实效，不放“空炮”“哑炮”，真正让政策研究成为嵌入财政主体业务的关键一环，使研究成果能直接服务于决策、服务于实践。学会能够发挥多大作用，关键是能不能出实招、想实策，在经济社会发展特别是财政运行中解决突出问题，补齐明显的短板。

三、立足现实，着眼长远，实现学会工作新作为

学会作用发挥得好不好，关键看研究能力和水平。要始终秉持理财辅政的情怀，不断增强善谋远谋的本领，为破解财政改

革难题找"钥匙",为推动经济社会发展开"良方"。有句老话叫"人无远虑,必有近忧"。围绕解近忧、谋远虑,新一届学会理事会要做好三件事。

一是要解近忧,立足当下,做好重大现实问题研究,上点"时令菜"。习近平总书记曾说过"对热点问题以及领导关注的重要问题,必须集中力量,快速反应,及时调查,积极为领导谋思路、出点子、想对策、拿建议、解难题,满足领导的决策之需。"所有的参谋部门、智库,都要围绕这个要求开展工作。此类研究,讲究的是时效性和针对性。学会要密切关注热点问题和突出矛盾,开展调查研究,提出对策建议。比如,2018年底的省委经济工作会议,把稳企业摆到2019年要突出做好的三方面工作的首位,以稳企业来稳经济,财政作为政府调控经济的重要手段,在前期出台的支持实体经济发展若干政策基础上,如何在企业减负、企业融资等方面进一步加力增效?比如,浙江作为民营经济大省,民营企业贡献了70%以上的税收,在当前复杂外贸环境大背景下,民营经济面临发展困境,省里出台了十个方面31条支持措施,大多与财政相关,财政该如何选准着力点,借助市场化手段帮助民企渡过难关,助推经济稳健发展?再比如伴随科技新政50条的出台,财政要如何提升科研资金绩效,有效撬动社会研发投入,促进科技进步?这些迫在眉睫的问题必须及时摸清本质、提出切实可行的对策措施。如果财政部门失声,那就是财政部门的失职。学会做好决策参谋,不能在"象牙塔"里闭门搞研究,而要想领导之所想,急领导之所急,第一时间提出政策建议供领导决策参考。

二是要谋远虑,着眼长远,做好前瞻性研究,囤点"储备粮"。西汉刘向说过"谋先事则昌",讲的就是"做事要有谋划、有准备"的基本道理。在"解近忧"的基础上,如果行有余力,还要开展前瞻性研究。实现高质量发展,推进"两个高水平"建设,需要适度超前、具有全局视野的战略研究支撑。要切实增强"看大势、下大棋"的能力,在实践基础上,把握浙江经济社会发展规律和趋势,坚持重大问题导向,放眼长远,抓住有价值的研究方向和研究重点,特别是从财政可持续角度,研究重大经济和社会问题。从宏观经济视角来看,下一步应对复杂外贸环境,实施长三角一体化发展国家战略,浙江应该采取哪些举措;从财政视角来看,基本养老保险支付风险和可持续问题、地方政府隐性债务风险化解问题、生态环境保护和经济发展共赢问题等都需要研究。要将长远风险放到眼前,做好政策储备,确保政策工具箱"弹药"充足。政治、经济、社会、文化、生态等方方面面工作和各项事业发展都离不开财政的支撑保障,如果没有扎实深入的前瞻性研究,没有充足管用的政策储备,那么财政工作就会处处设防,处于被动接招局面。2018年上半年,开始谋划构建"集中财力办大事"的财政政策体系,克服了很多困难,靠集体的力量和智慧,打了一个漂亮的主动仗,由"被动买单"走向"主动请客",在更高站位上助推经济社会发展,为省委、省政府实施重大决策部署提供了坚实的财力保障,方案最终得到了省委省政府主要领导以及省人大领导的高度评价。这充分说明了前瞻思考的重要性,同时也体现了"财为政服务"的担当意识。希望学会能够提更多建设性意见,助力财政部门更好地发挥职能作用。

前不久在省财政厅的处长会议上,抛出了23个研究课题,既有现实需要解决的问题,也有今后一段时期财政面临的困境,要求各处室自动认领开展研究。学会也要聚焦当前"三大攻坚战""四个强省""富民强省十大行动计划""长三角一体化发展"等党中央、国务院和省委、省政府的重大决策部署,紧密结合"集中财力办大事"财政政策体系的构建和具体实施,在"如何集中财力"和"如何办好大事"的思考中敏锐捕捉财政运行的痛点、难点、关键点,及时给出对症、管用的真知灼见。

三是要建队伍,为财政部门培养人才,打造"精兵连"。做好研究工作,必须有一支既有理论水平又有实践能力的财政科研队伍。学会理事中既有财政实务部门的同志,也有高校的专家学者,是一个联合方方面面人才的聚智大平台。要切实发挥好平台作用,加强人才培养锻炼,为财政改革和财政工作提供人力支撑。一要加强调研。调查研究是我党的优良作风,是做好政策研究的"不二法门",是机关干部的基本功。习总书记在《之江新语》中《调研工作务求"深、实、细、准、效"》一文,有针对性地提出了做好调查研究的"五字诀",值得我们学习和践行。要眼睛向下、脚步向下,到基层问需、向基层问计。希望同志们能坐下来读书,静下心思考,走下去调研。从这些年学会会员单位报送的课题看,有地方实情、地方特色的不多,分析问题针对性不是太强,对策建议较原则、笼统,对工作的指导意义和参考价值还有待提升。学会可以针对如何做好调研,组织会员开展专题培训、案例分析等活动,提升调研能力和水平,培养能提出可操作性政策建议的能力。二要加强协作。三国时期孙权说过"能用众力,则无敌于天下矣;能用众智,则无畏于圣人矣。"这几年,学会利用平台优势,在借力借智方面做了一些积极有益的尝试,初步构建起上下、左右、内外的协作研究机制,要继续加强与部门、高校、社会的内外横向协作,充分运用学术沙龙、小型研讨、案例分析等形式,最大限度地打开视野、拓宽思路,跳出财政看财政,客观全面地为财政事业出谋划策。

"智不备于一人,谋必参诸群士"。更好地发挥财政职能作用,不仅需要财政实务部门开拓思路、缜密谋划,也需要充分汲取在座各位的智慧,集思广益。希望在省委、省政府的坚强领导下,深入贯彻习近平新时代中国特色社会主义思想,深思善谋,担当有为,共同为打造现代财政制度的浙江样本出谋划策,为浙江实现高质量发展和"两个高水平"建设做出更大贡献!

(刊于《浙江财政研究》2019年第1期)

推动新时代财政事业高质量发展

浙江省财政厅党组书记、厅长 徐宇宁

当前,浙江正处于"两个高水平"建设的关键时期。站在"八八战略”再深化、改革开放再出发的历史新起点上，财政改革发展也迎来了重要战略机遇。全省各级财政部门将乘势而上，敢于担当、主动作为，加快构建具有浙江特色的现代财政制度，推动新时代财政事业高质量发展。

一、集中财力办大事

聚焦聚力上级重大决策部署，优化制度供给，强化政策保障，努力在“财”为“政”服务上有更大作为。2018 年，全省财政部门聚焦聚力三大攻坚战、富民强省十大行动计划等重大决策部署，对 2018—2022 年可用财力进行测算，对现有政策进行全面梳理、整合，系统构建集中财力办大事财政政策体系，形成了未来几年省委、省政府重点工作资金保障的财政规划。2019 年是全面执行政策体系的第一年，重点将在抓衔接抓完善抓落地上下功夫，切实将规划转化为政策、资金和项目，使财更好地为政服务。

将已经明确的政策落实到预算上。编制年度预算要主动对标集中财力办大事政策体系，突出重点，优先保障重大战略、重大部署、重大政策和重大项目实施，确保“有钱办事”。

将已经明确的资金落实到项目上。加快拨付预算资金，推进政府产业基金 2.0 版实质性运作，聚焦大湾区大花园大通道大都市区建设、八大万亿产业等重点领域，主动对接市场需求，精准搜寻优质项目，充分发挥财政资金的引导和撬动效应，确保“有项目花钱”。

将已经明确的措施落实到行动上。对防范化解地方政府隐性债务风险专项行动等已经明确或者开局的重大部署，逐项抓好落实，确保“措施能落地”。各级财政部门要进一步强化全省一盘棋思想，通过省市县联动，切实将有限的财力集中到省委、省政府的重大决策部署上来。

二、引领数字化转型

推进政府数字化转型是持续深化“最多跑一次”改革、高标准建设数字政府、实现政府治理体系和治理能力现代化的重要抓手。要勇做政府数字化转型的先行者，强化“整体政府”理念，以实现“掌上办事”“掌上办公”为目标，大力推进财政数字化转型，为政府数字化转型提供经验和示范。主要任务是“1+2+7”，即编好 1 个总体方案，抓好 2 个重点项目，推进 7 项应用创新。

编好 1 个总体方案。抓住机构改革的契机，全面梳理职责，进行流程再造，推进数据共享，编制财政数字化转型建设总体方案，借助云计算、大数据等先进技术，推动财政决策、管理、监督、服务创新。决策方面，运用大数据深入分析财税运行特点及其与经济社会发展的互动关系，探寻规律，为制定收支计划、出台财政政策、安排财政预算服务；管理方面，将财政制度和改革成果标准化程序化，明晰职责边界，优化业务流程，增强制度刚性，提高财政管理的能力和水平；监督方面，打通数据孤岛、梳理数据链条，全面反映财政资金的来龙去脉和使用绩效，着力破解信息不对称问题，做到操作有留痕、过程可追溯、结果可倒查；服务方面，搭建面向社会公众、预算单位、市县财政部门等不同服务对象的平台，努力实现“掌上办事”“掌上办公”，让数据多跑路，服务对象少跑腿。

抓好 2 个重点项目。按照省政府统一部署，在巩固前期工作成果的基础上，抓好“政采云”平台和统一公共支付平台两个浙江省政府数字化转型“8+13”重点项目建设，努力将其打造成精品项目、示范工程。

推进 7 项应用创新。包括一体化软件改造、财政收支分析系统、基于财税大数据平台的财政决策支持创新、电子政务搜索引擎创新、乡镇公共财政服务平台创新、财务核算云、资产云服务平台创新。

三、谋划执行强担当

财政是国家治理的基础和重要支柱，财政部门是综合管理部门，财政政策是宏观调控的重要工具，尤其需要提高谋划能力和执行能力。在强谋划强执行上有新担当新作为，谋在深处、干在实处，争做“两强三提高”的排头兵。

强谋划。围绕党中央、国务院和省委、省政府重大决策部署以及经济社会发展热点难点，加强前瞻性研究和政策储备，变“被动买单”为“主动请客”，为省委、省政府出好主意、当好参谋。针对当前民营企业特别是中小企业面临的成本高、融资难、创新难等困难，主动谋划落实财政支持的各项政策措施；针对化债背景下政府投资项目资金链问题，主动谋划如何依法依规开好“前门”，满足各级政府建设发展的资金需求；针对复杂外贸环境、金融去杠杆等对浙江经济的影响，主动谋划财政应对之策；针对国地税合并后组织收入工作的新情况新问题，主动谋划如何提高收入的质量和均衡性、匹配性等。

强执行。按照省委、省政府的决策部署，特别是抓好改革开放、三大攻坚战、长三角一体化国家战略三件大事，以及稳企业、增动能、保平安三方面工作，不断完善抓落实的指标体系、工作体系、政策体系和评价体系，建立责任清单、任务清单和时间表，加强督查督导，体系化推进、系统化集成，确保各项工作落到实处、见到实效。把握好长三角一体化发展上升为国家战略的历史机遇，围绕数字长三角、创新长三角、世界级港口集群、湾区智慧交通网物流网、油气贸易中心建设、运河太湖新安江生态治理一体化协作等大事，推动体制机制创新，加强政策研究，强化资金保障，助推浙江高质量建设长三角“金南翼”。

四、稳健收支优服务

经济社会高质量发展离不开财政的支撑和保障，更离不开财政收支的平稳健康运行。财政工作还要着力把握好“三个高”。

收入高质量。坚持放水养鱼、休养生息，认真落实国家和省出台的一系列减税降费政策，以财政收入的“减法”换取企业效益的“加法”和市场活力的“乘法”，培育涵养优质税源，确保财政收入可持续增长。主动适应国地税合并后组织收入工作的新情况新变化，完善地方财税收入协调领导小组工作机制，加强与税务部门的沟通协调，合理把握组织收入力度、进度和节奏。坚持质量第一、效益优先，逐步淡化总量型速度型指标，强化税收收入占一般公共预算收入、一般公共预算收入占 GDP 等质量型效益型指标应用，坚决避免收过头税、冲时点、冲排名等现象，切实提高收入质量。

支出高绩效。认真落实党的十九大提出的“全面实施绩效管理”的要求和省委、省政府《关于全面实施预算绩效管理的意见》，加快建立全方位、全过程、全覆盖的预算绩效管理体系，力争走在全国前列。对标全方位，在实施部门整体绩效预算改革试点基础上，进一步扩大试点部门和市县，积极开展事前绩效评估、地方财政运行综合绩效评价和部门整体绩效评价。加强对重大财政政策的财政监督和绩效评价，推进指标体系和信息化建设。对标全过程，着力补齐结果应用、绩效监控和绩效问责三块短板，建立健全预算安排与绩效目标、资金使用效果挂钩的激励约束机制。对标全覆盖，省级绩效目标管理从一般公共预算向其他三本预算拓展，市县实现一般公共预算绩效目标管理、绩效监控和绩效自评全覆盖，并逐步拓展至其他三本预算。

服务高水平。将“最多跑一次”改革理念在财政服务供给端进行拓展和延伸，持续深入开展“上门服务至少一次”活动，主动上门为预算单位宣讲预算法和预算管理政策，强化预算单位的主体责任，增强“预算法定、预算刚性、厉行节约、收支平衡”的意识，使预算编制更加及时、更加精准、更加规范。结合“三服务”活动，主动上门为企业送服务、送政策、送信息，加强减税降费等财政政策的宣传和辅导，扩大政策的知晓面和影响力，使更多的企业更便捷地享受到政策红利，稳定市场预期。通过开展“上门服务至少一次”活动，努力实现“推进改革、服务大局、提升形象”三个目标，促进全省经济社会平稳健康发展。

（刊于《今日浙江》2019 年第 3/4 期）

构建集中财力办大事财政政策体系
实质性推进中期财政规划管理

浙江省财政厅党组书记、厅长 徐宇宁

实行中期财政规划管理是建立现代财政制度、全面实施预算绩效管理的重要举措。近年来，浙江省财政厅牢固树立“财为政服务”的理念，聚焦聚力党中央、国务院和省委、省政府重大决策部署，系统构建集中财力办大事财政政策体系，从更长周期、更宽视野、更广范围谋划预算和资金安排，实现了中期财政规划管理的实质性探索和有效破题。

一、主要做法

一是全面评估、科学测算。根据国民经济和社会发展五年规划纲要及年度计划，充分考虑国内外发展环境重大变化，做好经济和财政收入预测。在此基础上，根据现行的分税制财政体制和财力分级管理框架，遵循实事求是、积极稳妥、留有余地的原则以及与各项经济社会发展指标相适应的要求，充分考虑国家有关政策调整对收入的影响，以 2018 年为基期，按照地方财政收入预计增幅，对 2019—2022 年全省和省级预计新增财力进行科学测算。

二是主动对标、梳理整合。聚焦聚力党中央、国务院和省委、省政府重大决策部署，对现有财政政策进行全面梳理、大力整合，并根据新形势新任务新要求，综合考虑财政承受能力、可持续发展能力，系统重构财政政策体系，合理安排 2018—2022 年重点支出政策。其中，保留政策 49 项，强化政策 47 项，整合 47 项政策（整合后设立 21 项政策，减少 26 项），新出台政策 12 项。

三是强化统筹、优化结构。根据 2018—2022 年财政收支政策安排方案，对五年的一般公共预算收支进行综合平衡。同时，进一步增强集中财力办大事能力，调整四项财力性政策。统筹的财力除保基本运转支出外，全部用于服务保障重大决策部署，也就是用于集中财力办大事财政政策体系这一中期规划。2018—2022 年，省级财政统筹用于集中财力办大事的资金占省级支出比重达到 60%以上。

二、主要特点

一是精准聚焦。提高政治站位，紧紧围绕“两个高水平”建设的目标，聚焦聚力长三角一体化发展国家战略、三大攻坚战、富民强省十大行动计划、八大万亿产业等党中央、国务院和省委、省政府重大决策部署，研究确定重大改革和政策事项，科学合理安排财政支出盘子，实施中期财政规划管理，建立跨年度预算平衡机制，综合施策、精准发力。

二是绩效优先。按照全面实施绩效管理的要求，将绩效管理贯穿中期财政规划的各方面，强化绩效目标管理，重视绩效评价结果应用，并将其作为省级预算项目资金分配的重要因素。坚持“花钱有绩效、浪费必问责”的原则，建立健全集中财力办大事财政政策资金管理机制，将有限的财力用在“刀刃”上，发挥出最大的效益。

三是存量增量并举。坚持“增量优方向”和“存量调结构”相结合，按照“突出重点、兼顾一般”的原则，优化增量财力支持方向，调整存量财力支持结构，集中财力办大事，实现资金流与业务流、决策流、信息流融合，财为政服务更加精准主动有效。

四是省市县联动。坚持全省一盘棋，合理划分省与市县的财政事权和支出责任，切实提高省级财政的统筹能力，更好发挥省级财政政策和资金的激励引导作用，充分考虑调动市县积极性，带动市县对重大改革和政策事项增加投入、同向发力、联动发展。

五是有为政府和有效市场相结合。划清公共财政运行边界，找准有为政府和有效市场的结合点，有所为、有所不为。同时，综合运用 PPP、政府产业基金等市场化手段，吸引带动金融资本、社会资金进入相关重点领域，充分发挥财政资金“四两拨千斤”的杠杆效应。

三、几点体会

构建集中财力办大事政策体系、实质性突破中期财政规划管理，是财政工作理念、工作方式的重大转变，更是财政部门提升站位、主动作为、彰显作用的重要机遇。在这过程中，财政部门群策群力，做了大量开拓性的工作，得到省委、省政府高度肯定。主要有以下五点体会。

第一,把"财为政服务"作为中期财政规划管理的根本遵循。财政财政,财中有政,财要为政服务,资金流要跟着决策流、业务流、信息流走。构建集中财力办大事财政政策体系、实施中期财政规划管理,必须提高政治站位,强化"财为政服务"的意识,聚焦省委、省政府中心工作,提前谋划、精准服务、精准保障,做到"党委、政府决策部署推进到哪里,财政服务保障就跟进到哪里"。

第二,把全面实施预算绩效管理作为中期财政规划管理的价值追求。党的十九大明确提出"全面实施绩效管理"的要求,凸显了绩效管理在构建现代财政制度中的重要地位。面对资金需求与财力可能这对永恒的矛盾,实施中期财政规划管理要突出工作重点,根据重大改革和增支事项重要性排序安排资金。克服惯性思维,大胆创新,加快建设全方位、全过程、全覆盖的预算绩效管理体系,实现预算安排与绩效管理的深度融合,推动财政资金聚力增效,着力改变政策碎片化、资金"撒胡椒面"等情况。

第三,把跨年度预算平衡机制作为中期财政规划管理的重要举措。统筹当前和长远,科学预测财政收入,合理确定一个时期的财政收支政策和重大项目资金安排,并根据当年中心工作,对政策体系年度间的资金安排进行调整,实行逐年滚动管理,构建跨年度预算平衡机制,促进财政可持续发展。在编制年度预算时,将中期财政规划与年度预算编制相对应,按照五年财政规划中的年度资金安排计划,再根据每年的新形势以及党中央、国务院和省委、省政府新的决策部署和各部门履职对财政保障的新需求,对支出安排作出调整,然后综合集成,使预算编制更加精准高效。

第四,把全省一盘棋作为中期财政规划管理的协调方法。构建集中财力办大事财政政策体系,实施中期财政规划管理,需要研究分析各项财政收支政策、统筹财力配置、防控财政风险,需要各级各部门协调推进。深入开展"上门服务至少一次"活动,主动上门了解职能部门工作思路、工作举措和资金需求,使资金与业务精准衔接,避免"两张皮"。同时,加强对各地、各部门的督查和考核,压实、压紧主体责任,对各地、各部门贯彻落实重大决策部署行动坚决、措施有力、绩效突出的,给予适当激励。

第五,把财政规划落地生效作为中期规划管理的重要抓手。财政规划要落地生效,规划必须转化为政策、资金和项目。一是将已经明确的政策落实到预算上。编制年度预算时,主动对标集中财力办大事政策体系,突出重点,优先保障重大战略、重大部署、重大政策和重大项目实施,确保"有钱办事"。二是将已经明确的资金落实到项目上。加快拨付预算资金,推进政府产业基金2.0版实质性运作,聚焦"四大"建设、八大万亿产业等重点领域,主动对接市场需求,精准搜寻优质项目,确保"有项目花钱"。三是将已经明确的措施落实到行动上。对防范化解地方政府隐性债务风险专项行动等已经明确或者开局的重大部署,对标总目标和年度目标,逐项抓好落实,确保"措施能落地"。

(刊于《中国财政》2019年第5期)

强化"财为政服务"紧要事做深做实

浙江省财政厅党组书记、厅长 徐宇宁

浙江省财政厅认真贯彻省委稳企业、增动能、保平安工作要求,牢固树立"财为政服务"理念,以开展"不忘初心、牢记使命"主题教育聚共识添动力,强化财政职能作用发挥,急企业之所急、解企业之所忧,推动"三服务"走深落实做细,有效激发市场主体活力和发展动能。

在减轻企业负担上"出实招",狠抓减税降费政策落地。坚决落实中央一揽子减税降费政策,及时制定"浙江版"减税降费方案,浙江省成为全国减税力度最大、政策发布最早的省份。在此基础上,经省政府批准,2019年又出台三项减负新政:按50%的幅度顶格减征文化事业建设费;停征小型水库移民扶助基金;取消政府采购投标保证金、鼓励免收履约保证金。

在破解融资难融资贵上"谋新招",全力推进融资畅通工程实施。针对企业发债难的问题,出台促进企业融资财政激励办法;针对公款存放支持中小微企业融资权重偏低的问题,完善国库现金存放指标体系;针对中小微企业资信不足的问题,制定担保风险补偿办法,鼓励担保机构为中小微企业提供增信服务。

向复杂多变的外部环境"亮硬招",助力企业提升竞争力。支持企业参保出口信用保险,助力企业开拓新兴国际市场。全力支持传统产业改造提升和数字经济发展,整合设立省中小企业发展专项资金,重点支持小微企业园和中小企业服务体系建设。积极拓展政府采购功能,加快实施"互联网+政府采购"。落实首台套产品和"浙江制造精品"政府首购制度,鼓励企业进行产品创新。

(刊于《浙江日报》2019年7月30日)

争当全面实施预算绩效管理的排头兵

浙江省财政厅党组书记、厅长 徐宇宁

党的十九大报告提出"全面实施绩效管理"的目标,党中央、国务院出台了《关于全面实施预算绩效管理的意见》,浙江认真贯彻党中央决策部署,第一时间研究出台全面落实预算绩效管理的实施意见,着力构建具有浙江特色的预算绩效管理体系,当好全面实施预算绩效管理的排头兵。

一、高起点谋划全面实施预算绩效管理

浙江一直以来都高度重视绩效管理工作。2003年,在全国率先开展财政支出绩效评价,预算绩效管理改革一直走在全国

前列。经过多年实践,绩效管理机制不断完善,绩效实践范围不断扩大,绩效结果运用不断强化,专项资金绩效不断增强,财政收支质量不断提高,连续多年被财政部评为预算绩效管理先进省份。但对标全面实施预算绩效管理的要求,现行预算绩效管理还突出存在绩效理念和主体责任意识不强、绩效管理发展不平衡、部分地方和领域财政资金绩效不高、绩效激励约束作用不明显等问题,需要在实际工作中不断改进。

近年来,省委、省政府主要领导就绩效管理工作提出一系列要求,省委书记车俊提出"划清边界、厘清事权、做好蛋糕、集中财力办大事"的理财思路,要求把有限的财政资金用在"刀刃"上,集中财力办大事。省长袁家军提出"保基本、守底线、促均衡、提质量"的理财要求,强调"花钱必问效,浪费必问责"。各级财政部门认真贯彻省领导重要指示精神,在中央改革大框架下,结合浙江实际,积极谋划全面实施预算绩效管理的思路和举措,具体可概括为"135"。

"1"为1个目标,即在全省建立以绩效为核心的财政政策体系和资金管理机制。

"3"为"三全",即省级层面到2020年年底、市县层面到2022年年底基本建成预算绩效管理全方位、全过程、全覆盖预算绩效管理体系。围绕"全方位",拓展预算绩效管理对象。加快推进部门和单位整体绩效预算改革,稳步建立政府预算绩效管理体系。围绕"全过程",优化预算绩效管理链条,并进一步向事前延伸至决策环节。围绕"全覆盖",实现一般公共预算、政府性基金预算、国有资本经营预算、社会保险基金预算"四本预算"绩效管理全覆盖。

"5"为"五有",即预算编制有目标、预算执行有监控、预算完成有评价、评价结果有应用、结果应用有问责,形成预算绩效管理的闭环。

二、高水平构建全方位全过程全覆盖的预算绩效管理体系

(一)完善预算绩效管理流程。完善涵盖事前绩效评估、绩效目标管理、绩效运行监控、绩效评价管理、评价结果应用等各环节的管理流程,健全相应的管理制度和实施细则,实现预算与绩效管理一体化。建立专家咨询机制,引导和规范第三方行为,逐步强化第三方机构参与绩效评价的行业自律。

(二)建立绩效评估机制。对新出台的重大政策、项目开展事前绩效评估,重点论证立项必要性、投入经济性、绩效目标合理性、实施方案可行性和筹资合规性等,评估结果作为申请预算的必备要件。对资金未落实、资金来源不明确或者未通过债务风险评估的政府投资项目不得列入年度计划,对可能导致出现重大财政风险和债务风险的政策或项目暂缓或停止出台。

(三)强化绩效目标管理。推进整体绩效预算改革,编制预算时,全面设置部门和单位预算的整体绩效目标、政策及项目绩效目标,反映预算预期的产出与效益。绩效目标根据相关法律法规、经济社会发展规划、部门职能和相关历史标准、行业标准、计划标准等设定,做到指向明确、细化量化、合理可行、相应匹配,并作为预算编审的重要依据。

(四)健全绩效指标与标准体系。进一步完善预算项目设置规范和支出标准体系,建立健全各部门各单位普遍适用的共性绩效指标框架。加快构建分行业、分领域、分层次的核心绩效指标和标准体系,实现科学合理、细化量化、可比可测、动态调整、共建共享。绩效指标和标准体系要与基本公共服务标准、部门预算项目支出标准相匹配,突出结果导向,注重考核实绩。

(五)全面开展绩效评价。将自评和外部评价结合起来,对预算执行情况开展绩效评价。加快实现政策和项目绩效自评全覆盖。完善部门绩效自评机制,对照绩效目标,对预算执行情况及政策、项目实施效果全面开展绩效自评。对各部门各单位继续自评结果开展绩效再评价。围绕部门和单位职责、行业发展规划,特别是党委、政府中心工作,从运行成本、管理效率、履职效能、社会效应、可持续发展能力和服务对象满意度等方面,实施部门整体绩效评价;围绕提高政府预算绩效管理水平,对下级政府财政运行情况实施综合绩效评价。健全财政专项资金定期评价和退出机制,建立动态评价调整机制。

(六)加强绩效评价结果应用。强化绩效管理激励约束,抓紧建立绩效评价结果与预算安排和政策调整挂钩机制,将本级部门整体绩效与部门预算安排挂钩,将下级政府财政运行综合绩效与转移支付分配挂钩。对绩效好的政策和项目,原则上优先保障,对绩效一般的政策和项目要督促改进,对交叉重复、碎片化的政策和项目予以调整,对低效无效资金一律削减或取消,对长期沉淀的资金一律收回并按照有关规定统筹用于亟需支持的领域。

三、高标准全面实施预算绩效管理

当前,浙江已制定了全面落实预算绩效管理三年行动计划,明确了路线图、任务书、时间表。各地、各部门围绕三年行动计划,制定方案,抓好落实,确保2021年前基本完成全面实施预算绩效管理的总体目标和任务。

(一)加强组织领导。坚持党对全面实施预算绩效管理工作的领导。全省各级财政部门要制定预算绩效管理制度办法,指导本级部门和下级财政部门全面实施预算绩效管理工作,健全与全面实施预算绩效管理相适应的内部组织架构,加强预算绩效管理力量。

(二)加强绩效责任约束。完善绩效管理的责任约束机制,明确各级政府和各部门各单位是预算绩效管理的责任主体,主要负责同志对本地区、本部门本单位预算绩效负责。项目负责人对项目预算绩效负责,对重大项目的责任人实行绩效终身责任追究制,切实做到花钱必问效、无效必问责。

(三)加强绩效信息公开。重要绩效目标、绩效评价结果要与预决算草案同步向社会公开,建立健全社会公众参与预算绩效管理的途径和平台,自觉接受监督。逐步在部门预算中公开部门和单位重点项目预算的绩效目标,在部门决算中公开主要民生项目和重点支出项目的绩效评价结果。

(四)加强绩效管理考核。将预算绩效结果纳入政府绩效和干部政绩考核体系。各级财政部门负责对本级部门和预算单

位、下级财政部门预算绩效管理工作情况进行考核,考核结果作为政府绩效考核的重要内容。建立考核结果通报制度,对工作成效明显的地区和部门给予褒奖鼓励,对工作推进不力的进行约谈并责令限期整改。

(五)加强绩效监督问责。严肃查处财政资金低效无效、造成重大损失浪费的行为。对因事前绩效评估、绩效自评结果不实造成重大损失浪费的行为,追究主要负责人及相关人员责任,第三方机构在绩效评估、绩效评价过程中有弄虚作假、出具不实评价报告等行为的,列入行业失信黑名单,并依据相关法律法规处理。

(刊于《中国财政》2019年第10期)

打响"三服务"的财政品牌

浙江省财政厅党组书记、厅长 徐宇宁

今年以来,浙江省各级财政部门以开展"不忘初心、牢记使命"主题教育为契机,把"三服务"活动与集中财力办大事财政政策体系相衔接、与预算资金安排相衔接、与财税体制改革相衔接,打响"三服务"的财政品牌,以此改进工作作风、提振精神状态、推动财政工作,为浙江"两个高水平"建设和高质量发展作出新的贡献。

一、当好稳企业增动能的主攻手

将服务企业作为财政工作头等大事,聚焦市场主体反映突出的税费重、融资难等问题,从收入端和支出端共同发力,服务省委稳企业增动能保平安工作大局。

(一)在收入端,落实大规模实质性减税降费政策。加强政策预判和前瞻性研究,中央关于小微企业普惠性减税、增值税大规模减税等政策出台后,第一时间制定浙江省实施方案,让政策早落地、企业早受益。按照"顶格优惠+叠加享受"原则,在授权范围内用足用好政策空间,最大限度让利市场主体。比如,小微企业普惠性减税政策、降低文化事业建设费按照50%的最高幅度顶格执行,成为全国减税力度最大的省份之一。加强宣传辅导和督查督导,组织开展自查和专项督查,确保实现"制造业等主要行业税负明显降低、部分行业税负有所降低、所有行业税负只减不增"目标。

(二)在支出端,多重政策协同发力缓解企业融资难。建立健全政策性融资担保体系。2019年,省财政安排1.05亿元用于中小企业融资服务体系建设。增资50亿元组建的省融资担保有限公司正式注册设立,为企业发债、贷款融资等提供增信服务。防范化解企业流动性风险。组建100亿元的金融稳定投资基金,并出资20亿元,会同之江新实业组建首期规模100亿元的上市公司稳健发展支持基金,用于纾解上市公司股权质押流动性风险。完善国库现金存放指标体系。将服务民营企业和小微企业的相关指标由1项增加到6项,鼓励银行业金融机构加大对民营企业和小微企业的融资力度,降低融资成本。出台促进企业融资财政激励办法。对为浙江企业发行债务融资工具提供主承销服务的金融机构,按年度累计发行额的一定比例进行奖励,对创设信用风险缓释工具的金融机构,给予每个项目10万~30万元奖励。取消政府采购投标保证金。从2019年6月1日起,取消政府采购投标保证金,鼓励免收履约保证金或者降低缴纳比例,每年可盘活供应商资金80亿元以上。

二、当好解民忧惠民生的先行者

始终坚持群众观点、走群众路线,践行以人民为中心的发展思想,将服务群众作为财政工作的出发点和落脚点,贯穿政策制定、预算安排、改革发展全过程,以群众满意度检验财政工作成效。

(一)在便民上下功夫。加快推广统一公共支付平台。截至2019年6月底,全省所有市县区财政端均已接入平台,共接入执收单位1.22万家、线上线下支付渠道70余个,社会公众通过平台缴费1.32亿笔,收缴资金达3090亿元,九成以上的缴款人通过浙里办APP、浙江政务服务网等渠道实现"一次不用跑"。

(二)在惠民上出实招。支持扶贫攻坚。充实财政扶贫工作力量,支持淳安等26个加快发展县和黄岩区、婺城区、兰溪市等扶贫重点地区实施低收入农户收入倍增计划。支持"消薄"工作。建立扶持集体经济薄弱村转化经费保障机制,扶持"26+3"加快发展县经济薄弱村的转化工作。从2019年开始,每年从"26+3"县中选择643个符合条件的村,中央财政给予每村10万元补助,省财政每年按不低于中央下达资金2倍的标准给予扶持。支持民生事业发展。统筹财力支持教育、医疗、社保、就业、住房等民生事业发展和政府十方面实事实施,确保全省财政支出增量的三分之二以上用于民生。

三、当好减负担提绩效的排头兵

全省各级财政部门围绕服务基层和预算单位,重点做好"加减法"。

(一)在优化服务上做"加法"。将"最多跑一次"改革理念在财政服务供给端进行深化和拓展,连续三年开展"上门服务至少一次"活动,精准对接基层和预算单位需求,使资金流与决策流、业务流、信息流更好地融合。共到省级部门(单位)服务400次,到市县财政部门服务193次,集中辅导42次,服务人数达13702人次。开展部门间"最多跑一次"改革试点,梳理整合办事事项清单30项,其中26项实现"最多跑一次",实现率达86.7%。

(二)在基层负担上做"减法"。精简文件,按照2019年发给县级以下的文件减少30%~50%的要求,能够合并发的文件尽可能合并发,没有实质性补充内容可翻印的文件不予转发,对预下达资金的文件,原则上以处室为单位尽量合并发文。精简会议,按照2019年召开的会议减少30%~50%的要求,严格经费源头管控,对会议经费进行事前审核并报厅领导审批,一般性会议、座谈会或简单工作布置类会议、培训会议提倡采用"浙政钉"、视频会议等方式召开。精简报表,加快推进财政数字化转型,加强系统整合和互联互通，运用大数据、云计算、移动办公等信息化手段实现工作自然留痕、结果自动生成，切实减轻基层报送各类数据、报表的压力。

（刊于《今日浙江》2019 年第 12 期）

落实增值税大规模减税 推动高质量发展

浙江省财政厅党组成员、副厅长 沈 磊

实施大规模减税政策是以习近平同志为核心的党中央作出的重大决策部署，是积极财政政策加力提效的重要内容，对推动浙江省经济社会高质量发展具有重要意义。

今年政府工作报告作出实施更大规模减税的部署，2019 年 3 月 20 日，财政部、国家税务总局和海关总署联合下发《关于深化增值税改革有关政策的公告》，明确了推进增值税大规模实质性减税的各项政策。浙江省高度重视，省财政厅、省税务局、杭州海关于 3 月 25 日第一时间研究出台了《关于全面做好深化增值税改革贯彻落实工作的通知》，提出了贯彻落实的工作要求，确保市场主体第一时间享受到政策红利。

本轮增值税大规模减税政策，相比以往体现了以下四大亮点。

一是力度大。此轮减税最大特点就是大规模，实打实、硬碰硬，增值税第一、二档税率分别下降 3 个点、1 个点，加上已经出台和即将出台的政策，全年可减轻企业税收和社保缴费负担近 2 万亿元，大大超出了市场预期。具体到浙江省，此轮一揽子减税措施中仅直接降低增值税税率一项，就可减轻企业负担 500 亿元以上，加上年初出台的小微企业普惠性减税、个人所得税减免等政策以及即将出台的社保减负政策，预计全年可减轻税费负担 1500 亿元以上。

二是范围广。此轮减税坚持普惠性减税与结构性减税相结合，既确保制造业等主要行业税负明显降低，又针对实施中部分行业由于进项税抵扣减少可能引起税负上升，科学制定增加抵扣项目、不动产进项税一次性抵扣、新增留抵退税等措施，确保包括生产、生活性服务业在内的所有行业税负只减不增，促进消费增长和民生改善。可以说，所有行业都可从中受益，范围之广，非常罕见。

三是聚焦准。此轮减税兼顾公平和效率，既考虑普惠性，又突出重点、精准聚焦。特别是直面制造业等实体经济负担重、利润率低的难点和痛点，将制造业等行业增值税税率从 16%降到 13%，税率降幅达 18.8%，将交通运输业、建筑业等行业增值税税率从 10%降到 9%，税率降幅达 10%，体现了结构性减税的政策导向，有利于促进制造业等行业提质增效，推动我国向制造强国迈进。

四是政策明。此轮减税是深化增值税改革的重要内容，是一项事关长远的制度性安排，相比于临时性减征，政策更具稳定性、长期性。企业在研发、创新、投资时，可以按照这个税率做长期规划和打算，这对引导并改善预期非常重要。而且通过直接降税率的方式，简洁明了，市场主体的获得感会更直接更强烈。

实施大规模减税体现了党中央、国务院和省委、省政府对广大市场主体的关心、关爱，传递了积极应对经济下行压力的信心和决心。全省各级财政部门将把这项工作作为 2019 年的头等大事，明确责任、完善机制、抓好落实，推动各项减税政策落地生根，切实把企业税负减下去、获得感提上来，以政府收入的“减法”换取企业效益的“加法”和市场活力的“乘法”。

一要加强宣传辅导。创新宣传载体和形式，通过新闻发布、媒体报道、政策宣讲等方式，广泛宣传解读减税降费政策，切实提高政策的知晓度和影响力，为政策实施营造良好的舆论环境。注重点面结合，将减税降费政策宣传辅导纳入“三服务”活动和“上门服务至少一次”活动的重要内容，主动上门为企业送政策送服务送信息，提高宣传辅导的针对性、实效性，让更多的企业知晓政策、掌握政策、享受政策，做到应知尽知、应享尽享。

二要加强督查督导。建立健全抓落实的工作机制，层层压实责任，指导督促各地不折不扣抓好各项政策的贯彻落实，坚决杜绝实施中搞变通、收“过头税”、乱收费等行为，确保一督到底、全面覆盖、不留死角。加强对政策执行情况特别是减税实施后各行业税负实际变化情况的跟踪，及时发现并纾解政策落实过程中的堵点、难点、痛点，确保实现“制造业等主要行业税负明显降低、部分行业税负有所降低、所有行业税负只减不增”的目标。

三要加强收支管理。牢固树立过紧日子思想，严格控制和压减一般性支出，除刚性和重点项目支出外，一律按不低于 5%压减，将节省下来的钱用在稳企业稳增长等重点支出上。加大结转资金、当年预算等各项资金统筹力度，大力优化支出结构，多渠道盘活各类资金和资产，全面提升资金使用绩效，确保全省财政收支平衡，坚决兑现对企业和社会的承诺。

（刊于《浙江财税与会计》2019 年第 4 期）

坚持问题导向 查摆短板弱项 增强全面从严治党的系统性、针对性和实效性

驻厅纪检监察组组长 徐首红

全省各级财政部门要认真贯彻落实十九届中央纪委三次全会和省纪委十四届四次全会精神，对照习近平总书记关于继续推进党风廉政建设和反腐败斗争的战略部署，对标中央纪委、省纪委全会部署的各项工作任务，坚持问题导向，查摆短板弱项，坚持底线思维，增强忧患意识，防范和化解廉政风险，切实增强全省财政系统全面从严治党的系统性、针对性和实效性。

一、聚焦主业主责，发挥好派驻监督职能

（一）做严做深政治监督。一是围绕坚决落实“两个维护”强

化政治监督。严明党的政治纪律和政治规矩,督促驻在部门深入学习习近平新时代中国特色社会主义思想和党的十九大精神,坚决贯彻落实习近平总书记重要指示批示精神,加强对中央和省委重大决策部署落实情况的监督检查,加强对新形势下党内政治生活若干准则等法规制度执行情况的监督检查,坚决防止和克服表态多行动少、不担当不作为等形式主义和官僚主义问题。二是围绕压实主体责任强化政治监督。督促驻在单位研究制定主体责任清单,明确任务分工和责任人;督促驻在单位党组书记和班子成员自我检查落实管党治党政治责任情况。与驻在单位党组共同建立4项协调机制:向驻在单位党组通报普遍性问题或突出问题;纪检监察组组长经常与驻在单位党组书记就作风建设、廉洁风险、问题线索等交换意见,提出意见建议;每半年会同驻在单位党组专题研究1次全面从严治党、党风廉政建设和反腐败工作;就决定党员处分工作进行协调。三是围绕营造良好政治生态强化政治监督。加强对驻在单位党内政治生态评估工作的指导监督;加强对驻在单位领导班子民主生活会的"靶向"监督,加强对基层党组织落实"三会一课"情况以及领导班子成员过组织生活情况的监督;加强对选人用人情况的监督,紧盯选人用人酝酿提名、考察考核等关键环节开展监督。四是围绕执行中央八项规定及其实施细则精神强化政治监督。紧盯节庆假日等重要节点,盯牢问题易发多发单位、岗位和人员。加大对群众身边腐败和作风问题的整治力度,关注事关群众切身利益的网络热点舆情。把整治领导干部利用名贵特产类特殊资源牟取私利问题作为监督的重要内容。

(二)做实做细日常监督长期监督。开展靠前监督,将调研与察访、督导与检查结合起来。通过调阅有关资料、实地调研督导、进行约谈函询、监督民主生活会、严格进行责任追究、开展民意测验等方式,加强对巡视整改的监督。对巡视移交的问题线索,涉及处级干部的,建立专门台账,依规依纪依法优先处置;处以下干部的,督促及时处置。

(三)做精做优精准监督。紧盯"关键少数",重点强化驻在单位领导班子及其成员、处级干部特别是管人管事管物、权力集中、廉洁风险高或群众反映较多的直属单位一把手的监督。重点监督检查遵守党章党规党纪和宪法法律、坚持民主集中制、选拔任用干部、加强作风建设等内容。深化运用监督执纪"四种形态",特别是用好用足"第一种形态",发现问题早报告、早处置,用好谈话、函询、监督建议等措施。重点查处党的十八大以来特别是党的十九大后仍然不知敬畏、胆大妄为者,紧盯重大工程、重点领域、关键岗位,强化对权力集中、资金密集、资源富集部门监督。加强对专项扶贫领域腐败和作风问题查处力度。

(四)建立健全适应综合派驻特点的工作机制。一是建立派驻纪检监察组与部门机关纪委联席会议制度。建立与5家驻在单位机关纪委的联席会议制度,每季召开一次联席会议,有重要情况可随时召开,推动主体责任落实。二是强化内部审计专门监督。督促驻在单位对其下属单位进行内部审计,也可请第三方进行审计,督促抓好整改工作。三是探索适合管用的派驻监督工作方法。每年有重点选择驻在单位的有关部门和下属单位开展督察,通过开展谈话、查阅有关文件、核查反映的有关问题等途径和方法,查找存在问题,提出整改建议。

二、推动全面从严治党向基层延伸

(一)夯实政治建设这个"压舱石"。要坚持用习近平新时代中国特色社会主义思想武装头脑,牢固树立"四个意识",增强"四个自信",不折不扣地把党中央、国务院、财政部和省委、省政府的重大决策部署落到实处,以实实在在的业绩践行"两个维护"。为贯彻落实中央、国务院减税降费重大决策部署,省财政厅会同国家税务总局浙江省税务局,第一时间出台小微企业减税降费的政策体系,成为全国首个确定地方税费减征幅度并发布政策的省份,以及减税幅度最大的省份,得到省领导的高度评价和肯定。这就是"四个意识"的具体体现。要以讲政治的态度对待巡视巡察工作,切实扛起巡视巡察整改的政治责任,凡是巡视组、巡察组查找出的问题,都要力行立改,件件有答复;凡是巡视组、巡察组提出的建议,都要认真研究,事事有回音;凡是涉及违纪违法的案件,不管涉及到什么人,都不能包庇。

(二)牵住主体责任这个"牛鼻子"。各级财政部门党组"一把手"作为第一责任人,必须尽好以上率下的责任,对出现的苗头性倾向性问题,及时提醒、严于批评。班子成员要严格履行"一岗双责",充分发挥组织协调、监督检查、示范带动作用。党组要把责任传导给下一级党组织主要负责人,通过约谈提醒、报告工作、考核检查、述职述责等方式,督促一级一级压实责任,推动主体责任向基层延伸。各部门种好"责任田",定好权力清单、控好廉政风险、管好关键岗位,确保工作进行到哪里,党风廉政建设就跟进到哪里。特别是要认真贯彻落实《关于推进全省清廉财政建设的实施意见》。

(三)打好教育监督这个"预防针"。要从严教育干部、从严要求干部,从纪律教育抓起,从小事管起,做到敢抓敢管、真抓真管、长抓长管。近年来,基层财政干部酒驾、赌博、生活作风等8小时外违纪问题仍有发生,各级党组织要加强日常教育、管理、监督,严格落实专项约谈制度,严格执行个人有关事项报告、提醒函询诫勉等制度,特别是要运用好谈心谈话制度,该鼓励的要鼓励、该引导的要引导、该提醒的要提醒、该批评的要批评。

(四)打赢作风建设这场"持久战"。必须一以贯之抓好中央八项规定及实施细则精神、浙江省"36"条办法的贯彻落实。一是从讲政治的高度破除形式主义、官僚主义顽疾。要把反对形式主义、官僚主义作为重要政治纪律、政治规矩来看待、来坚守、来遵循,坚决防止和纠正不担当不作为和乱决策乱作为等问题。各级财政部门党组要担负起主体责任,建立起问题治理的长效机制。二是继续严纠享乐主义和奢靡之风。个别党员干部在思想深处还没有完全摆脱用公款"吃饭、喝酒、坐车"的旧思维、旧习惯,以隐形变异、改头换面的形式搞"吃喝、玩乐",财政干部要守住这条底线。

(五)画好协同配合这个"同心圆"。各级党组要为派驻纪检监察组开展工作提供必要的条件和便利,提前告知动议和酝酿

“三重一大”等事项的有关情况，邀请派驻纪检监察组负责人参加或列席党组会议等重要会议。驻在单位要积极配合派驻纪检监察组查阅或复制有关文件资料，巡视巡察报告、审计报告、专项检查情况也要及时告知。派驻纪检监察组对违纪案件审查、审理结束后，要向驻在部门党组提出党纪处分建议，驻在部门党组要及时作出处分决定并执行。党组和机关纪委查办的案件，在作出党纪处分决定前，也要及时征求派驻纪检监察组的意见。各级党组还要明确党风廉政建设日常工作的分管领导和工作人员，确保党风廉政建设有人管、有人抓、有人干。

（刊于《浙江财税与会计》2019 年第 2 期）

在全省财政经建工作会议上的讲话

浙江省财政厅党组成员、副厅长 邢自霞

一、浙江省财政经建工作取得积极成效

全省各级财政经建部门认真贯彻习近平新时代中国特色社会主义思想和党的十九大精神，紧紧围绕“三大攻坚战”、长三角一体化发展、“四个强省”“富民强省十大行动计划”等党中央、国务院和省委、省政府重大决策部署，优化制度供给，强化政策保障，有力服务了全省经济社会和财政改革发展大局。

（一）集中财力办大事，统筹支持“四大”建设

围绕大湾区建设。近两年每年安排海洋（湾区）经济发展专项资金 20 亿元，支持海洋经济和湾区经济发展，努力将其打造成浙江省新的经济增长极。争取蓝色海湾整治行动项目中央补助资金 5.26 亿元，推进全省海洋综合整治和生态岛礁建设，有效提升海洋、海域和海岛生态环境功能。进一步发挥财政与金控支持未来社区建设的政策叠加效应，与社会资本共同组建 100 亿元的未来社区建设投资基金，通过市场化运作，撬动更多社会资本共同参与和支持未来社区建设。

围绕大花园建设。落实绿色发展财政奖补机制，连续 3 年每年安排 18 亿元，实施“两山（二类）”建设财政激励政策。从 2019 年起连续 4 年安排诗画浙江建设资金 5 亿元，支持浙东唐诗之路、钱塘江诗路、瓯江山水诗路和大运河文化带等四条诗路建设。积极申报并成功入围全国山水林田湖草生态保护修复试点省份，获中央财政专项补助资金 10 亿元，用于钱塘江源头区域山水林田湖草生态保护修复工程试点。开展省内流域上下游横向生态补偿试点，安排中央长江经济带保护和治理奖励资金 2.5 亿元，鼓励更多市县尽早开展流域上下游横向生态保护补偿工作。截至目前，浙江省共有 35 对 38 个县（市、区）成功签订跨流域横向生态补偿协议。

围绕大通道建设。完善万亿综合交通重大项目财政保障机制，安排交通运输发展专项资金 166 亿元，并争取车购税补助、民航发展基金补助、港口建设费补助等 224 亿元，用于交通基础设施建设和养护。发行一般债券 60 亿元，支持普通国省道新改建项目，发行专项债券 247 亿元，支持收费公路建设。进一步发挥省基础设施投资（含 PPP）基金的引导放大作用，出资 15.94 亿元，推进杭绍台铁路等重大基础设施项目实施。分年安排国有资本经营预算 25 亿元，支持省机场集团加快我省机场建设；安排省交通集团资本金 30 亿元，缓解公司筹资压力，更好地发挥平台投融资作用。探索综合交通投融资机制建设，做好杭衢铁路土地综合开发试点推进工作，制定土地综合开发试点资金收缴管理总体方案。

围绕大都市区建设。2018—2019 年筹措省级财政资金 209 亿元，争取中央基建投资资金 115.02 亿元，支持实施“4+1”重大项目建设行动计划。安排 15 亿元资金推动小城市培育和中心镇发展。筹集资金 7.2 亿元、债券 6.95 亿元，支持小城镇环境综合整治。争取中央资金 9.5 亿元、筹集省级资金 4 亿元，支持海绵城市建设试点和地下综合管廊建设试点。

（二）主动作为，积极研究长三角区域一体化政策举措

组建投资基金。一是参与组建长三角区域一体化发展投资基金。基金由三省一市政府共同发起设立，重点投向跨区域重大基础设施互联互通、生态环境联防共治、创新体系共建、公共服务和信息系统共享、园区合作、科技创新产业等领域。二是参与国家绿色发展基金组建和认缴工作。积极落实认缴资金来源，争取基金多投向长三角生态环境保护修复和绿色产业发展项目。

设立长三角一体化奖补政策。2019—2022 年每年安排 1 亿元，通过以奖代补方式，重点支持长三角示范区建设、省际合作园区建设和省际卫生医疗项目共建等。

深化长三角跨区域生态治理。落实新安江流域横向生态补偿第三轮试点方案，2018—2020 年浙皖两省每年各出资 2 亿元，共同保护新安江和千岛湖水资源。探索与江苏省开展上下游横向生态补偿试点。

（三）提高政治站位，积极推动民生事业发展

助力扶贫攻坚。全面落实中央及省关于东西部扶贫协作和对口支援的决策部署，提高东西部扶贫协作帮扶标准，计划安排数从 2018 年的 24.70 亿元增加到 2019 年的 30.65 亿元，2018—2019 年 6 月已拨付 59.88 亿元。积极筹措对口支援资金 51.23 亿元，全力保障援助工作顺利开展，助力结对帮扶地区早日脱贫攻坚。2018—2019 年安排 7.3 亿元，支持 9 个省级山海协作产业园提升工程和 16 个山海协作生态旅游文化产业园建设，打造山海协作升级版，推动我省区域经济共同发展。

保障住有所居。争取中央资金 63.84 亿元，安排省级资金 7 亿元，用于全省城镇保障性安居工程建设。安排 3.65 亿元，支持 1.25 万户农村困难群众危房改造和 26 个加快发展县及台州市黄岩区、金华市婺城区、兰溪市其他危房治理。

支持应急救灾。制定《省财政厅自然灾害应急响应和灾后重建工作机制》，厘清厅内处室职责，规范应急响应和灾后重建资金分配程序。第一时间下达超强台风“利奇马”中央及省级自然灾害救灾资金 18.5 亿元。

推动乡村振兴。2019年安排造地改田支出40.7亿元，进一步推动全省农村土地综合整治和高标准农田质量提升，落实永久基本农田保护补偿政策。

清偿政府欠款。统计报送部门拖欠民营企业中小企业账款清理偿还情况，汇总梳理全省政府欠款存量清偿情况和新增政府欠款情况。参与农民工工资支付考核工作，保障农民工工资支付，维护社会公平正义和社会和谐稳定。

（四）坚持党建引领，夯实财政经建工作基础

围绕党建开展经建工作。认真开展“不忘初心、牢记使命”主题教育，创新学习教育形式，理顺工作机制，加强调查研究和政策谋划，切实解决党委政府关切、人民群众关心的问题。将经建工作与巡视、审计整改结合起来，按照“真改快改改到位”的要求，以最坚决的态度、最有力的行动、最扎实的措施、最严格的标准第一时间抓整改抓落实，完善对相关部门、相关领域的财政、财务管理。坚持以党建为引领，以案例为警示，加强干部廉政教育和思想作风建设，使党建学习与工作紧密结合，进一步提高工作效率。

深入开展“上门服务至少一次”活动。纵深推进“最多跑一次”改革，深入开展“三服务”和“上门服务至少一次”活动，强化财政服务意识和保障功能，做好部门服务和地方指导工作。赴四川、贵州、新疆、西藏、青海等结对帮扶地区调研指导，推动提高财政资金使用绩效。以解决问题为导向，常态化开展服务部门、市县、企业工作，及时解决实际问题。

积极稳妥做好机构改革相关工作。按照“人随事走，钱随事走”的原则，做好涉改部门预决算管理、单位资产和经费划转等工作，加强涉改部门经费保障和财务管理，实现无缝对接。配合做好钱江源国家公园体制机制改革，按照改革后的行政体制，以最有利于工作开展为原则算清账、算好账，做好财政体制上划工作。目前生态环境监测机构改革也已启动，资产、财务核查正在有序开展。

在肯定成绩的同时，也要清醒地看到，财政经建工作还存在一些差距和不足，主要有：事权与支出责任划分不够清晰；财政政策顶层设计还需加强，碎片化问题较为突出，跨部门资金整合难度大；资金使用绩效有待提高，重复建设、闲置浪费、低效使用等问题依然存在，与全面实施预算绩效管理的要求还有不小差距；创新投融资体制机制不够，防风险和促发展之间还需探索更多有效途径；作风建设还存在薄弱环节等。这些问题需要我们对照主题教育要求，花大力气、下大功夫去深入研究解决。

二、进一步深化对经建工作的认识

（一）守初心，从“三个地”的政治高度深化对经建工作的认识。浙江省财政改革和管理各项工作一直走在全国前列，各市县也出了很多经验、很多典型、很多成果，但在一些具体问题上也不能松懈。比如，在扶贫资金的分解和支出进度上，至少在财政扶贫资金动态监控平台的数据录入上，曾出现过排名靠后的情况。在东西部扶贫协作工作上，省级有关部门也曾因政治敏感性不够而被通报，并取消部门年度评优资格。要将讲政治贯穿财政工作全过程，切实提高政治站位，增强政治敏感性，站在“三个地”的政治高度，对照“干在实处永无止境，走在前列要谋新篇，勇立潮头方显担当”的新期望，深化对财政经建工作的认识，切实把工作抓紧抓深抓实。

（二）担使命，从“财为政服务”的角度深化对经建工作的认识。省十四次代表大会以来，省委、省政府围绕“‘八八战略’再深化，改革开放再出发”工作主线，积极融入长三角一体化发展，提出了“1+3+4+8+10”等一系列决策部署。强化财为政服务的理念，就是要统筹一切可以统筹的资源，聚焦聚力党中央、国务院和省委、省政府重大决策部署，积极作为、系统谋划、精准发力，及时参与重大规划、重大政策、重大问题的前瞻性研究和顶层设计，做好超前谋划和政策储备，为省委、省政府出好主意、当好参谋。2018年，省财政厅构建了集中财力办大事政策体系。今年，市县层面也在积极构建。当前财政经建的重点工作是系统谋划长三角一体化、“四大”建设、污染防治攻坚战等财政支持政策，在座各位必须进一步强化“财为政服务”的意识，集中力量、集聚资源、集成政策，坚决扛起新时代赋予财政的新使命新担当。

（三）破难题，从严峻的经济形势的新常态深化对经建工作的认识。2019年以来，全省经济运行总体平稳，但经济运行面临的不确定因素增多，特别是受复杂外贸环境影响，制约浙江省高质量发展的结构性、体制性矛盾和问题趋于显性化，出口型和加工型企业的信心、市场预期受到一定影响，供给和需求增加面临新挑战，一些领域的潜在风险还在衍生积聚，经济下行压力明显增加。财政政策作为国家宏观调控两大政策之一，经济形势越严峻，发展任务越艰巨，就越需要财政部门及时出手，稳定预期、提振信心。财政经建工作是制度供给、政策保障的重要一环，与改革发展、重点领域保障等事项息息相关，与稳投资、促改革、调结构、惠民生、防风险、保稳定工作息息相关，与全省经济持续健康高质量发展息息相关，如何在收支矛盾突出的背景下做好政策保障、将有限的钱花在真正的刀刃上，对全省财政经建干部提出了更高的要求。

三、下一步工作要求

（一）坚持一体化和高质量两个战略要求，补短板，拉长板，努力在财为政服务上有更大作为

一是补环境保护短板。在生态环保转移支付制度设计方面，进一步从补治理向治理和绿色发展并重转变，从部门单兵作战向统筹推进、综合治理转变，从纵向生态补助向引导横向生态补偿转变，从政府投入治理向引入社会资本参与、市场化交易转变。着力推进上下游流域横向生态补偿，尚未达成协议的县市要加快工作进度，未签约的将扣回奖补资金。

2017年，省财政厅通过竞争性分配方式，选取了18个县区，开展“两山”（二类）绿色奖补机制试点。2020年，省财政厅将结合政策评估情况，启动第二轮“两山”（二类）试点。对于第一轮实施过程中发生的新情况，新问题，各地要注重信息反馈，提供有价值的参考。第二轮“两山”（二类）评选时，要增强竞争性，进

一步提高绩效。

二是补交通基础设施短板。要进一步加大对交通基础设施投入，调存量、优增量，优化交通支出结构，支持全省交通基础设施建设；继续支持平台做大做强，充分发挥平台融资作用；大力推广 PPP 等政府和社会资本合作模式，采取特许经营、政府购买服务、债权投资等方式，鼓励和吸引社会资本参与。这方面绍兴经验可以供各地借鉴。各地财政部门在充分挖掘地方可用财力的同时，也要量力而行、尽力而为，准确把握好稳投资和防风险之间的关系，关注高投资带来的债务风险，项目立项阶段严格按照《浙江省政府投资预算管理办法》和即将下发的《浙江省政府投资预算管理办法实施细则》要求，落实项目资金来源并出具真实有效的资金来源筹措方案，从财政承受能力上把好项目关。

三是补投资短板。"六稳"工作中，稳投资是非常关键的一环。省委、省政府正在推进企业投资项目"最多跑一次"改革，全力优化营商环境。浙江省营商环境总体较好，杭州正在争取纳入世界银行营商环境样本城市，这要求杭州乃至全省在营商环境上要进一步提升。要推进投资项目在线审批监管平台建设，简化企业投资项目审批程序，全力保障 2019 年一般企业投资项目（工程建设项目）从赋码备案到竣工验收的审批用时"最多 90 天"。

补短板，补的是基础，需要的是底线意识。谋发展，需要弯道超车，靠的是拉长板。2018 年 4 月 26 日，习近平总书记在推动长江经济带发展座谈会上提出了"丽水之赞"，丽水的长板是生态环境优势，"丽水之赞"赞的是绿色发展，丽水正在开展全国第一个生态产品价值实现机制试点，抓住生态环境优势，放大生态环境优势，以体制机制创新为动力，向体制机制创新要活力，打造诗画浙江大花园最美核心区。各地都要准确找到自己的长板，尽力发挥好自己的长板。

（二）坚持"上下一盘棋"理念，强执行，讲绩效，共同保障省委、省政府重大决策落实

2019 年是全面执行集中财力办大事政策体系的第一年，各级财政部门要在抓衔接抓完善抓落地上下功夫，切实将规划转化为政策、资金和项目。

第一，要将已经明确的储备政策尽快落地。在 2018 年构建集中财力办大事政策体系时，长三角一体化发展国家战略、"四条诗路"建设规划等均未出台。省政府要求财政部门破除"条条框框"，进一步优化财政政策。尽管"四大"建设政策体系较为完善，但也要放在长三角一体化的背景下重新审视，重新谋划，重新完善。希望市县财政部门群策群力，提出好的政策建议，使更多政策可以从供给主导型政策向需求主导型政策转变。

诗画浙江建设政策先于规划提出，长三角一体化示范区奖补政策受限于长三角一体化示范区的具体操作实践，财政政策未能进一步明确资金分配方式，制定资金管理办法。相关处室要密切关注，及时掌握部门工作推进情况，市县也要及时跟进，共同推进财政改革发展各项工作。

美丽城镇建设是今年浙江省推进新型城镇化、加快城乡融合的重要举措。各地要把美丽城镇建设与小城镇环境综合整治相结合，与小城市培育相结合，与乡村振兴相结合，与"四大"建设相结合，统筹兼顾，循序渐进，因镇制宜，避免"千镇一面"。

第二，要将已经明确的资金落实到项目上。随着预算绩效管理改革和专项转移支付资金改革的推进，专项转移支付资金分解下达的速度大大提高，资金管理规范性、有效性大幅提升。但仍然存在"重申报、轻管理""重分配、轻绩效""重支出、轻责任"的情况，仍然存在设专项、争资金、扩盘子现象，转移支付资金沉淀在账上，迟迟未能分解到项目。这里要特别强调，必须加快推进示范试点项目。

一是钱江源头区域山水林田湖草生态保护修复试点。浙江省在 2018 年底入围国家试点，目前已争取中央资金 10 亿元，国家三部委将对浙江省生态保护修复工程完成进度、目标任务完成情况进行考核，确定后续奖补资金额度。淳安、建德、开化、常山要高度重视，积极整合自然资源、生态环境等领域资金，统筹用于山水林田湖草生态保护修复项目建设。要会同自然资源、生态环境等部门，根据项目实施方案、年度投资计划，加快推进项目建设进度，并按季度将进度报省财政厅、省自然资源厅、省生态环境厅。

二是蓝色海湾整治行动。在中央财政第二轮蓝色海湾整治行动试点城市申报中，温州市、台州市成功入围。两地要严格资金使用范围，加快项目组织实施，落实工作责任，确保年度绩效目标如期实现。特别是温州市洞头区作为全国唯一一个再次入围的地区，要及时总结好的经验和做法，继续发挥好示范效应。

三是老旧小区改造提升。2019 年，中央对城镇保障性安居工程专项资金政策进行重大调整，继棚户区改造和公租房后，增加了住房租赁市场试点和老旧小区改造提升两项内容。住房租赁市场试点方面，杭州市已获得试点资格。老旧小区改造不能搞一刀切、不能层层下达指标，要尽力而为、量力而行、精准发力，防止一哄而上、形象至上、负债硬上。各地应按照实施一批、谋划一批、储备一批的原则，区分轻重缓急，统筹安排，在提出老旧小区改造任务和计划时应同步开展财政承受能力论证，坚决遏制地方政府隐性债务增量。

第三，要将已经明确的预算落脚在绩效上。财政预算绩效管理是财政管理的重要内容，必须要把绩效放在重要位置，实现全方位、全过程、全覆盖。对于中央转移支付资金管理，增加了两条新规定，一是绩效目标随资金一并下达。二是中央有关部门查出的违规使用资金，收回中央国库；当地有关部门自行查出的违规使用资金，由同级财政部门收回统筹使用。对于被查和自查发现的违规行为，违规资金处置和责任认定上作了明显区分。2019 年 10 月第二轮环保督查将进驻浙江省。各地务必要高度重视，认真开展自查，提前做好相关准备工作。

同时，要积极推进数字化政府转型，重视并利用好省级转移支付项目库，做好项目储备和报备工作，加强对转移支付资金跟踪监管。该项工作将作为省级专项资金分配的一个重要参考，

各地务必要按规定时间节点完成项目储备和报备工作。

2019年"利奇马"超强台风对浙江省造成了很大影响，各方应急响应迅速，但也暴露了一些问题，如应急体系机构改革后职责不清，自然灾害应急响应和灾后重建工作机制不顺，有的市县资金分解不够及时等。针对这些问题，省财政厅制定了《省财政厅自然灾害应急响应和灾后重建工作机制》，厘清了厅内处室职责，规范了应急响应和灾后重建资金分配程序。各地财政部门要及时会同应急管理部门及时将生活救助资金发放到灾民手中，并抓紧做好灾后重建资金的分配和拨付和后续资金跟踪监管工作。消防部队改革转制后，消防救援职能从处置"单一灾种"向应对"全灾种""大应急"转变，市县财政要做好衔接，做好预算服务和保障。

（三）坚持政治建设为统领，能干事，有激情，建设忠诚干净担当的高素质经建干部队伍建设

首先，进一步增强宏观意识，切实提高高位思考、把握大局的综合能力。要把省委、省政府的重要决策部署和财政中心工作学深、悟透，做到心中有数。要全面了解长三角一体化发展、"四大"建设、中美经贸摩擦等重点工作、热点事件的发展进程，提高站位，把握大局，发挥参谋助手作用，提出切实有效的财政支持政策。

其次，进一步增强创新意识，切实提高攻坚克难、解决实际问题的能力。要以"不忘初心、牢记使命"主题教育为契机，一方面要提振精气神，要有逢山开路、遇水架桥、攻城拔寨的魄力，遇事不退缩、不懈怠、不畏难，始终保持年轻的心态和干事创业的激情；另一方面要高质量、严要求，坚持学习和调研，自觉适应新形势，培养创新思维，强化创新意识，不断积累新知识、培养新技能，为两个"高水平"建设贡献更多的力量。

最后，要进一步增强底线意识，切实提高能干事、不出事的能力。要牢牢绷紧廉洁自律这根弦，常怀敬畏之心，常思贪欲之害，清清白白做人，干干净净做事。要以案为戒，对照自身岗位风险，细算"三笔账"、慎守"九道线"。要始终坚持以党建为引领、作风为基础、能力为重点、业绩为导向，不断加强队伍建设，以铁的纪律打造财政经建铁军。

（2019年10月17日）

在全省稳企业财政工作会议上的讲话

浙江省财政厅党组成员、副厅长 林仁方

一、提高站位，深化认识担使命

一要提高政治站位。稳企业就是稳经济、稳发展。各级财政部门要按照省委"稳企业、增动能、保平安"和开展"三服务"活动的决策部署，提高对稳企业重要性的认识，切实把思想和行动统一到省委、省政府的决策部署上来，坚持底线思维，主动应对风险挑战，全力做好稳企业工作。同时，稳企业是一项复杂的系统工程，必须有目标、有章法、建机制、成体系。各级财政部门要想企业之所想、急企业之所急，摸准企业真实需求和动态情况，既要强化应对困难局面的政策供给，又要着力提高政策的针对性、有效性，增强企业获得感，分层分类精准施策，将各项工作落到实处。

二要认清稳企业形势。2019年以来，国际经济形势严峻复杂，浙江省经济运行面临的不确定因素增多，特别是受复杂外贸环境影响，制约浙江省高质量发展的结构性、体制性问题趋于显性化，企业信心、市场预期受到一定影响，供给侧和需求侧都面临新挑战，一些领域的潜在风险还在衍生积聚，比如受复杂外贸环境影响下的产能集中转移、核心技术受制于人等显得尤为突出。全省前三季度各项经济指标总体呈逐季下滑态势，相比一季度，浙江省经济增速下滑幅度在东部五省市中最大。2020年经济形势更加错综复杂，稳企业将面临更大考验。各地要充分认清稳企业的复杂性，积极采取有效措施，切实做好稳企业工作。

三要践行"财为政服务"理念。"财为政服务"是财政治理能力现代化的重要体现，财政在"六稳"工作中的重要职能作用就是要发挥好财政政策的最大效应。2018年，省财政紧紧围绕政府中心工作，主动对标"两个高水平""四个强省"建设目标，聚焦聚力"三大攻坚战""富民强省十大行动计划"等重大决策部署，系统构建集中财力办大事财政政策体系，强化"财为政服务"理念，受到省委、省政府主要领导的肯定。2019年以来，省长袁家军每2个月专题听取稳企业工作汇报。2019年10月，省政府在安吉召开稳外贸现场会，会上对财政工作提出了非常高的要求。各级财政部门要自觉践行"财为政服务"理念，主动对标各级政府工作报告，积极构建集中财力办大事政策体系，聚焦企业痛点、难点和堵点，统筹安排好财政资金，因地制宜支持当地重大产业发展，切实将有限的财力集中到省委省政府稳企业防风险重大决策部署上来。

二、聚集重点，精准施策补短板

近年来，各级财政部门积极作为，出台一系列稳企业的政策措施，下一步要在精准施策上出实招，在精准推进上下功夫，在精准落地上见实效。

一要厘清边界。实施积极财政政策稳企业，不是简单的"花更多的钱支持企业"的静态思路，而是要动态把握市场边界，着力推进"定位改革"，进一步划清政府与市场边界，围绕"使市场在资源配置中起决定性作用和更好发挥政府作用"，补齐公共财政"缺位"的部分，退出公共财政"越位"的领域。这里要防止两种极端思想。一种认为稳企业属于市场范畴，不应予以支持。事实上，部分政策看似属于市场范畴，但有利于防范生产经营风险和促进拓展国内外市场，有很大的溢出效应，应该予以支持。另一种过度强调政府作用，尤其是在当前经济下行压力加大的情况下，不顾地方财力，过度增加财政对经济领域的投入。因此，各地财政部门要协调好相关部门，统筹使用好中央、省和市

县自身的产业政策资金，“有所为、有所不为”，明确财政支持的范围、领域和方式。

二要突出重点。稳企业财政工作要取得实实在在的效果，关键是要抓重点，解难点，把握着力点，在精准施策上出实招。2019年上半年省审计厅组织开展数字经济、民营经济专项审计调查，发现有些地方财政扶持资金还存在“撒胡椒面”现象，有些项目支持资金仅几百元，支持重点不突出，严重影响资金使用绩效。各级财政部门要结合本地实际情况，全面梳理整合现有支持政策，集中财力，围绕重点领域，瞄准关键环节，出台更具针对性的一揽子财政支持政策，着力破解政策碎片化、资金分散化现象，切实提高财政资金的使用绩效。

三要强化政策组合。要树立系统思想，注重部门协同和联动，强化减税降费、促进民营经济发展31条、融资畅通工程等稳企业政策组合，不断放大政策集成效应。同时要运用好政府产业基金政策，更好发挥产业基金促发展的作用。2018年，省财政围绕国家和省重大决策部署，强化政府产业基金政策引领作用，打造政府产业基金2.0版。2019年，会同省级相关部门积极推进2.0版投资运作，但在推进过程中还存在着项目对接不畅、投资进度偏慢等问题，政策效用还有待进一步提升。各级财政部门要进一步加强与主管部门的沟通、协调和信息交流，充分发挥主管部门的管理优势，紧紧围绕制造业高质量发展、数字经济“一号工程”等重点领域，加快项目搜寻和对接，认真筛选一批投资项目，尤其是省市县长工程产业项目，通过省市县联动，支持重大产业项目建设落地，助力产业经济更好发展。

三、强化服务，上下协同抓落实

各级部门要凝心聚力，上下协同联动，努力落实好财政稳企业政策，把风险化解在基层、问题处置在未发。

一要抓好政策落地。各地要认真落实国家和省出台的各项政策措施，并结合本地实际，积极整合现有产业支持政策，完善相关的配套措施，与国家和省级层面的政策形成支持合力。要借鉴杭州、温州做法，在对各部门产业政策进行全面清理整合的基础上，切实加快产业政策资金的落实与兑现。对省级提前下达的转移支付资金，各地要做好项目储备，加快项目资金落地，提高财政资金执行进度。在积极争取上级政策和资金的同时，加大资金统筹使用力度，进一步提高资金使用绩效。

二要抓好服务落实。要认真贯彻落实省委“三服务”决策部署，把服务重点企业作为稳企业财政工作的重要抓手，重点围绕贯彻落实减税降费、支持民营经济发展、应对复杂外贸环境等，第一时间倾听企业诉求，精准识别企业发展面临的实际困难和风险点，进而找准稳企业的重点难点，盯紧稳企业的关键领域、关键环节。市县财政部门要及时反映稳企业财政政策出现的新情况新问题，全面提升服务企业的精准度。

三要抓好效能提升。稳企业财政工作需要财政部门勇于破除“惯性”思维和“守摊”思想，善于在工作中提升能力，创新方法，从更长周期、更宽视野、更广范围谋划财政支持企业发展的政策措施。要高质量坚持学习和调研，克服本领恐慌。要进一步增强底线意识，细算“三笔账”、慎守“九道线”，切实提高能干事、不出事的能力，不断加强队伍建设，以铁的纪律打造财政铁军。

（2019年11月18日）

着力做好“四个强化”文章 努力提升财为政服务水平

浙江省财政厅党组成员、副厅长 章启诚

2018年，全省财政预算系统干了大事、办了难事、做了新事，取得明显成效。2019年，翻篇归零再出发，面对新形势、新目标、新任务，要着力做好“四个强化”的文章，努力提升财为政服务的水平和质量。

一、强化党建引领，形成“财为政服务”的政治自觉、思想自觉、行动自觉

近年来，全省财政预算系统深入践行“严谨、坚守、创新、奉献”财政职业精神，持续强化党建引领，取得了不少成绩。从党建成果看，连续3年一年一个全省荣誉，浙江财政倡导的“六个五”党建引领工程最近又被评为全省机关党建十佳优秀创新成果。从业务成果看，省财政提出并牵头组织实施“上门服务至少一次”活动、牵头构建集中财力办大事财政政策体系、率先启动部门整体绩效预算改革试点等创造性工作，获得财政部和省委省政府的充分肯定。实践证明，党建引领与预算业务深度融合发展，有利于促进形成“财为政服务”的政治自觉、思想自觉和行动自觉。2019年，要持续深入实施“六个五”党建引领工程，着力实施“五项共同价值观”认同工程，促进政治思想建设和预算文化建设深度融合；着力实施“五动学习法”深化工程，促进政治理论学习和预算业务知识学习深度融合；着力实施“五种能力”提升工程，促进作风建设和增强理财本领深度融合；着力实施“五会干部”培养工程，促进党管人才和打造复合型高素质预算人才深度融合；着力实施“五有标准”团队建设工程，促进全面从严治党和预算干部队伍建设深度融合；着力实施“五个预算”打造工程，促进党建中心工作和预算重点工作深度融合。

二、强化财力聚焦，优化“财为政服务”的收支结构

（一）培植财源、做大财力要更聚焦，促进财政收入结构再优化。

要以有效增加地方财政收入为出发点，建立精准支持产业发展的财政政策机制，实现税收收入占比、地方财政收入占比、财政总收入占比等三个结构的优化。

一是从支持方向上看，财政产业政策要着力在优质财源培育上下功夫，精准聚焦“八大万亿”产业，特别是数字经济、科技型企业、民营经济、中小微企业。

二是从支持方式上看，要精于运用市场方式、杠杆工具，精准发力，四两拨千斤，更好促进市场发挥配置资源的决定性作用。如政府产业基金、担保、贴息等财政政策工具。

三是从支持机制上看，要紧盯绩效原则，改革专项资金分配办法，多用竞争性分配法，少用因素分配法，这也是财政专项资金管理改革的一次螺旋式上升。

四是从收入组织上看，到2022年前，中央与地方收入划分改革是一个窗口期，要着力培育增值税税源，重点支持基础好、成长快、有前景的产业和企业。

（二）分配财力、使用资金要更聚焦，促进支出结构再优化。

要以集中财力办大事财政政策体系为抓手，保重点压一般。从省级层面看，总预算局要牵头发布编制集中财力办大事财政政策的指导意见，并组织到市县财政、部门和企业上门服务和宣讲，把政策体系宣传好、推动好、建设好。市县要全面建成本级集中财力办大事财政政策体系，具体把握好"六大要素"。

一是大事。大事找准是前提。要全面学习领会党中央、国务院和省委、省政府的重大决策部署，全面梳理把握本地党委政府的重点工作任务，全面对接省级财政政策体系，牵头提出本届党委政府需要财政引导、支撑和保障的大事。

二是财力。财力算准是基础。既要全面、科学地测算好当年及后一阶段的财力状况，有多少钱办多少事；也要全面摸排资源状况、资产状况，增强集中"三资"办大事的能力。

三是政策。政策出准是核心。对标大事全面梳理现行财政政策，进行取消、维持、强化、整合等分类处理，还要对标大事谋划出台新的政策。同时，建立"四两拨千斤"引导社会资本主动投入机制。

四是绩效。绩效认准是关键。"花钱必问效，无效必问责"。任何一项财政政策设立和修订都必须先有绩效目标，既要考虑预算金额的多少，更要考虑绩效目标的可行性，还要建立全过程跟踪问效机制。

五是规划。规划编实来保障。各项财政政策都要落实到中长期财政规划上，出台政策时要编制3—5年分年度资金安排使用计划，执行政策时年度资金安排计划要成为预算安排的依据。

六是平衡。平衡摆好可持续。年度财政政策资金需求与财力是不完全匹配的，因此要建立跨年度预算平衡机制，采取适时动用和补充预算稳定调节基金、整合利用历年结转结余资金等措施，实现年度间动态平衡。

三、强化责任担当，创新"财为政服务"的体制机制

（一）在强谋划上下功夫。

一要主动谋划建设财政决策支持系统，创新当好参谋的方式。财政数字化转型，在服务百姓、服务管理上取得长足的进展，还应努力在服务领导决策上实现大数据应用创新，即主动谋划建设财政决策支持系统。这是财政作为党委、政府重要参谋部门的地位所决定的，也是走在前列要谋新篇所要求的。首先，要顶层设计，明确研发框架和方向，具体应该包括以下大类的财政决策内容：财政产业政策的出台和调整、企业成本与税收负担、财政收支预测与调整、财政民生保障政策出台与调整、财政运行风险预警和化解、全面预算绩效管理的实施与效果评价等。其次，要对标财政决策需求，全面梳理、策划，建立健全财政决策支持项目库。再次，要明确试点先行、分步实施研发的计划和时间表，力争2022年基本建成和应用全方位的财政决策支持系统。

二要主动谋划推动全省部门整体绩效预算改革试点，打造从预算源头管理上落实全面预算绩效管理的浙江样本。2018年，省级选择6个部门、单位试编2019年部门整体绩效预算，11个市县区启动部门整体绩效预算改革试点，取得阶段性进展。2019年，省财政要谋划出台部门整体绩效预算改革指导意见，所有市、县（市、区）都要全面启动试点工作，试点部门范围可根据本地实际确定。通过逐年扩面，力争到2022年全省全面实施部门整体绩效预算改革。

三是主动谋划收入划分改革政策储备，更好促进实体经济加快发展。未来全国财政收入划分改革总体的改革目标，仍将坚持两个"五五"开格局。即，全国税收总额中，中央与地方分配大抵"五五"开；地方税收总收入中，共享税分成和地方税大抵"五五"开。到2022年，财政收入划分改革处于窗口期，要着力在大力支持和促进实体经济发展上做好财源培育工作。同时，要密切关注地方税体系建设。

（二）在强执行上下功夫。

一要深入实施好防范化解地方政府隐性债务风险专项行动。一季度要抓好督导督查工作，确保2月底前将化债进度报党中央、国务院。二季度开始每月通报，年终开展化债目标考核，确保完成年度化债任务。争取更多的地方政府债券支持"四大"建设等公益事业发展。研究下发融资平台公司市场化、实体化转型的指导意见，协同推进国有企业融资担保服务，推进土地储备出让预算管理改革试点扩面，实施全口径债务监测。

二要推进分领域的财政事权与支出责任划分改革。按照"谁的财政事权谁承担支出责任"的原则，省级、市县财政事权由各自分别承担支出责任，省与市县共同财政事权区分情况，由省与市县按比例或省给予适当补助方式承担支出责任，促进建立健全权责清晰、财力协调、区域均衡的省与市县财政关系。

三要进一步完善财政支出标准体系建设。现已基本实现"预算编制有标准"的目标，目前已制定日常公用支出26类53项标准，建立项目支出53类170项标准框架，已建成132项。2019年，要继续动态调整和丰富财政支出标准，进一步提高预算的精准性、科学性。

四要大力推进预决算信息公开。2018年，建立了省级部门、设区市和县（市、区）三个预决算公开排行榜。省级103个省级部门预算实现"公开面100%、及时率100%、集中度100%"三个100%公开。2019年，各市县要根据预决算公开排行榜位次，查补短板，切实提高预决算公开的及时性、完整性和细化程度。

四、强化能力建设，提升"财为政服务"的本领

一要强化学习和调研。"大学习大调研大抓落实"和"三服务"，要着力在如何更好发挥财政职能作用支持长三角一体化战略，如何实现财政政策体系稳定性、可持续性促进集中财力办大事，如何完善财政体制促进区域协调均衡发展，如何强化因素法分配市县的项目管理促进廉政风险防范，如何在化债背景下更好解

决政府投资项目资金链防风险促发展等方面做好学习研究。

二要持续深化"上门服务至少一次"活动。近年来,"12345,财政送服务"在省级部门和市县财政获得共鸣,取得成效。2019年,要对标"服务大局、推动改革、提升形象"三大目标,按照集中财力办大事财政政策体系及2019年财政改革重点,完善"改革指导清单"和"服务清单"两张清单,以清单方式精准服务、提高质量。

三要优化工作机制。以政府数字化转型为契机,全面梳理预算工作职责,再造业务流程,推动财政决策、管理、监督、服务创新,体系化推进、系统化集成,提高财政预算管理能力和水平。不断完善抓落实的指标体系、工作体系、政策体系和评价体系,实施"任务清单+时间表"管理制度,加强沟通协调和督查督导,确保工作落到实处、见到实效。

(刊于《浙江财税与会计》2019年第1期)

以标杆要求 开创预算绩效管理新局面

浙江省财政厅党组成员、副厅长 章忠良

为贯彻落实中央和省委、省政府全面实施预算绩效管理的总体部署,全省财政部门按照省委、省政府领导"成为全面实施预算绩效管理的标杆"的要求,锐意改革、不断创新,奋力谱写新时代预算绩效管理浙江篇章。

一、提高政治站位,推动全面实施预算绩效管理高起点开局、高标准起步

预算绩效管理是推进国家治理体系和治理能力现代化的内在要求,贯穿于预算编制、执行和监督的全过程,其政治性、综合性、专业性都很强。当前,浙江省正处在高质量发展的重要战略机遇期,财政也处在财政管理改革攻坚克难期,全省各地各部门应进一步提高政治站位,按照中央和省委、省政府关于全面实施预算绩效管理的要求,坚决把"四个意识"和"两个维护"贯穿到预算绩效管理工作的全过程,增强政治感,自觉把坚持党对一切工作的领导贯彻到全面实施预算绩效管理各个方面;增强责任感,自觉把全面实施预算绩效管理作为推进我省高质量发展的重要抓手,加快构建"全方位、全过程、全覆盖"预算绩效管理体系;增强使命感,自觉践行习近平总书记赋予浙江"干在实处永无止境、走在前列要谋新篇、勇立潮头方显担当"的新期望,健全预算绩效激励机制,在促进高质量发展上有新作为,加强预算绩效管理,在保障和改善民生上有新作为,落实预算绩效管理责任,在推进区域治理体系和治理能力现代化上有新作为,健全预算绩效管理制度体系,在建设现代财政制度上有新作为,奋力开创浙江省预算绩效管理新局面。

二、直面改革问题,找准全面实施预算绩效管理的着力点

浙江省预算绩效管理改革起步较早,2003年就开展财政支出绩效评价的探索与实践,是全国率先启动预算绩效管理改革的省份之一。2010年,又在全国率先从事后绩效评价向事前绩效目标管理延伸,初步构建了全过程预算绩效管理框架。十多年来,浙江省预算绩效管理工作一直走在全国前列,连续多年被财政部评为预算绩效管理先进省份,预算绩效管理改革取得阶段性成效:一是全过程预算绩效管理体系基本建立,预算与绩效管理初步融合;二是预算绩效管理制度体系日渐完善,"四有"全过程预算绩效管理机制初步形成;三是预算绩效管理层级不断提升,正从政策和项目向部门整体、下级政府拓展;四是绩效实践范围不断扩展,资金覆盖面和工作覆盖环节持续扩大;五是评价体系和方法不断丰富,涌现出"3E"评价体系等一批绩效评价好方法;六是绩效结果应用有力有效,结果应用机制初步建立。但对标中央全面实施预算绩效管理的要求,与浙江省高质量发展以及构建具有浙江特色的现代财政制度要求相比,现行预算绩效管理中仍然存在绩效理念和主体责任意识尚未牢固树立、制度机制还有待健全、全省绩效管理发展不平衡不充分、绩效管理广度和深度还不够、绩效管理效果不显著、绩效激励约束机制有待强化等问题。亟需通过全省上下的不懈努力,在全面实施预算绩效管理中切实加以解决。

三、全面推进结合重点突破,确保预算绩效管理走在前列

按照省委、省政府的总体部署,省财政厅制定全面落实预算绩效管理3年行动计划的时间表和路线图,列出13项任务清单,明确各项任务的责任单位和时间节点,下一步,全省各地各部门要重点从以下六个方面全面推进预算绩效管理。

(一)抓落实。按照省委、省政府确定的总体目标和工作举措,对标省财政厅3年行动计划确定的各项具体工作任务,各地各部门应结合各自实际研究制订本地区本部门全面实施预算绩效管理的实施意见,确定工作目标和工作举措,明确时间表和路线图,确保全面实施预算绩效管理的各项举措落到实处。在实施意见的制订过程中,将全面实施预算绩效管理与党委、政府各项重大决策部署主动对标,切实发挥改革的"乘数效应",并在2019年市县全面建成集中财力办大事财政政策体系。

(二)建制度。建立健全各项预算绩效管理制度,夯实全面实施预算绩效管理的制度基础。2019年,省级层面将制定和完善包括事前绩效评估等各环节的具体管理办法和操作规程共计13项,加快推进预算与绩效管理一体化。各市县参照省级的做法,对照时间表相应制订各项制度办法;省级各部门做好本系统本单位预算绩效管理制度的完善工作,尽快形成包括绩效目标编审、评价结果应用及整改等绩效管理内部业务规范,确保预算绩效管理延伸至资金使用终端。

(三)强基础。一是建成全省相对统一规范的预算项目绩效指标库,为政策和项目预算绩效管理提供重要依据。按照省委、省政府意见要求,2019年,省级率先遵循共建共享的模式,开展建设省级绩效指标库建设。后续,省财政厅将进一步建立绩效指标的动态更新与应用机制,将指标库嵌入部门预算编制系统,开放维护权限给各省级部门,实现各行业、各领域绩效指标与标准的动态更新,并通过科学的绩效指标管理促进各部门业务管

理完善，形成省级部门业务工作与预算管理相互促进、共同提升的良好局面。各市、县（市、区）在省级绩效指标库建设的基础上，结合本地实际加快绩效指标库建设步伐。二是加快预算绩效管理信息化进程，形成有力支撑。进一步梳理完善部门单位及财政内部的预算绩效管理流程与操作规范，形成规范化的工作流程。在此基础上，按照预算与绩效管理一体化的目标，开展预算绩效管理信息化建设，将绩效管理完全融入预算编制、执行和监督，实现绩效目标管理、绩效评价和绩效运行监控管理、绩效指标与标准库管理、第三方管理等各项绩效管理业务的信息化，利用大数据技术，实现绩效信息横向可对比、纵向可追溯，强化绩效分析对预算管理的科学支撑。

（四）促扩面。抓住全面实施预算绩效管理的战略机遇，加快实现预算绩效管理扩围升级。一是绩效目标管理要扩面。2019 年起，各级各部门要全面实现部门预算预算绩效目标管理全覆盖，并将绩效目标管理范围进一步向其他三本预算拓展。二是绩效评价要扩面。实现项目绩效自评全覆盖，深入推进重大政策和项目的绩效重点评价，修订完善财政专项资金管理办法，明确实施期，对专项资金建立 3 年一评的定期评价和退出机制，对实施期超过 1 年的重大政策和项目开展全周期跟踪问效。三是部门整体绩效预算试点要扩面。在上一年开展部分省级部门和市县整体绩效预算试点的基础上，2019 年浙江省出台了部门整体绩效预算改革的指导意见，所有市县将全面启动改革试点工作，并积极探索部门整体绩效评价以及对下级政府财政运行绩效评价试点。四是绩效公开要扩面。逐步扩大绩效信息随预决算公开的范围，以公开倒逼预算绩效的不断提升。

（五）补短板。一是补上结果应用短板，实现评价结果的全面应用。既要完善评价结果的预算应用机制，明确细化预算激励约束与绩效挂钩的具体措施，完善绩效评价结果反馈与通报制度，落实绩效问题整改责任制。也要完善评价结果的考核应用，将绩效评价结果作为预算绩效管理工作考核重要内容，并纳入政府绩效考核及领导干部政绩考核。还要完善评价结果的问责机制，对绩效差的相关部门单位和相关责任人要明确问责规定。二是补上绩效运行监控的短板。在现行预算执行动态监控系统中增加绩效运行的跟踪监控功能，建立绩效运行和预算执行“双监控”机制，建立部门单位实施日常监控、财政部门实施重大政策和项目监控的机制，实施绩效纠偏。

（六）抓创新。一是拓展新领域。建立事前绩效评估机制，将全过程预算绩效管理进一步向前拓展至政府和部门决策环节，增强决策科学性。2019 年，省财政厅将研究出台事前绩效评估办法，在 2020 年部门预算编制中开展事前绩效评估试点。部门单位是实施事前绩效评估的责任主体，对本部门本单位新出台的重大政策和项目开展事前绩效评估；各级财政部门加强对事前绩效评估的审核，作为预算安排的重要依据，必要时可以开展再评估；各级政府投资主管部门，要对重大政府投资项目组织部门单位开展事前绩效评估，加强审核，必要时也可以开展再评估。同时，预算绩效管理要向政府财政运行拓展，鼓励各地积极在政府投资基金、政府和社会资本合作（PPP）等绩效管理新领域上先行先试，以点带面，为全省改革实践积累经验。二是探索新机制。重点探索预算绩效与政府绩效有效衔接的新机制。2019 年，省财政厅将着手构建高质量发展绩效评价与激励体系建设，聚焦聚力浙江省高质量发展目标任务，全面落实预算绩效管理，2 年内基本构建起促进高质量发展的预算绩效指标体系、评价体系、激励体系和标准化信息化体系，促进预算绩效与政府绩效有效衔接，提高“财为政服务”的水平。三是探索新方法。凝聚全省财政系统绩效业务骨干、大专院校、各部门各单位和各方专家的力量，结合实践，持续推动包括事前绩效评估、下级政府财政运行绩效评价、绩效目标编制和审核等各项绩效管理的方法革新，切实提升绩效管理工作质量。

四、勇于担当，砥砺奋进，高标准落实预算绩效管理要求

一要完善组织领导，加强统筹协调。各地各部门要进一步深化对全面实施预算绩效管理重要性的认识，加强组织协调，层层落实责任。各级财政部门要在党委和政府统一领导下，加强与人大、审计、纪检监察等部门沟通协调，推动形成衔接顺畅、保障有力、配合有效的预算绩效管理工作格局。各级各部门和单位要切实承担起本部门本单位预算绩效主体责任，加强对本部门本单位预算绩效工作的组织领导，充实内部预算绩效管理人员，明确部门内部的责任分工，尤其要落实部门内部业务部门预算绩效管理任务，推动预算绩效管理与业务管理紧密衔接，推动全面实施预算绩效管理常态化、制度化、规范化。

二是聚焦落实任务，确保改革实效。各地各部门要对标全面实施预算绩效管理总体目标要求，严格按照《浙江省全面落实预算绩效管理三年行动计划》的具体部署，对照时间节点一项一项抓好落实，以标杆的要求推进各项工作，确保于 2021 年年底前全省基本建成全面实施预算绩效管理体系，保障和推动浙江省高质量发展。

三是加强工作督导，强化责任约束。省财政厅将坚持实绩导向、创新导向，加强对各地各部门全面实施预算绩效管理工作的督导，督促各项工作有序推进。省级各部门要加大对本系统全面实施预算绩效管理工作的组织和协调，在本系统内推动落实相应工作任务。市县财政部门要加强对同级部门单位的工作督导，将预算绩效管理落到实处。同时，全面实施预算绩效管理的工作推进情况将纳入对省级部门和市县财政部门预算绩效管理考核。

四是加强绩效宣传，增强绩效共识。抓好开局之年，重在凝聚绩效共识，增强工作自觉性和坚定性。各地各部门在抓好具体工作落实的同时，也要围绕全省全面实施预算绩效管理的总体目标、重大意义、主要举措等在学习宣传上下功夫，积极在各个层面持续广泛开展多层次、多形式宣传活动，鼓励社会公众参与预算绩效管理，促进形成全社会“讲绩效、用绩效、比绩效”的良好氛围。增强改革定力和决心，为全面实施预算绩效管理营造良好的改革环境。

（刊于《浙江财税与会计》2019 年第 1 期）

市县领导议财政

强化预算绩效 服务保障民生

杭州市市长 徐立毅

党的十九大提出，“建立全面规范透明、标准科学、约束有力的预算制度，全面实施绩效管理”。2018 年 9 月，党中央、国务院出台《全面实施预算绩效管理的意见》，这是推进国家治理体系和治理能力现代化的内在要求，是政府治理方式的深刻变革，是提高财政资源配置效率和使用效益的关键举措。杭州市将进一步提高认识站位、行动站位，从树立“四个意识”、坚决做到“两个维护”的高度，不折不扣贯彻落实好党中央、国务院和省委、省政府决策部署，确保到 2022 年底基本建成全方位、全过程、全覆盖的预算绩效管理体系，切实做到“花钱必问效、无效必问责”。杭州市将进一步强化财政预算绩效至上的理念，健全完善以绩效为核心的预算管理新机制，持续加强预算编制、预算执行、绩效评价等重点环节的精细化、精准化管理，严格绩效管理的监督问责，不断提升预算管理水平；进一步强化财政预算服务发展的理念，聚焦突出短板和薄弱环节，大力支持民营经济发展、制造业转型升级、新兴产业培育和市场活力激发，着力营造一流营商环境，推动经济高质量发展；进一步强化财政预算保障民生的理念，把握好政府过“紧日子”和让百姓过“好日子”的关系，着力解决好群众的“急难愁盼”和“安危冷暖”，更好满足群众日益增长的美好生活需要；进一步强化财政预算稳妥安全的理念，坚持市场化、法治化导向，加强政府债务管理，规范政府举债融资行为，按计划做好地方政府债务化解工作，切实做到负债有度、还债有方。

（刊于《浙江日报》2019 年 1 月 24 日）

华为全球培训中心（杭州滨江）正式启用

全面落实要求 打造预算绩效管理温州样板

温州市市长 姚高员

中央和省委、省政府全面实施预算绩效管理的要求中，首次提出要建立健全以绩效为核心的预算管理新机制，充分反映了对全面实施预算绩效管理的高度重视，为温州高效政府建设指明了方向、提供了遵循。温州将以习近平新时代中国特色社会主义思想为指导，紧紧围绕“‘八八战略’再深化，改革开放再出发”工作主线，明确时间表和路线图，确保全面实施预算绩效管理各项改革任务和措施落到实处，努力打造预算绩效管理的“温州样板”。

一是贯穿“三个层级”，推进全方位评价覆盖。温州市自 2012 年试点预算绩效管理改革以来，已基本实现部门预算项目的财政评价首轮覆盖，并于 2016 年启动部门和单位整体绩效目标编制工作，为构建全方位预算绩效管理格局打下坚实的基础。下一步，温州市将按照中央和省委、省政府总体部署，积极探索开展下级政府财政运行综合绩效评价，逐步推进部门整体绩效预算改革，加强对民生改善、城市建设等重大支出项目和政策的重点绩效评价，努力提高政策和项目的实施效果。

二是延伸“两个环节”，做实全过程绩效管理。2018 年温州市已经在全市产业政策清理整合和刚性兑现工作中深度融入绩效管理理念，将 178 个政策整合为 5 个产业政策，开发产业政策奖励兑现查重系统，在产业政策管理办法中明确绩效原则，实施预算绩效全过程管理。按照全面实施的要求，温州市还将进一步延伸全过程管理的链条，一方面将“事前”延伸至决策环节，建立重大政策和项目事前绩效评估机制；另一方面将“事后”延伸建立绩效问责机制，落实各部门和单位预算绩效管理主体责任，夯实绩效“全过程”基础。

三是扩大“四本预算”，建立高质量绩效导向。温州市将逐步扩大预算绩效管理范围，最终实现“四本预算”绩效管理全覆盖。同时，全面围绕高质量发展目标，建立“花钱必有效、花钱必问效”的导向，发挥绩效管理在优化财政资源配置、提升公共服务质量中的关键作用。

（刊于《浙江日报》2019 年 1 月 24 日）

集中财力
保障经济社会高质量发展

绍兴市市长 盛阅春

近年来，绍兴市坚持新发展理念，切实加强预算绩效管理，健全“集中财力办大事”的财政保障机制，把更多财力集中到产业转型、城市转型、社会转型等关键领域，为打好以“两业经”“双城计”“活力城”为重点的高质量发展组合拳提供了强大的财力支撑。主要体现在“三个高质量”上。

一是高质量保障产业提升。聚焦传统产业改造提升和战略性新兴产业培育壮大目标，积极拓宽多元筹资渠道，加强金融财政互动，发挥政府产业基金、政府债券等财政政策工具“四两拨千斤”作用，全力助推企业产品创新、技术创新和管理创新，不断夯实实体经济发展之基。

二是高质量保障项目建设。当前，绍兴正在积极抢抓长三角一体化、全省“四大”建设和杭绍甬同城化发展战略机遇，以融杭联甬接沪为城市发展导向，全力推进大城市建设。通过建立以绩效为核心的财政政策体系与资产资金管理机制，盘活壮大各类政府存量资产，创新推广土地储备出让预算管理试点，统筹用于支持市委、市政府决策的重大基础设施项目建设，基本解决“钱从哪里来”的问题。

三是高质量保障社会民生。实施预算绩效“一体化”管理模式，聚焦重点公共服务领域和民生薄弱环节，通过全面梳理财政政策、项目，科学盘活财政存量资金，及时调整取消无效低效支出，持续优化支出结构、提高资金使用效益，使纳税人的每一分钱都用到刀刃上，更好地用于改善社会民生。

下一步，绍兴市将根据省委、省政府部署，积极推进预算绩效管理扩面提质，加快建立符合绍兴实际的“全方位、全过程、全覆盖”的预算绩效管理体系，为助推经济社会高质量发展提供更加强大的财政支撑。

（刊于《浙江日报》2019 年 1 月 24 日）

深化整体支出绩效评价工作成效
全面推进预算绩效管理

东阳市市长 姚激扬

为深入落实中央和省委、省政府全面实施预算绩效管理的要求，东阳市将结合本地实际，深化整体支出绩效评价试点工作成效，进一步扎实细致做好相关工作，为建立具有浙江特色的“1+3+5”的预算绩效管理体系作出自身的努力。

2017 年以来，东阳市按照“试点先行，由点及面，全面铺开”的原则，先以两个镇为试点，开展政府整体支出绩效评价，2018 年率先破冰实现全市镇乡街道政府整体支出绩效评价全覆盖，将绩效理念延伸到了最基层政府及财政资金使用终端。下一步将重点在深化试点成效上做文章，发挥东阳市财政支出绩效管理工作领导小组的组织协调作用，结合东阳实际，研究制定具体、有针对性、可操作的贯彻落实方案，明确全面实施预算绩效管理的时间和路线图。根据整体支出绩效评价工作实践，在进一步完善 73 项镇乡街道财政整体支出绩效评价四级指标的基础上，搭建政府部门整体预算绩效指标框架。以整体评价为突破口，分步构建全方位预算绩效管理格局；以机构改革为契机，重建预算、绩效管理一体化的工作流程，稳步完善全过程预算绩效管理链条；以目标管理为切入点，逐步实现预算绩效管理的全覆盖。

（刊于《浙江日报》2019 年 1 月 24 日）

义乌市开展各项城市基础设施项目建设

全面实施预算绩效管理 助推经济高质量发展

温岭市市长 王宗明

温岭市实施预算绩效管理始于2006年,经过十余年的实践探索,逐步建立起较为完备的预算绩效管理体系,政府资源和财政资金的配置使用效益得到显著提升。近期,中央和省委、省政府明确了全面实施预算绩效管理的要求,为温岭市进一步做好工作指明方向,提供遵循。一是理念转变先行。充分认识全面实施预算绩效管理对实现财政资金聚力增效、提高公共服务供给质量、增强政府公信力和执行力、推动经济高质量发展的重大意义,以高度的政治自觉变"要我绩效"为"我要绩效"。二是两类管控齐抓。坚持既"抓源头"又"控过程",将绩效目标作为预算安排和重大政策出台、重大项目开展的前提,实行绩效运行和预算执行"双监控",确保实现全流程、常态化管控。三是多项措施并举。以"管理提升、团队提标"为龙头,运用信息化手段,进一步扩围资金评价领域,延伸管理触角至镇一级,逐步将"四本预算"全部纳入绩效管理范畴。积极打造高效管理团队,全力构建分行业、分领域、分层次的核心指标和标准体系。四是应用渠道共拓。加大绩效信息公开,充分发挥人大、财政、审计和社会公众监督作用,不断健全绩效结果应用机制,将绩效结果与预算安排、政策调整、项目实施、干部政绩等相挂钩,及时削减清理无效资金、沉淀资金,倒逼部门和下级政府强化支出责任,促进效率提升。

(刊于《浙江日报》2019年1月24日)

椒江区"五位一体"有效推进 部门整体绩效预算改革

台州市椒江区区长 杨玲玲

公共财政取之于民、用之于民。加强预算绩效管理,是提高公共财政配置效率和使用效益的有效举措,更是党的十九大提出的明确要求。在当前经济下行压力加大、财政收支平衡趋紧的大背景下,如何加强预算绩效管理,成为摆在政府面前的重大课题。台州市椒江区高度重视,选取水利、体育等6家部门作为试点单位,推行部门整体绩效预算改革,通过五大举措,有效优化部门财政预算管理模式,旨在提高财政资源配置效率,将绩效理念和管理方法深度融入预算全过程,更好推动部门行政绩效与资金绩效深度融合。

一是以部门整体绩效目标设定与指标体系建设为核心。部门指标体系主要由年度部门重点工作、部门本级运行和事业发展工作、预算编制的财政管理工作落实情况等绩效指标组成,通过目标设定及指标体系的层层分解,将项目工作职能落到实处,进一步优化财政支出结构。二是建立与部门整体绩效挂钩的预算总额包干机制。依据部门工作任务、筹资机制、绩效目标及近年预算安排情况,商定支撑部门整体绩效实现的部门预算总额。新型包干式的整体绩效预算促使部门统筹兼顾,自我管理,按轻重缓急编排项目,为资金合理使用提供依据,有效解决了部门要资金大开口、财政审核无依据、资金使用效率不高等痼疾。三是以项目重建为基础。将以项目为单一层级的传统预算管理模式,调整为部门职责—工作活动—预算项目的三级预算管理结构。按照部门"三定方案"及单位实施发展战略规划,梳理部门职责及工作活动,将所有预算项目均逐级归集到部门职责和工作活动目录下。2018年,全区共312个项目21.65亿元纳入预算绩效目标管理,其中核减项目47个,累计核减项目资金1.17亿元。四是以绩效结果运用为推动力。绩效执行情况和考评结果与预算编制相挂钩,与部门年度考核相挂钩,倒逼部门从"争资金"向"比绩效"转变。五是以数字财政一体化为保障。运用"互联网+大数据共享"新模式,构建29个业务模块,实现绩效整体流程全覆盖。

下阶段,全区将建立专家在线评审机制,实现线上+线下双渠道评估。构建大数据分析系统,个性化定制指标。完善绩效评价结果运用机制,强化预算绩效"硬约束"。总结试点先进经验,2020年全面推进整体绩效预算改革。

(刊于《浙江日报》2019年1月24日)

强化责任 创新引领 更好保障经济社会高质量发展

宁波市市长 裘东耀

一、积极作为,充分发挥财政职能作用

2018年以来,面对错综复杂的外部环境和艰巨繁重的改革发展稳定任务,宁波市财政系统牢牢把握"稳中求进"工作总基调,深化供给侧结构性改革,充分发挥财政职能作用,推动经济运行保持在合理区间。财政主要指标和工作成效表现为"三高三好三稳"。

"三高":一是增长高速度。2018年全市一般公共预算收入完成1379.7亿元,增长10.8%,与全省基本持平,高于全国3.8个百分点,位居全国前列。二是收入高质量。2018年税收占一般公共预算收入的比重为85.4%,高于上年1.6个百分点,高于全省0.7个百分点,收入结构更趋优化。三是支出高进度。全市一般公共预算支出完成1592.1亿元、增长12.9%,其中财政八项支出完成1161.1亿元、增长15%,高于上年2.4个百分点,高于全省0.5个百分点,有力支撑和保障经济稳定增长。

"三好":一是重大战略支撑好。围绕推进"六争攻坚"行动,财政在制度、政策、资金等方面发挥积极的支持作用。“科技争投”方面,市财政3年整合安排150亿元用于支持“创新宁波‘一转六大’三年行动计划”,市县两级财政科技经费增长33.1%,全年R&D经费支出占GDP的2.6%。“产业争先”方面,安排33亿元资金用于推进“中国制造2025”试点示范城市建设。二是民生福祉保障好。坚持尽力而为、量力而行,持续加大在就业创业、社保养老、医疗卫生、教育文化等方面的民生投入,全市财政支出增量的三分之二以上用于民生支出。同时,进一步优化财政支出结构,严格落实厉行节约的各项规定,“三公”经费下降5.3%。三是服务环境培育好。认真落实各项减税降费政策,2018年为企业减免各项税费452.8亿元,比上年多57.8亿元,用财政收入的“减法”换来了企业活力的“加法”。

“三稳”:一是稳步推进财政改革。深化国地税征管体制改革,出台“改进预算分配方式确保财政收支平衡实施意见”,优化财政资源配置,提高财政资金使用绩效。启动编制政府投资预算,强化预算执行和竣工决算管理。首次向市人大常委会专项报告国有资产管理情况和金融企业国有资产管理情况。二是稳步巩固管理基础。开展全面理清资产家底调查,规范产业基金和PPP模式投资运营,开展存量资金定期清理,提高国库资金投资效益,2018年累计清理市级部门存量资金213亿元,国库资金实现利息收入2.5亿元。三是稳步防范债务风险。开大“前门”,积极争取新增债券限额,充分利用限额空间,全年争取并发行新增债券90亿元,累计转化或有债务184亿元。严堵“后门”,加强项目源头控制,建立债务风险预警机制。同时,实施防范化解隐性债务专项行动,分年度制订和落实隐性债务消化计划,严格防范化解财政风险。

二、分析形势,充分认识财政工作面临的矛盾

当前,财政工作与发展实际存在不相适应、不相协调、不相融合、不相匹配的问题。

*一是思维理念与财经形势不相适应。*财政工作要研究和解决生财、聚财问题,并且集中财力办大事,提高资金使用效益。现在研究“生财”的少,琢磨“用财”的多,有的超越财力上项目,对投资项目缺乏整体规划,部分项目建设标准过高;有的过高设置民生支出标准,不考虑财政实际承受能力,提出过高承诺;有的习惯于向财政要钱,对产业基金、PPP方式等新型融资工具不熟悉。这些做法与当前财政收支面临的紧平衡形势不相适应,亟待转变理念。

*二是财政体制与统筹财力不相协调。*与全省其他城市和其他计划单列市相比,宁波市对下财政体制的碎片化现象明显,财政体制标准多、统筹比例低,且有较多区域实行封闭运作、全额留成。县域经济时代,这种财政体制在调动区县(市)积极性、“藏富于县”等方面发挥了积极作用,但随着县域经济向城市经济转变,弊端逐渐显现。在市级层面,财力无法实现统筹集中,对重大项目、重大工程无法形成有力支撑,不能体现“集中财力办大事”。目前市本级可用财力占全市比重远低于全省平均水平,在五个计划单列市居末位。在区县(市)层面,形成相互攀比,影响了财政体制的统一和公平。部分地区为提高招商引资吸引力,存在“捉对攀比”“优惠竞赛”“招商买税”现象,使市内企业无序流动、侵蚀税基,造成财力流失。

*三是管理方式与绩效要求不相融合。*目前宁波市专项资金名目繁多、重复叠加,固化现象突出。从财政角度看,“重分配、轻监督”的现象依然存在。财政对资金的管理依然偏重于分配环节,对使用环节的管理力度不够,财政监督失之于软、失之于宽。从部门角度看,“只管花钱、不问绩效”现象屡见不鲜。

*四是债务规模与财力许可不相匹配。*当前,各级政府财力“盘子”增长有限,且以保障民生为主,政府项目建设主要通过政府性平台举债融资来解决,导致部分区县市政府债务率和负债率居高不下。随着中央对债务的穿透式监管,原有“政府+平台公司”双主体融资运作模式难以为继,财政的放大功能不复存在,政府融资渠道大幅收窄。特别是在当前去杠杆、银根紧缩的背景下,国有企业等融资平台原本负债经营的局面雪上加霜,面临偿债风险,易引发资金链断裂。

三、突出导向,充分体现集中财力办大事

集中财力办大事,体现了社会主义制度的优越性,是推进“六争攻坚”行动、实现高质量发展的迫切需要。要树立全市“一盘棋”思想,树立鲜明导向,用好财政政策,集中财力办大事。

(一)积极做好“集中财力”这篇文章,大幅提升财政保障能力

1. 在“统筹”上下功夫。重点是强化财力统筹,着力破解当前财政体制碎片化的弊端,提高集中财力办大事的能力。要加快研究制定市与区县(市)财政事权和支出责任划分改革方案,分清市级事权、共管事权和区县(市)事权,明确财权支出责任。在此基础上,大力推进财政体制改革。在收入端,统一全市财政体制和土地统筹政策,参照省里“上缴基数+增收按比例分成”的方法,简化统筹体制,比照宁波市海曙区、江北区、鄞州区的财政体制和土地统筹政策,调整完善市与区县(市)、功能区、卫星镇的财政体制和土地统筹政策,强化收入管理的“调节器”作用。在支出端,充分发挥政策导向作用,实现市级财政转移支付分配与各区县(市)功能平台经济运行质量效益、创新驱动发展、生态环保等综合考核评价结果挂钩。

2. 在“整合”上下功夫。财政部门要以此次机构改革为契机,全面梳理市级专项资金和部门政策,逐步厘清政府与市场、社会的边界,分领域提出保留、强化、整合、新增、取消专项资金计划。一要努力推进政策优化。梳理整合内容相近、方向相同的资金政策,取消到期政策,精简现有政策,归并同类政策,破除因政策不平衡带来的“竞价招商”“政出多门”等现象。二要对政策开展绩效评价。对使用效果好的财政专项资金给予支持,对使用效果不好或起不到应有作用的给予取消,推动财政专项资金整合。三要研究制定全市招商引资基础性政策。杜绝市内企业无序流动和各区域招商中的攀比行为,对特别重大项目,市里采取“一事一议”予以统筹考虑。

3. 在“盘活”上下功夫。在当前财政收入增量有限的情况

下，要积极在存量方面做文章，通过清理压缩财政结余结转资金，进一步盘活资产资源，提高使用效率，集中用于重要领域。一要盘活资金。及时清理部门和单位的结余资金，收回国库统筹安排。二要盘活资产资源。开展市级行政事业单位资产专项清查，务必做到全面摸底和清查登记，根据资产不同性质特征开展分类处置，增加政府财力。三要加大国有企业清产核资。扩大经营性资产范围，鼓励国有企业做强主业，提高其盈利能力和城市发展参与度，适时推进资本证券化改革，有序组织国企债券置换，提高运营水平。

4. 在"经营"上下功夫。城市发展是一本大账，需要各地各部门共同树立"经营城市"的理念，算好当前和长远账、收入和支出账、投入和产出账。一要科学规划城市建设。规划科学是最大的效益，规划失误是最大的浪费，要科学慎重做好城市规划建设，力求花钱少、效果好。二要深入推进管理体制改革。强化土地储备和出让统筹管理，规范土地出让、交付行为，科学把控基础设施建设、土地收储和出让时序，提高土地出让收益和使用效益。三要全面加强矿产等资源管理。编制矿业等资源使用规划，统一事权、统一管理，规范拍卖程序，缩短转让期限，提高拍卖价格。四要大力拓宽融资渠道。统筹用好专项债券、PPP、产业基金等现代财政金融工具，推行权益性融资和经营性负债，进一步提高融资能力，为经济发展提供有效支撑。

(二)紧紧围绕"办大事"这一目标，将有限的财政资金用在"刀刃"上，充分发挥财政保障作用

1. 办好产业发展的大事。要大力推动制造业高质量发展，全面打造实体经济新优势，扎实推动先进制造业和生产性服务业深度融合，加快建设国家自主创新示范区，全力创建国家制造业高质量发展示范区。各地各部门要围绕"246"万千亿级产业集群培育工程，加快产业布局，优化资源配置，切实加强补链、延链、强链，做深做细做强自身有优势、有特色的产业。财政部门要加大政策供给，集中财力支持创新驱动、人才引领战略，全面落实民营经济高质量发展25条意见和降本减负10条新政，为企业创新发展、转型升级提供有力支撑，巩固税收源头活水。

2. 办好民生改善的大事。既要谋民生之利，解民生之忧；也要坚持民生事业改善与经济发展相协调，坚持兜底线、保基本，多"雪中送炭"、少"锦上添花"，合理引导预期，注重可持续发展。民生标准具有很强的刚性，上去容易下来难；同时也有标杆效应，一个地方标准提高，会增加其他地方的压力。各地各部门要科学论证，既要尽力而为、更要量力而行。要建立合理的支出调整机制，审示各项政策和标准，该压的要压、该减的要减。特别是民生方面政策，不能只谋一域不谋全局、只见树木不见森林。

3. 办好防范风险的大事。坚持"三个不得立项""六必问责"要求，推进防范化解地方政府隐性债务风险专项行动，按照各地隐性债务年度化债计划，落实好化债措施，坚决守住不发生重大风险的底线。今年中央将大幅增加地方政府专项债券，为重点项目建设提供资金保障，也为防范化解地方政府隐性债务风险创造条件。对此，财政部门要充分发挥宁波市债券管理工作基础好的优势，积极向财政部争取更多额度的专项债券，把"前门"开大。同时加强项目筛选和储备，做好各项前期准备工作，加快债券发行和使用进度，尽快发挥债券资金作用。各地各部门要积极探索融资平台转型，鼓励金融机构与融资平台公司协商采取市场化方式，通过合适期限的金融工具应对到期存量隐性债务风险。

(刊于《浙江财政研究》2019年第3期)

财政支持开化县农业产业兴旺的对策研究

开化县副县长 方忠明

党的十九大提出要实施乡村振兴战略。近年来，开化县积极贯彻乡村振兴战略，把农业农村发展摆在优先位置，农村面貌发生巨变、农村经济实现提升、农民生活显著改善。但是，农业农村仍然是开化高水平建成小康社会最大的短板。实施乡村振兴战略，首要任务就是补齐农业产业发展短板。当前，"互联网+"时代、高铁时代、消费升级时代已经来临，坚持质量兴农、绿色兴农，加速农村一二三产业融合发展，实现农业增效、农民增收、农村发展目标，对开化县农业农村发展具有重大意义。

一、财政支持农业产业发展的实践

(一)着力改善农村环境，夯实农业产业发展基础。一是2016—2018年统筹整合12.8亿元支持钱江源国家公园体制试点、省美丽乡村示范县创建、小城镇环境综合整治、污水治理等活动，助推环境优化。二是加大基础设施投入力度，2016—2018年共安排财政资金21亿元投入城乡基础设施类、景观提升与生态建设类政府投资项目，基础设施水平显著提升。三是2016—2018年，农业综合开发项目(土地治理项目)投入9800万元，土地治理面积6.96万亩，新(修)建渠道173条、溪流护岸76处、机耕路167条、机耕桥18座，为农业产业发展创造基本条件。四是积极推进政府和社会资本合作(PPP)模式，已落地城市污水处理、生活垃圾及生物质焚烧厂等项目4个，城乡环境有效改善。

(二)加快农业产业化发展，提高农业产业竞争力。一是加大财政对农业的支持力度，2016—2018年财政直接投入2.36亿元支持农业产业发展。二是成功争取开化龙顶茶产业"三生融合"示范园项目入选创新强省科技(循环有机农业)示范试点，围绕开化龙顶茶农业特色优势主导产业，通过延伸茶产业链、拓展茶产业功能、发展茶产业新型业态等多种形式，打造龙顶茶产业生产、生活、生态"三生融合"示范园，推动产业振兴、农民增收、产业集聚。三是积极申报、立项、开展产业化项目，2016—2018年共争取上级资金1.61亿元、县财政投入1841万元，支持茶叶、香榧、食用菌等产业发展。编制农业综合开发扶持农业优势特

色产业规划(2019—2021年),明确今后3年重点扶持茶叶、中药材两大产业发展。

(三)完善财政扶持政策,促进一二三产融合发展。一是修订完善农业主导产业扶持政策。坚持"生态立县、特色兴县、产业强县"战略目标,2017年对茶产业、木本油料产业、清水渔业产业、中药材产业等扶持政策进行了明确。二是相继出台电子商务、文化旅游产业、推进大众创业万众创新和人才等政策,形成以农业主导产业政策为主导,以人才、商务等政策为辅助的一个完备、清晰的产业政策体系,在一定程度上促进了产业发展。

(四)推进政府引导基金发展,积极助力产业发展。探索政府引导基金运作,通过整合财政专项资金,引入市场化运作方式,全面推进政府引导基金的发展。一是产业引导基金直接投资浙江久源林业股份有限公司360万元(县内新三板上市企业),引导衢州市政府产业基金投资800万元,促进农业龙头企业做大做强。二是成功争取省农业发展投资基金5500万元参股浙江开化兴农投资开发有限公司,投资开化县土地开发项目,该项目为垦造耕地,有利于提高土地利用率,改善农业生产条件和生态环境,提升农业综合生产能力。

(五)创新财金协调机制,有效缓解企业融资瓶颈。一是充分发挥财政性存款资金作用,先后调度1.6亿元,支持商业银行发行企业绿色金融债。二是与银行、保险公司合作设立了绿色资金风险池1500万元,为小微企业提供贷款保险和银行损失代偿。三是财政出资3000万元,与菇联公司合作成立政策性融资担保公司,成立以来共办理融资担保282笔,担保资金3.95亿元。四是完善救援应急资金运行机制,筹集1亿元设立企业应急专项资金,先后委托7家银行进行运作,自运行以来共为326家企业应急周转95.23亿元,及时帮助企业解决银行到期贷款周转困难。

二、政策支持存在的主要问题

(一)财政支持农业基础设施建设力度不够。开化是个山区县,近些年财政逐年加大对支农方面投入,但农林水的支出在整个财政支出中的比重呈现下降趋势,财政支持力度有限。虽然通过一系列农业项目建设,一定程度上改善了农业基础设施,但由于历史"欠账"太多,农业基础设施依然薄弱。2017年"6·24"洪灾直接反映了抗灾能力要求"强"与基础设施配置"弱"之间矛盾,农业基础设施建设对财政资金的需求依然旺盛。

(二)政策引导农业产业发展力度不强。开化立足县情出台一系列支持产业发展政策措施,县域经济发展呈现良好局面,但经济总量小、层次低、结构不合理、特色不鲜明的状况仍未得到根本改变,政策引导不足问题实际存在。现行的涉农优惠政策体系仍然不够完善,对农村经济实体的扶持力度不够大,尤其在鼓励自主创新方面缺乏针对性,对企业自主创新的前期研发过程政策鼓励不够,对中小企业的研发活动激励不明显。

(三)财政资金利用效率低下。开化是转移支付县,财政保障压力巨大,对预算编制、预算执行、资金绩效要求很高,但由于项目库建设滞后,存在资金与项目时序不匹配的矛盾情况。此外,涉农资金统筹难度大,一方面因为限制较多,相当一部分转移支付资金都是"专款专用",各类考核对资金安排也有要求;另一方面涉农资金来源渠道和涉及的部门较多,资金整合投向是否违规难以界定,部门整合积极性不强,整合尚停留在项目层面,资金"撒胡椒面"问题仍然存在。

(四)财政资金杠杆作用发挥不足。财政引导金融机构、社会资本支持产业发展力度不足,财政资金引导作用未能完全发挥。在投入方面存在财政投入比较多、金融投入比较少,政府投入比较多、社会投入比较少的情况。开化政府引导基金只有2支区域基础设施类子基金、1支产业类子基金合作项目,缺乏与创业投资引导基金、天使投资基金的合作;出于规避风险考虑,目前合作的产投项目均采取跟投省、市产业基金模式,基金投向面窄,基金投资总额不大,模式单调,对产业培育贡献度较弱;优质投资的企业和项目缺乏,难以吸引专业的基金管理公司和投资人,已成立的子基金投资项目难以落地,截至2018年年底,母基金已投资金额仅占母基金到位资金的74.6%。

三、开化县财政支持农业产业兴旺的对策建议

立足开化实际,树立大农业、多元化农业的理念,充分发挥财政职能作用,以超前意识、市场化理念和创新精神大力推进现代农业产业体系、生产体系、经营体系构建,通过新主题、新技术、新产业、新业态、新模式的发展促进农业产业兴旺。

(一)以"大统筹"的思维加强财政管理,为产业兴旺提供最强保障

1. 完善县乡分配关系,增强乡镇自身造血和投入能力。结合当前财税体制改革要求,研究完善财力与事权有机统一的乡镇财政体制,建立科学合理的利益分配机制,充分调动乡镇抓收入、推进产业发展的积极性、主动性。进一步厘清与乡镇权责关系,以财力与事权相匹配的原则,科学安排财政事权和支出责任。

2. 强化统筹理念,扩大有效投入。一是加大资金整合力度。坚持以项目统筹促资金整合,深化完善涉农资金整合机制,本着"渠道不变、用途不变、各负其责、形成合力"原则,按照生产发展类、基础设施建设类、社会事业发展类等类别,将农业综合开发专项、支持薄弱村经济发展专项、一事一议专项、美丽乡村建设专项、扶贫专项、文化旅游专项、农业专项、水利专项、林业专项等上级转移支付和县级财力安排资金相统筹,集中财力支持实施乡村振兴战略,扩大支持农业产业发展的资金规模。二是加大财政存量资金盘活力度。按照"存量调增量,增量优结构"原则,对沉淀在部门、乡镇、财政专户、支付中心的财政资金,分门别类进行清理收回财政,优先安排同类同方向项目,剩余部分作为财政资金池,统一调度使用。

3. 完善管理制度,科学使用资金。一是突出规划统领作用。积极支持规划编制,坚持量力而行、尽力而为,科学布局产业扶持相关的项目建设。明确资金支持标准和支持重点,引导乡、村

及相关部门科学规划产业扶持项目，因地制宜建设。二是建立产业扶持项目库。坚持财政支持农业产业发展项目必须纳入产业扶持项目库管理，实行入库项目与资金预算安排挂钩的机制，未纳入项目库的，原则上不予安排。三是引入资金竞争性分配方式。设定项目评价指标，邀请专业人士和社会公众选出真正符合农业产业发展导向的好项目。通过采取竞争性的分配方式，改变以往资金跟着项目跑的情况，让项目根据资金分配规则实行优胜劣汰。

（二）以“大发展”的导向完善政策体系，释放财政政策最大活力

按照“重点突出、导向鲜明、资金集中”的目标，梳理并整合现有产业培育和发展资金，规范政策兑现流程，明确扶持重点，将有限的财政资金用到“刀刃”上。

1. 完善农业产业扶持政策，支持农业产业发展。根据乡村实际发展需要以及农业产业情况，制定完善有利于振兴乡村发展、产业发展、农民致富且有操作性、程序规范的涉农产业扶持政策，依托农业农村龙头企业带动，培育、壮大一批成长性好的企业，形成集群效应。梳理各类扶持政策，落实已出台的油料产业、茶产业、中草药产业、清水鱼产业等农业主导产业政策，同时，对已废止或者已到执行期、扶持效果不明显和已不适合现行经济发展的政策，予以修订完善。

2. 培育农业发展新动能，打造农业全产业链。在推动农产品加工业发展的同时，大力培育农业新型业态，拓展农业的多种功能，促进一二三产联动，推进农业与文化旅游、电子商务、健康养老等深度融合，尤其是要抓住开化创建全域旅游的重大机遇，把农业与休闲旅游业作为重点融合产业，培育形成创意休闲农业、观光旅游农业、农事体验农业、健康养生农业等新业态。同时，积极融入“互联网+”，实施智慧农业工程，综合运用大数据、物联网、移动互联网等技术，做优“两茶一鱼”主导产业，做强中药材、香榧、中蜂等优势产业，突出开化气糕、底本红蜜桔、青山枇杷、何田高山辣椒等特色产业，加快适度规模经营，打造“钱江源”区域公共品牌，拓展农产品营销网络，提高产品市场影响力。

3. 加强农业保险扶持力度，为农业生产保驾护航。在原有普惠农业保险政策基础上，加快开发地方特色保险品种，推进特色农业种植大户的针对性保险工作，进一步降低农民负担，提升产业发展的生命力。针对开化农业发展重要支柱的茶叶和中药材种植业，创新保障茶叶春季低温霜冻灾害和中药材高温干旱、低温霜冻灾害的保险品种。可采用在规模较大的种植户中先行试点、再逐步全面推广的模式，加大农业保险产品供给，鼓励、促进开发茶叶气象指数和中药材气象指数等特色保险品种。

（三）以“大服务”的理念强化财政支持，营造产业发展最优环境

1. 整合资源，助推生态环境再升级。把良好生态环境作为产业兴旺的生命线和核心竞争力，牢牢守住绿色生态红线，统筹山水林田河系统治理，支持开展污水、垃圾、厕所“三大革命”。积极开展涉农体制机制创新，大力推进一事一议财政奖补、美丽乡村建设、扶持村级集体经济发展项目，积极开展中心镇示范试点、农村公共服务有效供给、公共设施运行管护等一系列改革创新工作，建设美丽乡村。加强农业污染综合治理，推进农业废弃物资源化高效利用，减少环境污染，助推环境优化。

2. 统筹协调，助推农业基础设施再升级。支持农村基础设施建设，以“四好”公路建设为主线，加大对农村交通基础设施投资力度，推进城乡交通一体化发展，加快建设交通走廊。加大农田水利基础设施建设投入，按照“水利化、机械化、便民化、产业化、生态化、长效化”目标，集中力量建设高标准农田。

3. 创新方式，助推金融政策再升级。综合运用奖补、贴息、风险补偿等手段，鼓励支持社会资本以融资性担保等方式参与农村金融机构的改革，支持发展适应乡村振兴行动的融资性担保公司等新型农村金融机构。完善绿色金融业扶持政策，完善财政存款与银行贷款挂钩激励办法，健全符合农业产业特点的农村金融体系，特别是加大对农业生产、加工、流通环节辐射面广的新型生产经营主体建设信贷支持力度，把更多金融资源配置到农业产业发展的重点领域和薄弱环节。通过担保费补助和以奖代补等方式支持农业信贷担保机构降低担保门槛、扩大担保覆盖面，鼓励金融机构建立健全符合新型农业经营主体纳入信用评价体系，对新型农业经营主体给予倾斜和优惠。

开化县音坑乡开展美丽乡村建设

（刊于《浙江财政研究》2019 年第 6 期）

财政工作大事记

zhejiang caizheng nianjian

浙江省

一月

1月8日　全省财政工作会议在杭州召开，省财政厅党组书记、厅长徐宇宁作工作报告。

1月9日　浙江省财政学会召开第八次会员代表大会，省财政厅党组书记、厅长徐宇宁当选省财政学会会长。

1月10日　根据省委办公厅、省政府办公厅《关于印发〈浙江省财政厅职能配置、内设机构和人员编制规定〉的通知》，省财政厅属省政府组成部门，为正厅级。内设机构22个，行政编制191名。设厅长1名，副厅长5名；总会计师1名；处级领导职数76名，其中正处长级23名、副处长级53名。后勤服务人员编制4名。

是日　省财政厅印发《关于做好行政事业性国有资产月报试编工作的通知》。

1月14日　根据浙组干任〔2019〕2号文件，章忠良同志任浙江省财政厅党组成员。

1月23日　省财政厅会同浙江省税务局印发《关于浙江省贯彻实施小微企业普惠性税收减免政策的通知》。

1月25日　省财政厅印发《关于做好义务教育教师工资保障工作的通知》。

1月26日　根据浙政干〔2019〕18号文件，章忠良同志任浙江省财政厅副厅长（试用期一年）。

1月31日　省十三届人大二次会议审议通过省政府提出的2018年省级政府预算，同意省财政厅受省政府委托所作的《关于2018年全省和省级预算执行情况及2019年全省和省级预算草案的报告》，赞成率99.3%。

是日　省财政厅印发《关于全面构建集中财力办大事财政政策体系的指导意见》。

是日　省财政厅印发《关于开展省级党政机关和事业单位所属企业清产核资工作的通知》。

是日　省财政厅会同省林业局印发《浙江省森林生态效益补偿资金管理办法》。

二月

2月10日　省财政厅会同省教育厅印发《省属高校捐赠收入财政配比资金管理办法》。

2月12日　省财政厅印发《浙江省全面落实预算绩效管理三年行动计划（2019—2021年）》。

2月13日　省财政厅召开全省财政系统党风廉政建设视频工作会议，厅党组书记、厅长徐宇宁作工作报告，厅党组成员、驻厅纪检监察组组长徐首红就2019年党风廉政建设提出要求。

2月14日　省委办公厅、省政府办公厅印发《浙江省党政机关承接国际会议和全国性会议管理办法（试行）》。

2月15日　省财政厅召开防范化解地方政府隐性债务风险专项督导工作部署会。

2月18—22日　省委11个督导组分赴11个地市，对各地“一减二严三规范”工作落实情况进行督查和指导。

2月19日　省财政厅印发《政府非税收入项目目录（2019版）》。

是日　省财政厅会同省科技厅印发《浙江省科技发展专项资金管理办法》。

是日　省财政厅会同省社科联印发《浙江省哲学社会科学专项资金管理办法》。

2月22日　根据浙直组〔2019〕19号文件，章忠良同志任中共浙江省财政厅直属机关党委书记。

是日　省财政厅会同省教育厅、省科技厅印发《浙江省省属高校、科研院所基本科研业务费管理办法》。

2月25日　省委巡视组向省财政厅党组反馈巡视意见。是日，省财政厅党组将巡视整改反馈意见细化为32个具体问题，提出151条整改措施，建立整改任务清单。

2月28日　省财政厅会同省卫生健康委印发《浙江省基本公共卫生服务项目补助资金管理办法》。

三月

3月1日　省财政厅实施省级财政国库集中支付专户清算业务

电子化改革，全面取消纸质专户资金清算凭证，采用电子凭证开展国库集中支付专户资金清算业务。

是日　省财政厅会同省地方金融监管局印发《浙江省金融业发展专项资金管理办法》。

3月5日　省政府印发《关于建立健全涉农资金统筹整合长效机制的实施意见》。

3月16日　省财政厅会同省自然资源厅、省生态环境厅、人行杭州中心支行印发《浙江省矿山地质环境治理恢复与土地复垦基金管理办法（试行）》。

3月22日　根据浙委干〔2019〕62号文件，杜祖国同志不再担任浙江省金融控股有限责任公司总经理职务。

是日　浙江省作为全国首批6个试点省市之一，通过商业银行柜台市场发行浙江省政府棚改专项债券11亿元。

3月25日　根据浙组干任〔2019〕5号文件，免去杜祖国同志的浙江省财政厅党组成员、浙江省金融控股有限责任公司党委委员职务。

是日　根据浙委干〔2019〕55号文件，章启诚同志任浙江省金融控股有限责任公司党委委员、书记。

3月26日　省级财政专户资金竞争性存放通过"公款竞争性存放网上招标平台"实行全流程网上招投标，标志着省级财政资金竞争性存放实现网上招标全覆盖。

3月28日　省委、省政府印发《中共浙江省委　浙江省人民政府关于完善国有金融资本管理的实施意见》。

四月

4月1日　是日起，浙江省全面实施深化增值税改革大规模减税一揽子新政。

4月8日　省财政厅党组召开巡视整改专题民主生活会。

4月9日　根据浙政干〔2019〕26号文件，章启诚同志任浙江省金融控股有限责任公司董事、董事长，免去其浙江省财政厅副厅长职务；免去杜祖国同志浙江省金融控股有限责任公司董事职务。

4月11日　省财政厅会同人行杭州中心支行、省地方金融监管局印发《浙江省促进企业融资奖励办法》。

4月15日　省财政厅印发《浙江省深化政府购买服务第三方绩效评价工作试点实施方案》。

4月18日　省财政厅会同省自然资源厅、省生态环境厅印发《浙江省钱塘江源头区域山水林田湖草生态保护修复资金管理办法》。

4月19日　财政部中国财政年鉴编辑委员会表彰2018年卷《中国财政年鉴》优秀撰稿单位，浙江省财政厅首次获得"地方财政工作概况"优秀撰稿单位一等奖。

4月22日　省财政厅会同人行杭州中心支行印发《关于推进2019年全省国库集中支付电子化改革有关事项的通知》。

是日　省财政厅印发《省级预算绩效指标库管理办法》。

4月25日　省财政厅印发《关于明确政府采购保证金管理工作的通知》。

4月30日　省财政厅印发《关于再次精减会计师事务所（分所）执业许可审批申请材料压缩审批时限的通知》。

五月

5月7日　浙江省珠算心算协会正式注销，其人、财、物以及职能整合至省会计学会，作为二级学会进行管理。

5月13日　国务院办公厅印发《关于对2018年落实有关重大政策措施真抓实干成效明显地方予以督查激励的通报》，浙江省财政预算执行、盘活财政存量资金、国库库款管理、推进财政资金统筹使用、预算公开等财政管理工作完成情况较好，连续3年获得督查激励。

是日　省财政厅印发《关于贯彻落实中共浙江省委　浙江省人民政府完善国有金融资本管理实施意见的通知》。

5月15日　省财政厅印发《关于深入推进全省财政系统内部控制建设的意见》。

5月20日　省财政厅印发《关于再次精减代理记账机构执业许可审批申请材料压缩审批时限的通知》。

是日　经省评比达标表彰工作协调小组同意，省财政厅开展全省先进会计工作者评选。

5月23日 财政部印发《财政管理工作绩效考核奖励资金的通知》,浙江省获得2018年财政管理工作绩效考核奖励资金7000万元。

是日 穆迪信用评级公司赴浙江省开展国家主权信用评级调研。省财政厅组织工作得到财政部金融司的高度肯定,省委常委、常务副省长冯飞在财政部金融司的感谢信上作出"做得好,点赞"的批示。

5月28—30日 财政部党组成员、副部长邹加怡带队赴浙江开展减税降费政策实施效果和贸易摩擦影响专题调研。

5月 省财政厅开展"十个一"警示教育月专题活动。

六月

6月4日 省财政厅会同浙江省税务局印发《浙江关于降低文化事业建设费有关事项的通知》。

是日 省财政厅党组书记、厅长徐宇宁赴省担保集团开展"三服务"活动。

6月10日 省财政厅召开"不忘初心、牢记使命"主题教育动员部署会,厅党组书记、厅长徐宇宁主持会议并作动员讲话。省委第十三巡回指导组全体成员出席会议,巡回指导组组长章文彪讲话。

是日 省财政厅会同省科协印发《浙江省科学普及和学术智力专项扶持资金管理办法》。

6月11日 省财政厅成立减税降费工作领导小组,厅党组书记、厅长徐宇宁任组长。

是日 省政府办公厅印发《关于2018年度浙江省法治政府建设(依法行政)考核结果的通报》,省财政厅获得考核先进单位通报表扬。

6月12日 浙江省上线全国首个区块链财政电子票据平台。

6月15日 省委副书记、省长袁家军在《民营企业上市亟需解决"五大财会问题"——省财政厅赴浦江县开展"三服务"活动助企业上市》上批示:"很好。"

6月17日 省财政厅会同省自然资源厅印发《关于调整海域无居民海岛使用金征收标准的通知》。

6月22日 省财政厅印发《关于停征小型水库移民扶助基金的通知》。

是日 省财政厅与中国公共财政研究院共同举办第六届财经发展论坛,厅党组书记、厅长徐宇宁致辞,厅党组成员、副厅长沈磊作主旨发言。

6月25日 省财政厅印发《浙江省事前绩效评估管理暂行办法》。

6月25—26日 省财政厅党组书记、厅长徐宇宁带队赴宁波市开展"三服务"活动。

七月

7月3日 省财政厅召开"不忘初心、牢记使命"主题教育专题党课暨"两优一先"表彰大会,厅党组书记、厅长徐宇宁为全厅干部职工上专题党课。

7月4日 省财政厅会同省人力社保厅印发《浙江省就业补助资金管理办法》。

7月9日 根据省委"不忘初心、牢记使命"主题教育总体部署安排,省委副书记、省长袁家军为省政府办公厅、省财政厅、省政府研究室的党员干部上专题党课,并分别对3个部门的党员干部提出针对性要求。

7月24日 省财政厅联合省发展改革委、省经信厅和省农业农村厅在杭州举办"互联网+政府采购"创新促进大会暨"政采云"农业(扶贫)馆、制造(精品)馆上线发布会,副省长高兴夫出席大会并讲话。

7月29日 省财政厅成立财政收支运行保障应急领导小组,厅党组书记、厅长徐宇宁任组长。

是日 浙江省首个新开发银行贷款项目,即浙江省绿色城镇项目——嵊州市城乡供排水一体化工程(二期)举行项目签约及启动仪式。仪式上,新开发银行副行长兼首席运营官祝宪与副省长彭佳学签署《项目协议》,并与财政部授权代表国合司副司长韩斌签署《贷款协议》,省财政厅党组成员、副厅长邢自霞出席签约及启动仪式。

八月

8月1日 省十三届人大常委会第十三次会议审议通过《关于浙江省2018年财政总决算和省级财政决算草案的报告》和《浙江省2019年1至6月财政预算执行情况的报告》。

是日起，浙江省启用全国统一标准的财政电子票据式样和财政机打票据式样。

是日　浙江省区块链财政电子票据平台实现全国第一笔医保异地零星报销网上报。

8月2日　财政部党组成员、副部长许宏才带队赴浙江，与在浙的全国人大代表、政协委员开展座谈。

8月6日　省财政厅会同省委组织部、省委人才办印发《浙江省"高层次人才绩效奖励"计划实施办法（试行）》。

8月7日　省财政厅会同省地方金融监管局、省科技厅、省经信厅、人行杭州中心支行、浙江银保监局印发《浙江省财政厅等六部门关于开展中央财政支持深化民营和小微企业金融服务综合改革试点城市工作的通知》。

8月14日　省财政厅印发《浙江省省级预算单位课题研究经费预算管理办法》。

8月15日　省财政厅印发《浙江省政府采购项目电子交易管理暂行办法》。

8月16日　省财政厅会同省经信厅印发《关于开展制造业高质量发展示范县（市、区）创建财政专项激励资金竞争性分配工作的通知》。

8月19日　省财政厅印发《浙江省农村综合改革补助资金绩效管理实施细则》。

8月21日　省财政厅党组召开"不忘初心、牢记使命"专题民主生活会。

8月26日　根据浙组干任〔2019〕16号文件，林仁方同志任浙江省财政厅党组成员（列邢自霞同志之后）。

8月29日　省财政厅印发《浙江省财政厅财政扶贫资金动态监控工作规程》。

是日　省地方财税收入协调领导小组召开第二次全体会议，研究谋划全年财政收入组织工作，省委常委、常务副省长冯飞讲话，省财政厅党组书记、厅长徐宇宁作报告。

8月30日　浙江省作为12个试点编制地方合并政府综合财务报告省份之一，首次完成全省合并政府综合财务报告的编制。

九月

9月1日　是日起，浙江省全面实施耕地占用税法。

9月2日　省财政厅会同省商务厅等12部门印发《关于在政采云平台搭建农业（扶贫）馆深入开展消费扶贫的通知》。

是日　"浙江财政70年"主题展在省财政厅机关大楼二楼大厅开展。

9月5日　省财政厅会同省人力社保厅印发《浙江省高级会计师职务任职资格评价条件和浙江省正高级会计师职务任职资格评价条件的通知》。

是日　省财政厅会同省卫生健康委印发《关于加强县域医共体财务管理工作的意见》。

9月16日　根据浙政干〔2019〕38号文件，林仁方同志任浙江省财政厅副厅长。

是日　财政部办公厅印发《关于对2018—2019年度社会保险基金预算绩效管理工作考核先进给予表扬的通报》，省财政厅获得一等奖。

是日　省政府召开全省收入组织工作会议，明确落实全年财政收入组织工作要求，省委常委、常务副省长冯飞讲话，省财政厅党组书记、厅长徐宇宁作报告。

9月17日　省财政厅召开"不忘初心、牢记使命"主题教育总结大会，厅党组书记、厅长徐宇宁主持会议并讲话。

9月19日　以"新时代国家治理与全面预算绩效管理"为主题的2019年预算绩效管理国际研讨会在北京召开，省财政厅党组书记、厅长徐宇宁应邀出席并发表主题演讲。

9月23日　省财政厅会同省农业农村厅印发《浙江省乡村振兴绩效提升奖补资金管理办法（试行）》。

9月30日　省财政厅印发《浙江省政府投资预算管理办法实施细则》。

十月

10月14日　省事改领导小组批复同意省财务开发公司转企改制方案。

10 月 15 日　省财政厅党组书记、厅长徐宇宁赴建德市开展工作思路调研。

10 月 18 日　省财政厅印发《浙江省村级公益事业建设一事一议财政奖补资金管理办法》。

10 月 21 日　省财政厅印发《浙江省财政厅全面推行行政执法公示制度执法全过程记录制度重大执法决定法制审核制度实施办法》。

10 月 23 日　省财政厅印发《浙江省乡村振兴投资基金管理办法》。

10 月 30 日　省财政厅印发《关于编制 2020 年省级国有资本经营预算的通知》。

是日　省财政厅党组成员、直属机关党委书记、副厅长章忠良在财政部组织的 2019 年财政系统机关党建工作交流会议上，就加强党支部标准化规范化建设的“四三四”工作体系经验做法作大会交流。

十一月

11 月 4 日　省财政厅党组理论学习中心组召开学习会，认真传达学习党的十九届四中全会和习近平总书记重要讲话精神，厅党组书记、厅长徐宇宁主持会议并讲话。

11 月 7 日　省财政厅印发《浙江省财政厅关于加强省属金融企业国有资本管理工作的通知》。

11 月 11 日　省财政厅印发《关丁公布行政规范性文件清理结果的通知》。

11 月 12 日　省财政厅党组书记、厅长徐宇宁带队赴杭州市开展专题调研。

是日　省财政厅印发《浙江省政府债券公开发行承销团组建及管理办法》。

11 月 22 日　根据浙组干通〔2019〕555 号文件，陈焕昌同志任浙江省财政厅一级巡视员，免去其浙江省审计厅一级巡视员职级。

是日　省财政厅印发《关于进一步规范差旅费管理有关事项的通知》。

11 月 27 日　省十三届人大常委会第十五次会议审议通过《2018 年度全省国有资产管理情况综合报告》和《2018 年度全省行政事业性国有资产管理情况专项报告》，首次专项报告全省行政事业性国有资产管理情况。

11 月 29 日　省财政厅印发《关于在中国（浙江）自由贸易试验区实施会计师事务所分支机构设立审批和中介机构从事代理记账业务审批告知承诺改革试点的通知》。

十二月

12 月 3 日　根据浙政干〔2019〕45 号文件，陈焕昌同志任浙江省财政厅副厅长（列徐宇宁同志之后），免去其浙江省审计厅副厅长职务。

12 月 6 日　省财政厅召开处长会议，厅党组书记、厅长徐宇宁围绕如何进一步强化“财为政服务”理念提出要求。

12 月 12 日　省财政厅印发《浙江省财政厅预算绩效管理工作规程》。

12 月 16 日　根据浙委干〔2019〕238 号文件，朱忠明同志任浙江省财政厅党组书记，免去其浙江省审计厅党组书记职务；免去徐宇宁同志浙江省财政厅党组书记职务。

12 月 26 日　省委办公厅、省政府办公厅印发《关于厉行节约坚持过紧日子的通知》。

是日　省财政厅党组书记朱忠明带队赴北京参加全国财政系统先进集体和先进工作者表彰大会。

12 月 27 日　省财政厅印发《关于调整苍南县龙港市财政管理体制的通知》。

12 月 30 日　省财政厅会同浙江省税务局、人行杭州中心支行印发《关于调整完善增值税留抵退税省以下分担机制及预算管理有关事项的通知》。

是日　省财政厅会同省商务厅、省文化和旅游厅、浙江省税务局、杭州海关印发《浙江省实施境外旅客购物离境退税政策工作方案》。

12 月 31 日　省政府办公厅印发《浙江省医疗卫生领域财政事权和支出责任划分改革实施方案的通知》。

是日　省财政厅会同省文化和旅游厅、省文物局印发《浙江省文化和旅游专项资金管理办法》。

是日　省财政厅会同省建设厅印发《浙江省住房与城市建设专项资金管理办法》。

是日　省财政厅会同省建设厅、省文物局印发《浙江省历史文化名城名镇名村保护专项资金管理办法》。

（浙江省财政厅供稿　俞　薇执笔）

杭州市

1月4日　市委常委、组织部长毛溪浩在杭州市财政局召开的主要领导调整宣布会上宣布市委关于市财政局主要领导调整的决定，谢建华同志任市财政局党组书记，提名为局长人选；金翔同志任市政协党组成员、机关党组书记，提名为市政协秘书长人选，不再担任市财政局党委书记、局长职务。

1月8日　根据杭政干〔2019〕1号文件，龚巍任杭州市财政局副局长，余田法任杭州市财政局副巡视员。

是日　根据杭政干〔2019〕2号文件，万强任杭州市财政局巡视员，免去杭州市财政局预算执行局局长职务。

1月11日　根据杭人大常干〔2019〕3号文件，谢建华任杭州市财政局局长，免去金翔的杭州市财政局局长职务。

1月21日　杭州市第十三届人民代表大会第四次会议表决通过杭州市及市本级2019年财政预算报告。

1月28日　杭州市财政局印发《关于进一步做好清理拖欠民营企业中小企业账款有关工作的通知》。

1月31日　杭州市纪委副书记、市监委副主任张慧娟带队赴市财政局开展2018年度"大党建"综合考评。

2月18日　杭州市财政局召开全局干部大会，学习贯彻习近平总书记关于抓落实的重要论述和省委决策部署，回顾总结2018年全局作风建设工作，部署2019年全局深化作风建设重点任务。

2月26日　根据市委干〔2019〕12号文件，阮华兴同志任中共杭州市纪委市监委派驻市财政局纪检监察组组长，免去陈平同志中共杭州市纪委市监委派驻市财政局纪检监察组组长职务。

3月4日　杭州市财政局举办2019年第一期"财政大讲堂"。结算中心组织350余家预算单位参加会计核算平台实务深化应用培训，参培财务人员580余名。

是日　浙江省财政厅党组成员、副厅长章启诚带队对杭州市2018年度防范化解地方政府隐性债务风险专项行动实施情况开展督导。

是日　杭州市近百家市级部门集中向社会公开2019年部门预算。

3月11日　杭州市委常委、常务副市长戴建平赴临安区昌化镇开展"走亲连心三服务"调研活动，市财政局党组书记、局长谢建华等陪同调研。

3月19日　杭州市财政局党组书记、局长谢建华带队到江干区开展走访调研。

是日　杭州市财政局党组副书记龚萍一行前往临安区昌化镇开展"走亲连心三服务"双向工作交流。

3月26—27日　杭州市注册会计师协会召开第二届常务理事会和第二届理事会第八次全体会议。

4月2日　根据市委干〔2019〕32号文件，免去谢永同志的中共杭州市财政局党组副书记职务（保留党组成员职务，兼任）。

4月3日　杭州市财政局、市税务局共同举办落实增值税大规模减税暨减税降费促进经济高质量发展媒体见面会。海康威视、吉利汽车等企业代表，以及新华社、杭州日报、杭州电视台等媒体代表出席会议。

是日　杭州市财政局党组书记、局长谢建华带队赴建德市调研。

4月4日　杭州市财政局印发《关于建立全市隐性债务化解进度通报机制的通知》。

4月18日　根据亚组委干〔2019〕文件，杭州市财政局党组成员、副局长谢永同志任2022年第19届亚运会组委会财务部部长。

是日　根据杭政干〔2019〕15号文件，范敏任杭州市财政局副巡视员。

是日　财政部综合司副巡视员吴东胜一行赴杭州市财政局调研财政电子票据管理改革工作。

4月19日　杭州市财政局聘请新一届效能与行风监督员并召开座谈会，11名效能与行风监督员获得聘书。

4 月 24—25 日　杭州市财政局召开全市财政系统行业党建工作推进会。

4 月 30 日　杭州市召开 2018 年度全市综合考评总结大会。杭州市财政局连续 11 年获市直单位综合考评优胜(满意)单位,同时获城市重大基础设施建设、人才工作等两项重点工作单项奖。

5 月 7 日　杭州市财政综合管理绩效工作获国务院办公厅印发《关于对 2018 年落实有关重大政策措施真抓实干成效明显地方予以督查激励的通报》(国办发〔2019〕20 号)表彰。

5 月 18 日　杭州市会计专业技术初级资格考试结束。全市 52509 人报考。

5 月 20—24 日　杭州市财政局预算执行局会同会计结算中心联合举办政府财务报告业务和软件操作培训班,启动全市财务报告编制工作。

5 月 24 日　杭州市财政局组织召开稳企业稳增长促进实体经济发展政策举措实施细则学习研讨会。副局长许杭传达市政府有关精神并要求抓好学习落实。

5 月 28 日　根据杭组干通〔2019〕25 号文件,免去刘强同志的中共杭州市财政局党组成员职务。

5 月 29 日　财政部党组成员、副部长邹加怡率调研组到浙江调研,在杭州市召开浙江省减税降费工作座谈会。浙江省委常委、常务副省长冯飞主持会议。杭州市财政局汇报有关工作情况。

5 月 30 日　根据杭政干〔2019〕21 号文件,郭顺华任杭州市财政局副巡视员。

6 月 4 日　杭州市财政局举办减税降费专题培训。

6 月 10 日　杭州市财政局党组召开“不忘初心、牢记使命”主题教育工作会议。市委第五巡回指导组组长黄瑚出席并讲话。局党组书记、局长谢建华主持会议并作动员讲话。

6 月 11 日　根据杭政干〔2019〕22 号文件,汪生祥任杭州市财政局总会计师,刘强任杭州住房公积金管理中心主任(免去杭州市财政局财政监督检查局局长职务),卓安军任杭州市财政局副巡视员。

6 月 13 日　杭州市在全国小微企业创业创新基地城市示范工作绩效评价中名列前茅,获中央专项资金奖励 4500 万元。

6 月 20 日　杭州市纪委第一监督检查室专题监督检查市财政局“减税降费”和“基层减负”工作开展情况,并给予高度肯定。

7 月 4 日　杭州市财政局召开全局宣传工作会议。局党组副书记龚萍出席会议并讲话。

7 月 9 日　杭州市财政局召开半年度工作会议,推进“不忘初心、牢记使命”主题教育,听取上半年工作情况汇报,部署下半年工作。

是日　中共杭州市委、杭州市人民政府印发《关于全面落实预算绩效管理的实施意见》。

7 月 12 日　杭州市人大财政工委主任骆寅一行赴市财政局调研指导。

是日　杭州团市委书记马利阳一行调研会计结算中心青年文明号创建工作。

7 月 15 日　杭州市政府召开隐性债务风险防范化解工作专题会议,分析 2019 年上半年化债形势,研究部署下一阶段工作。市委常委、常务副市长戴建平出席会议并作重要讲话。

7 月 16 日　杭州市财政局领导谢建华、汪生祥、毛慧敏一行赴钱塘新区开展市财政“3+1”服务,深入企业走访调研,听取钱塘新区财政经济运行情况,了解企业、基层财政部门对市财政工作的需求和建议。

是日　杭州市入选中央财政支持住房租赁市场发展示范城市,获中央财政 3 年最高 24 亿元的奖补资金支持。

7 月 22 日　杭州市委副秘书长、市委办公厅主任郭东风,市委改革办常务副主任赵宇等赴市财政局调研“最多跑一次”改革及移动办公微应用开发工作。

7 月 24 日　杭州市财政局党组书记、局长谢建华带队赴西湖区云栖小镇开展调研走访,送财政政策服务。

是日　杭州市财政局考评办邀请人大代表、党代表、政协委员、预算单位、民评代表、企业代表 4 个层面共 15 名财政服务对象座谈交流,听取意见建议。

7 月 25 日　杭州市政府办公厅副主任俞晓梅带队调研市财政局移动办公平台开发应用情况。

8月8日　杭州市财政局举办保密知识培训班。全局副处以上领导干部、纳入涉密管理人员、保密专岗人员参加。

8月15日　清华大学发布《2019年中国地级及以上城市财政透明度排行榜》,浙江省杭州市以83.41的分数在295个城市中名列第3,连续3年获得第3名。

8月21—22日　杭州市财政局做客FM89杭州之声"民情热线",解答百姓关注问题,宣传民生热点政策。

8月22日　杭州市财政局召开全市财政局长座谈会,听取各区县(市)局财政运行情况及对下步财政工作的意见与建议。市财政局党组书记、局长谢建华总结上半年工作,部署下半年任务。

8月29日　杭州市财政局召开"改革攻坚"行动比学赶超推进会,局党组书记、局长谢建华作典型发言。"杭州财政办事E平台"和"杭州财政移动办公微应用"等"最多跑一次"改革成果得到浙江省委常委、杭州市委书记周江勇高度肯定。

是日　杭州市财政局党组书记、局长谢建华一行赴临安区昌化镇、龙岗镇实地察看灾后重建工作。

8月30日　杭州市融资担保有限公司获得AAA主体信用等级,成为全国首个主体信用等级为AAA的省会城市融资担保公司。

9月3日　杭州市财政局印发《关于建立钱塘新区财政管理体制的通知》。

9月4日　杭州市数据资源管理局局长郑荣新、阿里巴巴集团技术委员会主席王坚等调研杭州市财政局城市大脑建设工作。

9月9日　杭州市召开2020年市级预算编制会议。市委常委、常务副市长戴建平出席会议并讲话,要求突出"精准聚焦",着力推动转方式调结构;突出"均衡持续",积极支持惠民生补短板;突出"统筹协调",集中财力保重点办大事;突出"绩效优先",努力提高财政支出质量,做好新形势下财政工作。

9月17日　杭州市机关内部"最多跑一次"改革暨推广市财政局网上办文办会办事改革措施现场会在市财政局召开,市委改革办常务副主任赵宇、副主任胡海定、全市市直单位有关负责人参加。

9月18日　杭州市财政局组织召开全局"不忘初心、牢记使命"主题教育总结会议。

9月19—22日　杭州市委组织部与市财政局在浙江大学共同举办全市领导干部财政风险防控与绩效管理专题培训班。市政府副秘书长、市金融办主任冯伟,浙江大学总会计师石毅铭,市财政局党组书记、局长谢建华出席开班仪式并讲话。各区、县(市)政府分管领导、财政局局长,部分市直单位领导,市财政局有关领导及部分处室(单位)负责人等共50余人参加培训。

9月27日　杭州市财政局组织开展全员岗位大练兵。

9月28日　杭州市财政局党组印发《杭州市财政局党组规范性文件会审会议制度》。

9月29日　杭州市财政局考评办邀请人大代表、党代表、政协委员、行风监督员、民评代表等11名财政服务对象,召开财政工作建言献策座谈会。局党组副书记龚萍主持会议,局各相关处室有关负责人参加。

10月9日　杭州市政府组织召开推进会,全面启动市级专项资金清理规范工作。

10月14日　杭州市财政局印发《关于开展财政专项资金历年结余清理检查工作的通知》。

10月20日　财政部、自然资源部、住建部专项债券调研组赴杭州市财政局调研。

10月23日　杭州市财政局党组书记、局长谢建华,党组成员、副局长龚巍带队赴杭州师范大学开展市财政"走亲连心"三服务调研活动。

10月24日　杭州市财政局、市注册会计师协会联合西湖区财政局、西湖艺创小镇开展"精准专业　服务文创——杭州市'三服务'暨会计财务服务周"主题分享交流活动。

10月28日　杭州市财政局印发《关于印发市财政局推进专项资金清理规范工作实施方案的通知》。

10月29日　杭州市财政局印发《杭州市政府采购代理机构综合信用评价暂行办法》。

10月30日　杭州市文化广电新闻出版局公布杭州市73种内刊质量评审结果,《杭州财会》被评为"杭州市综合质量十佳内刊"和"杭州市编校质量十佳内刊"。

11月1日　2019年杭州市财政局"喜迎70年,建功新时代"业务大比武在杭州市图书馆举行。

11月12日　浙江省财政厅党组书记、厅长徐宇宁一行在杭州市开展专题调研,充分肯定杭州市财政数字化转型工作成效。

11月19日　浙江省财政厅党组成员、副厅长林仁方一行赴杭州市财政局调研财政数字化转型和淳安特别生态功能区建设工作。

11月21—22日　杭州市财政局举办"新时代新担当新作为"年轻干部培训班。党组副书记龚萍作开班动员讲话,党组成员、办公室主任毛慧敏主持开班仪式。

12月4日　杭州市财政局举行首次集体宪法宣誓,局党组书记、局长谢建华带领局领导班子成员、处室负责人和各区、县(市)财政局负责人参加。

12月13日　杭州市财政局党组书记、局长谢建华带队赴浙江五璋文化艺术有限公司、中国国新国际投资咨询有限公司以及上城区财政局调研。局党组成员、副局长龚巍及相关处室负责人参加调研。

12月16日　杭州市财政局、生态环境局印发《关于杭州市支持淳安特别生态功能区建设考核奖补实施方案》。

12月18日　杭州市财政局印发《杭州市2019年—2020年新能源汽车推广应用财政支持政策》。

12月20日　杭州市人大常委会组织代表开展人代会前视察市财政工作。杭州市人大常委会党组书记、主任于跃敏,市十三届人大西湖组全体代表及市、区人大常委会有关领导参加视察。局党组书记、局长谢建华等陪同视察。

12月30日　杭州市财政局印发《杭州市科技发展专项资金使用管理办法》。

12月31日　浙江省委常委、杭州市委书记周江勇赴杭州市财政局走访慰问年终决算一线的财政干部职工。

(杭州市财政局供稿　刘　淮执笔)

宁波市

1月18日　宁波市财政局获2018年度上海证券交易所债券市场优秀发行人。

2月25日　宁波市财政局组织参加全国财政系统党风廉政建设工作和脱贫攻坚专项巡视整改工作视频会议。

2月27日　宁波市财政局召开脱贫攻坚工作推进会。局党组书记、局长张文杰在会上作全市财政系统脱贫攻坚工作报告,回顾总结2018年全市财政脱贫攻坚工作,并对2019年工作作出部署。

3月20日　宁波市财政局组织参加全国财政系统脱贫攻坚工作视频会议。

3月25—27日　全国首支地方政府柜台债券在宁波市成功发售,标志着地方政府债券二级市场向中小投资者全面放开。

3月26日　宁波市财政局举办市级行政事业单位政府采购联络员业务培训班。

4月9日　宁波市行政事业单位房地产清查整顿工作动员部署会议在市行政会议中心召开。市委常委、常务副市长陈仲朝出席会议并作重要讲话。市财政局党组成员、副局长苏丹旦作工作方案说明。

是日　中国珠心算协会会长刘建华一行赴慈溪市调研珠心算教育教学工作。

4月11日　宁波市召开市行政事业单位房地产清查布置会议。

4月18—19日　财政部综合司副巡视员吴东胜一行赴宁波市调研财政电子票据管理改革试点工作。

5月6日　宁波市财政学会召开第七次会员代表大会。市财政局党组书记、局长张文杰同志当选市财政学会会长,华平同志任副会长。

5月8日　财政部PPP中心副主任韩斌一行赴宁波市调研宁波市厨余垃圾处理厂、宁波市餐厨垃圾处理厂和生活垃圾焚烧发电工程3个世行贷款PPP项目。市财政局党组成员、副局长高国平介绍宁波市PPP工作情况和PPP项目实施情况。

5月16日　财政部国库司司长王小龙和条法司司长贾荣鄂一行赴宁波市调研政府采购及法制建设工作。市财政局党组书记、局长张文杰,党组成员、副局长王晓、苏丹旦、高国平和机关处室负责人等参加调研座谈会。

5月17日　宁波市财政局组织全市财政系统PPP政策业务

培训。

5月31日　宁波市财政局召开全市国有资产报告工作培训会。

是日　宁波市财政局党组书记、局长张文杰走访宁波环球广电科技有限公司和中基宁波集团股份有限公司，开展“三服务”活动。

6月13日　宁波市财政局召开“不忘初心、牢记使命”主题教育动员部署会议。局党组书记、局长张文杰主持会议并代表党组作动员讲话。市委主题教育第十巡回指导组组长林巧红到会指导。

6月19—20日　宁波市财政局召开全市财政国库工作座谈会。

6月20日　宁波市财政局召开全市债务管理工作座谈会。

7月1日　宁波市财政局举办纪念建党98周年大会暨“不忘初心、牢记使命”主题教育专题党课报告会。党组成员、全体中共党员、市主题教育第十巡回指导组组长林巧红和徐九艳同志参加会议。

7月13日　宁波市财政局召开财政收支管理专题工作会议。

7月16日　宁波市财政局召开落实减税降费政策、做好财政收支管理专题工作会议。局党组书记、局长张文杰介绍2019年上半年宁波市财政收支及改革工作有关情况，并部署下半年各项工作任务。

8月1日　宁波市委督查室主任程双对、市政府督查室主任段道省一行赴市财政局就加快财政支出进度工作开展专题调研。局党组成员、副局长高国平出席并作专题汇报。

8月21日　宁波市委常委、市纪委书记，市监委主任傅祖民一行赴市财政局调研指导清廉机关建设和全面从严治党工作，并召开座谈会。

9月2日　第三次亚太地区基础设施融资和PPP联络网会议在宁波市召开。市财政局党组成员、副局长高国平、市综合行政执法局副局长黄毓琳出席会议。

9月18日　宁波市财政局召开全市财政核心业务一体化系统建设启动会。局党组书记、局长张文杰作动员讲话，提出财政核心业务一体化系统建设目标和总体工作思路。局党组成员、副局长高国平传达财政部网络安全和信息化工作会议、财政核心业务一体化系统建设现场会暨全国财政信息化工作会议精神。

10月28日　宁波市财政局获2019年“创客中国”中小企业创新创业大赛优秀组织单位。

是日　宁波市财政局召开全体干部会议。市政府党组成员、秘书长、办公厅党组书记张良才出席会议。根据甬政干〔2019〕27号文件，市委组织部常务副部长朱金茂宣布姚蓓军任宁波市财政局局长。

10月29日　全国优化营商环境经验交流现场会在北京市召开，宁波市财政局党组成员、副局长王晓代表宁波市在会上作题为“积极改善政府采购管理和服务，不断优化营商环境”的交流发言。

10月30日　宁波市财政局党组成员、副局长王晓在第五届中国PPP发展（融资）论坛之“合同管理”分论坛作主旨演讲。

11月6日　财政部社会保障司民政事务处处长李轩红一行赴宁波市调研财政支持养老服务工作开展情况。

11月15日　宁波市委副书记、市长裘东耀赴市财政局调研工作，并召开座谈会，听取财政工作情况汇报。局长姚蓓军汇报财政工作有关情况。裘东耀市长对市财政局工作给予充分肯定。

11月27日　宁波市人大常委会副主任李谦带领部分委员和人大代表来市财政局对政府采购工作开展专项监督。

12月6日　宁波市财政局召开全体干部会议。市委常委、组织部部长钟关华、市委组织部常务副部长朱金茂、市委组织部部务会议成员、干部一处处长王恩胜到会。会上根据甬党干〔2019〕288号文件，宣布黄焕利同志任中共宁波市财政局党组书记。

12月11日　宁波市委市政府督察组来市财政局开展宁波高水平全面建成小康社会补短板工作专项督查。

12月23日　宁波市财政局党组成员、副局长王晓一行赴慈溪市调研重点企业党建工作。

（宁波市财政局供稿　贺　蕾执笔）

温州市

3月1日　温州市政府召开全市地方财力可持续发展推进会暨财政税务审计工作会议。市财政局党组书记、局长陈宣安在会上围绕“创新理财思路，为温州可持续发展提供财力保障”作工作汇报。

是日　温州市财政局召开全市财政工作会议，贯彻落实全省财政工作会议和市委十二届七次全会精神，传达全市地方财力可持续发展推进会有关要求，总结2018年全市财政工作，研究部署2019年全市财政工作。

3月13日　温州市财政局召开市级行政事业单位内部控制报告编制工作布置内控建设推进会，99家市级一级行政事业单位和231家市级二级行政事业单位的内控牵头部门负责人及内控填报人等400余人参加会议。

3月22日　全国财政系统政府性融资担保工作经验交流会在江苏省镇江市召开。温州市财政局代表作典型发言。

3月23日　温州携手上海嘉定、昆山、太仓和上汽集团共同设立目标规模超100亿元的长三角产业升级股权投资基金。温州市委副书记、市长姚高员，市委常委、常务副市长陈建明参加签约仪式。

4月24日　全省财政监督工作座谈会在温州瑞安市召开。

5月28日　温州市财政局、经信局、金融办和会计学会联合上海国家会计学院举办"新动能·新发展——助推温州新时代'两个健康'先行区建设财经论坛"。

6月3—4日　财政部中国清洁发展机制基金管理中心（财政部PPP中心）副主任韩斌带队到温州市调研指导PPP工作。韩斌一行先后实地考察了温州市洞头区状元南片基础设施建设PPP项目、洞头区新城二期景观绿化工程和洞头区本岛海洋生态廊道整治修复工程PPP项目。

6月19—20日　财政部中国清洁发展机制基金管理中心（财政部PPP中心）项目投资部处长李湘昀带队到温州市实地核查温州市交通运输集团有限公司新能源公交车采购项目。

7月11—12日　财政部金融司副司长陈伟、金融司普惠金融处副处长易赟一行来温州市调研地方金融发展有关情况。

7月27日　全国政府采购监管峰会组委会公布"全国政府采购百强县、全国政府采购百强代理机构（2018—2019年度）"名单。温州瑞安市入围百强县，浙江瑞扬工程咨询招标代理股份有限公司（温州）入围百强代理机构，温州市财政局代表在全国政府采购监管峰会上作典型发言。

8月1日　财政部国库支付中心副主任吕恒心一行赴温州市召开服务"两会"代表委员座谈会。

8月11—15日　温州市财政局班子领导先后带队赴永嘉县岩坦镇山早村、嘉纳庄园和枫林镇、乐清北部救灾指挥中心以及受灾严重的大荆田园综合体和雁荡山游客集散中心救灾现场，指导抢险救灾和灾后重建工作，并看望慰问奋战在救灾一线的党员干部和各方救援力量。受超强台风"利奇马"影响，温州永嘉等地受灾严重。

8月27日　受温州市人民政府委托，市财政局党组书记、局长陈宣安向市第十三届人大常委会第二十二次会议作《关于温州市2018年市级财政决算草案的报告》。28日，经市人大常委会审议后全票通过。

8月30日　温州市财政局召开全面推进温州市行政事业单位内控建设工作会议，来自各市级部门和县（市、区）财政局共230余人参加。

9月2—4日　财政部中国清洁发展机制基金管理中心（财政部PPP中心）主任焦小平一行来温州市签订绿色金融系列合作协议，并赴洞头区、平阳县等地开展PPP项目实地调研。

9月12日　温州市财政局召开"不忘初心、牢记使命"主题教育工作会议。

9月24—25日　民盟中央参政议政部部长范芳、财政部预算司体制管理处处长张波、省财政厅副厅长林仁方等一行来温州市调研农业转移人口市民化成本分担机制工作。

9月30日　温州市获批财政支持深化民营和小微企业金融服务综合改革首批国家级试点。

10月29—31日　温州市财政局召开"财政支持深化民营和小微企业金融服务综合改革配套政策"座谈会，邀请相关职能部门、部分银行、保险公司、融资担保公司及企业代表等参加。

11月5日　浙江省财政厅党组成员、纪检监察组组长徐首红一行来温州市开展"科技新政"专项督查暨财政工作思路调研。

11月26日　温州市财政局与温州电信签订战略合作协议，双方商定不定期开展大数据、云技术、智能化等新技术应用合作，助力数字财政加速发展和升级转型。

12月13日　温州市设立综保区方案获财政部复函同意。

（温州市财政局供稿　李　侠执笔）

嘉兴市

1 月 19 日　嘉兴市第八届人民代表大会第四次会议通过《关于嘉兴市 2018 年全市和市本级预算执行情况及 2019 年全市和市本级预算的决议》。

1 月 31 日　嘉兴市财政局召开全市财政工作暨全面从严治党工作会议。会议表彰 2018 年先进集体和先进个人,局党委书记、局长许农与各分管局领导签订《党风廉政建设责任书》,许农作工作报告。

2 月 27 日　浙江省财政厅党组成员、省金融控股公司总经理杜祖国带队,与嘉兴市财政局联合开展嘉兴“省市县长”项目走访服务活动。

3 月 5 日　嘉兴市财政局印发《关于发挥财政职能作用推进“三服务”“两年”活动实施意见》。

3 月 13 日　嘉兴市召开防范化解政府隐性债务风险专题会议。

是日　山东省济宁市人民政府副秘书长、基金办主任马树华一行到嘉兴市调研政府产业基金等工作。

3 月 29 日　嘉兴市财政局印发《嘉兴学院财政经费预算管理办法》,支持嘉兴学院创建嘉兴大学、建设一流应用型高校。

4 月 12 日　西藏自治区那曲市财政局 6 名同志到嘉兴市财政局开展为期 2 个月的交流培训。

4 月 15 日　财政部资产管理司司长陆庆平带队到嘉兴调研划转部分国有资本充实社保基金试点完成情况。

4 月 27—29 日　首届长三角全球科创项目集中路演暨“2019 中国 · 嘉兴航空航天百人会”活动在嘉兴举行,市财政局承办中国基金业协会专委会座谈会、私享汇专场。中国基金业协会党委书记、会长洪磊等中基协领导,副市长沈晓红、副市长洪湖鹏参加有关活动。

5 月 17 日　2019 年嘉兴财政税务第一次联席会议在市财政局召开,双方局领导班子及有关处室参加会议,就建立健全嘉兴财税协同机制等内容开展交流会商。

5 月 6—24 日　嘉兴市财政局在西安交通大学举办 2 期中层干部及青年骨干培训班,全市 140 余名财政干部参加。

6 月 12—13 日　浙江省政府产业基金投资推进会暨嘉兴市政府产业基金 2.0 版项目对接论坛在嘉兴举行。市委副书记、市长毛宏芳,省金融控股有限公司党委书记、董事长章启诚,常务副市长徐淼等出席活动。

6 月 26 日　浙江省财政厅党组成员、派驻纪检监察组组长徐首红率督查组到嘉兴市开展减税降费政策落实情况专项督查。

7 月 5 日　嘉兴市财政局召开深化部门间“最多跑一次”改革推进会。

7 月 17 日　浙江省财政厅党组成员、副厅长邢自霞带队到嘉兴市财政局调研政策性融资担保体系建设工作。

7 月 22 日　嘉兴市人大常委会副主任王马青及市人大财经委有关负责人一行到市财政局调研 2018 年度市本级财政决算及 2019 年上半年预算执行情况。

7 月 24 日　浙江省财政厅党组成员、副厅长沈磊,省残联副理事长高翔一行 6 人到嘉兴调研第六届全国残疾人职业技能大赛筹备情况,副市长沈晓红、市政府副秘书长肖建国、市残联理事长闻人庆等参加调研。

8 月 15 日　嘉兴市财政局协同市税务局赴江苏省苏州市吴江区,开展长三角一体化发展战略框架下跨区域财税协作、收入共享机制考察调研和工作对接。

是日　嘉兴市财政局、市税务局召开 2019 年财政税务第二次联席会议。

8 月 16 日　嘉兴市财政局召开全面融入长三角一体化发展首位战略形势报告会。

8 月 19 日　嘉兴市委决定王申峰同志任嘉兴市财政局党委委员、书记,免去许农同志的嘉兴市财政局党委书记、委员职务。

9 月 5 日　嘉兴市财政局协同市税务局赴上海市青浦区,开展长三角一体化发展战略框架下跨区域财税协作、收入共享机制考察调研和工作对接。

9 月 10 日　嘉兴市第八届人民代表大会常务委员会第二十次会议表决通过,决定任命王申峰同志为嘉兴市财政局局长,免去许农同志的嘉兴市财政局局长职务。

9月12日　嘉兴市财政局召开"不忘初心、牢记使命"主题教育工作会议。市委第13巡回指导组全体成员到会指导,市财政局全体党员、干部职工,驻局纪检监察组,离退休老同志代表参加会议。

9月27日　嘉兴市财政局协同市自然资源和规划局、市国资委、国资公司赴绍兴市财政局调研土地储备出让预算管理、全面预算绩效管理等工作。

9月29日　嘉兴市人大常委会副主任王马青及市人大财经委有关负责人一行到市财政局调研2019年市本级调整预算工作。

10月8日　嘉兴市财政局、市税务局协同开展主题教育专题调研,召开全市收入组织工作会议暨2019年财税第三次联席会议。

10月19日　嘉兴市财政局举办第一期"处长论坛"。

11月5日　浙江省财政厅党组成员、副厅长邢自霞带队到嘉兴市调研2020年财政工作思路。

11月14日　嘉兴市召开市级行政事业单位房产集中统一管理清查动员培训会议。市委常委、常务副市长徐淼,市纪委副书记沈红雷出席会议,市财政局局长王申峰进行工作部署。市级行政事业单位主要负责人及房产清查经办人员参加会议。

12月31日　中共嘉兴市委办公室、嘉兴市人民政府办公室印发《关于推进集中财力办大事的若干意见》。

是日　中共嘉兴市委、嘉兴市人民政府印发《关于全面落实预算绩效管理的实施方案》。

(嘉兴市财政局供稿　徐力超执笔)

湖州市

1月25日　浙江省纪委副书记、省监委副主任罗悦明一行到湖州市注册会计师协会走访调研。

1月30日　《浙江省湖州市餐厨垃圾处理工程PPP项目预算评审》入选《全国财政预算评审典型案例汇编(2016—2018)》。

2月15日　湖州市财政局召开2019年全市财政工作会议暨全市财政系统全面从严治党暨党风廉政建设工作会议。局党组书记、局长李全明作工作报告,并与局领导班子成员签订党风廉政建设责任书。

4月9日　浙江省财政厅党组成员、副厅长邢自霞一行赴驻湖部队开展上门服务活动。

5月24日　湖州市财政局召开各区县财政局长座谈会。市财政局领导班子成员以及各区县财政局领导、市局相关处室主要负责人参加座谈。

5月26日　2019年浙江国际珠心算大奖赛(湖州赛区)圆满落幕。

8月1日　湖州市纪委、市直机关工委、纪检组对市财政局开展清廉机关建设情况检查调研。

8月31日　湖州市委常委、组织部部长徐仲仪一行来市财政局调研指导工作。

9月2日　湖州市防范化解地方政府性债务风险工作领导小组办公室、市财政局举办湖州市防范化解政府隐性债务风险专题研讨班。

9月12日　湖州市财政局召开"不忘初心、牢记使命"主题教育动员部署会。市局党组书记、局长李全明主持会议,并作动员部署讲话。

10月15日　湖州市纪委常务副书记、市监委副主任莫汝强赴市财政局调研清廉机关建设。

10月18日　浙江省政府采购联合会会长赵立妙一行来湖州市财政局开展"政采云"平台推广应用情况的工作调研。

11月28日　湖州市财政局召开全市预算绩效管理培训会议。

12月4日　湖州市财政局举办全市财政系统先进事迹宣讲会。

(湖州市财政局供稿　吴国梁执笔)

绍兴市

1月3日　绍兴市财政局召开"一门通办　不见面服务"动员部署会。

1月24日　绍兴市委常委、副市长栾国栋参加市财政局党委民主生活会。

1月29日　绍兴市财政局召开年度总结表彰大会。

2 月 15 日 绍兴市财政局开通政府采购“绿色通道”。

2 月 27 日 绍兴市财政局召开 2019 年工作落实大会。

3 月 18 日 绍兴市财政局推出全省首个自动化用款计划审批系统。

4 月 18 日 绍兴市财政局召开全市财政局长工作会议。

4 月 22 日 世界银行治理全球实践局局长詹姆斯・布伦比率访问团来绍兴市财政局考察交流。

4 月 24 日 财政部地方债务研究和评估专项工作办公室主任胡嵘带队赴绍兴调研，听取土地储备出让预算管理相关情况，并实地走访镜湖凤林路地块。

5 月 8 日 杭州湾区会计学苑合作办学签约仪式在绍兴市举行。

5 月 13 日 昆明市委副秘书长李亮、市政府副秘书长甘红及昆明市财政局党组书记、局长徐毅清等一行来绍兴市财政局考察交流。

5 月 20 日 绍兴市开具第一张医疗电子票据，正式启用医疗电子票据。

6 月 15 日 绍兴市财政局局长吕丙赴北京参加由财政部政府债务研究与评估专项工作办公室、中国财经报主办的“地方政府专项债券及项目全生命周期风险管理”研讨会并做发言。

7 月 19 日 绍兴市财政局召开杭州湾会计学院理事会成立大会暨第一次理事(扩大)会议。

7 月 23 日 绍兴市财政投资有限公司全国首支地级市基金债 40 亿元获上海证券交易所出函通过。

7 月 25 日 绍兴市财政局局长吕丙应财政部邀请在山东省烟台市财政部财会培训中心“地方政府债务培训班”上讲授绍兴土地储备预算管理试点工作的先进做法。

7 月 29 日 财政部资产管理司副巡视员项贤春带队来绍兴市财政局调研。

7 月 30 日 财政部国际合作司副司长韩斌带队来绍兴市财政局调研绍兴古城保护世行贷款项目。

8 月 9 日 绍兴市财政局召开半年度工作会议。

8 月 12 日 绍兴市财政局制定《2019 年财税收入提质增效工作推进方案》。

8 月 20 日 浙江省财政厅集中财力办大事政策宣讲团来绍兴市财政局进行政策宣讲辅导。

8 月 20—22 日 全省财政债务工作会议在绍兴召开。

8 月 21 日 绍兴市财政局会同国家税务总局绍兴市税务局在越城区召开全市财税收入提质增效工作现场会。

8 月 28 日 财政部综合司副巡视员骆晓强带队来绍兴市财政局调研财政数据管理与应用相关工作。

9 月 12 日 绍兴市财政局召开“不忘初心、牢记使命”主题教育部署动员会。

9 月 22 日 财政部项目绩效评价专家吕进梁来绍兴市财政局进行七大专项政策绩效评价专题讲座。

9 月 23 日 绍兴市财政投资有限公司发行 8 亿元公司债，年利率 4.04%，创 2017 年以来 5 年期债券发行同资质、同品种全国最低。

9 月 26—27 日 全省财政经建工作会议在绍兴召开。

9 月 29 日 绍兴市财政局召开 2020 年市级预算编制布置会。

10 月 26 日 杭州湾区会计学苑项目开工奠基仪式在绍兴举行。

10 月 29 日 绍兴市 PPP 项目在中国 PPP 发展(融资)论坛上展出。

11 月 11—12 日 全省财政项目预算审核工作会议在绍兴召开。

11 月 14 日 绍兴市财政局首次举行国家工作人员集体宪法宣誓仪式。

11 月 18 日 浙江省财政厅党组成员、副厅长章忠良带队来绍兴市财政局调研。

11 月 22 日 绍兴市财政局召开 2019 年十大民生项目绩效评价监控座谈会。

（绍兴市财政局供稿 邢钰莹执笔）

金华市

1月9日　金华市财政局提请市政府第39次常务会议审议并通过关于2018年度财政预算执行情况及2019年度财政预算制定情况的汇报。

2月26日　金华市第七届人代会第四次会议审议并通过金华市财政局受市政府委托所提交的《关于全市和市本级2018年财政预算执行情况及2019年财政预算草案的报告》。

2月　金华市财政局资产处被评为金华市巾帼文明岗。

3月6日　金华市“无证明城市”专项督查调研组到金华市财政局开展“无证明城市”督查调研。

3月10日　金华市委、市政府印发《金华市财政局职能配置、内设机构和人员编制规定》，共设职能处室20个，核定行政编制数95名（含专项编制数45名）。

3月13日—5月17日　金华市委第三巡察组对市财政局党组开展巡察。

3月14日　财政部会计司巡视员李玉环到义乌市调研会计信用管理工作。

3月20—31日　金华市财政局对全市财政系统开展“无证明城市”改革专项督查。

3月28日　金华市财政局印发《金华市财政局关于贯彻落实过“紧日子”要求进一步加强和规范市直部门预算管理的通知》。

4月23日　金华市财政局提请市政府第43次常务会议审议并通过关于新一轮市区财政体制调整完善有关情况的汇报。

4月26日　金华市财政局开展局内中层干部职务调整，涉及中层干部43名。

4月30日　武义县财政局机关会计核算中心荣获“浙江省模范集体”荣誉称号。

5月16日　浙江省财政厅党组成员，浙江省金融控股有限公司党委书记、董事长章启诚到义乌市开展“三服务”走访。

5月17日　金华市政府印发《金华市人民政府办公室关于加快推进市属融资平台公司市场化转型的通知》，开展隐性债务偿还来源确认工作，加快推进市属融资平台公司市场化转型。

5月29日　财政部浙江监管局监管三处副处长高洁赴永康开展“三服务”活动。

5月—6月　财政部浙江监管局对金华市开展政府性债务督查。

6月4日　金华市财政局会同市委组织部、市对口办联合印发《关于落实全市对口工作经费的通知》。

6月10—11日　财政部科教和文化司副司长吕建平一行到金华对职业教育发展情况开展调研。

6月18日　金华市第三期（2019—2021年度）会计领军（后备）人才培养班开班，35名学员入选。

是日　金华市财政局召开全市预算执行工作会议。

是日　金华市政府印发《构建金华市级集中财力办大事财政政策体系工作方案的通知》。

7月1日　财政部浙江监管局监管一处处长高飞一行5人，对金华市开展减税降费政策措施实施效果情况进行专项检查。

7月2日　金华市财政局印发《全面应用浙江省行政执法监管平台工作实施方案的通知》。

7月4日　金华市财政局印发《金华市财政局关于调整市本级行政事业单位国有资产管理权限等有关事项的通知》。

7月27日　兰溪市财政局被评为2018—2019年度全国政府采购百强市（县、区）突出贡献单位。

7月29日　浙江省财政厅党组成员、副厅长，省会计学会会长沈磊带队在浦江县开展浙江省会计领军人才“三服务”活动。

7月30日　金华市财政局联合市纪委、市审计局印发《关于建立财政性资金动态监管闭环工作机制的通知》。

8月2日　金华市财政局印发《金华市财政局关于印发新增政府专项债券管理工作指南的通知》。

8月13日　浙江省财政厅集中财力办大事财政政策宣讲团走进

金华开展集中宣讲辅导。

8 月 16 日　金华市第七届人大常委会第二十二次会议审议并通过金华市财政局受市人民政府委托所提交的《关于全市和市本级 2018 年财政决算(草案)和 2019 年 1—6 月财政预算执行情况的报告》。

9 月 12 日　金华市财政局组织召开"不忘初心、牢记使命"主题教育动员部署会。

9 月 16 日　金华市财政局参加全省收入组织工作会议。

9 月 19 日　金华市财政局印发《金华市财政局局属单位负责人离任经济责任审计办法(试行)》。

10 月 22 日　浙江省财政厅副巡视员尹红平一行来金华开展 2020 年财政工作思路调研。

10 月 24 日　浙江省全省财政法制工作暨行政执法案卷评查会在金华召开。

10 月 30 日　金华市第七届人大常务会议第二十三次会议审议并通过《关于 2019 年金华市本级财政收支预算调整(草案)的报告》。

11 月 5 日　金华市财政局召开贯彻落实全市巩固深化"三清理一规范"工作电视电话会议精神暨全局党员干部警示教育大会。

11 月 25 日　金华市政府印发《关于全面贯彻落实预算绩效管理的实施意见》。

12 月 6 日　金华市财政局印发《关于进一步规范差旅费管理有关事项的通知》。

12 月 12 日　金华市财政局完成职级晋升工作。

12 月 16 日　金华市政府印发《金华市本级行政事业单位共有房产出租管理办法》。

12 月 20 日　金华市财政局提请市政府第 52 次常务会议审议并通过关于 2020 年全市、市区和市直财政预算有关情况的汇报。

12 月 24 日　金华市财政局获浙江省委、省政府颁发的浙江省小城镇环境综合整治行动突出贡献集体荣誉称号。

12 月 25 日　金华市财政局印发《金华市财政局专项资金管理风险内部控制办法(试行)》。

12 月 26 日　金华市财政局获浙江省委办公厅、省政府办公厅颁发的 2018 年度美丽浙江建设和"五水共治"工作成绩突出集体荣誉称号。

是日　金华市财政局印发《金华市本级政府向社会力量购买服务指导性目录(2020 年度)》。

12 月 27 日　金华市政府印发《金华市级财政资金管理办法(试行)》。

12 月 30 日　金华市财政局印发《关于修订〈金华市财政局预算执行风险内部控制办法(试行)〉的通知》。

(金华市财政局供稿　曾东平执笔)

衢州市

1 月 15 日　衢州市财政局召开中层以上干部会议,宣布主要领导调整决定,翁文斌任局党委书记、局长。

2 月 23 日　衢州市财政局召开全局干部职工大会,局党委书记、局长翁文斌作工作报告。

2 月 28 日　衢州市七届人大四次会议审议通过《关于 2018 年全市和市级预算执行情况及 2019 年全市和市级预算草案的报告》。

3 月 12 日　衢州市财政局党委书记、局长翁文斌带队赴衢江区后溪镇下棠村开展"三服务"活动。

3 月 13 日　财政部会计司巡视员李玉环赴衢州开展会计诚信体系建设工作专题调研,市财政局局长翁文斌作专题汇报。

3 月 13—15 日　浙江省财政厅党组成员、副厅长章启诚赴衢州开展调研,听取工作汇报,并实地走访开化县、常山县、衢江区。

5 月 7 日　衢州市财政局党委书记、局长翁文斌带队赴衢江区高家镇湖仁村开展组团联村服务。

5 月 28 日　山东省财政厅副厅长陈祥志赴衢州交流学习构建财政"大统筹"工作机制相关经验做法。

7 月 24 日　浙江省财政厅党组成员、副厅长章忠良赴衢州开展调研，并实地走访柯城区。

8 月 2 日　衢州市财政局组织召开全市财政局长会议，局党委书记、局长翁文斌主持会议并讲话，研究部署下半年财政重点工作。

8 月 13 日　浙江省财政厅集中财力办大事财政政策宣讲团赴衢州市开展专题宣讲辅导。

8 月 27 日　全省财政预算工作会议暨全省构建“集中财力办大事”财政政策体系现场会在衢州召开，衢州市财政局在会上作经验交流。

8 月 28—30 日　全省财政预算局（处、科）长培训班在衢州举办。

9 月 12 日　衢州市财政局召开“不忘初心、牢记使命”主题教育工作动员部署会，局党委书记、局长翁文斌作动员讲话。

9 月 19 日　衢州市财政局出台《关于统筹完善“大科创”专项政策的指导意见》《关于构建财政支持幸福产业发展政策体系的意见》《关于支持大商贸高质量发展财政资金统筹管理的意见》，建立“四大专项”产业政策体系。

9 月 25 日　衢州市财政局出台《关于全市全面构建集中财力办大事财政政策体系的实施意见》。

9 月 30 日　衢州市财政局党委书记、局长翁文斌赴市城市建设投资集团有限公司开展“调研解难题、深化三服务”活动。

10 月 7 日　衢州市委、市政府出台《关于全面推进预算绩效管理的实施意见》。

10 月 15—16 日　浙江省财政厅党组成员、浙江省金融控股有限公司党委书记、董事长章启诚赴衢州开展 2020 年财政工作思路调研。

11 月 12 日　衢州市财政局党委书记、局长翁文斌带队赴柯城区信安街道金河湾社区开展“双联双服务”活动，助力全国文明城市创建工作。

11 月 18 日　衢州市集中财力办大事管理平台上线试运行。

12 月 13 日　衢州市财政局印发《衢州市全面落实预算绩效管理三年行动计划（2019—2021 年）》。

（衢州市财政局供稿　余　佳执笔）

舟山市

1 月 10 日　浙江省财政厅党组成员、副厅长沈磊走访舟山民营企业开展“联企送服务”活动。

1 月 30 日　舟山市财政局召开 2018 年度总结表彰大会暨党风廉政建设工作会议。

2 月 18 日　舟山市七届人大四次会议批准 2019 年市本级预算。

2 月 26 日　舟山市财政局、舟山市科技局联合印发《舟山市科技发展专项资金管理办法》

3 月 19 日　舟山市财政局、舟山市经济和信息化局、舟山市科技局、舟山市金融办联合印发《舟山市省级中小企业发展专项资金管理办法》。

4 月 11 日　舟山市卫生健康委员会、舟山市财政局、舟山市人力资源和社会保障局、舟山市医疗保障局联合印发《舟山市市级公立医院绩效考核方案（试行）》。

5 月 9 日　舟山市卫生健康委员会、舟山市财政局联合印发《舟山市基层首席全科医生培养项目管理办法（试行）》。

5 月 16 日　舟山市财政局、舟山市住房和城乡建设局、舟山市民政局、舟山市残联联合印发《舟山市渔农村困难家庭危房改造即时救助专项资金管理办法》。

5 月 20 日　财政部浙江监管局赴舟山市开展地方政府债务专项核查行动。

6 月 17 日　舟山市老旧住宅小区改造工作领导小组办公室、舟山市财政局联合印发《舟山市老旧住宅小区改造项目奖补资金管理办法》。

6 月 21 日　舟山市财政局、舟山市住房和城乡建设局联合印发《舟山市建筑业发展奖励专项资金管理办法》。

8 月 27 日　舟山市七届人大常委会举行第二十五次会议审议并批准 2018 年市本级财政决算。

8 月 29 日　舟山市财政局首次使用部门决算网络版管理系统进行部门决算的批复及公开。

9 月 12 日　舟山市财政局召开“不忘初心、牢记使命”主题教育工作会议。

10 月 21 日　舟山市财政局召开“不忘初心、牢记使命”主题教育专题党课——减税降费背景下的财力保障。

10 月 25 日　舟山市第七届委员会财经委员会第一次会议审议并通过《新一轮市区财政管理体制方案》。

10 月 28—30 日　浙江省财政厅财政监督局局长楼梅芳赴舟山开展工作思路调研。

10 月 29 日　舟山市七届人大常委会第二十七次会议审议并批准 2019 年市本级地方政府债务限额和预算调整方案。

是日　浙江省人民政府教育督导委员会赴舟山市财政局展开 2018 年度教育职责履行情况督查工作。

12 月 1 日　舟山市财政局、舟山市生态环境局、舟山市中级人民法院、舟山市人民检察院等 9 部门联合印发《舟山市生态环境损害赔偿资金管理办法(试行)》。

12 月 6 日　舟山市财政局召开“不忘初心、牢记使命”专题民主生活会,市委副书记、市长何中伟出席会议并讲话。

12 月 12 日　舟山市第七届委员会财经委员会审议并通过《新城管委会新一轮财政管理体制方案》。

12 月 19 日　舟山市财政局课题报告《推进医共体建设,提升公立医疗机构运行效率——以舟山市为例》获省财政学会 2019 年财政课题成果一等奖。

(舟山市财政局供稿　郑舒悠执笔)

台州市

1 月 15 日　财政部和浙江省财政厅在台州召开《代理记账管理办法》修订专题座谈会。台州市财政局副局长许天鸿和各县(市、区)会计科长、部分代理记账公司代表 20 余人参加座谈。

1 月 18 日　台州市财政局召开政府投资项目工作座谈会,来自市本级 29 家单位的财务和工程管理人员参加座谈。

1 月 23 日　台州市构建国有融资担保体系助推融资平台公司转型工作会议暨台州市人民政府与浙江省担保集团有限公司战略合作签约仪式在杭州举办,完成全省首个以政府名义签订的国有融资担保合作协议。浙江省财政厅副厅长章启诚、台州市政府秘书长林金荣、省担保集团公司总经理徐蔓萱出席会议。

2 月 12 日　台州市财政局召开全局干部大会。局党组书记、局长戴国富主持会议并讲话。

2 月 15 日　台州市财政局党组书记、局长戴国富带领调研组奔赴路泽太高架项目施工现场,开展“狠抓产业项目、大抓实体经济”调研活动。

2 月 19 日　台州市财政局举行青年干部座谈会暨菁才计划启动仪式。局党组书记、局长戴国富作讲话。

3 月 7 日　台州市财政系统工作会议在椒江区召开,市财政局党组书记、局长戴国富作工作报告。

3 月 8 日　台州市财政系统党风廉政建设工作会议在椒江区召开,总结 2018 年全市财政系统党风廉政建设工作,研究部署 2019 年工作。

3 月 11 日　台州市财政局举办首期菁才沙龙活动。

3 月 14 日　台州市财政局全面启动“智慧财政”建设。

3 月 20 日　台州市财政局党组书记、局长戴国富赴仙居县调研,拉开“千名财政干部进千企(项目)”活动序幕。

3 月 21 日　台州市财政局召开“双提双争”主题实践活动动员大会,出台“双提双争”主题实践活动方案。

3 月 25 日　根据台州市委巡察工作统一部署,市委第五巡察组对市财政局党组进行为期 2 个月的集中巡察。

4 月 1 日　台州市财政局推行“政采云”平台网上超市注册制。

4 月 22 日　台州市财政医疗电子票据推广现场会在温岭市召开。

4 月 25 日　全省首个交通类 PPP 项目温玉铁路 PPP 项目通过省财政厅入库审查。

4 月 28 日　台州市公布 2019 年度棚户区改造计划开工项目清单,计划开工项目 43 个,建设安置房 32926 套。

5 月 9 日　台州市财政局主办、温岭市财政局承办的“财知道—

与高级会计师对话”主题沙龙在温岭东部产业集聚区举行。

5月16日　台州市财政局、市税务局、市银保监会和台州职业技术学院联合举办“减税降费你我同行”知识竞赛。

6月20日　台州市财政局党组书记、局长戴国富赴黄岩区召开行业协会代表座谈会，了解民营经济发展情况及减税降费政策落实情况，听取对财政工作的意见和建议。

8月19日　台州市召开2020年市级部门预算编制布置会议。

9月12日　台州市财政局召开“不忘初心、牢记使命”主题教育工作会议，局党组书记、局长戴国富作动员讲话。

10月22日　台州市全市数字化转型现场会在玉环市召开。

10月24日　浙江省财政厅党组成员、副厅长林仁方一行来台州开展2020年财政工作思路调研，市财政局局长戴国富作工作汇报。

11月13日　台州市财政局党组书记、局长戴国富一行赴黄岩区、天台县开展2020年财政工作思路调研。

11月21日　台州市财政局在浙江大学台州研究院召开全市政府产业基金路演工作会议。

11月29日　台州市本级财政专户资金(行政事业单位公款)竞争性存放网上招标成功。

12月5日　台州市财政税务工作第一次联席会议在市财政局召开。

12月25日　台州市财政局联合市税务局召开减税降费新闻发布会，向社会通报全市开展减税降费工作有关情况。

12月30日　台州市开出电子票据改革从医疗领域扩面后的首张教育领域非税收入电子票据，标志着电子票据改革在教育领域试点成功。

(台州市财政局供稿　梁　劲　沈孔平执笔)

丽水市

1月16日　丽水市财政局召开中层干部会议，宣布市委关于市财政局主要负责人调整决定。市委常委、常务副市长林亮，市委组织部副部长、市两新工委书记陈科强出席会议，市财政局新任党组书记、局长潘建青作表态发言。

2月14日　丽水市人大常委会党组副书记、副主任陈建波一行在市财政局召开座谈会，听取市本级部门预算编制改革及编制情况、全市及市本级2018年预算执行及2019年预算编制情况的汇报。

2月15日　丽水市财政局召开全局干部职工大会，回顾总结2018年财政工作，研究部署2019年财政工作。

3月1日　丽水市财政局召开全局党风廉政建设工作会议。局党组书记、局长潘建青主持会议并作工作报告，市纪委、监委派驻纪检监察组组长叶云妹讲话。

4月9日　丽水市财政局党组成员、副局长张栋走进FM94丽水综合广播《百姓热线》直播室，就百姓关心的财政方面热点难点问题与广大听众、网友们进行互动交流。

6月24日　丽水市人大常委会党组副书记、副主任陈建波一行到丽水市财政局调研2018年财政决算及2019年上半年预算执行情况，并召开座谈会。

7月12日　浙江省“政采云”农业(扶贫)“丽水山耕”馆举行开馆仪式，丽水“互联网+政府采购+扶贫”新模式正式开启。丽水市委常委、市政府常务副市长杜兴林出席启动仪式。

7月31日　丽水市财政医疗电子票据管理平台通过省市专家组验收，丽水市财政医疗收费电子票据管理改革取得阶段性成果。

8月7日　丽水市财政局召开全市财政局长座谈会。会议研究了财政收支运行、防范债务风险、财政资金管理和内控建设、预算绩效管理、机关内部“最多跑一次”改革、机构改革等工作。

9月12日　丽水市财政局召开“不忘初心、牢记使命”主题教育动员部署会。

10月29—31日　浙江省财政厅党组成员、副厅长沈磊一行到丽水开展2020年全省财政工作思路调研。

11月12—16日　丽水市财政局党组成员、副局长魏叶华带队，组织莲都区、龙泉市、青田县、缙云县、遂昌县、松阳县财政局相关人员，赴四川广元剑阁、巴中平昌等6个对口县(区)开展东西部扶贫协作资金使用情况调研督查。

12月20日　丽水市政府新闻办召开丽水会计师事务所和资产评估行业脱钩改制20周年新闻发布会。

(丽水市财政局供稿　王苏连执笔)

财政机构人员

zhejiang caizheng nianjian

浙江省财政厅厅领导名单

（2019 年 12 月 31 日）

厅长　徐宇宁*
党组书记　朱忠明*
副厅长、一级巡视员　陈焕昌*
党组成员、副厅长，省委两新工委委员　沈　磊
党组成员、驻厅纪检监察组组长　徐首红
党组成员、副厅长　邢自霞
党组成员、副厅长　林仁方*
党组成员、省金融控股有限公司党委书记、董事长　章启诚*
党组成员、副厅长　章忠良*
二级巡视员　尹红平*

浙江省财政厅机构设置及领导名单

（2019 年 12 月 31 日）

一、厅机关

办公室
　主任、一级调研员：叶光胜*
　副主任：徐小俊（兼）*
　副主任、二级调研员：高　翔*
　副主任：陈亚谊
　副主任：赵春伟*
　副主任：王　琛
　副主任：陆　阳*
　二级调研员：林圣才*

人事处
　副处长：叶茂乐（主持工作）*
　二级巡视员：姜明路*
　副处长：姜伟荣*
　二级调研员：费　萍*
　二级调研员：李亚东*

直属机关党委
　专职副书记、一级调研员：金洪根*
　机关纪委专职副书记：杨一斐

政策法规处
　二级巡视员：陈建中*
　副处长：富德荣
　二级调研员：朱炳仁*
　二级调研员：董强波*

总预算局
　局长、一级调研员：倪学军*
　副局长：顾健耀*

地方政府债务管理办公室
　主任：周爱明*
　副主任：项　真*

税政处
　处长、一级调研员：陈百平*
　副处长：费国炎

预算执行局
　局长、二级巡视员：侯余兴*
　副局长、二级调研员：包尧兴*
　副局长：戴晔沸*
　二级调研员：吴月宝*
　二级调研员：蒋小聪*
　二级调研员：陈　珍*

综合处
　处长、一级调研员：姚龙飞*
　副处长、二级调研员：吴凤珍*
　副处长、二级调研员：肖艳菱*
　副处长、二级调研员：邬达贵*
　二级调研员：姚如华*
　二级调研员：孙继霞*

会计处
　处长、一级调研员：江中亮*
　副处长：楼丽娜
　副处长：朱卫品*
　一级调研员：汤　淮*
　一级调研员：李雪萍*
　二级调研员：杨树圣*
　二级调研员：郑肖亮*

行政政法处
　处长：石琪琪*
　副处长、二级调研员：管海燕*
　副处长、二级调研员：陈　达*
　副处长：赵巧丽
　副处长：陈　琰*
　二级调研员：王柳霞*

科教处
　处长：童黛铭*
　副处长、二级调研员：王　静*
　副处长、二级调研员：虞劲松*
　二级调研员：戴祥波*

文化处（省文化企业国有资产监督管理办公室）
　处长：杨慧芳*

副处长:童　盈

副处长:李慧辉*

二级调研员:金　涛*

行政事业资产管理处

处长:王雯琳*

副处长:周克俭

副处长:潘朝晖

一级调研员:陈丽君*

农业处

处长、一级调研员:何新星*

副处长、三级调研员:傅彩莲*

副处长:王振权

副处长:王　姣*

基层财政管理处

处长:徐来兴*

副处长:孙建苗

副处长:鲁　明

二级调研员:许建全*

企业处

处长:王林尧*

副处长:沈燕萍

副处长:王朝辉*

二级调研员:吴新芳*

二级调研员:冯　洁*

金融处

处长:罗亭林*

副处长:康国梁*

二级调研员:洪小然*

社会保障处

处长:赵雅玲*

副处长、二级调研员:陈志远*

副处长:李　杰*

副处长:黄　青

二级调研员:李　鸣*

经济建设处

处长:陈　孝*

副处长、二级调研员:马　勇*

副处长:楼慧芬

副处长、二级调研员:马建胜*

副处长、二级调研员:何喜平*

财政监督局

局长、二级巡视员:楼梅芳*

副局长、三级调研员:汤建新*

二级调研员:周学伟*

绩效管理处

处长:赵利明

副处长:刘　虹

副处长:詹　飙

政府采购监管处

处长:郭定方

副处长、二级调研员:邵　健*

副处长:张旭东

副处长:倪文良*

二级调研员:徐剑锋*

二级调研员:梁妙其*

二、直属单位

省级财政国库支付中心

一级调研员:郑　耀*

副主任:甘建辛(吉林挂职)

副主任:黄哲强

副主任:朱小燕*

副主任:孙柳媚*

二级调研员:何玮富(援疆工作)*

二级调研员:宋万生*

省财政项目预算审核中心

主任:沈　湧

副主任:俞富桥

副主任:魏成勇

二级调研员:沈应庚*

二级调研员:吴春桃*

省财政票据管理中心(省政府非税收入服务中心)

主任:叶时宝*

二级巡视员:张亚平*

副主任:杨仕聪

省级部门预算编制中心

主任:张远东

副主任:范　愿

副主任:姜传鸽*

二级调研员:陈志光*

省财税政策研究室

主任:徐小俊*

副主任:冯　健

副主任:陈优芳

二级调研员:王非文*

省数字财政管理中心

主任:李　军

副主任:金永勤

副主任:陈健东

副主任:金国兴

管理五级职员:寿建钢

省会计人员服务中心

主任:余丽生*

副主任:童联新

省农业综合开发审核中心

主任:陆龙泉

副主任:林金松

省财政干部教育中心(省中华会计函授学校)

主任、专职副校长:吴小明*

副主任、专职副校长:沈幼华

省道路交通事故社会救助基金管理中心

主任:许智敏

省社会保险基金管理中心

主任:吴益民*

省注册会计师服务中心、省注册会计师协会

主任、秘书长:韩江南*

注册会计师资产评估行业联合党委专职副书记:张光敏*

浙江财政后勤服务中心

管理六级职员:陈相艮*

省农业融资担保公司

董事长:李建斌*

总经理:赵　虹*

董事、副总经理:王新江

(注:有*标示者为当年职务有新变动)

浙江省各市、县(市、区)财政局领导名单

(2019年12月31日)

杭州市财政局

党组书记、局长、一级巡视员:谢建华

亚组委机关党组成员、财务部部长,党组成员、副局长:谢　永

党组副书记:龚　萍

党组成员、纪检组组长:阮华兴

党组成员、副局长:朱觉斐

党组成员、副局长:许　杭

党组成员、副局长:龚　巍

党组成员、总会计师:汪生祥

党组成员、杭州投资发展公司董事长:寿学军

党组成员、办公室主任、主持组织人事处工作、一级调研员:毛慧敏

二级巡视员:万　强

一级调研员:卓安军

一级调研员:王娟娟

一级调研员:郭顺华

上城区财政局

党委书记、局长:石荣祥

党委委员、副局长:陈普照

党委委员、副局长:卢晓琴

副局长:沈　军

四级调研员:王皆兵

下城区财政局

党组书记、局长:蔡延平

党组成员、区纪委监委派驻第三纪检监察组组长:朱　杰*

党组副书记、副局长:朱　捷

党组成员、副局长:娄　瑾

党组成员、副局长:胡国庆*

江干区财政局

党委书记、局长:徐文明*

党委委员、第五纪检监察组组长:张松贵

党委委员、副局长:赵大慧

党委委员、副局长:傅启贵

党委委员、副局长:吴国荣

拱墅区财政局

党委书记、局长:周利光

党委委员、副局长:许　斌

党委委员、副局长:陈贤方

党委委员、副局长:李亚鹏*

党委委员:童湘军*

西湖区财政局

党委书记、局长:娄益元*

党委委员、调研员、副局长:仰红英

党委委员、副局长:陈岳毅

党委委员、副局长:赵水林

党委委员、副局长:沈丽芬

调研员:祝春霞

调研员:梁　进

高新区(滨江)财政局

党委书记、局长:顾华锋*

党委委员、副局长:许　颖

党委委员、副局长:张　军

党委委员、副局长:李　颖*

党委委员、四级调研员:张志新

党委委员、四级调研员:王慎红

纪检组长:余凤珍*

萧山区财政局

党委书记、局长:金国升*

党委委员、副局长:徐成梁

党委委员、派驻第九纪检监察组组长:余华英*

党委委员、副局长：钱建华

党委委员、预算执行局局长：应　鹏

余杭区财政局

党委书记、局长：沈世杰

党委副书记、副局长：施成华

党委委员、副局长：姜根军

党委委员、副局长：楼志燕

党委委员、区纪委（监委）第五纪检组组长：孙放平*

党委委员、副局长：朱　方*

党委委员、副局长：于　俊*

党委委员、总会计师：朱海波*

富阳区财政局

党委书记、局长：刘学军

党委副书记、副局长：李向明*

党委委员、区纪委（监委）派驻第九纪检监察组组长：王元新*

党委委员、副局长：朱经国　金卫泉

临安区财政局

党委书记、局长：张发平

党委副书记、副局长，国资办主任：戚峥嵘

党委委员：马泽华

临安区纪委派驻第六纪检组组长：赵海平*

党委委员、副局长：周　佳

党委委员、副局长：胡　钧

党委委员、副局长，国资办副主任：周海鹏

建德市财政局

党组书记、局长：陈　刚*

党组成员、副局长：孟　洁

党组成员、派驻第六纪检监察组组长：季建平*

党组成员、副局长：陈　善*

党组成员、总会计师：方明明*

副局长：张奕涛*

桐庐县财政局

党委书记、局长：孙叶华

党委副书记、副局长：俞　放*

党委委员、副局长：何庆娟

党委委员、副局长：俞　斌

党委委员（副局级）：吴俊华

党委委员：童海鹏*

党委委员：王　垚*

淳安县财政局

党委书记、局长：陆建育

党委副书记、副局长：万海卫*

党委委员、纪检组长：王富设*

党委委员、副局长：余德贵*

党委委员、总会计师：吴苏琴*

党委委员、副局长：徐建芳*

宁波市财政局

党组书记：黄焕利*

局长：姚蓓军*

党组成员、副局长：王　晓

党组成员、副局长：华　平*

党组成员、纪检组长：沃世立*

党组成员、副局长：高国平

党组成员、副局长：竺培楠

海曙区财政局

党组书记、局长：曹　杰

党组副书记、副局长：金群辉*

党组成员、副局长：童　霞

党组成员、副局长：朱裕高

党组成员、总会计师：邱顺年

党组成员、国资中心主任：王　海

江北区财政局

党组书记、局长：余拥锋

党组成员、副局长：姚正胜

党组成员、副局长：林　剑*

党组成员、总经济师：陈燕平*

党组成员、四级调研员：尹小炜*

镇海区财政局

党组书记、局长：顾　舰

党组副书记、副局长（正局长级）：汤文东

党组副书记、副局长：陈　晓*

副局长（正局长级）：柴亚明

党组成员、二级调研员：王镇亮

副局长：陈　寅

预算局局长、四级调研员：汤宇瑾

北仑区财政局

党组书记、局长：何岳忠

党组副书记、副局长：孙建荣

党组成员、副局长：何旭培

党组成员、副局长：袁　波*

国库局局长、四级调研员：王海珍*

鄞州区财政局

局长、党组副书记：李青萍

党组书记：涂更生

党组副书记：岑卢艳

党组成员、调研员：陈　黎

党组成员、副局长：程　洪*

副局长：虞文萍*

党组成员、副局长：赵海波*
党组成员、总会计师：毛盈飞*
党组成员、副调研员：汪未阳*

奉化区财政局

党委书记、局长：鲍飞海
党委委员、区政府投资项目评审中心副主任：江洪平*
党委委员、副局长：陈玲萍*
党委委员、副局长：杨盛波
党委委员、纪检组长：王海洪*
党委委员、副局长：张成方*
党委委员、区政府投资项目评审中心副主任：徐　炯*
党委委员、区政府投资项目评审中心副主任：俞亚芬*
党委委员、国库局局长：陈礼军*

余姚市财政局

党委书记、局长：王文辉*
党委副书记、副局长：鲁永飞
党委委员、副局长：施钧旻
副局长：周益忠*
党委委员、副局长：韩士其*
党委委员、总会计师：周能君*
党委委员、预算局局长：吴久林*

慈溪市财政局

党委书记、局长：周国爱
党委副书记、副局长：魏徐林*
副局长：潘钊先*
党委委员、总会计师：黄军岳*
党委委员、副局长：陈军燎*

宁海县财政局

党委书记、局长：庞建宏
党委委员、副局长：杨贻稳
党委委员、副局长：戴　晟
副局长：冯岳定
党委委员、总会计师：俞丽英*

象山县财政局

党组书记、局长：董连胜
党组成员、副局长：陈忠祥　郑世敏
党组成员、总经济师：胡　斌

温州市财政局

党组书记、局长、一级调研员：陈宣安
党组副书记、副局长、一级调研员(保留正县实职待遇)：朱定钧
党组成员、温州市纪委市监委驻市财政局纪检监察组组长、二级调研员：宋信友
党组成员、机关党委书记、二级调研员：陈胜利
党组成员、副局长、二级调研员：张国光
党组成员、副局长：沈显克*
党组成员、副局长：叶晓东
党组成员、总会计师：连莱菁*

鹿城区财政局

党组书记、局长、区国资办主任：周　岷*
党组副书记、副局长：陈幼彦
党组成员、副局长：孙丽娟
党组成员、区纪委区监委驻区政府办公室纪检监察组副组长：伊晓岳*
党组成员、副局长：陈　辉
党组成员、总会计师：徐　丹
党组成员、总预算局局长：徐君远

瓯海区财政局

党组书记、局长兼区国资办主任：李中方
党组副书记、副局长：陈小秋
党组成员、副局长兼区国资办副主任：徐　教
党组成员、副局长：欧胜武
党组成员、总会计师：吴建峰
党组成员、副局长：杨海慧
党组成员、预算执行局局长：黄玉坚*

龙湾区财政局

党组书记、局长：周德望
党组副书记、副局长：张安畴
党组成员、副局长：方崇敏
党组成员、副局长：施寒毅
党组成员、总会计师：吴祖岭
党组成员、财政监督局局长：朱爱忠
党组成员、预算执行局局长：陈银晔*

洞头区财政局

党组书记、局长、国资办主任：黄建敏
党组成员、副局长：朱海斌
党组成员、副局长：彭晓东
党组成员、副局长、国资办副主任(兼)：邱蔡芬芬
党组成员、机关党委书记：张海文
党组成员：朱建宇*

瑞安市财政局

市政协副主席、党委书记、局长、国资办主任：吴功宜
党委副书记、副局长：张筱珍
党委委员、市纪委市监委驻市财政局纪检监察组组长：郑圣学
党委委员、副局长：林孝昭
党委委员、副局长、国资办副主任：薛中卫*
党委委员、副局长：叶剑凯
党委委员、总会计师：陈大青

乐清市财政局

党组书记、局长:周建海*

党组副书记、副局长:董法朗

党组成员、副局长:卢正文

党组成员:李　华*

党组成员、副局长:郑清华*

党组成员、雁荡山管委会财政局局长:杨宏辉

党组成员、财政总会计师:包建信*

永嘉县财政局

党委书记、局长:林　杰(兼)*

党委委员、驻局纪检组组长:谢选年

党委委员、副局长:叶显勇

党委委员、副局长:吕金满

党委委员、副局长:潘来毅

党委委员、副局长:叶强忠*

财政总会计师:林文胜*

平阳县财政局

党组书记、局长:陈先夏

副局长:王　炼*

党组成员、副局长:洪益平

总会计师:林　毅

党组成员、副局长:温振睦*

党组成员、副局长:谢秉煌*

党组成员、人事教育科科长:张晓慧

党组成员、预算局局长:陈日坚*

苍南县财政局

党组书记、局长:陈国子*

党组成员、副局长:许明稀

党组成员、副局长:王雪琴*

党组成员、副局长:陈荣早*

党组成员、副局长:陈志苍*

文成县局财政局

党委书记、局长:季建明

党委副书记、副局长:金宪树

党委委员、副局长:叶信钏

党委委员、副局长:王光远

党委委员、总会计师:胡国鑫

党委委员、中共文成县纪委监察委派驻第六纪检组组长:邢万方

泰顺县财政局

党委书记、局长:周仕姜

党委委员、副局长:刘行忠

党委委员、副局长:毛旭升

党委委员、副局长:周晓铭*

党委委员、总会计师:夏文伟*

党委委员:吴明双

党委委员:翁迪软*

嘉兴市财政局

党委书记、局长:王申峰*

副局长:姜　东

党委委员、纪检监察组组长:周曙光

党委委员、副局长:蔡土贵*

党委委员、副局长:王　亮

党委委员、总会计师:黄益良*

党委委员、四级调研员:沈建忠

南湖区财政局

党组书记、局长:夏　峰

党组副书记、副局长:傅　强*

党组成员、副局长:王嘉红*

党组成员、副局长:张　涛

党组成员、副局长:汪　军*

副局长:饶志莲

秀洲区财政局

党委书记、局长:成海明

党委委员、副局长:姚颖娟

党委委员、副局长:陈宏义*

副局长:龚慧群

嘉善县财政局

党委书记、局长:沈　申

党委副书记、副局长:张红兵

党委副书记:陆永法*

党委委员、副局长:丁发根

党委委员、副局长:章力耘

党委委员、副科级领导干部:刘　春

党委委员、副局长:杨卫纲

副科级领导干部、预算局局长:邬伟强

总会计师、预算执行局局长:蒋丽萍*

党委委员、党委办公室主任、人事教育科科长:孟雪荣

平湖市财政局

市政协副主席、局长:沈幼锋

党委书记、副局长:顾利鹤

党委副书记、副局长:全　骏

党委委员、副局长:丁根林

党委委员、副局长:姚春元

党委委员、副局长:钱道明*

副局长:王祥甫

党委委员、总会计师:宋丽梅

海盐县财政局

党组书记、局长:王晓军

党组成员、副局长:王建林*
党组成员、副局长:陶照明
党组成员、副局长:戴海华
党组成员、总会计师:富钧毅*

海宁市财政局
党委书记、局长:蒋雪标
党委委员:朱建忠
党委委员、副局长:曹智慧
党委委员、副局长:孙　伟*
党委委员、副局长:高　迪
副局长:钱　薇
党委委员:邓石明*
党委委员、组织人事科科长:柴云康*
总会计师:孙雪峰

桐乡市财政局
党委书记、局长:陈　政
党委委员、国资国企改革发展服务中心主任:吴伟东*
党委委员、副局长:沈培荣
党委委员、副局长:朱振宇*
党委委员、副局长:吴鉴伟
党委委员、副局长:费　佳*
党委委员、副科长级:朱振祖*
党委委员、人事科科长:费忠云*

湖州市财政局
党组书记、局长:李全明
党组副书记、副局长:黄长泉
总会计师:孙倩如
党组成员、副局长:林　明*
党组成员、副局长:徐　慧*
党组成员、副局长:许　哲*
党组成员:唐卓文

吴兴区财政局
党组书记、局长:杨卫华
党组成员、总会计师:施江红
党组成员、副局长:叶　青
党组成员、副局长:俞勤仕
党组成员、副局长:光　晨*

南浔区财政局
党委书记、局长:何琪虎
党委副书记、副局长:崔正云
党委委员、副局长:孙　晖
党委委员、副局长:沈利明
党委委员、总会计师:李卫英
党委委员、兼办公室主任:顾新江

德清县财政局
县政协副主席,财政局党组书记、局长,国资办主任:嵇金星
党组成员、副局长:陈　强
党组成员、副局长:钱伟国
党组成员、副局长:沈漪萍
县国有企业监事会副监事长:姚连坤
党组成员、副局长:嵇月红
党组成员、总会计师:俞明耀

长兴县财政局
党委书记、局长:葛铭松
正科级组织员:邵建峰
党委委员、副局长:顾群伟
党委委员、副局长:彭　琳
党委委员、副局长:刘志新
党委委员、副局长:夏　骏

安吉县财政局
党委书记、局长、县国资办主任:徐　勇*
党委副书记、副局长:华新平
党委委员、县国资办副主任:尚亿勇*
党委委员、副局长:童升明
党委委员、副局长:吴　蔚
党委委员、总会计师:张　勇*
党委委员:刘　清*

绍兴市财政局
党委书记、局长:吕　丙
党委委员、财政投资公司(金融控股公司〔筹〕)董事、董事长、总经理:孙永国*
党委委员、市纪委派驻市财政局纪检组组长:陈雪军
党委委员、副局长:邢玉清
党委委员、副局长:许江军
党委委员、副局长:孙国新
党委委员、总会计师:王霞辉*
党委委员、二级调研员、直属机关党委书记:詹　超
党委委员、人事处处长:盛文斌*
二级调研员:蔡文良
二级调研员:杨成林
四级调研员:陈益君
四级调研员:蒋杨英*
四级调研员:周连进*

越城区财政局
党组书记、局长、国资办主任:沈华清
党组成员、副局长:章力强*
党组成员、副局长:谢晓芳
党组成员、副局长:王　强

党组成员、副局长:林先明
党组成员、国资办副主任:陈　红*
党组成员、财政监督局局长:汤晓燕

柯桥区财政局

党工委书记、局长:余建林
党工委委员、副局长:徐利忠
党工委委员、副局长:方　荣
党工委委员、副局长:陈　超*
党工委委员、区国资办副主任:邹国林
党工委委员、总会计师:倪永亮*
党工委委员、区财政项目预算审核中心主任:来建祥
财政监督局局长(副局级):华永伟
预算执行局局长(副局级):潘国海

上虞区财政局

党委书记、局长:杜永刚
党委委员、副局长:陈志坚
党委委员、副局长:金惠君
党委委员、副局长:朱政荣
总会计师、预算执行局局长:徐　俊*
预算局局长(副局长级):许永忠
预算监督局局长(副局长级):陈国华
党委委员:丁光兴*

诸暨市财政局

党组书记、局长:郭伟锋
副局长:戚俏新
党组成员、副局长:杨胜新
党组成员、副局长:杨列伟
党组成员、总会计师:斯　巍
党组成员、副局长:朱向前
党组成员、党建室主任:骆洪涛

嵊州市财政局

党委书记、局长:商肖城
党委委员、副局长、国资办主任:叶　平
党委委员、驻局纪检监察组组长:朱建国
党委委员、副局长:王正浩
党委委员、副局长:王小燕
党委委员、总会计师:钱　莉
党委委员、财政监督局局长:茹雪城
党委委员、人事科科长:陈　伟

新昌县财政局

党委书记、县委国资工委书记、局长:俞剑锋
党委委员、副局长:丁利平
县委国资工委副书记、局党委委员:求伟清
党委委员、副局长:徐超青
党委委员、副局长:章　政
党委委员:娄小平

总会计师:丁　文*
党委委员:梁晓富

金华市财政局

党组书记、局长:李　俊
党组副书记、副局长:倪小波
党组成员、副局长:胡金东*
党组成员、总会计师:陈志坚*
党组成员:雷康盛

婺城区财政局

党组书记、局长:傅得樟
党组成员、副局长:陈伟达*
党组成员、副局长:俞叶青
党组成员、总会计师:胡　伟
党组成员、监督评价局局长:张德建*

金东区财政局

党组书记、局长:郭文洁
党组副书记、副局长:陈春华
党组成员、副局长、国资运营发展中心主任:姜韶军*
党组成员、副局长:孙岳彪
总会计师:叶晓咏
党组成员:洪　俊
党组成员:周用平*

兰溪市财政局

市政府党组成员,局党组书记、局长:陈志良
党组副书记、副局长、国资办主任:张海湘
党组成员、副局长:严师东*
党组成员、副局长:陈　浩*
党组成员、总会计师:盛时新*
党组成员、预算局局长:张新跃*
党组成员、预算执行局局长:陈晓伟*
党组成员、财政监督局局长:包永平*

东阳市财政局

党组书记、局长:徐育阳
党组成员、副局长:韦向东
党组成员、副局长:钟柏青
党组成员、副局长:金旭东
党组成员、财政监督局局长:严徽华

义乌市财政局

党委书记、局长:洪信强*
党委副书记、副局长:赵绍辉
党委委员、副局长:胡文德
党委委员、副局长:金　珂*(省财政厅挂职)
党委委员、副局长:虞一青*
总经济师:傅晓平

永康市财政局

党委书记、局长:朱彭年
副局长:吕美红
党委委员、副局长:胡高峰
党委委员、总会计师:程凤飞
党委委员、副局长:胡俊杰

浦江县财政局
党委书记、局长:陈志平*
党委委员、副局长:许尔清
党委委员、副局长:黄小莲*
党委委员、副局长:于培东*
总会计师:程晓月*
党委委员:芮赢省*

武义县财政局
党委书记、局长:徐宏亮
党委委员、副局长:徐飞云
党委委员、副局长:朱晓鹏
党委委员、副局长:陈　莉*
党委委员、总会计师:张　波

磐安县财政局
党组书记、局长:卢志峰
党组副书记、副局长:郑岩德*
党组成员、副局长:周国钱
党组成员、副局长:林永平
党组成员、副局长:黄　强
党组成员、财政总会计师:陈　山
县纪委派驻第六纪检组副组长:吕有根

衢州市财政局
党委书记、局长:翁文斌*
党委副书记、副局长:叶浙青*
党委委员、三级调研员:张　庆*
党委委员、驻局纪检监察组组长:姜增昌*
党委委员、副局长:林　霄
党委委员、副局长:徐国富
党委委员、副局长:刘国璋

柯城区财政局
党组书记、局长:舒素标*
党组成员、副局长:吴　川
党组成员、派驻纪检监察组组长:杨　洁*
党组成员、副局长:卢小红*
党组成员、副局长:姜杨青*
党组成员、总会计师:张　星*

衢江区财政局
党组书记、局长:傅红庆*
副局长:孔万定
党组成员、副局长:吴凌霞*
党组成员、派驻纪检监察组组长:李旭武*

龙游县财政局
党委书记、局长:傅正军
党委委员、派驻纪检监察组组长:陈　芬
党委委员、副局长:琚柏华
党委委员、副局长:倪　斌
党委委员、副局长:徐林祥
总会计师:钱　宇

江山市财政局
党委书记、局长:周立武
党委委员、副局长:张晓华
副局长:毛水芳
党委委员、派驻纪检监察组组长:郑晓岗
党委委员、副局长:董志成
党委委员、副局长:杨忠福
党委委员、总会计师:廖学军

常山县财政局
副县长、局党委书记、局长:李德生*
党委副书记、副局长:蒋淑萍
党委委员、副局长:李和平
党委委员、派驻纪检监察组组长:徐串联
党委委员、副局长:叶晓春
党委委员、总会计师:计华丁

开化县财政局
党委书记、局长:张月桥*
党委委员、副局长:汪福海
党委委员、副局长:廖建忠
党委委员:余红敏
党委委员、国库支付中心主任:詹炳法
党委委员、副局长:傅满鹏
党委委员、派驻纪检监察组组长:叶槐宏*
党委委员:余晓华*
党委委员:张崇保*

舟山市财政局
党委书记、局长:顾央军
党委副书记、副局长(正县处级):曹国英
党委委员、副局长:王海平
党委委员、总会计师:邵裕龙
党委委员、副局长:宁小军
党委委员、驻局纪检监察组组长:邓兆俊*
党委委员、副局长:王醒飞

定海区财政局
党委书记、局长:何　红
党委副书记:张　局*
党委委员、副局长:戴水婷

党委委员、副局长：李汉定
党委委员、副局长：宣宏伟
党委委员、总会计师：蒋科卫

普陀区财政局

党委书记、局长：史海祥
党委副书记：张友夫
党委委员、驻局纪检监察组组长：张永迪
党委委员、副局长：杨琪恒
党委委员、副局长：刘科峰
党委委员、总会计师：陈嗣韦

岱山县财政局

党组书记、局长：张正道
党组成员、驻局纪检组组长：吴常波*
党组成员、副局长：王　挺
党组成员、副局长：张群海*
党组成员、总会计师：郑　辰*
党组成员、副局长：袁欣芝*

嵊泗县财政局

党委书记、局长：罗奇辉
党委专职副书记：刘白羽*
党委委员、驻局纪检监察组组长：王忆海*
党委委员、副局长：李俊杰*
党委委员、副局长：顾跃进*
党委委员、总会计师：孙　溪*
党委委员、副局长：唐波军*

台州市财政局

党组书记、局长、二级巡视员：戴国富*
党组成员、副局长、二级调研员：蒋天平*
党组成员、副局长：许天鸿
党组成员、副局长：卢修贤*
党组成员、总会计师：张贤鸣*
党组成员、驻局纪检组组长：张兴平*
预算局局长：汪晶晶
财政监督局局长：张贤鸣*
二级调研员：郑必灼*
四级调研员：戴　峰*

椒江区财政局

党组书记、局长：阮建明
党组副书记、副局长：陈忠贤
党组成员、副局长：唐诗虎
党组成员、副局长：章光辉

黄岩区财政局

党组书记、局长：苏忠阳
党组副书记、副局长：管志勇
党组成员、副局长：卢向炜
党组成员、副局长：韩　华
党组成员、总会计师：解卫敏
党组成员：苏先能
党组成员：尚　敏

路桥区财政局

党组书记、局长：陈海鸿
党组副书记、副局长：蔡金虎
党组副书记：黄直诚
党组成员、副局长：牟晓燕
副局长：吴芳霞
党组成员：李　勇
总会计师：谢勇奇

临海市财政局

党委书记、局长：胡寿坚
党委委员、副书记：沈国材
党委委员、副局长：蒋向阳
党委委员、副局长：徐　震
党委委员、副局长：蒋修勤

温岭市财政局

党委书记、局长：顾雪荣
党委副书记、副局长：夏明华
党委副书记：王奭剑
党委委员、副局长：周崇友
党委委员、副局长：潘建华
党委委员、总会计师：王贵平
党委委员、预算局局长：徐一平

玉环市财政局

党委书记、局长：林仁斌
党委副书记、副局长：曾子文
党委委员、副局长：姜仁武
副局长：张作民
党委委员、总会计师：袁必生
党委委员：马彩定

天台县财政局

党组书记、局长：戴敏华
党组副书记、副局长：范永友
党组成员、副局长：丁伟生
党组成员、总会计师：朱丰强
党组成员、副局长：陈邦信
党组成员、副局长：叶士南

仙居县财政局

党组书记、局长：吴勇卫*
党组成员、纪委派驻纪检组组长：陈志伟*
党组成员、副局长：李琦瑛
党组成员、副局长：吴丽萍*
党组成员、副局长：张　健*

总会计师:应强华

三门县财政局

党组书记、局长:叶坚强

党组副书记、副局长:尤福跳

党组成员、副局长:陈小撑

党组成员、总会计师:章日胜

党组成员、预算执行局局长:奚圣伟*

丽水市财政局

党组书记、局长:潘建青*

党组成员、副局长:魏叶华

党组成员、副局长:叶芳儿*

党组成员、副局长:张　栋

党组成员、市纪委市监委派驻市财政局纪检监察组组长:季飞云*

党组成员、总会计师:阮美莲*

党组成员、办公室主任兼人事处处长、丽水市财税培训中心主任:易远明*

莲都区财政局

党组书记、局长:徐屈霞

党组成员、副局长:黄于林

党组成员、副局长:林　伟

党组成员、区纪委区监委派驻第六纪检监察组组长:陈君佐

党组成员、总会计师:吕焕祺

龙泉市财政局

党组书记、局长:吴小波

党组副书记、副局长:商越敏

党组成员、副局长:邵仲昕

党组成员、市纪委市监委派驻第八纪检监察组组长:季美莲*(2019年6月始)

党组成员、副局长:杨春花*

党组成员、总会计师:张云英

党组成员:姜苏民

党组成员:陈徐明

党组成员、财政监督局局长:朱光泉

党组成员、办公室主任:叶春定

青田县财政局

党组书记、局长:周冠华

党组成员、副局长:王刘斌

党组成员、副局长:张红兵

党组成员、副局长:季耀武

党组成员、总会计师:徐松娥

云和县财政局

党组书记、局长:柳成东

党组副书记、副局长:黄育金

党组成员、副局长:陈　东

党组成员、副局长:黄金娟

党组成员、总会计师:吴林娟

党组成员、县纪委县监委派驻纪检监察组组长:官玉和

党组成员:叶晓华

庆元县财政局

党组书记、局长:项邦宝*

党组副书记、副局长:江旭奎

党组成员、县纪委县监委派驻纪检监察组组长:周成耀*

党组成员、副局长:叶　斌

党组成员、副局长:杨进林*

党组成员、总会计师:姚四荣*

缙云县财政局

党组书记、局长:张爱明

党组副书记、副局长:叶伟民

党组成员、副局长:赵德灿

党组成员、总会计师:俞根文

党组成员、副局长:潘少华*

县纪委县监委派驻第六纪检监察组组长:陶国南

遂昌县财政局

党组书记、局长:金　飞*

党组副书记、副局长:程昌文*

党组成员、县纪委县监委派驻第六纪检监察组组长:余建飞*

党组成员、副局长:方文初

党组成员、副局长:王金品

党组成员、预算执行局局长:叶樟土

松阳县财政局

党组书记、局长、国资办主任:李剑飞

县委正科级组织员、党组成员:王寿康

党组副书记、副局长:李一鹏

党组成员、副局长:冯汉饶

党组成员、副局长:占　友*

党组成员、副局长:刘青华

党组成员:叶智强

党组成员、县纪委县监委派驻纪检监察组组长:王善明*

总会计师:吴振宏*

景宁县财政局

党组书记、局长:叶　峰

党组副书记:陈华星

党组成员:蓝朝星

党组成员、县纪委县监委派驻第五纪检监察组组长:周　枫

党组成员、副局长:夏　芬

党组成员、总会计师:梅忠敏

党组成员、副局长:虞　斌

党组成员、国资公司总经理:柳　风

(注:有*标示者为当年职务有新变动)

2019年浙江省财政系统职工基本情况统计表

单位:人

项目		总计	性别		民族		学位			学历					
													中专及以下学历		
			男	女	汉	其他	博士	硕士	学士	研究生	大学本科	大学专科	人数	其中35岁及以下	其中36—45岁
总计	合计	13802	6923	6879	13723	79	15	1277	4412	1104	10762	1626	310		40
	厅(局)级	17	14	3	17		1	5	1	6	11				
	地市局(处)级	701	461	240	697	4	4	190	144	167	512	21	1		
	县局(科)级	3910	2248	1662	3895	15	5	506	803	392	3133	365	20		2
	一般干部	8717	3878	4839	8661	56	5	575	3436	538	6956	1071	152		9
	工勤人员	457	322	135	453	4		1	28	1	150	169	137		29
省(区、市)厅局	合计	1037	563	474	1027	10	10	385	289	317	685	28	7		1
	厅(局)级及以上	17	14	3	17		1	5	1	6	11				
	处(局)级	416	244	172	414	2	4	151	86	121	290	5			
	科级	368	180	188	364	4	3	153	121	115	249	4			
	一般干部	219	110	109	216	3	2	76	81	75	130	11	3		1
	工勤人员	17	15	2	16	1					5	8	4		
市(地、州)局	合计	3077	1528	1549	3063	14	5	447	1028	388	2413	194	82		20
	局(处)级及以上	285	217	68	283	2		39	58	46	222	16	1		
	科级	1587	830	757	1580	7	2	268	417	211	1282	91	3		
	一般干部	1072	389	683	1067	5	3	140	553	131	887	45	9		
	工勤人员	133	92	41	133						22	42	69		20
县(市、区)局	合计	7217	3838	3379	7181	36		420	2425	365	5976	744	132		17
	局(科)级及以上	1955	1238	717	1951	4		85	265	66	1602	270	17		2
	股级	2151	1279	872	2141	10		208	742	161	1872	110	8		3
	一般干部	2817	1110	1707	2798	19		126	1395	137	2388	249	43		3
	工勤人员	294	211	83	291	3		1	23	1	114	115	64		9
乡(镇)所	合计	2471	994	1477	2452	19		25	670	34	1688	660	89		2
	所(股)级及以上	792	431	361	788	4		11	142	12	488	252	40		1
	一般干部	1666	559	1107	1651	15		14	523	22	1191	404	49		1
	工勤人员	13	4	9	13				5		9	4			

（续表一）

单位：人

项目		总计	政治面貌				年龄									
			中共党员	共青团员	民主党派	其他	25岁及以下	26—30岁	31—35岁	36—40岁	41—45岁	46—50岁	51—54岁	55—59岁	其中:女	60岁及以上
总计	合计	13802	9118	919	281	3484	574	1874	1874	1675	2040	2268	1894	1603	90	
	厅(局)级	17	15		1	1						3	2	12	2	
	地市局(处)级	701	632		21	48			6	52	108	167	139	229	70	
	县局(科)级	3910	2974	23	104	809	4	93	287	466	652	839	867	702	2	
	一般干部	8717	5303	876	152	2386	555	1765	1562	1124	1198	1152	808	553	16	
	工勤人员	457	194	20	3	240	15	16	19	33	82	107	78	107		
省(区、市)厅局	合计	1037	838	23	25	151	23	74	135	179	162	179	118	167	55	
	厅(局)级及以上	17	15		1	1						3	2	12	2	
	处(局)级	416	366		11	39			5	45	73	103	75	115	48	
	科级	368	303	5	11	49	3	28	85	104	67	43	25	13		
	一般干部	219	143	18	2	56	20	46	45	29	21	26	13	19	5	
	工勤人员	17	11			6				1	1	4	3	8		
市(地、州)局	合计	3077	2137	147	100	693	103	345	380	423	528	590	405	303	25	
	局(处)级及以上	285	266		10	9			1	7	35	64	64	114	22	
	科级	1587	1217	13	60	297	1	56	163	265	334	386	254	128		
	一般干部	1072	598	134	30	310	102	289	216	151	124	99	60	31	3	
	工勤人员	133	56			77					35	41	27	30		
县(市、区)局	合计	7217	4589	516	135	1977	275	950	927	808	1083	1202	1080	892	7	
	局(科)级及以上	1955	1454	5	33	463		9	39	97	251	410	588	561	2	
	股级	2151	1638	51	66	396	1	131	340	370	502	487	227	93		
	一般干部	2817	1375	441	33	968	260	796	531	315	284	244	217	170	5	
	工勤人员	294	122	19	3	150	14	14	17	26	46	61	48	68		
乡(镇)所	合计	2471	1554	233	21	663	173	505	432	265	267	297	291	241	3	
	所(股)级及以上	792	637	7	14	134	9	59	95	92	108	156	145	128	2	
	一般干部	1666	912	225	7	522	163	444	335	167	159	140	146	112	1	
	工勤人员	13	5	1		7	1	2	2	6		1		1		

（续表二） 单位：人

项目		总计	参加工作时间						劳动模范（先进工作者）	
			1970年前	1971—1980年	1981—1990年	1991—2000年	2001—2010年	2011年以后	省(部)级	全国
总计	合计	13802		491	3684	3796	2929	2902	3	
	厅(局)级	17		3	11	3			1	
	地市局(处)级	701		71	331	228	70	1	1	
	县局(科)级	3910		218	1576	1268	685	163	1	
	一般干部	8717		148	1601	2132	2134	2702		
	工勤人员	457		51	165	165	40	36		
省(区、市)厅局	合计	1037		41	284	298	278	136	1	
	厅(局)级及以上	17		3	11	3			1	
	处(局)级	416		30	178	149	58	1		
	科级	368			52	99	169	48		
	一般干部	219		4	34	43	51	87		
	工勤人员	17		4	9	4				
市(地、州)局	合计	3077		117	739	962	684	575	1	
	局(处)级及以上	285		41	153	79	12		1	
	科级	1587		40	437	615	394	101		
	一般干部	1072		18	98	205	277	474		
	工勤人员	133		18	51	63	1			
县(市、区)局	合计	7217		276	2031	2019	1453	1438	1	
	局(科)级及以上	1955		178	1087	554	122	14	1	
	股级	2151		17	413	885	636	200		
	一般干部	2817		53	427	483	662	1192		
	工勤人员	294		28	104	97	33	32		
乡(镇)所	合计	2471		57	630	517	514	753		
	所(股)级及以上	792		23	346	201	145	77		
	一般干部	1666		33	283	315	363	672		
	工勤人员	13		1	1	1	6	4		

（续表三） 单位：人

项目		专业技术人员					特贴专家
		总计	高级职务	其中：正高级职务	中级职务	初级职务	
总计	合计	7412	1099	8	3839	2474	
	厅(局)级	14	8	1	4	2	
	地市局(处)级	484	226	6	207	51	
	县局(科)级	2402	439		1407	556	
	一般干部	4440	426	1	2172	1842	
	工勤人员	72			49	23	
省(区、市)厅局	合计	688	284	5	305	99	
	厅(局)级及以上	14	8	1	4	2	
	处(局)级	335	181	4	126	28	
	科级	214	62		125	27	
	一般干部	125	33		50	42	
	工勤人员						
市(地、州)局	合计	1660	302	3	957	401	
	局(处)级及以上	149	45	2	81	23	
	科级	1029	201		626	202	
	一般干部	459	56	1	234	169	
	工勤人员	23			16	7	
县(市、区)局	合计	3857	499		2165	1193	
	局(科)级及以上	1159	176		656	327	
	股级	1319	230		821	268	
	一般干部	1335	93		657	585	
	工勤人员	44			31	13	
乡(镇)所	合计	1207	14		412	781	
	所(股)级及以上	464	10		182	272	
	一般干部	738	4		228	506	
	工勤人员	5			2	3	

附录

zhejiang caizheng nianjian

专题经验介绍

集可用之财　办发展大事

——浙江“集中财力办大事”实现理念向政策体系之变

浙江省财政厅总预算局

2018年以来，浙江省财政厅聚焦聚力“长三角一体化发展”“三大攻坚战”“富民强省十大行动计划”“八大万亿产业”等党中央、国务院和省委、省政府重大决策部署，积极构建集中财力办大事财政政策体系，更好地促进全省高质量发展和“两个高水平”建设。截至2019年11月底，全省90个市、县（市、区）已如期建成集中财力办大事财政政策体系，标志着全省以集中财力办大事财政体制机制为主导的财政管理步入一个新时期。

立足实际，认清改革需求

近年来，浙江财政认真践行习近平总书记“干在实处永无止境，走在前列要谋新篇，勇立潮头方显担当”的新要求新期望，遵循省委“‘八八战略’再深化、改革开放再出发”工作主线，不断深化财税体制改革，加快建立具有浙江特色的现代财政制度，有力地促进了财政高质量发展。一是收入高质量，近年来，全省税收收入占一般公共预算收入的比重一直保持在85%以上，位居全国前列。二是支出高绩效，全省财政支出增量用于民生的比例连续15年保持在三分之二以上。三是服务高水平，通过开展“上门服务至少一次”活动，促进财政管理改革新提升，2016—2018年，连续三年被国务院评为“真抓实干表扬激励”先进省份。在肯定成绩的同时，也要清晰地看到，当前财政改革和预算管理仍存在支出结构固化、政策碎片化、资金“撒胡椒面”以及财政被动“买单”等问题，亟须按照中央关于现代财政制度建设最新精神和省委、省政府关于集中财力办大事、提高财政资金使用绩效的要求，进一步优化财政支出结构，加大政策和资金整合力度，发挥财政资金的集聚效应，主动“买单”、攥紧拳头、精准发力，构建集中财力办大事财政政策体系的体制机制。

一、一鼓作气，上下同心推改革

（一）凝聚共识、协同推进。省委、省政府高度重视该项工作，省委书记车俊和省长袁家军多次听取专题汇报，提出明确要求，省财政厅根据省领导要求，对研究提出的集中财力办大事财政政策反复迭代、不断完善，并主动与部门沟通对接，最终确定方案，形成政策合力、资金合力和工作合力，保障重大决策部署落地生根、开花结果，得到省领导充分肯定。

（二）全面评估、科学测算。根据现行的分税制财政体制和财力分级管理的框架，遵循实事求是、积极稳妥、留有余地的原则以及与各项经济社会发展指标相适应的要求，在充分考虑国家有关政策调整对收入增减影响的基础上，以2018年为基期，按照地方财政收入预计增幅，对2019—2022年全省和省级预计新增财力进行科学测算。

（三）主动对标、梳理整合。聚焦党中央、国务院和省委、省政府重大决策部署，对现有财政政策进行全面梳理、整合，并根据新形势新任务新要求，反复迭代优化，研究提出构建集中财力办大事财政政策体系。其中，保留政策49项，强化政策47项，整合47项政策后设立21项政策（减少26项），新出台政策12项。

（四）强化统筹、优化结构。为进一步增强集中财力办大事的能力，调整四项财力性政策。统筹的财力除保基本运转支出外，全部集中用于服务保障党中央、国务院和省委、省政府决策部署的财力。2018—2022年，省级财政预算安排用于集中财力办大事的资金占省级支出比重达到60%以上。

二、亮点纷呈，政策体系好在哪

（一）精准聚焦。提高政治站位，紧紧围绕高质量发展和“两个高水平”建设的目标，聚焦聚力“三大攻坚战”“富民强省十大行动计划”“八大万亿产业”等党中央、国务院和省委、省政府重大决策部署，聚焦聚力高质量、竞争力、现代化，系统重构财政政策体系，建立跨年度预算平衡机制，实施中（长）期财政规划管理，综合施策，精准发力。

（二）绩效优先。按照“全面实施绩效管理”的要求，建立健全以绩效为核心的财政政策体系和资金管理机制，根据“花钱有绩效、浪费必问责”的原则和问题导向，该取消的取消、该保留的保留、该整合的整合、该强化的强化、该出台的出台，将有限的财力用在“刀刃”上，发挥出最大的效益。

（三）存量增量并举。坚持“增量优方向”和“存量调结构”相结合，按照“突出重点、兼顾一般”的原则，优化增量财力支持方向，调整存量财力支持结构，集中财力办大事，实现资金流与决策流、业务流融合。

（四）省市县联动。坚持全省一盘棋，合理划分省与市县的财政事权和支出责任，保持省管县财政体制总体稳定，促进区域均衡协调发展。切实提高省级财政的统筹能力，更好发挥省级财政政策和资金的激励引导作用，充分调动市县积极性，带动市县增加投入、同向发力、联动发展。

（五）有为政府和有效市场相结合。积极推动政府职能转变，厘清公共财政运行边界，找准有为政府和有效市场的结合点，有所为、有所不为，综合运用PPP、政府产业基金等市场化手段，吸引带动金融资本、社会资金进入相关领域，充分发挥财政资金“四两拨千斤”的杠杆效应。

三、铆足后劲，我们的体会是什么

此项工作不仅是对财政政策体系的重构，更是财政工作理念、工作方式的重大转变，同时也是财政部门提升站位、主动作为、彰显作用的重要机遇。我们要加快改革进程，做出改革成

效，充分发挥政策体系对我省重要战略的支持保障作用。

（一）要把“财为政服务”作为根本遵循

党的十八届三中全会提出，财政是国家治理的基础和重要支柱，这对我们新时代财政预算工作提出了更高的要求。省委书记车俊在不同场合多次强调要集中财力办大事，把有限的财政资金集中起来用在“刀刃”上。构建集中财力办大事财政政策体系，需要我们进一步提高政治站位，强化“财为政服务”的意识，紧紧围绕中心、服务大局，做到“党委、政府决策部署推进到哪里，财政服务保障就跟进到哪里”，提前谋划、精准服务、精准保障。

（二）要把“全面绩效管理”作为价值追求

党的十九大将“全面实施绩效管理”写入党的纲领性文件，凸显绩效管理在构建现代财政制度中的重要地位。面对资金需求与财力可能这对永恒的矛盾，财政预算工作要克服惯性思维，大胆创新，以系统论的思维建立健全以绩效为核心的集中财力办大事财政政策体系和资金管理机制，加快建设全方位、全过程、全覆盖的预算绩效管理体系，实现预算安排与绩效管理的“全方位、全过程、全覆盖”深度融合，推动财政资金聚力增效，着力改变政策碎片化、资金“撒胡椒面”的情况。

（三）要把“中长期财政规划”作为重要法宝

实行中长期财政规划管理有利于提高预算编制前瞻性、强化财政规划约束、发挥财政稳定器和逆周期调节作用。构建集中财力办大事财政政策体系，是财政主动“买单”的体现，对中长期财政规划管理进行了实质性探索和破题，从更长的周期、更宽的视野、更广的范围研究预算和资金安排，有利于提高政策的系统性和前瞻性。在编制年度预算时，只需将年度资金安排计划从五年的财政政策体系中拎出来，再根据当前的新形势、省委省政府新的决策部署、各部门履职对财政保障的新需求，对支出安排作一些调整，然后综合集成，使得预算编制更加精准和高效。

（四）要把“全省一盘棋”作为协调方法

集中财力办大事是复杂的系统工程，涉及既有利益格局的调整和优化，意义重大，难度也很大，需要各级各部门协调推进。要通过“上门服务至少一次”等活动，主动掌握部门贯彻党委、政府决策部署的工作举措及其对财政保障的需求，使资金流跟着党委、政府的决策流和部门的业务流、信息流走。同时，加强对各地各部门的督查和考核，压实、压紧市县主体责任，对贯彻落实重大决策部署行动坚决、措施有力、绩效突出的，给予激励。

农村综改助推乡村振兴的浙江经验

——以嘉善农村综合改革集成区试点为例

浙江省财政厅农业处

农村综合改革，是不断推进乡村振兴的源动力。为高质量助推乡村振兴，浙江省财政部门以深化改革为动力，以体制机制创新为突破口，进行了一事一议财政奖补、助推美丽乡村建设、扶持村级集体经济发展、中心镇示范试点、公共设施运行管护、田园综合体创建、集成区试点等一系列农村综合改革试点工作，涌现出一大批居于全国领先水平的典型模式，多项试点成为国家级试点，为浙江省全面实施乡村振兴打下了坚实的基础。

2018 年，经省财政厅推荐，嘉善县成为国家级农村综合性改革试点试验单位。一年多来，嘉善县围绕农业农村现代化的总目标和产业兴旺、生态宜居、乡风文明、治理有效、生活富裕的总要求，坚持以农业农村优先发展为总方针，坚持和加强党对农村工作的领导，以农村综改试点为先行探索的载体，深入推进城乡融合发展和乡村特质发展，全面推进乡村振兴，取得了较好的成效。

一、嘉善农村综改助推乡村振兴的做法成效

（一）“共商、共建、共享、共赢”的发展理念

嘉善农村综改坚持四大理念：一是板块统筹，联动发力，将农村、集镇和工业园区三大区域统盘布局、整体建设；二是全域规划、要素激活、互为补充，全域推动农田集中流转、土地综合整治、农房资源集聚；三是多主体发力，各司其职，协同共赢，政府、基层党组织、村级主体、市场主体协同聚力，共谋乡村振兴；四是以人为本、民生优先，以整体提升农民、居民和新居民的民生福祉为根本目的，让民众共享发展成果。改革聚焦产权制度改革、做强农村产业、壮大村级集体经济、提升生态宜居环境、完善乡村治理机制、促进农民持续增收六方面。

（二）科学规划的空间布局

试点区域大云镇通过“规划先行”，按照“宜耕则耕、宜林则林、宜建则建”的原则，全镇自东向西形成了“生态、生活、生产”三大板块。东部旅游板块是大云温泉省级旅游度假区，主要有巧克力甜蜜小镇、十里水乡、云澜湾国际温泉、碧云花园等旅游项目。中部集镇板块，是生活社区以及配套的商业店铺、学校等。西部产业园板块以中德产业园为主，园内的“两创中心”是集聚科技型中小企业的公共服务平台。三大板块功能划分清晰，真正实现产城游一体化发展。

（三）不断优化的农村产业结构

2018 年，大云镇三次产业结构的比例为 6. 84 ∶ 62. 56 ∶ 30. 6，从发展趋势看，工业比重保持相对稳定，第三产业的贡献显著。花卉种植等特色农业与乡村旅游融合发展，明显提高了农业的附加值。2018 年，大云镇的旅游业收入超 6 亿元。目前，大云镇建有省级花卉主导产业示范区、省级特色产业精品园、花卉种苗组培中心各 1 个；拥有歌斐颂巧克力小镇、十里水乡碧云花园、云澜湾温泉旅游度假区三个国家 AAAA 级景区，一二三产协同发展呈现良好势态。

（四）加速融合的城乡生活环境

在改革过程中，生产生活生态融合发展，宜居宜业宜游有机统一，乡村人居环境质量全面提升，“村庄美、产业兴、农民富、可持续”的建设格局基本形成。“五水共治”“三改一拆”成效显

著，一事一议助推美丽乡村试点建设成果喜人；突破镇域、村域限制，利用水乡韵味、花香品味，串联特色自然村落，串点成线、连线成片，建立起全域美丽乡村大景区；文化中心、图书馆、村级文化礼堂、文化庭院等公共文化服务设施俱全，4G网络主要建制村基本覆盖；治安维稳、居家养老、医疗服务等便民服务网络全覆盖；2018年，试点区大云镇农村居民人均可支配收入超过4.5万元，城乡收入比缩小为1.6：1，试点区村均经常性集体经济收入达到280万元。

二、嘉善农村综改助推乡村振兴的模式创新与经验借鉴

（一）高标准做实"三全"集成改革

以推进城乡要素集成化配置为主线，以推进地、田、房要素配置为核心，试点区创新性地开展了全域土地整治、全域农田流转、全域农房集聚"三全"集成改革。

首先，探索形成了以保耕地为红线，通过土地结构优化、资源利用节约化双轮驱动，实现产业美化与红利转化同频共振的"一保四化"全域土地整治模式，盘活存量土地、整合闲置土地、优化建设用地，并倒逼农田流转和农房集聚。其次，通过建立土地流转导向机制、委托机制、价格机制、经营准入机制、服务机制和土地流转监督机制，依托农田流转委托率、农田流转规模率、农田流转法人经营率三个评价指标，切实提升农田流转的质量，进而提升农田效益，拉动农旅开发，助推土地整治和农房集聚。第三，全面优化村庄布点规划，以做强中心集聚点、提升一般集聚点、做靓保留自然村落为宗旨，推进全域农房集聚改革。

通过"三全"集成改革，试点区大云镇2500亩全域土地整治样板区完成基础设施建设，流转土地9058亩，农田流转率达90.1%，农房集聚3406户，集聚率达79.2%。农村建设用地增加1116亩，城镇用地面积增加492亩，农村建新用地增加475亩。高标准农田净增6253亩，新增标准农田1445亩，耕地质量等级从5.9提升至5.4，旱田规模从2140亩降至241亩。农田耕地实现了成片成方，500亩以上连片农田达到14片，其中千亩7片，盘活腾退"低小散"农业用地780亩，耕地图斑数量净减460个。整体盘出5400亩农业旅游开发地块。通过对零星农居点和建设用地展开地毯式复垦，净增627亩建设用地流量空间。

（二）多主体受益的"飞地抱团"强村发展模式

在试点改革过程中，探索形成了建设与招商同步、出租与分红同频、园区与村集体共同受益的飞地抱团强村发展模式。试点区首个飞地抱团强村项目——强村"两创"中心，建立了将指标注入、资金奖补、规费减免、项目代办等一体的引导推进机制，获得省领导的高度肯定。2018年，大云镇首个飞地抱团项目中德生态产业园为22个抱团村发放了首笔总额800万元分红。以此为基础，进一步探索飞地抱团强村发展模式的横向拓展和纵向深化。

横向上，探索跨地区的飞地抱团项目，结合省际对口支援和省内山海协作，与四川省九寨沟县、省内庆元县三地共同推动大云飞地抱团三期项目，有效地激活了要素流动，优化了要素配置。

纵向上，探索制订飞地抱团低收入家庭持股增收计划实施方案，全县低收入家庭抱团入股至村级集体经济飞地抱团项目，确立了力争实现2022年"低收入农户收入翻番"的目标，补齐低收入家庭增收致富短板。

（三）多维度创新乡村治理体系和模式

构建了党建引领治理新平台。试点区大云镇以"全领域建强、全区域提升"为目标，建立红云党建品牌，实现党群服务中心全覆盖，制定村党组织"领雁计划"，优化村干部综合评价体系，创新村级后备干部培育机制，打造党建示范点、改造党员先锋站等，强化党建在乡村治理体系中的引领力。

建立了智慧城乡基础设施体系和涉农公共服务新机制。大云镇建立智慧大平台，将智慧党建、智慧旅游、智慧城镇、智慧社区、智慧医疗、智慧环保等功能嵌入公共基础设施体系，让农村居民享有更高科技、人性化的基础设施服务体系。推进"四个平台"建设，推动"最多跑一次"改革向村级重心下移，引导各类涉农服务集成整合，各类涉农审批集中办理。创新红色代办便民服务制度，以邻里中心理念建设便民服务一条街，让农民享受到优质的公共服务，基本实现集成化的便民服务网络全覆盖。

创新融德治、法治、自治为一体的乡村治理体系与机制。夯实法治大讲堂、法律进农家、村干部讲法述法用法三大平台，打造乡贤参事、家风家训、道德模范、道德评判团载体，加强"四会制"等制度建设，创新一事一议项目民主"五位一体"机制，强化村务监督委员会和民主理财小组监督力。以扩大德治的引导力、深化法治的执行力、提升自治的推动力为核心实现乡村治理"三治"融合。

建立了乡风文明培育机制。以文明乡风、良好家风、淳朴民风为目标，大云镇通过挖掘历史典故、名人乡贤，建设纪念馆、文化展厅等措施，探索建立传统文化和现代文明相结合的乡村文明传承机制；创新市场化运作机制，建立多方协作的文艺团队培育体系，实现文艺繁荣；借助云宝IP品牌，创新文旅融合的市场培育机制，持续推动文化培植。

绿水青山变金山银山的"财政密码"

——"两山（二类）"建设财政专项激励政策的实施成效

浙江省财政厅经建处

2017年，为引导地方政府牢固树立尊重自然、顺应自然、保护自然的思想，坚持"绿水青山就是金山银山"的发展理念，浙江省财政在统筹财力的基础上，设立了"两山（二类）"建设财政专项激励资金，采取竞争性分配方式，面向全省所有市县，优选18个县（市、区），给予每个县（市、区）每年专项激励资金1亿元，鼓

励试点地区加快“两山”建设，推进区域经济社会的协调发展和生态环境的协同保护。

一、政策的出台背景和意义

“两山(二类)”建设财政专项激励政策的出台，是根据《中共中央国务院关于加快推进生态文明建设的意见》和《中共浙江省委关于建设美丽浙江创造美好生活的决定》，旨在贯彻落实“创新、协调、绿色、开放、共享”五大发展理念，引导地方政府坚持“绿水青山就是金山银山”，深入持久地推进生态文明建设，并将生态文明建设成果切实转化为可持续发展的新经济增长点。

“两山”(二类)政策的出台，是习近平总书记“两山”理念的具体实践。在浙江实施“两山”建设财政专项激励政策有很深远的意义。早在2005年8月15日，时任浙江省委书记的习近平在安吉调研时，首次提出了“绿水青山就是金山银山”的科学论断。“两山”(二类)政策的出台，是省委省政府建设美丽浙江的深化落实。在“两山”理念指引下，浙江历届省委、省政府坚持走“两山”发展之路不动摇，一张蓝图绘到底，一任接着一任干，护美绿水青山，做大金山银山。“两山”政策的出台，是推进生态文明的重大财政创新举措。以2004年探索实施生态公益林补偿机制作为起点，十余年时间，浙江省财政围绕生态文明建设不断完善财政制度与政策实践，走出了一条属于自己的创新之路。十多年来，省级财政通过进一步加大投入，以省财政资金引领各地统筹协调资源节约、环境保护、经济发展和社会民生等各个领域，构建“生态经济化”和“经济生态化”发展理念，突出“两山”建设与财政激励相结合、集中财力与补齐短板相结合，将“绿水青山”切实融入并转化为“金山银山”，推进区域经济社会的协调发展和生态环境的协同保护，实现人与环境和谐永续发展。

二、“两山”政策实施的具体做法

实施“两山”(二类)政策的目标主要是通过三年(2017—2019年)努力，生态环境质量持续改善，绿色发展体制机制不断健全，人民生活水平和幸福感显著提升，资源节约、环境保护，经济社会协调发展。

围绕总体目标，考虑不同区域的不同经济社会发展水平、不同环境承载能力等因素，以“绿水青山就是金山银山”为引领，科学制定适合自身区域特色的建设内容，力争打造一批各有特色的保护与发展“双赢”的“两山”建设浙江样板。

(一)以提高环境质量为核心。在科学评估区域资源环境承载能力和经济发展现状的前提下，合理制定区域资源节约和环境保护年度目标，深入开展“五水共治”、雾霾治理、土壤污染治理和修复、城乡垃圾和生活污水处理等与人民群众生活生命质量密切相关的环境治理工程，让天更蓝、水更清、山更绿、地更净，建设绿色秀美、宜业宜居的美丽环境。

(二)以经济可持续发展为动力。严格按照主体功能区规划和环境功能区划，以自然生态规律为基础，引导社会经济发展符合生态系统规律，统筹产业发展格局，发展壮大绿色农业和节能环保产业，促进制造业与现代服务业融合发展，积极构建低碳、环保、可持续的绿色经济发展模式，持续改善城乡居民物质文化生活条件，建设富饶安康、和谐幸福的美好生活。

(三)以体制机制创新为保障。在省级财政专项激励资金引导下，健全生态补偿机制，充分发挥市场在资源配置中的决定性作用，完善市场化要素配置机制，创新投融资机制，不断拓宽资金渠道，大力推广政府和社会资本合作、产业基金等模式，吸引社会资本广泛参与，建设政府统领、市场驱动的共赢经济。

(四)在资金分配环节引入竞争机制。在众多市县中择优选择若干市县进行扶持，可以有效改变专项资金“撒胡椒面”“会哭的孩子有奶喝”等弊端，实现“公开、公平、公正”的目标。

1. 好中选优、择优选取。在各县(市、区)对自身生态和发展现状科学评估的基础上，落实绿色发展理念，择优选取具有生态环境和绿色经济融合发展前景的地区给予支持。

2. 生态优先、统筹发展。突出“绿水青山”的基础性地位，在生态环境质量优良的前提下，倡导“生态经济化”和“经济生态化”，将“绿水青山”切实融入并转化为“金山银山”。

3. 功能分区、合理发展。按照主体功能区划和生态保护红线，突出重点生态功能区在环境保护方面的战略地位，鼓励科学合理规划发展。

4. 试点示范、重点倾斜。对已列入省级以上生态文明相关试点示范的给予重点支持，发挥省级资金的激励作用，为浙江省全面践行“绿水青山就是金山银山”提供可借鉴推广的经验和示范样板。

经过竞争性评审并报省政府批准，临安市、建德市、淳安县、永嘉县、德清县、安吉县、浦江县、武义县、台州市黄岩区、三门县、天台县、仙居县、衢州市柯城区、江山市、龙游县、常山县、丽水市莲都区、青田县等18个县(市、区)被列为2017—2019年“两山(二类)”建设财政专项激励资金实施对象。

三、各地的实践

(一)合理设定政策目标。入选“两山(二类)”建设财政专项激励资金的18个县(市、区)，以提升生态环境、居民收入为核心目标，推动生态环境质量持续改善，绿色发展体制机制不断健全，人民生活水平和幸福感显著提升，资源节约、环境保护，经济社会协调发展，结合各自县情，设计出了各自的指标体系。

如：安吉县针对“两山”建设财政专项激励政策，提出全面落实绿色发展理念，倡导“生态经济化”和“经济生态化”，承诺通过3年的努力，到2019年底，省控断面Ⅰ—Ⅲ类水质比例100%、比2016年提高4个百分点；空气质量达到Ⅰ、Ⅱ级天数所占比例86%、比2016年提高近5个百分点；城镇居民人均可支配收入55874元、比2016年提高26%；农村居民人均纯收入32091元、比2016年提高26%；主要污染物(化学需氧量、二氧化硫、氨氮、氮氧化物)排放提前完成省定“十三五”目标。此外，安吉还围绕绿色经济发展、生态文化创新和创新机制体制等方面，设定了单位GDP能耗、第三产业占比、文化产业增加值占地区生产总值比重、研究与实验发展经费占GDP比重、企业环境信息公开率、生态资产所有权确认覆盖率、社会资本参与生态环保建设比例等11项二类指标,形成一整套内容完善、操作性强的绿色发展考核指标体系。

(二)集中财力办大事。18个县(市、区)在获得省"两山(二类)"建设财政专项激励资金的基础上,通过进一步加大当地财政投入,以财政资金吸引社会资金统筹用于资源节约、环境保护、经济发展和社会民生等各个领域。

如,常山县积极整合各类资源,拓宽多元化的资金渠道。一是将"两山"项目纳入同级财政预算,建立相应的专项资金,并逐步提高区域内的生态环保投资占GDP比重。二是从征收的城市基础设施配套费、国有土地出让收益中安排一定比例的资金用于"两山"项目。三是加快资源环境市场化配置,通过税收、财政政策扶持,引导建立环境保护投资平台,吸引金融资本、信贷资金、民间资金和外资投入到生态环境保护工作中。

据统计,2017—2019年,18个县(市、区)共安排560个项目,获得"两山(二类)"激励资金54亿元,统筹自身财力338.03亿元,引导社会、金融资本投入1081.52亿元以上,预计三年共将投入1473.55亿元。

(三)全程督查和考核。为进一步强化绩效考核导向作用,加快"两山"的建设成果,推进区域经济社会的协调发展和生态环境的协同保护,18个县(市、区)进一步强化了全程督查和绩效考核。

如,淳安县成立了由县领导任组长,各相关职能单位为成员的"两山"建设领导小组,负责"两山"建设日常工作的统筹、协调、推进。同时,强化对"两山"思想的认识,打破部门分割现状,加强部门联动,形成管理合力,把"两山"项目分解落实到具体单位、具体项目,协同推进"两山"工程。

四、取得的成效

经过两年多的实践,18个县(市、区)在生态环境、乡村建设、居民收入等方面成效明显,打开了绿水青山"变成"金山银山的大门。

一是水质进一步提升。18个县(市、区)统筹治污水、防洪水、排涝水、保供水、抓节水,坚持水岸同治、陆海联治、城乡共治,持续深入推进"五水共治",全面清理黑河、臭河、垃圾河,"剿灭劣V类水",建设"污水零直排区",创建"美丽河湖"。在全省污水处理厂全面达到一级A排放标准的基础上,出台清洁排放"浙江标准",实施提标改造,水环境实现了由"浊"到"净"、由"净"到"清"、由"清"到"美"的持续提升,率先全面消除劣V类断面,可游泳的河重回身边,老百姓找回了儿时的记忆和乡愁。2018年,18个县(市、区)的Ⅰ~Ⅲ类水质断面平均占比为98.15%,比全省平均水平84.6%足足高出了13.6个百分点。

二是大气质量改善明显。18个县(市、区)持续把雾霾治理列入民生实事,大力推进能源结构、运输结构、产业结构、用地结构调整,实施高污染燃料禁燃区管理,全面淘汰小锅炉、黄标车,出台燃煤机组清洁排放"浙江标准",所有煤电、热电完成超低排放改造,出台化工、涂装等重点行业废气排放标准,关停淘汰落后产能,扎实推进工业VOCs治理,率先开展清新空气示范区建设。2018年,18个县(市、区)空气质量达到Ⅰ、Ⅱ级天数平均占比为92.2%,比全省平均水平85.3%足足高出了6.9个百分点。

三是美丽建设成果转化。18个县(市、区)多渠道打开"绿水青山"向"金山银山"转化通道,丰富乡村旅游、养生养老、运动健康、电子商务、文化创意等美丽业态,变"种种砍砍"为"走走看看",变"卖山林"为"卖生态",田园变公园,农房变客房,走出了一条"美丽生财"的好路子。2018年,18个县(市、区)城镇居民人均可支配收入比2016年提高18.5%、农村居民人均纯收入比2016年提高率20.8%,均高于全省平均水平。

浙江医疗电子票据改革领跑全国

浙江省财政厅票据中心

根据省委、省政府深化"最多跑一次"改革、推进政府数字化转型的决策部署,省财政厅联合省卫健委、省医保局、省大数据管理局共同推进医疗收费电子票据改革,借助云计算、大数据和区块链等先进技术,聚焦老百姓看病报销"一件事",在破解"看病烦、报销慢、监管难"等方面取得实质性突破。截至2019年6月,全国共有101家医疗机构实施电子票据改革,其中浙江省有90家,累计开具医疗收费电子票据5318万份,金额205.56亿元,成为改革推进速度最快、开票数量最多、开票金额最大的省份,其改革理念、改革进度、改革成果均领跑全国。

一、改革进程

财政票据是财务收支的法定凭证和会计核算的原始凭据,医疗收费票据是在医疗收费领域的财政票据,即人民群众在就医过程中取得的"发票"。浙江省财政票据每年的开具量达到8亿张,其中医疗票据占比超过75%。但是,传统纸质财政票据印制成本高、开具效率低下、管理不规范、不便于监督检查等问题日益突出,已经越来越不适应现代信息网络技术的发展,严重制约了网络缴款、电子支付等新兴缴款模式在医疗收费中的应用。为适应新的发展形势需要,解决当前财政票据监管存在的机制性问题,浙江省探索推进医疗票据管理改革,实行医疗电子票据管理。

2017年2月,省政府发布《加快推进"最多跑一次"改革实施方案》,省财政厅积极响应,主动创新,选择医疗收费电子票据为改革突破口,联合省卫健委,把台州市作为改革试点,助力医疗领域"最多跑一次"改革。

2017年6月,财政部印发《关于稳步推进财政电子票据管理改革的试点方案》,指定北京、黑龙江、浙江(宁波)、福建(厦门)、贵州、云南、湖南、重庆等省(市)为首批财政票据改革试点地区。

2017年8月,台州市开出全国第一张医疗收费电子票据,通过手机即可实现挂号、就医、缴费、取票、拿药"一条龙"自助服务,减少排队时间、提高就医效率,群众就医体验大为改善。该项举措至少领先其他省市一年以上时间。

2018年11月,我省启动全省财政电子票据平台项目建设,为管理部门和社会公众提供电子票据统一在线真伪查验服务。截至2019年6月底,全省已有90家医疗机构完成电子票据改革;75家医疗机构的电子票据汇聚到省平台。

2019年6月,率先全国上线了首个区块链电子票据平台,电子票据改革进入了区块链应用阶段。截至6月底,已有13家医疗机构的电子票据接入区块链电子票据平台。

2019年8月,浙江省已经在全国率先实现基于区块链电子票据的医保零星费用网上报销和异地报销。

二、改革亮点

一是政策制度保障。在总结各地经验的基础上,2018年12月,省财政厅联合省卫健委出台全国首个医疗电子票据管理办法——《浙江省医疗收费电子票据管理办法》,对浙江省医疗收费电子票据的要素、特征和样式以及管理流程做出规定,并明确相关部门职责分工与法律责任,为财政电子票据的管理和应用提供了充分的保障支撑。

二是建立统一平台。建立全省电子票据查验平台,并直接接入"浙里办"APP,通过该平台可为管理部门和社会公众提供在线医疗票据真伪查验服务,实现全省电子票据信息共享。

三是统一设计标准。为提高公众对电子票据的认知度,浙江省先后设计制定财政电子票据数据规范(医疗)、财政电子票据票样格式规范(医疗)和医疗电子票据单位端标准,对电子票据的样式、安全认证规范、上下传输接口、数据共享接口等各项技术标准进行规范,并对基本业务规则、管理流程、数据标准、票据格式、查验模式、安全制度、数据共享流程、入账报销机制等重要事项予以统一。

四是开展有序竞争。浙江省对财政电子票据单位端接入实施项目进行公开招标,确定5家公司为中标入围供应商。按照一个制度、一个标准的工作思路,5家供应商既相互合作又充分竞争,协同有效推进全省财政电子票据管理改革。

五是借力前沿技术。浙江省打造了全国首个区块链电子票据平台,借助国内领先的云计算、区块链与大数据等先进技术,依托浙江省一体化在线政务服务平台,打通各部门数据孤岛,梳理数据链条,全面反映医疗资金收取和医保资金使用情况。该平台的使用对象包括社会公众、医疗机构和政府部门等,可以实现电子票据的生成、传送、储存和使用全程"上链盖戳",做到操作有留痕、过程可追溯、结果可倒查。

三、取得成效

一是缓解"看病烦"难题。浙江省医疗电子票据改革依托"互联网+医疗",通过对接网上预约诊疗服务平台、医疗费用自助结算、诊间结算和移动终端结算,重构了就医收费流程,打通医疗收费电子支付的"最后一公里"。患者可以通过"浙里办"APP一站式完成预约挂号、缴费、取票、拿药等就医全流程,无须窗口反复排队缴费、打印。据统计,患者人均就诊时间可从170分钟降低为75分钟,降幅近6成;平均看病环节从6个减少到2个,减少4次排队(挂号、支付、检查预约、取票),就医体验大为改善。

二是解决"报销慢"难题。据统计,传统医保窗口报销的平均时间约为12个工作日,商业保险公司理赔时间约为7~60个工作日。浙江省医疗电子票据改革重构了医保报销流程,建立了医保部门与医疗机构电子票据信息共享和运用机制,实现医疗电子票据的网上报销和异地报销,群众可以通过手机进行掌上报销和验伪,在缓解医保窗口工作压力的同时将报销时间缩短至分钟级,解决了群众报销难的问题。

三是破解"监管难"问题。一方面传统纸质医疗票据没有统一的查验标准和验证机制,给医保部门带来核查困难;另一方面医疗机构票据使用量十分巨大,大量纸质票据给财政监管、医保监管和审计监督带来困难。通过医疗收费电子票据改革,患者看病支付后,电子票据可经"浙里办"APP直接流转,自动归集到个人名下,并统一汇总全省数据,随时可供查询。鉴别一张票据真伪的时间从几天降至几秒,大大减轻了医保部门的查验压力,保障了资金安全,同时也为财政监管、审计监督提供极大便利。

四、改革展望

省财政厅将继续深化"最多跑一次"改革和政府数字化转型工作,加大医疗收费电子票据改革力度,让更多老百姓享受到电子票据的便捷服务。

一是市县全贯通。2019年9月30日前,全省各市县区至少一家医疗机构完成电子票据改革,全省完成改革的医疗机构总数超过150家。

二是全省医疗机构广覆盖。2020年年底前,全省442家公立医院完成电子票据改革,实现县(市、区)公立医院全覆盖,公立医院的医疗票据电子化率达到100%,部分市县区延伸到乡镇医疗机构。

三是横向扩面,探索更多电子票据在民生领域的应用。在总结医疗收费电子票据改革经验的基础上,再逐步延伸到公安交通罚没、教育收费等其他财政票据,探索电子票据在更多领域的应用。

四是积极试点,探索区块链电子票据报销应用。依托区块链电子票据深化改革,开展省内跨市医保零星报销网上办理试点,通过浙里办和区块链电子票据不断优化掌上报销流程,真正实现病人报销少跑腿。

以"绩效论英雄"的富阳探索

杭州市富阳区财政局

为贯彻落实党的十九大提出的"全面实施绩效管理"的重要

部署，浙江省2018年启动部门整体绩效预算改革工作，杭州市富阳区被列为全省部门整体绩效预算改革试点地区之一。经过一年多的探索和实践，富阳区财政局通过强化部门主体责任，赋予部门更大的预算分配自主权和资金统筹安排权，建立与部门整体绩效挂钩的部门预算总额包干管理模式，初步构建了"主体责任得以强化，预算总额核定包干、过程管理全面考核、结果运用三项挂钩"的部门整体绩效预算管理新机制。

一、做法经验

为确保改革顺利推进，富阳区从理顺体制机制上入手，出台《关于开展富阳区部门整体绩效预算改革试点的通知》，作为推进部门整体绩效预算改革的纲领性文件。2018年先在公安、城管、教育等部门开展试点，2019年在全区推行。

（一）强化部门理财主体责任。一是区委区政府出台《全面落实预算绩效管理实施意见》，从制度层面规范部门整体绩效预算改革、部门主体责任。二是出台《政府专项资金管理办法》，明确在政府专项管理中财政、部门、项目单位等的职责分工。三是以机构改革为契机，按照《预算法》规定的财政与部门的主体责任分工，重新梳理各部门的工作职责，对与部门存在交叉、重复或越权的职责全部进行清理，并与相关部门做好对接，在三定方案中予以明确。真正做到理财主体责、权、利明确对等。

（二）精准核定预算包干总额。出台《关于开展部门预算包干总额核定工作的通知》，明确预算包干总额核定的范围、内容、要求、分工和时间等。根据部门整体绩效预算改革要求，从政策依据、预算细化、预算执行率、资金绩效四个方面入手，明确核定要求。组织业务科室干部，对全区60个部门的所有部门项目和政府专项，根据绩效优先的原则，梳理前三年预算安排和执行情况、审计检查情况。着眼省级"三大攻坚战加富民强省十大行动"、市级"六大行动"、区级"三高发展"等重点（中心）工作，对部门预算包干总额进行核定，并报经区政府同意后，形成各个部门的2019年预算包干总额。考虑到基本支出相对比较刚性，政府投资项目的一次性因素比较大，所以这两块暂不列入，各部门的预算包干总额暂只包括部门项目和政府专项。

（三）财政管理绩效全面考核。修订出台《杭州市富阳区级部门财政管理绩效考核办法》，根据省、市财政管理绩效考核及部门整体绩效管理要求，对考核的范围、内容、程序和结果运用等进行细化和完善，对部门预算管理涉及的基础工作、预算管理、预算执行、财政监督和创新创优五大方面17项工作进行全方位、全过程考核，全面反映部门财政管理绩效情况。同时，在17项考核工作中选取预算编制、预算调整、存量资金、执行进度、绩效管理、整改落实6项指标作为预算直接关联指标考核。积极发挥过程考核作用，今年，结合1—7月考核情况，针对扣分较多的15个部门，区财政局组织骨干与区人大财经工委组织的专家合力对其进行核查、辅导，补足预算管理的短板，以考核促进管理。

（四）考核结果三项挂钩。将考核结果进行有效运用，实行三项挂钩。一是将财政管理绩效考核与综合目标考核奖挂钩。将财政管理绩效考核纳入区考评办的综合目标考核，考核结果按排名分满意、先进、达标三档，设定1.4、1.3、1.2三档系数，与部门的综合目标考核奖挂钩。二是部门整体绩效考核结果与专项绩效奖励挂钩。充分运用现有的区考评办的综合目标考核、区财政局对部门财政管理绩效考核的结果，各占50%，折算形成部门整体绩效预算考核结果，排名优秀的，予以一定额度的专项绩效奖励。三是财政管理绩效考核中预算直接关联指标考核结果与部门预算包干总额挂钩。

二、改革成效

（一）发挥了部门主观能动性。通过三项挂钩，多管齐下，形成闭环管理，财政部门既可放权，又能掌控。改变部门预算管理固有模式，推动部门行政绩效与资金绩效有机融合，从"要我干"向"我要干"转变，进一步强化部门的主体责任。促使部门从"先看盘子再办事""拿钱找项目"等传统资金分配模式中跳出来，充分调动各部门干事创业的积极性，按照"绩效优先"的原则，使部门履职时不仅关心正常运转，更注重事业发展，优化财政资金配置，促进集中财力办大事，让资金发挥出最大的绩效。

（二）形成高效规范的部门整体绩效操作体系。一是根据《全面落实预算绩效管理实施意见》要求，成立区级领导小组，强化监督问责，加强绩效考核。二是建立了规范化预算编制标准体系，涵盖人员支出、经费支出、实物配备和项目支出等标准体系。三是按照公用经费适当提标、确保运转，部门项目甄别清理、确保刚性，政府专项统筹整合、优化结构，政府投资项目根据财力、确定规模的原则，对各项支出进行规范、梳理。四是部门在预算包干总额度内，按照标准化、规范化和精细化的要求编制、执行预算，实现预算包干总额管理方式的螺旋式上升。五是通过充分运用区级综合目标考核体系，结合财政绩效预算管理考核办法，解决了分部门设置个性指标的难题。一样的考核指标利于部门横向比较，更能充分调动创优积极性，也有利于提高考核工作本身的绩效。

（三）提升了绩效管理的数字化水平。以信息化为载体，建立财政绩效管理考核系统，打造客观、真实、高效、公正的考核平台，对部门财政绩效考核五大方面17项工作实现系统自动取数、考核、打分，实时反映各部门财政管理绩效考核情况和扣分明细等，既便于财政部门的监管；又便于部门及时了解管理过程中存在的问题并进行纠正，避免后续失分。

（四）推进了全面落实预算绩效管理改革。通过强化部门的主体责任，赋予部门更多的管理自主权，围绕部门职责，以预算管理为主线，贯穿于编制、执行、监督、公开全过程，统筹考虑各方面效益，从而提高部门整体绩效水平。部门是政府的一个单元，每个部门预算绩效管理的提升，推动着政府预算绩效管理的提升，推动着全方位、全过程、全覆盖的全面落实预算绩效管理改革的实现。

洞头财政打造蓝湾行动全国样板

温州市洞头区财政局

继洞头国家级海洋公园核心区2016年入选全国蓝色海湾整治项目，2019年洞头再次入围。两轮项目实施以来，洞头区将蓝色海湾整治作为海洋生态文明建设的核心工程，全力做好资金保障，提升海洋生态环境，推动洞头成为名副其实的海上花园。

一、集中财力办大事，推动资金扶持由“天女散花”向“定向滴灌”转变

洞头财政集中资金，优先保障海洋环境综合治理、沙滩整治修复和生态廊道建设三大示范性工程。一是开展渔港疏浚，让“浅湾变美港”。安排4000万元疏浚东沙渔港和中心渔港，累计清淤160万立方米，港内水深平均提升2.7米，在改善水质的同时也满足了渔船安全避风需要。东沙渔港被有关专家称为“中国最美渔港”。二是开展沙滩修复，让“黄沙变黄金”。累计安排资金4250万元，率先修复东岙沙滩和韭菜岙沙滩。东岙沙滩已成为网红地标，国际千人瑜伽盛会、国际铁人三项赛等重要活动在此举办，东岙村渔民在家门口赚起了钱；韭菜岙沙滩成为浙南沿海最大人工沙滩，承办了“一带一路”国家间群众体育交流活动。三是建设生态廊道，让“盆景变风景”。引入PPP模式，建成11.4公里长的“东海第一临海悬崖栈道”，将大沙岙、炮台山、仙叠岩、半屏山等景点串珠成链。2018年全区共接待国内外游客770万人次，实现旅游综合收入55.18亿元，同比增长20%和18.3%。

二、做优环境惠民生，推动人居环境由大建大美向精建精美转变

坚持把资金投向民生领域，改善海岛人居环境，让老百姓搬得进、住得美、过得好。一是陆海同治，巩固治水新成果。落实专项资金开展“碧水行动”，全区消除“垃圾河”“黑臭河”。近岸海域一、二类水质面积占比增加27.3%，劣四类减少27.1%，2018年捧得五水共治“大禹鼎”。二是搬迁移民，腾出发展新空间。结合“大拆大整、大建大美”，对部分景边村、岛屿实行整村搬迁，实现生态保护和产业发展互促共赢。三是扮靓海岛，构建花园新景观。实施十大花园系列工程，已建成4条美丽乡村风景线、51个花园村庄、2500个花园庭院、33座花园厕所、35.5公里花园公路，东岙村和鹿西岛获评国家3A景区。2018年洞头获中国最美休闲度假胜地称号。

三、激活振兴源头水，推动环境建管由大包大揽向社会参与转变

采取以奖代补的形式，引导企业、社会团体、个人等社会力量参与建设。一是注重改革创新，打通评估机制参与长效管理通道。率全国之先创设（中国）蓝色海湾整治修复评价指数体系，用于修复效果评估；将生态红线的理念应用于海域管理，划定海洋生态红线区总面积635.7平方公里，占洞头管辖海域面积的23.5%，分区分类制定管控措施；实施区级《海洋公报》制度，严格海洋环境监测。二是撬动资金下乡，打通社会资本参与生态建设通道。通过政策红利支持、市场化运作、放大政府投资杠杆效应等方式，创新民营经济参与生态建设新模式。设立2亿元海岛振兴基金，撬动11.2亿元社会资金涌向渔农村。利用生态“杠杆”撬动产业崛起、海岛振兴，既减轻地方财政压力，又利用开发成果反哺生态环境。譬如东沙渔港边的人工沙滩，由浅水湾项目业主投资建设，兼顾酒店配套与生态功能。沙滩修复后，后续管养由东岙村集体通过经营来平衡管理费用，实现了地方政府、社会力量、当地群众三者共赢。三是激发群众自觉，打通海岛群众参与环境养护通道。设立环境保护和生态建设专户，每年生态专项工作经费不少于800万元，用于日常维护保养。建立“湾（滩）长”制度，在各个监管点位设置“湾（滩）长”公示牌。完善环卫保洁机制，设立岸上废油回收点，启用海上垃圾、废油回收船，并积极开展海岸清洁志愿行动。全区现有“海霞妈妈”、海岛卫士等34支志愿者队伍，年均开展志愿活动300次以上。

四、退养还海立新标，推动新一轮整治由生态整治向生态修复转变

新入选的蓝色海湾整治项目总投资4.51亿元，包括中央海域与海岛保护资金2.26亿元。目前，中央已下达2019年度补助资金1.1亿元，提前下达2020年度补助资金5800万元。本次项目的核心为“破堤通海、生态海堤、十里湿地、退养还海”。

一是实施“破堤通海”。拟拆除灵霓大堤长度247米，重建堤头60米，新建187米桥梁连接原有道路，让原先被隔开的一片海再次相通，提升海水交换、纳潮能力。再打通瓯江口鲈鱼、凤尾鱼、鳗鲡等鱼虾类洄游通道，并形成一条海沟，为鱼虾贝类创造新的繁衍栖息地，保护海洋生物多样性，恢复瓯江口海洋生物生态系统。二是建设“生态海堤”。对堤坝、护岸实行生态化改造，建设“堤前”湿地带、“堤身”结构带、“堤后”缓冲带，工程总长15.5公里，构建一条滨海绿色生态走廊，带来“一路一风景”的新景象。三是打造“十里湿地”。规划在霓屿岛西北面及灵霓大堤种植红树林和柽柳，总面积79.7公顷，形成“十里湿地”生态修复效果，发展湿地生态经济。四是实现“退养还海”。在三盘港清淤疏浚153万立方米，清理传统木质小网箱，适度引导发展改良环保型、抗风浪PVC休闲渔场，推动传统渔业向都市休闲渔业转型，全面改善海湾水质和生态环境。计划对受损岛体开展绿植化修复，包含霓屿网寮鼻、洞头王山头、凸垄顶山体修复工程，修复总面积19.6公顷；实施沙滩修复工程2处，总面积约6.5万平方米，努力把洞头打造成为海岛生态修复的全国样板。

调研报告精选

浙江省基本公共服务标准体系研究

浙江省财政厅总预算局课题组

一、浙江省基本公共服务标准清单目标及思路

（一）基本公共服务标准清单研究的目标

为实现浙江省基本公共服务均等化和相应财政资源配置均等化目标，依据《浙江省基本公共服务体系“十三五”规划》和《浙江省基本公共服务标准体系建设方案（2017—2020年）》所确定的基本公共服务的“浙江”标准，结合深化省内预算管理体制和转移支付制度改革的实际业务需求，以“县级”为单位，探索建设全面、细化的《浙江省基本公共服务配置和支出标准清单》，为省级财政建设预算决策系统，科学测算省内转移支付资金提供客观、可行的参考依据和数据支撑。

（二）基本公共服务标准清单研究的思路

如何将基本公共服务标准体系建设框架和模型付诸于实践，建成一套可供省级财政部门直接应用于预算资源配置决策的“标准清单”。主要研究思路如下：

1. 以县级为单位，按照基本公共服务的八种类型（基本公共教育、基本就业创业、社会保障、健康服务、生活服务、公共文化、环境保护、公共安全）全面搜集和梳理各地现行的基本公共服务配置标准和支出标准。现行标准的数据和信息采集主要包括两条路径：一是按照课题组设计的“标准清单”框架，采用数据表的形式，由各县补充填报现有标准，包括各类基本公共服务的服务标准、配置标准和支出标准；二是由课题组根据各县财政预算数据和行业统计数据，按照通用标准的计算口径进行测算，以反映各地的实际公共服务成本、配置情况和支出水平，作为缺失标准的补充参考。

2. 以省发改委制定的各类基本公共服务保障标准和各行业（部门）事业发展规划中涉及基本公共服务发展的具体目标要求，作为“目标服务的配置和支出标准”；再根据全省各县基本公共服务配置和支出的平均水平或中位数，测算出现阶段的全省“均等服务配置和支出标准”。在此基础上，分析各地在基本公共服务配置上的“实际标准”与“目标标准”、“均等标准”的偏差及缺口情况。

3. 在完成前述信息采集、梳理和数据测算工作的基础上，按照均等化的要求，根据各地基本公共服务“实际标准”与“均等标准”的偏差，测算出公共服务配置和支出低于均等化水平的地方需要通过省级财政转移支付予以均衡的资金需求；按照现阶段“均等标准”与“目标标准”的差距，就全省实现公共服务均等化规划目标所需的中长期财政资金需求进行测算；建立起浙江省省以下转移支付按成本差异系数和价格指数动态调整的基础模型。

二、浙江省基本公共服务支出标准清单

（一）浙江省基本公共服务支出标准清单设计思路

1. 浙江省基本公共服务支出标准清单设计

制定基本公共服务支出标准的重要目标之一是为基本公共服务均等化提供参考依据。因此，清单设计的核心思路和步骤：一是统计现行支出标准，并计算各市县某一基本公共服务项目支出标准的平均水平；二是计算近几年各市县成本差异系数的平均值，作为均等化支出标准的计算依据；三是利用平均支出标准乘以各市县的综合成本差异系数，得到均等化的支出标准。

因此，研究的最终目的是得到平均支出标准、均等化支出标准（均等标准）、现行标准。而均等标准是最终要得到的核心数据，这一标准不仅能根据全省的情况制定每个市县的均等标准，给现行支出标准缺乏的市县提供支出依据，并且这一标准充分控制了各地区之间的合理差异。

2. 综合成本差异系数

在具体操作中，根据2012年—2014年成本差异系数的平均值作为制定均等标准的依据。之所以采取三年的平均值而不是最近一年的数据是充分考虑到由于物价变动、人口流动带来人口结构变动、经济发展速度变动等因素，使得某一地区的成本差异系数有所变动。因此，采用平均值指标来代表该地区的综合成本差异系数。

（二）浙江省各类基本公共服务项目支出标准清单

根据现有基础数据，梳理、制定了浙江省包括义务教育免费等38项基本公共服务支出标准清单，基本公共服务目录见下表1，具体支出标准清单详附表。

表1 浙江省基本公共服务支出标准目录

序号	项目
1	义务教育免费支出标准
2	农村义务教育学生营养改善支出标准
3	寄宿生活补助支出标准
4	中等职业教育免学费支出标准
5	中等职业教育国家助学金支出标准
6	普通高中国家助学金支出标准
7	学前教育资助支出标准
8	残疾学生教育支出标准
9	职业技能培训支出标准
10	技能鉴定支出标准
11	城乡居民基本养老保险支出标准

续表

序号	项目
12	城乡居民基本医疗保险支出标准
13	最低生活保障支出标准
14	特困人员供养支出标准
15	孤儿养育保障支出标准
16	基本养老服务补贴支出标准
17	困难残疾人生活补助支出标准
18	重度残疾人护理补贴支出标准
19	困难残疾人家庭无障碍改造支出标准
20	基本殡葬服务支出标准
21	村、社区法律顾问支出标准
22	人民调解支出标准
23	居民健康档案支出标准
24	健康教育支出标准
25	预防接种支出标准
26	儿童健康管理服务支出标准
27	孕产妇健康管理支出标准
28	老年人健康管理支出标准
29	责任医生签约服务支出标准
30	适龄妇女“两癌”筛查支出标准
31	计划生育“优生”两免支出标准
32	农村部分家庭计划生育奖励支出标准
33	计划生育家庭特别扶助支出标准
34	农村危房改造支出标准
35	低收入家庭租赁补贴支出标准
36	观看电影服务支出标准
37	看戏服务支出标准
38	污水处理支出标准

三、浙江省基本公共服务配置标准清单

(一)浙江省配置标准清单设计的主要思路

1. 浙江省基本公共服务配置标准清单设计思路

基本公共服务配置标准的重要目标之一也是为基本公共服务均等化提供参考依据。因此,配置标准清单与支出标准清单设计思路大体一致。

配置标准核心思路和步骤是:一是统计现行配置标准,并计算各市县某一基本公共服务项目配置标准的平均水平;二是计算近几年各市县成本差异系数的平均值,作为均等化配置标准的计算依据;三是利用平均配置标准乘以各市县的成本差异系数,得到均等化的配置标准。

研究的最终目的是得到平均标准、均等标准、现行标准等三类。而均等标准是最终要得到的核心数据,这一标准不仅能根据全省情况制定每个市县基本公共服务的均等标准,给现行支出标准缺乏的市县提供支出依据,并且这一标准充分控制了各地区基本公共服务配置之间的合理差异。

2. 建造成本差异系数

在具体操作中,根据2010—2014建造成本差异系数的平均值作为制定均等标准的依据。建造成本差异系数主要是2016年课题研究的成果,主要是选取同时间节点报告期以该地区主要城市的主要人、材、机信息价为基准。

(二)浙江省基本公共服务配置标准清单

根据现有基础数据,梳理、制定了浙江省25项基本公共服务支配置标准清单,基本公共服务目录见表2,具体配置标准清单详见附表。

表2 浙江省基本公共服务配置标准目录

序号	项目
1	幼儿园配置标准
2	完全小学配置标准
3	初级中学配置标准
4	就业创业服务中心配置标准
5	养老院配置标准
6	公租房或廉租房配置标准
7	综合医院配置标准
8	中医医院配置标准
9	妇幼保健院配置标准
10	疾病预防控制中心配置标准
11	急救中心配置标准
12	体育馆配置标准
13	体育场配置标准
14	公共停车场(库)配置标准
15	公共自行车服务点和停车点配置标准
16	公共厕所配置标准
17	垃圾转运站配置标准
18	垃圾收集点配置标准
19	公共图书馆配置标准
20	文化馆配置标准
21	青少年活动中心配置标准
22	自然灾害配置标准
23	绿化配置标准

四、基本公共服务标准清单管理和应用

(一)基本公共服务标准清单的应用

建立基本公共服务支出标准、配置标准清单的重要目标是为省级财政建设预算决策系统,科学测算省内转移支付资金提供客观、可行的参考依据和数据支撑。根据现有标准的完善程度,提出两点主要的思路,作为后续安排财政转移支付的参考。

1. 对基本公共服务标准清单建设完善的市县

对于此类地区,首先要明确了解该项目支出责任是属于省级财政还是市县;其次,分析某一市县的现有标准与均等化标准的差距,最后根据各个市县的财力水平等因素综合考虑,结合转移支付补助。

对于支出责任属于县级财政的项目也并非完全按照某一市县实际执行标准与均等化标准的差距进行转移支付,还应综合考虑该地区的自有财力情况,进行分类分档系数调节,有助于市县之间的公平。

对于省级财政和县财政作为共同支出责任的项目,测算两级标准总额与均等标准差额的同时,参考该地区的自有财力情况。

2. 对基本公共服务标准清单建设薄弱的市县

当前情况下,许多县市在一些基本公共服务项目上并无具体的支出标准和配置标准,只是一项笼统的支出总额。尽管根据全省大部分市县的情况制定出了均等化标准,但缺少该地区的实际执行标准,无法直接估计是否需要转移支付。

对于此类情况,建议按照人均财政收入水平来估计该地区的基本公共服务标准。具体来说是,按照该地区的人均财政收入水平在全部市县中的水平,以及全省该项目标准的分布来测算该地区的现行标准。最终,根据测算出来的结果与均等化标准的差距以及该项目的支出责任划分判定是否需要转移支付。

值得注意的是,经过财政转移支付(补贴)后的标准也是允许最终差异存在的,并且这个差异的把握和控制主要是综合成本差异系数来实现的,具有合理性。

(二)建立完善的标准清单动态调整机制

科学合理的基本公共服务标准体系要适应居民对于基本公共服务的需求以及经济、社会发展的趋势,需要建立完善的动态调整机制。根据标准体系的基本要素,从三个方面提出动态调整机制的建议:

1. 在项目内容以及标准形式上及时更新

从项目内容上,基本公共服务项目的增减,或者基本公共服务项目内容的优化完善,会影响现有支出标准、配置标准的匹配性。因此,支出和配置标准体系需要根据基本公共服务内容的调整作相应的调整。同时,标准体系作为前期工作,相应的,应该每年都要更新和完善。

从标准形式上,在实践中,支出标准形式有可能从人均标准变成其他标准,比如人均每年标准变为人均每次标准,或者地均标准。配置标准的形式也有可能发生变动,对于这些变动也要作相应的调整。

2. 对总和成本差异系数进行定期调整

综合成本差异系数是制定标准清单的重要参考依据,主要包括生活成本、建造成本、行政管理成本等二级指标。而这些指标本身是会随着各个县市的经济、社会发展而不断变动,并且各个县市应该会呈现出差异化的变动趋势。因此,动态调整机制应该从综合成本差异系数的原始数据进行更新,建议在实践中3—5年更新一次综合成本差异系数。

对于综合成本差异系数的构造主要参照以下模型或计量方法,对于模型中随时间变化的因素和权重作相应调整。

(1)t 年地区 i 综合生活成本差异(TCV_i^t 系数)$TCV_i^t = CV1_i^t \times Weight1_i^t + CV2_i^t \times Weight2_i^t$

(2)各县及县级市建造成本差异系数:$CC_j = l_{ij} \cdot \omega_l + m_{ij} \cdot \omega_m + e_{ij} \cdot \omega_e + \omega_{其他}$

(3)成本差异系数的计算思路是:使用人均支出水平作为被解释变量,通过显著性检验识别相关因素是否构成成本差异的因素,进而,计算反映不同解释变量对于因变量变异程度解释程度的Beta系数,将这一标准化系数作为构建成本差异系数的依据。

省内各县市综合成本差异综合系数:

$ZCi = W1i \times C1i + W2i \times C2i + W3i \times C3i$

3. 对基本公共服务平均标准、均等标准水平作相应调整

基本公共服务的平均标准随着每年的统计结果而变动,因此每年应作相应的调整。作为制定均等化标准的依据,在项目内容以及标准形式调整、综合成本差异系数调整的基础上,最终的均等标准水平作出相应的调整。

课题组组长:倪学军

成员:张远东　范　愿　顾健耀　邵　奕(执笔)　郭　涵(执笔)

支持"四大"建设财政政策研究(节选)

浙江省财政厅经建处课题组

统筹推进大湾区、大花园、大通道、大都市区"四大"建设,是省委第十四次党代会作出的重大战略部署,是打造浙江"两个高水平"建设的大平台和推动高质量发展的主战场。2018年,省政府制定了"四大"建设行动计划,2019年全省正在全面开展"四大"建设年活动。为深入研究浙江在推进"四大"建设中如何更好地发挥财政职能作用,省财政厅开展了《支持"四大"建设财政政策研究》。本研究报告在省级相关部门座谈会、征询全省各地市财政部门意见建议、赴相关市县开展座谈交流和实地走访的基础上,回顾总结财政支持"四大"建设的主要成效,并提出下一

步优化思路和政策建议,供决策参考。

一、财政支持“四大”建设的主要举措和成效

(一)主要举措

自2017年省第十四次党代会作出“四大”建设战略部署以来,全省财政系统高度重视、积极响应、认真贯彻,集中财力保障相关建设任务顺利推进。特别是,2018年度全省省级财政部门共对“四大”建设安排预算资金883.89亿元,包括省级资金456.58亿元、中央资金180.88亿元、地方政府债券246.43亿元。其中,大湾区、大花园、大通道、大都市区建设分别安排预算43.07亿元、217.25亿元、522.31亿元和101.26亿元,为“四大”建设的扎实推进奠定了良好开局。

1. 聚焦重点平台建设。2017—2019年,省财政安排75.52亿元,用于支持西湖大学、“双一流”高校建设和名校大院引进与建设等,打造重点学科和世界一流的科研院所;安排45.03亿元,支持之江实验室、杭州城西科创大走廊、产业创新服务综合体、制造业创新中心、工业互联网平台等重大创新平台建设;安排9.5亿元重点支持9个省级山海协作产业园提升工程和16个山海协作生态旅游文化产业园建设,打造山海协作升级版。大力支持省级投融资平台发展,除将省交通集团上缴的国有资本经营预算全部返还用于省交通集团铁路建设外,2018—2020年增加省交通集团资本金50亿元,缓解集团公司筹资压力,继续推进杭绍台铁路、杭温铁路等项目建设,打造全省1小时交通圈。

2. 聚焦重点任务实施。2017—2019年,实施振兴实体经济(传统产业改造)财政专项激励政策,每年安排18亿元择优支持18个工业大县改造提升传统产业;实行“两山”建设财政专项激励政策,每年安排36亿元通过竞争性分配方式确定扶持范围,促进经济生态化和生态经济化。2018年起,每年安排省海洋(湾区)经济发展专项资金20亿元,推进实施海洋强省国际强港战略。2019年起,深入实施数字经济“一号工程”,安排10亿元专项资金支持数字产业化、产业数字化。

3. 聚焦重点项目推进。为支持之江文化中心建设,2017年、2018年分别安排预算经费3000万元和6470万元,用于启动整体方案设计、可研等工作。为将钱江源国家公园试点区做成“大花园”里最亮的金名片,省财政设立钱江源国家公园试点专项资金,2018—2022年每年安排1.1亿元补助,2018年下达中央试点资金10亿元,做好钱塘江源头区域山水林田湖草生态保护修复工程国家级试点工作。截至目前,各地已完成投资43.93亿元,已开工子项目451个。2018—2020年,省财政通过国资预算安排25亿元现金增资,支持省机场集团的临空产业培育和补充运营资金。

(二)取得成效

1. 大湾区建设进展明显。杭州钱塘新区、湖州南太湖新区、宁波前湾新区相继批复设立,绍兴滨海新区正在积极报批之中。湾区智慧交通体系、重大科创平台等标志性工程启动建设,一批重大产业项目落户大湾区,2018年完成投资额3168亿元。全省新一代信息技术、生物等高新技术产业增加值占规上工业增加值比重由2015年的37.2%上升为2018年的51.3%,2018年数字经济对GDP贡献率达41.5%,高于全国平均水平6.7个百分点。未来科技城、浙江大学、阿里巴巴等一批“双创”示范基地已享誉全国。

2. 大花园建设成效突出。着力推进诗路文化带中高等级旅游景区、省级以上旅游度假区和十大海岛公园建设,累计完成百河综治221公里、美丽河湖516公里、珍贵彩色森林72.3万亩,创建美丽经济交通走廊1200公里。绿水青山成为浙江最靓丽的名片,绿色发展指数居全国第3位,劣Ⅴ类水质断面全面消除,劣Ⅴ类小微水体基本消除,日空气质量优良天数比率平均为85.3%。全省累计建成2个国家生态市、34个国家生态县(市、区)、7个国家环保模范城市、45个国家级生态示范区、691个国家级生态乡镇,省级生态市县创建比例达85%。

3. 大通道建设持续发力。“十三五”期间,浙江综合交通投资约14000亿元,年均增长率为25.43%。轨道交通投资5420亿元,年均增长率为41.84%,其中高铁投资1420亿元,都市区域城际铁路及城市轨道交通投资4000亿元。截至2018年,全省铁路营运里程达2847公里、高速公路4421公里、内河高等级航道1597公里、沿海万吨级以上泊位241个,钱塘江中上游航道全线贯通,实现所有地市“通江达海”,率先成为拥有三大千万级机场的省份。

4. 大都市区建设格局初定。积极利用区域统筹奖补等财政政策推进大都市区协调发展,发挥大都市区各自优势,强化都市区核心功能集聚,以核心区为引领加快建设“七个之城”。截至2018年,四大都市区(核心区)GDP总量全省占比达到77%,常住人口总量全省占比①67.9%,城市化率②达到72.7%。城乡区域协调性均衡性进一步增强,2018年城乡居民收入比继续缩小至2.03∶1,11市中最高市与最低市的倍差降至1.69,是全国城乡区域收入差距最小的地区之一。居民恩格尔系数下降至27.8%,达到和接近发达国家(地区)水平。

二、当前财政支持政策存在的问题和不足

(一)在资金安排上,多方政策联动作用有待进一步加强。

当前,财政部门与各专业部门之间尚未建立起完善的合作对接机制,专业管理和财政管理边界模糊,项目和资金安排还缺乏合理的统筹谋划制度。以大通道建设为例,交通项目缺乏统一规划和推进机制,省级与各地市级之间、以及跨地市之间统筹组织和协调力度不够,虽然2017年省政府印发的《浙江省人民政府关于推进全省现代综合交通发展的实施意见》(浙政发〔2017〕1号)已明确省级主导项目和市县主导项目的出资比例

① 由于统计口径差别,2018年常住人口总量全省占比数据略低于大都市区行动计划指标表中2017年相应数据。

② 由于数据来源差别,2018年城市化率数据低于大都市区行动计划指标表中2017年相应数据。

和补亏责任,但公路项目未明确如何确定省级主导还是市县主导。

(二)在资金使用上,财政资金杠杆效应有待进一步提高。

以政府产业基金为例,重庆战略性新兴产业股权投资基金和湖北省长江经济带产业投资基金都采用了三层资本机构,引导基金按照不低于1:1或1:3的资金配套比例广泛吸引保险资金、养老资金等金融系资金、国家部委专项资金、全国性资产管理机构资金、央企资金等。与之相比较,当前在浙江省级产业基金运作中,绝大部分基金采用两层和单层资本架构,引进的大型机构投资者的数量相对偏少,规模也相对较小,基金的杠杆效应还有待增强。

(三)在财税体制上,省市县事权和支出责任有待进一步厘清。

浙江"省管县"体制在扩大了县市经济和财政权限,激发了县域经济活力的同时,也在一定程度上弱化了设区市对市域范围内经济社会管理事务的统筹调控以及资源的高效配置,诸多如湖州、台州、嘉兴、绍兴等地级城市的中心功能难以提升。在人口向大都市区中心城市集聚过程中,有关居民生活、社会治安、城乡社区事务、公共设施管理、群众体育、环境综合整治等与当地居民密切相关的基本公共服务的需求也随之发生改变,但当前市县之间的支出责任还未与人口流动趋势相匹配,相关调整没有明确细化,存在越位、缺位及错位现象。

(四)在投融资机制上,原有投融资模式有待进一步改革。

在交通基础设施领域,据不完全统计,全省共有约73个交通投资主体(尚缺宁波、绍兴统计数据),其中37个负债率超60%,占全省各地投资主体的51%。在新的政策背景下,省级投融资平台优势不明显,地方平台转型难。随着财预〔2017〕50号、财预〔2017〕87号、发改办财金〔2018〕194号、财金〔2018〕23号等重磅文件陆续发布,要求各省全面对各部门和各市县违规融资和担保行为进行摸底排查与清理整改,严禁各地以政府购买服务名义违规举债,严格限制融资平台违规融资,而大部分区县级融资平台实力较弱,转型困难。而衢州、丽水等中西部地区多数为政府类公益性项目,资金主要来源于财政性资金和平台融资。

(五)在绩效管理上,考核评价机制有待进一步完善。

一是财政绩效评价组织上,目前以会计师事务所等为主的第三方评价力量来源过于单一,行业涉及不够广泛,对于相关领域专业知识掌握水平参差不齐,影响了预算绩效评价结果的的客观性和公正性。二是考核标准需要与时俱进。如全省多个生态环境优良县的生态补偿指标已经面临提升"天花板",数值变化幅度难以体现发展质量,生态调节服务价值进一步实现受阻。水质较优地区出境水质一直保持较好水平,提升幅度不大,导致水质在提升,但获得补助却比2017年下降较大,甚至根据考核要求,一些指标可能导致扣罚的现象。

三、主要对策建议

(一)加强与省级其他部门的政策联动

一是明确部门责任。在专项资金管理中,财政部门负责牵头组织和协调,继续完善管理制度办法,重点做好资金拨付及组织实施专项资金财政监督检查和总体绩效评价等;各项专项资金主管部门负责相关资金的具体管理工作,按照"四大建设"的目标要求,对各类专项资金进行整合,进一步发挥各类专项资金的辐射、引领作用,充分体现专项资金效益。二是进一步加强部门衔接。建立健全部门间沟通有效、联动及时的工作机制,及时审定项目和分配资金,确保专项资金使用的时效性和有效性。三是加强联合监督管理。财政部门重点健全专项资金支出通报考核机制,定期提醒和督促其他各部门抓好专项资金支出工作。各部门重点做好专项资金信息公开机制,在省网上办事大厅专项资金管理平台上将管理办法等信息全面公开。

(二)强化财政资金和投资项目的对接平衡

一是加强财政债务监控平台与发改政府投资项目互动。强化政府财政举债计划与重大投资性项目五年规划衔接,确保政府资金用在重大战略、重要任务、重点领域、关键环节上。在政府投资项目安排上,坚持资金落实、项目可行、公益性强原则,做实资金盘子,严控项目概算,形成年度政府项目实施计划。加强信用建设,对地方政府、融资平台公司、金融机构等主体的违法违规举债行为实施跨部门联合惩戒。二是完善政府投资基金与产业项目对接机制。在高新技术开发区、自主创新示范区、创新改革实验区、科技企业孵化器、众创空间等之间,搭建产业投资基金与企业信息共享平台,定期及时发布政府产业基金的政策信息和投资指南,打通资本和项目之间的通道,加快基金投资落地。建立政府产业基金与省级各类金融机构、省属国有企业金融板块的长期性、市场化合作机制。加强与上海、江苏、安徽等地对接合作,发挥财政部门的积极作用,探索共同设立长三角一体化发展投资基金,加快推进基础设施、科技创新、产业协同、生态环境、市场体系、公共服务等重点领域专题合作,努力推动长三角在新起点上实现更高质量一体化发展。

(三)进一步完善省市县公共服务支出责任

实行省与市县按比例分档差别化分担,根据市县人均一般公共预算财力等指标分档确定,并向设区市和经济薄弱的偏远县倾斜,3—5年视财力情况予以调整。设置区域一体化发展考核奖励资金,同时配以考核指标,对区域内各主体开展年度绩效评估,对完成指标的主体给予奖励,激励提升全域综合竞争力。调整区域统筹激励资金筹集使用机制,由省和都市区中心城市按一定比例统筹当年财政收入增量,用于改善区域内企业发展环境的基础设施建设项目、生态环境保护项目,提升区域基本公共服务水平的社会事业公共服务项目。加强设区市的统筹能力,适当增加和上移支出责任,给予四大都市区中心城市以一定的奖励支配权,用于激励所辖县一体化公共服务支出。支持组建跨行政区域的都市区发展建设公司,鼓励符合条件的市场主体参与都市区开发建设和运营管理。

(四)优化地方政府债务管理

制定政府债务目录清单,精确界定政府债务的内容与范围。在保证政府总体债务可控的情况下,对动态跟踪下政府财政能力较强、自身发展潜力足、偿债能力强、执政能力优的地区实施相对宽松的债务约束管理,优化地方政府债务限额分配。在保证全省整体"全部PPP项目需要从预算中安排的支出责任,占一般公共预算支出比例应当不超过10%"的规定下,适当放开对各级政府PPP项目的管控力度。探索出资组建省级综合性投资公司,整合省级层面的公共资源,牵头构建全省重大基础设施的可持续投融资体制机制,支持市县城镇化项目的高质量发展。联合省发改委、省国资委、省交通运输厅等部门,推进省内地方政府债务与平台公司债务的明晰分割,研究制定相应的融资平台公司转型目标导则,在短期现金流平衡、长期资产负债平衡等目标上设定认定标准,并分批次设立全省国资平台公司转型目录清单,指导地方加快融资平台公司规范化市场化转型。对于只承担公益性项目融资任务,主要依靠财政性资金偿还债务的融资平台公司,应在妥善处置存量债务、资产和人员的基础上,按照法定程序予以撤销。对于兼有公益性项目建设和商业运营职能的融资平台公司,应通过兼并重组、注入优质资产等方式整合归并同类业务,转型为基础设施、城市运营、土地开发等领域市场化运作的国有企业,合规开展市场化运作和融资。

(五)完善PPP项目库管理机制

加强与其他专业部门分工协作,建立财政管理与专业管理联动模式,实施PPP项目联席会议制度,规范PPP项目入库规则,保证库内信息的真实、公开、透明。加强PPP项目全生命周期资金管理,对库内项目建立健全资金监管制度,明确资金监管流程及信息沟通机制,确保资金按时到位,建立违约惩罚机制。积极创新PPP融资模式,如发挥公路建成后的集聚效应,在公路沿线规划大型产业园区,吸引社会资本参与建设,以租赁权替代政府预算还债,减少政府隐性债务。

(六)优化财政专项资金考核评价

强化专项资金"事前、事中、事后"全过程监管,实现资金闭环管理,确保专项资金安全运行、规范管理和高效使用。财政专项资金评价采用自行评价和组织评价相结合,自行评价由资金使用单位以事先制定的绩效评价目标为标准,对相应财政资金的使用过程和结果进行科学合理评价;组织评价由专家小组、中介机构进行现场抽查,核实资金使用单位自评实施情况,并确定其绩效等级、形成分析结果、撰写评价报告。绩效评价主体单位依据组织评价和自行评价进行最终审核并形成综合评价报告。建立重大政策绩效跟踪机制,按照项目进度和绩效情况拨款,对存在严重问题的,要暂缓执行或停止预算拨款;对实施中与绩效目标有较大偏差或问题的,要及时分析原因,进行纠偏和整改,对于整改不及时、不到位的,酌情暂缓执行或停止预算拨款。

(七)分类施策支持大湾区大花园大通道大都市区建设

围绕大湾区建设,积极推进股权投资基金集聚发展。通过政府引导基金运作,积极鼓励基金加基地、孵化加投资等各类创新型基金运作模式,努力提高投资基金体系创新发展效率。进一步推进基金管理和监管分开。在委托省金融控股投资管理有限公司管理的同时,逐步将部分政府产业基金委托给其他专业的管理公司经营,委托第三方中介评估机构定期进行考评,通过管理绩效的竞争性比较,择优选择委托管理团队。支持省内设区市探索建立投资聚集区,促进区域股权投资基金发展。积极推动股权投资机构与银行、证券、保险和互联网金融等机构间的业务交流和合作,推动投贷联动、投保联动等多种创新模式,鼓励和支持相关科技金融产品创新。

围绕大花园建设,进一步完善绿色发展财政奖补机制。加强生态保护补偿效益评估,完善生态保护成效与资金分配挂钩的激励约束机制,建议质、量并重,以及调增基数权重进行奖励奖补,并将空气质量指数、生态保护红线等内容列入考核范畴,具体为:在达到省考核标准的前提下,提高Ⅰ类水、Ⅱ类水、Ⅲ类水出境天数占比百分点的奖励额度;结合当年全流域水质波动情况、气候情况、各地涉水重点工程施工情况等,设置水质合理波动区间,在区间内的水质下降可免于扣罚或降低扣罚标准;进一步完善主要污染物排放收费制度。考虑各地经济发展状况,适当增加加快发展地区的主要污染物排放收费返还比例。同时,根据国民经济和社会发展水平,适时提高奖励标准,并形成动态调整机制,如出境水水质奖励、森林覆盖率和林木蓄积量每年按照一定标准提高。

围绕大通道建设,建立健全融资创新为导向的财政政策。针对铁路、轨道交通等交通基础设施项目,探索创新债券品种,联合其他部门加快制定专项债作资本金适用规则,在20%的刚性可用比例下合理分配限额,充分挖掘项目经营性,最大限度发挥"专项债+市场化融资"模式。在项目资金构成审查时,对纳入大通道项目库且前期已做好政府专项债计划的项目,不再要求地方全额承诺。加快制定税收支持政策,探索推广基础设施REITs等资产证券化产品,以积极的财政政策明确对基础设施REITs给予必要的税收优惠待遇,包括但不限于在资产转入REITs过程产生的增值税、企业所得税、印花税的减免或递延缴纳,以及在REITs运营期,项目公司收益的增值税、企业所得税减免。打造交通基础设施基金2.0版本。集中整合财政性项目建设资金出资,联合银行、保险、政策性金融机构等社会资本,共同发起省级交通基础设施投资基金,用于全省重大交通基础设施项目投资。省级交通基础设施投资基金可作为母基金参与市县专项投资基金和社会资本发起的交通领域投资基金。

围绕大都市区建设,加强都市区内财政政策合力。以区域发展规划为中心,全面梳理把握重点工作任务,提出各都市区需要财政引导、支撑和保障的大事,形成全区域统一的重大项目计划清单。设区市和下辖县要全面梳理现行各类各项财政政策,对标重大项目计划清单分类采取取消、保留、强化、整合等措施,并积极谋划出台新的财政政策,形成政策合力、资金合力和工作合力。逐步建立长三角一体化的惠企政策标准体系,逐步在全域统一民生支出标准，促进人才、项目、资金等资源要素有序流动。在省内探索选取温州（或金华）作为试点，建立设区市财政与省财政结算全市的财政体制和由市财政与各县（市）财政结算各县（市）的财政体制。省对各县（市）的转移支付资金由设区市按因素法等方法分配，设区市制定各县（市）的税收收入、增量分成、激励奖补等政策。

课题组组长：邢自霞

成员：陈　孝　何喜平　徐　峰（执笔）

构建高质量发展预算绩效评价激励体系　全面推进“三全”预算绩效管理（节选）

浙江省财政厅监督局、政研室、
总预算局联合课题组

根据党的十九大精神，省委省政府作出了推动经济社会高质量发展的重大决策部署，并要求制定推动高质量发展的指标体系、政策体系、标准体系、评价体系等。袁家军省长在昨日要情《广东全面构建预算绩效指标和标准体系，推动预算绩效管理落地见效》批示“认真借鉴，构建我省高质量发展绩效评价激励体系”精神。根据领导批示精神，课题组走访省发改委、省统计局、省政府督查室等与高质量发展绩效评价考核相关部门，深入市县调研地方全面实施预算绩效管理情况，并赴广东学习借鉴预算绩效管理经验，总结分析构建浙江省高质量发展预算绩效评价激励体系的可行性、问题和困难，提出构建高质量发展预算绩效评价激励体系的若干路径和对策，以期通过课题研究加快建立以绩效为核心的预算管理新机制，高水平推进“三全”预算绩效管理体系建设，加快推动和保障浙江省高质量发展。

一、现有预算绩效评价激励体系的主要问题

构建高质量发展预算绩效评价激励体系要从建立科学合理的预算绩效指标体系、公平公正的考核评价体系以及奖惩有力的激励约束机制等方面入手。对标省委省政府高质量发展要求，现有预算绩效指标、评价考核激励等方面还存在以下一些问题和困难：

（一）指标体系中存在的问题

1. 现有预算绩效指标体系主要停留在资金层面，未充分体现政府绩效。现有的预算绩效管理仍然以预算资金为主，主要对部门日常履职和项目经费进行绩效管理，偏重投入产出指标，忽视质量效益指标，未充分体现党委政府高质量发展的政策导向。项目绩效目标申报和管理、绩效目标偏离的预警和纠偏机制以及绩效评价结果运用仍属于财政资金绩效管理，且系统的分行业分领域绩效评价指标体系还有待进一步健全。

2. 预算绩效指标直接与高质量发展指标对接存在一定困难。一是省委省政府出台的高质量发展指标体系宏观性、结构性指标占比较多，反映的是经济运行的基本状况，是多部门综合性工作成果，部门间责任划分困难。部分宏观指标与市场经济面关系密切，能充分反映地区经济高质量水平程度，但不能全面衡量部门履职绩效，且部分指标与财政资金投入无直接对应关系，财政难以直接应用高质量发展指标则。如“人均 GDP”“数字经济增加值占 GDP 比重”“居民消费率”等等。二是浙江省高质量发展指标体系仅评价全省和 11 个地市级政府，不考核部门和县级政府。县级由市结合本地实际制定差异化的高质量发展指标体系并实施评价，部门负责相关评价指标的数据提供工作。浙江省预算绩效管理对象包括部门和所有市县，若直接应用高质量发展指标评价结果，与省管县财政管理体制层级不对应，也无法衡量所有部门绩效，且也容易造成因县级评价指标与标准不一带来的地区间不平衡、结果不可信等问题。

3. 缺乏对绩效指标进展的有效监控。现阶段，除扶贫项目外，普遍缺乏对绩效指标进展的有效监控。一是部分设置的绩效指标与预算投入脱节、与项目实际相关性不高，无法起到“控制预算作用”，监控意义不大；二是财政支出政策、项目周期、类别不同，绩效指标类别不同，稳定性差，年度之间缺乏可衡量可评价的监控标准，监控难度较大；三是项目执行中，普遍还存在着重分配，轻监管或为执行而执行的意识，监管意识欠缺。

（二）评价考核体系中存在的问题

1. 考核评价激励的整体性、协调性还需要进一步优化。目前，绩效考评主要存在“政府绩效考评”和“预算绩效考评”两大体系，政府绩效考评主要由政府考评办、发改、组织等部门实施，具体包括省政府督查室对部门实施政府绩效考核、对市县开展真抓实干考评，省委组织部对市县党政领导班子政绩考核，以及对 11 个市进行高质量发展绩效评价。此外，省级部门条线上还有较多单项考核评价和激励，考核评价激励的整体性、系统性、协同性还不够。调研市县反映，不同考核办法对材料的报送要求不一，无形中增加了基层工作负担。

2. 考核评价标准不一致。从各级各部门制定的各类考核评价办法来看，部分存在上下级政府、不同部门就同一事项的考核评价导向不一致、评价标准不统一的现象，直接影响到具体工作的开展，无法形成高质量发展的工作合力。部分市县反映，现有高质量发展指标与党政领导班子政绩考核体系部分考核内容相近，但具体指标不同，一定程度造成基层“无所适从”。

（三）激励体系中存在的问题

1. 重精神奖励，轻物质奖励。目前，省级层面出台的激励政策以精神奖励为主。省政府督查室牵头的政府部门绩效考核，对考核为优秀的部门实行排名通报，根据排名给予等次差距为 1000 元的奖金，并增加优秀公务员评选比例奖励，重精神荣誉，对部门内工作人员事业发展的激励作用不明显。物质奖励受政策诸多限制，奖励力度不足，无法充分发挥激励作用。重部门奖

励，轻个人奖励。现行各项激励政策主要以部门、地区整体奖励为主，对个人的激励政策现阶段仍体现为绩效工资或奖金形式发放，但资金差距不明显，尤其行政机关调动激发全员积极性更不明显。

2. 现有部分激励政策标准不一，含金量不同。"上考下"激励政策中综合性的考核，主要是省政府督查室对24项专项工作真抓实干成效明显地区的激励，其中，24项激励督查事项中有19项予以财政资金激励。从查阅部门政策文件和了解的情况看，现有各个单项激励政策，力度不一，总体较分散，且财政专项资金奖励规模不一，容易造成部门间相互攀比，政策激励含金量不同。

3. 绩效评价结果利用手段单一，预算安排激励效果有限。在当前的预算绩效管理中，评价结果未能得到有效应用仍然比较突出，主要来自于两方面原因：主观上被评价单位绩效意识还有待提高，评价仅完成任务，缺乏主动性和积极性；客观上，评价结果在优化预算安排，改进预算决策等目的未能充分体现。现有预算资金分配更大程度上取决于战略和政策的关联度，与民众的需求和偏好的紧密度。一方面省委省政府重大战略、民生类项目是预算刚性，资金必须足额保障，即使执行效果不佳也难以削减，这也使得预算资源配置与绩效评价结果挂钩对重点部门及重点项目影响不大。另一方面对绩效好的预算部门（单位），在正常经费保障的基础上仅给予增加部门项目经费的激励，受制于现有各项政策的严格规定，如支出标准化、预算调整规范化，即使增加部门项目预算资金，若部门统筹使用的自主权不足，激励作用也会大打折扣，同时也会造成"鞭打快牛"困局。

4. 内生动力仍显不足。从国际预算绩效管理实践来看，均注重以契约方式明确财政与部门的管理责任，建立有效的激励约束机制，赋予部门一定的预算自主权，调动其开展预算绩效管理的积极性。从市县调研情况了解，目前部门预算管理模式依然强调零基预算的控制功能，对项目确立、科目调剂、结余结转资金使用等控制较严，预算灵活性不够。同时，由于预算绩效管理在绩效目标管理、绩效运行监控和绩效评价等环节的有效性不足，融合度不高，绩效目标审核及后评价结果并没有与预算决策形成紧密关联，预算管理和项目管理模式没有发生实质性变化，预算部门（单位）认为并没有从改革中得到好处，反而增加工作量，基层预算绩效管理容易陷入"自娱自乐"。这几年，全省各级财政部门为调动部门积极性，均建立了部门预算绩效管理年度考核机制，并纳入同级政府目标责任制考核，很大程度上推动了绩效工作的开展，但是依然不能从根本上解决"动力不足"问题。

（四）现有财政工作体系中存在的问题

预算与绩效管理的融合度有待提高。在调研中，某市反映，目前预算管理体制上的一些做法一定程度上制约了绩效管理工作。一是代编预算形成了绩效管理盲区。一些包括基本建设项目、政府专项资金等非部门预算资金，由财政部门代编预算，尚未纳入绩效管理。二是项目库管理水平制约了预算绩效管理的效率。目前，基层部门预算项目库尚未实行分层级滚动化管理，项目分布扁平化，数量多，散乱庞杂，缺乏层级，分类不尽合理，没有与部门职责建立逻辑关联，项目管理工作自身绩效不高，给科学制定绩效目标和审核工作带来了阻碍。三是预算申报与行政计划之间存在时间性差异。市县一般每年9、10月份开展编制部门预算，但上级部门和同级党委政府下达工作任务和考核指标往往在次年1—3月，而此时预算往往已先行下达执行，时间性差异导致绩效目标难以精确量化或者目标值设置过低。

二、构建高质量发展预算绩效评价激励对策和建议

（一）建立完善"全方位"预算绩效指标体系

从三个维度设置预算绩效指标体系：一是借鉴广东模式，以"集中财力办大事"财政政策体系为突破口，构建集中财力办大事财政政策绩效绩效指标体系；二是以部门履职为重点，构建部门整体绩效指标；三是以省委省政府高质量发展指标体系为切入点，构建市县政府预算绩效指标体系。

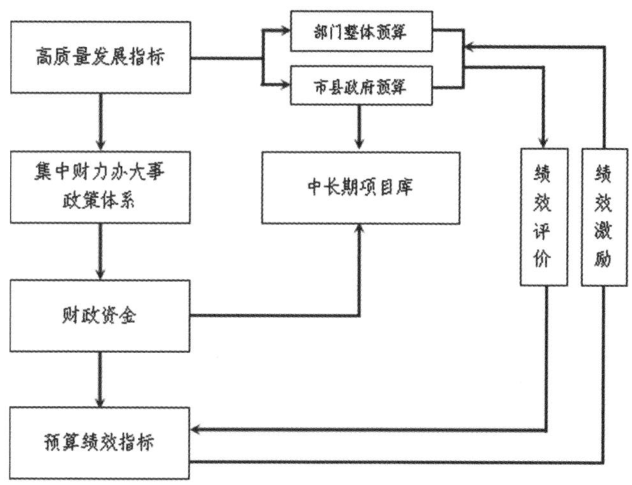

图1　高质量发展绩效评价激励体系

1. "集中财力办大事"财政政策绩效指标体系。以高质量发展指标为指引，通过将集中财力办大事财政政策体系对标高质量发展组合拳确定的60项主要任务，按照战略目标—主要任务—财政政策—财政资金—重点项目进行层层分解，分类梳理，按照指标设置统一规则，建立构建集中财力办大事的财政政策总体和区域绩效目标和指标体系，实现战略目标与政策预算的有效结合。

绩效指标设定。该指标体系遵循简便实用原则，以结果性指标为主，主要选择可量化可考核的核心指标以及与财政资金投入相关性高的指标。指标设定以国家相关法律法规、政策依据、国民经济发展规划、财政中长期规划（2018—2022年）、相关的历史标准、行业标准等为依据。绩效指标分为四个层级：一级对接高质量发展指标的六大内容；二级对应集中财力办大事政策体系；三级对应财政资金；四级为预算绩效指标，按照财政部

框架(包括产出指标、效益指标)设计个性化指标,且与支出经济分类相对应。

完善财政中长期项目库管理机制。基于高质量发展和“八八战略”的总体要求,完善纳入集中财力办大事的财政中长期项目库制度,建立项目库动态化管理机制;建立高质量发展指标数据采集体系,优化组建项目入库评审专家组,强化入库项目的高质量发展战略指标支撑性评审;开展新增项目的事前绩效评估和经常性支出项目的动态评价,根据结果进行调整、整合和精简,为集中财力办大事提供持续的财政项目,保障高质量发展任务高效推进。

2. 部门整体预算绩效目标及指标体系。按照“一个部门、一套指标”原则,对标省委省政府高质量发展60项任务、党委政府重大工作绩效目标以及部门“三定方案”中明确的主要职能职责,建立完善部门整体绩效指标及标准体系。部门整体绩效指标分两级,一级指标对应同级党委政府确定的重点工作绩效指标、高质量发展指标、主要职能职责指标;二级指标由部门本级运行绩效指标和事业发展绩效指标组成,尽量设置量化指标,并优先将合适的高质量发展指标体系纳入部门整体绩效指标体系。

3. 市县政府财政预算综合运行绩效指标体系。结合政府预算绩效管理要求,建立省对市县政府财政运行综合绩效评价指标体系,设置财政收入质量(含财政增长可持续性、财政对高质量发展的支撑性)、财政支出绩效(含财政投入方向和结构)、社保基金(含未来社保支出)和债务风险防控(含隐性债务)等财政运行指标+高质量发展水平指标体系,重点评价市县贯彻落实省委省政府高质量发展绩效。

考虑到预算绩效指标体系综合性、复杂性,且面临政府绩效目标和预算绩效指标对接的实际困难,建议按照“试点先行,逐步推进”原则,优先选择与高质量发展密切相关的,且预算绩效管理基础扎实的部门和市县分步实施部门整体和政府预算绩效管理指标体系,并对指标实行动态管理,迭代升级。

(二)完善年度预算和绩效“一体化”编制机制,进一步提高预算和绩效融合度

1. 进一步完善预算和绩效目标同步编制审核的流程和责任机制。目前,浙江省各级财政部门基本做到了年度预算和绩效指标同步编制,实现了“物理融合”,下一步应着力完善基于“预算激励机制”全融合的绩效管理流程和机制,将绩效理念和方法全面融合到预算全过程中,包括完善预算绩效一体化同步编制流程,强化绩效指标初审和复审,在“物理融合”的基础上,优化编制流程,明确预算、支出处室、绩效等部门责任分工,规范绩效审核,完善标准规范,从而全面实现“化学融合”。规范项目分级分类管理,构建完善差异化、针对性的绩效指标库。绩效指标要根据预算项目合理设置,绩效标准要与项目支出标准衔接匹配。当前,省级项目支出预算实行分级管理,设置完善了169项二级项目支出标准,建议全省上下联动,进一步完善、清理、整合各级支出项目类型,建立相对统一的项目支出预算管理模式和支出标准体系,并在此基础上组织按行业、层级、支出项目类型等健全分行业、分领域指标精细化分类,制定绩效指标的标准规范,构建内容丰富、针对性强,高效便捷的标准库和指标库。各级财政部门应积极借助第三方机构、专家库等外部专业力量开展预算和绩效审核。

2. 进一步完善财政专项资金竞争性分配机制。按照以绩效为核心的预算管理新要求,建议进一步梳理财政专项资金,对直接促进高质量发展的如结构优化、动能转化等产业类财政专项资金以及基金类财政资金,原则上要采用竞争性分配方式,强化绩效约束;民生类财政专项资金主要按因素法分配,原则上都要将绩效纳入分配因素,并逐步加大政策绩效因素权重;公共基础设施类财政专项资金主要按因素法、项目法分配,原则上都要将绩效纳入分配因素,并逐步加大项目绩效因素权重。

3. 完善预算绩效执行全过程“双监控”机制。浙江省各级财政部门已经实现了对财政预算支出资金的动态监控,为有效推动集中财力办大事、更好地实现高质量发展目标,必须加强对绩效指标的及时监控。建议按照省委省政府要求,各级财政部门应加快建立合理高效的财政资金预算绩效“双监控”工作机制,实施预算绩效的“双监控”。

(三)完善预算绩效考核评价体系

进一步理顺财政与部门绩效评价的关系。财政部门实施的高质量发展预算绩效评价的重点应从整体、宏观的层面进行,包括集中财力办大事重大财政政策、部门整体绩效、政府预算三个层级;微观、具体的项目主要由预算部门(单位)进行绩效自评实施,分级管理,使预算绩效评价结果更好地服务于高质量发展。

1. 对部门高质量发展预算绩效评价主要根据集中财力办大事财政政策绩效评价和部门整体绩效评价两方面结果综合确定优良等档次。其中,政策绩效评价按照集中财力办大事财政政策绩效指标体系,各部门对前期、中期和后期都要组织开展绩效评价。对需调整集中财力办大事政策体系或调整纳入中长期规划的项目,须开展绩效预评审,加强绩效目标审核;对实施期超过一年的重大政策实行全周期跟踪问效,建立动态自评调整机制;对明确政策阶段性绩效目标的,开展财政政策中期评估,三年一重点评,政策到期前1年要组织开展重点绩效评价,财政部门按照“3E”原则①开展政策重点评价。部门整体绩效评价依据部门整体绩效指标体系实施。一级指标根据党委政府重点工作绩效目标考评结果确定;二级指标由部门和财政负责评价,最终综合确定部门整体绩效评价结果。

① “3E”原则即经济性(Economy)、效率性(Efficiency)、效益性(Effectiveness),“3E”原则要求财政支出资金的使用绩效评价,不能片面、孤立地分析其中某个要素,要从经济性、效率性和有效性三个方面进行综合考察、分析和评价。

2. 对市县高质量发展预算绩效评价重点开展高质量发展任务落实绩效评价、市县财政预算运行综合绩效评价等专项考核。依据省对市县财政运行综合绩效评价指标，省财政负责组织对市县政府财政运行实施综合绩效评价，按照二类地区分别确定绩效优良等档次。

3. 进一步提高重大财政政策绩效评价质量。一是落实预算部门（单位）政策绩效评价主体责任，建立集中财力办大事财政政策的绩效自评机制，财政部门辅以标准化自评规范，并建立自评报告质量审核和抽检机制。二是理顺主体责任，预算绩效评价不仅仅是绩效管理机构的事，财政系统要进一步明确预算结果应用及业务处室局评价和审核责任；明确监督局的监督责任等。三是强化和完善预算绩效评价力量。在省级层面组织专业覆盖广泛、层次合理、数量保障的预算绩效评价专家库，提供全省各级使用；要加大第三方评价机构的培育和优选，增加省外有经验的机构参与；扩大高校、咨询公司、管理咨询机构等专业力量参与范围；要开展评价机构服务水平和质量的考核评价；要积极利用互联网资源，建立在线共享专家库，实现专家远程在线评，提高专家资源可用性和复用性，同时降低绩效评价成本，提高政策评价效率。

4. 运用大数据创新预算绩效考评方式。目前，省政府正在积极推进“政府数字化转型”，财政部门正在构建财政管理核心一体化体系建设。构建高质量发展预算绩效评价激励体系需要采集大量的客观数据，要以建设大数据信息平台为契机，将预算绩效管理信息系统纳入财政管理核心一体化建设重要内容，借助大数据信息平台的数据开放与共享，使高质量发展预算绩效评价数据更加全面，信息获取更加便捷客观，大大提升财政绩效管理水平。在这基础上，要健全预算绩效管理的标准和信息化建设。一是标准化建设。加快制定省财政厅预算绩效管理内部工作操作规程，规范涵盖事前绩效评估、绩效目标管理、绩效运行监控、绩效评价和结果应用全过程等全过程作业，厘清责任分工，建立协同共享的预算绩效管理工作机制。二是信息化建设。目前，预算绩效管理主要依托预算编制系统建设，在预算编制环节实现了预算与绩效融合，但对照“三全”预算绩效管理体系建设，需要系统搭建预算绩效管理平台，包括绩效指标库，模板库、标准库、绩效目标、绩效监控、责任考核、绩效评价、第三方管理、专家库等智能化模块，将高质量发展预算绩效指标体系纳入信息系统，并通过信息系统实现采集、审核、自评、考核、评价、数据分析，为全面实施预算绩效管理做好系统支撑，实现与预算编制、执行等其他财政管理平台、政府督查、重大政府投资项目等管理系统互联互通，并将绩效“决策流”纳入财政大数据决策支持系统，基本实现“业务流、资金流、信息流、决策流”的四流合一，提升高质量发展预算绩效评价结果的客观性和公正性。

（四）构建完善预算绩效激励体系

立足财政职能，主要建立与高质量发展预算绩效评价结果挂钩的财政资源配置和放管服结合的激励机制。

1. 与高质量发展预算绩效评价结果挂钩的财政资源配置激励机制。2018 年，我厅已经构建了集中财力办大事财政政策体系，构建了以高质量发展战略目标为导向的财政投入机制。下一步要在全面落实集中财力办大事财政政策体系基础上，要建立完善与高质量发展预算绩效评价结果挂钩的财政资源配置激励机制，在专项资金分配、政策倾斜及体制结算等方面给予激励。

一是对政策建立与资金分配、政策调整挂钩的激励机制。主要根据纳入集中财力办大事财政政策的绩效评价结果确定。其中，政策涉及的财政专项资金已纳入部门整体绩效预算基数的，按照部门整体绩效挂钩机制给予激励。通过年终结算兑现政策或未纳入部门整体绩效预算基数的专项资金，根据资金支持的方向和特性，分类建立与政策绩效评价结果挂钩的预算激励机制。政策执行中，涉及政策或项目调整的，必须提供年度绩效评价或中期绩效评估结果，政策期满，政策绩效评价结果作为下一轮（2022 年以后）政策存续及资金安排的重要依据，对支持加快培育新动能、传统产业改造提升等产业发展类财政政策，给予预算资金倾斜；对支持四大建设等公共基础设施建设类财政政策给予预算资金倾斜、项目优先入库等激励；对支持绿色发展、教育医疗等民生类政策给予预算资金倾斜或提高省补标准等激励；对采取基金管理等市场化运作的财政资金给予预算资金倾斜。对绩效差的政策，如民生类政策要进一步调整完善，产业类和公共基础设施建设类政策要减少资金安排或调整政策，造成重大损失的要及时退出，基金管理类的要减少资金投入或调整基金投向等。

二是对部门建立与整体绩效挂钩的预算包干激励机制。将对部门整体绩效评价结果作为部门预算安排的重要因素。按照部门整体绩效预算改革方案和进度，根据部门整体预算绩效评价结果给予激励。根据部门性质分类确定与绩效挂钩的预算包干激励机制。对已实行标准化的基本支出和项目支出实行包干制，对有量化指标，适合与部门履职绩效挂钩的专项项目（含财政专项资金）进行预算挂钩，“专项+综合”并举，综合安排部门预算总额。同时，建议在政策允许范围内适当改革津补贴政策，按照部门绩效考核结果确定津补贴发放等次，适度拉大不同等次之间的差距，保证激励政策的有效性。2016 年国务院正式下发了《关于激活重点群体活力带动城乡居民增收的实施意见》（国发〔2016〕56 号），明确要“完善绩效考核制度，将激励与考核挂钩”，提出“健全差别化激励机制。建立健全公务员绩效考核体系，考核结果与工资收入挂钩。完善公务员奖金制度，强化省级政府统筹调控责任。赋予地方一定的考核奖励分配权，重点向基层一线人员和业绩突出人员倾斜”。这为进一步用好绩效考核的激励机制提供了重要依据和方向，也为绩效考核结果的运用拓展了空间。

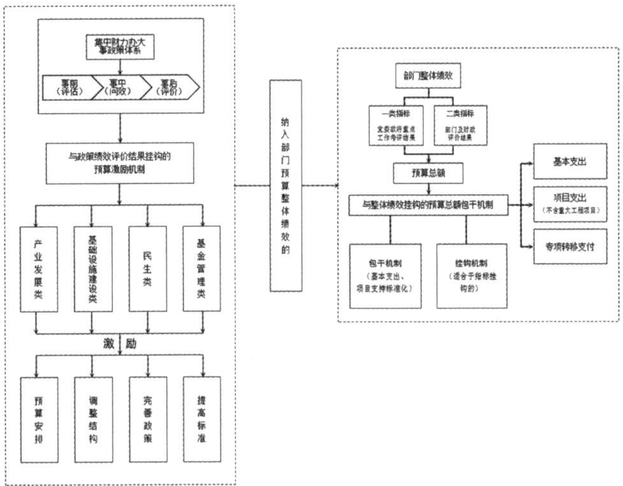

图 2　政策和部门整体绩效评价激励体系

三是对市县建立与转移支付或财政体制挂钩的综合激励机制。对设区市的激励机制，根据对下级政府财政运行综合绩效评价结果+高质量发展评价结果而定，两者设置不同权重，形成综合评价结果，综合反映设区市高质量发展水平状况。“高质量发展评价结果”结合省级有关部门提供的设区市高质量发展的综合水平和年度增幅情况，分项分档给予“两奖”激励，即分别对一、二类地区中高质量发展综合水平排名靠前的给予相应奖励，对高质量年度发展水平超过一定增幅的给予相应奖励。

考虑到省级无法统一提供县（市）的高质量发展水平数据，县（市）根据省财政组织的对下级政府财政运行综合绩效评价结果确定，其中将与财政投入密切相关的且属于高质量发展指标的必须纳入省对市县财政运行综合绩效评价指标中，根据评价结果探索研究县（市）转移支付或财政体制挂钩的激励机制。

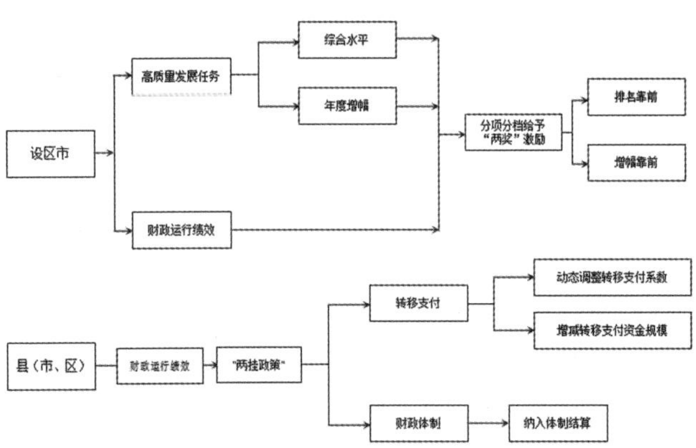

图 3　市县政府综合激励机制

2. 建立完善“放管服结合”的财政激励机制。

构建符合部门期望的激励机制时，应突出奖励与部门目标、部门满意度的结合，应关注部门预算管理权限的扩大及其灵活性的增加。美国、澳大利亚等发达国家绩效预算的基本逻辑是放松投入和过程控制，加强结果问责。构建以绩效为核心的预算管理新机制，应将对投入控制的重视转变为对目标和结果的关注，期望通过适度放权获得可预期的结果。当前的预算管理强调规范性，但对预算调剂予以严格限制，若挤占挪用还属于纪委严重的违规行为，这种管理模式与绩效预算的结果导向不符。为此，建议在继续开展“三服务”活动和“上门服务至少一次”活动的基础上，对财务管理水平高的部门，在强化部门绩效管理主体责任的同时，进一步加大“放管服”力度，给预算部门（单位）一定自主权，激发活力，提升绩效。具体可采取如下措施：按照“简政放权”精神，建议结合机关内部“最多跑一次”改革办事事项再梳理活动，进一步从预算编制、执行、监督全链条梳理“放管服”事项，对纳入省政府考核优秀的部门单位建立“放管服”清单，包括对预算编制、预算执行、预算监督、资产管理、政府采购等事项。预算编制环节，进一步简化预算编制流程，扩大其预算管理权限，允许对项目内及项目间的预算有一定调配权，对预算结余资金在合理合规情况下给予一定自主支配权，使部门不必担心预算被收走而年底突击花钱；预算执行环节，对绩效超过预期的，给予加快资金拨付进度、授权调整资金用途等；预算监督环节，对财政管理水平高的部门可实施“免检”“免评”等激励措施。

（五）完善高质量发展预算绩效评价工作体系

1. 建立政府绩效与预算绩效管理联动机制。在绩效目标和绩效监控时实施信息共享。目前，省政府督查室对政府部门实施政府绩效考核，均编制了部门年度绩效目标，建议与省政府督查室建立共享机制，将部门整体绩效目标与重大项目预算绩效目标与政府绩效目标对接，在预算编制中，加强预算绩效指标和政府绩效指标审核，将符合高质量发展的任务和项目优先纳入预算安排；在年度执行中，将部门预算资金执行进度与政府绩效目标过程评估相对接，对纳入政府督察内容的项目，可通过数据的互联互通，共同开展资金支出进度、项目绩效进展、预算支出和绩效进展匹配性等方面的监控预警、督察和稽核，实施资金和绩效“双监控”；建立于政府行政绩效管理部门的协同监管考核机制，联合开展对年度财政重大支出项目、民生工程支出类项目、政策性扶持资金等项目的年度绩效目标实现度现场查访、核验，并作为项目绩效评价的重要依据，实现绩效评价与决算同步完成，为绩效评价结果及时应用提供依据。

2. 建立多方协同共享机制。一是建立绩效评价与人大、审计等部门评价的协同机制。浙江省部分市县已经将财政预算绩效评价工作作为人大监督政府、绩效审计的重要手段。建议全省各级财政部门应加强与人大、审计等部门的沟通，及时实现信息共享和结果利用。二是建立激励工作协同体系。整合现阶段单项考核评价激励办法，避免重复评价，将省直部门给予市县的单项激励措施进行统筹考虑，建议省政府层面系统性、整体性构建加快促进浙江高质量发展的激励机制，具体包括编制资源、土地资源、财政资源、资产资源、信贷资源等资源配置激励机制，管理机制、选人用人机制和收入分配机制，加大激励力度，省财政厅根据省委省政府统一组织实施的高质量发展绩效评价结果兑现相应激励措施。二是建立绩效指标共建共享机制。在构建三套指标和标准体系设计中，由部门或市县提出建议与财政部门商量后确定；同时借助高校专家和第三方智库的力量，对绩效指标和标准体系进行论证分析。

3. 建立关联机制，推动相关改革配套措施。一是将高质量预算绩效评价结果纳入省财政厅对省直部门财政管理绩效综合评价内容，并积极与省政府督查室沟通，建议按照中发〔2018〕34号文要求适当增加权重，提高财政绩效分值，充分发挥考核指挥棒作用。二是按照中央要求，建议组织部门研究将推动高质量发展绩效评价结果纳入党政领导班子政绩考核体系，作为领导干部选人用人的重要参考。三是建议组织、人社部门研究探索薪酬改革和津补贴制度，根据绩效高低建立差异化的薪酬制度，激发全员绩效。四是建议有关部门进一步整合完善现有专项激励工作事项。对标省委省政府高质量发展12方面60项主要建设内容，拓展24项真抓实干激励政策的覆盖面，尤其是将"长三角一体化发展"等建设任务纳入真抓实干内容，进一步聚焦完善激励事项。同时，对标高质量发展任务，细化真抓实干专项工作考核激励政策颗粒度，整合完善并拓展激励内容，确保高质量发展政策体系和指标体系落实到位。

课题组组长：章忠良

课题组副组长：楼梅芳

成员：赵利明　刘　虹　陈优芳　顾健耀　徐　翠　徐　越　何赛赛（执笔）　陈炎飞（执笔）

融入长三角一体化发展的财政政策研究

嘉兴市财政局课题组

长三角一体化发展已上升为国家战略，作为长三角生态绿色一体化发展示范区的有机组成部分和全省唯一的全市域示范区联动发展区，嘉兴市成为了浙江省全面融入长三角一体化发展的核心和主阵地，这对全市财政管理体制及政策体系提出了新的要求。当前，嘉兴市亟需站在国家战略的高度，坚持问题与目标导向，从财政角度科学剖析自身基础、发展困境及成因，从而提出促进嘉兴全面融入长三角一体化发展的财政政策举措。

一、嘉兴全面融入长三角一体化发展的优势

（一）地理位置占据绝对优势

嘉兴毗邻上海，是浙江省贯彻"八八战略"接轨上海的示范区，是杭州湾经济圈、上海经济圈及环太湖经济圈"三圈"交汇中心，"三横三纵三桥"高速网络交通格局已形成，在长三角地区显现极佳的区位优势。目前，沪嘉城际铁路"一号工程"和沪乍杭、通苏嘉甬铁路建设正加速推进，与长三角重要城市"半小时高铁圈、一小时通勤圈"逐步形成。

（二）经济发展基础扎实

2018年，嘉兴市实现地区生产总值4872亿元，同比增长7.6%。财政总收入895.3亿元，位列全省第三，增长16.4%，其中一般公共预算收入518.6亿元，增长16.8%，税收收入占比达91.3%、列全省第一。城乡居民人均可支配收入分别达到57437元和34279元，增长8.3%和9%，农村居民人均可支配收入连续十五年居全省第一。城乡居民收入比缩小到1.676∶1，为全省最低，统筹城乡发展走在全国前列。

（三）公共服务接轨力度增大

一是医疗服务接轨惠民。2018年嘉兴市本级及嘉善县首批纳入长三角地区跨省异地就医门诊医疗费用直接结算范围，嘉兴市民可在上海15家三甲医院门诊就医直接结算，上海市民可在嘉兴4家三甲医院门诊就医直接结算。二是优质教育资源不断注入。同济大学部分法学类非全日制研究生培养地点设在同济大学浙江学院。截至2018年7月，全市与上海等长三角城市合作办校15所，结对学校92所，培训交流4万多人次。三是公共交通同城共享。嘉兴公交卡、市民卡赴上海公共交通刷卡实现一卡通。截至2018年12月，嘉兴市民持市民卡和公交CUP卡在上海乘坐地铁、公交累计137.5万人次、日均量4116人次，上海人在嘉兴刷卡乘坐公交累计81万人次、日均量2425人次。

（四）科技创新优势日趋明显

2018年，嘉兴市科技创新主要考核指标位居全省第一方阵。高新技术产业投资同比增长29.4%，高新技术产业、战略性新兴产业增加值占比分别达到52.4%和39.7%，高新技术产业增加值列全省第三；R&D占比达到2.7%；拥有"国千""省千"人才447名，并保持快速增长态势。全市高新技术企业突破1000家，其中国家高新技术企业889家。

二、制约融入长三角一体化发展的因素

（一）绝佳的地理中心，同时也是区域"发展洼地"

嘉兴地处长三角核心区，东、西向分别是崛起中的全球城市上海以及城市国际化快速提升的杭州，南、北向则分别是长三角区域中心城市宁波和苏州，对外开放合作通道与自身发展空间受到四周挤压。城市间资本、人才与技术等生产要素的争夺日益激烈，加之区域内快速交通运输网络不断完善，嘉兴面临着优质资源要素加速流失的风险。此外，苏州昆山依托安亭—白鹤—花桥城镇圈建设与上海城市轨道交通延伸等，承接上海中心城区、虹桥与张江等重要功能载体的辐射更为便利，而嘉善、平湖等地主要临近上海远郊城镇、园区，与上海主要城市和产业功能区联系相对较弱，尚未形成能够吸引上海要素外溢集聚的合作平台。

（二）区域文化"小富即安"，创新创业氛围不够浓厚

嘉兴自古以来繁荣富庶、百姓康乐。改革开放以来，嘉兴作为全国推进城乡一体化的先行之地，城乡公共服务均等化程度较高，2018年城乡居民人均可支配收入高于长三角平均水平。百姓生活的长期殷实幸福造就了嘉兴"小富即安"的区域文化，制约了新时期嘉兴创新创业文化的培育，城市众创氛围不够浓

厚，缺乏支持创新创业的土壤、环境和条件，尤其是高能级的创新创业服务平台和载体相对较少，发育于本土的产业链、创新链制高点企业不多，对国内外高层次创新创业人才和团队的吸引力也有待进一步提升。

（三）对外开放不够，国际化水平偏低

嘉兴经济、城市和企业内生性较强，在更大区域内进行资源要素整合与市场拓展能力不足。尽管在推进新型城镇化和城乡一体化先行试点方面走在全国前列，但在金融、科技、服务业、贸易等其他领域的改革举措相对较少，获得国家制度创新和改革试点支持政策也较少，与上海、杭州等城市间在技术与人才流动、科研成果产业化以及科技服务政策复制推广体系等方面还未形成便捷高效通道。更高水平对外开放、低成本客流物流等通道有待进一步畅通，国际化、法治化、便利化的营商环境有待进一步完善。

（四）城市间财政体制省际差异明显，难以为一体化提供高效的财力支撑和体制保障

长三角区域内的城市财政体制差异较大，财力结算方式各不相同。上海市为直辖市，直接与中央进行体制结算；江苏省自2008年起实行省直管县财政体制，地级市的财力结算基本保持了原市管县体制时期的既得利益格局；浙江省自中央与地方分税制以来一直实行省直管县财政体制，地级市无法与县域分享财力。省直管县财政体制增强了县域经济的独立性，确立了市与县竞争和合作的平等关系，但是也出现了中心城市辐射能力和跨区域事务合作治理能力不强等现象。一是资源统筹能力不强。设区市在对县级经济管理职权弱化的情况下，在引进大项目、培育大行业、建设大平台时，受制于各自条件的局限，项目和平台的起点较低、规模偏小。区域内各主体也是各自为政，分散出击，产业平台建设雷同，招商政策导向不清晰，难以形成产业承接的规模和集聚效应。二是公共要素保障能力不足。嘉兴与上海城际通勤的优势明显，但嘉兴市内交通基础设施建设相对落后，难以承接接轨上海转移人才带来的交通压力。作为浙江接轨上海的“桥头堡”，短期境内需要建设大量的服务浙江纵深区域的“通道工程”，这些工程资金需求巨大，对财政收支平衡和可持续发展带来很大考验。

三、促进嘉兴全面融入长三角一体化发展的财政政策建议

（一）优化省级层面战略布局，营造良好政策环境

1. 建立区域共同预算基金，推进基础设施大融合。嘉兴地处长三角区域中心，浙江省应充分发挥其地理优势，使之成为接轨上海融入长三角的前沿阵地。通过交通先行，缩短浙江省与上海的时空距离，为省内其他地区实现“与上海同城效应”打下基础。考虑到交通项目资金需求大，仅靠嘉兴本级财力很难保障，建议从省级层面推动建立区域共同预算基金，设置收入来源和共同支出目标，资助公共产品建设。共同预算基金可根据基础设施项目受益或影响范围由区域内各主体共同筹集，主要用于包括交通项目、信息传输、资源保护在内的浙沪设施对接的项目建设，加快推进长三角城市间基础设施融合，将嘉兴的自然地理优势转化为经济区位优势。

2. 尝试县域财政委托管理，推进产业发展大融合。目前，嘉兴平湖已引入张江长三角科技城，海宁已引入漕河泾开发区海宁分区等跨区域发展平台，有效打破了行政壁垒。此类平台采用“多地多方共建”模式进行开发，由于缺乏有效的利益协调机制，资源输出方对平台的支持参与度主动性不强，难以完全从行政区思维跨向经济区思维来推动平台发展。同时，园区设立层级较低，出台的扶持政策与上海的扶持政策难以保持一致，相关企业入驻意愿不强，园区建设并没有达到预期效果。建议从省级层面探索将对县的财政体制结算权委托至中心城市，以财政利益调整为手段，配套以其他相关资源要素统筹机制，既可以抑制区域内同质化发展和内部恶性竞争，也可以集市、县、区多方合力，加大重点平台保障力度，真正实现全域一体化发展。

（二）创新财政投融资机制，支持一体化基础设施建设

1. 建立政府主导、社会参与的资金筹措机制。坚持政府主导，充分发挥政府组织管理作用，确保资金筹措使用合法有效。在竞争性领域引入市场机制，发挥市场配置资源的基础性作用，坚持谁投资、谁受益的原则，积极吸纳社会资金。探索设立基础设施和公共服务领域投资基金，实现财政资金、金融资本、社会资本的合作共赢。

2. 建立长三角一体化发展投融资管理体制。借助现有政府议事机构平台体系，统一领导、协调投融资工作。建立一体化发展投融资项目库，编制一体化投融资计划，提出投融资项目资源配置和平衡补偿方案，统一监督管理一体化发展投融资项目资金使用、项目进度以及偿债情况。

3. 构建一体化发展投融资风险防范机制。建立风险预警和防范体系，加强对投融资过程中重大事项的审核，合理控制融资成本，规范资金运作。建立差异化的监督考核激励机制，打造具有清晰盈利模式、现金流支撑和自求平衡的投融资主体、资本运作主体和市场竞争主体。

（三）优化资源配置方式，推进一体化健康有序发展

1. 科学经营配置土地资源，充分发掘城市价值。以科学规划为核心，坚持规划先行，做好一体化发展工作。建立一体化发展规划与土地管理工作的对接机制，对于配置的土地资源，编制相应的专项规划，明确各地块的经济价值，量化土地资源价值。加强土地资源的统筹调配，优先保障一体化发展项目建设用地指标，加快用地资源的变现速度，将土地资源变为资本或实现土地资源资本化。

2. 改进土地收储运作模式，充分发挥土地收储在一体化发展中的功能作用。积极争取土地储备专项债券试点，并按照项目收益和融资自求平衡的要求，做好专项债的举借、使用和偿还。合理利用土地储备资金，增强项目融资的针对性和实效性，形成项目建设、资源配置、投融资、债务偿还相统一、相衔接、相协调的机制。

（四）优化财政政策体系，推动一体化产业创新发展

1. 厘清财政职能定位，实现合理分权。应尽快转变财政支持经济发展的方式，根据市场发育程度合理界定政府职能范围和财政支出边界，厘清财政部门与主管部门的职责权限，减少交叉重叠。在市对区财政体制框架下，全面梳理调整各级政府促进经济发展的事权和支出责任，合理分权，完善转移支付体系，建立事权与支出责任相适应的财政合作机制。改革专项资金管理模式，实现政府部门之间以及上下层级之间合理分权，明确各自职责权限，提高财政资金管理水平，形成各部门、各层级协同配合、上下联动的财政政策管理体系。

2. 优化财政政策项目设置，集中财力支持产业创新发展。强化财政、税收、金融、人才、科技、知识产权、政府采购等政策协同，形成目标一致、协作配合的政策合力。遵循“统一领导、结构合理、重点突出、科学高效、公开透明”的原则，全面清理专项资金，进一步整合、优化、创新专项资金使用方式。梳理财政政策，制定财政政策清单，在一定范围内进行公示，形成重点突出、管理规范、进退有序、保障有力、科学系统的政策体系。通过项目整合，在制度设计上避免政策重叠、资金分散等问题，加大专项资金统筹力度。

3. 充分运用信息化手段，建立宏观决策分析系统。在全面预算绩效管理大框架下，逐步建立基于大数据应用的财政决策支持系统。通过大数据信息共享建立宏观经济计量模型、政策效应测算分析模型以及财政收支预测模型等，打通内控、绩效和监督，实现资金流、项目流、业务流的融合。在信息系统的保障下，使制定政策、管理政策和享受政策的各方可利用同一平台提供的模型开展全面或局部的政策评价，为完善政策提供多角度的思路，实现财政政策设定权、管理权、监督权三权分离。

课题组组长：许　农

成员：陈海明　朱少白（执笔）

财政支持数字经济发展的思考与建议

——以德清县为例（节选）

德清县财政局课题组

数字经济是以数据为关键要素的新经济形态。发展数字经济是新时代国家推动信息化发展的重大战略，也被省委、省政府列为引领浙江经济社会发展的“一号工程”。所以，把握住历史契机，加快推动以网络信息技术产业为主要内容的数字经济的发展，对深入推进供给侧结构性改革，拓展县域经济发展空间和潜力，提高社会治理能力和现代化水平都具有十分重要的意义。

本文立足德清县数字经济发展的实际情况，从财政政策和资金要素保障等方面，对数字经济发展的成效与不足，以及政策供给存在的短板进行了探讨分析，并提出财政支持数字经济发展的可行性建议。

一、德清县支持数字经济发展的财政政策及资金投入情况

（一）当前德清县支持数字经济发展的财政政策

德清县高度重视数字经济的发展，将“数字经济突破”工程作为集全县之力重点发展的十大工程之一，并制定了一系列重要的财政扶持政策（详见表1），明确了扶持数字经济和产业发展的路径和举措，具体如下：

1. 支持数字企业科技创新。一是推进企业软件创新能力提升。鼓励企业软件研发并申请自主知识产权，对申请软件著作权并获得登记证书的企业，按照一定标准给予奖励；对通过软件能力成熟度CMM达到四级、五级认证的企业，分别给予30万元、60万元的奖励。二是引进实施重大创新项目。选定一批县级技术创新重大产业化项目，对引进实施特别重大的创新项目采取“一项一策”方式给予综合支持。引导政府产业基金通过参股、并购、重组等方式加大对重大创新项目的支持。三是支持数字产品开发应用。通过验收（鉴定）并实现产业化的省级以上电子信息制造业新产品开发项目，且项目投资额在100万元以上的，给予国家级项目20万元、省级10万元奖励。

2. 支持数字核心产业发展。一是鼓励数字经济企业做大做强。对首次列入国家、省电子信息产业百家重点企业、软件百强和互联网百强的企业，分别给予一次性50万元、20万元的奖励；对新纳入数字经济核心产业统计的企业给予一次性2万元奖励。二是积极引进数字化项目。积极引进一批数字化产业重点项目，鼓励地理信息、定位导航、人工智能等企业向产业平台集聚发展。对传统制造业新引进项目被认定为数字经济范畴的，按生产性设备投入4%进行补助，单个项目最高补助250万元。三是加强市场主体培育。支持企业兼并重组，通过“一事一议”等方式，对企业兼并重组过程中所产生的费用给予一定的补助；推进人工智能与社会治理、公共服务等方面广泛渗透和深度融合，带动数字技术普及运用。

3. 鼓励企业数字化转型。一是鼓励企业智能化改造。对企业智能化技改项目、生产性设备投入给予一定补助，推动智能工厂、无人车间建设，被认定为智能工厂的项目按生产性设备投入10%补助，单个项目最高补助1000万元；被认定为智能（无人）车间的项目按生产性设备投入8%补助，单个项目最高补助500万元。被认定为省级、市级智能工厂、智能车间项目的分别给予奖励。二是鼓励“两化”深度融合。深化“互联网+”在制造业的应用，对投资200万元以上，发展基于互联网的个性化定制、网络化协同制造等新型制造模式的信息化应用项目，实施完成后按实际投资额的8%给予奖励，最高不超过50万元；通过工信部两化融合管理体系评定的企业，给予50万元奖励；列入省级“两化融合”等信息化示范、试点企业的，分别奖励20万元、15万元；列入市级两化融合等信息化示范、试点企业的，分别奖励10万元、5万元。三是鼓励企业上云和开展大数据运用。对列入省、市上

云标杆(示范)企业的,分别给予30万元、10万元的奖励;对云服务商按照当年新增上云企业数量,给予1000元/家补助,最高不超过50万元;对首次使用supET工业互联网平台各项服务的制造业企业,给予最高5万元的费用补助。

4. 发展数字化服务平台。一是引进培育数字化工程服务机构,提升县域智能制造系统集成与服务能力。对引进及注册的工业互联网应用、机器换人、智能制造工程服务机构,每年按服务在德清县智能制造的技术咨询、整体解决方案设计、设备制作、维护服务等收入的5%给予补助。二是推进数字创新载体建设。积极创建人工智能等领域产业综合体,加快制造企业互联网"双创"平台建设,鼓励社会资本建设和运营数据中心、众创空间等发展平台。三是支持第三方服务机构。对推动数字技术运用、企业商业模式创新等有突出贡献的公共服务平台,酌情给予10万元—20万元的奖励。

表1　德清县支持数字经济发展主要政策及扶持重点

序号	文件名称及文号	支持范围和重点
1	《德清县人民政府关于进一步加快转型升级打造工业强县的若干意见》(德政发〔2016〕59号)	鼓励机器换人与技术改造,推动重点领域创新,促进"两化"深度融合,支持信息经济核心产业发展和电子产品开发应用。
2	《德清县人民政府关于补齐科技创新短板的若干意见》(德政发〔2016〕47号)	鼓励企业创新投入,加大高新技术产业投资,鼓励高新技术产业基地建设,突出科技招商及成果转化,支持引入核心技术及研发机构。
3	《德清县人民政府办公室关于加快推进人工智能产业发展的若干意见》(德政办发〔2018〕2号)	支持工业智能制造体系建设,鼓励人工智能项目试点示范,对新项目给予投资补助和办公用支持,引进培育高水平人才和创业创新团队。
4	《湖州莫干山高新技术产业开发区管委会印发〈关于进一步加快德清地理信息小镇产业发展的暂行办法〉的通知》(莫高管办〔2018〕3号)	鼓励地理信息企业做大做强,对地理信息企业给予项目、设备补助和租房购房支持。
5	《德清县人民政府关于印发德清县推动高质量发展若干政策意见的通知》(德政发〔2019〕14号)	鼓励企业智能化改造和数字化转型,引培数字化工程服务机构,提升软件创新能力。

5. 引进培育高水平人才。一是积极引进高水平人才和创业创新团队,优先推荐申报国家和省"千人计划"、"万人计划"、"南太湖精英计划"等人才项目;对新引进到德清企业工作的全日制硕士研究生以上学历人员,给予个人一次性生活津贴。二是鼓励成立"外部智库",聘请域外专家、数字经济行业领军人物、龙头企业负责人等组成专家智库,为数字经济发展及应用提供决策咨询和技术供给。

(二)近两年支持数字经济发展的经费保障情况

2017—2018年,共兑现数字经济财政扶持资金23833万元。其中,"两化"融合项目资金1837万元,支持重点创新项目2292万元,新产品开发671万元,人工智能1156万元,地理信息产业发展8594万元,数字产业平台建设1758万元,扶持核心企业发展资金3695万元,企业上云项目2405万元,人才及团队建设1425万元。(见下表)

表2　财政扶持数字经济发展资金统计表　　单位:万元

类别	项目	2017年	2018年	合计
扶持数字经济企业发展资金	"两化"融合	713	1124	1837
	重点创新项目	1080	1212	2292
	新产品开发	229	442	671
	人工智能	—	1156	1156
	地理信息	3129	5465	8594
	数字产业平台建设	561	1197	1758
	扶持核心企业发展	1715	1980	3695
	企业上云	1155	1250	2405
	人才及团队建设	695	730	1425
	小计	**9277**	**14556**	**23833**

同时,财政在各部门的预算中对智慧城市、数字物流、互联网政务等项目做了资金安排。另外,在网络基础设施等方面由电信、移动等公司投入网络通信技术设施资金25600万元。

二、德清县数字经济发展的不足和现有财政政策存在的问题

(一)德清县数字经济发展存在的不足

总体来说,德清县数字经济和相关产业虽然呈加速扩张态势,但发展仍处于起步阶段,信息化、智能化、数字化对工业经济提质增效的引领带动作用尚未被激发,数字经济发展存在一些不足。

1. 数字经济总量偏小。德清县信息技术和互联网龙头企业较少,整体盈利能力较弱。2018年德清规上数字经济主营业务收入仅66.7亿元。地理信息产业虽然发展迅速,累计集聚地信企业已突破280家,但实际销售规模达到1000万元以上的企业只有20余家,大企业、大项目入驻仍相对较少。

2. 数字经济认识不深。数字经济的概念和范围不够明确,缺乏统一和权威的定义,数字经济究竟包括哪些行业和范畴也尚未有规范的标准。企业数字化转型意识不足,应用深度不够,不少工业企业对使用智能技术、数字技术提高效率和促进转型的作用了解不多,应用路径尚不清晰。

3. 数字产业化有待加快。信息技术与传统行业跨界融合发展不足,数字核心技术驱动发展动力不够。互联网的连接性尚未充分发挥,工业生产智能化程度较低,信息技术"软装备"尚未引起足够重视,智能工厂偏少,柔性制造、个性化定制等新模式应用不多。数字经济发展的创新机构、平台支撑不足,各类数字人才的集聚力不强,自主创新能力有待增强。

(二)现有财政支持政策存在的问题

1. 财政资金筹集面较窄,社会资本参与不够。一是财政投入力度不足。在大幅减税降费和严控地方政府债务的大背景下,地方政府在履行公共服务职能过程中,面临的财政支出压力较大,对数字经济发展的财政投入力度不足。虽然2017年德清县用于扶持企业发展的财政资金总量达到72276万元,但是由于扶持政策面较广,同时受到财力的限制,用于支持数字经济企业发展的资金规模较小,只有9277万元。依据国内外数字经济发展较快地区的发展经验,只有当对相关产业、基础设施和配套体系的投入达到一定力度时,才能对数字经济的发展起到明显促进作用。二是资金筹集面较窄。由于数字经济初创企业无法承担大量资金投入,金融机构对数字企业的信用支持又较为有限,除了移动通信、宽带网络等基础设施建设主要依靠移动、电信等公司进行投入外,数字经济初创企业和创业创新平台建设等对社会资本的吸引力不够,导致资金筹集面较窄。

2. 财政政策交叉重叠,施策精准性有待加强。面对数字经济呈现出的虚拟性、交互性、融合性和高渗透性等特点,财政政策供给滞后于数字经济发展的新趋势。一是政策交叉重叠。由于各项扶持措施散见于不同部门制定的多项扶持政策中,很难将其整合为支持数字经济发展的专项扶持政策,缺乏统一的政策协调。且各项政策之间存在一定的交叉重叠,例如,在对企业的办公用房租金免除、智能工厂和智能车间的生产性设备补助、"两化融合"的试点补助等,多项政策之间的补助范围有所重叠。二是政策精准性还有所欠缺。在政策制定和执行过程中往往将数字经济片面理解为信息经济,财政扶持方式方法还比较传统,主要是对企业的生产厂房、设备投入和技术研发进行一定的补助,但对数字经济所必需的孵化平台、技术运用和发展生态等关注不多;对数字经济专业人才支持力度不够,对高端科研团队的吸引力不足。

3. 财政资金分配方式固化,资金使用绩效不高。一是资金分配方式固化。由于实行资金切块化分配,财政资金的支出结构和投向容易固化,且清理整合的难度较大,造成资金使用相对分散独立,扶持产业发展的合力不能完全显现。二是政策调整不及时。一些与当前发展需要不相适应的扶持政策未能适时进行调整,部分政策在制定的过程中没有限定实施期限,导致部分扶持政策效果不明显,对数字经济的引导作用不突出。三是资金使用绩效有待提高。涉企财政补助面临量大面广的企业数量和政出多门的双重压力,重复补助和资金分散现象并存,普惠性政策的扶持效果被进一步稀释,例如2017年重点创新项目补助中,拨付给36家企业共计282万元,平均每家企业7.8万元,资金量小且分散,犹如撒胡椒面,难以发挥财政政策的引导和集聚效应,对数字经济发展的扶持效果不强。

4. 财政监管服务手段滞后,亟需进行数字化转型。一是监管平台缺失。对数字经济运行情况进行监测统计、并进行深度分析从而精准施策,对更好地推动数字经济发展具有重要意义。目前尚缺乏一个完整反映数字经济相关企业运营、实际享受各类财政扶持政策情况的信息平台,难以对企业发展和财政扶持政策执行效果进行全面的分析。二是数据资源的挖掘和赋能利用仍处在起步阶段。当前,德清县城市大脑、智慧出行等领域的信息化建设正加快推进,努力实现信息资源跨部门、跨行业整合,但是受既有管理体制的约束,一些业务信息系统还不能实现全面融合和互联互通,巨量数据资源的价值未能充分挖掘,大数据开发利用仍处在起步阶段。

三、推进德清县数字经济发展的财政政策建议

(一)拓展资金筹集渠道,为数字经济发展提供更为有力的资金支持

1. 集中财力扶持数字经济发展。按照"集中财力办大事"的原则,整合有关专项资金,清理低效、重复的财政扶持资金,把有限的财力用在刀刃上。积极盘活财政存量资金,定期清理财政各类暂存、暂付款项和借垫款项,大力推进财政资金统筹使用,在编制中长期财政规划时,资金安排向数字经济作适当倾斜,集中财力加大对数字经济重大基础设施建设和关键项目的建设。

2. 积极向上争取资金支持。应抢抓数字经济发展的时间窗口,进一步加强与省市有关部门的对接,建立深度合作工作机

制,并争取重大科技专项、数字经济发展等专项资金支持,协调支持数字经济发展中的重要问题。

3. 引导民间资金投向重点领域。完善数字经济发展财力投入机制,充分发挥财政政策资金"四两拨千斤"的作用,积极推广运用政府和社会资本合作(PPP)模式,用好政府产业基金、政府债券等财政政策工具,拓宽多元筹资渠道,吸引带动社会资本投入数字基础设施和平台建设等领域,共同支持数字经济发展。

(二)整合财政扶持政策,明确财政支持重点

1. 梳理整合财政扶持政策。为避免财政扶持政策过于分散,应对现有数字经济财政扶持政策进行梳理整合,加强各项政策的统筹协调和配合使用,在条件允许的前提下制定数字经济发展专项扶持政策,促进数字经济健康有序发展。在政策整合过程中应充分考虑企业的不同成长阶段、规模与类型特点,提高财政政策的针对性和精准性,防范财政政策对社会资本和金融资本的挤出效应。对处于初创阶段的数字经济企业,政策应侧重于培育,在企业运营、研究开发等方面提供支持;对处于成长阶段的应侧重搭建发展平台、优化发展环境、加强研究开发;对处于长成阶段的应侧重支持拓展市场、扩大生产经营规模等,鼓励做大做强。

2. 明确财政资金的扶持重点。本着用在刀刃上的原则,财政资金应该重点投向以下几个方面:一是加大对数字基础设施的投入力度。提升数字基础设施能级,持续推进宽带普及提速,提升 IPv6 用户普及率和网络接入覆盖率,超前部署超大容量光传输系统、高性能路由设备和大数据云平台等基础设施,抢先布局 5G 网络发展,提供支撑业务创新发展的网络设施环境。二是支持数字经济核心技术创新。构建以技术创新为引领的数字经济发展体系,鼓励数字经济企业加大研发投入,以技术创新来拓展业务应用场景,支撑新服务、新模式和新业态的发展。加强技术创新应用,推动互联网、大数据、人工智能等各类技术和经济社会深度融合发展,在区块链、虚拟现实(VR)、工业机器人、共享经济、现代供应链等领域培育新业态,塑造新经济增长点,形成经济发展新动能。三是做大做强数字信息产业。围绕卫星导航定位、航空遥感技术、地理信息系统开发和测绘与信息技术装备制造等重点产业领域,提高产业规模,形成重量级数字经济特色产业集群。积极发展自主知识产权的数字经济平台、应用软件和嵌入式软件,开发智能化信息系统软件、系统集成产品和相关技术服务,形成较为完善的信息加工、处理、分析和可视化等软件产品体系。四是支持传统企业进行数字化改造。大力推广智能制造新模式,以生产设备网络化、智能化为基础,打造一批智能工厂和智能车间。推进"工业大脑"在行业中的融合应用,提升行业整体智能化水平提升。推广"互联网+工业"新模式,推动实施网络协同制造、大规模个性化定制、远程运维服务等新模式、新业态。深入推进"企业上云",推动大型制造企业应用工业互联网平台实现内部管理和生产的数字化管控,引导中小微企业利用工业互联网平台实现业务系统向云端迁移,实现数字化、网络化、智能化升级。五是大力培育数字经济平台。以地理信息小镇、智能生态城等平台为依托,充分利用莫干山高新区、电商产业园等有效资源,积极打造数字经济创业创新平台,引导高端要素集聚,促进数字经济核心产业集聚发展;对接杭州、上海等周边地区数字经济创新资源,引进或培育一批数字技术创新中心或数字化工程服务机构,提升域内数字化服务功能和水平;积极推进城市大脑、智慧出行等项目建设,营造良好的数字经济发展生态。

(三)改进财政资金分配机制,创新财政扶持方式

1. 推进财政专项资金分配方式改革。不固化资金使用方向和金额,减少按照部门利益进行切块分配,从平均主义和行政性分配方式向根据实际效果竞争性分配的市场化模式转变。一是采取因素法分配,以数字经济发展的实际情况和绩效评价结果等为分配因素,并设定相应的分配权重。二是引入竞争性分配,参照市场化运作模式,围绕数字经济发展的重点领域、重大项目和应用示范关键环节,以镇(街道)或企业为主体,开展竞争性遴选,择优给予重点扶持,解决资金投向固化、使用碎片化的问题。

2. 充分发挥产业基金的引导促进作用。财政部门会同其他有关部门积极设立数字经济产业基金或投资引导基金、科技成果转化基金等,在重点投向数字经济重点领域的同时,引导社会资本成立数字经济细分领域子基金,并与省市类似产业基金协同联动,实现财政资金循环放大、撬动社会资本投入的"加法"功能。同时,在基金运作过程中,创新和规范管理机制,减少行政干预,实施专业机构运作和专业团队管理,引入项目遴选、尽职调查和投资决策及投后管理机制,借鉴天使、风投等社会资本对项目的筛选经验,建立政府财政资金跟投政策,包容财政投资适度容错率,充分发挥财政资金的引导和带动效应,支持数字经济发展壮大。

3. 探索财政资金股权投资改革。相较于目前将财政资金无偿补贴给企业的扶持方式,股权投资是将财政资金以国有法人股的形式投入企业支持数字经济发展的一种方式。股权投资能实现财政资金资源的高效配置,充分发挥财政资金的引导激励作用,吸引金融资本、工商资本和社会资本投向政府大力扶持的数字经济,推进企业创新和发展。财政资金通过阶段性持有股权、适时退出取得投资回报,实现资金循环投入,不仅可以有效解决以往财政补贴方式单一、监管不到位及廉政风险高等问题,还能实现财政资金的保值增值。具体操作方法:财政资金以国有法人股投入数字经济发展趋势较好的企业,投入方式可分为普通股和优先股(由企业自主选择或协商),不参与企业经营决策。普通股方式参股,收益与其他股东同股同酬;优先股方式参股(可转股债权),可采用固定收益,投资期限短则 1—3 年,长则 4—6 年。通过阶段性持股、适时退出,实现财政资金良性循环和滚动使用,最大限度发挥财政资金的使用效益

和支持作用。

4. 推进政府购买数字经济相关服务。试点在数字经济发展专项资金中引入第三方中介机构的政府购买服务机制。对市场竞争不充分,需要政府引导扶持的数字服务、科技创新、地信导航等公共服务项目,采取政府购买服务方式交由社会力量承担。加大对数字经济企业公共服务产品的购买力度,为企业发展提供更多的公共性、基础性和公益性政府服务。

(四)构建监管服务体系,营造良好发展环境

1. 构建融资渠道多样的数字经济金融服务体系。大力支持企业融资担保服务体系建设,探索建立数字经济企业创业创新担保基金运作机制,综合运用担保补贴、风险补偿等方式,完善助保金、风险补偿资金池、园区助企贷款等融资风险补偿政策,引导各类金融机构向企业提供融资服务。支持符合条件的数字经济企业进入多层次资本市场(主板、中小板、新三板和科创板)进行融资;鼓励完善风投、天使、私募和并购等基金发展政策,优先支持数字经济发展;引导企业通过股权、债券等市场化方式融资,鼓励金融机构创新融资方式,开展知识产权和数据资产等无形资产抵押贷款,加快培育形成具有特色、充满活力的数字经济发展投融资体系。完善财政贴息政策,根据数字经济产业领域发展需要,对企业扩大产能、技术创新和改造、加强网络基础设施建设等项目获取的银行贷款,按照一定比例或标准对承贷企业应付利息给予补贴。

2. 构建开放包容的数字经济人才支撑体系。受产业快速发展及政策驱动因素影响,数字产业人才需求旺盛,而当前人才培养机制大幅落后,短期内人才的"质"与"量"都无法满足行业发展和市场增长的实际需要,因此需要两个方面发力,打造高素质人才队伍。一是大力"引"才。积极引进省内外优质人才,以实际能力作为人才的衡量标准,做到"不唯学历、不唯论文、不唯资历",突出专业性、创新性、实用性;在落户政策、生活环境、子女教育和必要的生活补助等方面给予更多的优惠政策,打破人才流入的政策性障碍。建立适应数字经济特点的人才评价机制和科研成果、利益分配机制,在人才入股、技术入股以及税收优惠等方面加大创新和激励力度,鼓励各类高层次人才通过顾问指导、对口支援、技术入股等柔性方式为德清提供智力服务。二是自主"育"才。充分发挥各细分领域顶尖人才的"传帮学带"作用,搭建产学研互动交流平台,建立校企联动机制,探索"基地+飞地"引才模式,加快推进杭州"人才飞地"建设,实现理论与实践的良性互动。组织企业举办各类培训和参观活动,着力提升企业家数字化转型与全球战略视野,同时根据企业数字化转型需求,强化数字经济管理人才、管理团队培育,选拔任用跨界融合、数字服务、客户体验等意识强烈的跨界应用推广人才,形成专业型、市场型、融合型、领军型相互融合发展的人才队伍。

3. 构建与时俱进的数字经济监管服务体系。要根据数字经济发展特征与市场需求,及时修改完善有关制度规范,建立与之配套的监管体系。一是根据数字经济发展形势,完善现有统计测算体系,优化测算方法,加强对技术应用、数据服务、融合创新、新兴业态等方面的指标采集和统计,强化对关键领域统计信息的分析研判,加强数据交叉比对,提高统计数据全面性、准确性和实效性,为行业治理提供科学决策支撑。二是持续深化"放管服"和"最多跑一次"改革,坚持鼓励创新、包容审慎的原则,创新财政监管方式,推动建立以信用为基础、以新一代信息技术为支撑的财政资金监管体系;完善财政政务服务体系建设,积极打造"数字财政"和"掌上财政",为企业提供综合性、一站式服务。三是畅通企业对财政政策的获取及反馈渠道,完善政策宣传与辅导渠道,定期组织政策辅导和培训,充分发挥产业联盟、行业协会贴近企业需求的优势,使其成为政策宣传、申请辅导的重要基地。

(五)强化财政政策的监督评价,提高财政资金使用绩效

1. 强化绩效管理理念。将绩效理念和方法深度融入财政对数字经济扶持政策的制定、执行、监督全过程,厘清涉企扶持政策制定、论证和实施过程中主管部门和财政部门的主体职责,全面发挥绩效在政策制定运行过程中的作用,引导数字经济企业提升财政资金使用效益和财政资源的利用率。

2. 完善绩效评价体系。合理设置绩效评价指标体系,完善事前绩效评估、绩效目标管理、绩效运行监控、绩效评价和结果应用等管理链条,通过引入第三方评级主体等方式,客观评价财政政策支持数字经济发展的合理性和有效性,改变现有"重分配,轻管理"的资金扶持模式,实现事前、事中、事后绩效管理闭环。

3. 强化评价结果运用。建立绩效评价结果与预算安排挂钩机制,将数字经济扶持政策和资金综合使用绩效与下一轮政策调整和资金分配相挂钩,进一步强化绩效评价结果在财政政策和专项资金分配和调整中的应用,完善绩效评价结果反馈与通报制度,合理设定财政优惠政策的有效期限,落实绩效问题整改责任制,进一步提升财政对数字经济扶持政策和专项资金的使用绩效。

课题组组长:陈兴炎

成员:褚洁滢 仲汉荣 蔡 虹 陈小松(执笔)